Kulturgeschichte

WILL UND ARIEL DURANT

KULTURGESCHICHTE
DER MENSCHHEIT

BAND 16

ULLSTEIN

WILL UND ARIEL DURANT

AM VORABEND DER
FRANZÖSISCHEN REVOLUTION

ULLSTEIN

Kulturgeschichte
Ullstein Buch Nr. 36116
im Verlag Ullstein GmbH, Frankfurt/M – Berlin – Wien
Titel der amerikanischen Originalausgabe
»The Story of Civilization«
X. Rousseau and Revolution V–VII
Simon and Schuster, New York
Übersetzt von Leopold Voelker
Redaktion: Hans Dollinger

Ungekürzte Ausgabe

Umschlagentwurf: Hansbernd Lindemann
Umschlagfoto: Napoleon I. Bonaparte
Gemälde von Jacques-Louis David
(Washington, National Gallery of Art,
S. H. Kress Coll.)
Alle Rechte vorbehalten
Lizenzausgabe mit freundlicher Genehmigung
des Südwest Verlags, München
© 1967 by Will und Ariel Durant
© Alle Rechte der deutschsprachigen Ausgabe bei
Südwest Verlags GmbH & Co. KG, München

ISBN 3 548 36116 1

August 1982

CIP-Kurztitelaufnahme der Deutschen Bibliothek

Durant, Will:
Kulturgeschichte der Menschheit / Will u. Ariel
Durant. – Ungekürzte Ausg. – Frankfurt/M; Berlin;
Wien: Ullstein
(Ullstein-Buch; ...)
Einheitssacht.: The story of civilization ⟨dt.⟩

NE: Durant, Ariel:

Bd. 16. Am Vorabend der Französischen Revolution /
[übers. von Leopold Voelker]. – 1982.
(Ullstein-Buch; Nr. 36116: Kulturgeschichte)
ISBN 3-548-36116-1

NE: GT

Vorwort

Nachdem im vorhergehenden 15. Band der geistige Hintergrund der Kulturgeschichte im 18. Jahrhundert in Frankreich, im katholischen Süden Europas sowie im Raum des Islam und des slawischen Ostens (Rußland und Polen) vorgestellt wurde, führen uns Will und Ariel Durant im vorliegenden 16. Band in den protestantischen Norden, in die Epoche Kants und Goethes in Deutschland, in die Schweiz Pestalozzis und Lavaters, nach Holland, Dänemark und Schweden sowie in das England von James Watt und John Kay, William Pitt und George III., Samuel Johnson und Joshua Reynolds. Wir hören von dem Kampf der Engländer um Nordamerika und um Indien und erinnern uns an die antisemitischen Pogrome in Europa vor zweihundert Jahren – trotz Aufklärung und Demonstration der praktischen Vernunft. Im letzten Teil dieses Bandes schließlich sind wir Zeuge des Zusammenbruchs des feudalen Frankreich nach dem Tod der großen Philosophen Rousseau und Voltaire. Wir werden über die Triebkräfte der bürgerlichen Revolution informiert und beobachten die letzten Affären, Aktionen und Auftritte vor dem Sturm auf die Bastille.

Auf diesem Gang durch das 18. Jahrhundert, dessen Konflikte und Errungenschaften im Leben der heutigen Menschheit noch immer nachwirken, sehen wir, wie mit der industriellen Revolution jener Strom von Erfindungen beginnt, die «vielleicht im Jahre 2000 den Traum des Aristoteles von Maschinen verwirklichen werden, welche den Menschen von aller knechtischen Arbeit befreien» (Durant). Wir erfahren von den Fortschritten in den Wissenschaften, die zu einem besseren Verständnis der Natur und einer wirkungsvolleren Anwendung ihrer Gesetze führen sollten. Gleichzeitig erfolgte der Übergang der Philosophie von der reinen Spekulation zum sehr zögernden Gebrauch der Vernunft in allen menschlichen Belangen, obwohl deshalb die Religion noch lange nicht von Aberglauben, Heuchelei und Intoleranz befreit oder gar eine humane Ethik schon begründet wurde. Interessant sind in diesem Band aber auch die Belehrungen Durants über die Bemühungen und Erfahrungen von Staatsmännern und Philosophen, wie man ein gerechtes und leistungsfähiges Regierungssystem nach den damaligen Erkenntnissen entwickelte und «die Demokratie mit der Einfalt und naturgegebenen Ungleichheit der Menschen versöhnt».

Vor allem aber stehen wieder die kulturellen Geschehnisse in diesem Jahrhundert im Mittelpunkt. Freuen wir uns dabei an den Schilderungen von den verschiedenen künstlerischen Schöpfungen des Barock, des Rokoko und des Klassizismus in allen Kunstbereichen. Erleben wir noch einmal die Blüte der Literatur in Deutschland mit Schiller und Goethe, in England mit den großen Romanciers und dem großen Historiker Gibbon. Ergänzen wir unser Wissen über das Schottland Boswells und Burns und über die Lieddichtung in Schweden unter König Gustav III. und lesen wir über das literarische und künstlerische Frankreich, das zwischen Voltaires Witz und Rousseaus Bekennermut der großen Zäsur von 1789 entgegenfieberte.

Die Gesamtschau der europäischen Geschichte im 18. Jahrhundert zwischen dem Siebenjährigen Krieg und der Französischen Revolution bietet wiederum eine überraschende Vielfalt von Berichten über Ereignisse, Theorien und Schöpfungen, die die These von Will und Ariel Durant bestätigt, wonach die Geschichtsschreibung bisher allzu einseitig auf Teilgebiete beschränkt war, und die Historiker künftig versuchen sollten, Geschichte als Ganzes zu schreiben, wie sie erlebt und erlitten wurde, mit allem, was ihren aufregenden Ablauf miteinschließt.

München, im Sommer 1976   *Hans Dollinger*

BEMERKUNGEN ZUM GEBRAUCH DIESES WERKES

1. Geburts- und Todesdaten sind im Register zu finden.
2. Hervorhebungen in Zitaten stammen nur dort von uns, wo dies ausdrücklich vermerkt ist.
3. Wird der Standort von Kunstwerken nicht im Text erwähnt, so ist er gewöhnlich in den Anmerkungen vermerkt. Zur Auffindung solcher Werke wird auf die Stadt und ihre führende Kunstsammlung hingewiesen:

Amsterdam: Rijksmuseum	Genf: Musée d'Art et d'Histoire
Berlin: Staatliche Museen (Staatsmuseum)	Den Haag: Mauritshuis
Bologna: Pinacoteca Nazionale-Via Belle Arti	Kansas City: Nelson Gallery
(Accademia di Belle Arti)	Leningrad: Eremitage
Budapest: Museum der Bildenden Künste	London: National ·Gallery
(Kunstmuseum)	Madrid: Prado
Chicago: Art Institute	Mailand: Brera
Cincinnati: Institute of Fine Arts (Art Institute)	Neapel: Museo Nazionale
Cleveland: Museum of Art	New York: Metropolitan Museum of Art
Detroit: Institute of Art	Paris: Louvre
Dresden: Gemäldegalerie	San Marino, Kalifornien: Henry
Dulwich: College Gallery	E. Huntington Art Gallery
Edinburg: National Gallery	Washington: National Gallery
Frankfurt: Städelsches Kunstinstitut	Wien: Kunsthistorisches Museum

Inhaltsverzeichnis

ERSTES BUCH
DER PROTESTANTISCHE NORDEN
[1756–1832]

ERSTES KAPITEL: DAS DEUTSCHLAND FRIEDRICHS
DES GROSSEN [1756–1786]
15

    I. Der Sieger *15*
    II. Der Wiederaufbau Preußens *20*
    III. Die Fürstentümer *23*
    IV. Die deutsche Aufklärung *27*
    V. Gotthold Ephraim Lessing: 1729–1781 *30*
    VI. Die irrationalistische Gegenbewegung *41*
    VII. Der Sturm und Drang *44*
    VIII. Die bildenden Künstler *47*
    IX. Bachs Nachfolger *50*
    X. Der Alte Fritz *53*

ZWEITES KAPITEL: KANT [1724–1804]
57

    I. Prolegomena *57*
    II. Kritik der reinen Vernunft, 1781 *61*
    III. Kritik der praktischen Vernunft, 1788 *68*
    IV. Kritik der Urteilskraft, 1790 *71*
    V. Religion und Vernunft, 1793 *72*
    VI. Der Reformer *76*
    VII. Kants Vermächtnis *78*

DRITTES KAPITEL: WEGE NACH WEIMAR [1733–1787]
81

    I. Das deutsche Athen *81*
    II. Wieland: 1733–1775 *82*
    III. Der Prometheus Goethe: 1749–1775 *85*
      1. Kindheit und Jugend *85*
      2. Götz und Werther *90*
      3. Der junge Atheist *95*
    IV. Herder: 1744–1776 *98*
    V. Schillers Wanderjahre: 1759–1787 *102*

VIERTES KAPITEL: WEIMAR IN BLÜTE [1775–1805]
109

       I. Wielands letzte Jahrzehnte: 1775–1813 *109*
      II. Herder und die Geschichte: 1777–1803 *110*
     III. Der Geheime Rat: 1775–1786 *114*
    IV. Goethe in Italien: 1786–1788 *120*
     V. Goethe und Christiane: 1788–1794 *123*
    VI. Schiller in Weimar: 1787–1794 *126*
   VII. Schiller und Goethe: 1794–1805 *132*

FÜNFTES KAPITEL: GOETHE DER OLYMPIER [1805–1832]
143

       I. Goethe und Napoleon *143*
      II. Faust – Der Tragödie erster Teil *145*
     III. In Liebesbanden *149*
    IV. Der Naturforscher *153*
     V. Der Philosoph *156*
    VI. Faust – Der Tragödie zweiter Teil *162*
   VII. Erfüllung: 1825–1832 *165*

SECHSTES KAPITEL: DIE JUDEN [1715–1789]
169

       I. Der Kampf ums Dasein *169*
      II. Trost der Mystik *176*
     III. Moses Mendelssohn *178*
    IV. Auf dem Weg zur Freiheit *183*

SIEBENTES KAPITEL: VON GENF BIS STOCKHOLM
185

       I. Die Schweizer: 1754–1798 *185*
      II. Die Holländer: 1715–1795 *188*
     III. Die Dänen: 1715–1797 *192*
    IV. Die Schweden *197*
       1. Die Politik: 1718–1771 *197*
       2. Gustav III. *199*
       3. Die schwedische Aufklärung *202*
       4. Der Königsmord *207*

ZWEITES BUCH:
SAMUEL JOHNSONS ENGLAND
[1756–1789]

ERSTES KAPITEL: DIE ERSTE INDUSTRIELLE REVOLUTION
213

I. Ursachen *213*
II. Elemente *216*
III. Die Lebensbedingungen *222*
IV. Konsequenzen *226*

ZWEITES KAPITEL: DAS POLITISCHE DRAMA [1756–1792]
230

I. Die politische Struktur *230*
II. Die Protagonisten *235*
III. König kontra Parlament *247*
IV. Parlament kontra Volk *251*
V. England kontra Amerika *259*
VI. England und Indien *267*
VII. England und die Französische Revolution *275*
VIII. Die Helden ziehen sich zurück *279*

DRITTES KAPITEL: DAS ENGLISCHE VOLK [1756–1789]
282

I. Englische Lebensart *282*
II. Die englische Moral *285*
III. Glauben und Zweifel *289*
IV. Blackstone, Bentham und das Gesetz *292*
V. Das Theater *296*
  1. Die Bühne *296*
  2. Garrick *298*
VI. London *301*

VIERTES KAPITEL: DAS ZEITALTER REYNOLDS' [1756–1790]
304

I. Die Musiker *304*
II. Die Architekten *305*
III. Wedgwood *306*
IV. Joshua Reynolds *309*
V. Thomas Gainsborough *315*

FÜNFTES KAPITEL: ENGLANDS NACHBARN [1756–1789] 319

       I. Grattans Irland 319
      II. Schottland 322
    III. Die schottische Aufklärung 324
    IV. Adam Smith 331
     V. Robert Burns 335
    VI. James Boswell 341
      1. Der Jüngling 341
      2. Boswell in der Fremde 343
      3. Boswell zu Hause 346

SECHSTES KAPITEL: DIE LITERARISCHE SZENE [1756–1789] 350

      I. Die Presse 350
     II. Laurence Sterne 351
    III. Fanny Burney 355
    IV. Horace Walpole 356
     V. Edward Gibbon 361
      1. Vorbereitung 361
      2. Das Werk 366
      3. Der Mensch 371
      4. Der Historiker 373
    VI. Chatterton und Cowper 376
   VII. Oliver Goldsmith 382

SIEBENTES KAPITEL: SAMUEL JOHNSON [1709–1784] 388

      I. Jahre der Reife: 1709–1746 388
     II. Das Wörterbuch: 1746–1755 391
    III. Der verzauberte Kreis 395
    IV. Ursus Major 400
     V. Der konservative Geist 404
    VI. Herbst: 1763–1780 408
   VII. Erlösung: 1781–1784 410
  VIII. Der sterbende Boswell 413

DRITTES BUCH:
DER ZUSAMMENBRUCH DES FEUDALEN FRANKREICH
[1774–1789]

ERSTES KAPITEL: DER LETZTE GLANZ [1774–1783]
419

    I. Die Thronerben: 1754–1774 *419*
    II. Die Regierung *423*
    III. Die jungfräuliche Königin *425*
    IV. Der Biedermann auf dem Thron *431*
    V. Das Ministerium Turgot: 1774–1776 *434*
    VI. Neckers erstes Ministerium: 1776–1781 *442*
    VII. Frankreich und Amerika *445*

ZWEITES KAPITEL: DIE PHILOSOPHEN UND DER TOD [1774–1807]
451

    I. Voltaires Ende *451*
      1. Zwielicht in Ferney *451*
      2. Verklärung *453*
      3. Voltaires Einfluß *459*
    II. Rousseaus Epilog: 1767–1778 *461*
      1. Der ruhelose Geist *461*
      2. Rousseaus Einfluß *467*
    III. «Marche Funèbre» *472*
    IV. Der letzte *philosophe* *475*
    V. Die Philosophen und die Revolution *479*

DRITTES KAPITEL: DAS ENDE DER «FEINEN WELT» [1774–1789]
482

    I. Die Religion und die Revolution *482*
    II. Am Rande des Abgrunds *485*
    III. Die *salonnières* *489*
    IV. Die Musik *492*
    V. Die Kunst unter Ludwig XVI. *494*
    VI. Die Literatur *498*
    VII. Beaumarchais *505*

VIERTES KAPITEL: DIE TRIEBKRÄFTE DER REVOLUTION [1774–1789]
513

      I. Der Adel und die Revolution 513
     II. Die Bauern und die Revolution 517
    III. Die Industrie und die Revolution 518
    IV. Die Bourgeoisie und die Revolution 522
     V. Das Sammeln der Kräfte 525

FÜNFTES KAPITEL: DER POLITISCHE ZUSAMMENBRUCH [1783–1789]
530

       I. Das Diamantenhalsband, 1785 530
      II. Calonne: 1783–1787 533
     III. Loménie de Brienne: 1787/88 535
    IV. Necker kommt zurück: 1788/89 539
      V. Mirabeau tritt auf 542
    VI. Die Generalprobe, 1789 545
   VII. Die Versammlung der Generalstände, 1789 548
  VIII. Auf zur Bastille! 554

ANHANG:
557

      Bibliographie 559
      Anmerkungen 571
      Personenverzeichnis 587

Erstes Buch

DER PROTESTANTISCHE NORDEN

[1756—1832]

ERSTES KAPITEL

Das Deutschland Friedrichs des Großen

[1756–1786]

I. DER SIEGER

WER war dieser international gefürchtete und bewunderte Menschenfresser, der Schlesien gestohlen und das halbe gegen ihn verbündete Europa besiegt hatte, der über die Religion spottete und von der Ehe nichts wissen wollte, der Voltaire Lektionen in Philosophie erteilte und ein Stück Polens an sich riß, um Rußland daran zu hindern, es zu verschlingen?

Er sah mehr wie ein Gespenst als wie ein Menschenfresser aus, als er, siegreich und traurig, aus dem Siebenjährigen Krieg zurückkehrte und am 30. März 1763 unter dem Beifall einer notleidenden Bevölkerung in Berlin einzog. «Was mich armen alten Kerl angeht», schrieb er an d'Argens, «so kehre ich in eine Stadt zurück, von der ich nur die Mauern kenne, wo ich keinen meiner alten Bekannten wiederfinde, wo mich eine ungeheuere Aufgabe erwartet und wo ich in nicht allzulanger Zeit meine Knochen an einem Zufluchtsort lassen werde, dem weder Krieg noch Unglück noch menschliche Gemeinheit etwas anhaben können.»[1] Seine Haut war ausgedörrt und faltig, seine graublauen Augen blickten finster unter geschwollenen Lidern hervor, sein Gesicht wies tiefe, von der Bitterkeit des Kampfes zeugende Furchen auf; nur die Nase hatte ihre alte Kühnheit bewahrt. Er vermeinte, die Belastungen, die der langwierige Krieg den Kräften seines Körpers, Geistes und Willens auferlegt hatte, nicht lange zu überleben, doch seine maßvollen Gewohnheiten erhielten ihn für weitere dreiundzwanzig Jahre. Er aß und trank dürftig und kannte keinen Luxus; er lebte und kleidete sich in seinem Neuen Palais in Potsdam, als wäre er noch im Feldlager. Er gönnte sich keine Zeit für die Pflege seines Körpers; in seinen letzten Jahren gab er das Rasieren auf, stutzte seinen Bart nur gelegentlich mit der Schere, und böse Zungen behaupteten, daß er sich nicht oft gewaschen habe[2].

Der Krieg vollendete die Verhärtung seines Charakters, die mit der Notwehr gegen die Grausamkeit seines Vaters begonnen hatte. Er schaute mit stoischer Ruhe zu, wenn verurteilte Soldaten sechsunddreißigmal Spießruten liefen[3]. Er schikanierte seine Beamten und Generäle durch Bespitzelung, plötzliche Inspektionen, kränkende Schimpfwörter, willkürliche Gehaltskürzungen und bis ins einzelne gehende Befehle, die ihre Initiative und ihr Interesse erstickten. Er gewann nie die Liebe seines Bruders, des Prinzen Heinrich, der ihm in der Diplomatie und im Kriege so treu und erfolgreich diente. Er hatte einige Freundinnen, doch sie fürchteten ihn mehr, als sie ihn liebten, und keine von ihnen wurde in seinen inneren Kreis aufgenommen. Er respektierte das

16   DER PROTESTANTISCHE NORDEN

stumme Leiden seiner vernachlässigten königlichen Gemahlin, und nach seiner Rückkehr aus dem Krieg überraschte er sie mit einem Geschenk von 25000 Talern; doch
ist es zweifelhaft, ob er je mit ihr das Bett teilte. Sie lernte es, ihn dennoch zu lieben,
achtete ihn wegen seiner Tapferkeit im Unglück und seines Pflichteifers als Herrscher;
sie sprach von ihm als von «notre cher roi», «dieser teure Fürst, den ich liebe und
bis zum Ende anbeten werde»[4]. Er hatte keine Kinder, hing jedoch sehr an seinen
Hunden; gewöhnlich schliefen zwei von ihnen des Nachts in seinem Schlafzimmer,
wahrscheinlich als Wache, und manchmal nahm er einen von ihnen in sein Bett, um
sich an ihm zu wärmen. Als der letzte seiner Lieblingshunde starb, «weinte er tage-
lang»[5]. Er ist der Homosexualität verdächtigt worden[6]; doch hierüber können wir
nur Mutmaßungen anstellen.

Unter seinem kriegerischen Panzer verbargen sich Züge der Zärtlichkeit, die er nur
selten öffentlich zeigte. Er vergoß viele Tränen über den Tod seiner Mutter und erwiderte die Liebe seiner Schwester Wilhelmine mit tiefer Zuneigung. Seinen Nichten
erwies er kleine, unauffällige Freundlichkeiten. Er lachte über Rousseaus Sentimentalität, doch er verzieh ihm seine Feindseligkeit und bot ihm ein Asyl an, als die christliche Welt ihn ausstieß. Er vollzog mühelos den Übergang vom harten Drill seiner
Soldaten zum sanften Flötenspiel und komponierte Sonaten, Konzerte und Symphonien, an deren Aufführung vor seinem Hof er selbst teilnahm. Hier hörte ihn der
sachverständige Burney und berichtete, des Königs Spiel sei «von großer Präzision,
seine *embouchure* (Ansatz) klar und eben, seine Finger brillant und sein Geschmack
rein und ungekünstelt ... Die Cadenzen, welche Seine Majestät machten, waren gut,
aber lang und studiert.» Doch Burney fügt hinzu, daß «der König noch nicht so öfter
Gelegenheit brauchte, Athem zu nehmen, als itzt; denn in einigen von sehr sehr
schweren und langen Solosätzen sowohl, als in den Cadenzen, war das Athemnehmen
nöthig, ehe die Passagen zu Ende gebracht worden»[7]*. In späteren Jahren zwangen ihn
seine zunehmende Kurzatmigkeit und der Verlust mehrerer Vorderzähne, das Flötenspiel aufzugeben; dafür nahm er jedoch das Klavierstudium wieder auf.

Neben der Musik war seine beliebteste Zerstreuung die Philosophie. Er liebte es,
einen oder zwei Philosophen an seiner Tafel zu haben, um mit ihnen über die Pfaffen
herzufallen und die Generäle zu ärgern. Er stand seinen Mann im Gedankenaustausch
mit Voltaire und blieb Skeptiker, als die meisten der *philosophes* Dogmen und Hirn-
gespinste entwickelten. Er war der erste Herrscher der Neuzeit, der sich offen zum
Agnostizismus bekannte, griff jedoch die Religion nicht öffentlich an. Er erklärte:
«Wir haben genug Wahrscheinlichkeitsgründe, um zu der Gewißheit zu kommen, daß
post mortem nihil ist»[9]; er lehnte jedoch Holbachs Determinismus ab und vertrat (als
ein Mann, der fleischgewordener Wille war) beharrlich die Meinung, der Verstand
wirke schöpferisch auf unsere Empfindungen und eine richtige Erziehung könne uns
instand setzen, unsere Impulse durch die Vernunft zu lenken[10]. Seine Lieblingsphilo-

---

* 1889 veröffentlichten Breitkopf & Härtel 120 Kompositionen Friedrichs des Großen. Einige
von ihnen sind auf Schallplatten aufgenommen. Seine Symphonie in D-dur für zwei Flöten und Orchester wurde 1928 in Berlin und 1929 in New York neu aufgeführt[8].

DAS DEUTSCHLAND FRIEDRICHS DES GROSSEN 17

sophen waren «mein Freund Lucrez» und «mein Bruder Kaiser Marc Aurel»; nichts von Bedeutung war in seinen Augen nach ihnen gedacht und gesagt worden [11].

Er stimmte mit Voltaire überein in dem Glauben, daß die «Massen» sich zu schnell vermehrten und zu hart arbeiteten, um genügend Zeit zum Erwerb echter Bildung zu haben. Wenn man ihnen den Glauben raubte, trieb man sie nur der politischen Gewalttätigkeit in die Arme. «Die Aufklärung», sagte Friedrich, «ist ein Licht vom Himmel für jene, die auf den Höhen stehen, und ein zerstörerischer Feuerbrand für die Massen» [12]; Beispiele dafür sollten später die Septembermorde von 1792 und das Terrorregime von 1793 zu Beginn der Französischen Revolution bilden. An Voltaire schrieb er im April 1759: «Lassen Sie uns nur die Wahrheit gestehen: die schönen Wissenschaften und die Philosophie verbreiten sich nur unter die kleinere Anzahl; der größere Haufen, das Volk und der Pöbel ..., bleiben das, wozu die Natur sie geschaffen hat, das heißt wilde Thiere.» [13] Er nannte die Menschheit mit grimmigem Humor «diese verdammte Rasse» und belächelte Utopien von Güte und Frieden:

«Aberglaube, Eigennutz, Rachsucht, Untreue und Undankbarkeit werden bis an das Ende der Welt blutige und tragische Szenen verursachen, und nur selten die Vernunft. Es wird immer Kriege, Prozesse, Verwüstungen, ansteckende Seuchen, Erdbeben und Bankerotte geben. Mich dünkt, da es einmal so ist, so muß es auch nothwendig sein ... Indeß dünkt mich, ein wohltätiges Wesen würde, wenn es die Welt geschaffen hätte, uns glücklicher gemacht haben, als wir sind ... Der menschliche Geist ist schwach; mehr als drei Viertel von uns sind zur Sklaverei des ungereimtesten Fanatismus geschaffen. Die Furcht vor dem Teufel und der Hölle wirft den Leuten eine Decke vor die Augen, und sie verabscheuen den Weisen, der ihnen Licht geben will ... Ich suche in ihnen vergeblich das Bild Gottes, wozu er, wie die Theologen versichern, geschaffen sein soll. Jeder Mensch hat ein wildes Thier in sich; nur wenige wissen es zu fesseln, die meisten lassen ihm den Zügel schießen, wenn sie nicht durch die Furcht vor den Gesetzen davon abgehalten werden.» [14]

Friedrich kam zu dem Schluß, es würde zu einer Katastrophe führen zuzulassen, daß die Regierungen durch die Mehrheit beherrscht werden. Selbst eine demokratische Regierung muß, um überleben zu können, wie andere Regierungen in den Händen einer Minderheit sein, die eine Mehrheit überredet, sich von der Minderheit führen zu lassen. Friedrich war wie Napoleon der Ansicht, daß es «in den Nationen und Revolutionen immer eine Aristokratie» gebe [15]. Er glaubte, eine Erbaristokratie entwickle ein Gefühl für Ehre und Treue sowie eine Bereitwilligkeit, dem Staat unter großen persönlichen Opfern zu dienen, die von bürgerlichen, im Wettlauf um den Reichtum geformten Geistern nicht erwartet werden könne. So ersetzte er nach dem Krieg die meisten der aus der Mittelklasse kommenden Offiziere, die in der Armee aufgestiegen waren, durch Junker [16]. Da diese stolzen Adligen aber Fronde gegen die Regierung machen konnten und von Ausbeutungsgelüsten nicht frei waren, mußten der Staat gegen innere Zwietracht und die Gesellschaft gegen soziale Ungerechtigkeit durch einen mit absoluter Macht regierenden Monarchen geschützt werden.

Friedrich liebte es, sich als Diener des Staates und des Volkes darzustellen. Dies mag eine vernunftgemäße Begründung seines Machtwillens gewesen sein, doch verhielt er sich zeitlebens entsprechend dem Bild, das er von sich geschaffen. Der Staat wurde für ihn das höchste Wesen, dem er sich selbst und andere zu opfern bereit war, und die Anforderungen dieses Dienstes hatten in seinen Augen Vorrang vor den Gesetzen der individuellen Moral; die Zehn Gebote machen halt vor den königlichen Türen. Alle Regierungen waren mit dieser Realpolitik einverstanden, und einige Monarchen übernahmen die Auffassung vom Königtum als einem heiligen Dienst. Friedrich hatte diese Vorstellung durch den Verkehr mit Voltaire entwickelt, und durch den Verkehr mit Friedrich entwickelten die *philosophes* ihre *thèse royale* – nämlich, daß die beste Hoffnung für Reform und Fortschritt in der Aufklärung der Könige liege.

So wurde er trotz seiner Kriege das Idol der französischen Philosophen und besänftigte sogar die Feindseligkeit des tugendbeflissenen Rousseau. D'Alembert lehnte lange Friedrichs Einladungen ab, hielt jedoch nicht zurück mit seinem Lob. «Sie werden, Sire», schrieb er an Friedrich, «von den Philosophen und Gelehrten aller Völker seit langem als ihr Oberhaupt und Vorbild betrachtet.» [17] Der vorsichtige Mathematiker folgte schließlich den wiederholten Aufforderungen und verbrachte 1763 zwei Monate bei Friedrich in Potsdam. Vertrauter Umgang (und eine Pension) minderten d'Alemberts Bewunderung nicht. Er war entzückt von der Gleichgültigkeit des Königs gegenüber der Etikette und von seinen Bemerkungen – nicht nur über Krieg und Regierungsgeschäfte, sondern auch über Literatur und Philosophie; diese Gespräche mit dem König, erklärte er Julie de Lespinasse gegenüber, seien genußvoller gewesen als jene, die man damals in Frankreich hören konnte [18]. Als d'Alembert 1776 über den Tod Julies fast verzweifelte, schrieb Friedrich ihm einen Brief, der den Menschenfresser in einer weichherzigen Stimmung zeigt:

«Ich bedaure das Mißgeschick, das Sie betroffen hat ... Die Wunden des Herzens sind die schmerzlichsten von allen, und nur die Zeit kann sie heilen ... Ich selbst habe, zu meinem Elend, nur allzu viel Erfahrung im Erdulden von Leiden, die durch solche Verluste verursacht wurden. Das beste Heilmittel besteht darin, sich selbst dazu zu zwingen, seinen Geist abzulenken ... Sie sollten eine geometrische Untersuchung wählen, die ständige Aufmerksamkeit erfordert ... Cicero versenkte sich, um sich über den Tod seiner teuren Tullia hinwegzuhelfen, in seine Schriftstellerei ... In Ihrem Alter und dem meinem dürften wir leichter zu trösten sein, da es nicht lange dauern wird, bis wir dem Gegenstand unserer Trauer nachfolgen werden.» [19]

Er drängte d'Alembert, wieder nach Potsdam zu kommen. «Wir werden miteinander über die Nichtigkeit des Lebens philosophieren ..., über die Eitelkeit des Stoizismus ... Wenn es mir gelingt, Ihren Kummer zu mildern, werde ich mich so glücklich fühlen, als hätte ich eine Schlacht gewonnen.» Dies waren Worte eines wenn nicht philosophischen Königs, so zumindest eines Königs, der die Philosophen liebte.

Solches galt indessen nicht mehr für Voltaire. Ihre Streitigkeiten in Berlin und Potsdam und Voltaires Verhaftung in Frankfurt hatten tiefe Wunden hinterlassen. Der Philosoph blieb länger verbittert als der König. Er sagte zu dem Fürsten von Ligne, Friedrich sei «unfähig zur Dankbarkeit» und habe «nie welche besessen außer gegenüber dem Pferd, auf dem er nach der Schlacht bei Mollwitz entkam» [20]. Der Briefwechsel zwischen diesen beiden glänzendsten Geistern des Jahrhunderts wurde neu aufgenommen, als Voltaire zur Feder griff, um dem verzweifelten Krieger vom Selbstmord abzuraten. Bald tauschten sie wieder Vorwürfe und Komplimente aus. Voltaire

DAS DEUTSCHLAND FRIEDRICHS DES GROSSEN

erinnerte Friedrich an die unwürdige Behandlung, die der Philosoph und seine Nichte durch die Agenten des Königs erlitten hatten; Friedrich antwortete: «Aber hätten Sie nicht mit einem Verehrer zu thun gehabt, der von Ihrem herrlichen Genie bethört ist – bei einem anderen wären Sie nicht so gut weggekommen ... Das lassen Sie sich gesagt sein, und reden Sie mir nicht mehr von Ihrer Nichte, die mir so langweilig ist.»[21] Doch dann schmeichelte der König der Selbstgefälligkeit des Philosophen:

«Müssen Sie Süßigkeiten haben? Nun gut, ich will Ihnen Wahrheiten sagen. Ich ehre in Ihnen das herrlichste Genie, das je ein Jahrhundert hervorgebracht hat, bewundere Ihre Verse und liebe Ihre Prosa ... Nie hat irgendein Schriftsteller vor Ihnen ein so scharfes Gefühl, einen so sicheren und so feinen Geschmack gehabt als Sie. Im Umgange sind Sie allerliebst; Sie wissen zu gleicher Zeit zu unterrichten und zu belustigen. Ich kenne gar kein Geschöpf, das so verführerisch wäre wie Sie ... Für einen Menschen hängt alles von dem Zeitpunkt ab, an dem er auf die Welt kommt. Obwohl ich zu spät kam, bedaure ich es nicht, denn ich habe Voltaire gesehen ..., und er schreibt mir.»[22]

Der König unterstützte durch hohe Beträge Voltaires Kämpfe für die Calas und die Sirvens und verfolgte beifällig seinen Krieg gegen l'*infâme*, doch er teilte nicht das Vertrauen der *philosophes* in die Aufklärung der Menschheit. In dem Wettlauf zwischen Vernunft und Aberglauben sagte er den Sieg des Aberglaubens voraus. So schrieb er am 13. September 1766 an Voltaire:

«Ihre Missionarien werden einigen jungen Leuten, die Ihre Schriften lesen oder mit Ihnen umgehen, die Augen öffnen; aber wie viele Geschöpfe gibt es in der Welt, die nicht denken! ... Glauben Sie gewiß, wenn Philosophen einen Staate stifteten, so würde sich das Volk zu Ende eines halben Jahrhunderts neuen Aberglauben schmieden ... Die Gegenstände der Anbetung können sich ändern, wie ihre französische Moden; aber liegt mir daran, ob man sich vor einem ungesäuerten Mehlkuchen, vor dem Ochsen Apis, vor der Bundeslade oder vor einer Statue niederwirft? Die Wahl hierzwischen verlohnt sich nicht der Mühe; der Aberglaube bleibt immer derselbe, und die Vernunft gewinnt nichts dabei.»[23]

Nachdem er die Religion als ein menschliches Bedürfnis anerkannt hatte, machte Friedrich seinen Frieden mit ihr und schützte sie in all ihren friedlichen Formen durch umfassende Toleranz. In dem eroberten Schlesien ließ er den Katholizismus unbehelligt, abgesehen davon, daß er die Universität Breslau, die zuvor nur Katholiken zugelassen hatte, für alle Glaubensbekenntnisse öffnete. Er bewillkommnete als wertvolle Lehrer die Jesuiten, die nach ihrer Vertreibung durch katholische Könige unter seiner agnostischen Herrschaft Zuflucht suchten. Er beschützte auch Mohammedaner, Juden und Atheisten, und in seiner Zeit und seinem Herrschaftsbereich praktizierte Kant jene Freiheit der Rede, der Lehre und der Schrift, die nach Friedrichs Tod so scharf getadelt wurde und ein Ende hatte. Unter dieser Duldung verfielen die meisten Religionsformen in Preußen. 1780 gab es in Berlin einen Geistlichen auf tausend Einwohner, in München dreißig[24]. Friedrich glaubte, daß die Toleranz dem Katholizismus bald ein Ende machen würde. «Es wäre ein Mirakel nöthig, um der Kirche wieder aufzuhelfen», schrieb er 1767 an Voltaire; «sie hat einen schrecklichen Schlaganfall erlitten, und Sie werden noch die Genugtuung haben, sie zu beerdigen und ihr Epitaph zu schreiben.»[25] Der gründlichste der Skeptiker hatte für einen Augenblick vergessen, dem Skeptizismus gegenüber skeptisch zu sein.

II. DER WIEDERAUFBAU PREUSSENS

Kein Herrscher der Geschichte hat je so hart in seinem Beruf gearbeitet, ausgenommen vielleicht Friedrichs Schüler Joseph II. von Österreich. Friedrich verlangte von sich das gleiche Maß an Zucht wie von seinen Soldaten; er stand gewöhnlich um fünf Uhr auf, manchmal schon um vier, arbeitete bis sieben, frühstückte, konferierte bis elf mit seinen Beamten, inspizierte seine Schloßwache, speiste um halb eins mit Ministern und Botschaftern zu Mittag, arbeitete wieder bis fünf und erholte sich erst dann bei Musik, Literatur und Gesprächen. Die «Mitternacht-Soupers», zu denen er nach dem Krieg einlud, begannen um halb zehn und dauerten bis zwölf. Er ließ nicht zu, daß Familienbindungen ihn ablenkten, Hofzeremonien ihn belasteten, religiöse Feiertage seine Arbeit unterbrachen. Er überwachte die Tätigkeit seiner Minister, bestimmte fast jeden Schritt in der Politik, kümmerte sich um die Staatsfinanzen und unterstellte die gesamte Verwaltung einem obersten Rechnungshof, der ermächtigt war, jede Abteilung zu jeder Zeit zu überprüfen, und den Befehl hatte, jeden Verdacht auf Unregelmäßigkeit zu berichten. Er bestrafte Pflichtvergessenheit und Unfähigkeit so streng, daß die Beamtenkorruption, die überall sonst in Europa blühte, aus Preußen fast vollkommen verschwand.

Er war stolz auf diesen Erfolg und nicht minder auf das rasche Wiedererstarken seines verwüsteten Landes. Er begann mit Sparsamkeit im eigenen Hause, was ihm den Spott der verschwenderischen Höfe der beiden besiegten Gegner Österreich und Frankreich einbrachte. Der königliche Haushalt wurde so sparsam geführt wie der eines rechnenden Kaufmanns. Des Königs Garderobe bestand aus einer Soldatenuniform, drei alten Röcken, einigen mit Schnupftabak beschmutzten Westen und einem Festkleid, das ihm sein ganzes Leben lang reichte. Er entließ die Jäger, die zum Gefolge seines Vaters gehört hatten, und schaffte die Jagdhunde ab; dieser Kriegsmann gab der Poesie den Vorrang vor der Jagd. Er baute keine Flotte, suchte keine Kolonien zu erwerben. Seine Beamten wurden kümmerlich bezahlt, und mit der gleichen Knauserigkeit bewilligte er die Mittel für den bescheidenen Hof, den er in Berlin unterhielt – während er in Potsdam weilte. Doch der Earl von Chesterfield nannte diesen Hof «den gebildetsten, den glänzendsten, den für einen jungen Diplomaten nützlichsten Hof in Europa» und fügte hinzu: «Man kann dort die Regierungskunst und Staatsklugheit jetzt [1752] besser studieren als in jedem anderen Land Europas.»[26] Doch zwanzig Jahre später berichtete Lord Malmesbury, der britische Botschafter in Preußen – vielleicht mit der Absicht, London zu trösten –, es gebe «in dieser Hauptstadt [Berlin] weder einen ehrlichen Mann noch eine keusche Frau»[27].

Friedrich hörte auf zu sparen, wenn es um die nationale Verteidigung ging. Durch Werbung und Zwangsaushebungen brachte er seine Armee bald wieder auf ihre Vorkriegsstärke; nur mit dieser Waffe in der Hand konnte er die territoriale Integrität Preußens gegenüber den ehrgeizigen Plänen Josephs II. und Katharinas II. behaupten. Die Armee mußte auch die Gesetze stützen, die dem preußischen Leben Ordnung und Festigkeit

DAS DEUTSCHLAND FRIEDRICHS DES GROSSEN 21

verliehen. Friedrichs Ansicht nach war eine zentralisierte und organisierte Staatsgewalt die einzige Alternative zu einer desorganisierten, zur Zersplitterung führenden, in Privathänden liegenden Gewalt. Er hoffte, daß der durch Furcht vor Strafe erzwungene Gehorsam sich allmählich in einen durch Gewöhnung an die Gesetze erzeugten verwandeln würde, so daß die Gewalt, hinter Regeln verborgen, ihre Krallen nicht würde zeigen müssen.

Er erneuerte seinen Befehl an die Juristen, die im Laufe von Generationen entstandene bunte und widersprüchliche Gesetzgebung der verschiedenen Provinzen in einem einzigen Rechtssystem, dem «Allgemeinen Preußischen Landrecht», zu kodifizieren; diese Arbeit, die durch den Tod von Samuel von Cocceji (1755) und durch den Krieg unterbrochen worden war, wurde von dem Kanzler Johann von Carmer und dem Geheimen Rat K. G. Swarez wiederaufgenommen und 1791 vollendet. Der neue Kodex nahm Lehnswesen und Leibeigenschaft als gegeben hin, suchte jedoch innerhalb dieser Beschränkungen das Individuum gegen private oder öffentliche Unterdrückung oder Ungerechtigkeit zu schützen. Er schaffte überflüssige Gerichtshöfe ab, vereinfachte und beschleunigte die Prozeßverfahren, milderte die Strafen und erhöhte die Anforderungen bei der Ernennung von Gerichtsbeamten. Todesurteile durften nicht ohne Bestätigung durch den König vollstreckt werden, und jedermann konnte sich zwecks Berufung an den König wenden. So gewann Friedrich Ansehen als Sachwalter einer unparteiischen Justiz, und bald galten die preußischen Gerichte als die verläßlichsten und leistungsfähigsten in Europa[28].

1763 erließ Friedrich ein «Generallandschulreglement», worin er die von seinem Vater 1716/17 proklamierte allgemeine Schulpflicht bestätigte und erweiterte. Jedes Kind in Preußen mußte von seinem fünften bis zu seinem vierzehnten Lebensjahr die Schule besuchen. Es war charakteristisch für Friedrich, daß Latein im Lehrplan der Volksschulen gestrichen wurde, daß alte Soldaten als Schulmeister bestellt wurden und daß der Unterricht halb militärischen Charakter hatte[29]. Der König erklärte: «Es ist eine gute Sache, daß die Schulmeister auf dem Lande den Kindern Religion und Moral beibringen ... Es genügt für die Menschen auf dem Lande, daß sie nur ein wenig Lesen und Schreiben lernen ... Der Unterricht muß so geplant werden ..., daß er die Menschen in den Dörfern hält und sie nicht beeinflußt, diese zu verlassen.»[30]

In erster Linie wurden Zeit und Geld jedoch für den wirtschaftlichen Wiederaufbau eingesetzt. Friedrich verwendete zunächst die Mittel, die für einen weiteren, nunmehr unnötig gewordenen Feldzug zurückgestellt worden waren, um die Neuerrichtung von Städten und Dörfern, die Verteilung von Lebensmitteln an hungernde Gemeinden und die Lieferung von Saatgut für die neue Aussaat zu finanzieren; er verteilte an die Bauern sechzigtausend Pferde, die das Heer erübrigen konnte. Insgesamt wurden 20 389 000 Taler für Hilfsmaßnahmen ausgegeben[31]. Das vom Krieg verwüstete Schlesien wurde für sechs Monate von allen Steuern befreit; achttausend Häuser wurden hier in drei Jahren gebaut, und eine Landwirtschaftsbank lieh den schlesischen Bauern Geld zu günstigen Bedingungen. In verschiedenen Zentren wurden Kreditgesellschaften gegründet mit dem Zweck, die Entwicklung der Landwirtschaft zu för-

22   DER PROTESTANTISCHE NORDEN

dern. Das Sumpfgebiet entlang der unteren Oder, der sogenannte Oderbruch, wurde trockengelegt, wodurch man anbaufähiges Land für fünfzigtausend Menschen gewann. Agenten wurden ins Ausland geschickt, um Einwanderer anzuwerben, und dreihunderttausend neue Siedler strömten herbei[32].

Da die Leibeigenschaft den Bauern an seinen Herrn band, gab es in Preußen nicht jene Freiheit, in die Städte zu ziehen, die in England die rasche Entwicklung der Industrie möglich gemacht hatte. Friedrich versuchte viele Mittel, diesem Hindernis zu begegnen. Er bewilligte Darlehen an Unternehmer zu günstigen Bedingungen, ließ zeitlich begrenzte Monopole zu, holte Arbeiter aus dem Ausland, eröffnete technische Schulen und gründete in Berlin eine Porzellanmanufaktur. Er bemühte sich um die Entwicklung einer Seidenindustrie, doch die Maulbeerbäume gediehen nicht in der nördlichen Kälte. Er förderte den Bergbau in Schlesien, das reich war an Mineralien. Am 5. September 1777 schrieb er an Voltaire wie ein Geschäftsmann an einen anderen: «Ich komme aus Schlesien zurück, wo ich sehr zufrieden gewesen bin ... Wir haben für fünf Millionen Thaler Leinewand und für eine Million zweihunderttausend Thaler Tuch an Ausländer verkauft ... Man verwandelt mit Vortheil Eisen in Stahl, und zwar auf eine viel einfachere Art, als Réaumur vorschlägt.»[33]

Um den Handel zu erleichtern, schaffte der König die Binnenzölle ab, vergrößerte Häfen, ließ Kanäle graben und baute achtundvierzigtausend Kilometer neue Straßen. Der Außenhandel wurde eingedämmt durch hohe Abgaben auf Importe und Sperren für den Export kriegswichtiger Güter; die Unsicherheit der internationalen Lage erzwang den Schutz der einheimischen Industrie, um eine angemessene Produktionskapazität in Kriegszeiten zu gewährleisten. Trotz dieser Beschränkung wuchs Berlin als Mittelpunkt sowohl des Handels als auch der Verwaltung: 1721 hatte es sechzigtausend Einwohner, 1777 bereits hundertvierzigtausend[34]; es war auf dem Wege, die Hauptstadt Deutschlands zu werden.

Um diese Mischung aus Feudalismus, Kapitalismus, Sozialismus und Autokratie zu finanzieren, preßte Friedrich durch Steuern aus seinem Volk fast ebensoviel heraus, wie er ihm durch soziale Einrichtungen, Geldbeihilfe und öffentliche Arbeiten zukommen ließ. Für den Staat errichtete er ein Monopol auf Salz, Zucker, Tabak und (nach 1781) Kaffee, und ihm selbst gehörte ein Drittel des anbaufähigen Bodens[35]. Er besteuerte alles, sogar Straßensänger, und holte Helvétius ins Land, um von ihm ein unfehlbares System der Steuereinziehung entwerfen zu lassen. «Das neue Besteuerungsverfahren», schrieb ein englischer Botschafter, «hat die Zuneigung des Volkes zu seinem Herrscher richtiggehend getötet.»[36] Bei seinem Tod hinterließ Friedrich 51 Millionen Taler im Staatsschatz – das Zweieinhalbfache der jährlichen Staatseinkünfte.

Der jüngere Mirabeau veröffentlichte, nachdem er Berlin dreimal besucht hatte, 1788 eine vernichtende Analyse *De la Monarchie prussienne sous Frédéric le Grand*. Er hatte von seinem Vater die Grundsätze des freien Unternehmertums der Physiokraten übernommen und verwarf deshalb das Friderizianische Regime als einen Polizeistaat, als eine Bürokratie, die alle Unternehmungslust ersticke und sich in alle privaten Bereiche einmische. Friedrich könnte geantwortet haben, in der verworrenen Lage Preu-

DAS DEUTSCHLAND FRIEDRICHS DES GROSSEN 23

ßens nach dem Siebenjährigen Krieg hätte ein *laisser-faire* auf wirtschaftlichem Gebiet den Sieg zunichte gemacht. Lenkung von oben war unerläßlich; Friedrich war der einzige, der wirksam befehlen konnte, und er kannte keine andere Form des Befehlens als die eines Generals gegenüber seinen Truppen. Er rettete Preußen vor der Niederlage und vor dem Zusammenbruch und zahlte dafür mit dem Verlust der Liebe seines Volkes. Er erkannte dies und tröstete sich mit seiner Rechtschaffenheit:

«Unser Volk ist schwerfällig und träge. Mit diesen zwei Fehlern hat die Regierung immerfort zu kämpfen. Durch Euren Antrieb bringt Ihr die Masse in Bewegung, aber sie kommt sofort zum Stillstand, sobald der Antrieb einen Augenblick nachläßt. Niemand kennt etwas anderes als den alten Brauch. Man liest wenig, kümmert sich wenig darum, wie es anderswo hergeht, und erschrickt daher bei allem Neuen. Ich habe meinem Volk nichts als Gutes erwiesen, und doch glaubt es, ich wollte ihm das Messer an die Kehle setzen, sobald es sich um eine zweckmäßige Reform oder eine notwendige Änderung handelt. In solchen Fällen bin ich meinen ehrlichen Absichten, der Stimme meines Gewissens und meiner langen Erfahrung gefolgt und ruhig meinen Weg gegangen.»[37]

Sein Wille setzte sich durch. Preußen wurde, sogar schon zu seinen Lebzeiten, reich und stark. Die Bevölkerung verdoppelte sich, das Erziehungswesen wurde ausgebaut, die religiöse Intoleranz verschwand. Es trifft zwar zu, daß diese neue Ordnung auf dem aufgeklärten Despotismus beruhte und daß das friderizianische Staatsgebilde, als nach Friedrichs Tod der Despotismus ohne Aufklärung blieb, seine Stärke einbüßte und bei Jena vor einem Willen zusammenbrach, der ebenso kraftvoll war wie der Friedrichs. Doch auch das napoleonische Gebilde, das von *einem* Hirn und *einem* Willen abhing, ging unter, und letzten Endes war es Friedrichs später Erbe und Nutznießer, Bismarck, der das Frankreich der Erben Napoleons züchtigte und aus Preußen und hundert Fürstentümern ein geeintes und mächtiges Deutschland schuf.

III. DIE FÜRSTENTÜMER

Deutschland war im achtzehnten Jahrhundert nicht eine Nation, sondern es war eine lose Verbindung von fast unabhängigen Staaten, die den «Heiligen Römischen» Kaiser in Wien als ihr Oberhaupt anerkannten und von Zeit zu Zeit Vertreter zu einem Reichstag schickten, dessen Haupttätigkeit darin bestand, Reden anzuhören, Zeremonien über sich ergehen zu lassen und einen Kaiser zu wählen. Die Staaten hatten eine gemeinsame Sprache, Literatur und Kunst, doch verschiedene Landessitten, Trach-, ten, Währungen und Glaubensbekenntnisse. Diese politische Zerstückelung hatte einige Vorteile: Die Vielzahl fürstlicher Höfe begünstigte eine anregende Vielfalt der Kulturen, die Heere waren klein, anstatt zum Schrecken Europas vereint zu sein, und Staat, Kirche und Volk waren auf Grund der leichten Auswanderungsmöglichkeiten in einem beachtlichen Grad zu Duldsamkeit in Religion, Brauchtum und Recht gezwungen. Theoretisch war die Macht eines jeden Fürsten absolut, denn der protestantische Glaube sanktionierte das «göttliche Recht» der Könige. Friedrich, der kein göttliches Recht, sondern nur das seiner Armee anerkannte, verspottete «die

24 DER PROTESTANTISCHE NORDEN

meisten kleinen Fürsten, namentlich die deutschen», die «sich durch einen ihre Einkünfte übersteigenden Aufwand ruinieren, wozu sie die Trunkenheit ihrer eingebildeten Größe verleitet ... Der jüngste Sohn des jüngsten Sohnes einer abgefundenen Linie bildet sich noch ein, so etwas zu sein wie Ludwig XIV. Er baut sein Versailles, er hat seine Mätressen, er hält seine Armee ... Vielleicht wäre seine Armee stark genug, auf der Schaubühne von Verona eine Schlacht darzustellen.»[38]

Das bedeutendste der Fürstentümer war Sachsen. Seine glanzvollste und künstlerisch bedeutsamste Epoche endete indessen, als Kurfürst August III. sich mit Maria Theresia gegen Friedrich den Großen verbündete; der erbarmungslose König beschoß und zerstörte Dresden im Jahre 1760, der Kurfürst floh nach Polen, dessen Königstitel er innehatte, und starb 1763. Sein Enkel, Friedrich August III., erbte das Fürstentum im Alter von dreizehn Jahren, verdiente sich den Beinamen «der Gerechte», machte Sachsen 1806 zum Königreich und behielt seinen Thron trotz vieler Wechselfälle bis zu seinem Tode (1827).

Karl Eugen, Herzog von Württemberg, verdient unsere Aufmerksamkeit besonders als der Freund und Feind von Schiller. Er besteuerte seine Untertanen mit unerschöpflichem Einfallsreichtum, verkaufte zehntausend seiner Soldaten an Frankreich und unterhielt nach Casanova den «glänzendsten Hof Europas»[39], mit einem französischen Theater, einer italienischen Oper und einer Reihe von Konkubinen. Wichtiger für uns ist Carl August, regierender Herzog von Sachsen-Weimar von 1775 bis 1828; doch wir werden uns zu seinem Vorteil erst dann mit ihm befassen, wenn wir auf die Sterne zu sprechen kommen, die seiner Regierung Glanz verliehen – Wieland, Herder, Goethe und Schiller. Er war einer von mehreren kleineren «aufgeklärten Despoten», die in jener Zeit unter Voltaires Einfluß und nach dem Beispiel Friedrichs zum Erwachen Deutschlands beitrugen. In diesem Sinne wirkten auch die Erzbischöfe von Münster, Köln, Trier, Mainz und Würzburg-Bamberg, indem sie Schulen und Krankenhäuser vermehrten, der höfischen Verschwendung Einhalt geboten, die Klassenunterschiede milderten, das Gefängniswesen reformierten, die Armenfürsorge erweiterten und die Bedingungen für Industrie und Handel verbesserten. «Es ist nicht leicht», schrieb Edmund Burke, «sich mildere und duldsamere Regierungen vorzustellen, als wie diese Kirchenfürstentümer sie aufweisen.»[40]

Die Klassenunterschiede jedoch wurden in den meisten deutschen Staaten als Mittel zur Aufrechterhaltung der sozialen Ordnung mit Nachdruck hervorgehoben. Adel, Geistlichkeit, Offiziere, Geistesarbeiter, Kaufleute, Bauern bildeten gesonderte Klassen, und innerhalb jeder Klasse gab es Stufen, deren Angehörige mit Verachtung auf die der nächstunteren herabsahen. Ehen außerhalb einer Klasse waren fast undenkbar; doch gelang es einigen Kaufleuten und Bankiers, sich Adelstitel zu kaufen. Die Adligen besaßen ein Monopol auf die höheren Stellen in der Armee und der Regierung, und viele von ihnen erwiesen sich ihrer Vorrechte würdig durch Tapferkeit und Tüchtigkeit, andere jedoch waren Uniformen tragende Parasiten, die um gesellschaftlichen Vorrang am Hof wetteiferten und in Sprache, Philosophie und Mätressenunwesen der französischen Mode folgten.

DAS DEUTSCHLAND FRIEDRICHS DES GROSSEN 25

Es gereicht den Fürsten, Prälaten und Adligen des westlichen Deutschland zur Ehre, daß sie bis 1780 ihre Bauern von der Leibeigenschaft befreit hatten, und zwar unter Bedingungen, die eine weite Verbreitung ländlichen Wohlstands möglich machten. Reinhold Lenz hielt die Bauern für bessere menschliche Wesen – schlichter, ehrlicher, natürlicher – als die pfennigzählenden Händler oder die stolzen jungen Aristokraten[41]. Heinrich Jung idealisierte in seiner Autobiographie (1777) das Dorfleben mit seiner täglichen Arbeit und seinen jahreszeitlichen Festen; Herder fand die Volkslieder der Bauern wahrer und tiefer als die Poesie in den Büchern, und Goethe schilderte in *Dichtung und Wahrheit* eine Weinlesefeier mit den Worten: «Lust und Jubel erstreckt sich über eine ganze Gegend» mit Feuerwerk, Gesang und Wein[42]. Dies war eine Seite des Lebens in Deutschland; die andere waren harte Arbeit, hohe Steuern, mit dreißig Jahren gealterte Frauen, des Schreibens und Lesens unkundige, in Lumpen gekleidete und auf den Straßen bettelnde Kinder. So sagte Eva König 1770 zu Lessing, an einer Postkutschenstation hätten sie achtzig Bettler umringt, und in München seien ganze Familien hinter ihr hergelaufen, rufend, daß man sie doch nicht verhungern lassen könne[43].

Im 18. Jahrhundert war die Familie wichtiger als der Staat oder die Schule. Das deutsche Heim war die Quelle und der Mittelpunkt der moralischen Disziplin, der sozialen Ordnung und der wirtschaftlichen Tätigkeit. Hier lernte das Kind einem strengen Vater zu gehorchen, Zuflucht bei einer liebenden Mutter zu suchen und schon in jungen Jahren bei den verschiedenen Aufgaben mitzuwirken, die der Tag brachte. In seinem «Lied von der Glocke» zeichnete Schiller ein ideales Bild von der deutschen Mutter: «Und drinnen waltet die züchtige Hausfrau, die Mutter der Kinder, und herrschet weise im häuslichen Kreise und lehret die Mädchen und wehret den Knaben, und reget ohn' Ende die fleißigen Hände, und mehret Gewinn mit ordnendem Sinn.»[44] Die Gattin war dem Ehemann untertan, doch sie war das Idol ihrer Kinder. Außerhalb des Hauses schlossen die Männer, ausgenommen an den Höfen, die Frauen vom gesellschaftlichen Leben aus, und so neigte ihre Unterhaltung dazu, entweder geistlos oder zügellos zu sein. An den Höfen gab es viele Frauen von Kultur und Gesittung und unter ihnen, wie Eckermann berichtete, einige, «die einen ganz vortrefflichen Stil schreiben, so daß sie sogar manche unserer gepriesenen Schriftsteller darin übertreffen»[45]. Wie in Frankreich mußten auch in Deutschland die Frauen der oberen Stände es als Zubehör weiblicher Taktik erlernen, in Ohnmacht zu fallen und nach Bedarf in gefühlvolle Tränen auszubrechen.

Die Moral der Höfe folgte, was Trinken und Spielen, Ehebruch und Scheidung betraf, dem französischen Vorbild. Adlige Damen wechselten nach Frau von Staël ihre Ehemänner, «als ob es sich nur um das Arrangement der Nebenumstände in einem Drama handele ... und ohne daß sich durchaus eine Bitterkeit in diesen leicht auszuführenden Bruch mischt»[46]. Zu Schrittmachern der Sittenlosigkeit wurden die Fürsten, die ihre Soldaten an fremde Herrscher verkauften; so baute der Landgraf von Hessen-Kassel ein prächtiges Schloß und unterhielt einen kostspieligen Hof mit den Erlösen seines Soldatenhandels. Insgesamt verkauften – oder, wie sie es ausdrückten,

26 DER PROTESTANTISCHE NORDEN

«liehen» – deutsche Fürsten während der amerikanischen Revolution etwa dreißigtausend Soldaten an England für etwa 500000 Pfund; 12 500 dieser Männer kehrten nicht mehr nach Hause zurück[47]. Außerhalb Preußens zeigten die Deutschen des 18. Jahrhunderts – in Erinnerung an die Schrecken des siebzehnten – wenig Neigung zum Krieg. Offenbar kann der Nationalcharakter sich von einem Jahrhundert zum anderen ändern.

Die Religion war in Deutschland dem Staat in höherem Maße untergeordnet als in katholischen Ländern. Die Kirche, in Sekten gespalten, besaß kein ehrfurchteinflößendes päpstliches Oberhaupt, das sich für ihre Lehre, ihre Ansprüche und ihre Verteidigung hätte einsetzen können; ihre Führer wurden von dem Fürsten ernannt, ihr Einkommen hing von seinem Willen ab. Die mittleren und unteren Klassen waren strenggläubig; nur die Adligen, Intellektuellen und einige wenige Geistliche waren angesteckt von dem Unglauben, der aus England und Frankreich eindrang. Das Rheinland war größtenteils katholisch, und doch entstand gerade hier in dieser Periode eine Bewegung, welche die Autorität der Päpste kühn herausforderte.

1763 veröffentlichte Johann Nikolaus von Hontheim, Weihbischof von Trier, unter dem Pseudonym Justinus Febronius eine Abhandlung mit dem Titel *De Statu ecclesiae et legitima potestate romani pontificis* («Über den Status der Kirche und die legitime Macht des römischen Papstes»). Das Buch wurde ins Deutsche, Französische, Italienische, Spanische und Portugiesische übersetzt und erregte Aufsehen in ganz Westeuropa. Febronius akzeptierte den Primat des Papstes, erkannte ihm jedoch nur einen ehrenamtlichen Charakter und ausführende Verwaltungsbefugnisse zu; nach ihm war der Papst nicht unfehlbar, und gegen seine Entscheidungen sollte Berufung eingelegt werden können bei einem Konzil, das die oberste gesetzgebende Körperschaft der Kirche darstellen würde. Der Autor mißtraute dem geheimen konservativen Einfluß der römischen Kurie und vertrat die Ansicht, die übertriebene Zentralisierung der kirchlichen Macht habe die Reformation verursacht, und eine Dezentralisierung könne die Rückkehr der Protestanten in den Schoß der katholischen Kirche erleichtern. In Sachen des menschlichen, nicht des göttlichen Rechts sollten weltliche Fürsten die Befugnis haben, dem Papsttum den Gehorsam zu verweigern und, wenn nötig, die Trennung ihrer nationalen Kirchen von Rom zu vollziehen. Der Papst verdammte das Buch (Februar 1764), doch es wurde zum «Brevier der Regierungen»[48]. Wir haben bereits gesehen, wie es Joseph II. beeinflußte.

Die Erzbischöfe von Köln, Trier, Mainz und Salzburg sympathisierten mit den Anschauungen von Febronius, denn sie wünschten vom Papst unabhängig zu sein, wie es die anderen Fürstentümer vom Kaiser waren. Am 25. September 1786 veröffentlichten sie die «Punktation [Vorvertrag] von Ems» (bei Koblenz), die, wenn sie in Kraft gesetzt worden wäre, zu einer neuen Reformation geführt hätte:

«Der Papst ist und bleibt die höchste Autorität in der Kirche ... Doch diejenigen Privilegien, die nicht aus den ersten christlichen Jahrhunderten stammen, sondern auf den falschen isidorischen Dekretalen beruhen und unvorteilhaft sind für die Bischöfe ..., können nicht länger als gültig betrachtet werden; sie gehören zu den Usurpationen der römischen Kurie; und die

DAS DEUTSCHLAND FRIEDRICHS DES GROSSEN 27

Bischöfe sind berechtigt (da friedliche Proteste nichts nützen), selbst ihre gesetzlichen Rechte unter dem Schutz des römisch-deutschen Kaisers aufrechtzuerhalten. Berufungen [von seiten der Bischöfe] an Rom sollten nicht mehr vorkommen ... Die [religiösen] Orden sollten keine Weisungen von fremden Oberen annehmen, noch Konzilien außerhalb Deutschlands beiwohnen. Keine Kontributionen sollten nach Rom geschickt werden ... Freie Pfründen sollten nicht durch Rom, sondern durch eine reguläre Wahl einheimischer Kandidaten besetzt werden ... Ein deutsches Konzil sollte diese und andere Angelegenheiten regeln.»[49]

Die deutschen Bischöfe, welche die finanzielle Macht der Kurie fürchteten, unterstützten diese Erklärung nicht; darüber hinaus zögerten sie, die ferne Oberherrschaft Roms durch die unmittelbare und weniger zu umgehende Autorität der deutschen Fürsten zu ersetzen. Die beginnende Revolte brach zusammen; Hontheim widerrief (1788), die Erzbischöfe zogen ihre «Punktation» zurück (1789), und alles blieb beim alten.

IV. DIE DEUTSCHE AUFKLÄRUNG

Und doch nicht alles. Die Erziehung, ausgenommen in den kirchlichen Fürstentümern, war aus den Händen der Kirche in die des Staates übergegangen. Universitätsprofessoren wurden von der Regierung ernannt und (mit beschämender Sparsamkeit) bezahlt und besaßen den Status von öffentlichen Beamten. Obwohl alle Lehrer und Studenten der Religion des Fürsten angehören mußten, erfreuten sich die Fakultäten bis 1789 eines wachsenden Maßes akademischer Freiheit. Deutsch ersetzte das Latein als Unterrichtssprache. Die Zahl der Vorlesungen über Naturwissenschaft und Philosophie stieg, und Philosophie wurde (zu Kants Lebzeiten an der Universität Königsberg) großzügig definiert als die «Fähigkeit, zu denken und die Natur der Dinge ohne Vorurteile oder Sektiererei zu erforschen»[50]. Karl von Zedlitz, der hingebungsvolle Erziehungsminister unter Friedrich dem Großen, forderte Kant auf, Mittel vorzuschlagen, um «die Studenten auf Universitäten von den Brodt-Collegiis zurückzuhalten und ihnen begreiflich zu machen, daß das bischen Richterey, ja selbst Theologie und Arzney-Gelahrtheit unendlich leichter und in der Anwendung sicherer wird, wenn der Lehrling mehr philosophische Kenntniß hat»[51].

Viele arme Studenten erhielten für ihr Studium öffentliche oder private Unterstützung; bezeichnend hierfür ist Eckermanns Bericht darüber, wie ihm von freundlichen Nachbarn bei jedem Schritt seiner Entwicklung geholfen wurde[52]. Es gab keine Klassenunterschiede in der Studentenschaft[53]. Jeder Promovierte konnte unter dem Schutz der Universität gegen Gebühren, deren Höhe im Belieben der Hörer lag, Vorlesungen abhalten; auf diese Weise begann Kant seine Professorenkarriere, und ein solcher Wettbewerb von seiten junger Kräfte hielt alte gelehrte Häuser in Trab. Frau von Staël schrieb über die vierundzwanzig deutschen Universitäten: «Der ganze Norden Deutschlands ist mit den gelehrtesten Universitäten von ganz Europa besät. In keinem Lande, selbst nicht in England, gibt es so viel Mittel, sich zu unterrichten und seine Fähigkeiten zu vervollkommnen ... Die deutschen Universitäten genießen eines alten Rufs, der auf mehrere Jahrhunderte vor der Reformation zurückgeht. Seit dieser

28 DER PROTESTANTISCHE NORDEN

Epoche sind die protestantischen Universitäten unbestreitbar den katholischen überlegen, und Deutschlands ganzer literarischer Ruhm beruht auf diesen Instituten.»[54] Eine Erziehungsreform lag in der Luft. Johann Basedow, inspiriert durch die Lektüre Rousseaus, veröffentlichte 1774 seine *Elementarwerke* in vier Bänden, die einen Plan zur Unterrichtung der Kinder durch unmittelbare Bekanntschaft mit der Natur umrissen. Sie sollten durch Spiele und körperliche Übungen Kraft und Gesundheit erwerben; sie sollten größtenteils im Freien anstatt in dumpfen Klassenzimmern unterrichtet werden; sie sollten sich Sprachen nicht durch Grammatik und trockene Übungen, sondern durch die Benennung von Gegenständen und Handlungen der täglichen Erfahrung aneignen; sie sollten Moral lernen, indem sie ihre eigenen sozialen Gruppen bildeten und verwalteten; und sie sollten sich auf das Leben vorbereiten, indem sie einen Beruf erlernten. Die Religion sollte ihren Platz im Lehrplan haben, doch nicht an so beherrschender Stelle wie früher; Basedow äußerte offen seine Zweifel an der Dreieinigkeit[55]. Er gründete 1774 in Dessau ein Muster-Philanthropinum, das Schüler hervorbrachte, deren «Keckheit und Frechheit, Allwissenheit und Arroganz»[56] bei der älteren Generation Anstoß erregten; doch diese «fortschrittliche Erziehung» stand in Einklang mit der Aufklärung und verbreitete sich rasch in ganz Deutschland.

Erziehungsexperimente waren ein Teil der intellektuellen Gärung, die das Land zwischen dem Siebenjährigen Krieg und der Französischen Revolution erfaßte. Die Zahl der Bücher, Zeitungen, Zeitschriften, Leihbüchereien und Leseklubs nahm stürmisch zu. Ein Dutzend literarischer Bewegungen entstand, jede mit ihrer eigenen Ideologie, ihrer eigenen Zeitung und ihren eigenen Führern. Die erste deutsche Tageszeitung, die *Leipziger Zeitung*, hatte 1660 zu erscheinen begonnen; 1784 gab es 217 Tageszeitungen oder Wochenschriften in Deutschland. 1751 übernahm Lessing die Leitung der literarischen Abteilung der *Vossischen Zeitung* in Berlin, ab 1772 gaben Merck, Goethe und Herder die *Frankfurter gelehrten Anzeigen* heraus, und zwischen 1773 und 1789 machte Wieland den *Teutschen Merkur* zur einflußreichsten literarischen Zeitschrift Deutschlands. Es gab dreitausend deutsche Autoren im Jahre 1773, sechstausend im Jahre 1787; Leipzig allein hatte hundertdreiunddreißig. Viele von diesen betrieben die Schriftstellerei als Nebenbeschäftigung. Lessing war vermutlich der erste Deutsche, der während Jahren ausschließlich von literarischer Tätigkeit lebte. Fast alle Schriftsteller waren arm, denn das Urheberrecht schützte sie nur in ihren eigenen Fürstentümern; ohne Erlaubnis nachgedruckte Werke schränkten die Einkünfte von Autor und Verleger in gleicher Weise ein. Goethe verlor Geld am *Götz von Berlichingen* und verdiente wenig am *Werther*, dem größten literarischen Erfolg jener Generation.

Der Aufbruch der deutschen Literatur gehört zu den bedeutendsten Ereignissen des 18. Jahrhunderts. D'Alembert wußte in seinen Briefen, die er 1763 aus Potsdam schrieb, nichts zu berichten über deutsche literarische Werke[57]; um 1790 dagegen war Deutschland Frankreich an zeitgenössischer literarischer Schöpferkraft ebenbürtig, wenn nicht überlegen. Wir haben erwähnt, daß König Friedrich der deutschen Sprache vorwarf, sie sei plump, rauh und mit Konsonanten überladen; doch durch

DAS DEUTSCHLAND FRIEDRICHS DES GROSSEN 29

diese Herausforderung weckte er in Deutschland einen leidenschaftlichen nationalen Stolz, der die deutschen Schriftsteller trieb, ihre eigene Sprache zu benutzen und sich gegen die Voltaires und Rousseaus zu behaupten. Bis um 1763 hatte sich das Deutsche literarisch derart verfeinert, daß es die Aufgabe übernehmen konnte, der deutschen Aufklärung Stimme zu verleihen.

Diese Aufklärung war keine Jungfernzeugung. Sie war das schmerzliche Produkt des englischen Deismus, gepaart mit französischem Freidenkertum, vorbereitet durch den gemäßigten Rationalismus eines Christian Wolff. Die wichtigsten deistischen Werke eines Toland, Tindal, Collins, Whiston und Woolston waren bis 1743 ins Deutsche übersetzt worden, und 1755 verbreitete Grimms *Correspondance* die neuesten französischen Ideen unter der deutschen Elite. Bereits 1756 gab es in Deutschland genug Freidenker, um die Veröffentlichung eines *Freidenkerlexikons* zu ermöglichen. 1763/64 veröffentlichte Basedow seine *Philalethie* («Liebe zur Wahrheit»), in der er jede göttliche Offenbarung ablehnte und nur die der Natur selbst anerkannte. 1759 begann Christoph Friedrich Nicolai, ein Berliner Buchhändler, mit der Herausgabe der *Briefe die neueste Literatur betreffend*, die, bereichert durch Artikel von Lessing, Herder und Moses Mendelssohn, bis 1765 das literarische Sprachrohr der Aufklärung blieben und gegen Zügellosigkeit in der Literatur und den Autoritätsanspruch der Religion ankämpften.

Die Freimaurerei schloß sich der Bewegung an. Die erste Freimaurerloge wurde 1733 in Hamburg gegründet; andere Logen folgten, und zu ihren Mitgliedern gehörten Friedrich der Große, die Herzöge Ferdinand von Braunschweig und Carl August von Sachsen-Weimar, Lessing, Wieland, Herder, Klopstock, Goethe und Kleist. Im allgemeinen sympathisierten diese Gruppen mit dem Deismus, vermieden jedoch offene Kritik am orthodoxen Glauben. 1776 gründete Adam Weishaupt, Professor für kanonisches Recht in Ingolstadt, eine dem Freimaurertum verwandte geheime Gesellschaft, deren Mitglieder sich Perfektibilisten nannten, später jedoch wieder den alten Namen Illuminaten annahmen. Ihr Gründer, ein ehemaliger Jesuit, teilte sie, dem Vorbild der Gesellschaft Jesu folgend, in verschiedene Initiationsgrade ein und verpflichtete sie, ihren Führern Gehorsam zu leisten in einem Feldzug, der «selbstdenkende Menschen aus allen Weltteilen ... vereinigen» sollte, um die menschliche Gesellschaft zu «einem Meisterstück der Vernunft» zu gestalten und «in ihr und durch sie die höchste Vollkommenheit der Regierungskunst zu erreichen»[58]. 1784 verbot Karl Theodor, Kurfürst von Bayern, alle geheimen Gesellschaften, und der Illuminatenorden starb eines unzeitigen Todes.

Sogar der Klerus wurde von der Aufklärung erfaßt. Johann Semler, Professor der Theologie in Halle, wandte schärfere Methoden der Kritik auf die Bibel an: Er behauptete (im Gegensatz zu Bischof Warburton), das Alte Testament könne nicht von Gott inspiriert sein, da es, ausgenommen in seiner letzten Phase, die Unsterblichkeit ignoriere; er behauptete, die Theologie des heiligen Paulus, der Christus nie gesehen habe, habe das Christentum von Christi Lehren abgelenkt, und er riet den Theologen, das Christentum als eine Übergangsform der menschlichen Bemühungen um ein mora-

30 DER PROTESTANTISCHE NORDEN

lisches Leben zu sehen. Als Karl Friedrich Bahrdt und andere seiner Schüler alle christlichen Dogmen außer dem Glauben an Gott verwarfen, kehrte Semler zur Orthodoxie zurück und hielt seinen Lehrstuhl für Theologie von 1752 bis 1791. Bahrdt erklärte, Jesus sei nur ein großer Lehrer gewesen «wie Moses, Konfuzius, Sokrates, Semler, Luther und ich selbst»[59]. Auch Johann Eberhard verglich Sokrates mit Christus; er wurde seines Amtes als lutherischer Geistlicher enthoben, doch Friedrich der Große machte ihn zum Professor der Philosophie in Halle. Ein anderer Geistlicher, W. A. Teller, interpretierte das Christentum als bloßen Deismus und nahm alle, einschließlich der Juden, die an Gott glaubten, in seine Gemeinde auf[60]. Johann Schulz, ein lutherischer Pastor, leugnete die Göttlichkeit Jesu und degradierte Gott zum «hinreichenden Grund der Welt»[61]; er wurde 1792 aus seinem geistlichen Amt entlassen.

Diese lautstarken Prediger stellten nur eine kleine Minderheit dar, doch gab es daneben wohl zahlreiche stumme Skeptiker. Jedoch weil so viele Geistliche sich der Vernunft gegenüber aufgeschlossen zeigten, weil die Religion in Deutschland viel stärker war als in England oder Frankreich und weil Wolffs Philosophie den Universitäten einen Kompromiß zwischen Rationalismus und Religion geliefert hatte, nahm die deutsche Aufklärung keine extremen Formen an. Sie suchte nicht die Religion zu zerstören, sondern sie bloß von den Mythen und Absurditäten und von der Priesterherrschaft zu befreien, die in Frankreich den Katholizismus für das Volk so anziehend und für die Philosophen so aufreizend machten. Mehr Rousseau als Voltaire folgend, anerkannten die deutschen Rationalisten die starke Anziehungskraft, welche die Religion auf die Gefühlsseite des Menschen ausübt, und die deutschen Adligen, weniger offen skeptisch als die französischen, förderten die Religion als eine Unterstützung der Regierungsgewalt und der Wahrung der Sitte. Die romantische Bewegung gebot dem Fortschreiten des Rationalismus Einhalt und hinderte Lessing daran, für Deutschland das zu werden, was Voltaire für Frankreich gewesen war.

V. GOTTHOLD EPHRAIM LESSING: 1729–1781

Sein Urgroßvater war Bürgermeister einer kleinen Stadt in Sachsen, sein Großvater war vierundzwanzig Jahre lang Bürgermeister von Kamenz und schrieb ein Plädoyer für die religiöse Duldsamkeit, sein Vater war oberster lutherischer Pastor in Kamenz und schrieb einen Katechismus, den Lessing auswendig lernte. Seine Mutter war die Tochter des Predigers, dessen Pfarrstelle sein Vater übernommen hatte. Es war natürlich, daß sie ihn für den Pfarrberuf bestimmte und daß er, übersättigt mit Frömmigkeit, rebellierte.

Seine frühe Erziehung, zu Hause und in einer Lateinschule in Meißen, war eine Mischung aus deutscher Disziplin, klassischer Literatur, lutherischer Theologie und lateinischer Komödie. «Theophrastus, Plautus und Terenz waren meine Welt, die ich mit Ergötzen studierte.»[62] Mit siebzehn Jahren wurde er auf Grund eines Stipendiums

DAS DEUTSCHLAND FRIEDRICHS DES GROSSEN 31

nach Leipzig geschickt. Er fand die Stadt interessanter als die Universität; er lief sich die Hörner ab, verliebte sich in das Theater und in eine Schauspielerin, fand Zugang zu der Welt hinter den Kulissen und lernte die Maschinerie der Bühne kennen. Mit neunzehn schrieb er ein Theaterstück und setzte durch, daß es aufgeführt wurde. Auf die Kunde von dieser Sünde weinte die Mutter, und der Vater befahl ihm erzürnt, nach Hause zurückzukehren. Er zerstreute ihren Kummer und überredete sie, seine Schulden zu bezahlen. Als seine Schwester Gedichte von ihm entdeckte, fand sie diese höchst unschicklich und verbrannte sie; er warf ihr Schnee in den Busenausschnitt, um ihren Eifer abzukühlen. Man schickte ihn zurück nach Leipzig, um Philosophie zu studieren und Professor zu werden; Lessing fand die Philosophie tödlich langweilig, machte mehr Schulden, als er bezahlen konnte, und floh nach Berlin (1748).

Hier lebte er als literarischer Gelegenheitsarbeiter, schrieb Kritiken, machte Übersetzungen und gab mit Christlob Mylius zusammen eine kurzlebige Zeitschrift für das Theater heraus. Im Alter von neunzehn war er dem Freidenkertum verfallen. Er las Spinoza und fand ihn trotz der Mathematik unwiderstehlich. Auch verfaßte er ein Drama (1749?), *Der Freigeist*, worin er Theophan, einen freundlichen jungen Geistlichen, Adrast, einem rauhen, beinahe schurkischen Freidenker, gegenüberstellte; das Christentum kam hier besser weg. Doch um dieselbe Zeit schrieb Lessing an seinen Vater, der christliche Glaube sei nicht etwas, was man auf Treu und Glauben von seinen Eltern übernehmen sollte[63]. Dann schrieb er ein anderes Theaterstück, *Die Juden*, in dem er die Heirat zwischen Christen und Juden zur Diskussion stellte: Ein reicher und ehrbarer Jude, einfach «der Freund» genannt, rettet einem christlichen Adligen und dessen Tochter das Leben; der Edelmann bietet ihm als Belohnung die Hand seiner Tochter an, zieht jedoch das Angebot zurück, als der Jude ihm seine Rasse enthüllt; der Jude ist ebenfalls der Meinung, daß die Ehe unglücklich ausgehen würde. Erst fünf Jahre später (1754) machte Lessing bei einem Schachspiel die Bekanntschaft von Moses Mendelssohn, der ihm die Tugenden, die er seinem «Freund» zugeschrieben hatte, zu verkörpern schien.

Zu Beginn des Jahres 1751 beauftragten Voltaire oder sein Sekretär Lessing, einige Schriften, die der ausgebürgerte Philosoph in einem Prozeß gegen Abraham Hirsch zu verwenden gedachte, zu übersetzen. Der Sekretär stellte Lessing einen Teil des Manuskripts von Voltaires *Le Siècle de Louis XIV* zur Verfügung. Später im Jahr siedelte Lessing nach Wittenberg über und nahm das Manuskript mit. Aus Furcht, diese unverbesserte Kopie könnte für eine unerlaubte Drucklegung verwendet werden, forderte Voltaire Lessing freundlich, aber dringend auf, die Blätter zurückzuschicken. Lessing tat es, nahm Voltaire jedoch den dringenden Ton übel, und dies mag ein Grund für seine spätere Feindseligkeit gegenüber Voltaires Werk und Charakter gewesen sein.

Lessing errang 1752 die Magisterwürde an der Universität Wittenberg. Nach Berlin zurückgekehrt, schrieb er für verschiedene Zeitschriften Artikel, die so überzeugend in ihrem Denken und in ihrem Stil waren, daß er 1753 ein genügend großes Leserpublikum gewonnen hatte, um, im Alter von vierundzwanzig Jahren, eine sechsbän-

DER PROTESTANTISCHE NORDEN

dige Ausgabe seiner gesammelten Werke veröffentlichen zu können. Zu diesen gehörte ein neues Theaterstück, *Miss Sara Sampson,* das einen Meilenstein in der Geschichte der deutschen Bühne darstellte. Bis zu dieser Zeit hatte das deutsche Theater einheimische Komödien, doch nur selten einheimische Tragödien aufgeführt. Lessing forderte seine Stückeschreiber-Kollegen auf, sich von den französischen Vorbildern ab- und den englischen zuzuwenden und ihre eigenen tragischen Dramen zu schreiben. Er lobte Diderot für seine Verteidigung der sentimentalen Komödie und der Tragödie des Mittelstandes, doch aus England – nämlich von George Lillos *The London Merchant* (1731) und Samuel Richardsons *Clarissa* (1748) – bezog er seine Anregung für *Miss Sara Sampson.*

Das Stück wurde 1755 in Frankfurt an der Oder aufgeführt und beifällig aufgenommen. Es besaß alle Elemente des Dramas. Es begann mit einer Verführung, endete mit einem Selbstmord und verband beides mit einem Strom von Tränen. Der Schurke Mellefont (Honiggesicht) ist Richardsons Lovelace; er ist ein Meister im Entjungfern und ein Verächter der Monogamie. Sara verspricht er die Ehe, entflieht und schläft mit ihr, verschiebt aber dann die Trauung. Eine frühere Geliebte versucht, ihn zurückzugewinnen, scheitert und vergiftet Sara; Saras Vater trifft ein, bereit, alles zu vergeben und Mellefont als seinen Sohn aufzunehmen, findet jedoch seine Tochter sterbend vor. Mellefont, aus der Rolle fallend, begeht Selbstmord, als wolle er Lessings bissige Bemerkung veranschaulichen, daß im tragischen Drama die Protagonisten an nichts anderem sterben als am fünften Akt[64].

Er glaubte, er könne nun zu Geld kommen, indem er für die Bühne schrieb, und da Berlin kein Theater hatte, siedelte er nach Leipzig über (1756). Da brach der Siebenjährige Krieg aus, das Theater wurde geschlossen, der Buchhandel erlahmte, und Lessing war ohne Mittel. Er ging zurück nach Berlin und schrieb für Nicolais *Briefe die neueste Literatur betreffend* Artikel, die einen neuen Höhepunkt in der deutschen literarischen Kritik darstellten. In seinem XIX. Brief sagte er: «Was die Meister der Kunst zu beobachten für gut befinden, das sind Regeln.» 1760 marschierte die österreichisch-russische Armee in Berlin ein; Lessing floh als Sekretär eines preußischen Generals nach Breslau. Während der fünf Jahre, die er dort verweilte, besuchte er die Kneipen, spielte, studierte Spinoza, die christlichen Kirchenväter und Winckelmann und schrieb den *Laokoon.* 1765 kehrte er nach Berlin zurück, und 1766 gab er sein berühmtestes Buch in Druck.

Laokoon oder über die Grenzen der Mahlerey und Poesie empfing seine unmittelbare Anregung von Winckelmanns *Gedancken über die Nachahmung der Griechischen Wercke in der Malerei und Bildhauerkunst* (1755). Als Lessing die Hälfte seines Manuskriptes geschrieben hatte, erreichte ihn Winckelmanns *Geschichte der Kunst des Alterthums;* er unterbrach seine Abhandlung und schrieb: «Des Herrn Winckelmanns 'Geschichte der Kunst des Alterthums' ist erschienen. Ich wage keinen Schritt weiter, ohne dieses Werk gelesen zu haben.»[65] Als Ausgangspunkt nahm er Winckelmanns Auffassung von der klassischen griechischen Kunst als Ausdruck heiterer Würde und Größe, und er schloß sich Winckelmanns Behauptung an, die *Laokoon*-Gruppe in der Vatikanischen Galerie bewahre

DAS DEUTSCHLAND FRIEDRICHS DES GROSSEN 33

diese Eigenschaften trotz Todespein. (Laokoon, Priester des Apollon in Troja, hegte den Verdacht, es seien Griechen in dem «Trojanischen Pferd», und schleuderte einen Speer auf es; die Göttin Athene, welche die Griechen begünstigte, überredete Poseidon, aus dem Meer zwei riesige Schlangen heraufzuschicken, die sich mit tödlichem Druck um den Priester und seine beiden Söhne wanden.) Winckelmann nahm an, der *Laokoon* – heute als eine Arbeit rhodischer Bildhauer des letzten Jahrhunderts vor Christus erkannt – gehöre dem klassischen Zeitalter des Pheidias an. Warum Winckelmann, der das Werk gesehen und studiert hatte, den verzerrten Zügen des Priesters ruhige Größe zuschrieb, ist ein Geheimnis; Lessing akzeptierte die Beschreibung, weil er die Statue nie gesehen hatte[66]. Er stimmte Winckelmanns Meinung zu, der Bildhauer habe den Ausdruck des Schmerzes gemildert, und bei seiner Untersuchung des Grundes für diese künstlerische Zurückhaltung kam er zu dem Schluß, sie habe ihre Ursache in den der plastischen Kunst innewohnenden Begrenzungen.

Er zitierte den Ausspruch des griechischen Dichters Simonides, daß «die Mahlerey eine stumme Poesie und die Poesie eine redende Mahlerey»[67] sei. Jedoch, fügte er hinzu, die beiden müßten sich innerhalb ihrer natürlichen Grenzen halten: Malerei und Skulptur sollten Gegenstände im Raum beschreiben und nicht versuchen, eine Geschichte zu erzählen, die Poesie sollte Ereignisse in der Zeit erzählen und nicht versuchen, Gegenstände im Raum zu beschreiben. Detaillierte Beschreibung sollte den plastischen Künsten überlassen bleiben; wenn dies in der Poesie geschieht, wie in Thomsons *Die Jahreszeiten* oder Hallers *Die Alpen*, wird die Erzählung unterbrochen, und die Ereignisse werden verdunkelt. «Diesem falschen Geschmack, und jenen ungegründeten Urtheilen entgegen zu arbeiten, ist die vornehmste Absicht folgender Aufsätze.»[68] Lessing vergaß bald seine Absicht und verlor sich in weitschweifigen Erörterungen von Winckelmanns *Geschichte*. Hier war er ohne Erfahrung oder Kenntnisse, und seine Verherrlichung der idealen Schönheit als Gegenstand der Kunst hatte eine lähmende Wirkung auf die deutsche Malerei. Er verwechselte die Malerei mit der Bildhauerei, wandte auf beide die in der Hauptsache der Bildhauerei eigenen Normen an und ermutigte so die kalte Formalität von Anton Raphael Mengs. Ein Segen jedoch war sein Einfluß auf die deutsche Dichtkunst; er befreite sie von langen Schilderungen, scholastischer Lehrhaftigkeit und langweiligen Details und führte sie auf den Weg zu Handlung und Gefühl. Goethe anerkannte dankbar die befreiende Wirkung des *Laokoon*.

Lessing fühlte sich wohler, als er im April 1767 als Stückeschreiber und Theaterkritiker mit einem Gehalt von achthundert Talern pro Jahr nach Hamburg übersiedelte. Hier schrieb er sein neues Stück, *Minna von Barnhelm*. Dessen Held, Major Tellheim, kehrt mit Ehren bedeckt nach dem Krieg auf sein Landgut zurück und verliebt sich in die reiche und liebliche Minna. Ein Schicksalsschlag und feindselige Intrigen machen ihn arm; er löst die Verlobung mit der Begründung auf, er sei nicht länger ein geeigneter Ehemann für die Erbin eines großen Vermögens. Er verschwindet, sie verfolgt ihn und bittet ihn, sie zu heiraten; er weigert sich. Als sie sein Motiv erkennt, fädelt sie eine Komödie ein, in deren Verlauf sie als mittellos erscheint; nun bietet ihr der Major die Ehe an. Jetzt aber treten zwei Boten auf, von denen der eine Minna

34   DER PROTESTANTISCHE NORDEN

und der andere Tellheim verkündet, daß sie ihr Vermögen zurückerhalten haben. Jedermann freut sich, und sogar die Dienstboten stürzen sich in die Ehe. Der Dialog ist lebendig, die Charaktere sind unwahrscheinlich, die Fabel ist absurd – doch fast alle Fabeln sind absurd.

An dem gleichen Tag, an dem das Nationaltheater in Hamburg eröffnet wurde (22. April 1767), veröffentlichte Lessing die Ankündigung seiner *Hamburgischen Dramaturgie*. In den nächsten zwei Jahren kommentierten diese Abhandlungen regelmäßig die in Deutschland aufgeführten Theaterstücke und die Theorie des Dramas bei den Philosophen. Er stimmte mit Aristoteles überein in der Beurteilung des Dramas als der höchsten Form der Dichtkunst und bekannte sich mit unbekümmerter Inkonsequenz zu den in der *Poetik* niedergelegten Regeln, von denen er sagte: «Indes steh ich nicht an, zu bekennen …, daß ich sie für ein ebenso unfehlbares Werk halte, als die *Elemente* des Eukleides (der aufgehört hatte, unfehlbar zu sein) es immer sind.»[69] Doch er flehte seine Landsleute an, ihre Unterwürfigkeit gegenüber Corneille, Racine und Voltaire aufzugeben und die Kunst des Dramas zu studieren, wie sie sich bei Shakespeare (der die Regeln des Aristoteles ignorierte) offenbare. Er war der Ansicht, das französische Drama sei zu formal, um jene Katharsis der Gefühle zu bewirken, die Aristoteles im griechischen Drama gefunden hatte; diese Reinigung habe Shakespeare im *Lear*, *Othello* und *Hamlet* durch die Intensität der Handlung und die Kraft und Schönheit seiner Sprache besser erreicht. Desdemonas Taschentuch übersehend, betonte Lessing die Notwendigkeit der Wahrscheinlichkeit: Der gute Dramatiker vermeidet die Abhängigkeit von Zufällen und Nebensächlichkeiten und baut jede Rolle so auf, daß sich die Ereignisse unausweichlich aus dem Charakter der beteiligten Personen entwickeln. Die Dramatiker des Sturm und Drang nahmen bereitwillig Shakespeare zum Vorbild und befreiten mit Freuden das deutsche Drama vom französischen. Der nationalistische Geist, der aus Friedrichs Siegen und Frankreichs Niederlage erwuchs, inspirierte und unterstützte Lessings Forderung, und Shakespeare beherrschte fast ein Jahrhundert lang die deutsche Bühne.

Das Hamburger Experiment scheiterte, weil die Schauspieler sich untereinander zerstritten und sich nur in der Ablehnung von Lessings Kritiken einig waren. Friedrich Schröder beklagte sich, Lessing sei nie fähig gewesen, seine Aufmerksamkeit einer ganzen Aufführung zu widmen, sei weggegangen und wiedergekommen, habe sich mit Bekannten unterhalten oder sich seinen Gedanken hingegeben und habe sich aus Einzelzügen, die sein vorübergehendes Vergnügen erregten, ein Bild geformt, das mehr seiner eigenen Vorstellung als der Wirklichkeit entsprach[70]. Dieses Urteil charakterisierte Lessings unbeständiges Leben und Denken treffend.

Verweilen wir hier einen Augenblick und betrachten wir Lessing in der Mitte seiner Laufbahn. Er war mittelgroß, hatte einen stolzen, aufrechten Gang, einen durch regelmäßige Übungen starken und geschmeidigen Körper, angenehme Gesichtszüge, dunkelblaue Augen und hellbraunes Haar, das seine Farbe bis zu seinem Tode behielt. Er war herzlich in seinen Freundschaften, hitzig in seinen Feindschaften. Er liebte die Kontroverse und machte rücksichtslosen Gebrauch von seiner scharfen Feder. «Ein

DAS DEUTSCHLAND FRIEDRICHS DES GROSSEN

kritischer Schriftsteller, dünkt mich ..., suche sich nur erst jemanden, mit dem er streiten kann: so kömmt er nach und nach in die Materie, und das übrige findet sich. Hierzu habe ich mir in diesem Werke, ich bekenne es aufrichtig, nun einmal die französischen Skribenten vornehmlich erwählt, und unter diesen besonders den Hrn. von Voltaire»[71] – was von großem Mut zeugte. Er war ein glänzender, doch schonungsloser Gesprächspartner, schlagfertig in der Antwort. Er machte sich Gedanken über alles, doch diese Gedanken waren zu zahlreich und zu stürmisch, als daß er ihnen Ordnung, Zusammenhang und Wirkung hätte verleihen können. Er liebte das Suchen nach der Wahrheit mehr als die gefährliche Illusion, sie gefunden zu haben. Hierfür zeugt sein bekannter Ausspruch:

«Nicht die Wahrheit, in deren Besitz irgendein Mensch ist oder zu sein vermeint, sondern die aufrichtige Mühe, die er angewandt hat, hinter die Wahrheit zu kommen, macht den Wert des Menschen. Denn nicht durch den Besitz, sondern durch die Nachforschung der Wahrheit erweitern sich seine Kräfte, worin allein seine immer wachsende Vollkommenheit besteht. Der Besitz macht ruhig, träge, stolz. – Wenn Gott in seiner Rechten alle Wahrheit und in seiner Linken den einzigen immer regen Trieb nach Wahrheit, obschon mit dem Zusatz, mich immer und ewig zu irren, verschlossen hielte und spräche zu mir: 'Wähle!' – ich fiele ihm mit Demut in seine Linke und sagte: 'Vater, gib! Die reine Wahrheit ist ja doch für dich allein!'»[72]

Zwei kostbare Freundschaften blieben ihm als Gewinn aus dem Hamburger Fiasko: Die eine war die mit Elise Reimarus, der Tochter von Hermann Reimarus, einem Professor für orientalische Sprachen an der Hamburger Akademie. Sie machte ihr Haus zu einem Zentrum der gebildetsten Gesellschaft der Stadt; Lessing schloß sich ihrem Zirkel an, und Mendelssohn und Jacobi kamen, wenn sie in der Stadt waren. Wir werden sehen, welch wichtige Rolle diese Verbindung in Lessings Lebensgeschichte spielte. Noch tiefer war seine Zuneigung zu Eva König, der Gattin eines Seidenhändlers, Mutter von vier Kindern und, wie Lessing uns berichtet, gescheit und lebhaft, ausgestattet mit weiblichem Takt und Zartgefühl, noch immer im Besitz der Frische und des Reizes der Jugend[73]. Auch sie unterhielt einen Salon kultivierter Freunde, von denen Lessing *facile princeps* war. Als ihr Gatte 1769 nach Venedig aufbrach, sagte er zu Lessing: «Ich vertraue Ihnen meine Familie an.» Es war dies wohl kaum eine Bitte um wirtschaftliche Fürsorge, denn der Dramatiker hatte keinen Aktivposten außer seinem Genie und war mit tausend Talern verschuldet. Im Oktober dieses Jahres nahm er eine Einladung des Fürsten Karl Wilhelm Ferdinand von Braunschweig an, die Betreuung der herzoglichen Bibliothek in Wolfenbüttel zu übernehmen. Die Bevölkerung dieser Stadt war auf etwa sechstausend Seelen gesunken, seit der regierende Herzog (1753) seine Residenz nach Braunschweig, elf Kilometer entfernt, verlegt hatte, doch Casanova bezeichnete die Sammlung von Büchern und Manuskripten als «die drittgrößte Bibliothek der Welt»[74]. Lessing sollte sechshundert Taler im Jahr, zwei Assistenten und einen Diener sowie freie Wohnung in dem alten herzoglichen Schloß erhalten. Im Mai 1770 bezog er sein neues Heim.

Er war kein erfolgreicher Bibliothekar, doch er bereitete seinem Arbeitgeber eine Freude, indem er unter den Manuskripten eine berühmte, doch verlorengeglaubte Abhandlung von Berengar von Tours (998–1088) entdeckte, welche die Transsubstantia-

DER PROTESTANTISCHE NORDEN

tion in Frage stellte. In seinem nun seßhaften Leben vermißte er die stimulierende Wirkung von Hamburg und Paris; das Studieren schwer lesbarer Schriften bei schlechtem Licht schwächte seine Augen und verursachte ihm Kopfschmerzen. Seine Gesundheit ließ nach; er tröstete sich damit, daß er ein neues Drama, *Emilia Galotti,* schrieb, in dem er seine Empörung über die Privilegien und die Moral der Aristokraten ausdrückte. Emilia ist die Tochter eines glühenden Republikaners; ihr Herrscher, der Fürst von Guastalla, begehrt sie, läßt ihren Verlobten ermorden und entführt sie auf sein Schloß. Der Vater findet sie und erdolcht sie auf ihr Verlangen. Dann stellt er sich dem Gericht des Fürsten und wird zum Tode verurteilt, während der Fürst sein nur vorübergehend gestörtes Lotterleben fortsetzt. Die Leidenschaft und Sprachgewalt des Stückes machten seinen Schluß wieder gut; es wurde eine beliebte Tragödie auf der deutschen Bühne. Goethe datierte von seiner Premiere (1772) die Wiederauferstehung der deutschen Literatur. Einige Kritiker begrüßten Lessing als einen deutschen Shakespeare.

Im April 1775 ging Lessing als Reisebegleiter des Fürsten Leopold von Braunschweig nach Italien. Achtzehn Monate lang genoß er Mailand, Venedig, Bologna, Modena, Parma, Piacenza, Pavia, Turin, Korsika und Rom; hier wurde er Papst Pius VI. vorgestellt und hat vielleicht, verspätet, den *Laokoon* gesehen. Im Februar 1776 war er wieder in Wolfenbüttel. Er spielte mit dem Gedanken, seinen Posten aufzugeben, ließ sich jedoch überreden zu bleiben, als sein Gehalt um zweihundert Taler erhöht wurde und man ihm hundert Louisdor pro Jahr als Berater des Mannheimer Theaters zusagte. Jetzt, siebenundvierzig Jahre alt, schlug er der verwitweten Eva König vor, sie solle seine Frau werden und ihre Kinder mitbringen. Sie kam, und die beiden wurden am 18. Oktober 1776 getraut. Sie erlebten ein Jahr ruhigen Glücks. Am Weihnachtsabend 1777 gebar sie ein Kind, das am nächsten Tag starb. Sechzehn Tage später starb auch die Mutter, und Lessing verlor die Lust am Leben.

Die Lust am Streiten erhielt ihn aufrecht. Am 1. März 1768 starb Hermann Reimarus und hinterließ seiner Frau ein umfangreiches Manuskript, das er nie zu veröffentlichen gewagt hatte. Wir haben an anderer Stelle über diese «Schutzschrift für die vernünftigen Verehrer Gottes» gesprochen[75]: Lessing hatte einiges aus diesem bemerkenswerten Werk gelesen; er fragte Frau Reimarus, ob er Teile daraus veröffentlichen dürfe, und sie willigte ein. Als Bibliothekar hatte er die Befugnis, jedes Manuskript der Sammlung zu veröffentlichen. Er reihte die «Schutzschrift» in die Bücherei ein und veröffentlichte dann einen Teil von ihr im Jahre 1774 als *Von Duldung der Deisten ... von einem Ungenannten.* Die Schrift fand kaum Beachtung. Die Verteidiger der Übernatürlichkeit wurden jedoch durch den zweiten Teil des Manuskriptes von Reimarus erregt, das Lessing 1777 als *Ein Mehreres aus den Papieren des Ungenannten, die Offenbarung betreffend* veröffentlichte. Darin wurde behauptet, daß keine an ein einziges Volk adressierte Offenbarung allgemeine Anerkennung gewinnen könne in einer Welt so vieler verschiedener Rassen und Glauben; nur eine Minderheit der Menschheit habe bisher, nach siebzehn Jahrhunderten, von der jüdisch-christlichen Bibel gehört, und infolgedessen könne sie nicht als Offenbarung Gottes für die Menschheit betrachtet

DAS DEUTSCHLAND FRIEDRICHS DES GROSSEN 37

werden. Ein letztes Fragment, *Von dem Zwecke Jesu und seiner Jünger* (1778), stellte Jesus nicht als den Sohn Gottes dar, sondern als einen glühenden Mystiker, der den Glauben mancher Juden teilte, daß die damals bekannte Welt bald zugrunde gehen werde und gefolgt würde von der Errichtung des Reiches Gottes auf Erden. Die Apostel (erklärte Reimarus) verstanden ihn so, denn sie hofften, Herrscher in diesem kommenden Reich zu werden. Als dieser Traum mit dem verzweifelten Ausruf Jesu am Kreuz – «Mein Gott, mein Gott, warum hast du mich verlassen?» – zusammenbrach, erfanden die Apostel (so nahm Reimarus an) die Fabel von seiner Wiederauferstehung, um seine Niederlage zu vertuschen, und stellten ihn als den belohnenden und rächenden Richter der Welt dar.

Die empörten Theologen griffen diese «Wolfenbütteler Fragmente» in über dreißig Artikeln in der deutschen Presse an. Johann Melchior Goeze, Hauptpastor in Hamburg, beschuldigte Lessing, er stimme insgeheim mit dem «Unbekannten» überein; dieser Heuchler, forderte er, solle sowohl von der Kirche als auch vom Staat bestraft werden. Mildere Richter machten Lessing einen Vorwurf daraus, daß er in verständlichem Deutsch Zweifel veröffentlicht habe, die, wenn überhaupt, in Latein nur einigen wenigen Eingeweihten hätten zugänglich gemacht werden dürfen. Lessing erwiderte in elf Flugschriften (1778), die Pascals *Lettres provinciales* an fröhlichem Sarkasmus und tödlichem Witz ebenbürtig waren. Kein Kopf sei vor ihm sicher gewesen, erklärte Heine, viele habe er aus reinem Übermut abgeschlagen und dann genug Bosheit besessen, sie hochzuhalten und dem Publikum zu zeigen, daß sie leer waren[76]. Lessing erinnerte seine Angreifer daran, daß die Freiheit des Urteils und der Diskussion ein lebendiges Element im Programm der Reformation gewesen sei; und darüber hinaus habe das Volk ein Recht auf alles verfügbare Wissen, sonst sei ein einziger römischer Papst hundert protestantischen Propheten vorzuziehen. Schließlich (argumentierte er) würde der Wert des Christentums bestehen bleiben, selbst wenn die Bibel ein menschliches Dokument und ihre Wunder nur fromme Fabeln oder Naturereignisse seien. – Die herzogliche Regierung konfiszierte die Wolfenbütteler Fragmente und das Manuskript von Reimarus und verbot Lessing weitere Veröffentlichungen ohne die Billigung des Braunschweiger Zensors.

Auf der Kanzel zum Schweigen gebracht, wandte sich Lessing der Bühne zu und schrieb sein bestes Theaterstück. Wieder einmal mittellos infolge der mit der Krankheit und dem Tode seiner Frau verbundenen Ausgaben, lieh er sich dreihundert Taler von einem Hamburger Juden, um in Muße *Nathan den Weisen* zu vollenden. Er verlegte die Handlung in das Jerusalem zur Zeit des vierten Kreuzzuges. Nathan ist ein frommer jüdischer Kaufmann, dessen Frau und sieben Söhne von Christen hingeschlachtet werden, die durch Jahre des Krieges demoralisiert worden waren. Drei Tage später bringt ihm ein Mönch ein christliches Kind, dessen Mutter soeben gestorben ist und dessen kürzlich in der Schlacht getöteter Vater Nathan bei mehreren Gelegenheiten vor dem Tode bewahrt hat. Nathan nennt das Kind Recha, erzieht es als seine Tochter und lehrt sie nur diejenigen religiösen Grundsätze, in denen Juden, Christen und Muslims übereinstimmen.

38   DER PROTESTANTISCHE NORDEN

Achtzehn Jahre später, während Nathan auf Geschäftsreise ist, brennt sein Haus nieder; Recha wird von einem jungen Tempelritter gerettet, der verschwindet, ohne sich zu erkennen zu geben, so daß Recha ihn für einen wunderbaren Engel hält. Nach seiner Rückkehr sucht Nathan nach dem Retter, um ihn zu belohnen, wird von ihm als Jude beleidigt, überredet ihn jedoch, in sein Haus zu kommen und Rechas Danksagung entgegenzunehmen. Er kommt, verliebt sich in sie, und sie verliebt sich in ihn, doch als er erfährt, daß sie von christlicher Geburt ist und nicht als Christin erzogen wird, fragt er sich, ob er nicht durch seinen ritterlichen Eid verpflichtet sei, die Angelegenheit dem christlichen Patriarchen von Jerusalem vorzutragen. Er stellt dem Patriarchen das Problem dar, ohne Personen zu nennen; der Patriarch errät, daß es sich um Nathan und Recha handelt, und gelobt, Nathan töten zu lassen. Er beauftragt einen Mönch, den Juden zu bespitzeln. Doch dieser Mönch ist der gleiche, der Recha achtzehn Jahre zuvor zu Nathan gebracht hat. Er hat während dieser Jahre die freundliche Weisheit des Kaufmanns beobachtet, erzählt ihm von der Gefahr, die ihm droht, und beklagt die religiöse Feindschaft, welche die Menschen so blutdürstig gemacht hat.

Saladin, Sultan von Jerusalem, ist in finanziellen Schwierigkeiten. Er schickt nach Nathan in der Hoffnung, von ihm ein Darlehen zu bekommen. Nathan kommt, ahnt Saladins Wunsch und bietet ihm das Darlehen an, bevor er darum gebeten wird. Der Sultan, der Nathans Ruf als weisen Mann kennt, fragt ihn, welche von den drei Religionen er für die beste halte. Nathan antwortet mit einer zweckentsprechenden Variation der Geschichte, die Boccaccio dem Alexandriner Juden Melchisedek zugeschrieben hatte: Ein wertvoller Ring wird von Generation zu Generation weitergegeben, um den legitimen Erben eines Landgutes zu bezeichnen. Doch in einer dieser Generationen liebt der Vater seine drei Söhne so sehr mit gleicher Inbrunst, daß er drei ähnliche Ringe machen läßt und jedem einen davon gibt, ohne daß die anderen es wissen. Nach seinem Tod streiten sich seine Söhne, welcher Ring der richtige und einzig echte ist; sie bringen die Angelegenheit vor Gericht. Der liebende Vater war Gott, die drei Söhne sind das Judentum, das Christentum und der Islam; die Geschichte hat noch nicht entschieden, welcher Glaube das wahre Gesetz Gottes ist. Nathan gibt der Erzählung eine neue Wendung: Der echte Ring sollte die Kraft besitzen, seinen Träger tugendhaft zu machen; doch weil keiner der drei Söhne tugendhafter ist als andere Menschen, ist es wahrscheinlich, daß der echte Ring verlorengegangen ist. Jeder Ring – jeder Glaube – ist nur echt, wenn er seinen Träger tugendhaft macht. Saladin bewundert Nathans Antwort so sehr, daß er sich erhebt und ihn umarmt. Bald nach diesem philosophischen Gespräch taucht ein arabisches Dokument auf, das nachweist, daß der Templer und Recha Kinder des gleichen Vaters sind, eines verschollenen Bruders Saladins. Sie sind traurig darüber, daß sie nicht heiraten können, freuen sich jedoch, daß sie einander nun als Bruder und Schwester lieben können, gesegnet von Nathan, dem Juden, und Saladin, dem Mohammedaner.

Hatte Moses Mendelssohn dem Nathan als Vorbild gedient? Es gibt Ähnlichkeiten zwischen den beiden, wie wir in einem späteren Kapitel sehen werden, und trotz mancher Verschiedenheiten ist es wahrscheinlich, daß Lessing in seinem Freund viele

DAS DEUTSCHLAND FRIEDRICHS DES GROSSEN 39

fand, was ihn zur Idealisierung des Kaufmanns von Jerusalem anregte. Vielleicht schilderte Lessing in seinem Eifer, Toleranz zu predigen, den Juden und den Moslem mit mehr Sympathie als den Christen; der Tempelritter ist in seiner ersten Begegnung mit Nathan fanatisch schroff, und der Patriarch (Lessings Erinnerung an Goeze?) wird den freundlichen und aufgeklärten Bischöfen, die damals Trier, Mainz und Köln regierten, kaum gerecht. Das christliche Publikum Deutschlands lehnte das Stück bei seiner Veröffentlichung im Jahre 1779 als ungerecht ab; mehrere Freunde Lessings schlossen sich der Kritik an. *Nathan der Weise* gelangte erst 1783 auf die Bühne, und am dritten Abend war das Haus leer. 1801 wurde eine von Schiller und Goethe redigierte Fassung in Weimar beifällig aufgenommen, und hiernach blieb das Stück ein Jahrhundert lang eines der meistgespielten auf dem deutschen Theater.

Ein Jahr vor seinem Tode veröffentlichte Lessing seinen letzten Appell um Verständnis an seine Zeit. Er kleidete ihn in religiöse Begriffe, als wolle er den Widerstand im vornhinein besänftigen und eine Brücke von alten Ideen zu neuen schlagen. In einigen Gesichtspunkten rechtfertigt die Abhandlung *Die Erziehung des Menschengeschlechts* (1780) die alten Ideen; dann bemerken wir, daß die Apologie ein Plädoyer für die Aufklärung ist. Die ganze Geschichte kann als eine göttliche Offenbarung betrachtet werden, als eine allmähliche Erziehung des Menschengeschlechts. Jede große Religion war ein Stadium in dieser schrittweisen Erleuchtung; sie war nicht, wie einige Franzosen angenommen hatten, eine von selbstsüchtigen Priestern leichtgläubigen Menschen aufgezwungene Täuschung, sondern eine Welttheorie, entworfen, die Menschheit zu zivilisieren, Tugend, Sittsamkeit und soziale Einigkeit zu fördern. In einem Stadium (dem Alten Testament) suchte die Religion die Menschen tugendhaft zu machen, indem sie ihnen irdische Güter in einem langen Leben versprach; in einem anderen Stadium (dem Neuen Testament) suchte sie die entmutigende Diskrepanz zwischen Tugend und irdischem Erfolg zu überwinden, indem sie Belohnung nach dem Tode versprach, und in beiden Fällen war der Appell dem beschränkten Verständnis des Volkes zu jener Zeit angepaßt. Jede Religion enthielt einen wertvollen Kern von Wahrheit, die ihre Annehmbarkeit vielleicht dem Überzug an Irrtum verdankte, der sie versüßte. Wenn Theologen um diesen Kern von Glaubensvorstellungen herum schwerverständliche Dogmen wie die Erbsünde und die Dreieinigkeit entwickelten, dann waren auch diese Lehren Symbole der Wahrheit und Instrumente der Erziehung: Gott kann begriffen werden als eine Macht mit vielen Erscheinungsformen und Bedeutungen, und die Sünde ist Erbsünde in dem Sinne, daß wir alle mit einer Neigung, uns gegen Moral und soziale Gesetze aufzulehnen, geboren werden[77]. Doch das übernatürliche Christentum ist nur ein Schritt in der Entfaltung des menschlichen Geistes; ein höheres Stadium wird erreicht, wenn die Menschheit beginnt, logisch zu denken, und die Menschen stark und einsichtig genug werden, das Rechte zu tun, weil sie sehen, daß es richtig und vernünftig ist, und nicht, weil sie materielle oder himmlische Belohnung erwarten. Dieses Stadium ist von einigen Individuen erreicht worden, aber noch nicht von dem ganzen Menschengeschlecht, doch «sie wird gewiß kommen ... die Zeit eines neuen ewigen Evangeliums!»[78]. So wie das Durchschnittsindi-

DER PROTESTANTISCHE NORDEN

viduum die intellektuelle und moralische Entwicklung des Menschengeschlechts wiederholt, so geht das Menschengeschlecht langsam durch die intellektuelle und moralische Entwicklung des höheren Individuums. Um es pythagoreisch auszudrücken: Jeder von uns wird immer von neuem wiedergeboren, bis seine Erziehung – seine Anpassung an die Vernunft – vollendet ist.

Wie dachte Lessing im Grunde über die Religion? Er akzeptierte sie als eine große Hilfe für die Moral, doch er lehnte sie ab als ein System von Dogmen, die ihre Annahme unter Androhung von Sünde, Bestrafung und gesellschaftlicher Verleumdung verlangten. Er stellte sich Gott vor als den inneren Geist der Wirklichkeit, der die Entwicklung verursacht und sich selbst entwickelt; für ihn war Christus der idealste der Menschen, doch nur metaphorisch eine Inkarnation dieses Gottes, und er hoffte auf eine Zeit, in der alle Theologie aus dem Christentum verschwunden sein würde und nur die verfeinerte Ethik der geduldigen Freundlichkeit und universalen Brüderlichkeit übrigbleibt. In dem Entwurf zu einem Brief an Mendelssohn bekannte er sich zu Spinozas Ansicht, daß Körper und Geist das Äußere und das Innere einer Realität sind, zwei Attribute einer mit Gott identischen Substanz. «Die orthodoxen Begriffe von der Gottheit sind nicht mehr für mich», sagte er zu Jacobi; «ich kann sie nicht vertragen. Hen kai pan – eins und alles! Ich weiß von nichts anderem.»[79] 1780 bat ihn Jacobi, als er ihn in Wolfenbüttel besuchte, um Hilfe bei der Widerlegung Spinozas und war schockiert über Lessings Antwort: «Es gibt keine andere Philosophie als die Spinozas ... Falls ich mich nach irgend jemandem nennen sollte, so weiß ich keinen anderen.»[80]

Lessings Ketzereien und seine gelegentliche Heftigkeit in Kontroversen machten ihn in seinen letzten Jahren einsam. Er hatte einige wenige Freunde in Braunschweig, mit denen er ab und zu zusammenkam, um zu plaudern und Schach zu spielen. Die Kinder seiner Frau wohnten bei ihm in Wolfenbüttel; er ließ ihnen die kleine Erbschaft, die sie hinterlassen hatte, voll zukommen. Doch seine Gegner verleumdeten ihn in ganz Deutschland als ungeheuerlichen Atheisten. Er bot ihnen Trotz und wagte es, sich dem Mann zu widersetzen, der sein Gehalt bezahlte: als Karl Wilhelm Ferdinand (1780), damals Herzog von Braunschweig, einen jungen Juden ins Gefängnis warf, der sich sein Mißfallen zugezogen hatte, besuchte Lessing den Juden in seiner Haft und nahm ihn später in sein Haus auf, um ihn gesund zu pflegen.

Mit seiner eigenen Gesundheit war es schlimm bestellt. Sein Augenlicht war so schwach geworden, daß er kaum mehr lesen konnte. Er litt an Asthma, Lungenschwäche und Arterienverkalkung. Am 3. Februar 1781 erlitt er während eines Besuches in Braunschweig einen schweren Asthmaanfall und spuckte Blut. Er sagte zu seinen Freunden, wenn sie sähen, daß er sterben müsse, sollten sie einen Notar rufen, er wolle vor diesem erklären, daß er in keiner der vorherrschenden Religionen stürbe[81]. Am 15. Februar, als er zu Bett lag, versammelten sich einige Freunde in dem angrenzenden Zimmer. Plötzlich öffnete sich die Türe dieses Zimmers, Lessing erschien, gebeugt und schwach, und lüftete grüßend seine Mütze. Dann sank er in einem Schlaganfall zu Boden. Eine theologische Zeitschrift meldete, nach seinem Tode habe

DAS DEUTSCHLAND FRIEDRICHS DES GROSSEN 41

Satan ihn zur Hölle getragen wie einen anderen Faust, der seine Seele verkauft hatte[82]. Er hinterließ so wenig Geld, daß der Herzog seine Beerdigung bezahlen mußte. Er war der Herold des größten literarischen Zeitalters Deutschlands. Im Jahre seines Todes erschien Kants epochemachende *Kritik der reinen Vernunft*, und Schiller schrieb sein erstes Theaterstück. Goethe betrachtete Lessing als den großen Befreier, den Vater der deutschen Aufklärung; er schrieb an Frau von Stein: «Wir verlieren viel, viel an ihm, mehr, als wir glauben.»

VI. DIE IRRATIONALISTISCHE GEGENBEWEGUNG

Goethe sprach für eine kleine Minderheit; die große Mehrheit des deutschen Volkes hing an ihrem christlichen Erbe und pries göttlich den Dichter, der ihren Glauben besang. Sechs Jahre nachdem Händel Irland durch die himmlischen Klänge des *Messias* aufgewühlt hatte, gewann Friedrich Gottlieb Klopstock die Herzen Deutschlands mit den ersten glühenden Gesängen des *Messias* (1748–1773).

Geboren 1724, fünf Jahre vor Lessing, überlebte er diesen um zweiundzwanzig Jahre. Lessing, Sohn eines Geistlichen, wurde Freidenker; Klopstock, der Sohn eines Advokaten, machte es sich zur Hauptmission seines Lebens, ein episches Gedicht über das Leben Christi zu schreiben. Er war so entflammt von diesem Thema, daß er die ersten drei Gesänge bereits veröffentlichte, als er noch ein Jüngling von vierundzwanzig Jahren war. Diese ungereimten Hexameter fanden ein so dankbares Publikum, daß ein Jahr später, als er um seine Kusine freite, Briefe aus allen Teilen Deutschlands eintrafen, die sie drängten, anzunehmen; sie lehnte ab. Doch Friedrich V. von Dänemark lud Klopstock auf Empfehlung seines Ministers Johann von Bernstorff ein, an seinem Hof zu leben und sein Epos bei einem Jahresgehalt von vierhundert Talern zu vollenden. Auf seinem Weg nach Kopenhagen verliebte sich der Dichter in eine Hamburger Bewundererin, Margarethe Moller; 1754 heiratete er sie, 1758 starb sie. Ihr Tod brach ihm das Herz und verdunkelte seine Verse. Er setzte ihr ein Denkmal in dem fünfzehnten Gesang seines *Messias* und in einer seiner rührendsten Oden. Er blieb zwanzig Jahre in Kopenhagen, fiel in Ungnade, als Bernstorff entlassen wurde, kehrte 1770 mit jenem nach Hamburg zurück und veröffentlichte 1773 die letzten Gesänge seines gewaltigen Gedichts.

Es beginnt mit der Beschwörung Miltons; dann erzählt es in zwanzig Gesängen die heilige Geschichte, beginnend mit den Meditationen Christi auf dem Ölberg, endend mit seiner Himmelfahrt. Nachdem er auf das Schreiben seines Epos fast ebensoviel Zeit verwendet hatte, wie Christus gebraucht hatte, es zu erleben, schloß Klopstock mit einem dankbaren Te Deum:

> Ich bin an dem Ziel, an dem Ziel! und ich fühle, wo ich bin,
> Es in der ganzen Seele beben! So wird es (ich rede
> Menschlich von göttlichen Dingen) uns einst, ihr Brüder Deß,
> Der starb und erstand, bei der Ankunft im Himmel seyn!

Zu diesem Ziel hinauf hast du,
Mein Herr und mein Gott,
Bei mehr als *einem* Grabe mich
Mit mächtigem Arme vorübergeführt!

Genesung gabst du mir, gabst Muth und Entschluß
In Gefahren des nahen Todes!
Und sah ich sie etwa, die schrecklichen unbekannten,
Die weichen mußten, weil du der Schirmende warst?

Sie flohen davon, und ich habe gesungen,
Versöhner Gottes, des neuen Bundes Gesang!
Durchlaufen bin ich die furchtbare Laufbahn!
Ich hofft' es zu dir![83]

Der Messias wurde vom orthodoxen Deutschland begrüßt als das beste je in der deutschen Sprache geschriebene Dichtwerk. Goethe berichtet uns von einem Frankfurter Rat, der die ersten zehn Gesänge las «und solches alle Jahre einmal in der Karwoche ..., und sich daran fürs ganze Jahr erquickte»[84]. Goethe selbst konnte das Epos nicht genießen, «ohne die Forderungen bei sich laut werden zu lassen, auf die eine fortrückende Bildung nicht gerne verzichtet». Klopstock goß so überreichlich Frömmigkeit in seine Verse, daß sein Poem eher eine Reihenfolge von Gedichten und Bachschen Chören wurde als die fließende Erzählung, die ein Epos sein soll, und es fällt uns schwer, einem lyrischen Flug durch zwanzig Gesänge und fünfundzwanzig Jahre zu folgen.

Wie Voltaire seinen Gegensatz in Rousseau fand, veranlaßte Lessing durch seinen Skeptizismus, Rationalismus und Intellektualismus Deutschland, sich nach Schriftstellern zu sehnen, die, im Gegensatz zu ihm, das Recht des Gefühls, der Empfindsamkeit, der Phantasie, des Geheimnisses, des Romantischen und Übernatürlichen im menschlichen Leben anerkannten. Bei vielen Deutschen dieser Periode, besonders Frauen, wurde der Kult der Empfindsamkeit sowohl eine Religion wie auch eine Mode. Darmstadt hatte einen «Kreis der Empfindsamen», dessen Mitglieder aus dem Gefühl und dessen Ausdruck ein Prinzip und ein Ritual machten. Rousseau war der Messias dieser Geister. Sein Einfluß in Deutschland war bei weitem größer als der Voltaires; Herder und Schiller sahen in ihm eine Urquelle, Kants *Kritik der praktischen Vernunft* war durchtränkt von Rousseauschen Ideen, Goethe begann mit Rousseau («Gefühl ist alles»), ging über zu Voltaire («Gedenke zu leben!») und endete damit, daß er beide gegeneinander ausspielte. Aus England kamen inzwischen die Dichter des Gefühls James Thomson, William Collins, Edward Young und die Romanciers der Empfindsamkeit Richardson und Sterne. Die *Reliques* von Percy und die «Ossianischen» Gedichte von Macpherson weckten das Interesse an der Poesie, dem Geheimnis und der Romantik des Mittelalters; Klopstock und Heinrich von Gerstenberg belebten von neuem die vorchristliche Mythologie Skandinaviens und Deutschlands.

Johann Georg Hamann war vor 1781 der Kapellmeister der Revolte gegen die Vernunft. Wie Kant in Königsberg geboren, fristete er nach strenger religiöser Erziehung

DAS DEUTSCHLAND FRIEDRICHS DES GROSSEN 43

im Vaterhaus und Studium an der Universität ein kärgliches Dasein als Hauslehrer und fand Trost in einem gegen alle Anfechtungen der Aufklärung gefeiten protestantischen Glauben. Die Vernunft, behauptete er, sei nur ein Teil des Menschen, nachträglich entwickelt und nicht fundamental; Instinkt, Intuition und Gefühl seien tiefer, und eine wahre Philosophie müsse auf der gesamten Natur des Menschen begründet sein. Die Sprache sei ursprünglich nicht ein Produkt der Vernunft, sondern ein Geschenk Gottes zum Ausdruck des Gefühls. Poesie sei größer als Prosa. Große Literatur werde nicht geschrieben auf Grund von Kenntnissen und der Beobachtung von Regeln und Gründen, sondern vermöge jener undefinierbaren Eigenschaft, genannt Genius, der, vom Gefühl geleitet, alle Regeln überspringt.

Friedrich Heinrich Jacobi stimmte mit Hamann und Rousseau überein. Spinozas Philosophie, sagte er, ist vollkommen logisch, wenn man die Logik akzeptiert; doch sie ist falsch, weil die Logik nie das Herz der Wirklichkeit erreicht, die nur durch Gefühl und Glauben enthüllt wird. Gottes Existenz kann nicht durch Vernunft bewiesen werden; aber das Gefühl weiß, daß ohne den Glauben an Gott das Leben des Menschen eine tragische und hoffnungslose Nichtigkeit ist.

Aus dieser Begeisterung für Gefühl und Poesie schöpfte die deutsche Seele die Kraft für jene Höhenflüge der Literatur, die in der zweiten Hälfte des 18. Jahrhunderts in Deutschland an den Glanz und die Fruchtbarkeit des elisabethanischen England erinnerten. Literarische Zeitschriften erschienen in großer Zahl, lebten jedoch wie üblich nicht lange. Johann Heinrich Voß, Übersetzer Homers, Vergils und Shakespeares, schrieb einen zärtlichen Roman in Versen, *Luise* (1783–1795), der die Herzen Deutschlands gewann und Goethe zur Rivalität anstachelte. Salomon Geßner eroberte ein internationales Publikum durch seine zarten lyrischen Gedichte und Schäferdichtungen in Prosa. Matthias Claudius rührte die Herzen von hunderttausend Müttern durch seine idyllischen Loblieder auf die Häuslichkeit, so durch sein «Wiegenlied, bei Mondschein zu singen»:

> So schlafe nun, du Kleine!
> Was weinest du?
> Sanft ist im Mondenscheine
> Und süß die Ruh.
> Auch kommt der Schlaf geschwinder,
> Und sonder Müh.
> Der Mond freut sich der Kinder,
> Und liebet sie. [85]

Gottfried August Bürger besaß alle Elemente eines Genies. Sohn eines Pastors, wurde er nach Halle und Göttingen geschickt, um Jura zu studieren, doch sein ausschweifendes Leben führte zu seiner Relegierung. 1773 erlangte er eine allgemeine Vergebung seiner Sünden durch seine Ballade «Leonore». Leonores Liebhaber bricht mit Friedrichs Armee auf, um Prag zu belagern. Jeden Morgen schreckt sie aus ihren Träumen auf und fragt: «Bist untreu, Wilhelm, oder tot? Wie lange willst du säumen?» Der Krieg geht zu Ende, die Soldaten kehren zurück, Frauen, Mütter und Kinder begrüßen sie freudig und mit Danksagungen an Gott.

Sie frug den Zug wohl auf und ab
Und frug nach allen Namen,
Doch keiner war, der Kundschaft gab
Von allen, die da kamen.
Als nun das Heer vorüber war,
Zerraufte sie ihr Rabenhaar,
Und warf sich hin zur Erde
Mit wütiger Gebärde.

Ihre Mutter sagt ihr: «Was Gott tut, das ist wohlgetan.» Leonore erwidert, dies sei
eine Illusion, und sie bittet um den Tod. Die Mutter spricht zu ihr von Himmel und
Hölle; Leonore antwortet, der Himmel sei bei Wilhelm, die Hölle ohne ihn. Den
ganzen Tag lang tobt sie. Am Abend erscheint ein Reiter vor ihrer Tür, nennt nicht
seinen Namen, fordert sie auf, mit ihm zu kommen und seine Braut zu sein. Sie reitet
hinter ihm auf seinem schwarzen Pferd, reitet die ganze Nacht hindurch. Sie kommen
zu einem Friedhof, Geister umtanzen sie. Plötzlich verwandelt sich der Reiter in einen
Leichnam. Leonore entdeckt, daß sie sich an ein Skelett klammert. Während sie zwischen Leben und Tod schwebt, umtanzen sie Totengeister und heulen diese Weise:

Geduld, Geduld! Wenn's Herz auch bricht!
Mit Gott im Himmel hadre nicht.
Des Leibes bist du ledig;
Gott sei der Seele gnädig! [86]

VII. DER STURM UND DRANG

Aus der Frömmigkeit Klopstocks und der Empfindsamkeit Geßners erhob sich die
irrationale Bewegung zu respektlosem Individualismus, dem «Sturm und Drang» der
deutschen Jugend in der Begeisterung moralischer und sozialer Revolte. Die steife
Aristokratie der Höfe, die entleerten Dogmen der Prediger, das öde Geldscheffeln des
Kaufmannsstandes, die dumpfe Routine der Bürokraten, die schwülstige Pedanterie
der Fachgelehrten – all das erregte den Groll der jungen Deutschen, die sich ihrer
Fähigkeiten bewußt waren und sich ihrer Möglichkeiten beraubt sahen. Sie lauschten
dem Ruf Rousseaus nach Natürlichkeit und Freiheit, stimmten jedoch in seine Verherrlichung des «allgemeinen Willens» nicht ein. Sie verwarfen wie er Materialismus,
Rationalismus und Determinismus und gaben wie Lessing den lebensvollen Regelwid-
rigkeiten Shakespeares den Vorzug vor dem hemmenden Klassizismus Corneilles und
Racines. Sie genossen Voltaires Esprit, glaubten jedoch, eine Wüste vorzufinden, wohin er sie geführt hatte. Sie waren fasziniert von dem Aufstand der amerikanischen
Kolonien gegen England. Goethe schrieb in Dichtung und Wahrheit: «Man wünschte
den Amerikanern alles Glück und die Namen Franklin und Washington fingen an am
politischen und kriegerischen Himmel zu glänzen und zu funkeln!» [87] Diese Stürmer
und Dränger erlebten den Rausch des physischen Heranwachsens und des geistigen
Erwachens und beklagten den Druck der Alten auf die Jungen, des Staates auf die

DAS DEUTSCHLAND FRIEDRICHS DES GROSSEN 45

Seele. Sie traten alle ein für Originalität, für unmittelbare Erfahrung und unbehinderten Ausdruck, und einige von ihnen glaubten, ihr Genius befreie sie vom Gesetz. Sie waren überzeugt, daß die Zeit auf ihrer Seite war und die nahe Zukunft ihren Sieg erleben würde. Goethe rief aus: «Es war überall eine gute Zeit, als ich mit Merck jung war.»[88]

Einige der Rebellen drückten ihre Philosophie aus, indem sie sich gegen die Konventionen der Kleidung auflehnten und sie durch ihre eigene Mode ersetzten; so lief Christoph Kaufmann mit unbedecktem Kopf herum, mit ungekämmtem Haar und bis zum Nabel offenem Hemd[89]. Doch sie waren Ausnahmen; die meisten der Wortführer, abgesehen von einigen wenigen, die Selbstmord begingen, vermieden derartige Zurschaustellung durch modische Exzesse, und einige von ihnen waren wohlhabend. Goethe selbst war einer der Bahnbrecher des Sturm und Drang in seinem *Götz von Berlichingen* (1773), und im folgenden Jahr wurde sein *Werther* das triumphierende Banner des Sturm und Drang; Schiller schloß sich der Bewegung mit den *Räubern* (1781) an, doch diese eigenständigen und entwicklungsträchtigen Geister überließen den Kampf bald leidenschaftlicheren und weniger tief verwurzelten Jünglingen.

Johann Heinrich Merck war einer der Gründerväter. Allem Anschein nach war er gesund und stark, hatte die Universität absolviert, war *persona grata* am Hof von Hessen-Darmstadt, wurde Generalzahlmeister der Armee und war berühmt sowohl für seine scharfe Intelligenz als für seine praktische Tüchtigkeit. Goethe, der ihn 1771 kennenlernte, gewann einen günstigen Eindruck von ihm und gab mit ihm und Herder eine kritische Zeitschrift, die *Frankfurter Gelehrten Anzeigen,* heraus; daher wurden die Rebellen zunächst «Die Frankfurter» genannt[90]. Bewandert in Geschäften und Politik, unternahm Merck Reisen durch Deutschland und nach Rußland, sah und verspottete die Eitelkeit des Reichtums, die Langeweile der Höfe und die Ausbeutung der Bauern. Da er sich außerstande sah, diese Zustände zu ändern, wurde er bitter und zynisch. Goethe nannte ihn «Mephistopheles Merck» und nahm sich selbst und Merck als Vorbilder für die Hauptgestalten des *Faust*. Rückschläge in Geschäften und Unglück in der Ehe verwirrten Mercks Geist. Er geriet in Schulden, die der Herzog von Sachsen-Weimar auf Goethes Ersuchen für ihn bezahlte. Schließlich fiel er in dauernde Melancholie und beging im Alter von fünfzig Jahren (1791) Selbstmord.

Noch tragischer war die Laufbahn von Jakob Michael Reinhold Lenz. Als Sohn eines lutherischen Pastors in Livland geboren, litten seine schwachen Nerven und sein erregbares Temperament schwer unter einer Erziehung, die starken Nachdruck auf die Lehre von Sünde und Hölle legte[91]. Für eine Zeitlang fand er Halt an Kants Vorlesungen in Königsberg; Kant führte ihn in Rousseaus Schriften ein, und bald nannte Lenz *La Nouvelle Héloïse* das beste je in Frankreich gedruckte Buch. In Straßburg lernte er Goethe kennen, war fasziniert von seinem bejahenden Charakter, ahmte ihn nach im Denken und im Stil, schrieb Gedichte, die so sehr denen Goethes ähnelten, daß sie in einigen Ausgaben in Goethes Werke aufgenommen wurden. Er ging nach Sesenheim, verliebte sich (nach Goethe) in Friederike Brion und verfaßte, ihr zu huldigen, glü-

46 DER PROTESTANTISCHE NORDEN

hende Gedichte. Er versicherte ihr, wenn sie seine Liebe nicht erwidere, würde er sich töten; sie tat es nicht, und er tat es nicht. Er ging nach Weimar, gewann Goethes Freundschaft, beneidete ihn um seinen Erfolg, machte sich über Goethes Verhältnis zu Charlotte von Stein lustig und wurde vom Herzog aufgefordert, das Land zu verlassen. Er besaß großes Talent als Dichter und Dramatiker. Eins seiner Theaterstücke, *Die Soldaten,* geißelte die Klassenunterschiede und das bürgerliche Leben scharf; seine Heldin ist ein Mädchen des Mittelstandes, das nach vergeblicher Bemühung, einen Offizier zu heiraten, Prostituierte wird und ihren unerkannten Vater auf der Straße anspricht. Zu unbeständig, um im Leben festen Fuß zu fassen, wechselte Lenz immer wieder die Stellung, versagte jedesmal, litt an Depressionen, machte wiederholt Selbstmordversuche und starb im Wahnsinn (1792).

Der Lebenstüchtigste der Stürmer war Friedrich Maximilian von Klinger. Er klagte die Welt an und stieg in ihr zu hohen Ehren auf; er erlaubte sich in seinen Theaterstücken eine dreiste Sprache und wurde Kurator an der Universität Dorpat; er genoß alle Freuden der Jugend und wurde neunundsiebzig Jahre alt. Über ihn schrieb Goethe die bezeichnenden Worte: «Man liebt an dem Mädchen, was es ist, und am Jüngling, was er ankündigt.» Klingers berühmtestes Theaterstück, *Sturm und Drang* (1776), geschrieben im Alter von vierundzwanzig, gab der Bewegung ihren Namen und ihre Stimmung. Es zeigt europäische Rebellen, die nach Amerika auswandern in der Hoffnung, freien Spielraum für ihre Individualität zu finden; seine Sprache war die entfesselter Leidenschaft, sein Evangelium das eines von allen Gesetzen befreiten Genies. Klinger diente in der österreichischen und russischen Armee, heiratete eine natürliche Tochter Katharinas der Großen, bekam eine Professur und wurde eine Stütze des Staates.

Wilhelm Heinse krönte die Bewegung des Sturm und Drang durch einen Roman, *Ardinghello* (1787), der Anarchismus, Nihilismus, Kommunismus, Faschismus, Amoral und Willen zur Macht in einer Orgie der Sinnlichkeit und des Verbrechens vereinigte. Verbrechen ist nicht Verbrechen, sagt der Held, wenn es tapfer ist; das einzige wirkliche Verbrechen ist Schwachheit, die wahren Tugenden sind Stärke und Mut des Leibes und des Willens. Das Leben ist die Manifestation elementarer Instinkte, und wir verfehlen das Ziel, wenn wir diese als amoralisch brandmarken. So verführt und mordet Ardinghello nach Lust und Laune und sieht in seinen entfesselten Leidenschaften das höchste Gesetz der Natur. Er beschreibt die Taten Hannibals, preist ihn als einen Übermenschen und fragt: «Was sind Millionen von Menschen – deren Leben alle nicht eine einzige Stunde hatten wie das seine – verglichen mit diesem einen Mann?» [92] Er gründet eine kommunistische Gesellschaft mit Gemeinschaftsbesitz der Frauen, Frauenstimmrecht und Verehrung der Elemente als einziger Religion.

Einige beherrschende Elemente im Wirbelwind des Sturm und Drang verliehen der Bewegung Charakter und Einfluß. Die meisten ihrer Führer entstammten dem Mittelstand und begannen ihre Revolte als Protest gegen die Privilegien der Geburt, die Anmaßung der Ämter und die Verschwendung der vom Zehnten der Bauern lebenden Prälaten. Sie alle stimmten darin überein, daß sie das Los des Bauern, ob leibeigen

DAS DEUTSCHLAND FRIEDRICHS DES GROSSEN 47

oder frei, bedauerten und seinen Charakter idealisierten. Sie forderten die Frauen auf, ihre Modetorheiten und ihre Reifröcke, ihre Empfindsamkeit, ihre Ohnmachtsanfälle und ihre unterwürfige Frömmigkeit aufzugeben und teilzunehmen am erregenden Leben des emanzipierten Geistes und des freien Mannes. Sie definierten die Religion als das Wirken Gottes in einer Seele, deren Genius Teil des schöpferischen Dranges und des Geheimnisses der Welt ist. Sie identifizierten die Natur mit Gott und folgerten, natürlich sein heiße göttlich sein. Sie betrachteten die Faustsage als Symbol für den intellektuellen Hunger und den brennenden Ehrgeiz, die alle Schranken der Tradition, der Konvention, der Moral und der Gesetze durchbrechen. So schrieb «Maler Müller» lange vor Goethe ein Drama, *Fausts Leben*, weil er in ihm schon früh einen großen Menschen erkannte, der seine ganze Macht, aber auch die Zügel fühlt, die das Schicksal ihm angelegt hat, und der versucht, sie abzuwerfen, der den Mut hat, alles zu zerschmettern, was ihm in den Weg tritt[93].

Die Begeisterung und die Übertreibungen des Sturm und Drang kennzeichneten die Bewegung als einen Ausdruck intellektuellen Heranwachsens, als die Stimme einer Minderheit, die dazu verdammt war, erwachsen zu werden und zu verstummen. Die Bewegung wurde nicht volkstümlich, denn die Tradition und das Volk haben einander immer unterstützt. Als sie innewurden, keinen Widerhall in der Öffentlichkeit zu finden, schlossen die Stürmer ihren Frieden mit den Fürsten und vertrauten wie die *philosophes* darauf, daß aufgeklärte Herrscher den Weg zu geistiger Befreiung und sozialer Reform öffnen würden. Herder, Goethe und Schiller kamen in ihrer Jugend mit der Bewegung in Berührung, zogen sich vor ihrem verzehrenden Feuer zurück, beschnitten ihre Krallen und falteten ihre Flügel zusammen und nahmen dankbar die Protektion der aufgeschlossenen Herzöge Weimars an.

VIII. DIE BILDENDEN KÜNSTLER

Die Deutschen dieser Epoche handelten im Reich der Kunst auf die gleiche Weise wie die Franzosen und Italiener. Sie übernahmen von Italien den Barock und von Frankreich das Rokoko, doch sie schenkten Italien Winckelmann und Mengs, und ihre Auswanderer David Roentgen, «Jean» Riesener und Adam Weisweiler wurden von französischen Königen und Königinnen den französischen Kunsttischlern vorgezogen; so bezahlte Ludwig XVI. achtzigtausend Pfund für einen Sekretär von Roentgen[94]. Die Residenz in München, Friedrichs Neues Palais in Potsdam und die Häuser der wohlhabenden Deutschen füllten sich mit massiven, kunstvoll geschnitzten Möbeln an, bis am Ende dieser Epoche mit Chippendale und Sheraton ein leichterer Stil aus England kam. – Die Meißener Manufakturen waren im Krieg beschädigt worden, doch Nymphenburg, Ludwigsburg, Potsdam und andere Zentren setzten die Tradition der Künste des Porzellans und der Fayencen fort. Auf vielen deutschen Kommoden, Kaminsimsen, Tischen und Schreibtischen standen lustige, anmutig tanzende, singende, küssende Figurinen.

48   DER PROTESTANTISCHE NORDEN

Größere Bedeutung hatte die Bildhauerkunst. Martin Klauer schuf eine Büste von Goethe in den frühen Weimarer Jahren, einen stolzen, zuversichtlichen Kopf mit kühnem Blick[95]. Nicht so gut gelungen ist eine Schiller-Büste seines Sohnes Ludwig[96], hervorragend jedoch der Schiller von Johann von Dannecker.

Führend in der deutschen Bildhauerei dieser Epoche war Johann Gottfried Schadow, der im Jahre 1788 Hofbildhauer in Berlin wurde. 1791 schuf er einen Kopf Friedrichs, 1793 meißelte er ihn in Lebensgröße, und 1816 goß er ihn, verkleinert, in Bronze[97] — ein unvergeßliches Meisterwerk. Er goß auch die bronzene Quadriga mit der Siegesgöttin für das Brandenburger Tor und erreichte eine fast klassische Lieblichkeit in der Marmorgruppe der Kronprinzessin Luise und ihrer Schwester Friederike.

Deutschland hatte so viele Maler, daß es ein Dutzend von ihnen an Italien abgeben konnte und dennoch einige gute behielt. Die Tischbeins waren so zahlreich in der Bruderschaft des Pinsels, daß wir sie leicht verwechseln. Johann Heinrich Tischbein, Maler am Hofe von Hessen-Kassel, schuf ein schönes Porträt von Lessing. Sein Neffe Johann Friedrich Tischbein malte in Kassel, Rom, Neapel, Paris, Wien, Den Haag, Dessau, Leipzig und St. Petersburg; von ihm stammt ein reizendes Gruppenbild der Kinder des Herzogs Carl August von Sachsen-Weimar. Johann Heinrich Wilhelm Tischbein lebte von 1787 bis 1799 in Italien, malte ein berühmtes Bild, *Goethe in der Campagna,* und kehrte nach Deutschland zurück, um Hofmaler des Herzogs von Oldenburg zu werden.

Eine Quelle des deutschen Drangs nach Italien war Adam Friedrich Oeser, Bildhauer, Maler, Radierer, Lehrer, Vorkämpfer der Kunstreform nach klassischem Vorbild. Winckelmann lebte eine Zeitlang bei ihm in Dresden, kritisierte seine Zeichnungen, bewunderte seinen Charakter und sagte von ihm, er wisse so viel von Italien, wie man wissen könne, ohne dort gewesen zu sein[98]. 1764 wurde Oeser Direktor der Kunstakademie in Leipzig; hier besuchte ihn Goethe und wurde vom italienischen Fieber erfaßt.

Unter den Malern, die in Deutschland blieben, stand an erster Stelle Daniel Chodowiecki, und er war Pole. In Danzig geboren, früh Waise geworden, lernte er es, sich seinen Lebensunterhalt durch Zeichnen, Radieren und Malen zu verdienen. 1743 siedelte er nach Berlin über und wurde in allem, bis auf den Namen, Deutscher. Er schilderte das Leben Christi in herrlichen Miniaturen, die ihm nationalen Ruhm einbrachten; dann malte er, im Geiste Voltaires, *Jean Calas und seine Familie.* Seine Zeichnungen waren so gefragt, daß für Jahre in Deutschland kaum ein größeres literarisches Werk ohne Illustrationen von seiner Hand veröffentlicht wurde. In den schönsten seiner Radierungen schilderte er seinen eigenen Haushalt: sich selbst bei der Arbeit, seine Frau als stolze Betreuerin ihrer fünf Kinder, die mit Kunst bedeckten Wände. Mit Rötelstift zeichnete er die Gestalt Lotte Kestners, die Goethe liebte und verlor. Seine Arbeiten zeichnen sich aus durch eine Anmut der Linie und eine Zartheit des Gefühls, die ihn von Hogarth unterscheiden, mit dem er wegen seiner zahlreichen Darstellungen des Alltagslebens oft verglichen wurde. Er wies jedoch mit Recht eine solche Abhängigkeit von sich. Oft ließ er sich hingegen von Watteau inspirieren;

DAS DEUTSCHLAND FRIEDRICHS DES GROSSEN 49

seine *Versammlung im zoologischen Garten*[99] hat Watteaus Flair für die Freiluftstimmung und den Zauber wirbelnder Frauenkleider.

Anton Graff hinterließ ein Porträt von Chodowiecki[100] – selbstbewußt lächelnd im Schmuck seiner Locken – und ein Selbstbildnis[101], das ihn, von seiner Arbeit aufschauend, doch gekleidet wie für einen Ball, zeigt. Mehr Geist legte er in das liebliche Bildnis seiner Frau[102], prachtvoll erfaßte er den Stolz der Schauspielerin Corona Schröter[103], und mit goldener Robe verklärte er die zerfließenden Formen im Bildnis von Frau Hofrat Böhme[104].

Der letzte in der Reihe der Künstler in dieser Jahrhunderthälfte war Asmus Jakob Carstens, der Winckelmanns Evangelium in Geist und Schrift übernahm und die klassische Erneuerung der deutschen Malerei vollendete. In Schleswig geboren, ausgebildet in Kopenhagen und Italien, arbeitete er hauptsächlich in Lübeck und Berlin; doch 1792 ging er zurück nach Italien und ergötzte sich an den Überresten der alten Bildhauerei und Architektur. Er wußte nicht, daß die Zeit die Farbe von den griechischen Kunstwerken abgewaschen und nur die Linie zurückgelassen hatte; so machte er, wie Mengs, seinen Pinsel zum Bleistift und strebte einzig nach vollkommener Form. Er stieß sich an den körperlichen Unvollkommenheiten der Modelle, die ihm in den Ateliers zur Verfügung standen, entschloß sich, nur auf seine Einbildungskraft abzustellen, und malte mit Begeisterung griechische Götter und Szenen aus der griechischen Mythologie, wie er und Winckelmann sie sahen. Dann ging er dazu über, Dante und Shakespeare zu illustrieren. In seiner Leidenschaft für Linie und Form war er stets blind für Farbe und Leben, und selbst wenn er eine fast michelangeleske Vision gottähnlicher Gestalten erreichte, wie in der *Geburt des Lichts*[105], so können wir ihn höchstens dafür loben, daß er sich der Malereien der Sixtinischen Kapelle ebenso genau erinnerte, wie Mozart sich ihrer Musik erinnerte. Rom erwiderte seine Liebe und veranstaltete von seinem Werk eine der größten und gefeiertsten Ausstellungen (1795), mit der ein moderner Künstler je geehrt wurde. In Rom starb er auch, drei Jahre später, erst vierundvierzig Jahre alt. Kunst kann, wie Sinnlichkeit, ein verzehrendes Feuer sein.

Die klassizistische Stimmung beherrschte die architektonische Verschönerung Potsdams und Berlins unter Friedrich dem Großen. Er hatte das Neue Palais 1755 begonnen und ließ sich durch den Krieg nicht abhalten, das Vorhaben durchzuführen. Drei Architekten – Büring, Gontard und Manger – entwarfen es gemeinsam; sie vermischten Klassik und Barock in einem imponierenden Bauwerk, das an die Paläste des alten Rom erinnerte; in der Innenausstattung nahmen sie sich die schönsten Leistungen des französischen Rokokos zum Vorbild. Die Französische Kirche in Berlin besaß eine klassische Vorhalle; Gontard und sein Schüler Georg Unger fügten einen klassischen Turm hinzu (1780–1785). Unger vermehrte die Pracht Berlins durch die Königliche Bibliothek (1774–1780). Das Brandenburger Tor, von Karl Langhans 1788–1791 als bewußte Nachbildung der Propyläen auf der Akropolis erbaut, überlebte knapp den Zweiten Weltkrieg, verlor aber die berühmte Quadriga von Schadow, die jedoch nach Gipsabgüssen neu gegossen wurde.

Andere deutsche Städte erstellten prächtige Bauwerke, um Fürsten, Adlige und Leichname zu beherbergen. Friedrichs Schwester Wilhelmine verschönerte Bayreuth durch einen bezaubernden Palast im Rokokostil (1744–1773), in Kassel entstanden unter Simon-Louis du Ry der prächtige Tanzsaal und das Blaue Zimmer im Schloß des Landgrafen von Hessen-Kassel (1769 ff.). Am Rhein, in der Nähe von Düsseldorf, schuf Nikolaus von Pigage das herrliche Schloß Benrath (1755–1769); und bei Ludwigsburg baute Philipp von La Guépière das hübsche Schloß Monrepos (1762–1764).

IX. BACHS NACHFOLGER

Deutschland war wie keine andere Nation außer Italien mit Musik gesegnet. Eine Familie ohne Musikinstrumente war etwas Ungewöhnliches. Im Lehrplan der Schulen nahm Musik fast den gleichen Raum ein wie Religion und Lesen. Zwar ging die Kirchenmusik zurück, da Wissenschaft und Philosophie, Verstädterung und Industrialisierung die Geister säkularisierten; noch erklangen die großen lutherischen Hymnen, doch der Gesang verlagerte seinen Schwerpunkt von den Kirchenchören auf Lieder, Singspiele und Opern. Johann Peter Schulz eröffnete eine neue Ära im Gesang mit seinen Liedern im Volkston (1782); von dieser Zeit an nahm Deutschland eine unbestrittene Führungsposition in der Vertonung von Lyrik ein.

Die technische Verbesserung des Klaviers war Anlaß zu einer Vermehrung der Konzerte und der Instrumentalvirtuosen. Künstler wie Johann Schobert, Abt Vogler und Johann Hummel eroberten ein Dutzend Städte. Am 10.März 1789 gab Hummel, damals elf Jahre alt, ein Klavierkonzert in Dresden. Er wußte nicht, daß Mozart unter seinen Zuhörern sein würde; während des Konzerts sah und erkannte er seinen früheren Lehrer, und sobald das Stück beendet war, bahnte er sich einen Weg durch die applaudierende Menge und umarmte Mozart mit warmen Worten der Verehrung und der Freude[106]. Abt Vogler gewann seinen Titel, indem er zum Priester geweiht wurde (1773); in Mannheim war er Hofkaplan und Musikdirektor. Als Musikschriftsteller war er einer der originellsten und einflußreichsten Autoren des Jahrhunderts, als Virtuose auf der Orgel erregte er den Neid Mozarts, als Lehrer formte er Weber und Meyerbeer, und als päpstlicher Legat brachte er Mannheim zum Lachen, weil er blaue Strümpfe trug, sein Brevier mit seinen Musiknoten herumtrug und manchmal sein Publikum warten ließ, während er seine Gebete beendete.

Das Orchester von Mannheim bestand nun aus einer Gruppe von sechsundsiebzig ausgewählten Musikern, hervorragend geleitet von Christian Cannabich als Lehrer, Dirigent und Violinsolist. Berühmt war Lord Fordyces Bemerkung, daß Deutschland aus zwei Gründen an der Spitze der Nationen stehe: dank der preußischen Armee und dank des Mannheimer Orchesters. Nicht weniger berühmt war das Gewandhausorchester in Leipzig. Die musikalischen Veranstaltungen dauerten ungewöhnlich lang – meist standen drei oder vier, manchmal sechs Instrumentalkonzerte auf einem Programm – und fanden überall statt: in Theatern, Kirchen, Universitäten, Palästen,

DAS DEUTSCHLAND FRIEDRICHS DES GROSSEN 51

Wirtshäusern und Parks. Die Symphonie wetteiferte jetzt mit dem Konzert im Orchesterrepertoire; bereits um 1770 – sogar noch vor Haydn – galt sie als die höchste Form der Instrumentalmusik[107].

Die Hälfte der berühmten Komponisten dieser Epoche entstammten dem starken Herzen und den starken Lenden Johann Sebastian Bachs. Von seiner ersten Frau hatte er sieben Kinder, von denen zwei, Wilhelm Friedemann und Karl Philipp Emanuel, zu internationaler Berühmtheit gelangten. Von seiner zweiten Frau hatte er deren dreizehn, von denen zwei, Johann Christoph Friedrich und Johann Christian, als Musiker Karriere machten. Johann Christoph Friedrich zeugte einen weiteren Komponisten, Wilhelm Friedrich Ernst Bach, so daß Johann Sebastian der Welt fünf Männer schenkte, die sich einen Platz in der Musikgeschichte sicherten. Ein entfernter Verwandter, Johann Ernst Bach, studierte bei dem Meister in Leipzig, wurde Kapellmeister in Weimar und hinterließ mehrere Kompositionen, die in Vergessenheit geraten sind.

Wilhelm Friedemann Bach wurde in Weimar geboren. Der erste Teil von seines Vaters *Wohltemperiertem Klavier* wurde zu seiner Unterweisung geschrieben. Er machte rasche Fortschritte und war mit sechzehn Jahren bereits Komponist. Mit dreiundzwanzig wurde er zum Organisten an der Sophienkirche in Dresden ernannt, und da seine Verpflichtungen ihm viel Zeit ließen, schrieb er mehrere Sonaten, Konzerte und Symphonien. Sein Einkommen und sein Ruhm steigerten sich, als er als Organist an die Liebfrauenkirche in Halle berufen wurde (1746). Hier blieb er achtzehn Jahre, so daß er den Namen «Hallescher Bach» erhielt. Nach der Musik liebte er das Trinken am meisten. 1764 nahm er seinen Abschied und wanderte daraufhin zwanzig Jahre lang von Stadt zu Stadt, buchstäblich von der Hand in den Mund lebend, indem er Konzerte gab und Schüler annahm. 1774 ließ er sich in Berlin nieder, wo er 1784 in Armut starb.

Karl Philipp Emanuel Bach war linkshändig und mußte deshalb seine musikalische Tätigkeit auf die Orgel und das Klavier beschränken. 1734, zwanzig Jahre alt, ging er an die Universität Frankfurt; hier genoß er die Freundschaft Georg Philipp Telemanns, der einer seiner Paten gewesen war und ihm einen Teil seines Namens gegeben hatte. 1737 spielte er einige seiner Kompositionen vor Zuhörern, unter denen sich Friedrich Wilhelm I. von Preußen befand. Wissend, daß Kronprinz Friedrich die Musik liebte, ging er nach Rheinsberg und stellte sich vor, aber ohne unmittelbaren Erfolg; doch 1740 berief ihn Friedrich, der inzwischen König geworden war, als Cembalist in das Kammerorchester in Potsdam. Es fiel ihm nicht leicht, Friedrichs launenhaftes Flötenspiel zu begleiten und des Königs Autorität in Dingen der Musik anzuerkennen. Nach sechzehn Jahren Dienst im Orchester nahm er seinen Abschied, um sich dem Musikunterricht zu widmen. Sein *Versuch über die wahre Art das Klavier zu spielen* (1753) kennzeichnete den Beginn der modernen Klaviertechnik; Haydn entwickelte seine Virtuosität auf dem Klavier nach diesem Handbuch, und es veranlaßte Mozart, von dem «Berliner Bach» zu sagen: «Er ist der Vater, wir sind seine Buben; die etwas Ordentliches können, haben es von ihm gelernt, und jeder, der dies nicht zugibt, ist

DER PROTESTANTISCHE NORDEN

ein Lump.»[108] In seinen Kompositionen wich Emanuel bewußt von dem kontrapunktischen Stil seines Vaters ab und pflegte eine einfachere homophone Behandlung und melodische Linie. 1767 nahm er den Posten eines Direktors der Kirchenmusik in Hamburg an; hier verbrachte er die restlichen einundzwanzig Jahre seines Lebens. 1795 kam Haydn nach Hamburg, um ihn zu besuchen, mußte jedoch erfahren, daß der größte von Johann Sebastians Söhnen seit sieben Jahren tot war.

Johann Christoph Friedrich Bach wurde, nachdem er bei seinem Vater gelernt und an der Universität Augsburg studiert hatte, mit achtzehn Jahren (1750) Kammermusikus bei Graf Wilhelm von Schaumburg-Lippe in Bückeburg; mit sechsundzwanzig war er Konzertmeister. Das wichtigste Ereignis der achtundzwanzig Jahre, die er an diesem Hof verbrachte, trat ein, als Herder dort 1771 seine Tätigkeit als Hofprediger aufnahm; Herder lieferte ihm inspirierende Texte für Oratorien, Kantaten und Lieder. Johann Christoph blieb den Methoden und dem Geist seines Vaters treu und wurde ein Opfer der sich wandelnden Zeit.

Im Gegensatz zu ihm suchte der jüngste Sohn, Johann Christian Bach, seine Vorbilder in Italien. Erst fünfzehnjährig, als sein Vater starb, wurde er nach Berlin geschickt, wo sein Halbbruder Wilhelm Friedemann ihn unterstützte und unterrichtete. Mit neunzehn ging er nach Bologna, wo Graf Cavaliere Agostino Litta sein Studium bei Padre Martini bezahlte. Der Jüngling war so begeistert vom italienischen Leben und der katholischen Musik, daß er konvertierte und sechs Jahre lang seine Kompositionen in der Hauptsache der Kirche widmete. 1760 wurde er Organist am Mailänder Dom und erhielt deshalb den Namen «Mailänder Bach». Inzwischen hatte die italienische Oper in ihm den Ehrgeiz geweckt, sich nicht nur in kirchlicher, sondern auch in weltlicher Musik auszuzeichnen; er schrieb Opern für die Theater in Turin und Neapel (1761), und seine Mailänder Arbeitgeber beklagten sich, die Galanterie dieser Kompositionen vertrage sich nicht mit seiner Stellung am Dom. Johann Christian siedelte nach London über (1762), wo seine Opern lange Aufführungsserien erreichten. Bald wurde er zum Musikmeister bei Königin Charlotte Sophie ernannt. Er bewillkommnete den sieben Jahre alten Mozart 1764 in London und trieb mit ihm Possen am Klavier. Der Knabe liebte den nunmehr zu voller Reife gelangten Musiker und empfing von ihm manche Anregung für die Komposition von Sonaten, Opern und Symphonien. 1778 ging Bach nach Paris, um seine Oper *Amadis des Gaules* vorzustellen; dort traf er wiederum mit Mozart zusammen, und der zweiundzwanzigjährige Jüngling war von ihm ebenso begeistert, wie er es fünfzehn Jahre zuvor gewesen war. «Man muß ihm dieses lassen, daß er ein ehrlicher Mann ist und den Leuten Gerechtigkeit widerfahren läßt; ich liebe ihn (wie Sie wohl wissen) von ganzem Herzen»[109], schrieb Wolfgang an seinen Vater.

Alles in allem ist diese Bach-Dynastie, von Veit Bach, der 1619 starb, bis zu Wilhelm Friedrich Ernst Bach, der 1845 starb, die bemerkenswerteste Geschlechterfolge in der gesamten Kulturgeschichte. Von den etwa sechzig Bachs aus der Verwandtschaft Johann Sebastians, die dem Namen nach bekannt sind, waren fünfunddreißig Berufsmusiker; acht seiner Vorfahren und fünf seiner Nachkommen besaßen genügend Ge-

DAS DEUTSCHLAND FRIEDRICHS DES GROSSEN 53

wicht, um mit besonderen Artikeln in ein Lexikon der Musik aufgenommen zu werden[110]. Mehrere unter den Söhnen wurden zu Lebzeiten berühmter, als Johann Sebastian es gewesen war. Sie besaßen allerdings kein Monopol auf musikalischen Ruhm; die ausübenden Künstler erhielten wie gewöhnlich den größeren Beifall, solange sie lebten, und wurden früher vergessen, sobald sie gestorben waren. Und Komponisten wie Karl Friedrich Fasch und Christian Friedrich Schubart waren ebenso berühmt wie Bachs Söhne.

Bei einem Rückblick auf diese zweite Hälfte des 18. Jahrhunderts erkennen wir einige besondere Linien in der musikalischen Entwicklung. Die zunehmende Verbreitung und wachsende Macht des Klaviers befreite die Musik aus ihrer Abhängigkeit von den Worten und förderte die Instrumentalkompositionen. Die wachsende Besucherzahl bei Konzerten und der schwindende Einfluß der Kirche führten die Komponisten weg von der Polyphonie Johann Sebastian Bachs zu den leichter verständlichen Harmonien seiner Nachfolger. Der Einfluß der italienischen Oper förderte die Melodie sogar in Instrumentalstücken, während die Lieder, in einer gegensätzlichen Bewegung, dem Gesang einen neuen Charakter verliehen. Die Revolte gegen die italienische Oper gipfelte in Gluck, der sich vornahm, die Musik dem Drama unterzuordnen, in Wirklichkeit jedoch das Drama durch Musik veredelte; in einer weiteren Phase entwickelte die Revolte das Singspiel, das seinen Höhepunkt in der *Zauberflöte* erreichte. Das *Concerto grosso* wurde zum Konzert für ein Soloinstrument und Orchester, die Sonate nahm mit Karl Philipp Emanuel Bach und Haydn ihre klassische Form an, und das Quartett entfaltete sich zur Symphonie. Alles war vorbereitet für Beethoven.

X. DER ALTE FRITZ

Von diesem bunten, von Politik, Religion, Industrie, Vergnügen, Musik, Kunst, Wissenschaft, Philosophie, Philanthropie und Sünde bewegten Bild hob sich die Gestalt des alternden Helden ab, den Deutschland den Alten Fritz nannte – ihn zwar nicht liebend, jedoch als den erstaunlichsten Deutschen seiner Zeit verehrend. Nicht zufrieden damit, sein Königreich und sein Orchester zu beherrschen, beneidete er Voltaire um dessen Feder und sehnte sich danach, als Dichter und Historiker gepriesen zu werden. Er vermachte der Nachwelt dreißig Bände schriftlicher Aufzeichnungen: sieben Bände Geschichte, sechs Bände Gedichte, drei Bände militärische Abhandlungen, zwei Bände Philosophie, zwölf Bände Korrespondenz, alle in französisch. Seine Gedichte waren meist «flüchtiger» Art und sind vergessen. Er war einer der führenden Historiker seines Zeitalters. In den ersten Jahren seiner Regierung schrieb er die Geschichte seiner Vorfahren – *Mémoires pour servir à l'histoire de la maison de Brandebourg* (1751). Wie die meisten Historiker erhob er Anspruch auf Unparteilichkeit: «Frei habe ich mich über alle Vorurteile erhoben. Fürsten, Könige, Verwandte habe ich als Menschen gewöhnlichen Schlages betrachtet.»[111] Dennoch geriet er in Begeisterung bei der Beschreibung Friedrich Wilhelms, des Großen Kurfürsten.

Sein literarisches Meisterwerk war *L'histoire de mon temps,* das seine eigene Regierungszeit behandelte. Er begann es bald nach der Beendigung des ersten Schlesischen Krieges (1740–1742) und setzte es mit Unterbrechungen bis in sein hohes Alter fort. Wahrscheinlich unter dem Einfluß Voltaires – obwohl ein großer Teil dieses Werkes vor dem Erscheinen von Voltaires *Le Siècle de Louis XIV* und *L'Essai sur les mœurs* entstand – berücksichtigte Friedrich auch die Geschichte von Wissenschaft, Philosophie, Literatur und Kunst. Er entschuldigte sich, zuviel Raum verwandt zu haben auf «Trottel im Purpurgewande, Gaukler in der Bischofsmütze ... Hingegen die Entdeckungen neuer Wahrheiten zu verfolgen, den Ursachen der Veränderungen in den Sitten nachzuspüren und die Anlässe zur Vertreibung der finsteren Barbarei zu erforschen, die sich der Aufklärung der Geister widersetzte: das sind sicherlich Gegenstände, der Beschäftigung aller denkenden Geister würdig.»[112] Er pries Hobbes, Locke und die Deisten in England, Thomasius und Wolff in Deutschland, Fontenelle und Voltaire in Frankreich. «Diese großen Männer und ihre Schüler versetzten der Religion einen tödlichen Schlag. Die Menschen fingen an zu untersuchen, was sie bisher stumpf angebetet hatten; die Vernunft stürzte den Aberglauben ... Der Deismus, die schlichte Verehrung des höchsten Wesens, gewann zahlreiche Anhänger.»[113] Die französische Regierung verachtend, jedoch die französische Literatur liebend, schätzte er Voltaires *Henriade* höher als die *Ilias* und Racine höher als Sophokles, verglich Boileau mit Horaz und Bossuet mit Demosthenes. Er bespöttelte Deutschlands Sprache und Literatur, lobte jedoch seine Architektur. Er bemühte sich, seinen Einfall in Schlesien zu entschuldigen: Ein Staatsmann könne, erklärte er, die Zehn Gebote verletzen, wenn es die Lebensinteressen seines Landes erforderten; «deshalb ist es besser, wenn der Herrscher sein Wort bricht, als wenn das Volk zugrunde geht»[114] – das Schicksal, das seiner und, wie er hoffte, auch unserer Meinung nach Preußen im Jahre 1740 drohte. Er gab zu, als General viele Fehler gemacht zu haben; doch er erachtete es als überflüssig, seine Flucht bei Mollwitz zu erwähnen. Alles in allem zählen diese beiden Bände zu den besten historischen Schriften des modernen Europa vor Gibbon.

Kaum war der Siebenjährige Krieg beendet, als Friedrich sich daranmachte, seine *Histoire de la guerre de Sept Ans* zu schreiben. Wie Caesar hatte er den Ehrgeiz, der beste Historiker seiner eigenen Feldzüge zu sein, und wie Caesar vermied er Schwierigkeiten, indem er von sich in der dritten Person sprach. Wiederum, und vielleicht mit besseren Gründen, suchte er die dreiste Initiative zu rechtfertigen, mit der er die Feindseligkeiten eröffnet hatte. Er lobte seine große Feindin Maria Theresia in allem, was ihre Innenpolitik betraf, doch ihre Außenpolitik verurteilte er und erklärte: «Der stolzen, vom Ehrgeiz verzehrten Frau war jeder Weg recht, der zum Ruhme führte.»[115] Mitten in diesem leidlich unparteiischen Bericht über seine Feldzüge hielt er inne, um den Tod seiner Mutter im Jahre 1757 und den seiner Schwester im Jahre 1758 literarisch zu betrauern; die Seite, auf der er Wilhelmine schilderte, ist eine Oase der Liebe in einer Einöde des Krieges.

In seinen Augen war die Geschichte eine hervorragende Lehrerin mit nur wenigen Schülern. «Denn es ist eine Eigenschaft des menschlichen Geistes, daß Beispiele keinen

DAS DEUTSCHLAND FRIEDRICHS DES GROSSEN 55

bessern. Die Torheiten der Väter sind für ihre Kinder verloren; jede Generation muß ihre eigenen machen.»[116] «Wer aufmerksam in der Geschichte liest, der wird finden, daß dieselben Szenen oft wiederkehren; man braucht nur die Namen der handelnden Personen zu ändern.»[117] Und selbst wenn wir lernen könnten, wären wir immer unvorhersehbarem Wandel unterworfen. «Diese Erinnerungen überzeugen mich mehr als je, daß Geschichte schreiben so viel heißt, wie die Torheiten der Menschen und die Schläge des Schicksals zusammenzustellen. Alles dreht sich um diese zwei Dinge, und so ist es immer gewesen.»[118]

Zweimal – 1752 und 1768 – versuchte er in einem *Letzten Testament*, die Lektionen, die ihm das Schicksal erteilt hatte, seinen Erben zu übermitteln. Er ermahnte sie, die Ziele und Mittel der verschiedenen Staaten sowie die möglichen Methoden zum Schutz und zur Entwicklung Preußens zu studieren. Er folgte dem Beispiel seines Vaters, wenn er die Notwendigkeit betonte, die Armee in guter Ordnung zu halten. Er warnte seine Nachfolger davor, mehr auszugeben, als sie einnahmen, sagte politische Schwierigkeiten für das fiskalisch leichtsinnige Frankreich voraus und mahnte, die Einkünfte nicht durch neue Steuern, sondern durch Förderung der Wirtschaft zu erhöhen. Alle Religionen sollten beschützt werden, wenn sie Frieden wahrten – doch «geht man allen Religionen auf den Grund, so beruhen sie auf einem mehr oder weniger widersinnigen System von Fabeln»[119]. Die königliche Macht sollte absolut sein, aber der König sollte sich als den ersten Diener des Staates betrachten. Da Preußen auf Grund seiner Kleinheit inmitten von großen Staaten wie Rußland, Frankreich und Österreich-Ungarn gefährdet war, sollte der König jede Gelegenheit ergreifen, Preußen zu vergrößern und zu einigen – am besten durch die Eroberung Sachsens, des polnischen Preußens und des schwedischen Pommerns. «Die erste Sorge eines Herrschers muß darin bestehen, sich zu behaupten; dann erst kommt die Frage der Vergrößerung. Das erfordert Schmiegsamkeit und die Ausnutzung aller Gelegenheiten ... Das beste Mittel, seinen geheimen Ehrgeiz zu verbergen, ist, daß man friedliche Gesinnungen zur Schau trägt, bis der günstige Augenblick sich einstellt. So haben alle großen Staatsmänner gehandelt.»[120]

Der König sollte seinen Nachfolger für die Regierung vorbereiten, ihn von aufgeklärten Männern, nicht von Geistlichen erziehen lassen, denn diese stopfen ihn bloß mit einem Aberglauben voll, der dazu berechnet ist, ihn zu einem fügsamen Werkzeug der Kirche zu machen[121]. Eine solche Erziehung bringt einen mittelmäßigen Geist hervor, der bald unter den Verantwortlichkeiten des Regierens zusammenbricht. «Dergleichen habe ich in meinem Leben gesehen, ja mit Ausnahme der Königin von Ungarn [Maria Theresia] und des Königs von Sardinien [Karl Emanuel I.] sind alle Fürsten Europas nur erlauchte Trottel.»[122] Dies wurde geschrieben, als Elisabeth Rußland regierte; das *Testament* von 1768 war höflicher, denn Katharina hatte bereits ihr wahres Wesen gezeigt. Nun prophezeite Friedrich, Rußland würde die gefährlichste Macht in Europa werden[123].

Als er älter wurde, begann er sich zu fragen, ob sein Neffe und mutmaßlicher Erbe, Friedrich Wilhelm II., fähig sei, die Regierung zu übernehmen. «Ich arbeite für Dich», schrieb er, «aber Du mußt Dich bemühen, das, was ich schaffe, auch zu erhal-

56   DER PROTESTANTISCHE NORDEN

ten, und wenn Du müßig und faul bist, wird, was ich mit so viel Mühe angesammelt habe, Dir in Deinen Händen zerrinnen.»[124] Und 1782, noch pessimistischer geworden, schrieb er: «Wenn nach meinem Tode mein Neffe ganz verweichlicht ... dann sage ich ihm voraus, daß Monsieur Joseph ihn zu Fall bringen und es in zehn Jahren weder ein Preußen noch ein Haus Brandenburg mehr geben wird.»[125] Diese Voraussage traf ein bei Jena im Jahre 1806, doch nicht so sehr, weil Friedrich Wilhelm II. weich, sondern weil Napoleon hart war.

Friedrich selbst wurde in seinem letzten Jahrzehnt unerträglich hart. Er nahm viel zurück von der Freiheit, die er vor 1756 der Presse gewährt hatte. «Ihre Berlinische Freiheit», schrieb Lessing 1769 an Nicolai, «reduziert sich einzig und allein auf die Freiheit, gegen die Religion so viel Sottisen zu Markt zu bringen, als man will ... Lassen Sie es aber doch einmal einen in Berlin versuchen, über andere Dinge so frei zu schreiben ... Lassen Sie einen in Berlin auftreten, der für die Rechte der Untertanen, der gegen Aussaugung und Despotismus seine Stimme erheben wollte ..., und Sie werden bald die Erfahrung haben, welches Land bis auf den heutigen Tag das sklavischste Land von Europa ist.»[126] Herder haßte seine Heimat Preußen, und Winckelmann wandte sich «mit Schaudern» von «diesem Land des größten Despotismus» ab[127]. Als Goethe 1778 Berlin besuchte, war er überrascht von der Unbeliebtheit des Königs. Doch das Volk verehrte Friedrich als einen alten Mann, der während fünfundvierzig Jahren keinen Tag im Dienst am Staate versäumt hatte.

Krieg und Frieden hatten ihn im gleichen Maße abgenutzt. Seine Gicht und sein Asthma, seine Koliken und seine Hämorrhoiden machten ihm immer häufiger zu schaffen, und seine Vorliebe für schwere Mahlzeiten und stark gewürzte Speisen verschlimmerte seine Leiden. Vom 22. bis zum 25. August 1778 inspizierte er in der Nähe von Breslau seine schlesische Armee. Am vierundzwanzigsten saß er, nur bekleidet mit seiner üblichen Uniform, sechs Stunden lang in schwerem Regen auf seinem Pferd; durchnäßt und fröstelnd kehrte er in sein Quartier zurück; er erholte sich nie wieder ganz. Im Juni 1786 ließ er Doktor Zimmermann aus Hannover kommen. Er wies die ihm verordneten Arzneien zurück und verlangte nach Konversation über Literatur und Geschichte; um ihn zu beruhigen, verschrieb Zimmermann ihm Gibbons *Decline and Fall of the Roman Empire*[128]. Zu seinen bisherigen Leiden kam die Wassersucht hinzu, und die zur Beseitigung der Schwellungen gemachten Einschnitte wurden brandig. Eine Lungenentzündung tat das übrige, und am 17. August 1786 starb Friedrich, vierundsiebzig Jahre alt. Er hatte verlangt, im Garten von Sanssouci in der Nähe der Gräber seiner Hunde und seines Lieblingspferdes bestattet zu werden; diese letzte Absage an die Menschheit überging man und setzte ihn neben seinem Vater in der Garnisonskirche von Potsdam bei. Als Napoleon nach seinem Sieg über die Preußen bei Jena Friedrichs Grab besuchte, sagte er zu seinen Generälen: «Wenn er noch am Leben wäre, dann stünden wir nicht hier.»[129]

ZWEITES KAPITEL

Kant

[1724–1804]

I. PROLEGOMENA

WENN Friedrich der Große nicht gelebt hätte, wäre Immanuel Kant vielleicht nicht das geworden, was er uns heute bedeutet. Die *Kritik der reinen Vernunft* und *Religion innerhalb der Grenzen der bloßen Vernunft* wurden möglich gemacht durch Friedrichs Skeptizismus und Toleranz; zwei Jahre nach Friedrichs Tod wurde Kant von der preußischen Regierung zum Schweigen gebracht.

Wie Friedrich war Kant ein Kind der Aufklärung und – trotz allen strategischen Schwankens – bis zum Ende von der Vernunft beherrscht. Er war aber auch wie Rousseau ein Teil der romantischen Bewegung, bemüht, die Vernunft mit dem Gefühl zu versöhnen, die Philosophie mit der Religion, die Moral mit der Auflehnung gegen sie. Er erhielt von seinen Eltern einen Schuß Pietismus und kreuzte ihn mit dem Rationalismus Christian Wolffs, er übernahm die Ketzereien der *philosophes*, durchsetzte sie mit dem «Glaubensbekenntnis des Savoyischen Vikars» in *Emile*, er übernahm die bohrende Psychologie Lockes, Leibniz', Berkeleys und Humes und benutzte sie, die Wissenschaft vor Hume und die Religion vor Voltaire zu retten. Er lebte das Leben eines ordentlichen Bürgers und begrüßte die Französische Revolution. In Ostpreußen von der großen Welt isoliert, spürte er und absorbierte er alle geistigen Strömungen seiner Zeit.

Er wurde geboren am 22. April 1724 in dem weit von dem klarheitliebenden Frankreich entfernten und vom Nebel des Meeres umhüllten Königsberg. Man hat Zweifel über die schottische Abstammung der Familie geäußert, doch Kant selbst berichtet uns, daß sein Großvater «am Ende des vorigen und am Anfang dieses Jahrhunderts aus Schottland, ich weiß nicht aus welchen Ursachen, emigrierte»[1]. Sein Vater, Johann Georg Kant, heiratete Anna Reuter; Immanuel (das heißt Gott mit uns) war das vierte von elf Kindern. Er wurde nach dem Heiligen seines Geburtstages benannt. Er änderte seinen Beinamen von Cant in Kant, um die Deutschen zu hindern, ihn «Tsant»[2] auszusprechen. Die ganze Familie wurde im Glauben der Pietisten erzogen, die wie die englischen Methodisten Nachdruck legten auf Glauben, Reue und unmittelbare Anrufung Gottes im Gegensatz zur orthodoxen lutherischen Anbetung in der Kirche durch Vermittlung eines Priesters.

Ein pietistischer Prediger hatte in Königsberg ein Collegium Fredericianum eröffnet, das Immanuel von seinem achten bis zu seinem sechzehnten Lebensjahr besuchte. Die Schule begann um halb sechs mit einem halbstündigen Gebet, jede Unterrichts-

DER PROTESTANTISCHE NORDEN

stunde endete mit einem Gebet, und jeden Morgen wurde eine Stunde auf die religiöse Unterweisung verwandt, unter besonderer Betonung der Strafe des Höllenfeuers. Geschichte wurde in der Hauptsache nach dem Alten Testament gelehrt, Griechisch ausschließlich nach dem Neuen. Der Sonntag war weitgehend Andachtsübungen gewidmet. Es war eine Erziehung, die in einigen ihrer Produkte Tugend erzeugte, in anderen Heuchelei und vielleicht Schwermut in den meisten. Kant dachte später nur mit Groll an diese starken Dosen Frömmigkeit und Seelenterror zurück; Furcht und Zittern, erklärte er, überfielen ihn, wenn er an jene Tage dachte[3].

1740 ging er an die Universität Königsberg. Hier war sein Lieblingslehrer Martin Knutzen, der, obwohl Pietist, Kant in Wolffs Rationalismus einführte. Knutzen hatte die englischen Deisten gelesen; er verdammte sie, diskutierte aber über sie und ließ in zumindest einem seiner Schüler einige deistische Zweifel zurück. Nachdem Kant sechs Jahre an der Universität studiert hatte, wurde ihm angeboten, lutherischer Geistlicher zu werden; doch er lehnte trotz des Versprechens einer frühen Beförderung auf einen auskömmlichen Posten ab[4]. Statt dessen lebte er neun Jahre in Armut, gab Nachhilfestunden in Privathäusern und setzte sein Studium fort. Bis 1770 galt sein Interesse mehr der Naturwissenschaft als der Theologie. Lucrez war einer seiner Lieblingsautoren[5].

1755 erhielt Kant den Doktorgrad und die Erlaubnis, an der Universität als Privatdozent zu lesen, was bedeutete, daß er auf die Gebühren angewiesen war, die seine Studenten zu zahlen beliebten. In diesem unsicheren Status verblieb er fünfzehn Jahre. Zweimal wurden während dieser langen Lehrzeit seine Bewerbungen um eine Professur abgelehnt. Er blieb arm, zog von Pension zu Pension, wagte nie zu heiraten und hatte nie ein eigenes Heim bis zu seinem neunundfünfzigsten Lebensjahr[6]. Er las über eine große Vielfalt von Themen, wahrscheinlich um eine größere Zahl von Studenten anzuziehen, und er mußte sich stets klar ausdrücken, um sich halten zu können. Der Lehrer Kant muß sehr verschieden gewesen sein von dem für seine Unklarheiten berühmten Autor Kant. Herder, der einer seiner Schüler war (1762–1764), schilderte ihn dreißig Jahre später in dankbarer Erinnerung:

«Ich habe das Glück genossen, einen Philosophen zu kennen, der mein Lehrer war. Er in seinen blühenden Jahren hatte die fröhliche Munterkeit eines Jünglings, die, wie ich glaube, ihn auch in sein greisestes Alter begleitet. Seine offene, zum Denken gebaute Stirn war ein Sitz unzerstörbarer Heiterkeit und Freude; die gedankenreichste Rede floß von seinen Lippen; Scherz und Witz und Laune standen ihm zu Gebot, und sein lehrender Vortrag war der unterhaltendste Umgang. Mit eben dem Geist, mit dem er Leibniz, Wolff, Baumgarten, Crusius, Hume prüfte und die Naturgesetze Newtons, Keplers, der Physiker verfolgte, nahm er auch die damals erscheinenden Schriften Rousseaus, seinen *Emile* und seine *Héloïse*, sowie jede ihm bekannt gewordene Naturentdeckung auf, würdigte sie und kam immer zurück auf unbefangene Kenntnis der Natur und auf den moralischen Wert des Menschen. Menschen-, Völker-, Naturgeschichte, Naturlehre, Mathematik und Erfahrung waren die Quellen, aus denen er seinen Vortrag und Umgang belebte; nichts Wissenswürdiges war ihm gleichgültig, keine Kabale, keine Sekte, kein Vorurteil, kein Namensehrgeiz hatte je für ihn den mindesten Reiz gegen die Erweiterung und Aufhellung der Wahrheit. Er munterte auf und zwang angenehm zum Selbstdenken; Despotismus war seinem Gemüte fremd. Dieser Mann, den ich mit größter Dankbarkeit und Hochachtung nenne, ist Immanuel Kant: sein Bild steht angenehm vor mir.»[7]

KANT 59

Wenn wir Kant in erster Linie nach seinem Werk vor seinem siebenundfünfzigsten Lebensjahr (1781) zu beurteilen hätten, würden wir ihn eher für einen Naturwissenschafter als für einen Philosophen halten – obwohl diese beiden Begriffe damals noch nicht getrennt waren. Seine erste veröffentlichte Arbeit, *Gedanken von der wahren Schätzung der lebendigen Kräfte* (1747), ist eine wissenschaftliche Diskussion darüber, ob die Kraft eines in Bewegung befindlichen Körpers durch *mv,* Masse mal Geschwindigkeit, gemessen werden müsse (wie Descartes und Euler glaubten) oder durch *mv²,* Masse mal Quadrat der Geschwindigkeit (wie Leibniz behauptete); eine bemerkenswerte Leistung für einen jungen Mann von dreiundzwanzig Jahren. Sieben Jahre später erschien eine Abhandlung darüber, ob die Dauer der täglichen Erdumdrehung durch die Gezeiten verändert wird. Im gleichen Jahr veröffentlichte Kant *Die Frage, ob die Welt veralte;* hier handelte es sich um unsere heutige Besorgnis über den täglichen Energieverlust der Sonne und das zukünftige Gefrieren der Erde.

Im folgenden Jahr, 1755, legte der kühne einunddreißigjährige Wissenschafter der Welt eine *Allgemeine Naturgeschichte und Theorie des Himmels* vor. Sie wurde allerdings anonym veröffentlicht und war Friedrich dem Großen gewidmet; vielleicht befürchtete Kant Schwierigkeiten von seiten der Theologen und hoffte auf Protektion von seiten des Königs. Er führte alle Bewegung der Erde und des Himmels auf mechanische Gesetze zurück, behauptete jedoch, das Resultat beweise durch seine Koordination und Schönheit die Existenz einer höchsten Intelligenz. Um den Ursprung des Sonnensystems zu erklären, schlug Kant seine «Nebularhypothese» vor:

«Ich nehme an: daß alle Materien, daraus die Kugeln, die zu unserer Sonnenwelt gehören ... bestehen, im Anfange aller Dinge in ihren elementarischen Grundstoff aufgelöset, den ganzen Raum des Weltgebäudes erfüllet haben, darin jetzo diese gebildete Körper herumlaufen ... Die zerstreuten Elemente dichterer Art sammeln, vermittelst der Anziehung, aus einer Sphäre rund um sich alle Materie von minder spezifischer Schwere; sie selber aber, zusamt der Materie ... sammlen sich in den Punkten, da die Teilchen von noch dichterer Gattung befindlich sein, diese gleichergestalt noch zu dichteren und so fortan ...
Allein die Natur hat noch andere Kräfte im Vorrat, welche sich vornehmlich äußern, wenn die Materie in feine Teilchen aufgelöset ist, als wodurch selbige einander zurück stoßen und durch ihren Streit mit der Anziehung diejenige Bewegung hervor bringen, die gleichsam ein dauerhaftes Leben der Natur ist. Durch diese Zurückstoßungskraft, die sich in der Elastizität der Dünste, dem Ausflusse starkriechender Körper und der Ausbreitung aller geistigen Materien offenbaret ... werden die zu ihren Anziehungspunkten sinkende Elemente durcheinander von der geradlinichten Bewegung seitwärts gelenket, und der senkrechte Fall schlägt in Kreisbewegungen aus, die den Mittelpunkt der Senkung umfassen.»[8]

Kant vertrat die Meinung, daß alle Sterne sich zu solchen Systemen von Planeten und Sonnen zusammengezogen hätten – oder es immer noch taten. Und er fügte den bedeutsamen Satz hinzu: «Die Schöpfung ist niemals vollendet.»[9]

Diese Nebularhypothese von 1755 sowie ihre Verbesserung durch Laplace (1796) sind reich an Schwierigkeiten wie die meisten späteren Weltentstehungstheorien; doch im Urteil eines berühmten lebenden Astronomen «war Kants Abhandlung über die Kosmogonie meiner Ansicht nach der beste objektive Überblick über die Naturwissenschaft bis zu jener Zeit»[10]. Für uns liegt die Bedeutung der Schrift darin, daß

DER PROTESTANTISCHE NORDEN

sie uns zeigt, daß Kant kein mystischer Metaphysiker, sondern ein von der exakten Wissenschaft faszinierter Mensch war, der darum kämpfte, wissenschaftliche Methoden mit religiösen Glaubensvorstellungen zu versöhnen. Dies ist der Kern seiner gesamten Lebensarbeit bis zu seinem Tode.

1756 veröffentlichte Kant, wie Voltaire durch die Lissaboner Katastrophe von 1755 bis in die Tiefen seiner Philosophie aufgewühlt, drei Aufsätze über Erdbeben und einen über die Theorie der Winde. 1757 folgte «Grundriß und Ankündigung einer Vorlesungsreihe über physikalische Geographie» und 1758 «Neue Lehre von der Bewegung und der Ruhe». Dann veröffentlichte er, den Kreis seiner Interessen erweiternd, in Zeitschriften kurze Abhandlungen über den Optimismus (1759), den Syllogismus (1762) und über «Krankheiten des Kopfes» (1764) – in der er die Vermutung äußerte, daß die zunehmende Arbeitsteilung infolge monotoner Wiederholungen vielleicht zum Wahnsinn führe. 1763 betrat er das Gebiet der Theologie mit einer Abhandlung *Der einzig mögliche Grund für den Beweis der Existenz Gottes;* offensichtlich empfand er Unbehagen über das Schwanken seines religiösen Glaubens. 1764, acht Jahre nach Burkes Abhandlung über das gleiche Thema, schrieb er *Beobachtungen über das Gefühl des Schönen und Erhabenen.*

Gelegentlich dachte er daran, seine evolutionäre Kosmogonie auf die Biologie auszudehnen; er war vertraut mit der Vorstellung, daß neue Formen sich aus älteren durch Veränderungen in den Lebensbedingungen entwickelt hatten[11], und war Anhänger der Theorie, daß die menschliche Anatomie ursprünglich für die Fortbewegung auf vier Füßen eingerichtet war[12]. Doch er scheute zurück vor einer vollmechanisierten Biologie. «Ich habe auch bisweilen in den Golf gesteuert, blinde Naturmechanik hier zum Grunde anzunehmen, und glaubte eine Durchfahrt zum kunstlosen Naturbegriff zu entdecken, allein ich geriet mit der Vernunft beständig auf den Strand und habe mich daher lieber auf den uferlosen Ozean der Ideen gewagt.»[13] Rudolf Raspe (Verfasser der englischen Version der *Wunderbaren Reisen ... des Freiherrn von Münchhausen* hatte kurz zuvor Leibniz' lange verloren gewesene *Nouveaux Essais sur l'entendement humain* entdeckt und 1765 veröffentlicht; Kant konnte diese Arbeit auf französisch lesen, und diese Lektüre spielte eine Rolle in seiner Zuwendung zur Erkenntnistheorie, der Lehre von den Grundlagen des Wissens. Er gab sein Interesse an der Naturwissenschaft nicht ganz auf; noch 1785 veröffentlichte er seinen Essay *Über Vulkane auf dem Mond.* Doch der innere Konflikt zwischen seinen wissenschaftlichen Studien und seiner ererbten Theologie zwangen ihn, einen Ausgleich in der Philosophie zu suchen.

Wahrscheinlich hatte diese neue Orientierung teilweise ihren Grund in dem Umstand, daß ihm (1770) eine Professur für Logik und Metaphysik angeboten wurde. Das Gehalt war klein für einen Mann von sechsundvierzig Jahren – 167 Taler im Jahr, die langsam auf 225 im Jahre 1786 anstiegen; gelegentliche Dienste als «Senator» und «Senior der Fakultät» steigerten sein Gehalt 1789 auf 726 Taler. Der Brauch verlangte von einem neuernannten Professor, eine lateinische Antrittsvorlesung zu halten. Kant wählte ein schwieriges Thema – *De mundi sensibilis atque intelligibilis forma et principiis* (Über die Form und die Grundsätze der sensiblen und der intelligiblen Welt). Er

KANT   61

benutzte die scholastische Terminologie, die auch an den deutschen Universitäten vorherrschte. Unter «sensible Welt» verstand er die Welt, wie sie von den Sinnen wahr
genommen wird; er nannte sie später auch die phänomenale Welt oder Welt der
Erscheinungen. Unter «intelligible Welt» verstand er die Welt, wie sie vom Intellekt
oder der Vernunft begriffen wird; er nannte sie später die «noumenale» oder denk-
bare Welt. Wir suchen die sensible Welt zu verstehen, indem wir auf sie mit Hilfe
der Mathematik und der exakten Wissenschaften die subjektiven Begriffe von Zeit und
Raum anwenden; wir suchen die begreifbare Welt zu verstehen, indem wir, über die
Sinne hinausgehend, mit Hilfe des Intellekts und der Metaphysik zu den übersinnlichen
Quellen und Ursachen der sensiblen Welt vorstoßen. Hier legte Kant bereits seine
Grundthesen nieder: daß Zeit und Raum nicht objektive oder sinnlich erfaßbare Ob-
jekte sind, sondern der Natur und der Struktur des Verstandes innewohnende Wahr-
nehmungsformen, und daß der Verstand nicht passiver Empfänger und Produkt der
Wahrnehmungen ist, sondern etwas aktiv Handelndes, mit eigenen Modalitäten und
Gesetzen der Wirkung für die Umwandlung von Empfindungen in Vorstellungen.

Kant betrachtete diese grundlegende Dissertation als «den Text, über den in dem
folgenden Werk weiteres zu sagen ist». Diese Bemerkung in einem Brief des Jahres
1771 an Marcus Herz zeigt, daß der Philosoph bereits die *Kritik der reinen Vernunft*
plante. Nach zwölfjähriger Arbeit legte er 1781 dieses gewaltige Werk der Welt vor.
Er widmete es Karl von Zedlitz, dem Minister für Erziehung und kirchliche Angelegenheiten unter Friedrich dem Großen. Zedlitz war wie der König ein Kind der Aufklärung und unterstützte die Freiheit der Presse. Seine Protektion würde wertvoll
sein, wenn die Theologen hinter Kants esoterischem Vokabular und scheinbar orthodoxen Schlußfolgerungen eine der destruktivsten Untersuchungen entdecken würden,
die je über die christliche Theologie angestellt worden waren.

II. KRITIK DER REINEN VERNUNFT, 1781

Wenn die Welt dieses Buch schwierig findet, so mag dies seinen Grund in Kants Ar-
beitsmethode haben. Er schrieb an Moses Mendelssohn (16. August 1783): «Denn das
Produkt des Nachdenkens von einem Zeitraume von wenigstens zwölf Jahren hatte ich
innerhalb etwa vier bis fünf Monaten, gleichsam im Fluge, zwar mit der größten Aufmerksamkeit auf den Inhalt, aber mit weniger Fleiß auf den Vortrag und Beförderung
der leichten Einsicht vor den Leser zustande gebracht, eine Entschließung, die mir
auch jetzt noch nicht leid tut, weil ohne dies und bei längerem Aufschube, um Popularität hineinzubringen, das Werk vermutlich ganz unterblieben wäre, da doch dem
letzteren Fehler nach und nach abgeholfen werden kann, wenn nur das Produkt seiner
rohen Bearbeitung nach erst da ist.»[14] Klarheit braucht Zeit, und Kant war nicht sicher,
ob er die Zeit hatte. Er unterließ absichtlich anschauliche Beispiele, die sein Buch zu
dick werden lassen könnten ... «die nur in populärer Absicht notwendig sind, noch
mehr anzuschwellen, zumal diese Arbeit keineswegs dem populären Gebrauche ange-

messen werden könnte ...»[15]. So schrieb er für die Fachwelt und überließ es andern, ihn verständlich zu machen. Obwohl Christian Wolff vor ihm auf deutsch über Philosophie geschrieben hatte, war diese Sprache noch immer unbeholfen für die Nuancierung von Gedanken, denn sie hatte noch keine technische Terminologie entwickelt. Fast bei jedem Schritt mußte Kant eine deutsche Übersetzung für einen lateinischen Ausdruck erfinden, und in vielen Fällen fehlten auch im Lateinischen die Wörter für die Unterscheidungen und Feinheiten, die er auszudrücken wünschte. Er verwirrte seine Leser, indem er alten Wörtern neue Bedeutungen gab und manchmal seine neuen Begriffsbestimmungen vergaß. Die ersten hundert Seiten sind erträglich klar, der Rest ist ein philosophisches Feuerwerk, in dem der nicht eingeweihte Leser nur Rauch sieht.

Der Titel selbst hätte einer Erklärung bedurft. Wer konnte wissen, daß die *Kritik der reinen Vernunft* eine kritische Prüfung und Beurteilung der Vernunft als etwas von der Erfahrung Unabhängiges bedeutete? *Kritik* bedeutete nicht nur Analyse und Erklärung, sie bedeutete auch Urteil, wie das griechische Ursprungswort *krinein*, urteilen. Kant schlug vor, die Empfindung, die Wahrnehmung, die Idee und die Vernunft zu beschreiben und für jeden einzelnen dieser Begriffe die eigenen Grenzen und ihren Geltungsbereich festzulegen. Ferner hoffte er zu zeigen, daß die Vernunft uns Wissen vermitteln kann unabhängig von jeder bestätigenden Erfahrung, so wie wir wissen, daß sechs mal sechs = sechsunddreißig ist oder daß eine Wirkung eine Ursache haben muß. Dies sind Beispiele der «reinen Vernunft» – das heißt eines A-priori-Wissens, eines Wissens, das keines Erfahrungsbeweises bedarf. «Man kann das Vermögen der Erkenntnis aus Prinzipien a priori die reine Vernunft und die Untersuchung der Möglichkeit und Grenzen derselben überhaupt die Kritik der reinen Vernunft nennen ...»[16] Kant glaubte, eine solche Untersuchung würde alle Probleme der Metaphysik umfassen, und er war zuversichtlich, daß in dieser Kritik «nicht eine einzige metaphysische Aufgabe sein müsse, die hier nicht aufgelöst oder zu deren Auflösung nicht wenigstens der Schlüssel dargereicht worden»[17]. Er glaubte, ihre einzige Gefahr bestehe nicht darin, «widerlegt zu werden ..., wohl aber darin, nicht verstanden zu werden»[18].

Was hatte ihn dazu veranlaßt, sich in ein so heroisches Abenteuer zu stürzen? Man könnte annehmen, daß die Verherrlichung der Vernunft durch die französische Aufklärung – die Annahme der *philosophes*, der Glaube müsse sich der Vernunft unterordnen – und die hierdurch in der christlichen Theologie angerichtete Verwirrung der provozierende Grund für Kants Entschluß gewesen waren, den Ursprung, das Wirken und die Grenzen der Vernunft zu untersuchen. Dieses Motiv spielte gewiß seine Rolle, wie in Kants Vorwort zu der zweiten Auflage zu lesen ist[19], doch dieses gleiche Vorwort machte klar, daß sein erwählter Feind jedweder «Dogmatismus» war, das heißt, alle orthodoxen oder ketzerischen, von einer unkritischen Vernunft entwickelten Denksysteme. Er bezeichnete als «den größten aller dogmatischen Philosophen» Christian Wolff, der es unternommen hatte, die Lehren des Christentums und die Philosophie von Leibniz durch die Vernunft alleine zu beweisen. Alle Versuche, die Wahrheit oder Falschheit der Religion durch reine Vernunft zu beweisen, waren nach Kant Formen des Dogmatismus, und er verurteilte als «Dogmatismus der Metaphysik»

KANT   63

alle Systeme der Wissenschaft, der Philosophie oder der Theologie, die nicht zuvor
einer kritischen Prüfung durch die Vernunft selbst unterworfen worden waren.

Er klagte sein eigenes Denken bis 1770 als eines solchen Dogmatismus schuldig an.
Aus solchen unkritischen Spekulationen, berichtet er uns, sei er aufgeweckt worden
durch die Lektüre Humes, wahrscheinlich der *Untersuchung über den menschlichen Verstand,* von der 1755 eine deutsche Übersetzung erschienen war. Hume hatte behauptet, jede Beweisführung hänge von der Kenntnis der Ursache ab; in der wirklichen
Erfahrung nähmen wir nicht die Verursachung wahr, sondern nur die Aufeinander-
folge, und daher beruhe alle Wissenschaft, Philosophie und Theologie auf einer Vorstellung – der Ursache –, welche sich als eine intellektuelle Annahme, nicht als eine
wahrgenommene Wirklichkeit erweist. «Ich gestehe frei», schrieb Kant, «die Erinnerung des David Hume war eben dasjenige, was mir vor vielen Jahren zuerst den dogmatischen Schlummer unterbrach und meinen Untersuchungen im Felde der spekulativen Philosophie eine ganz andere Richtung gab.»[20] Doch wie konnte der Begriff
«Ursache» aus dem niedrigen Status ungewisser Annahme befreit werden, in dem
Hume ihn belassen hatte? Nur dadurch, sagte Kant, indem man zeigt, daß sie a priori
ist, unabhängig von der Erfahrung, eine jener Denkkategorien oder Denkformen, die,
obwohl nicht notwendigerweise angeboren, Teil der inneren Struktur des Verstandes
sind*. So machte er sich daran, sowohl den Dogmatismus Wolffs als auch den Skeptizismus Humes zu überwinden durch einen Kritizismus – eine kritische Untersuchung –,
der die Autorität der Vernunft gleichzeitig beschreiben, begrenzen und wiederher-
stellen würde. Diese drei Stadien – Dogmatismus, Skeptizismus, Kritizismus – waren
in Kants Augen die drei Aufstiegsphasen in der Evolution der modernen Philosophie.
In seiner Vorliebe für Definitionen, Unterscheidungen, Klassifikationen und lange
Wörter teilte Kant alle Erkenntnis ein in empirische (abhängig von der Erfahrung) und
transzendentale (unabhängig von der Erfahrung und sie daher transzendierend). Er ist
ebenfalls der Ansicht, daß alle Erkenntnis mit der Erfahrung *beginnt,* und zwar in dem
Sinne, daß eine Empfindung vorausgehen und die Tätigkeiten des Denkens anregen
muß, doch er glaubte, daß die Erfahrung in dem Augenblick, in dem sie beginnt, von
der Struktur des Verstandes geformt wird vermöge der ihm innewohnenden Formen
der «Intuition» (Wahrnehmung) oder Anschauung. Die innewohnenden Formen der
«Intuition» sind die universalen Formen, welche die Erfahrung in unserer nach außen
gerichteten Empfindung als Raum und in unserer nach innen gerichteten Empfindung
als Zeit auffaßt.

In gleicher Weise gibt es innewohnende Formen des Begreifens oder Denkens, die
unabhängig sind von der Erfahrung und sie formen; Kant nannte sie Kategorien und
teilte sie mit übertriebener und verdächtiger Symmetrie in vier Dreiergruppen ein:

---

 * In einem Brief an Garve gab Kant 1798 eine spätere Erklärung seines «Erwachens»: «Die Antinomien der reinen Vernunft: die Welt hat einen Anfang – sie hat keinen Anfang, es ist Freiheit im
Menschen – es ist keine Freiheit, sondern alles in ihm ist Notwendigkeit; diese war es, welche
mich aus dem dogmatischen Schlummer zuerst aufweckte und zu einer Kritik der Vernunft selbst
hintrieb.»[21]

drei Kategorien der Quantität: Einheit, Vielheit und Totalität; drei Kategorien der Qualität: Realität, Negation und Begrenzung; drei Doppelkategorien des Verhältnisses: Substanz und Qualität, Ursache und Wirkung, Aktivität und Passivität; und drei Doppelkategorien der Modalität: Möglichkeit und Unmöglichkeit, Existenz und Nichtexistenz, Notwendigkeit und Zufall. Jede Wahrnehmung fällt unter eine oder mehrere dieser grundlegenden Denkformen. Wahrnehmung ist Empfindung, interpretiert durch die innewohnenden Formen des Raumes und der Zeit; Erkenntnis ist Wahrnehmung, durch die Kategorien umgewandelt in ein Urteil oder in eine Idee. Erfahrung ist nicht eine passive Hinnahme objektiver Eindrücke auf unsere Sinne, sie ist das Produkt des Verstandes, der aktiv das Rohmaterial der Empfindung bearbeitet.

Kant versuchte Humes skeptischer Haltung gegenüber der Kausalität zu begegnen, indem er das Ursache-Wirkung-Verhältnis nicht als eine objektive Realität, sondern als eine Denkfunktion darstellte; als solche ist es unabhängig von der Erfahrung und nicht der Ungewißheit empirischer Ideen unterworfen. Doch es ist ein notwendiger Teil aller Erfahrung, denn ohne es können wir die Erfahrung nicht verstehen. Daher «führt der Begriff einer Ursache den Zug von Notwendigkeit bei sich, welche gar keine Erfahrung geben kann»[22]. Kant glaubte, er habe durch diesen Trick die Naturwissenschaft von jener demütigenden Beschränkung auf die Wahrscheinlichkeit befreit, zu der Hume sie verdammt hatte. Es sei der menschliche Verstand, behauptete er, und nicht die Natur, der die universalen «Naturgesetze» aufstellt, indem er einige unserer Verallgemeinerungen – wie diejenigen der Mathematik – mit nicht objektiv wahrgenommenen Eigenschaften der Universalität und Notwendigkeit ausstattet. «Die Ordnung und Regelmäßigkeit also an den Erscheinungen, die wir *Natur* nennen, bringen wir selbst hinein, und würden sie auch nicht darin finden können, hätten wir sie nicht oder die Natur unseres Gemüts ursprünglich hineingelegt.»[23] Die «Naturgesetze» sind nicht objektive Wesenheiten, sondern geistige, zur Verarbeitung der Erfahrung notwendige Konstruktionen.

Alle Erkenntnis nimmt die Form von Ideen an. In diesem Sinne hat der Idealist recht: die Welt ist *für uns* lediglich unsere Vorstellung. Da wir die Materie nur als und durch Ideen kennen, ist Materialismus logisch unmöglich, denn er versucht das unmittelbar Erkannte (Ideen) auf das Unbekannte oder indirekt Erkannte zu reduzieren. Aber der Idealist hat unrecht, wenn er glaubt, daß außer unseren Ideen nichts existiert, denn wir wissen, daß Ideen durch Empfindungen hervorgerufen werden können und daß wir nicht alle Empfindungen erklären können, ohne, für viele von ihnen, eine äußere Ursache anzunehmen. Da unsere Erkenntnis auf Phänomene oder Erscheinungen – das heißt auf die Form, welche die äußere Ursache annimmt, nachdem sie durch unsere Wahrnehmung und Anschauung geformt ist – beschränkt ist, können wir nie die objektive Natur dieser äußeren Ursache erkennen[24]; sie muß für uns ein geheimnisvolles Ding an sich, ein «Noumenon», bleiben, begriffen, doch nie wahrgenommen. Die äußere Welt existiert, doch in ihrer letzten Realität ist sie unerkennbar[25]. Auch die Seele existiert, aber nicht erkennbar. Wir nehmen sie nie wahr als ein Wesen außerhalb der von uns wahrnehmbaren Geisteszustände; sie ist ein

KANT

Noumenon, notwendigerweise begriffen als die Realität hinter dem Individuellen selbst, dem moralischen Empfinden und den Formen und Funktionen des Verstandes. Das Bewußtsein seiner selbst mischt sich in jeden Geisteszustand und erzeugt Kontinuität und persönliche Identität. Das Bewußtsein seiner selbst («Apperception») ist die vertrauteste all unserer Erfahrungen, und durch keine Anstrengungen der Einbildung können wir es als materiell begreifen[26]. Es erscheint unwahrscheinlich, daß eine immaterielle Seele auf einen materiellen Körper einwirken und von ihm beeinflußt werden soll; doch wir können annehmen, daß die unerkennbare Realität hinter der Materie «vielleicht nicht so ungleichartig sein dürfte» jenem inneren Ding an sich, welches die Seele ist[27].

Wir können nicht durch reine oder theoretische Vernunft beweisen (wie Wolff es versuchte), daß die individuelle Seele unsterblich ist, daß der Wille frei ist oder daß Gott existiert; wir können aber auch diese Behauptungen nicht durch reine Vernunft widerlegen (wie einige Skeptiker es zu tun glaubten). Die Vernunft und die Kategorien sind nur dazu ausgestattet, sich mit Phänomenen oder Erscheinungen, äußeren oder inneren, auseinanderzusetzen; wir können sie nicht auf das Ding an sich – die Realität hinter den Empfindungen oder die Seele hinter den Ideen – anwenden. Wenn wir versuchen, die Dogmen des Glaubens zu beweisen oder zu widerlegen, geraten wir in «Paralogismen» (Trugschlüsse) oder «Antinomien» – innere Widersprüche. Wir gelangen zu gleichen Sinnwidrigkeiten, wenn wir entscheiden, ob die Welt einen Anfang gehabt hat oder nicht, ob der Wille frei ist oder nicht oder ob ein notwendiges höchstes Wesen existiert oder nicht. Kant drückte mit ungewohnter Beredsamkeit den Gedanken des Beweises aus der Absicht aus[28], doch er schloß: «Der Beweis könnte also höchstens einen *Weltbaumeister,* der durch die Tauglichkeit des Stoffes, den er bearbeitet, immer sehr eingeschränkt wäre, aber nicht einen *Weltschöpfer,* dessen Idee alles unterworfen ist, dartun, welches zu der großen Absicht, die man vor Augen hat, nämlich ein allgenugsames Urwesen zu beweisen, bei weitem nicht hinreichend ist.»[29]

Aber wie können wir uns zufriedengeben mit einer so verblüffenden Schlußfolgerung – daß freier Wille, Unsterblichkeit und Gott durch reine Vernunft weder bewiesen noch widerlegt werden können? Es gibt in uns (behauptet Kant) etwas, was tiefer ist als Vernunft, und dies ist unser unwiderlegbares Bewußtsein, daß das Bewußtsein, der Verstand und die Seele nicht materiell sind und daß der Wille in gewissem Maße, obwohl auf geheimnisvolle und unlogische Weise, frei ist und daß wir uns nicht lange damit zufriedengeben können, die Welt für eine sinnlose Folge von Entfaltung und Auflösung ohne moralische Bedeutung oder inneren Sinn zu betrachten. Wie können wir unsern Willen, zu glauben, rechtfertigen? Teilweise (sagt Kant) durch die intellektuelle Nützlichkeit des Glaubens – indem er uns Führung bei der Interpretation der Phänomene sowie philosophische Vernunft und religiösen Frieden bietet:

«Die Dinge der Welt müssen so betrachtet werden, *als ob* sie von einer höchsten Intelligenz ihr Dasein hätten. Auf solche Weise ist die Idee eigentlich nur ein heuristischer und nicht ostensiver Begriff und zeigt an, nicht wie ein Gegenstand beschaffen ist, sondern wie wir, unter der Leitung desselben, die Beschaffenheit und Verknüpfung der Gegenstände der Erfahrung überhaupt *suchen* sollen ... Endlich und drittens müssen wir (in Ansehung der Theologie) alles, was nur immer in den Zusammenhang der möglichen Erfahrung gehören mag, so betrachten, *als ob* diese eine absolute, aber durch und durch abhängige und immer noch innerhalb der Sinnenwelt bedingte Einheit ausmache, doch aber zugleich, *als ob* der Inbegriff aller Erscheinungen (die Sinnenwelt selbst) einen einzigen obersten und allgenugsamen Grund außer ihrem Umfange habe, nämlich eine gleichsam selbständige, ursprüngliche und schöpferische Vernunft, in Beziehung auf welche wir allen empirischen Gebrauch *unserer* Vernunft in seiner größten Erweiterung so richten, *als ob* die Gegenstände selbst aus jenem Urbilde aller Vernunft entsprungen wären ... So ist der transzendentale und einzig bestimmte Begriff, den uns die bloß spekulative Vernunft von Gott gibt, im genauesten Verstande *deistisch,* d. i. die Vernunft gibt nicht einmal die objektive Gültigkeit eines solchen Begriffs, sondern nur die Idee von etwas an die Hand, worauf alle empirische Realität ihre höchste und notwendige Einheit gründet.» [30]

Aber ein noch gebieterischerer Grund für den religiösen Glauben besteht nach Kants Meinung darin, daß ein solcher Glaube unerläßlich ist für die Moral. «Wenn es kein von der Welt unterschiedenes Urwesen gibt, wenn die Welt ohne Anfang und also auch ohne Urheber, unser Wille nicht frei und die Seele von gleicher Teilbarkeit und Verweslichkeit mit der Materie ist, so verlieren auch die *moralischen* Ideen und Grundsätze alle Gültigkeit und fallen mit den *transzendentalen* Ideen, welche ihre theoretische Stütze ausmachten.» [31] Wenn der moralische Charakter und die soziale Ordnung nicht ganz auf der Furcht vor dem Gesetz beruhen sollen, müssen wir den religiösen Glauben befürworten, wenn auch nur als regulatives Prinzip; wir müssen handeln, als ob wir wußten, daß es einen Gott gibt, daß unsere Seelen unsterblich sind und daß unser Wille frei ist [32]. Außerdem, als eine Hilfe für das Denken und die Moral, «sind wir auch berechtigt, die Welturache in der Idee nicht allein nach einem subtileren Anthropomorphism (ohne welchen sich gar nichts von ihm denken lassen würde), nämlich als ein Wesen, das Verstand, Wohlgefallen und Mißfallen, imgleichen eine demselben gemäße Begierde und Willen hat etc., zu denken.» [33]

Dies waren die Schlußfolgerungen der berühmten *Kritik,* welche die gegensätzlichen Denkschulen trösteten oder verstimmten. Die Skeptiker konnten behaupten, Kant habe den Agnostizismus gerechtfertigt, und konnten ihm vorwerfen, er habe Gott als eine Ergänzung der Polizei wiedereingesetzt. Die beleidigten Theologen warfen ihm vor, er habe den Ungläubigen zuviel zugestanden, und waren froh, daß die Religion ihre gefährliche Irrfahrt durch das geistige Labyrinth Kants anscheinend überlebt hatte. 1786 beschrieb Karl Leonhard Reinhold den Wirrwarr:

«Die *Kritik der reinen Vernunft* ist von Dogmatikern für den Versuch eines Skeptikers ausgerufen, der die Gewißheit alles Wissens untergräbt, – von Skeptikern für die stolze Anmaßung, auf den Trümmern der bisherigen Systeme einen neuen Dogmatismus aufzuführen, – von den Supernaturalisten für einen fein angelegten Kunstgriff, die historischen Fundamente der Religion zu verdrängen und den Naturalismus ohne Polemik zu begründen, – von den Naturalisten für eine neue Stütze der sinkenden Glaubensphilosophie, – von den Materialisten für eine idealistische Widerlegung der Realität der Materie, – von den Spiritualisten für eine unverantwortliche Einschränkung alles Wirklichen ...» [34]

Fast alle diese Denkschulen griffen das Buch an, machten es berühmt, wenn auch nur als einen *succès de scandale.* Sogar seine Schwierigkeit trug zu seiner Wirkung bei,

KANT   67

machte es zu einer Herausforderung, der jeder Geist, der auf dem laufenden sein wollte, sich stellen mußte. Bald waren die *sesquipedalia verba* (vielsilbigen Worte) Kants im Mund eines jeden Gelehrten.

Er konnte nicht verstehen, warum seine Kritiker ihn nicht verstehen konnten. Hatte er nicht jeden Grundbegriff immer wieder definiert? (Ja, und auf welch vielfältige Art!) 1783 beantwortete er diese Angriffe, indem er die *Kritik* in einer neuen Form bearbeitete, die er für einfacher hielt, und er nannte sie herausfordernd *Prolegomena zu einer jeden künftigen Metaphysik, die als Wissenschaft wird auftreten können*. Vor seiner *Kritik*, behauptete er, habe es überhaupt keine wirkliche Metaphysik gegeben, denn kein System sei eingeleitet worden durch eine kritische Untersuchung seines Instrumentes, der Vernunft. Wenn einige Leser die *Kritik* nicht verstehen konnten, so mochte dies seinen Grund darin haben, daß sie ihr nicht gewachsen waren «und daß man seine Geistesgaben in solchem Fall auf einen anderen Gegenstand verwenden müsse und daß es eben nicht nötig sei, daß jedermann Metaphysik studiere»[35]. Die Kontroverse setzte sich unter dem toleranten Regime Friedrichs des Großen ungestört fort. Kant hatte in der *Kritik* einige beredte Passagen über den Adel der Vernunft und ihr Recht auf Freiheit des Ausdrucks geschrieben[36]. 1784 veröffentlichte er, sich immer noch auf die Protektion Friedrichs und Zedlitz' verlassend, eine Abhandlung mit dem Titel *Was ist Aufklärung?* Er definierte die Aufklärung als Freiheit und Unabhängigkeit des Denkens und wählte als ihr Motto *Sapere aude* – «Wage zu wissen». Er bedauerte, daß die geistige Befreiung so sehr verzögert wurde durch den Konservativismus der Mehrheit. «Wenn denn nun gefragt wird: Leben wir jetzt in einem *aufgeklärten* Zeitalter? so ist die Antwort: Nein, aber wohl in einem Zeitalter der *Aufklärung*.» Er hatte Friedrich als die Verkörperung und den Beschützer der deutschen Aufklärung gepriesen, als den Monarchen, der zu seinen Untertanen gesagt hatte: «Räsoniert so viel ihr wollt.»[37]

Dies mag er in der Hoffnung geschrieben haben, daß Friedrichs Nachfolger die Politik der Toleranz beibehalten würde. Doch Friedrich Wilhelm II. (1786–1797) war mehr an der Macht des Staates als an der Freiheit des Geistes interessiert. Als eine zweite Ausgabe der *Kritik der reinen Vernunft* vorbereitet wurde (1787), änderte Kant einige Passagen und versuchte seine Ketzereien durch ein apologetisches Vorwort zu mildern: «Ich mußte also das Wissen aufheben, um zum Glauben Platz zu bekommen ... Durch diese (Kritik) kann nun allein dem Materialism, Fatalism, Atheism, dem freigeisterischen Unglauben, der Schwärmerei und Aberglauben, die allgemein schädlich werden können, zuletzt auch dem Idealism und Skeptizism, die mehr den Schulen gefährlich sind und schwerlich ins Publikum übergehen können, selbst die Wurzel abgeschnitten werden.»[38] Er hatte Grund zur Vorsicht. Am 9. Juli 1788 erließ Johann Christian von Wöllner, «Minister für die lutherische Abteilung», ein *Religionsedikt*, das die religiöse Toleranz verwarf und verantwortlich machte für die Lockerung der Sitten und allen Predigern und Lehrern, die vom orthodoxen Christentum abwichen, die Vertreibung von ihren Kanzeln oder Lehrstühlen androhte. In dieser Atmosphäre der Reaktion veröffentlichte Kant seine zweite *Kritik*.

III. KRITIK DER PRAKTISCHEN VERNUNFT, 1788

Da die erste *Kritik* behauptet hatte, die reine Vernunft könne die Freiheit des Willens
nicht beweisen, und da nach Kants Ansicht die Moral eine solche Freiheit erforderte,
schienen die Funktionen der Vernunft die Moral wie auch die Theologie ihrer rationalen Basis beraubt zu haben. Schlimmer noch: Die Aufklärung hatte die religiösen
Fundamente der Moral untergraben, indem sie die Existenz eines belohnenden und
bestrafenden Gottes in Frage stellte. Wie konnte die Kultur weiterbestehen, wenn
diese traditionellen Stützen der Moral zusammenbrachen? Kant fühlte, daß er selbst
als anerkannter Schüler der Aufklärung verpflichtet war, einen rationalen Grund für
einen Moralkodex zu finden. In einer einleitenden Abhandlung, *Grundlegung zur Metaphysik der Sitten* (1785), verwarf er den Versuch von Freidenkern, die Moral auf die
Erfahrung des Individuums oder des Volkes zu gründen; solch eine nachträgliche Ableitung würde die moralischen Grundsätze jener Universalität und Absolutheit berauben, die nach seinem Urteil eine gesunde Ethik erforderte. Mit charakteristischem
Selbstvertrauen erklärte er: «Aus dem Angeführten erhellet: daß alle sittliche Begriffe
völlig a priori in der Vernunft ihren Sitz und Ursprung haben.»[39] Sein zweites Hauptwerk, die *Kritik der praktischen Vernunft*, hatte seinen Zweck darin, diesen Sitz und Ursprung zu erhellen. Es sollte die A-priori-Elemente in der Moral analysieren, wie die
erste Kritik die A-priori-Elemente in der Erkenntnis analysiert hatte.

Jedes Individuum (erklärte Kant) hat ein Gewissen, ein Pflichtgefühl, das Bewußtsein eines gebieterischen Moralgesetzes. «Zwei Dinge erfüllen das Gemüt mit immer
neuer und zunehmender Bewunderung und Ehrfurcht ...: der bestirnte Himmel über
mir und das moralische Gesetz in mir.»[40] Dieses moralische Bewußtsein gerät oft in
Konflikt mit unseren sinnlichen Begierden, doch wir erkennen, daß es ein höheres
Element in uns ist als das Streben nach Lust. Es ist nicht das Produkt der Erfahrung, es
ist ein Teil unserer angeborenen psychologischen Struktur wie die Kategorien; es ist
ein inneres Tribunal, gegenwärtig in jeder Person, in jedem Volk[41]. Und es ist absolut;
es befiehlt uns bedingungslos, ohne Ausnahme oder Entschuldigung, das Rechte um
seiner selbst willen zu tun, als ein Zweck an sich, nicht als ein Mittel zu Glück oder
Belohnung oder zu einem andern Gut. Sein Imperativ ist kategorisch.

Dieser kategorische Imperativ nimmt zwei Formen an. «Handle so, daß die Maxime
deines Willens jederzeit zugleich als Prinzip einer allgemeinen Gesetzgebung gelten
könne»; handle so, daß wenn alle andern wie du handeln würden, alles in Ordnung
wäre. Dies ist das «Grundgesetz der reinen praktischen Vernunft»[42] sowie «die Formel
eines schlechterdings guten Willens»[43]. In einer zweiten Formulierung («Handle so,
daß du die Menschheit, sowohl in deiner Person, als in der Person eines jeden andern,
jederzeit zugleich als Zweck, niemals bloß als Mittel brauchest»[44]) verkündete Kant
ein Prinzip, das revolutionärer war als irgendein Gedanke in der amerikanischen oder
französischen Erklärung der Menschenrechte.

Dieses Bewußtsein moralischer Verantwortung ist ein zusätzlicher Beweis für eine

KANT

Freiheit des Willens. Wie könnten wir dieses Pflichtbewußtsein haben, wenn wir nicht frei wären zu handeln oder nicht zu handeln, wenn unsere Handlungen nur Glieder in einer unzerbrechlichen Kette von mechanischer Ursache und Wirkung wären? Ohne freien Willen ist die Persönlichkeit sinnlos; wenn die Persönlichkeit sinnlos ist, ist es auch das Leben, und wenn das Leben sinnlos ist, ist es auch das Universum[45]. Kant erkennt die unausweichliche Logik des Determinismus; und wie kann ein freier Wille in eine objektive Welt eingreifen, die (wie er bekennt) scheinbar von mechanischen Gesetzen beherrscht wird?[46] Seine Antwort ist ein Meisterstück der Unverständlichkeit. Das mechanische Gesetz, erinnert er uns, ist eine fleißige Konstruktion, ein Schema, das der Verstand vermittels seiner Kategorie der Kausalität der Welt des Raums und der Zeit aufzwingt als ein Mittel, sich ständig mit ihr auseinanderzusetzen. Da wir die Kategorien auf die Welt der Erscheinungen beschränkt und zugegeben haben, daß wir die Natur der noumenalen Welt – das Ding an sich hinter den Erscheinungen – nicht erkennen können, können wir auch nicht annehmen, daß die Gesetze, welche wir für die Erscheinungen konstruieren, auch für die letzte Wirklichkeit gelten. Und da wir zugegeben haben, daß wir, in uns selbst, nur das phänomenale Ich – nur die Welt der Wahrnehmungen und Ideen – kennen und nicht die Natur der inneren und noumenalen Seele, können wir nicht annehmen, daß die Gesetze von Ursache und Wirkung, welche die Handlungen unserer Körper (einschließlich unserer Gehirne) beherrschen, auch für die Willensäußerungen der letzten geistigen Realität hinter unseren Verstandesvorgängen gelten. Hinter den Mechanismen der phänomenalen Welt des Raumes und der Vorstellungen in der Zeit gibt es vielleicht Freiheit in der raumlosen und zeitlosen noumenalen Welt letzter äußerer oder innerer Wirklichkeit. Unsere Handlungen und Ideen werden determiniert, sobald sie in die Welt der wahrnehmbaren physischen oder geistigen Ereignisse eintreten; sie mögen immer noch frei sein in ihrem Ursprung in der nicht wahrnehmbaren Seele, weshalb «diejenigen, welche hierin der gemeinen Meinung folgen, niemals dahin haben gelangen können, Natur und Freiheit miteinander zu vereinigen»[47]. Wir können dies nicht beweisen, doch wir dürfen legitim annehmen, daß es ein Bestandteil des imperativen Charakters unseres moralischen Sinnes ist; unser moralisches Leben würde sonst sterben.

Schließlich (sagt Kant), warum sollen wir nicht der praktischen Vernunft den Vorrang vor der spekulativen Vernunft einräumen? Die Wissenschaft, die uns zu Automaten zu machen scheint, ist letzten Endes eine Spekulation – ein Spiel mit der dauernden Gültigkeit von Schlüssen und Methoden, die sich ständig ändern. Wir haben recht, wenn wir glauben, daß der Wille im Menschen fundamentaler ist als der Intellekt; der Intellekt ist ein durch den Willen geschmiedetes Instrument zur Auseinandersetzung mit der äußeren und mechanischen Welt; er sollte nicht der Herr der Persönlichkeit sein, die ihn benutzt[48].

Wenn aber der moralische Sinn uns erlaubt, ein bestimmtes Maß an freiem Willen anzunehmen, erlaubt er uns auch, an die Unsterblichkeit der Seele zu glauben. Unser moralischer Sinn treibt uns zu einer Vervollkommnung an, die immer wieder vereitelt wird durch unsere sinnlichen Impulse. Wir können diese Vollkommenheit in unserem

DER PROTESTANTISCHE NORDEN

kurzen irdischen Leben nicht erreichen; wenn es also eine Gerechtigkeit in der Welt gibt, müssen wir annehmen, daß uns zu unserer moralischen Erfüllung ein Leben nach dem Tode gewährt wird. Wenn dies ebenfalls voraussetzt, daß ein gerechter Gott existiert, dann wird auch dies durch die praktische Vernunft bewiesen. Irdisches Glück stimmt nicht immer mit der Tugend überein; wir fühlen, daß das Gleichgewicht zwischen Tugend und Glück irgendwo wiederhergestellt wird, und dies ist nur möglich, wenn wir annehmen, daß es eine Gottheit gibt, welche diesen Ausgleich bewirkt. «Also wird auch das Dasein einer von der Natur unterschiedenen Ursache der gesamten Natur, welche den Grund dieses Zusammenhanges, nämlich der genauen Übereinstimmung der Glückseligkeit mit der Sittlichkeit, enthalte, postuliert»[49] durch die praktische Vernunft.

Kant kehrte das übliche Verfahren um: Anstatt den moralischen Sinn und den moralischen Kodex von Gott abzuleiten (wie die Theologen es getan hatten), leitete er Gott aus dem Moralgefühl ab. Wir dürfen unsere Verpflichtungen nicht als «willkürliche Befehle eines fremden Willens auffassen, sondern sie als wesentliche Gesetze jedes freien Willens an sich betrachten»; da jedoch dieser Wille und Gott der noumenalen Welt angehören, sollen wir diese Pflichten als göttliche Gebote anerkennen. «Wir werden, soweit praktische Vernunft uns zu führen das Recht hat, Handlungen nicht darum für verbindlich halten, weil sie Gebote Gottes sind, sondern sie darum als göttliche Gebote ansehen, weil wir dazu innerlich verbindlich sind.»[50]

Wenn alle diese eigenwilligen Gedankengänge ziemlich dunkel sind, so mag dies seinen Grund darin haben, daß Kant nicht mit sehr großer Begeisterung an seinen Versuch, Voltaire mit Rousseau zu versöhnen, herangegangen ist. Die *Kritik der reinen Vernunft* war sogar noch weiter gegangen als Voltaire in ihrem Bekenntnis, daß die reine Vernunft den freien Willen, die Unsterblichkeit oder Gott nicht beweisen kann. Aber Kant hatte in Rousseaus Lehren – von der Schwäche der Vernunft, vom Vorrang des Gefühls und der Ableitung der Religion aus dem Moralgefühl des Menschen – eine mögliche Alternative zum Agnostizismus, zum moralischen Verfall und zu Wöllners Polizei gefunden. Er glaubte, Rousseau habe ihn in der Ethik aus «dogmatischem Schlummer» geweckt, wie Hume es in der Metaphysik getan hatte[51]. Die erste Kritik gehörte der Aufklärung an, die zweite dem Aufbruch des Irrationalismus; der Versuch, die beiden zu kombinieren, war die spitzfindigste Unternehmung in der Geschichte der Philosophie. Heine sah den Grund für dieses Bemühen in der Besorgnis um menschliche Nöte: Der Professor sah seinen treuen Diener Lampe über den Tod Gottes weinen. «Da erbarmt sich Immanuel Kant und zeigt, daß er nicht bloß ein großer Philosoph, sondern auch ein guter Mensch ist, und er überlegt, und halb gutmütig und halb ironisch spricht er: 'Der alte Lampe muß einen Gott haben, sonst kann der arme Mensch nicht glücklich sein – ... – meinetwegen – so mag auch die praktische Vernunft die Existenz Gottes verbürgen.'»[52]

IV. KRITIK DER URTEILSKRAFT, 1790

Kant muß selbst nicht zufrieden gewesen sein mit seinen Argumenten, denn in einer *Kritik der Urteilskraft* kehrte er zu dem Problem «Mechanismus gegen freien Willen» zurück und beschäftigte sich mit dem Konflikt zwischen Mechanismus und Absicht; hierauf ließ er gelehrte Abhandlungen über Schönheit, Erhabenheit, Genie und Kunst folgen. Es handelte sich um ein nicht gerade sehr appetitanreizendes Gebräu.

Urteilskraft «überhaupt ist das Vermögen, das Besondere als enthalten unter dem Allgemeinen zu denken»; sie ist der Akt des Einordnens eines Gegenstandes, einer Idee oder eines Ereignisses unter eine Gattung, ein Prinzip oder ein Gesetz. Die erste *Kritik* hatte versucht, alle Ideen den apriorischen Universalkategorien unterzuordnen, die zweite hatte sich bemüht, alle ethischen Begriffe unter ein universales apriorisches Moralgefühl zu stellen, und die dritte unternahm es, apriorische Universalprinzipien für unsere ästhetische Beurteilung der Ordnung, der Schönheit, der Erhabenheit in Natur oder Kunst zu finden[53]. «Aber auch da kann die große Schwierigkeit, ein Problem, welches die Natur so verwickelt hat, aufzulösen, einiger nicht ganz zu vermeidenden Dunkelheit in der Auflösung desselben, wie ich hoffe, zur Entschuldigung dienen, wenn nur, daß das Prinzip richtig angegeben worden, klar genug dargetan ist.»[54]

Die «dogmatische» Philosophie hatte versucht, ein objektives Element in der Schönheit zu finden; Kant glaubte, daß hier besonders das subjektive Element den Vorrang habe. Nichts ist schön oder erhaben, sondern das Gefühl macht es dazu. Wir schreiben Schönheit jedem Gegenstand zu, dessen Betrachtung uns interesseloses Wohlgefallen bereitet – das heißt ein Wohlgefallen, das frei ist von allem persönlichen Begehren; wir empfinden ästhetische, doch keine andere Genugtuung über einen Sonnenuntergang, einen Raffael, eine Kathedrale, eine Blume, ein Konzert oder ein Lied. Doch warum schenken bestimmte Gegenstände oder Erfahrungen uns dieses uneigennützige Vergnügen? Vielleicht weil wir in ihnen eine Vereinigung von Teilen sehen, die in einem harmonischen Ganzen erfolgreich funktionieren. Im Falle des Erhabenen finden wir Gefallen an der Größe oder der Macht, die uns nicht bedroht; so erhebt uns der Anblick des Himmels oder des Meeres, jedoch nicht, wenn ihr Toben uns gefährdet.

Unsere Wertschätzung der Schönheit oder der Erhabenheit wird erhöht, wenn wir Zweckbestimmtheit voraussetzen – das heißt, wenn wir annehmen, daß in den Organismen die Teile sich durch eine innewohnende Kraft den Bedürfnissen des Ganzen anpassen, und wenn wir in der Natur hinter der Koordination mit Harmonie, der Größe und der Macht eine göttliche Weisheit spüren. Dennoch zielt die Wissenschaft auf das direkte Gegenteil ab – zu zeigen, daß die ganze objektive Natur auf Grund mechanischer Gesetze funktioniert, ohne Unterordnung unter eine äußere Absicht. Wie können wir diese beiden Auffassungen von der Natur miteinander versöhnen? Indem wir sowohl Mechanistik als auch Zweckbestimmtheit insofern annehmen, als

72   DER PROTESTANTISCHE NORDEN

sie uns als «heuristische» Prinzipien helfen können – als Postulate, die das Verstehen oder die Forschung erleichtern. Das mechanische Prinzip hilft uns sehr bei der Erforschung anorganischer Substanzen, das teleologische Prinzip ist am nützlichsten beim Studium von Organismen. In diesen gibt es Kräfte des Wachstums und der Fortpflanzung, die der mechanischen Erklärung spotten; hier gibt es eine sichtbare Anpassung der Teile an die Zwecke des Organs oder des Organismus, so der Krallen für das Greifen und der Augen für das Sehen. Es dürfte weise sein, anzuerkennen, daß weder Mechanismus noch Absicht als allgemein wahr erwiesen werden können. In gewissem Sinne ist die Wissenschaft selbst teleologisch, da sie eine erkennbare Ordnung, Regelmäßigkeit und Einheit in der Natur annimmt, als ob ein göttlicher Verstand sie organisiert hätte und unterhielte[55].

Kant sah viele Schwierigkeiten in der Betrachtung des Menschen und der Welt als Produkte göttlicher Absicht.

«Das erste, was in einer Anordnung zu einem zweckmäßigen Ganzen der Naturwesen der Erde absichtlich eingerichtet sein müßte, würde wohl ihr Wohnplatz, der Boden und das Element sein, auf und in welchem sie ihr Fortkommen haben sollten. Allein eine genauere Kenntnis der Beschaffenheit dieser Grundlagen aller organischen Erzeugung gibt auf keine anderen als ganz unabsichtlich wirkende, ja eher noch verwüstende, als Erzeugung, Ordnung und Zweck begünstigende Ursachen Anzeige. Land und Meer enthalten nicht allein Denkmäler von alten mächtigen Verwüstungen, die sie und alle Geschöpfe auf und in demselben betroffen haben, in sich: sondern ihr ganzes Bauwerk, die Erdlager des einen und die Grenzen des andern, haben gänzlich das Ansehen des Produkts wilder allgewaltiger Kräfte in einer im chaotischen Zustande arbeitenden Natur.»[56]

Und dennoch, wenn wir jeden Gedanken der Absicht in der Natur aufgeben, nehmen wir dem Leben jegliche moralische Bedeutung; das Leben wird eine sinnlose Folge von schmerzlichen Geburten und qualvollen Toden, in der für das Individuum, die Nation und die Rasse nichts sicher ist als die Niederlage. Wir müssen an einen göttlichen Plan glauben, schon allein, um unsern Verstand zu bewahren. Und da die Teleologie nur einen sich mühenden Handwerker beweist anstelle einer göttlichen und allmächtigen Güte, müssen wir unsern Glauben an das Leben auf ein moralisches Gefühl gründen, das keine andere Garantie hat als den Glauben an einen gerechten Gott. So können wir glauben – wenn auch nicht beweisen –, daß der gerechte Mensch der letzte Zweck der Schöpfung, das erhabenste Produkt des großen und geheimnisvollen Planes ist[57].

V. RELIGION UND VERNUNFT, 1793

Kant war nie zufrieden mit seiner zögernden Als-ob-Theologie. 1791 wiederholte er in einer kleinen Schrift *Über das Mißlingen aller philosophischen Versuche in der Theodizee*, «daß unsere Vernunft zur Einsicht des Verhältnisses, in welchem eine Welt, sowie wir sie durch Erfahrung immer kennen mögen, zu der höchsten Weisheit stehe, schlechterdings unvermögend sei». Er fügte eine Warnung hinzu, vielleicht an sich selbst, der Philosoph solle in dieser Angelegenheit nicht die Rolle eines speziellen An-

KANT 73

waltes spielen, er solle keine Sache verteidigen, deren Gerechtigkeit zu erfassen er nicht in der Lage ist, die er nicht vermittels der Philosophie eigenen Denkmethoden beweisen kann [58].

Er wandte sich diesem Problem von neuem zu in einer Reihe von Abhandlungen, die ihn in offenen Gegensatz zu der preußischen Regierung brachten. Die erste von ihnen, «Vom radikalen Bösen», wurde in der *Berliner Monatsschrift* im April 1792 gedruckt. Der Zensor erlaubte, «daß sie gedruckt werden möge, da doch nur tiefdenkende Gelehrte die Kantischen Schriften lesen» [59], doch er weigerte sich, die zweite Abhandlung, «Vom Kampf des guten Prinzips mit dem Bösen um die Herrschaft über den Menschen», zuzulassen. Kant nahm seine Zuflucht zu einer Kriegslist. Deutsche Universitäten besaßen das Privileg, die Veröffentlichung von Büchern und Artikeln zu genehmigen; Kant unterbreitete die zweite, dritte und vierte Abhandlung der Philosophischen Fakultät der Universität Jena (damals unter der Aufsicht Goethes und des Herzogs Carl August von Sachsen-Weimar und mit Schiller als Mitglied des Lehrkörpers); die Fakultät gab ihr Imprimatur, und diese vier Abhandlungen wurden 1793 in Königsberg gedruckt unter dem Titel *Die Religion innerhalb der Grenzen der bloßen Vernunft.*

Die ersten Zeilen künden das durchgehende Thema an: «Die Moral, sofern sie auf dem Begriffe des Menschen, als eines freien, eben darum aber auch sich selbst durch seine Vernunft an unbedingte Gesetze bindenden Wesens, gegründet ist, bedarf weder der Idee eines andern Wesens über ihm, um seine Pflicht zu erkennen, noch einer andern Triebfeder als des Gesetzes selbst, um sie zu beobachten. Sie bedarf also zum Behuf ihrer selbst (sowohl objektiv, was das Wollen, als subjektiv, was das Können betrifft) keineswegs der Religion.» [60] Kant verspricht Gehorsam gegenüber den Behörden und gibt die Notwendigkeit der Zensur zu, fordert jedoch, «daß sie keine Zerstörung im Felde der Wissenschaft anrichte» [61]. Das Eingreifen der Theologie in die Wissenschaft, wie im Falle Galileis, «könnte alle Versuche des menschlichen Verstandes in Beschlag nehmen ...; philosophische Theologie ... muß volle Freiheit haben, sich, so weit, als ihre Wissenschaft reicht, auszubreiten» [62].

Kant leitet die Probleme der Moral aus der zweifachen Erbschaft des Menschen, nämlich guter und schlechter Tendenzen, ab. «Daß nun ein solcher verderbter Hang im Menschen gewurzelt sein müsse, darüber können wir uns, bei der Menge schreiender Beispiele, welche uns die Erfahrung an den Taten der Menschen vor Augen stellt, den förmlichen Beweis ersparen.» [63] Er stimmt nicht mit Rousseau darin überein, daß der Mensch gut geboren ist oder gut war in einem «Naturzustand», doch er ist mit ihm einig in der Verdammung der «Laster der Kultur und Zivilisation» als «den kränkendsten unter allen» [64]. Und da ist noch die Frage, ob wir im rohen Zustande, da alle diese Kultur nicht stattfände, nicht glücklicher als in unserm jetzigen Zustande sein würden [65] mit seiner Ausbeutung, Heuchelei, moralischen Unordnung und Massenschlächterei im Krieg. Wenn wir die wahre Natur des Menschen erkennen wollen, brauchen wir nur das Verhalten der Staaten zu beobachten.

Wie begann das «radikale Böse in der menschlichen Natur»? Nicht durch die «Erbsünde». «Wie nun aber auch der Ursprung des moralischen Bösen im Menschen immer beschaffen sein mag, so ist doch unter allen Vorstellungsarten, von der Verbreitung und Fortsetzung desselben durch alle Glieder unserer Gattung und in allen Zeugungen, die unschicklichste: es sich, als durch Anerbung von den ersten Eltern auf uns gekommen, vorzustellen.»[66] Wahrscheinlich waren die «bösen» Neigungen in den Menschen tief verwurzelt, weil sie notwendig waren, wenn er in primitiven Lebensbedingungen überleben wollte; nur in der Zivilisation – in der organisierten Gesellschaft – werden sie Laster, und hier erfordern sie nicht Unterdrückung, sondern Beherrschung[67]. «Natürliche Neigungen sind, *an sich selbst betrachtet,* gut, das ist unverwerflich, und es ist nicht allein vergeblich, sondern es wäre auch schädlich und tadelhaft, sie ausrotten zu wollen; man muß sie vielmehr nur bezähmen, damit sie sich untereinander *nicht* selbst aufreiben, *sondern* zur Zusammenstimmung in einem Ganzen, Glückseligkeit genannt, gebracht werden können.»[68]

Das moralisch Gute ist ebenfalls angeboren, wie durch das universale Moralgefühl bewiesen wird; doch es ist zunächst nur ein Bedürfnis, das durch moralische Unterweisung und eifrige Disziplin entwickelt werden muß. Die beste Religion ist nicht diejenige, die sich durch sorgfältige Beobachtung des rituellen Glaubens auszeichnet, sondern jene, die den Menschen zu einem moralischen Leben anhält[69]. Eine Religion der Vernunft begründet sich nicht auf eine göttliche Offenbarung, sondern auf ein Pflichtgefühl, das als göttlichstes Element im Menschen interpretiert wird[70]. Die Religion kann sich legitimerweise in einer Kirche organisieren[71], sie kann ihren Glauben durch heilige Schriften zu definieren suchen, sie kann Christus als den gottähnlichsten der Menschen verehren, sie kann den Himmel versprechen und die Hölle androhen[72], und «keine Religion kann ohne Glauben an ein künftiges Leben gedacht werden»[73]. Doch es sollte für einen Christen nicht nötig sein, an Wunder zu glauben oder an die Göttlichkeit Christi, die Erlösung der Menschheit von ihren Sünden durch die Kreuzigung Christi, die Vorbestimmung der Seelen für den Himmel oder die Hölle durch göttliche Gnade ohne Rücksicht auf gute oder böse Werke[74]. Es ist «vielmehr nötig, selbst bei der frühesten mit Kindern, die des Buchstabens noch bedürfen, angestellten Gebetsübung, sorgfältig einzuschärfen, daß die Rede ... hier nicht an sich etwas gelte, sondern es nur um die Belebung der Gesinnung zu einem Gott wohlgefälligen Lebenswandel zu tun sei, wozu jene Rede nur ein Mittel für die Einbildungskraft ist»[75]. Doch «das Beten, als ein innerer förmlicher Gottesdienst und darum als Gnadenmittel gedacht, ist ein abergläubischer Wahn»[76].

Wenn eine Kirche eine Institution zur Erzwingung des Glaubens wird, wenn sie für sich selbst das einzige Recht in Anspruch nimmt, die Schrift zu interpretieren und die Moral zu bestimmen, wenn sie eine Priesterschaft bildet, die den ausschließlichen Weg zu Gott und der göttlichen Gnade beansprucht, wenn sie aus ihrem Glauben ein magisches Ritual macht, das wundertätige Kräfte besitzt, wenn sie ein Arm der Regierung und ein Agent der intellektuellen Tyrannei wird, wenn sie den Staat zu beherrschen und die weltlichen Herrscher als Werkzeuge kirchlichen Ehrgeizes zu benutzen sucht – dann wird sich der freie Wille gegen eine solche Kirche erheben und außer-

KANT 75

halb von ihr jene «reine Religion der Vernunft» suchen, «welche das Streben nach einem moralischen Leben ist»[77].

Dieses letzte größere Werk Kants war gekennzeichnet durch die Unentschlossenheit und Verwirrung, die nur allzu natürlich war bei einem Manne, der keine Lust hatte, ins Gefängnis zu kommen. Es ist viel scholastischer Wortschwall in ihm, ein gut Teil wunderlicher, logisch willkürlicher, phantastischer Theologie. Es bleibt das Wunder, daß ein Mann von neunundsechzig Jahren noch immer solche Kraft des Denkens und des Ausdrucks aufweist und einen solchen Mut im Kampf gegen die vereinten Mächte der Kirche und des Staates. Der Konflikt zwischen dem Philosophen und dem König spitzte sich zu, als Friedrich Wilhelm II. (1. Oktober 1794) ihm die folgende «Kabinettsorder» zuschickte.

«Unsre höchste Person hat schon seit geraumer Zeit mit großem Mißfallen ersehen, wie Ihr Eure Philosophie zur Entstellung, Herabwürdigung und Entehrung mancher Haupt- und Grundlehren der Heiligen Schrift und des Christentums mißbraucht, wie Ihr dieses namentlich in Eurem Buch: *Religion innerhalb der Grenzen der bloßen Vernunft,* desgleichen in andern kleineren Abhandlungen getan habt ... Wir verlangen des ehsten Eure gewissenhafteste Verantwortung und gewärtigen uns von Euch bei Vermeidung unsrer höchsten Ungnade, daß Ihr Euch künftighin nichts dergleichen werdet zuschulden kommen lassen, sondern vielmehr Eurer Pflicht gemäß Euer Ansehen und Eure Talente dazu anwenden, daß unsre landesväterliche Intension mehr als bisher erreicht werde, widrigenfalls Ihr Euch bei fortgesetzter Renitenz unfehlbar unangenehmer Verfügungen zu gewärtigen habt.»[78]

Kant gab eine versöhnliche Antwort. Er erklärte, seine Schriften seien nur an Gelehrte und Theologen gerichtet, deren Gedankenfreiheit im Interesse der Regierung selbst erhalten bleiben müsse. Sein Buch habe die Unzulänglichkeit der Vernunft bei der Beurteilung der letzten Geheimnisse des religiösen Glaubens zugegeben. Er schloß mit einer Verpflichtung zum Gehorsam: «So finde ich, um als Eure Majestät treuer Diener darüber in keinen Verdacht zu geraten, das einfachste, daß ich mich fernerhin aller öffentlichen Vorträge in Sachen der Religion, es sei der natürlichen oder der geoffenbarten, in Vorlesungen sowohl als in Schriften völlig enthalte und mich hiermit dazu verbinde.»[78a] Als der König starb (1797), fühlte Kant sich von seinem Versprechen entbunden; darüber hinaus entließ Friedrich Wilhelm III. Wöllner (1797), schaffte die Zensur ab und widerrief das Religionsedikt von 1788. Nach der Schlacht faßte Kant deren Ergebnisse in einem kleinen Buch, *Der Streit der Fakultäten* (1798), zusammen, in dem er seine Forderung wiederholte, daß akademische Freiheit unerläßlich sei für das intellektuelle Wachstum einer Gesellschaft. So hatte der kleine Professor in einem entlegenen Winkel der Welt seine Schlacht gegen einen Staat gewonnen, der die stärkste Armee Europas besaß. Dieser Staat sollte bald zusammenbrechen, doch zur Jahrhundertwende waren Kants Bücher die einflußreichsten im geistigen Leben Deutschlands.

VI. DER REFORMER

1797 (im Alter von dreiundsiebzig Jahren) gab er seine Lehrtätigkeit auf, fuhr jedoch bis 1798 fort, Abhandlungen über wichtige Themen herauszugeben. Trotz seiner Isolation blieb er in Berührung mit den Weltangelegenheiten. Als der Kongreß von Basel 1795 zusammentrat, um über den Frieden zwischen Deutschland, Spanien und Frankreich zu beraten, nahm Kant (wie Abbé de Saint-Pierre es beim Kongreß von Utrecht 1713 getan hatte) die Gelegenheit wahr, eine Broschüre *Zum ewigen Frieden* zu veröffentlichen.

Er begann bescheiden, indem er «Ewiger Friede» als ein geeignetes Motto für einen Friedhof bezeichnete und den Staatsmännern versicherte, er erwarte von ihnen nicht, daß sie ihn als etwas anderes betrachteten «als einen Schulweisen . ., der dem Staat ... mit seinen sachleeren Ideen keine Gefahr bringe ...»[79]. Dann stellte er, die Artikel des in Basel unterzeichneten Friedens als hinhaltende Nebensächlichkeiten beiseite schiebend, als ein Ein-Mann-Komitee «sechs Präliminarartikel» auf, in denen er die für einen dauernden Frieden erforderlichen Bedingungen darlegt. Artikel 1 verbietet alle geheimen Vorbehalte oder Zusätze zu einem Vertrag, Artikel 2 die Einverleibung oder Beherrschung eines unabhängigen Staates durch einen andern; Artikel 3 fordert die schrittweise Abschaffung der stehenden Heere, Artikel 4 verbietet die Aufnahme von Staatsanleihen mit Beziehung auf äußere Staatshändel, Artikel 5 die gewalttätige Einmischung in die Verfassung und Regierung eines anderen Staates, und Artikel 6 fordert, kein Staat im Kriege mit einem anderen solle «solche Feindseligkeiten erlauben, welche das wechselseitige Zutrauen im künftigen Frieden unmöglich machen müssen: als da sind Anstellung von Meuchelmördern, Giftmischern ..., Anstiftung des Verrats in dem bekriegten Staat etc.».

Da kein dauerhafter Friede geschaffen werden kann zwischen Staaten, die keine Begrenzung ihrer Souveränität anerkennen, müssen hartnäckige Anstrengungen gemacht werden, eine internationale Ordnung zu entwickeln und so einen legalen Ersatz für den Krieg zu schaffen. So stellte Kant einige «Definitivartikel» für einen dauernden Frieden auf. Erstens, «die bürgerliche Verfassung in jedem Staate soll republikanisch sein». Monarchien und Aristokratien neigen zu häufigen Kriegen, weil der Herrscher und die Adligen gewöhnlich gegen den Verlust ihres Lebens und Eigentums in einem Krieg geschützt sind und ihn nur zu bereitwillig betreiben als «den Sport der Könige» ... «Wenn ... die Bestimmung der Staatsbürger dazu erfordert wird, um zu beschließen, ob Krieg sein solle oder nicht, so ist nichts natürlicher, als daß, da sie alle Drangsale des Krieges über sich selbst beschließen müßten ..., sie sich sehr bedenken werden, ein so schlimmes Spiel anzufangen ...»[80] Zweitens, «das Völkerrecht soll auf einen Föderalism freier Staaten gegründet sein»[81]. Dieser sollte kein Superstaat sein, «obgleich ein solcher Zustand an sich schon ein Zustand des Krieges ist ...: so ist doch selbst dieser, nach der Vernunftidee, besser als ... eine Universalmonarchie ...»[82]. Jedes Volk sollte seine eigene Regierungsform bestimmen, doch die ein-

KANT

zelnen Staaten (zumindest die von Europa) sollten sich in einer Konföderation vereinigen, die ermächtigt ist, ihre äußeren Beziehungen zu bestimmen. Das Ideal, das nie aufgegeben werden darf, ist die Praktizierung der gleichen Moral durch die Staaten, die sie von ihren Bürgern fordern. Könnte ein solches Unternehmen mehr Böses erzeugen als die ewige Praxis internationaler Täuschung und Gewalt? Am Ende, so hoffte Kant, würde es sich erweisen, daß Machiavelli unrecht hatte; es braucht kein Widerspruch zu bestehen zwischen Moral und Politik; nur die «Moral haut den Knoten entzwei, den die Politik nicht aufzulösen vermag»[83].

Kant gab sich bezüglich der Republiken offensichtlich Täuschungen hin; doch wir sollten beachten, daß er mit «Republik» mehr eine konstitutionelle Regierung als eine reine Demokratie meinte. Er mißtraute den wilden Impulsen der entfesselten Menschen[84] und befürchtete, daß ein allgemeines Wahlrecht einer ungebildeten Majorität die Übermacht über die fortschrittliche Minderheit und nonkonformistische Individuen verschaffen könnte[85]. Doch er war gegen vererbbare Privilegien, Klassenhochmut und Leibeigenschaft. Er begrüßte die amerikanische Revolution, die, wie er es sah, eine Föderation unabhängiger Staaten nach den Grundsätzen schuf, die er für Europa aufgestellt hatte. Er verfolgte die Französische Revolution mit fast jugendlicher Begeisterung, selbst nach den Septembermassakern und der Schreckensherrschaft.

Doch wie fast alle Anhänger der Aufklärung setzte er mehr Vertrauen in die Erziehung als in die Revolution. Hier, wie auf so vielen Gebieten, erlag er dem Einfluß Rousseaus und dem Irrationalismus. Man müsse beachten, «daß man das Kind, von der ersten Kindheit an, in allen Stücken frei sein lasse ..., wenn es nur nicht auf die Art geschieht, daß es anderer Freiheit im Wege ist»[86]. Bald machte er Einschränkungen bezüglich dieser vollkommenen Freiheit; ein gewisses Maß an Disziplin, gab er zu, sei notwendig zur Formung des Charakters ... «Verabsäumung der Disziplin ist ein größeres Übel als Verabsäumung der Kultur, denn diese kann noch weiterhin nachgeholt werden.»[87] Arbeit sei die beste Disziplin und sollte in allen Phasen der Erziehung gefordert werden. Die moralische Erziehung sei unerläßlich und sollte früh beginnen. Da die menschliche Natur den Samen sowohl des Guten als auch des Bösen enthält, erfordere jeder moralische Fortschritt sowohl die Ausmerzung des Bösen als auch die Pflege des Guten. Dies sollte nicht getan werden vermittels Belohnungen und Bestrafungen, sondern durch Stärkung des Pflichtgefühls.

Erziehung durch den Staat ist nicht besser als Erziehung durch die Kirche; der Staat wird suchen, gehorsame, gefügige und patriotische Bürger zu züchten. Es sei besser, die Erziehung privaten Schulen zu überlassen, die von aufgeklärten Gelehrten und gemeinnützig denkenden Bürgern geleitet werden[88]; daher lobte Kant die Grundsätze und Schulen Basedows. Er bedauerte die nationalistische Tendenz von staatlichen Schulen und Lehrbüchern und hoffte auf eine Zeit, in der alle Untertanen unparteiisch behandelt würden. 1784 veröffentlichte er eine Abhandlung, *Ideen zu einer allgemeinen Geschichte in weltbürgerlicher Absicht*, in der er den Weg der Menschheit vom Aberglauben zur Aufklärung beschrieb, der Religion nur eine mindere Rolle zugestand und Historiker forderte, die sich über den Nationalismus erhoben.

78 DER PROTESTANTISCHE NORDEN

Wie die *philosophes* glaubte er zuversichtlich an den Fortschritt, sowohl an den moralischen wie auch an den intellektuellen. 1793 tadelte er Moses Mendelssohn dafür, daß er gesagt hatte, jeder Fortschritt werde durch Rückschritt wieder aufgehoben.

«Überdem lassen sich manche Beweise geben, daß das menschliche Geschlecht, im ganzen, wirklich in unserem Zeitalter, in Vergleichung mit allen vorigen, ansehnlich moralisch zum selbst Besseren fortgerückt sei (kurzdauernde Hemmungen können nichts dagegen beweisen); und daß das Geschrei von der unaufhaltsam zunehmenden Verunartung desselben gerade daher kommt, daß, wenn es auf einer höheren Stufe der Moralität steht, es noch weiter vor sich sieht, und sein Urteil über das, was man ist, in Vergleichung mit dem, was man sein sollte, mithin unser Selbsttadel immer desto strenger wird, je mehr Stufen der Sittlichkeit wir im Ganzen des uns bekannten Weltlaufs schon erstiegen haben.»[89]

Als Kant in sein letztes Jahrzehnt eintrat (1794), verdunkelte sich sein früherer Optimismus, vielleicht wegen der Reaktion in Preußen und der Koalition der Mächte gegen das revolutionäre Frankreich. Er zog sich in sich selbst zurück und schrieb heimlich jenes düstere *Opus postumum,* das sein letztes Vermächtnis an die Menschheit sein sollte.

VII. KANTS VERMÄCHTNIS

Körperlich war er einer der kleinsten Menschen seiner Zeit – nur ein wenig über 1,50 Meter groß und noch kleiner wirkend infolge einer Rückgratkrümmung. Er hatte schwache Lungen und einen anfälligen Magen; daß er so lange lebte, verdankte er nur einem geordneten und maßvollen Lebenswandel. Es war charakteristisch für ihn, daß er mit siebzig einen Essay über «Die Macht des Verstandes, die Gefühle der Krankheit durch Entschlußkraft zu meistern» schrieb. Er empfahl, durch die Nase zu atmen; man könne viele Erkältungen und andere Mißgeschicke vermeiden, indem man den Mund geschlossen hält[90]. So machte er seinen täglichen Spaziergang allein und mied Unterhaltungen. Er ging pünktlich um zehn zu Bett, stand um fünf Uhr auf und verschlief sich in dreißig Jahren (versichert er uns) nie[91]. Zweimal dachte er ans Heiraten, zweimal ließ er es bleiben. Doch er war nicht ungesellig; gewöhnlich lud er einen oder zwei Gäste, meistens seine Schüler – nie eine Frau – ein, mit ihm um ein Uhr zu Mittag zu essen. Er war Professor für Geographie, verließ jedoch Königsberg selten; er sah nie einen Berg und wahrscheinlich auch nie – obwohl es nahe war – das Meer[92]. Er ertrug Armut und Zensur vermöge eines Stolzes, der sich nur äußerlich einer Autorität außer seiner eigenen Vernunft beugte. Er war großherzig, doch streng in seinem Urteil, und es fehlte ihm jener Sinn für Humor, der die Philosophie davor bewahren soll, sich allzu ernst zu nehmen. Sein Moralgefühl wurde manchmal zu moralisierender Pedanterie, die alle Vergnügungen für suspekt hielt, solange sie sich nicht als tugendhaft erwiesen hatten.

Er machte sich so wenig aus organisierter Religion, daß er nur in die Kirche ging, wenn seine akademischen Pflichten es erforderten[93]. Er scheint in seinem Erwachsenenleben nie gebetet zu haben[94]. Herder berichtete, Kants Studenten hätten ihren religiösen Skeptizismus auf Kants Lehren begründet[95]. Kant schrieb einmal an Mendels-

KANT 79

sohn: «Zwar denke ich vieles mit der allerklarsten Überzeugung und zu meiner großen Zufriedenheit, was ich niemals den Mut haben werde, zu sagen; niemals aber werde ich etwas sagen, was ich nicht denke.»[96]

Bis in seine letzten Jahre bemühte er sich, sein Werk zu verbessern. 1798 sagte er zu einem Freund: «Die Aufgabe, mit der ich mich jetzt beschäftige, betrifft den Übergang von den metaphysischen Anfangsgründen der Naturwissenschaften zur Physik. Sie will aufgelöst sein, weil sonst im System der kritischen Philosophie eine Lücke sein würde.»[97] Doch in demselben Brief bezeichnete er sich als «für Geistesarbeiten wie gelähmt». Er trat in eine lange Phase physischen Verfalls ein, seine Leiden wurden schlimmer, und die Einsamkeit des unverheirateten alten Mannes lastete schwer auf ihm. Er starb am 12. Februar 1804. Beigesetzt wurde er in der Königsberger Kathedrale, der heutigen Stoa Kantiana, und sein Grab trägt die Inschrift: «Der gestirnte Himmel über mir und das moralische Gesetz in mir.»

Bei seinem Tod hinterließ er eine ungeordnete Masse von Schriften, die als sein *Opus postumum* in den Jahren 1882–1884 veröffentlicht wurden. In einer dieser Schriften sagte er über das «Ding an sich» – das unerkennbare Substrat hinter Erscheinungen und Ideen –, es sei «gar kein wirkliches Ding ..., gar kein existierendes Wesen, sondern bloß ein Prinzip ... der synthetischen, apriorischen Erkenntnis der mannigfaltigen Sinnesanschauung»[98]. Er nannte es ein Gedankending, ein Ding, das nur in unserem Denken existiert. Und er wandte den gleichen Skeptizismus auf die Vorstellungen von Gott an:

«Gott ist also keine außer mir befindliche Substanz, sondern bloß ein moralisches Verhältnis in mir ... Der kategorische Imperativ setzt nicht eine zuoberst gebietende Substanz voraus, die außer mir wäre, sondern ist ein Gebot oder Verbot meiner eigenen Vernunft ... Der kategorische Imperativ stellt die Menschenpflichten als göttliche Gebote vor, nicht historisch, als ob (ein göttliches Wesen) jemals gewisse Befehle an Menschen habe ergehen lassen, sondern wie die Vernunft sie ... gleich einer göttlichen Person ... strenge gebieten kann ... Die Idee von einem solchen Wesen, vor dem sich alle Knie beugen etc., geht aus dem kategorischen Imperativ hervor, und nicht umgekehrt ... Das Ens summum (höchstes Wesen) ist ein Ens rationis (ein Geschöpf der Vernunft) ..., es ist nicht eine Substanz außer mir.»[99]

So endete die Kantische Philosophie, an die sich das Christentum in Deutschland und später in England so lange als an seine letzte Hoffnung des Deismus klammerte, in einer nüchternen Vorstellung von Gott als einer nützlichen Fiktion, entwickelt vom menschlichen Verstand, um die scheinbare Absolutheit moralischer Gebote zu erklären.

Kants Nachfolger, die sein *Opus postumum* nicht kannten, priesen ihn als den Retter des Christentums, den deutschen Helden, der Voltaire erschlagen hatte, und sie vergrößerten seine Leistung, bis sein Einfluß den aller andern modernen Philosophen überstieg. Einer seiner Schüler, Karl Reinhold, sagte voraus, innerhalb eines Jahrhunderts würde Kants Bedeutung der Christi gleichkommen[100]. Alle protestantischen Deutschen (ausgenommen Goethe) anerkannten Kants Anspruch, er habe eine «kopernikanische Revolution» in der Psychologie bewirkt: anstatt den Verstand (die Sonne) um das Objekt (die Erde) umlaufen zu lassen, hatte er das Objekt (die Dinge) sich um den Verstand drehen und von ihm abhängen lassen. Das menschliche Ego fühlte sich

80   DER PROTESTANTISCHE NORDEN

geschmeichelt, daß man ihm sagte, seine inneren Wahrnehmungen seien die bestimmenden Elemente der phänomenalen Welt. Fichte folgerte (sogar noch bevor Kant starb), die äußere Welt sei eine Schöpfung des Verstandes, und Schopenhauer, Kants Analyse übernehmend, begann seine umfangreiche Abhandlung *Die Welt als Wille und Vorstellung* mit der Erklärung: «Die Welt ist meine Vorstellung» – was Frau von Staël ziemlich überraschte.

Die Idealisten frohlockten, Kant habe den Materialismus logisch unmöglich gemacht, indem er zeigte, daß der Verstand die einzige uns unmittelbar bekannte Wirklichkeit sei. Die Mystiker waren glücklich, weil Kant die Wissenschaft auf die Erscheinungen beschränkt, sie aus der noumenalen und wirklich realen Welt ausgeschlossen und diesen anrüchigen Bereich (dessen Existenz er heimlich leugnete) den Theologen und Philosophen als Privatpark überlassen hatte. Die Metaphysik, welche die *philosophes* aus der Philosophie verbannt hatten, wurde als Richterin aller Wissenschaft wiedereingesetzt, und Jean Paul erkannte Deutschland die Herrschaft der Luft zu, während er die des Meeres Britannien und die des Landes Frankreich überließ. Fichte, Schelling und Hegel errichteten metaphysische Schlösser auf dem transzendentalen Idealismus Kants; und sogar Schopenhauers Meisterwerk nahm seinen Ausgang von Kants Betonung des Primats des Willens. «Siehe», sagte Schiller, «wie doch ein einziger Reicher so viele Bettler in Nahrung setzt.»[101]

Auch die deutsche Literatur erlag bald dem Einfluß Kants, denn die Philosophie eines Zeitalters wird in der Regel die Literatur des nächsten. Schiller vertiefte sich für eine Weile in Kants Werke, schrieb einen Huldigungsbrief an deren Autor und erreichte in seinen philosophischen Aufsätzen eine fast kantische Unverständlichkeit. Unverständlichkeit wurde eine Mode in der deutschen Schriftstellerei, ein Wappenschild für die Mitglieder des alten Ordens der Geheimniskrämer. «Den Deutschen», sagte Goethe, «ist im ganzen die philosophische Spekulation hinderlich, die in ihrem Stil oft ein unsinniges, unfaßliches, breites und aufdröselndes Wesen hineinbringt. Je näher sie sich gewissen philosophischen Schulen hingegeben, desto schlechter schreiben sie.»[102]

Es fällt schwer, sich Kant als Romantiker vorzustellen, doch seine gelehrt-versponnenen Passagen über Schönheit und Erhabenheit wurden eine der Quellen der romantischen Bewegung. Schillers Vorlesungen in Jena und seine *Briefe über die ästhetische Erziehung des Menschen* (1795) – Meilensteine dieser Bewegung – waren eine Frucht des Studiums von Kants *Kritik der Urteilskraft*. Die subjektivistische Interpretation von Kants Erkenntnistheorie lieferte eine philosophische Basis für den romantischen Individualismus, der im Sturm und Drang begann. Die literarische Wirkung Kants sprang über nach England und beeinflußte Coleridge und Carlyle, gelangte von hier aus nach Neu-England und gab der transzendentalen Bewegung Emersons und Thoreaus den Namen[103]. Der gebeugte kleine Professor der Geographie erschütterte die Welt, als er den «Philosophenweg» in Königsberg betrat. Zweifellos lieferte er der Philosophie und Psychologie die genaueste Analyse des Erkenntnisprozesses der Menschheitsgeschichte.

DRITTES KAPITEL

Wege nach Weimar

[1733–1787]

I. DAS DEUTSCHE ATHEN

WARUM wurde Weimar der Brennpunkt der deutschen Literatur in ihrer höchsten Glanzzeit? Deutschland hatte keine Hauptstadt, in der sich seine Kultur konzentrieren konnte, wie Frankreich und England sie hatten, und keinen konzentrierten Reichtum, sie zu finanzieren. Berlin und Leipzig waren durch den Siebenjährigen Krieg geschwächt, Dresden fast ganz zerstört worden; Hamburg gab sein Geld zunächst für die Oper, dann für das Theater aus. 1774 war Weimar, die Hauptstadt des Herzogtums Sachsen-Weimar-Eisenach, eine ruhige kleine Stadt von etwa 6200 Seelen; selbst nachdem es berühmt geworden war, sprach Goethe von «dieser kleinen Residenz, die, wie man scherzhafterweise sagt, zehntausend Poeten und einige Einwohner hat»[1]. Waren es große Persönlichkeiten, die es groß machten?

Von 1758 bis 1775 wurde Weimar von einer Nichte Friedrichs des Großen, der lebhaften Herzogin Anna Amalia, regiert, die im Alter von neunzehn Jahren durch den Tod des Herzogs Konstantin Witwe und Regentin für ihren einjährigen Sohn Carl August geworden war. Sie war es, die eine Tür zwischen der Regierung und der Literatur öffnete, indem sie Wieland einlud, nach Weimar zu kommen und Erzieher ihrer Söhne zu werden (1772). Sie war eine von mehreren gebildeten Frauen, die unter ihrer Führung und bis zu ihrem Tode im Jahre 1807 Dichter, Dramatiker und Historiker durch Charme fesselten und durch Anerkennung zum Schaffen anregten. Nach 1776 machte sie aus ihrem Haus einen Salon, und hier ermutigte sie ihre Gäste – obwohl diese alle Französisch sprachen –, das Deutsche als Literatursprache zu benutzen.

1775 umfaßte der Weimarer Hof etwa zwanzig Personen einschließlich der Dienerschaft. Der Dichter Graf Christian zu Stolberg, der im gleichen Jahr wie Goethe nach Weimar kam, fand an diesem Hof eine angenehme Zwanglosigkeit vor. «Die alte Herzogin [damals sechsunddreißig], das Ebenbild des personificirten Verstandes und dabei so angenehm, so natürlich. Der Herzog ist ein herrlicher Junge, der sehr viel verspricht; und sein Bruder auch. Außerdem sind noch recht gute Leute da ...»[2] 1787 berichtete Schiller über die «Weimarer Damen»: «Die hiesigen [Weimarer] Damen sind ganz erstaunlich empfindsam; da ist beinahe keine, die nicht eine Geschichte hätte oder gehabt hätte; erobern möchten sie gern alle ... Eine stille, kaum merkbare Regierung läßt einen so friedlich hinleben und das Bischen Luft und Sonne genießen. Will man sich anhängen, eindrängen, brilliren, so findet man allenfals seine Menschen auch.»[3]

82   DER PROTESTANTISCHE NORDEN

Am 3. September 1775 übernahm Carl August im Alter von achtzehn die Regierung des Herzogtums. Kurz darauf schickte er seine Mätresse in Pension⁴, heiratete die Prinzessin Luise von Hessen-Darmstadt und entführte unterwegs Goethe. Er war ein passionierter Jäger, durchraste mit seiner Kutsche in wilder Fahrt die ruhige Stadt und wechselte in rascher Reihenfolge die Frauen; doch sein Temperament wurde allmählich durch einen Intellekt gezügelt, der langsam zu vernünftiger Einsicht heranreifte. Er studierte und unterstützte die Landwirtschaft und die Industrie, pflegte die Wissenschaften, förderte die Literatur und arbeitete für das Wohl seines Fürstentums und seines Volkes. Frau von Staël, die 1803 Deutschland bereiste, berichtet:

«Von allen deutschen Fürstenthümern macht keines die Vorzüge eines kleinen Landes, wenn sein Oberhaupt ein Mann von Geist ist, der, ohne daß dadurch der Gehorsam aufhörte, seinen Unterthanen auch zu gefallen suchen kann, besser fühlbar als Weimar ... Die militärischen Talente des Herzogs stehen in allgemeinem Ansehen, und seine pikante, durchdachte Unterhaltung erinnert fortwährend daran, daß er von Friedrich dem Großen geschult worden ist. Sein Geist und der seiner Mutter haben die bedeutendsten Schriftsteller nach Weimar gezogen. Deutschland hatte hier zum ersten Male eine literarische Hauptstadt.»⁵

———   II. WIELAND: 1733–1775

Christoph Martin Wieland ist der am wenigsten bekannte, doch vielleicht liebenswürdigste der vier Männer, die Weimar berühmt machten. Fast alle Einflüsse der Zeit wirkten auf ihn ein und bestimmten den Ton seiner Leier. Als Sohn eines Pastors in Oberholzheim (bei Biberach in Württemberg) wurde er in Frömmigkeit und Theologie aufgezogen. Als er die Dichtkunst entdeckte, machte er den tugendhaften Klopstock zu seinem Ideal und wandte sich dann zur Abwechslung Voltaire zu. Im nahen Warthausen fand er die umfangreiche Bibliothek des Grafen von Stadion; er vertiefte sich in die französische und englische Literatur und streifte dabei so viel von der ihm anerzogenen Theologie ab, daß er in einem Roman, *Der Sieg der Natur über die Schwärmerey oder Die Abentheuer des Don Sylvio de Rosalva* (1764), seinen Kinderglauben lächerlich machte. Er veröffentlichte Prosaübersetzungen von zwanzig Theaterstücken Shakespeares (1762–1766), vermittelte hier Deutschland zum erstenmal einen Gesamteindruck des Dichters und wies den deutschen Dramatikern einen Ausweg aus der klassischen Formel des französischen Dramas. Inzwischen verbreiteten Winckelmann und andere das hellenische Evangelium; Wieland schuf sich von ihm eine eigene Version, nahm einen leicht epikureischen Ton an in *Komische Erzählungen* (1765) und machte einen erfundenen Griechen zur Hauptperson seines bekanntesten Prosawerkes, *Geschichte des Agathon* (1766/67). Lessing nannte es «den ersten und einzigen Roman für den denkenden Kopf von klassischem Geschmack»⁶.

In diesem manchmal etwas konfusen Roman versuchte Wieland (damals dreiunddreißig), seine Philosophie zu erklären, dargestellt an den physischen und geistigen Abenteuern eines Atheners des Perikleischen Zeitalters. Im Vorwort schrieb er: «Seine Hauptabsicht war, sie mit einem Charakter, welcher genau gekannt zu werden

WEGE NACH WEIMAR

würdig wäre, in einem mannichfaltigen Lichte und von allen seinen Seiten bekannt zu machen», um einen Menschen zur Aufrichtigkeit und Weisheit zu erziehen, ohne den Gebrauch religiöser Anreize und Stützen[7]. Agathon (der Gute), jung und schön, widersteht den Verführungskünsten einer delphischen Priesterin; statt dessen entwickelt er eine reine, aber leidenschaftliche Liebe zu dem schlichten Mädchen Psyche (Seele). Er betritt die Arena der Politik, wird angeekelt vom Parteienhader, tadelt die Wähler ob ihrer Prinzipienlosigkeit und wird aus Athen verbannt. Auf seiner Wanderung durch die Berge Griechenlands stößt er auf eine Gruppe von thrakischen Frauen, die das Fest des Bacchus mit wilden und sinnlichen Tänzen feiern. Sie halten Agathon für Bacchus und ersticken ihn fast mit ihren Umarmungen; er wird von einer Piratenbande befreit, die ihn in Smyrna als Sklaven an Hippias, einen Sophisten des 5. Jahrhunderts vor Christus, verkauft. Mit empörten Worten erläutert Wieland die Philosophie der Sophisten:

«Man muß gestehen, daß die Weisheit, von der die Sophisten Profession machten, von der sokratischen sowohl in ihrer Beschaffenheit als in ihren Wirkungen unendlich unterschieden oder, besser zu sagen, die völlige Antipode derselben war. Die Sophisten lehrten die Kunst, die Leidenschaften anderer Menschen zu erregen; Sokrates die Kunst, seine eigenen zu dämpfen. Jene lehrten, wie man es machen müsse, um weise und tugendhaft zu scheinen; dieser lehrte, wie man es sei. Jene munterten die Jünglinge von Athen auf, sich der Regierung des Staates anzumaßen; Sokrates bewies ihnen, daß sie vorher die Hälfte ihres Lebens anwenden müßten, sich selbst regieren zu lernen. Die sokratische Weisheit war stolz darauf, den Reichtum entbehren zu können; die ihrige wußte ihn zu erwerben. Sie war gefällig, einschmeichelnd und nahm alle Gestalten an; sie vergötterte die Großen, kroch vor ihren Dienern, tändelte mit den Schönen und schmeichelte allen, welche dafür bezahlten. Sie war allenthalben an ihrem rechten Platz, beliebt bei Hofe, beliebt am Putztische, beliebt bei den Großen, beliebt sogar bei der Priesterschaft. Die sokratische war weit entfernt, so liebenswürdig zu sein. Sie war trocken und langweilig; sie wußte nicht zu leben; sie war unerträglich, weil sie immer tadelte und immer recht hatte; sie wurde von dem geschäftigen Teile der Welt für unnützlich, von dem müßigen für abgeschmackt und von dem andächtigen gar für gefährlich erklärt.»[8]

Hippias verkörpert in der Schilderung Wielands alle Ideen und Laster der Sophisten. Er ist Philosoph, hat aber auch dafür gesorgt, daß er Millionär wurde. Er entschließt sich, den aufrechten Agathon auf einen epikureischen Weg des Lebens und Denkens zu bringen. Die weiseste Politik, behauptet er, bestehe darin, nach vergnüglichen Empfindungen zu streben, und «alle Vergnügungen sind im Grunde sinnlich»[9]. Er lacht über jene, die sich irdische Genüsse versagen, um himmlische Freuden zu verdienen, die vielleicht nie Wirklichkeit werden. «Wer hat jemals diese Götter, diese Geister gesehen, deren Daseyn sie voraussetzt?» All das seien nur Tricks, mit denen die Priester uns täuschen[10]. Agathon verdammt diese Philosophie, weil sie das geistige Element im Menschen und die Notwendigkeiten der sozialen Ordnung ignoriere. Hippias macht ihn mit der reichen und lieblichen Danae bekannt, ermutigt sie, ihn zu verführen, und verheimlicht ihm Danaes Hetärenvergangenheit. Sie tanzt, und die Anmut ihres Körpers, im Verein mit dem Charme ihrer Konversation und der Musik ihrer Stimme, bringt Agathon dazu, ihr seine volle, doch tugendhafte Liebe anzubieten. Danae verdirbt des Hippias Plan, indem sie Agathons Liebe auf die gleiche Weise

84 DER PROTESTANTISCHE NORDEN

erwidert. Sie, die durch viele Arme gegangen war, entdeckt ein neues Erlebnis und ein neues Glück in Agathons Verehrung. Seelenloser Liebschaften müde, entschließt sie sich, mit Agathon ein neues und reineres Leben zu beginnen. Sie kauft ihn Hippias ab, läßt ihn frei und lädt ihn ein, ihren Reichtum mit ihr zu teilen. Aus Rache enthüllt Hippias Agathon-Danaes Laufbahn als Kurtisane. Agathon nimmt das Schiff nach Syrakus.

Hier gelangt er zu so großem Ansehen durch seine Weisheit und Rechtschaffenheit, daß er Erster Minister des Diktators Dionysios wird. Doch inzwischen hat er etwas von seinem Idealismus aufgegeben:

«Agathon dachte jetzt bei weitem nicht mehr so erhaben von der menschlichen Natur als ehmals; oder, richtiger zu reden, er hatte den unendlichen Unterschied des metaphysischen Menschen, den man sich in spekulativer Einsamkeit denkt oder träumt, von dem natürlichen Menschen in der rohen Einfalt und Unschuld, wie er aus den Händen der allgemeinen Mutter der Wesen hervorgeht, und beider von dem erkünstelten Menschen, wie ihn Gesellschaft, Gesetze, Meinungen, Gebräuche und Sitten, Bedürfnisse, Abhängigkeit, ewiger Streit seiner Begierden und seinem Unvermögen, seines Privatvorteils mit den Privatvorteilen der übrigen, und die daher entspringende Notwendigkeit der Verstellung und immerwährenden Verlarvung seiner wahren Absichten, mit tausend andern physischen und sittlichen Ursachen, die immer merklich oder unmerklich auf ihn wirken, verfälscht, gedrückt, verzerrt, verschroben und in unzählige unnatürliche und betrügliche Gestalten umgeformt oder verkleidet haben – er hatte, sage ich, diesen Unterschied der Menschen um uns her von dem, was der Mensch an sich ist und sein soll, bereits zu gut kennengelernt, um seinen Plan auf platonische Ideen zu gründen. Er war nicht mehr der jugendliche Enthusiast, der sich einbildete, daß es ihm ebenso leicht sein werde, ein großes Vorhaben auszuführen, als es zu fassen. Er hatte gelernt, wie wenig man von andern erwarten, wie wenig man auf ihre Mitwirkung Rechnung machen und (was das Wichtigste für ihn war) wie wenig man sich auf sich selbst verlassen darf. Er hatte gelernt, wie viel man oft den Umständen nachgeben muß; daß der vollkommenste Entwurf an sich selbst oft der schlechteste unter den gegebenen Umständen ist; daß sich das Böse nicht auf einmal gutmachen läßt; daß in der moralischen Welt, wie in der materiellen, nichts in gerader Linie sich fortbewegt und man also selten anders als durch viele Krümmen und Wendungen zu einem guten Zweck gelangen kann – kurz, daß das Leben einer Schiffahrt gleicht, wo der Steuermann sich gefallen lassen muß, seinen Lauf nach Wind und Wetter einzurichten; wo er keinen Augenblick sicher ist, nicht durch widrige Ströme aufgehalten oder seitwärts getrieben zu werden; und wo alles darauf ankommt, mitten unter tausend unfreiwilligen Abweichungen von seiner vorgesetzten Richtung endlich dennoch so bald und wohlbehalten als möglich an dem vorgesetzten Ort anzulangen.»[11]

Agathon leistet Syrakus gute Dienste und führt einige Reformen durch, doch eine Hofkabale setzt ihn ab, und er begibt sich nach Tarent. Hier wird er von einem alten Freund seines Vaters aufgenommen, dem pythagoreischen Philosophen und Wissenschaftler Archytas (um 400–365 vor Christus), der Platons Traum vom Philosophenkönig verwirklicht. Hier findet Agathon seine Jugendliebe Psyche wieder: doch sie ist leider mit dem Sohn des Archytas verheiratet und außerdem, wie sich herausstellt, Agathons Schwester. Danae wird jedoch (mit dem Zauberstab des Romanschreibers) von Smyrna nach Tarent gebracht; sie hat ihr Epikureertum aufgegeben, um in Keuschheit und Bescheidenheit zu leben. Agathon erkennt, daß er sündigte, als er sie verließ, und bittet sie um Verzeihung; sie umarmt ihn, weigert sich jedoch, ihn zu heiraten, denn sie ist entschlossen, für die Sünden ihrer Vergangenheit zu büßen, indem sie die

WEGE NACH WEIMAR   85

ihr verbleibenden Jahre in Enthaltsamkeit verbringt. Die Geschichte endet mit dem
unglaublichen Entschluß Agathons, sich mit Schwestern zu begnügen.

Das Buch hat hundert Fehler. Der Aufbau ist locker, die Zufälle sind allzu kühn in
ihrer künstlerischen Freiheit; der Stil ist angenehm, doch verschwommen. In vielen
Sätzen wird das Prädikat so weit hinausgeschoben, bis es in Vergessenheit gerät; ein
Kritiker wünschte dem Autor zu seinem Geburtstag ein Leben so lang wie seine Sätze.
Und dennoch ist die *Geschichte Agathons* eines˙ der wichtigsten Werke des friderizia-
nischen Zeitalters. Es zeigt, daß Wieland sich mit der Welt wieder ausgesöhnt hatte
und jetzt würdig war, stürmende und drängende Jünglinge zu lehren und zu zähmen.
1769 wurde er zum Professor der Philosophie in Erfurt ernannt. Hier gab er drei
Jahre später *Den Goldnen Spiegel* heraus, in dem er seine Ansichten über die Erziehung
darstellte. Anna Amalia war entzückt; sie forderte ihn auf, seine Pädagogik an ihren
Söhnen auszuprobieren. Er kam und verbrachte den Rest seines Lebens in Weimar.
1773 gründete er den *Teutschen Merkur,* der unter seiner Leitung eine Generation lang
(1773–1789) die einflußreichste literarische Zeitschrift Deutschlands war. Er war der
geistige Stern Weimars, bis Goethe kam. Und als 1775 der feurige junge Autor des
Werther die Stadt im Sturm eroberte, hieß ihn Wieland ohne Eifersucht willkommen
und blieb sechsunddreißig Jahre lang sein Freund.

III. DER PROMETHEUS GOETHE: 1749–1775

1. Kindheit und Jugend

Von den Tagen an, da er als selbstbewußter Enkel des Bürgermeisters durch die Straßen
von Frankfurt am Main lief, bis in seine Siebzigerjahre, in denen Eckermann durch
die Gespräche mit ihm berühmt wurde, nahm Johann Wolfgang von Goethe die ganze
Fülle von Erfahrungen in sich auf, die das Leben, die Liebe und die Literatur ihm bieten konnten, und verwandelte sie in Weisheit und Kunst.

Frankfurt war eine «freie Stadt», beherrscht von Händlern und Märkten, aber auch
der von Reichs wegen bestimmte Ort für die Krönung der deutschen Könige und der
Kaiser des Heiligen Römischen Reiches Deutscher Nation. 1749 hatte es 33 000 Seelen, fast alle fromm, wohlhabend und bürgerlich-behäbig. Goethes Geburtsstätte war
ein ansehnliches vierstöckiges Haus (1944 durch Feuer zerstört, 1951 wiederaufgebaut). Sein Vater, Johann Kaspar Goethe, war der Sohn eines reichen Schneiders
und Gasthausbesitzers; er verdarb sich seine politische Karriere durch Stolz und Anmaßung, zog sich aus dem öffentlichen Leben zurück und verbrachte den Rest seines
Lebens als Privatgelehrter in seiner eleganten Bibliothek. 1748 heiratete er Katharina
Elisabeth, die Tochter Johann Wolfgang Textors, Schultheiß von Frankfurt. Ihr Sohn
vergaß nie, daß er durch sie dem nichtadeligen Patriziat angehörte, das die Stadt
mehrere Generationen beherrscht hatte. Als er siebenundachtzig war, sagte er zu
Eckermann: «Wir Frankfurter Patrizier hielten uns immer dem Adel gleich, und als

86 DER PROTESTANTISCHE NORDEN

ich das Diplom in Händen hielt, hatte ich in meinen Gedanken eben nichts weiter, als was ich längst besessen.»[12] In seinen Augen sind «nur die Lumpen bescheiden»[13].

Er war das älteste von sechs Kindern, von denen nur er und seine Schwester Cornelia das Kindesalter überlebten; in jenen Tagen blieb die Elternschaft meist verlorene Liebesmüh. Es war kein glücklicher Haushalt; die Mutter war von freundlicher Natur, besaß Sinn für Humor und Poesie, der Vater jedoch war ein pedantischer Zuchtmeister, der sich seine Kinder durch die Barschheit und Ungeduld seines Temperaments entfremdete. «Und mit dem Vater selbst», erinnerte sich Goethe später, «konnte sich kein angenehmes Verhältnis anknüpfen.»[14] Von ihm, wie auch aus seiner Tätigkeit als Geheimrat, mag etwas von der Steifheit stammen, die Goethe in seinem späteren Leben zeigte. Von seiner Mutter hat er wahrscheinlich den poetischen Geist und seine Liebe zur Bühne geerbt. Sie baute ein Marionettentheater in ihrem Haus; auf ihren Sohn übte es einen Zauber aus, dem er sich zeitlebens nicht entziehen konnte.

Die Kinder erhielten ihre erste Ausbildung von ihrem Vater, dann von Hauslehrern. Wolfgang lernte Lateinisch, Griechisch, Englisch und etwas Hebräisch lesen, Französisch und Italienisch sprechen, das Cembalo und das Cello spielen, Zeichnen und Malen, Reiten, Fechten und Tanzen. Sein bester Lehrmeister war jedoch das Leben. Er erforschte alle Viertel Frankfurts, einschließlich der Judengasse; er liebäugelte mit den hübschen jüdischen Mädchen, besuchte eine jüdische Schule, wohnte einer Beschneidung bei und bildete sich eine eigene Meinung über die jüdischen Feiertage[15]. Die Frankfurter Märkte, die exotische Gesichter und Waren in die Stadt brachten, erweiterten seine Bildung, ebenso die französischen Offiziere, die während des Siebenjährigen Krieges im Goetheschen Haus einquartiert waren. 1764 erlebte der fünfzehn Jahre alte Knabe die Krönung Josephs II. zum Römischen König; begierig nahm er alle Einzelheiten des Ereignisses in sich auf und verwendete zu ihrer Beschreibung zwanzig Seiten in seiner Autobiographie[16].

Mit vierzehn hatte er die erste seiner zahlreichen Liebesaffären, die ihn zu vielen seiner Dichtungen inspirierten. Er hatte sich durch die Leichtigkeit, mit der er Verse schrieb, bereits einen gewissen Ruf erworben. Einige Knaben, mit denen er gelegentlich zusammenkam, forderten ihn auf, einen Liebesbrief in Versen zu verfassen, wie ihn ein Mädchen an einen Jungen schreiben würde; es gelang ihm so gut, daß sie das Elaborat einem liebeskranken Mitglied ihrer Gruppe als Botschaft des Gegenstandes seiner Verehrung zustellen ließen. Der Bursche hätte gerne im gleichen Stil geantwortet, doch es fehlten ihm der Geist und die Reime; er bat Goethe, für ihn eine Erwiderung zu verfassen. Goethe willigte ein, und aus Dankbarkeit lud ihn der Liebhaber zu einer Abendgesellschaft bei Bekannten ein. Eine Verwandte dieser Bekannten war zugegen, ein junges Mädchen, Margarete – kurz Gretchen – geheißen; diesen Namen gab Goethe der Heldin seines *Faust*. Vielleicht wegen der Romane, die er gelesen, und der Briefe, die er geschrieben hatte, war er in der rechten Stimmung, den Zauber der Mädchenhaftigkeit zu würdigen. «Die ersten Liebesneigungen einer unverdorbenen Jugend», schrieb er mit sechzig, «nehmen durchaus eine geistige Wendung. Die Natur scheint zu wollen, daß ein Geschlecht in dem andern das Gute und Schöne sinn-

WEGE NACH WEIMAR

lich gewahr werde. Und so war auch mir durch den Anblick dieses Mädchens, durch meine Neigung zu ihr, eine neue Welt des Schönen und Vortrefflichen aufgegangen.»[17] Er verlor diese Welt nie ganz; eine Frau nach der anderen erregte seinen empfindsamen Geist, sowohl in platonischer Verehrung als auch in sinnlichem Begehren.

Eine Weile war er zu schüchtern, den Gegenstand seiner Schwärmerei anzusprechen, und so «ging ich ihr zu Liebe in die Kirche und hatte bald ausgespürt, wo sie saß; und so konnte ich während des langen protestantischen Gottesdienstes mich wohl satt an ihr sehen»[18]. Er sah sie wieder, wie ein anderes Gretchen, am Spinnrad sitzend. Jetzt legte er ihr einen zweiten Liebesbrief vor, den er als von einem Mädchen kommend verfaßt hatte, und sie unterschrieb ihn.

Ein junger Mann aus jenem Kreis, den Goethe seinem Großvater empfohlen hatte, wurde beim Fälschen von Schuldscheinen und Testamenten ertappt; Wolfgangs Eltern verboten ihm den weiteren Verkehr mit seinen Kameraden. Gretchen zog weg, und Goethe sah sie nie wieder. Es traf ihn tief, als er erfuhr, daß sie gesagt hatte: «Ich habe ihn immer als ein Kind betrachtet.»[19]

Er war es zufrieden (1765), nun Frankfurt zu verlassen und an der Universität Leipzig Jura zu studieren. Wie jeder wißbegierige Jüngling las er vieles, was außerhalb der ihm zugeteilten Themen lag. In der Bibliothek seines Vaters hatte er bereits, sehr zum Schaden seines religiösen Glaubens, in Bayles *Dictionnaire historique et critique* geblättert, und so kam es, daß «ich mich, sobald ich Leipzig erreicht hatte, von der kirchlichen Verbindung ganz und gar loszuwinden suchte»[20]. Eine Zeitlang beschäftigte er sich mit Mystizismus, Alchemie und Magie; auch dies fand Eingang in seinen *Faust*. Er versuchte sich im Radieren und Holzschneiden, studierte die Bildersammlung in Dresden und besuchte häufig den Maler Oeser in Leipzig. Durch Oeser wurde er mit den Schriften Winckelmanns bekannt; durch diese und Lessings *Laokoon* wurde der Grundstein für seine Verehrung des klassischen Stils gelegt. Er und andere Studenten waren im Begriff, für Winckelmann einen herzlichen Empfang in Leipzig vorzubereiten, als die Nachricht eintraf, Winckelmann sei in Triest ermordet worden (1768).

Seine Auseinandersetzung mit der Welt war beherrscht von dem Sinn für Schönheit. An der Religion schätzte er nur die Farbenpracht und Dramatik der Sakramente. Er machte sich nichts aus der von Philosophen, mit Ausnahme Spinozas, geschriebenen Philosophie; er schauderte vor der Logik zurück und floh vor Kant. Er liebte das Schauspiel, schrieb selbst ein unbedeutendes in Leipzig und machte fast jeden Tag Verse, selbst während er Juravorlesungen hörte. Die Gedichte, die er im *Leipziger Liederbuch* vereinigte, sind im Stil Anakreons gehalten, spielerisch, manchmal erotisch:

> Ich bin genügsam und genieße
> Schon da, wenn sie mir zärtlich lacht,
> Wenn sie bei Tisch des Liebsten Füße
> Zum Schemel ihrer Füße macht,
> den Apfel, den sie angebissen,
> Das Glas, woraus sie trank, mir reicht,
> Und mir bei halbgeraubten Küssen
> Den sonst verdeckten Busen zeigt.[21]

DER PROTESTANTISCHE NORDEN

War dies nur Wunschdenken? Offensichtlich nicht. Er hatte in Leipzig einen hübschen Kopf – Anna Katharina Schönkopf, von Goethe Annette genannt – gefunden, der willens war, mit ihm zumindest den Vorhof der Liebe zu betreten. Sie war die Tochter eines Weinhändlers, bei dem die Studenten ihre Mittagsmahlzeit einnahmen; Goethe war häufiger Gast und verliebte sich in sie. Sie erwiderte seine Glut mit kühler Zurückhaltung und erlaubte anderen Männern, ihr den Hof zu machen. Er wurde eifersüchtig und begann sie zu bespitzeln. Sie stritten und versöhnten sich, stritten und versöhnten sich von neuem, stritten wieder und trennten sich. Sogar in diesen Verzückungen der Leidenschaft vergaß er nicht, daß er der Enkel eines Bürgermeisters war und in seinem Innern einen Dämon hatte – den Sturm und Drang eines allesverzehrenden Genius, der Freiheit forderte für seine volle Entwicklung zu seinem eigenen gebieterischen Schicksal. Annette erhörte einen anderen Freier.

Goethe empfand es als Niederlage und suchte Vergessen in der Ausschweifung. «Ich hatte sie wirklich verloren, und die Tollheit, mit der ich meine Fehler an mir selbst rächte, indem ich auf mancherlei unsinnige Weise in meine physische Natur stürmte, um der sittlichen etwas zuleide zu tun, hat sehr viel zu den körperlichen Übeln beigetragen, unter denen ich einige der besten Jahre meines Lebens verlor.»[22] Er versank in Schwermut, litt an nervösen Verdauungsstörungen, bekam eine schmerzhafte Geschwulst im Nacken und erwachte eines Nachts mit einem fast tödlichen Blutsturz. Ohne zu promovieren, verließ er Leipzig und kehrte nach Frankfurt zurück (September 1768), ließ die väterlichen Vorwürfe über sich ergehen und tröstete sich mit der Liebe der Mutter.

Während seiner langen Rekonvaleszenz machte er die Bekanntschaft von Susanne Katharina von Klettenberg, einer leidenden, freundlichen mährischen Pietistin. «Heiterkeit und Gemütsruhe verließen sie niemals. Sie betrachtete ihre Krankheit als einen notwendigen Bestandteil ihres vorübergehenden irdischen Seins.»[23] Er schilderte sie, Jahre später, mit Sympathie und Geschick in den «Bekenntnissen der schönen Seele», die er in *Wilhelm Meisters Lehrjahre* einfügte, doch er berichtete auch sehr großherzig über ihre Behauptungen, seine Nervosität und Melancholie hätten ihren Grund darin, daß es ihm nicht gelinge, sich mit Gott zu versöhnen.

«Nun hatte ich von Jugend an geglaubt, mit meinem Gott ganz gut zu stehen, ja ich bildete mir, nach mancherlei Erfahrungen, wohl ein, daß er gegen mich sogar im Rest stehen könne, und ich war kühn genug, zu glauben, daß ich ihm einiges zu verzeihen hätte. Dieser Dünkel gründete sich auf meinem unendlich guten Willen, dem er, wie mir schien, besser hätte zu Hülfe kommen sollen. Es läßt sich denken, wie oft ich und meine Freundin hierüber in Streit gerieten, der sich doch immer auf die freundlichste Weise und manchmal, wie meine Unterhaltung mit dem alten Rektor, damit endigte: daß ich ein närrischer Bursche sei, dem man manches nachsehen müsse.»[24]

Doch er hatte auch vereinzelte Momente der Frömmigkeit, wohnte sogar einigen Versammlungen der Mährischen Brüder bei; aber er wurde von dem «mäßigen Verstand» dieser einfachen Menschen[25] abgestoßen und kehrte bald zu seiner unbestimmten Kombination von pantheistischem Glauben und rationalistischem Zweifel zurück. Im April 1770 ging er nach Straßburg in der Hoffnung, dort seine Juristenprüfung

WEGE NACH WEIMAR

zu machen. Ein Kommilitone schilderte den damals Einundzwanzigjährigen als «mit großen hellen Augen, prachtvoller Stirn und schönem Wuchs», fügte jedoch hinzu, «daß sie beide viel Verdruß von ihm haben würden, weil er ihn für einen wilden Kameraden ansah»[26]. Vielleicht hatte seine lange Krankheit seine Nerven geschwächt; sein «Dämon» war zu unruhig, um ihn sein inneres Gleichgewicht finden zu lassen; doch welcher Jüngling mit Feuer in den Adern sehnt sich nach Ruhe? Als er vor der großen Kathedrale stand, rief er patriotisch aus: «Das ist deutsche Baukunst, da der Italiener sich keiner eignen rühmen darf, viel weniger der Franzos.»[27] (Er war weder in Italien noch in Frankreich gewesen.) «Ich erstieg ganz allein den höchsten Gipfel des Münsterturms und saß in dem sogenannten Hals, unter dem Knopf oder der Krone, wie man's nennt, wohl eine Viertelstunde lang, bis ich es wagte, wieder heraus in die freie Luft zu treten, wo man, auf einer Platte, die kaum eine Elle ins Gevierte haben wird, ohne sich sonderlich anhalten zu können, stehend, das unendliche Land vor sich sieht, indessen die nächsten Umgebungen und Zieraten die Kirche und alles, worauf und worüber man steht, verbergen. Es ist völlig, als wenn man sich auf einer Montgolfiere in die Luft erhoben sähe. Dergleichen Angst und Qual wiederholte ich so oft, bis der Eindruck mir ganz gleichgültig ward.»[28] Einer seiner Professoren bemerkte, daß «Herr Goethe eine Rolle hier gespielt, die ihn als einen überwitzigen Halbgelehrten und als einen wahnsinnigen Religionsverächter ... bekannt gemacht hat. Er muß, wie man fast durchgängig von ihm glaubte, in seinem Obergehäuse einen Sparren zu viel oder zu wenig haben.»[29]

Ein Dutzend neuer Erlebnisse schürten seine Flamme. Während seines letzten Aufenthaltes in Straßburg traf er mehrere Male mit Herder zusammen. Es war der um fünf Jahre ältere Herder, der diese Begegnungen beherrschte; Goethe nannte sich, in einem Anfall von Bescheidenheit, einen «Planeten», der um Herders Sonne kreise. Er wurde durch Herders diktatorische Neigungen verwirrt, von ihm jedoch angeregt, alte Balladen, Macphersons «Ossian» und (in der Übersetzung von Wieland) Shakespeare zu lesen. Er las aber auch Voltaire, Rousseau und Diderot. Neben seinem Jurastudium hörte er Vorlesungen über Chemie, Anatomie, Geburtshilfe ... und setzte sein Frauenstudium fort.

Er empfand ihren Zauber mit der ganzen lebhaften Empfindsamkeit eines Dichters, dem ganzen Feuer der Jugend. Siebenundvierzig Jahre später erzählte er Eckermann, er glaube an eine geheimnisvolle magnetische Wirkung einer Person auf eine andere, die meistens der Verschiedenheit der Geschlechter entspringe[30]. Er wurde erregt durch den leichten und stolzen Gang der Mädchen, durch die Musik ihrer Stimmen und ihres Gelächters, durch die Farbe und das Rascheln ihrer Kleider, und er beneidete die Blumen, die sie manchmal in ihrem Busenausschnitt oder in ihrem Haar trugen. Eines dieser Zaubergeschöpfe nach dem anderen sprach sein Blut an, beschäftigte seine Phantasie und bewegte seine Feder. Da waren bereits Gretchen und Annette gewesen, bald würden es Lotte, Lili und Charlotte sein, später Minna und Ulrike. Doch nun fand er in Sesenheim (in der Nähe von Straßburg) die bezauberndste von allen, Friederike Brion.

90 DER PROTESTANTISCHE NORDEN

Sie war die jüngere Tochter (1771 neunzehn Jahre alt) des Stadtpfarrers, den Goethe mit Goldsmiths tugendhaftem Vikar von Wakefield verglich. Die Seiten über Friederike in Goethes Autobiographie gehören zur schönsten Prosa, die er je schrieb[31]. Mehrere Male ritt er von Straßburg hierher, um die unverdorbene Einfachheit dieser ländlichen Familie zu genießen. Er nahm Friederike mit auf lange Spaziergänge, denn sie fühlte sich am wohlsten in der freien Natur. Sie verliebte sich in ihn und gab ihm alles, was er forderte. «Wir entschädigten uns durch einen einsamen Spaziergang Hand in Hand, und an jenem stillen Platze durch die herzlichste Umarmung und die treulichste Versicherung, daß wir uns von Grund aus liebten.»[32] Bald gestand er einem Freund, daß man nicht um Haaresbreite glücklicher sei, wenn man das Ziel seiner Wünsche erreicht hatte.

Inzwischen schrieb er auf lateinisch seine Doktorarbeit, in der er (wie «Febronius») das Recht des Staates auf Unabhängigkeit von der Kirche bekräftigte. Die Arbeit fand die Billigung der Fakultät; er bestand die Examen und empfing am 6. August 1771 seinen akademischen Grad als Lizentiat der Rechte. Die Zeit war gekommen, Straßburg zu verlassen. Er ritt hinaus nach Sesenheim, um Friederike Lebewohl zu sagen. «Als ich ihr die Hand noch vom Pferde reichte, standen ihr die Tränen in den Augen, und mir war sehr übel zumute ... Der Schmerz, das herrliche Elsaß, mit allem, was ich darin erworben, auf immer zu verlassen, war gemildert, und ich fand mich, dem Taumel des Lebewohls endlich entflohn, auf einer friedlichen und erheiternden Reise so ziemlich wieder.»[33] Die Reue kam später. «Gretchen hatte man mir genommen, Annette mich verlassen, hier war ich zum erstenmal schuldig; ich hatte das schönste Herz in seinem Tiefsten verwundet, und so war die Epoche einer düsteren Reue, bei dem Mangel einer gewohnten erquicklichen Liebe, höchst peinlich, ja unerträglich.»[34] Das klingt bedauerlich egozentrisch; doch wer von uns hat nicht in den Irrungen und Wirrungen der Liebe ein oder zwei Herzen verletzt, bevor er eins gewann? Friederike starb unvermählt am 3. April 1813.

2. Götz und Werther

In Frankfurt praktizierte der neue Lizentiat widerwillig als Anwalt. Er besuchte gelegentlich Darmstadt und verfiel dem Einfluß seines Gefühlskultes. Er stand nun in starker Ablehnung gegen Frankreich, gegen das französische Drama und seine starren Gesetze, ja sogar gegen Voltaire. Mehr und mehr schätzte er Shakespeare, der die Natur des Menschen, gesetzlich oder ungesetzlich, auf die Bühne gebracht hatte. In dieser Stimmung und in der überschäumenden Kraft der Jugend war er reif für den Sturm und Drang. Er sympathisierte mit dessen Verwerfung der Autorität, seiner Bevorzugung des Instinkts gegenüber dem Intellekt, des heroischen Individuums gegenüber der traditionsgefangenen Masse. Und so schrieb er 1771 die «Geschichte Gottfriedens von Berlichingen mit der eisernen Hand, dramatisirt», die er 1773 umarbeitete und als *Götz von Berlichingen mit der eisernen Hand, ein Schauspiel* auf eigene Kosten drucken ließ.

WEGE NACH WEIMAR

Es war eine bemerkenswerte Leistung für einen Jüngling von dreiundzwanzig Jahren: ein Drama, das Krieg, Liebe und Verrat in einer Geschichte vereinigte, die erfüllt war von glühender Begeisterung für die Freiheit, überschäumend vor Lebenskraft und fesselnd vom Anfang bis zum Ende. Götz war ein Ritter, dem in der Schlacht die rechte Hand abgeschossen worden war, als er vierundzwanzig Jahre zählte (1504); eine eiserne Hand war an seinem Arm befestigt worden, und mit ihr schwang er sein Schwert so tödlich wie zuvor. Er weigerte sich, irgendeinen Oberherrn außer dem Kaiser anzuerkennen, und wurde einer jener «Raubritter», die im Namen der Freiheit volle Autorität auf ihrem Herrschaftsgebiet forderten, sogar das Recht, Durchreisende auszuplündern und Privatkriege zu führen. 1495 hatte Kaiser Maximilian ein Edikt gegen Privatkriege erlassen unter Androhung der doppelten Strafe des Reichsbannes und der Exkommunikation durch die Kirche. Götz erkannte den Bann nicht an, da er traditionelle Rechte verletze, und das Stück setzt ein mit dem Kampf zwischen dem rebellischen Ritter und dem Fürstbischof von Bamberg. Goethe, der die Frauen mehr liebte als den Krieg, verlagerte den Mittelpunkt des Interesses auf Adelheid von Walldorf, deren Schönheit und Reichtum ein Dutzend Männer mit hemmungsloser Leidenschaft erfüllten. Ihretwegen brach Adelbert von Weislingen, ein anderer «freier» Ritter, sein Bündnis mit Götz und sein Verlöbnis mit Götz' Schwester Maria und lief zum Bischof über. Vielleicht war Weislingens schwankende Liebe eine Erinnerung Goethes an seine eigene Untreue. Er schickte einem Freund eine Abschrift des Stückes zur Weiterleitung an Friederike mit der Bemerkung, die arme Friederike würde sich vielleicht getröstet fühlen, wenn sie sähe, daß der treulose Liebhaber vergiftet wird[35].

Der Autor vergewaltigte die Geschichte, um sie seinem Drama anzupassen; Götz von Berlichingen war nicht so edel und großherzig wie Goethes Götz, doch solche Korrekturen sind poetische Freiheiten, ebenso wie gewaltsame Reime. Verzeihlich ist auch die rauhe, wilde Sprache, die Goethe seinen Helden zur Manifestierung seiner Männlichkeit sprechen läßt. Als das Stück 1774 in Berlin aufgeführt wurde, verdammte es Friedrich der Große als eine «imitation détestable de ces mauvaises pièces anglaises»[36], die er wie Voltaire in Shakespeare sah, und forderte die deutschen Dramatiker auf, ihre Vorbilder in Frankreich zu suchen. Herder stimmte zunächst mit Friedrich überein und sagte zu Goethe, Shakespeare habe ihn verdorben. Doch er schickte die veröffentlichte Fassung an seine Freunde mit Worten höchsten Lobes: «Sie werden einige himmlische Freudestunden haben. Es ist ungemein viel deutsche Stärke, Tiefe und Wahrheit drin, obgleich hin und wieder es auch nur gedacht ist.»[37] Die jüngere Generation begrüßte Götz als den erhabensten Ausdruck des Sturm und Drang. Deutsche Leser hörten gern von mittelalterlichen Rittern, Symbolen des starken deutschen Charakters. Die Protestanten hörten das Echo Luthers in Bruder Martin, der sich beklagt, seine Gelübde der Armut, der Keuschheit und des Gehorsams seien unnatürlich, der die Frau als «die Krone der Schöpfung» preist, den Wein als etwas, «das des Menschen Herz erfreut», und ein altes Sprichwort umdreht, indem er sagt: «Die Freudigkeit ist die Mutter aller Tugenden.»[38] Sogar Goethes Vater, der ihm in seiner

DER PROTESTANTISCHE NORDEN

Anwaltspraxis hatte helfen müssen und ihn als eine entartete Frucht des elterlichen Stammes betrachtete, gab zu, daß vielleicht doch etwas in dem Burschen stecke.

Im Mai 1772 mußte sich der junge Advokat in einer Prozeßsache nach Wetzlar, dem Sitz des Reichsappellationshofes, begeben. Nicht ganz ausgefüllt durch seine Berufstätigkeit, durchwanderte er zeichnend, schreibend und beobachtend Felder, Wälder und Boudoirs. In Wetzlar lernte er Karl Wilhelm Jerusalem, einen Poeten und Mystiker, kennen sowie Johann Georg Christian Kestner, einen Notar, von dem Goethe sagte: «Er zeichnete sich aus durch ein ruhiges gleiches Betragen, Klarheit der Ansichten, Bestimmtheit im Handeln und Reden. Seine heitere Tätigkeit, sein anhaltender Fleiß empfahl ihn dergestalt den Vorgesetzten, daß man ihm eine baldige Anstellung versprach.»[39] Kestner war verlobt und hoffte, bald heiraten zu können. In einem Tagebuch gab er von Goethe folgende großherzige Schilderung:

«Im Frühjahr kam hier ein gewisser Goethe aus Franckfurt, seiner Handthierung nach Dr. Juris, dreiundzwanzig Jahre alt, einziger Sohn eines sehr reichen Vaters, um sich hier, dieß war seines Vaters Absicht, in Praxi umzusehen, der seinigen nach aber, den Homer, Pindar p. zu studieren und was sein Genie, seine Denckungs-Art und sein Herz ihm weiter für Beschäftigungen eingeben würde ... Er'hat sehr viel Talente, ist ein wahres Genie, und ein Mensch von Character. Besitzt eine außerordentlich lebhafte Einbildungskraft, daher er sich meistens unter Bildern und Gleichnissen ausdrückt ... Er ist in allen seinen Affecten heftig; hat iedoch oft viel Gewalt über sich. Seine Denckungsart ist edel; von Vorurtheilen frey, handelt. er, wie es ihm einfällt, ohne Rücksicht auf Mode, Gewohnheit oder Meynungen ... Aller Zwang ist ihm verhaßt ... Er liebt die Kinder und kann sich mit ihnen sehr beschäftigen ... Für dieses Mahl urtheile ich aber nichts weiter von ihm, als: es ist kein unbeträchtlicher Mensch.»[40]

Im Juni 1772 lernte Goethe auf einem ländlichen Tanzfest Kestners Verlobte, Charlotte Buff, kennen. Am nächsten Tag besuchte er sie und entdeckte einen neuen Reiz der Weiblichkeit. «Lotte», damals zwanzig, war das älteste Mädchen von elf Geschwistern. Die Mutter war gestorben, der Vater ging zur Arbeit, um die Familie zu ernähren, und Lotte vertrat Mutterstelle bei der großen Kinderschar. Sie hatte nicht nur die unbekümmerte Fröhlichkeit eines gesunden Mädchens, sondern auch den Reiz einer jungen Frau, die, einfach, aber sauber gekleidet, ihre Pflichten im Hause mit Geschick, Hingabe und gutem Mut erfüllte. Goethe verliebte sich bald in sie, denn er hielt es nicht lange ohne ein weibliches Bildnis aus, das ihm Herz und Phantasie erwärmte. Kestner erkannte die Situation, zeigte jedoch, seines Besitzes sicher, liebenswürdige Nachsicht. Goethe warb immer heftiger um sie, doch Lotte wies ihn stets ab und erinnerte ihn daran, daß sie verlobt war. Schließlich forderte er sie auf, zwischen Kestner und ihm zu wählen; sie tat es, und Goethe, nur vorübergehend in seinem Stolz verletzt, verließ Wetzlar am nächsten Tag (11. September). Kestner blieb ihm ein treuer Freund bis zum Tode.

Bevor er nach Frankfurt zurückkehrte, nahm Goethe Aufenthalt in Ehrenbreitstein am Rhein im Hause von Georg und Sophie von La Roche. Sophie hatte zwei Töchter, «von denen die älteste», Maximiliane, «mich gar bald besonders anzog. Es ist eine sehr angenehme Empfindung, wenn sich eine neue Leidenschaft in uns zu regen anfängt, ehe die alte noch ganz verklungen ist. So sieht man bei untergehender Sonne

WEGE NACH WEIMAR

gern auf der entgegengesetzten Seite den Mond aufgehen.»[41] Maximiliane jedoch heiratete Peter Brentano und brachte eine Tochter, Bettina, zur Welt, die sich fünfunddreißig Jahre später in Goethe verlieben sollte. Goethe kehrte nach Frankfurt in seine Anwaltspraxis zurück und suchte sich mit seinem Schicksal abzufinden. Es gelang ihm nicht ganz, denn bisweilen dachte er an Selbstmord.

«Unter einer ansehnlichen Waffensammlung besaß ich auch einen kostbaren wohlgeschliffenen Dolch. Diesen legte ich mir jederzeit neben das Bette, und ehe ich das Licht auslöschte, versuchte ich, ob es mir wohl gelingen möchte, die scharfe Spitze ein paar Zoll tief in die Brust zu senken. Da dieses aber niemals gelingen wollte, so lachte ich mich zuletzt selbst aus, warf alle hypochondrischen Fratzen hinweg und beschloß zu leben. Um dies aber mit Heiterkeit tun zu können, mußte ich eine dichterische Aufgabe zur Ausführung bringen, wo alles, was ich über diesen wichtigen Punkt empfunden, gedacht und gewähnt, zur Sprache kommen sollte. Ich versammelte hierzu die Elemente, die sich schon ein paar Jahre in mir herumtrieben, ich vergegenwärtigte mir die Fälle, die mich am meisten gedrängt und geängstigt; aber es wollte sich nichts gestalten: es fehlte mir eine Begebenheit, eine Fabel, in welcher sie sich verkörpern könnten.»[42]

Ein Advokat in Wetzlar lieferte ihm die gewünschte Fabel. Am 30. Oktober 1772 borgte Karl Wilhelm Jerusalem von Kestner eine Pistole und erschoß sich aus Verzweiflung über seine Liebe zu der Frau eines Freundes. «Auf einmal erfahre ich die Nachricht von Jerusalems Tode», erinnerte sich Goethe, «... und in diesem Augenblick war der Plan zu Werthern gefunden; das Ganze schoß von allen Seiten zusammen.»[43] Dem mag so gewesen sein, doch erst fünfzehn Monate später begann er das Buch zu schreiben. Inzwischen setzte er seinen Flirt mit Maximiliane Brentano – die mit ihrem Gatten nach Frankfurt übergesiedelt war – so hartnäckig fort, daß der Ehemann protestierte und Goethe sich zurückzog.

Eine Reihe unfruchtbarer literarischer Projekte lenkte ihn ab. Er spielte mit dem Gedanken, die Geschichte des Ewigen Juden neu zu erzählen; er plante, ihn Spinoza besuchen zu lassen, um zu zeigen, daß Satan allem Anschein nach im Christentum über Christus triumphiere[44]; doch er schrieb nur zehn Seiten des Ewigen Juden. Er verfaßte einige Satiren über Jacobi, Wieland, Herder, Lenz und Lavater; dennoch gelang es ihm, ihre Freundschaft zu gewinnen. Er half Lavater bei der Abfassung seiner *Physiognomischen Fragmente* und erlaubte ihm, seinen Kopf gesichtskundlich zu beurteilen, mit dem schmeichelhaften Resultat: «... Wie ist drin der Verstand immer warm von der Empfindung», urteilte der Schweizer, «lichthell die Empfindung vom Verstande. Man bemerke ... die Form dieser warmen Stirne, bemerke das mit einem fortgehenden Schnellblicke durchdringende, verliebte, sanft geschweifte, nicht sehr tief liegende, helle, leicht bewegliche Auge ..., diese an sich allein so dichterische Nase, diesen so eigentlich poetischen Übergang zum lippichten ... Munde, dies männliche Kinn, dies offne markige Ohr – wer ist, der absprechen könnte diesem Gesicht Genie!»[45] – Und war es möglich, daß ein Mensch einem solchen Kephalogramm gerecht wurde? Jacobi hielt es für möglich, denn nachdem er Goethe im Juni 1773 besucht hatte, schilderte er ihn in einem Brief an Wieland wie folgt: «Goethe ist (nach Heinses Ausdruck) 'Genie vom Scheitel bis zur Fußsohle'. Ein Besessener, füge ich hinzu, dem fast in keinem Falle gestattet ist, willkürlich zu handeln.»[46]

DER PROTESTANTISCHE NORDEN

Endlich, im Februar 1774, schrieb Goethe das Buch, das ihm europäischen Ruhm einbrachte – *Die Leiden des jungen Werthers*. Es hatte seine Phantasie so lange beschäftigt, er hatte so lange über ihm gebrütet, daß er es nun, wie er uns berichtet, «in vier Wochen» niederschrieb. «Ich hatte mich äußerlich völlig isoliert, ja die Besuche meiner Freunde verbeten.»[47] Fünfzig Jahre später sagte er zu Eckermann: «Das ist auch so ein Geschöpf, das ich gleich dem Pelikan mit dem Blut meines eigenen Herzens gefüttert habe.»[48] Er tötete Werther, um sich selbst Frieden zu verschaffen.

Er hatte sich vorgenommen, ein kurzes Buch zu schreiben. Er benutzte die Briefform, teils in Nachahmung von Richardsons *Clarissa* und Rousseaus *Julie,* teils weil sie besonders geeignet war, Gefühl auszudrücken und zu analysieren, und vielleicht weil er bei dieser Form einige der Briefe verwenden konnte, die er aus Wetzlar an seine Schwester Cornelia und an seinen Freund Merck geschrieben hatte. Zum Entsetzen Charlottes und Kestners gab er dem Gegenstand einer Liebe, die offensichtlich Goethes Leidenschaft für Kestners Braut zum Vorbild hatte, den Namen Lotte. Kestner wurde «Albert» und als sympathischer Charakter dargestellt. Selbst das Zusammentreffen beim Tanz und der Besuch des nächsten Tages wurden in der Geschichte so geschildert, wie sie sich in Wirklichkeit ereignet hatten: «und seit der Zeit können Sonne, Mond und Sterne geruhig ihre Wirtschaft treiben, ich weiß weder, daß Tag ist, noch daß Nacht ist, und die ganze Welt verliert sich um mich her ... Ich habe kein Gebet mehr als an sie.»[49] Werther ist nicht ganz Goethe; er ist sentimentaler, stärker geneigt zu Tränen, schwärmerischen Worten und Selbstbemitleidung. Um die Erzählung zu ihrem tragischen Ausgang zu führen, mußte Werther am Ende, in Abweichung von dem Goethes, das Schicksal K. W. Jerusalems erleiden. Hier berühren sich wieder Dichtung und Wirklichkeit: Werther entleiht, wie Jerusalem, Alberts Pistole für seinen Selbstmord, und Lessings *Emilia Galotti* liegt auf seinem Schreibtisch, als er stirbt. «Kein Geistlicher hat ihn begleitet.»

Die Leiden des jungen Werthers (1774) waren ein Ereignis in der Geschichte der Literatur und Deutschlands. Sie waren Ausdruck und Steigerung des romantischen Elements im Sturm und Drang, wie *Götz von Berlichingen* Ausdruck des heroischen gewesen war. Rebellische Jünglinge zollten ihm Beifall in Wort und Tat; einige von ihnen trugen blauen Frack und gelbe Westen wie Werther, andere weinten wie Werther, einige begingen Selbstmord, um der Mode gerecht zu werden. Kestner protestierte gegen die Verletzung seiner Privatsphäre, wurde jedoch bald besänftigt, und es wird uns nicht gesagt, daß Charlotte sich beklagte, als Goethe Kestner schrieb: «Gib Lotten eine Hand ganz warm von mir, und sag ihr: Ihren Nahmen von tausend heiligen Lippen mit Ehrfurcht ausgesprochen zu wissen, sey doch ein Äquivalent gegen Besorgnisse.»[50] Der deutsche Klerus stimmte nicht in den Beifall ein. Ein Hamburger Prediger brandmarkte *Werther* als Apologie des Selbstmords; Pastor Goeze, Lessings Feind, verurteilte das Buch, und Lessing verdammte es wegen seines Gefühlsüberschwangs und Mangels an klassischer Zurückhaltung[51]. Bei einem Essen tadelte der Geistliche J. C. Hasenkamp Goethe offen wegen «dieser ruchlosen Schrift», und fügte hinzu: «Gott wolle Ihr verkehrtes Herz bessern!» Goethe entwaffnete ihn mit einer sanften

WEGE NACH WEIMAR 95

Antwort: «Beten Sie für mich!»[52] Inzwischen überschwemmte das kleine Buch Europa in einem Dutzend Übersetzungen, drei französischen in drei Jahren; jetzt anerkannte Frankreich zum erstenmal, daß Deutschland eine Literatur besaß.

3. Der junge Atheist

Der Klerus hatte einen Grund, sich über Goethe zu beunruhigen, denn in diesem Stadium war er offen feindselig gegenüber der christlichen Kirche. «Vor der christlichen Religion hat er Hochachtung», schrieb Kestner 1772, «nicht aber in der Gestalt, wie sie unsere Theologen vorstellen ... Er geht nicht in die Kirche, auch nicht zum Abendmahl, betet auch selten.»[53] Goethe war besonders aufgebracht über die christliche Betonung der Sünde und der Reue[54]; er zog es vor, ohne Gewissensbisse zu sündigen. Er schrieb an Herder (um 1774): «Wenn nur die ganze Lehre von Christo nicht so ein Scheißding wäre, das mich als Mensch, als eingeschränktes bedürftiges Ding rasend macht!»[55] Er plante ein Drama über Prometheus als Symbol eines Menschen, der die Götter herausfordert; doch schrieb er nicht viel mehr als einen Monolog, der Jacobi entsetzte und Lessing gefiel. Was davon übrigbleibt, ist der radikalste von Goethes antireligiösen Ausbrüchen. Prometheus spricht:

> Bedecke deinen Himmel, Zeus,
> Mit Wolkendunst
> Und übe, dem Knaben gleich,
> Der Disteln köpft,
> An Eichen dich und Bergeshöhn;
> Mußt mir meine Erde
> Doch lassen stehn
> Und meine Hütte, die du nicht gebaut,
> Und meinen Herd,
> Um dessen Glut
> Du mich beneidest.
>
> Ich kenne nichts Ärmeres
> Unter der Sonn als euch, Götter!
> Ihr nähret kümmerlich
> Von Opfersteuern
> Und Gebetshauch
> Eure Majestät
> Und darbtet, wären
> Nicht Kinder und Bettler
> Hoffnungsvolle Toren.
>
> Da ich ein Kind war,
> Nicht wußte, wo aus noch ein,
> Kehrt ich mein verirrtes Auge
> Zur Sonne, als wenn drüber wär
> Ein Ohr, zu hören meine Klage,
> Ein Herz wie meins,
> Sich des Bedrängten zu erbarmen.

Wer half mir
Wider der Titanen Übermut?
Wer rettete vom Tode mich,
Von Sklaverei?
Hast du nicht alles selbst vollendet,
Heilig glühend Herz?
Und glühtest jung und gut,
Betrogen, Rettungsdank
Dem Schlafenden da droben?

Ich dich ehren? Wofür?
Hast du die Schmerzen gelindert
Je des Beladenen?
Hast du die Tränen gestillet
Je des Geängsteten?
Hat nicht mich zum Manne geschmiedet
Die allmächtige Zeit
Und das ewige Schicksal,
Meine Herrn und deine?

. . . .
Hier sitz ich, forme Menschen
Nach meinem Bilde,
Ein Geschlecht, das mir gleich sei,
Zu leiden, zu weinen,
Zu genießen und zu freuen sich,
Und dein nicht zu achten,
wie ich! [55a]

Von diesem Tiefpunkt eines stolzen Atheismus ging Goethe langsam über zu dem sanfteren Pantheismus Spinozas. Lavater berichtete: «Goethe erzählte mir viel von Spinoza und seinen Schriften. Er behauptet, Keiner hätte sich über die Gottheit dem Heiland so ähnlich ausgedrückt wie Er. Alle neuern Deisten haben übrigens nur ihn ausspolirt. Er sey ein äußerst gerechter aufrichtiger, armer Mann gewesen. Homo temperatissimus ... Sein Briefwechsel sey das interessanteste Buch, was man in der Welt von Aufrichtigkeit, Menschenliebe lesen könne.» [56] Zweiundvierzig Jahre später sagte Goethe zu Karl Zelter, die Schriftsteller, die ihn am meisten beeinflußt hätten, seien Shakespeare, Spinoza und Linné [57]. Am 9. Juni 1785 bestätigte er den Empfang von Jacobis Buch über die Lehren Spinozas. Seine Ausführungen über Jacobis Interpretation verraten ein umfangreiches Studium der jüdischen Philosophen und Heiligen. «Er beweist nicht das Daseyn Gottes», schrieb er, «das Daseyn ist Gott. Und wenn ihn andre deshalb Atheum schelten, so mögte ich ihn theissimum ia christianissimum nennen und preisen ... Er ist mir nie mit sich selbst in Widerspruch und ich kann für meine Sinnes und Handelns Weise sehr heilsame Einflüsse daher nehmen.» [58] In seiner Autobiographie vermerkte Goethe über seine Antwort an Jacobi:

«Glücklicherweise hatte ich mich auch schon von dieser Seite wo nicht gebildet, doch bearbeitet und in mich das Dasein und die Denkweise eines außerordentlichen Mannes aufgenommen ... Dieser Geist, der so entschieden auf mich wirkte und der auf meine ganze Denkweise so großen Einfluß haben sollte, war Spinoza. Nachdem ich mich nämlich in aller Welt um ein

WEGE NACH WEIMAR

Bildungsmittel meines wunderlichen Wesens vergebens umgesehen hatte, geriet ich endlich an die 'Ethik' dieses Mannes ..., ich fand hier eine Beruhigung meiner Leidenschaften, es schien sich mir eine große und freie Aussicht über die sinnliche und sittliche Welt aufzutun ... Man wird dem Verfasser von *Werther* und *Faust* wohl zutrauen, daß er, von solchen Mißverständnissen tief durchdrungen, nicht selbst den Dünkel gehegt, einen Mann vollkommen zu verstehen, der als Schüler von Descartes durch mathematische und rabbinische Kultur sich zu dem Gipfel des Denkens hervorgehoben; der bis auf den heutigen Tag noch das Ziel aller spekulativen Bemühungen zu sein scheint.» [59]

Er verlieh seinem spinozistischen Pantheismus zusätzliche Wärme durch die Inbrunst, mit der er die Natur liebte. Er fand nicht nur Entzücken auf weiten Feldern oder in mystischen Wäldern, an Pflanzen und Blumen, die sich in solch wuchernder Vielfalt vermehren; er liebte auch die düsteren Stimmungen der Natur, liebte es, sich seinen Weg durch Wind, Regen oder Schnee zu bahnen und hinauf auf gefährliche Berggipfel. Er sprach von der Natur wie von einer Mutter, aus deren Brüsten er den Saft und die Würze des Lebens sog. In dem Prosahymnus «Die Natur» (1780), der aber wahrscheinlich nicht von Goethe, sondern dem Zürcher Pfarrer Georg Christoph Tobler verfaßt ist [60], wird religiösem Empfinden, einem demütigen und zugleich glücklichen Ja zu den schöpferischen und zerstörerischen Kräften, welche den Menschen umgeben, Ausdruck verliehen.

«Natur! Wir sind von ihr umgeben und umschlungen – unvermögend aus ihr herauszutreten, und unvermögend tiefer in sie hinein zu kommen. Ungebeten und ungewarnt nimmt sie uns in den Kreislauf ihres Tanzes auf und treibt sich mit uns fort, bis wir ermüdet sind und ihrem Arme entfallen.

Sie schafft ewig neue Gestalten; was da ist, war noch nie, was war, kommt nicht wieder – alles ist neu, und doch immer das Alte ...

Sie scheint alles auf Individualität angelegt zu haben und macht sich nichts aus den Individuen. Sie baut immer und zerstört immer, und ihre Werkstätte ist unzugänglich ...

Gedacht hat sie und sinnt beständig; aber nicht als ein Mensch, sondern als Natur. Sie hat sich einen eigenen allumfassenden Sinn vorbehalten, den ihr niemand abmerken kann ...

Sie läßt jedes Kind an sich künsteln, jeden Toren über sich richten, Tausende stumpf über sich hingehen und nichts sehen, und hat an allen ihre Freude und findet bei allen ihre Rechnung ...

Sie ist gütig. Ich preise sie mit allen ihren Werken. Sie ist weise und still. Man reißt ihr keine Erklärung vom Leibe, trutzt ihr kein Geschenk ab, das sie nicht freiwillig gibt ...

Sie hat mich hereingestellt, sie wird mich auch herausführen. Ich vertraue mich ihr. Sie mag mit mir schalten. Sie wird ihr Werk nicht hassen.» [60a]

Im Dezember 1774 machte Herzog Carl August auf einer Reise nach Karlsruhe, wo er eine Braut zu finden hoffte, in Frankfurt Station. Er hatte den *Götz von Berlichingen* gelesen und bewunderte ihn. Er forderte den Autor auf, sich mit ihm zu treffen. Goethe kam und machte einen vorteilhaften Eindruck; der Herzog fragte sich, ob dieser schöne und gesittete Genius nicht eine Zierde für den Weimarer Hof sein könnte. Er mußte eilig weiterreisen, bat aber Goethe, ihn noch einmal zu treffen, wenn er auf seiner Rückkehr von Karlsruhe durch Frankfurt komme. Goethe sprach oft vom Schicksal, zu wenig vom Glück. Er hätte vielleicht geantwortet, es sei Schicksal, nicht Glück, das ihn zum Herzog brachte, und daß dieses Schicksal ihn vor die Wahl zwischen der Lieblichkeit Lilis und den unbekannten Gefahren und Chancen Weimars

98   DER PROTESTANTISCHE NORDEN

stellte. Lili (Anna Elisabeth) Schönemann war die einzige Tochter eines reichen Kaufmanns in Frankfurt. Goethe, nunmehr Salonlöwe, wurde zu einem Empfang in ihrem
Hause eingeladen. Sie spielte meisterhaft auf dem Klavier; Goethe beugte sich über
sie, während sie spielte, und ließ sich von ihren sechzehn Jahre alten Reizen berauschen. «Indessen blickten wir einander an, und ich will nicht leugnen, daß ich eine
Anziehungskraft von der sanftesten Art zu empfinden glaubte ... Ein wechselseitiges
Bedürfnis, eine Gewohnheit sich zu sehen, trat nun ein ... Ein unbezwingliches Verlangen war herrschend geworden; ich konnte nicht ohne sie, sie nicht ohne mich
sein.»[61] – So schnell kann das Fieber der Liebe steigen, wenn es von der Empfindsamkeit eines Dichters angefacht wird. Bevor er ganz begriff, was es bedeutete, war er
offiziell verlobt (April 1775). Dann begann Lili, im Glauben, ihn sicher eingefangen
zu haben, mit anderen zu kokettieren. Goethe sah es und schäumte.

Um diese Zeit kamen zwei Freunde, die Grafen Christian und Friedrich Leopold zu
Stolberg, auf ihrem Weg in die Schweiz nach Frankfurt. Sie schlugen Goethe vor, sich
ihnen anzuschließen. Sein Vater drängte ihn, es zu tun und bis nach Italien weiter-
zureisen. «Mit einiger Andeutung, aber ohne Abschied, trennt' ich mich von Lili.»[62]
Im Mai 1775 brach er auf; in Karlsruhe traf er wieder mit dem Herzog zusammen und
wurde endgültig nach Weimar eingeladen. Er reiste weiter nach Zürich, wo er Lavater
und Bodmer traf. Er erkletterte den St. Gotthard und blickte sehnsüchtig nach Italien
hinüber. Dann gewann das Bild Lilis wieder Macht über ihn. Er verließ seine Gefährten, reiste heimwärts, und im September hielt er Lili in seinen Armen. In sein Zimmer zurückgekehrt, überfiel ihn wieder seine alte Scheu vor der Ehe, die zum Gefängnis werden und zum Stillstand führen konnte. Lili nahm ihm sein Schwanken übel.
Sie kamen überein, ihre Verlobung aufzulösen, und 1776 heiratete Lili Bernhard Friedrich von Türckheim.

Bei einem kurzen Aufenthalt in Frankfurt während seiner Rückreise von Karlsruhe
erbot sich der Herzog, eine Kutsche zu schicken, die Goethe nach Weimar bringen
sollte. Goethe nahm an, traf seine Vorbereitungen und wartete auf den verabredeten
Tag. Die Kutsche kam nicht. Hatte man sich einen Scherz erlaubt und ihn getäuscht?
Nach einigen Tagen ärgerlichen Wartens machte er sich auf den Weg nach Italien.
Doch in Heidelberg holte ihn die versprochene Kutsche ein; der Abgesandte des Herzogs brachte Erklärungen und Entschuldigungen vor. Goethe akzeptierte sie. Am
7. November 1775 erreichte er Weimar, sechsundzwanzig Jahre alt, wie immer nach
Frauen verlangend, jedoch zur Größe entschlossen.

IV. HERDER: 1744–1776

Kaum einen Monat nach seiner Ankunft in Weimar unterbreitete Goethe mit wärmster Empfehlung dem Herzog Wielands Vorschlag, die freie Stellung des General-
superintendenten für das Kirchen- und Schulwesen im Herzogtum Johann Gottfried
Herder anzubieten. Der Herzog willigte ein.

WEGE NACH WEIMAR   99

In Mohrungen in Ostpreußen am 25. August 1744 geboren, war Herder, geprägt
durch die Geographie und die Nebel der Ostsee, ein geistiger Verwandter Immanuel
Kants. Sein Vater war ein armer Schulmeister und pietistischer Kantor, so daß der
Knabe früh mit der Schattenseite des Lebens bekannt wurde. Von seinem fünften Lebensjahr an litt er an einer Fistel im rechten Auge. Da er früh zum Unterhalt der Familie beitragen mußte, verließ er die Schule und wurde Sekretär und Diener bei Sebastian Trescho, der durch das Schreiben von Anleitungen zur Frömmigkeit gutes Geld
verdiente. Trescho hatte eine Bibliothek, die Johann Gottfried verschlang. Mit achtzehn wurde er nach Königsberg geschickt, um sich die Fistel entfernen zu lassen und
an der Universität Medizin zu studieren. Die Operation mißlang, und der Seziersaal
schlug dem Jüngling so sehr auf den Magen, daß er sich von der Medizin der Theologie
zuwandte.

Er schloß Freundschaft mit Hamann, der ihm, *Hamlet* als Text benutzend, Englisch
beibrachte; Herder lernte fast das ganze Stück auswendig. Er hörte Kants Vorlesungen über Geographie, Astronomie und die Wolffs über Philosophie; Kant schätzte ihn
so sehr, daß er ihn von den Vorlesungsgebühren befreite. Herder verdiente sich seinen
Lebensunterhalt durch Übersetzungen und Nachhilfestunden, und von seinem zwan-
zigsten bis fünfundzwanzigsten Lebensjahr unterrichtete er an der Domschule in Riga.
Mit einundzwanzig empfing er die Weihe eines lutherischen Geistlichen, mit zweiundzwanzig wurde er Freimaurer[63], mit dreiundzwanzig Pastor an zwei Kirchen in der
Nähe von Riga. Seine schriftstellerische Tätigkeit eröffnete er als Zweiundzwanzig-
jähriger mit einem Band *Über die neuere Deutsche Litteratur*, ließ ihm später einen zweiten
und dritten folgen; Kant, Lessing, Nicolai und Lavater waren beeindruckt von dem
Wissen des jungen Autors, und sie billigten seine Forderung nach einer von fremder
Vormundschaft befreiten nationalen Literatur.

Herder nahm die Werther-Mode vorweg, indem er sich hoffnungslos in eine verheiratete Frau verliebte; er litt so stark an physischen und geistigen Depressionen, daß
man ihm einen Urlaub bewilligte mit dem Versprechen, ihn bei seiner Rückkehr mit
einem besseren Gehalt wiederanzustellen. Er lieh sich Geld, verließ Riga (23. Mai
1769) und sah es nie wieder. Mit dem Schiff fuhr er nach Nantes, blieb hier vier Monate und reiste weiter nach Paris. Er lernte Diderot und d'Alembert kennen, ließ sich
aber nie für die französische Aufklärung gewinnen.

Seine Neigungen waren mehr ästhetischer als intellektueller Natur. In Paris begann
er Werke früher Dichter zu sammeln und fand an ihnen mehr Gefallen als an der klassischen Literatur Frankreichs. Er las Macphersons «Ossian» in einer deutschen Übersetzung und erklärte, diese kunstvollen Nachahmungen seien den meisten modernen
englischen Dichtungen nach Shakespeare überlegen. 1769 begann er jene Aufsätze
künstlerischer und literarischer Kritik zu schreiben, die er *Wäldchen* nannte; drei
Bände mit diesen Aufsätzen veröffentlichte er zu seinen Lebzeiten als *Kritische Wälder*.
Im Februar 1770 verbrachte er vierzehn Tage in fruchtbarem Kontakt mit Lessing in
Hamburg. Dann wurde er Hauslehrer und Gesellschafter des Prinzen von Holstein-
Gottorp und bereiste mit ihm Westdeutschland. In Kassel lernte er R. E. Raspe

DER PROTESTANTISCHE NORDEN

kennen, Professor der Archäologie und Autor von *Baron Münchhausen's Narrative of His Marvellous Travels and Campaigns in Russia* (1785), die G. A. Bürger ins Deutsche zurückübertrug, um dreizehn Erzählungen vermehrte und 1786 als *Wunderbare Reisen zu Wasser und Lande, Feldzüge und lustige Abentheuer des Freyherrn von Münchhausen, wie er dieselben bey der Flasche im Cirkel seiner Freunde selbst zu erzählen pflegt* erscheinen ließ. Herder wurde in seinem Glauben bestärkt, daß die Dichter die Forderung Winckelmanns und Lessings nach Nachahmung der griechischen Klassiker aufgeben und sich an die Quellen ihrer nationalen Überlieferung, an die Volksdichtung und die historischen Balladen halten sollten.

Herder ging mit dem Prinzen nach Darmstadt, lernte hier den «Kreis der Empfindsamen» kennen, war angetan von der Erhöhung des Gefühls durch seine Mitglieder und schätzte besonders die Gefühle von Karoline Flachsland, der verwitweten Schwägerin des Geheimrats Andreas von Hesse. Er wurde eingeladen, in einer Kirche der Stadt zu predigen. Sie hörte ihn und war bewegt. Sie gingen im Wald spazieren, ihre Hände berührten sich, und er war bewegt. Er machte ihr einen Heiratsantrag. Sie warnte ihn, sie lebe von der Barmherzigkeit ihrer Schwester und bringe keine Mitgift in die Ehe ein. Er erwiderte, er sei stark verschuldet, habe nur die düstersten Aussichten und sei verpflichtet, den Prinzen zu begleiten. Sie gingen kein formelles Verlöbnis ein, versprachen sich jedoch, brieflich in Verbindung zu bleiben. Am 27. April 1770 brach seine Reisegesellschaft nach Mannheim auf.

Als man Straßburg erreichte, verließ Herder, obwohl ihn verlangte, Italien zu sehen, den Dienst des Prinzen. Die Fistel in seiner Tränendrüse versperrte den Tränenkanal zur Nase und verursachte ihm ständige Schmerzen. Dr. Lobstein, Professor der Gynäkologie an der Universität, versprach ihm, eine Operation würde den Schaden in drei Wochen beheben. Herder ließ sich ohne Betäubung mehrere Male einen Kanal durch den Knochen in den Nasendurchgang bohren. Eine Entzündung setzte ein, und fast sechs Monate lang durfte Herder sein Hotelzimmer nicht verlassen, entmutigt durch das Scheitern der Operation und verdüstert durch Zweifel an seiner Zukunft. In dieser Stimmung des Leidens und der Niedergeschlagenheit lernte er Goethe kennen (4. September 1770). «Ich konnte der Operation beiwohnen», erinnerte sich Goethe später, «und einem so werten Manne auf mancherlei Weise dienstlich und behülflich sein.»[64] Goethe war beeindruckt von Herders Ansicht, Dichtung entstünde instinktiv im Volke, sei «nicht ein Privaterbteil einiger feinen, gebildeten Männer»[65]. Als Herder vor seiner Abreise bekannte, seine Mittel seien erschöpft, «erborgte ich [Goethe] eine Summe Geldes für ihn», die Herder später zurückzahlte.

Widerwillig nahm er eine Einladung des Grafen Wilhelm zu Lippe, Herrscher des kleinen Fürstentums Schaumburg-Lippe im nordwestlichen Deutschland, an, in seine Dienste zu treten als Hofprediger und Konsistorialpräsident seiner bescheidenen Hauptstadt Bückeburg. Im April 1771 verließ Herder Straßburg, besuchte Caroline in Darmstadt und Goethe in Frankfurt und erreichte Bückeburg am achtundzwanzigsten. Der Graf erwies sich als ein «aufgeklärter Despot» rein disziplinarischer Prägung. Die Stadt war provinziell in jeder Beziehung, ausgenommen in der Musik, die

WEGE NACH WEIMAR

bei Johann Christoph Friedrich Bach in guter Obhut war. Herder fand sich damit ab, vom Hauptstrom des deutschen Denkens abgeschnitten zu sein; doch die Bücher, die er veröffentlicht hatte, wirkten mächtig auf diesen Strom ein und hatten Anteil an der Entstehung der literarischen Ideen des Sturm und Drang. Er versicherte den deutschen Autoren, wenn sie ihre Inspiration in den Wurzeln der Nation und im Leben des Volkes suchten, würden sie mit der Zeit alles übertreffen, was die Franzosen geleistet hatten. In der Philosophie und der Wissenschaft traf diese Prophezeiung ein.

Seine *Abhandlung über den Ursprung der Sprache* (1772) gewann den von der Berliner Akademie 1770 ausgeschriebenen Preis. Obwohl er ehrlich fromm war, verwarf Herder die Auffassung, die Sprache sei eine besondere Schöpfung Gottes; für ihn war sie eine menschliche Schöpfung, ein natürliches Resultat der Prozesse der Empfindung und des Denkens. Ursprünglich, erklärte er, waren Sprache und Dichtkunst eins als Ausdruck des Gefühls, und Zeitwörter, die Handlung ausdrückten, waren der erste «Teil der Sprache». – Ein weiteres Werk, *Auch eine Philosophie der Geschichte zur Bildung der Menschheit* (1774), stellte die Geschichte dar als die «natürliche Philosophie aufeinanderfolgender Ereignisse». Jede Kultur ist eine biologische Einheit, eine Pflanze mit eigener Geburt, Jugend, Reife, eigenem Verfall und Tod; sie sollte vom Standpunkt ihrer eigenen Zeit studiert werden, ohne moralische, auf einer anderen Umgebung oder Zeit basierende Vorurteile.

Wie seine Gesinnungsgenossen so bewunderte auch Herder das Mittelalter als das Zeitalter der Einbildungskraft und des Gefühls, der volkstümlichen Poesie und Kunst, der ländlichen Einsamkeit und des ländlichen Friedens; im Gegensatz hierzu war das nachreformatorische Europa der Hort des Glaubens an den Staat, an das Geld, an den städtischen Luxus, an Künstlichkeit und Laster. Er kritisierte die Aufklärung als die Vergötzung der Vernunft und verglich sie zu ihren Ungunsten mit den klassischen Kulturen Griechenlands und Roms. In allen historischen Vorgängen sah Herder wie Bossuet die Hand Gottes, doch manchmal vergaß der redegewandte Pastor seine Theologie und erklärte: «Zuerst muß ich zum überhohen Ruhm des menschlichen Verstandes sagen, daß immer weniger er [der Mensch] als ein blindes Schicksal, was die Dinge warf und lenkte, an dieser allgemeinen Weltveränderung wirkte.» [66]

Seine Einsamkeit veranlaßte ihn, trotz seines mageren Einkommens, Karoline und ihren Schwager zu fragen, ob er kommen und sie zu seiner Frau machen dürfe. Sie willigten ein, und die Liebenden wurden am 2. Mai 1773 in Darmstadt getraut. Sie kehrten nach Bückeburg zurück, und Herder borgte Geld, um sein Pfarrhaus zu einem angenehmen Heim für seine Gefährtin zu machen. Sie diente ihm und verehrte ihn ein Leben lang. Durch sie wurde das kühle Verhältnis, das sich zwischen Herder und Goethe entwickelt hatte, beendet, und als Goethe sich in der Lage sah, den Pastor für einen einträglicheren Posten zu empfehlen, war er glücklich, es tun zu können. Am 1. Oktober 1776 trafen Herder und Karoline in Weimar ein und zogen in das Haus, das Goethe für sie vorbereitet hatte. Jetzt fehlte nur noch ein Mitglied des Quadrumvirats, das Weimar berühmt machen sollte.

V. SCHILLERS WANDERJAHRE: 1759-1787

Johann Christoph Friedrich Schiller wurde am 10. November 1759 in Marbach in Württemberg geboren. Seine Mutter war die Tochter des Wirtes der Gastwirtschaft «Zum Löwen». Sein Vater war Wundarzt, später Hauptmann, im Heer des Herzogs Karl Eugen. Er zog mit seinem Regiment umher, doch seine Frau blieb meistens in Lorch oder Ludwigsburg. In diesen Städten erhielt Friedrich seine Erziehung. Seine Eltern wollten ihn Geistlichen werden lassen, ließen sich jedoch vom Herzog überreden, ihn im Alter von vierzehn auf die Karlsschule in Ludwigsburg (später in Stuttgart) zu schicken, wo die Söhne von Offizieren für die Juristerei, die Medizin oder eine Armeelaufbahn vorbereitet wurden. Die Disziplin war streng militärisch; das Studium war höchst unpassend für einen Jüngling von fast weiblicher Sensitivität. Schiller reagierte darauf, indem er alle rebellischen Ideen, die er fand, in sich aufnahm und sie 1779/80 in *Die Räuber* goß, ein Drama, das *Götz von Berlichingen* als Ausdruck des Sturm und Drang übertraf.

1780 bestand Schiller sein Examen und wurde Wundarzt in einem Stuttgarter Regiment. Sein Gehalt war niedrig; er lebte in einem Zimmer mit Leutnant Kapf, und die beiden bereiteten sich ihre Mahlzeiten selbst, in der Hauptsache mit Wurst, Kartoffeln und Salat und tranken nur bei festlichen Gelegenheiten Wein. Er strengte sich an, ein Mann im Sinne des Soldatentums zu werden, das Kampf, Bier und Bordelle zum Inhalt hatte. Er besuchte die Prostituierten, die im Feldlager ihre Dienste anboten[67], doch er hatte keinen Sinn für das Vulgäre, denn er idealisierte die Frauen als geheiligte Mysterien, denen man sich nur mit zitternder Verehrung nähern durfte. Seine Wirtin, Luise Vischer, war eine dreißig Jahre alte Witwe, doch als sie das Cembalo spielte, «itzt entkörpert steh ich da»[68], und er wünschte, «ewig starr an deinem Mund zu hangen ..., deinen Hauch zu trinken»[69] – eine neue Art des Selbstmordes.

Er bemühte sich vergeblich, einen Verleger für die *Räuber* zu finden; als es ihm nicht gelang, sparte und borgte er, um den Druck selbst zu bezahlen (1781). Der Erfolg des Stückes erstaunte selbst den zweiundzwanzig Jahre alten Autor. Carlyle erklärte: «Das Erscheinen der *Räuber* bildet eine Ära nicht bloß in Schillers Geschichte, sondern auch in der Literatur der Welt»[70], doch das achtbare Deutschland war empört darüber, daß in dem Stück kaum ein Aspekt der bestehenden Kultur ungeschoren blieb. Schillers Vorrede erklärte, der Ausgang zeige die Macht des Gewissens und die Gottlosigkeit der Revolte.

Karl Moor, der ältere Sohn des alternden Grafen Maximilian von Moor, wird von seinem Vater besonders geliebt wegen seines Idealismus und seiner Großherzigkeit und zieht sich daher den Neid und den Haß seines Bruders Franz zu. Karl verläßt das Vaterhaus, um an der Universität Leipzig zu studieren, und nimmt gierig die revolutionären Gedanken auf, für die sich Westeuropas Jugend begeistert. Von seinen Gläubigern bedrängt, geißelt er die herzlosen Geldraffer, die «den Sadduzäer verdammen, der nicht fleißig genug in die Kirche kommt, und berechnen ihren Judenzins am Al-

WEGE NACH WEIMAR

tare»[71]. Er verliert allen Glauben an die herrschende Sozialordnung, schließt sich einer Räuberbande an, wird ihr Hauptmann, verspricht ihr Treue bis zum Tode und beruhigt sein Gewissen, indem er den Wohltäter der Entrechteten spielt. Ein Mitglied seiner Bande beschreibt ihn wie folgt:

«Er mordet nicht um des Raubes willen wie wir – nach dem Geld schien er nicht mehr zu fragen, sobald er's vollauf haben konnte, und selbst sein Dritteil an der Beute, das ihn von Rechts wegen trifft, verschenkt er an Waisenkinder oder läßt damit arme Jungen von Hoffnung studieren. Aber soll er dir einen Landjunker schröpfen, der seine Bauern wie das Vieh abschindet, oder einen Schurken mit goldenen Borten unter den Hammer kriegen, der die Gesetze falschmünzt und das Auge der Gerechtigkeit übersilbert, oder sonst ein Herrchen von dem Gelichter – Kerl! da ist er dir in seinem Element und haust teufelmäßig, als wenn jede Faser an ihm eine Furie wäre.»[72]

Karl geißelt die Kleriker als Speichellecker der Macht und geheime Verehrer des Mammons, «... und nicht der Schlimmste unter ihnen würde den dreieinigen Gott um zehen Silberlinge verraten»[73].

Inzwischen spielt Franz dem Grafen eine falsche Nachricht in die Hände, die Karls Tod vermeldet. Franz wird Erbe des Herrensitzes und freit um Amalie, die Karl lebendig oder tot liebt. Franz vergiftet seinen Vater, beruhigt seine Gewissensbisse mit Atheismus: «Es ist ja noch nicht ausgemacht, ob das Vergangene nicht vergangen ist oder ein Auge findet über den Sternen. – Hum, hum! wer raunte mir das ein? Rächet denn droben über den Sternen einer? ... Es ist kein Gott.»[74] Karl erfährt von den Verbrechen seines Bruders, führt seine Bande zum väterlichen Schloß, belagert Franz, der verzweifelt um Gottes Hilfe betet und, da sie nicht kommt, sich selbst tötet. Amalie bietet Karl ihr Herz an, wenn er sein Räuberleben aufgibt; er würde es gerne tun, doch seine Anhänger erinnern ihn an seinen Schwur, bis zum Tod bei ihnen zu bleiben. Er respektiert diesen Schwur und wendet sich von Amalie ab. Diese bittet ihn, sie zu töten; er erweist ihr den Gefallen. Nachdem er dann dafür gesorgt hat, daß ein armer Taglöhner die Belohnung für seine Verhaftung erhält, überantwortet er sich dem Gesetz und dem Galgen.

Das Ganze ist das Erzeugnis eines jugendlichen Feuerkopfes. Die Charaktere und Ereignisse sind unglaubwürdig, der Stil ist bombastisch, die Sprache manchmal unerträglich, die Auffassung von der Frau romantisch idealisiert. Doch die Wirkung ist gewaltig. Fast in uns allen schlummert eine geheime Sympathie für jene, die dem Gesetz trotzen; auch wir fühlen uns manchmal selbst «in ein Korsett gezwängt» durch die Tausende von Gesetzen und Verordnungen, die uns fesseln oder bedrohen; wir sind so an die Wohltaten des Gesetzes gewöhnt, daß wir sie als selbstverständlich hinnehmen, wir hegen keine natürliche Sympathie für die Polizei, bis wir Opfer der Gesetzlosigkeit werden. So fand das gedruckte Stück begeisterte Leser und weiten Beifall, und die Klagen der Prediger und Gesetzemacher, Schiller habe das Verbrechen idealisiert, schreckte weder einen Kritiker davon ab, Schiller als den Dramatiker zu preisen, der verspreche, ein deutscher Shakespeare zu werden[75], noch einige Theaterdirektoren, sich bereit zu erklären, das Stück aufzuführen.

DER PROTESTANTISCHE NORDEN

Baron Wolfgang Heribert von Dalberg erbot sich, es im Nationaltheater Mannheim herauszubringen, wenn Schiller einen versöhnlicheren Schluß schreibe. Schiller tat es: Moor heiratet Amalie, statt sie zu töten. Ohne Herzog Karl Eugen, seinen militärischen Vorgesetzten, zu fragen, entfernte sich Schiller aus Stuttgart, um der Premiere am 13. Januar 1782 beizuwohnen. Die Leute kamen aus Worms, Frankfurt, Darmstadt und anderswo her, um die Aufführung zu erleben; August Iffland, einer der besten Schauspieler jener Generation, spielte den Karl. Das Publikum schrie und schluchzte seinen Beifall; kein deutsches Drama ist je mit solchen Ovationen aufgenommen worden[76], es war der Höhepunkt des Sturm und Drang. Nach der Aufführung wurde Schiller von den Schauspielern gefeiert und von einem Mannheimer Verleger umworben; es fiel ihm schwer, nach Stuttgart zurückzukehren und sein Leben als Regimentsmedikus wiederaufzunehmen. Im Mai entwich er wiederum heimlich nach Mannheim, um eine Aufführung der Räuber zu sehen und mit Dalberg Pläne für ein zweites Drama zu besprechen. Zu seinem Regiment zurückgekehrt, erhielt er einen Verweis vom Herzog, und es wurde ihm verboten, weitere Stücke zu schreiben.

Er konnte eine derartige Einengung seiner geistigen Freiheit nicht ertragen. Am 22. September 1782 entfloh er endgültig, begleitet von seinem Freund Andreas Streicher, nach Mannheim. Dort bot er Dalberg ein neues Stück – Die Verschwörung des Fiesko zu Genua – an. Er las es den Schauspielern vor; sie erklärten, es sei ein trauriger Abstieg nach den Räubern. Dalberg meinte, er könne das Stück aufführen, wenn Schiller es überarbeitete. Schiller verwendete Wochen auf diese Aufgabe; Dalberg lehnte das Resultat ab. Schiller war mittellos. Streicher gab, um ihn zu unterstützen, das Geld aus, das er gespart hatte, um in Hamburg Musik zu studieren. Als dieses Geld alle war, nahm Schiller dankbar eine Einladung an, in Bauerbach in einem Frau Henriette von Wolzogen gehörenden Landhaus zu wohnen. Hier schrieb er ein drittes Stück, Kabale und Liebe, und verliebte sich in die sechzehnjährige Lotte von Wolzogen. Sie zog einen Rivalen vor. Inzwischen hatte der veröffentlichte Fiesko einen guten Verkaufserfolg. Dalberg empfand Reue und bot Schiller an, Hausdichter des Mannheimer Theaters bei einem Jahresgehalt von dreihundert Gulden zu werden. Schiller nahm an (Juli 1783).

Trotz vieler unbezahlter Schulden und einer ernsthaften Erkrankung lebte Schiller in Mannheim bescheiden und genoß ein Jahr zerbrechlichen Glücks. Fiesko hatte am 11. Januar 1784 Premiere. Der unglaubwürdig glückliche Ausgang, auf dem Dalberg bestanden hatte, schmälerte die Wirkung des Stückes und erregte keine Begeisterung. Doch Kabale und Liebe war besser aufgebaut, hatte weniger Tiraden und bewies einen Sinn für das Theater; einige Kritiker haben es, vom Standpunkt des Theaters gesehen, als die beste aller deutschen Tragödien bezeichnet[77]. Nach der Erstaufführung am 15. April 1784 feierte das Publikum das Stück mit solch stürmischem Applaus, daß Schiller sich von seinem Sessel in einer Loge erhob und sich verbeugte.

Seine Freude war ebenso kurz wie groß. Er war temperamentmäßig nicht geeignet, mit Schauspielern umzugehen, die meistens den gleichen nervösen Charakter besaßen wie er. Er beurteilte ihr Spiel mit Strenge und warf ihnen vor, sie gäben den Text nicht genau wieder[78]. Er war nicht in der Lage, ein drittes Stück, Don Carlos, zur ver-

WEGE NACH WEIMAR

einbarten Zeit zu vollenden. Als sein Vertrag als Theaterdichter im September 1784 ablief, weigerte sich Dalberg, ihn zu erneuern. Schiller hatte nichts gespart und sah sich wieder der Not und seinen ungeduldigen Gläubigern ausgeliefert.

In dieser Zeit veröffentlichte er einige *Philosophische Briefe*, die anzeigten, daß zu seinen wirtschaftlichen Schwierigkeiten noch religiöse Zweifel hinzukamen. Er konnte die alte Theologie nicht akzeptieren, und dennoch revoltierte sein poetischer Geist gegen einen materialistischen Atheismus, wie Holbach ihn in *Système de la nature* (1770) ausgedrückt hatte. Er konnte nicht mehr beten, beneidete jedoch diejenigen, die es konnten, und beschrieb in einem Gefühl großen Verlustes den Trost, den die Religion Tausenden von Seelen in Leid, Kummer und in der Nähe des Todes brachte[79]. Er bewahrte seinen Glauben an den freien Willen, an die Unsterblichkeit und an einen unerkennbaren Gott – Begriffe, die bei ihm, wie bei Kant, auf dem moralischen Gewissen basierten. Er schrieb die denkwürdigen Worte über die Ethik Christi: «Wenn ich hasse, so nehme ich mir etwas; wenn ich liebe, so werde ich um das reicher, was ich liebe. Verzeihung ist das Wiederfinden eines veräußerten Eigentums, Menschenhaß ein verlängerter Selbstmord, Egoismus die höchste Armut eines erschaffenen Wesens.»[80]

Inmitten dieser Komplikationen brachte Christian Gottfried Körner in Schillers Leben eine der schönsten Freundschaften der Literaturgeschichte. Im Juni 1784 schickte er Schiller aus Leipzig einen Brief wärmster Bewunderung, begleitet von Porträts von sich selbst und seiner Verlobten Minna Stock, von deren Schwester Dora und ihrem Verlobten Ludwig Huber sowie einer Brieftasche, die Minna gestickt hatte. Körner war 1756 (drei Jahre vor Schiller) als Sohn des Pastors der gleichen Thomaskirche geboren worden, an der Bach eine Generation früher so viel ewige Musik dirigiert hatte. Der Jüngling wurde im Alter von einundzwanzig Lizentiat der Rechte und war nun Berater des Oberkonsistoriums in Dresden. Schiller, von Schwierigkeiten bedrängt, verschob die Antwort bis zum 7. Dezember. Körner antwortete: «Wir wissen genug von Ihnen, um Ihnen nach Ihrem Briefe unsere ganze Freundschaft anzubieten; aber Sie kennen uns noch nicht genug. Also kommen Sie selbst sobald als möglich.»[81]

Schiller zögerte. Er hatte Freunde in Mannheim gewonnen und mehrere Liebschaften unterhalten, besonders (1784) mit Charlotte von Kalb, die ein Jahr zuvor geheiratet hatte. In Darmstadt traf er im Dezember 1784 mit Herzog Carl August von Sachsen-Weimar zusammen, las ihm den ersten Akt von *Don Carlos* vor und erhielt den Titel Rat, doch kein Angebot für einen Platz am Weimarer Firmament. Er entschloß sich, Körners Einladung nach Leipzig anzunehmen. Am 10. Februar 1785 schickte er seinem unbekannten Bewunderer einen überschwenglichen Brief, der ihn am Rande des Zusammenbruchs zeigt:

«Unterdessen, daß die halbe Stadt Mannheim sich im Schauspielhaus zusammendrängt ..., fliege ich zu Ihnen, meine Theuersten ... Seit Ihren letzten Briefen hat mich der Gedanke nicht mehr verlassen wollen: 'Diese Menschen gehören Dir, diesen Menschen gehörst Du.' – Urtheilen Sie deswegen von meiner Freundschaft nicht zweideutiger, weil sie vielleicht die Miene der Übereilung trägt. – Gewissen Menschen hat die Natur die langweilige Umzäunung der Mode

DER PROTESTANTISCHE NORDEN

niedergerissen. Edlere Seelen hängen an zarten Seilen zusammen, die nicht selten unzertrennlich und ewig halten ... Wenn Sie mit einem Menschen vorlieb nehmen wollen, der große
Dinge im Herzen herumgetragen und kleine gethan hat; der bis jetzt nur aus seinen Thorheiten
schließen kann, daß die Natur ein eigenes Projekt mit ihm vorhatte; der in seiner Liebe schreck-
lich viel fordert und bis hierher noch nicht einmal weiß, wie viel er leisten kann; der aber etwas anderes mehr lieben kann als sich selbst, und keinen nagenden Kummer hat, als daß er das
so wenig ist, was er so gern sein möchte – wenn Ihnen ein Mensch wie dieser lieb und theuer
werden kann, so ist unsere Freundschaft ewig, denn ich bin dieser Mensch. Vielleicht, daß Sie
Schillern noch ebenso gut sind, wie heute, wenn Ihre Achtung für den Dichter schon längst
widerlegt sein wird.»

Dieser Brief wurde unterbrochen, doch am 22. Februar fortgesetzt.

«Ich kann nicht mehr in Mannheim bleiben ... – ich muß Leipzig und Sie besuchen. O meine
Seele dürstet nach neuer Nahrung – und nach bessern Menschen – nach Freundschaft, Anhänglichkeit und Liebe. Ich muß zu Ihnen, muß in Ihrem nähern Umgang, in der innigsten Verkettung mit Ihnen mein eignes Herz wieder genießen lernen und mein ganzes Dasein in einen le-
bendigeren Schwung bringen. Meine poetische Ader stockt, wie mein Herz für meine bisherige
Zirkel vertrocknete. Sie müssen sie wieder erwärmen. Bei Ihnen will ich, werd ich alles doppelt, dreifach wieder sein, was ich ehemals gewesen bin, und mehr als das alles, o meine Besten,
ich werde glücklich sein. Ich war's noch nie ... Werden Sie mich wohl aufnehmen?»[82]

Körner antwortete am 3. März: «Wir werden Sie mit offenen Armen empfangen»,
und gab G. J. Göschen, einem Leipziger Verleger, Geld, damit er Schiller einen Vor-
schuß auf künftige Aufsätze schicke[83]. Als der Dichter Leipzig erreichte (17. März
1785), war Körner in Dresden; doch seine Verlobte, deren Schwester und Huber um-
sorgten Schiller mit großzügiger Gastfreundschaft. Göschen war sofort von ihm eingenommen. «Ich kann Ihnen nicht sagen», berichtet Göschen in einem Brief, «wie
nachgebend und dankbar [Schiller] gegen jede Kritik ist, wie sehr er an seiner moralischen Vollkommenheit arbeitet ...»[84]

Körner traf Schiller zum erstenmal in Leipzig am 1. Juli und kehrte dann nach Dresden zurück. «Der Himmel hat uns seltsam einander zugeführt», schrieb ihm Schiller,
«aber in unserer Freundschaft soll er ein Wunder gethan haben.»[85] Doch er fügte
hinzu, daß er sich wiederum dem Bankrott nähere. Körner schickte ihm Geld, sprach
ihm Mut zu, gab ihm Ratschläge:

«Aber sobald Du im mindesten in Verlegenheit bist, so schreibe mit der ersten Post und
bestimme die Summe, Rath kann ich allemal schaffen. – Wenn ich noch so reich wäre und Du
ganz überzeugt sein könntest, welch ein geringes Objekt es für mich wäre, Dich aller Nahrungs-
sorgen auf Dein ganzes Leben zu überheben: so würde ich es doch nicht wagen, Dir eine solche
Anerbietung zu machen. Ich weiß, daß Du im Stande bist, sobald Du nach Brod arbeiten willst,
Dir alle Deine Bedürfnisse zu verschaffen. Aber ein Jahr wenigstens laß mir die Freude, Dich
aus der Nothwendigkeit des Brodverdienens zu setzen. Was dazu gehört, kann ich entbehren,
ohne im geringsten meine Umstände zu verschlimmern. Auch kannst Du mir meinethalben nach
ein paar Jahren alles wieder mit Interessen zurückgeben, wenn Du im Überfluß bist.»[86]

Körners Großzügigkeit war um so bemerkenswerter, als er kurz vor der Heirat
stand. Die Trauung fand am 7. August 1785 in Dresden statt. Im September zog Schiller
zu ihnen und lebte bei ihnen oder auf ihre Kosten bis zum 20. Juli 1787. In dieser

WEGE NACH WEIMAR

Zeit – vielleicht angeregt durch das Glück der Neuvermählten – schrieb er sein berühmtestes Gedicht *An die Freude,* das die Krönung der Neunten Symphonie werden sollte. Alle Welt kennt Beethovens aufwühlende Melodie, doch nur wenige Schillers Worte. Sie beginnen mit der Aufforderung zur Brüderlichkeit unter allen Menschen und enden mit der Ermahnung zu Männerstolz vor Königsthronen.

Freude, schöner Götterfunken,
   Tochter aus Elysium,
Wir betreten feuertrunken,
   Himmlische, dein Heiligtum.
Deine Zauber binden wieder,
   Was die Mode streng geteilt,
Alle Menschen werden Brüder,
   Wo dein sanfter Flügel weilt.

Chor
Seid umschlungen Millionen!
   Diesen Kuß der ganzen Welt!
Brüder – überm Sternenzelt
Muß ein lieber Vater wohnen.

Wem der große Wurf gelungen,
   Eines Freundes Freund zu sein,
Wer ein holdes Weib errungen,
   Mische seinen Jubel ein!
Ja – wer auch nur eine Seele
   Sein nennt auf dem Erdenrund!
Und wer's nie gekonnt, der stehle
   Weinend sich aus diesem Bund!

Chor
Was den großen Ring bewohnet,
   Huldige der Sympathie!
Zu den Sternen leitet sie,
Wo der Unbekannte thronet ...

Festen Mut in schweren Leiden,
   Hülfe, wo die Unschuld weint,
Ewigkeit geschwornen Eiden,
   Wahrheit gegen Freund und Feind,
Männerstolz vor Königsthronen,
   Brüder, gält es Gut und Blut!
Dem Verdienste seine Kronen,
   Untergang der Lügenbrut!

Chor
Schließt den heil'gen Zirkel dichter,
   Schwört bei diesem goldnen Wein,
   Dem Gelübde treu zu sein,
Schwört es bei dem Sternenrichter!

DER PROTESTANTISCHE NORDEN

Zwei Jahre lang unterstützte Körner Schiller und hoffte, der Dichter würde das Drama, das den Konflikt zwischen Philipp II. und seinem Sohn Carlos darstellen sollte, in eine aufführbare Form bringen. Doch Schiller bastelte so lange an dem Stück herum, daß er die Stimmung verlor, in der er es begonnen hatte; vielleicht hatten sich seine Ansichten über Philipp durch weitere Geschichtsstudien geändert, er veränderte die Handlung jedenfalls so, daß sie an Einheit und Folgerichtigkeit verlor. Inzwischen verliebte er sich in Henrietta von Arnim (Februar 1787) und verbrauchte seine Tinte für Liebesbriefe, während Henrietta nach einem reicheren Freier Ausschau hielt. Körner überredete Schiller, sich in einen Vorort zurückzuziehen, bis er sein Stück vollendet habe. Im Juni 1787 war es soweit, und das Hamburger Theater erklärte sich bereit, es aufzuführen. Schiller schöpfte neuen Mut; vielleicht würde er jetzt für würdig befunden werden, einen Platz in der Milchstraße literarischer Sterne einzunehmen, die Herzog Carl August umgaben. Erleichtert gab Körner zu, daß es in Dresden keine Zukunft für den Dichter gab. Außerdem befand sich Charlotte von Kalb in Weimar, gattenlos und verheißungsvoll. Am 20. Juli bestieg Schiller nach bewegtem Abschied die Kutsche, die ihn von Dresden in ein neues Leben bringen sollte. Am nächsten Tage war er in Weimar, und der große Kreis war geschlossen.

VIERTES KAPITEL

Weimar in Blüte

[1775–1805]

I. WIELANDS LETZTE JAHRZEHNTE: 1775–1813

Als Mozart 1777 Wieland in Mannheim sah, beschrieb er ihn wie folgt: «Das gesicht ist von herzen häßlich, mit blattern angefüllt, und eine ziemlich lange Nase ... sonst ist er wie wir ihn alle kennen, ein vortrefflicher kopf ... denn die leute sehen ihn hier an, als wenn er vom himmel herabgefahren wäre.»[1] Die unruhigen Geister des Sturm und Drang grollten ihm, weil er ihre rebellischen Ekstasen verspottete, doch Weimar liebte ihn, weil er seine Satiren mit Anmut und einer Generalabsolution für die Männer versüßte und weil er die wiederholten Einbrüche neuer Sterne in den literarischen Himmel, in dem er Priorität hätte beanspruchen können, mit gutem Humor ertrug. Goethe widmete ihm in seiner Autobiographie dankbare Worte[2]. Schiller fand ihn bei der ersten Begegnung eitel und melancholisch, sagte jedoch bald von ihm: «Der Ton, auf den er sich schnell mit mir gestimmt hat, verräth mir Zutrauen, Liebe und Achtung.»[3] «Wir wollen dahin kommen», sagte der ältere zu dem jüngeren Dichter, «daß einer zu dem anderen wahr und vertraulich rede, wie man mit seinem Genius redet.»[4] Und er blieb diesem Versprechen treu. «Mit Wieland komme ich immer enger zusammen ... Wieland, der keine Gelegenheit vorbeiläßt, mir etwas Angenehmes anzukündigen.»[5]

Wieland trat mit den Neuankömmlingen in einen erfolgreichen Wettbewerb, indem er 1785 *Oberon* veröffentlichte, die poetische Liebesgeschichte eines Ritters, der durch den Zauberstab des Elfenkönigs aus der Gewalt von hundert Feen befreit und vor den bestrickenden Reizen einer liebestollen Königin gerettet wird. Als Goethe für ein Porträt sitzen mußte und eine Stunde in Ruhe verharren sollte, bat er Wieland, ihm Teile des Heldengedichtes vorzulesen. Wieland berichtet, er habe nie jemanden so beglückt von dem Werk eines anderen gesehen, wie Goethe es war[6]. John Quincy Adams übersetzte das Epos, als er 1797–1801 Gesandter der Vereinigten Staaten in Preußen war, und James Planché entnahm ihm das Libretto für Webers Oper (1826).

Die Märznummer des Jahres 1798 von Wielands *Neuem Teutschem Merkur* enthielt einen Artikel – vermutlich von Wieland –, der in bemerkenswerter Weise kommende Ereignisse voraussagte. Der Autor wies auf das Chaos hin, in dem sich Frankreich seit 1789 befand, empfahl die Ernennung eines Diktators, wie sie in den Krisen des republikanischen Roms erfolgte, und bezeichnete den jungen Napoleon, der damals in Ägypten kämpfte, als geeigneten Anwärter für dieses Amt. Als Napoleon dann später Deutschland besiegt hatte, traf er mit Wieland in Weimar und Erfurt zusammen

(1808), sprach mit ihm über griechische und römische Geschichte und Literatur und ehrte ihn als den zweitgrößten der deutschen Autoren nach Goethe[7].

Am 25. Januar 1813 trug Goethe in sein Tagebuch ein: «Wieland heute beerdigt», und schrieb an einen Freund in Karlsbad: «Unser guter Wieland hat uns in diesen Tagen verlassen ... Am dritten September ward sein achtzigster Geburtstag noch feyerlich begangen. Geistesruhe und Thätigkeit hielten sich bey ihm so schön das Gleichgewicht, und so hat er, mit der größten Gelassenheit und ohne das mindste leidenschaftliche Streben, unendlich viel auf die geistige Bildung der Nation gewirkt.»[8]

II. HERDER UND DIE GESCHICHTE: 1777–1803

«Ich komme von Herdern», schrieb Schiller im Juli 1787. «Seine Unterhaltung ist voll Geist, voll Stärke und Feuer, aber seine Empfindungen bestehen in Haß oder Liebe.»[9]

Herders Verpflichtungen in Weimar waren vielfältig und ließen ihm nur wenig Zeit zum Schreiben. Als Kaplan des Herzogs vollzog er die Taufen, Konfirmationen, Trauungen und Bestattungen der Herzogsfamilie und des Hofes. Als Generalsuperintendent des Herzogtums überwachte er das Verhalten und die Ernennungen des Klerus, wohnte den Sitzungen des Konsistoriums bei und predigte so orthodox, wie seine privaten Zweifel es erlaubten. Die Schulen des Herzogtums standen unter seiner Leitung und wurden ein Modell für ganz Deutschland. Diese Verantwortlichkeiten, im Verein mit seiner Fistel und seinem allgemeinen schlechten Gesundheitszustand, machten ihn reizbar und verliehen seiner Unterhaltung bisweilen das, was Goethe eine «bissige Verhöhnung»[10] nannte. Drei Jahre lang (1780–1783) mieden er und Goethe einander; der Herzog nahm einige von Herders Predigten übel («Nach solcher Predigt», sagte Goethe, «bleibt einem Fürsten nichts übrig, als abzudanken.»[11]), und der liebenswürdige Wieland bemerkte 1777: «Dann möcht ich gleich ein Dutzend Pyrenäen zwischen mir und ihm haben.»[12] Weimar lernte es, seinem Dekan Swift gegenüber medizinische Nachsicht walten zu lassen, und seine Frau Karoline glich durch ihre Liebenswürdigkeit etwas von seiner Bissigkeit aus. Am 28. August 1783 nahm Goethe den Umstand wahr, daß an diesem Tag er selber und Herders ältester Sohn Geburtstag hatten, die Herders zum Essen einzuladen; Geheimrat und Generalsuperintendent versöhnten sich, und Goethe schrieb: «Von meinem Leben ist es wieder ein schönes Glück, daß die leidigen Wolcken, die Herdern so lange von mir getrennt haben, endlich, und wie ich überzeugt bin auf immer, sich verziehen mußten.»[13] Einen Monat später fügte er hinzu: «Denn eines edlern Herzens und weitern Geistes ist nicht wohl ein Mensch.»[14] Und Schiller vermerkte 1787: «Goethen liebt er mit Leidenschaft, mit einer Art von Vergötterung.»[15] Mit der Zeit wurden Wieland und Herder verständnisvolle Freunde[16], und im Salon von Anna Amalia waren es diese beiden, mehr als Goethe oder Schiller, welche die Unterhaltung lenkten und das Herz der Herzoginwitwe gewannen[17].

WEIMAR IN BLÜTE 111

In der Freizeit, die ihm seine Verwaltungstätigkeit beließ, erforschte Herder die Ursprünge der Dichtkunst, sammelte Beispiele mehrerer Nationen von Orpheus bis Ossian und veröffentlichte sie in Anthologien, den *Alten Volksliedern* (1774) und den *Volksliedern II* ab dem Jahre 1778, die eine Quelle der romantischen Bewegung in Deutschland wurden. Während Goethe eine Rückkehr zu klassischen Idealen, Formen und Stilen und zur Beherrschung des Gefühls durch den Intellekt vorbereitete, empfahl Herder die Abwendung vom Rationalismus des 18. und vom Formalismus des 17. Jahrhunderts zum Glauben, den Sagen und der Empfindungswelt des Mittelalters.

1778 setzte die Bayrische Akademie einen Preis für die beste Abhandlung «Über die Wirkung der Dichtkunst auf die Sitten der Völker in alten und neuen Zeiten» aus. Herders Beitrag wurde preisgekrönt und 1781 durch die Akademie veröffentlicht. In ihm verfolgte der Autor die von ihm angenommene Entartung der Dichtkunst bei den Hebräern, Griechen und Nordeuropäern von einem frühen bardischen Ausdruck der Geschichte, der Gefühle und der Ideen eines Volkes in freien und fließenden Rhythmen zu einer «raffinierten» und scholastischen Übung, die Silben zählte, Reime drechselte, in Regeln erstarrte und in der tödlichen Künstlichkeit des Stadtlebens die Vitalität des Volkes verlor. Die Renaissance, behauptete Herder, hätte die Literatur dem Volk geraubt und sie in ihren Höfen eingesperrt, und die Buchdruckerkunst hätte den lebendigen Minnesänger durch das Buch ersetzt. In einer anderen Abhandlung, *Vom Geist der Ebräischen Poesie* (1783), schlug Herder, der selbst ein guter Kenner des Hebräischen war, vor, man solle das Buch Genesis als Dichtung, nicht als Wissenschaft lesen, und meinte, eine solche Dichtkunst könne durch Symbolismus ebensoviel Wahrheit vermitteln wie die Wissenschaft durch «Fakten».

Seine religiöse Gläubigkeit behauptete sich trotz seiner intensiven Beschäftigung mit Wissenschaft und Geschichte. In seinem ersten Weimarer Jahr wurde er verdächtigt, Atheist, Freidenker, Sozinianer, «Schwärmer» zu sein[18]. Er hatte die von Lessing veröffentlichten Wolfenbütteler Fragmente von Reimarus gelesen und wurde von ihnen hinreichend beeindruckt, an der Göttlichkeit Christi zu zweifeln[19]. Er war kein Atheist, doch er bekannte sich zu Spinozas Pantheismus. Zu Jacobi sagte er 1784: «Den extramundanen Gott kenne ich nicht.»[20] Dem Beispiel Lessings folgend, studierte und verteidigte er Spinoza. «Ich muß Dir gestehen, mich macht diese Philosophie sehr glücklich.»[21] Er widmete Spinoza die Eingangskapitel von *Gott, einige Gespräche* (1787); in dieser Abhandlung verlor Gott die persönliche Form und wurde die Energie und der Geist des Universums, erkennbar nur in der Ordnung der Welt und der geistigen Bewußtheit des Menschen[22]. Doch in seinen an den Klerus gerichteten Schriften anerkannte Herder die Übernatürlichkeit der Wunder Christi und die Unsterblichkeit der Seele[23].

Er faßte die verstreuten Elemente seiner Philosophie zu einem verhältnismäßig geordneten Ganzen zusammen in einem umfangreichen Meisterwerk, das er bescheiden *Ideen zur Philosophie der Geschichte der Menschheit* betitelte – eins der epochemachenden, fruchtbarsten Bücher des 18. Jahrhunderts. Es erschien in den Jahren 1784, 1785,

112 DER PROTESTANTISCHE NORDEN

1787 und 1791 in vier Teilen. Daß Herder ein so gewaltiges Unternehmen trotz seiner offiziellen Verpflichtungen durchführen konnte, ist Beweis für einen starken Charakter und eine gute Ehefrau. So schrieb Herder am 10. Mai 1784 an Hamann: «Keine Schrift in meinem Leben habe ich unter so viel Kümmernissen und Ermattungen von innen und Turbationen von außen geschrieben als diese, so daß, wenn meine Frau, die eigentlich *autor autoris* meiner Schriften ist, und Goethe, der durch einen Zufall das erste Buch zu sehen bekam, mich nicht unablässig ermuntert und getrieben hätten, alles im Hades der Ungebornen geblieben wäre.»[24]

Teil I beginnt mit einer offen weltlichen Darstellung der «Schöpfung» auf der Grundlage der geltenden Astronomie und Geologie und unter ausschließlicher Verwendung der Bibel als Dichtung. Das Leben entwickelte sich nicht aus der Materie, denn die Materie ist selbst lebendig. Körper und Geist sind nicht gesonderte oder entgegengesetzte Substanzen, sie sind zwei Formen einer Kraft, und jede Zelle in jedem Organismus enthält in gewissem Grade beide Formen. Es gibt keinen äußeren erkennbaren Plan in der Natur, wohl jedoch einen inneren – die geheimnisvolle und «vollkommene Bestimmung» eines jeden Samens, sich in einen spezifischen Organismus mit all seinen komplizierten und charakteristischen Teilen zu entwickeln. Herder leitet den Menschen nicht von den niederen Tieren ab, sondern er sieht ihn als ein Mitglied des Tierreiches, das wie andere Organismen um seine Erhaltung und sein Überleben kämpft. Der Mensch wurde Mensch, indem er eine aufrechte Gestalt annahm, auf Grund deren er ein mehr auf Gesicht und Gehör als auf Geruch und Tastsinn gegründetes Nervensystem entwickelte; die Vorderfüße wurden Hände, frei zum Greifen, *Mani*pulieren, Be*greifen*, Denken. Das höchste Produkt Gottes oder der Natur ist der bewußte, mit Vernunft und Freiheit handelnde und zur Unsterblichkeit bestimmte Geist.

Teil II der *Ideen* beginnt mit der Annahme, daß der Mensch von Natur gut ist; er erneuert die These von der relativen Vortrefflichkeit und Glückseligkeit der primitiven Gesellschaften und verwirft die kantianische – später hegelianische – Meinung, der Staat sei das Ziel der menschlichen Entwicklung. Herder verachtete den Staat, wie er ihn kannte. «In großen Staaten», schrieb er, «müssen Hunderte hungern, damit einer prasse und schwelge; Zehntausende werden gedrückt und in den Tod gejagt, damit ein gekrönter Thor oder Weiser seine Phantasie ausführe.»[25]

In Teil III pries Herder Athen für seine Demokratie, die eine Verbreitung der Kultur in vielen Schichten der Bevölkerung erlaubte. Rom, das seinen Wohlstand auf Eroberung und Sklaverei gründete, entwickelte eine auf einen kleinen Kreis beschränkte Kultur, die das Volk in Armut und Unwissenheit beließ. In dieser gesamten Geschichte sah Herder keine Vorsehung; sie war zu böse, um göttlich zu sein. Da Gott eins ist mit der Natur, läßt er den Dingen ihren Lauf, entsprechend dem Naturgesetz und der menschlichen Dummheit. Dennoch erwächst durch den Kampf ums Dasein aus dem Chaos ein gewisser Fortschritt; gegenseitige Hilfe, soziale Ordnung, Moral und Gesetz werden entwickelt als Mittel des Überlebens, und der Mensch bewegt sich langsam auf eine humane Menschlichkeit hin. Es gibt keine kontinuierliche Linie des Fortschritts;

WEIMAR IN BLÜTE 113

es kann sie nicht geben, denn jede nationale Kultur ist ein einmaliges Wesen mit seinem eigenen angeborenen Charakter, seiner eigenen Sprache, Religion, Moral, Literatur und Kunst, und wie jeder Organismus tendiert jede Kultur, sich zu ihrem natürlichen Maximum zu entfalten, nach dem sie verfällt und stirbt. Es gibt keine Garantie dafür, daß spätere Kulturen die früheren übertreffen; doch die Beiträge jeder Kultur werden ihren Nachfolgerinnen besser übermittelt, und so wächst das Erbe der Menschheit.

Teil IV rühmt das Christentum als die Mutter der abendländischen Kultur. Das Papsttum des Mittelalters diente einem guten Zweck, indem es den Despotismus der Herrscher und den Individualismus der Staaten in Schach hielt; die scholastischen Philosophen, obwohl sie mit bombastischen Worten sinnlose Gewebe webten, schärften die Begriffe und Werkzeuge der Vernunft, und die mittelalterlichen Universitäten sammelten, bewahrten und übermittelten vieles von der griechischen und römischen Kultur, sogar manches von der arabischen und persischen Wissenschaft und Philosophie. So wurde die intellektuelle Gemeinschaft zu groß und zu vielfältig für die Wächter der Macht; das Gebäude der Konventionen brach zusammen, und der moderne Geist erklärte sich für frei.

Zwischen der dritten und vierten Fortsetzung der *Ideen* verwirklichte Herder seine lange hinausgeschobene Hoffnung, Italien zu sehen. Johann Friedrich Hugo von Dalberg, Domherr im Dienste des Erzbischofs und Kurfürsten von Trier, lud Herder ein, ihn unter Bezahlung aller Unkosten auf einer großen Reise zu begleiten. Der Herzog von Sachsen-Weimar – und Karoline – gaben ihm Urlaub, und Herder verließ Weimar am 7. August 1788. Als er in Augsburg mit Dalberg zusammentraf, stellte er fest, daß Dalbergs Mätresse zur Gesellschaft gehörte. Ihre Anwesenheit und ihr anspruchsvolles Benehmen verleideten Herder im Verein mit seiner schlechten Gesundheit die Reise. Im Oktober traf Anna Amalia in Rom ein; Herder verließ Dalberg und schloß sich ihrem Gefolge an. Angelika Kauffmann gefiel ihm zu sehr für Karolines Geschmack, und Karolines Briefe sprachen zu oft und zärtlich von Goethe. Herder, der von Goethes Leben in Rom gehört hatte, verfiel wieder in seine alte Bissigkeit: «Meine Reise hieher», schrieb er, «hat mir seine selbstige, für andere ganz und im Innern unteilnehmende Existenz leider klärer gemacht, als ich's wünschte. Er kann indessen nicht anders; laß ihn machen!»[26]

Am 9. Juli 1789 kehrte er nach Weimar zurück. Fünf Tage später fiel die Bastille, und Herder änderte seine schriftstellerischen Pläne. Er vollendete den Teil IV der *Ideen*, legte dann das Buch beiseite und schrieb statt dessen *Briefe zur Beförderung der Humanität* (1793–1797). Er begann vorsichtig mit der Billigung der Französischen Revolution; er begrüßte den Zusammenbruch des französischen Feudalismus und vergoß keine Tränen über die Säkularisation der katholischen Kirche in Frankreich[27]. Als der Herzog und Goethe aufbrachen, um bei Valmy gegen die Franzosen zu kämpfen, und verärgert über die Niederlage heimkehrten, ließ Herder jene frühen Briefe fallen und widmete die restlichen dem Lobe ungefährlicher, toter Geister.

In seinem hohen Alter verlor er nichts von seiner Lust am geistigen Kampf. Er parierte Kants Kritik der *Ideen* mit einer scharfen Attacke gegen die *Kritik der reinen Vernunft*. Er nannte das Buch eine monströse Wortgaukelei mit metaphysischen Gespenstern, wie «apriorische synthetische Urteile»; er verneinte die Subjektivität von Zeit und Raum, beschuldigte Kant, in die Psychologie jene «Fähigkeiten» wieder hineingebracht zu haben, in welche die scholastischen Philosophen den Verstand angeblich geteilt hatten. Er prophezeite, die Philosophie würde neue Wege finden durch eine logische Analyse der Sprache – denn Denken sei innere Sprache.

Goethe stimmte mit Herder weitgehend in dessen Kritik an Kant überein, doch dies bewahrte ihn nicht vor gelegentlichen Bissigkeiten. Als die beiden 1803 in Jena unter dem gleichen Dach wohnten, las Goethe einer Gesellschaft, in der sich Herder befand, einige Teile seines neuen Dramas *Die natürliche Tochter* vor. Andern gegenüber lobte Herder das Stück, doch als der Autor ihn um seine Meinung fragte, konnte er sich ein Wortspiel über den Knaben, den Goethes Geliebte ihm geboren hatte, nicht versagen: «Mir gefällt ihr natürlicher Sohn besser als ihre *Natürliche Tochter*.» Goethe hatte kein Verständnis für den Witz. Die beiden Männer sahen einander nie wieder. Herder zog sich in die Abgeschiedenheit seines Weimarer Hauses zurück und starb dort am 18. Dezember 1803 – zwei Jahre vor Schiller, zehn Jahre vor Wieland, neunundzwanzig Jahre vor Goethe. Herzog Carl August, dem er oft zu nahe getreten war, ließ ihn mit großen Ehren in der Peter-Paul-Kirche beisetzen.

III. DER GEHEIME RAT: 1775–1786

Goethe wurde in Weimar, mit Ausnahme der Politiker, von allen freundlich aufgenommen. «Ich muß ihnen sagen», schrieb Wieland am 13. November 1775 an Lavater, «daß seit letztem Dienstag Goethe bei uns ist und daß ich den herrlichen Menschen binnen dieser drei Tage so herzlich liebgewonnen habe, so ganz durchschaue, fühle und begreife, so ganz voll von ihm bin – wie sie besser sich selbst vorstellen, als ich ihnen beschreiben könnte.»[28] Im gleichen Monat schrieb ein Mitglied des Hofes an Goethes Eltern, ihr Sohn sei der intimste Freund des Herzogs und werde auch von allen Damen verehrt und geliebt[29].

Doch es gab auch Wolken. Der Herzog liebte wilde Jagden und Trinkgelage; Goethe begleitete ihn zunächst auf seinen Eskapaden. Klopstock beschuldigte den Dichter öffentlich, er verderbe einen tugendhaften Fürsten. Luise befürchtete, Goethe würde ihr ihren Gatten entfremden; in Wirklichkeit benutzte er seinen Einfluß, um den Herzog der Herzogin zurückzubringen, trotz der Tatsache, daß die Ehe nicht aus Liebe geschlossen worden war. Einige Beamte mißtrauten Goethe und sahen in ihm einen Radikalen des Sturm und Drang mit heidnischen Anschauungen und romantischen Träumen. Mehrere Gladiatoren dieser Bewegung – Lenz, Klinger und andere – kamen eiligst nach Weimar, stellten sich als Goethes Freunde vor und erhoben Ansprüche auf literarischen Ruhm. Als Goethe an einem Gartenhaus – außerhalb des Stadttors, doch in der Nähe des herzoglichen Schlosses gelegen – Gefallen fand, schadete Carl

WEIMAR IN BLÜTE 115

August seinem öffentlichen Ruf, indem er die Mieter hinaussetzen ließ, damit Goethe einziehen konnte (21. April 1776). Hier fand der Dichter Erholung von der Hofetikette und lernte Gemüse und Blumen anpflanzen. Drei Jahre lang wohnte er hier das ganze Jahr hindurch, dann nur im Sommer bis 1782, als er in ein geräumiges Haus in der Stadt zog, um seinen wachsenden Verpflichtungen als Mitglied der Regierung nachkommen zu können.

Der Herzog hatte in ihm einen Dichter gesehen und ihn nach Weimar als eine literarische Zierde seines Hofes eingeladen. Er erkannte jedoch, daß der sechsundzwanzig Jahre alte Autor eines rebellischen Theaterstücks und einer tränenreichen Liebesgeschichte ein Mann mit praktischer Urteilskraft wurde. Er teilte Goethe einem Amte öffentlicher Arbeiten zu und beauftragte ihn, sich um die Situation und den Betrieb der Bergwerke bei Ilmenau zu kümmern. Goethe tat dies mit solchem Fleiß und Sachverstand, daß Carl August sich entschloß, ihn in den Geheimen Rat aufzunehmen, der das Herzogtum verwaltete. Ein älteres Mitglied protestierte gegen dieses plötzliche Eindringen der Poesie und drohte mit seinem Rücktritt. Der Herzog und die Herzoginmutter besänftigten ihn, und am 11. Juni 1776 wurde Goethe Geheimer Legationsrat mit einem Jahresgehalt von zwölfhundert Talern. Sein Eifer, den Damen den Hof zu machen, ließ nach. «Aber schon lange», schrieb Wieland am 24. Juni an Merck, «und von dem Augenblick an, da er dezidiert war, sich dem Herzog und seinen Geschäften zu widmen, hat er sich mit untadelicher Sophrosyne und aller ziemlichen Weltklugheit aufgeführt.»[30] 1778 erhielt Goethe den damals friedlichen Posten des Kriegsministers und wurde 1799 als volles Mitglied in den Geheimen Rat aufgenommen. Er versuchte einige Reformen, kämpfte vergeblich gegen die althergebrachten Interessen der oberen Klassen und gegen die Gleichgültigkeit des Volkes an und stand bald ganz auf der Seite der Konservativen. 1781 wurde er Präsident der herzoglichen Kammer. 1782 erhielt er von Josef II. das Adelspatent und wurde von Goethe. Fünfundvierzig Jahre später sagte er zu Eckermann: «Ja es war mir selber so wohl in meiner Haut, und ich fühlte mich selber so vornehm, daß, wenn man mich zum Fürsten gemacht hätte, ich es nicht eben sonderlich gefunden haben würde.»[31]

Eng verwoben mit seiner politischen Laufbahn war die dauerhafteste, stärkste und schmerzlichste Liebesbeziehung seines Lebens. Hören wir die vollkommen unmedizinische Beschreibung Dr. Johannes Zimmermanns einer seiner Patientinnen im November 1775:

«Frau Kammerherrin, Stallmeisterin und Baronesse von Stein aus Weimar. Sie hat überaus große schwartze Augen von der höchsten Schönheit. Ihre Stimme ist sanft und bedrückt. Ernst, Sanftmuth, Gefälligkeit, leidende Tugend und feine tiefgegründete Empfindsamkeit sieht jeder Mensch beym ersten Anblick auf ihrem Gesichte. Die Hofmanieren, die sie vollkommen an sich hat, sind bey ihr zu einer sehr seltenen hohen Simplicität veredelt. Sie ist sehr fromm, und zwar mit einem rührend schwärmerischen Schwung der Seele. Aus ihrem leichten Zephirgang, und aus ihrer theatralischen Fertigkeit in künstlichen Täntzen würdest Du nicht schließen, was doch sehr wahr ist, daß stilles Mondenlicht und Mitternacht ihr Hertz mit Gottesruhe füllt. Sie ist einige und dreißig Jahre alt, hat sehr viele Kinder und schwache Nerven. Ihre Wangen sind sehr roth, ihre Haare gantz schwartz, ihre Haut Italiänisch wie ihre Augen.»[32]

Geboren 1742, hatte Charlotte Albertine Ernestine von Schardt 1764 den Baron Gottlob Ernst Josias von Stein geheiratet. Bis 1772 hatte sie sieben Kinder geboren, von denen nun vier gestorben waren. Als Goethe sie kennenlernte, litt sie noch unter den Folgen wiederholter Schwangerschaften, und ihre Gebrechlichkeit verstärkte den Eindruck ihrer angeborenen Bescheidenheit und Schüchternheit. Goethe, idealisierte sie, denn er hatte das Temperament eines Jünglings und die Phantasie eines Dichters, der sich beauftragt fühlte und es gewöhnt war, die Wirklichkeit zu verschönern; doch er verklärte sie nicht, wie ihr Arzt es tat. Sie war etwas Neues in seinem Rosenkranz der Frauen: sie war eine Aristokratin, der feine Lebensart angeboren zu sein schien, und Goethe sah sie umgeben vom Nimbus des Adels. Es war eine Frucht ihrer Beziehung, daß sie ihm die Lebensart ihres Standes beibrachte und ihn in Selbstbeherrschung, Unbefangenheit, Mäßigung und Höflichkeit schulte. Sie war dankbar für seine Liebe, da sie ihr das Interesse am Leben wiedergab; doch sie nahm sie hin, wie eine Frau von Zucht und Bildung die Verehrung eines Jünglings duldet, der sieben Jahre jünger ist als sie selbst – als die Wachstumsschmerzen eines ungeduldigen Geistes auf der Suche nach Erlebnis und Erfüllung.

Es war nicht Liebe auf den ersten Blick; sechs Wochen nach seiner Aufnahme in den Weimarer Kreis, schrieb er immer noch Verse über die «holde Lili» Schönemann[33]. Doch am 29. Dezember 1775 bemerkte Dr. Zimmermann gegenüber Charlotte: «So hat er sicherlich in Ihnen neue Tugenden und neue Schönheiten gefunden.» Am 15. Januar versuchte er der beginnenden Verzauberung zu widerstehen: «Es ist mir lieb, daß ich wegkomme, mich von Ihnen zu entwöhnen», erklärte er ihr; am 28. Januar hatte er kapituliert. «Lieber Engel», schrieb er an sie, «ich komme nicht ins Conzert. Denn ich bin so wohl, daß ich nicht sehen kann das Volck ... Liebe Frau, leide, daß ich Dich so lieb habe», und am 23. Februar, «Ich muß dir's sagen, du einzige unter den Weibern, die mir eine Liebe in's Herz gab, die mich glücklich macht.»[34]

Sie schrieb ihm manchen Brief, doch aus dieser ersten Periode ist nur einer erhalten. «Die Welt wird mir wieder lieb, ich hatte mich so los von ihr gemacht, wieder lieb durch Sie. Mein Herz macht mir Vorwürfe; ich fühle, daß ich Ihnen und mir Qualen zubereite. Vor einem halben Jahr war ich bereit zu sterben, und ich bin's nicht mehr.»[35] In leidenschaftlichem Überschwang schrieb Goethe an Wieland: «Ich kann mir die Bedeutsamkeit – die Macht, die diese Frau über mich hat, anders nicht erklären als durch die Seelenwanderung. – Ja, wir waren einst Mann und Weib!»[36] Er nahm das eheliche Privileg des Streitens und der Wiederversöhnung in Anspruch. Im Mai 1776 beklagte sich Charlotte bei Zimmermann: «Nach acht Tagen, wie er mich so heftig verlassen hat, kommt er mit einem Übermaß von Liebe wieder ... Was wird er wohl noch mehr aus mir machen?»[37] Offenbar bestand sie darauf, daß ihre Liebe platonisch bliebe, und er war zu leidenschaftlich, es dabei zu belassen. «Wenn ich mit Ihnen nicht leben soll», erklärt er ihr, «so hilft mir ihre Liebe so wenig als die Liebe meiner Abwesenden, an der ich so reich bin.»[38] Doch am nächsten Tag flehte er sie an: «Verzeihen Sie, daß ich Sie leiden mache, ich will's künftig suchen allein tragen zu lernen.»[39]

WEIMAR IN BLÜTE 117

Er war verzweifelt, als sie sich zu einer Kur nach Pyrmont begab, doch auf der Rückreise besuchte sie ihn am 5./6. August 1776 in Ilmenau. Am 8. August schrieb er: «Deine Gegenwart hat auf mein Herz eine wunderbare Würckung gehabt, ich kann nicht sagen wie mir ist! ... Wenn ich so dencke, daß Sie mit in meiner Höhle war, daß ich ihre Hand hielt indeß sie sich bückte und ein Zeichen in den Staub schrieb!!! ... es kann nicht mit Worten ausgedrückt werden, Menschen könnens nicht sehen.»[40] Fast fünf Jahre nach ihrer ersten Begegnung liebte er sie immer noch mit gleicher Wärme. So schrieb er ihr am 12. September 1780 aus Zillbach: «Liebes Gold wenn ich zulezt aus meinem Traum erwache, find ich noch immer daß ich Sie lieb habe und mich nach Ihnen sehne. Heute wie wir in der Nacht gegen die erleuchteten Fenster ritten, dacht ich: Wenn sie doch nur unsre Wirthinn wäre. Hier ist ein böses Nest, und doch wenn ich ruhig mit Ihnen den Winter hier zu bringen könnte dächt ich, ich mögts.»[41] Und am 12. März 1781 schrieb er ihr:

«Meine Seele ist fest an die deine angewachsen, ich mag keine Worte machen, du weist daß ich von dir unzertrennlich bin und daß weder hohes noch tiefes mich zu scheiden vermag. Ich wollte daß es irgend ein Gelübde oder Sakrament gäbe, das mich dir auch sichtlich und gesezlich zu eigen machte, wie werth sollte es mir seyn. Und mein Noviziat war doch lang genug um sich zu bedencken ... Die Juden haben Schnüre mit denen sie die Arme beym Gebet umwickeln, so wickle ich dein holdes Band um den Arm wenn ich an dich mein Gebet richte, und deiner Güte Weisheit, Mäsigkeit und Geduld theilhafft zu werden wünsche.»[41a]

Man hat das beendete «Noviziat» (Probezeit) dahin ausgelegt, daß Charlotte sich ihm physisch hingab[42], und dennoch schrieb er ihr sechs Jahre später: «Ach liebe Lotte du weist nicht welche Gewalt ich mir angetan habe und antue und daß der Gedanke dich nicht zu besitzen mich doch im Grunde, ich mags nehmen und stellen und legen wie ich will aufreibt und aufzehrt.»[43] Wenn die Erfüllung wirklich kam, dann ist das Geheimnis wohlgehütet geblieben. Baron von Stein, der erst im Jahre 1793 starb, duldete die Liaison mit der Courtoisie eines Gentleman des 18. Jahrhunderts. Gelegentlich schloß Goethe seine Briefe mit «Adieu grüse Steinen»[44].

Er hatte auch ihre Kinder lieben gelernt und empfand immer bitterer, daß er selbst keine hatte. Im Frühjahr 1783 überredete er sie, ihrem zehn Jahre alten Jungen Fritz zu erlauben, ihn für mehrere Tage zu besuchen, ja ihn auf langen Reisen zu begleiten. Einer ihrer Briefe an Fritz (September 1783) offenbart ihre mütterliche Seite und die Herzen hinter der entmenschlichten Fassade der Geschichte:

«Es freut mich sehr, daß du in der schönen weiten Welt meiner gedenkst, und mir dieses, obzwar nicht mit sehr wohlgestalten, doch mit leidlichen Buchstaben zu erkennen giebst. Da du so viel länger weg bist, als ich glaubte, fürchte ich, es wird mit deiner Garderobe schlimm aussehen. Wenn deine Kleider nichts taugen und du vielleicht dazu, so sage nur dem Geheimrath Goethe, daß er mein liebes Fritzchen ins Wasser werfe. Dein Briefchen habe ich bestellt, auch an alle Pagen dein Kompliment gemacht. Die jungen Zwiebeln zu legen, will ich besorgen. Die jungen Kätzchen machen dir eine Empfehlung und springen und balgen sich, wie ehemals die jungen Herrn von Stein. Murz ist aber so ernsthaft geworden, wie deine alte Mutter. Lebe wohl, erkenne dein Glück und bemühe dich durch deine Aufführung dem Geheimrath wohlgefällig zu werden. Dein Vater läßt dich grüßen.»[45]

118 DER PROTESTANTISCHE NORDEN

1785 scheint Goethes Leidenschaft verstummt zu sein. Im Mai 1786 beklagte sich Charlotte: «Goethe lebt in seinen Betrachtungen, aber er teilt sie nicht mit.»[46] Sie war nun vierundvierzig, er war siebenunddreißig und im Begriff, sich in sich selbst zurückzuziehen. Oft ging er nach Jena, um vom Weimarer Hof wegzukommen und unter Studenten Verjüngung zu suchen. Er hatte immer versucht, sich in der Natur zu erfrischen, hatte den Brocken (einen 1142 Meter hohen Gipfel im Harz, der seit langem mit der Faust-Legende verknüpft war) erstiegen und war mit dem Herzog in die Schweiz gereist (September 1779 bis Januar 1780). Rückschauend stellte er manchmal fest: «... daß ich in den ersten zehn Jahren meines weimarischen Dienst- und Hoflebens so gut wie gar nichts gemacht»[47] auf den Gebieten der Literatur und der Wissenschaft. Doch es war gut, daß der Dichter mit dem Verwaltungsbeamten gekreuzt worden war und daß der halbverdorbene Jüngling und treulose Liebhaber durch die Verantwortung des Amtes und den erzwungenen Verzicht auf amouröse Siege zur Selbstzucht erzogen worden war. «Das beste ist die tiefe Stille in der ich gegen die Welt lebe und wachse, und gewinne was sie mir mit Feuer und Schwert nicht nehmen können.»[48] Nichts ging bei ihm verloren. Alles fand irgendwo in seinen Werken Ausdruck, und so wurde er schließlich der Repräsentant des geistigen Deutschland, verschmolzen zu einer harmonischen Persönlichkeit.

Eines seiner vollendetsten Gedichte stammt aus dieser Periode: «Wandrers Nachtlied», das er am 7. September 1780 in die Wand einer Jagdhütte ritzte[49], vielleicht in einer Stimmung ruheloser Sehnsucht:

> Über allen Gipfeln
> Ist Ruh,
> In allen Wipfeln
> Spürest du
> Kaum einen Hauch;
> Die Vögelein schweigen im Walde.
> Warte nur, balde
> Ruhest du auch.[50]

Ein weiteres berühmtes Gedicht Goethes gehört dieser Entwicklungsperiode an: der düstere «Erlkönig», den Schubert vertonte. Wann ist der Kinderglaube, daß die Natur von mystischen Wesen durchdrungen ist, anschaulicher ausgedrückt worden als in der flüchtigen Fieberphantasie des sterbenden Kindes, das den «König der Elfen» sieht, der gekommen ist, es aus den Armen seines Vaters zu reißen?

Nun schrieb Goethe auch drei Prosadramen: *Egmont* (1775), *Iphigenie auf Tauris* (1779) und *Torquato Tasso* (1780) – Ertrag genug aus fünf Jahren politischer Betätigung. *Egmont* gelangte erst 1788 auf die Bühne. *Iphigenie* wurde am 6. April 1779 am Weimarer Theater uraufgeführt (sechs Wochen vor der Premiere von Glucks gleichnamiger Oper), doch das Stück wurde während Goethes Aufenthalt in Rom so sehr verändert und außerdem in Verse gebracht, daß wir es besser später als ein Produkt der klassischen Phase Goethes betrachten. *Tasso* wurde ebenfalls in Italien umgearbeitet und in Verse gebracht, doch er gehört hierher als Teil der Verzauberung Goethes durch Charlotte von Stein. Am 19. April 1781 schrieb ihr Goethe: «Da Sie sich alles zu eig-

WEIMAR IN BLÜTE

nen wollen, was Tasso sagt, so hab ich heut schon so viel an Sie geschrieben, daß ich nicht weiter und nicht drüber kann.»[51] Ihn beim Wort nehmend, identifizierte sie sich mit Leonora, Goethe mit Tasso und Carl August mit dem Herzog von Ferrara.

Bereitwillig glaubte Goethe der Überlieferung, Tassos geistiger Zusammenbruch am Hof von Ferrara sei durch eine unglückliche Liebesaffäre mit einer Schwester Alfonsos II. (Regierungszeit 1559–1597)[52] gefördert, wenn nicht veranlaßt worden. Zweifellos dachte er an sich selbst, als er das Wirken von Tassos poetischem Geist schilderte:

> Sein Auge weilt auf dieser Erde kaum;
> Sein Ohr vernimmt den Einklang der Natur;
> Was die Geschichte reicht, das Leben gibt,
> Sein Busen nimmt es gleich und willig auf:
> Das weit Zerstreute sammelt sein Gemüt,
> Und sein Gefühl das Unbelebte ...
> In diesem eignen Zauberkreise wandelt
> Der wunderbare Mann und zieht uns an,
> Mit ihm zu wandeln, teil an ihm zu nehmen:
> Er scheint sich uns zu nahn, und bleibt uns fern;
> Er scheint uns anzusehn, und Geister mögen
> An unsrer Stelle seltsam ihm erscheinen.[53]

Und Leonore, die würdevolle Fürstin, die des Dichters Liebe hinnimmt, ihn jedoch heißt, sein Feuer zu zügeln, dürfte zweifellos Charlotte von Stein sein, die Goethes Leidenschaft vor der Grenze des Ehebruchs Einhalt gebot. Tasso ruft aus – und hier sprechen beide Dichter:

> Was auch in meinem Liede widerklingt,
> Ich bin nur *einer, einer* alles schuldig!
> Es schwebt kein geistig unbestimmtes Bild
> Vor meiner Stirne, das der Seele bald
> Sich überglänzend nahte, bald entzöge.
> Mit meinen Augen hab ich es gesehn,
> Das Urbild jeder Tugend, jeder Schöne.[54]

Herzog Alfonso gleicht Carl August in seiner Geduld mit den Launen, Liebeleien und Träumereien des Dichters und bedauert wie er, daß der Dichter die Vollendung eines versprochenen Meisterwerkes immer wieder hinausschiebt:

> Er kann nicht enden, kann nicht fertig werden,
> Er ändert stets, ruckt langsam weiter vor.[55]

Hier wird treffend Goethes Art, in Raten zu produzieren, und seine sich über Jahrzehnte hinziehende Arbeit an *Wilhelm Meister* und *Faust* beschrieben. Eine andere Prinzessin lobt Alfonso/Carl August dafür, daß er Tasso/Goethe eine Chance gibt, durch Kontakt mit der Wirklichkeit zu reifen, und hier entstehen die berühmten Zeilen:

> Es bildet ein Talent sich in der Stille;
> Sich ein Charakter in dem Strom der Welt.[56]

DER PROTESTANTISCHE NORDEN

Doch die Ähnlichkeit zwischen den beiden Dichtern verblaßt am Ende: Tasso zeigt nicht die Fähigkeit Goethes, im Strom der Welt zu schwimmen; er verfällt dem Reich seiner Träume, schlägt Vorsicht und Maß in den Wind, reißt die bestürzte Prinzessin in seine Arme und wird wahnsinnig, als sie sich von ihm löst und aus seinem Leben geht. Vielleicht spürte Goethe, daß er diesen Abgrund gestreift hatte.

Er dachte oft an Italien als Ziel einer Flucht aus der Situation, die seinen Verstand bedrohte. In dieser Zeit schrieb er in der ersten Fassung des *Wilhelm Meister* ein Sehnsuchtslied, das mehr seinen eignen Hoffnungen entsprach als denen Mignons:

> Kennst du das Land, wo die Zitronen blühn,
> Im dunkeln Laub die Gold-Orangen glühn,
> Ein sanfter Wind vom blauen Himmel weht,
> Die Myrte still und hoch der Lorbeer steht:
> Kennst du es wohl?
> > Dahin! Dahin!
> Möcht ich mit dir, o mein Geliebter, ziehn!

Weimar war schön, doch es war nicht warm. Die Plackereien des Amtes quälten des Dichters Seele: «Nur ist es ein sauer Stückgen Brodt wenn man drauf angenommen ist, die Disharmonie der Welt in Harmonie zu bringen.»[57] Das Hofleben zermürbte ihn: «Ich habe mit den Leuten ... nichts gemein, und sie nichts mit mir ...»[58] Zwischen ihm und dem Herzog war eine Entfremdung eingetreten, da er dessen Leidenschaft für die Jagd und die Frauen nicht mehr in gleichem Maße teilen konnte. Seine eine große Liebe war durch Zeit und Zank abgenutzt worden. Er fühlte, daß er sich aus diesen zahlreichen Banden lösen mußte, um ein neues Leben anfangen zu können. Er ersuchte den Herzog um einen Urlaub; der Herzog willigte ein und war auch bereit, Goethes Gehalt weiterzuzahlen. Um weitere Mittel aufzutreiben, verkaufte Goethe an Göschen in Leipzig das Recht, eine Ausgabe seiner gesammelten Werke zu veröffentlichen. Nur 602 Exemplare wurden verkauft; Göschen verlor 1720 Taler bei dem Geschäft.

Am 1. September 1786 schrieb Goethe aus Karlsbad an Charlotte:

«Nun noch ein Lebewohl von Karlsbad aus ..., das wiederhol ich dir aber daß ich dich herzlich liebe ... und daß deine Versicherung: daß dir wieder Freude zu meiner Liebe aufgeht, mir ganz allein Freude ins Leben bringen kann. Ich habe bisher im stillen gar mancherlei getragen und nichts so sehnlich gewünscht, als daß unser Verhältnis sich so herstellen möge, daß keine Gewalt ihm etwas anhaben könne. Sonst mag ich nicht in deiner Nähe wohnen und will lieber in der Einsamkeit der Welt bleiben, in die ich jetzt hinaus gehe.»[59]

IV. GOETHE IN ITALIEN: 1786–1788

Er tarnte sich als Kaufmann Philipp Möller aus Leipzig oder als «Filippo Miller, pittore», denn er wollte der Unbequemlichkeiten des Ruhmes enthoben sein. Siebenunddreißig Jahre alt war er, aber er reiste mit mehr als der strahlenden Erwartung des Jünglings, jedoch besser vorbereitet, ausgestattet mit Kenntnissen über Italiens Ge-

WEIMAR IN BLÜTE 121

schichte und Kunst. Am 18. September schrieb er an Herder: «... und hoffe wiedergeboren zurückzukommen», und an Carl August: «... und ich habe Hoffnung, einen
wohl ausgewaschnen, wohl ausstaffierten Menschen wieder zurückzubringen.»[59a]
Diesen und anderen Freunden schrieb er «Briefe aus Italien», die noch immer die
allegrezza des italienischen Lebens offenbaren. Er begann sie mit dem alten Motto
«Auch in Arkadien!» – auch er war nun in Arkadien. Wir haben an anderer Stelle
gesehen, wie dankbar er für den Sonnenschein war. «Man glaubt wieder einmal an
einen Gott», rief er aus, als er italienischen Boden betrat[60] ... Doch er liebte auch die
italienischen Menschen, ihre offenen Gesichter und Herzen, die Natürlichkeit ihres
Lebens, die Leidenschaft und Fröhlichkeit ihrer Sprache. Da er sowohl Dichter als
auch Naturforscher war, vermerkte er meteorologische Besonderheiten, geologische
Formationen, Mineralarten, Varietäten von Tieren und Pflanzen; er fand sogar Gefallen an den Eidechsen, die über die Felsen huschten.

Er war so begierig, Rom zu erreichen, daß er rasch durch Venedig, die Lombardei
und die Toscana reiste. Doch er machte lange genug Aufenthalt in Vicenza, um die
klassische Einfachheit und Kraft der Architektur Palladios zu empfinden. Mit Nachdruck bekannte er sich wiederum zu seiner Antipathie gegenüber der Gotik: «Das ist
freilich etwas anderes als unsere kauzenden, auf Kragsteinlein übereinander geschich-
teten Heiligen der gotischen Zierweisen, etwas anderes als unsere Tabakspfeifen-
Säulen, spitzen Türmlein und Blumenzacken; diese bin ich nun, Gott sei Dank, auf
ewig los! ... wenigstens weiß ich den Weg. Palladio hat mir ihn auch dazu und zu aller
Kunst und Leben geöffnet.»[61] Auf diesem Weg fand er zurück zu Vitruv, den er in
einer Ausgabe Galianis, unseres geistreichen Freundes aus Neapel und Paris, studierte.
Der klassische Stil wurde nun bei ihm eine Leidenschaft, die seine Werke und sein
Denken färbte und ihn dazu antrieb, einige frühere Arbeiten, wie die *Iphigenie* und den
Tasso, in klassische Form zu bringen. Die Barockpaläste in Venedig erschienen ihm
anmaßend prunkvoll, zu weiblich elegant, und sogar von den Renaissancefassaden
wandte er sich ab zu den Überbleibseln der klassischen Architektur und Bildhauerkunst in den Museen. Doch sein lebhaftes Temperament fühlte sich angesprochen
durch die Farbe und den Stolz Veroneses und Tizians.

In Ferrara suchte er vergeblich den Palast, in den Tasso verbannt worden war. Nach
drei Tagen in Bologna und nur drei Stunden in Florenz eilte er weiter über Perugia
und Terni und Città di Castello und fuhr am 29. Oktober 1786 durch die Porta del
Popolo in Rom ein. Jetzt befiel ihn vorübergehend ein Gefühl der Bescheidenheit.
«Alle Wege bahnen sich vor mir, weil ich in Demut wandle.»[62]

Da er das Italienische mündlich noch nicht beherrschte, schloß er sich der deutschen
Kolonie und besonders den Künstlern an, denn er wünschte zumindest Grundelemente
des Zeichnens, Malens und der Bildhauerei zu erlernen. Angelika Kauffmann bewunderte seinen Enthusiasmus und sein gutes Aussehen; sie malte ein Porträt von ihm, in
dem sie sein dunkles Haar, seine hohe Stirn und seine hellen Augen betonte. Er schloß
herzliche Freundschaft mit Johann Heinrich Wilhelm Tischbein, der uns sein berühmtes Bild *Goethe in der römischen Campagna*[63] hinterlassen hat, auf dem er uns Goethe in

122 DER PROTESTANTISCHE NORDEN

einer lässigen Haltung zeigt, als habe er Arkadien erobert. Lange bevor er nach Italien kam, hatte Goethe mit diesem Maler korrespondiert; sie sahen einander zum erstenmal am 3. November, als sie sich zufällig auf der Piazza San Pietro begegneten. Der Dichter erkannte den Maler und stellte sich schlicht vor: «Ich bin Goethe.»[64] Tischbein beschrieb ihn in einem Brief an Lavater:

> «Und habe ihn ebenso gefunden, wie ich ihn mir dachte. Nur die große Gesetztheit und die Ruhe hätte ich mir in dem lebhaften Empfinder nicht denken können, und daß er sich in allen Fällen so bekannt und zu Hause findet. Was mir noch so sehr an ihm freut, ist sein einfaches Leben. Er begehrte von mir ein klein Stübchen, wo er in schlafen und ungehindert in arbeiten könnte, und ein ganz einfaches Essen ... Da sitzet er nun jetzo und arbeitet des Morgens, an seiner 'Efigenia' fertig zu machen, bis um neun Uhr. Dann gehet er aus und siehet die großen hiesigen Kunstwerke.»[65]

Tischbein führte ihn oft bei diesen Studiengängen, ließ Zeichnungen für ihn anfertigen und besorgte ihm Kopien der berühmteren Gemälde; Goethe selbst machte Skizzen von dem, an das er sich besonders erinnern wollte. Er versuchte sich in der Bildhauerei und modellierte einen Herkuleskopf. Er gab zu, daß er kein Talent für die bildenden Künste besaß; doch er glaubte, diese Experimente würden ihm einen besseren Sinn für die Form vermitteln und ihm helfen, visuell zu erfassen, was er zu beschreiben wünschte[66]. Er vertiefte sich in Winckelmanns *Geschichte der Kunst des Altertums*, «ein sehr brauchbares Werk, das ich gleich angeschafft habe und hier am Orte in guter, auslegender und belehrender Gesellschaft sehr nützlich finde ... Und nun erst kann mein Gemüt dem Größeren und Echtesten mit gelassener Teilnahme sich entgegen heben.»[67] «An diesen Ort knüpft sich die ganze Geschichte der Welt an, und ich zähle einen zweiten Geburtstag, eine wahre Wiedergeburt, von dem Tage, da ich Rom betrat.»[68] Inzwischen scheint er die lebendige Kunst genossen zu haben, die von den «hübschen» Modellen in den Ateliers geboten wurde[69]. Sein Aufenthalt in Rom vollendete jene Entromantisierung, die mit den Verantwortlichkeiten seines Amtes begonnen hatte. Jetzt erschienen dem gereiften Goethe die Gesetzlosigkeiten Götzens und die Tränen Werthers als Zeichen eines unausgeglichenen Geistes. «Das Klassische nenne ich das Gesunde und das Romantische das Kranke», erklärte er[70]. Dennoch lag etwas Romantisches in seiner neuen Begeisterung für die klassischen marmornen Säulen, Kapitelle, Giebel und die reinen Linien der griechischen Bildhauerkunst. «Im Bedürfnis von etwas Musterhaftem müssen wir immer zu den alten Griechen zurückgehen, in deren Werken stets der schöne Mensch dargestellt ist.»[71] Wie Winckelmann sah Goethe nur die «apollinische» Seite der griechischen Kultur und Kunst – die Betonung der Form und der Beherrschung; jetzt ignorierte er fast jene «dionysische» Ekstase, die dem Charakter, der Religion und dem Leben der Griechen so warme Farben verliehen und in Goethe selbst durch seinen «Dämon» und aus seinen Liebschaften gesprochen hatte.

In diesem klassischen Taumel brachte er *Iphigenie auf Tauris* in Verse (1787), entschlossen, es Racine, ja sogar Euripides gleichzutun. Im Gedenken an die Asche des Feuers, das Charlotte von Stein in ihm angezündet hatte, brachte er in die Sprache der

WEIMAR IN BLÜTE   123

griechischen Prinzessin etwas von der Zärtlichkeit und der Selbstbeherrschung der
deutschen Baronin. Er erzählte die alte Geschichte mit all ihren Komplikationen der
Mythologie und Genealogie meisterhaft und verstärkte die Dramatik, indem er den
skythischen König vorteilhaft darstellte, und er wagte es, das Ende in Einklang zu bringen mit der – bei den Griechen seltenen – Vorstellung, daß man sogar gegenüber «Barbaren» moralische Verpflichtungen hat. Nur wer Deutsch fließend lesen kann, ist in
der Lage, Goethes Leistung voll zu würdigen; doch Hippolyte Taine, ein Franzose, ein
überlegener Kritiker und vermutlich vertraut mit Racines Dramen, erklärte, er «stelle
kein modernes Kunstwerk über *Iphigenie auf Tauris*»[72].

Die Erinnerung an Charlotte in diesem Theaterstück und noch mehr in *Torquato
Tasso*, den er in Rom umarbeitete, entfachten von neuem seine Gefühle für sie. Sie war
tief verletzt worden durch seine plötzliche Flucht nach Italien und durch die Tatsache,
daß er ihren Jungen in der Obhut eines Dieners zurückgelassen hatte; sie nahm Fritz
sofort wieder zu sich und verlangte die Rückgabe aller Briefe, die sie Goethe geschrieben hatte. In Briefen aus Rom (8., 13. und 20. Dezember 1786) entschuldigte er sich;
am 18. Dezember machte sie ihm «bittersüße» Vorwürfe, und er antwortete am 23. Dezember: «Daß du kranck, durch meine Schuld kranck warst, engt mir das Herz so zusammen, daß ich dirs nicht ausdrucke. Verzeih mir, ich kämpfte selbst mit Todt und
Leben und keine Zunge spricht aus was in mir vorging.» Schließlich ließ sie sich erweichen. Am 1. Februar 1787 schrieb er ihr: «Nun kann ich auch fröhlicher an das
Werck gehen, denn ich habe einen Brief von dir, in welchem du mir sagst, daß du
mich liebst, daß du dich meiner Briefe und Nachrichten freust.»

In diesem Monat reisten er und Tischbein nach Neapel. Er erstieg den Vesuv zweimal; bei seinem zweiten Aufstieg bedeckte ein kleinerer Ausbruch seinen Kopf und
seine Schultern mit Asche. Er schwelgte in den klassischen Ruinen von Pompeji und
staunte vor der einfachen Größe der griechischen Tempel in Paestum. Dann nahm er
ein Schiff nach Palermo, reiste weiter, um die klassischen Tempel in Segesta und Agri-
gent zu studieren, stand im griechischen Theater in Taormina und war im Juni wieder
in Rom. Immer heftiger verliebt in die «merckwürdigste Stadt der Welt»[73]; er überredete Herzog Carl August, sein Gehalt bis zum Ende des Jahres 1787 weiterzuzahlen.
Als diese Frist ablief, versöhnte er sich langsam wieder mit dem Norden. Er verließ
Rom am 25. April 1788, reiste gemütlich über Florenz, Mailand und Como und erreichte Weimar am 18. Juni. Jeden Tag fragte er sich, wie der Herzog, der Hof und
Charlotte einen Goethe empfangen würde, der sich verwandelt fühlte.

V. GOETHE UND CHRISTIANE: 1788–1794

Mit der Zustimmung des abwesenden Dichters hatte der Herzog einen neuen Präsidenten des Kabinettsrats ernannt; nun wurde Goethe auf sein eigenes Ersuchen von allen
amtlichen Verpflichtungen, ausgenommen als Minister für Erziehung, befreit und
diente dem Rat von nun an nur in beratender Funktion. Der Herzog war freundlich,

hatte aber andere in sein Vertrauen gezogen, und ihm gefielen die halbrepublikanischen Gefühle des umgeschriebenen *Egmont* nicht. Das Lesepublikum hatte Goethe fast vergessen; es hatte sich einem neuen Dichter namens Schiller zugewandt und mit Begeisterung sein Theaterstück *Die Räuber* aufgenommen – ein Drama, erfüllt von jener aufrührerischen und gewalttätigen Stimmung des Sturm und Drang, die nun einem Dichter, der bereit war, klassische Ordnung und Beherrschung zu predigen, widersinnig und unreif erschien. Charlotte von Stein empfing ihn kühl; sie nahm ihm seine lange Abwesenheit, seine verzögerte Rückkehr, seine Begeisterung für Italien übel, und vielleicht hatte sie von jenen Modellen in Rom gehört. Über ihre erste Begegnung nach seiner Ankunft schrieb sie: «Ich habe sehr unrecht gehabt, ihret- und Goethes wegen meine schöne Zeit in Kochberg zu versäumen, denn um beide schob ich meine Abreise auf, aber erstere und letzterer haben mich auf völlig fremden Fuß entlassen, und ist nichts als Langeweile zwischen uns ausgewechselt worden.»[74] Sie verließ Weimar, um einen längeren Aufenthalt in Kochberg zu nehmen, und Goethe war frei, an Christiane Vulpius zu denken.

Sie trat am 12. Juli 1788 in sein Leben, als sie ihm eine Botschaft von ihrem Bruder überbrachte. Sie war dreiundzwanzig Jahre alt und arbeitete in einer Fabrik, in der künstliche Blumen hergestellt wurden. Goethe war von ihrer munteren Laune beeindruckt, von ihrem schlichten Geist und ihrer knospenden Weiblichkeit. Er machte sie zu seiner Haushälterin in seinem Gartenhaus und bald zu seiner Geliebten. Sie besaß keinerlei Bildung, und «um Lektüre kümmerte sie sich nicht viel und taugte ebenso wenig zum Briefeschreiben», meinte Goethe[75], doch sie gab sich ihm vertrauensvoll hin und schenkte ihm die körperliche Erfüllung, die Charlotte ihm offenbar verweigert hatte. Als im November 1789 ihre Entbindung bevorstand, nahm er sie mit in sein Weimarer Stadthaus und machte sie offen, wenn auch nicht dem Namen nach zu seiner Frau. Charlotte und der Hof waren empört darüber, daß er die Standesschranken mißachtet hatte und es nicht für nötig hielt, das unerlaubte Verhältnis zu verheimlichen. Diese Reaktion verursachte ihm und Christiane viel Kummer; doch der Herzog stand, erfahren im Umgang mit Mätressen, Pate bei dem Kind, das am Weihnachtstag 1789 geboren wurde, und Herder taufte es, grollend, aber verzeihend auf den Namen August.

Goethe, der so oft Liebhaber gewesen, doch erst jetzt auch Vater geworden war, war überglücklich über «den kleinen Mann» und «das kleine Weib». Sie besorgte seinen Haushalt, lauschte ihm liebevoll, auch wenn sie ihn nicht verstand, und schenkte ihm Gesundheit. Er sagte zu einem Freund, seit sie seine Schwelle überschritten, habe er nichts als Freude von ihr erfahren[76]. Ihr einziger Fehler war in seinen Augen, daß sie den Wein sogar mehr liebte als er und daß er sie manchmal in eine fast unbeherrschte Lustigkeit versetzte. Sie besuchte das Theater und ging häufig zu Tanzveranstaltungen, während Goethe zu Hause blieb und sie in seinen *Römischen Elegien* (1789/90), die in der Art des Properz und mit der Moral des Catull geschrieben waren, feierte. Es ist nichts Trauriges an diesen *Römischen Elegien;* sie haben ihre Namen von ihrem «elegischen» Versmaß, auch Distichon genannt, bei dem sich

WEIMAR IN BLÜTE

Hexameter und Pentameter abwechseln, und sie handeln nicht von Rom, sondern von einer lustigen Witwe, hinter deren Verkleidung wir leicht Christiane erkennen.

> Ja, es ist alles beseelt in deinen heiligen Mauern,
> Ewige Roma; nur mir schweiget noch alles so still.
> O wer flüstert mir zu, an welchem Fenster erblick ich
> Einst das holde Geschöpf, das mich versengend erquickt? ...

> Laß dich, Geliebte, nicht reun, daß du mir so schnell dich ergeben!
> Glaub es, ich denke nicht frech, denke nicht niedrig von dir ...

> Alexander und Cäsar und Heinrich und Friedrich, die Großen,
> Gäben die Hälfte mir gern ihres erworbenen Ruhms,
> Könnt ich auf Eine Nacht dies Lager jedem vergönnen;
> Aber die Armen, sie hält strenge des Orkus Gewalt.
> Freue dich also, Lebendger, der lieberwärmeten Stätte,
> Ehe den fliehenden Fuß schauerlich Lethe dir netzt. [77]

Diese hübsche Witwe mag eine römische Erinnerung gewesen sein, doch die Wärme dieser Zeilen kam von Christiane. Und schließlich, trieb er nicht Kunststudien?

> Und belehr ich mich nicht, indem ich des lieblichen Busens
> Formen spähe, die Hand leite die Hüften hinab?
> Dann versteh ich den Marmor erst recht: ich denk und vergleiche,
> Sehe mit fühlendem Aug, fühle mit sehender Hand. [78]

Die Weimarer Damen fanden kein Gefallen an dieser schimpflichen Zurschaustellung ihrer Reize, und die würdebewußte Charlotte betrauerte die Entartung ihres Galahad. Sogar Carl August war ein wenig beunruhigt, besänftigte sich aber bald wieder. Als die Herzoginwitwe aus Italien zurückkehrte, schickte er Goethe nach Venedig, damit er sie nach Hause geleite. Sein Aufenthalt in dieser Stadt verlängerte sich zu seinem Unbehagen (März bis Juni 1790); er hatte Sehnsucht nach Christiane und machte seinem Ärger über die italienischen Händler und die hygienischen Zustände des Landes Luft in den *Venezianischen Epigrammen,* dem am wenigsten anziehenden seiner Werke.

Nach seiner Rückkehr aus Venedig stellte er fest, daß die Französische Revolution die Jugend Deutschlands in Begeisterung versetzte und die Herrscher in Furcht. Viele seiner Freunde, einschließlich Wieland und Herder, begrüßten den Sturz des monarchischen Absolutismus in Frankreich. Goethe, der wahrnahm, daß alle Throne bedroht waren, stellte sich auf die Seite des Herzogs und riet zur Vorsicht: «Alles läuft mit Blasebälgen herum», sagte er; «es wäre mehr, dünkt mich, an der Zeit, nach den Wassereimern zu greifen.» [79] Er gehorchte dem Befehl Carl Augusts, ihn beim Feldzug der Ersten Koalition gegen Frankreich zu begleiten. Er wohnte der Schlacht von Valmy (20. September 1792) bei, durchstand gelassen die Kanonade und nahm an der Niederlage teil. Ein deutscher Offizier vermerkte in seinem Tagebuch, der Dichter und Geheimrat habe, nach seiner Meinung über das Ereignis befragt, geantwortet: «Von hier und heute geht eine neue Epoche der Weltgeschichte aus.» [80] Wir besitzen keine Bestätigung für diese Geschichte. Jedenfalls schrieb Goethe, nach Weimar zurück-

126   DER PROTESTANTISCHE NORDEN

gekehrt, schärfstens gegen die Revolution, die damals (1792–1794) in die Phase ihrer blutigen Exzesse eintrat.

Diese Entwicklung bestätigte in Goethe die natürliche Hinwendung des reifenden Geistes vom Freiheitshunger zur Ordnungsliebe. «Willkührlich leben kann jeder»[81], der ungestraft Bräuche und Gesetze verletzt, während andere sie beobachten. Er zeigte keine Begeisterung für die Demokratie; wenn je ein solches System praktiziert würde, dann könne es nur zur Herrschaft der Einfalt, der Unwissenheit, des Aberglaubens und der Barbarei werden. Er war freundlich und großmütig innerhalb seiner Sphäre und gab einen Teil seines Einkommens für verschwiegene Wohltätigkeit aus[82], aber vor der Masse scheute er zurück. In Gegenwart von großen Menschenmengen oder Fremden zog er sich stolz und scheu in sich selbst zurück und fand sein Glück nur in seinen eigenen vier Wänden. In diesen unruhigen Jahren (1790–1794) verfiel er in eine düstere Erstarrung, aus der ihn die Berührung mit Schillers feuriger Jugend und die Konkurrenz seiner Feder weckte.

VI. SCHILLER IN WEIMAR: 1787–1794

Als Schiller nach Weimar kam, war Goethe in Italien. Der fast mittellose Dichter gab offen zu, daß er eifersüchtig war auf den abwesenden Geheimrat. «Während er in Italien malt, müssen die Voigts und Schmidts für ihn wie die Lasttiere schwitzen. Er verzehrt in Italien für Nichtstun eine Besoldung von tausendachthundert Talern, und sie müssen für die Hälfte des Geldes doppelte Lasten tragen.»[83] Am 12. August 1787 schrieb er wohlwollender:

«Goethe wird von sehr vielen Menschen … mit einer Art von Anbetung genannt, und mehr noch als Mensch, denn als Schriftsteller geliebt und bewundert. Herder giebt ihm einen klaren universalischen Verstand, das wahrste und innigste Gefühl, die größte Reinheit des Herzens! … Nach Herders Behauptung ist er rein von allem Intriguegeist, er hat wissentlich noch niemand verfolgt, noch keines anderen Glück untergraben. Er liebt in allen Dingen Helle und Klarheit, selbst im Kleinen seiner politischen Geschäfte … Herder will ihn ebenso und noch mehr als Geschäftsmann, denn als Dichter bewundert wissen. Ihm ist er ein allumfassender Geist.»[84]

Der Herzog war abwesend, als Schiller eintraf, doch Anna Amalia und Charlotte von Stein empfingen ihn herzlich. Wieland sagte ihm, daß es ihm an «Correction, Reinheit, Geschmack» fehle[85]. Er bot sich an, ihm den nötigen Schliff beizubringen; bald war der eifrige Poet Mitarbeiter an Wielands *Teutschem Merkur*. Angenehmere Unterhaltung fand er bei Charlotte von Kalb, die, wie die andere Charlotte, einen großzügigen Gatten hatte. «Mein Verhältnis mit Charlotten fängt an hier ziemlich laut zu werden … Herr von Kalb hat mir geschrieben. Er kommt zu Ende Septembers, seine Ankunft wird das Weitere mit mir bestimmen. Seine Freundschaft für mich ist unverändert, welches zu bewundern ist, da er seine Frau liebt und mein Verhältniß mit ihr nothwendig durchsehen muß … Ich verstehe nämlich nur in Beziehung auf die Meinung der Welt, denn der Glaube an seine Frau wird nie bei ihm wanken … Alles das wundert mich

WEIMAR IN BLÜTE

nicht – aber es freut mich, daß er alles dies erreicht hat und doch der wahre herzlich gute Mensch bleiben durfte, der er ist.»[86]

Am 27. August 1787 fand in Hamburg die Premiere von *Don Carlos* statt. Schiller war zu sehr in Weimar verliebt, um ihr beizuwohnen. Dieses sein erstes Stück in Versen wurde gelobt und getadelt als Kapitulation vor der französischen Tragödie, doch es fehlte ihm die von den aristotelischen Regeln geforderte dramaturgische Einheit. Es begann mit dem Konflikt zwischen Philipp II. und seinem Sohn wegen dessen Liebe zu Elisabeth von Valois; dann, mitten im Stück, verschiebt sich der Mittelpunkt des Interesses auf den Kampf der Niederlande um ihre Befreiung von der spanischen Oberherrschaft und der Grausamkeit Albas. Schiller versuchte ein unparteiisches Bild von Philipp zu zeichnen, und die protestantischen Leser lobten den Appell des Marquis Posa an den König:

> Sire!
> Jüngst kam ich an von Flandern und Brabant –
> So viele reiche, blühende Provinzen!
> Ein kräftiges, ein großes Volk – und auch
> Ein gutes Volk – und Vater dieses Volkes!
> Das, dacht ich, das muß göttlich sein! – Da stieß
> Ich auf verbrannte menschliche Gebeine ...
> Geben Sie,
> Was Sie uns nahmen, wieder. Lassen Sie,
> Großmütig wie der Starke, Menschenglück
> Aus Ihrem Füllhorn strömen – Geister reifen
> In Ihrem Weltgebäude ...
> Werden Sie
> Von Millionen Königen ein König ...
> Weihen Sie
> Dem Glück der Völker die Regentenkraft,
> Die – ach so lang – des Thrones Größe nur
> Gewuchert hatte – Stellen Sie der Menschheit
> Verlornen Adel wieder her. Der Bürger
> Sei wiederum, was er zuvor gewesen,
> Der Krone Zweck – ihn binde keine Pflicht,
> Als seiner Brüder gleich ehrwürd'ge Rechte.[87]

Trotz des Erfolges von *Don Carlos* gab Schiller für lange Zeit das Dramenschreiben auf. 1786 hatte er an Körner geschrieben: «Täglich wird mir die Geschichte theurer ... Ich wollte, daß ich zehen Jahre hintereinander nichts als Geschichte studirt hätte. Ich glaube, ich würde ein ganz anderer Kerl sein. Meinst Du, daß ich es noch werde nachholen können?»[88] Er konnte nicht sich selbst, noch viel weniger eine Familie mit den Einkünften aus gelegentlichen Aufführungen seiner Stücke unterhalten, die selbst nach einer beklatschten Premiere bald eines frühen Todes sterben mochten. Vielleicht würde ein erfolgreiches Geschichtswerk ihm genügend Reputation als Gelehrter verschaffen, daß er sich um eine Professur an der Universität Jena bewerben könnte. Dort wäre er nur zwanzig Kilometer von Weimar entfernt und immer noch im Bereich der Jurisdiktion und Freigebigkeit des Herzogs.

So widmete er nach Beendigung des *Don Carlos* seine Feder einer *Geschichte des Abfalls der vereinigten Niederlande von der Spanischen Regierung.* Da Schiller kein Holländisch lesen konnte, war er auf Sekundärquellen angewiesen, aus denen er eine Zusammenfassung von nicht bleibendem Wert erstellte. Körner kritisierte den ersten Band (1788) mit seiner üblichen Aufrichtigkeit: «Bei allem Verdienst, das man dieser Arbeit nicht absprechen kann, ist es doch nicht das höhere Verdienst, dessen Du fähig bist.»[89] Schiller ließ die Niederlande fallen; es erschien kein zweiter Band.

Am 18. Juli 1788 kehrte Goethe aus Italien zurück und traf im September mit Schiller in Rudolstadt zusammen. Schiller berichtete an Körner: «Im Ganzen genommen ist meine in der That große Idee von ihm nach dieser persönlichen Bekanntschaft nicht vermindert worden; aber ich zweifle, ob wir einander je sehr nahe rücken werden ... Er ist mir ... so weit voraus, daß wir unterwegs nie mehr zusammenkommen werden; und sein ganzes Wesen ist schon von Anfang her anders angelegt, als das meinige, seine Welt ist nicht die meinige, unsere Vorstellungsarten scheinen wesentlich verschieden.»[90] Und in der Tat schienen die beiden Dichter von der Vorsehung dazu bestimmt, einander nicht zu mögen. Goethe, neununddreißig, war arriviert und gereift, Schiller, neunundzwanzig, war im Aufstieg begriffen und experimentierte noch. Nur in ihrer stolzen Selbstgefälligkeit waren sie einander gleich. Der jüngere Mann stammte aus dem Volke, war arm und schrieb halbrevolutionäre Zeilen. Der andere war reich, ein Mann von Rang und Stand, ein die Revolution verachtender Geheimrat. Schiller hatte soeben den Sturm und Drang durchgemacht; er gab dem Gefühl, der Empfindsamkeit, der Freiheit Ausdruck. Goethe, der Griechenland verehrte, trat für die Vernunft, die Beschränkung, die Ordnung und den klassischen Stil ein. Doch letzten Endes ist es nicht natürlich für Autoren, daß sie einander lieben; sie ringen um den gleichen Preis.

Als sie nach Weimar zurückkehrten, wohnten Goethe und Schiller nur ein kurzes Stück voneinander entfernt, doch sie verkehrten nicht miteinander. Die Dinge verschlimmerten sich, als Schillers feindliche Kritik über Goethes *Egmont* erschien. Goethe kam zu dem Schluß, daß «Klein-Athen» nicht groß genug war, sie beide zu beherbergen. Im Dezember 1788 empfahl er Schiller für einen Lehrstuhl für Geschichte in Jena. Schiller nahm freudig an und machte Goethe einen Besuch, um ihm zu danken; doch am 21. Februar 1789 schrieb er an Körner:

«Öfters um Goethe zu sein würde mich unglücklich machen: er hat auch gegen seine nächsten Freunde kein Moment der Ergießung, er ist an nichts zu fassen; ich glaube in der That, er ist ein Egoist in ungewöhnlichem Grade. Er besitzt das Talent, die Menschen zu fesseln, und durch kleine sowohl als große Attentionen sich verbindlich zu machen; aber sich selbst weiß er immer frei zu behalten. Er macht seine Existenz wohlthätig kund, aber nur wie ein Gott, ohne sich selbst zu geben – dies scheint mir eine consequente und planmäßige Handlungsart, die ganz auf den höchsten Genuß der Eigenliebe calculirt ist. Ein solches Wesen sollten die Menschen nicht um sich herum aufkommen lassen. Mir ist er dadurch verhaßt, ob ich gleich seinen Geist von ganzem Herzen liebe und groß von ihm denke. Ich betrachte ihn wie eine stolze Prüde, der man ein Kind machen muß, um sie vor der Welt zu demüthigen. Eine ganz sonderbare Mischung von Haß und Liebe ist es, die er in mir erweckt hat.»[91]

WEIMAR IN BLÜTE 129

Am 11. Mai 1789 trat Schiller seine Stellung in Jena an, und am 26. Mai hielt er seine Antrittsrede: «Was heißt und zu welchem Ende studiert man Universalgeschichte?» Da der Zutritt frei war, erwies sich die Zahl der Hörer als zu groß für den zugewiesenen Raum, und der Professor begab sich mit seinen Studenten in einem fröhlichen Zug in einen Saal am anderen Ende der Stadt. Diese Vorlesung fand hohes Lob. «Ich bekam eine Nachtmusik, und Vivat wurde dreimal gerufen.»[92] Doch die Zahl der eingeschriebenen Hörer, die Gebühren zahlen mußten, war niedrig und Schillers Gelehrteneinkommen mager.

Er polsterte es auf durch Schreiben. In den Jahren 1789–1791 brachte er in drei Fortsetzungen Die Geschichte des Dreißigjährigen Krieges heraus. Hier war er zumindest mit der Sprache vertraut, doch ebenfalls wiederum zu beschäftigt, um zu den Urquellen zurückzugehen, und seine Vorliebe für philosophische Betrachtungen verlieh seinem Stil zwar Farbe, hemmte jedoch den Fluß des Berichtes. Dennoch lobte Wieland das Werk und meinte, es zeige, daß Schiller fähig sei, sich zum Niveau eines Hume, Robertson und Gibbon zu erheben[93]. Vom ersten Band wurden innerhalb eines Jahres nach seinem Erscheinen siebentausend Exemplare verkauft.

Nun glaubte Schiller, sich seine Sehnsucht nach einem eigenen Heim erfüllen zu können – und nach einer Frau, die ihm Liebe und Fürsorge schenkte. 1784 hatte er in Mannheim kurz Charlotte und Karoline von Lengefeld gesehen. Er sah sie wieder 1787 in Rudolstadt; «Lotte» lebte hier bei ihrer Mutter, und Karoline, unglücklich verheiratet, wohnte im Haus nebenan. «Beide Geschöpfe», schrieb Schiller an Körner, «sind (ohne schön zu sein) anziehend und gefallen mir sehr. Man findet hier viel Bekanntschaft mit der neuen Literatur, Feinheit, Empfindung und Geist. Das Clavier spielen sie gut, welches mir einen recht schönen Abend machte.»[94] Frau von Lengefeld war nicht wohl bei dem Gedanken, daß ihre Tochter einen mittellosen Dichter heiraten sollte; doch Carl August setzte ihm eine kleine Pension von zweihundert Talern aus, und der Herzog von Sachsen-Meiningen verlieh ihm ein Adelspatent. Schiller warnte Lotte, er habe viele Fehler; sie sagte ihm, sie habe sie bemerkt, fügte jedoch hinzu: «Sondern dies ist Liebe: die Menschen so zu lieben, wie wir sie finden, und haben sie Schwachheiten, sie aufzunehmen mit einem Herzen voll Liebe.»[95] Sie wurden am 22. Februar 1790 getraut und bezogen ein bescheidenes Heim in Jena. Lotte brachte ihr eigenes Einkommen von zweihundert Talern im Jahr in die Ehe ein, schenkte ihm vier Kinder und erwies sich, in aller Drangsal, als eine geduldige und zärtliche Ehefrau. «Mein Herz», schrieb er, «findet eine immerwährende Befriedigung außer sich, mein Geist eine so schöne Nahrung und Erholung.»[96]

Er arbeitete hart, bereitete zwei Vorlesungen pro Woche vor, schrieb Artikel, Gedichte und Geschichtswerke. Monatelang arbeitete er vierzehn Stunden am Tag[97]. Im Januar 1791 erkrankte er zweimal an einem «fiebrigen Katarrh», verbunden mit Magenschmerzen und Blutspucken. Acht Tage lang lag er zu Bett, gab alles, was er gegessen hatte, wieder von sich. Studenten halfen Lotte, ihn zu pflegen. «Sie stritten sich darüber, wer bei mir wachen dürfte und einige thaten dies 3mal in der Woche ... Zu meiner Stärkung schickte mir der Herzog ein halbes Dutzend Bouteillen Madeira, die mir neben ungarischem Weine vortrefflich bekommen.»[98] Im Mai befiel ihn «ein fürchterlicher Krampf; der Athem wurde so schwer, daß ich, über der Anstrengung Luft zu bekommen, bei jedem Athemzuge ein Gefäß in der Lunge zu zersprengen glaubte ... Man hat alles angewendet, was nur die Medicin in solchen Fällen wirksames hat; besonders aber zeigte sich das Opium, das ich in starken Dosen nahm, Campher mit Moschus, Klystire und Blasenpflaster wirksam.»[99]

Eine Falschmeldung von seinem Tod alarmierte seine Freunde und erreichte sogar Kopenhagen. Hier boten – auf Anregung von Karl Reinhold und Jens Baggesen – zwei dänische Edelleute, Herzog Friedrich Christian von Holstein-Augustenburg und Graf Ernst von Schimmelmann, Schiller ein Jahresgeld von tausend Talern für drei Jahre an. Er nahm dankbar an. Die Universität befreite ihn von seiner Lehrtätigkeit, doch er vor einem kleinen Privatkreis. Einen Teil seiner neuen Freizeit widmete er, auf Reinholds Drängen, dem Studium von Kants Philosophie, die er fast vollständig übernahm, zu Goethes Belustigung und Herders Entsetzen und vielleicht auch zum Schaden seiner eigenen Dichtkunst.

Jetzt (1793) schrieb er seine lange Abhandlung *Über Anmuth und Würde*, mit welcher der romantische Kult der Schönen Seele begann. Er verkündete: «In einer schönen Seele ist es also, wo Sinnlichkeit und Vernunft, Pflicht und Neigung harmonieren, und Grazie ist ihr Ausdruck in der Erscheinung.»[100] Die Kopenhagener Gönner müssen bestürzt gewesen sein, als sie, als Gegenleistung für ihr Geschenk, einen kleinen Band mit dem Titel *Über die ästhetische Erziehung des Menschen* (1795) erhielten. Ausgehend von Kants Begriff des Schönheitssinnes als selbstloser Betrachtung harmonischer Formen, behauptete Schiller (mit Shaftesbury), «daß das entwickelte Gefühl für Schönheit die Sitten verfeinere» und der ästhetische Sinn eins werde mit dem moralischen. – Es ist ein Trost, in dieser Erklärung aus Weimars ruhigen Tagen zu lesen, daß Schiller (wie Goethe) seine Generation für dekadent hielt, herabgesunken zu tiefer moralischer Entartung. «Das jetzige Zeitalter, weit entfernt, uns diejenige Form der Menschheit aufzuweisen, welche als notwendige Bedingung einer moralischen Staatsverbesserung erkannt worden ist, zeigt uns vielmehr das direkte Gegenteil davon.»[101]

Als er sich von der Philosophie wieder der Dichtung zuwandte, mußte er gestehen: «Die Kritik muß mir jetzt selbst den Schaden ersetzen, den sie mir zugefügt hat – und geschadet hat sie mir in der That; denn die Kühnheit, die lebendige Gluth, die ich hatte, ehe mir noch eine Regel bekannt war, vermisse ich schon seit mehreren Jahren.»[102] Und er erklärte: «Der Dichter ist der einzige wahre Mensch, und der beste Philosoph ist nur eine Karikatur gegen ihn»[103], und er erhob die Aufgabe des Dichters, die Menschheit zu lehren und zu erziehen, auf die Ebene himmlischer Inspiration. In einer langen Ode, «Die Künstler» (1789), stellte er Dichter und Künstler als Führer der Menschheit zur Vereinigung der Schönheit mit Moral und Wahrheit dar. In einem anderen Gedicht, «Die Götter Griechenlands» (1788), lobte er die Griechen ob ihrer ästhetischen Empfindsamkeit und ihrer künstlerischen Schöpfungen und behauptete mit unverbindlicher Unklarheit, die Welt sei düster und häßlich geworden seit der Verdrängung des Hellenentums durch das Christentum. Er war bereits im Begriff, dem Zauber Goethes zu verfallen, wie Goethe dem Winckelmanns verfallen war.

Wahrscheinlich war für Schiller und Goethe die Romantisierung Griechenlands eine Flucht aus dem Christentum. Trotz einiger frommer Stellen war Schiller wie Goethe ein Kind der Aufklärung; er akzeptierte den Glauben des 18. Jahrhunderts an das Heil durch die menschliche Vernunft statt durch göttliche Gnade. Er behielt einen deistischen Glauben an Gott – persönlich nur in der Dichtkunst – und an eine nebelhafte Unsterblichkeit bei. Alle Kirchen, die protestantische und die katholische, lehnte er ab. Predigten waren ihm unerträglich, selbst die Herders. In einem Epigramm, betitelt «Mein Glaube», schrieb er die beiden berühmten Zeilen:

> Welche Religion ich bekenne? Keine von allen,
> Die du mir nennst. Und warum keine? Aus Religion. [104]

An Goethe schrieb er am 9. Juli 1796: «Die gesunde und schöne Natur braucht, wie Sie selbst sagen, keine Moral, kein Naturrecht, keine politische Metaphysik; Sie hätten ebensogut auch hinzusetzen können, sie braucht keine Gottheit, keine Unsterblichkeit, um sich zu stützen und zu halten.» [104a] Dennoch gab es Elemente der Phantasie und des Gemüts in ihm, die ihn zum Christentum zurückzogen:

«Ich finde in der christlichen Religion virtualiter die Anlage zu dem Höchsten und Edelsten, und die verschiedenen Erscheinungen derselben im Leben scheinen mir bloß deswegen so widrig und abgeschmackt, weil sie verfehlte Darstellungen dieses Höchsten sind ... Ist dieses, so scheint mir die Materie doch zu schnell abgetan, denn mir deucht, daß über das *Eigentümliche* christlicher Religion und christlicher Religionsschwärmerei noch zu wenig gesagt sei; daß dasjenige, was diese Religion einer schönen Seele sein kann, oder vielmehr was eine schöne Seele daraus machen kann, noch nicht genug angedeutet sei ... daher ich es mir auch erkläre, warum diese Religion bei der weiblichen Natur so viel Glück gemacht und nur in Weibern noch in einer gewissen erträglichen Form angetroffen wird.» [105]

Im Gegensatz zu Goethe war Schiller nicht robust genug für konsequentes Heidentum. Sein Gesicht war hübsch, doch bleich, seine Gestalt hoch, schmal und gebrechlich. Den täglichen Schwankungen des Wetters mißtraute er und zog es vor, in seinem Zimmer zu sitzen, rauchend und schnupfend. Er sah sich und Goethe als Gegensätze... Natur gegen Idee, Phantasie gegen Intellekt, Gefühl gegen objektives Denken [106]. Er war gleichzeitig schüchtern und stolz, jeder Feindseligkeit abhold, doch stets zurückschlagend, gelegentlich reizbar und ungeduldig [107], vielleicht weil er spürte, daß seine Zeit ablief – oft kritisch gegenüber anderen, manchmal neidisch auf ihre Leistungen [108]. Er besaß die Neigung, über alles zu moralisieren und einen hohen idealistischen Ton anzuschlagen. Es ist eine Erleichterung, festzustellen, daß er an der Erotik in Diderots *Les Bijoux indiscrets* Gefallen fand [109]. Sein eigenes Talent analysierte er treffend in einem frühen Brief an Goethe:

«Dies ist es, was mir, besonders in früheren Jahren, sowohl auf dem Felde der Spekulation als der Dichtkunst ein ziemlich linkisches Ansehen gegeben; denn gewöhnlich übereilte mich der Poet, wo ich philosophieren sollte, und der philosophische Geist, wo ich dichten wollte. Noch jetzt begegnet mir häufig genug, daß die Einbildungskraft meine Abstraktionen und der kalte Verstand meine Dichtung stört. Kann ich dieser beiden Kräfte insoweit Meister werden, daß ich einer jeden durch meine Freiheit die Grenzen bestimmen kann, so erwartet mich noch ein schönes Los; leider aber, nachdem ich meine moralischen Kräfte recht zu kennen und zu gebrauchen angefangen, droht eine Krankheit, meine physischen zu untergraben.»[110]

Sein Leiden trat von neuem und mit größter Heftigkeit wieder auf im Dezember 1793; er erholte sich, doch das Gefühl, daß er nicht geheilt werden konnte und neue Rückfälle erwarten mußte, verdunkelte sein Gemüt. Am 10. Dezember schrieb er an Körner: «Ich wehre mich dagegen mit meiner ganzen Abstractionsgabe ..., aber immer kann ich doch nicht das Feld behalten. – Seit meinem letzten Brief an Dich vereinigte sich so vieles, meine Standhaftigkeit zu bestürmen ... die Unbestimmtheit meiner Aussichten in die Zukunft, da die Mainzer Aspecten sich ganz verfinstert haben, der Zweifel an meinem eigenen Genius, der durch gar keine wohlthätige Berührung von außen gestärkt und ermuntert wird, der gänzliche Mangel einer geistreichen Conversation, wie sie mir jetzt Bedürfniß ist»: dies waren die geistigen Begleiterscheinungen seiner körperlichen Prüfungen. Sehnsüchtig schaute er von Jena nach Weimar auf den beneidenswert gesunden Goethe, diese *mens sana in corpore sano*; dies war, das fühlte Schiller, der Mann, der ihm Anregung und Stütze sein könnte, wenn nur das Eis zwischen ihnen schmelzen, diese Distanz von zwanzig Kilometern überbrückt werden könnte!

VII. SCHILLER UND GOETHE: 1794–1805

Das Eis brach für einen Augenblick, als im Juni 1794 beide Männer an einer Tagung der Naturforschenden Gesellschaft in Jena teilnahmen. Als er mit Goethe zusammen den Saal verließ, bemerkte Schiller, die gelegentlich der Konferenz ausgestellten Proben ermangelten des Lebens und böten keine richtige Hilfe zum Verständnis der Natur. Goethe stimmte nachdrücklich zu, und die Unterhaltung setzte sich fort, bis sie Schillers Haus erreichten. «Das Gespräch lockte mich hinein», erinnerte sich Goethe später; «da trug ich die Metamorphose der Pflanzen lebhaft vor» – eine Abhandlung, in der Goethe behauptete, alle Pflanzen seien Variationen eines einzigen Urtypus, der Urpflanze, und fast alle Pflanzenteile seien Variationen oder Entwicklungen des Blattes. «Er vernahm und schaute das alles mit großer Teilnahme, mit entschiedener Fassungskraft; als ich aber geendet, schüttelte er den Kopf und sagte: das ist keine Erfahrung, das ist eine Idee. ... Seine Gattin, die ich von ihrer Kindheit auf zu lieben und zu schätzen gewohnt war, trug das Ihrige bei zu dauerndem Verständnis.»[111]

Im Mai 1794 hatte Schiller einen Vertrag unterzeichnet, der ihn zu der Herausgabe einer literarischen Monatszeitschrift, *Die Horen*, verpflichtete. (Die Horen waren in der griechischen Mythologie die Göttinnen der Jahreszeiten.) Er hoffte, Kant, Fichte, Klopstock, Herder, Jacobi, Baggesen, Körner, Reinhold, Wilhelm von Humboldt, August Wilhelm von Schlegel und – als besten Fang von allen – Goethe als Mitarbeiter zu gewinnen. Am 3. Juni schickte er Goethe nach Weimar mit der Anrede «Hochwohlgeborener Herr, Hochzuverehrender Herr Geheimer Rat» einen Prospekt der geplanten Zeitschrift und fügte hinzu: «Beiliegendes Blatt enthält den Wunsch einer,

WEIMAR IN BLÜTE

Sie unbegrenzt hochschätzenden, Gesellschaft, die Zeitschrift, von der die Rede ist, mit Ihren Beiträgen zu beehren, über deren Rang und Wert nur Eine Stimme unter uns sein kann. Der Entschluß Euer Hochwohlgeboren, diese Unternehmung durch Ihren Beitritt zu unterstützen, wird für den glücklichen Erfolg derselben entscheidend sein, und mit größter Bereitwilligkeit unterwerfen wir uns allen Bedingungen, unter welche Sie uns denselben zusagen wollen.» [112] Goethe antwortete, er würde gerne mitarbeiten, und versicherte: «Gewiß aber wird eine nähere Verbindung mit so wackern Männern, als die Unternehmer sind, manches, das bei mir ins Stocken geraten ist, wieder in einen lebhaften Gang bringen.» [113]

So begann ein Briefwechsel, der zu den Kostbarkeiten der Literaturgeschichte gehört, und eine Freundschaft, deren elf Jahre – bis zum Tode Schillers – während Austausch von gegenseitiger Achtung und Hilfe Maßstab für unser Urteil über die Menschheit werden sollte. Vielleicht der aufschlußreichste der 999 noch existierenden Briefe ist der vierte (23. August 1794), in dem Schiller nach mehreren Begegnungen mit Goethe höflich und offen, mit Bescheidenheit und Stolz, die Unterschiede zwischen ihren geistigen Haltungen analysierte:

«Die neulichen Unterhaltungen mit Ihnen haben meine ganze Ideenmasse in Bewegung gebracht, denn sie betrafen einen Gegenstand, der mich seit etlichen Jahren lebhaft beschäftigt. Über so manches, worüber ich mit mir selbst nicht recht einig werden konnte, hat die Anschauung Ihres Geistes (denn so muß ich den Totaleindruck Ihrer Ideen auf mich nennen) ein unerwartetes Licht in mir angesteckt. Mir fehlte das Objekt, der Körper, zu mehreren spekulativen Ideen, und Sie brachten mich auf die Spur davon. Ihr beobachtender Blick, der so still und rein auf den Dingen ruht, setzt Sie nie in Gefahr, auf den Abweg zu geraten, in den sowohl die Spekulation als die willkürliche und bloß sich selbst gehorchende Einbildungskraft sich so leicht verirrt. In Ihrer richtigen Intuition liegt alles und weit vollständiger, was die Analysis mühsam sucht ... Geister Ihrer Art wissen daher selten, wie weit sie gedrungen sind und wie wenig Ursache sie haben, von der Philosophie zu borgen, die nur von ihnen lernen kann ... Sie nehmen die ganze Natur zusammen, um über das Einzelne Licht zu bekommen; in der Allheit ihrer Erscheinungsarten suchen Sie den Erklärungsgrund für das Individuum auf.» [114]

Goethes Antwort (27. August) vermied geschickt eine Analyse von Schillers Geisteshaltung:

«Zu meinem Geburtstage, der mir diese Woche erscheint, hätte mir kein angenehmer Geschenk werden können als Ihr Brief, in welchem Sie, mit freundschaftlicher Hand, die Summe meiner Existenz ziehen und mich durch Ihre Teilnahme zu einem emsigern und lebhafteren Gebrauch meiner Kräfte aufmuntern.

Reiner Genuß und wahrer Nutzen kann nur wechselseitig sein, und ich freue mich, Ihnen gelegentlich zu entwickeln: was mir Ihre Unterhaltung gewährt hat, wie ich von jenen Tagen an auch eine Epoche rechne und wie zufrieden ich bin, ohne sonderliche Aufmunterung auf meinem Wege fortgegangen zu sein, da es nun scheint, als wenn wir, nach einem so unvermuteten Begegnen, miteinander fortwandern müßten.» [114a]

Auf diesen Brief ließ Goethe (4. September) eine Einladung an Schiller folgen, nach Weimar zu kommen und einige Tage bei ihm zu verbringen. «Sie würden jede Art von Arbeit ruhig vornehmen können. Wir besprächen uns in bequemen Stunden ... und würden nicht ohne Nutzen scheiden. Sie sollten ganz nach Ihrer Art und Weise leben

DER PROTESTANTISCHE NORDEN

und sich wie zu Hause möglichst einrichten.»[114b] Schiller nahm bereitwillig an, warnte Goethe jedoch: «Leider nötigen mich meine Krämpfe gewöhnlich, den ganzen Morgen dem Schlaf zu widmen, weil sie mir des Nachts keine Ruhe lassen.»[114c] So war Schiller, vom 14. bis zum 28. September, Goethes Gast, fast sein Patient. Der ältere Mann sorgte zärtlich für den leidenden Dichter, bewahrte ihn vor Belästigungen, gab ihm diätetische Ratschläge und lehrte ihn, die frische Luft zu lieben. Nach Jena zurückgekehrt, schrieb Schiller (29. September): «Ich sehe mich wieder hier, aber mit meinem Sinn bin ich noch immer in Weimar. Es wird mir Zeit kosten, alle die Ideen zu entwirren, die Sie in mir aufgeregt haben.»[114d] Dann (8. Oktober) drängte er mit charakteristischem Eifer: «Mir schien es nötig, da wir uns in der Folge so oft darauf geführt sehen könnten, unsre Begriffe über das Wesen des Schönen vorderhand ins klare zu setzen.»[114e]

Es folgten drei Monate der Vorbereitung für die erste Nummer der *Horen.* Diese erschien am 24. Januar 1795, die zweite am 1. März, die übrigen monatlich während dreier Jahre. Goethe berichtete aus Weimar (18. März): «Man ist eigentlich nur dahinter her, man reißt sich die Stücke aus den Händen, und mehr wollen wir nicht für den Anfang.»[114f] Am 10. April teilte Schiller Goethe mit, Kant habe ihm einen sehr freundlichen Brief geschrieben, jedoch um Aufschub für seine Beiträge gebeten; er sei froh, den «alten Vogel» überredet zu haben, mitzumachen. Goethe bat darum, seine eigenen Beiträge ohne Namennennung erscheinen zu lassen, denn sie umfaßten mehrere seiner *Römischen Elegien,* und er wußte, daß deren Sinnlichkeit als unpassend für einen Geheimrat angesehen werden würde.

In seiner Begeisterung über den Erfolg überredete Schiller Goethe, mit ihm ein weiteres Periodikum, den *Musenalmanach,* herauszugeben, der von 1796 bis 1800 jährlich erschien. Die lebendigsten Beiträge in diesem Almanach waren die *Xenien,* welche die beiden Dichter nach dem Vorbild von Martials Xenia – als Gastgeschenke verfaßte Epigramme – schrieben. Schiller beschrieb Körner das Unternehmen: «Kurz, die ganze Sache besteht in einem gewissen Ganzen von Epigrammen, davon jedes ein Monodistichon ist. Das meiste ist wilde, gottlose Satyre, besonders auf Schriftsteller und schriftstellerische Produkte, untermischt mit einzelnen poetischen, auch philosophischen Gedankenblitzen. Es werden nicht unter 600 solcher Monodistichen werden.»[115] Goethe hatte diesen Plan als ein Mittel vorgeschlagen, ihren Kritikern zurückzugeben, sich über die bombastischen Autoren und bourgeoisen Geschmäcker lustig zu machen und das deutsche Lesepublikum zu einem stärkeren Interesse an der Literatur anzuregen; sie würden diese «Geschenke» in das Lager der Philister schicken wie «mordbrennerische Füchse»[116]. Die Epigramme waren nicht unterzeichnet, und einige von ihnen waren das gemeinsame Produkt der beiden Verschwörer. Da viele von diesen mordbrennerischen Füchsen gegen vergessene Autoren oder Richtungen gerichtet waren, hat die Zeit ihr Feuer gelöscht; doch einige, die aus der Feder Goethes stammen, verdienen es, in die Erinnerung zurückgerufen zu werden:

> Immer strebe zum Ganzen, und kannst du selber kein Ganzes
> Werden, als dienendes Glied schließ an das Ganze dich an!

WEIMAR IN BLÜTE

Ein anderes Distichon, das gewöhnlich Schiller zugeschrieben wird, führt den Gedanken weiter:

Vor dem Tod erschrickst du? Du wünschest unsterblich zu leben?
Leb' im Ganzen! Wenn du lange dahin bist, es bleibt.

Der satirische Teil der *Xenien* brachte den Autoren Gegenangriffe ein, die Schiller leiden und Goethe lachen machten. Goethe riet Schiller, sein Werk seine einzige Antwort sein zu lassen. «Denn nach dem tollen Wagestück mit den Xenien müssen wir uns bloß großer und würdiger Kunstwerke befleißigen und unsere proteische Natur, zu Beschämung aller Gegner, in die Gestalten des Edlen und Guten umwandeln.» [117] Und dies geschah. In diesen Jahren der Entfaltung ihrer Freundschaft schrieben Goethe und Schiller einige ihrer schönsten Gedichte: Goethe «Die Braut von Korinth» und «Der Gott und die Bajadere», Schiller «Der Spaziergang» (1795), «Die Kraniche des Ibikus» (1797) und «Das Lied von der Glocke» (1800). Schiller schrieb außerdem eine größere Abhandlung *Über naive und sentimentale Dichtung* (1795), und Goethe veröffentlichte *Wilhelm Meisters Lehrjahre* (1796).

Unter «naiver und sentimentalischer Dichtung» verstand Schiller den Gegensatz zwischen der aus objektiver Wahrnehmung geborenen Dichtkunst und der durch empfindsame Betrachtung entwickelten; unausgesprochen verglich er dabei Goethe mit sich. Der «naive» Dichter ist nicht einfältig, oberflächlich oder irregeleitet; er ist derjenige, der sich der äußeren Welt so bereitwillig anpaßt, daß er keinen Gegensatz zwischen sich und der Natur empfindet, sondern sich der Wirklichkeit durch unmittelbare und unbedenkliche Intuition nähert. Schiller zitiert Homer und Shakespeare als Beispiel. Wenn die Kultur komplexer und künstlicher wird, verliert die Dichtung ihre objektive Unmittelbarkeit und subjektive Harmonie; die Seele gerät in einen Konflikt, und der Dichter muß durch Einbildungskraft und Gefühl diese Eintracht und Vereinigung des Ich mit der Welt – als erinnerte oder erhoffte Ideale – wiedergewinnen; die Dichtkunst wird reflexiv umwölkt vom Denken [118]. Schiller glaubte, der größere Teil der griechischen Dichtung sei von dieser naiven oder direkten Art gewesen und die moderne Dichtung meistens das Resultat von Mißklang, Uneinigkeit und Zweifel. Der ideale Dichter ist derjenige, der beide, den einfachen und den reflektiven Weg, in einer Vision und poetischen Form verschmilzt. Goethe erklärte später, diese Abhandlung sei der Ursprung des Streites zwischen klassischer und romantischer Literatur und Kunst geworden.

Die Entstehungsgeschichte von *Wilhelm Meisters Lehrjahren* veranschaulicht Goethes Schaffensmethode. Er konzipierte die Handlung 1777, vollendete Buch I schon 1778, legte es beiseite und beendete das Buch II erst im Juli 1782. An Buch III arbeitete er bis zum November dieses Jahres und an Buch IV bis zum November 1783; das Schreiben von Buch V und VI zog sich über weitere drei Jahre hin. Er nannte diese sechs Bücher «Wilhelm Meisters theatralische Sendung» und las Teile von ihnen Freunden vor; dann legte er sie beiseite. 1791 nahm er die Arbeit auf Drängen Herders und Anna Amalias wieder auf, schrieb bis Juni zwei weitere Bücher und unterbreitete das wachsende Manuskript Schiller, der mit kritischen Bemerkungen und Vorschlägen und

Ermutigungen antwortete, während die Seiten eintrafen, ähnlich einer Hebamme, die bei einer lang sich hinziehenden Geburt assistiert. Endlich wurde 1796 das Ganze in Druck gegeben. Kein Wunder, daß das Endprodukt leicht deformiert, schwach in der Struktur, schwammig und verworren war, hervorragend nur in Einzelteilen und als Spiegel von Goethes unsicherem Wandern zwischen widerstreitenden Interessen und vagen Idealen. Die Entschlossenheit und das Selbstvertrauen, das Schiller ihm zuschrieb, waren nichts anderes als ein stolzes Verheimlichen inneren Schwankens und Strebens.

«Lehrjahre» bezieht sich auf die Lehrlingszeit in den deutschen Zünften; nach dieser Zeit der Unmündigkeit wurde Wilhelm «Meister». Das durchgehende Thema des Romans ist also Wilhelms langsame und schmerzvolle Lehrzeit in der Zunft des Lebens. Die Puppenspiele, die Goethe als Kind geliebt hatte, und sein anhaltendes Interesse für das Theater bewogen ihn, die Erzählung mit dem Schicksal einer Schauspielertruppe zu verknüpfen, das den Helden durch ein Dutzend Städte und hundert Wechselfälle führt und dem Autor Gelegenheit gibt, Lebenslektionen zu erteilen und deutsche Sitten zu schildern. Getreu seiner eigenen Treulosigkeit, läßt er diesen Helden zum erstenmal auftreten, als er im Begriff ist, seine Geliebte Mariane zu verlassen. Wilhelm ist kein anziehender Charakter. Er läßt sich von der Laune des Augenblicks oder durch die Macht einer Persönlichkeit von einer Situation in die andere treiben; es ist die Frau, die in dieser Liebesaffäre die Initiative ergreift. Als Bürger geboren, erstirbt er in Bewunderung für Menschen von adliger Geburt und verzehrt sich in der Hoffnung, daß diese eines Tages die Aristokratie des Geistes anerkennen werden. Philine ist attraktiver: eine hübsche Schauspielerin, die leichtfüßig von Liebe zu Liebe tanzt, doch ihren erotischen Tourismus mit ansteckender Fröhlichkeit und entwaffnender Unschuld ziert. Einzigartig ist die kleine Mignon, die ihren alten Vater gehorsam begleitet, während er auf seinen Bettelwanderungen seine Harfe zupft. Goethe sagt von ihr, daß sie «ein gebrochenes, mit Französisch und Italienisch durchflochtenes Deutsch sprach»[119], doch er legt ihr das vollkommene Lied «Kennst du das Land» in den Mund. Sie verliebt sich in ihrem erwachenden Weibtum in Wilhelm, der sie als Kind liebt, und stirbt vor Gram, als sie ihn in Thereses Armen sieht. Ambroise Thomas entnahm diesen achthundert Seiten ihre Geschichte und machte daraus eine traurige und köstliche Oper (1866).

Schiller lobte die ruhige Heiterkeit des Stils in *Wilhelm Meisters Lehrjahren*, wie auch die echte Beschreibung einer wandernden Truppe, doch er wies auf Widersprüche in der Chronologie hin, auf psychologische Unwahrscheinlichkeiten, Verstöße gegen den Geschmack und Fehler in der Charakterisierung und Zeichnung[120]. Er schlug Änderungen in der Fabel vor und erläuterte, wie er sich das Ende der Geschichte vorstellte[121]. Goethe versicherte ihm: «Und ich werde gewiß, insofern es mir möglich ist, Ihren gerechten Wünschen entgegen gehn.»[122] Doch dreiunddreißig Jahre später gestand er Eckermann, daß dies alles war, was er tun konnte, um seinen Roman vor Schillers Einfluß zu schützen[123]. Andere Kritiker waren weniger freundlich; einer nannte das Buch ein Bordell auf Reisen, und Charlotte von Stein beklagte sich: «Wo

WEIMAR IN BLÜTE

edle Gefühle vorkommen, die hat er alle mit ein bißchen Kot beklebt, um ja in der menschlichen Natur nichts Himmlisches zu lassen.»[124] Der Roman verdiente diese strengen Zensuren nicht; er enthält viele gefällige Seiten und kann noch immer das Interesse von Lesern wecken, die unberührt sind vom Aufruhr der Welt.

Am 23. März 1796 ging Schiller wiederum als Goethes Gast nach Weimar. Hier arbeiteten sie zusammen für das Theater. Goethe war ein strenger Direktor, wählte die aufzuführenden Stücke aus und erzog die Schauspieler. «Alles Krankhafte, Weinerliche und Sentimentale, so wie alles Schreckliche, Greuelhafte und die gute Sitte Verletzende, war ein für allemal ausgeschlossen.»[125] Das Publikum war gewöhnlich auf den Hof beschränkt, ausgenommen, wenn Studenten von Jena eingeladen waren. August Wilhelm von Schlegel bemerkte bitter, Deutschland habe zwei Nationaltheater – Wien mit einem Publikum von fünfzigtausend und Weimar mit einem Publikum von fünfzig[126].

Schiller kehrte am 12. April nach Jena zurück, durch seinen erneuerten Kontakt mit der Bühne angeregt, von der Geschichte, Philosophie und gelegentlicher Poesie zum Drama zurückzukehren. Er dachte seit langem daran, ein Stück über Wallenstein zu schreiben; Goethe drängte ihn, es in Angriff zu nehmen. Im November ging Goethe nach Jena und blieb eine Zeitlang in täglichem Verkehr mit Schiller. Nach Weimar zurückgekehrt, schrieb Goethe: «Benutzen Sie ja Ihre besten Stunden, um die Tragödie weiterzubringen, damit wir anfangen können, uns zusammen darüber zu unterhalten.»[127]

Während Schiller am *Wallenstein* arbeitete, versuchte sich Goethe, angespornt durch den Erfolg von Johann Heinrich Vossens Versidyll des deutschen Lebens und Gefühls, *Luise* (1795), in diesem beliebten Genre und veröffentlichte 1798 *Hermann und Dorothea*. Hermann ist der starke und gesunde, schüchterne und ruhige Sohn eines galligen Vaters und einer sanften Mutter, welche in einem Dorf am Rhein die «Goldene Herberge» und ein großes Bauerngut bewirtschaften. Sie erfahren, daß sich Hunderte von Flüchtlingen aus einer von den Franzosen besetzten Grenzstadt nähern. Die Familie macht Päckchen mit Kleidern und Lebensmitteln zurecht, die Hermann den Flüchtlingen bringt. Unter ihnen entdeckt er ein Mädchen mit schwellendem Busen und «wohlgebildeten Knöcheln»[128], die ihnen helfend und tröstend zur Hand geht. Er verliebt sich in sie und bringt sie nach gebührenden Verwicklungen als seine Braut nach Hause zu seinen Eltern. Die Geschichte ist in fließenden Hexametern erzählt, Vignetten des ländlichen Lebens verleihen der Geschichte Farbe, und Forderungen nach der Vertreibung der französischen Invasoren gefielen den patriotischen Deutschen, die *Iphigenie auf Tauris* und *Torquato Tasso* als fremdländisch und unverständlich empfunden hatten. Das kleine Epos verschaffte einem Autor, der seit *Werther* wenige Leser außerhalb des Herzogtums Sachsen-Weimar gehabt hatte, neue Popularität.

Schillers Stern war von 1798 bis 1800 im Steigen. Am 28. November 1796 schrieb er an Körner: «Ich brüte immer ernstlich über den *Wallenstein,* aber noch immer liegt das unglückselige Werk formlos und endlos vor mir da.» Er begann das Werk in Prosa, legte es beiseite, begann es von neuem in Versen. Das Material war ihm teilweise vertraut auf Grund seiner Studien zur *Geschichte des Dreißigjährigen Krieges,* doch es war so umfangreich, so kompliziert in seinen Charakteren und Ereignissen, daß er den Versuch, es in fünf Akte zusammenzupressen, aufgab. Er entschloß sich, dem Drama einen einaktigen Prolog, genannt *Wallensteins Lager,* vorangehen zu lassen und den Rest in zwei Stücke aufzuteilen; *Die Piccolomini* schilderten das Komplott zur Absetzung des rebellischen Generals und die sich daraus ergebende tragische Liebe zwischen Wallensteins Tochter und dem Sohn eines Führers der Verschwörer. Das letzte und eigentliche Drama sollte *Wallensteins Tod* sein.

Als Goethe den Prolog las, war er so beeindruckt von der realistischen Schilderung eines Heerlagers und der geschickten Vorbereitung der späteren Entwicklung, daß er darauf bestand, *Wallensteins Lager* am Weimarer Theater aufzuführen (12. Oktober 1798), bevor die *Piccolomini* vollendet waren. Vielleicht war dies ein raffiniertes Mittel, um den Dichter bei der Arbeit zu halten. Im Frühjahr 1799 ging Schiller nach Weimar, um *Die Piccolomini* auf die Bühne zu bringen. Das Stück hatte seine Premiere am 30. Januar und wurde beifällig aufgenommen. Schiller kehrte nach Jena zurück und arbeitete fieberhaft an *Wallensteins Tod.* Ein Brief vom März 1799 enthüllt die Stimmung eines Schriftstellers, der dem Feuer schöpferischen Schaffens entsteigt: «Ich habe mich schon so lange vor dem Augenblick gefürchtet, den ich so sehr wünschte, meines Werks los zu sein; in der That befinde ich mich bei meiner jetzigen Freiheit schlimmer als der bisherigen Sklaverei. Die Masse, die mich bisher anzog und fest hielt, ist nun auf einmal weg, und mir dünkt, als wenn ich bestimmungslos im luftleeren Raume hinge.»

Für Aufregungen sorgten die Proben und die Premiere (20. April 1799) von *Wallensteins Tod.* Der Erfolg war vollkommen; selbst das höchst kritische Weimarer Publikum spürte, daß es Zeuge der Aufführung eines dramatischen Meisterwerkes gewesen war. Schiller hatte nun den Gipfel seiner Entwicklung erreicht. Er hatte die Texte gekürzt und die Handlung gestrafft, hatte alle führenden Charaktere lebendig und kraftvoll gezeichnet, hatte alle Fäden der Handlung zu einem Knoten verknüpft und zu einer tragischen Auflösung geführt, dem schändlichen Tod eines großen Mannes, der sich durch grenzenlosen Ehrgeiz und Stolz selbst zerstört hatte. Schiller hatte das Gefühl, daß er sich nun mit Goethe auf eine Stufe stellen könne[129], und auf dem Gebiet des Dramas hatte er damit recht. Wahrscheinlich auf Goethes Anregung erhöhte der Herzog Schillers Jahresgeld um zweihundert Taler und lud ihn ein, in Weimar zu wohnen. Am 3. Dezember 1799 zog die Familie in ein Haus, das dem Goethes so nahe lag, daß sich die beiden Dichter eine Zeitlang jeden Tag sahen[130].

Inzwischen hatte sich Schiller, getragen von seinem Triumph, in ein neues Theaterstück gestürzt. Er schrieb am 8. Mai 1799 an Körner: «Jetzt bin ich, gottlob! wieder auf ein neues Trauerspiel fixiert, nachdem ich sechs Wochen lang zu keiner Resolution kommen konnte.» Für seine *Maria Stuart* studierte er die historischen Unterlagen, doch er erhob nicht den Anspruch, Geschichte zu schreiben; er nahm sich lediglich vor, die Geschichte als Material und Hintergrund für sein Stück zu benutzen. Er arrangierte die Ereignisse und die Chronologie mit dem Blick auf dramatische Zusammen-

WEIMAR IN BLÜTE

hänge und Wirkungen, er betonte die unfreundlichen Aspekte in Elisabeths Charakter und machte aus Maria eine fast unbefleckte Heroine, stellte die beiden Königinnen in einer dramatischen Auseinandersetzung einander gegenüber. Die Geschichte weiß nichts von einem solchen Zusammentreffen, doch die Szene ist eine der prächtigsten in der Bühnenliteratur. Als das Stück am 24. Juni 1800 in Weimar aufgeführt wurde, ließ sich Schiller wiederum vom Erfolg berauschen. Im Juli arbeitete er bereits an der *Jungfrau von Orleans*. Auch hier änderte er die Geschichte zu seinen Zwecken: anstatt die Jungfrau zu verbrennen, ließ er sie aus der Gefangenschaft der Engländer entkommen, in die Schlacht stürzen, um ihren König zu retten, und als Siegerin auf dem Schlachtfeld sterben. Die Premiere in Leipzig (18. September 1801) war der größte Triumph, den Schiller je erlebte.

War Goethe eifersüchtig auf den raschen Aufstieg seines Freundes zur Vormachtstellung auf der deutschen Bühne? Er freute sich darüber, und noch achtundzwanzig Jahre später erklärte er: «Wallenstein ist so groß, daß in seiner Art zum zweitenmal nicht etwas Ähnliches vorhanden ist.»[131] Doch in der Poesie schätzte er seinen Rivalen nicht so hoch ein wie im Drama; er war der Ansicht, Schiller habe seine Dichtung durch Philosophie verdunkelt und nie die Musik des Verses gemeistert[132]. Als einige Bewunderer Schillers ihm im Weimarer Theater eine Huldigung darbringen wollten, verbot Goethe die Veranstaltung aus Gründen des Geschmacks[133]. Im Juli 1800 ging er, um in Abgeschlossenheit arbeiten zu können, nach Jena, während Schiller in Weimar blieb. Doch am 23. November sprach Schiller noch immer in Ausdrücken ungeschwächter Freundschaft. In einem Brief an eine Freundin sagte er von Goethe: «Die Natur hat ihn reicher ausgestattet als irgendeinen, der nach Shakespeare aufgestanden ist ... Ich darf wohl sagen, daß ich in den sechs Jahren, die ich mit ihm zusammen lebte, auch nicht einen Augenblick an seinem Charakter irre geworden bin. Er hat eine hohe Wahrheit und Biederkeit in seiner Natur und den höchsten Ernst für das Rechte und Gute ... Es wäre zu wünschen», fügte er hinzu, «daß ich Goethe ebenso gut in Rücksicht auf seine häuslichen Verhältnisse rechtfertigen könnte ... Aber leider ist er durch einige falsche Begriffe über das häusliche Glück und durch eine unglückliche Ehescheu in ein Verhältnis geraten, welches ihn in seinem eigenen häuslichen Kreise drückt und unglücklich macht und welches abzuschütteln er leider zu schwach und zu weichherzig ist. Dies ist seine einzige Blöße.»[134] Schillers Frau empfing, wie die anderen Damen Weimars, Christiane nicht in ihrem Haus, und Schiller erwähnte sie selten in seinen erhalten gebliebenen Briefen an Goethe.

Trotz dieser Flecken auf der Freundschaft der Dioskuren, wie sie manchmal genannt wurden, bewies diese zum mindesten, daß ein klassisches und ein romantisches Genie miteinander in Harmonie leben können. Fast jeden Tag schickten sie einander Botschaften, sie soupierten häufig zusammen, Goethe stellte Schiller oft seine Kutsche zur Verfügung, schickte Schiller «einen Teil eines soeben angekommenen Weintransports»[135]. «Lassen Sie uns gegen Abend zusammen spazieren und zusammen bleiben», schrieb Goethe am 20. April 1801, und am 11. Juni: «Leben Sie recht wohl, grüßen Sie Ihre liebe Frau und erfreuen Sie mich, wenn ich wiederkomme, mit Früchten Ihres

Fleißes», und am 28. Juni 1802: «Sie werden einen Schlüssel zu meinem Garten und Gartenhaus erhalten; machen Sie sich den Aufenthalt einigermaßen leidlich und genießen der Ruhe, die in dem Tale herrscht.» Zweiundzwanzig Jahre nach Schillers Tod sagte Goethe zu Eckermann: «Ein Glück für mich war es indes, daß ich Schillern hatte. Denn so verschieden unsere beiderseitigen Naturen auch waren, so gingen doch unsere Richtungen auf eins, welches denn unser Verhältnis so innig machte, daß im Grunde keiner ohne den anderen leben konnte.»[136]

In den letzten Jahren ihrer Verbindung waren beide durch Krankheit behindert. Während der ersten drei Monate des Jahres 1801 litt Goethe an Nervosität, Schlaflosigkeit, heftiger Influenza und an Abszessen, die eine Zeitlang seine Augen verschlossen. In einem Stadium der Krankheit war er so lange bewußtlos, daß Weimar seinen Tod erwartete. Am 12. Januar schrieb Charlotte von Stein an ihren Sohn Fritz: «Ich wußte nicht, daß unser ehemaliger Freund Goethe mir noch so theuer wäre, daß eine schwere Krankheit, an der er seit neun Tagen liegt, mich so innig angreifen würde.»[137] Sie nahm Christianes Sohn August für eine Weile in ihr Haus, um die Last zu erleichtern, die Goethes Krankheit seiner Mätresse auferlegt hatte, die ihn unermüdlich pflegte. Seine Genesung ging nur langsam vor sich und war schmerzhaft. Es sei schwer, schrieb er an Charlotte, «den Weg zurückzufinden»[138].

1802 kaufte Schiller, inzwischen durch die steigenden Einkünfte aus seinen aufgeführten und veröffentlichten Theaterstücken wohlhabend geworden, für 7200 Gulden ein Haus in Weimar, und Goethe, damals in Jena, half ihm das Haus zu verkaufen, in dem er gewohnt hatte. Am 17. März 1803 brachte Schiller *Die Braut von Messina* zur Aufführung, nach seinem eigenen Geständnis[139] ein Versuch, mit dem *Oidipus* des Sophokles zu konkurrieren, indem er, durch einen geteilten Chor, den Streit zweier Brüder um eine Frau schildert, von der es sich herausstellt, daß sie beider Schwester ist. Das Stück gefiel nicht. Goethe erlebte einen ähnlichen Rückschlag, als er 1804 *Die natürliche Tochter* auf die Bühne brachte.

Unter den Zuschauern befand sich eine geistreiche und sprunghafte Dame, Germaine Necker, Frau von Staël, die Material für ihr Buch über Deutschland sammelte. Sie sah Schiller zum erstenmal im Dezember 1803

«im Salon des Herzogs und der Herzogin von Weimar in Gegenwart einer ebenso feingebildeten als imposanten Gesellschaft. Er las das Französische sehr gut, hatte es aber nie gesprochen. Ich verfocht mit großer Hitze die Behauptung, daß unser dramatisches System allen andern überlegen sei. Es widerstrebte ihm nicht, mich zu bekämpfen, und ohne sich durch die Schwierigkeiten und Hindernisse, welche die Darlegung seiner Gedanken in französischer Sprache ihm bereitete, anfechten zu lassen; bald aber entdeckte ich in dem, was Schiller sagte, bei all den Hindernissen, welche die Worte ihm bereiteten, so viel Ideen, wurde bald so von dieser Charaktereinfachheit eingenommen, fand ihn so bescheiden, so lebhaft, daß ich von Stund' an eine mit tiefer Bewunderung gemischte Freundschaft zu ihm faßte.»[140]

Schiller bereitete Goethe auf sie vor: «Die französische Geistesbildung stellt sie rein und in einem höchst interessanten Lichte dar ... Das einzige Lästige ist die ganz ungewöhnliche Fertigkeit ihrer Zunge, man muß sich ganz in ein Gehörorgan verwandeln, um ihr folgen zu können.»[141] Er brachte sie am 14. Dezember zu Goethe. Goethe be-

WEIMAR IN BLÜTE 141

richtete: «Es war eine interessante Stunde. Ich bin nicht zu Worte gekommen; sie spricht gut, aber viel, sehr viel.»[142] Ihr eigener Bericht war genau der gleiche, bis auf eine Kleinigkeit: Sie sagte, Goethe hätte so viel geredet, daß sie keine Chance hatte, eine Silbe zu sprechen. In ihrem Buch stellte sie den Franzosen Deutschland als das «Vaterland des Denkens» dar. So schrieb sie: «Sollten die deutschen Schriftsteller, diese unterrichtetsten und tiefdenkendsten Männer von Europa, nicht wert sein, daß man ihrer Literatur und ihrer Philosophie einen Augenblick Aufmerksamkeit schenke?»[143]

Entschlossen, das Publikum wiederzugewinnen, das er durch *Die Braut von Messina* verloren hatte, wählte Schiller, auf Goethes Anregung, als Stoff für sein nächstes Drama die volkstümliche Geschichte des Wilhelm Tell. Das Thema hatte ihn bald gepackt. Goethe erinnerte sich 1820: «Nachdem er alles Material zusammengebracht hatte, setzte er sich über die Arbeit, und – hier erhob sich Goethe und schlug mit geballter Faust auf den Tisch – buchstäblich genommen, stand er nicht eher vom Platze auf, bis der Tell fertig war. Überfiel ihn die Müdigkeit, so legte er den Kopf auf den Arm und schlief. Sobald er wieder erwachte, ließ er sich – nicht, wie ihm fälschlich nachgesagt worden, Champagner – sondern starken schwarzen Kaffee bringen, um sich munter zu erhalten. So wurde der Tell in sechs Wochen fertig; er ist aber auch wie aus einem Guß!»[144]

Schiller benutzte für die Handlung die Sage von einem Wilhelm Tell, der den Aufstand der Schweizer Urkantone gegen Österreichs Landvögte im Jahre 1308 angeführt hatte. Der Aufstand war historisch; auch Geßler, der verhaßte österreichische Landvogt. In der Sage versprach Geßler dem Tell Begnadigung, wenn er seine berühmte Geschicklichkeit mit der Armbrust beweise, indem er einen Apfel vom Kopf seines Sohnes schieße. Tell nahm zwei Pfeile aus dem Köcher. Mit dem ersten durchbohrte er den Apfel. Geßler fragte ihn, was er mit dem zweiten beabsichtigt hätte. Tell antwortete: «Mit diesem zweiten Pfeil durchschoß ich – Euch, wenn ich mein liebes Kind getroffen hätte.» Das Stück wurde am 17. März 1804 in Weimar mit großem Erfolg aufgeführt und ging bald danach über alle Bühnen; die Schweiz übernahm es als ein Teil ihres nationalen Erbes. Von der Buchveröffentlichung des Stückes wurden in wenigen Wochen siebentausend Stück verkauft. Schiller war jetzt berühmter als Goethe.

Doch er hatte nur noch weniger als ein Jahr zu leben. Im Juli 1804 erlitt er einen so heftigen Kolikanfall, daß sein Arzt um sein Leben bangte und Schiller auf seinen Tod hoffte. Er erholte sich langsam und begann ein neues Theaterstück, *Demetrius* (der «falsche Dimitri» der russischen Geschichte). Am 28. April 1805 sah er Goethe zum letztenmal; von dieser Begegnung kehrte Goethe in sein Haus zurück und erkrankte selbst ernsthaft an einer Kolik. Am 29. trat Schillers Krankheit in ihr letztes Stadium ein. Heinrich Voß berichtete: «Die Augen lagen tief im Kopfe, jede Nerve zuckte krampfartig.»[145] Die ungesunden Spannungen des literarischen Wettbewerbs, die Entzündung seiner Gedärme und der Verfall seiner Lungen vereinigten sich, ihn zu vernichten. «Schiller hat nie viel getrunken», sagte Goethe später, «er war sehr mäßig;

aber in solchen Augenblicken körperlicher Schwäche suchte er seine Kräfte durch etwas Liqueur oder ähnliches Spirituoses zu steigern.»[146] Am 9. Mai trat Schiller dem Tod mit einer seltsamen Ruhe entgegen: Er sagte seiner Frau, seinen vier Kindern und seinen Freunden Lebewohl. Dann schlief er ein und erwachte nicht wieder. Eine Autopsie ergab, daß die linke Lunge durch Tuberkulose vollkommen zerstört, das Herz degeneriert, die Leber, die Nieren und alle Eingeweide krank waren. Der Arzt sagte zu dem Herzog: «Wenn er auch von diesem Fieber hätte genesen können, würde er doch, nach dem Zustande der Lunge, nicht länger als ein halbes Jahr gelebt und schwere Beängstigungen erduldet haben.»[147]

Goethe war zu dieser Zeit so krank, daß niemand es wagte, ihm Schillers Tod mitzuteilen. Am 10. Mai sagte es ihm Christiane unter Schluchzen. «Ich dacht mich selbst zu verlieren», schrieb er an Zelter, «und verliere nun einen Freund und in demselben die Hälfte meines Daseins.»[148] Mit dem, was ihm blieb, gelangte er zu seiner eigenen Erfüllung.

FÜNFTES KAPITEL

Goethe der Olympier

[1805–1832]

I. GOETHE UND NAPOLEON

SOLLEN wir nun, die uns gesetzten Grenzen achtend, den Bericht über Goethe an diesem Punkt, da er seinen *Faust* noch nicht vollendet, unterbrechen, oder müssen wir nicht gerechterweise die Lebensbahn dieses ewig jungen Olympiers bis zu ihrem Ende verfolgen? Goethe scheint geahnt zu haben, daß seine Gestalt hoch über seine Epoche hinausragen würde. «Es kann die Spur von meinen Erdetagen nicht in Äonen untergehen.»[1]

Am 14. Oktober 1806 besiegte Napoleon die Preußen bei Jena. Herzog Carl August, der mit Preußen verbündet war, hatte in dieser Schlacht seine eigene kleine Armee gegen die Franzosen angeführt. Seine geschlagenen Truppen und nach ihnen die hungrigen Sieger überschwemmten Weimar, plünderten die Läden und quartierten sich in Privathäusern ein. Sechzehn elsässische Soldaten wurden in Goethes Haus untergebracht; Christiane gab ihnen zu essen, zu trinken und Betten. In der Nacht drangen zwei weitere betrunkene Soldaten ein, und als sie im Erdgeschoß keine Schlafstätten mehr fanden, stürmten sie die Treppe hinauf in Goethes Zimmer, schwangen drohend ihre Säbel und forderten Quartier. Christiane stellte sich zwischen die Soldaten und ihren Lebensgefährten, überredete sie, das Haus zu verlassen, und verriegelte die Türe. Am 15. erreichte Bonaparte Weimar und stellte die Ordnung wieder her; es erging der Befehl, daß «der hervorragende Gelehrte» nicht gestört werden dürfe und daß «alle Maßnahmen getroffen werden sollten, den großen Goethe und sein Haus zu schützen»[2]. Die Marschälle Lannes, Ney und Augereau wohnten eine Weile bei ihm und verabschiedeten sich dann mit Entschuldigungen und Komplimenten. Goethe dankte Christiane für ihre Tapferkeit und sagte zu ihr: «So Gott will, werden wir Mann und Frau sein.» Am 19. Oktober wurden sie getraut. Seine gute Mutter, die alle seine Fehler geduldig ertragen und seine Ehren bescheiden geteilt hatte, schickte dem Paar ihren Segen. Sie starb am 12. September 1808, und Goethe erbte die Hälfte ihres Vermögens.

Im Oktober 1808 führte Napoleon den Vorsitz über eine Zusammenkunft von sechs Herrschern und dreiundvierzig Fürsten in Erfurt und änderte die Landkarte Deutschlands in seinem Sinne. Herzog Carl August nahm teil, und Goethe gehörte zu seinem Gefolge. Bonaparte forderte Goethe auf, ihn am 2. Oktober zu besuchen; der Dichter kam und verbrachte eine Stunde mit dem Eroberer, Talleyrand, zwei Generälen und Friedrich von Müller, einem Weimarer Regierungsbeamten. Napoleon machte ihm

DER PROTESTANTISCHE NORDEN

Komplimente über seine Vitalität (Goethe war damals neunundfünfzig), erkundigte sich nach seiner Familie und verbreitete sich in einer scharfen Kritik am *Werther*. Er verurteilte die damals in Mode befindlichen Schicksalsstücke. «Was will man jetzt mit dem Schicksal? Die Politik ist das Schicksal ... *Qu'en dit Monsieur Gœt?*» Wir kennen Goethes Antwort nicht, doch Müller berichtete, daß Napoleon, als Goethe das Zimmer verließ, zu seinen Generälen sagte: «*Voilà un homme!*»[3]

Am 6. Oktober kam Napoleon wieder nach Weimar und brachte eine Truppe von Schauspielern aus Paris mit, unter ihnen den großen Talma. Sie spielten in Goethes Theater Voltaires *La Mort de César*. Nach der Vorstellung nahm der Kaiser Goethe beiseite und sprach mit ihm über die Tragödie. «Das Trauerspiel sollte die Lehrschule der Fürsten und der Völker sein», sagte er, «denn es steht in gewissem Sinne über der Geschichte ... Sie sollten den Tod Caesars dichten, großartiger als Voltaire. Man müßte der Welt zeigen, wie Caesar [Napoleon] sie beglückt hätte, wenn man ihm Zeit gelassen hätte, seine hochsinnigen Ideen zu verwirklichen.» Und später sagte er: «Kommen Sie nach Paris! Ich verlange es geradezu von Ihnen. Dort gibt es größere Weltauffassung. Dort werden Sie überreichen Stoff für Ihre Dichtungen finden.»[4] Als Napoleon nach seinem verhängnisvollen Rückzug aus Moskau wieder durch Weimar kam, beauftragte er den französischen Botschafter, Goethe seine Grüße zu übermitteln.

Der Dichter sah in dem Bonaparte, den er kennengelernt hatte, wie er es ausdrückte, den «größten Verstand, den die Welt je gesehen»[5]. Er billigte Napoleons Herrschaft über Deutschland; schließlich hatte Goethe 1807 geschrieben, daß es kein Deutschland gebe, nur einen Mischmasch von Kleinstaaten, und das Heilige Römische Reich habe 1806 aufgehört zu existieren. In Goethes Augen war es gut, daß Europa geeinigt werden sollte, besonders unter einem so genialen Kopf wie Bonaparte. Er frohlockte nicht über Napoleons Niederlage bei Waterloo, obwohl sein Herzog die Weimarer Regimenter gegen die Franzosen anführte. Seine Kultur und seine Interessen waren zu universal, ihn große patriotische Begeisterung empfinden zu lassen, und er fühlte sich, obwohl er oft dazu aufgefordert wurde, unfähig, nationalistische Gedichte zu schreiben. In seinem achtzigsten Jahr sagte er zu Eckermann:

«Wie hätte ich nun Lieder des Hasses schreiben können ohne Haß! – Und, unter uns, ich haßte die Franzosen nicht, wiewohl ich Gott dankte, als wir sie los waren. Wie auch hätte ich, dem nur Kultur und Barbarei Dinge von Bedeutung sind, eine Nation hassen können, die zu den kultiviertesten der ganzen Erde gehört und der ich einen so großen Teil meiner eigenen Bildung verdankte!

Überhaupt ist es mit dem Nationalhaß ein eigenes Ding. – Auf den untersten Stufen der Kultur werden Sie ihn immer am stärksten und heftigsten finden. Es gibt aber eine Stufe, wo er ganz verschwindet und wo man gewissermaßen über den Nationen steht und man ein Glück oder ein Wehe seines Nachbarvolkes empfindet, als wäre es dem eigenen begegnet. Diese Kulturstufe war meiner Natur gemäß, und ich hatte mich darin lange befestigt, ehe ich mein sechzigstes Jahr erreicht hatte.»[6]

Hätte es in jedem größeren Staat eine Million solcher «guter Europäer» gegeben!

II. *FAUST*. DER TRAGÖDIE ERSTER TEIL

Goethe nahm Napoleons Einladung, nach Paris zu kommen oder über Caesar zu schreiben, nicht an; seit langem beschäftigte ihn ein Thema, das ihn tiefer bewegte als selbst die größte politische Karriere: der Kampf der Seele um Erkenntnis und Schönheit, die Niederlage der Seele wegen der Vergänglichkeit der Schönheit und der Illusion der Wahrheit, und der Frieden, der allein durch die Beschränkung des Ziels und die Erweiterung des Ich erreichbar ist. Doch wie alles dies zusammenfassen in einer modernen Parabel und in dramatischer Form? Achtundfünfzig Jahre lang versuchte es Goethe.

Er hatte die Geschichte des Faust in seiner Kindheit durch Volksbücher und Puppenspiele kennengelernt und an den Wänden von Auerbachs Keller in Leipzig Bilder von Faust und dem Teufel gesehen[7]. Er hatte sich in seiner Jugend selbst mit Magie und Alchimie beschäftigt. Sein eigenes ruheloses Suchen nach Erkenntnis bildete die Grundlage für seine Konzeption der Gestalt des Faust, seine Lektüre von Voltaires Schriften und die Berührung mit dem Sarkasmus Herders fanden ihren Ausdruck in Mephisto, und das Gretchen, das er in Frankfurt geliebt, Friederike Brion, die er in Sesenheim verlassen hatte, gaben Margarete Namen und Form.

Wie tief die Geschichte Fausts Goethe bewegte, wie sehr die Formen sich änderten, die sie in seinem Denken annahm, zeigt die Tatsache, daß er 1773 mit dem Schreiben des Stückes begann und es erst 1831 beendete. Über seine Begegnungen mit Herder im Jahre 1771 schrieb er in seiner Autobiographie:

«Am sorgfältigsten verbarg ich ihm das Interesse an gewissen Gegenständen, die sich bei mir eingewurzelt hatten und sich nach und nach zu poetischen Gestalten ausbilden wollten. Es war Götz von Berlichingen und Faust ... Die bedeutende Puppenspielfabel des andern klang und summte gar vieltönig in mir wider. Auch ich hatte mich in allem Wissen umhergetrieben und war früh genug auf die Eitelkeit desselben hingewiesen worden. Ich hatte es auch im Leben auf allerlei Weise versucht und war immer unbefriedigter und gequälter zurückgekommen. Nun trug ich diese Dinge, so wie manche andre, mit mir herum und ergötzte mich daran in einsamen Stunden, ohne jedoch etwas davon aufzuschreiben.»[8]

Am 17. September 1775 schrieb er an Auguste Gräfin zu Stolberg: «Da ich aufstund war mirs gut, ich machte eine Scene an meinem Faust.»[9] Im späteren Verlauf dieses Monates fragte ihn Johann Georg Zimmermann, wie das Stück vorankäme: Goethe brachte einen mit kleinen Papierschnitzeln gefüllten Sack, legte ihn auf den Tisch und sagte: «Das ist mein *Faust*.»[10] Als er nach Weimar ging (November 1775), war die erste Fassung des Dramas fertig[11]. Nicht mit ihr zufrieden, legte er sie beiseite; dieser *Urfaust* wurde erst 1887 gedruckt, als eine von Fräulein von Göchhausen hergestellte Manuskriptkopie in Weimar gefunden wurde[12]. Fünfzehn weitere Jahre überarbeitete und erweiterte er ihn. Schließlich veröffentlichte er ihn (1790) als *Faust. Ein Fragment*, das nun dreiundsechzig Seiten umfaßte[13]. Dieses war die erste gedruckte Form des berühmtesten Theaterstücks seit *Hamlet*.

Noch immer unzufrieden mit seinem Werk, ließ Goethe das Thema bis 1797 ruhen. Am 22. Juni schrieb er an Schiller: «So habe ich mich entschlossen, an meinen Faust

146   DER PROTESTANTISCHE NORDEN

zu gehen ..., indem ich das, was gedruckt ist, wieder auflöse, und mit dem, was schon fertig oder erfunden ist, in große Massen disponiere, und so die Ausführung des Plans, der eigentlich nur eine Idee ist, näher vorbereite ... Nun wünschte ich aber, daß Sie die Güte hätten, die Sache einmal, in schlafloser Nacht, durchzudenken, mir die Forderungen, die Sie an das Ganze machen würden, vorzulegen, und so mir meine eignen Träume, als ein wahrer Prophet, zu erzählen und zu deuten.»[13a] Schiller antwortete am nächsten Tag: «Die Duplizität der menschlichen Natur und das verunglückte Bestreben, das Göttliche und das Physische im Menschen zu vereinigen, verliert man nicht aus den Augen; ... und Sie mögen sich wenden, wie Sie wollen, so wird Ihnen die Natur des Gegenstandes eine philosophische Behandlung auflegen, und die Einbildungskraft wird sich zum Dienst einer Vernunftidee bequemen müssen.»[13b] Goethes Einbildungskraft war zu stark, seine Erfahrungen, die ihm in lebendiger Erinnerung standen, waren zu zahlreich; vieles davon arbeitete er in das *Fragment* hinein, verdoppelte seinen Umfang und übergab 1808 der Welt das, was wir heute *Faust – Der Tragödie erster Teil* nennen.

Bevor er seinen Helden zu Wort kommen ließ, ließ er dem Drama eine zärtliche und wehmütige «Zueignung» vorangehen, dann ein possenhaftes «Vorspiel auf dem Theater» zwischen Direktor, Dichter und Lustiger Person sowie einen «Prolog im Himmel», in dem Gott mit Mephisto wettet, daß Faust nicht auf ewig für die Sünde gewonnen werden kann. Dann erst spricht Faust in einfachen Knittelversen:

> Habe nun, ach! Philosophie,
> Juristerei und Medizin
> und leider auch Theologie
> Durchaus studiert, mit heißem Bemühn.
> Da steh ich nun, ich armer Tor,
> Und bin so klug als wie zuvor!
> Heiße Magister, heiße Doktor gar,
> Und ziehe schon an die zehen Jahr
> Herauf, herab und quer und krumm
> Meine Schüler an der Nase herum –
> Und sehe, daß wir nichts wissen können![14]

Dieses vierfüßige Versmaß, übernommen von den Schwänken des Hans Sachs, erwies sich als der richtige plätschernde Rhythmus für ein Drama, das die Philosophie mit Spott geißeln sollte.

Faust ist natürlich Goethe, obwohl er ein Mann von sechzig Jahren ist, und wie Goethe war er mit sechzig noch empfänglich für weibliche Lieblichkeit und Anmut. Sein doppeltes Streben nach Weisheit und Schönheit war Goethes eigene Seele; sie forderte die rächenden Götter heraus durch ihre Anmaßung, doch sie war edel. Faust und Goethe sagten ja zum Leben, dem geistigen und sinnlichen, dem philosophischen und heiteren. Mephistopheles (der nicht Satan, sondern nur Satansphilosoph ist) ist der Teufel der Verneinung und des Zweifels, für den alles Streben Unsinn ist, alle Schönheit ein mit Haut überzogenes Skelett. In vielen Augenblicken war Goethe auch dieser spöttische Geist, sonst hätte er ihm nicht so viel Witz und Leben verleihen können.

GOETHE DER OLYMPIER

Manchmal scheint Mephisto die Stimme der Erfahrung, des Realismus und der Vernunft zu sein, die Fausts romantischen Wünschen und Illusionen Einhalt gebietet; so sagte Goethe zu Eckermann: «Der Charakter des Mephistopheles ist durch die Ironie und als lebendiges Resultat einer großen Weltbetrachtung wieder etwas sehr Schweres.»[15]

Faust verkauft seine Seele nicht bedingungslos; er willigt nur ein, in die Hölle zu gehen, wenn Mephistopheles ihm einen so dauerhaft befriedigenden Genuß zeigt, daß er sich wünscht, er möge für immer verweilen:

> Werd ich beruhigt je mich auf ein Faulbett legen,
> So sei es gleich um mich getan!
> . . . . . .
> Werd ich zum Augenblicke sagen:
> Verweile doch! du bist so schön!
> Dann magst du mich in Fesseln schlagen,
> Dann will ich gern zugrunde gehn!

Unter dieser Bedingung unterschreibt Faust den Vertrag mit seinem Blut und ruft verwegen aus: «Laß in den Tiefen der Sinnlichkeit uns glühende Leidenschaften stillen!»[16] So bringt Mephistopheles ihn zu Margarete – «Gretchen». Faust findet in ihr den ganzen Zauber jener Einfachheit, die sich mit dem Wissen verliert und mit der Weisheit wiederkehrt. Er wirbt um sie mit Juwelen und Philosophie:

> MARGARETE: Nun sag: wie hast dus mit der Religion?
> Du bist ein herzlich guter Mann,
> Allein ich glaub, du hältst nicht viel davon.
> FAUST: Laß das, mein Kind! Du fühlst, ich bin dir gut;
> Für meine Lieben ließ ich Leib und Blut,
> Will niemand sein Gefühl und seine Kirche rauben.
> MARGARETE: Das ist nicht recht, man muß dran glauben!
> . . . . . .
> Glaubst du an Gott?
> FAUST: Mein Liebchen, wer darf sagen:
> Ich glaub an Gott ...
> MARGARETE: So glaubst du nicht?
> FAUST: Mißhör mich nicht, du holdes Angesicht!
> Wer darf ihn nennen
> Und wer bekennen:
> Ich glaub Ihn!
> Wer empfinden
> Und sich unterwinden
> Zu sagen: ich glaub Ihn nicht!
> Der Allumfasser,
> Der Allerhalter,
> Faßt und erhält Er nicht
> Dich, mich, sich selbst?
> Wölbt sich der Himmel nicht dadroben?
> Liegt die Erde nicht hier unten fest? ...
> Erfüll davon dein Herz, so groß es ist,

Und wenn du ganz in dem Gefühle selig bist,
Nenn es dann, wie du willst:
Nenns Glück! Herz! Liebe! Gott!
Ich habe keinen Namen
Dafür! Gefühl ist alles;
Name ist Schall und Rauch,
Umnebelnd Himmelsglut ...

MARGARETE: Wenn mans so hört, möchts leidlich scheinen,
Steht aber doch immer schief darum;
Denn du hast kein Christentum.

FAUST: Liebs Kind! [17]

Sie läßt sich nicht durch seinen unklaren Pantheismus verführen, sondern durch die schöne Gestalt und Kleidung, womit der Zauberer Mephisto seine wiedergewonnene Jugend ausgestattet hat. Sie singt am Spinnrad ein Lied inniger Sehnsucht:

Mein Ruh ist hin,
Mein Herz ist schwer;
Ich finde sie nimmer
Und nimmermehr ...

Nach ihm nur schau ich
Zum Fenster hinaus,
Nach ihm nur geh ich
Aus dem Haus.

Sein hoher Gang,
Sein edle Gestalt,
Seines Mundes Lächeln,
Seiner Augen Gewalt, ...

Mein Busen drängt
Sich nach ihm hin:
Ach, dürft ich fassen
Und halten ihn

Und küssen ihn,
So wie ich wollt;
An seinen Küssen
Vergehen sollt! [18]

Die ganze Welt kennt den Rest der Geschichte. Um unbewacht küssen und sich der Liebe hingeben zu können, gibt Margarete ihrer Mutter einen Schlaftrunk, von dem diese nie wieder erwacht. Faust tötet Margaretes Bruder Valentin in einem Duell und verschwindet dann; Margarete, von Scham und Kummer überwältigt, tötet ihr vaterloses Kind, wird verhaftet und zum Tode verurteilt. Faust besucht sie in ihrem Kerker und fleht sie an, mit ihm zu entfliehen; sie umarmt ihn, weigert sich jedoch, ihre Zelle zu verlassen. Mephisto zieht Faust fort, während eine Stimme vom Himmel ruft: «Ist gerettet!»

Nur langsam begriff das Lesepublikum, daß dieser *Faust* des Jahres 1808 das beste Drama, die schönste Dichtung war, die Deutschland bis jetzt hervorgebracht hatte.

GOETHE DER OLYMPIER   149

Doch einige wenige wache Geister erkannten sofort, daß es zu den Höhepunkten der Weltliteratur gehörte. Friedrich Schlegel verglich Goethe mit Dante, Jean Paul stellte ihn Shakespeare gleich, und Wieland räumte ihm im Reich der Dichtkunst den gleichen führenden Rang ein, den Napoleon als Herrscher und Kriegsheld innehatte[19].

III. IN LIEBESBANDEN

In den Jahren 1808 bis 1821 hatte Goethe zwei aufwühlende Liebeserlebnisse, nicht eingerechnet Bettina Brentano. Am 23. April 1807 kam Bettina, damals zweiundzwanzig Jahre alt, mit einem Einführungsbrief von Wieland, zu dem alternden Dichter. Sie war die Enkelin von Sophie von La Roche, die Wieland geliebt hatte, und die Tochter von Maximiliane Brentano, die mit Goethe geflirtet hatte; sie glaubte, ein ererbtes Recht auf Goethes Herz zu haben. Kaum hatte sie sein Zimmer betreten, warf sie sich ihm in die Arme. Er betrachtete sie als Kind und korrespondierte später in diesem Sinne mit ihr; doch er fügte seinen Briefen die letzten Liebesgedichte bei, die er geschrieben hatte, und obwohl sie nicht an sie gerichtet waren, faßte sie sie als Leidenschaftsbeteuerungen auf und gab sie als solche wieder in *Goethes Briefwechsel mit einem Kinde*, den sie 1835 veröffentlichte.

Die meisten der Gedichte waren durch Wilhelmine Herzlieb inspiriert worden. Minna, wie Goethe sie bald nannte, war die Pflegetochter eines Buchhändlers in Jena. Er hatte sie als Kind kennengelernt, doch 1808 war sie neunzehn Jahre alt, bescheiden, sanft und knospenhaft. Sie hing an seinen Lippen, wenn er sprach, und beklagte, daß Alter und Stand ihr verboten, ihn zu lieben und zu besitzen. Er spürte ihre Gefühle, erwiderte sie, schrieb ihr Sonette, nahm ihren Namen Herzlieb zum Anlaß für verliebte Wortspiele, doch er erinnerte sich, daß er erst vor kurzem Christiane zu seinem Eheweib gemacht hatte. Er scheint an Minna gedacht zu haben, als er die scheue, sensible und leidenschaftliche Ottilie der *Wahlverwandtschaften* (1809) porträtierte.

Dieser bemerkenswerte Roman ist – wie sein Autor glaubte[20] seine beste Prosadichtung – weitaus besser gegliedert und flüssiger erzählt als die beiden schweifenden Erlebnisberichte Wilhelm Meisters. So sagte Goethe am 9. Februar 1829 zu Eckermann: «Es ist in den Wahlverwandtschaften überall keine Zeile, die ich nicht selber erlebt hätte, und es steckt darin mehr, als irgend jemand bei einmaligem Lesen aufzunehmen imstande wäre.»[20a] Der Fehler des Buches besteht tatsächlich darin, daß in ihm zuviel von Goethe steckt, daß den Menschen zu viel Philosophie in den Mund gelegt wird. (Er läßt das Mädchen Ottilie ein Tagebuch führen, in dem sie einige seiner reifsten *obiter cogitata* niederschreibt, wie: «Gegen große Vorzüge eines andern gibt es kein Rettungsmittel als die Liebe»[21].) Doch eben weil so viel von Goethe in diesem Buch ist, ist es so sehr von warmem Leben erfüllt und reich an Gedanken. Die Charlotte des Romans ist wiederum Charlotte von Stein, die, versucht, sich weigert, ihrem Gatten untreu zu sein; der Hauptmann ist Goethe, in die Frau seines Freundes Eduard

DER PROTESTANTISCHE NORDEN

verliebt, der fünfzig Jahre alte, in Ottilie verliebte Ehemann ist Goethe, der sich zu Minna Herzlieb hingezogen fühlt, und der ganze Roman ist Goethes Versuch, sein eigenes erotisches Empfinden zu analysieren.

Er unternahm es hier, die sexuelle Anziehung in chemischen Begriffen darzustellen; vielleicht hat er den Titel von der *Attractio electiva* übernommen, die der große schwedische Chemiker Torbern Olaf Bergman 1775 veröffentlicht hatte. Der Hauptmann beschreibt Eduard und Charlotte die Anziehung, Abstoßung und Vereinigung materieller Teilchen: «Man muß diese totscheinenden und doch zur Tätigkeit innerlich immer bereiten Wesen wirkend vor seinen Augen sehen, mit Teilnahme schauen, wie sie einander suchen, sich anziehen, ergreifen, zerstören, verschlingen, aufzehren und sodann aus der innigsten Verbindung wieder in erneuter, neuer, unerwarteter Gestalt hervortreten.»[22] Als Eduard seinen Freund, den Hauptmann, einlädt und Charlotte ihre Nichte Ottilie auffordert, für einen längeren Besuch zu ihnen zu kommen, verliebt sich der Hauptmann in Charlotte, und Eduard verliebt sich in Ottilie. Während Eduard seine Frau umarmt, denkt er an Ottilie, und Charlotte denkt an den Hauptmann in einer Art psychologischen Ehebruchs. Die Frucht der Vereinigung gleicht seltsam Ottilie, und Ottilie nimmt sich des Kindes an, als wäre es ihr eigenes. Dann läßt sie es, offensichtlich rein zufällig, ertrinken; aus Reue wählt sie den Tod. Eduard stirbt an gebrochenem Herzen, der Hauptmann verschwindet, Charlotte bleibt am Leben, geistig tot. Ein philosophierender Freund des Hauses hatte geäußert: «Die Ehe ist der Anfang und der Gipfel aller Kultur. Sie macht den Rohen mild, und der Gebildetste hat keine bessere Gelegenheit, seine Milde zu beweisen. Unauflöslich muß sie sein: denn sie bringt so vieles Glück, daß alles einzelne Unglück dagegen gar nicht zu rechnen ist.»[23] Doch vier Seiten später schlägt eine Figur des Romans die Probeehe vor, in welcher der Vertrag nur jeweils fünf Jahre gilt.

1810 weilte Goethe zur Kur in Karlsbad und flirtete mit jungen Frauen, während Christiane, seit vier Jahren verheiratet, zu Hause blieb und mit jungen Männern flirtete. Der einundsechzigjährige Dichter gewann die leidenschaftliche Liebe einer dunklen jüdischen Schönheit, Marianne von Eybenberg; dann entfloh er ihren Reizen mit der blonden Silvie von Ziegesar. In einem an Silvie gerichteten Gedicht nannte er sie «Freundin, Tochter, Liebchen … weiß und schlank»[24]. Christiane ermahnte ihn brieflich zur Treue:

«Ist denn die Bettine in Karlsbad angekommen und die Frau von Eybenberg? Und hier sagt man, die Silvie und Gottern gingen auch hin. Was willst du denn mit all den Äugelchen anfangen? Das wird zu viel. Vergiß nur nicht dein ältestes, mich, ich bitte dich, denke doch auch zuweilen an mich. Ich will indes fest auf dich vertrauen, man mag sagen, was man will. Denn du bist es doch allein, der meiner gedenkt!»[25]

Er schickte ihr kleine Geschenke.

Fast jeden Tag fand er Zeit, Gedichte oder Prosa zu schreiben. Um 1809 begann er mit seiner Autobiographie. Er nannte sie *Aus meinem Leben, Dichtung und Wahrheit*. Der Titel gab großzügig zu, daß er dann und wann, mit Absicht oder nicht, Phantasie mit der Wirklichkeit vermischte. Er berührte seine Liebe zu Charlotte Buff nur leicht und

GOETHE DER OLYMPIER   151

diskret, schilderte jedoch seine Romanze mit Friederike Brion ausführlicher; beide
Frauen lebten noch. Großmütig und treffend analysierte er viele seiner Jugendfreunde –
Lenz, Basedow, Merck, Herder, Jacobi, Lavater. Von sich selbst sprach er nur in Bescheidenheit; in seinen geheimen Notizen beklagte er sich, daß man von dem Auto-
biographen erwarte, er solle seine Fehler beichten, nicht aber seine Tugenden enthüllen[26]. Das Buch ist eher die Geschichte eines Geistes als die eines Lebens. Ereignisse stehen selten darin, dagegen zahlreiche Reflexionen. Es ist sein größtes Prosa-
werk.

1811 erhielt er von Beethoven einen Brief der Bewunderung, begleitet von der
Ouvertüre zu Egmont. Der Dichter und der Komponist trafen sich im Juli 1812 in Teplitz; Beethoven spielte für Goethe und machte Spaziergänge mit ihm. Die folgende
unverbürgte Episode berichtet der Romanschreiber August Frankl: «Überall aber,
wo sie gingen, wichen ihnen nach links und rechts ehrerbietig die Spaziergänger aus
und grüßten. Goethe, über diese Störung verstimmt, sagte: ,Es ist verdrießlich, ich
kann mich der Komplimente hier gar nicht erwehren.' Beethoven erwiderte ruhig lächelnd: ,Machen sich Ew. Excellenz nichts draus, die Komplimente gelten vielleicht
mir!'[26a] Am 2. September 1812 schrieb Goethe an Zelter über Beethoven: «Sein Talent hat mich in Erstaunen gesetzt; allein er ist leider eine ganz ungebändigte Persönlichkeit, die zwar gar nicht unrecht hat, wenn sie die Welt detestabel findet, aber sie
freilich dadurch weder für sich noch für andere genußreicher macht. Sehr zu entschuldigen ist er hingegen und sehr zu bedauern, da ihn sein Gehör verläßt, das vielleicht dem musikalischen Teil seines Wesens weniger als dem geselligen schadet.»[27]
Beethovens Kommentar zu Goethe lautete: «Was hat der große Mann da für Geduld
mit mir gehabt! Was hat er an mir getan!» Doch an anderer Stelle meinte er: «Goethe
behagt die Hofluft zu sehr, mehr, als es einem Dichter ziemt.»[28]

In Erscheinung und Benehmen war Goethes öffentliches Leben durch den Hof bestimmt, denn er war noch immer aktiv in der Verwaltung tätig. Sein häusliches Leben
hatte seinen Reiz verloren; August, 1812 zweiundzwanzig Jahre alt, war ein hoffnungslos unbedeutender Mensch, und Christiane wurde beleibt und begann zu trinken. Sie
hatte einigen Grund dazu, denn er setzte seine Liebschaften fort. Während seiner
Besuche in Frankfurt wohnte er oft in der Vorstadtvilla Johann von Willemers und
bewunderte dessen Frau Marianne. Im Sommer 1815 verbrachte er fast vier Wochen
bei ihnen. Marianne war einunddreißig und stand in der Blüte ihrer weiblichen
Schönheit. Sie sang bezaubernd Goethes Gedichte und Mozarts Arien, schrieb hervorragende Verse und tauschte mit Goethe in Nachahmung von Hafis, Firdausi und
anderen persischen Sängern eine Reihe von Gedichten aus. (Hafis war 1812 ins
Deutsche übersetzt worden.) Einige der Gedichte sind unverhohlen sinnlich und
erzählen von gegenseitiger Beglückung in physischer Umarmung; doch diese Freiheit
mag rein poetischer Natur sein. Die drei trafen sich im September wieder in Heidelberg; die zwei Dichter machten lange Spaziergänge zusammen, und Goethe schrieb
Mariannes Namen in arabischen Lettern in den Staub am Schloßbrunnen. Sie sahen
einander nie wieder nach diesem Tag, doch sie korrespondierten miteinander während

152 DER PROTESTANTISCHE NORDEN

der restlichen Jahre seines Lebens. Willemer scheint seine Frau um so mehr geliebt zu haben, weil sie einen so berühmten Mann bezaubert und Goethes Verse mit Gedichten beantwortet hatte, die den seinen kaum unterlegen waren. Goethe nahm einige von Mariannes Gedichte in den *West-östlichen Divan* auf, den er 1819 veröffentlichte.

Während diese Korrespondenz in Prosa und Reimen ihre Blüten trieb, starb Christiane am 6. Juni 1816. Goethe notierte in seinem Tagebuch: «Letzter fürchterlicher Kampf ihrer Natur ... Leere und Totenstille in und außer mir.»[29] Eine tiefe Niedergeschlagenheit verdunkelte diese Jahre. Als Charlotte Kestner, die verlorene Geliebte seiner Jugend, jetzt die vierundsechzig Jahre alte Gattin des erfolgreichen Kanzlers Kestner von Hannover, ihn mit ihrer Tochter besuchte (25. September 1816), schien sich kein Gefühl in ihm zu regen, und seine ganze Unterhaltung bestand aus höflichen Nebensächlichkeiten. Doch 1817 heiratete sein Sohn August, ein Leben der Ausschweifung unterbrechend, Ottilie von Pogwisch; Goethe forderte die beiden auf, bei ihm zu wohnen. Ottilie brachte die Fröhlichkeit der Jugend ins Haus und schenkte dem alternden Dichter bald Enkelkinder, die sein Herz wieder schlagen ließen.

Dazu trug auch Ulrike von Levetzow bei. Sie war eine der drei Töchter der Amalie von Levetzow, die Goethe in Karlsbad kennengelernt hatte. Im August 1821 lernte er Ulrike in Karlsbad kennen, die später berichtete: «Da ich die letzten Jahre in Straßburg in einer französischen Pension zugebracht, auch erst siebzehn Jahre alt war, wußte ich gar nichts von Goethe, welch berühmter Mann und großer Dichter er sei, war daher auch ohne alle Verlegenheit einem so freundlichen alten Herrn gegenüber ... Goethe forderte mich gleich den andern Morgen auf, mit ihm einen Spaziergang zu machen ... Fast jeden Morgen nahm er mich mit, wenn er spazierenging.»[30] 1822 ging er wieder nach Marienbad, und «in diesem Sommer war Goethe sehr freundlich mit mir». Ein Jahr später trafen sie sich in Karlsbad. Sie beschäftigten bald den Klatsch des Bades. Zu dieser Zeit hatte der Dichter entdeckt, daß seine Liebe mehr als väterlich war. Herzog Carl August drängte Ulrike, Goethe zu heiraten; wenn sie es täte, würde ihre Familie ein schönes Haus in Weimar erhalten, und nach des Dichters Tod würde sie eine Pension von zehntausend Talern im Jahr bekommen[31]. Mutter und Tochter lehnten ab. Goethe kehrte verzweifelt nach Weimar zurück und ertränkte seine Enttäuschung in Tinte. Ulrike wurde fünfundneunzig Jahre alt.

In diesem Jahr, 1821, in dem Goethe Ulrike begegnete, brachte Karl Zelter, Musikdirektor in Jena, ihm in Weimar einen zwölf Jahre alten Schüler, Felix Mendelssohn. Zelter hatte die Seele Goethes für die Welt der Musik erschlossen, hatte ihm sogar das Komponieren beigebracht. Die Geschicklichkeit des jungen Pianisten erstaunte und erfreute den alten Dichter, der darauf bestand, daß er mehrere Tage bei ihm bliebe. «Jeden Morgen», schrieb Felix am 6. November, «erhalte ich vom Autor des 'Faust' und des 'Werther' einen Kuß ... Bedenkt! – Nachmittag spielte ich Goethe zwei Stunden vor, teils Fugen von Bach, teils phantasierte ich.»[31a] Am 8. November veranstaltete Goethe einen Empfang, um Felix in die Weimarer Gesellschaft einzuführen. Am 10. November schrieb Felix: «Alle Nachmittage macht Goethe das Streichersche Instrument mit den Worten auf: 'Ich habe dich heute noch gar nicht gehört, mache mir

GOETHE DER OLYMPIER 153

ein wenig Lärm vor', und dann pflegt er sich neben mich zu setzen ... Von seiner Güte und Freundlichkeit macht Ihr Euch gar keinen Begriff.»[32] Als Zelter Felix nach Weimar zurückbringen wollte, überredete ihn Goethe, seinen Schüler noch einige Tage bei ihm zu lassen. «Nun wurde», schrieb der glückliche Knabe, «Goethe von allen Seiten bestürmt, man küßte ihm Mund und Hand ... Übrigens war Fräulein Ulrike [von Pogwisch] ihm um den Hals gefallen, und da er ihr die Cour macht (die ist sehr hübsch), so tat alles dies zusammen die gute Wirkung.»[32a] Dies waren glückliche Momente der Geschichte, die sich hinter den Kulissen der Tragödie abspielten und der Aufmerksamkeit der Historiker entgingen.

IV. DER NATURFORSCHER

Kehren wir zurück zu seinen jüngeren Jahren, da er mit wacher Aufmerksamkeit und allesverzehrender Neugier sein lebenlanges Bemühen um die Naturwissenschaft begonnen hatte. Es ist nicht jedermann bekannt, daß Goethe seinen naturwissenschaftlichen Forschungen und Schriften mehr Zeit widmete als seiner ganzen Poesie und Prosa zusammen[33]. Er hatte in Leipzig Medizin und Physik studiert, in Straßburg Chemie; 1781 beschäftigte er sich mit Anatomie, und jahrelang wanderte er durch Thüringen, mineralische und botanische Spezimina sammelnd und geologische Formationen beobachtend. Auf seinen Reisen studierte er nicht nur Männer, Frauen und die Kunst, sondern auch Fauna und Flora, optische und meteorologische Erscheinungen. Er spielte eine führende Rolle bei der Einrichtung von Laboratorien in Jena. Er freute sich oder trauerte ebensosehr über seine Siege oder Niederlagen in der Naturwissenschaft wie über seine Erfolge oder Mißerfolge in der Literatur.

Er beschäftigte sich mit der Wetterkunde. Er organisierte meteorologische Beobachtungsstationen im Herzogtum Sachsen-Weimar, bemühte sich um die Errichtung weiterer in ganz Deutschland[34] und arbeitete Anweisungen für sie aus. Er schrieb einen «Versuch einer Witterungslehre». Er überredete Herzog Carl August, die Sammlungen anzulegen, die den Kern des Museums für Mineralogie in Jena bildeten. Nachdem er die geologischen Schichten in Ilmenau studiert hatte, behauptete er, sie bestätigten die Theorie Abraham Werners, daß die Felsenformationen auf der Erdkruste das Resultat der langsamen Wirkung des Wassers seien. (Dieser «Neptunismus» mußte mit dem «Vulkanismus», der Veränderung durch vulkanische Ausbrüche, kombiniert werden.) Er gehörte zu den ersten, die behaupteten, das Alter der Erdschicht könne nach den in ihnen eingebetteten Fossilien beurteilt werden, und die Anschauung verteidigten, die heute an manchen Stellen verteilten Findlinge seien mit wanderndem Eis aus der arktischen Zone hierher verschleppt worden[35].

1791/92 veröffentlichte Goethe in zwei Bänden seine Beiträge zur Optik. «Meine Absicht bei meinen optischen Bemühungen», schrieb er, «ist, alle Erfahrungen in diesem Fache zu sammeln, alle Versuche selbst anzustellen und sie durch ihre größte Mannigfaltigkeit durchzuführen, wodurch sie denn auch leichter nachzumachen und

154   DER PROTESTANTISCHE NORDEN

nicht aus dem Gesichtskreis so vieler Menschen hinausgerückt sind.»[36] Während der Jahre 1790–1810 machte er zahllose Experimente zur Erklärung der Farbe; das Goethe-Museum in Weimar verwahrt noch heute die Instrumente, die er dabei benutzte. Das Resultat erschien 1810 in zwei dicken Textbänden und einem Bildband, betitelt *Zur Farbenlehre;* dies war sein größtes Werk als Naturforscher.

Er untersuchte die Farben nicht nur im Hinblick auf die chemische Zusammensetzung von Objekten, sondern auch im Hinblick auf die Struktur und Tätigkeit des Auges. Er analysierte die Anpassung der Netzhaut an Dunkelheit und Licht, die Physiologie der Farbenblindheit, die Phänomene der farbigen Schatten und der Nebenbilder, die Wirkungen von Farbkontrasten und Farbkombinationen in der Empfindung und der Kunst. Er hielt das Grün irrtümlich für eine Mischung von Gelb und Blau. (Sie vermischen sich so auf der Palette des Malers, doch wenn Blau und Gelb sich im Farbspektrum vereinigen, ergeben sie Grau und Weiß.) Er wiederholte viele der in Newtons *Optics* (1704) beschriebenen Experimente, gelangte in mehreren Fällen zu unterschiedlichen Resultaten und beschuldigte schließlich Newton der Unfähigkeit und gelegentlicher Täuschungen[37]. Er widersprach Newtons Anschauung, alles Weiß sei eine Zusammensetzung von Farben, und behauptete, ihre Kombination ergebe regelmäßig nicht Weiß, sondern Grau. – Weder seine Zeitgenossen noch seine Nachfolger auf dem Gebiet der Optik akzeptierten seine Schlußfolgerung. Sie lobten seine Experimente und verwarfen viele seiner Theorien. 1815 schickte ihm Arthur Schopenhauer, der Goethe als Dichter und Philosoph bewunderte, eine Abhandlung, in der er Newtons Auffassung von Weiß als einer Synthese von Farben geschickt verteidigte; der alte Mann verzieh ihm nie. Die allgemeine Ablehnung der *Farbenlehre* trug wesentlich zur Verdüsterung seiner letzten Jahre bei.

Ein Mensch, der so empfänglich war für den Zauber der Farbe, mußte fasziniert werden von der Welt der Pflanzen. In Padua begeisterte er sich 1786 für die botanischen Gärten; hier fand er eine reichere und buntere Sammlung, als er sie je gesehen hatte. Er sah, wie verschieden die Pflanzen des Südens von jenen des Nordens waren, und er entschloß sich, den Einfluß der Umgebung auf die Formen und das Wachstum der Pflanzen zu studieren. Nie hatte er die geheimnisvolle und überwältigende Fähigkeit der Natur so tief empfunden, jede ihrer Formen mit ihren einmaligen Mustern der Struktur, der Farbe und der Linie aus scheinbar einfachen und gleichen Samen zu entwickeln. Welche Fruchtbarkeit und welche Originalität! Doch gab es gemeinsame Elemente in dieser großen Mannigfaltigkeit von Individuen und in der gesamten Evolution von Organen und Teilen? Es kam ihm der Gedanke, daß diese Gattungen, Arten und Abarten Variationen eines Archetypus waren, daß all diese Pflanzen zum Beispiel nach einem primären und originalen – wenn auch nur imaginären – Modell geformt waren, nach einer «Urpflanze», der Mutter von ihnen allen. Das gleiche Gesetz, oder die gleiche Theorie, schrieb er an Herder, gelte für alles, was lebt, das heißt sowohl für Tiere als auch für Pflanzen, auch sie seien Variationen eines einzigen Grundthemas[38]. Und wie der einzelne Organismus mit seiner ganzen Einmaligkeit eine Nachahmung eines primären Archetypus ist, so können auch die Teile

GOETHE DER OLYMPIER

eines Organismus Variationen einer einzigen Urform sein. Goethe bemerkte in Padua eine Zwergpalme, deren Blätter sich in verschiedenen Entwicklungsstadien befanden; er studierte die sichtbaren Übergänge vom einfachsten Blatt zum vollständigen, entfalteten Fächer, und er gelangte zu der Überzeugung, daß alle Strukturen einer Pflanze – mit Ausnahme der Achse oder des Stammes – Variationen und Stadien des Blattes seien*.

Nach seiner Rückkehr nach Weimar veröffentlichte Goethe diese Theorie in einem sechsundachtzigseitigen Buch mit dem Titel *Versuch die Metamorphose der Pflanzen zu erklären* (1790). Botaniker verspotteten das Werk als Träume eines Dichters und rieten diesem, bei seinem Leisten zu bleiben[39]. Er nahm sie beim Wort und formulierte seine Anschauungen in einem Gedicht «Die Metamorphose der Pflanzen». Allmählich fanden sich Beweise für die Theorie, und sie gewann Anhänger. 1830 unterbreitete Étienne Geoffroy Saint-Hilaire Goethes Abhandlung der französischen Akademie der Wissenschaften als ein Werk sorgfältiger Forschung und schöpferischer, durch den Fortschritt der Botanik bestätigter Phantasie[40].

Seine Theorie auf die Anatomie anwendend, vertrat Goethe die Anschauung (1790), der Schädel sei eine Variation und Fortsetzung der Wirbelsäule, die das Hirn einschließe, wie das Rückgrat das Rückenmark einschließe. Diese Auffassung findet heute keine Zustimmung. Eine andere, anerkannte und glänzende Leistung hat Goethe jedoch in der Anatomie vollbracht – den Beweis eines Zwischenkieferknochens beim Menschen (dies ist der Knochen zwischen den Kinnladen, der die oberen Schneidezähne trägt). Die Anatomen hatten solche Knochen bei Tieren festgestellt, bezweifelten jedoch sein Vorhandensein beim Menschen; Goethes Entdeckung verkleinerte den strukturellen Unterschied zwischen dem Menschen und dem Affen. In einem Brief vom 27. März 1784 aus Jena an Charlotte von Stein verkündete der Dichter seinen Erfolg: «Zum guten Morgen meiner Lotte ein paar Zeilen ... Es ist mir ein köstliches Vergnügen geworden, ich habe eine anatomische Entdeckung gemacht die wichtig und schön ist. Du sollst auch dein Theil daran haben. Sage aber niemand ein Wort.»[41] Er informierte 1784 verschiedene Naturforscher über seine Entdeckung in einer handgeschriebenen Monographie mit dem Titel «Versuch, aus der vergleichenden Knochenlehre, daß der Zwischenknochen der oberen Kinnlade dem Menschen mit den übrigen Thieren gemein sei». Ein Biograph Goethes schrieb später über diese Abhandlung: «Wir haben in ihr vielmehr zugleich die erste eigentliche vergleichend anatomische Abhandlung zu sehen, die geschrieben ist, und somit bildet sie einen Markstein in der Geschichte dieser Wissenschaft.»[42] (Der französische Anatom Félix Vicq d'Azyr veröffentlichte die gleiche Entdeckung im gleichen Jahr 1784.)

In seiner Abhandlung schrieb Goethe: «Vielmehr ist der Mensch aufs nächste mit den Tieren verwandt ... Und so ist wieder jede Kreatur nur ein Ton, eine Schattierung einer großen Harmonie ...»[43] Wie viele Wissenschaftler und Philosophen vor ihm betrachtete er den Menschen als Teil des Tierreiches und schrieb ein Gedicht «Die Meta-

---

* Caspar Friedrich Wolff war 1768 zu der gleichen Schlußfolgerung gekommen.

morphose der Tiere». Doch er war kein Evolutionist im Darwinschen Sinne. Linné folgend, setzte er die Beständigkeit der Arten voraus; so war seine Urpflanze nicht eine wirkliche erste Pflanze, aus der sich alle Pflanzen entwickelt hatten, sondern ein allgemeiner Typus, von dem alle Pflanzen Abwandlungen waren. Goethe glaubte nicht wie seine Zeitgenossen Lamarck und Erasmus Darwin, daß die Arten sich aus andern Arten durch die umgebungsbedingte Auswahl günstiger Variationen entwickelten.

War Goethe ein echter Naturwissenschaftler? Nicht im professionellen Sinn; er war ein eifriger und aufgeklärter Amateur, ein Naturforscher zwischen Gedichten, Romanen, Liebschaften, künstlerischen Experimenten und Verwaltungsverpflichtungen. Er benutzte zahlreiche Geräte, sammelte eine große wissenschaftliche Bibliothek, machte nützliche Beobachtungen und sorgfältige Experimente; Helmholtz bezeugte die faktische Genauigkeit der objektiven Verfahren und Experimente, die Goethe beschrieb[44]. Er vermied teleologische Erklärungen. Doch er wurde von Fachleuten nicht als Naturwissenschaftler anerkannt, sondern sie betrachteten ihn als einen Dilettanten, der sich zu vertrauensvoll auf seine Intuition und seine Hypothesen verließ. Er ging zu rasch von einem Gegenstand zum andern über, berührte jeden nur an einem bestimmten Punkt und gewann nirgends, ausgenommen in der Optik und der Farbentheorie, einen Gesamtüberblick über das Gebiet. Doch trotz seiner Spezialisierung und seiner Vielseitigkeit war etwas Idealistisches und Heroisches in seiner Hartnäckigkeit. Eckermann sagte 1825: «Er wird nun in wenigen Jahren achtzig Jahre alt, aber des Forschens und Erfahrens wird er nicht satt. In keiner seiner Richtungen ist er fertig und abgetan; er will immer weiter, immer weiter! immer lernen, immer lernen! und zeigt sich eben dadurch als ein Mensch von einer ewigen, ganz unverwüstlichen Jugend.»[45] Und vielleicht hatte der Dichter recht mit seiner Anschauung, daß das Hauptziel der Wissenschaft nicht darin bestehen sollte, alte Wünsche mit neuen Werkzeugen auszurüsten, sondern die Weisheit durch Wissen zu vergrößern, um zum Verständnis der Wünsche zu gelangen.

V. DER PHILOSOPH

Wie in der Wissenschaft war er auch in der Philosophie ein Liebhaber, kein Professor – obwohl er es war, der Fichte, Schelling und Hegel Lehrstühle für Philosophie in Jena verschaffte. Er zeigte wenig Interesse am Streit der Schulen, doch war er ständig um die Interpretation der Natur und der Bedeutung des Lebens bemüht. Als er älter wurde, wurde er durch Wissenschaft und Poesie zu einem Weisen. Er fand Erleuchtung über das Ganze aus jedem Gegenstand, jedem Augenblick und jedem Teil: «Alles Vergängliche ist nur ein Gleichnis.»[46] Die Sprüche in Prosa, die er ungedruckt bei seinem Tod hinterließ, atmen Weisheit auf jeder Seite.

Er bot kein logisches System an, sondern erklärte pragmatisch: «Was fruchtbar ist, allein ist wahr»[47] und «im Anfang war [nicht das Wort, sondern] die Tat.»[48] Wir finden die Wahrheit eher im Handeln als im Denken. Denken sollte ein Instrument, nicht ein

GOETHE DER OLYMPIER 157

Ersatz für die Handlung sein. Er begeisterte sich nicht wie Schiller für Kant; er anerkannte, daß das letzte Wesen der Wirklichkeit außerhalb unseres Erkenntnisvermögens liege, doch er glaubte nicht, daß ihn dies zur Orthodoxie verpflichte; im Gegenteil, er empfahl, das Unerkennbare nicht ergründen zu wollen. «Je mehr man die Erfahrung zu nutzen weiß, desto mehr sieht man, daß das Unerforschliche keinen praktischen Nutzen hat»; die wahrgenommene Welt genügt für unser Leben[49]. Er hatte keine erkenntnistheoretischen Gewissensbisse, die Existenz einer äußeren Welt zuzugeben. Nachdem er Kant und Schelling gelesen hatte, schrieb er an Schiller: «Ich gebe gern zu, daß es nicht die Natur ist, die wir erkennen, sondern daß sie nur nach gewissen Formen und Fähigkeiten unseres Geistes von uns aufgenommen wird ... Wer will gewissen Menschen die Zweckmäßigkeit der organischen Naturen nach außen ausreden, da die Erfahrungen selbst täglich diese Lehre auszusprechen scheinen und man mit einer scheinbaren Erklärung der schwersten Phänomene so leicht wegkommt ..., und doch läßt sich eine Bestimmung von außen und ein Verhältnis nach außen nicht leugnen.»[50] «So viele widersetzen sich dem Echten nur deshalb, weil sie zugrunde gehen würden, wenn sie es anerkennten.»[51].

Doch Goethe verwarf sowohl den Materialismus als auch den subjektivistischen Idealismus. Holbachs *Système de la Nature* «kam uns [Studenten in Straßburg] so grau, so kimmerisch, so totenhaft vor, daß wir Mühe hatten, seine Gegenwart auszuhalten, daß wir davor wie vor einem Gespenste schauderten»[52]. Das war in der Jugend; doch im hohen Alter empfand er ebenso, als er am 8. April 1812 an Knebel schrieb:

«Wem es nicht zu Kopfe will, daß Geist und Materie, Seele und Körper, Gedanke und Ausdehnung oder (wie ein neuerer Franzos sich genialisch ausdrückt) Wille und Bewegung die notwendigen Doppelingredienzien des Universums waren, sind und sein werden, die beide gleiche Rechte für sich fordern und deswegen beide zusammen wohl als Stellvertreter Gottes angesehen werden können – wer zu dieser Vorstellung sich nicht erheben kann, der hätte das Denken längst aufgeben und auf gemeinen Weltklatsch seine Tage verwenden sollen.»[52a]

Dies ist natürlich Spinoza, und Goethe folgt Spinoza gewöhnlich bis zum Determinismus ... «Man gehorcht ihren Gesetzen, auch wenn man ihnen widerstrebt; man wirkt mit ihr, auch wenn man gegen sie wirken will.»[53] Doch manchmal neigt er dazu, Kant zuzustimmen, daß «unser Leben, wie das Ganze, in dem wir enthalten sind, auf eine unbegreifliche Weise aus Freiheit und Notwendigkeit zusammengesetzt» ist[54]. Er fühlte eine Kraft des Schicksals in sich walten – Eigenschaften, die seine Entwicklung lenkten und bestimmten; doch er kooperierte mit ihr, wie ein freies Agens, das einer Sache dient, die es bewegt und einschließt.

Seine Religion war eine Verehrung der Natur und der Wunsch, mit ihren schöpferischen Kräften zusammenzuarbeiten, mit ihrer vielförmigen Produktivität und ihrer hartnäckigen Ausdauer; doch brauchte er lange, ihre Geduld zu erwerben. Auf vage Weise personifizierte er die Natur, sah Verstand und Willen in ihr, doch einen dem unseren vollkommen unähnlichen Verstand und einen indifferent neutralen Willen wie zwischen Menschen und Fliegen. Die Natur hat kein moralisches Empfinden in unserem Sinne für die Verpflichtung des Teils, mit dem Ganzen zusammenzuwirken, denn

158 DER PROTESTANTISCHE NORDEN

sie ist das Ganze. In dem Gedicht «Das Göttliche» (1782) beschrieb Goethe die Natur als etwas, was ohne Gefühl und Mitleid ist. Sie zerstört ebenso verschwenderisch, wie sie schafft. «Alle Deine Ideale sollen mich [Goethe] nicht abhalten, wahr zu sein und gut und böse wie die Natur.»[55] Ihre einzige Ethik heißt «Leben und Leben schaffen». Goethe anerkannte das Bedürfnis vieler Seelen nach übernatürlichem Beistand, doch er empfand es erst in seinen letzten Jahren. «Wer Wissenschaft und Kunst besitzt, / Hat auch Religion; / Wer jene beiden nicht besitzt, / Der habe Religion.»[56] Wir sind naturforschend Pantheisten, dichtend Polytheisten, sittlich Monotheisten.»[57]

«Entschlossener Heide» in Religion und Moral, hatte er kein Gefühl für die Sünde, empfand nicht das Bedürfnis nach einem Gott, der sterben sollte, um für ihn zu büßen[58], und war gegen alles Gerede über das Kreuz. Er schrieb am 9. August 1782 an Lavater, er sei «zwar kein Widerkrist, kein Unkrist, aber doch ein dezidirter Nichtkrist ... Du hältst das Evangelium wie es steht für die göttlichste Wahrheit, mich würde eine vernehmliche Stimme vom Himmel nicht überzeugen, daß das Wasser brennt und das Feuer löscht, daß ein Weib ohne Mann gebiert, und daß ein Todter aufersteht; vielmehr halte ich dieses für Lästerungen gegen den großen Gott und seine Offenbarung in der Natur.»[59] «... als Lavater zuletzt mit dem harten Dilemma hervortrat: Entweder Christ oder Atheist! Ich erklärte darauf, daß wenn er mir mein Christentum nicht lassen wollte, wie ich es bisher gehegt hätte, so könnte ich mich wohl auch zum Atheismus entschließen, zumal da ich sähe, daß niemand recht wisse, was beides eigentlich heißen solle.»[60] Goethe erklärte: «Die christliche Religion ist eine intentionierte politische Revolution, die, verfehlt, nachher moralisch geworden ist.»[61] Es gibt in der Literatur «tausend ... Blätter ... eben so schön und ... nützlich» wie im Evangelium[62]. Doch «ich halte die Evangelien alle vier für durchaus echt, denn es ist in ihnen der Abglanz einer Hoheit wirksam, die von der Person Christi ausging und die so göttlicher Art, wie nur je auf Erden das Göttliche erschienen ist ... Ich beuge mich vor ihm, als der göttlichen Offenbarung des höchsten Prinzips der Sittlichkeit.»[63] Er empfahl aber, die Sonne ebenso zu verehren wie Christus, als eine gleichwertige Manifestation göttlicher Macht[64]. Er bewunderte Luther und pries die Reformation, weil sie die Fesseln der Tradition zerbrochen hätte, doch er bedauerte ihren Rückfall in den Dogmatismus[65]. Er befürchtete, der Protestantismus leide unter dem Mangel an inspirierenden und Gebräuche bildenden Zeremonien, und hielt den Katholizismus für weise und wohltätig, weil er geistige Beziehungen und Entwicklungen mit eindrucksvollen Sakramenten symbolisierte[66].

Goethes Anschauungen über die Unsterblichkeit wechselten mit seinen Jahren. Am 2. Februar 1779 schrieb er an Friedrich zu Stolberg: «Wenn ich auch gleich für meine Person an der Lehre des Lucrez mehr oder weniger hänge und alle meine Prätensionen in den Kreis des Lebens einschließe.» Doch am 25. Februar 1824 sagte er zu Eckermann: «Ich möchte keineswegs das Glück entbehren, an eine künftige Fortdauer zu glauben; ja ich möchte mit Lorenzo von Medici sagen, daß alle diejenigen auch für dieses Leben tot sind, die kein anderes hoffen»[66a], und am 2. Mai 1824: «... denn ich habe die feste Überzeugung, daß unser Geist ein Wesen ist ganz unzerstörbarer Natur;

GOETHE DER OLYMPIER 159

es ist ein Fortwirkendes von Ewigkeit zu Ewigkeit.»[67] Er las Swedenborg, akzeptierte die Vorstellung einer Geistersphäre[68] und spielte mit Hoffnungen auf die Seelenwanderung. Er studierte die Kabbala und Pico della Mirandola und stellte sogar gelegentlich ein Horoskop[69]. Mit zunehmendem Alter anerkannte er immer mehr die Rechte des Glaubens:

«Strenggenommen kann ich von Gott doch weiter nichts wissen, als wozu mich der ziemlich beschränkte Gesichtskreis von sinnlichen Wahrnehmungen auf diesem Planeten berechtigt, und das ist in allen Stücken wenig genug. Damit ist aber keineswegs gesagt, daß durch diese Beschränkung unserer Naturbetrachtungen auch dem Glauben Schranken gesetzt wären. Im Gegenteil kann, bei der Unmittelbarkeit göttlicher Gefühle in uns, der Fall gar leicht eintreten, daß das Wissen als Stückwerk besonders auf einem Planeten erscheinen muß, der, aus seinem ganzen Zusammenhange mit der Sonne herausgerissen, alle und jede Betrachtung unvollkommen läßt, die eben darum erst durch den Glauben ihre vollständige Ergänzung erhält.»[70]

1820 bedauerte er, in seiner Jugend den rebellischen *Prometheus* geschrieben zu haben, denn die jungen Radikalen des Tages zitierten ihn gegen ihn[71]. Er wandte sich von Fichte ab, als dieser des Atheismus beschuldigt wurde[72]. «Es ist Pflicht», sagte er jetzt, «andern nur dasjenige zu sagen, was sie aufnehmen können. Der Mensch versteht nichts als was ihm gemäß ist.»[73]

Wie seine Anschauungen über die Religion, so änderten sich mit dem Alter auch seine Vorstellungen von der Moral. Erfüllt von der Kraft und dem Stolz der Jugend, hatte er das Leben ausschließlich als eine Bühne zur Entfaltung und Behauptung des eigenen Ich betrachtet. Das Streben, die Pyramide seines Lebens, dessen Fundament ihm gegeben worden sei, so hoch als möglich zu bauen, überwiege alles und lasse ihm kaum einen Augenblick Ruhe, erklärte er[74]. Wir haben gesehen, wie er bei diesem Bemühen so manche zarte Seele verletzte. Als er unter der Last von Amt und Würden reifte, erkannte er, daß das menschliche Leben ein gesellschaftlicher Vorgang ist, daß die Individuen der gegenseitigen Hilfe bedürfen und daß selbstsüchtige Handlungen, obwohl sie die grundlegende Kraft sind, durch die Notwendigkeiten der Gemeinschaft beschränkt werden müssen. Faust ist im ersten Teil fleischgewordener Individualismus; im zweiten Teil findet er «Erlösung», Gesundheit der Seele, durch Wirken für das Allgemeinwohl. Wilhelm Meister sucht in den *Lehrjahren,* sich zu bilden und zu entwickeln, jedoch aus Instinkt und Übung, und hilft oft seinen Mitmenschen; in den *Wanderjahren* sucht er das Glück der Gemeinschaft zu fördern. Goethe bekannte sich nicht zu dem Gebot, seine Feinde zu lieben; doch er definierte das, was er für Edelmut hielt, auf eindrucksvolle Weise in einem seiner größten Gedichte:

Edel sei der Mensch,
Hilfreich und gut!
Denn das allein
Unterscheidet ihn
Von allen Wesen,
Die wir kennen ...

Denn unfühlend
Ist die Natur:
Es leuchtet die Sonne

Über Bös' und Gute,
Und dem Verbrecher
Glänzen wie dem Besten
Der Mond und die Sterne.

Wind und Ströme,
Donner und Hagel
Rauschen ihren Weg
Und ergreifen,
Vorüber eilend,
Einen und den andern ...

Nach ewigen, ehrnen,
Großen Gesetzen
Müssen wir alle
Unseres Daseins
Kreise vollenden.

Nur allein der Mensch
Vermag das Unmögliche:
Er unterscheidet,
Wählet und richtet;
Er kann dem Augenblick
Dauer verleihen.

Er allein darf
Den Guten lohnen,
Den Bösen strafen,
Heilen und retten,
Alles Irrende, Schweifende
Nützlich verbinden ...

Der edle Mensch
Sei hilfreich und gut!

Um edel zu werden, muß man sich vor verderblichen Einflüssen hüten, «denn am Ende ist alles Influenz, insofern wir es nicht selber sind»[75]. «Man studiere nicht die Mitgeborenen und Mitstrebenden, sondern große Menschen der Vorzeit, deren Werke seit Jahrhunderten gleichen Wert und gleiches Ansehen behalten haben. Ein wirklich hochbegabter Mensch wird das Bedürfnis dazu ohnehin in sich fühlen, und gerade dieses Bedürfnis des Umgangs mit großen Vorgängern ist das Zeichen einer höheren Anlage.»[76] Man verehrt Bibliotheken als das von diesen Menschen hinterlassene Erbe. «In oberflächlicher Beschauung einer Bibliothek fühlt man sich in der Gegenwart eines großen Kapitals, das geräuschlos unberechenbare Zinsen spendet.»[77] Doch Intellekt ohne Charakter ist weitaus schlimmer als Charakter ohne Intellekt. «Alles, was unsern Geist befreit, ohne uns die Herrschaft über uns selbst zu geben, ist verderblich.»[78] «Gedenke zu leben!» – doch suche das Gleichgewicht zwischen Gedanke und Handlung; Denken ohne Tat ist eine Krankheit. «Eines recht wissen und ausüben gibt höhere Bildung als Halbheit im Hundertfältigen.»[79] «Kein Segen kommt der Arbeit gleich, und nur der Mensch, welcher sein Leben lang gearbeitet hat, kann sagen, ich habe gelebt.»[80] Vor allem aber sei ein Ganzes oder schließe dich einem Ganzen an.

GOETHE DER OLYMPIER   161

In *Dichtung und Wahrheit* spricht Goethe vom schönen Gefühl, «daß die Menschheit zusammen erst ... der wahre Mensch [ist] und der einzelne ... nur froh und glücklich sein [kann], wenn er den Mut hat, sich im Ganzen zu fühlen»[81].

So lernte der junge Mann, der Auskommen und Sicherheit geerbt und die Straßburger Studenten durch seine reiche und wunderliche Garderobe zum Lachen gereizt hatte, durch die Philosophen, die Heiligen und die Erfahrungen des Lebens, freundlich über die Armen zu denken und zu wünschen, die Begüterten sollten ihren Reichtum großzügiger teilen. Die Reichen sollten im Verhältnis zu ihrem Einkommen besteuert werden und den Dienstleuten «Vorteile gönnen, die uns erweiterte Kenntnisse, die uns eine vorrückende Zeit darbietet.»[82]. Selbst nachdem er europäischen Ruhm erlangt hatte, empfand Goethe den Neid des Bürgers gegenüber adliger Geburt. «In Deutschland ist nur dem Edelmann eine gewisse allgemeine; wenn ich sagen darf personelle, Ausbildung möglich.»[83] Er bezeugte in seinem Benehmen seinen Vorgesetzten gegenüber alle gebotene Hochachtung. Jedermann kennt die Geschichte von Goethe und Beethoven in Teplitz, die sich im Juli 1812 abgespielt haben soll, doch ihre einzige Quelle ist die nicht sehr zuverlässige Bettina von Arnim-Brentano, die behauptete, Beethovens Bericht zu zitieren:

«Die Kaiserin und österreichische Herzoge waren in Teplitz, und Goethe genoß viel Auszeichnung von ihnen, und besonders wars seinem Herzen keine geringe Angelegenheit, der Kaiserin seine Devotion zu bezeigen; er deutete dies mit feierlich bescheidenen Ausdrücken dem Beethoven an. 'Ei, was', sagte der, 'so müßt Ihr nicht machen, da macht Ihr nichts Gutes, Ihr müßt ihnen tüchtig an den Kopf werfen, was sie an Euch haben, sonst werden sies gar nicht gewahr; ... einen Orden könnten sie einem wohl anhängen, aber darum sei man nicht um das geringste besser, einen Hofrat, einen Geheimrat können sie wohl machen, aber keinen Goethe, keinen Beethoven, also das, was sie nicht machen können, und was sie selber noch lange nicht sind, davor müssen sie Respekt haben lernen, das ist ihnen gesund.' – Indem kam auf dem Spaziergang ihnen entgegen mit dem ganzen Hofstaat die Kaiserin und Herzoge; nun sagte Beethoven: 'Bleibt nur in meinem Arm hängen, sie müssen uns Platz machen, wir nicht.' – Goethe war nicht der Meinung, und ihm wurde die Sache unangenehm; er machte sich aus Beethovens Arm los und stellte sich mit abgezogenem Hut an die Seite, während Beethoven mit untergeschlagenen Armen mitten zwischen den Herzogen durchging und nur den Hut ein wenig rückte, während diese sich von beiden Seiten teilten, um ihm Platz zu machen, und ihn alle freundlich grüßten; jenseits blieb er stehen und wartete auf Goethe, der mit tiefen Verbeugungen sie hatte an sich vorbeigelassen. – Nun sagte er: 'Auf Euch hab ich gewartet, weil ich Euch ehre und achte, wie Ihr es verdient, aber jenen habt Ihr zuviel Ehre angetan.'»[84]

Unsere Meinung über diese Geschichte dürfte in unserem Zeitalter eine andere sein. Goethe glaubte, eine im Geist des öffentlichen Wohls tätige Aristokratie liefere die beste damals in Europa mögliche Regierung und verdiene den zur Aufrechterhaltung der gesellschaftlichen Ordnung erforderlichen Respekt. Mißbräuche sollten abgestellt werden, doch ohne Gewalt und Übereile. Revolutionen kosten mehr, als sie wert sind, und enden gewöhnlich, wo sie begannen. So sagt Mephisto:

> O weh! Hinweg! und laßt mir jene Streite
> Von Tyrannei und Sklaverei beiseite!
> Mich langweilts; denn kaum ists abgetan,
> So fangen sie von vorne wieder an. [85]

Und so sagte Goethe 1824 zu Eckermann: «Es ist wahr, ich konnte kein Freund der Französischen Revolution sein, denn ihre Greuel standen mir zu nahe und empörten mich täglich und stündlich, während ihre wohltätigen Folgen damals noch nicht zu ersehen waren ... Ebensowenig aber war ich ein Freund herrischer Willkür. Auch war ich vollkommen überzeugt, daß irgendeine Revolution nie Schuld des Volkes ist, sondern der Regierung.»[86] Er pries Napoleon als einen Segen für die Ordnung in Frankreich und Europa nach einer Dekade der Umwälzungen. Er mißtraute der Demokratie, denn es ist «nichts schrecklicher, als die Unwissenheit handeln zu sehen»[87], und «es ist nie daran zu denken, daß die Vernunft populär werde»[88].

Er war erhaben über die Machtkämpfe der Parteien. «Die Menschen werfen sich im Politischen wie auf dem Krankenlager von einer Seite zur andern, in der Meinung, besser zu liegen.»[89] Er war dagegen, daß man der Presse Freiheit einräumte, denn er war der Meinung, daß sie Gesellschaft und Regierung ständigen Störungen aussetzte durch unreife und verantwortungslose Schreiber. Der Ruf nach Freiheit war für ihn, in seinen späteren Jahren, lediglich der Hunger der Erfolglosen nach Macht und Geld. «Wie man denn niemals mehr von Freiheit reden hört, als wenn eine Partei die andere unterjochen will und es auf weiter nichts angesehen ist, als daß Gewalt, Einfluß und Vermögen aus einer Hand in die andere gehen sollen. Freiheit ist die leise Parole heimlich Verschworner, das laute Feldgeschrei der öffentlich Umwälzenden, ja das Losungswort der Despotie selbst, wenn sie ihre unterjochte Masse gegen den Feind anführt und ihr von auswärtigem Druck Erlösung auf alle Zeiten verspricht.»[90]

Goethe empfand und erfüllte die Verpflichtung des älteren Menschen, als Bremse für die stürmische Kraft der Jungen zu dienen.

VI. FAUST – DER TRAGÖDIE ZWEITER TEIL

Er goß seine Altersphilosophie in den zweiten Teil des *Faust*. Am Ende des ersten Teils hatte er sein zweites Ich, zerbrochen und verzweifelt, in der Macht des Mephisto gelassen – Begierde, bestraft für ihr Unmaß. Doch konnte das alles, konnte das die Summe der Weisheit sein? Faust hatte seine Wette noch nicht ganz verloren; der Teufel hatte für ihn noch keine Lust gefunden, die sein Streben befriedigen und sein Leben erfüllen konnte. Gab es anderswo eine solche Erfüllung? Vierundzwanzig Jahre lang suchte Goethe eine Fortsetzung und einen Höhepunkt für die Geschichte, die das Ergebnis seines Denkens enthalten oder symbolisieren und seinem Helden ein edles und erhebendes Ende verschaffen sollte.

Endlich, mit achtundsiebzig Jahren, nahm er die Aufgabe in Angriff. Am 24. Mai 1827 schrieb er an Zelter, der mit ihm alt geworden war und mit ihm sterben sollte: «Nun aber soll das Bekenntnis im stillen zu Dir gelangen, daß ich ... mich wieder an Faust begeben habe ... Sage das niemanden.»[90a] Das dramatische Ende Byrons im griechischen Freiheitskampf hatte Goethe aufgewühlt; nun konnte er Byron als Euphorion, den Sohn von Faust und Helena, die Heilung des zerrissenen und fragenden modernen

Geistes durch die Vereinigung mit der stillen Schönheit des klassischen Hellas vollziehen lassen. Er arbeitete in den Morgenstunden, schaffte bestenfalls eine Seite am Tag, bis er im August 1831, sieben Monate vor seinem Tod, Eckermann verkündete, daß die verzehrende Aufgabe erfüllt sei – neunundfünfzig Jahre nach ihrer ersten Konzeption. «Der ist der glücklichste Mensch», hatte er geschrieben, «der das Ende seines Lebens mit dem Anfang in Verbindung setzen kann.»[91] Und nun sagte er: «Mein ferneres Leben kann ich nunmehr als ein reines Geschenk ansehen, und es ist jetzt im Grunde ganz einerlei, ob und was ich noch etwa tue.»[92]

Von der Eingangsszene an, in der Faust, auf einer Frühlingswiese erwachend, mit wortgewandter Beredsamkeit den Sonnenaufgang beschreibt, ist die Handlung wiederholt unterbrochen durch lyrische Lobgesänge auf die Schönheit, die Größe oder die Schreckensherrschaft der Natur; es ist wohlgetan, doch es geschieht zu oft. Goethe, der klassische Zurückhaltung predigte, sündigte hier gegen das «Nichts im Übermaß». Er brachte in dem Drama fast alles unter, wovon sein fruchtbares Gedächtnis überquoll: griechische und deutsche Mythologie, Leda und den Schwan, Helena und ihr Gefolge, Hexen und Ritter, Feen und Gnome, Greife und Pygmäen, Dryaden und Sirenen, Abhandlungen über den «Neptunismus», lange Reden von Herolden, Blumenmädchen, Gartennymphen, Holzfällern, Hanswursten, Trunkenbolden, Pagen, Seneschallen, Kämmerern, einen Wagenlenker und eine Sphinx, einen Astrologen und einen Kaiser, Faune und Philosophen, die Kraniche des Ibikus und «einen kleinen Menschen» (Homunculus), chemisch erzeugt durch Fausts Schüler Wagner. Das Durcheinander ist verwirrender als ein tropischer Dschungel, denn es fügte zum Natürlichen das Übernatürliche, und alles ist vorgetragen in feierlicher Rede oder in lieblichem Gesang.

So wirkt es erlösend, wenn im dritten Akt Helena erscheint, wunderbarerweise noch immer *dia gynaikon* – Göttin unter Frauen –, durch die Anmut ihrer Bewegungen und den Glanz ihrer Augen Männer erobernd. Die Handlung erhält neuen Schwung, und der Chor klingt auf in sophokleischen Tönen, als Helena erfährt, daß Menelaos befohlen hat, sie und ihre Dienerinnen als Strafe für «frech gesinnte Schönheit» den Lüsten einer «barbarischen» Horde auszuliefern, die von Norden in Hellas eingefallen ist. Ihr Führer ist Faust, durch die Kunst des Mephisto in einen mittelalterlichen Ritter verwandelt, schön an Gestalt, Gesicht und Kleidung. Goethe erreicht den Gipfel seiner dramatischen Kunst, als er die Begegnung von Helena und Faust beschreibt – das klassische Griechenland konfrontiert mit dem Deutschland des Mittelalters. Mögen diese beiden sich vereinigen! – Das ist das Hauptthema der Erzählung. Faust, verzaubert wie alle Männer, legt Helena allen Reichtum und alle Macht zu Füßen, die Magie und Krieg ihm geschenkt haben. Sie gibt seiner Werbung nach; schließlich war dies ein besseres Schicksal als der Tod. Doch Menelaos nähert sich mit seinem Heer und unterbricht ihr Glück; Faust vertauscht flugs die Liebe mit dem Krieg, ruft seine Männer zu den Waffen und führt sie zur Eroberung von Sparta (eine Erinnerung an die «Franken», die im 13. Jahrhundert Morea eroberten).

Die Szene wechselt; Jahre sind verflossen, Euphorion ist ein glücklicher Jüngling,

DER PROTESTANTISCHE NORDEN

Faust und Helena erfreuend durch «töriger Liebe Neckereien, Scherzgeschrei und Lustgejauchze»[93], unbesonnen von Klippe zu Klippe springend, sanft gewarnt von seinen Eltern, wild mit Nymphen tanzend, die bezaubert sind durch seine Anmut (Byron in Italien?); in wilder Leidenschaft ergreift er eine von ihnen, doch sie geht in seinen Armen in Flammen auf. Freudig vernimmt er die Sturmglocke des Krieges, stürzt davon, fällt in einen Abgrund und fordert sterbend seine Mutter auf, ihm in die Unterwelt zu folgen.

> HELENA (zu Faust): Ein altes Wort bewährt sich leider auch an mir:
> Daß Glück und Schönheit dauerhaft sich nicht vereint.
> Zerrissen ist des Lebens wie der Liebe Band;
> Bejammernd beide, sag ich schmerzlich Lebewohl
> Und werfe mich noch einmal in die Arme dir.
> Persephoneia, nimm den Knaben auf und mich!»
>
> (Sie umarmt Faust, das Körperliche verschwindet, Kleid und Schleier bleiben ihm in den Armen.)[93a]

So endet der dritte und beste Akt dieses zweiten *Faust*. Dies war der Teil, den Goethe zuerst schrieb, den er *Helena* nannte und eine Zeitlang als ein gesondertes und fertiges Ganzes betrachtete; er hätte vielleicht gut daran getan, es dabei zu belassen. Hier erhob sich Goethe durch eine heroische Anstrengung der ihm verbliebenen Kräfte zum letztenmal zum Gipfelpunkt seiner Dichtkunst, Drama mit Musik vermischend wie in perikleischen Tagen, die Gestalten einer Allegorie der Heilung des modernen Geistes mit Leben und Blut erfüllend.

Von dieser Höhe gleitet *Faust II* hinab in einen Krieg zwischen einem Kaiser und einem Bewerber um den Heiligen Römischen Thron. Faust und Mephisto, ihre Zauberkünste benutzend, gewinnen den Krieg für den Kaiser; Faust fordert und erhält als Belohnung die Erlaubnis, an der Nordküste des Reiches dem Meer so viel Land abzuringen, als er imstande ist. Im fünften Akt ist Faust einhundert Jahre alt, Herr eines großen Gebietes, doch noch nicht seiner selbst. Die Hütte eines Bauernpaares, Philemon und Baucis, behindert die Aussicht von seinem Herrenhaus; er bietet ihnen ein besseres Heim an anderer Stelle an. Sie lehnen ab; er fordert Mephisto und seine Diener auf, sie zu vertreiben, doch als diese auf Widerstand stoßen, setzen sie die Hütte in Brand. Das alte Paar stirbt vor Furcht. Bald wird Faust heimgesucht von Visionen rächender Furien – graue Weiber, die sich Mangel, Schuld, Sorge und Not nennen. Die Sorge haucht ihm ins Gesicht und blendet ihn. Ein teilweise selbstloser Gedanke kommt ihm in seiner Verzweiflung: Er befiehlt Mephisto und seinen Teufeln, das Meer einzudämmen, die Sümpfe trockenzulegen und auf dem neuen Land tausend Häuser inmitten grüner Felder zu bauen. In einer Vision schaut er das zu gewinnende Gelände und spricht: «Solch ein Gewimmel möcht ich sehn, auf freiem Grund mit freiem Volke stehn! Zum Augenblicke dürft ich sagen: Verweile doch, du bist so schön!»[94] Er hört das Geräusch von Schaufeln und Spaten und glaubt, sein großes Werk schreite voran; in Wirklichkeit schaufeln die Lemuren sein Grab. Erschöpft fällt er sterbend zu Boden; Mephisto weidet sich an seinem Anblick, während eine

GOETHE DER OLYMPIER 165

Horde von Teufeln sich anschickt, Fausts Seele in die Hölle zu tragen; doch eine Schar von Engeln schwebt vom Himmel hernieder, und während Mephisto, ihre Beine bewundernd, abgelenkt wird, erheben sie sich, «Faustens Unsterbliches entführend». Im Himmel wird Faust in verwandelter Gestalt begrüßt von einem Gretchen, das die jungfräuliche Mutter anfleht: «Vergönne mir, ihn zu belehren!» Die Jungfrau heißt sie, ihn nach oben zu geleiten, und ein Chorus mysticus beendet das Spiel:

> Alles Vergängliche
> Ist nur ein Gleichnis;
> Das Unzulängliche
> Hier wird's Ereignis;
> Das Unbeschreibliche,
> Hier ist's getan;
> Das Ewigweibliche
> Zieht uns hinan.

VII. ERFÜLLUNG: 1825–1832

1823 wurde Johann Peter Eckermann, einunddreißig Jahre alt, Goethes Sekretär und begann seine Gespräche mit dem alten Mann für die Nachwelt schriftlich festzuhalten. Das Ergebnis, *Gespräche mit Goethe* (drei Bände, 1836–1848) – teilweise von Goethe überarbeitet –, enthält mehr Weisheit, als bei den meisten Philosophen zu finden ist.

Im September 1825 feierte Weimar den fünfzigsten Jahrestag der Thronbesteigung Carl Augusts. Goethe wohnte der Zeremonie bei. Der Herzog packte seine Hand und murmelte: «Bis zum letzten Hauch beisammen!»[95] Am 7. November feierte der Hof den fünfzigsten Jahrestag der Ankunft Goethes in Weimar, und der Herzog schickte ihm einen Brief, der auch offiziell veröffentlicht wurde:

«Die fünfzigste Wiederkehr dieses Tages erkenne ich sonach mit dem lebhaftesten Vergnügen als das Dienstjubelfest Meines ersten Staatsdieners, des Jugendfreundes, der, mit unveränderter Treue, Neigung und Beständigkeit, Mich bisher in allen Wechselfällen des Lebens begleitet hat, dessen umsichtigen Rat, dessen lebendiger Teilnahme und stets wohlgefälligen Dienstleistungen Ich den glücklichen Erfolg der wichtigsten Unternehmungen verdanke und den für immer gewonnen zu haben, Ich als einer der höchsten Zierden Meiner Regierung achte.»[96]

Nun kamen jene traurigen Jahre des Alterns, in denen Freund nach Freund verschwindet. Am 26. August 1826, zwei Tage vor Goethes siebenundsiebzigstem Geburtstag, schickte Charlotte von Stein, nun fünfundachtzig Jahre alt, dem Mann, der ein halbes Jahrhundert zuvor ihr Liebhaber gewesen war, ihren letzten bekannten Brief: «Tausend Glück und Segen zum heutigen Tag. Mögen die Schutzgeister auf dem himmlischen Reichstag befehlen, daß alles Liebliche und Gute Ihnen, geliebter Freund, erhalten werde und mit aller Hoffnung aufs Künftige ohne Furcht verbleibe, mir aber erbitte ich, verehrter Freund, Ihr freiwilliges Wohlwollen auf meiner noch kurzen Lebensbahn.»[97] Sie starb am 6. Januar 1827. Als Goethe es erfuhr, weinte er. Am 15. Juni 1828 starb der Herzog, und Weimar wußte, daß sein goldenes Zeitalter zu

166   DER PROTESTANTISCHE NORDEN

Ende war. Goethe bereitete sich auf seinen Abgang vor, indem er fieberhaft am *Faust* arbeitete. Doch er war nicht als nächster an der Reihe. Sein einziges überlebendes Kind, August, starb nach vierzig Jahren des Scheiterns und zwanzig Jahren der Ausschweifung in Rom am 27. Oktober 1830. Eine Obduktion erwies, daß seine Leber fünfmal so groß war wie eine normale. Als man Goethe die Nachricht überbrachte, sagte er: «*Non ignoravi me mortalem genuisse* – Ich war mir wohl bewußt, einen Sterblichen erzeugt zu haben.»[98] «Ich griff daher zu einer Arbeit, die mich ganz absorbieren sollte», schrieb er. «Der vierte Band meines Lebens lag, über zehn Jahre ... ruhig aufbewahrt, ohne daß ich gewagt hätte, die Arbeit wieder vorzunehmen. Nun griff ich sie mit Gewalt an.»[99]

Mit achtzig begann sein Interessenbereich sich zu verkleinern. 1829 hörte er auf, Zeitungen zu lesen. «Seit den sechs Wochen», schrieb er an Zelter, «daß ich die sämtlichen französischen und deutschen Zeitungen unter ihrem Kreuzband liegen lasse, ist es unsäglich was ich an Zeit gewann und was ich alles wegschaffte.»[100] «Glückselig der, dessen Welt innerhalb des Hauses ist.»[101] Er genoß die Liebe und die Fürsorge von Augusts Witwe Ottilie und erfreute sich an ihren Kindern. Manchmal jedoch zog er sich von ihnen zurück und suchte die vollkommene Einsamkeit, die er als Nährmutter und Prüfung eines wohlgerüsteten Geistes lobte.

Sein Gesicht zeigte nun seine achtzig Jahre: tiefe Falten in der Stirn und um den Mund, zurückweichendes Silberhaar, ruhige und fragende Augen; doch seine Gestalt blieb aufrecht, und seine Gesundheit war gut. Er war stolz darauf, Kaffee und Tabak gemieden zu haben, die er beide als Gifte verdammte. Er war stolz auf sein Aussehen und seine Bücher, genoß ehrlich jedes Lob, spendete es spärlich. Als 1830 ein junger Dichter ihm einen Versband schickte, bestätigte Goethe den Empfang mit sarkastischen Worten: «Ihr Büchlein habe angeblättert. Da man sich aber bei eindringender Cholera vor störenden Unpotenzen hüten muß, so legt' ich's bei Seite.»[102] Mittelmäßigkeit beleidigte ihn. Er wurde immer reizbarer, als er sich mit den Jahren in sich selbst zurückzog, und er gab zu: «Wer mich nach meinen Werken für liebenswürdig hielt, fand sich sehr getäuscht, wenn er an einen starren ablehnenden Menschen anstieß.»[103] Besucher sagten von ihm, er taue nur langsam auf, sei ein wenig formell und steif, vielleicht aus Verlegenheit oder weil man ihm die Zeit für seine Arbeit stahl. Doch viele seiner Briefe verraten Zärtlichkeit und Rücksichtnahme.

Er war jetzt in ganz Europa berühmt. Carlyle feierte ihn, lange vor Goethes Tod, als eine der größten Gestalten der Weltliteratur. Byron widmete ihm *Werner*. Berlioz eignete «Monseigneur Goethe» *Fausts Verdammnis* zu, Könige sandten ihm Geschenke. Doch in Deutschland war die Zahl seiner Leser klein, die Kritiker waren feindlich, seine Rivalen nannten ihn hämisch einen prahlerischen Geheimrat, der vorgab, Dichter und Naturforscher zu sein. Lessing verurteilte den *Götz* und den *Werther* als romantischen Kitsch, Klopstock nannte *Hermann und Dorothea* einen Gemeinplatz und *Iphigenie* eine «steife» Nachahmung der Griechen. Goethe reagierte mit wiederholten Bekundungen der Verachtung für Deutschland – für sein Klima, seine Landschaft, seine Geschichte, seine Sprache und seinen Geist. Er beklagte sich, er sei gezwungen gewesen, «Deutsch zu schreiben. Und so verderb ich unglücklicher Dichter in dem schlechtesten Stoff um Leben und Kunst.»[104] Er sagte zu seinen Freunden: «Diese Narren von Deutschen» hätten ihre Niederlage durch Napoleon bei Jena wohl verdient[105], und Deutschland habe über ihn triumphiert, als die Alliierten Bonaparte bei Waterloo besiegten.

Im hohen Alter vom (romantischen) Hauptstrom der Literatur abgeschnitten, tröstete er sich mit zunehmender Verachtung für die Welt und die Menschen. «Von der Vernunfthöhe herunter sieht das ganze Leben wie eine böse Krankheit und die Welt einem Tollhaus gleich.»[106] «Vor einigen Tagen», schrieb er am 26. März 1826 an Zelter, «kam mir zufälliger Weise die erste Ausgabe meines Werthers in die Hände, und dieses bei mir längst verschollene Lied fing wieder an zu klingen. Da begreift man denn nun nicht, wie es ein Mensch noch vierzig Jahre in einer Welt hat aushalten können, die ihm in früher Jugend schon so absurd vorkam.»[107] Er sah keine wesentliche Besserung in der Zukunft. «Die Menschen sind nur dazu da, einander zu quälen und zu morden; so war es von jeher, so ist es, so wird es allzeit sein.»[108] Wie die meisten von uns es nach dem sechzigsten Lebensjahr tun, hielt er die neue Generation für degeneriert. «Der unglaubliche Dünkel, in den die jungen Leute hineinwachsen, wird sich in einigen Jahren zu den größten Narrheiten manifestieren ... Doch regt sich so Manches, das in einigen Jahren wohl erfreulich werden könnte.»[109]

Am 15. März 1832 zog er sich während einer Ausfahrt eine Erkältung zu. Am 18. schien er sich erholt zu haben, doch am 20. hatte die Entzündung seinen Brustkorb ergriffen, ein fieberhafter Katarrh erschütterte ihn, und sein Gesicht war verzerrt vor Schmerzen. Am 22. bemerkte er, daß der Frühling begonnen hatte: «Also hat der Frühling begonnen und wir können uns dann um so eher erholen.» Das Zimmer war verdunkelt worden, um seine Augen zu schonen; er protestierte: «Laßt mehr Licht herein.» Noch immer bedrückt durch die Dunkelheit, befahl er seinem Kammerdiener: «Mach doch den zweiten Fensterladen in der Stube auf, damit mehr Licht hereinkomme!» Dies waren offenbar seine letzten Worte. Er hatte Ottilie aufgefordert: «Komm', mein Töchterchen, und gib' mir ein Pfötchen.» Er starb in ihren Armen und ihre Hand haltend am Mittag des 22. März 1832, zweiundachtzig Jahre und sieben Monate alt[110].

Eckermann sah die Leiche am nächsten Tag.

«Der Körper lag nackend in ein weißes Bettuch gehüllet, große Eisstücke hatte man in einiger Nähe umhergestellt, um ihn frisch zu erhalten solange als möglich. Friedrich schlug das Tuch auseinander, und ich erstaunte über die göttliche Pracht dieser Glieder. Die Brust überaus mächtig, breit und gewölbt; Arme und Schenkel voll und sanft muskulös; die Füße zierlich und von der reinsten Form und nirgends am ganzen Körper eine Spur von Fettigkeit oder Abmagerung und Verfall. Ein vollkommener Mensch lag in großer Schönheit vor mir, und das Entzücken, das ich darüber empfand, ließ mich auf Augenblicke vergessen, daß der unsterbliche Geist eine solche Hülle verlassen.»[111]

So endete ein großes Zeitalter, beginnend mit dem düsteren Triumph Friedrichs im Jahre 1763, über Lessing und Kant, Wieland und Herder, bis zu Schiller und Goethe. Seit Luther war der deutsche Geist nie so aktiv, so vielgestaltig, so reich im unab-

DER PROTESTANTISCHE NORDEN

hängigen Denken gewesen. Es war kein Unglück für Deutschland, daß es kein ausgedehntes Reich war wie das Britanniens, das nur auf Eroberung und Handel sann, keine zentralisierte Monarchie wie die französische, die infolge des Scheiterns der Regierung zerfiel, noch ein Despotenstaat wie Rußland, das Länder verschlang oder sich mit Weihwasser betäubte. Politisch war Deutschland noch nicht geboren; doch in der Literatur hatte es das Abendland herausgefordert, und in der Philosophie war es führend.

SECHSTES KAPITEL

Die Juden

[1715–1789]

I. DER KAMPF UMS DASEIN

«DIE Juden», schrieb Rousseau, «bieten ein erstaunliches Schauspiel. Die Gesetze Solons, Numas und Lykurgs sind tot, die viel älteren des Moses leben noch. Athen, Sparta und Rom sind untergegangen und haben keine Nachkommen auf der Erde hinterlassen. Doch das zerstörte Zion hat seine Kinder nicht verloren, sie sind erhalten geblieben, sie vermehren sich, sie verbreiten sich über die ganze Welt ... Sie vermischen sich mit allen Völkern, können jedoch mit ihnen nicht verwechselt werden, sie haben keine Herrscher, doch sie sind immer ein Volk ... Wie groß muß die Kraft eines Gesetzgebers gewesen sein, der fähig war, solche Wunder zu vollbringen! Von allen Gesetzgebungswerken, die wir heute kennen, hat nur dieses eine alle Prüfungen erdulden müssen, ist immer standfest geblieben.»[1]

Vielleicht verdankte das Gesetz Mosis sein Überleben nicht so sehr der ihm innewohnenden Weisheit als seiner Nützlichkeit bei der Aufrechterhaltung von Ordnung und Stabilität in Gemeinden, die, inmitten feindseliger Glaubensbekenntnisse und fremder Gesetze lebend, vielen Gefahren ausgesetzt waren. In der Zerstreuung mußte die Synagoge sowohl Kirche als auch Regierung sein, und die Rabbiner hielten ihr Volk in allen Wechselfällen zusammen, indem sie einem Gesetz, das jede Phase des jüdischen Lebens regelte, die Weihe eines stolzen religiösen Glaubens verliehen. Der Pentateuch wurde zur Verfassung, der Talmud zum obersten Gerichtshof eines unsichtbaren Staates, der stärker war als menschlicher Haß.

Der Antisemitismus verlor einen Teil seiner religiösen Grundlage, als die Orthodoxie verfiel. Eine aufgeklärte Minderheit erkannte, wie widersinnig und grausam es war, ein ganzes Volk, Generation um Generation, für eine Sünde zu strafen, die eine Handvoll Menschen aus seiner Mitte vor Zeiten begangen hatte – Menschen, auf dem Wege vom Tempel zum Gerichtshof wahllos gesammelt von einem alten Priester, dem die Verehrung ein Dorn im Auge war, die Jesus bei der großen Mehrheit derer, die von ihm wußten, genoß. Sorgfältige Leser des Evangeliums erinnerten sich, daß Jesus dem Judaismus gegenüber immer loyal blieb, selbst wenn er dessen fromme Heuchler kritisierte. Diejenigen, welche die Geschichte studiert hatten, wußten, daß fast jedes Volk der Christenheit zu irgendeiner Zeit Ketzer verfolgt hatte, und zwar nicht nur durch eine einzige Kreuzigung, sondern durch Massenmassaker, Inquisitionen oder Pogrome.

Voltaire wußte all dies[2]. Er prangerte wiederholt die Verfolgung der Juden durch die Christen an. Sein Epos *Henriade* spricht von «Madrids und Lissabons Schreckensfeuern», von der «jährlichen Rate unglücklicher Juden», die durch «priesterliche Richter zu ewigen Flammen verdammt» werden, «weil sie wähnen, ihrer Vorväter Glaube sei der beste». Er lobte die «nüchterne und geregelte Lebensweise der Juden, ihre Enthaltsamkeit, ihre Arbeitsamkeit». Er erkannte, daß die europäischen Juden sich dem Handel zugewandt hatten, weil sie, vom Landbesitz ausgeschlossen, «unfähig gewesen waren, sich in irgendeinem Land» – dauernd und sicher – «niederzulassen»[3]. Und dennoch wurde Voltaire ein wütender Antisemit. Er machte böse Erfahrungen mit jüdischen Geldleuten. Als er nach England ging, nahm er Wechsel auf den Londoner Bankier Medina mit, der inzwischen Bankrott machte und Voltaire zwanzigtausend Franken schuldig blieb[4]. In Berlin beauftragte er Abraham Hirsch, in Sachsen entwertete Obligationen zu kaufen, die er illegal nach Preußen schmuggeln und dort mit einem Profit von fünfundsechzig Prozent verkaufen wollte[5]. Der Philosoph und der Finanzmann zerstritten sich, gingen vor Gericht und trennten sich in Haß. In seinem *Essai sur l'histoire générale et sur les mœurs et l'esprit des Nations* ließ Voltaire seinem Haß freien Lauf; er nannte die alten Hebräer «eine unbedeutende Nation, ein Räubervolk, grausam und abscheulich, dessen Gesetz das Gesetz von Wilden ist und dessen Geschichte ein Gewebe von Verbrechen gegen die Menschlichkeit darstellt»[6]. Ein katholischer Priester protestierte, dies sei eine in ihrer Übertreibung lächerliche Beschuldigung[7]. Isaak Pinto, ein gelehrter portugiesischer Jude, veröffentlichte 1762 eine Schrift, *Refléxions,* worin er die antisemitischen Stellen in dem Artikel «Die Juden» im *Dictionnaire philosophique* kritisierte; Voltaire gab zu, er habe «unrecht getan, einer ganzen Nation die Laster einiger Individuen zuzuschreiben», und versprach, die beleidigenden Stellen in künftigen Ausgaben zu ändern; doch er vergaß es[8]. Die französischen Schriftsteller waren in dieser Angelegenheit im allgemeinen gegen Voltaire[9]. Jean-Jacques Rousseau sprach von den Juden mit verständnisvoller Sympathie[10].

Die Juden in Frankreich besaßen vor der Revolution keine Bürgerrechte; doch entwickelten sie trotzdem einige blühende Gemeinden und brachten einflußreiche Führer hervor. Einer von diesen kaufte eine Grundherrschaft, die Amiens in sich schloß, und übte das dazugehörige Feudalrecht aus, die Domherren der Kathedrale zu ernennen. Der Bischof protestierte, aber das *parlement* von Paris unterstützte den jüdischen Grundherrn (1787). Die französische Regierung anerkannte dankbar die Hilfe von jüdischen Geldleuten im Spanischen und im Polnischen Erbfolgekrieg, und die Juden spielten eine große Rolle in der Wiederbelebung der Compagnie des Indes nach dem Zusammenbruch von Laws Unternehmen im Jahre 1720[11]. Die Juden von Bordeaux waren besonders wohlhabend, ihre Händler und Bankiers bekannt für ihre Redlichkeit und Freigebigkeit; doch da sie sich sephardischer Abstammung rühmten, setzten sie es durch, alle aschkenasischen Juden aus Bordeaux zu vertreiben.

Es gab keine bekennenden Juden im Spanien des 18. Jahrhunderts. In den ersten Jahren der Herrschaft der spanischen Bourbonen wagten es einige kleine Gruppen im Vertrauen auf die aufgeklärte Haltung Philipps V., die geheime Praktizierung des jüdischen Glaubens wieder aufzunehmen; zahlreiche Fälle wurden entdeckt, und die

DIE JUDEN

Inquisition brachte zwischen 1700 und 1720 in Barcelona drei, in Córdoba fünf, in Toledo dreiundzwanzig, in Madrid fünf Juden auf den Scheiterhaufen. Diese Enthüllungen stachelten die Inquisition zu verstärkter Tätigkeit an. Von den 868 zwischen 1721 und 1727 vor ihren Tribunalen stattfindenden Verfahren richteten sich über achthundert gegen den Judaismus, und von den Verurteilten wurden fünfundsiebzig verbrannt. Danach waren solche Fälle äußerst selten. In den letzten Jahren ihrer Tätigkeit, zwischen 1780 und 1820, verhandelte die spanische Inquisition gegen etwa fünftausend Angeklagte, von denen nur sechzehn des Judaismus beschuldigt wurden, wobei zehn davon Ausländer waren[12]. Die Gesetze Spaniens schlossen weiterhin alle Personen, die ihre *limpieza* – die Reinheit ihres Bluts von jedem Verdacht jüdischer Abstammung – nicht beweisen konnten, von allen bürgerlichen oder militärischen Ämtern aus. Reformer beklagten, daß diese Bestimmung der spanischen Armee und der Regierung die Dienste vieler fähiger Männer entziehe, und 1783 lockerte Karl III. diese Gesetze[13].

In Portugal verbrannte die Inquisition siebenundzwanzig Juden, weil sie sich weigerten, dem Judaismus abzuschwören (1717)[14]. Antônio da Silva, den Southey für den besten portugiesischen Dramatiker hielt, kam 1712 von Rio de Janeiro nach Lissabon. Er und seine Mutter wurden 1726 als Juden verhaftet; die Mutter wurde verbrannt, der Sohn schwor ab und wurde freigelassen. Anscheinend wurde er rückfällig, denn 1739 endete er im Alter von fünfunddreißig Jahren auf dem Scheiterhaufen[15]. Der Marquês de Pombal schaffte durch eine seiner vielen Reformen alle juristischen Unterscheidungen zwischen alten und neuen (bekehrten) Christen ab (1774)[16].

In Italien machte Venedig den Anfang zur Verbesserung der Stellung der Juden: 1772 wurden dort die Juden für frei erklärt und erhielten die gleichen Rechte wie die übrige Bevölkerung. Rom hinkte hinterher; das dortige Ghetto war das schlimmste in Europa. Große Fruchtbarkeit, durch die Rabbiner gefördert, vermehrte die Armut und den Schmutz; in einem bestimmten Zeitpunkt lebten zehntausend Juden auf einer Fläche von einem Quadratkilometer[17]. Der Tiber überschwemmte jedes Jahr die engen Straßen des Ghettos und ließ in den Kellern krankheitserregenden Schlamm zurück. Von den meisten Berufen ausgeschlossen, wandten die römischen Juden sich dem Schneiderhandwerk zu; um 1700 waren drei Viertel ihrer männlichen Erwachsenen Schneider[18] und begründeten so einen Brauch, der sich bis in unsere Zeit erhalten hat. 1775 erließ Papst Pius VI. ein «Editto sopra gli Ebrei», das die Verbote für die Juden erneuerte und neue hinzufügte: sie durften nicht in Kutschen fahren, durften bei Beerdigungen keine Klagelieder singen und ihren Toten keine Grabsteine errichten[19]. Die Juden von Rom mußten warten, bis Napoleon ihnen die Freiheit brachte.

In Österreich sah sich Maria Theresia aus Frömmigkeit gezwungen, die Juden in bestimmte enge Bezirke einzusperren und sie von Berufen, Ämtern und Grundbesitz auszuschließen[20]. Ihr Sohn Joseph, beeinflußt durch die französische Aufklärung, trug 1781 dem Staatsrat einen Plan vor, «die große Klasse von Israeliten in unseren Erbländern [Österreich, Ungarn und Böhmen] nützlich zu machen für die Gesellschaft». Sie sollten ermutigt werden, die Nationalsprache zu erlernen, die sie dann nach drei

Jahren in allen gerichtlichen, politischen und geschäftlichen Angelegenheiten auch benutzen mußten. Die Juden sollten «in keiner Weise in der Ausübung ihres Rituals und ihrer Lehre gestört werden». Sie sollten aufgefordert werden, Landwirtschaft zu treiben, sich in Industrie und Handel zu betätigen und die Künste zu pflegen. Jedoch Meister in den Zünften werden konnten sie noch immer nicht, denn dies erforderte einen Eid auf den christlichen Glauben. Alle demütigenden Unterscheidungen und alle bisher den Juden auferlegten Beschränkungen «sowie alle äußeren Kennzeichnungen» sollten aufgehoben werden. Der Staatsrat und die Provinzialverwaltungen protestierten gegen das Programm, weil es zu großzügig sei und zu plötzlich käme, um von der Öffentlichkeit angenommen werden zu können. Joseph fand eine Kompromißlösung und erließ am 2. Januar 1782 ein «Toleranzpatent» für die Juden Wiens und Niederösterreichs: Sie durften ihre Kinder auf Staatsschulen schicken und erhielten wirtschaftliche Freiheit unter Ausschluß des Rechts auf Grundbesitz; sie durften jedoch keine gesonderten Gemeinden unterhalten, in der Hauptstadt keine Synagogen bauen und nicht in gewissen Städten wohnen – vielleicht weil dort der Antisemitismus besonders heftig war. Joseph ermahnte seine christlichen Untertanen, die Eigenarten und Rechte der Juden zu respektieren, da sie ja ihre Mitmenschen seien; jede einem Juden angetane Beschimpfung oder Gewalttat werde «streng bestraft werden», und es durfte keine erzwungenen Bekehrungen mehr geben. Bald erließ der Kaiser ähnliche Edikte für Böhmen, Mähren und das österreichische Schlesien. Er wußte jüdische Zuschüsse an seine Staatskasse zu schätzen, erhob mehrere Juden in den Adelsstand und nahm die Dienste jüdischer Geldmänner in Anspruch[21].

Doch seine Reformen, berichtete der französische Gesandte in Wien, «lösten einen allgemeinen Schrei der Entrüstung aus; ... die großen den Juden gewährten Erleichterungen führen, so glaubt man, zum Ruin des Staates»[22]. Die christlichen Kaufleute beklagten die neue Konkurrenz, und die Priester verdammten die Edikte als Duldung offener Ketzerei. Einige Rabbiner wollten nicht, daß jüdische Kinder die Staatsschule besuchten, weil sie fürchteten, daß diese die jüdische Jugend dem Judaismus entfremden würden. Joseph blieb hartnäckig, und ein Jahr vor seinem Tode dehnte er die Gültigkeit des Toleranzpatentes auf Galizien aus; hier gab es in einer Stadt, Brody, so viele Juden (achtzehntausend), daß der Kaiser sie «das moderne Jerusalem» nannte. Als Joseph starb (1790), hatte Wien sich an die neue Ordnung gewöhnt, und der Boden war bereitet für die fruchtbare jüdisch-christliche Kultur Wiens im 19. Jahrhundert.

Im großen und ganzen ging es den Juden unter dem Islam besser als unter dem Christentum; doch ist die Beschreibung, die Lady Mary Wortley Montagu über ihre Lage in der Türkei des Jahres 1717 gab, vermutlich einigermaßen übertrieben:

«Ich bemerkte, daß die meisten der reichen Kaufleute Juden waren. Dieses Volk hat hierzulande eine unglaubliche Macht. Sie haben viele Privilegien selbst vor den eingeborenen Türken voraus und bilden hier einen sehr ansehnlichen Freistaat, weil sie nach ihren eigenen Gesetzen gerichtet werden. Sie haben sich den ganzen Handel des Reiches zu eigen gemacht, teils durch den festen Zusammenhalt untereinander, teils wegen der trägen Gemütsart der Türken und

DIE JUDEN

ihres Mangels an Fleiß. Jeder Pascha hat seinen Juden, der als sein *homme d'affaires* (Sachwalter) in alle Geheimnisse eingeweiht ist und alle seine Geschäfte besorgt ... Sie sind die Ärzte, Haushofmeister und Dolmetscher aller Großen ... Viele unter ihnen sind schwer reich.»[23]

Ganz anders war das Schicksal der wenigen Juden, die nach dem Tode Peters des Großen in Rußland – hauptsächlich in den «Grenzprovinzen» östlich von Polen – lebten.. 1742 ordnete die Kaiserin Elisabeth Petrowna an, daß «aus unserem ganzen Reich ... alle Juden sofort deportiert werden ... und hinfort unter keinem Vorwand in unserem Reich zugelassen werden ..., es sei denn, sie ... nehmen die christliche Religion griechischen Glaubens an». Bis 1753 waren fast 35000 Juden vertrieben worden[24]. Einige russische Geschäftsleute baten die Kaiserin, das Edikt zu mildern, mit der Begründung, die Vertreibung habe zu einem Niedergang der Wirtschaft in diesen Provinzen geführt, weil sie den Handel von diesen nach Polen und Deutschland abgelenkt habe. Elisabeth weigerte sich jedoch nachzugeben.

Als Katharina II. den Thron bestieg, wünschte sie die Rückkehr der Juden, fühlte sich jedoch zu unsicher auf ihrem Thron, um der Opposition des Klerus standhalten zu können. Die erste Teilung Polens jedoch brachte das Problem wieder auf die Tagesordnung; was sollte mit den 27000 Juden geschehen, die seit langem in jenem Teil Polens lebten, den Rußland jetzt erworben hatte? Katharina erklärte 1772: «Die jüdischen Gemeinden in den Städten und Territorien, die dem Russischen Reich einverleibt wurden, bleiben im Genuß aller jener Freiheiten, die sie zur Zeit besitzen.»[25] Ein großes Maß von Selbstverwaltung wurde diesen polnischen Juden zugestanden, und sie konnten in städtische Ämter gewählt werden; es war ihnen jedoch verboten, aus dem «Siedlungsbereich» (den früheren polnischen Provinzen) in das innere Rußland auszuwandern. 1791 wurde den Juden erlaubt, sich in den Provinzen Cherson, Taurien und Jekaterinoslaw anzusiedeln, damit diese kürzlich eroberten Gebiete schneller bevölkert und besser verteidigt werden könnten. Inzwischen machte der wirtschaftliche Antisemitismus der meisten russischen Geschäftsleute und der religiöse Antisemitismus der russischen Massen für die Juden im Reich das Leben schwierig und gefährlich.

1766 gab es 621000 Juden in Polen[26]. Die von früheren Herrschern gewährten Schutz-«Privilegien» wurden von August II. und August III. ratifiziert; doch diese Sachsenherrscher hatten, da sie mit zwei Herrschaftsbereichen und zwei Glaubensbekenntnissen (nicht zu reden von ihren Mätressen) beschäftigt waren, wenig Zeit, dem Rassenhaß der polnischen Bevölkerung zu begegnen. Die Regierung legte den Juden Sondersteuern auf, der Landadel suchte sie zu Leibeigenen zu machen, und die lokalen Verwaltungsbeamten ließen sie für den Schutz vor dem gewalttätigen Mob schwer zahlen. Die Priester beschuldigten die Juden, sie «hingen hartnäckig dem Irrglauben an»; 1720 forderte eine Kirchensynode, die Regierung solle «den Bau neuer Synagogen und die Wiederinstandsetzung alter verbieten». Eine Synode des Jahres 1733 wiederholte die Maxime des Mittelalters, der einzige Grund für die Tolerierung der Juden sei der, daß sie «an die Leiden Christi erinnern und durch ihre versklavte und elende Lage als Beispiel für die den Ungläubigen von Gott auferlegte gerechte Bestrafung dienen könnten»[27].

174   DER PROTESTANTISCHE NORDEN

1716 veröffentlichte ein bekehrter Jude, Serafimowitsch, eine *Enthüllung über jüdische Zeremonien*, in der er die Juden beschuldigte, sie verwendeten das Blut von Christen für verschiedene magische Zwecke: um die Türen von Christen zu beschmieren,
um es dem am Passahfest gegessenen Mazza beizumischen, um ein Tuch zu durchträn-
ken, das einen Zauber enthielt, dazu bestimmt, ein Haus zu schützen oder geschäftlichen Erfolg zu bringen... Die Juden forderten Serafimowitsch auf, seine Behauptungen zu beweisen, und beriefen ein Kollegium von Rabbinern und Bischöfen, um ihn
anzuhören; er erschien nicht, ließ hingegen eine zweite Auflage seines Buches druk-
ken[28]. Wiederholt wurden die Juden beschuldigt, Kinder zu töten, um Christenblut
zu erlangen. Auf Grund solcher Anklagen wurden polnische Juden in den Jahren 1710,
1724, 1736, 1747, 1748, 1753, 1756, 1759 und 1760 vor Gericht gestellt; in vielen
Fällen wurden sie gefoltert, in einigen bis zum Tode, mehrere wurden lebend ge-
schunden, einige starben langsam auf dem Pfahl[29]. Die terrorisierten Juden appellierten an Papst Benedikt XIV., diesen Anschuldigungen ein Ende zu machen; die Beweise
dafür und dagegen wurden dem Kardinal Campanelli unterbreitet, und nachdem er
einen Bericht des päpstlichen Nuntius in Warschau erhalten hatte, veröffentlichte er
ein Memorandum in dem Sinne, daß in keinem der Fälle die Schuld erwiesen war. Das
römische Inquisitionsgericht unterstützte das Memorandum des Kardinals. Der Nuntius informierte die polnische Regierung (1763), daß «der Heilige Stuhl nach Prüfung
aller Unterlagen der Beschuldigung, die Juden benötigten menschliches Blut für die
Zubereitung ihres ungesäuerten Brotes», zu dem Schluß gekommen sei, «es gebe keinen Beweis für die Richtigkeit dieser Behauptung»[30]. Papst Innozenz IV. hatte bereits
1247 eine ähnliche Erklärung abgegeben, aber die falschen Anschuldigungen gegen die
Juden verstummten nicht.

Die Angst vor Pogromen war ein beständiger Bestandteil des Lebens der polnischen
Juden. 1734, 1750 und 1768 wüteten Banden von Kosaken und russisch-orthodoxen
Bauern, organisiert als *Haidamaken* (Aufrührer), in vielen Städten und Dörfern der Provinzen Kiew, Wolhynien und Podolien, plünderten Häuser und schlachteten Juden.
1768 beriefen sich die Aufrührer auf eine fälschlicherweise Katharina II. zugeschriebene Goldene Charta, die sie aufforderte, «die Juden und die Polen, die Entweiher
unserer heiligen Religion, auszurotten»; in der Stadt Uman massakrierten sie zwanzigtausend Polen und Juden. Katharina entsandte ein russisches Heer, das die polnischen
Streitkräfte bei der Unterdrückung des Aufruhrs unterstützen sollte[31].

In Deutschland waren die Juden verhältnismäßig sicher und wohlhabend, obwohl sie
auch hier im wirtschaftlichen und politischen Leben verschiedene Kränkungen erdulden mußten. In den meisten Fürstentümern wurden ihnen Sondersteuern auferlegt[32].
Das Gesetz erlaubte nur einer beschränkten Anzahl von Juden, in Berlin zu wohnen,
doch das Gesetz wurde nicht streng gehandhabt, und die Berliner Gemeinde wuchs an
Größe und Reichtum; ähnliche jüdische Siedlungen existierten in Hamburg und Frankfurt. Über tausend jüdische Kaufleute besuchten 1789 die Leipziger Messe[33]. Deutsche
Landesfürsten, sogar katholische Fürstbischöfe, benutzten Juden, um ihre Finanzen zu
verwalten oder ihre Heere zu versorgen. Joseph Oppenheimer (1692?–1738), bekannt

DIE JUDEN

als «Jud Süß», diente auf diesem und anderen Gebieten dem pfälzischen Kurfürsten in Mannheim und Karl Alexander, dem Herzog von Württemberg. Seine Geschicklichkeit und sein Fleiß bereicherten ihn und den Herzog und verschafften ihm viele Feinde. Der Übertretung des Münzgesetzes angeklagt, wurde er von einer Untersuchungskommission freigesprochen und als Mitglied in den Geheimen Rat des Herzogs berufen, in dem er bald die beherrschende Rolle spielte. Er erfand neue Steuern, richtete königliche Monopole ein und nahm offenbar Bestechungsgelder an – die er mit dem Herzog teilte[34]. Als der Herzog beantragte, daß alle Kirchengelder in einer zentralen Staatsbank deponiert werden sollten, schloß sich der protestantische Klerus mit dem Adel in der Opposition gegen den Herzog und seinen Minister zusammen. Am 3. März 1737 starb der Herzog plötzlich; militärische und zivile Führer verhafteten Oppenheimer und alle Stuttgarter Juden. Oppenheimer wurde vor Gericht gestellt und verurteilt; am 3. Februar 1738 hängte man ihn, und seine Leiche wurde in einem Käfig auf einem öffentlichen Platz zur Schau gestellt[35].

Wir haben über Goethes Ausflüge in die Judengasse in Frankfurt berichtet. Eine der ältesten dort lebenden Familien leitete ihren Nachnamen, Rothschild, von dem roten Schild ab, das ihr Haus kennzeichnete. 1755 wurde Meyer Amschel Rothschild beim Tod seiner Eltern im Alter von elf Jahren Oberhaupt der Familie. Die zahlreichen Staaten Deutschlands, von denen jeder seine eigene Währung besaß, machten den Geldwechsel zu einer häufigen Notwendigkeit für Reisende; Meyer hatte in seiner Knabenzeit die Wechselkurse gelernt, betrieb ein Tauschgeschäft und erhob eine kleine Gebühr für jeden Geldtausch. Nebenbei studierte er Numismatik und sammelte seltene Münzen; er beriet einen anderen Sammler, Prinz Wilhelm von Hanau, und erhielt von ihm den Titel «Kronagent», der ihm bei seinen Frankfurter Geschäften sehr dienlich war. 1770 heiratete er und zeugte fünf Söhne, die später Zweigstellen der Firma Rothschild in Wien, Neapel, Paris und London errichteten. Meyer machte sich einen guten Namen durch sein gesundes Urteil, seine Ehrlichkeit und Zuverlässigkeit. Als Wilhelm von Hanau seinem Vater als Landgraf von Hessen-Kassel nachfolgte, wurde Meyer Amschel mit weiteren Hofgeschäften beauftragt, so daß er 1790 ein jährliches Einkommen von dreitausend Gulden hatte, sechshundert Gulden mehr als Goethes wohlhabender Vater[36]. Das Familienvermögen wuchs rasch während der französischen Revolutionskriege; Meyer befaßte sich mit der Verproviantierung von Armeen und wurde mit der Hinterziehung, manchmal auch mit der Anlage fürstlicher Vermögen betraut.

In den Niederlanden und in Skandinavien genossen die Juden weiterhin eine vergleichsweise große Freiheit. Die Amsterdamer Gemeinde blühte. In Dänemark waren Ghettos unbekannt; Juden konnten sich frei bewegen, und Mischehen waren erlaubt. Altona, eine Handelsstadt an der Elbe gegenüber Hamburg, jedoch damals zu Dänemark gehörend, hatte eine der reichsten jüdischen Gemeinden Europas. In Schweden schützte Gustav III. die Juden in der friedlichen Ausübung ihrer Religion.

Viele Juden, die vor der Verfolgung in Polen oder Böhmen geflohen waren, fanden Zuflucht in England. Ihre Zahl stieg von 6000 im Jahre 1734 auf 26000 im Jahre 1800, von denen 20 000 in London lebten. Es gab viel Armut unter ihnen, doch sie sorgten selbst für ihre Bedürftigen und unterhielten eigene Krankenhäuser[37]. Die Judenhatz war ein beliebter Sport; sie kam aus der Mode, als die Juden sich dem Boxsport widmeten und einer der Ihren nationaler Faustkampfmeister wurde[38]. Die Bedingung eines christlichen Eides schloß Juden von zivilen oder militärischen Ämtern aus. Sampson Gideon konvertierte und wurde einer der Gouverneure der Bank von England. Als 1745 der junge Kronprätendent mit einer schottischen Armee gegen London vorrückte, um Georg II. abzusetzen und die Stuarts wieder an die Macht zu bringen, und das Publikum sein Vertrauen in die Sicherheit der Regierung verlor, in Panik geriet und ein Sturm auf die Bank drohte, traten die jüdischen Kaufleute und Magnaten unter der Führung von Gideon als Retter auf. Sie deponierten ihre privaten Vermögen in der Bank und verpflichteten sich, bei ihren kaufmännischen Transaktionen die Noten der Bank zum Nennwert zu akzeptieren; die Bank kam ihren Verpflichtungen nach, das Vertrauen wurde wiederhergestellt und der Kronprätendent zurückgeschlagen[39].

Die Regierung der Whigs brachte ihren Dank zum Ausdruck, indem sie im Parlament ein Gesetz einbrachte, das allen im Ausland geborenen Juden, die drei Jahre lang in England oder Irland gewohnt hatten, Naturalisation und Bürgerrecht anbot (1753). (Im Land geborene Juden wurden durch Geburt naturalisiert[40].) Die Lords und die Bischöfe billigten das Gesetz; das Unterhaus nahm es mit sechsundneunzig zu fünfundfünfzig Stimmen an. Doch die britische Öffentlichkeit, die von der Rolle, die die Juden bei der Rettung der Bank gespielt hatten, wenig wußte oder verstand, erhob sich mit überwältigender Mehrheit gegen die Maßnahme. Aus fast allen Städten Britanniens gingen Proteste beim Parlament ein; Kanzel und Straße vereinigten sich in ihrer Ablehnung. Kaufleute beklagten sich, die jüdische Konkurrenz würde unerträglich; die Bischöfe, die für das Gesetz gestimmt hatten, wurden auf den Straßen beleidigt; alte Legenden von Ritualmorden an Christen durch Juden wurden wieder lebendig; Hunderte von feindseligen Flugschriften, Balladen und Karikaturen kamen in Umlauf; Frauen schmückten ihre Kleider und Busen mit Kreuzen und trugen Bänder mit dem Motto «No Jews, Christianity Forever» (Keine Juden, Christentum auf ewig)[41]. Die Führer der Whigs, die eine Niederlage in der bevorstehenden Wahl befürchteten, sorgten für die Aufhebung des Gesetzes (1754).

II. TROST DER MYSTIK

Vor ihren irdischen Leiden suchten viele Juden, besonders in Polen, Zuflucht in übernatürlichen Tröstungen. Manche verdarben sich die Augen beim Studium des Talmuds, andere verloren sich in der Kabbala, und einige «Sabbatianer» glaubten trotz des Abfalls und des Todes des falschen Messias, Sabbatai Zevi, noch immer an dessen Göttlichkeit und gaben den talmudischen Judaismus zugunsten ketzerischer Hoffnungen und Riten auf. Jankiew Leibowicz, der unter dem ihm von den Türken gegebenen Namen Jacob Frank bekannt wurde, überredete Hunderte von polnischen Juden, ihn als eine Reinkarnation Zevis anzuerkennen; er verkündete ihnen eine der christlichen Ketzerei verwandte Lehre, nach der die Dreieinigkeit aus Gott dem Vater, Maria der Mutter und deren Sohn, dem Messias, bestand; schließlich führte er seine Anhänger der katholischen Kirche zu (1759).

Die Not des polnischen Judentums fand zum Teil einen Ausgleich in der chassidischen Bewegung. Der Begründer dieser «Lehre der Frömmigkeit» war Israel ben Elieser, bekannt als Baal Schem Tob («Herr des göttlichen Namens») und, abgekürzt nach seinen Initialen, Bescht. Er wanderte als Lehrer für Kinder von Ort zu Ort, lebte in heiterer Armut, betete verzückt und machte wundertätige Kuren mit Bergkräutern. Er forderte seine Anhänger auf, den Riten der Synagoge und dem talmudischen Erbe weniger Beachtung zu schenken, sich Gott in demütiger, doch inniger Vereinigung unmittelbar zu nähern und ihn sowohl in allen Formen und Erscheinungen der Natur, in Felsen und Bäumen als auch im Glück und im Schmerz zu sehen und zu lieben; er hieß sie, das Leben in der Gegenwart zu genießen, anstatt die Sünden und Nöte der Vergangenheit zu betrauern. Manchmal glichen seine einfachen Aussprüche denen Christi. «Ein Vater beklagte sich bei dem Bescht, sein Sohn habe Gott vergessen, und fragte: 'Rabbi, was soll ich tun?' Der Bescht antwortete: 'Liebe ihn mehr denn je.'»[42]

In mancher Beziehung entsprach die chassidische Bewegung in Polen den Bestrebungen der Böhmischen Brüder, der deutschen Pietisten und der englischen Methodisten; sie stimmte mit diesen darin überein, daß sie die Religion aus dem Tempel in das Herz verlegte; doch sie verwarf die Askese und die Schwermut und hieß ihre Anhänger tanzen, die Umarmungen ihrer Frauen genießen und sogar sich dann und wann einen Rausch antrinken.

Nachdem Baal Schem Tob gestorben war (1760), wurden seine Anhänger von einer Folge von Zaddikim («rechtschaffenen Männern») geleitet und manchmal betrogen[43]. Orthodoxe Talmudisten unter der Führung des gelehrten, doch fanatischen Elijah ben Solomon aus Wilna bekämpften die Chassidim durch Beschwörungen und Exkommunikationen; doch deren Zahl stieg, als Polen zerfiel (1772–1792), und am Ende des Jahrhunderts waren sie hunderttausend Seelen stark[44].

Ein Volk, das auf Erden so verfolgt wurde und nur im Himmel sein Heil suchte, konnte nicht viel zur weltlichen Literatur, Wissenschaft und Philosophie beitragen. Fast überall waren die Juden wegen des von allen Ständen geforderten Eides auf den christlichen Glauben von den Universitäten ausgeschlossen. Das mosaische Gesetz verbot ihnen die Ausübung der bildenden Künste und machte sie unempfindlich für deren Schönheit. Da sie in Hebräisch schrieben, das nur von einer kleinen Minderheit verstanden wurde, oder in einem Jiddisch, das noch keine Literatursprache geworden war, empfanden sie wenig Anreiz, über religiöse Kommentare oder volkstümliche Belanglosigkeiten hinaus eine gehobene Literatur zu schaffen. Einen denkwürdigen Beitrag leisteten sie jedoch in diesem unergiebigen Zeitalter für das praktische Leben: Jacob Rodrigue Péreire von Bordeaux erfand eine Zeichensprache für die Taubstum-

178   DER PROTESTANTISCHE NORDEN

men und erntete damit das Lob Diderots, d'Alemberts, Rousseaus und Buffons. Und
ein jüdischer Dichter erhellte diese für seine Rasse so düstere Epoche.

Moses Chajim Luzzatto wurde 1707 in Padua als Sohn von Eltern geboren, die reich
genug waren, ihm eine gute Erziehung zu geben. Er erwarb sich durch die Lektüre
lateinischer Klassiker und italienischer Dichter wie Guarini eine solche Kunstfertigkeit in der Handhabung des Versmaßes, daß er in der Lage war, seinen hebräischen
Gedichten einen fließenden Rhythmus und eine zarte Anmut zu verleihen, wie man sie
in dieser Sprache seit Jénuda Halevi kaum gekannt hatte. Mit siebzehn schrieb er ein
Drama über Samson und die Philister. Dann verlegte er sich auf das Studium der Schar,
der Bibel der Kabbala; seine Phantasie entzündete sich an dessen mystischen Schwär-
mereien. Er brachte Teile daraus in Verse und steigerte sich in den Wahn, er sei göttlich inspiriert. Dann verfaßte er einen zweiten Zohar und verkündete, er sei der den
Juden versprochene Messias. Die Rabbiner von Venedig exkommunizierten ihn (1734);
er floh nach Frankfurt am Main, wo die Rabbiner ihn zwangen, seinen messianischen
Ambitionen abzuschwören. Darauf ging er nach Amsterdam, wo die jüdische Gemeinde
ihn willkommen hieß; er verdiente seinen Lebensunterhalt, wie Spinoza, durch das
Schleifen von Linsen und nahm seine kabbalistischen Studien wieder auf. 1743 verfaßte
er ein hebräisches Drama, *Lajescharim tehilla* (Ehre dem Tugendhaften), das trotz
den als *dramatis personae* verwendeten Abstraktionen Lob von seiten der Sachkenner
erntete. Die allgemeine Unwissenheit, die durch List und Betrug aufrechterhalten
wird, gebiert die Torheit, die wiederholt die Weisheit zuschanden macht und das
Verdienst seiner Krone beraubt, bis Vernunft und Geduld schließlich die Täuschung
überwinden, indem sie die Wahrheit enthüllen; mit der Wahrheit meinte Luzzatto
jedoch die Kabbala. 1744 ging er nach Palästina, in der Hoffnung, dort als der Messias
begrüßt zu werden, doch starb er 1747 im Alter von neununddreißig Jahren in Akka
an der Pest. Er war die letzte beredte Stimme des mittelalterlichen Judentums, so wie
Moses Mendelssohn die erste vernehmbare Stimme eines Judaismus war, der aus schüt-
zender Absonderung in Berührung mit dem modernen Denken trat.

III. MOSES MENDELSSOHN

Freund und Gegner Kants, Freund und Inspirator Lessings, war der Großvater Felix
Mendelssohns eine der nobelsten Gestalten des 18. Jahrhunderts. Sein Vater, Menahem
Mendel, war Geistlicher und Lehrer an einer jüdischen Schule in Dessau. Am 6. September 1729 hier geboren, gab sich der «dritte Moses» mit solcher Leidenschaft dem
Studium hin, daß er sich eine bleibende Verkrümmung des Rückgrats zuzog. Mit vierzehn wurde er nach Berlin geschickt, wo er tiefer in die Geheimnisse des Talmuds eindringen sollte; hier befolgte er fast wörtlich das talmudische Gebot «Iß Brot mit Salz,
trinke mäßig Wasser, schlafe auf der bloßen Erde, führe ein Leben voller Entbehrungen und beschäftige dich mit der Lehre»[45]. Sieben Jahre lang begnügte er sich mit
einer Bodenkammer, markierte durch Striche auf seinem wöchentlichen Laib Brot

DIE JUDEN

seine täglichen Rationen[46] und bestritt seinen kärglichen Unterhalt durch Kopieren von Dokumenten in seiner eleganten Handschrift. Während dieser Zeit vertiefte er sich in die Werke des Maimonides, schöpfte Mut aus der Laufbahn dieses «zweiten Moses» und lernte von ihm und vom Leben, seinen Stolz zu beherrschen, sich zur Bescheidenheit zu erziehen, sein hitziges Temperament abzukühlen und freundlich und höflich zu werden. Seine Berliner Kommilitonen brachten ihm Latein, Mathematik und Logik bei. Er las Locke in einer lateinischen Übersetzung, ging dann über zu Leibniz und Wolff und war bald in die Philosophie vernarrt. Er erlernte es, Deutsch zu schreiben, und zwar mit einer geschmeidigen Klarheit, die zu jener Zeit in der Literatur seines Landes selten war.

Seine Armut fand ein Ende, als er im Alter von einundzwanzig Jahren Hauslehrer in der Familie Isaak Bernhards wurde, der in Berlin eine Seidenfabrik betrieb. Vier Jahre später wurde er Buchhalter, dann Reisevertreter der Firma und schließlich Teilhaber. Er setzte diese geschäftliche Tätigkeit bis zum Ende seines Lebens fort, denn er war entschlossen, nicht abhängig zu sein von dem finanziellen Erfolg seiner Bücher. Wahrscheinlich im Jahre 1754 lernte er Lessing kennen, offenbar bei einem Schachspiel; so begann eine Freundschaft, die trotz philosophischer Differenzen bis zum Tode Lessings dauerte. Am 16. Oktober 1754 schrieb Lessing an einen anderen Freund: «Er ist wirklich ein Jude, ein Mensch von etlichen zwanzig Jahren, welcher ohne alle Anweisung in Sprachen, in der Mathematik, in der Weltweisheit, in der Poesie, eine große Stärke erlangt hat. Ich sehe ihn im voraus als eine Ehre seiner Nation an, wenn ihn anders seine eigne Glaubensgenossen zur Reiffe kommen lassen, die allezeit ein unglücklicher Verfolgungsgeist wider Leute seines gleichen getrieben hat. Seine Redlichkeit und sein philosophischer Geist läßt mich ihn im voraus als einen zweyten Spinoza betrachten.»[47] Mendelssohn seinerseits erklärte, ein freundliches Wort oder ein freundlicher Blick von Lessing habe allen Kummer und alle Düsterkeit aus seinem Geist verbannt[48].

1755 besorgte Lessing die Veröffentlichung von Mendelssohns Buch *Philosophische Gespräche*, das sowohl Spinoza als auch Leibniz erklärte und verteidigte. Im gleichen Jahr verfaßten die beiden Freunde gemeinsam eine Abhandlung, *Pope ein Metaphysiker?*, in der sie behaupteten, der englische Dichter habe keine eigene Philosophie gehabt, sondern lediglich Leibniz in Verse gebracht. Ebenfalls im Jahre 1755 veröffentlichte Mendelssohn *Briefe über die Empfindungen;* diese nahmen Kants Anschauung vorweg, daß der Sinn für Schönheit vollkommen unabhängig sei vom Begehren. Diese Veröffentlichungen verschafften dem jungen Juden Eintritt in die nicht ganz «heitere Bruderschaft der Philosophen» in Berlin. Durch Lessing lernte er hier Friedrich Nicolai kennen. Er und Nicolai studierten zusammen Griechisch, und bald las er Platon im Original. Er half Nicolai, die *Bibliothek der Schönen Wissenschaften und der Freien Künste* zu begründen, und schrieb für diese und andere Zeitschriften Artikel, welche die landläufigen Vorstellungen in der Kritik von Literatur und Kunst stark beeinflußten.

Mendelssohn fühlte sich jetzt sicher genug, ein eigenes Heim zu gründen. 1762 heiratete er im Alter von dreiunddreißig Jahren die fünfundzwanzigjährige Fromet Guggenheim. Beide hatten das Alter der Vernunft erreicht, und die Verbindung brachte ihnen viel Beglückung. Während der Flitterwochen begann er mit der Arbeit für ein Preisausschreiben, das die Berliner Akademie für die beste Abhandlung über «Die Evidenz in den metaphysischen Wissenschaften» veranstaltet hatte. Zu den Bewerbern gehörte auch Immanuel Kant. Mendelssohns Beitrag wurde preisgekrönt und brachte ihm fünfzig Dukaten und internationalen Ruhm ein (1763).

Einer der Bewerber war Thomas Abbt, Professor in Frankfurt an der Oder. In einer ausgedehnten Korrespondenz mit Mendelssohn drückte er Zweifel an der Unsterblichkeit der Seele aus und bedauerte, daß der Verlust dieses Glaubens das Moralgesetz erschüttern und Unglückliche ihres letzten Trosts berauben könne. Teilweise auf Grund dieses Briefwechsels verfaßte Mendelssohn sein berühmtestes Werk: *Phädon, Oder Über die Unsterblichkeit der Seele.* Wie sein platonisches Vorbild war es in Dialogform und in volkstümlichem Stil gehalten. Die Seele des Menschen (erklärte er) ist klar verschieden von der Materie; wir können daher voraussetzen, daß sie nicht das Schicksal des Körpers teilt; und wenn wir an Gott glauben, können wir kaum annehmen, daß er uns eine Hoffnung einpflanzte, die nicht auf Wahrheit beruht. Darüber hinaus besitzt die Seele (wie Kant später behauptete) einen natürlichen Drang zur Selbstvervollkommnung; diese kann zu unseren Lebzeiten nicht erreicht werden, und Gott muß daher der Seele gestatten, den Tod des Körpers zu überleben. «Ohne Gott, Vorsehung und Unsterblichkeit», schrieb Mendelssohn, «haben alle Güter des Lebens in meinen Augen einen verächtlichen Wert, scheinet mir das Leben hinieden ... wie eine Wanderschaft in Wind und Wetter ohne den Trost, abends in einer Herberge Schirm und Obdach zu finden.»[49] Die Beweisführung war schwach, doch der Stil des Werkes entzückte viele Leser; der Zauber der Platonischen Dialoge schien wieder eingefangen zu sein, und «der deutsche Platon» wurde ein Beiname Mendelssohns. Das kleine Buch erlebte fünfzehn Auflagen und wurde in fast alle europäischen Sprachen sowie ins Hebräische übersetzt. Es war zu seiner Zeit in Deutschland das meistgelesene Buch nichtbelletristischen Inhalts. Auch Herder und Goethe lobten es. Lavater besuchte den Autor, studierte seinen Kopf und sein Gesicht und verkündete, jeder Höcker und jede Linie enthülle die Seele des Sokrates[50].

Christen verschiedener Sekten zollten dem beredten Juden Beifall, und zwei Benediktinermönche baten ihn um geistlichen Rat. Doch im Jahre 1769 stiftete Lavater, der als Theologe ebenso eifrig war wie als Phrenologe, Verwirrung, indem er Mendelssohn öffentlich aufforderte, Christ zu werden. Mendelssohn antwortete in einem *Schreiben an den Herrn Diaconus Lavater* (1770). Er gab Mängel im Judaismus und im jüdischen Leben zu, wies jedoch darauf hin, daß solche Mißstände sich in jeder Religion im Verlauf ihrer Geschichte entwickelt hätten; er bat Lavater zu bedenken, wieviel die Juden in der Christenheit zu erdulden gehabt hätten, und fügte hinzu: «Wer die Verfassung kennt, in welcher wir uns befinden, und ein menschliches Herz hat, wird hier mehr empfinden, als ich sagen kann», und schloß: «Von dem Wesentlichen meiner Religion bin ich so fest und unwiderleglich versichert, daß ich vor Gott bezeuge, daß ich bei meinem Grundsatze bleiben werde, solange meine ganze Seele nicht

DIE JUDEN   181

eine andere Natur annimmt.»[51] Lavater war tief bewegt und entschuldigte sich demütig
dafür, diesen Appell an Mendelssohn gerichtet zu haben[52]. Doch eine Flut von Schmähschriften beschimpften Mendelssohn als Ungläubigen, und einige orthodoxe Juden verdammten ihn, weil er zugegeben hatte, daß sich Mißbräuche in die jüdischen Religions-
bräuche eingeschlichen hatten[53]. Eine Zeitlang war der Streit mehr im Gerede als die
nationale Politik oder der sich verschlimmernde Gesundheitszustand König Friedrichs.
Mendelssohns eigene Gesundheit litt unter der Aufregung. 1771 mußte er sich mehrere Monate lang jeder geistigen Betätigung enthalten. Als er wieder zu Kräften gekommen war, widmete er von seiner Zeit mehr als zuvor der Erleichterung des Loses
seiner Glaubensgenossen. Als einige Kantone der Schweiz weitere einschränkende Bestimmungen gegen die Juden vorbereiteten, bat er Lavater, zu intervenieren; Lavater
tat es mit gutem Erfolg. Als die Dresdener Behörden die Ausweisung mehrerer hundert Juden planten, benutzte Mendelssohn seine Freundschaft mit einem Stadtbeam-
ten, diese Maßnahme zu verhindern[54]. 1778 begann er seine deutsche Übersetzung des
Pentateuchs; als diese 1783 erschien, erhob sich von neuem ein Sturm. Für die Abfassung einiger Kommentare zum Text hatte Mendelssohn Herz Homberg verpflichtet,
der zu einem der Synagoge vollkommen entfremdeten Kreis von Berliner Juden gehörte. Mehrere Rabbiner ächteten die Übersetzung, doch sie fand ihren Weg in die
jüdischen Gemeinden. Junge Juden lernten Deutsch nach ihr, und die nächste Generation der Juden ging zu aktiver Teilnahme am intellektuellen Leben Deutschlands
über. Inzwischen (1779) hatte Lessing sein Drama *Nathan der Weise* veröffentlicht, das
zahlreiche Leser als eine Huldigung an seinen jüdischen Freund interpretierten.

Nunmehr auf der Höhe seines Ruhms und Einflusses, überredete Mendelssohn Marcus Herz, jene *Rechtfertigung der Juden* ins Deutsche zu übersetzen, mit der sich Manasse ben Israel 1656 an das englische Volk gewendet hatte. Für die Übersetzung
schrieb Mendelssohn ein Vorwort, «Die Rettung der Juden», worin er die Rabbiner
aufforderte, ihr Recht auf Exkommunikation aufzugeben (1782). 1783 setzte er diese
Kampagne mit einem leidenschaftlichen Appell fort, den er *Jerusalem oder Über religiöse
Macht und Judentum* nannte; in ihm bekannte er sich erneut zu seinem jüdischen Glauben, rief die Juden auf, aus dem Ghetto herauszukommen und ihre Rolle in der westlichen Kultur zu übernehmen, forderte die Trennung von Staat und Kirche, verurteilte jeden Glaubenszwang und schlug vor, die Staaten sollten danach beurteilt werden, in welchem Maße sie sich mehr auf Überzeugung als auf Gewalt stützten. Kant,
nun ebenfalls im Zenit seines Ruhmes, schrieb dem Autor einen Brief, der einen Platz
in den Annalen der Freundschaft verdient:

«Ich halte dies Buch für die Verkündigung einer großen Reform, die nicht allein Ihre Nation,
sondern auch andere treffen wird. Sie haben Ihre Religion mit einem solchen Grade von Gewis-
sensfreiheit zu vereinigen gewußt, die man ihr gar nicht zugetraut hätte und dergleichen sich
keine andere rühmen kann. Sie haben zugleich die Notwendigkeit einer unbeschränkten Ge-
wissensfreiheit in jeder Religion so gründlich und so hell vorgetragen, daß auch endlich die
[lutherische] Kirche unserseits darauf wird denken müssen, wie sie alles, was das Gewissen
belästigen und drücken kann, von der ihrigen absondere, welches endlich die Menschen in Ansehung der wesentlichen Religionspunkte vereinigen muß.»[55]

DER PROTESTANTISCHE NORDEN

Das Buch wurde von orthodoxen Wortführern, sowohl christlichen als auch jüdischen, angegriffen; doch es leistete einen großen Beitrag zur Befreiung der Juden und zu ihrer Einordnung in die westliche Kultur.

1783 erreichte Mendelssohn sein vierundfünfzigstes Jahr; er war immer von schwächlicher Gesundheit gewesen und fühlte, daß er nicht mehr lange zu leben hatte. In seinen letzten Jahren hielt er vor seinen Kindern und einigen Freunden Vorträge, in denen er seinen religiösen Glauben definierte; sie wurden 1785 veröffentlicht als *Morgenstunden oder Vorlesungen über das Dasein Gottes*. In seinem letzten Jahr erfuhr er zu seiner Bestürzung aus einem Buch Jacobis, daß sein teurer, inzwischen verstorbener Freund Lessing seit langem Anhänger von Spinozas Pantheismus gewesen war. Er konnte es nicht glauben. Er schrieb eine leidenschaftliche Verteidigung Lessings, *An die Freunde Lessings*. Als er das Manuskript zu seinem Verleger brachte, erkältete er sich, und im Verlauf dieser Krankheit starb er am 4. Januar 1786 an einem Schlaganfall. Christen und Juden errichteten ihm in Dessau, seiner Geburtsstadt, ein Denkmal.

Er war eine der einflußreichsten Gestalten seiner Generation. Inspiriert durch seine Schriften und sein erfolgreiches Überschreiten religiöser Grenzen, verließen junge Juden das Ghetto und machten sich bald einen Namen in Literatur, Wissenschaft und Philosophie. Marcus Herz ging als Medizinstudent an die Universität Königsberg, hörte mehrere von Kants Vorlesungen und wurde Assistent und Freund des großen Erkenntnistheoretikers; er war es, der die Lektüre des Manuskriptes der *Kritik der reinen Vernunft* in der Mitte abbrach, weil er fürchtete, wahnsinnig zu werden, wenn er weiterläse. Nach Berlin zurückgekehrt, baute er sich eine große Praxis als Arzt auf und hielt Vorlesungen in Physik und Philosophie vor Christen und Juden. Seine schöne und hochgebildete Frau Henriette eröffnete einen Salon, der um die Jahrhundertwende ein führender Treffpunkt des intellektuellen Berlin war; hier trafen sich Wilhelm von Humboldt, Schleiermacher, Friedrich Schlegel, Mirabeau Sohn ... Das sich hieraus ergebende Gemisch von Ideen dürfte Mendelssohn freilich nicht gefallen haben. Mehrere seiner Kinder bekehrten sich zum Christentum. Zwei seiner Kinder schlossen sich mit Henriette Herz und anderen in einem «Tugendbund» zusammen, der «Wahlverwandtschaften» höher stellte als eheliche Treue. Henriette unterhielt eine Bindung mit Schleiermacher; Dorothea Mendelssohn verließ ihren Gatten, um die Geliebte und dann die gesetzliche Ehefrau Friedrich Schlegels zu werden, und trat schließlich der römisch-katholischen Kirche bei. Henriette Mendelssohn nahm ebenfalls den römischen Glauben an, und Abraham Mendelssohn ließ seine Kinder, einschließlich seines Sohnes Felix, als Lutheraner taufen. Die orthodoxen Rabbiner erklärten, ihre Befürchtungen hätten sich bewahrheitet. Dies waren beiläufige Resultate der neuen Freiheit; die dauernderen Wirkungen von Mendelssohns Einfluß traten zutage in der intellektuellen, sozialen und politischen Befreiung der Juden.

DIE JUDEN   183

IV. AUF DEM WEG ZUR FREIHEIT

Intellektuell vollzog sich die Befreiung in der Form des Haskalah; dieses Wort bedeutet Weisheit, bezeichnet jedoch in diesem Zusammenhang die jüdische Aufklärung, die Auflehnung einer wachsenden Zahl von Juden gegen die rabbinische und talmudische Vormundschaft sowie ihren Entschluß, an den Strömungen des modernen Denkens aktiv teilzunehmen. Diese Rebellen lernten Deutsch, und einige von ihnen, besonders in den Familien von Kaufleuten und Bankiers, auch Französisch; sie lasen deutsche Freidenker wie Lessing, Kant, Wieland, Herder, Schiller und Goethe, und viele von ihnen befaßten sich mit Voltaire, Rousseau, Diderot, Helvétius und Holbach. Eine Trennung vollzog sich zwischen liberalen Juden, die modern dachten, und konservativen Juden, die glaubten, der Talmud und die Synagoge seien die einzigen Mittel, die religiöse, ethnische und moralische Integrität des jüdischen Volkes zu bewahren.

Die Bewegung der Haskala verbreitete sich von Deutschland aus südwärts nach Galizien und Österreich, ostwärts nach Böhmen, Polen und Rußland. In Österreich wurde sie gefördert durch Josephs II. Toleranzpatent, das die Juden aufforderte, nichtjüdische Schulen zu besuchen. Als konservative Rabbiner Einwände hiergegen erhoben, beschwor sie Naphtali Wessely, ein jüdischer Dichter in Hamburg, in einem leidenschaftlichen hebräischen Manifest, die Teilnahme der Juden an der weltlichen Erziehung zuzulassen; er forderte die jüngere Generation auf, das Jiddische durch das Hebräische und Deutsche zu ersetzen und sowohl Wissenschaft und Philosophie als auch die Bibel und den Talmud zu studieren. Seine Anschauungen wurden von den Rabbinern Österreichs verworfen. Sie wurden hingegen von den jüdischen Führern in Triest, Venedig, Ferrara und Prag mit Beifall aufgenommen. Von jener Zeit an bis heute haben die Juden weitaus mehr zur Entwicklung von Wissenschaft, Philosophie, Literatur, Musik und Rechtskunde beigetragen, als es ihrem Bevölkerungsanteil entspricht.

Die intellektuelle und wirtschaftliche Entwicklung begünstigte die jüdische Emanzipation. Katholische Gelehrte wie Richard Simon machten christliche Studenten der Bibelwissenschaft mit dem rabbinischen Wissen bekannt, und der protestantische Theologe Jacques Basnage schrieb eine von freundschaftlicher Gesinnung zeugende *Geschichte der Religion der Juden* (1707). Durch die Ausweitung des Handels und der Finanzgeschäfte entstanden zwischen Christen und Juden Kontakte, die den Rassenhaß manchmal schürten, oft aber auch dämpften. Jüdische Bankiers leisteten mehreren Regierungen wertvolle patriotische Dienste.

Christliche Stimmen erhoben sich nun, die forderten, der religiösen Verfolgung ein Ende zu machen. 1781 veröffentlichte Christian Wilhelm Dohm, ein Freund Mendelssohns, auf dessen Anregung die epochemachende Schrift *Über die bürgerliche Verbesserung der Juden in Deutschland*. Der Anlaß hierfür war eine an Mendelssohn gerichtete Bittschrift elsässischer Juden, die ihn ersuchten, einen Protest gegen die ihnen auferlegten Beschränkungen zu formulieren. Dohm übernahm die Aufgabe und erweiterte

184   DER PROTESTANTISCHE NORDEN

sie zu einem allgemeinen Appell für die Befreiung der Juden. Er beschrieb in eindrucksvollen Einzelheiten die von den Juden in Europa erduldeten Benachteiligungen und wies darauf hin, welchen Verlust es für die abendländische Kultur bedeutete, daß sie so wenig Gebrauch von den geistigen Gaben der Juden machte. «Diese der Menschlichkeit und der Politik gleich widersprechenden Grundsätze, welche das Gepräge der finsteren Jahrhunderte, in denen sie entstanden, noch so merklich bezeichnet, sind der Aufklärung unserer Zeit unwürdig und verdienen schon längst nicht mehr befolgt zu werden.»[56] Dohm schlug vor, die Juden sollten volle Glaubensfreiheit erhalten, zu den Bildungseinrichtungen und zu allen Berufen zugelassen werden und alle Bürgerrechte zugesprochen bekommen, ausgenommen vorläufig noch das der Wählbarkeit in öffentliche Ämter, für die sie noch nicht vorbereitet waren.

Seine Schrift erregte Aufsehen in vielen Ländern. Einige Gegner beschuldigten ihn, er habe seine Feder an die Juden verkauft, doch mehrere protestantische Geistliche traten als seine Verteidiger auf. Johannes von Müller, der Schweizer Historiker, unterstützte ihn und forderte, die Werke des Maimonides sollten ins Deutsche oder Französische übersetzt werden. Das Toleranzedikt von 1782 in Österreich und die politische Emanzipation der Juden in den Vereinigten Staaten (1783) gaben der Befreiungsbewegung neuen Auftrieb. Die französische Regierung reagierte nur schwach durch die Abschaffung persönlicher Steuern, welche die Juden besonders bedrückten (1784). Der Marquis von Mirabeau trug gemeinsam mit Malesherbes zur Durchsetzung dieser Erleichterung bei, und sein Sohn, Graf von Mirabeau, tat desgleichen mit seinem Essay *Mendelssohn und die politische Reform der Juden* (1787). Als weiterer Förderer der jüdischen Sache erwies sich der Abbé Henri Grégoire mit einem preisgekrönten Aufsatz *Sur la Régénération physique, morale, et politique des Juifs* (1789).

Die endgültige politische Emanzipation kam erst mit der Revolution. Die von der Nationalversammlung am 27. August 1789 verkündete Erklärung der Menschenrechte beinhaltete sie, und am 27. September 1791 sprach die Verfassunggebende Versammlung allen Juden Frankreichs die vollen Bürgerrechte zu. Die Armeen der Revolution oder die Napoleons brachten den Juden von Holland die Freiheit 1796, denen von Venedig 1797, denen von Mainz 1798, denen von Rom 1810 und denen von Frankfurt 1811. Endlich war auch für die Juden das Mittelalter zu Ende.

SIEBENTES KAPITEL

Von Genf bis Stockholm

I. DIE SCHWEIZER: 1754-1798

WER den Frieden in der paradiesischen Landschaft der Schweiz genossen und den Mut und die Aufrichtigkeit ihrer Menschen schätzengelernt hat, dem fällt es schwer zu glauben, daß unter der gelassenen Wesensart dieses Volkes, seiner geduldigen Betriebsamkeit und seinem zähen Fleiß, die Europa damals schon bewunderte und auch heute noch bewundert, die natürlichen Gegensätze zwischen Rassen, Sprachen, Konfessionen, Kantonen und Klassen verborgen liegen. In ihrem bescheidenen Rahmen waren die Schweizer dem von Abbé de Saint-Pierre entworfenen und von Rousseau und Kant erträumten Ideal sehr nahe gekommen: ein Bund von Staaten, unabhängig in ihren inneren Angelegenheiten, doch zu gemeinsamem Handeln verpflichtet in ihren Beziehungen zu der sie umgebenden Welt. 1760 wurde die Helvetische Gesellschaft gegründet, um die nationale Gesinnung gegenüber der kantonalen zu fördern und die auseinanderstrebenden Bewegungen zum Zwecke politischer Reformen zu einigen.

Voltaire, der in der Nähe lebte, schätzte die Bevölkerung der Schweiz im Jahre 1767 auf 720000 Seelen[1]. Die meisten von ihnen trieben Ackerbau oder Weinbau, wobei die Hänge fast bis zu den Berggipfeln terrassiert wurden. Die Textilindustrie war im Wachsen begriffen, besonders im Gebiet von St. Gallen und im Kanton Zürich; andere Fabrikationszentren entstanden in Glarus, Bern und Basel. Genf und Neuenburg waren die großen Zentren der Uhrmacherei. Agenten, die Europa von London bis Konstantinopel (wo achtundachtzig von ihnen tätig waren) überschwemmten, bauten für Genf einen Exporthandel auf, der den Reichtum der Stadt an der Rhone rasch vermehrte. Die Zahl der Banken nahm zu, denn die schweizerischen Finanzleute hatten auf Grund ihrer Zuverlässigkeit einen internationalen Ruf erworben.

Wie überall lag das Übergewicht der Tüchtigkeit bei einer Minderheit und führte zu einer Konzentration des Reichtums. Im allgemeinen wurden die Kantone von Oligarchien regiert, die sich wie jede andere herrschende Klasse verhielten. Die Patrizier waren großzügige Förderer von Literatur, Wissenschaft und Kunst; doch sie widersetzten sich jeder Maßnahme, die ihre Privilegien hätte einschränken können. Gibbon beschuldigte während seines Aufenthaltes in Lausanne die Berner Oligarchie, die Industrie in den von ihr abhängigen Gebieten in ihrer Entfaltung zu behindern und den dortigen Lebensstandard niedrig zu halten, nach dem Grundsatz, daß «arme und gehorsame Untertanen reichen und widerspenstigen vorzuziehen sind»[2]. Gesellschaften zur Abschaffung ökonomischer oder politischer Vorrechte wurden wiederholt gegründet, jedoch vom Staat und der Kirche gemeinsam in Schach gehalten[3]. Während des ganzen 18. Jahrhunderts flackerte in Genf immer wieder der Klassenkampf auf. Zwischen 1737 und 1762 herrschte hier zwar relativer Frieden, doch die Verbrennung des *Emile* durch den Stadtrat (1762) löste eine Kampagne für die Erweiterung der Privilegien aus. Rousseau und Voltaire unterstützten diese Bewegung, und nach heftigen Auseinandersetzungen gestanden die Patrizier dem Mittelstand eine beschränkte Beteiligung an der Regierung zu.

Dennoch blieben drei Viertel der Bevölkerung – die *natifs,* das heißt in Genf, jedoch von nicht einheimischen Eltern geborene Personen – ohne Stimmrecht. Sie waren auch von den meisten Berufen, vom Militärdienst und vom Amt eines Meisters in den Zünften ausgeschlossen, und es war ihnen verboten, Petitionen an den Großen und den Kleinen Rat, welche die Republik regierten, zu richten; dagegen waren sie mit hohen Steuern belegt. Am 4. April 1766 begab sich eine Delegation der *natifs* nach Ferney und bat Voltaire, ihnen bei der Erlangung der Bürgerrechte behilflich zu sein. Er sagte ihnen:

«Meine Freunde, Sie stellen die zahlenmäßig stärkste Klasse einer unabhängigen fleißigen Gemeinde dar, und Sie leben in Sklaverei. Sie verlangen nur den Genuß Ihrer natürlichen Vorteile. Es ist gerecht, daß Ihre so bescheidene Forderung erfüllt wird. Ich werde Ihnen mit allem Einfluß, den ich besitze, dienlich sein ... Wenn Sie gezwungen werden, ein Land zu verlassen, das von Ihrer Arbeit gedeiht, werde ich in der Lage sein, Ihnen anderswo Hilfe und Schutz zu gewähren.»[4]

Aristokratie und Bourgeoisie vereinigten sich im Widerstand gegen die Forderung der *natifs,* und Voltaire konnte nichts anderes tun, als alle unzufriedenen Handwerker, die zu ihm kamen, in seine Industriekolonie aufzunehmen (1768). 1782 erhoben sich die *natifs* in einem Aufstand, stürzten das Patriziat und errichteten eine demokratische Regierung. Doch die Aristokraten wandten sich um Hilfe an Frankreich, Bern und Sardinien; diese Mächte intervenierten, die Rebellion wurde niedergeschlagen; die Oligarchie kam wieder an die Macht. Die *natifs* mußten warten, bis die Französische Revolution ihnen die Freiheit brachte.

Die Eidgenossenschaft brachte in diesem Jahrhundertdrittel einige Persönlichkeiten von internationalem Ruf hervor. Johann Heinrich Pestalozzi war einer jener seltenen Menschen, die das Neue Testament zu ihrem Leitstern machen. Er stimmte mit Rousseau darin überein, daß die Kultur den Menschen verdorben habe, doch glaubte er, daß eine echte Reform nicht durch neue Gesetze und Institutionen, sondern durch die Erneuerung des menschlichen Verhaltens auf dem Wege der Erziehung erreicht werde. Während seines ganzen Lebens nahm er Kinder bei sich auf, besonders solche, die arm waren, und vor allem diejenigen, die kein Heim hatten; er gab ihnen Unterkunft, unterrichtete sie und wandte bei ihrer Erziehung die liberalen Grundsätze von Rousseaus *Emile* und einige seiner eigenen Ideen an. Er erläuterte seine Ansichten in einem der meistgelesenen Bücher jener Generation. Die Heldin seiner Dorfgeschichte

VON GENF BIS STOCKHOLM 187

Lienhard und Gertrud (1781–1787) reformiert ein gesamtes Dorf, indem sie versucht, mit den Menschen umzugehen, wie Christus es getan hätte, und ihre Kinder mit geduldiger Berücksichtigung ihrer natürlichen Triebe und Fähigkeiten zu erziehen. Pestalozzi trat dafür ein, den Kindern so viel Freiheit zu gewähren, wie die Rechte anderer es erlaubten. Die frühe Erziehung sollte durch das Beispiel beginnen und mehr durch sinnliche Anschauung und Erfahrung bilden als durch Worte, Ideen oder bloße Übungen. Pestalozzi praktizierte diese Methoden in verschiedenen schweizerischen Schulen, besonders in Yverdon. Hier besuchten ihn Talleyrand, Frau von Staël und andere, und von hier aus verbreiteten sich seine Lehren in ganz Europa. Goethe jedoch klagte, Pestalozzis Schulen bildeten aufsässige, arrogante und undisziplinierte Individualisten heran[5].

Angelika Kauffmann, geboren im Kanton Graubünden, war neben Frau Vigée-Lebrun eine der berühmtesten Malerinnen ihrer Zeit. Schon im Alter von zwölf beherrschte sie, die außerdem eine gute Musikerin war, das Malhandwerk so trefflich, daß Bischöfe und Adlige ihr für Porträts saßen. Im Alter von dreizehn (1754) nahm ihr Vater sie mit nach Italien, wo sie ihre Studien fortsetzte und überall wegen ihrer Leistungen und ihres persönlichen Charmes gefeiert wurde. 1766 nach England eingeladen, erregte sie Aufsehen durch das Porträt, das sie von Garrick malte. Sir Joshua Reynolds verliebte sich in «Miss Angel», malte sie und wurde von ihr gemalt. Sie beteiligte sich an der Gründung der Royal Academy of Arts, von der sie, mit anderen zusammen, 1773 beauftragt wurde, die St.-Pauls-Kathedrale auszuschmücken. 1781 zog sie nach Rom, wo sie (1788) Goethe zu ihren ergebenen Freunden zählte. Sie starb hier 1807; ihr von Canova arrangiertes Begräbnis war eines der Ereignisse der Zeit; die gesamte Kunstgemeinde folgte ihrem Sarg.

Der hervorragendste Schweizer dieser Generation nach Rousseau war Johann Caspar Lavater. 1741 in Zürich geboren, wurde er protestantischer Pfarrer und blieb während seines ganzen Lebens ein glühender Anhänger des orthodoxen Christentums. Wir haben gesehen, wie er versuchte, Goethe und Mendelssohn zu bekehren. Doch er war kein Dogmatiker; er unterhielt Freundschaften über religiöse und nationale Grenzen hinweg; alle, die ihn kannten, respektierten ihn, und viele liebten ihn[6]. Er schrieb Werke mystischer Frömmigkeit, verfaßte eine phantasievolle Erläuterung des Buches der Offenbarung, glaubte an die Wunderkraft des Gebets und an Cagliostro und behandelte seine Frau nach Vorschriften Mesmers durch Hypnose. Vor allem machte er sich einen Namen durch die Behauptung, der Charakter könne nach den Gesichtslinien und den Schädelformen beurteilt werden. Er interessierte Goethe und Herder für seine Ansichten, und sie leisteten Beiträge zu seinem Werk *Physiognomische Fragmente* (1775–1778). Er untersuchte das Aussehen der Schädel und Gesichter von berühmten Persönlichkeiten und setzte Schädelbildung und Gesichtszüge zu spezifischen Eigenschaften des Verstandes und des Charakters in Beziehung. Seine Analysen und Schlußfolgerungen fanden damals breite Anerkennung, werden heute jedoch allgemein abgelehnt; seine Hauptthese, psychologische Eigenschaften seien (außer Luft, Umgebung, Ernährungsweise, Beruf usw.) verantwortlich für die Bildung des Körpers und des Gesichts, enthält aber sicher ein gewisses Maß an Wahrheit. Jedes Gesicht ist eine Autobiographie.

Lavater war das Produkt eines Aufbruchs des schweizerischen Geistes, der von Rousseau eingeleitet wurde und auch den Dichter, Naturforscher und Arzt Albrecht von Haller, den Dichter und Maler Salomon Geßner, den Historiker Johannes von Müller sowie Horace de Saussure hervorbrachte, der den Sport des Bergsteigens begründete, indem er 1787 nach siebenundzwanzig Jahren des Versuchens den Mont-Blanc bezwang. Inzwischen verspürte das Land den Wind der Revolution, der über die Grenze von Frankreich hereinwehte. 1797 wandte sich Frédéric César de La Harpe, der die Enkel Katharinas der Großen unterrichtet hatte, gemeinsam mit Peter Ochs, einem Zunftkaufmann von Basel, an die französische Revolutionsregierung und bat sie, ihnen bei der Errichtung einer demokratischen Republik in der Schweiz behilflich zu sein. Lokale Aufstände in Bern und der Waadt (Januar 1798) ebneten den Weg; ein französisches Heer überschritt am 28. Januar die Grenze; der größere Teil der schweizerischen Bevölkerung hieß es willkommen als Befreier von der Oligarchie. Am 19.März wurde die «Eine und unteilbare Helvetische Republik» ausgerufen, die sämtliche Privilegien von Kantonen, Klassen und Personen abschaffte und alle Schweizer vor dem Gesetz gleichmachte. Zürich widerstand am längsten, und in dem sich hieraus ergebenden Aufruhr wurde der ehrbare alte Lavater von einer Kugel getroffen (1799). Er starb 1801 an den späten Nachwirkungen der Verwundung.

II. DIE HOLLÄNDER: 1715–1795

Alle Welt liebte die Holländer. Der dänische Dramatiker Holberg, der die Vereinigten Provinzen («Holland») und «Belgien» 1704 besuchte, begeisterte sich besonders für ihre Kanäle, deren Boote, wie er sagte, «mich in süßem Frieden von einem Ort zum anderen bringen» und «mich in die Lage versetzen, jede Nacht in einer größeren Stadt zu verbringen, so daß ich an einem Abend sofort nach meiner Ankunft in die Oper oder ins Theater gehen konnte»[7]. Zwölf Jahre später war Lady Mary Wortley Montagu ähnlich beeindruckt:

«Die ganze Gegend [Holland] gleicht einem großen Garten, die Landstraßen sind wohl gepflastert, auf beiden Seiten mit Reihen von Bäumen beschattet und von breiten Kanälen eingefaßt, auf denen man beständig Boote hin und her fahren sieht ... Alle Straßen [in Rotterdam] sind mit breiten Steinen gepflastert, und vor vielen Türen der einfachsten Handwerker sieht man Sitze von vielfarbigem Marmor, alles so reinlich gehalten, daß ich gestern fast durch die ganze Stadt in Pantoffeln ging, ohne meine Füße im geringsten zu beschmutzen. Hier sieht man holländische Mädchen das Pflaster mit mehr Fleiß reinigen als die unsrigen unsre Schlafzimmer ... Hier sind sieben breite Kanäle, auf denen die Kauffahrteischiffe bis vor die Türen ihrer Eigentümer kommen. Läden und Warenlager sind von auffallender Reinlichkeit und Pracht, mit einer unglaublichen Menge schöner Waren angefüllt.»[8]

Doch diese Berichte stammen aus der Zeit, bevor Holland die wirtschaftlichen Auswirkungen seines Sieges über Ludwig XIV. im Spanischen Erbfolgekrieg zu spüren

VON GENF BIS STOCKHOLM

bekam. Damals war es an Menschen und Geld ausgeblutet bis zur Erschöpfung; seine öffentlichen Schulden waren enorm, und einen großen Teil seines Handels hatte es an seine militärischen Verbündeten, die jedoch seine geschäftlichen Konkurrenten waren, und an Deutschland verloren. Die Dividende der Holländisch-Ostindischen Kompanie fiel von vierzig Prozent im Jahre 1715 auf zwölfeinhalb Prozent im Jahre 1737, die der Holländisch-Westindischen Kompanie von fünf Prozent im Jahre 1700 auf zwei Prozent im Jahre 1740[9]. Der Siebenjährige Krieg richtete weiteren Schaden an. Die Bankiers von Amsterdam wurden durch hochverzinste Darlehen an die kriegführenden Mächte reich, doch der Frieden von 1763 machte diesem Segen ein Ende, und viele holländische Banken mußten ihre Schalter schließen, wodurch alle geschäftlichen Unternehmungen größeren Schaden erlitten. Boswell, der 1763 in Holland weilte, berichtete: «Viele der größeren Städte befinden sich in traurigem Zerfall. Man trifft eine Menge armer Kreaturen, die hungern müssen, weil sie keine Arbeit haben.»[10] Die Steuern wurden erhöht, was zur Auswanderung von Kapital und Arbeitskräften führte; jetzt vermischten deutsche und holländische Kolonisten in Südafrika ihr Blut, aus dem sich langsam das eigenwillige Volk der Buren zu bilden begann.

Genesung brachten Charakter, Fleiß und Rechtschaffenheit der Holländer. Ein friedliches, starkes und genügsames Volk bestellte das Land, ölte seine Windmühlen, pflegte seine Kühe, hielt seine Molkereien sauber und produzierte köstlichen, mild duftenden Käse; Holland war in Europa führend auf dem Gebiet der wissenschaftlichen Landwirtschaft[11]. Delft eroberte seine Märkte für Porzellan zurück. Die holländischen und jüdischen Bankiers von Amsterdam gewannen ihren alten Ruf wieder, den ihnen ihre Zuverlässigkeit und Tüchtigkeit vormals eingebracht hatten; sie liehen Geld zu niedrigem Zins und Risiko und erhielten einträgliche Verträge zur Besoldung und Verproviantierung von Truppen. Regierungen und Privatunternehmen, die Anleihen unterbringen wollten, kamen nach Amsterdam und gingen selten mit leeren Händen weg. Fast während dieses ganzen turbulenten Jahrhunderts war die Börse von Amsterdam das finanzielle Zentrum der westlichen Welt. 1775 schrieb Adam Smith: «Holland hingegen ist im Verhältnis seiner Gebietsausdehnung und seiner Volkszahl ein reicheres Land als England.»[12]

Was Voltaire im Jahre 1725[13] am meisten beeindruckte, war das friedliche Zusammenleben verschiedener Glaubensbekenntnisse. Hier machten orthodoxe Katholiken und jansenistische Katholiken (war nicht Jansen selbst Holländer gewesen?), arminianische Protestanten, welche die Willensfreiheit postulierten, und calvinistische Protestanten, die der Prädestinationslehre anhingen, Wiedertäufer und Sozianer, Mährische Brüder und Juden sowie eine dünne Schicht von Freidenkern Gebrauch von den Auswirkungen der französischen Aufklärung[14]. Die meisten Ratsherren waren Protestanten; doch sie «nahmen regelmäßig Geld von den Katholiken», berichtet ein holländischer Historiker, «als Gegenleistung dafür, daß sie deren religiöse Übungen stillschweigend duldeten und ihnen erlaubten, die Messe zu lesen»[15]. Die Katholiken machten nun ein Drittel der Dreimillionenbevölkerung aus. Die oberen Klassen, mit einem Dutzend Konfessionen durch den Handel vertraut, standen allen Glaubens-

190   DER PROTESTANTISCHE NORDEN

bekenntnissen skeptisch gegenüber und ließen sich durch keines beim Glücksspiel, Trinken, Schlemmen und diskret geübten Ehebruch im gallischen Stil stören[16].

Französisch war die Sprache der Gebildeten. Die Schulen waren zahlreich, und die Universität von Leiden war berühmt für ihre Vorlesungen in Medizin, die auf dem Erbe des großen Boerhaave aufbauten. Fast alle Städte besaßen Kunstgesellschaften, Büchereien und eine Art Schulen für Rhetorik, die periodisch Wettbewerbe in Dichtkunst veranstalteten. Die holländischen Kunsthändler waren in ganz Europa berühmt für ihre Schätze und ihre Fälschungen[17]. Die große Zeit der holländischen Malerei war mit Hobbema (gestorben 1709) zu Ende gegangen; doch Cornelis Troost war ein letztes Echo jener Tage. Das vielleicht hervorragendste Erzeugnis der holländischen Kunst dieses Zeitalters war feinpunktiertes oder mit Diamantspitzen graviertes Glas[18]. Amsterdam war eine Brutstätte für Verleger, einige von ihnen Ehrenmänner, viele Piraten. Die schöpferische Tätigkeit in der Literatur sank in der ersten Hälfte des 18. Jahrhunderts beträchtlich, eine literarische Renaissance brachte jedoch gegen 1780 einen echten Dichter, Willem Bilderdijck, hervor.

Einer von Boswells Freunden sagte zu ihm, er, Boswell, werde die Holländer «glücklich in ihrer eigenen Dumpfheit» finden[19], doch Boswell berichtete aus Utrecht: «Wir haben zweimal in der Woche glänzende Versammlungen und private Gesellschaften fast jeden Abend ... Es gibt so viele schöne und liebenswürdige Damen in unserem Zirkel, daß ein ganzes Buch Papier nicht ausreichen würde, ihr Lob niederzuschreiben.»[20] Die faszinierendsten Seiten in Boswells holländischen Skizzen sind jene, die seine zaghafte Liebesgeschichte mit «Zélide», der «Belle de Zuylen», Isabella van Tuyll, beschreiben. Sie gehörte einer alten vornehmen Familie an; ihr Vater, Herr von Zuylen und Westbroek, war einer der Gouverneure der Provinz Utrecht. Sie erhielt mehr Erziehung, als sie verdauen konnte, wurde zur stolzen Ketzerin, verachtete Konventionen, Moral, Religion und ständische Vorurteile, aber bezauberte eine große Zahl von Männern durch ihre Schönheit, Fröhlichkeit und erregende Offenheit. Sie scheute zurück vor dem Gedanken an eine vornehme, an Pflichten reiche Ehe. «Wenn ich weder Vater noch Mutter hätte, würde ich nicht heiraten ... Ich wäre zufrieden mit einem Ehemann, der mich zu seiner Geliebten machte; ich würde zu ihm sagen: 'Betrachte die ewige Treue nicht als eine Pflicht. Du sollst nur die Rechte und die Eifersucht eines Liebhabers in Anspruch nehmen.'»[21] Worauf Boswell, der eifrigste Schürzenjäger Europas, erwiderte: «Pfui, meine Zélide, was sind das für Einfälle?» Sie aber sagte: «Ich würde lieber meines Geliebten Wäscherin sein und in einer Dachkammer leben, als mich mit der trostlosen Freiheit und den guten Manieren unserer vornehmen Familien abzufinden.»[22]

Zélide hatte eine Reihe von Liebesaffären, so daß sie ständig litt und vereinsamte. Bereits mit vierundzwanzig beruhigte sie ihre Nerven mit Opium.

Mit dreißig Jahren endlich (1771) heiratete sie Saint-Hyacinthe de Charrière, einen Schweizer Hauslehrer, und zog mit ihm in die Nähe von Lausanne. Bald merkte sie, daß er ihr geistig nicht gewachsen war. In ihren Vierzigern verliebte sie sich in einen Mann, der zehn Jahre jünger war als sie. Er nutzte sie aus und verließ sie. Sie

VON GENF BIS STOCKHOLM 191

suchte Läuterung im Schreiben eines Romans, *Caliste* (1785–1788), der Sainte-Beuve in Entzücken versetzte. Mit siebenundvierzig lernte sie in Paris Benjamin Constant kennen, der damals vierundzwanzig war, und verführte ihn durch ihre Geistesgaben (1787). «Frau von Charrière», schrieb Benjamin, «hatte eine höchst originelle und lebendige Art, das Leben zu betrachten, eine tiefe Verachtung für Vorurteile, einen durchdringenden Verstand und eine gewaltige, verachtungsvolle Überlegenheit über die gewöhnliche Menschheit, und so, wie ich mit zwanzig veranlagt war, exzentrisch und arrogant wie sie, bereiteten mir die Gespräche mit ihr ein noch unbekanntes Vergnügen ... Wir berauschten uns an unseren Späßen und unserer Verachtung des Menschengeschlechts.» [23] Dies dauerte bis 1794, als Benjamin durch Frau von Staël in einen neuen Rausch versetzt wurde. Zélide zog sich verbittert in die Einsamkeit zurück und starb mit fünfundsechzig, nachdem sie die selbstgeschaffene Leere ihres Lebens bis zur Neige gekostet hatte.

Nahrung für ihren Pessimismus mag sie in der politischen Geschichte der Vereinigten Provinzen im 18. Jahrhundert gefunden haben. Nach dem Tode Wilhelms III. (1702) wurde die Regierung monopolisiert von einer Oligarchie von Wirtschaftsführern, die ihr Heil in Besteuerung, Vetternwirtschaft und Intrigen sahen. «Die Bürger», klagte ein holländischer Schriftsteller 1737, «sind von der Verwaltung ausgeschlossen ..., und sie werden in Staatsgeschäften weder um Rat noch um ihre Stimme gefragt.» [24] Die militärische Unfähigkeit dieses Regimes offenbarte sich, als Holland in den Österreichischen Erbfolgekrieg eintrat (1743): Ein französisches Heer fiel in Holland ein und stieß nur auf geringen Widerstand; viele Städte ergaben sich kampflos, und der Marschall von Noailles berichtete: «Wir haben es mit sehr entgegenkommenden Leuten zu tun.» [25] Doch so waren nicht alle. Die meisten Bürger riefen nach einem Kriegshelden, der das Land retten sollte, wie Wilhelm III. es 1672 getan hatte. Sein aus einer Seitenlinie stammender Verwandter Wilhelm IV., Prinz von Oranien, wurde zum Statthalter der sieben Provinzen, zum Anführer des Heeres und zum Admiral der Flotte gemacht (3. Mai 1747); im Oktober wurden diese Ämter in seiner Familie für erblich erklärt, so daß die Monarchie praktisch wiederhergestellt war. Doch der vierte Wilhelm war ein zu guter Christ, um ein guter General sein zu können; es gelang ihm nicht, die Disziplin im Heer wiederherzustellen, und Niederlage folgte auf Niederlage. Im Friedensvertrag von Aachen (1748) hatte Holland das Glück, territorial intakt zu bleiben, während es sich wirtschaftlich dem Ruin nahe sah. Wilhelm starb im Alter von vierzig Jahren an der Wundrose (1751); seine Witwe, Prinzessin Anna, wurde Regentin und blieb es bis zu ihrem Tode (1759), worauf Herzog Ludwig Ernst von Braunschweig-Wolfenbüttel ihr als strenger, aber kluger Regent folgte, bis Wilhelm V. mündig wurde (1766).

Im Krieg zwischen England und den amerikanischen Kolonien protestierte Holland gegen die britische Einmischung, indem es Schiffe zur Verfügung stellte, und verbündete sich mit Rußland in der «Bewaffneten Neutralität» von 1780; England erklärte ihm den Krieg und kaperte fast alle holländischen Schiffe. Im Vertrag von Paris (1783) wurden die Interessen Hollands fast vollständig unter den Tisch gewischt; es mußte

192 DER PROTESTANTISCHE NORDEN

Negapatam (in Südindien) an England abtreten und den Engländern freie Durchfahrt durch die Molukken gewähren. Von da an hörte Holland auf, eine Rolle unter den Großmächten zu spielen.

Diese Mißerfolge zerstörten die Beliebtheit Wilhelms V. Außerdem war die erfolgreiche Revolte in Amerika ein Ansporn für demokratische Bestrebungen in den Niederlanden und führte zur Entstehung einer Partei von «Patrioten», die den herrschenden Familien den Krieg erklärte. Durch alle Regierungswechsel hindurch hatte die besitzende Minderheit den verfallenden Reichtum der Nation so rücksichtslos genutzt, daß in einst blühenden und gesitteten Städten sich viele Männer der Bettelei und viele Frauen der Prostitution zuwenden mußten. 1783 wurden in Amsterdam und Den Haag heimlich Gesellschaften von «Freischützen» gebildet, um die Revolution vorzubereiten. 1787 ergriffen die Patrioten die Macht, doch Wilhelm V. wurde durch eine bewaffnete Intervention der Preußen wiedereingesetzt. Die Französische Revolution belebte den Eifer der Patrioten von neuem; sie forderten Frankreich auf, ihnen zu Hilfe zu kommen. 1794 rückten französische Truppen in Holland ein; die holländische Armee wurde besiegt, Wilhelm V. floh nach England, und die holländischen Revolutionäre gründeten gemeinsam mit den französischen die Batavische Republik (1795–1806). 1815 brachte Wilhelm V. als König Wilhelm I. das Haus Oranien-Nassau wieder zur Macht. Seine Nachkommen herrschen noch heute in den Niederlanden.

III. DIE DÄNEN: 1715–1797

Die erste offizielle Volkszählung in Dänemark (1769) ermittelte eine Einwohnerzahl von 825000 Seelen, zuzüglich weiterer 727600 in Norwegen, das bis 1814 zum dänischen Königreich gehörte. Fast alle Bauern in Norwegen besaßen eigenes Land und waren stolz wie Wikinger. In Dänemark war die Hälfte der Bauernschaft leibeigen, die andere Hälfte zu Lehensabgaben verpflichtet. Die Könige bemühten sich, diesen Feudalismus einzuschränken, doch waren sie finanziell abhängig von den Magnaten, und die Leibeigenschaft blieb bis 1787 bestehen. Unter diesem Regime fanden der Handel und die Industrie wenig Förderung; es bildete sich keine ins Gewicht fallende Mittelklasse, und die Eröffnung des Kieler Kanals (1783) nützte den englischen und holländischen Händlern mehr als den Dänen. 1792 schaffte Dänemark als erste europäische Macht den Sklavenhandel in seinem Herrschaftsgebiet ab.

Wie die Adligen den Staat beherrschten, so beherrschte die lutherische Kirche die Kanzel, die Presse und den Geist. Eine strenge Zensur, ausgeübt von 1537 bis 1849, verbot alle Druckschriften und Reden, die nicht mit der lutherischen Orthodoxie im Einklang standen, und viele nichttheologische Bücher, darunter Goethes *Werther*, wurden als Gefahr für die öffentliche Moral geächtet. Die Entwicklung der Literatur wurde weiterhin behindert durch den Gebrauch der deutschen Sprache am Hof, der lateinischen an der Universität und der französischen in der schönen Literatur, die kaum existierte. Die dänische Literatur begründet zu haben, indem er in der Landessprache

VON GENF BIS STOCKHOLM 193

schrieb, und einen Schimmer der Aufklärung nach Dänemark gebracht zu haben, gehört zu den Leistungen des geistvollsten Dänen des 18. Jahrhunderts.

Sowohl Norwegen als auch Dänemark können Ludvig Holberg für sich beanspruchen, denn er wurde in Bergen geboren (3. Dezember 1684). Nachdem er an der örtlichen Lateinschule studiert hatte, überquerte er das Meer, um an die Universität Kopenhagen zu gehen. Bald war sein Geld verbraucht; er ging nach Norwegen zurück und wurde Hauslehrer in der Familie eines Landpfarrers. Sobald er sechzig Taler erspart hatte, brach er auf, um die Welt zu sehen. 1704 war er in Holland; von 1706 bis 1708 bildete er sich selbst in den Bibliotheken von Oxford. Nach Kopenhagen zurückgekehrt, hielt er Vorlesungen, die ihm wenig mehr einbrachten als seine eigene Weiterbildung. Inzwischen lebte er von Nachhilfestunden und nährte seinen Ehrgeiz. 1714 erhielt er eine Professur ohne Bezahlung, doch die Freigebigkeit eines Privatmannes versetzte ihn in die Lage, zwei Jahre lang durch Italien und Frankreich zu reisen, meistens zu Fuß. Von dieser seiner größten Reise zurückgekehrt, wurde er zum Professor der Metaphysik ernannt – einer Wissenschaft, die er haßte –, später zum Professor der lateinischen Sprache und der Rhetorik, schließlich (1730) zum Professor der Geschichte und Geographie, die er liebte.

In seinen Mußestunden schuf er die dänische Literatur. Bis zu jener Zeit hatte es im Dänischen kaum etwas anderes gegeben als Balladen, Farcen, Hymnen und Schriften volkstümlicher Frömmigkeit. Holberg produzierte eine dem Umfang einer kleineren Bibliothek entsprechende Menge von Büchern mit Gedichten, Romanen, Satiren und Abhandlungen über Politik, Rechtskunde, Geschichte, Wissenschaft und Philosophie, alle in dänischer Sprache. Nur Voltaire kam ihm an Vielseitigkeit gleich. Wie Voltaire benutzte er den Spott als Geißel für wichtigtuende Professoren, die die Klassiker anbeteten; für Advokaten, die das Recht mit juristischen Spitzfindigkeiten manipulierten; für Geistliche, die sich um Geld und Stellung balgten; für Ärzte, die ihre Patienten ins Jenseits beförderten. Fast alle diese Säulen der Gesellschaft wurden in seinem ersten Hauptwerk, einem satirischen Epos, *Peder Paars* (1719), aufs Korn genommen. Einige unter den Größen des Landes spürten den Stich und forderten König Friedrich IV. auf, das Buch zu verbieten, weil es die Moral gefährde und sich über die Priester lustig mache. Der König ließ sich den ersten Gesang vorlesen und meinte, das Ganze sei «eine unschuldige und kurzweilige Schrift», doch der königliche Rat ließ Holberg wissen, es wäre besser gewesen, wenn das Epos nie geschrieben worden wäre[26].

So wandte er sich der Bühne zu. 1720 eröffnete ein französischer Schauspieler, Etienne Capion, in Kopenhagen das erste dänische Theater. Da er keine dänischen Stücke fand, die einer Aufführung wert waren, importierte er Dramen aus Frankreich und Deutschland. Aus *Peder Paars* ersah er, daß Holberg Stoffe und Talent für das Theater besaß. Er forderte ihn auf, die neue Bühne mit Stücken in der Landessprache zu versorgen; innerhalb eines Jahres schrieb Holberg fünf, innerhalb acht zwanzig Stücke, und alle so reich an Schilderung der lokalen Sitten, daß sein großer Nachfolger, Adam Oehlenschläger, von ihm sagte: «Er verstand es, das bürgerliche Leben seines Kopenhagen so getreu nachzubilden, daß man, wenn diese Stadt vom Meer verschlungen würde und man nach zweihundert Jahren die Stücke von Holberg wiederentdeckte, in der Lage wäre, die Epoche nach ihnen zu rekonstruieren, so wie wir die Zeit des alten Roms nach Pompeji und Herculaneum rekonstruiert haben.»[27]

Er übernahm Formen und Ideen von Plautus, Terenz und Molière und von der Commedia dell'arte, die er in Italien gesehen hatte. Einige seiner Stücke sind einaktige Trivialitäten, die ihre Wirkung verloren haben, so etwa *Sganarels Reise ins Land der Philosophen*[28]; andere besitzen noch Kraft, wie *Jeppe vom Berge,* aus dem wir erfahren, daß Bauern, wenn sie zu Macht kommen, brutaler sind als ihre Herren. Daneben stehen abendfüllende Stücke wie der *Erasmus Montanus,* eine übermütige Satire auf scholastische Pedanterie, theologischen Dogmatismus und die allgemeine Unwissenheit, gewürzt mit einem Schuß entwaffnender ländlicher Aufrichtigkeit, wie zum Beispiel in der Szene, in der Lisbed, als sie hört, daß ihr Verlobter von der Universität zurückkehrt, zu ihrem Vater sagt: «Dann ist mein Traum wahr geworden ... Ich träumte vergangene Nacht, daß ich mit ihm schlief.»[29] Trotz dieser lebenswahren Komödien schloß das Kopenhagener Theater 1727 seine Pforten wegen Mangels an Unterstützung durch das Publikum. Die letzte Vorstellung war Holbergs Stück *Das Begräbnis der dänischen Komödie.*

Er hatte seine Universitätskollegen schockiert, indem er für die Bühne schrieb; jetzt besänftigte er sie mit historischen Arbeiten, in denen er den dänischen Lesern die Errungenschaften westeuropäischer Gelehrsamkeit darstellte. Eine *Beschreibung Dänemarks und Norwegens* (1729), eine *Geschichte Dänemarks* (1732–1735), eine *Universale Kirchengeschichte* (1727–1747) und eine *Geschichte der Juden* waren Kompilationen; doch sie waren gut gemacht. Von diesen Anstrengungen erholte sich Holberg bei der Arbeit an seinem Meisterwerk – *Nicolai Klimii iter subterraneum* (1741). Er schrieb es in lateinischer Prosa, um ein europäisches Publikum zu erreichen. Er erreichte auch seinen Zweck, jedoch mittels Übersetzungen: Jens Baggesen erstellte eine dänische Übertragung, die drei Auflagen erlebte; eine deutsche Ausgabe erlebte zehn, eine schwedische, holländische und englische je drei, eine französische und russische je zwei und eine ungarische eine Auflage. Es war Holbergs *Niels Klims unterirdische Reise,* die ihn sowohl zum Swift als auch zum Voltaire Dänemarks machte.

Geräusche, die aus einer Höhle dringen, erregen Niels Neugier; er entschließt sich, ihnen nachzugehen, und seine Freunde lassen ihn an einem Seil hinab, das zerreißt. «Mit erstaunlicher Geschwindigkeit stürzte ich in den Abgrund.»[30] Innerhalb der Erdkruste findet er eine offene Stelle, ein Firmament mit einer Sonne, ihren Planeten und vielen Sternen. Er stürzt einem dieser Planeten entgegen, wird sein Satellit und umkreist ihn hoffnungslos; es gelingt ihm aber, einen Adler zu packen, und er wird von ihm in einer weichen Landung auf dem Planeten Potu («Utop[ia]» verkehrt) abgesetzt. Hier sind die Bäume die herrschende Spezies; unglücklicherweise «war der Baum, den ich erkletterte ..., die Frau des Bezirksrichters»[31]. Potu hat einige ausgezeichnete Gesetze. Menschen, die «sich über die Eigenschaften und die Natur des höchsten We-

VON GENF BIS STOCKHOLM

sens streiten, werden als verrückt angesehen; sie werden zur Ader gelassen, um ihr Fieber herunterzudrücken, und dann eingesperrt, bis sie aus ihrem Delirium erwachen»[32]. Mütter in Potu stillen ihre Kinder selbst – einundzwanzig Jahre vor Rousseaus Appell an die mütterliche Brust. In der Provinz Cocklecu (Hahnreisia) regieren die Frauen den Staat, die Männer besorgen das Haus oder werden Prostituierte, die Königin hat einen Harem von dreihundert hübschen Jünglingen. Die Philosophen in Cocklecu verbringen ihre Zeit mit Versuchen, auf die Sonne zu gelangen, und schenken irdischen Angelegenheiten wenig Beachtung. In der Provinz Mikolac sind alle Menschen Atheisten und «tun alles Böse, was sie vor der Polizei verheimlichen können»[33].

Niels entdeckt ein Buch mit dem Titel *Taniens Reise in die oberirdische Welt*, das Europa und die seltsamen Dinge, die man dort antrifft, beschreibt: die mit riesigen Perücken bedeckten Köpfe, die unter dem Arm getragenen Hüte (wie bei den Adligen Frankreichs), die «kleinen Kuchen oder Hostien, die durch die Straßen getragen werden und von denen die Priester sagen, sie wären Götter; die Männer, die sie backen ..., nehmen ihren Eid darauf, daß diese Hostien die Welt geschaffen haben»[34].

Die *Iter subterraneum* enthielt zwar einige Satiren auf christliche Dogmen und forderte Glaubensfreiheit für alle Sekten; doch es empfahl den Glauben an Gott, den Himmel und die Hölle als notwendige Stützen für ein ständig von den Forderungen der Selbstsucht und des Fleisches bestürmtes Moralgesetz[35]. König Friedrich V. machte den Reformer 1747 zum Baron; Holberg genoß in seiner Jugend die Privilegien des Rebellen und in seinem Alter die des Arrivierten; er starb 1754. Bis heute blieb er die beherrschende Gestalt in der Literatur Dänemarks.

Mancher mag diesen Rang vielleicht eher Johannes Ewald zuerkennen, dessen Laufbahn sich an Abenteuern, Leiden und Kürze mit der von Byron, Keats und Shelley messen kann. 1743 als Sohn eines lutherischen Geistlichen geboren, rebellierte er gegen die puritanischen Erwachsenen, verliebte sich mit sechzehn in Arendse Hulegaard, gab die eingeschlagene theologische Laufbahn als zu wenig einträglich auf, trat in die preußische und dann in die österreichische Armee ein, entschlossen, Reichtum und Ruhm zu gewinnen, um dann Arendse zu seiner Braut machen zu können. Doch Entbehrungen und Krankheit zerstörten seine Gesundheit; er kehrte nach Kopenhagen und zur Theologie zurück. Arendse heiratete einen bereits reichen Freier, und Ewald machte seinem Herzen in Poesie und Prosa Luft. Er schrieb die erste originaldänische Tragödie, *Rolf Krage* (1770), und bezeichnete den Zenit der dänischen Dichtkunst des 18. Jahrhunderts mit *Balders Tod* (1773), einem Heldendrama in Versen. Seine Arbeit brachte ihm kaum genug zum Leben ein; er zog sich in die ländliche Einsamkeit zurück, pflegte seine Leiden und wurde schließlich durch eine Pension der Regierung aus seiner Lethargie geweckt. Seinen Dank dafür stattete er durch ein Theaterstück, *Die Fischer* (1779), ab; dieses enthielt eine patriotische Ballade «König Christian stand am hohen Mast», die später die Nationalhymne der Dänen wurde[36]. Sie bedeutete Ewalds Aufbruch zum Ruhm und Abschied vom Leben; er starb 1781 nach langer und schmerzhafter Krankheit im Alter von achtunddreißig Jahren. Für die Skandinavier ist er «einer der größten lyrischen Dichter des Nordens, vielleicht der größte»[37].

DER PROTESTANTISCHE NORDEN

Im weiteren Verlauf des achtzehnten Jahrhunderts wurde die politische Geschichte Dänemarks Teil des nicht endenden modernen Konflikts zwischen Tradition und Experiment. Christian VI., der von 1730 bis 1746 regierte, mischte die gegensätzlichen Kräfte. Er und seine Minister förderten die wirtschaftliche Entwicklung, indem sie Weber und Spinner ins Land holten, um eine Textilindustrie zu begründen, nationale Gesellschaften für den Handel mit Asien und Amerika ins Leben riefen und die Bank von Kopenhagen eröffneten (1736). Auch brachten sie Grönland unter die Herrschaft der dänischen Krone (1744). Sie vermehrten die Zahl der Hochschulen und Mittelschulen und gründeten Akademien zur Förderung der Künste und Wissenschaften. Daneben erneuerten sie jedoch einen alten Brauch, der den sonntäglichen Besuch des lutherischen Gottesdienstes vorschrieb, schlossen alle Theater und Tanzsäle, verbannten Schauspieler und verboten Maskeraden.

Christians Sohn, Friedrich V. (Regierungszeit 1746–1766), ließ diese Gesetze in Kraft, milderte sie jedoch durch seinen heiteren Geist und sein sinnenfreudiges Leben. 1751 holte er aus Hannover Johann Hartwig Ernst von Bernstorff, der als Erster Minister die Verwaltung moralisch und organisatorisch sanierte, das Heer und die Flotte reformierte, das Land aus dem Siebenjährigen Krieg heraushielt und die stillen Wasser der dänischen Kultur aufwühlte, indem er Professoren, Dichter, Maler und Wissenschafter ins Land berief; wir haben gesehen, daß Klopstock einer solchen Einladung folgte. 1767 krönte Graf von Bernstorff seine friedliche Außenpolitik, indem er Katharina die Große überredete, ein Abkommen zu unterzeichnen, durch das Holstein-Gottorp an Dänemark zurückfiel.

Friedrich V. starb, ein Opfer seiner Vergnügungssucht, im Alter von dreiundvierzig Jahren (1766). Sein Sohn, Christian VII. (1766–1808), wurde im Alter von siebzehn überstürzt mit Karoline Mathilde, der Schwester Georgs III. von England, verheiratet. Sie verlieh dem gesellschaftlichen Leben der Hauptstadt neuen Glanz, jedoch ihr halb wahnsinniger Gatte vernachlässigte sie zugunsten eines ausschweifenden Lebens, und Karoline verstrickte sich in eine tragische Liebesbeziehung zu dem Hofarzt Johann Friedrich Struensee. Als Sohn eines Theologieprofessors in Halle geboren, studierte Struensee an der dortigen Universität Medizin und verlor wie die meisten Ärzte seinen religiösen Glauben. Er verdankte seinen Einfluß auf den König seiner Geschicklichkeit bei der Behandlung der klinischen Resultate des königlichen Lebenswandels und auf die Königin durch die Tatsache, daß er ihren Gemahl immer wieder und so oft zu ihr ins Bett brachte, daß endlich ein Erbe gezeugt werden konnte. Als der König in Apathie und Schwermut verfiel, wuchs die Macht der Königin in der Regierung, und als sie ihrem Arzt erlaubte, sowohl ihre Politik zu leiten als auch ihre Gunst zu genießen, wurde er der wirkliche Herrscher im Staate (1770). Die den Königspalast verlassenden Befehle waren von Struensee im Namen des unzurechnungsfähigen Königs unterschrieben. Bernstorff wurde entlassen und zog sich friedfertig auf seine Güter in Deutschland zurück.

Struensee hatte die *philosophes* gelesen, und nach ihren Grundsätzen begann er das dänische Leben umzugestalten. Er schaffte die Mißbräuche des Adelsprivilegs ab, be-

VON GENF BIS STOCKHOLM   197

endete die Zensur der Presse, richtete Schulen ein, säuberte den Staatsdienst von Korruption und Ämterschacher, befreite die Leibeigenen, verbot die gerichtliche Folter, erklärte die Toleranz für alle Religionen, ermutigte Literatur und Kunst, reformierte das Recht und die Gerichte, die Polizei, die Universität, die Finanzen, die sanitären Einrichtungen ... Um die öffentlichen Schulden zu verringern, strich er viele Pensionen und führte die Einkünfte frommer Gründungen öffentlichen Zwecken zu.

Die Adligen planten seinen Sturz und benutzten die Pressefreiheit, seine Beliebtheit zu untergraben. Die frommen Dänen bezeichneten die religiöse Toleranz als Atheismus und nannten Struensee einen Ausländer, dessen einzige Autoritätsquelle das Bett der Königin sei. Am 17. Januar 1772 wußte eine Gruppe von Armeeoffizieren den König davon zu überzeugen, Struensee und die Königin planten, ihn zu töten. Er unterzeichnete einen Haftbefehl gegen sie. Karoline wurde auf Hamlets Schloß Kronborg verschleppt, Struensee in den Kerker geworfen. Er gestand nach sieben Wochen des Leidens seinen Ehebruch mit der Königin. Am 28. April 1772 wurde er in Anwesenheit einer applaudierenden Menge auf einem Blutgerüst in Stücke gehackt. Karoline erhielt auf Drängen von Georg III. die Erlaubnis, sich nach Celle in Hannover zurückzuziehen, wo sie am 10. Mai 1775, vierundzwanzig Jahre alt, starb.

Die Verschwörer brachten Ove Hoegh-Guldberg, den Erzieher des Prinzen Friedrich, an die Macht. Während der zwölf Jahre seiner Regentschaft stellte sich Hoegh-Guldberg an die Spitze einer patriotischen Reaktion gegen fremde Einflüsse in Regierung, Sprache und Erziehung, eröffnete den Nichtadligen die Ämterlaufbahn und führte die Leibeigenschaft, den Gerichtsterror, die Vormachtstellung der lutherischen Kirche und die religiöse Orientierung der Universität wieder ein. Graf von Bernstorffs Neffe und Schützling, Andreas von Bernstorff, wurde mit der Leitung der auswärtigen Politik betraut. Als Friedrich selbst Regent wurde (1784), entließ er Hoegh-Guldberg; Andreas von Bernstorff wurde Erster Minister und blieb es bis zu seinem Tode. Unter seiner klugen Führung wurde die Leibeigenschaft wieder abgeschafft (1787), dem Sklavenhandel im dänischen Herrschaftsgebiet ein Ende gemacht und der Grundsatz des freien Unternehmertums anerkannt. Als Bernstorff starb (1797), war Dänemark auf dem sicheren Weg zu jenem friedlichen Wohlstand, um den die Welt es beneiden sollte.

IV. DIE SCHWEDEN

1. Die Politik: 1718–1771

Die dramatische Laufbahn Karls XII. war eine Tragödie für Schweden gewesen. Seine Ziele waren mehr durch seinen Durst nach Ruhm diktiert als durch die Hilfsquellen seiner Nation. Das schwedische Volk hatte, als er des Landes Menschenkraft und Reichtum vergeudete, tapfer mit ihm durchgehalten; doch es wußte, lange bevor er starb, daß er zum Scheitern verurteilt war. Auf Grund der Verträge von Stockholm (1719/20) mußte Schweden die Herzogtümer Bremen und Verden an Hannover und den größeren

198   DER PROTESTANTISCHE NORDEN

Teil Pommerns an Preußen abtreten. Durch den Frieden von Nystad (1721) verlor es Livland, Estland, Ingermanland und Karelien an Rußland. Schwedens Macht auf dem Festland war gebrochen, und es war gezwungen, sich auf seine Halbinsel zurückzuziehen, die an Bodenschätzen und nationaler Eigenart reich war, jedoch harte Arbeit und ständiges Mühen als Preis für das Leben erforderte.

Karls Niederlage schwächte die Monarchie und ermöglichte es den Adligen, die Herrschaft über die Regierung wiederzugewinnen. Die Verfassung von 1720 verlieh die Vormachtstellung einem Riksdag (Reichstag), zusammengesetzt aus vier «Ständen»: einem Riddarhus oder Haus der Adligen, bestehend aus den Oberhäuptern aller adligen Familien; einem Haus der Priester, das die Bischöfe und etwa fünfzig von und aus dem Gemeindeklerus gewählte Abgeordnete vereinigte; einem Haus der Bürger, dem etwa neunzig Abgeordnete aus den Kreisen der Verwaltungsbeamten und Wirtschaftsführer angehörten; und einem Haus der Bauern, das annähernd hundert Abgeordnete, gewählt von und aus den freien landbesitzenden Bauern, zählte. Jeder Stand tagte gesondert, keine Maßnahme konnte Gesetz werden, wenn sie nicht von mindestens drei Ständen gebilligt war; praktisch hatte die Bauernvertretung keine legislative Macht, wenn nicht zwei andere Stände zustimmten. Während der Sitzungen des Riksdag bereitete ein «Geheimes Komitee» von fünfzig Adligen, fünfundzwanzig Priestern und fünfundzwanzig Bürgern alle Gesetze vor, wählte die Minister und bestimmte die Außenpolitik. Die Adligen waren von allen Steuern befreit und besaßen das ausschließliche Recht auf alle höheren Ämter des Staates[38]. Solange der Reichstag nicht tagte, wurde die Regierung geleitet von einem Rat von sechzehn oder vierundzwanzig vom Reichstag gewählten und ihm verantwortlichen Männern. Der König führte in diesem Rat den Vorsitz und verfügte über zwei Stimmen. Sonst hatte er keine legislative Macht. Rußland, Preußen und Dänemark unterstützten gemeinsam diese Verfassung, weil sie eine Friedenspolitik begünstigte und die kriegerische Neigung starker Könige in Schach hielt.

Die Monarchie hörte auf, erblich zu sein, und wurde zur Wahlmonarchie. Beim Tode Karls XII. (30. November 1718) wäre der Thron durch Vererbung an Karl Friedrich, Herzog von Holstein-Gottorp, einen Sohn von Karls ältester Schwester, übergegangen. Jedoch der Reichstag, der im Januar 1719 zum erstenmal in zwanzig Jahren zusammentrat, verlieh die Krone Ulrike Eleonore, einer anderen Schwester Karls, nachdem sie eingewilligt hatte, auf königlichen Absolutismus zu verzichten, den ihr Bruder ausgeübt hatte. Auch so war sie schwierig zu behandeln, und 1720 wurde sie überredet, zugunsten ihres Gatten, des Landgrafen Friedrich I. von Hessen-Kassel, abzudanken, der nun König Friedrich I. von Schweden wurde. Unter der weisen Führung von Graf Arvid Bernhard Horn als Kanzler erlebte nun Schweden achtzehn Jahre des Friedens, in denen es sich von den Wunden des Krieges erholen konnte.

Stolze Schweden machten sich über Horns Pazifismus lustig und nannten seine Parteigänger «Schlafmützen» – abgekürzt «Mützen» –, womit sie sagen wollten, daß sie kindische Greise wären, die schliefen, während Schweden im Aufmarsch der Mächte hinterherhinkte. Als Opposition zu diesen «Mützen» wurde von Graf Carl Gyllenborg,

VON GENF BIS STOCKHOLM

Carl Tessin und anderen eine Partei der «Hüte» gegründet; diese eroberte 1738 den Riksdag, und Gyllenborg ersetzte Horn. Entschlossen, Schweden seinen früheren Rang unter den Mächten wiederzugeben, erneuerte er den abgelaufenen Bundesvertrag mit Frankreich, das als Gegenleistung für die Opposition gegen die Ziele Rußlands Hilfsgelder schickte, und 1741 erklärte die Regierung Rußland den Krieg in der Hoffnung, jene baltischen Provinzen wiederzugewinnen, die man an Peter den Großen verloren hatte. Doch weder das Heer noch die Flotte waren hinreichend vorbereitet. Die Flotte erlitt Ausfälle durch Krankheit unter den Besatzungen, und das Heer mußte ganz Finnland den vorrückenden Russen überlassen. Die Zarin Elisabeth, die sich Schwedens Unterstützung zu sichern wünschte, willigte ein, den größten Teil Finnlands wieder zurückzugeben, falls ihr Vetter, Adolf Friedrich von Holstein-Gottorp, als Erbe der schwedischen Krone eingesetzt würde. Unter diesen Bedingungen beendete der Frieden von Åbo den Krieg (1743). Als Friedrich I. starb (1751), wurde Adolf Friedrich König.

Die Stände belehrten ihn bald, daß er nur dem Namen nach König war. Sie versagten ihm das Recht, neue Adelstitel an Mitglieder seines Hauses zu verleihen. Sie drohten, auf seine Unterschrift zu verzichten, wenn er sich weigerte, bestimmte Maßnahmen oder Dokumente zu unterzeichnen. Der König war fügsam; doch er hatte eine stolze und gebieterische Gefährtin, Luise Ulrike, Schwester Friedrichs des Großen. König und Königin zettelten eine Revolte gegen die Macht der Stände an. Sie scheiterte, und ihre Anführer wurden enthauptet. Den König verschonte man, weil das Volk ihn liebte. Luise Ulrike tröstete sich und verschaffte sich Genugtuung, indem sie Königin der Gelehrsamkeit wurde; sie schloß Freundschaft mit Linné und versammelte um sich einen Kreis von Dichtern und Künstlern, durch den sie die Ideen der französischen Aufklärung verbreitete. Der Reichstag ernannte einen neuen Erzieher für ihren zehn Jahre alten Sohn und wies ihn an, dem künftigen König, Gustav III., einzuprägen, daß in freien Staaten Könige nur geduldet waren; daß sie mit Glanz und Würde ausgestattet würden «mehr zur Ehre des Reiches als um der Person willen, die zufällig den höchsten Platz im Lande einnimmt», und daß sie, «da der Glanz und Flitter eines Hofes» sie zum Größenwahn verführen konnten, gut daran täten, ab und zu die Hütten der Bauern zu besuchen und die Armut in Augenschein zu nehmen, die für den königlichen Prunk zahlte [39].

Am 12. Februar 1771 starb Adolf Friedrich, und der Rat forderte Gustav III. auf, von Paris nach Hause zurückzukehren und formell die Krone zu übernehmen.

2. Gustav III.

Er war der anziehendste König seit Heinrich IV. von Frankreich. Von gutem Aussehen und fröhlichem Gemüt, Liebhaber der Frauen, der Künste und der Macht, fuhr er wie ein Wetterstrahl durch die schwedische Geschichte, alle wesentlichen Elemente im Leben der Nation in Bewegung setzend. Er war von Carl Tessin sorgfältig erzogen und von seiner zärtlichen Mutter verwöhnt worden. Er war geistig frühreif und von scharfem Verstand, ausgestattet mit Phantasie und Schönheitssinn, erfüllt von

200   DER PROTESTANTISCHE NORDEN

Ehrgeiz und Stolz; es ist nicht leicht, ein bescheidener Fürst zu sein. Seine Mutter übermittelte ihm die Liebe zur französischen Literatur; er las begierig Voltaire, schickte ihm Huldigungsschreiben, lernte die *Henriade* auswendig. Der schwedische Botschafter in Paris schickte ihm jeden Band der *Encyclopédie* sofort nach Erscheinen zu. Er studierte Geschichte mit Aufmerksamkeit und Begeisterung; er war fasziniert von den Lebensläufen Gustav Wasas, Gustav Adolfs, Karls XII., und nachdem er von diesen Männern gelesen hatte, konnte er den Gedanken nicht ertragen, ein Nichtstuer zu sein. 1766 verheiratete ihn der Rat, ohne ihn zu befragen und ohne die Zustimmung seiner Eltern, mit Prinzessin Sophia Magdalena, Tochter Friedrichs V. von Dänemark. Sie war schüchtern, sanft und fromm und hielt das Theater für einen Ort der Sünden; er war liberal, liebte das Drama und vergab dem Rat nie, ihn in diese unpassende Ehe hineinmanövriert zu haben. Der Rat besänftigte ihn für eine Weile durch einen ansehnlichen Beitrag an eine Reise nach Frankreich (1770/71).

Er machte Aufenthalt in Kopenhagen, Hamburg und Braunschweig, doch Paris war sein Ziel. Er forderte den Unwillen Ludwigs XV. heraus, indem er den verbannten Choiseul besuchte, und verletzte die Konventionen, indem er Madame Dubarry in ihrem Schloß in Louveciennes seine Aufwartung machte. Er lernte Rousseau, d'Alembert, Marmontel und Grimm kennen, war jedoch enttäuscht von ihnen. «Ich habe die Bekanntschaft all dieser Philosophen gemacht», schrieb er an seine Mutter, «und finde ihre Bücher angenehmer als ihre Person.»[40] Er leuchtete als ein nördlicher Stern in den Salons der Damen Geoffrin, Du Deffand, de Lespinasse, d'Epinay und Necker. Inmitten seiner Triumphe erhielt er die Nachricht, daß er König von Schweden geworden war. Er hatte es nicht eilig, nach Hause zurückzukehren, und blieb lange genug in Paris, um sich von der fast bankrotten Regierung Frankreichs hohe Hilfsgelder für Schweden und 300 000 Livre für seinen eigenen Gebrauch zur Manipulierung des Reichstags zu borgen. Auf der Heimreise machte er halt, um Friedrich den Großen zu besuchen, der ihn warnte, Preußen würde – wenn nötig – mit Waffen die schwedische Verfassung verteidigen, welche die Macht des Königs einengte.

Gustav erreichte Stockholm am 6. Juni. Am vierzehnten eröffnete er seinen ersten Riksdag mit liebenswürdigen Worten, die seltsam jenen glichen, mit denen ein anderer in seiner Macht beschränkter König, Georg III., 1760 sein erstes Parlament eröffnet hatte. «Unter Ihnen geboren und aufgewachsen, habe ich von meiner zartesten Jugend an gelernt, mein Land zu lieben, und ich halte es für das höchste Vorrecht, als Schwede geboren zu sein, und für die größte Ehre, der Erste Bürger eines freien Volkes zu sein.»[41] Seine Beredsamkeit und sein Patriotismus fanden freundlichen Widerhall bei der Nation, ließen jedoch die Politiker unberührt. Die «Mützen», Freunde der Verfassung und Rußlands und von Katharina II. mit vierzigtausend Pfund unterstützt, gewannen die Mehrheit in drei der vier Stände. Gustav parierte, indem er sich von holländischen Bankiers 200 000 Pfund lieh, um die Wahl des von ihm vorgeschlagenen Bewerbers zum Marschall des Riksdags durch Bestechung zu sichern. Doch er mußte vorher noch gekrönt werden, und die von den «Mützen» beherrschten Stände änderten den Krönungseid in dem Sinne, daß der König sich durch ihn verpflichtete, sich

VON GENF BIS STOCKHOLM 201

an die Entscheidungen «einer Mehrheit der Stände» zu halten und alle Beförderungen nur auf Grund von Verdiensten auszusprechen. Gustav widersetzte sich ein halbes Jahr lang diesem demokratischen Fortschritt; dann unterzeichnete er (März 1772). Heimlich beschloß er, diese unliebsame Verfassung zu stürzen, sobald sich eine Gelegenheit böte. Er bereitete sich für diese Gelegenheit vor, indem er sich beliebt machte. Er war für jedermann zu sprechen, «erwies Gefälligkeiten, als ob er sie empfinge», und entließ niemanden unbefriedigt. Mehrere Heerführer waren mit ihm der Meinung, daß nur eine starke Zentralregierung, unbehindert durch einen käuflichen Riksdag, Schweden von der Beherrschung durch Rußland und Preußen befreien konnte, die zu dieser Zeit (5. August 1772) Polen teilten. Vergennes, der französische Botschafter, steuerte, als der Tag des Staatsstreichs kam, 500000 Dukaten zu dessen Unkosten bei. Am 18. August veranlaßte Gustav, daß die Heeresoffiziere sich mit ihm am nächsten Morgen im Zeughaus treffen sollten. Zweihundert kamen, und er forderte sie auf, ihn beim Sturz eines korrupten und unsicheren, von den Feinden Schwedens geförderten Regimes zu unterstützen. Alle bis auf einen erklärten sich bereit, sich ihm anzuschließen. Die Ausnahme, Generalgouverneur Rudbeck, ritt durch die Straßen Stockholms und rief das Volk auf, seine Freiheit zu schützen; die Bevölkerung blieb apathisch, denn sie bewunderte Gustav und empfand keine Liebe für einen Riksdag, der in ihren Augen eine Vormachtstellung von Adligen und Geschäftsleuten mit demokratischen Formen tarnte. Der junge König, jetzt sechsundzwanzig Jahre alt, führte die Offiziere zu den Kasernen der Stockholmer Gardesoldaten; zu diesen sprach er so überzeugend, daß sie ihm ihre Unterstützung zusagten. Er schien, Schritt für Schritt, das Verfahren zu wiederholen, nach dem Katharina II. zehn Jahre zuvor in Rußland die Macht erlangt hatte.

Als der Reichstag am 21. August zusammentrat, fand er seinen Rikssaal von Grenadieren umringt und den Saal selbst von Truppen besetzt. In einer Rede, die Geschichte machte, warf Gustav den Ständen vor, sie hätten sich durch Parteienzwist und ausländische Bestechungsgelder selbst erniedrigt; er befahl, ihnen die neue Verfassung vorzulesen, die seine Helfer vorbereitet hatten. Diese Verfassung behielt eine beschränkte Monarchie bei, erweiterte jedoch die Macht des Königs, übertrug ihm die Herrschaft über das Heer, die Flotte und die Außenpolitik; er allein konnte Minister ernennen und absetzen. Der Riksdag sollte nur von ihm einberufen werden, und er konnte ihn nach Belieben entlassen; seine Mitglieder konnten nur Maßnahmen diskutieren, die vom König vorgeschlagen worden waren; doch keine Maßnahme sollte ohne Zustimmung des Reichstags Gesetz werden, und dieser sollte durch die Bank von Schweden und das Besteuerungsrecht die Verwaltung der Finanzen behalten. Der König sollte keinen Offensivkrieg ohne das Einverständnis des Reichstags beginnen können. Die Richter sollten vom König ernannt werden und dann unabsetzbar sein, und die Zusicherung des Habeas corpus sollte alle verhafteten Personen vor Verzögerungen im Gerichtsverfahren schützen. Gustav forderte die Abgeordneten auf, diese Verfassung anzunehmen; die Bajonette überzeugten sie, und sie nahmen an und schwuren Treue. Der König dankte dem Riksdag, entließ ihn und versprach, ihn innerhalb von sechs Jahren wieder einzuberufen. Die Parteien der «Hüte» und der «Mützen» verschwanden. Der Staatsstreich war ohne Blutvergießen und offenbar zur Zufriedenheit des Volkes durchgeführt worden; es «begrüßte Gustav als seinen Befreier und überhäufte ihn mit Segenswünschen ..., die Menschen umarmten einander mit Freudentränen in den Augen»[42]. Frankreich jubelte, Rußland und Preußen drohten mit Krieg, um die alte Verfassung wiederherzustellen. Gustav blieb standhaft; Katharina und Friedrich gaben klein bei, damit nicht ein Krieg ihre polnische Beute gefährde.

Während des nachfolgenden Jahrzehnts verhielt sich Gustav wie ein konstitutioneller Monarch, das heißt, gehorsam gegenüber den Grundsätzen der Verfassung. Er führte nützliche Reformen durch und erwarb sich einen Platz unter den «aufgeklärten Despoten» des Jahrhunderts. Voltaire besang ihn als «den würdigen Erben des großen Namens Gustav»[43]. Turgot, in Frankreich gescheitert, hatte die Genugtuung, seine Wirtschaftspolitik in Schweden erfolgreich zu sehen, wo der freie Handel mit Getreide legalisiert und die Industrie von den lähmenden Bestimmungen der Zünfte befreit wurden. Die Wirtschaft sah sich durch die Einrichtung freier Häfen an der Ostsee und freier Marktstädte im Landesinnern gefördert. Mirabeau der Ältere wurde aufgefordert, Ratschläge zur Verbesserung der Landwirtschaft zu geben, und Lemercier de La Rivière beauftragt, einen Plan für die öffentliche Erziehung zu entwerfen[44]. Gustav schickte Voltaire eine Kopie des Erlasses, der die Freiheit der Presse garantierte (1774), und schrieb: «Ihnen hat die Menschheit zu danken für die Zerstörung jener Hindernisse, die Ignoranz und Fanatismus ihrem Fortschritt in den Weg gestellt hatten.»[45] Er reformierte das Recht und das Gerichtswesen, schaffte die Folter ab, milderte die Strafen und stabilisierte die Währung. Er senkte die Steuern der Bauern, reorganisierte das Heer und die Flotte, machte dem lutherischen Monopol auf die schwedische Frömmigkeit ein Ende und gewährte allen christlichen Sekten und, in drei großen Städten, den Juden Toleranz. Als er den Reichstag 1778 einberief, wurden die ersten sechs Jahre seiner Herrschaft ohne eine einzige Gegenstimme gebilligt. Gustav schrieb an einen Freund: «Ich habe das glücklichste Stadium meiner Laufbahn erreicht. Mein Volk ist überzeugt, daß ich nichts anderes wünsche, als seine Wohlfahrt zu fördern und seine Freiheit zu sichern.»[46]

3. Die schwedische Aufklärung

Neben seiner legislativen und administrativen Tätigkeit trug der König mit ganzer Kraft zu dem glänzenden Aufbruch der Literatur und Wissenschaft bei, der Schweden voll auf die Höhe der intellektuellen Entwicklung Europas im 18. Jahrhundert brachte. Es war das Zeitalter von Linné in der Botanik, von Scheele und Bergman in der Chemie; wir haben ihrer an anderer Stelle ehrend gedacht. Doch auf dem Gebiet der Wissenschaft hätten wir noch einen der bemerkenswertesten Schweden dieser Zeit, Emanuel Swedenborg, nennen sollen, denn er wurde zunächst als Wissenschafter berühmt. Er leistete schöpferische Arbeit auf den Gebieten der Physik, Astronomie, Geologie, Paläontologie, Mineralogie, Physiologie und Psychologie; er verbesserte die Luftpumpe durch Verwendung von Quecksilber, schrieb Wesentliches über Magnetismus

VON GENF BIS STOCKHOLM 203

und Phosphoreszenz, schlug lange vor Kant und Laplace eine Urnebeltheorie vor, nahm die moderne Forschung über Hormondrüsen vorweg und zeigte, hundertfünfzig Jahre vor allen anderen Physiologen, daß die Tätigkeit des Gehirns nicht mit dem Puls, sondern mit der Atmung synchron ist. Er lokalisierte die höheren Tätigkeiten des Verstandes in der Großhirnrinde und schrieb bestimmten Teilen des Gehirns die Steuerung bestimmter Körperteile zu[47]. Er sprach vor dem Haus der Adligen im Reichstag über das Dezimalsystem, die Reform der Währung, das wirtschaftliche Gleichgewicht. Sein Genius schien ausschließlich auf die Wissenschaft ausgerichtet zu sein. Doch als er zu dem Schluß kam, daß seine Studien ihn zu einer mechanistischen Auffassung von Geist und Leben führten und daß diese Auffassung in den Atheismus mündete, wandte er sich schroff von der Wissenschaft ab und der Religion zu. 1745 begann er Visionen vom Himmel und der Hölle zu haben; schließlich nahm er diese Visionen für lautere Wahrheit und beschrieb sie in seiner Abhandlung *De coele et eius mirabilibus et de inferno*. Er verkündete seinen Lesern, die nach Tausenden zählten, sie würden im Himmel nicht entkörperte Geister, sondern wirkliche Männer und Frauen aus Fleisch und Blut sein, fähig, sowohl die physischen als auch die geistigen Wonnen der Liebe zu genießen. Er predigte nicht und gründete auch keine Sekte; sein Einfluß verbreitete sich aber dennoch durch ganz Europa, fand Niederschlag bei Wesley, William Blake, Coleridge, Carlyle, Emerson und Browning, und schließlich gründeten seine Anhänger die «Kirche des Neuen Jerusalem» (1788).

Trotz Swedenborgs Opposition öffnete Schweden seinen Geist mehr und mehr der Aufklärung. Die Einfuhr oder Übersetzung französischer und englischer Werke führte rasch zu einer Säkularisation der Kultur und einer Verfeinerung des literarischen Geschmacks und der literarischen Form. Unter Gustav III. und seiner Mutter fand der neue Liberalismus weite Verbreitung in den mittleren und oberen Klassen, sogar bei dem höheren Klerus, der Toleranz und einen einfachen deistischen Glauben zu predigen begann[48]. Überall lauteten die Parolen «Vernunft», «Fortschritt», «Wissenschaft», «Freiheit» und «Das gute Leben hier auf Erden». 1739 gründeten Linné und andere die Schwedische Königliche Akademie der Wissenschaften, 1733 Carl Tessin die Akademie der Schönen Künste. Unter Königin Luise Ulrike hatte eine Königliche Akademie der Schönen Literatur eine kurze Blüte erlebt. Gustav verhalf ihr von 1784 an durch eine große Stiftung zu neuer Blüte und veranlaßte sie, jährlich eine Medaille im Werte von zwanzig Dukaten für die beste schwedische Arbeit über Geschichte, Poesie oder Philosophie zu stiften. Er selbst gewann den ersten Preis mit seinem Lobgesang auf Lennart Torstenson, den glänzendsten Feldherrn Gustav Adolfs. 1786 gründete der König (um mit seinen eigenen Worten zu sprechen) «eine neue Akademie für die Pflege unserer eigenen Sprache nach dem Vorbild der Académie française; sie soll die Schwedische Akademie genannt werden und aus achtzehn Mitgliedern bestehen». Diese und die Akademie der Schönen Literatur wurden mit Pensionsfonds für schwedische Gelehrte und Autoren ausgestattet[49]. Gustav unterstützte persönlich Schriftsteller, Wissenschaftler und Musiker; er gab ihnen zu verstehen, daß er seine Freigebigkeit ihnen gegenüber als seine Pflicht betrachte, verlieh ihnen eine neue, geach-

DER PROTESTANTISCHE NORDEN

tete Stellung, indem er sie an seinen Hof einlud, und spornte sie durch seine eigene Konkurrenz an.

Es hatte schon vor ihm in Schweden eine Bühnenkunst gegeben, besonders auf Grund der Förderung durch seine Mutter; doch die Schauspieler waren Franzosen gewesen, die französische Stücke aufführten. Gustav entließ die ausländische Truppe und forderte die einheimischen Talente auf, Stücke für ein wirklich schwedisches Theater zu verfassen. Er selbst schrieb in Zusammenarbeit mit Johan Willander eine Oper, *Thetis och Pelée;* sie hatte am 18. Januar 1773 Premiere und erlebte achtundzwanzig Aufführungen. Dann widmete der König sich acht Jahre lang der Politik. 1781 griff er wieder zur Feder und verfaßte eine Reihe von Stücken, die noch immer einen hohen Rang in der schwedischen Literatur einnehmen. Das erste von ihnen, *Gustav Adolfs ädelmod* (Gustav Adolfs Edelmut, 1782), bezeichnet den Beginn des schwedischen Dramas. Der König entnahm seine Themen historischen Berichten und belehrte sein Volk über die Geschichte seines Landes, wie Shakespeare das englische Volk belehrt hatte. 1782 wurde auf Staatskosten ein prächtiges Theater für Schauspiel und Oper erbaut. Gustav schrieb seine Stücke in Prosa, ließ sie von Johan Kellgren in Verse setzen und von ausländischen oder einheimischen Komponisten vertonen. So wurden seine Schauspiele zu Opern. Das beste Erzeugnis dieser Zusammenarbeit waren *Gustaf Adolf och Ebba Brahe,* eine Darstellung der Liebesgeschichte des großen Feldherrn, und *Gustaf Vasa,* ein Werk, das erzählte, wie der erste Gustav Schweden von der dänischen Herrschaft befreite.

Unter dieser königlichen Führung und mit Hilfe von drei Universitäten (Uppsala, Åbo und Lund) nahm Schweden seine eigene Aufklärung in Angriff. Olof von Dalin lieferte ein Vorspiel im Stile Addisons, indem er in den Jahren 1733/34 anonym und in regelmäßigen Abständen *Den svenska Argus* veröffentlichte, worin er alle Zeitereignisse, ausgenommen die politischen, im lebendigen Stil des Spectator besprach. Fast alle Leser fanden Gefallen an seinen Ausführungen. Der Riksdag bewilligte einen Preis für den Autor, der nun aus seinem Versteck herauskam. Königin Luise machte ihn zum Hofdichter und Erzieher des späteren Gustav III. Das schläferte seine Muse ein, doch es verschaffte ihm Zeit und Geld, sein Meisterwerk, *Svea rikes historia,* die erste kritische Geschichte des schwedischen Reiches, zu schreiben.

Die fesselndste Gestalt in der neuen Plejade war eine Frau, Hedvig Nordenflycht, die Sappho, Aspasia und Charlotte Brontë Schwedens. Sie erschreckte ihre puritanischen Eltern, indem sie Theaterstücke und Gedichte las. Diese bestraften sie; sie ließ sich nicht entmutigen und wußte so zauberhafte Verse zu schreiben, daß ihre Eltern sich mit dem Ärgernis abfanden. Doch sie zwangen sie, den Aufseher ihres Landgutes zu heiraten, der klug, aber häßlich war; «ich liebte es, ihm wie einem Philosophen zu lauschen, doch sein Anblick als Liebhaber war unerträglich»[50]. Sie lernte es, ihn zu lieben, jedoch nur, um ihn nach drei Jahren der Ehe in ihren Armen sterben zu sehen. Ein hübscher junger Geistlicher beendete ihre Trauer, indem er ihr den Hof machte; sie wurde seine Frau und genoß «das glücklichste Leben, das ein Sterblicher in dieser unvollkommenen Welt haben kann»; aber er starb innerhalb eines Jahres, und Hedvig wurde vor Schmerz fast wahnsinnig. Sie zog sich in eine Hütte auf einer

VON GENF BIS STOCKHOLM 205

kleinen Insel zurück und verlieh ihrer Trauer Stimme in Gedichten, die so gut aufgenommen wurden, daß sie nach Stockholm übersiedelte und dort in jährlichen Abständen (1744–1750) ihre *Kvinn ligt tankespel af en Herdinna i Norden (Aphorismen für Frauen, von einer Schäferin des Nordens)* veröffentlichte.

Ihr Haus wurde ein beliebter Treffpunkt für die gesellschaftliche und intellektuelle Elite. Junge Dichter wie Fredrik Gyllenborg und Gustaf Creutz folgten ihrem Beispiel und übernahmen den klassischen französischen Stil und die Ideen der Aufklärung. 1758 verliebte sie sich, im Alter von vierzig Jahren, in Johan Fischerström, der dreiundzwanzig Jahre zählte. Er mußte ihr gestehen, daß er eine andere liebe; doch als er sah, wie verzweifelt Hedvig war, trug er ihr die Ehe an. Sie lehnte das Opfer ab und versuchte sich zu ertränken. Sie wurde gerettet, starb jedoch drei Tage später. Die «Schäferin des Nordens» gilt noch immer als Klassikerin der schwedischen Literatur.

Creutz folgte ihrem romantischen Flug mit einem erlesenen Liederzyklus, *Atis och Camilla* (1762), der viele Jahre lang das meistbewunderte Dichtwerk der schwedischen Sprache blieb. Camilla hat als Priesterin Dianens ewige Keuschheit gelobt; Atis, ein Jäger, erblickt sie, verfällt ihr und durchstreift verzweifelt die Wälder. Camilla wird ebenfalls von der Liebe angerührt und fragt Diana: «Ist das Naturgesetz nicht ebenso heilig wie dein Gebot?» Als sie auf einen verwundeten Hirsch stößt, pflegt sie ihn und tröstet ihn; er leckt ihr die Hand. Atis bittet um gleiche Behandlung, doch sie weist ihn zurück, worauf er, den Tod suchend, sich von einer hohen Klippe stürzt. Cupido unterbricht seinen Fall. Camilla pflegt ihn und duldet seine Umarmung. Eine Schlange schlägt ihre Zähne in ihre Alabasterbrust, und sie stirbt in Atis' Armen. Atis saugt das Gift aus ihrer Wunde und verfällt selbst dem Tod. Diana läßt sich erweichen, macht beide wieder lebendig und entbindet Camilla von ihrem jungfräulichen Gelübde. Dieses Idyll wurde vom literarischen Schweden und von Voltaire beifällig aufgenommen, doch Creutz wandte sich der Politik zu und wurde Kanzler von Schweden.

Wenn Hedvig Nordenflycht die Sappho Schwedens war, so war Carl Bellman sein Robert Burns. In Wohlstand und Frömmigkeit aufgezogen, lernte er es, die lustigen Lieder der Schenken den düsteren geistlichen Gesängen seines Vaterhauses vorzuziehen. In den Schenken enthüllten sich ihm die Wirklichkeiten des Lebens und des Gefühls ohne Rücksicht auf Konvention und Schicklichkeit; hier war der Geist durch Alkohol enthemmt und ließ der Wahrheit freien Lauf. Die tragischste Figur in dem menschlichen Strandgut, das an diesen Orten zusammenkam, war Jan Fredman, einst Uhrmacher am Hof, nun ein Gescheiterter, der seine mißglückte Ehe im Trunk zu vergessen suchte; und die fröhlichste war Maria Kiellström, Königin der niederen Gefilde. Bellman sang ihre Lieder mit ihnen, verfaßte eigene über sie und sang diese vor ihnen zu Noten, die er selbst komponiert hatte. Einige seiner Lieder waren ziemlich frei, und Kellgren, der ungekrönte *Poeta Laureatus* der Epoche, machte ihm Vorwürfe; doch als Bellman *Fredmans Epistlar* für den Druck vorbereitete (1790), schrieb Kellgren für diese Briefgedichte ein begeistertes Vorwort, und der Band erhielt einen Preis von der Schwedischen Königlichen Akademie. Gustav III. hörte Bellman mit Vergnügen an, nannte ihn den «Anakreon des Nordens» und gab ihm eine Sinekure in der

206 DER PROTESTANTISCHE NORDEN

Regierung. Die Ermordung des Königs (1792) beraubte den Dichter seiner Einkünfte. Er verfiel in Armut, wurde wegen Schulden eingekerkert und von Freunden losgekauft. Als er im Alter von fünfundfünfzig Jahren schwer an Auszehrung erkrankte, bestand er auf einem letzten Besuch in seiner Lieblingsschenke; dort sang er, bis ihm die Stimme versagte. Er starb bald danach, am 11. Februar 1795. Einige nennen ihn den «eigenartigsten» von allen Dichtern Schwedens und den «Größten in dem Kreis der Poeten», die dieses Zeitalter zierten[51].

Doch der Mann, der für seine Zeitgenossen im geistigen Leben der Zeit den Platz gleich hinter dem König einnahm, war Johan Henrik Kellgren. Geboren als Sohn eines Geistlichen, sagte er sich vom christlichen Glauben los, bekannte sich zur französischen Aufklärung und ergab sich allen Vergnügungen des Lebens mit einem Minimum an Gewissensbissen. Sein frühestes Buch, *Mina löjen* (Mein Lachen), war eine erweiterte Ode an die Freude, erotische Freuden eingeschlossen; Kellgren feierte das Lachen als «das einzige göttliche Kennzeichen der Menschheit» und forderte es auf, ihn bis zum Ende seiner Tage zu begleiten[52]. 1778 gründete er zusammen mit Carl Peter Lenngren die *Stockholmsposten;* siebzehn Jahre lang machte seine gewandte Feder diese Zeitschrift zur beherrschenden Stimme im intellektuellen Leben Schwedens. Auf ihren Seiten herrschte die französische Aufklärung; der klassische Stil wurde als die höchste Form der Vortrefflichkeit geehrt, die deutsche Romantik lächerlich gemacht, und Kellgrens Mätressen wurden in Gedichten gefeiert, welche die Spießbürger des Hinterlandes empörten. Die Ermordung seines geliebten Königs brach der hedonistischen Philosophie des Dichters das Rückgrat. 1795 «entartete» eine seiner Liebeleien zu tiefer Liebe. Kellgren begann die Rechte der Romantik, des Idealismus und der Religion anzuerkennen; er nahm seine Verdammungsurteile über Shakespeare und Goethe zurück und bekehrte sich zu der Ansicht, daß die Furcht vor Gott der Anfang der Weisheit sein könnte. Doch als er, erst vierundvierzig Jahre alt, starb (1795), verbot er, daß Glocken für ihn geläutet würden[53]; er war, am Ende, wieder ein Sohn Voltaires.

Ein liebenswürdiger Zug seines Charakters war seine Bereitschaft, die Spalten der *Posten* den Gegnern seiner Anschauungen zu öffnen; der erbittertste von ihnen war Thomas Thorild, der die Aufklärung als unreife Vergötzung der oberflächlichen Vernunft brandmarkte und ihr den Krieg erklärte. Im Alter von zweiundzwanzig versetzte Thorild Stockholm in Erstaunen durch seine *Passionerna* (Die Leidenschaften), die, wie er sagte, «die volle Kraft meiner Philosophie und den ganzen Glanz meiner Phantasie – ungereimt, ekstatisch, wunderbar – enthalten». Er erklärte, daß er «nur den einen großen, unveränderlichen Gedanken hier im Leben hege: die ganze Natur zu erklären und die ganze Welt zu reformieren»[54]. Um ihn sammelte sich eine Gruppe von literarischen Rebellen, die ihr Feuer am Sturm und Drang entzündet hatten, Klopstock über Goethe, Shakespeare über Racine, Rousseau über Voltaire stellten. Als es ihm nicht gelang, Gustav III. für seine Anschauungen zu gewinnen, wanderte Thorild nach England aus (1788), labte seine Seele mit James Thomson, Edward Young und Samuel Richardson und schloß sich den Radikalen an, die für die Französische Revolution schwärmten. 1790 kehrte er nach Schweden zurück und veröffentlichte politische

VON GENF BIS STOCKHOLM   207

Propagandaschriften, welche die Regierung veranlaßten, ihn zu verbannen. Nach zwei-
jährigem Aufenthalt in Deutschland wurde er wieder nach Schweden hereingelassen
und mit einer Professur betraut.

Es gab noch verschiedene andere Sterne an diesem literarischen Firmament. Carl
Gustaf af Leopold gewann die Gunst des Königs durch die klassische Form und den
höfischen Ton seiner Verse. Bengt Lidner zog, wie Thorild, die Romantik vor. Er
wurde wegen seiner Eskapaden von der Universität Lund relegiert (1776), setzte seine
Studien und Streiche in Rostock fort, wurde auf ein Schiff, das nach Indien segelte,
gebracht, entfloh, kehrte nach Schweden zurück und erregte Gustavs Aufmerksamkeit
durch einen Band poetischer Fabeln. Man machte ihn zum Sekretär des Grafen Creutz
in der Pariser Botschaft; hier studierte er die Frauen eifriger als die Politik und wurde
wieder nach Hause geschickt, wo er im Alter von fünfunddreißig Jahren in Armut starb
(1793). Er machte sein verfehltes Leben gut durch drei Bände Poesie, die Byronsches
Feuer atmen. – Und da war die bescheidene Anna Maria Lenngren, die Ehefrau von
Kellgrens Mitarbeiter an der *Stockholmsposten*. Für diese Zeitschrift schrieb sie Verse, die
ihr eine besondere Belobigung durch die Schwedische Königliche Akademie einbrachten. Doch sie ließ sich in ihren Hausfrauenpflichten nicht durch ihre Muse stören, und
in einem Gedicht an eine eingebildete Tochter riet sie dieser, die Politik und Gesellschaft zu meiden und sich mit den Aufgaben und Freuden des Hauses zufriedenzugeben.

Brachte die schwedische Kunst Schöpfungen hervor, die sich denen der Literatur
und des Theaters an die Seite stellen ließen? Kaum. Carl Gustaf von Tessin schmückte
um 1750 das königliche Schloß im Rokokostil aus, das sein Vater, Nikodemus Tessin,
1693 bis 1697 erbaut hatte, und trug eine große Sammlung von Gemälden und Statuen
zusammen, die heute einen Bestandteil des Nationalmuseums in Stockholm bildet. Johan Tobias Sergel schuf eine *Venus* und einen *Betrunkenen Faun* in klassischem Stil und
verewigte die derben Züge Johan Paschs in Marmor. Die Familie Pasch brachte vier
Maler hervor, Lorenz den Älteren, seinen Bruder Johan, seine Schwester Ulrica und
Lorenz den Jüngeren; sie alle malten die Königsfamilie und den Adel, leisteten aber
nur einen bescheidenen Beitrag zu dem Glanz, den die Aufklärung der Regierungszeit
dieses Königs verlieh.

4. Der Königsmord

Es war der König selbst, der diesem glänzenden Zeitalter ein tragisches Ende bereitete.
Die amerikanische Revolution, von Frankreich kraftvoll unterstützt, erschien ihm als
Drohung für alle Monarchien; er nannte die Kolonisten «rebellische Subjekte» und
gelobte, er würde sie nicht als eine Nation anerkennen, bevor der König von England
sie von ihrem Treueid entbunden hätte[55]. Im letzten Jahrzehnt seiner Regierung stärkte
er die königliche Macht immer mehr, umgab sich mit Zeremonien und Etikette und
ersetzte seine fähigen Helfer, die unabhängigen Geistes waren, durch Diener, die sich
seinen Wünschen ohne Zögern und Widerspruch fügten. Er begann, die Freiheit zu
beschränken, die er der Presse gewährt hatte. Weil er seine Frau langweilig fand, erlaubte er sich Liebschaften[56], welche die öffentliche Meinung schockierten, die von

208 DER PROTESTANTISCHE NORDEN

den Königen in Schweden erwartete, daß sie der Nation ein Vorbild ehelicher Liebe und Treue lieferten. Er entfremdete sich dem Volk, indem er ein Regierungsmonopol für die Schnapsbrennerei einrichtete; die Bauern, die es gewohnt waren, ihren eigenen Schnaps zu brennen, umgingen das Monopol auf vielfältige Weise. Er gab zunehmend mehr Geld für das Heer und die Flotte aus und bereitete sich offenkundig auf einen Krieg mit Rußland vor. Als er seinen zweiten Riksdag einberief (6. Mai 1786), erhielt er bei den Ständen nicht mehr die Zustimmung, die der Riksdag von 1778 seiner Regierung gegeben hatte; fast alle seine Vorschläge wurden abgelehnt oder bis zur Wirkungslosigkeit verändert, und er wurde gezwungen, das Alkoholmonopol der Regierung aufzugeben. Am 5. Juli entließ er den Reichstag und entschloß sich, ohne dessen Zustimmung zu regieren.

Diese Zustimmung war nach der Verfassung von 1772 erforderlich für alle Kriege außer einem Defensivkrieg, und Gustav plante einen Angriff gegen Rußland. Warum? Er wußte, daß Rußland und Dänemark einen Geheimvertrag zwecks gemeinsamer Aktion gegen Schweden unterzeichnet hatten (12. August 1774). 1777 besuchte er Katharina II. in St. Petersburg, doch ihre gegenseitigen Freundschaftsbeteuerungen täuschten weder die Gastgeberin noch ihren Gast. Als die russischen Siege über die Türkei sich mehrten, befürchtete Gustav, wenn nichts geschähe, um ihnen ein Ende zu machen, würde die Kaiserin ihre riesigen Heere bald gegen Westen führen in der Hoffnung, Schweden ihrem Willen zu unterwerfen, wie sie es mit Polen getan hatte. Gab es ein Mittel, diesen Plan zu vereiteln? Nur wenn er, dachte der König, die Türkei bei einem Flankenangriff auf St. Petersburg unterstützte. Der Sultan half ihm bei dieser Entscheidung, indem er Schweden jährliche Hilfsgelder von einer Million Piaster für die nächsten zehn Jahre anbot, wenn es sich bereit erklärte, mit ihm gemeinsam Katharinas Expansionsgelüsten ein Ende zu machen. Vielleicht konnte Schweden jetzt zurückerobern, was es an Peter den Großen 1721 hatte abtreten müssen. 1785 begann Gustav, sein Heer und seine Flotte für den Krieg vorzubereiten. 1788 schickte er Rußland ein Ultimatum, worin er die Rückerstattung von Karelien und Livland an Schweden und der Krim an die Türkei forderte. Am 24. Juni schiffte er sich nach Finnland ein. Am 2. Juli übernahm er in Helsingfors den Oberbefehl über seine vereinigten Streitkräfte und begann den Vormarsch auf St. Petersburg.

Alles ging schief. Die Flotte wurde vor der Insel Hogland von einer russischen Flottille in einer unentschiedenen Schlacht am Weiterfahren gehindert (17. Juli). In der Armee meuterten einhundertdreizehn Offiziere und beschuldigten den König, er habe seine Verpflichtung, keinen Offensivkrieg ohne die Zustimmung des Riksdags zu führen, gebrochen; sie schickten Katharina einen Emissär und boten ihr an, sich unter ihren Schutz zu stellen und mit ihr zusammenzuarbeiten mit dem Ziel, das schwedische und das russische Finnland zu unabhängigen Staaten zu machen. Inzwischen setzte Dänemark ein Heer in Marsch, um Göteborg, die reichste Stadt in Schweden, anzugreifen. Gustav sah in dieser Invasion eine Herausforderung, die den Kampfgeist seines Volkes wecken würde; er appellierte an die Nation und besonders an die zerlumpten Bauern des Bergwerkdistrikts Dalarne, ihm eine neue und treuere Armee zu stellen. Er begab

VON GENF BIS STOCKHOLM 209

sich persönlich, angetan mit der charakteristischen Tracht der Männer von Dalarne, in das Dorf Mora und sprach zu den Leuten auf dem gleichen Friedhof, auf dem Gustav Wasa sie 1521 um Hilfe gebeten hatte. Das Volk folgte seinem Ruf; in hundert Städten bildeten sich Freiwilligenregimenter. Im September ritt der König, der um seine politische Existenz kämpfte, in achtundvierzig Stunden vierhundert Kilometer weit, schmuggelte sich nach Göteborg hinein und feuerte die Garnison an, die Verteidigung gegen zwölftausend dänische Belagerer fortzusetzen. Das Glück wendete sich zu seinen Gunsten. Preußen, nicht willens, Schweden unter die Herrschaft Rußlands fallen zu lassen, drohte, Dänemark den Krieg zu erklären; die Dänen brachen ihren schwedischen Feldzug ab, und Gustav kehrte im Triumph in seine Hauptstadt zurück.

Kühn gemacht durch die Ergebenheit der neuen, sich zu ihm bekennenden Armee, berief er den Riksdag für den 26. Januar 1789 ein. Von neunhundertfünfzig Abgeordneten im Haus der Adligen unterstützten siebenhundert die meuternden Offiziere, doch die anderen Häuser – Klerus, Bürger und Bauern – traten mit überwältigender Mehrheit für den König ein. Gustav erklärte dem Adel den politischen Krieg, indem er dem Riksdag eine «Akte der Einheit und Sicherheit» unterbreitete, den vielen Vorrechten der Aristokratie ein Ende machte, den Nichtadligen fast alle Ämter öffnete und dem König volle monarchische Gewalt über Legislative, Verwaltung, Krieg und Frieden verlieh. Die drei unteren Stände genehmigten die Akte, das Riddarhus lehnte sie als verfassungswidrig ab. Gustav ließ einundzwanzig Adlige verhaften, darunter Graf Fredrik Axel von Fersen und Baron Carl Fredrik von Pechlin – der eine ehrenwert und unfähig, der andere schlau und verräterisch. Die Verfügung über die Finanzen verblieb jedoch nach wie vor beim Riksdag, und für die Bewilligung von Geldmitteln war die Zustimmung aller vier Kammern notwendig. Die drei unteren Stände bewilligten dem König, für so lange, wie er es für notwendig hielt, die Mittel, die er forderte, um den Krieg gegen Rußland fortzusetzen; das Haus der Adligen weigerte sich, Hilfsgelder für länger als zwei Jahre zu bewilligen. Am 17. April betrat Gustav das Riddarhus, übernahm den Vorsitz und fragte die Abgeordneten, ob sie die Entscheidung der drei anderen Häuser anerkennen wollten. Die Neinstimmen waren in der Mehrzahl; doch der König erklärte, sein Vorschlag sei angenommen. Er dankte den Herren für ihre freundliche Unterstützung und zog sich zurück, nur knapp der Ermordung durch die wütenden Magnaten entgehend.

Er fühlte sich jetzt frei, den Krieg fortzusetzen. Während des Restes des Jahres 1789 brachte er Heer und Flotte wieder auf volle Kampfstärke. Am 9. Juli 1790 stellte seine Flotte die Russen im Svensksund des Finnischen Meerbusens und errang den entscheidendsten Sieg in der schwedischen Seekriegsgeschichte; die Russen verloren dreiundfünfzig Schiffe und 9500 Mann. Katharina II., noch immer mit den Türken beschäftigt, war zum Frieden bereit; im Vertrag von Väräla (15. August 1790) willigte sie ein, ihre Bemühungen um Einflußnahme auf die schwedische Politik aufzugeben, und die Vorkriegsgrenzen wurden wiederhergestellt. Am 19. Oktober 1791 überredete Gustav sie, mit ihm ein Verteidigungsbündnis zu unterzeichnen, das sie verpflichtete, Schweden 300000 Rubel pro Jahr zu zahlen.

Zweifellos veranlaßte ihre gemeinsame Furcht vor der Französischen Revolution die alten Gegner zu dieser neuen Partnerschaft. Gustav erinnerte sich dankbar, daß Frankreich während zweihundertfünfzig Jahren Schwedens treuer Freund gewesen war und daß Ludwig XV. und Ludwig XVI. ihn zwischen 1772 und 1789 mit 38 300 000 Livre unterstützt hatten. Er schlug einen Fürstenbund vor, um in Frankreich einzufallen und die Monarchie wieder an die Macht zu bringen; er beauftragte Hans Axel von Fersen, den Sohn seines Feindes, des Grafen von Fersen, die Flucht Ludwigs XVI. aus Paris vorzubereiten. Er selbst begab sich nach Aachen, um das Heer der Verbündeten anzuführen, und bot den französischen Emigranten Asyl in seinem Lager an. Katharina stellte Geld, doch keine Soldaten zur Verfügung; Kaiser Leopold II. verweigerte seine Mitarbeit, und Gustav kehrte nach Stockholm zurück, um seinen Thron zu schützen.

Die Adligen, deren politische Oberherrschaft beendet war, hatten sich mit ihrer Niederlage nicht abgefunden. Sie sahen in Gustavs absoluter Herrschaft eine offene Verletzung der Verfassung, die zu unterstützen er geschworen hatte. Jakob Ankarström konnte den Sturz seiner Klasse nicht verwinden. «Ich überlegte lange, ob es ein gerechtes Mittel gäbe, den König dazu zu bringen, sein Land und sein Volk nach dem Gesetz in Güte zu regieren, doch alle Überlegungen sprachen gegen mich ... Es wäre besser, sein Leben für das Gemeinwohl zu riskieren.» 1790 wurde er wegen Aufruhrs vor Gericht gestellt. «Dieses Unglück ... hat mich in meinem Entschluß bestärkt, lieber zu sterben, als ein erbärmliches Leben zu leben, so daß mein sonst empfindsames und gefühlvolles Herz vollkommen stumpf wurde gegenüber dieser schrecklichen Tat.»[57] Pechlin, Graf Karl Horn und andere schlossen sich der Verschwörung gegen das Leben des Königs an.

Am 16. März 1792, einem Datum, das unheilvolle Erinnerungen an Caesars Schicksal weckt, erhielt Gustav einen Brief, der ihn warnte, einen Maskenball zu besuchen, der für diese Nacht im Französischen Theater angesetzt war. Er ging dennoch hin, mit einer Halbmaske vor dem Gesicht; doch die Orden auf seiner Brust verrieten seinen Rang. Ankarström erkannte ihn, schoß auf ihn und entfloh. Gustav wurde in seine Kutsche getragen und durch eine erregte Menge zum Königsschloß gebracht. Er blutete aus lebensgefährlichen Wunden, bemerkte aber scherzend, er gleiche einem Papst, der in einer Prozession durch Rom getragen werde. Zwei Stunden nach dem Attentat wurde Ankarström verhaftet; innerhalb weniger Tage ereilte sämtliche Verschwörer das gleiche Schicksal. Horn gestand, daß hundert Komplicen an dem Komplott beteiligt gewesen waren. Das Volk forderte ihre Hinrichtung; Gustav empfahl Milde. Ankarström wurde ausgepeitscht, enthauptet und geviertelt. Gustav schwebte zehn Tage zwischen Leben und Tod; als man ihm dann sagen mußte, daß er nur noch wenige Stunden zu leben habe, diktierte er sein Testament, dem gemäß für das Land und die Hauptstadt ein Regent eingesetzt werden sollte. Er starb am 26. März 1792 im Alter von fünfundvierzig Jahren. Sein Volk betrauerte ihn fast einhellig, denn es hatte gelernt, ihn trotz seiner Fehler zu lieben, und es erkannte, daß Schweden unter seiner Führung eine der glorreichsten Epochen seiner Geschichte erlebt hatte.

Zweites Buch

SAMUEL JOHNSONS
ENGLAND

[1756–1789]

ERSTES KAPITEL

Die erste industrielle Revolution

I. URSACHEN

WARUM kam die industrielle Revolution zuerst nach England? Weil England große Kriege auf dem Kontinent gewonnen hatte, während sein eigener Boden von den Verwüstungen des Krieges frei geblieben war, weil es sich die Herrschaft auf den Meeren gesichert hatte und hierdurch Kolonien erwerben konnte, die Rohstoffe lieferten und bearbeitete Güter brauchten, weil seine Heere und Flotten und seine wachsende Bevölkerung einen immer größer werdenden Markt für industrielle Erzeugnisse darstellten, weil die Zünfte die gesteigerte Nachfrage nicht befriedigen konnten, weil die Profite eines ausgedehnten Handels Kapital bildeten, das neue Investierungswege suchte, weil England seinen Adligen – und ihrem Vermögen – erlaubte, sich in Handel und Industrie zu betätigen, weil die fortschreitende Verdrängung des Ackerbaus durch Weidewirtschaft die Bauern von den Feldern in die Städte trieb, wo sie die für die Fabriken verfügbaren Arbeitskräfte vermehrten, weil die wissenschaftliche Betätigung in England von Männern mit praktischer Neigung gelenkt wurde, während sie auf dem Kontinent vorwiegend der abstrakten Forschung gewidmet war, und weil England eine konstitutionelle Regierung hatte, die ein Gefühl für geschäftliche Interessen besaß und ahnte, daß ein Vorsprung in der Industriellen Revolution England für über ein Jahrhundert zum politischen Führer der westlichen Welt machen würde.

Die britische Seeherrschaft hatte mit der Niederlage der spanischen Armada begonnen; sie war durch Siege über Holland in den englisch-holländischen Kriegen und über Frankreich im Spanischen Erbfolgekrieg erweitert worden, und der Siebenjährige Krieg hatte den Seehandel fast zu einem britischen Monopol gemacht. Eine unbesiegbare Flotte machte den Ärmelkanal zu einem Festungsgraben für «dies Bollwerk, das Natur für sich erbaut, der Ansteckung und Hand des Krieges zu trotzen»[1]. Die englische Wirtschaft blieb nicht nur von den Plünderungen durch Söldnerhaufen verschont, sie wurde gestärkt und angespornt durch die Bedürfnisse der britischen und verbündeten Heere auf dem Kontinent; hierin lag der Grund für die ungewöhnliche Ausweitung der Textil- und der Metallindustrie und für die Nachfrage nach Maschinen, um die Produktion zu beschleunigen, und nach Fabriken, um sie zu erhöhen.

Die Seeherrschaft erleichterte die Eroberung von Kolonien. Kanada und die reichsten Gebiete Indiens fielen England als Früchte des Siebenjährigen Krieges in den Schoß. Reisen wie die des Kapitäns Cook (1768–1776) sicherten dem britischen Empire Inseln, die für Krieg und Handel nützlich waren. Rodneys Sieg über de Grasse

(1782) bestätigte die britische Herrschaft über Jamaika, Barbados und die Bahamas. Neuseeland wurde 1787 erworben, Australien 1788. Der Handel mit den Kolonien und der übrige Seehandel eröffneten der britischen Industrie einen im 18. Jahrhundert unerreichten Auslandsmarkt. Der Handel mit den englischen Siedlungen in Nordamerika beschäftigte 1078 Schiffe und 29 000 Seeleute[2]. London, Bristol, Liverpool und Glasgow erlangten große Bedeutung als Haupthäfen für diesen atlantischen Handel. Die Kolonien nahmen Fabrikwaren auf und schickten Nahrungsmittel, Tabak, Gewürze, Tee, Seide, Baumwolle, Rohstoffe, Gold, Silber und Edelsteine zurück. Das Parlament beschränkte den Import ausländischer Fertigwaren durch hohe Zölle und verhinderte die Entwicklung kolonialer oder irischer Industrien, die mit denen Britanniens hätten in Wettbewerb treten können. Keine Binnenzölle (wie sie den Binnenhandel in Frankreich hemmten) beeinträchtigten den Warenverkehr durch England, Schottland und Wales; diese Länder stellten das größte Freihandelsgebiet Westeuropas dar. Die oberen und die mittleren Klassen erfreuten sich höchsten Wohlstands und einer Kaufkraft, die ein zusätzlicher Anreiz zu industrieller Produktion war.

Die Zünfte waren nicht fähig, die Nachfrage der wachsenden Märkte zu Hause und im Ausland zu befriedigen. Sie waren in der Hauptsache eingerichtet worden, um einen Stadtbezirk und seine Umgebung zu versorgen; sie waren eingeengt durch alte Regeln, die jeden Wettbewerb, jede Initiative für Erfindungen und neue Unternehmungen im Keim erstickten; auch waren sie nicht dazu ausgerüstet, Rohstoffe aus fernen Quellen zu beschaffen, Kapital für erweiterte Produktion aufzubringen oder Aufträge aus dem Ausland hereinzuholen, zu kalkulieren und auszuführen. Schrittweise wurden die Zunftmeister durch Unternehmer ersetzt, die es verstanden, Geld aufzutreiben, Nachfrage vorauszusehen oder zu schaffen, Rohstoffe zu besorgen und Maschinen und Menschen rationell einzusetzen, um für Märkte in allen Teilen der Welt zu produzieren.

Das nötige Geld lieferten die Profite aus Handel und Finanzwirtschaft, die Beute aus Kriegen und Kaperei, gefördertes oder importiertes Gold und Silber, der Sklavenhandel und die in den Kolonien erworbenen großen Vermögen. Viele Engländer zogen arm aus, und manche kamen reich zurück. 1744 hatten fünfzehn Männer, die aus Westindien zurückkehrten, Geld genug, um sich ins Parlament einzukaufen[3], und 1780 stellten die «Nabobs», die in Indien reich geworden waren, eine Macht im Unterhaus dar. Ein großer Teil dieses exotischen Mammons ging in Investierungen auf. Während es in Frankreich den Adligen verboten war, sich mit Handel oder Industrie zu befassen, war es ihnen in England erlaubt. Und der im Bodenbesitz wurzelnde Reichtum wuchs durch Anlage in geschäftlichen Unternehmungen; so setzte der Herzog von Bridgewater sein ganzes väterliches Erbe im Kohlenbergbau ein. Tausende von Briten deponierten ihre Ersparnisse in Banken, die Geld zu niedrigen Zinsen ausliehen. Geldverleiher gab es überall. Die Bankiers hatten entdeckt, daß der bequemste Weg, Geld zu machen, darin bestand, mit anderer Leute Geld zu wirtschaften. 1750 gab es in London zwanzig Banken, fünfzig im Jahre 1770, siebzig im Jahre 1800[4]. Burke schätzte die Anzahl der Banken außerhalb von London im Jahre 1750 auf zwölf; 1793 waren es vierhundert[5]. Das Papiergeld war ein weiterer Anreiz für die Geldwirtschaft; 1750 betrug

DIE ERSTE INDUSTRIELLE REVOLUTION

sein Anteil zwei Prozent des gesamten Geldumlaufs, 1800 zehn Prozent[6]. Gehortetes Geld wagte sich zunehmend auf den Kapitalmarkt, in dem Maße, wie Handel und Industrie ihre steigenden Dividenden ankündigten.

Die sich vermehrenden Werkstätten und Fabriken benötigten Menschen. Das natürliche Angebot an Arbeitskräften wurde erhöht durch die steigende Anzahl von Bauernfamilien, die nicht länger vom Boden leben konnten. Die blühende Wollindustrie brauchte Rohmaterial; immer mehr Land wurde dem Ackerbau entzogen und der Weidewirtschaft zugeführt. Schafe ersetzten Menschen; Auburn in Oliver Goldsmiths Roman *Der Pfarrer von Wakefield* war nicht das einzige verlassene Dorf in Britannien. Zwischen 1702 und 1760 hatte es 246 Parlamentsakte gegeben, die für insgesamt vierhundert Morgen die Umwandlung von Ackerland in Weideland bewilligten; zwischen 1760 und 1810 ergingen 2438 solcher Akte für nahezu fünf Millionen Morgen[7]. Mit der Verbesserung der landwirtschaftlichen Maschinen wurden kleine Anwesen unerwünscht, denn sie konnten die neuen Maschinen weder verwenden noch bezahlen; Tausende von Bauern verkauften ihr Land und wurden Tagelöhner auf großen Gütern und in ländlichen oder städtischen Fabriken. Die großen Güter mit besseren Anbaumethoden, besserer Organisation und besseren Maschinen produzierten mehr pro Morgen als die Güter der Vergangenheit, doch sie brachten die Freisassen – die landbesitzenden Bauern, die das wirtschaftliche, militärische und moralische Rückgrat Englands gewesen waren – fast völlig zum Verschwinden. Inzwischen vermehrte die Einwanderung aus Irland und vom Kontinent her die Zahl der Männer, Frauen und Kinder, die Arbeit in den Fabriken suchten.

Die Wissenschaft spielte nur eine bescheidene Rolle in der wirtschaftlichen Umwandlung Englands im 18. Jahrhundert. Die Forschungsarbeiten von Stephen Hales über Gase, von Joseph Black über Hitze und Dampf halfen Watt, die Dampfmaschine zu verbessern. Die Königliche Gesellschaft in London setzte sich in der Hauptsache aus praktisch denkenden Männern zusammen, die die Forschung dort begünstigten, wo ihre Ergebnisse eine industrielle Nutzanwendung versprachen. Auch das britische Parlament hatte Sinn für materielle Überlegungen; zwar wurde es von Grundbesitzern beherrscht, doch von diesen betätigten sich nicht wenige in Handel oder Industrie, und die meisten der Mitglieder waren empfänglich für die Argumente und Geschenke von Geschäftsleuten, die sich um eine Lockerung der von früheren Regierungen der Wirtschaft auferlegten Beschränkungen bemühten. Die Befürworter des freien Unternehmertums und des freien Handels – und der sich nach dem Gesetz von Angebot und Nachfrage frei regelnden Löhne und Preise – erhielten die Unterstützung verschiedener parlamentarischer Führer, und die gesetzlichen Hindernisse, die sich der Entfaltung von Handel und Industrie entgegenstellten, wurden langsam abgebaut. Alle Vorbedingungen für die englische Vormachtstellung in der industriellen Revolution waren erfüllt.

II. ELEMENTE

Die materiellen Grundlagen der industriellen Revolution waren Eisen, Kohle, Transportmittel, Maschinen, Antriebskraft und Fabriken. Die Natur leistete ihren Beitrag dadurch, daß sie England mit Eisen, Kohle und Wasserstraßen versorgt hatte. Doch das Eisen, wie es aus den Bergwerken kam, war durchsetzt mit fremden Bestandteilen, von denen es durch Schmelzen befreit werden mußte. Auch die Kohle war mit fremden Bestandteilen vermischt; diese wurden entfernt, indem man die Kohle «kochte», bis sie zu Koks wurde. Das durch glühenden Koks erhitzte und bis zu verschiedenen Reinheitsgraden aufbereitete Eisenerz wurde zu Schmiedeeisen, Gußeisen oder Stahl.

Um die Hitze zu erhöhen, baute Abraham Darby ab 1754 Hochöfen, in denen dem Feuer aus einem durch ein Wasserrad angetriebenen Gebläse zusätzliche Luft zugeführt wurde. 1760 ersetzte John Smeaton das Gebläse durch eine teils mit Wasser, teils mit Dampf betriebene Kompressorluftpumpe; dieses mit konstantem Hochdruck arbeitende Gebläse erhöhte den Ausstoß von Industrieeisen von zwölf auf vierzig Tonnen pro Hochofen und Tag[8]. Eisen wurde billig genug, um auf Hunderte von neuen Arten verwendet zu werden; so baute Richard Reynolds 1763 die erste bekannte Eisenbahn: eiserne Schienen, die es ermöglichten, beim Transport von Kohle und Erz die Packpferde durch Wagen zu ersetzen.

Nun begann das Zeitalter der berühmten Eisenhüttenbesitzer, welche die industrielle Szene beherrschten und große Vermögen machten, indem sie Eisen für bisher ungeahnte Zwecke verwendeten. So überspannten John Wilkinson und Abraham Darby II. den Fluß Severn mit der ersten Eisenbrücke (1779). Wilkinson belustigte England, als er vorschlug, ein eisernes Schiff zu bauen; manche sagten, er habe den Verstand verloren; er aber setzte, gestützt auf die von Archimedes aufgestellten Grundsätze, aus Metallplatten das erste in der Geschichte bekannte eiserne Wasserfahrzeug zusammen (1787). Aus dem Ausland kamen Geschäftsleute, um die großen Hüttenwerke zu besichtigen und zu studieren, die Wilkinson, Richard Crawshay oder Anthony Bacon errichtet hatten. Birmingham, in der Nähe von großen Kohlen- und Eisenvorkommen gelegen, wurde das führende Zentrum der Eisenindustrie Englands. Aus diesen neuen Produktionsstätten strömten neue, stärkere, dauerhaftere und verläßlichere Werkzeuge in Britanniens Werkstätten und Fabriken.

Kohle und Eisen waren schwer und, ausgenommen auf dem Wasserwege, teuer zu transportieren. Eine Küste mit zahlreichen Buchten ermöglichte den Seetransport zu vielen großen Städten Britanniens. Um Rohstoffe und Fertigwaren an Orte zu bringen, die fern von der Küste und den schiffbaren Flüssen lagen, war eine Revolution im Transportwesen notwendig. Die Beförderung von Gütern über Land war immer noch schwierig trotz des Netzes von Schlagbäumen, das zwischen 1751 und 1771 angelegt worden war[9]. Diese Zollstraßen verdoppelten die Geschwindigkeit des Verkehrs und belebten den Binnenhandel. Packpferde wurden durch von Pferden gezogene Karren ersetzt, und das Reisen zu Pferde machte den Postkutschen Platz.

DIE ERSTE INDUSTRIELLE REVOLUTION 217

Dennoch zog der Handelsverkehr noch immer die Wasserwege vor. Flüsse wurden ausgebaggert, um mit schweren Schiffen befahren werden zu können, und Ströme und Städte wurden durch Kanäle miteinander verbunden. James Brindley arbeitete sich ohne technische Vorbildung vom einfachen Mühlenbauer zum bekanntesten Kanalbauer seiner Zeit herauf, indem er Kanäle durch Schleusen und Tunnels und über Aquädukte leitete. Von 1759 bis 1761 baute er einen Kanal, der die Kohle von den Bergwerken des Herzogs von Bridgewater in Worsley nach Manchester brachte; hierdurch wurde der Preis für die Kohle in Manchester um die Hälfte gesenkt, und der Kanal trug wesentlich dazu bei, daß die Stadt eine Industriemetropole wurde. Einer der malerischsten Anblicke im England des 18. Jahrhunderts war ein Schiff auf dem Brindley-Bridgewater-Kanal, der bei Barton auf einem dreißig Meter hohen Aquädukt über den Fluß Irwell geleitet wurde. 1766 begann Brindley mit dem Bau des Grand-Trunk-Kanals, der, indem er die Flüsse Trent und Mersey miteinander verband, eine Wasserstraße durch Mittelengland von der Irischen zur Nordsee eröffnete. Andere Kanäle verbanden den Trent mit der Themse und Manchester mit Liverpool. Innerhalb eines Zeitraums von dreißig Jahren sanken dank Hunderter von Kanälen die Kosten des Warenverkehrs auf den Britischen Inseln ganz erheblich.

Nachdem Grundstoffe, Brennstoffe und Transportmöglichkeiten gesichert waren, mußte die industrielle Revolution zunächst die Produktion von Waren steigern. Der Bedarf an Maschinen zur Beschleunigung dieser Produktion war am größten in der Textilindustrie. Die Menschen mußten gekleidet und Soldaten und Mädchen durch Uniformen hypnotisiert werden. Baumwolle kam in rasch anwachsenden Mengen ins Land – drei Millionen Pfund im Jahre 1753, zweiunddreißig Millionen 1789[10]. Die Handarbeit war nicht imstande, diese Baumwolle innerhalb angemessener Zeit zu Fertigwaren zu verarbeiten, um die Nachfrage zu befriedigen. Die Arbeitsteilung, die im Textilgewerbe entwickelt worden war, veranlaßte und förderte die Entwicklung von Maschinen.

John Kay hatte 1733 die Mechanisierung des Webvorgangs mit seinem «fliegenden Schiffchen» begonnen, und Lewis Paul hatte 1738 das Spinnen durch ein System von Walzen mechanisiert. 1765 veränderte James Hargreaves von Blackburn, Lancashire, die Stellung des Spinnrades von vertikal zu horizontal, setzte mehrere Spinnräder aufeinander, versetzte acht von ihnen durch einen Treibriemen in Rotation und spann acht Fäden gleichzeitig; dann erhöhte er die Antriebskraft und die Anzahl der Spindeln weiter, bis seine «Jenny-Maschine» (Jenny hieß seine Frau) achtzig Fäden auf einmal spann. Die Handspinner befürchteten, dieser neue Apparat werde sie arbeits- und brotlos machen, und sie zerstörten Hargreaves' Maschinen; er mußte, um sein Leben zu retten, nach Nottingham fliehen, wo ein Mangel an Arbeitskräften ihm erlaubte, seine Maschinen neu aufzustellen. 1788 gab es zwanzigtausend von ihnen in Britannien, und das Spinnrad war auf dem Wege, ein romantischer Zierat zu werden.

1769 entwickelte Richard Arkwright, die Anregungen verschiedener Mechaniker benutzend, einen «Wasserkasten», worin durch Wasserkraft Baumwollfasern einer Reihe von Zylindern zugeführt wurden, welche die Fasern streckten und zu dichterem

218   SAMUEL JOHNSONS ENGLAND

und stärkerem Garn drehten. Um 1774 kombinierte Samuel Crompton Hargreaves'
Jenny-Maschine und Arkwrights Zylinder zu einer Maschine, die der englische Witz
«Crompton's mule» (Cromptons Mischling) nannte: die wechselweise Vorwärts- und
Rückwärtsbewegung der rotierenden Zylinder spann, zwirnte und wickelte den Faden
auf und verlieh ihm größere Feinheit und Stärke; dieses Verfahren blieb bis in unsere
Zeit das Prinzip der meisten komplizierten Textilmaschinen. Die Jenny-Maschine und
der Wasserkasten waren aus Holz gefertigt; die Mule-Maschine erhielt nach 1783 Zy-
linder und Räder aus Metall und wurde solide genug, um die Geschwindigkeit und den
Druck von Kraftantrieb auszuhalten.

Mit Hebeln und Gewichten arbeitende mechanische Webstühle waren bereits früher
in Deutschland und Frankreich verwendet worden, doch 1787 baute Edmund Cartwright in Doncaster eine kleine Fabrik, in der zwanzig Webstühle durch tierische Kraft
betrieben wurden. 1789 ersetzte er diesen Kraftantrieb durch eine Dampfmaschine.
Zwei Jahre später schloß er sich mit einigen Freunden aus Manchester zusammen, um
eine große Fabrik zu errichten, in der vierhundert Webstühle durch Dampf betrieben
wurden. Auch hier rebellierten die Arbeiter; sie brannten die Fabrik bis auf den
Grund nieder und drohten, die Fabrikherren zu töten. In dem nachfolgenden Jahrzehnt entstanden viele mechanische Webstühle, von denen einige durch Aufrührer zerstört wurden; andere überlebten und vermehrten sich; die Maschinen siegten.

In England war die Industrialisierung erleichtert worden durch die Wasserkraft
zahlreicher, durch ausgiebigen Regen gespeister Flüsse. Daher wurden im 18. Jahrhundert Textilfabriken weniger in Städten als auf dem Lande an den Ufern von Flüssen
errichtet, die eingedämmt werden konnten, um ein Gefälle zu schaffen, das genügend
stark war, große Räder zu drehen. An dieser Stelle mag ein Romantiker sich fragen,
ob es nicht besser gewesen wäre, wenn der Dampf das Wasser nie als Antriebskraft
ersetzt hätte und die Industrie, statt in Städten konzentriert zu werden, ihren Platz in
der freien Natur gefunden hätte. Doch die leistungsfähigeren und rentableren Produk-
tionsmethoden verdrängen diejenigen, die es weniger sind, und die Dampfmaschine
(die ebenfalls bis vor kurzem einen romantischen Glanz besaß) versprach mehr Güter
und mehr Gold zu produzieren oder zu fördern, als die Welt es je zuvor erlebt hatte.

Die Dampfmaschine war der Höhepunkt der industriellen Revolution, nicht ihre ausschließliche Schöpfung. Wir könnten sie bis zu Heron von Alexandrien (200 v. Chr.?)
zurückverfolgen; doch sei hier nur vermerkt, daß Denis Papin bereits 1690 alle Bestand-
teile und die Arbeitsweise einer praktischen Dampfmaschine beschrieb. Thomas Savery
baute 1698 eine mit Dampf betriebene Pumpe. Thomas Newcomen entwickelte diese
(1708–1712) zu einer Maschine, in der vermittels erhitzten Wassers erzeugter Dampf
durch einen Strahl kalten Wassers kondensiert wurde, so daß der wechselnde atmosphärische Druck einen Kolben auf und ab trieb; diese «atmosphärische Maschine»
blieb die Regel, bis James Watt sie 1765 in eine echte Dampfmaschine verwandelte.

Im Gegensatz zu den meisten Erfindern jener Zeit war Watt sowohl ein Gelehrter
als auch ein praktischer Mann. Sein Großvater war Mathematiklehrer gewesen, sein
Vater Architekt, Schiffsbauer und Friedensrichter im Wahlbezirk Greenock in Süd-

DIE ERSTE INDUSTRIELLE REVOLUTION

westschottland. James hatte keine Hochschulerziehung, doch besaß er schöpferische Neugierde und eine Neigung zur Mechanik. Wer kennt nicht die Geschichte aus seinen Jugendtagen, worin berichtet wird, daß eine Tante ihm vorwarf: «Ich habe nie einen so faulen Jungen gesehen wie dich ... Während der letzten Stunde hast du kein Wort gesprochen, sondern bloß den Deckel von diesem Kessel abgenommen und ihn wieder aufgesetzt und abwechselnd eine Mütze und einen Silberlöffel über den Dampf gehalten und beobachtet, wie er aus der Tülle stieg, und die Tropfen aufgefangen und gezählt.»[11] Dies klingt sehr nach einer Anekdote. Doch ein erhalten gebliebenes Manuskript in James Watts Handschrift beschreibt ein Experiment, bei dem «das gerade Ende einer Pfeife an der Tülle eines Teekessels befestigt war», und in einem anderen Manuskript ist zu lesen: «Ich nahm eine gebogene Glasröhre und führte sie in die Tülle eines Teekessels ein, während das andere Ende in kaltes Wasser getaucht war.»[12]

Im Alter von zwanzig Jahren (1756) versuchte Watt, sich in Glasgow als Hersteller von wissenschaftlichen Instrumenten niederzulassen. Die Stadtzünfte verweigerten ihm eine Arbeitserlaubnis, weil er seine Lehrzeit noch nicht beendet hatte, doch die Universität von Glasgow stellte ihm auf ihrem Gelände eine Werkstatt zur Verfügung. Er hörte die Chemievorlesungen von Joseph Black, gewann dessen Freundschaft und Unterstützung und interessierte sich besonders für Blacks Theorie der latenten Hitze[13]. Er lernte Deutsch, Französisch und Italienisch, um ausländische Bücher, einschließlich solcher über Metaphysik und Dichtkunst, zu lesen. Sir James Robison, der ihn zu jener Zeit kannte (1758), war verwundert über Watts vielseitige Kenntnisse und·sagte: «Ich sah einen Arbeiter und erwartete nicht mehr; ich fand einen Philosophen.»[14]

Im Jahre 1763 bat ihn die Universität, ein Modell von Newcomens Maschine, die bei einer Physikvorlesung benutzt wurde, zu reparieren. Er stellte mit Überraschung fest, daß drei Viertel der an die Maschine gelieferten Wärme verlorengingen: Nach jedem Hub des Kolbens büßte der Zylinder infolge der Verwendung von kaltem Wasser zur Kondensierung des neu in den Zylinder einströmenden Dampfes Wärme ein; es ging so viel Energie verloren, daß die meisten Fabrikanten die Maschine als unrentabel beurteilt hatten. Watt schlug vor, den Dampf in einem gesonderten Behälter zu kondensieren, dessen niedrige Temperatur den Zylinder, in dem der Kolben sich bewegte, nicht beeinflussen würde. Dieser «Kondensator» erhöhte die Leistungsfähigkeit der Maschine hinsichtlich des Verhältnisses des verbrauchten Brennstoffs zur geleisteten Arbeit um etwa dreihundert Prozent. Außerdem wurde bei Watts Neukonstruktion der Kolben durch die Ausdehnung von Dampf, nicht von Luft bewegt; er hatte eine echte Dampfmaschine geschaffen.

Der Übergang von den Modellen und Plänen zur praktischen Anwendung kostete Watt zwölf Jahre seines Lebens. Um reihenweise Modelle seiner Maschine bauen und immer neue Verbesserungen durchführen zu können, lieh er über tausend Pfund, in der Hauptsache von Joseph Black, der nie den Glauben an ihn verlor. John Smeaton, selbst Erfinder und Ingenieur, prophezeite, Watts Maschine könne «nie in allgemeinen Gebrauch gelangen wegen der Schwierigkeit, ihre Teile mit genügender Genauigkeit hergestellt zu bekommen»[15].

1765 heiratete Watt und mußte zusätzlich Geld verdienen; er legte seine Erfindung beiseite, arbeitete als Landmesser und Ingenieur, zeichnete Pläne für Häfen, Brücken und Kanäle. Inzwischen machte Black ihn mit John Roebuck bekannt, der nach einer leistungsfähigeren Maschine als der von Newcomen erfundenen Ausschau hielt; diese sollte das Wasser aus dem Kohlenbergwerk pumpen, das den Brennstoff für Roebucks Eisenhüttenwerk in Carron lieferte. 1767 erklärte er sich bereit, Watts Schulden zu bezahlen und das Kapital für den Bau von Maschinen nach Watts Angaben zur Verfügung zu stellen, und forderte als Gegenleistung zwei Drittel des Gewinns aus deren Verwertung. Um das investierte Kapital zu schützen, ersuchte Watt 1769 das Parlament um ein Patent, das ihm das alleinige Recht der Herstellung seiner Maschine einräumen sollte; es wurde ihm bis 1783 bewilligt. Er und Roebuck stellten in der Nähe von Edinburg eine Maschine auf, doch infolge schlechter Arbeit der Schmiede war sie ein Mißerfolg; in einigen Fällen waren die für Watt angefertigten Zylinder an einem Ende um ein Achtel größer im Durchmesser als am anderen.

Durch geschäftliche Rückschläge genötigt, verkaufte Roebuck seinen Partnerschaftsanteil an Matthew Boulton (1773). Nun begann eine sowohl in den Annalen der Freundschaft als auch der Industrie bemerkenswerte Gemeinschaft. Boulton war kein reiner Geldverdiener; er war so sehr an der Verbesserung von Produktionsverfahren interessiert, daß er bei der Verfolgung dieses Zieles ein Vermögen verlor. 1760, im Alter von zweiunddreißig Jahren, heiratete er eine reiche Frau und hätte sich mit Hilfe ihrer Einkünfte zur Ruhe setzen können; statt dessen baute er in Soho, in der Nähe von Birmingham, eine der größten Industrieanlagen Englands, in der eine große Vielfalt von Metallartikeln, von Schuhschnallen bis zu Kronleuchtern, hergestellt wurden. Um die Maschinen in den fünf Gebäuden seiner Fabrik anzutreiben, hatte er ausschließlich Wasserkraft verwendet. Er nahm sich nun vor, es mit Dampfkraft zu versuchen. Er wußte, daß Watt die Unzulänglichkeit der Newcomenschen Maschine nachgewiesen und daß Watts Maschine versagt hatte, weil die Zylinder ungenau gebohrt waren. Er glaubte daran, daß dieser Fehler behoben werden könne. 1774 holte er Watts Maschine nach Soho; 1775 folgte Watt. Das Parlament verlängerte das Patent bis zum Jahre 1800.

1775 erfand der Eisenhüttenbesitzer Wilkinson einen Hohlzylinderbohrer, der Boulton und Watt in die Lage versetzte, Maschinen von bisher nicht dagewesener Kraft und Leistung herzustellen. Bald verkaufte die neue Firma Dampfmaschinen an Fabrikanten und Bergwerksbesitzer in ganz England. Boswell besuchte Soho 1776 und berichtete:

«Mr. Hector war so gut, mich bei der Besichtigung der großen Werke von Mr. Boulton zu begleiten ... Ich wünschte, Johnson wäre bei uns gewesen, denn es war ein Schauspiel, welches ich gerne in seinem Licht betrachtet hätte. Die Größe und der Erfindungsreichtum einiger der Maschinen hätten seinen mächtigen Geist beeindruckt. Ich werde nie vergessen, wie Mr. Boulton zu mir sagte: 'Sir, ich verkaufe hier, was die ganze Welt zu haben wünscht – Kraft.' Er beschäftigte etwa siebenhundert Menschen. Ich betrachtete ihn als einen eisernen Häuptling, und er schien seinem Stamm ein Vater zu sein.» [16]

DIE ERSTE INDUSTRIELLE REVOLUTION

Watts Maschinen befriedigten ihn noch immer nicht ganz, und er arbeitete ständig daran, sie zu verbessern. 1781 ließ er sich eine Vorrichtung patentieren, durch welche die Hin- und Herbewegung des Kolbens in eine rotierende Bewegung umgewandelt wurde, was die Maschine auch zum Antrieb von einfachen maschinellen Vorrichtungen geeignet machte. 1782 ließ er sich eine doppeltwirkende Dampfmaschine patentieren, bei der beide Enden des Zylinders Antrieb vom Wasserkessel und vom Kondensator erhielten, und 1788 einen «Fliehkraftregler», der den Dampfzustrom regelte, um eine gleichmäßige Bewegungsgeschwindigkeit der Maschine zu sichern. Während dieser Jahre des Experimentierens bauten andere Erfinder konkurrenzfähige Maschinen, und erst im Jahre 1783 deckten Watts Verkaufserlöse seine Auslagen und begannen Gewinn zu bringen. Als sein Patent erlosch, zog er sich von der aktiven Mitarbeit zurück, und die Firma Boulton und Watt wurde von den Söhnen weitergeführt. Watt vergnügte sich mit kleineren Erfindungen, erreichte in Zufriedenheit ein hohes Alter und starb 1819 mit dreiundachtzig Jahren.

In diesem fruchtbaren Zeitalter, in dem, wie Dekan Tucker sagte, «fast jeder tüchtige Fabrikant sein eigener Erfinder ist und täglich die Erfindungen der anderen verbessert»[17], wurden viele weitere Erfindungen gemacht. Watt selbst entwickelte ein Vervielfältigungsverfahren, bei dem er eine klebrige Tinte benutzte und die beschriebene oder bedruckte Seite gegen ein angefeuchtetes Blatt dünnen Papiers preßte (1780). Einer seiner Angestellten, William Murdock, verwendete Watts Maschine zum Ziehen und baute eine Modellokomotive, die dreizehn Kilometer in der Stunde zurücklegte (1784). Murdock teilte sich mit Philippe Lebon aus Frankreich in das Verdienst, Kohlengas für die Beleuchtung verwendet zu haben; auf diese Weise beleuchtete er die Umgebung der Fabrik in Soho (1798). Das Symbol der englischen Wirtschaft am Ende des 18. Jahrhunderts war die Dampfmaschine, die das Tempo des Fortschritts angab und beschleunigte, sich in Hunderten von Industrien vor andere Maschinen spannte, die Textilfabriken zum Übergang von der Wasserkraft zur Dampfkraft veranlaßte (1785), die Landschaft veränderte, in die Städte eindrang, den Himmel mit Kohlenstaub und Rauch verdunkelte und sich in den Schiffsbäuchen verbarg, um der englischen Seeherrschaft neuen Auftrieb zu geben.

Zwei weitere Elemente waren notwendig, um die Revolution zu Ende zu führen: Fabriken und Kapital. Die verschiedenen Komponenten – Brennstoff, Kraft, Rohstoffe, Maschinen und Menschen – konnten am besten miteinander ihre Wirkung entfalten, wenn sie in einem einheitlichen Gebäude mit einer einheitlichen Organisation und Ordnung unter einer einheitlichen Lenkung vereinigt wurden. Es hatte schon vorher Fabriken gegeben; nun, da der erweiterte Markt eine geregelte Massenproduktion erforderte, nahmen sie an Zahl und Größe zu, und das «Fabriksystem» wurde ein Name für die neue Ordnung in der Industrie. Und während die Industriemaschinen und Fabriken immer kostspieliger wurden, wurden die Menschen und Institutionen, die Kapital aufbringen oder zur Verfügung stellen konnten, immer mächtiger; die Banken gewannen die Oberhand über die Fabriken. Das ganze System wurde Kapitalismus genannt – eine Wirtschaftsordnung, die von denjenigen beherrscht wurde, welche über Kapital verfügten. Nun, da vielfältiger Anreiz zu Erfindungen und zum Wettbewerb gegeben war und das Unternehmertum zunehmend von Zunftbeschränkungen und gesetzlichen Vorschriften befreit wurde, war die industrielle Revolution bereit, den Himmel und das Gesicht und die Seele Britanniens zu erneuern.

III. DIE LEBENSBEDINGUNGEN

Arbeitgeber und Arbeitnehmer mußten ihre Gewohnheiten, Fähigkeiten und Beziehungen ändern. Der Arbeitgeber, der mit immer mehr und ihren Arbeitsplatz immer häufiger wechselnden Menschen zu tun hatte, verlor die Vertrautheit mit ihnen, konnte sie nicht mehr als persönliche Bekannte betrachten, die mit ihm an einer gemeinsamen Aufgabe arbeiteten, sondern nur noch als unpersönliche Mitwirkende an einem Prozeß, der ausschließlich nach dem Profit beurteilt wurde. Die meisten Handwerker arbeiteten vor 1760 in Zunftwerkstätten oder zu Hause, wo die Arbeitsstunden nicht starr festgesetzt und Ruhepausen erlaubt waren; auch hatte es in früherer Zeit Feiertage gegeben, an denen jede gewinnbringende Arbeit von der Kirche verboten war. Wir dürfen die Lage des gemeinen Mannes vor der industriellen Revolution nicht idealisieren. Doch wir können sagen, daß die Härten, denen er im vorindustriellen Zeitalter ausgesetzt war, durch Tradition und Gewöhnung und in vielen Fällen durch das Arbeiten im Freien gemildert wurden; und daß später, bei fortgeschrittener Industrialisierung, die Nachteile seiner Lage durch kürzere Arbeitszeit, höhere Löhne und erweiterten Zugang zu dem von den Maschinen ausgestoßenen Warenstrom ausgeglichen wurden. Aber das halbe Jahrhundert nach 1760, das den Übergang vom Handwerk und von der Heimarbeit zur Fabrikarbeit bezeichnete, war für Englands Arbeiter eine Zeit unmenschlicher Abhängigkeit, in vielen Fällen schlimmer als die Sklaverei.

Die meisten Fabriken dieser Periode forderten eine Arbeitszeit von täglich zwölf bis vierzehn Stunden an sechs Wochentagen[18]. Die Arbeitgeber behaupteten, der Arbeiter müsse so lange bei der Arbeit gehalten werden, weil man sich nicht darauf verlassen könne, daß er regelmäßig zur Arbeit komme; viele Arbeiter tranken am Sonntag zuviel, um am Montag erscheinen zu können, andere blieben, nachdem sie vier Tage gearbeitet hatten, die nächsten drei zu Hause. Adam Smith vertrat die Ansicht: «Der während vier Tagen in der Woche anhaltende übertriebene Fleiß ist oft die Ursache jenes Müßiggangs an den drei übrigen.» Er gab zu bedenken, daß eine Verlängerung der Arbeitszeit oder ein erhöhtes Arbeitstempo zu physischem oder geistigem Zusammenbruch führen könnten, und fügte hinzu: «Es wird sich, wie ich glaube, bei jedem Gewerbe herausstellen, daß ein Mensch, der mit so viel Mäßigung arbeitet, um ununterbrochen arbeiten zu können, nicht nur seine Gesundheit am längsten erhalten, sondern auch im ganzen Jahre die meiste Arbeit verrichtet haben wird.»[19]

Reallöhne können natürlich nur im Zusammenhang mit den Preisen bewertet werden. Im Jahre 1770 kostete ein vierpfündiger Laib Brot in Nottingham etwa sechs Pence, ein Pfund Käse oder Schweinefleisch vier Pence, ein Pfund Butter sieben Pence.

DIE ERSTE INDUSTRIELLE REVOLUTION

Adam Smith berechnete gegen 1773 den Durchschnittswochenlohn der Arbeiter in London auf zehn Shilling, in kleineren Städten auf sieben, in Edinburg auf fünf Shilling[20]. Arthur Young berichtete um 1770, die Wochenlöhne der englischen Industriearbeiter variierten je nach geographischer Lage von sechs Shilling sechs Pence bis zu elf Shilling. Die Löhne waren im Verhältnis zu den Preisen ganz klar viel niedriger als heute. Manche Arbeitgeber ergänzten die Löhne durch Brennstoff oder Mietzuschüsse, und manche Arbeitnehmer verwendeten einen Teil ihrer Zeit für landwirtschaftliche Arbeit. Im Jahre 1793, als England seinen langen Krieg mit dem revolutionären Frankreich begann, stiegen die Preise viel schneller als die Löhne, und die Armut wurde drückend.

Viele Nationalökonomen des 18. Jahrhunderts empfahlen niedrige Löhne als Anreiz zu stetiger Arbeit. Sogar Arthur Young, der bestürzt war über die Armut, die er in einigen Distrikten Frankreichs sah, erklärte: «Nur ein Narr weiß nicht, daß die unteren Klassen in Armut gehalten werden müssen, sonst werden sie nie fleißig.»[21] Und ein gewisser J. Smith drückte es so aus:

«Es ist eine wohlbekannte Tatsache für alle, die in dieser Materie bewandert sind, daß Mangel bis zu einem gewissen Grad den Fleiß fördert und daß der Fabrikarbeiter, der von der Arbeit dreier Tage leben kann, den Rest der Woche faulenzen und trinken wird ... Im ganzen können wir gerechterweise behaupten, daß eine Herabsetzung der Löhne in der Wollindustrie ein nationaler Segen wäre und den Armen nicht wirklich schaden würde. Hierdurch könnten wir unseren Handel gesund erhalten, unsere Einkünfte sichern und obendrein das Volk bessern.»[22]

Frauen und Kinder wurden in den Fabriken gewöhnlich mit Hilfsarbeit beschäftigt. Manche geschickten Weberinnen verdienten soviel wie ihre Männer, jedoch die durchschnittlichen Löhne der Fabrikarbeiterinnen betrugen drei Shilling sechs Pence – selten mehr als die Hälfte des Lohnes für Männer[23]. Die Textilfabriken allein beschäftigten 1788 gegen 59000 Frauen und 48000 Kinder[24]. Sir Robert Peel hatte über tausend Kinder in seinen Fabriken in Lancashire[25]. Kinderarbeit war keine neue Praxis in Europa; sie war auf den Bauerngütern und in der Heimindustrie als selbstverständlich betrachtet worden. Da die allgemeine Schulbildung von den Konservativen als etwas betrachtet wurde, was zu einem Überfluß von Gelehrten und einem Mangel von Handarbeitern führte, sahen nur wenige Engländer im 18. Jahrhundert etwas Schlimmes darin, daß Kinder zur Arbeit anstatt zur Schule gingen. Wo die Maschinen einfach genug waren, um von Kindern bedient werden zu können, beschäftigten die Fabrikbesitzer Knaben und Mädchen schon von fünf Jahren an. Gemeindebehörden, welche die Kosten für den Unterhalt von Waisen oder armen Kindern sparen wollten, verpachteten diese an Industrielle, manchmal in Gruppen von fünfzig, achtzig oder hundert; in mehreren Fällen verlangten sie von den Arbeitgebern, daß sie auf zwanzig Kinder ein schwachsinniges nehmen mußten[26]. Der normale Arbeitstag für arbeitende Kinder betrug zehn bis vierzehn Stunden. Sie wurden oft gruppenweise untergebracht, und in manchen Fabriken arbeiteten sie in Zwölf-Stunden-Schichten, so daß die Maschinen selten anhielten und die Betten selten unbelegt waren. Die Disziplin wurde aufrechterhalten durch Schläge oder Fußtritte. Die Krankheiten fanden wehrlose Opfer in diesen bedauernswerten Kindern; viele wurden durch ihre Arbeit körperlich deformiert oder durch Unfälle verletzt; manche begingen Selbstmord. Einige wenige Menschen waren zartfühlend genug, solche Kinderarbeit zu verdammen; aber sie nahm letztlich nicht ab, weil die Menschen menschlicher, sondern weil die Maschinen komplizierter wurden.

Kinder, Frauen und Männer waren in den Fabriken Bedingungen und einer Behandlung ausgesetzt, die sie vorher nicht gekannt hatten. Die Gebäude waren oft hastig und nachlässig errichtet worden, was viele Unfälle und Erkrankungen zur Folge hatte. Die Vorschriften waren streng, und Übertretungen wurden mit Geldstrafen geahndet, die manchmal einen Tageslohn ausmachten[27]. Die Arbeitgeber behaupteten, die richtige Pflege der Maschinen, die Notwendigkeit der Koordinierung verschiedener Arbeitsvorgänge und der Schlendrian der Leute, die nicht an regelmäßiges und rasches Arbeiten gewöhnt waren, erforderten eine strenge Disziplin, wenn Unordnung und Verschwendung nicht die Profite und die Wettbewerbsfähigkeit der Erzeugnisse auf dem inländischen und dem ausländischen Markt gefährden sollten. Diese harte Behandlung wurde fast widerspruchslos hingenommen, weil ein unbeschäftigter Arbeiter mit seiner Familie dem Hunger und der Kälte ausgeliefert war und weil der Arbeitgeber wußte, daß der Arbeitnehmer ängstlich darauf bedacht war, seine Stellung zu behalten. Daher war es für den Arbeitgeber ein Vorteil, wenn es einen gewissen Bestand an Arbeitslosen gab, aus dem er invalide, unzufriedene oder entlassene Arbeiter ersetzen konnte. Selbst der willige und tüchtige Arbeitnehmer mußte mit seiner Entlassung rechnen, wenn «Überproduktion» den verfügbaren Markt über seine Kaufkraft hinaus sättigte oder wenn der Frieden der willkommenen Bereitwilligkeit der Armeen, immer mehr Güter zu bestellen und sie so rasch wie möglich zu zerstören, ein Ende machte.

Im Zunftsystem waren die Arbeiter durch Zunft- oder obrigkeitliche Bestimmungen geschützt gewesen, doch in der neuen Industriegesellschaft besaßen sie wenig oder gar keinen gesetzlichen Schutz. Die Forderung der Physiokraten, die Wirtschaft sich selbst zu überlassen und nicht durch staatliche Vorschriften zu regeln, hatte in England ebenso Gehör gefunden wie in Frankreich; die Arbeitgeber überzeugten das Parlament, daß sie ihre Betriebe nicht weiterführen und der ausländischen Konkurrenz nicht begegnen könnten, wenn die Löhne nicht durch die Gesetze von Angebot und Nachfrage reguliert würden. In den ländlichen Fabrikbetrieben behielten die Friedensrichter eine gewisse Aufsicht über die Löhne; in den Industriezentren waren sie, nach 1757, machtlos[28]. Die oberen und die mittleren Klassen sahen keinen Grund, sich mit den Industriekapitänen anzulegen; die steigende Flut der Exporte eroberte neue Märkte für den britischen Handel, und die Engländer, die bezahlen konnten, sahen erfreut das reiche Angebot an Waren.

Doch die Arbeiter hatten keinen Anteil an diesem Wohlstand. Trotz der Vermehrung der Güter durch die Maschinen, die sie bedienten, blieben sie im Jahre 1800 ebenso arm, wie sie ein Jahrhundert zuvor gewesen waren[29]. Sie waren nicht länger Eigentümer der Werkzeuge ihres Berufes, sie hatten wenig Anteil an der Planung der

DIE ERSTE INDUSTRIELLE REVOLUTION

Produktion, sie erzielten keinen Gewinn durch die Ausdehnung des Marktes, den sie versorgten. Sie vergrößerten ihre Armut, indem sie sich weiter mit der gleichen Fruchtbarkeit vermehrten, die auf dem Bauerngut lebendige Zinsen gebracht hatte; sie fanden ihren Haupttrost im Alkohol und im Geschlechtsverkehr, und ihre Frauen wurden immer noch nach der Zahl der Kinder bewertet, die sie gebaren. Massenarmut breitete sich aus; die Ausgaben für die Armenfürsorge stiegen von sechshunderttausend Pfund im Jahre 1742 auf zwei Millionen Pfund im Jahre 1784[30]. Der Wohnungsbau konnte nicht Schritt halten mit der Einwanderung einer steigenden Zahl von Industriearbeitern; diese mußten oft in baufälligen Behausungen leben, die sich in düsteren und engen Straßen zusammendrängten. Manche Arbeiter lebten in Kellern, deren Feuchtigkeit die Krankheitsursachen vermehrte. Im Jahre 1800 waren in allen größeren Städten Slums entstanden, in denen die Lebensbedingungen schlimmer waren als alles, was die Geschichte Englands je gesehen hatte.

Die Arbeiter versuchten ihr Los durch Aufruhr, Streik und Zusammenschluß zu verbessern. Sie protestierten gegen die Erfindungen, die sie mit Arbeitslosigkeit oder Sklaverei bedrohten. Das Parlament machte 1769 die Zerstörung von Maschinen zum Kapitalverbrechen[31]. Dennoch rotteten sich 1779 die Arbeiter der Fabriken von Lancashire zu einem aufrührerischen Mob zusammen, dessen Zahl von fünfhundert Mann auf achttausend anwuchs; sie sammelten Feuerwaffen und Munition, schmolzen ihre Zinnteller ein, um Kugeln zu gießen, und schworen, alle Maschinen in England zu zerstören. In Bolton machten sie eine Fabrik dem Erdboden gleich, in Altham stürmten sie die Textilfabrik von Robert Peel (Vater des Ministers Sir Robert Peel) und zerschlugen die teure Einrichtung. Schon standen sie im Begriff, auch Arkwrights Fabrik in Cromford heimzusuchen, als Truppen aus Liverpool ihnen entgegentraten, worauf sie sich in wilder Flucht zerstreuten. Einige von ihnen wurden gefangengenommen und zum Tod durch den Strang verurteilt. Die Friedensrichter erklärten: «Das Zerstören von Maschinen in diesem Land würde nur bedeuten, sie an andere Länder abzutreten ... zum Schaden des britischen Handels.»[32] Ein anonymer «Freund der Armen» forderte die Arbeiter auf, geduldiger zu sein: «Alle Verbesserungen durch Maschinen verursachen zunächst gewisse Schwierigkeiten für bestimmte Personen ... Bestand nicht die erste Wirkung der Druckerpresse darin, daß sie viele Kopisten ihrer Arbeit beraubte?»[33]

Das Gesetz verbot die Bildung von Arbeitervereinigungen zum Zwecke kollektiven Verhandelns; aber es gab «Gesellenvereinigungen», einige bereits seit dem 17. Jahrhundert. Im 18. Jahrhundert waren sie schon zahlreich, besonders bei den Textilarbeitern. Sie waren in erster Linie Geselligkeitsklubs oder Wohltätigkeitsgesellschaften auf Gegenseitigkeit, doch im Verlauf des Jahrhunderts wurden sie aggressiver und manchmal, wenn das Parlament ihre Forderungen ablehnte, organisierten sie Streiks. In den Jahren 1767/68 zum Beispiel gab es Streiks bei den Seeleuten, den Webern, den Hutmachern, den Schneidern, den Glasschleifern, und mehrere dieser Aufstände waren von Gewalttätigkeiten auf beiden Seiten begleitet[34]. Adam Smith faßte ihre Ergebnisse bis 1776 folgendermaßen zusammen:

«Es ist indes nicht schwer vorauszusehen, welche der beiden Parteien unter den gewöhnlichen Umständen in diesem Streite die Oberhand behalten und die andere zur Einwilligung in ihre Bedingungen zwingen wird. Die Meister können, da sie der Zahl nach weniger sind, sich leichter verbinden, und außerdem billigt auch das Gesetz ihre Verbindungen oder verbietet sie wenigstens nicht, während es die der Arbeiter verbietet. Wir haben keine Parlamentsakten gegen Verabredungen zur Herabsetzung des Arbeitspreises, wohl aber viele gegen Verabredungen zu seiner Erhöhung. In allen solchen Streitigkeiten können die Herren viel länger aushalten ... Viele Arbeiter dagegen können nicht eine Woche, wenige nur einen Monat und kaum einer ein Jahr ohne Beschäftigung bestehen.»[35]

Die Arbeitgeber setzten sich durch, sowohl in den Fabriken als auch im Parlament; 1799 erklärte das Unterhaus alle Vereinigungen für ungesetzlich, die es sich zum Ziel setzten, höhere Löhne zu erzwingen, die Arbeitszeit zu verändern oder die geforderte Arbeitsleistung herabzusetzen. Arbeitnehmer, die solchen Zusammenschlüssen beitraten, konnten bestraft, und diejenigen, die sie anzeigten, sollten belohnt werden[36]. Der Sieg über die Arbeitnehmer war vollständig.

IV. KONSEQUENZEN

Die Auswirkungen der industriellen Revolution bestimmten weitgehend, ausgenommen in Literatur und Kunst, Englands weitere Entwicklung; sie könnten nicht angemessen dargestellt werden, ohne daß eine Geschichte der beiden letzten Jahrhunderte geschrieben würde. Wir können hier nur die Hauptlinien und Höhepunkte des noch heute in Gang befindlichen Umwandlungsprozesses festhalten.

1. Die Umwandlung der Industrie durch die Verbreitung von Erfindungen und Maschinen – ein Vorgang so mannigfaltig, daß unsere heutigen Methoden der Erzeugung und Verteilung von Gütern sich weitaus mehr von denen des Jahres 1800 unterscheiden, als diese sich von den vor 2000 Jahren angewandten unterschieden.

2. Der Übergang der Wirtschaft vom Zunftsystem und der Heimindustrie zu einem System der Kapitalinvestierung und des freien Unternehmertums. Adam Smith war die britische Stimme dieses neuen Systems; Pitt der Jüngere sanktionierte es 1796 im Namen der Regierung.

3. Die Industrialisierung der Landwirtschaft – die Verdrängung kleiner Bauernhöfe durch große, kapitalistisch bewirtschaftete Güter, die Maschinen, Chemikalien und mechanische Kräfte in großem Umfange einsetzten, um Nahrungsmittel und Fasern für einen nationalen oder internationalen Markt zu erzeugen – geht heute weiter. Der von der Familie bestellte Bauernhof gehört wie die Zunft zu den Opfern der industriellen Revolution.

4. Der von der Wissenschaft ausgehende Ansporn und die Anwendung und Verbreitung ihrer Erkenntnisse. Der erste Schritt galt der praktischen Forschung, aber die Untersuchungen auf dem Gebiet der reinen Wissenschaft führten ihrerseits zu ungeheuren praktischen Ergebnissen; daher wurde auch die abstrakte Forschung finanziert, und

DIE ERSTE INDUSTRIELLE REVOLUTION

die Wissenschaft wurde das spezifische Kennzeichen des modernen Lebens, wie es die Religion das des Mittelalters gewesen war.

5. Die industrielle Revolution (und nicht Napoleon, wie Pitt der Jüngere erwartete) veränderte die Landkarte der Welt, indem sie für hundertfünfzig Jahre den Briten die Herrschaft über die See und die einträglichsten Kolonien sicherte. Sie förderte den Imperialismus, indem sie England – und später andere Industriestaaten – veranlaßte, fremde Gebiete zu erobern, welche Rohstoffe, Märkte und Gelegenheiten zum Handeltreiben oder zum Kriegführen liefern konnten. Sie zwang die Agrarnationen, sich zu industrialisieren und zu militarisieren, um ihre Freiheit zu erhalten oder zu behaupten, und sie schuf wirtschaftliche, politische und militärische Wechselbeziehungen, welche die Unabhängigkeit illusorisch machten und eine allgemeine gegenseitige Abhängigkeit bewirkten.

6. Sie veränderte Englands Charakter und Kultur, indem sie seine Bevölkerung vervielfachte, sie zur Hälfte industrialisierte und sie nordwärts und westwärts in Städte abwandern ließ, die in der Nähe von Kohlen- oder Eisenvorkommen oder von Wasserwegen oder der See lagen; so entstanden Leeds, Sheffield, Newcastle, Manchester, Birmingham, Liverpool, Bristol ... Die industrielle Revolution verwandelte große Teile Englands und anderer industrialisierter Länder in Industriegebiete, deren Luft von Rauch und Gasen verpestet war, und lagerte deren menschliche Schlacke in stinkenden und hoffnungslosen Elendsvierteln ab.

7. Sie mechanisierte, erweiterte und entpersönlichte den Krieg und steigerte des Menschen Fähigkeit, zu zerstören und zu töten.

8. Sie erzwang die Verbesserung und Beschleunigung des Verkehrs und der Transportmöglichkeiten. Hierdurch ermöglichte sie größere industrielle Zusammenschlüsse und die Verwaltung größerer Gebiete von einer Hauptstadt aus.

9. Sie förderte die Demokratie, indem sie der Unternehmerklasse zu beherrschendem Reichtum und schrittweise zu politischer Vormachtstellung verhalf. Um diesen Machtwechsel zu festigen, sicherte sich die neue Klasse die Unterstützung eines wachsenden Teils der Masse im Vertrauen darauf, daß diese bei der Stange gehalten werden könnte durch die Lenkung der Informationsmittel und der Meinungsbildung. Trotz dieser Lenkung wurde die Bevölkerung der Industriestaaten die am besten informierte der modernen Geschichte.

10. Da die fortschreitende Industrierevolution immer besser ausgebildete Arbeiter und Führer brauchte, finanzierte die neue Klasse Schulen, Bibliotheken und Universitäten in einem vorher kaum erträumten Ausmaß. Das Ziel war, eine technische Intelligenz heranzubilden; das Nebenprodukt war eine nie dagewesene Verbreitung des Wissens.

11. Die neue Klasse lieferte Waren und Dienstleistungen an einen weit größeren Teil der Bevölkerung als alle früheren Systeme, denn der ständig steigenden Produktivität mußte durch eine ständig wachsende Kaufkraft der Bevölkerung die Waage gehalten werden.

12. Sie schärfte den zivilisatorischen Geist, stumpfte jedoch das ästhetische Empfin-

den ab; viele Städte wurden erdrückend häßlich, und schließlich verzichtete die Kunst selbst auf das Streben nach Schönheit. Mit der Aristokratie entmachtete sie die Sachwalter und Schiedsrichter der feinen Sitten und des guten Geschmacks und senkte das Niveau von Literatur und Kunst.

13. Die industrielle Revolution erhöhte die Bedeutung und das Ansehen der Volkswirtschaftslehre und führte zu einer ökonomischen Interpretation der Geschichte. Sie gewöhnte die Menschen daran, in Begriffen physikalischer Ursache und Wirkung zu denken, und führte zu mechanistischen Theorien in der Biologie – dem Versuch, alle Prozesse des Lebens als mechanische Vorgänge zu erklären.

14. Diese Entwicklungen auf dem Gebiet der Wissenschaft und ähnliche Strömungen auf dem der Philosophie schwächten im Verein mit der Verstädterung und dem wachsenden Wohlstand den religiösen Glauben.

15. Die industrielle Revolution veränderte die Moral. Sie veränderte nicht die Natur des Menschen, sondern sie verlieh alten Instinkten, die, ursprünglich nützlich, im Gesellschaftsverband aber störend, neuen Auftrieb und neue Gelegenheiten. Sie betonte das Gewinnstreben so stark, daß sie die natürliche Eigensucht des Menschen zu ermutigen und zu vergrößern schien. Die unsozialen Instinkte waren vorher durch die elterliche Autorität, durch den Moralunterricht in den Schulen und durch die religiöse Unterweisung gebremst worden. Die industrielle Revolution schwächte alle diese Hemmungen. In der Agrarwirtschaft war die Familie die Einheit sowohl der ökonomischen Produktion als auch der Rassenerhaltung und der sozialen Ordnung; ihre Mitglieder beackerten den Boden unter der Zucht der Eltern und der Jahreszeiten; sie lehrte Zusammenarbeit und formte den Charakter. Der Industrialismus machte das Individuum und die Firma zu Einheiten der Produktion. Die Eltern und die Familie verloren die ökonomische Basis ihrer Autorität und ihrer moralischen Funktion. Als die Kinderarbeit in den Städten unrentabel wurde, hörten die Kinder auf, wirtschaftliche Aktiva zu sein; die Geburtenkontrolle verbreitete sich am meisten bei der Elite, am wenigsten bei der Masse, mit unerwarteten Ergebnissen für die Proportionen der verschiedenen Bevölkerungsschichten innerhalb des Volksganzen. Als Familienplanung und Verhütungsmittel die Frauen von Muttersorgen und Haushaltspflichten befreiten, gingen sie in die Fabriken und Büros; Emanzipation war Industrialisierung. Indem die Kinder in der Industriegesellschaft mehr Zeit brauchten, um zu wirtschaftlicher Unabhängigkeit zu gelangen, machte der verlängerte Abstand zwischen biologischer und ökonomischer Reife die voreheliche Enthaltsamkeit schwieriger und zerstörte den Moralkodex, den frühe ökonomische Reife, frühe Ehe und religiöse Sanktionen in der Agrargesellschaft möglich gemacht hatten. Die industrielle Gesellschaft geriet in ein amoralisches Interregnum zwischen einem Moralkodex, der auseinanderbrach, und einem neuen, der noch keine Gestalt angenommen hatte.

Die industrielle Revolution schreitet noch immer fort, und es übersteigt die Fähigkeit eines einzigen Verstandes, sie in all ihren Erscheinungsformen zu begreifen oder ein moralisches Urteil über sie zu fällen. Sie hat zu einem Ansteigen der Kriminalität ge-

DIE ERSTE INDUSTRIELLE REVOLUTION

führt, aber auch die Wissenschaftler zu einem missionarischen Heroismus inspiriert. Sie hat häßliche Gebäude, düstere Straßen und Elendsviertel hervorgebracht, doch diese entsprangen nicht ihrer eigentlichen Absicht – die darauf gerichtet ist, menschliche Arbeitskraft durch Maschinenkraft zu ersetzen. Sie geht bereits ihren eigenen Übeln zu Leibe, denn sie hat festgestellt, daß Slums mehr kosten als Erziehung und daß die Verringerung der Armut die Reichen bereichert. Funktionale Architektur und mechanische Perfektion – wie bei einer Brücke – können eine Schönheit schaffen, die Wissenschaft mit Kunst vermählt. Schönheit lohnt sich, und industrielle Gestaltung nimmt ihren Platz ein unter den Künsten und Verschönerungen des Lebens.

ZWEITES KAPITEL

Das politische Drama

[1756–1792]

I. DIE POLITISCHE STRUKTUR

DIE industrielle Revolution war der umwälzendste Prozeß, der politische Kampf war das erregendste Drama der zweiten Hälfte des 18. Jahrhunderts in England. Nun machten die Giganten englischer Beredsamkeit – Chatham, Burke, Fox und Sheridan – das Unterhaus zur Bühne erbitterter und folgenschwerer Auseinandersetzungen zwischen dem Parlament und dem König, zwischen dem Parlament und dem Volk, zwischen England und Amerika, zwischen dem Gewissen Englands und den englischen Gewalthabern in Indien und zwischen England und der Französischen Revolution. Die politische Struktur lieferte den Rahmen und bildete den Mechanismus des Spiels.

Die Regierung Großbritanniens war eine konstitutionelle Monarchie in dem Sinne, daß der König stillschweigend einwilligte, in Übereinstimmung mit den gültigen Gesetzen und den traditionellen Bräuchen zu regieren und keine neuen Gesetze ohne die Zustimmung des Parlamentes zu erlassen. Die Verfassung war eine Sammlung von Präzedenzfällen, keine Urkunde – mit zwei Ausnahmen. Die eine war die von König Johann im Jahre 1215 unterzeichnete Magna Charta. Die zweite kam zustande, als der Westminster-Konvent im Jahre 1689 Wilhelm von Oranien und seiner Gattin Maria die Krone von England anbot und dieses Angebot mit einer «Erklärung der Rechte und Freiheiten der Untertanen und Regelung der Thronfolge» verband. Diese «Bill of Rights», wie sie kurz genannt wurde, legte fest, daß «die Aufhebung oder die Durchführung von Gesetzen durch die königliche Autorität ohne Zustimmung des Parlaments illegal ist», daß «die Erhebung von Geld zum Gebrauch oder zum Nutzen der Krone, unter dem Vorwand eines Hoheitsrechtes, ohne Bewilligung des Parlaments ... illegal ist», und fügte hinzu: «In vollem Vertrauen darauf, daß ... der Fürst von Oranien sie [das Parlament] vor der Verletzung ihrer Rechte, die sie festgelegt haben, sowie vor allen Angriffen auf ihre Religion, ihre Rechte und Freiheiten bewahren wird, beschließen die ... geistlichen und weltlichen und gemeinen Lords, daß Wilhelm und Maria, Fürst und Fürstin von Oranien, zum König und zur Königin von England, Frankreich und Irland erklärt werden.» Durch Annahme des Thrones akzeptierten Wilhelm III. und Maria II. implizite die Beschränkungen, welche die stolze und mächtige Aristokratie Englands durch diese Erklärung der Autorität des Königs auferlegt hatte. Als das Parlament durch ein späteres «Gesetz zur Festsetzung der Thronfolge» (1701) und unter bestimmten Bedingungen den Thron der hannoverschen «Prinzessin Sophie

DAS POLITISCHE DRAMA 231

und ihren protestantischen Leibeserben» anbot, setzte es voraus, daß sie und diese Erben durch Annahme der Krone der «Bill of Rights» zustimmten, die ihnen alle Macht absprach, Gesetze ohne Zustimmung des Parlaments zu erlassen. Während fast alle anderen europäischen Staaten bis 1789 von absoluten Monarchen regiert wurden, die nach Belieben Gesetze machten und aufhoben, hatte England eine konstitutionelle Regierung, die von den Philosophen gelobt und um die es von der halben Welt beneidet wurde.

Die Volkszählung von 1801 schätzte die Bevölkerung Großbritanniens auf neun Millionen Seelen, eingeteilt in die folgenden Klassen[1]:

1. An der Spitze standen 287 weltliche Peers und Peeresses, als Oberhäupter von Familien, die insgesamt 7150 Personen umfaßten. Innerhalb dieser Klasse gab es Ränge in absteigender Ordnung: Prinzen von königlichem Geblüt, Herzöge, Marquesses, Earls (Grafen), Viscounts und Barone. Diese Titel wurden von Generation zu Generation auf den ältesten Sohn übertragen.

2. Ihnen folgten 26 Bischöfe – die «geistlichen Lords». Diese hatten, mit den 287 weltlichen Lords, Anrecht auf einen Sitz im House of Lords (Oberhaus). Zusammen stellten diese 313 Herren und ihre Familien den Adel im eigentlichen Sinne dar; ihnen allen, ausgenommen den Herzögen und Prinzen, gebührte die Anrede «Lord» zu Recht. Ein weniger formeller und nicht übertragbarer Adel konnte durch die Beförderung in die höheren Ämter der Verwaltung, des Heeres oder der Flotte erworben werden; doch gewöhnlich wurden diese Beförderungen bereits geadelten Personen zuteil.

3. Etwa 540 Baronets und ihre Gemahlinnen waren berechtigt, ihren Taufnamen die Titel «Sir» und «Lady» voranzusetzen und diese Titel zu vererben.

4. Etwa 350 Knights (Ritter) und ihre Gattinnen waren zu den gleichen Anreden berechtigt, doch nicht zu deren Vererbung.

5. Anschließend kamen etwa 6000 (E)Squires – die «Gentry», der Landadel, die zahlenmäßig sehr starke Klasse von Grundbesitzern. Die Baronets, Knights und Squires und ihre Gattinnen stellten den «niederen Adel» dar und wurden gewöhnlich mit den im Rang über ihnen Stehenden zur «Aristokratie» gerechnet.

6. Schließlich folgten etwa 20 000 «Gentlemen» oder «Ladies», die von einem nicht durch Handarbeit erworbenen Einkommen lebten, ein Wappen besaßen und aus der *gens*, das heißt aus alten und angesehenen Familien, stammten.

7. Unter diesen rangierte der Rest der Bevölkerung: der niedere Klerus, die Staatsbeamten, Geschäftsleute, Bauern, Ladenbesitzer, Handwerker, Arbeiter, Soldaten und Seeleute sowie etwa 1 040 000 «Arme», die öffentliche Unterstützung erhielten, und etwa 222 000 «Landstreicher, Zigeuner, Räuber, Diebe, Schwindler, Geldfälscher, inhaftiert oder frei, und gewöhnliche Prostituierte»[2].

Die Aristokratie beherrschte, trotz gelegentlichen Widerstands, die Regierung durch ihren Reichtum (die 287 Peers erhielten 1801 neunundzwanzig Prozent des Nationaleinkommens[3]), durch ihre Vormachtstellung in hohen zivilen und militärischen Behörden, durch das Prestige ihres generationenalten Ranges und durch ihre Einflußnahme auf die Parlamentswahlen und die Gesetzgebung. Wahltechnisch war England in vierzig «counties» (Grafschaften, ländliche Bezirke) und 203 «boroughs» (Stadtbezirke) eingeteilt. Vom Wahlrecht ausgeschlossen waren Frauen, Almosenempfänger, Zuchthäusler, römische Katholiken, Quäker, Juden, Agnostiker und andere Personen, die der Autorität und den Lehren der Kirche von England keine Treue schwören wollten. In den Grafschaften konnten nur diejenigen protestantischen Grundbesitzer für das Parlament wählen, die vierzig Shilling Steuern pro Jahr zahlten; es waren insgesamt etwa 160000. Da die Wahl öffentlich war, wagten es nur sehr wenige Wähler, ihre Stimme für einen anderen Kandidaten als für den von den führenden Grundbesitzern der Grafschaft nominierten abzugeben. Daher auch machten sich nur verhältnismäßig wenige Wähler die Mühe, zur Wahl zu gehen, und viele Wahlen wurden durch Arrangement zwischen den tonangebenden Leuten entschieden, ohne daß überhaupt eine richtige Wahl stattfand. Die großen Grundbesitzer hielten es nur für billig, daß ihre Vertretung im Parlament der Größe ihres Vermögens entsprach, da für sie von der Führung der Regierungsgeschäfte und dem Schicksal der Nation sehr viel mehr abhing; und die meisten der kleineren Grundbesitzer waren damit einverstanden.

Das Bild der Wählerschaft in den Stadtbezirken war von verwirrender Verschiedenheit. In der City von Westminster (dem heutigen Zentral-London) gab es etwa neuntausend Wähler, in der damaligen City von London sechstausend, in Bristol fünftausend; nur zweiundzwanzig Stadtbezirke hatten mehr als eintausend Wähler[4]. In zwölf Stadtbezirken konnten alle erwachsenen Männer wählen, in den meisten anderen nur Vermögensbesitzer, und in mehreren wurden die Kandidaten von einer städtischen «Korporation» ausgewählt, einer Oligarchie von Anwälten, Kaufleuten, Maklern und Brauern, zusammengeschlossen in einer sich selbst wählenden Vereinigung, die auf Grund eines königlichen Freibriefes die ausschließliche Verfügungsgewalt über das Eigentum der Stadt besaß[5]. Einige dieser Korporationen gaben ihre Stimme dem oder den Kandidaten jener Gönner, die den höchsten Preis zahlten. 1761 bot der Stadtbezirk Sudbury seine Stimme öffentlich zum Verkauf an, und bei der nächsten Wahl erklärte sich die Korporation von Oxford formell bereit, die Parlamentsmitglieder dieses Bezirks wiederzuwählen, wenn sie die Schulden der Korporation bezahlen würden[6]. In einigen Stadtbezirken war das Privileg, die Kandidaten aufzustellen, durch Gewohnheitsrecht in den Besitz von gewissen Einzelpersonen oder Familien übergegangen, die nicht notwendigerweise ortsansässig waren; so rühmte sich Lord Camelford, wenn er wollte, könnte er seinen Neger-Haushofmeister ins Parlament wählen lassen[7]. Solche Stadtbezirke wurden manchmal wie Ware verkauft; Lord Egremont kaufte Midhurst für 40000 Pfund[8]. In einigen «rotten boroughs» (bestechlichen Stadtbezirken) konnte eine Handvoll Wähler einen oder mehrere Vertreter ins Parlament schicken, die City von London jedoch insgesamt nur vier. Selbst als das allgemeine Wahlrecht eingeführt worden war, wurde die Wahl gewöhnlich durch Bestechung oder Gewalt entschieden oder dadurch, daß man widerspenstige Wähler so betrunken machte, daß sie nicht wählen konnten[9]. Durch unterschiedliche Mittel lenkten 111 «Gönner» die Wahlen in 205 Stadtbezirken[10]. Es gab etwa 85000 Wähler in den Stadtbezirken, 160000 in den Landbezirken – insgesamt 245000.

DAS POLITISCHE DRAMA

Aus solchen fragwürdigen Wahlen gingen die 585 Mitglieder des Unterhauses im Jahre 1761 hervor. Schottland schickte 55, die Grafschaften von England und Wales 94, die Stadtbezirke 415, die beiden Universitäten je 2. Im Oberhaus saßen 224 weltliche oder geistliche Lords. Das «Parlamentarische Privileg» schloß das Recht des Parlaments ein, die für die Gesetzgebung vorgeschlagenen Entwürfe zu verabschieden, Steuern zu erheben und infolgedessen die Gewalt über die Staatsfinanzen innezuhaben; die Empfehlungsschreiben von Personen zu beurteilen, die in die Reihen des Parlaments aufgenommen werden wollten; alle Beleidigungen, die seinen Mitgliedern widerfuhren, und allen Ungehorsam gegenüber seinen Regeln, wenn nötig, mit Gefängnis zu bestrafen; und volle Freiheit der Rede, einschließlich der Straffreiheit für im Parlament geäußerte Schimpfworte, zu genießen.

Die Unterteilung der Mitglieder in Whigs oder Tories hatte 1761 fast alle Bedeutung verloren; die wirkliche Scheidung verlief zwischen Anhängern und Gegnern der im Amt befindlichen Regierung, des Kabinetts oder des Königs. Im großen und ganzen schützten die Tories die Interessen der Großgrundbesitzer; die Whigs fanden sich ab und zu bereit, die Wünsche der Geschäftswelt zu berücksichtigen, sonst aber waren Whigs und Tories in gleicher Weise konservativ. Keine der beiden Parteien dachte an Gesetze zum Wohl der Massen.

Kein Entwurf konnte Gesetz werden ohne die Billigung beider Häuser des Parlaments und die Unterschrift des Königs. Dieser besaß das «königliche Hoheitsrecht», das heißt die Vollmachten, Privilegien und Immunitäten, die ihm durch das englische Recht und Gesetz gewährt wurden. Er besaß auch militärische Befugnisse: Er war der oberste Befehlshaber des Heeres und der Flotte, er konnte den Krieg erklären, mußte sich jedoch, um ihn führen zu können, durch das Parlament Geld bewilligen lassen, und er konnte Verträge aushandeln und Frieden schließen. Er hatte auch einige legislative Rechte: Er konnte seine Zustimmung zu einem vom Parlament angenommenen Gesetz verweigern; doch das Parlament konnte ihn durch seine finanzielle Macht zur Unterschrift zwingen, und so übte er dieses Recht nach 1714 nie mehr aus. Er konnte ferner Gesetze durch eine Proklamation oder einen Kabinettserlaß ergänzen, aber er konnte das Gewohnheitsrecht nicht ändern; für die Kolonien konnte er die Gesetzgebung nach Belieben handhaben. Er besaß außerdem exekutive Gewalt; er allein konnte das Parlament einberufen, vertagen oder auflösen, und er ernannte die Minister, die die Politik und die Verwaltung leiteten. Die Unruhen in den ersten Jahrzehnten (1760–1782) der sechzigjährigen Regierungszeit Georgs III. richteten sich teilweise gegen die Ausweitung des königlichen Hoheitsrechtes in bezug auf die Wahl der Minister und die Festlegung der Politik.

Das Recht des Königs, Gesetze zu machen, war eng begrenzt, und die von seinen Ministern dem Parlament vorgeschlagenen Maßnahmen konnten nur zu Gesetzen gemacht werden, wenn beide Häuser des Parlaments überredet werden konnten, sie anzunehmen. Dies geschah durch politische Händel, durch das Versprechen oder den Entzug von Posten oder Pensionen oder durch Bestechung. (Um 1770 hatten über 190 Mitglieder des Unterhauses bezahlte Stellungen in der Verwaltung inne.) Die für diese Geschäfte erforderlichen Pfunde stammten meistens aus der «Zivilliste» des Königs – einem Fonds, dem die Ausgaben für ihn selbst und seine Familie (die «königliche Privatschatulle»), für seine Häuser und Diener, für die von ihm gezahlten Löhne und für gewährte Pensionen entnommen wurden. Das Parlament bewilligte Georg III. jährlich 800000 Pfund für diese Zivilliste; seine Ausgaben überstiegen oft diesen Betrag, und 1769 bewilligte das Parlament ihm weitere 513511 Pfund und 1777 erneut 618340 Pfund für die Bezahlung seiner Schulden. Ein Teil der königlichen Finanzen wurde verwendet, um Stimmen bei den Parlamentswahlen[11], ein weiterer Teil, um Stimmen im Parlament selbst zu kaufen. Vom Parlament für den Geheimdienst bewilligte Mittel flossen in vielen Fällen in Form von Bestechungsgeldern ins Parlament zurück. Wenn wir zu diesem Handel das Geld hinzurechnen, das bei Wahlen oder bei der Gesetzgebung ausgegeben wurde, und zwar entweder von «Nabobs», die, in Indien reich geworden, nach England zurückkehrten, oder von Geschäftsleuten, die sich um Regierungsverträge bemühten oder sich dem Zugriff der Regierung entziehen wollten, erhalten wir ein für die Gebiete westlich der Oder wohl beispielloses und für die menschliche Natur auf höchst unerfreuliche Weise instruktives Bild politischer Korruption.

Einige Besonderheiten des britischen Systems sollten noch vermerkt werden. Steuern wurden von allen Grundbesitzern, großen oder kleinen, erhoben. Vielleicht war dies mit ein Grund für die Achtung, die das gemeine Volk der Peerswürde zollte. Das Parlament erlaubte kein stehendes Heer, sondern nur eine Bürgerwehr; dies war ein bescheidener Aufwand im reichen England jener Zeit, wenn man bedenkt, daß Frankreich damals ein stehendes Heer von 180000 Mann, Preußen ein solches von 190000 und Rußland eins von 224000 Mann unterhielt. In Kriegszeiten jedoch wurde die Rekrutierung für die Streitkräfte rigoros durch Werbungen und «Pressen» durchgeführt; die mit diesem Brauch verbundenen Verletzungen der persönlichen Freiheit sowie die unmenschlichen Grausamkeiten in Heer und Flotte waren dunkle Schatten im Bild des englischen Lebens jener Zeit.

Blackstone war um 1765 der Ansicht, die politische Struktur Englands sei die beste, die die Natur und die Erziehung zu jener Zeit erlaubten. Er zitierte die klassische Meinung, daß die beste Regierungsform diejenige wäre, die Monarchie, Aristokratie und Demokratie miteinander verbinde, und er fand sie alle in der britischen Verfassung «wohl und glücklich vereinigt».

«Da bei uns die exekutive Gewalt der Gesetze bei einer einzigen Person liegt, besitzen sie alle Vorteile der Stärke und der beförderlichen Durchführung, die in der absolutesten Monarchie zu finden sind; und da die Gesetzgebung des Königreichs drei verschiedenen, voneinander vollkommen unabhängigen Gewalten anvertraut ist: erstens dem König, zweitens den geistlichen und weltlichen Lords einer aristokratischen, auf Grund ihrer Frömmigkeit, ihrer Geburt, ihrer Weisheit, ihrer Tapferkeit oder ihres Eigentums gewählten Versammlung, und drittens dem Unterhaus, das vom Volk frei und aus ihm gewählt ist und somit eine Art Demokratie darstellt; und da diese gesamte Körperschaft durch verschiedene Quellen gespeist und auf verschiedene Interessen gerichtet ist und somit die höchste Verfügungsgewalt über alles besitzt, können von keiner der drei Parteien Beeinträchtigungen vorgenommen werden, denn die bei-

DAS POLITISCHE DRAMA   235

den anderen werden ihr Widerstand leisten, da jede der Parteien mit einer genügend starken
negativen Gewalt ausgestattet ist, um eine Neuerung zurückzuweisen, die sie für unzweck-
mäßig oder gefährlich hält. Hier also ruht die Souveränität der britischen Verfassung zu größt-
möglichem Nutzen der Gesellschaft.»[12]

Wir mögen über diesen patriotischen Konservativismus eines hervorragenden Juristen, der die Angelegenheit von bequemer Höhe aus betrachtete, lächeln, und doch
wurde dieses Urteil sehr wahrscheinlich von neunzig Prozent der englischen Bevölkerung unter Georg III. für richtig befunden.

II. DIE PROTAGONISTEN

Die Personen, die in dem Drama eine Rolle spielten, gehörten zu den berühmtesten
der englischen Geschichte. An der Spitze stand Georg III., der während jener schick-
salhaften Jahre (1760–1820), in denen England Zeuge der amerikanischen und der
Französischen Revolution sowie der Napoleonischen Kriege war, auf dem Thron saß.
Er war der erste der hannoveranischen Monarchen, der in England geboren wurde,
sich als Engländer betrachtete und lebhaftes Interesse an den englischen Angelegenheiten nahm. Er war der Enkel Georgs II. und der Sohn des widerspenstigen Friedrich
Ludwig, des Prinzen von Wales, der 1751 gestorben war. Der spätere Georg III. war
damals zwölf Jahre alt. Seine Mutter, Prinzessin Augusta von Sachsen-Gotha, entsetzt
über die «schlecht erzogenen und lasterhaften jungen Menschen von Stand»[13], denen
sie begegnete, bewahrte ihn vor der Berührung mit solcher Gesellschaft und zog ihn –
eins von neun Kindern – in aseptischer Isolation und fern von den Spielen und Vergnügungen, den Abenteuern und dem Denken seiner Standesgenossen und seiner Zeit auf.
Er wurde ein schüchterner, lethargischer, frommer, nur mäßig gebildeter und unglücklicher junger Mann. «Wenn ich je einen Sohn haben sollte», sagte er zu seiner
strengen Mutter, «werde ich ihn nicht so unglücklich machen, wie du mich gemacht
hast.»[14] Sie übertrug auf ihn ihre Verachtung für ihren Großvater, weil dieser die
Vorherrschaft des Parlaments geduldet hatte; wiederholt mahnte sie ihn: «Georg, sei
ein König!» – womit sie meinte, daß er die aktive Leitung der Regierung zurück-
gewinnen solle. Nach einer zweifelhaften Überlieferung soll der Jüngling durch Boling-
brokes Buch *Idea of a Patriot King* (1749) beeinflußt worden sein, das die Herrscher
ermahnte, «sowohl zu regieren als auch zu herrschen» und, während dem Parlament
die Macht belassen werden sollte, die es besaß, Maßnahmen zur Verbesserung des englischen Lebens durchzuführen[15]. Einer von Georgs Lehrern, Lord Waldegrave, schildert ihn 1758 als «peinlich gewissenhaft, pflichtgetreu, nicht böswillig und aufrichtig
fromm, aber weder großherzig noch offen; hart in seinen Urteilen über andere, mit
starken Vorurteilen, unbeugsamem Eigensinn und großer Herrschaft über seine Leidenschaften, aber außerordentlich zäh in seinem Groll, den er zumeist durch längere Anfälle mürrischen Wesens äußerte»[16]. Diese Eigenschaften zeichneten ihn aus bis zum
Ende seiner gesunden Tage.

SAMUEL JOHNSONS ENGLAND

Nach dem Tode von Georgs Vater schloß die Witwe eine enge Freundschaft mit John Stuart, Earl of Bute, einem Beamten des königlichen Haushalts. Bute war 1751 achtunddreißig Jahre alt und bereits fünfzehn Jahre lang mit Mary Wortley Montagu, der Tochter der berühmten Lady Mary des gleichen Namens, verheiratet. In den letzten Jahren vor seiner Thronbesteigung machte Georg Bute zu seinem Hauptberater und Vertrauten. Er bewunderte das Wissen und die Integrität des Schotten, nahm dankbar seinen Rat entgegen und wurde von ihm ermutigt, sich für eine aktive Führung der Regierung vorzubereiten. Eine Weile spielte der königliche Jüngling mit dem Gedanken, die fünfzehn Jahre alte Schönheit Lady Sarah Lennox zu heiraten; doch dann folgte er traurig, aber willig Butes Ermahnung, er müsse eine ausländische Prinzessin heiraten, die helfen könnte, eine nützliche politische Allianz zu festigen. «Ich lege meine Zukunft in Ihre Hände», schrieb er, «und werde sogar meine Gedanken fernhalten von dem teuren Gegenstand meiner Liebe, werde in Schweigen trauern und Sie nie mehr mit dieser unglücklichen Geschichte belästigen; denn wenn ich entweder meinen Freund oder meine Liebe verlieren muß, will ich die letztere aufgeben, denn ich schätze Ihre Freundschaft höher als alle irdische Freude.»[17] Georg behielt Bute bei sich, als er den Thron bestieg.

Seine Regierung war eine der unheilvollsten in Englands Geschichte, und daran trug er seinen Teil Schuld. Doch er war überzeugter Christ und gewöhnlich ein Gentleman. Er bekannte sich zur Theologie der anglikanischen Kirche, beobachtete ihre Riten mit unauffälliger Frömmigkeit und tadelte einen Hofprediger, der ihn in einer Predigt lobte. Er folgte dem Beispiel seiner politischen Gegner, wenn er seine Ziele durch Bestechung zu erreichen suchte; doch in seinem Privatleben war er ein Vorbild an Tugend. In einem für seine sexuellen Ausschweifungen berüchtigten Zeitalter gab er England ein Beispiel ehelicher Treue, das in wohltuendem Gegensatz zu dem ehebrecherischen Verhalten und den Ausschweifungen seiner Brüder und Söhne stand. Er war die Liebenswürdigkeit selbst, ausgenommen in Religion und Politik. Obwohl freigebig mit Geschenken, war er ein Mann von einfachen Gewohnheiten und Bedürfnissen. Er verbot Glücksspiele an seinem Hof. Er widmete sich entschlossen den Regierungsgeschäften, beachtete geringfügigste Kleinigkeiten und ließ seinen Ministern ein dutzendmal am Tag Anweisungen zukommen. Er war kein düsterer Puritaner, sondern liebte das Theater, die Musik und den Tanz. Es fehlte ihm nicht an Mut; er bekämpfte seine politischen Gegner ein halbes Jahrhundert mit großer Hartnäckigkeit, stellte sich 1780 tapfer einem gewalttätigen Mob entgegen und bewahrte Haltung bei zwei Attentaten auf sein Leben. Er gab freiwillig die Mängel seiner Erziehung zu; bis zu seinem Ende blieb er verhältnismäßig ahnungslos gegenüber Literatur, Wissenschaft und Philosophie. Wenn er ein wenig schwach im Geist war, so hatte dies vermutlich seinen Grund sowohl in der Zusammensetzung seiner Erbmasse wie in der verantwortungslosen Nachlässigkeit seiner Lehrer, bestimmt aber auch in den tausend Zwängen, die einen König einengen.

Einer von Georgs Fehlern war sein argwöhnischer Neid auf die Fähigkeiten und die Unabhängigkeit anderer Leute. Er konnte es William Pitt dem Älteren nie verzeihen,

DAS POLITISCHE DRAMA

daß dieser ihm an weitblickendem, politischem Verständnis, Urteilskraft und Beredsamkeit überlegen war. Wir haben an anderer Stelle[18] die Laufbahn dieses außerordentlichen Mannes von seinem Eintritt ins Parlament (1735) bis zu seinem Triumph im Siebenjährigen Krieg verfolgt. Er konnte anmaßend und eigensinnig sein – weit mehr noch als Georg III. selbst; er hielt sich für den berufenen Wächter des Empires, das unter seiner Führung entstanden war, und als der, der dem Namen nach König war, mit dem, der es tatsächlich war, zusammenstieß, kam es zu einem Duell um den Thron. Pitt war persönlich ein Ehrenmann, unberührt von dem Bestechungswesen, das in seiner Umgebung blühte; aber sein politisches Denken bewegte sich nur in den Begriffen nationaler Macht, und er ließ sich durch kein Gefühl der Humanität in seinem Entschluß, England groß zu machen, ablenken. Er wurde «the Great Commoner» (der große Bürgerliche) genannt, weil er der größte Mann im Unterhaus war, nicht weil er das Los des gemeinen Volkes verbessern wollte. Immerhin war er es, der die Amerikaner und die Völker Indiens gegen die Unterdrückung durch die Engländer verteidigte. Wie der König nahm er Kritik übel und war «unfähig zu vergessen oder zu verzeihen»[19]. Er lehnte es ab, dem König zu dienen, wenn er ihn nicht zugleich beherrschen konnte, und trat von seinem Ministeramt zurück (1761), als Georg III. darauf bestand, Englands Pakt mit Friedrich zu brechen und einen Separatfrieden mit Frankreich zu schließen. Wenn er am Ende besiegt wurde, dann durch keinen anderen Gegner als die Gicht.

Ebenso stark wie Pitts Einfluß auf die englische Politik war Edmund Burkes Einfluß auf das englische Denken. Pitt trat 1778 von der Bühne ab, Burke erschien 1761 auf ihr und hielt die Aufmerksamkeit des gebildeten England mit Unterbrechungen bis 1794 gefangen.

Die Tatsache, daß Pitt als Sohn eines Anwalts in Dublin geboren worden war (1729), mag ihn in seinem Kampf um politische Macht behindert haben; er war nur Engländer durch Tradition und nicht Mitglied einer Aristokratie, außer der des Geistes. Der Umstand, daß seine Mutter und seine Schwester katholisch waren, dürfte der Grund dafür gewesen sein, daß er zeit seines Lebens Sympathie für die Katholiken Englands und Irlands bezeugte und stets die Bedeutung der Religion als eines unentbehrlichen Bollwerks der Moral und der staatlichen Ordnung betonte. Er erhielt seine formale Erziehung in einer Quäkerschule in Ballitore und am Trinity College in Dublin und lernte genug Latein, um Ciceros Reden bewundern zu können und sie zur Grundlage seines eigenen forensischen Stils zu machen.

1750 ging er nach England, um am Middle Temple, einem der beiden Rechtsinstitute von London, die Rechte zu studieren. Später pries er die Rechte als «eine Wissenschaft, die den Verstand mehr belebt und kräftigt als alle anderen Wissenschaften zusammen», doch hielt er sie «nicht für geeignet, außer bei sehr glücklich geborenen Personen, den Geist in gleichem Maße zu öffnen und zu liberalisieren»[20]. Um 1757 entzog sein Vater ihm das Taschengeld mit der Begründung, er vernachlässige sein Rechtsstudium wegen anderer Interessen. In Wahrheit hatte Edmund Geschmack an der Literatur gefunden und besuchte die Theater und die Debattierklubs in London.

Es entstand die Legende, er habe sich in die berühmte Schauspielerin Peg Woffington verliebt. 1757 schrieb er an einen Freund: «Ich habe alle Regeln gebrochen; ich habe alle Schicklichkeit mißachtet», und er bezeichnete seine Lebensweise als «buntgefleckt und von wechselnden Plänen erfüllt, die mich manchmal nach London, manchmal in entlegene Teile des Landes, manchmal nach Frankreich und, so Gott will, in kurzem nach Amerika führen». Sonst wissen wir nichts über Burkes Leben in jenen Jahren des Experimentierens, ausgenommen dies, daß er 1756, in ungewisser Reihenfolge, zwei bemerkenswerte Schriften veröffentlichte und daß er heiratete.

Eins der Bücher hatte den Titel *Eine Verteidigung der natürlichen Gesellschaft, oder eine Betrachtung der Not und des Unglücks, die der Menschheit aus jeder Art künstlicher Gesellschaft entstehen. Ein Brief an Lord ... von einem verstorbenen adligen Schriftsteller.* Die fünfundvierzig Seiten lange Abhandlung ist eine offene und scharfe Verdammung aller Arten von Regierung, weitaus anarchistischer als Rousseaus *Diskurs über den Ursprung der Ungleichheit,* der ein Jahr zuvor erschienen war. Burke definierte die «natürliche Gesellschaft» als «eine auf natürlichen Trieben und Instinkten und nicht auf positiven Institutionen begründete Gesellschaft»[21]. «Die Entwicklung von Gesetzen war eine Entartung.»[22] Die Geschichte ist ein Archiv der Schlächterei, des Verrats und des Krieges[23], und die «politische Gesellschaft wird gerechterweise für den größeren Teil dieser Zerstörung verantwortlich gemacht»[24]. Alle Regierungen verfolgen machiavellistische Grundsätze, lehnen alle moralischen Beschränkungen ab und geben den Bürgern ein demoralisierendes Beispiel der Habgier, der Täuschung, der Räuberei und des Mordes[25]. Die Demokratien in Athen und Rom brachten keine Heilung für die Übel der Regierung, denn sie wurden auf Grund der Fähigkeit von Demagogen, die Bewunderung der leichtgläubigen Mehrheiten zu gewinnen, bald zu Diktaturen. Das Gesetz ist kodifizierte Ungerechtigkeit; es schützt die müßiggehenden Reichen gegen die ausgebeuteten Armen[26] und gebiert ein neues Übel – die Advokaten[27]. «Die politische Gesellschaft hat die Vielen zum Eigentum der Wenigen gemacht.»[28] Man betrachte die Lage von Englands Bergleuten und überlege, ob solches Elend in einer natürlichen Gesellschaft – das heißt in einer Gesellschaft *vor* der Entstehung von Gesetzen – möglich gewesen wäre. – Sollen wir trotzdem den Staat, wie auch die Religion, die ihn stützt, als notwendiges Produkt der Natur des Menschen akzeptieren? Keineswegs.

«Wenn wir entschlossen sind, unsere Vernunft und unsere Freiheit ziviler Usurpation zu unterwerfen, brauchen wir uns nur den vulgären Anschauungen anzupassen, die mit dieser verknüpft sind, und die Theologie des Pöbels und seine Politik zu übernehmen. Doch wenn wir diese Notwendigkeit mehr für eine Phantasie als für Wirklichkeit halten, dann werden wir auf ihre Träume von der Gesellschaft sowie auf ihre Visionen von einer Religion verzichten und uns in vollkommener Freiheit behaupten.»[29]

Dies klingt wie die kühne Stimme eines zornigen jungen Radikalen, der von religiösem Geist erfüllt ist, jedoch die etablierte Theologie ablehnt; die Stimme eines Menschen, der für die Armut und Erniedrigung, die er in England gesehen hat, volles Verständnis aufbringt; die Stimme eines selbstbewußten Talentes, das noch keinen Platz und Halt im Wirbel der Geschehnisse gefunden hat. Jeder aufgeweckte Jüngling

DAS POLITISCHE DRAMA

geht in der Regel durch dieses Stadium hindurch, ehe er sich dann Stellung und Besitztum erringt und meistens – bei einem Konservativismus landet, wie wir ihn in Burkes *Betrachtungen über die Revolution in Frankreich* finden werden. Es sei hervorgehoben, daß der Autor der *Verteidigung* seine Spuren durch Anonymität, ja sogar dadurch zu verdecken suchte, daß er den Toten spielte. Fast alle Leser, einschließlich William Warburtons und des Grafen von Chesterfield, faßten die Schrift als einen echten Angriff gegen bestehende Übel auf[30], und viele schrieben sie dem Viscount Bolingbroke zu, der nach seinem Tod im Jahre 1751 tatsächlich «ein verstorbener adliger Schriftsteller» war. Neun Jahre nach der Veröffentlichung der Abhandlung bewarb sich Burke um einen Sitz im Parlament. Aus Furcht, seine Jugendtorheit könnte ihm vorgehalten werden, ließ er sie 1765 mit einem Vorwort neu drucken, das besagte: «Die Absicht des folgenden kleinen Stückes war es, zu zeigen, daß ... dieselben (literarischen) Werkzeuge, die zur Zerstörung der Religion verwendet wurden, mit gleichem Erfolg für den Umsturz der Regierung gebraucht werden können.»[31] Die meisten Biographen von Burke haben diese Erklärung als ehrlich akzeptiert; wir können ihnen hier nicht folgen, doch begreifen wir die Bemühungen eines politischen Kandidaten, sich gegen die Vorurteile der Allgemeinheit zu schützen. Wer von uns hätte eine Zukunft, wenn seine Vergangenheit bekannt wäre?

Ebenso wortgewandt wie die *Verteidigung* und viel scharfsinniger war Burkes zweite Veröffentlichung im Jahre 1756: *Eine philosophische Untersuchung über den Ursprung des Erhabenen und Schönen,* die sie in einer zweiten Auflage durch einen *Diskurs über den Geschmack* ergänzte. Man muß den Mut des siebenundzwanzig Jahre alten Autors bewundern, der diese schwierigen Themen ein volles Jahrzehnt vor Lessings *Laokoon* behandelte. Er mag dazu angeregt worden sein durch den Anfang des zweiten Buches von Lucrez' *De rerum natura:* «Wohlgefällig ist es, wenn die Winde die Wasser einer mächtigen See aufwühlen, vom Land aus die große Mühe eines anderen zu beobachten, nicht weil es ein Vergnügen ist, eines anderen Drangsal zu betrachten, sondern weil es süß ist, zu sehen, von welchen Übeln du selbst frei bist.» Deshalb schrieb Burke: «Die Leidenschaften, die der Selbsterhaltung dienen, werden zu Schmerz und Gefahr; sie sind nichts als schmerzlich, wenn ihre Ursachen uns unmittelbar berühren; sie sind köstlich, wenn wir eine Vorstellung von Schmerz und Gefahr haben, ohne uns wirklich in solchen Umständen zu befinden ... Was immer dieses köstliche Gefühl erregt, nenne ich erhaben.» Zweitens: «Alle mit großer Mühe und großem Aufwand geschaffenen und prächtigen Werke sind erhaben ... und alle Bauten von sehr großem Reichtum und Glanz ..., denn bei ihrer Betrachtung verbindet der Verstand die Vorstellung von der Größe der zur Schaffung solcher Werke notwendigen Anstrengung mit den Werken selbst.»[32] Düsterkeit, Dunkelheit und Geheimnis helfen, ein Gefühl der Erhabenheit zu wecken; dies war der Grund für die Bemühung der Baumeister des Mittelalters, mattes und filtriertes Licht in ihre Kathedralen eindringen zu lassen. Die romantische Dichtung, wie etwa Horace Walpoles *Castle of Otranto* (1764) oder Ann Radcliffes *Mysteries of Udolpho* (1794), war eine Frucht dieser Vorstellungen.

«Schönheit», sagte Burke, «ist ein Name, mit dem ich alle Eigenschaften in Dingen bezeichne, die in uns Gefühle der Zuneigung und Zärtlichkeit oder eine andere Empfindung, die diesen am ähnlichsten ist, wecken.»[33] Er lehnte die klassische Beschränkung dieser Eigenschaften auf Harmonie, Einheit, Proportion und Symmetrie ab; wir alle stimmen darin überein, daß der Schwan schön ist, obwohl sein langer Hals und sein kurzer Schwanz in einem Mißverhältnis zu seinem übrigen Körper stehen. Gewöhnlich ist das Schöne klein (und steht hierdurch im Gegensatz zu dem Erhabenen). «Ich erinnere mich nicht an etwas Schönes, das nicht glatt ist.»[34] Eine zerbrochene oder rauhe Oberfläche, ein scharfer Winkel oder ein jäher Vorsprung stören uns und verkleinern unser Vergnügen selbst an sonst schönen Dingen. «Der Anschein von Derbheit und Stärke ist sehr schädlich für die Schönheit; der von Zartheit und sogar von Zerbrechlichkeit ist fast unerläßlich für sie.»[35] Farbe vermehrt die Schönheit, besonders wenn sie bunt und hell ist, doch darf sie nicht gleißend oder grell sein. – Es ist seltsam, daß Burke nicht fragte, ob eine Frau schön ist, weil sie klein, glatt, zart und von schönen Farben ist, oder ob diese Eigenschaften schön erscheinen, weil sie uns an eine Frau erinnern, die schön ist, weil sie begehrt wird.

Jedenfalls erschien ihm June Nugent begehrenswert, und Burke heiratete sie in diesem auch sonst fruchtbaren Jahr 1756. Sie war die Tochter eines irischen Arztes und Katholikin, bekannte sich jedoch bald zum anglikanischen Glauben. Ihre sanfte und freundliche Veranlagung besänftigte das reizvolle Temperament ihres Gatten.

Wenn nicht die Wirkung der Argumente, so doch die des Stils, die von der *Verteidigung* und der *Untersuchung* ausging, öffnete Burke die Türen der Gesellschaft. Der Marquis von Rockingham stellte ihn als Sekretär an, obwohl der Herzog von Newcastle ihn warnte, Burke sei ein wilder Ire, ein Jakobit, ein geheimer Papist und Jesuit[36]. Gegen Ende des Jahres 1765 wurde Burke von dem Stadtbezirk Wendover durch den Einfluß von Lord Verney, «dem dieser Stadtbezirk gehörte», ins Parlament gewählt[37]. Im Unterhaus erwarb sich das neue Mitglied den Ruf eines wortgewaltigen, jedoch nicht überzeugenden Redners. Seine Stimme war rauh, sein Akzent irisch, seine Gesten waren linkisch, seine Scherze manchmal roh, seine Anklagen ungebührlich leidenschaftlich. Nur beim Lesen seiner Reden erkannten die Menschen, daß er Literatur schuf, wenn er sprach – durch seine Beherrschung der englischen Sprache, seine anschaulichen Schilderungen, die Breite seines Wissens, seine Fähigkeit, die Angelegenheiten des Tages in philosophischer Perspektive zu sehen. Vielleicht waren diese Eigenschaften im Unterhaus von Nachteil. Manche Hörer, berichtet uns Goldsmith, «liebten es zu sehen, wie er sich wie eine Schlange in sein Thema hineinringelte»[38]; doch viele andere fanden seine übertriebene Vorliebe für Einzelheiten, seine Abschweifungen in Theorien, seine kunstvollen Deklamationen, seine langen Sätze, seine literarischen Höhenflüge unerträglich. Sie verlangten praktische Überlegungen von unmittelbarer Tragweite; sie lobten seine Ausdrucksweise, aber mißachteten seinen Rat. So erwiderte Johnson, als Boswell sagte, Burke sei wie ein Falke: «Jawohl, Sir, doch er fängt nichts.»[39] Fast bis zum Ende seiner Laufbahn verteidigte Burke eine für das Volk, das Ministerium und den König unannehmbare Politik. «Ich weiß», sagte er, «daß der Weg, den ich gehe, nicht der Weg zu einer Beförderung ist.»[40]

DAS POLITISCHE DRAMA

Offenbar las er während der Jahre seines Aufstiegs viel und mit Bedacht. Ein Zeitgenosse nannte ihn eine Enzyklopädie, von deren Reichtum jeder profitieren konnte. Fox fand Worte übertriebener Anerkennung für ihn: «Wenn er [Fox] alle politischen Kenntnisse aus Büchern, allen Gewinn von der Wissenschaft, alles, was Weltkenntnis und seine eigenen Angelegenheiten ihn gelehrt hatten, in eine Schale legte, und was er von seinem Freund Burke und dessen lehrreicher Mitteilung gelernt hatte, in die andre, so wisse er nicht, welcher er das Übergewicht geben sollte.»[41] Johnson, der Lob gewöhnlich nur in kleinen Dosen spendete, simmte Fox zu: «Man kann nicht fünf Minuten mit diesem Mann während des Regens unter einem Schutzdach stehen, ohne überzeugt zu werden, daß man bei dem größten Mann, den man je gesehen hat, stand.»[42]

Burke schloß sich im Jahre 1758 dem Kreis um Johnson und Reynolds an. Zwar ließ er sich selten in ein Rededuell mit dem unbesiegbaren Debattierer ein, wahrscheinlich, weil er sowohl sein eigenes als auch Johnsons Temperament fürchtete; doch wenn er es tat, zog der große Khan seine Krallen ein. Als Johnson krank war und jemand Burke erwähnte, rief der Doktor aus: «Diesen Burschen zu ertragen, erfordert meine ganzen Kräfte; Burke jetzt zu sehen, würde mich töten.»[43] Doch die beiden Männer stimmten in fast allen Grundfragen der Politik, Moral und Religion überein. Sie akzeptierten die Herrschaft der Aristokraten in Britannien, obwohl sie beide Gemeine waren, denn sie verachteten die Demokratie als die Herrschaft der Mittelmäßigkeit; sie verteidigten das orthodoxe Christentum und die Staatskirche als durch nichts anderes zu ersetzende Bastionen der Moral und der Ordnung. Nur die Revolte der amerikanischen Kolonien trennte sie. Johnson nannte sich einen Tory und bezeichnete die Whigs als Verbrecher und Narren; Burke nannte sich einen Whig und lieferte eine stärkere und besser begründete Verteidigung für die Tory-Grundsätze als jeder andere Mann der englischen Geschichte.

Manchmal schien er die fragwürdigsten Kräfte der herrschenden Ordnung zu unterstützen. So widersetzte er sich Veränderungen in den Bestimmungen über die Wahl von Parlamentsmitgliedern oder die Inkraftsetzung von Gesetzen. Er hielt die Tatsache, daß Stadtbezirke von einzelnen Personen oder Gruppen auf Grund gekaufter Stimmen beherrscht werden konnten, für verzeihlich, denn dadurch kämen gute Männer wie er selbst ins Parlament. Anstatt das Wahlrecht zu erweitern, wünschte er «durch Herabsetzung der Stimmenzahl das Gewicht und die Unabhängigkeit unserer Wähler zu erhöhen»[44]. Dennoch trat er für zahlreiche liberale Gedanken ein. Er forderte die Freiheit des Handels vor Adam Smith und griff den Sklavenhandel vor Wilberforce an. Er empfahl die Abschaffung der politischen Benachteiligung von Katholiken und unterstützte die Forderung der Dissidenten nach vollen Bürgerrechten. Er versuchte, die grausame Strenge des Strafgesetzes und die Härten des Soldatenlebens zu mildern. Er verteidigte die Freiheit der Presse, obwohl er selbst ihren Stachel zu spüren bekommen hatte. Er trat gegen chauvinistische Mehrheiten für Irland, Amerika und Indien ein. Er verteidigte das Parlament gegen den König mit einer Offenheit und Kühnheit, mit der er sich alle Chancen für ein politisches Amt verscherzte. Wir mögen über seine Anschauungen und seine Motive streiten, doch wir können unmöglich seinen Mut bezweifeln.

Der letzte Kreuzzug in Burkes Laufbahn – der gegen die Französische Revolution gerichtet war – kostete ihn die Freundschaft eines Mannes, den er seit langem bewundert und geliebt hatte. Charles James Fox erwiderte diese Zuneigung und teilte mit ihm die Gefahren des Kampfes in vielen Schlachten, unterschied sich jedoch von ihm in fast allen Eigenschaften des Geistes und des Charakters, ausgenommen Menschlichkeit und Tapferkeit. Burke war Ire, arm, konservativ, religiös, moralisch; Fox war Engländer, reich, radikal und nur so weit religiös, als es sich mit Glücksspiel, Trinken, Mätressen und der Französischen Revolution vertrug. Er war der dritte und meistgeliebte Sohn von Henry Fox, der zunächst ein Vermögen erbte, es verschwendete, ein zweites heiratete, ein drittes als Zahlmeister der Armee anhäufte, Bute half, Parlamentssitze zu kaufen, mit dem Titel Baron Holland belohnt und als «öffentlicher Dieb ungezählter Millionen» gebrandmarkt wurde⁴⁵. Seine Frau, Caroline Lennox, war eine Enkelin Karls II. und Tochter von Louise de Kéroualle, so daß in Charles James' Adern das verwässerte Blut eines liederlichen Stuart-Königs und einer Französin mit willfähriger Moral kreiste. Schon seine Namen allein waren Erinnerungen an die Stuarts und müssen hannoveranische Ohren beleidigt haben.

Lady Holland versuchte ihre Söhne zu Rechtschaffenheit und Verantwortlichkeit zu erziehen; doch Lord Holland tat Charles jeden Willen und drehte für ihn alte Lebensregeln um: «Tue nie heute, was du auf morgen verschieben kannst, noch tue etwas selbst, was du andere für dich tun lassen kannst.»⁴⁶ Als der Knabe kaum vierzehn war, nahm ihn sein Vater vom Eton College weg und schickte ihn auf eine Rundreise durch die Kasinos und Bäder des Kontinents, indem er ihm fünf Guineen Spielgeld pro Nacht bewilligte. Der Jüngling kehrte als unverbesserlicher Spieler nach Eton zurück und blieb es, als er nach Oxford ging. Er fand Zeit, viel zu lesen, sowohl klassische als auch englische Literatur, verließ jedoch Oxford nach zwei Jahren, um zwei Jahre auf Reisen zu verbringen. Er lernte Französisch und Italienisch, verlor in Neapel 16000 Pfund, besuchte Voltaire in Ferney und erhielt von ihm eine Liste von Büchern, die ihn über die christliche Theologie aufklären sollten⁴⁷. 1768 kaufte der Vater für ihn einen Wahlbezirk, und Charles James nahm im Alter von neunzehn Jahren einen Sitz im Parlament ein.

Dies war vollkommen illegal, doch waren so viele Mitglieder des Parlaments durch den persönlichen Zauber des jungen Mannes und den Reichtum, den er als Erbe zu erwarten hatte, beeindruckt, daß sich kein Protest erhob. Zwei Jahre später wurde er im Kabinett von Lord North zum Lord der Admiralität ernannt. 1774 starben der Vater, die Mutter und ein älterer Sohn, und Charles wurde Herr eines großen Vermögens.

In seinen reiferen Jahren war seine äußere Erscheinung ebenso sorglos wie seine Moral. Seine Strümpfe saßen lose, seine Jacke und seine Weste waren zerknittert, sein Hemd stand am Hals offen, sein Gesicht war geschwollen und rot vom Essen und Trinken, und sein Bauch drohte beim Sitzen über die Knie zu quellen. Als er mit William

DAS POLITISCHE DRAMA

Adam ein Duell austrug, wies er den Rat seines Sekundanten, die übliche seitliche Stellung einzunehmen, mit den Worten zurück: «Ich bin von der einen Seite ebenso dick wie von der anderen.»[48] Er nahm sich nicht die Mühe, seine Fehler zu verbergen. Es war allgemein bekannt, daß er ein leichtes Opfer für Schwindler darstellte. Einmal, berichtet uns Gibbon, spielte er zweiundzwanzig Stunden lang hintereinander und verlor in dieser Zeit 200 000 Pfund. Fox bemerkte, das größte Vergnügen im Leben für ihn sei nach dem Gewinnen das Verlieren[49]. Er unterhielt einen Stall von Rennpferden, wettete hoch auf sie und, so erzählte man sich, gewann dabei um vieles mehr, als er verlor[50].

Manchmal war er in seinen politischen Leitsätzen ebenso unbekümmert wie in seiner Moral und seiner Kleidung; mehr als einmal ließ er seine persönlichen Interessen oder Abneigungen seine Haltung bestimmen. Er neigte zur Trägheit und bereitete seine parlamentarischen Reden oder Schritte nicht mit der gleichen Sorgfalt und dem gleichen Fleiß vor, die Burke auszeichneten. Er hatte wenig Erfolg als Redner und suchte ihn auch nicht; seine Ansprachen waren oft formlos, und er wiederholte sich häufig; manchmal schockierte er die Grammatiker. Er «stürzte sich in die Mitte seiner Sätze», berichtete der gelehrte Richard Porson, «und überließ es Gott dem Allmächtigen, ihn wieder herauszuholen.»[51] Er war mit solcher Geistesschärfe und Gedächtnisstärke begabt, daß er nach allgemeiner Anschauung der fähigste Debattierer im Unterhaus wurde. «Charles Fox», schrieb Horace Walpole, «hat den alten Saturn, Chatham, vom Throne der Beredsamkeit gestürzt.»[52]

Fox' Zeitgenossen waren nachsichtig gegenüber seinen Fehlern, da diese weit verbreitet waren, und bezeugten sozusagen einstimmig seine Tugenden. Fast während der ganzen Lebenszeit, die ihm nach 1774 verblieb, verfocht er die liberale Sache ohne Rücksicht auf Beförderung und Beliebtheit. Burke, der das Laster verachtete, liebte Fox dennoch, denn er sah, daß dieser sich selbstlos für die soziale Gerechtigkeit und die menschliche Freiheit einsetzte. «Er ist ein Mann», sagte Burke, «geschaffen, geliebt zu werden, von der schlichten, aufrichtigsten, offensten und wohlwollendsten Gemütsart, äußerst uneigennützig, mild und versöhnlich bis zum Übermaß, ohne einen Tropfen Galle in seiner ganzen Konstitution.»[53] Gibbon stimmte ihm bei: «Vielleicht war kein menschliches Wesen je vollkommener frei vom Makel der Bosheit, Eitelkeit oder Falschheit.»[54] Nur Georg III. war unempfindlich gegen den natürlichen Zauber dieser Persönlichkeit.

Im Bunde mit Burke und Fox in der Führung des liberalen Flügels der Whigs stand ein zweiter Ire, Richard Brinsley Sheridan. Sein Großvater, Thomas Sheridan, veröffentlichte Übersetzungen aus dem Griechischen und dem Lateinischen und eine *Kunst des Wortspiels,* die seinen Enkel angesteckt haben mag. Der Vater, Thomas Sheridan II., wurde von manchen Zeitgenossen als Schauspieler und Theaterdirektor fast ebenso hoch eingeschätzt wie Garrick. Er heiratete Frances Chamberlaine, eine erfolgreiche Verfasserin von Theaterstücken und Romanen. Er erwarb Grade in Dublin, Oxford und Cambridge, las in Cambridge über Erziehung, war Johnson behilflich, eine königliche Pension zu erhalten, und besorgte sich selbst eine. Er schrieb ein unterhaltsames

244 SAMUEL JOHNSONS ENGLAND

Leben Swifts, wagte es, kaum fünfundzwanzig Jahre nach Johnson, einen *General Diction-ary of the English Language* (1780) zu veröffentlichen, half seinem Sohn bei der Leitung des Drury-Lane-Theaters und erlebte seinen Aufstieg im Bereich der Liebe und der Literatur und im Parlament.

So war Richard durch sein Herkommen für die Literatur und das Theater vor-bestimmt, hatte sie wohl auch im Blut. 1751 in Dublin geboren, wurde er mit elf Jahren nach Harrow geschickt, blieb hier sechs Jahre und erhielt eine gute klassische Erziehung; mit zwanzig ahmte er seinen Großvater durch Veröffentlichung von Über-setzungen aus dem Griechischen nach. In diesem Jahr, 1771, verliebte er sich, wäh-rend er in Bath bei seinen Eltern wohnte, heftig in das liebliche Gesicht und die lieb-liche Stimme von Elizabeth Ann Linley, die, siebzehn Jahre alt, bei den von ihrem Vater, dem Komponisten Thomas Linley, veranstalteten Konzerten sang. Wer eines von Gainsboroughs Bildnissen von ihr gesehen hat[55], wird verstehen, daß Richard nicht anders konnte, als sich in sie zu verlieben. Für sie mußte das gleiche zutreffen, wenn wir seiner Schwester glauben wollen, die ihn für unwiderstehlich hübsch und liebenswert hielt. «Seine Wangen hatten die Glut der Gesundheit; seine Augen, die schönsten in der Welt ..., ein zartes und leidenschaftliches Herz ..., die gleiche spie-lerische Phantasie, der gleiche echte und unverletzende Witz, der sich später in seinen Schriften zeigte, erheiterte und entzückte den Familienkreis. Ich bewunderte ihn, betete ihn fast an. Ich hätte mit Freuden mein Leben für ihn geopfert.»[56]

Elizabeth Ann hatte viele Freier, darunter auch Richards älteren Bruder Charles. Einer von ihnen, Major Mathews, reich, aber verheiratet, belästigte sie so nachhaltig, daß sie Laudanum nahm, um sich zu vergiften. Sie erholte sich wieder, verlor jedoch allen Lebenswillen, bis Richards Verehrung sie wieder aufheiterte. Mathews drohte, Gewalt anzuwenden; darauf floh sie halb aus Furcht, halb aus Liebe mit Sheridan nach Frankreich, heiratete ihn (1772) und nahm dann Zuflucht in einem Kloster in der Nähe von Lille, während Richard nach England zurückkehrte, um seinen Vater und den ihren zu versöhnen. Er trug zwei Duelle mit Mathews aus; Sieger im ersten, schonte er Mathews Leben; betrunken beim zweiten, entwaffnete er seinen Gegner, ließ das Duell in einen Ringkampf ausarten und kehrte, mit Blut, Wein und Kot beschmiert, nach Bath zurück. Sein Vater enteignete ihn, doch Thomas Linley holte Elizabeth Ann aus Frankreich zurück und gab ihrer Ehe den Segen (1773).

Zu stolz, sich von seiner Frau durch öffentliches Singen unterhalten zu lassen, ent-schloß sich Richard, zweiundzwanzig Jahre alt, ein Vermögen durch Stückeschreiben zu erwerben. Am 17. Januar 1775 wurde seine erste Komödie, *Die Rivalen*, in Covent Garden aufgeführt. Sie wurde schlecht gespielt und schlecht aufgenommen; Sheridan besorgte einen besseren Darsteller für die führende Rolle, und eine zweite Aufführung (28. Januar) eröffnete eine Serie von dramatischen Erfolgen, die Sheridan Ruhm und Reichtum brachten. Bald sprach ganz London von Sir Anthony Absolute, Sir Lucius O'Trigger und Miss Lydia Languish und ahmte Mrs. Malaprops Wortverwechslungen nach («Forget this fellow, illiterate him quite from your memory»[57]; «as headstrong as an allegory on the banks of the Nile»[58]). Sheridan hatte einen unerschöpflichen Vorrat

DAS POLITISCHE DRAMA

von witzigen Einfällen in seinem Hirn, verstreute sie auf jeder Seite, stattete Lakaien mit Geist aus und ließ Narren wie Philosophen sprechen. Die Kritiker klagten, die Personen seien nicht immer konsequent in ihren Reden, und der Witz, der in jeder Szene knatterte und aus fast jedem Mund sprudelte, verderbe die Pointen durch Übermaß; nichtsdestoweniger genoß das Publikum den Spaß und tut es bis zum heutigen Tag.

Ein noch größerer Erfolg war *The Duenna* (Die Anstandsdame), die ihre Premiere in Covent Garden am 2. November 1775 erlebte; sie lief in ihrer ersten Saison fünfundsiebzig Abende lang und brach den von der *Bettleroper* 1728 aufgestellten Rekord von dreiundsechzig Aufführungen. David Garrick am Drury-Lane-Theater war beunruhigt über diese starke Konkurrenz, konnte jedoch keine bessere Abwehr finden, als *The Discovery* (Die Entdeckung), ein Theaterstück von Sheridans vor kurzem verstorbener Mutter, wieder in den Spielplan aufzunehmen. Vom Erfolg berauscht, bot Sheridan an, Garricks halben Anteil am Drury Lane zu kaufen; Garrick, die Last seiner Jahre fühlend, willigte für 35 000 Pfund ein; Sheridan überredete seinen Schwiegervater und einen Freund, 10 000 Pfund beizusteuern, investierte selbst bare 300 Pfund und nahm für den Rest ein Darlehen auf (1776). Zwei Jahre später trieb er weitere 35 000 Pfund auf, erwarb mit seinen Partnern das Eigentumsrecht an dem Theater und übernahm die Leitung.

Viele glaubten, er habe sich zuviel zugetraut; doch Sheridan sorgte für einen weiteren Triumph, indem er *The School for Scandal* (Die Lästerschule), den größten dramatischen Erfolg des Jahrhunderts, schrieb und am 8. Mai 1777 aufführte. Der Vater des Autors, der seit Richards Flucht vor fünf Jahren geschmollt hatte, versöhnte sich nun mit seinem Sohn. Nach diesen Siegen gab es eine Pause in Sheridans Aufstieg. Die Darbietungen des Drury-Lane-Theaters erwiesen sich als unpopulär, und das Gespenst des Bankerotts erschreckte die Partner. Sheridan rettete die Situation durch eine Farce, *The Critic* (Die Kritik), eine Satire auf tragische Dramen und dramatische Autoritäten. Doch seine gewohnte Saumseligkeit spielte ihm einen Streich, denn zwei Tage vor der angesetzten Aufführung hatte er die letzte Szene noch nicht geschrieben. Durch eine List lockten sein Schwiegervater und andere ihn in einen Raum im Theater, gaben ihm Papier, Feder, Tinte und Wein, hießen ihn das Stück vollenden und sperrten ihn ein. Er kam mit der gewünschten Auflösung heraus; sie wurde geprobt und für gut befunden. Die Premiere (29. Oktober 1779) war ein weiteres Lächeln Fortunas für den unberechenbaren Iren.

Er sah sich nach neuen Welten um, die noch zu erobern waren, und entschloß sich, ins Parlament zu gehen. Er zahlte den Wählern von Stafford fünf Guineen für ihre Stimmen, und 1780 übernahm er einen Sitz im Unterhaus als glühender Liberaler. Gemeinsam mit Fox verfolgte er Warren Hastings, und an einem strahlenden Tag stach er sie beide aus. Inzwischen lebte er mit seiner vortrefflichen Frau in Glück und Luxus, berühmt für seine Konversation, seinen Witz, seine Überschwenglichkeit, seine Freundlichkeit und seine Schulden. Lord Byron charakterisierte das Wunder: «Was Sheridan auch immer getan hat oder zu tun gedenkt, war und ist vor allem anderen immer das Beste seiner Art. Er hat die beste Komödie geschrieben, das beste Drama,

246 SAMUEL JOHNSONS ENGLAND

die beste Farce ..., den besten Vortrag (*Ein Monolog auf Garrick*) und hat schließlich die allerbeste Rede gehalten ..., die je in diesem Land verfaßt oder gehört wurde.»[59] Und Sheridan hatte die Liebe der lieblichsten Frau Englands gewonnen, und er hatte sie behalten.

Sheridan war durch und durch Romantiker; es ist schwer, sich vorzustellen, daß er der gleichen Welt und Generation angehörte wie William Pitt der Jüngere, der nur die Wirklichkeit anerkannte, über Gefühle erhaben war und ohne Beredsamkeit herrschte. Pitt der Jüngere wurde 1759 auf dem Höhepunkt der Laufbahn seines Vaters geboren; seine Mutter war eine Schwester von George Grenville, Premierminister von 1763 bis 1765; er wurde mit Politik gesäugt und wuchs in der Atmosphäre des Parlaments auf. Schwach und kränklich in der Kindheit, wurde er vor der Strenge und den gesellschaftlichen Anforderungen der öffentlichen Schule bewahrt und zu Hause unter der sorgfältigen Aufsicht seines Vaters unterrichtet, der ihm die Vortragskunst beibrachte, indem er ihn jeden Tag Shakespeare oder Milton rezitieren ließ. Im Alter von zehn war der Knabe ein klassischer Gelehrter und hatte bereits eine Tragödie geschrieben. Mit vierzehn wurde er nach Cambridge geschickt, erkrankte bald und kehrte nach Hause zurück; ein Jahr später ging er wiederum nach Cambridge, und da er der Sohn eines Peers war, erhielt er 1776 ohne Prüfung den Titel eines Master of Arts. Er studierte Jura in Lincolns Inn, praktizierte kurz als Anwalt und wurde im Alter von einundzwanzig von einem gekauften und von Sir James Lowther beherrschten Wahlbezirk ins Parlament geschickt. Seine Jungfernrede unterstützte Burkes Vorschlag für ökonomische Reformen so wirksam, daß dieser von ihm sagte, er sei «nicht nur ein Stück des Vaters, sondern der Vater selbst»[60].

Da er ein zweiter Sohn war, standen ihm nur 300 Pfund im Jahr zu, doch erhielt er gelegentliche Zuwendungen von seiner Mutter und seinen Onkeln; diese Bedingungen erforderten eine stoische Einfachheit in seinem Benehmen und Charakter. Er mied die Ehe, da er sich unteilbar dem Streben nach Macht geweiht hatte. Er fand kein Vergnügen am Glücksspiel oder am Theater. Obwohl er später Alkohol im Übermaß trank, um seine Nerven nach den Aufregungen der Politik zu beruhigen, erwarb er den Ruf einer makellosen Lebensführung und absoluten Unbestechlichkeit; er konnte kaufen, ließ sich jedoch selbst nicht kaufen. Er strebte nie nach Reichtum und machte selten Zugeständnisse an die Freundschaft; nur einige wenige Vertraute entdeckten hinter seiner kalten Verschlossenheit und Selbstbeherrschung eine freundliche Heiterkeit, bisweilen sogar eine warme Zärtlichkeit.

Zu Beginn des Jahres 1782, als das Kabinett von Lord North zurücktreten wollte, gab «the boy», wie einige Parlamentsmitglieder Pitt herablassend nannten, in einer seiner Reden eine höchst ungewöhnliche Erklärung ab: «Ich selbst kann nicht erwarten, Teil einer neuen Verwaltung zu bilden; doch wenn es im Bereich meiner Möglichkeiten läge, fühlte ich mich verpflichtet zu erklären, daß ich nie eine untergeordnete Stelle annehmen würde»[61], was bedeutete, er würde keine Position annehmen, die niedriger wäre als die sechs oder sieben Sitze, die das künftige Kabinett bilden würden. Als das neue Kabinett ihm anbot, ihn zum Vizeschatzmeister von Irland

DAS POLITISCHE DRAMA 247

mit einem Jahresgehalt von 5000 Pfund zu machen, lehnte er ab und lebte weiter von seinen 300 Pfund. Er war sicher, daß er einmal aufsteigen würde, und hoffte es auf Grund seiner eigenen Verdienste zu tun; er arbeitete hart und wurde, was Innenpolitik, Industrie und Finanzen betraf, der bestinformierte Mann des Unterhauses. Ein Jahr nach seiner stolzen Erklärung bat ihn der König, nicht nur in die Regierung einzutreten, sondern sie zu leiten. Kein Mann war je vor ihm mit vierundzwanzig Jahren Premierminister geworden, und wenige Minister haben der englischen Geschichte nachhaltiger als er ihren Stempel aufgedrückt.

III. KÖNIG KONTRA PARLAMENT

Georg II. beendete seine dreiunddreißigjährige Regierungszeit mit einem entschiedenen Widerwillen gegen die englische Politik. «Ich bin sterbenskrank von diesem verrückten Zeug und wünsche von ganzem Herzen, der Teufel möge alle unsere Bischöfe holen, und er möge unsere Minister holen, und er möge unser Parlament holen, und er möge die ganze Insel holen, vorausgesetzt, daß ich sie vorher verlasse und nach Hannover gehen kann.»[62] Er fand Frieden am 25. Oktober 1760 und wurde in der Westminster-Abtei beigesetzt.

Die Thronbesteigung Georgs III. am Todestag seines Großvaters wurde von fast allen Engländern, mit Ausnahme einiger weniger, die noch immer den Stuarts nachtrauerten, begeistert begrüßt. Er war zweiundzwanzig Jahre alt, gutaussehend, arbeitsam und bescheiden. (Er war der erste englische König seit Heinrich VI., der in seinem Titel den Anspruch auf die Souveränität über Frankreich wegließ.) In seiner ersten Ansprache an das Parlament fügte er dem von seinen Ministern für ihn vorbereiteten Text Worte hinzu, die keiner seiner beiden hannoverschen Vorgänger hätte sprechen können: «In diesem Land geboren und erzogen, bin ich stolz auf den Namen eines Briten.» «Der junge König», schrieb Horace Walpole, «erweckt ganz den Anschein großer Liebenswürdigkeit. Er vereinigt große Milde mit großer Würde und besitzt eine äußerst gutmütige Natur, die sich bei allen Gelegenheiten zeigt.»[63] Georg erhöhte diese Beliebtheit durch die Proklamation, die er am 31. Oktober «zur Ermutigung von Frömmigkeit und Tugend und zur Verhütung und Bestrafung von Laster, Gottlosigkeit und Sittenlosigkeit» erließ. 1761 heiratete er die Prinzessin Charlotte Sophie von Mecklenburg-Strelitz; er fand sich mit ihrer Reizlosigkeit ab, zeugte mit ihr fünfzehn Kinder und fand keine Zeit zum Ehebruch. Dies war für einen hannoveranischen König ohne Beispiel.

Er war gegen den Siebenjährigen Krieg, der bereits vier Jahre gewährt hatte, und glaubte, es könnte eine Übereinkunft mit Frankreich getroffen werden. William Pitt der Ältere, Staatssekretär und beherrschende Figur im Kabinett des Herzogs von Newcastle, bestand darauf, daß der Krieg fortgesetzt werde, bis Frankreich so geschwächt wäre, daß es das durch die britischen Siege in Kanada und Indien geschaffene Empire nicht mehr gefährden könnte; außerdem forderte er, es dürfe nur im Einverständnis mit Englands Verbündetem, Friedrich dem Großen, Frieden geschlossen werden. Im März 1761 wurde der Earl of Bute Staatssekretär und betrieb weiter den Plan für einen Separatfrieden. Pitt widersetzte sich vergeblich, und am 5. Oktober demissionierte er. Georg besänftigte ihn mit einer Pension von 3000 Pfund für ihn und seinen Erben und einer Peerdom für seine Frau, die Baroness of Chatham wurde. Pitt lehnte für sich selbst bis 1766 die Peerdom ab, da diese ihn von seinem bevorzugten Schlachtfeld, dem Unterhaus, ausgeschlossen hätte. Da er sich früher verächtlich über Pensionen geäußert hatte, wurde er heftig kritisiert, weil er diese Zuwendungen nun doch annahm; doch sie waren weniger, als er verdient hatte, und andere, die weitaus weniger verdient hatten, erhielten weitaus mehr.

Am 26. Mai 1762 gab der Herzog von Newcastle nach fünfundvierzigjähriger Tätigkeit in hervorragender Stellung seinen Posten auf. Drei Tage später trat Bute seine Nachfolge als Erster Minister an. Jetzt ging der junge König daran, seine Absichten zu verwirklichen. Er und Bute betrachteten es als einen Teil des königlichen Hoheitsrechtes, die Hauptlinien der Politik, besonders in den auswärtigen Angelegenheiten, zu bestimmen. Außerdem wollte er die Macht brechen, die wenige reiche Familien über die Regierung gewonnen hatten. 1761 forderte William Pulteney, Earl of Bath, in einer anonymen Streitschrift den König auf, nicht zufrieden zu sein mit «dem Schatten des Königtums», sondern seine «legalen Hoheitsrechte» zu benutzen, um die «illegalen Ansprüche einer Parteioligarchie» zurückzuweisen[64].

Die Mehrheit im Unterhaus vertrat die Meinung, der König solle seine Minister unter den anerkannten Führern der in der Wahl siegreichen Partei wählen; Georg bestand auf seinem legalen Recht, seine Minister ohne Rücksicht auf die Partei, ohne jede Beschränkung, nur auf Grund seiner Verantwortlichkeit für die Nation zu wählen[65]. Die Whigs hatten den hannoveranischen Kurfürsten auf Englands Thron gebracht; einige Tories hatten mit den im Exil lebenden Stuarts verhandelt. Natürlich hatten die beiden ersten Georgs nur Whigs in ihre Regierung aufgenommen; die meisten der Tories hatten sich auf ihre Landgüter zurückgezogen. Doch 1760 erkannten sie die neue Dynastie an und erklärten sich in beträchtlicher Anzahl bereit, dem britisch geborenen König zu huldigen. Georg hieß sie willkommen und sah keinen Grund, warum er nicht sowohl fähige Tories als auch fähige Whigs in die Regierung berufen sollte. Die Whigs protestierten: Wenn es dem König freistünde, seine Minister nach Belieben zu wählen und die Politik ohne Verantwortlichkeit gegenüber dem Parlament festzulegen, dann würde hierdurch die «Bill of Rights» von 1689 verletzt, die Autorität des Königs würde wieder das gleiche Maß erreichen, das Karl I. beansprucht hatte, und die Revolutionen von 1642 und 1688 würden null und nichtig gemacht. Das Parteiensystem habe seine Fehler, sei jedoch – so behaupteten die Führer – unerläßlich für eine verantwortliche Regierung, denn es stelle jedem Kabinett eine Opposition entgegen, die es überwache, es kritisiere und es (wenn die Wähler dies verlangten) durch Männer ersetzen könne, die in der Lage seien, die Richtung der Politik zu ändern, ohne die Stabilität des Staates zu gefährden. So begann der erste größere Machtkonflikt in der neuen Regierung.

DAS POLITISCHE DRAMA 249

Bute war das Hauptangriffsziel in diesem Kampf. Zum größten Teil verschonte die Kritik den König, jedoch nicht seine Mutter; in Schmähschriften wurde sie beschuldigt, Butes Mätresse zu sein; diese Verleumdung erregte den König zu unversöhnlichem Zorn. Bute schloß einen Separatfrieden mit Frankreich und stellte, um Friedrichs Einwilligung zu erzwingen, die Zahlung der englischen Hilfsgelder an Preußen ein; Friedrich nannte ihn einen Schurken und kämpfte weiter. Obwohl das englische Volk froh war, den Krieg beendet zu sehen, bezeichnete es den Frieden als zu mild für das besiegte Frankreich. Pitt wetterte gegen den Frieden und sagte voraus, Frankreich würde, da seine Flotte intakt geblieben war, den Krieg gegen England bald wiederaufnehmen – was es 1778 wirklich tat. Das Unterhaus ratifizierte den Frieden mit einem Stimmenverhältnis von 319 zu 65. Georgs Mutter frohlockte, daß der königliche Wille sich durchgesetzt hatte. «Jetzt», sagte sie, «ist mein Sohn wirklich König von England.»⁶⁶

Bis jetzt hatte der neue Herrscher den Ruf unbezweifelbarer Integrität genossen. Doch als er sah, daß die Whigs Stimmen für die Parlamentswahlen kauften und Journalisten engagierten, um seine Politik anzugreifen, entschloß er sich, die Stimmungsmache für seine Sache zu verbessern. Er benutzte seine Mittel und seine Macht als Gönner, um Autoren wie Smollett zu veranlassen, die Ziele und Maßnahmen des Kabinetts zu verteidigen. Vielleicht hatte Bute Ähnliches im Sinn, als er im Juli 1762 den König überredete, Samuel Johnson eine Pension zu bewilligen, und er wurde nicht enttäuscht. Doch kein Parteigänger des Ministers konnte an Wirkung die scharfen Nadelstiche von John Wilkes, die bissigen Satiren von Charles Churchill oder die anonymen Schmähschriften von «Junius» übertreffen. «Schmähschriften über den Hof, an Kühnheit und Haß alles übertreffend, was in vielen Jahren veröffentlicht worden war, erschienen jetzt täglich in Prosa und in Versen.»⁶⁷

Das Parlament nahm das Geld des Königs und gab ihm Stimmen; doch es haßte seinen Premierminister als einen Schotten, der nicht durch langen Dienst in einer Partei des Unterhauses zur Macht gelangt war. Die Antipathie gegen Schottland war groß in einem England, das sich noch an die schottische Invasion von 1745 erinnerte. Außerdem hatte Bute seine Landsleute mit politischen Ehren bedacht: Er hatte Robert Adam zum Hofarchitekten und Allan Ramsay unter Umgehung von Reynolds zum Hofmaler gemacht. Er hatte John Home, dem schottischen Stückeschreiber, ein Jahresgeld bewilligt, Thomas Gray jedoch eine Professur verweigert. Der Londoner Pöbel drückte seine Gefühle dadurch aus, daß er einen Stiefel (eine Anspielung auf Butes Namen) aufhängte oder verbrannte und die Kutsche des Ministers angriff; er mußte sein Gesicht verbergen, wenn er ins Theater ging. Eine Steuer auf Apfelmost verärgerte die Landbevölkerung und machte Bute zum unbeliebtesten Minister der englischen Geschichte. Unfähig, sich gegen die Strömung zu stemmen, gebrochen an Körper und Geist und seine Untauglichkeit für die Umtriebe und Intrigen der Politik erkennend, trat Bute am 8. April 1763 nach weniger als einjähriger Tätigkeit vom Posten eines Ministers des Königs zurück.

Sein Nachfolger, George Grenville, wurde von dreifachem Mißgeschick betroffen. Er wurde in der Presse von dem unbesiegbaren John Wilkes angegriffen (1763 ff.), er

250 SAMUEL JOHNSONS ENGLAND

brachte im Parlament (März 1765) das Stempelgesetz ein, mit dem die Entfremdung der amerikanischen Kolonien begann, und während seiner Amtszeit erlitt Georg III. seinen ersten Wahnsinnsanfall. Das Versagen und die Demissionierung von Bute hatten die Nervenkraft des Königs gebrochen, seine Ehe hatte ihm kein Glück gebracht, und Grenville erwies sich als eine selbstherrliche, fast tyrannische Persönlichkeit. Georg genas wieder, doch war er nicht mehr stark genug, der Whig-Oligarchie Widerstand zu leisten, die den größten Teil des Parlaments und der Presse beherrschte. Er schloß einen Kompromiß, indem er einen Whig, den Marquis von Rockingham, aufforderte, ein neues Kabinett zu bilden.

Auf Anraten seines Sekretärs Edmund Burke setzte der Marquis in einem Jahr mehrere mildernde Gesetzesänderungen durch. Die Apfelmoststeuer wurde abgeschafft oder ermäßigt, die Stempelsteuer widerrufen, ein Vertrag mit Rußland förderte den Handel, die Erregung über Wilkes' Angriff legte sich, und anscheinend wurden diese Maßnahmen ohne Bestechung durchgeführt. Dem König mißfielen die Abschaffung der Steuern und die Konzessionen an Wilkes. Am 12. Juli 1766 entließ er das Rockingham-Kabinett, bot dem ältern Pitt die Peerdom an und forderte ihn auf, die Regierung zu übernehmen. Pitt willigte ein.

Doch der «Great Commoner» war nicht mehr der alte, weder gesundheitlich noch geistig. Jetzt opferte er, was ihm an Beliebtheit noch übriggeblieben war, indem er die Erhebung in den Adelsstand mit dem Titel eines Earl of Chatham annahm, hierdurch auf seinen Platz im Unterhaus verzichtend. Er hatte dafür einige Ausreden: Er fühlte sich zu schwach, die Spannungen und Konflikte des Unterhauses zu ertragen; im Oberhaus würde er mehr Muße und weniger Arbeit haben. Er nahm den verhältnismäßig ruhigen Posten eines Lordsiegelbewahrers an und überließ seinem Freund, dem Herzog von Grafton, die nach außen hin bedeutendere Stellung des Ersten Lords des Schatzamtes. Seine Kollegen stellten jedoch fest, daß er die Politik bestimmte, ohne sie zu konsultieren oder ihre Einwände zu berücksichtigen, und viele waren erleichtert, als er nach Bath ging, um seine Gicht zu kurieren. Dies gelang ihm, doch nur mit Drogen, die seinen Verstand in Unordnung brachten. Als er nach London zurückkehrte, war er nicht in der Verfassung, sich um Politik zu kümmern. Im Oktober 1768 dankte er ab, und Grafton wurde Premierminister.

In dieser Periode politischer Anarchie (1766–1768) schloß sich eine als «die Königsfreunde» bekannte Gruppe zusammen, um die Ziele des Königs zu fördern. Sie berieten den König in der Verteilung von Begünstigungen zur Erlangung politischer Unterstützung und benutzten jedes Mittel, Kandidaten durchzubringen und Minister zu ernennen, die die Ansichten des Königs teilten. Als Grafton Fehler beging und in Schwierigkeiten geriet, taten sie alles, seine Lage zu verschlimmern, bis er abdankte (27. Januar 1770). Am 10. Februar errangen sie ihren größten Sieg, als Frederick North (uns bekannt als Lord North, obwohl dieser Titel ihm erst 1790 als Erbe zufiel) seinen zwölfjährigen Dienst als Erster Lordschatzkanzler begann.

North war ein schwacher, doch kein schlechter Mensch. Es war sein Sinn für Loyalität und sein Mitgefühl, die ihn im Amte hielten und ihm einen so unerfreulichen Ruf

DAS POLITISCHE DRAMA 251

in der Geschichte eintrugen. Vermögend geboren als Sohn des Earl of Guilford, genoß er alle Vorteile der Erziehung und der Gesellschaft, gelangte im Alter von achtundzwanzig ins Unterhaus und behielt hier seinen Sitz fast vierzig Jahre lang. Er gewann viele Freunde durch seine Bescheidenheit, Freundlichkeit, Leutseligkeit und seinen Humor*. Doch er verfolgte die konservative Linie zu ausschließlich, um irgend jemandem außer dem König zu gefallen. Er unterstützte das Stempelgesetz, die Vertreibung von Wilkes und (bis in sein letztes Stadium) den Krieg mit Amerika. Er verteidigte die Politik Georgs III., auch wenn er an ihrer Weisheit zweifelte, er betrachtete sich als einen Agenten des Königs, nicht des Parlaments, noch viel weniger des Volkes, und er scheint ehrlich überzeugt gewesen zu sein, daß der König das legale Recht besaß, seine Minister auszuwählen und die Politik zu leiten. Durch North und seine Geschicklichkeit in der Handhabung des Unterhauses – und durch die Verwendung der Mittel, die vom Parlament bewilligt worden waren – regierte Georg III. England ein Jahrzehnt lang. Durch seine Mittelsmänner kaufte er Sitze und Wahlstimmen, verkaufte Pensionen und Stellungen, unterstützte Journalisten und versuchte, die Presse an die Kette zu legen. Es kann als Maßstab für seinen Mut und seine Hartnäckigkeit gelten, daß es der vereinten Anstrengungen von John Wilkes, «Junius», Burke, Fox, Sheridan, Franklin und Washington bedurfte, um ihn zu besiegen.

IV. PARLAMENT KONTRA VOLK

Wir lesen in Gibbons *Tagebuch* unter dem 23. September 1762:

«Colonel Wilkes dinierte mit uns ... Ich habe kaum je einen besseren Gesellschafter kennengelernt. Er besitzt unerschöpflichen Geist, unendlichen Witz und Humor und ein großes Wissen, doch er ist durch und durch liederlich in seinen Grundsätzen wie in der Praxis. Sein Charakter ist schamlos, sein Leben gezeichnet mit jedem Laster und seine Konversation voller Gotteslästerungen und Zoten. Dieser Moral rühmt er sich noch – denn Scham ist eine Schwäche, die er seit langem überwunden hat. Er selbst sagte uns, er sei entschlossen, in diesen Zeiten öffentlicher Zwietracht sein Glück zu machen.»[69]

Dies war die Lebensanschauung eines Konservativen, der in den ganzen acht Jahren seiner Mitgliedschaft im Unterhaus für die Regierung stimmte und kaum einer Meinung sein konnte mit einem offenen Feind des Parlaments und des Königs. Wilkes freilich würde zugegeben haben, daß die meisten dieser Beschuldigungen zutrafen. Er hatte sich sowohl von der Moral als auch von der Theologie des Christentums losgesagt und rühmte sich seiner hedonistischen Lebensauffassung gegenüber den Parlamentsmitgliedern, die seine Moral teilten, doch über seine Offenheit bestürzt waren.

---

* Als ein Sprecher sich beklagte, daß North während seiner Rede schlief, erwiderte North, es sei ungerecht, ihm Vorwürfe darüber zu machen, daß er ein Arzneimittel genommen habe, das der ehrenwerte Gentleman selber ihm verabreicht hatte. Und als ein erzürntes Mitglied seinen Kopf forderte, antwortete er, er wäre glücklich, ihn herzugeben, vorausgesetzt, daß er nicht den Kopf des Mitglieds als Gegenleistung annehmen müßte[68].

252 SAMUEL JOHNSONS ENGLAND

John Wilkes war Sohn eines Malzbranntweinbrenners in Clerkenwell nördlich von London. Er hatte eine gute Erziehung in Oxford und Leiden erhalten, was genügte, daß er Johnson durch seine Kenntnisse der Klassiker und seine «Manieren eines Gentlemans» überraschen konnte[70]. Mit zwanzig heiratete er «eine Dame um die Hälfte älter als ich selbst», doch «mit einem großen Vermögen»[71]. Sie gehörte nicht der Staatskirche an, bemühte sich jedoch um einen frommen Wandel; er zog das Trinken und Mätressen vor. Um 1757 schloß er sich mit Sir Francis Dashwood, Bubb Dodington, George Selwyn, dem Dichter Charles Churchill und dem vierten Earl of Sandwich in einem «Hell-Fire-Klub» zusammen, dessen Mitglieder sich in der alten Zisterzienserabtei Medmenham am Ufer der Themse in der Nähe von Marlow trafen. Hier karikierten sie als «die verrückten Mönche von Medmenham» die römisch-katholischen Riten, indem sie eine «schwarze Messe» zu Ehren Satans zelebrierten und ihren gottlosen und priapischen Neigungen frönten[72].

Durch den Einfluß seiner Gefährten und die Zahlung von 7000 Pfund wurde Wilkes 1757 für Aylesbury in das Parlament gewählt, schloß sich dem älteren Pitt und, nach 1760, Butes Gegnern an. Da Bute Smolletts Zeitschrift *The Briton* unterstützte, begann Wilkes unter Churchills Mithilfe im Juni 1762 eine Gegen-Wochenschrift, *The North-Briton,* herauszugeben, die durch den Schwung und Witz ihres Stils und die Schärfe ihrer Angriffe gegen das Kabinett eine große Leserschaft gewann. In einer Nummer dementierte – das heißt verbreitete – er das Gerücht, Bute habe die Mutter des Königs zu seiner Mätresse gemacht. In Nummer 45 vom 23. April 1763 wetterte er gegen Bute, weil dieser Englands Abkommen mit Preußen durch Schließung eines Separatfriedens mit Frankreich gebrochen und in einer vom Minister im Namen des Königs vorgetragenen «Thronrede» behauptet hatte, dieser Vertrag sei von Friedrich dem Großen gebilligt worden.

«Diese Woche hat der Öffentlichkeit das verwerflichste Beispiel ministerieller Frechheit geliefert, die je der Menschheit zugemutet wurde. Die Ministerrede vom letzten Dienstag hat keine Parallelen in den Annalen dieses Landes. Ich bin mit mir im Zweifel, ob der Betrug am Herrscher größer ist als der an der Nation. Jeder Freund dieses Landes muß es beklagen, daß ein Fürst von so viel großen und liebenswerten Eigenschaften ... dazu gebracht werden kann, die Zustimmung seines geheiligten Namens zu den abscheulichsten Maßnahmen und den unverantwortlichsten öffentlichen Erklärungen zu geben ... Ich bin sicher, daß alle Ausländer, besonders der König von Preußen, für den Minister Verachtung und Abscheu empfinden werden. Er ließ unseren Herrscher erklären: 'Meinen Erwartungen ist voll entsprochen worden durch die glücklichen Auswirkungen des endgültigen Vertrags für die verschiedenen Verbündeten meiner Krone. Die mit meinem guten Bruder, dem König von Preußen, im Krieg befindlichen Mächte sind dazu veranlaßt worden, den Schlichtungsbedingungen zuzustimmen, welche dieser große Fürst gebilligt hat.' Die infame Verlogenheit dieses ganzen Satzes ist offenbar für alle Welt, denn es ist bekannt, daß der König von Preußen ... von dem schottischen Premierminister von England auf die niedrigste Weise verraten wurde ... Was die 'volle Billigung' des Parlamentes betrifft, die so stolz gerühmt wird, so weiß die Welt, wie sie erreicht wurde. Die große Schuld auf der Zivilliste ... zeigt ziemlich klar das Geschäft des Winters.»[73]

Obwohl Wilkes erklärt hatte, daß die Rede des Königs in Wirklichkeit von Bute stamme, faßte Georg III. den Artikel als eine persönliche Beleidigung auf und befahl

DAS POLITISCHE DRAMA 253

den Lords Halifax und Egremont, den damaligen Staatssekretären, alle Personen zu verhaften, die an der Veröffentlichung der Nummer 45 von The North Briton beteiligt waren. Sie erließen einen allgemeinen Haftbefehl, ohne die festzunehmenden Personen beim Namen zu nennen, und auf Grund dieser vagen Angaben wurden neunundfünfzig Personen ins Gefängnis geworfen, einschließlich Wilkes (30. April 1763), obwohl dieser auf seine Immunität als Parlamentsmitglied pochte. Williams, der Drucker der Zeitung, wurde an den Pranger gestellt, doch eine Menschenmenge feierte ihn als Märtyrer und sammelte 200 Pfund für seine Befreiung. Wilkes wandte sich an den Zivilgerichtshof und forderte einen Vorführungsbefehl, erhielt ihn, vertrat seinen Fall und erwirkte von Oberrichter Charles Pratt, einem Freund Pitts, eine Verfügung für seine Freilassung mit der Begründung, daß seine Verhaftung parlamentarische Privilegien verletzt habe. Wilkes verklagte Halifax und andere wegen widerrechtlicher Verhaftung und Schäden am Eigentum und erhielt 5000 Pfund Entschädigung. Pratts Verurteilung solch allgemeiner Haftbefehle machte einem Mißbrauch ein Ende, der den Briten ebenso verhaßt gewesen war wie die lettres de cachet den Franzosen.

Das Schicksal herausfordernd, verfaßte Wilkes zusammen mit Thomas Potter, dem Sohn des Erzbischofs von Canterbury, einen Essay on Woman als poetische Parodie auf Popes Essay on Man. Es war ein Potpourri von Obszönitäten und Blasphemien, versehen mit gelehrten Anmerkungen im Stil des Bischofs William Warburton, der Anmerkungen zu Popes Dichtwerk geschrieben hatte. Die kleine Schrift wurde auf Wilkes' Druckerpresse in dessen eigenem Haus gedruckt, jedoch nicht veröffentlicht; es wurden nur dreizehn Kopien für einige wenige Freunde abgezogen. Die Parteigänger des Königs verschafften sich die Korrekturbogen und überredeten den Earl of Sandwich, sie dem Oberhaus vorzulesen. Der Earl tat es (15. November) zur Belustigung der Peers, die seine Liederlichkeit kannten. Walpole berichtet uns, daß sie bei Sandwichs Vortrag «ihre ernsten Mienen nicht bewahren konnten»[74], doch stimmten alle darin überein, daß das Gedicht «eine skandalöse, obszöne und gottlose Schrift» sei, und forderten den König auf, Wilkes wegen Gotteslästerung anzuklagen. Als Sandwich zu Wilkes sagte, er werde entweder am Galgen oder an einer Geschlechtskrankheit sterben, antwortete Wilkes: «Das hängt davon ab, mein Herr, ob ich mir Ihre Grundsätze oder Ihre Mätresse zu eigen mache.»[75]

Am gleichen 15. November erhob sich Wilkes im Unterhaus, um eine Klage wegen des Bruches von Privilegien bei seiner Verhaftung einzubringen. Er wurde überstimmt, und das Parlament beauftragte den Henker, die Nummer 45 von The North Briton öffentlich zu verbrennen. Am 17. forderte Samuel Martin, der in dieser Ausgabe beschimpft worden war, Wilkes zu einem Duell heraus. Sie trafen sich im Hyde Park; Wilkes wurde ernsthaft verwundet und mußte einen Monat lang das Bett hüten. Das Volk von London verurteilte Martin als gedungenen Mörder; es rottete sich zusammen, als der Henker versuchte, Wilkes' Zeitschrift zu verbrennen. «Wilkes und die Freiheit!» und «Nummer fünfundvierzig!» wurden die Losungsworte einer wachsenden Volksrebellion gegen König und Parlament[76]. Nachdem ein Schotte in einem Anfall von Wahnsinn versucht hatte, ihn zu töten, ging Wilkes nach Frankreich (26. De-

254 SAMUEL JOHNSONS ENGLAND

zember). Am 19. Januar 1764 wurde er formell aus dem Parlament ausgestoßen, am 21. Februar vom Oberhofgericht für schuldig befunden, die Nummer 45 und den *Essay on Woman* gedruckt zu haben; er wurde vorgeladen, zur Urteilsverkündung zu erscheinen; als dies nicht geschah, wurde er am 1. November für vogelfrei erklärt.

Vier Jahre lang wanderte Wilkes durch Frankreich und Italien, da er lebenslängliches Gefängnis zu befürchten hatte, wenn er nach England zurückkehrte. In Rom sah er häufig Winckelmann, in Neapel lernte er Boswell kennen, der ihn für einen interessanten Gesellschafter hielt. «Seine anschaulichen und scharfen Bemerkungen zu Moralfragen versetzten meinen Geist in eine nicht unangenehme Erregung.»[77] Auf dem Rückweg nach Paris besuchte Wilkes Voltaire in Ferney und bezauberte den witzigsten Mann in Europa durch seinen Witz.

Die Rückkehr der Liberalen an die Macht unter Rockingham und Grafton veranlaßten Wilkes, auf eine Begnadigung zu hoffen. Er erhielt von privater Seite Zusicherungen, er würde nicht belästigt werden, wenn er sich ruhig verhielte. Er kehrte 1768 nach England zurück und kandidierte in London für das Parlament. Als er diese Wahl verlor, versuchte er sein Glück in Middlesex und erhielt nach einem heftigen Wahlkampf eine beträchtliche Mehrheit; dieser bereits stark verstädterte ländliche Wahlbezirk (er umfaßt heute das nordwestliche London) war bekannt für seine radikalen Neigungen und seine Feindseligkeit gegen den aufsteigenden Kapitalismus. Am 20. April stellte Wilkes sich dem Gericht, in der Erwartung, daß seine Ächtung rückgängig gemacht werde. Dies geschah zwar, aber er wurde zu einer Geldstrafe von 1000 Pfund und zweiundzwanzig Monaten Gefängnis verurteilt. Eine wütende Menge entriß ihn den Gerichtsbeamten und trug ihn im Triumph durch die Straßen Londons. Nachdem er seinen Bewunderern entkommen war, stellte er sich freiwillig im Gefängnis St. George's Fields ein. Hier rottete sich am 10. Mai wiederum eine Menge zusammen und schickte sich an, ihn erneut zu befreien. Soldaten schossen auf die Aufrührer; fünf wurden getötet, fünfzehn verwundet.

Am 4. Februar 1769 schloß das Unterhaus ihn zum zweitenmal aus; Middlesex wählte ihn von neuem (16. Februar); er wurde zum drittenmal ausgeschlossen; Middlesex wählte ihn wieder (13. April), dieses Mal mit 1143 Stimmen gegen 296 für Henry Luttrell. Das Parlament sprach Luttrell den Sitz zu mit der Begründung, Wilkes sei, da er vom Parlament ausgeschlossen worden war, für die Dauer der Sitzungsperiode dieses Parlamentes gesetzmäßig disqualifiziert. Luttrell wurde tätlich angegriffen, als er das Unterhaus verließ; er wagte es nicht, sich auf der Straße zu zeigen[78]. Siebzehn Landwahlbezirke und viele Stadtwahlbezirke richteten Bittschriften an den Thron und beklagten sich, die Rechte der freien Grundbesitzer, ihre Vertreter in das Unterhaus zu wählen, seien schamlos verletzt worden. Der König, der die verschiedenen Ausschlüsse von Wilkes energisch unterstützt hatte, ignorierte die Petitionen, woraufhin ein Mitglied, Oberst Isaac Barré, im Parlament erklärte, «die Nichtbeachtung der Petitionen könnte das Volk lehren, auf Meuchelmord zu sinnen»[79]*. John Horne

---

* Die Stadt Wilkes-Barre in Pennsylvania wurde nach Wilkes und Barré benannt, weil die beiden die Sache der Kolonien im Parlament nachhaltig unterstützten.

DAS POLITISCHE DRAMA 255

Tooke, ein junger Geistlicher, der unter Voltaires Einfluß seinen Glauben verloren hatte, legte sein geistliches Amt nieder und erklärte nach den wiederholten Maßregelungen Wilkes', er würde seinen schwarzen Priesterrock rot färben.

Tooke war führend beteiligt an der Gründung der Gesellschaft der Verteidiger der «Bill of Rights» (1769), deren unmittelbarer Zweck es war, Wilkes aus dem Gefängnis zu befreien, seine Schulden zu bezahlen und ihn wieder ins Parlament zu bringen. In öffentlichen Versammlungen agitierte er für die Auflösung des bestehenden Parlaments, weil es unverbesserlich korrupt sei und dem allgemeinen Willen nicht mehr entspräche; er forderte, das Parlament sollte jährlich auf Grund des allgemeinen Wahlrechts der männlichen Erwachsenen neu gewählt werden und das Kabinett dem Parlament gegenüber für seine Politik und seine Ausgaben verantwortlich sein[80]. Alle Kandidaten für das Parlament sollten einen Eid schwören, weder Bestechungsgelder noch einen Posten, eine Pension oder andere Zuwendungen von der Krone anzunehmen, und jedes Mitglied müsse die Anschauungen seiner Wähler verteidigen, auch wenn sie im Gegensatz zu den seinigen stünden. Den Beschwerden Irlands sollte nachgegangen werden, und die amerikanischen Kolonien sollten allein das Recht haben, ihre Bevölkerung zu besteuern[81].

Im Juli 1769 legten William Beckford als Oberbürgermeister von London und die «Livery», die uniformierten Beamten der Stadt, dem König eine Adresse vor, in der sie seine Minister beschuldigten, sie untergrüben die Verfassung, auf Grund derer das Haus Hannover den Thron Englands erhalten hatte. Und am 14. März des folgenden Jahres unterbreiteten sie dem König eine Beschwerde, die in der Sprache der Revolution gehalten war: «Unter demselben geheimen und böswilligen Einflusse, der in allen aufeinanderfolgenden Verwaltungen jede gute Absicht vereitelte und jedes böse Beginnen an die Hand gab, hat die Majorität des Unterhauses Ihr Volk seiner teuersten Rechte beraubt. Sie hat damit eine Tat begangen, die verderblicher in ihren Konsequenzen ist als die Erhebung des Schiffsgeldes durch Karl I. oder die von Jakob II. angemaßte Dispensationsgewalt.»[82] Der König wurde aufgefordert, die «konstitutionelle Regierung» wiederherzustellen ..., «diese schlechten Minister für immer aus Eurem Rat zu entfernen»[83] und das derzeitige Parlament aufzulösen. Der wütende Monarch rief, die Hand ans Schwert legend, aus: «Ehe ich einer Auflösung zustimme, greife ich zu diesem.»[84] London schien, mehr als Paris, im Jahre 1770 der Revolution nahe zu sein.

In diesen Strudel politischer Erregung schleuderte «Junius» die aufrührerischsten Briefe der englischen Geschichte. Dieser Mann wußte seine Identität so gut geheimzuhalten, selbst vor seinen Verlegern, daß bis heute niemand weiß, wer er war, obwohl die meisten Vermutungen auf Sir Philip Francis zielen, den wir als den unversöhnlichen Gegner von Warren Hastings kennenlernen werden. Der Autor hatte einige Briefe bereits mit «Lucius», andere mit «Brutus» unterzeichnet. Nun benutzte er den mittleren Namen jenes Lucius Iunius Brutus, der nach Livius etwa um 510 vor Christus einen König abgesetzt und die römische Republik gegründet hatte. Die sichere Beherrschung des Englischen in diesen Briefen zeigt, daß «Junius» die Erziehung, wenn auch nicht die Manieren eines Gentleman besaß. Vermutlich verfügte er über einige Mittel, denn er bezog kein Honorar für die Briefe, deren Tonfall und Schärfe die Verbreitung des *Public Advertiser,* worin sie vom 21. November 1768 bis zum 21. Januar 1772 erschienen, auf das gewinnbringendste förderten.

In einer «Widmung an die englische Nation», die er den gesammelten *Briefen des Junius* 1772 voranstellte, tat der Verfasser seine Absicht kund, «auf freien Wahlen zu bestehen und Euer unabdingbares Recht darauf, Eure Vertreter nach eigenem Willen zu bestimmen, zu verteidigen». Ausgehend von dem wiederholten Ausschluß von Wilkes aus der Anwaltskammer und den Verhaftungen, die im Zusammenhang mit dessen Artikel in Nummer 45 des *North Briton* auf Grund eines summarischen Haftbefehls erfolgt waren, sagte er: «Die Freiheit der Presse ist der Hort aller persönlichen, politischen und religiösen Rechte eines englischen Bürgers.» Im Hinblick auf die Grundlagen der britischen Staatsführung hieß es: «Die Befugnisse des Königs, der Lords und der Gemeinen sind nichts Willkürliches. Diese drei sind die Treuhänder, nicht die Besitzer der staatlichen Gewalt. Ihre Eigentümer sind *wir* ... Ich bin überzeugt, daß Ihr es nicht dem Belieben von siebenhundert Personen – die, wie jedermann weiß, durch die Krone bestochen sind – überlassen werdet, ob sieben Millionen, die mit ihnen gleichen Rechtes sind, freie Männer oder Sklaven sein sollen.»[85]

Dann warf «Junius» dem Ministerium Grafton (1768–1770) vor, es verkaufe Ämter und verderbe das Parlament durch Bestechung und Günstlingswirtschaft. An diesem Punkt wurde der Ankläger in seinen Worten so unverblümt und geriet dermaßen in Hitze, daß man vermuten muß, er habe sich für eine persönlich erlittene Unbill rächen wollen.

«Tritt vor, Du tugendhafter Minister, und erzähle der Welt, aus welchem Interesse Mr. Hine so einer außerordentlichen Gnadenbezeigung Seiner Majestät empfohlen worden ist! Welches war der Preis des Patents, das er gekauft hat? ... Wagen Sie es, einen Menschen wie Vaughan zu verfolgen, während Sie die königliche Gunst so niederträchtig zur Auktion bringen? ... Und glauben Sie, daß solche Abscheulichkeiten ohne Strafe hingehen sollen? Es ist in der Tat höchlich Ihr Interesse, das jetzige Unterhaus aufrechtzuerhalten. Da es Ihnen die Nation *en gros* verkauft hat, so wird es Sie ohne Zweifel *en détail* beschützen; denn indem es Ihre Verbrechen in Schutz nimmt, zeigt es Zärtlichkeit für seine eigenen.»[86]

Die Attacke ging weiter, auch als Grafton längst demissioniert hatte; so in dem Brief vom 22. Juni 1771:

«Wenn ich mich erinnere, wie viel Verdienst sein geheiligter Charakter in Anspruch nimmt, kann ich Sie nicht ohne einen Schein von Parteilichkeit den erbärmlichsten und niederträchtigsten Gesellen im ganzen Königreich nennen. Ich verwahre mich, Mylord; ich halte Sie nicht dafür. Sie haben in der Art von Ruhm, worauf Sie bisher so glücklich Ihren Ehrgeiz richteten, einen gefährlichen Nebenbuhler, so lange noch ein Mann lebt, der Sie seines Vertrauens würdig und geeignet findet, an seiner Regierung teilzunehmen.»[86a]

Mit diesen Worten schien Georg III. selbst als der «niederträchtigste Geselle im ganzen Königreich» bezeichnet zu sein. Bereits in Brief XXXV hatte Junius gefordert, den König «mit Würde und Festigkeit, aber nicht ohne Rücksicht» anzugreifen:

DAS POLITISCHE DRAMA

«Sire, es ist das Unglück Ihres Lebens ..., daß Sie nie früher mit der Wahrheit bekannt werden sollten, als bis Sie in den Klagen Ihres Volkes sie vernahmen. Dennoch ist es nicht zu spät, den Fehler Ihrer Erziehung zu verbessern.»[86b] Junius riet Georg, die Tory-Minister zu entlassen und Wilkes zu erlauben, den Sitz einzunehmen, der ihm durch die Wahl zugefallen war. «Der Fürst, welcher Ihr Betragen nachahmt, sollte durch Ihr Beispiel gewarnt werden, und während er sich mit der Sicherheit seines Anspruchs auf die Krone brüstet, sollte er sich erinnern: wie sie durch eine Revolution gewonnen wurde, so kann sie durch eine andere verlorengehen.»[87]

Henry Woodfall, der diesen Brief in *The Public Advertiser* veröffentlichte, wurde wegen Verleumdung und Anstiftung zum Aufruhr verhaftet. Die Geschworenen, Angehörige der Mittelklasse, deren Gefühle sie respektieren zu müssen glaubten, weigerten sich, ihn zu verurteilen, und er wurde gegen Zahlung der Kosten freigelassen. Junius hatte jetzt den Gipfel seiner Kühnheit und Macht erreicht. Doch der König blieb standhaft und stärkte seine Stellung, indem er den liebenswürdigen und durch nichts zu erschütternden Lord North zum Premierminister machte. Junius setzte seine Briefe bis 1772 fort und räumte dann das Feld. Es sei darauf hingewiesen, daß 1772 Sir Philip Francis das Kriegsministerium, über dessen Angelegenheiten Junius intime Kenntnisse verraten hatte, verließ und nach Indien ging.

Die Briefe gehören sowohl zur literarischen als auch zur politischen Geschichte Englands, denn sie sind ein lebendiges Beispiel für den Stil, zu dem viele britische Staatsmänner sich erheben oder erniedrigen konnten, wenn Leidenschaft sie entflammte – und Anonymität sie schützte. Hier ist echtes Englisch vermischt mit Beschimpfungen, doch die Beschimpfungen selbst sind oft Musterbeispiele von feinster Ironie oder ätzendem Sarkasmus. Hier gibt es kein Mitleid, keine Großmut, keinen Gedanken daran, daß die Partei des Anklägers ihren Anteil an der Sünde und Schuld des Angeklagten hatte. Wir stimmen Sir William Draper zu, der in Beantwortung des Junius-Briefes vom 21. Januar 1769 schrieb: «Sir, das Königreich wird von einer solchen Unzahl frecher Räuber der Ehre und des guten Namens überschwärmt, daß kein anständiger und guter Mensch mehr sicher ist; besonders wenn diese feigen, niederträchtigen Mörder im Dunkeln zustoßen und nicht den Mut haben, ihre böswilligen, giftigen Produkte zu unterzeichnen.»[88]

Die Entwicklung der englischen Presse zu immer größerer Freiheit und immer stärkerem Einfluß war gekennzeichnet durch einen andern Konflikt dieser Jahre. Gegen 1768 begannen einige Zeitungen, Berichte über die im Parlament gehaltenen wichtigeren Reden zu drucken. Die meisten dieser Berichte waren parteiisch und unrichtig, manche erfunden, manche gemein. Im Februar 1771 beklagte sich Oberst George Onslow vor dem Unterhaus, eine Zeitung habe ihn «den kleinen Schurken» und «dieses erbärmliche unbedeutende Insekt» genannt. Am 12. März befahl das Unterhaus die Verhaftung der Drucker. Diese leisteten Widerstand, verhafteten diejenigen, die sie verhaften wollten, und brachten sie vor zwei Stadträte (einer von ihnen war Wilkes) und den Oberbürgermeister Brass Crosby. Dieser erklärte die versuchte Festnahme der Drucker für ungesetzlich mit der Begründung, die Privilegien der Stadt verböten die

Verhaftung eines Londoners, wenn der Befehl dazu nicht von einem britischen Beamten ausgestellt sei. Der Oberbürgermeister wurde auf Anordnung des Parlaments in den Tower geschickt, doch die Bevölkerung erhob sich zu seiner Unterstützung, griff die Kutschen der Parlamentsmitglieder an, bedrohte die Minister, pfiff den König aus und drang in das Unterhaus ein. Der Oberbürgermeister wurde freigelassen und von einer riesigen Menschenmenge bejubelt. Die Zeitungen nahmen ihre Berichte über die Parlamentsdebatten wieder auf, und das Parlament stellte die Verfolgung der Drucker ein. 1774 begann Luke Hansard, mit Zustimmung des Parlaments, die *Journals of the House of Commons* (Protokolle des Unterhauses) pünktlich und wortgetreu zu veröffentlichen und tat dies bis zu seinem Tode im Jahre 1828.

Dieser historische Sieg der britischen Presse veränderte den Charakter der Parlamentsdebatten und trug dazu bei, die zweite Hälfte des 18. Jahrhunderts zum Goldenen Zeitalter der englischen Beredsamkeit zu machen. Die Redner wurden vorsichtiger, vielleicht auch dramatischer, wenn sie glaubten, auf den ganzen Britischen Inseln gehört zu werden. Ein Fortschritt in Richtung auf die Demokratie hin war nun, da die politische Information und Einsicht immer weitere Verbreitung fanden, unvermeidlich. Die Geschäftsleute, die Intellektuellen und die mehr und mehr an Bedeutung gewinnenden Radikalen fanden in der Presse eine Stimme, die immer kühner und wirksamer wurde, bis sie selbst die Macht der Monarchie brach. Die Wähler erfuhren nun, wie gut ihre Vertreter sie und ihre Interessen in der Gesetzgebung verteidigt hatten. Die Korruption dauerte zwar an, verlor jedoch an Umfang, denn sie konnte leichter bloßgestellt werden. Die Presse wurde eine dritte Macht, die in manchen Fällen das Gleichgewicht zwischen den Klassen in der Nation oder den Parteien im Parlament aufrechterhalten konnte. Männer, die Zeitungen kaufen oder beherrschen konnten, wurden ebenso mächtig wie die Minister.

Die neue Freiheit wurde, wie die meisten Freiheiten, häufig mißbraucht. Manchmal wurde sie das Instrument für Ziele, die eigennütziger und parteiischer, und für eine Opposition, die unsachlicher und heftiger war, als sie je im Parlament in Erscheinung getreten waren; dann verdiente sie den Namen, den Chatham ihr gab – «a chartered libertine» (eine verbriefte Ausschweifung)[80]. Sie mußte ihrerseits durch eine vierte Macht, die öffentliche Meinung, gezügelt werden, die jedoch teils die Quelle, oft die Verführerin, manchmal die Stimme der Presse war. Ausgestattet mit größerem Wissen, begannen unbetitelte Männer und Frauen offen über die Politik und die Methoden der Regierung zu sprechen; sie versammelten sich öffentlich, und ihre Debatten hatten häufig den gleichen Einfluß auf die Geschehnisse wie die des Parlaments. Jetzt konnten sowohl Geld als auch Geburt Anspruch auf das Recht zur Herrschaft erheben. Und gelegentlich hörte man, im Lärm des Gefechts, die Stimme des Volkes.

Wilkes wurde am 17. April 1770 aus dem Gefängnis entlassen. Viele Häuser waren beleuchtet, als gälte es, ein Fest zu feiern, und der Oberbürgermeister stellte vor seiner Amtswohnung ein Schild auf, auf dem in drei Fuß hohen Buchstaben das Wort «Freiheit» stand[90]. Bald wurde Wilkes zum Stadtrat, dann zum Oberbürgermeister gewählt und 1774 von Middlesex wieder ins Parlament geschickt. Jetzt wagten die

DAS POLITISCHE DRAMA 259

Unterhausmitglieder nicht mehr, ihm seinen Sitz zu verweigern, und er behielt ihn durch alle Wahlperioden bis 1790. Er war im Parlament der Führer einer kleinen Gruppe von «Radikalen», die parlamentarische Reformen und das Wahlrecht für die «unteren Klassen» forderten.

«Jeder freie Bürger in diesem Königreich sollte, nach meinem Wunsch, im Parlament vertreten sein. Die kleinen und unbedeutenden Stadtbezirke, die sich so nachdrücklich als der verfaulte Teil unserer Verfassung erwiesen haben, sollten ausgemerzt werden, und es sollte den reichen, dichtbevölkerten Handelsstädten – Birmingham, Manchester, Chesterfield, Leeds und anderen – erlaubt sein, Abgeordnete in den großen Rat der Nation zu schicken ... Ich wünsche, Sir, ein englisches Parlament, das die freie, unvoreingenommene Meinung des ganzen englischen Volkes ausspricht.»[91]

Es dauerte sechsundfünfzig Jahre, bis diese Reformen vom Parlament angenommen werden sollten.

Wilkes weigerte sich, sich im Jahre 1790 wieder zur Wahl zu stellen, und zog sich ins Privatleben zurück. Er starb 1797, siebzig Jahre alt, so arm, wie er geboren war, denn er war in all seinen Ämtern gewissenhaft ehrlich geblieben[92].

V. ENGLAND KONTRA AMERIKA

1750 betrug die Bevölkerungszahl der englischen Kolonien in Nordamerika annähernd 1 750 000, die von England und Wales etwa 6 140 000[93]. Da die Wachstumsrate in den Kolonien bedeutend höher war als die im Mutterland, war es nur eine Sache der Zeit, daß die Nachkommen sich gegen ihre Eltern erheben würden. Montesquieu hatte es 1730 vorausgesagt und sogar im einzelnen erläutert, daß der Bruch durch britische Beschränkungen des amerikanischen Handels verursacht werden würde. Der Marquis d'Argenson prophezeite um 1714, die Kolonien würden sich gegen England erheben, eine Republik bilden und eine der Großmächte werden. Vergennes sagte, bald nachdem England im Siebenjährigen Krieg den Franzosen Kanada weggenommen hatte, zu einem englischen Reisenden: «England wird es bald bereuen, die einzige Bedrohung entfernt zu haben, die seinen Kolonien Respekt einflößen konnte. Jetzt bedürfen sie seines Schutzes nicht mehr. Es wird sie auffordern, die Lasten, welche ihm durch sie aufgebürdet wurden, tragen zu helfen, und sie werden damit antworten, daß sie alle Abhängigkeit abschütteln.»[94]

Die britische Krone beanspruchte das Vetorecht gegen Gesetze, die von den Volksvertretungen der Kolonien beschlossen wurden. Sie machte nicht oft Gebrauch von diesem Recht, doch als die gesetzgebende Versammlung von Süd-Carolina «in Anbetracht der großen durch die enorme Anhäufung von Negern in der Kolonie drohenden sozialen und politischen Gefahr» ein Gesetz beschloß, durch das der Import von Sklaven mit einer hohen Steuer belegt werden sollte, wurde das Gesetz von der Krone für ungültig erklärt, da «der Sklavenhandel einer der gewinnbringendsten Zweige des englischen Handels»[95] war. In wirtschaftlichen Angelegenheiten beanspruchte das Parlament das Recht, Gesetze für das ganze Britische Empire zu erlassen, und gewöhnlich begünstigten seine Gesetze das Mutterland auf Kosten der Kolonien. Sein Ziel war es, Amerika zu einer Quelle von Gütern, die in England nicht leicht produziert werden konnten, und zu einem Markt für englische Fertigwaren zu machen[96]. Es behinderte das Entstehen von Kolonialindustrien, die eine Konkurrenz für England darstellen würden. Es verbot den Kolonisten, Stoffe, Hüte, Lederwaren oder Eisenerzeugnisse herzustellen[97]. So erklärte der sonst so kolonienfreundliche Earl of Chatham, er werde nicht zulassen, daß in Amerika auch nur ein einziger Nagel ohne die Erlaubnis des Parlaments hergestellt werde[98]. Es war den Kolonien verboten, Hochöfen oder Walzwerke zu errichten.

Den amerikanischen Kaufleuten waren zahlreiche Beschränkungen auferlegt. Sie durften Waren nur auf britischen Schiffen verfrachten, durften Tabak, Baumwolle, Seide, Kaffee, Zucker, Reis und viele andere Güter nur an britische Dominien verkaufen, durften Produkte aus dem europäischen Kontinent nur importieren, nachdem sie in England an Land gebracht, verzollt und auf britische Schiffe umgeladen worden waren. Um den Export englischer Wollwaren in die amerikanischen Kolonien zu schützen, war es den Händlern in den Kolonien verboten, amerikanische Wollwaren außerhalb der Kolonie zu verkaufen, in der sie erzeugt worden waren[99]. Amerikanische Importe von Zucker oder Melasse, die aus nichtbritischen Quellen stammten, wurden vom Parlament mit einer hohen Steuer belegt (1733). Die Kolonisten, besonders in Massachusetts, umgingen einige dieser Vorschriften durch Schmuggel und indem sie amerikanische Erzeugnisse heimlich an fremde Nationen, während des Siebenjährigen Krieges sogar an die Franzosen, verkauften. Von den 1 500 000 Pfund Tee, die jährlich in die amerikanischen Kolonien importiert wurden, erfüllten nur etwa zehn Prozent die Vorschrift, über englische Häfen verschifft zu werden[100]. Für die Herstellung eines großen Teils des von den dreiundsechzig Brennereien von Massachusetts im Jahre 1750 produzierten Whiskys wurden Zucker und Melasse verwendet, die aus Französisch-Westindien eingeschmuggelt worden waren[101].

Für die Rechtfertigung der Vorschriften wiesen die Briten darauf hin, daß andere europäische Nationen zum Schutz oder zur Belohnung ihres eigenen Volkes ihren Kolonien ähnliche Beschränkungen auferlegten, daß viele amerikanische Erzeugnisse auf Grund ihrer Befreiung von Importzöllen praktisch ein Monopol auf dem englischen Markt besäßen und daß England für die Kosten des Schutzes, den seine Flotte der kolonialen Schiffahrt und seine Armee den Kolonien gegen die Franzosen und die Indianer in Amerika gewährten, eine wirtschaftliche Gegenleistung beanspruchen durfte. Die Vertreibung der Franzosen aus Kanada und der Spanier aus Florida hatte die Kolonial-Engländer von Gefahren befreit, die ihnen lange zu schaffen gemacht hatten. England fühlte sich berechtigt, von Amerika zu fordern, daß es ihm bei der Bezahlung der enormen Schulden – 140 Millionen Pfund – helfe, die Großbritannien während des Siebenjährigen Krieges gemacht hatte. Die Kolonisten erwiderten, sie hätten 20 000 Soldaten für diesen Krieg gestellt und selbst Schulden in der Höhe von 2 500 000 Pfund gemacht.

DAS POLITISCHE DRAMA 261

Jedenfalls beschloß England, die Kolonien zu besteuern. Im März 1765 brachte Grenville im Parlament einen Antrag ein, daß alle kolonialen Rechtsurkunden, Rechnungen, Diplome, Spielkarten, Obligationen, Verschreibungen, Pfandscheine, Versicherungspolicen und Zeitungen einen Stempel tragen sollten, für den eine Gebühr an die britische Regierung entrichtet werden mußte. Patrick Henry in Virginia und Samuel Adams in Massachusetts plädierten für eine Nichtanerkennung dieser Stempelsteuer mit der Begründung, daß nach der Tradition – im Sinne der Magna Charta, des großen Aufstands gegen Karl I. und der «Bill of Rights» – Engländer gerechterweise nur mit ihrer eigenen oder mit der Zustimmung ihrer autorisierten Vertreter besteuert werden konnten. Wie konnten dann englische Kolonien durch ein Parlament besteuert werden, in dem sie nicht vertreten waren? Die Briten antworteten, die Schwierigkeiten im Verkehr und in den Nachrichtenverbindungen machten eine amerikanische Vertretung im Parlament praktisch unmöglich, und sie wiesen darauf hin, daß Millionen von erwachsenen Engländern seit Jahrhunderten die Besteuerung durch das Parlament anerkannten, obwohl sie bei dessen Wahl keine Stimme hatten, weil sie fühlten, was auch die Amerikaner fühlen sollten, nämlich, daß sie im Grunde genommen im Parlament vertreten seien, weil dessen Mitglieder sich als Vertreter des gesamten Britischen Empires betrachteten.

Die Kolonisten waren nicht überzeugt. So gut wie das Parlament die Steuerhoheit als Angelpunkt seiner Gewalt über den König beibehalten hatte, so gut verteidigten nun auch die Kolonien ihr Recht, sich selbst zu besteuern, als die einzige Alternative zur finanziellen Unterdrückung durch Männer, die sie nicht kannten und die nie amerikanischen Boden betreten hatten. Anwälte entzogen sich der Verpflichtung, gestempelte Dokumente zu benutzen, manche Zeitungen trugen einen Totenkopf, wo der Stempel erscheinen sollte, die Amerikaner begannen, englische Waren zu boykottieren, Kaufleute machten Bestellungen für britische Erzeugnisse rückgängig, und manche verweigerten die Bezahlung ihrer Schulden an England, bis das Stempelgesetz aufgehoben würde[102]. Die Töchter der Kolonisten verpflichteten sich, keine Freier zu erhören, die das Stempelgesetz nicht ablehnten[103]. Der Volkszorn nahm in manchen Städten die Form des Aufruhrs an; in New York wurde der vom König ernannte Gouverneur in effigie gehängt, in Boston wurde das Haus des Unterstatthalters Thomas Hutchinson niedergebrannt, und die Stempelverteiler wurden unter Androhung, man werde sie aufhängen, gezwungen, auf ihre Ämter zu verzichten. Als die britischen Kaufleute und Fabrikanten die Auswirkungen des Boykotts zu spüren bekamen, forderten sie die Aufhebung des Gesetzes; aus London, Bristol, Liverpool und anderen Städten gingen bei der Regierung Petitionen ein, in denen erklärt wurde, daß ohne Aufhebung des Gesetzes viele englische Fabriken ruiniert würden; Tausende von Arbeitern waren bereits wegen Mangels an Aufträgen aus Amerika entlassen worden. Vielleicht geschah es auf Grund dieser Notrufe, daß Pitt nach einer langen Krankheit unter dramatischen Umständen ins Parlament zurückkehrte und erklärte (14. Januar 1766): «Es ist meine Meinung, daß dieses Königreich kein Recht hat, den Kolonien eine Steuer aufzuerlegen.» Er machte die «Vorstellung, daß die Kolonien virtuell im

Unterhaus vertreten seien», lächerlich. Als George Grenville ihn unterbrach und erklärte, Pitt ermutige die Meuterei, antwortete dieser mit den herausfordernden Worten: «Ich freue mich, daß Amerika Widerstand geleistet hat.» [104]

Am 18. März überredete Lord Rockingham das Parlament, das Stempelgesetz aufzuheben. Um «die Freunde des Königs» zu besänftigen, ergänzte er die Aufhebung durch einen «deklaratorischen Akt», der die Autorität des Königs, mit der Zustimmung des Parlaments für die Kolonien bindende Gesetze zu erlassen, und die Autorität des Parlaments, die britischen Kolonien zu besteuern, bestätigte. Die Amerikaner akzeptierten die Aufhebung und ignorierten die Zusatzerklärung. Jetzt schien eine Versöhnung möglich. Doch im Juli wurde das Kabinett Rockingham gestürzt, und im Kabinett Grafton, das ihm folgte, erneuerte der Schatzkanzler Charles Townshend den Versuch, die Kolonien zur Bezahlung der administrativen und militärischen Leistungen heranzuziehen, die erforderlich waren, um sie gegen innere Unruhe oder äußere Angriffe zu schützen. Am 13. Mai 1767 beantragte er im Parlament, es sollten neue Zölle auf Importe von Glas, Blei, Papier und Tee nach Amerika beschlossen werden. Die Einkünfte aus diesen Zöllen sollten vom König verwendet werden, um die Gehälter der von ihm für Amerika ernannten Gouverneure und Richter zu bezahlen, und Überschüsse sollten dazu bestimmt sein, die dort stationierten britischen Truppen zu unterhalten. Townshend starb wenige Monate später.

Die Amerikaner lehnten die neuen Zölle als getarnte Besteuerung ab. Sie hatten die königlichen Truppen und Gouverneure in bezug auf deren Unterhalt weitgehend von Geldmitteln abhängig gemacht, die von den kolonialen Volksvertretungen bewilligt wurden; diese Finanzgewalt dem König zu übertragen würde bedeuten, die Leitung der amerikanischen Regierung der königlichen Autorität unterzuordnen. Die Volksvertretungen forderten einen erneuten Boykott britischer Waren. Versuchen, die neuen Zölle einzuziehen, wurde heftiger Widerstand entgegengesetzt. Lord North suchte einen Kompromiß zu erreichen, indem er alle Townshend-Steuern, mit Ausnahme eines Zolls von drei Pence pro Pfund auf Tee, abschaffte. Die Kolonien lockerten ihren Boykott, beschlossen jedoch, nur noch eingeschmuggelten Tee zu trinken. Als drei Schiffe der Ostindischen Kompanie versuchten, 298 Fässer Tee in Boston zu löschen, ging ein halbes Hundert wütender Kolonisten, als Mohawk-Indianer verkleidet, an Bord der Fahrzeuge, überwältigte die Besatzungen und schüttete die Ladungen ins Meer (16. Dezember 1773). Aufstände in anderen amerikanischen Häfen vereitelten weitere Bemühungen, den Tee der Kompanie ins Land zu bringen.

Die weiteren Ereignisse gehören größtenteils der amerikanischen Geschichte an, doch die Rolle, die britische Staatsmänner, Redner, Schriftsteller und die öffentliche Meinung in ihrem Verlauf spielten, bildete ein wesentliches Element in der Geschichte Englands. So wie in Amerika eine große und aktive Minderheit eine loyale Haltung gegenüber dem Mutterland und seiner Regierung forderte, so bemühte sich in England, wo die Allgemeinheit die kriegerischen Maßnahmen des Kabinetts von Lord North unterstützte, eine im Parlament durch Chatham, Burke, Fox, Horace Walpole und Wilkes vertretene Minderheit um Frieden unter Bedingungen, die günstig für Amerika

DAS POLITISCHE DRAMA 263

wären. Einige sahen in dieser Teilung der englischen Meinung eine Wiederbelebung der Gegnerschaft zwischen Royalisten und Parlamentaristen im Jahre 1642. Die Anglikanische Kirche unterstützte voll und ganz den Krieg gegen die Kolonien, das gleiche taten die Methodisten unter Wesleys Führung, doch viele andere Nonkonformisten bedauerten den Konflikt, denn sie erinnerten sich daran, daß die Mehrheit der Kolonisten aus dissidenten religiösen Gruppen hergekommen war. Gibbon stimmte mit Johnson in der Verurteilung der Kolonien überein; doch David Hume, dem Tode nahe, warnte die Briten, der Versuch, Amerika mit Gewalt zu zwingen, würde zur Katastrophe führen[105]. Die Geschäftsleute unterstützten den König, da die Kriegsaufträge ihnen hohe Profite einbrachten. «Der Krieg», erklärte Burke bedauernd, «ist ihnen wirklich schon eine Art von Surrogat für den Handel ... Große Bestellungen von Provisionen und Vorräten aller Art ... halten den Mut der kaufmännischen Welt aufrecht und lassen sie den amerikanischen Krieg nicht sowohl als ihr Unglück, sondern als ihre Hilfsquelle in einer unvermeidlichen Notlage betrachten.»[106]

Die Liberalen befürchteten, der Krieg würde die Tories gegen die Whigs und den König gegen das Parlament stärken; ein Liberaler, der Herzog von Richmond, dachte daran, nach Frankreich überzusiedeln, um dem königlichen Despotismus zu entgehen[107]. Georg III. lieferte einigen Anlaß für Richmonds Befürchtungen. Der König übernahm die volle Verantwortung für den Krieg, sogar für militärische Einzelheiten; Lord North und die anderen Minister ordneten sich, oft gegen ihr eigenes Urteil, der königlichen Führung unter. Der König glaubte, wenn die Amerikaner mit ihren Forderungen Erfolg hätten, würden auch in den anderen Kolonien Aufstände ausbrechen und schließlich Englands Macht auf seine Insel beschränken. Der Earl of Chatham jedoch warnte das Parlament, die gewaltsame Unterdrückung Amerikas wäre ein Sieg der Grundsätze Karls I. und Jakobs II. Am 20. November 1777, als die britischen Heere in Amerika zahlreiche Niederlagen erlitten hatten und Frankreich den Kolonien Hilfsgelder schickte, hörte Chatham, im Oberhaus erscheinend, als käme er aus dem Grabe, mit wachsendem Unwillen die «Thronrede» und erhob sich, um eine der größten Reden in den Annalen des britischen Parlaments zu halten. Hier vereinigten sich Geschichte und Literatur:

«Ich erhebe mich, meine Lords, um zu diesem höchst wichtigen und ernsten Gegenstand meine Meinung zu sagen ... Ich kann einer unbesonnenen und servilen Thronrede nicht zustimmen, welche die ungeheuerlichen Maßnahmen billigt und zu rechtfertigen versucht, die Schande und Unglück auf uns gehäuft und uns an den Rand des Ruins gebracht haben. Dies, meine Lords, ist ein gefährlicher und fürchterlicher Augenblick! Jetzt ist nicht die Zeit für Speichelleckerei. Hier wäre glattzüngige Schmeichelei nur von Schaden ... Es ist jetzt unerläßlich, mit dem Thron in der Sprache der Wahrheit zu reden ... Dies, meine Lords, ist unsere Pflicht; es ist die wirkliche Aufgabe dieser edlen Versammlung, die, mit unserer Ehre bürgend, in diesem Hause tagt, des erblichen Rates der Krone. Und wer ist der Minister, wo ist der Minister, der es gewagt hat, dem Thron die heute hier benutzte verfassungswidrige Sprache vorzuschlagen? Die gewohnte Sprache des Thrones ist bis heute die einer Bitte an das Parlament um Rat gewesen ... Doch heute, und in diesem Augenblick höchster Not, wird mit keinem Wort an unsere verfassungsmäßig festgelegte beratende Funktion appelliert, wird kein Rat erbeten von der besonnenen und vorurteilsfreien Fürsorge des Parlaments, sondern die Krone bekundet, von sich aus und allein, die unveränderte Entschlossenheit ..., diktierte und uns aufgezwungene ... Maßnahmen weiterzuverfolgen, welche diesem einstmals blühenden Empire Ruin und Verachtung eingebracht haben. Gestern noch hätte England der Welt widerstanden; doch heute achtet es auch kein noch so Armer ...

Meine Lords, Sie können Amerika nicht besiegen ... Sie mögen Ihre Ausgaben noch so sehr erhöhen und Ihre Anstrengungen noch so sehr steigern, jede Hilfe annehmen, die Sie kaufen oder leihen können, mit jedem kleinen, erbärmlichen deutschen Fürsten handeln und feilschen, der seine Untertanen verkauft und zur Schlachtbank schickt ... Ihre Bemühungen sind für immer vergeblich und ohnmächtig und dies erst recht mit dieser feilen Hilfe, auf die Sie sich verlassen, denn sie reizt Ihre Feinde zu unversöhnlichem Haß ... Wäre ich Amerikaner, wie ich Engländer bin, ich würde, wenn fremde Truppen in mein Land einfielen, nie meine Waffen niederlegen – nie – nie – nie!» [108]

Burke wandte seine ganze Überredungskunst auf, um das Parlament und das Kabinett von einer Politik der Gewalt gegen Amerika abzubringen. Von 1774 bis 1780 vertrat er im Parlament die Stadt Bristol, deren Kaufleute zunächst gegen den Krieg mit Amerika waren [109]; zu dieser Zeit war er auch bezahlter Agent des Staates New York [110]. Er leugnete nicht, wie Chatham, das Recht des Parlaments, die Kolonien zu besteuern, und unterstützte nicht die Berufung der Kolonisten auf die abstrakte Theorie des «Naturrechts». Er stellte das Problem so dar, daß nüchterne Männer der Tat ihn verstehen konnten: War es praktisch, Amerika zu besteuern? In seiner Rede vom 19. April 1774 über die Besteuerung Amerikas verurteilte er nicht nur die Townshend-Gesetze, sondern auch die Drei-Pence-Steuer auf Tee; warnend erklärte er, wenn man Amerika außer den industriellen und kommerziellen Beschränkungen auch noch Steuern auferlegte, würden die Kolonisten in einem Widerstand verharren, der das im Entstehen begriffene Britische Empire zerbrechen und das Ansehen des Parlaments schädigen mußte.

Als er sich mit dieser Meinung nicht durchsetzte, erneuerte er am 22. März 1775 seinen Antrag auf eine friedliche Regelung. Er wies darauf hin, daß der Handel mit Amerika zwischen 1704 und 1772 um das Zehnfache gewachsen war [111], und fragte, ob es klug sei, diesen Handel zu unterbrechen, vielleicht zu opfern. Er befürchtete, daß ein Krieg mit den Kolonien England den Angriffen eines ausländischen Feindes exponieren würde, so wie es 1778 denn geschah. Er gab zu, daß eine amerikanische Vertretung im Parlament durch das Meer unmöglich gemacht werde – opposuit natura; er forderte nur, daß England nicht auf Steuern zurückgreifen, sondern sich mit den Volksvertretungen der Kolonien auf freiwillige Zuschüsse einigen sollte; solche Zuschüsse würden wahrscheinlich mehr einbringen als direkte Steuern nach Abzug der Unkosten für eine zwangsweise Einziehung [112].

Sein Antrag wurde mit 270 gegen 78 Stimmen abgelehnt, doch er hatte den Trost, den beredsamen und erfahrenen Charles James Fox für sich zu gewinnen; so begann eine durch die amerikanische Revolution geschmiedete und durch die Französische Revolution wieder entzweigerissene Freundschaft. Gibbon nannte Fox' Rede vom 31. Oktober 1776 die meisterhafteste, die er je gehört hatte, und Horace Walpole bezeichnete sie als «eine seiner (Fox') besten und feurigsten Reden» [113]. Walpole

DAS POLITISCHE DRAMA

trat selbst für die Versöhnung ein; er bedauerte den Niedergang der britischen Staatskunst unter Lord North, und am 11.September 1775 schrieb er an Horace Mann:

«Das Parlament soll am 20. des nächsten Monats zusammentreten und 26000 Seeleute bewilligen. Welch blutiges Ansinnen! Unter welchen Qualen muß die Freiheit in Amerika erhalten werden! Was kann sie in England retten? Oh, wahnsinniges, wahnsinniges England! Welcher Irrsinn, seine Schätze wegzuwerfen, sein reiches Empire zu verwüsten und seine Freiheit zu opfern, damit sein Fürst der despotische Herr grenzenloser Wüsten in Amerika und einer verarmten, entvölkerten und daher unbedeutenden Insel in Europa sein kann!»[114]

Nicht die Leidenschaft Chathams, Burkes und Fox', sondern die Siege und diplomatischen Schachzüge der Kolonien brachten das englische Volk und dann seine Regierung dazu, an Frieden zu denken. Burgoynes Kapitulation in Saratoga (17.Oktober 1777) war der Wendepunkt; zum erstenmal verstand England Chathams Warnung «Sie können Amerika nicht besiegen». Als Frankreich die «Vereinigten Staaten von Amerika» anerkannte und England ebenfalls den Krieg erklärte (6.Februar 1778), bestätigte das Verhalten der französischen Staatsmänner Chathams Urteil, und das Gewicht französischer Waffen und einer wiederaufgebauten französischen Flotte vermehrte die der britischen Nation bereits aufgebürdete Last. Lord North selbst verlor den Mut und ersuchte um seine Entlassung; der König überlud ihn mit Geschenken und bat ihn, zu bleiben.

Viele hervorragende Engländer fühlten jetzt, daß nur eine von dem Earl of Chatham gebildete und geleitete Regierung die Kolonien bewegen könnte, das französische Bündnis aufzugeben und zu England zurückzukehren. Doch Georg wollte nichts davon hören. «Ich erkläre feierlich», sagte er zu North, «daß nichts mich dazu bringen wird, persönlich mit Lord Chatham zu verhandeln.»[115] Der Earl kam am 7.April 1778 zum letztenmal ins Oberhaus, auf Krücken und auf seinen Sohn William gestützt, das Gesicht von der Nähe des Todes gezeichnet, die Stimme so schwach, daß sie kaum vernehmbar war. Wiederum riet er zur Versöhnung, widersetzte sich jedoch der «Zerstückelung dieser alten und höchst edlen Monarchie» durch die Zuerkennung der Unabhängigkeit an Amerika[116]. Der Herzog von Richmond antwortete, nur durch ein solches Zugeständnis könne Amerika wieder zurückgewonnen werden. Chatham versuchte sich zu erheben und wieder zu sprechen, doch brach er, von einem Schlaganfall getroffen, zusammen. Er starb am 11.Mai 1778. Das Parlament bewilligte ihm ein Staatsbegräbnis und ein Denkmal in der Westminsterabtei. Er war nach übereinstimmender Meinung der größte Engländer seiner Zeit.

Die Ereignisse überstürzten sich, um die Katastrophe zu vollenden, die er vorausgesagt hatte. Im Juli 1779 schloß sich Spanien dem Krieg Frankreichs gegen England an, belagerte Gibraltar und befahl seiner Flotte, sich an der Verfolgung britischer Schiffe zu beteiligen. Im August drang eine vereinigte Flottille von sechzig französischen und spanischen Schiffen in den Ärmelkanal ein; England bereitete sich fieberhaft auf die Abwehr der Invasion vor. Krankheit lähmte die feindliche Flotte und zwang sie, sich nach Brest zurückzuziehen. Im März 1780 gaben Rußland, Dänemark und Schweden eine gemeinsame «Erklärung bewaffneter Neutralität» ab, in der sie gelobten,

266   SAMUEL JOHNSONS ENGLAND

sich allen weiteren Versuchen Englands, neutrale Schiffe anzuhalten und nach feind-
lichen Gütern zu durchsuchen, widersetzen zu wollen; bald unterzeichneten andere
Neutrale die Erklärung. Die Engländer setzten die Durchsuchung holländischer Schiffe
fort; man fand Beweise für geheime Abmachungen zwischen der Stadt Amsterdam
und einem amerikanischen Unterhändler. England verlangte die Bestrafung der Amsterdamer Beamten; die holländische Regierung weigerte sich, und England erklärte
den Krieg (Dezember 1780). Nun waren fast alle baltischen und atlantischen Staaten
gegen England verbündet, das bis vor kurzem die Meere beherrscht hatte.

Die Anhäufung der Katastrophen fand ihren Widerhall in der Stimmung des Parlaments. Der Unmut über den Widerstand des Königs gegen den Wunsch seiner Minister, den Krieg zu beenden, wuchs. Am 6. April 1780 hatte John Dunning im Unterhaus einen Antrag eingebracht, in dem er erklärte, «daß der Einfluß der Krone gewachsen ist, weiterwächst und verringert werden sollte»; der Antrag wurde mit 233
gegen 215 Stimmen gebilligt. Am 23. Januar 1781 nahm der jüngere Pitt seinen Sitz
im Parlament ein; in seiner zweiten Rede brandmarkte er den Krieg mit Amerika als
«höchst fluchwürdig, barbarisch, grausam, unnatürlich, ungerecht und diabolisch»[117].
Freudig hieß Fox Pitt in den Reihen der Opposition willkommen, sah jedoch nicht
voraus, daß dieser junge Mann bald sein stärkster Gegner sein würde.

Am 19. Oktober 1781 ergab Lord Cornwallis sich Washington in Yorktown. «O
Gott, alles ist vorüber!» rief Lord North aus; doch der König bestand darauf, der
Krieg müsse weitergehen. Im März 1782 traf die Nachricht ein, Minorca sei von den
Spaniern und mehrere westindische Inseln von den Franzosen eingenommen worden.
Öffentliche Versammlungen in ganz England forderten Frieden. Die Mehrheit von Lord
North im Unterhaus ging von zweiundzwanzig Stimmen auf neunzehn zurück und auf
eine bei einem Antrag, «das Haus könne nicht länger Vertrauen in die derzeitigen
Minister setzen» (15. März 1782); hierdurch wurde ein historischer Präzedenzfall für
das parlamentarische Verfahren der Erzwingung eines Kabinettswechsels geschaffen.
Am 18. März schrieb North an Georg III. einen Brief des Inhalts, sowohl die königliche
Politik gegenüber Amerika als auch der Versuch, die Herrschaft des Königs über das
Parlament zu errichten, seien gescheitert.

«Eure Majestät werden hierdurch in Kenntnis gesetzt, daß in diesem Land der Fürst auf dem
Thron sich, mit Klugheit, nicht dem wohlüberlegten Beschluß des Unterhauses widersetzen
kann ... Das Parlament hat seine Meinung ausgesprochen, und seine Meinung, ob richtig oder
falsch, muß letzten Endes den Vorrang haben. Eure Majestät ... kann Ihre Ehre nicht verlieren,
wenn Sie nachgeben.»[118]

Am 20. März 1782, nach zwölf Jahren geduldigen Dienens und Gehorchens, demissionierte Lord North. Georg III. schrieb gebrochenen Mutes einen Abdankungsbrief,
schickte ihn jedoch nicht ab. Er fand sich mit einem Kabinett triumphierender Liberaler ab: Rockingham, der Earl of Shelburne, Charles James Fox, Burke und Sheridan.
Als Rockingham starb (1. Juli), folgte ihm Shelburne als Erster Lord-Schatzmeister.
Fox, Burke und Sheridan, die Shelburne ablehnten, traten zurück. Shelburne bereitete
einen Friedensvertrag vor (Paris, 30. November 1782; Paris und Versailles, 20. Januar

DAS POLITISCHE DRAMA 267

und 3. September 1783), der Minorca und Florida an Spanien und Senegal an Frankreich abtrat und nicht nur die Unabhängigkeit der amerikanischen Kolonien, sondern auch ihr Recht auf alle Territorien zwischen den Alleghanies, Florida, dem Mississippi und den Großen Seen anerkannte.

Das englische Volk hatte sich nach Frieden gesehnt; doch es war empört bei dem Gedanken an die Abtretung so großer Gebiete an die Kolonien. Die Kritik an Shelburne erreichte eine solche Schärfe, daß er um seine Entlassung ersuchte (24. Februar 1783). Da der Streit zwischen Shelburne und Fox die liberalen Whigs in zwei Parteien gespalten hatte, von denen keine stark genug war, um im Parlament den Ausschlag zu geben, willigte Fox ein, mit seinem alten Gegner Lord North ein Koalitionskabinett zu bilden. Burke wurde wieder Zahlmeister der Armee, Sheridan, der stets in Schulden war, Schatzminister. Fox und Burke hatten seit einiger Zeit das Verhalten der Engländer in Indien kritisiert, und dieses Land ersetzte nun Amerika als dringendstes Problem der britischen Politik.

VI. ENGLAND UND INDIEN

Die britische Ostindische Kompanie war 1709 als die «vereinigte Kompanie von englischen, mit Ostindien Handel treibenden Kaufleuten» reorganisiert worden. Ein von der britischen Regierung verliehenes Patent gewährte ihr auch das britische Handelsmonopol mit Indien. Sie wurde geleitet von einem Vorsitzenden und vierundzwanzig Direktoren, wählbar jährlich durch eine Kammer der Eigentümer («Court of Proprietors»), in der jeder Inhaber von Aktien im Werte von 500 Pfund oder mehr eine Stimme hatte. In Indien wurde die Kompanie sowohl zu einer militärischen als auch zu einer kaufmännischen Organisation und kämpfte mit holländischen, französischen und einheimischen Armeen um die Trümmer des zerfallenden Reichs der Moguln. In einem dieser Kriege eroberte Siradsch-ud-Daula, der Nabob (Vizekönig) von Bengalen, das der Kompanie gehörende Kalkutta und sperrte 146 Europäer im «schwarzen Loch von Kalkutta» ein, einem Raum von sechs auf fünf Metern mit nur zwei kleinen Fenstern; 123 der Gefangenen starben über Nacht vor Hitze oder durch Ersticken (20./21. Juni 1756).

Robert Clive, der Gouverneur von Fort St. David, machte sich an der Spitze einer kleinen Streitmacht auf den Weg, um Kalkutta für die Kompanie zurückzuerobern. Er schloß sich der Verschwörung Mir Dschafars, eines Edelmannes am Hofe Siradsch-ud-Daulas, an, die den Sturz des Vizekönigs zum Ziel hatte; mit 900 europäischen und 2300 einheimischen Soldaten besiegte er 50000 Mann bei Plassey (23. Juni 1757); Siradsch-ud-Daula wurde hingerichtet und Mir Dschafar an seiner Stelle als Nabob von Bengalen eingesetzt. Clive zog als Sieger in die Hauptstadt Murshidabad ein. Es schien ihm London an Größe gleich und an Reichtum überlegen zu sein. In der Schatzkammer des Nabob fand er eine unglaubliche Anhäufung von Rupien, Juwelen, Gold, Silber und anderen Schätzen. Aufgefordert, den Preis dafür zu nennen, daß er Mir Dschafar auf den Thron gesetzt hatte, verlangte er 160 000 Pfund für sich selbst, 500 000 für

268   SAMUEL JOHNSONS ENGLAND

sein Heer und seine Flotte, 24 000 für jedes Mitglied des Direktoriums der Kompanie und 1 Million Pfund für die Schädigung des Eigentums der Kompanie in Kalkutta. Auf diese Szene spielte Clive an, als er dem Unterhaus sagte, er habe sich über seine eigene Mäßigung gewundert[119]. Er erhielt von Mir Dschafar Geschenke im Gesamtwert von 200 000 Pfund[120] und wurde als britischer Gouverneur von Bengalen anerkannt. Die Kompanie wurde gegen Zahlung einer jährlichen Rente von 27 000 Pfund an Mir Dschafar Eigentümerin von 882 Quadratmeilen Boden rings um Kalkutta. 1759 überließ Mir Dschafar Clive als Gegenleistung für Hilfeleistung bei der Unterdrückung eines Aufstandes die ihm jährlich von der Kompanie gezahlte Rente.

Sicher vor jeder Konkurrenz, beutete die Kompanie die ihrer Herrschaft unterworfenen Eingeborenen mitleidlos aus. Ausgerüstet mit überlegenen Waffen, zwang sie die indischen Herrscher, hohe Summen für den britischen Schutz zu zahlen. Fern von der Überwachung durch die britische Regierung und östlich von Suez immun gegenüber den Zehn Geboten, machten ihre höheren Beamten im Handel riesige Profite, kehrten als Nabobs nach England zurück und waren in der Lage, ohne ihr Kapital ernstlich anzugreifen, einen Wahlbezirk oder einen Sitz im Parlament zu kaufen.

Clive kam 1760 nach England zurück, fünfunddreißig Jahre alt und entschlossen, seinen Ruhm und seinen Reichtum zu genießen. Er kaufte genügend Wahlbezirke, um einen Block im Unterhaus zu beherrschen, und wurde selbst von Shrewsbury gewählt. Einige Direktoren der Ostindischen Kompanie, die der Meinung waren, er habe mehr gestohlen, als ihm nach seinen Jahren zustand, bezichtigten ihn der Benutzung gefälschter Dokumente bei den Verhandlungen mit Siradsch-ud-Daula und Mir Dschafar; doch als in London die Nachricht eintraf, daß Revolten der Eingeborenen, Bestechlichkeit der Beamten und administrative Unfähigkeit die Stellung der Kompanie in Indien gefährdeten, wurde Clive eiligst als Gouverneur von Bengalen nach Kalkutta zurückgeschickt (1765). Hier bemühte er sich, die Korruption bei seinen Untergebenen, die Meuterei unter seinen Truppen und die wiederholten Aufstände einheimischer Herrscher gegen die Kompanie einzudämmen. Am 12. August 1765 überredete er den hilflosen Mogul Schah Alam, der Kompanie die volle finanzielle Administration der Provinzen Bengalen, Bihar und Orissa mit einer Bevölkerung von 30 Millionen Seelen und jährlichen Einkünften von 4 Millionen Pfund zu überlassen. Dies und Clives Sieg bei Plassey schufen das Britische Empire in Indien.

Nach zwei Jahren des Kampfes in seiner Gesundheit erschüttert, kehrte Clive im Januar 1767 zum zweitenmal nach England zurück. Die Direktoren der Gesellschaft nahmen ihre Angriffe gegen ihn wieder auf, unterstützt von Beamten, deren Erpressungen er ein Ende gemacht hatte. Die Nachricht von einer großen Hungersnot in Indien und von Überfällen der Eingeborenen auf die Festungen der Kompanie trugen dazu bei, eine Panik zu verursachen, bei der hochgestellte Engländer schwere Verluste erlitten. 1772 untersuchten zwei parlamentarische Ausschüsse die indischen Angelegenheiten und enthüllten Erpressungen und Grausamkeit solchen Ausmaßes, daß Horace Walpole ausrief: «Wir haben die Spanier in Peru übertroffen! Wir haben gemordet, abgesetzt, geplündert, uns widerrechtlich bereichert. Glauben Sie nun nicht

DAS POLITISCHE DRAMA

auch, daß die Hungersnot in Bengalen, bei der über drei Millionen umkamen, von den Beamten der Ostindischen Kompanie durch ein Versorgungsmonopol verursacht wurde?»[121] 1773 forderte eines der Untersuchungskomitees Clive auf, sich vor dem Unterhaus für seine Methoden und Gewinne in Indien zu rechtfertigen. Er gab fast alles, was man ihm vorwarf, zu, verteidigte seine Taten als gerechtfertigt durch die lokalen Bräuche und den Zwang der Lage und fügte hinzu, wenn die Mitglieder des Komitees über seine Ehre urteilen wollten, sollten sie die ihre nicht vergessen. Das Haus kam mit 155 gegen 95 Stimmen zu dem Beschluß, daß er während seiner ersten Verwaltungstätigkeit in Bengalen 234 000 Pfund erhalten, «jedoch zugleich diesem Lande große und höchst anerkennenswerte Dienste geleistet»[122] habe. Ein Jahr später beging Clive im Alter von neunundvierzig Jahren Selbstmord (22. November 1774).

1773 setzte Lord North im Parlament ein Gesetz durch, das der Kompanie ein Darlehen von 1 400 000 Pfund bewilligte, um sie (und ihre im Parlament sitzenden Aktionäre) vor dem Bankrott zu retten, und brachte das gesamte von der Kompanie beherrschte Territorium in Indien unter die Oberaufsicht Bengalens, das seinerseits der britischen Regierung verantwortlich sein sollte. Warren Hastings wurde zum Gouverneur von Bengalen ernannt.

Er war zu dieser Stellung aus niedrigster Herkunft aufgestiegen. Seine Mutter starb bei seiner Geburt; sein Vater ging, Abenteuer suchend, nach Westindien und fand hier den Tod. Ein Onkel schickte den Knaben auf die Westminster-Schule, doch 1749 starb der Onkel, und Warren, im Alter von siebzehn, segelte nach Indien, um dort sein Glück zu machen. Er diente als Freiwilliger unter Clive, nahm an der Wiedereroberung von Kalkutta teil, zeigte Eifer und Geschick in der Verwaltung und wurde der Geschäftsleitung der Kompanie in Bengalen zugeteilt. 1764 kehrte er nach England zurück. Vier Jahre später überredeten ihn die Direktoren der Ostindischen Kompanie, als Mitglied der Verwaltung nach Madras zu gehen. Auf seinem Wege nach Indien lernte er Baron Imhof und dessen Frau Marion kennen, die seine Mätresse und dann seine Frau wurde. Er bewährte sich in Madras, und 1774 begann seine bewegte Tätigkeit als Gouverneur von Bengalen.

Er arbeitete hart, doch seine Methoden waren diktatorisch, und manche seiner Maßnahmen lieferten Material für die Angriffe, die Sir Philip Francis im Rat von Bengalen und später Burke im Unterhaus gegen ihn richteten. Als Maratha-Stämme Schah Alam wieder auf den Mogulthron in Delhi setzten und er ihnen jene Distrikte von Kora und Allahabad abtrat, die Clive ihm zugewiesen hatte, verkaufte Hastings diese an den Nabob von Oudh für 5 Millionen Rupien (20 Millionen Pfund?) und beorderte Truppen der Kompanie, dem Nabob bei der Wiedereroberung der Gebiete zu helfen. Er erlaubte dem Nabob, diese Truppen zu benutzen, um das Territorium von Rohilkhand, dessen Häuptling nach Aussage des Nabobs ihm Geld schuldete, zu überfallen und zu annektieren; die Kompanie erhielt eine große Geldsumme für diese Soldaten. Hastings' Verhaltensweise verletzte eindeutig die von seinen Direktoren gegebenen Befehle[123]; doch diese Direktoren berechneten den Wert eines Gouverneurs nach dem Geld, das er nach England schickte.

Ein indischer Beamter, Nuncomar, beschuldigte Hastings, Bestechungsgelder angenommen zu haben. Francis und andere Ratsmitglieder schenkten der Anklage Glauben und erklärten, es gebe «keine Art der Veruntreuung, von der der ehrenwerte Gouverneur geglaubt habe, daß es vernünftig wäre, sich ihrer zu enthalten»[124]. Nuncomar wurde wegen Fälschung verhaftet, verurteilt und hingerichtet (1775). Hastings wurde verdächtigt, den Oberrichter Sir Elijah Impey, einen früheren Mitschüler von Hastings in Winchester, beeinflußt zu haben, eine ungewöhnlich schwere Strafe zu verhängen. 1780 verschaffte Hastings Impey einen zusätzlichen Posten mit 6500 Pfund Jahreseinkommen. Gegenseitige Beschuldigungen zwischen Hastings und Francis führten zu einem Duell, bei dem Francis schwer verwundet wurde.

Haidar Ali, Maharadscha von Maisur, betrachtete den Streit zwischen Hastings und seinem Rat als günstige Gelegenheit, die Kompanie aus Indien zu vertreiben. Von den Franzosen unterstützt, griff er die Forts der Kompanie an und errang einige alarmierende Siege (1780). Hastings schickte Truppen und Geld aus Bengalen, um ihn zu bekämpfen; Haidar Ali starb 1782, doch sein Sohn Tipu Sahib setzte den Krieg bis zu seiner endgültigen Niederlage im Jahre 1792 fort. Wahrscheinlich um diese Feldzüge zu finanzieren, nahm Hastings Zuflucht zu Methoden der Geldaufbringung, die zu seiner Beschuldigung führten.

Er forderte von Chait Singh, dem Radscha von Benares, zusätzlich zu den Abgaben, welche dieser Distrikt jährlich an die Kompanie zu zahlen hatte, eine Kriegsbeihilfe. Der Radscha erklärte sich für zahlungsunfähig. Hastings rückte mit einer kleinen Streitmacht in Benares ein (1781), setzte Chait Singh ab und erpreßte von Chaits Nachfolger das Doppelte der bisherigen Abgaben. – Der mit seinen Zahlungen an die Kompanie im Rückstand befindliche Nabob von Oudh erklärte, er könne diese Zahlungen nur leisten, wenn die Kompanie ihm helfen würde, seine Mutter und seine Großmutter, die Begums (Fürstinnen) von Oudh, zu zwingen, ihm etwas von den 2 Millionen Pfund abzugeben, die des Nabobs Vater ihnen hinterlassen hatte. Die Mutter hatte ihm, auf sein Versprechen hin, nichts weiter zu fordern, bereits eine große Summe abgetreten; die Kompanie gab trotz Hastings' Protest ein ähnliches Versprechen ab. Hastings riet dem Nabob, das Versprechen unbeachtet zu lassen. Er schickte Truppen der Kompanie nach Faisabad; durch Folterung und Aushungerung zwangen sie die Eunuchen-Diener der Fürstinnen, den Schatz herauszugeben (1781). Aus diesem Schatz zahlte der Nabob seine Schulden bei der Kompanie[125].

Inzwischen kehrte Sir Philip Francis, nachdem er sich von seinen Wunden erholt hatte, nach England zurück (1781) und erklärte den Direktoren und seinen Freunden im Parlament, worin seiner Meinung nach Hastings' Verbrechen bestanden. 1782 erteilte das Unterhaus Hastings und andern Agenten der Kompanie eine Rüge, weil sie «bei verschiedenen Gelegenheiten in einer Weise handelten, die für die Ehre und die Interessen der Nation abträglich war», und befahl den Direktoren, sie zurückzurufen. Die Direktoren erließen einen solchen Befehl, doch die Kammer der Eigentümer widerrief ihn, wahrscheinlich weil die Revolte in Maisur andauerte.

Im November 1783 beantragte Charles James Fox als Staatssekretär für auswärtige

DAS POLITISCHE DRAMA

271

Angelegenheiten in dem Koalitionskabinett im Parlament ein Reformgesetz für Indien, das die Ostindische Kompanie unter die Überwachung von Beauftragten des Kabinetts gestellt hätte. Kritiker warnten, dieses Gesetz würde den Whigs um Fox und Burke eine ergiebige Quelle für Begünstigungen zuschanzen. Das Unterhaus billigte das Gesetz, doch der König ließ das Oberhaus wissen, daß er jeden als seinen Feind betrachten würde, der für die Maßnahme stimmte; so stimmten die Lords mit 95 zu 76 Stimmen dagegen. Das Unterhaus brachte einen formellen Protest ein, in dem es diese königliche Einmischung in die Gesetzgebung als einen schändlichen Bruch des Parlamentsprivilegs bezeichnete. Der König behauptete, das Koalitionskabinett habe das Vertrauen des Parlaments verloren, entließ es am 18. Dezember 1783 und forderte den vierundzwanzigjährigen William Pitt auf, eine neue Regierung zu bilden. In dem Glauben, er könne eine nationale Wahl gewinnen, löste Georg III. am 23. März 1784 das Parlament auf und wies seine Agenten an, seine Wünsche, begleitet von Versprechungen, unter der Wählerschaft bekanntzumachen, um die Rückkehr einer konservativen Mehrheit sicherzustellen. Das Parlament, das am 18. Mai zusammentrat, entschied sich mit überwältigender Mehrheit für Pitt und den König.

Pitt war ein Meister der politischen Verwaltung und Führung. Seine gewissenhafte Hingabe an sein Amt, seine genaue Kenntnis der Staatsangelegenheiten, seine Gewohnheit sorgfältiger Überlegung und kluger Beurteilung verliehen ihm eine Überlegenheit, der sich bald fast alle seine Ministerkollegen beugten. Nun hatte England zum erstenmal seit Robert Walpole (für den sein Sohn 1773 den Ausdruck benutzt hatte[126]) einen «Prime Minister», denn keine wichtige Maßnahme wurde von Pitts Kollegen ohne seine Zustimmung getroffen. Er führte die «Kabinettsregierung» ein – die gemeinsame Beratung und geteilte Verantwortung der leitenden Minister unter einer Führung. Obwohl Pitt sein Amt als Befürworter der königlichen Autorität angetreten hatte, gelangte er durch harte Arbeit und umfassende Kenntnis in eine Position, in der er den König eher lenkte, als daß er ihm folgte. Nach Georgs III. zweitem Schlaganfall (1788) war es Pitt, der England regierte.

Seine besondere Vertrautheit mit der Wirtschaft und den Finanzen befähigte ihn, einen Staatshaushalt zu sanieren, der durch zwei große Kriege in einer Generation gefährlich belastet worden war. Pitt hatte Adam Smith gelesen; er hörte auf Kaufleute und Fabrikanten, ermäßigte die Importabgaben, handelte 1786 mit Frankreich einen Vertrag über einen niedrigen Zolltarif aus und gewann die Industrieführer, indem er erklärte, Fabrikanten sollten im allgemeinen von allen Steuern befreit sein. Hierfür schuf er einen Ausgleich, indem er den Verbrauch besteuerte: Bänder, Gaze, Stoffe, Handschuhe, Hüte, Kerzen, Liegesofas, Salz, Wein, Backsteine, Ziegel, Papier und Fenster; an vielen Häusern wurden Fenster zugenagelt, um die Steuer niedriger zu gestalten[127]. 1788 war das Budget ausgeglichen, und England war dem Bankrott der Regierung entgangen, der in Frankreich zur Revolution führte.

Vor der Wahl hatte Pitt sein erstes «Indiengesetz» eingebracht, das abgelehnt worden war. Jetzt legte er ein zweites vor: Ein vom König ernannter Überwachungsausschuß sollte die politischen Geschäfte der Ostindischen Kompanie besorgen, während die Handelsbeziehungen und das Patronatsrecht, dem königlichen Veto unterworfen, bei der Kompanie bleiben sollten. Das Gesetz wurde angenommen (9. August 1784), und nach ihm wurden bis 1858 die britisch-indischen Angelegenheiten gehandhabt.

Fox und Burke betrachteten diese Regelung als eine demütigende Kapitulation vor einer Gesellschaft, die für ihre Korruption und ihre Verbrechen bekannt war. Burke hatte besondere Gründe zur Unzufriedenheit. Sein Gönner, Lord Verney, sein Bruder Richard Burke und sein Verwandter William Burke hatten Kapital in der Ostindischen Kompanie investiert und bei den Schwankungen ihres Aktienkurses schwere Verluste erlitten[128]. Als William Burke nach Indien ging, empfahl Edmund ihn Sir Philip Francis als einen Mann, den er zärtlich liebte; William wurde Zahlmeister und erwies sich «als korrupt wie irgendeiner»[129]. Nach England zurückgekehrt, ließ Francis Fox und Burke wissen, wie er über Hastings' Verwaltungstätigkeit dachte; er war eine der Quellen von Burkes bemerkenswerter Kenntnis in indischen Angelegenheiten. Der Angriff der liberalen Whigs gegen Hastings war vermutlich teilweise inspiriert durch den Wunsch, Pitts Kabinett in Mißkredit zu bringen und zu stürzen[130].

Im Januar 1785 gab Hastings sein Amt auf und kehrte nach England zurück. Er hoffte, seine langjährige Tätigkeit in der Verwaltung, seine Sanierung der Kompanie und seine Rettung der englischen Macht in Madras und Bombay würden mit einer Pension, wenn nicht mit der Peerdom belohnt werden. Im Frühjahr 1786 ersuchte Burke das Unterhaus um die speziellen Berichte über Hastings' Herrschaft in Indien. Einige verweigerte man ihm, andere wurden ihm von den Ministern übergeben. Im April unterbreitete er dem Unterhaus eine Anklageschrift gegen den Exgouverneur von Bengalen. Hastings verlas vor dem Haus eine detaillierte Erwiderung. Im Juni erhob Burke Anschuldigungen wegen des Krieges gegen Rohilkhand und forderte eine öffentliche Anklage gegen Hastings; aber das Unterhaus lehnte eine Strafverfolgung ab. Am 13. Juni berichtete Fox Chait Singhs Geschichte und forderte wiederum eine Strafverfolgung. Pitt überraschte sein Kabinett, indem er mit Fox und Burke stimmte; viele Mitglieder seiner Partei folgten seinem Beispiel, das vielleicht den Zweck gehabt hatte, das Kabinett von Hastings' Schicksal zu distanzieren. Der Antrag auf Strafverfolgung wurde mit 119 gegen 79 Stimmen angenommen.

Die Vertagung des Parlaments und die Dringlichkeit anderer Angelegenheiten unterbrachen das Drama; doch es wurde am 17. Februar 1787 mit einer Sensation fortgesetzt, als Sheridan die Rede hielt, die Fox und Burke und Pitt als die beste je im Unterhaus gehaltene bezeichneten[131]. (Man bot Sheridan 1000 Pfund für eine korrigierte Kopie der Rede; er fand nie die Zeit, sie anzufertigen, und wir kennen sie nur aus gemilderten Zusammenfassungen.) Mit dem ganzen Talent eines für das Theater geborenen Mannes und dem ganzen Eifer eines romantischen Geistes schilderte Sheridan die Beraubung der Begums von Oudh. Nachdem er über fünf Stunden gesprochen hatte, forderte er, daß Hastings des Hochverrats angeklagt werde. Wiederum stimmte Pitt für die Strafverfolgung; der Antrag wurde mit 175 gegen 68 Stimmen angenommen. Am 8. Februar beauftragte das Unterhaus ein Komitee von zwanzig Personen unter der Leitung von Burke, Fox und Sheridan, die Artikel der Anklage vorzubereiten. Diese

Ein wenig bekanntes Porträt Goethes von Franz Gerhard Kügelgen (1772–1820) aus dem Jahr 1810 (Freies Deutsches Hochstift, Frankfurt a. M.).

Mit der Randbemerkung «... da hier muß ein jeder nach seiner Faßon selich werden» kündigte Friedrich der Große auf dieser Urkunde vom 22. Juni 1740 seine tolerante Religionspolitik an.

«Schiller in Weimar», Gemälde von W. v. Lindenschmidt (1829–1895) zur «Schillergalerie».
Vorn v. l. n. r.: Frau von Egloffstein, Frau von Wolzogen, Charlotte von Lengefeld (Schillers Gattin) mit ihrem ältesten Sohn, der Vater Theodor Körne, Charlotte von Kalb, Corona Schröter, Frau von La Roche, Schiller; hinten v. l. n. r.: Herder, Goethe, Carl August und Wilhelm von Humboldt, Musäus (auf der Balustrade).

«Die Brautwerbung», Kupferstich von D. N. Chodowiecki (1726–1801); Illustration zu dem Versroman «Luise» von Johann Heinrich Voß (1751–1826).

Ausschnitt aus «Mr. und Mrs. R. Andrews», Ölgemälde um 1749 von Thomas Gainsborough (1727–1788), dem Freund Sheridans und dem Rivalen Reynolds (National Gallery, London).

Die Übergabe Yorktowns am 19. Oktober 1781 durch die englische Flotte unter Lord Cornwallis an die Armeen Washingtons und Rochambeaus (zeitgenössischer anonymer Stich, Ausschnitt).

Die Familie (mit Selbstporträt) des Johann Friedrich August Tischbein (1750–1812) aus der großen Malerfamilie der Tischbeins im Deutschland Friedrichs des Großen.

«Der englische Kabinettsrat unter dem Vorsitz von Sir Robert Walpole», dem «wackeren Premierminister, der seinen Ruf opferte, indem er den Frieden dem Krieg vorzog» (Durant), Gouache von Joseph Goupy, um 1740 (British Museum, London).

Thomas Rowlandson (1756–1827) karikierte die Menschen als Tiere, wie auf diesem kolorierten Stich von einer Hochzeit (Ausschnitt).

Ausschnitt aus einem Gemälde von Per Hilleström d. Ä., 1779, darstellend eine «Literarische Konversation» bei König Gustav III. von Schweden auf Schloß Drottningholm (Nationalmuseum Stockholm).

«Gin Lane», Kupferstich von William Hogarth (1697–1764), der das Elend des Alkoholismus unter dem einfachen Volk Londons geißelt.

»Allégorie révolutionnaire« (1794): Allegorie über den Einfluß Rousseaus auf die Triebkräfte, die zur französischen Revolution führten (Musée Carnavalet, Paris).

Das Lustschlößchen «La Bagatelle», das Marie-Antoinettes Schwager, der Comte d'Artois, auf Grund einer Wette 1777 in 64 Tagen in Choisy im Bois de Boulogne errichten ließ (im 19. Jh. aufgestockt).

Auf diesem zeitgenössischen Gemälde tanzt die zehnjährige österreichische Prinzessin Maria Antonia, die spätere Königin Frankreichs, mit ihren Brüdern Ferdinand und Maximilian im Park von Schönbrunn (1765).

Ludwig XVI. (1754–1792), König von Frankreich (nach einem Gemälde von Callet), über den sein Großvater Ludwig XV. sagte: «Schaut Euch diesen aufgeblasenen Burschen an. Er wird der Ruin Frankreichs und sein eigener sein ...»

«Bildnis der Marie-Antoinette (1755–1793) en Gaule (in Gallien)», eines von zwanzig Porträts, die Marie-Anne-Elisabeth Vigée-Lebrun (1755–1842) von ihrer königlichen Freundin malte.

DAS POLITISCHE DRAMA 273

wurden vorgelegt, und am 9. Mai befahl das Unterhaus «Mr. Burke, im Namen des Unterhauses ... vor dem Gericht des Hauses der Lords gegen Warren Hastings, Esquire, Anklage zu erheben ... wegen schwerer Verbrechen und Vergehen». Hastings wurde verhaftet und vor das Gericht der Peers gebracht, jedoch gegen Kaution wieder freigelassen.

Nach langer Verzögerung begann am 13. Februar 1788 die Verhandlung in Westminster Hall. Alle Freunde der Literatur werden sich der glänzenden Beschreibung[132] dieses historischen Schauspiels durch Macaulay erinnern: die Lords als Mitglieder des höchsten Gerichtshofes des Reiches in Hermelin und Gold; vor ihnen Hastings, bleich und krank, dreiundfünfzig Jahre alt, 1 Meter 68 groß, 122 Pfund schwer; die Richter unter ihren großen, die Ohren bedeckenden Perücken; die Familie des Königs, die Mitglieder des Unterhauses, die von Botschaftern, Prinzessinnen und Herzoginnen überfüllten Galerien, Mrs. Siddons in ihrer würdevollen Schönheit, Sir Joshua Reynolds unter all den Adligen, die er porträtiert hatte; und auf der einen Seite das Komitee, jetzt das «Kuratorium» genannt, bereit, den Fall zur Anklage zu bringen. Gerichtsschreiber verlasen die Klagepunkte und Hastings' Erwiderung. Während vier Tagen häufte Burke in der mächtigsten Rede seiner Laufbahn auf den Angeklagten eine erdrückende Last von Anschuldigungen. Dann, am 15. Februar, ließ er den historischen Saal von seiner leidenschaftlichen Forderung widerhallen:

«Ich klage an Warren Hastings, Esquire, schwerster Verbrechen und Vergehen.

Ich klage ihn an im Namen der Gemeinen Großbritanniens ..., deren parlamentarisches Vertrauen er verraten hat ...

Ich klage ihn an im Namen des indischen Volkes, dessen Gesetze, Rechte und Freiheiten er untergraben, dessen Eigentum er zerstört, dessen Land er verwüstet hat.

Ich klage ihn an im Namen und auf Grund jener ewigen Gesetze der Gerechtigkeit, die er verletzt hat.

Ich klage ihn an im Namen der menschlichen Natur, die er in beiden Geschlechtern, in jedem Alter, jedem Rang und jeder Lebenslage grausam geschändet, beleidigt und unterdrückt hat.»[133]

Mit hundert Unterbrechungen ging die Verhandlung weiter, als Burke, Fox, Sheridan und andere die Geschichte von Hastings' Verwaltungstätigkeit erzählten. Als bekannt wurde, daß Sheridan am Mittag des 3. Juni die Beweisstücke in der Angelegenheit der Begums von Oudh vorlegen würde, waren die zu Westminster Hall führenden Straßen ab acht Uhr morgens von Menschen überfüllt, darunter manche von hohem Rang und alle darauf versessen, Einlaß zu finden. Viele, die sich Einlaßkarten besorgt hatten, verkauften sie für fünfzig Guineen pro Stück. Richard Brinsley Sheridan erkannte, daß man von ihm eine dramatische Vorstellung erwartete, und er gab sie. Er ließ sich in vier Sitzungen hören; am letzten Tag (13. Juni 1788) sank er, nachdem er fünf Stunden gesprochen hatte, erschöpft in Burkes Arme, der ihn küßte. Gibbon, der auf der Galerie saß, nannte Sheridan einen «ausgezeichneten Schauspieler», und es fiel ihm auf, wie gut der Redner aussah, als der Historiker ihn am nächsten Morgen besuchte[134].

Diese Rede von Sheridan war der Höhepunkt des Prozesses. Jeder der vielen Dutzende von Anklagepunkten mußte untersucht werden; die Lords ließen sich Zeit, und vielleicht zögerten sie geflissentlich, um die Wirkung der Rede abflauen und das Interesse an dem Fall sich anderen Ereignissen zuwenden zu lassen. Diese Ereignisse traten tatsächlich ein. Im Oktober 1788 wurde König Georg wahnsinnig, ernsthaft geisteskrank; die Aufregungen des Prozesses und das skandalöse Verhalten seines Sohnes hatten ihn zermürbt. Georg August Friedrich, der Prinz von Wales, war fett, gutmütig, großzügig, verschwenderisch und liebestoll. Er hatte eine Kette von Mätressen unterhalten und Schulden gemacht, die sein Vater oder die Nation bezahlten. 1785 hatte er heimlich Mrs. Maria Anne Fitzherbert geheiratet, eine fromme römische Katholikin, bereits zweimal verwitwet und sechs Jahre älter als er selbst. Die Whigs, unter der Führung von Fox, machten sich bereit, eine Regentschaft unter dem Prinzen einzusetzen, der während zweier Nächte wach blieb und wartete, daß der König für regierungsunfähig erklärt werde. Georg III. aber durchkreuzte diese Pläne; er hatte immer wieder lichte Augenblicke, in denen er von Garrick und Johnson sprach, Melodien von Händel sang und Flöte spielte. Im März 1789 schien er genesen zu sein, zog seine Zwangsjacke aus und übernahm formell wieder die Regierung.

Die Französische Revolution sorgte für eine weitere Ablenkung von dem Prozeß. Burke gab die Jagd auf Hastings auf und eilte Marie-Antoinette zu Hilfe. Die Maßlosigkeit seiner Reden verscherzte ihm den Rest seiner Beliebtheit; er beklagte sich darüber, daß die Mitglieder des Parlaments sich davonschlichen, wenn er zu sprechen beginne. Der größere Teil der Presse nahm ihm gegenüber eine feindselige Haltung an; er behauptete, es seien 20000 Pfund aufgewendet worden, um Journalisten zu kaufen, die ihn angreifen und Hastings verteidigen sollten, und zweifellos wurde ein großer Teil von Hastings' Vermögen für diese Zwecke ausgegeben[135]. Es muß für Burke keine Überraschung gewesen sein, als schließlich, acht Jahre nach der Anklageerhebung, das Oberhaus Hastings freisprach (1795). Allgemein hielt man das Urteil für gerecht: Der Angeklagte war in vielen Punkten schuldig, doch er hatte Indien für England gerettet und war durch einen Prozeß bestraft worden, der seine Gesundheit und seine Hoffnungen zerstört, seinen Ruf befleckt und ihn finanziell ruiniert hatte.

Hastings überlebte alle seine Ankläger. Die Ostindische Kompanie rettete ihn vor dem Bankrott, indem sie ihm ein Geschenk von 90 000 Pfund bewilligte. Er kaufte das Erbgut seiner Familie in Daylesford zurück, ließ es restaurieren und lebte dort in orientalischem Luxus. 1718 wurde er, einundachtzig Jahre alt, aufgefordert, vor dem Unterhaus in indischen Angelegenheiten auszusagen. Er kam, und man empfing ihn mit ehrfürchtigem Beifall. Die Erinnerung an seine Dienste war geblieben, seine Sünden waren von der Zeit weggewaschen worden. Vier Jahre später starb er, und von seiner stürmischen Generation blieb nur einer übrig – der blinde und schwachsinnige König.

VII. ENGLAND UND DIE FRANZÖSISCHE REVOLUTION

Nachdem er in seinem Krieg gegen die Ostindische Kompanie seine Kräfte fast vollkommen erschöpft hatte, wandte Burke sich nun gegen die Französische Revolution, die er als seine persönliche Feindin betrachtete, und im Verlauf dieses neuen Feldzuges leistete er einen gewichtigen Beitrag zur politischen Philosophie.

Er hatte die Revolution zwanzig Jahre vor ihrem Ausbruch vorausgesagt. «Das gesamte französische Finanzwesen leidet unter einer solch extremen Knappheit und Verwirrung, und seine Belastungen übersteigen seine Aufkommen auf jedem Gebiet in solchem Maße, daß jedermann ..., der seine Entwicklung mit einiger Aufmerksamkeit und Kenntnis verfolgt hat, stündlich eine außergewöhnliche Erschütterung des ganzen Systems erwarten muß; die Wirkung derselben auf Frankreich, und sogar auf ganz Europa, ist schwer vorauszusagen.» [136] 1773 besuchte er Frankreich, sah in Versailles Marie-Antoinette, damals noch Kronprinzessin, und vergaß nie dieses Bild jugendlicher Schönheit und glücklichen Stolzes. Er bildete sich eine günstige Meinung über den französischen Adel und in noch höherem Maße über den französischen Klerus. Er war entsetzt über die antikatholische, ja oft antireligiöse Propaganda der *philosophes,* und nach seiner Rückkehr warnte er seine Landsleute vor dem Atheismus als dem «schrecklichsten und grausamsten Schlag, der die bürgerliche Gesellschaft treffen kann» [137].

Als die Revolution kam, war er bestürzt über den Beifall, mit dem sie von seinem Freund Fox aufgenommen wurde; dieser begrüßte den Fall der Bastille als «das größte Ereignis, das je in der Welt geschah, und ... das beste» [138]. Radikale Ideen, hervorgegangen aus den Kämpfen von Wilkes und der Gesellschaft der Verteidiger der «Bill of Rights», hatten, wenn auch langsam, in England immer weitere Verbreitung gefunden. Ein unbekannter Schriftsteller hatte 1761 den Kommunismus als Heilmittel für alle sozialen Übel empfohlen, ausgenommen die Überbevölkerung, die, fürchtete er, alle Versuche zur Beseitigung der Armut zum Scheitern bringen würde [139]. 1788 war eine Gesellschaft zur Erinnerung an die Revolution von 1688 gegründet worden; zu ihren Mitgliedern gehörten prominente Kleriker und Peers. Auf einer Versammlung vom 4. November 1789 wurde sie durch einen unitarischen Prediger, Richard Price, so in Erregung versetzt, daß sie eine Glückwunschadresse an die Nationalversammlung in Paris abschickte, in der sie die Hoffnung ausdrückte, «das in Frankreich gegebene glorreiche Beispiel» möge «andere Nationen ermutigen, die unveräußerlichen Rechte der Menschheit zu erklären» [140]. Die Botschaft war unterzeichnet von dem dritten Earl Stanhope, dem Präsidenten der Gesellschaft und Schwager William Pitts.

Diese Predigt und diese Botschaft weckten in Burke Furcht und Zorn. Er war jetzt sechzig Jahre alt und hatte das Recht erworben, konservativ zu sein. Er war fromm und besaß ein großes Landgut. Die Französische Revolution erschien ihm nicht nur als «die erstaunenswürdigste, die sich noch bisher in der Welt zugetragen hat» [141], sondern als der abscheulichste Angriff auf Religion, Eigentum, Ordnung und Gesetz. Am

9. Februar 1790 erklärte er vor dem Unterhaus, wenn einer seiner Freunde einer Maßnahme zustimmen würde, die darauf hinausliefe, in England eine Demokratie einzuführen, wie sie sich in Frankreich herausbildete, würde er diese Freundschaft kündigen, gleichgültig wie alt und wie teuer sie ihm wäre. Fox besänftigte den Redner durch sein berühmtes Kompliment an Burke, dieser sei sein bester Erzieher gewesen; der Bruch zwischen den beiden war vorläufig noch hinausgeschoben.

Im November 1790 veröffentlichte Burke seine *Reflections on the Revolution in France* in Form eines Briefes (365 Seiten lang) «an einen Gentleman in Paris». Burke, während der amerikanischen Revolution Führer der Liberalen, war nun der Held des konservativen England, und Georg III. bekundete seine Freude über seinen alten Feind. Das Buch wurde die Bibel der Höfe und Aristokraten; Katharina die Große, einst Freundin und Liebling der *philosophes,* sandte dem Manne, der sich anschickte, diese zu entthronen, ihre Glückwünsche [142].

Burke begann mit einem Hinweis auf Richard Price und die Gesellschaft zur Erinnerung an die Revolution. Er beklagte die Einmischung der Kleriker in politische Diskussionen; ihre Sache sei es, die Seelen zu christlicher Nächstenliebe zu führen und nicht zu politischen Reformen. Er habe kein Vertrauen in das allgemeine männliche Wahlrecht, für das Price plädierte. Er glaube, die Mehrheit würde ein schlimmerer Tyrann werden als ein König, und die Demokratie würde zur Herrschaft des Mobs entarten. Die Weisheit liege nicht in der Zahl, sondern in der Erfahrung. Die Natur wisse nichts von Gleichheit. Politische Gleichheit sei eine «phantastische Grille, welche dem, der den dunklen Weg eines arbeitsamen Lebens wandeln soll, falsche Ideen und eitle Erwartungen vorspiegelt und ihm die reelle, unvermeidliche Ungleichheit erschwert und verbittert, die die Ordnung der bürgerlichen Gesellschaft mit gleich wohltätiger Hand für den zur Niedrigkeit bestimmten und für den zu einem höheren, aber darum nicht glücklicheren Stande berufenen vorschrieb»[143]. Die Aristokratie sei unvermeidlich, und je älter sie sei, um so besser könne sie ihre Aufgabe erfüllen, jene soziale Ordnung zu errichten, ohne die es keine Stabilität, keine Sicherheit und keine Freiheit gibt [144]. Die erbliche Monarchie sei gut, weil sie der Regierung eine Einheit und Kontinuität verleihe, ohne welche die legalen und sozialen Beziehungen der Bürger einem ständigen, heftigen und chaotischen Wechsel verfielen. Die Religion sei gut, weil sie helfe, jene unsozialen Impulse zu fesseln, die wie unterirdisches Feuer unter der Oberfläche der Zivilisation lauern und nur überwacht werden können durch die ständige Zusammenarbeit von Staat und Kirche, von Gesetz und Glauben, von Furcht und Achtung. Jene französischen Philosophen, die den religiösen Glauben in den gebildeten Klassen ihres Volkes unterminierten, hätten in törichter Weise die Zügel gelockert, welche die Menschen davor bewahren, Tiere zu werden.

Burke war empört über den Triumph des Mobs in Versailles. «Die Franzosen haben gegen einen milden und rechtmäßigen Monarchen grausamer, ausgelassener, wütender rebelliert, als sich jemals ein Volk wider den ungerechtesten Usurpator oder wider den blutigsten Tyrannen empörte.»[145] Dann folgte die berühmte Seite, die viele unserer Generation in der Jugend begeisterte:

DAS POLITISCHE DRAMA 277

«Es ist jetzt sechzehn oder siebzehn Jahre, daß ich die Königin von Frankreich, damals noch als des Dauphins Gemahlin, zu Versailles sah: und nie hat wohl diesen Erdkreis, den die leichte Göttergestalt kaum zu berühren schien, eine holdere Erscheinung begrüßt. Ich sah sie, nur so eben über den Horizont aufgegangen, den Schmuck und die Wonne der erhabnen Sphäre, in der sie jetzt zu wandeln begann – funkelnd wie der Morgenstern, voll von Leben und Schönheit und Hoffnung. – Oh! welch eine Verwandlung! Und welch ein Herz müßte ich haben, um in schnöder Unempfindlichkeit eine solche Erhebung und einen solchen Fall anzusehen! Damals, als sich zu allen ihren Ansprüchen auf schwärmerische, stumme, anbetende Liebe der Anspruch auf Verehrung eines Volks gesellte, damals hätte ich mir wohl nicht träumen lassen, daß sie je genötigt sein würde, das scharfe Gegengift der Schmach in diesem Busen zu verstecken: damals konnte ich wohl nicht ahnen, daß ich es erleben sollte, in der Nation, die sonst der Hauptsitz der Ehre, der Galanterie und der Rittertugenden gewesen war, solche Unglücksfälle über eine solche Frau ausbrechen zu sehen. Ich hätte geglaubt, zehntausend Schwerter müßten aus ihren Scheiden fahren, um einen Blick zu bestrafen, der sie zu beschimpfen drohte. – Aber die Zeiten der Rittersitte sind dahin. Das Jahrhundert der Sophisten, der Ökonomisten und der Rechenmeister ist an ihre Stelle getreten, und der Glanz von Europa ist ausgelöscht auf ewig.» [146]

Sir Philip Francis bezeichnete diese Ergüsse höhnend als romantischen Unsinn und versicherte Burke, die Königin von Frankreich sei eine Messalina, ein Luder [147]. So dachten viele patriotische Engländer; Horace Walpole dagegen behauptete, Burke habe Marie-Antoinette genauso gezeichnet, «wie sie mir erschien, als ich sie zum erstenmal als Kronprinzessin sah» [148].

Als die Revolution weiterging, setzte Burke seinen Angriff fort mit einem *Letter to a Member of the National Assembly* (Januar 1791). In diesem Brief schlug er vor, die Regierungen Europas sollten sich vereinigen, um die Revolte niederzuschlagen und den König von Frankreich wieder in seine traditionellen Rechte einzusetzen. Fox war bestürzt über diesen Vorschlag, und am 6. Mai kam es im Unterhaus zwischen den beiden Freunden, die in so vielen Feldzügen Schulter an Schulter gekämpft hatten, zu einer dramatischen Auseinandersetzung und zur Trennung. Fox wiederholte sein Loblied auf die Revolution; Burke erwiderte mit scharfem Protest. Er erklärte: «Es ist immer, besonders aber in meinem Alter, taktlos, Feinde zu provozieren oder meinen Freunden Gelegenheit zu geben, mich zu verlassen. Aber wenn mein unerschütterliches Festhalten an der britischen Verfassung mich in ein solches Dilemma bringt, bin ich bereit, es auf mich zu nehmen.» Fox versicherte ihm, ihre Differenzen bedeuteten nicht den Bruch ihrer Freundschaft. «Doch, doch», erwiderte Burke, «es geht um unsere Freundschaft. Ich kenne den Preis meines Verhaltens ... Unsere Freundschaft ist zu Ende.» [149] Er sprach nie wieder mit Fox, ausgenommen im formalen Rahmen ihrer erzwungenen Partnerschaft im Hastings-Prozeß.

In seinen Schriften über die Französische Revolution gab Burke eine klassische Formulierung für eine konservative Philosophie. Ihr erster Grundsatz ist, den Gedankengängen eines Individuums, wie glänzend sie immer sein mögen, zu mißtrauen, wenn sie im Widerspruch zu den Traditionen der Gesellschaft stehen. Ebenso wie ein Kind die Gründe der elterlichen Warnungen und Verbote nicht verstehen kann, so kann das Individuum, das im Vergleich zur Gesellschaft ein Kind ist, nicht immer die Gründe für Bräuche, Konventionen und Gesetze verstehen, welche die Erfahrung vieler Generationen darstellen. Zivilisation wäre unmöglich, «wenn die Ausübung aller moralischen Pflichten und die Fundamente der Gesellschaft davon abhingen, daß ihre Gründe jedem Individuum klar und verständlich gemacht worden sind»[150]. Sogar «Vorurteile» haben ihren Nutzen; sie beurteilen gegenwärtige Probleme auf Grund früherer Erfahrung.

Somit ist das zweite Element des Konservativismus die «verbriefte» Gewohnheit. Eine Tradition oder eine Institution sollte doppelt geehrt und selten verändert werden, wenn sie bereits niedergeschrieben ist oder Eingang in die Ordnung der Gesellschaft oder die Struktur der Regierung gefunden hat. Privateigentum ist ein Beispiel eines verbrieften Brauches oder eines Gewohnheitsrechts und der scheinbaren Irrationalität solcher Institutionen: Es erscheint unvernünftig, daß eine Familie so viel, eine andere so wenig besitzen soll, und noch unvernünftiger, daß es dem Eigentümer erlaubt sein soll, seinen Besitz Nachfolgern zu übertragen, die keine Hand gerührt haben, ihn zu erwerben; jedoch die Erfahrung hat gezeigt, daß die Menschen im allgemeinen nicht bereit sind, von sich aus Kenntnisse zu erwerben und mühevolle Arbeit auf sich zu nehmen, wenn sie das Ergebnis ihrer Anstrengungen nicht ihr Eigentum nennen und es nach ihrem Wunsch weitergeben können; und weiter hat die Erfahrung gezeigt, daß der Besitz von Eigentum die beste Garantie für eine kluge Gesetzgebung und die Kontinuität des Staates ist.

Ein Staat ist nicht nur eine Vereinigung von Personen in einem gegebenen Zeitpunkt; er ist eine Vereinigung von Individuen während einer längeren Zeit. «Die bürgerliche Gesellschaft ist ein großer Kontrakt ..., eine Gemeinschaft zwischen denen, welche leben, denen, welche gelebt haben, und denen, welche noch leben sollen.»[151] «Diese Kontinuität ist unser Land. In diesem dreieinigen Ganzen ist die gegenwärtige Mehrheit vielleicht eine Minderheit in der Zeit, und der Gesetzgeber muß die Ansprüche sowohl der Vergangenheit (auf Grund des Gewohnheitsrechts) als auch die der Zukunft und der lebendigen Gegenwart berücksichtigen.» Politik ist, oder sollte sein, die Kunst des Ausgleichs der Ziele von einander widerstreitenden Minderheiten mit dem Wohl der konstanten Gruppe. Auch gibt es keine absoluten Rechte; diese sind metaphysische, der Natur unbekannte Abstraktionen, sie sind nur Wünsche, Mächte und Umstände. «Umstände geben im Reich der Wirklichkeit jedem politischen Grundsatz seine eigentümliche Farbe und seinen unterscheidenden Charakter.»[152] Zweckmäßigkeit ist manchmal wichtiger als Recht. «Politik soll nicht dem (abstrakten) menschlichen Denken angepaßt werden, sondern der menschlichen Natur, von der die Vernunft nur ein Teil und keineswegs der größere ist.»[153] «Wir müssen von dem Gebrauch machen, was existiert.»[154]

Alle diese Überlegungen werden veranschaulicht in der Religion. Die Doktrinen, Mythen und Zeremonien einer Religion mögen unserer derzeitigen individuellen Vernunft nicht entsprechen, doch dies ist von geringer Bedeutung, wenn sie den vergangenen, gegenwärtigen und angenommenen künftigen Bedürfnissen der Gesellschaft gerecht werden. Die Erfahrung lehrt, daß die Leidenschaften des Menschen nur durch die Unterweisungen und Gebote der Religion beherrscht werden können. «Wenn wir

DAS POLITISCHE DRAMA 279

also ... unsre Blöße aufdecken sollten, indem wir eine Religion von uns stießen, die seither unser Ruhm und unsere Stütze ... war: so würden wir zittern, denn eine gänzliche Leere wird das Gemüt nicht dúlden, daß irgendein roher, verderblicher, erniedrigender Aberglaube sich einfände, um von ihrer Stelle Besitz zu nehmen.» [155]

Viele Engländer lehnten Burkes Konservativismus als einen Kult des Stillstands [156] ab, und Thomas Paine widersprach ihm heftig in *The Rights of Man* (1791/92). Doch das England des alten Burke begrüßte im allgemeinen seinen traditionsbewußten Glauben. Als die Französische Revolution ausartete und es zu den Septembermorden, der Hinrichtung des Königs und der Königin und der Schreckensherrschaft kam, erkannte die große Mehrheit der Briten, daß Burke die Auswirkungen der Revolte und der Gottlosigkeit richtig prophezeit hatte, und ein volles Jahrhundert lang hielt England, obwohl es die Käuflichkeit der Stimmen bekämpfte und sein Wahlrecht erweiterte, entschlossen fest an seiner Verfassung und deren Stützen, dem König, der Aristokratie, der Staatskirche und einem Parlament, das mehr in Begriffen imperialer Macht als allgemeiner Volksrechte dachte. Nach der Revolution kehrte Frankreich von Rousseau zu Montesquieu zurück, und Joseph de Maistre rekapitulierte Burke für die reumütigen Franzosen.

Burke setzte seinen Feldzug für einen heiligen Krieg bis zum Ende fort und jubelte, als Frankreich Großbritannien den Krieg erklärte (1793). Georg III. wünschte seinen alten Feind für seine Verdienste mit der Peerdom und mit jenem Titel eines Lord Beaconsfield, mit dem später Disraeli ausgezeichnet wurde, zu belohnen; Burke lehnte ab, nahm jedoch eine Pension von 2500 Pfund an (1794). Als Gerüchte über Verhandlungen mit Frankreich laut wurden, veröffentlichte er vier *Letters on a Regicide Peace* (Briefe über einen königsmörderischen Frieden; 1797), in denen er leidenschaftlich forderte, daß der Krieg weitergehen solle. Erst der Tod löschte sein Feuer (8. Juli 1797). Fox beantragte, Burke solle in der Westminsterabtei beigesetzt werden, doch Burke hatte Anweisungen für ein Privatbegräbnis in der kleinen Kirche zu Beaconsfield hinterlassen. Macaulay sprach von ihm als dem größten Engländer seit Milton – was Chatham bestritten haben dürfte, und Lord Morley nannte ihn, vorsichtiger, den «größten Meister bürgerlicher Weisheit in unserer Zunge» [157] – was kaum Lockes Zustimmung gefunden haben dürfte. Jedenfalls war Burke die Verkörperung dessen, wonach die Konservativen sich während des Zeitalters der Vernunft vergeblich gesehnt hatten – ein Mann, der die Tradition ebenso glänzend verteidigen konnte, wie Voltaire die Vernunft verteidigt hatte.

VIII. DIE HELDEN ZIEHEN SICH ZURÜCK

Als die Französische Revolution Fortschritte machte, sah sich Charles James Fox im Parlament und im Lande in zunehmendem Maße zu der Minderheit versetzt. Viele seiner Anhänger bekehrten sich zu der Ansicht, daß England sich Preußen und Österreich im Kampf gegen Frankreich anschließen müsse. Nach der Hinrichtung Lud-

280 SAMUEL JOHNSONS ENGLAND

wigs XVI. wandte sich Fox selbst gegen die Revolution, widersetzte sich jedoch immer noch dem Eintritt in den Krieg. Als dieser nicht mehr zu vermeiden war, tröstete er sich mit Trinken, dem Lesen von Klassikern und dadurch, daß er seine frühere (und Lord Cavendishs, Lord Derbys und Lord Cholmondeleys) Mätresse, Mrs. Elizabeth Armstead, heiratete, die seine Schulden bezahlte¹⁵⁸. Er begrüßte den Frieden von Amiens (1802), bereiste nach seinem Zustandekommen Frankreich, wurde überall in Ehren aufgenommen und von Napoleon als Kämpfer für die Zivilisation empfangen. 1806 diente er als Außenminister in einem «Kabinett aller Talente»; er bemühte sich, den Frieden mit Frankreich aufrechtzuerhalten, und unterstützte entscheidend Wilberforces Feldzug gegen den Sklavenhandel. Als er von einer Verschwörung zur Ermordung Napoleons erfuhr, ließ er den Kaiser durch Talleyrand warnen. Wäre Fox nicht gesundheitlich zusammengebrochen, dann hätte er vielleicht einen Weg gefunden, Bonapartes Ehrgeiz mit Englands Sicherheit in Einklang zu bringen. Doch im Juli 1806 wurde er wegen Wassersucht dienstunfähig. Trotz mehrerer schmerzhafter Operationen gelang es nicht, das Fortschreiten der Krankheit aufzuhalten; er machte seinen Frieden mit der Staatskirche, und am 13. September starb er, betrauert von seinen Freunden und seinen Feinden, ja sogar vom König. Er war der von allen Schichten der Bevölkerung am meisten geliebte Mann seiner Zeit.

Der jüngere Pitt, frühzeitig gealtert, ging ihm auf dem Weg in die Gewölbe der Westminsterabtei voran. Auch er hatte festgestellt, daß er mit dem politischen Leben nur Schritt halten konnte, wenn er gelegentlich im Alkohol Vergessen suchte. Die unsichere Gesundheit Georgs III. war eine ständige Sorge. Jeder ernsthafte Meinungskonflikt zwischen König und Minister konnte das gekrönte Haupt aus dem Gleichgewicht bringen und zu einer Regentschaft des Prinzen von Wales führen, der Pitt entlassen und Fox berufen würde. So gab Pitt seine Pläne für politische Reformen auf und stellte seine Opposition gegen den Sklavenhandel ein, als er feststellte, daß Georg in dieser, wie in vielen andern Angelegenheiten, hartnäckig entschlossen war, die Vergangenheit zu verewigen. Pitt konzentrierte seine Kräfte auf die Wirtschaftsgesetzgebung, durch die er wesentlich zur Hebung der Mittelklasse beitrug. Sehr gegen seinen Willen wurde er der Führer Englands in einem Krieg gegen das, was er «eine Nation von Atheisten» nannte¹⁵⁹. Er hatte kein Glück als Kriegsminister. Weil er eine französische Invasion in Irland befürchtete, versuchte er die Iren durch ein Programm parlamentarischer Union und katholischer Emanzipation zu besänftigen; der König widersetzte sich, und Pitt demissionierte (1801). Er kam nochmals zurück (1804), um sein zweites Kabinett zu bilden; aber Napoleon erwies sich als zu stark für ihn, und als die Nachricht vom französischen Sieg bei Austerlitz eintraf (2. Dezember 1805), der Napoleon zum Herrn des Kontinents machte, brach Pitt körperlich und geistig zusammen. Beim Anblick einer großen Landkarte von Europa bat er einen Freund: «Rolle diese Karte zusammen; sie wird in den nächsten zehn Jahren nicht gebraucht werden.»¹⁶⁰ Er starb am 23. Januar 1806 in Armut und erst sechsundvierzig Jahre alt.

Das Leben brauchte länger, um Sheridan zu vernichten. Er hatte sich Burke und Fox in der Verteidigung Amerikas und im Kampf gegen Hastings angeschlossen; zusammen

DAS POLITISCHE DRAMA   281

mit Fox begrüßte er die Französische Revolution. Inzwischen starb die Frau, deren
Zauber und Sanftmut beliebte Gesprächsthemen seiner Freunde waren und die ihre
Schönheit in die Waagschale geworfen hatte, um ihm bei der Eroberung eines Sitzes
im Parlament zu helfen, im achtunddreißigsten Lebensjahr an Tuberkulose (1792).
Sheridan brach zusammen. «Ich habe ihn Nacht für Nacht wie ein Kind weinen sehen»,
sagte ein Bekannter[161]. Er fand Trost in der Tochter, die sie ihm geboren hatte; doch
auch sie starb im gleichen Jahr. Während dieser Monate der Trauer sah er sich vor die
Aufgabe gestellt, das Drury-Lane-Theater umzubauen, das wegen Altersschwäche nicht
mehr den Sicherheitsbestimmungen entsprach, und um diese Arbeiten zu finanzieren,
ging er hohe Verpflichtungen ein. Er hatte sich an ein verschwenderisches Leben gewöhnt, obgleich er es mit seinem Einkommen nicht bestreiten konnte; er borgte, um
diesen Stil beizubehalten. Als seine Gläubiger zu ihm kamen, um ihn zu mahnen, behandelte er sie wie Lords, bewirtete sie mit Likör, Höflichkeit und Witz und schickte
sie in einer Stimmung fort, die sie seine Schulden fast vergessen ließ. Er betätigte sich
bis zum Jahre 1812 weiter im Parlament, dann wurde er nicht wiedergewählt. Als Mitglied des Unterhauses hatte er auf Grund der parlamentarischen Immunität nicht verhaftet werden können; nun stürzten sich seine Gläubiger auf ihn, beschlagnahmten
seine Bücher, seine Bilder und seine Juwelen; aber als sie sich anschickten, ihn selbst
ins Gefängnis zu schleppen, warnte sein Arzt sie, Sheridan könnte unterwegs sterben.
Er starb am 7. Juli 1816, fünfundsechzig Jahre alt. Bei seiner Beerdigung war er wieder
ein reicher Mann, denn sieben Lords und ein Bischof trugen ihn zur Westminsterabtei.

Der halb wahnsinnige König überlebte sie alle, überlebte sogar den Triumph Englands
bei Waterloo, doch er wußte von ihm nichts. 1783 hatte er begriffen, daß sein Versuch, die Minister ihm anstatt dem Parlament gegenüber verantwortlich zu machen,
gescheitert war. Die langen Kämpfe mit dem Unterhaus, mit Amerika und mit Frankreich erwiesen sich als eine zu große Belastung, und in den Jahren 1801, 1804 und
1810 verfiel er wieder in geistige Umnachtung. Als er bereits hoch in Jahren war, begann das Volk, seinen Mut und seinen ehrlichen Willen anzuerkennen, und die Beliebtheit, die ihm in seinen Kampfesjahren verweigert worden war, wurde ihm
schließlich zuteil, gefärbt mit Mitleid für einen Mann, der England so viele Niederlagen hatte erdulden sehen und dem es nicht vergönnt war, bewußt Zeuge seines Sieges zu sein. Der Tod seiner Lieblingstochter Amelia (1810) vollendete seine Loslösung
von der Wirklichkeit. 1811 wurde er unheilbar geisteskrank und auch blind, und bis
zu seinem Tod (29. Januar 1820) blieb er unter ständiger Bewachung in vollständiger
Abgeschlossenheit von der Welt.

DRITTES KAPITEL

Das englische Volk

[1756–1789]

I. ENGLISCHE LEBENSART

WIE sahen die Engländer des 18. Jahrhunderts aus? Reynolds hat sie zweifellos idealisiert; er zeigt uns vornehmlich die Adligen und vom Glück Begünstigten und verklärt ihre Korpulenz durch die Gewänder und Insignien der Würde. Goethe sagte über die Engländer, die er in Weimar zu Gesicht bekam: «Aber was sind das alles für tüchtige, hübsche Leute!», und er machte sich Sorgen, diese selbstbewußten jungen Briten, die Söhne eines Weltreichs, könnten die deutschen Männer bei den deutschen Mädchen ausstechen[1]. Einige dieser jungen Männer behielten ihre Figur bis in die späteren Jahre; die meisten aber quollen zu behäbiger Korpulenz auf, wenn sie die sportliche Zucht ihrer Schulen mit den Freuden der Tafel vertauschten; ihre Gesichter färbten sich ungesund rot, und in der Stille der Nacht litten sie unter der Gicht, die sie in den Freuden des Tages genährt hatten. Etwas von der elisabethanischen Robustheit war in den Exzessen der Restauration verlorengegangen. Die englischen Frauen hingegen waren schöner als je zuvor, zumindest auf den Staffeleien; gemmengleich geschnittene Gesichter, mit Blumen und Bändern geschmücktes Haar, in Seide gehüllte Geheimnisse, Gedichte von stolzer Anmut.

Die Klassenunterschiede in der Kleidung verschwanden von den Straßen, als die mechanischen Webstühle Baumwollstoffe in steigender Menge auf den Markt warfen; bei feierlichen Anlässen blieben sie jedoch erhalten; Lord Derwentwater fuhr in scharlachroter, mit Goldborte besetzter Jacke und Weste zu seiner Hinrichtung[2]. Die Perücken kamen aus der Mode und verschwanden ganz, als Pitt der Jüngere den Puder besteuerte, mit dem sie desodorisiert wurden; sie überlebten bei Doktoren, Richtern, Advokaten und Samuel Johnson; die meisten Männer begnügten sich nunmehr mit ihrem eigenen Haar, das im Nacken mit Bändern zu einem Zopf geflochten wurde. Um 1785 verlängerten einige Männer ihre Kniehosen bis zu den Waden, und 1793, inspiriert durch den Triumph der französischen Sansculotten, bis zu den Knöcheln; der moderne Mann war geboren. Die Frauen schnürten ihren Busen noch immer bis zur Grenze des Erstickens, doch der Reifrock verlor je länger, desto mehr an Umfang und Bedeutung, und die Kleider nahmen immer mehr fließende Linien an.

Nach der Frömmigkeit war es mit der Sauberkeit am schlechtesten bestellt, denn Wasser war ein Luxus. Die Flüsse waren lieblich, doch meist verschmutzt; die Themse diente als Abwasserkanal[3]. In die Londoner Häuser wurde dreimal in der Woche Was-

DAS ENGLISCHE VOLK

283

ser gepumpt zu einem Preis von drei Shilling pro «quarter» (291 Liter)[4]; manche Häuser hatten Toiletten mit Wasserspülung, nur wenige Badezimmer mit fließendem Wasser. Die meisten Aborte (die «jerichos» genannt wurden) befanden sich außerhalb der Gebäude über offenen Gruben, deren flüssiger Inhalt durch den Boden in die Brunnen durchsickerte, aus denen ein großer Teil des Trinkwassers kam[5]. Doch das öffentliche Gesundheitswesen wurde ständig verbessert, die Zahl der Krankenhäuser stieg, die Säuglingssterblichkeit fiel von vierundsiebzig auf hundert Geburten im Jahre 1749 auf einundvierzig im Jahre 1809[6].

Niemand trank Wasser, wenn er etwas weniger Gefährliches bekommen konnte. Bier wurde als unentbehrliches Nahrungsmittel für jeden Schwerarbeiter betrachtet; Wein war eine beliebte Arznei, Whisky ein tragbarer Ofen und Trunkenheit eine läßliche Sünde, wenn nicht gar ein notwendiger Teil sozialer Gleichschaltung. «Ich kann mich noch an die Zeit erinnern», sagte Dr. Johnson, «wo die biederen Bürger von Lichfield sich jeden Abend einen Rausch antranken, ohne daß man es ihnen verübelt hätte.»[7] Pitt der Jüngere kam betrunken ins Unterhaus, und Lord Cornwallis ging betrunken in die Oper[8]. Lohnkutscher vermehrten ihr Einkommen, indem sie zu späterer Stunde durch die Straße fuhren und Herren auflasen, die «betrunken waren wie ein Lord», und sie in ihren Wohnungen ablieferten. Die Trunksucht ging mit dem fortschreitenden Jahrhundert zurück; der Tee übernahm einen Teil der Aufgabe, das Innere des Körpers zu wärmen und die Zunge zu lockern. Die Teeimporte stiegen von hundert Pfund im Jahre 1668 auf vierzehn Millionen Pfund im Jahre 1786[9]. Die Kaffeehäuser schenkten jetzt mehr Tee als Kaffee aus.

Die Mahlzeiten waren herzhaft, blutig und umfangreich. Das Dinner wurde in den oberen Klassen etwa um vier Uhr nachmittags eingenommen und im Verlaufe des Jahrhunderts bis gegen sechs Uhr verschoben. Ein eiliger Mann mochte seinen Hunger mit einem Sandwich stillen. Diese Neuheit wurde nach dem vierten Earl of Sandwich benannt, der, um beim Glücksspiel nicht durch das Dinner unterbrochen zu werden, ein zwischen zwei Brotscheiben gelegtes Stück Fleisch aß. Gemüse wurde nur widerwillig gegessen. «Das Rauchen ist außer Mode gekommen», sagte Johnson zu Boswell im Jahre 1773; aber man ging dazu über, den Tabak zu schnupfen. Opium wurde häufig genommen, als Beruhigungsmittel oder als Arznei.

Bei Tisch konnte der Engländer sich mit Trinken in eine beschwingte Gesprächigkeit hineinsteigern, und dann war die Unterhaltung ebenso geistvoll wie die in den Pariser Salons, ja übertraf sie vielleicht an Gehalt. Als eines Tages – es war der 9. April 1778 – Johnson, Gibbon, Boswell, Allan Ramsay und andere Freunde im Hause von Sir Joshua Reynolds zusammensaßen, bemerkte der Doktor: «Ich frage mich, ob in Paris eine solche Gesellschaft, wie sie hier um den Tisch sitzt, in weniger als einem halben Jahr zusammengebracht werden kann.»[10] Die Aristokraten gaben in ihren Unterhaltungen dem Witz vor der Gelehrsamkeit und Selwyn vor Johnson den Vorzug. George Selwyn war der Oscar Wilde des 18. Jahrhunderts. Er war von Oxford relegiert worden (1745), weil «er sich den gottlosen Scherz erlaubte, sich als der Erlöser auszugeben und die Institution des heiligen Abendmahls lächerlich zu ma-

284 SAMUEL JOHNSONS ENGLAND

chen»[11], doch hielt ihn dies nicht davon ab, mehrere lukrative Sinekuren in der Verwaltung anzunehmen und von 1747 bis 1780 im Unterhaus zu sitzen und zu schlafen. Er hatte einen Schwarm von Freunden; zu einer Heirat dagegen konnte er sich nicht entschließen. Auch besaß er eine Leidenschaft für Hinrichtungen, verzichtete jedoch darauf, derjenigen eines Namensvetters von Charles James Fox beizuwohnen, indem er sagte: «Ich habe es mir zum Prinzip gemacht, keiner Probe beizuwohnen.»[12] Fox war sein politischer Gegner, und Selwyn hoffte, eines Tages *ihn* am Galgen enden zu sehen. Er und Horace Walpole waren dreiundsechzig Jahre hindurch eng befreundet, und keine Verstimmung und keine Frau trat je trennend zwischen sie.

Wer keinen Spaß an Hinrichtungen hatte, konnte unter hundert anderen Belustigungen wählen, vom Whist oder Beobachten des Vogelflugs bis zum Pferderennen oder Boxkampf. Kricket war nun das Nationalspiel. Die Armen vergeudeten ihren Lohn in Schenken, die Reichen verspielten ihre Vermögen in Klubs oder Privathäusern, so Walpole, der bei Lady Hertford «sechsundfünfzig Guineen verlor, bevor ich ein Ave Maria sprechen konnte»[13]. James Gillray nannte in seinen berühmten Karikaturen solche Gastgeberinnen «Faro's Daughters» (Töchter des Kartenspiels «Faro»)[14]. Verluste gelassen hinzunehmen, war Ehrensache für einen englischen Gentleman, selbst wenn er sich am Ende eine Kugel durch den Kopf jagte.

Es war eine Männerwelt, juristisch, gesellschaftlich und moralisch. Die Männer blieben bei ihren gesellschaftlichen Zusammenkünften meist unter sich; erst im Jahre 1770 wurde ein Klub für Mitglieder beider Geschlechter gegründet. Die Männer entmutigten eine Entwicklung der intellektuellen Fähigkeiten bei den Frauen und beklagten sich dann, sie seien zu geistreicher Konversation nicht fähig. Einigen Frauen gelang es dennoch, ihren Geist zu bilden. Mrs. Elizabeth Carter lernte Lateinisch, Französisch, Italienisch und Deutsch sprechen, studierte Hebräisch, Portugiesisch und Arabisch und übersetzte Epiktet mit einer Meisterschaft, die Johnsons Lob errang. Sie protestierte gegen die Abneigung der Männer, sich mit Frauen über anspruchsvolle Themen zu unterhalten, und sie war eine jener Damen, welche die «Blaustrümpfe» zum Gespräch des literarischen London machten.

Mit diesem Namen bezeichnete man zunächst die Personen, Frauen wie Männer, die im Hause von Mrs. Elizabeth Vesey in der Hertford Street in Mayfair zusammenkamen. Bei diesen Abendgesellschaften war das Kartenspielen verboten, und man widmete sich vorzugsweise der literarischen Diskussion. Als Mrs. Vesey eines Tages Benjamin Stillingfleet, der sich vorübergehend einen Ruf als Dichter, Botaniker und Philosoph gemacht hatte, auf der Straße traf, lud sie ihn zu ihrer nächsten Abendgesellschaft ein. Er entschuldigte sich mit der Begründung, er habe keine passende Garderobe; er trug blaue Strümpfe. «Das macht nichts», erwiderte sie, «kommen Sie in ihren blauen Strümpfen.» «So geistreich war sein Gespräch und so fühlbar seine Abwesenheit»[15], berichtete Boswell, «daß es jeweils hieß: 'Es geht eben nicht ohne die blauen Strümpfe', und so kam das Wort 'Blaustrumpf' allmählich zu seiner Bedeutung.» Der Kreis um Mrs. Vesey wurde die «Bas Bleu Society» (Blaustrumpfgesellschaft) genannt. Zu den Gästen dieser ersten emanzipierten Frau gehörten Garrick und Walpole, und an manchen Abenden setzte Johnson die Anwesenden durch hohe-priesterliche Weisheit in Erstaunen.

Doch «die Königin der Blauen», wie Johnson sie nannte, war Elizabeth Robinson Montagu. Sie war mit Edward Montagu verheiratet, einem Enkel des ersten Earl of Sandwich und Verwandten von Edward Wortley Montagu, dem Gatten der leicht-fertigen Lady Mary, deren wir auf früheren Seiten gedacht haben[16]. Elizabeth war eine Frau von Geist, hochgebildet und schriftstellerisch begabt; ihr Essay *The Writings and Genius of Shakespeare* (1769) verteidigte entrüstet den nationalen Barden gegen die Kri-tik Voltaires. Sie war reich und konnte es sich leisten, in großem Stil zu unterhalten. Sie machte das Chinesische Zimmer in ihrem Haus am Berkeley Square zum Lieblings-treffpunkt der Intelligenz und der Schönheit von London; zu ihr kamen Reynolds, Johnson, Burke, Goldsmith, Garrick, Horace Walpole, Fanny Burney und Hannah More; hier trafen sich Künstler mit Aristokraten, Prälaten mit Philosophen, Dichter mit Botschaftern. Mrs. Montagus «ausgezeichneter Koch» versetzte sie alle in gute Laune, doch es wurde kein Alkohol serviert, Räusche waren verpönt. Sie spielte die Mäzenin junger, hoffnungsvoller Schriftsteller und entfaltete eine großzügige Wohl-tätigkeit. Auch andere Londoner Damen – Mrs. Thrale, Mrs. Boscawen, Mrs. Monck-ton – öffneten ihre Häuser allen, die Talent oder Schönheit besaßen. Die Londoner Gesellschaft wurde zweigeschlechtlich, und ihre Salons begannen mit denen von Paris in Ansehen und Tonart zu konkurrieren.

II. DIE ENGLISCHE MORAL

«In jeder Gesellschaft», schrieb Adam Smith, «wo sich der Ständeunterschied einmal festgesetzt hat, sind immer zu ein und derselben Zeit zwei verschiedene Moralsysteme im Schwange gewesen, wovon man das eine die enge oder strenge Moral, das andere die liberale oder, wenn man will, lockere Moral nennen kann. Das erste wird gemei-niglich von den gemeinen Leuten bewundert und verehrt, das andere pflegt von den sogenannten Leuten von Stande geschätzt und angenommen zu werden.»[17] John Wes-ley, der zu den Anhängern der strengen Klasse gehörte, nannte die englische Moralität im Jahre 1757 ein Gemisch von Schmuggel, Meineiden, politischer Korruption, Trunksucht, Glücksspiel, Betrug bei Geschäften, Schikane an den Höfen, Servilität beim Klerus, Weltlichkeit bei den Quäkern und geheimer Unterschlagung von Wohl-tätigkeitsgeldern[18]. Es ist immer dasselbe alte Lied.

Damals wie heute war die Unterscheidung der Geschlechter keineswegs offen-sichtlich. Manche Frauen bemühten sich, Männer zu sein, und oft mit Erfolg. Wir erfahren von Frauen, die sich als Männer verkleideten und die Täuschung bis zu ihrem Tod aufrechterhielten; manche dienten als Männer in der Armee oder in der Flotte, tranken, rauchten und fluchten wie diese, kämpften auf dem Schlachtfeld und ertrugen Auspeitschungen mannhaft[19]. Um 1772 beherrschten «Macaronis» das Straßenbild von London; diese waren junge Männer, die ihr Haar in langen Locken trugen, sich in prächtige Stoffe und grelle Farben kleideten und «ohne Leidenschaft hurten»; Selwyn nannte sie «eine Art von Lebewesen, weder männlich noch weiblich, sondern von neutralem Geschlecht»[20]. Die Homosexualität hatte ihre Bordelle, obwohl homosexuelle Betätigung, wenn sie entdeckt und nachgewiesen wurde, mit dem Tode bestraft werden konnte.

Es blühte die Doppelmoral. Tausend Freudenhäuser befriedigten die Lüste geiler Männer, doch die gleichen Männer verurteilten weibliche Unkeuschheit als ein Verbrechen, das nur mit dem Tode gebüßt werden konnte. So dichtete der sanfte Goldsmith:

> Wenn Jungfraun bis zur Torheit lieben
> Und finden dann, zu spät, Verrat:
> Was tröstet sie, die sich betrüben?
> Was wäscht hinweg des Irrtums Tat?
> Das Einzge, ihre Schuld zu decken,
> Vergessenheit sich zu erwerben,
> Dem Frevler Reue zu erwecken
> In tiefster Brust, ist dann – zu sterben.[21]

Die Frühehe wurde als Vorbeugungsmaßnahme gegen solches Unglück empfohlen. Das Gesetz erlaubte Mädchen, mit zwölf, und Jungen, mit vierzehn Jahren zu heiraten. Die meisten Frauen der gebildeten Klassen heirateten jung und verschoben ihre außerehelichen Abenteuer auf später; doch dann gebot die Doppelmoral ihnen Einhalt. Hören wir, was Johnson über Ehebruch schrieb (1768):

«Das Frevelhafte daran ist, daß dadurch die Verhältnisse der Nachkommenschaft durcheinandergeraten, und eine Frau, die das Ehegelübde bricht, handelt deshalb um vieles verwerflicher als ein Mann, der dasselbe tut. Gewiß, der Mann macht sich schuldig vor Gott, aber seiner Frau gereicht es eigentlich nicht zum Schaden, wenn man von der Kränkung absieht. Eine Frau sollte nicht viel Wesens davon machen, wenn ihr Mann aus bloßer Lüsternheit heimlich zur Kammerzofe schleicht. Ich würde jedenfalls eine Tochter nicht bei mir aufnehmen, die aus diesem Grunde ihrem Mann davongelaufen ist. Eine Frau sollte bestrebt sein, ihren Gatten durch vermehrte Liebenswürdigkeit zurückzugewinnen. Kaum einer unter hundert wird zu einer Dirne gehen, wenn nicht seine Frau es an Liebenswürdigkeit hat fehlen lassen.»[22]

In Boswells eigenem Kreis wurde es als etwas durchaus Normales betrachtet, daß Männer gelegentlich zu einer Prostituierten gingen. Bei der Aristokratie – und sogar in der königlichen Familie – war der Ehebruch weit verbreitet. Der Herzog von Grafton lebte, während er Premierminister war, offen mit Nancy Parsons zusammen und nahm sie ohne Rücksicht auf die Anwesenheit der Königin mit in die Oper[23]. Scheidungen waren selten; sie konnten nur durch Parlamentsakte erreicht werden, und da eine solche «mehrere tausend Pfund» kostete, war sie ein Luxus für die Reichen; nur hundertzweiunddreißig solcher Bewilligungen verzeichnete man in den Jahren 1670 bis 1800[24]. Es wurde allgemein angenommen, daß die Moral des gemeinen Volkes besser sei als die der Aristokratie, doch Johnson war anderer Ansicht (1778): «Unzucht und Ehebruch kommt bei den Bauern ebenso oft vor wie unter dem Adel ... Nein, soweit ich das beurteilen kann, sind die Frauen um so gebildeter und tugendhafter, je höher ihr Rang und Reichtum.»[25] In der Schilderung der Literatur jener

DAS ENGLISCHE VOLK
287

Zeit, so bei Fielding und Burns, feierte der Bauer fast jedes Wochenende mit einem Trinkgelage, gab die Hälfte seines Lohnes in Tavernen und einen Teil für Dirnen aus. Jede Klasse sündigte entsprechend ihren Bräuchen und ihren Mitteln.

Die Armen bekämpften einander mit Fäusten und Knüppeln, die Reichen mit Pistolen und Säbeln. Beim Adel war das Duell eine Ehrensache; Fox duellierte sich mit Adam, Shelburne mit Fullerton, Pitt der Jüngere mit Tierney; es war schwer, das Leben eines Adligen durchzustehen, ohne mindestens einen Stich abzubekommen. Viele Geschichten bezeugen die Kaltblütigkeit der britischen Gentlemen bei diesen Zweikämpfen. Lord Shelburne beruhigte, nachdem er in der Leistengegend verwundet worden war, seine besorgten Sekundanten mit den Worten: «Ich glaube nicht, daß Lady Shelburne deswegen schlechter dran sein wird.»[26]

Schlimmer als die Laxheit der Sexualmoral war die Brutalität der industriellen Ausbeutung: der gnadenlose Verschleiß von Menschenleben im Streben nach Profit; die Verwendung von sechsjährigen Kindern in Fabriken oder als Schornsteinfeger; die Auspowerung von Tausenden von Männern und Frauen bis zu einem solchen Grad, daß sie sich für eine Überfahrt nach Amerika in unbezahlte Leibeigenschaft verkauften; der Schutz des Sklavenhandels durch die Regierung als einer wertvollen Quelle von Englands Reichtum ...

Von Liverpool, Bristol und London – wie von Holland und Frankreich – segelten Kaufleute nach Afrika, kauften und fingen Neger, verfrachteten sie nach Westindien, verkauften sie dort und kehrten mit wertvollen Ladungen von Zucker, Tabak oder Rum nach Europa zurück. Bis zum Jahr 1776 hatten englische Händler insgesamt drei Millionen Sklaven nach Amerika gebracht; dazu rechne man weitere 250000, die bei der Überfahrt gestorben und ins Meer geworfen worden waren. Die britische Regierung bewilligte der «African Company» und ihrer Nachfolgerin, der «Regulated Company», jährliche Hilfsgelder in Höhe von 10000 Pfund für den Unterhalt ihrer Forts und Stationen in Afrika, mit der Begründung, sie seien «von allen Kompanien, die je von unseren Kaufleuten gebildet wurden, die nützlichsten für diese Insel»[27]. Georg III. verbot 1770 dem Gouverneur von Virginia, «bei Strafe der allerhöchsten Ungnade keinem Gesetz seine Zustimmung zu geben, wodurch die Sklaveneinfuhr auf irgendeine Weise gehindert oder erschwert würde»[28]. 1771 gab es in England etwa 14000 Neger, die von Kolonialherren ins Land gebracht worden oder ihnen entflohen waren; einige von ihnen wurden als Dienstboten ohne Recht auf Lohn verwendet[29], andere wurden auf öffentlichen Auktionen verkauft, so in Liverpool im Jahre 1766[30]. 1772 jedoch entschied ein englisches Gericht, daß ein Sklave automatisch ein freier Mensch wurde in dem Augenblick, wo er englischen Boden betrat[31].

Langsam wurde sich Englands Gewissen des Widerspruchs zwischen diesem Handel und den einfachsten Geboten der Religion und Moral bewußt. Die besten Geister in Britannien brandmarkten ihn: George Fox, Daniel Defoe, James Thomson, Richard Steele, Alexander Pope, William Paley, John Wesley, William Cowper, Francis Hutcheson, William Robertson, Adam Smith, Josiah Wedgwood, Horace Walpole, Samuel Johnson, Edmund Burke, Charles James Fox. Die erste organisierte Opposition

288   SAMUEL JOHNSONS ENGLAND

gegen die Sklaverei war die der Quäker in England und in Amerika; 1761 verweigerten sie allen am Sklavenhandel beteiligten Personen ihre Mitgliedschaft, und 1783 bildeten sie eine Vereinigung «für die Befreiung der Negersklaven in Westindien und für
die Verhinderung des Sklavenhandels an der Küste Afrikas»[32]. 1787 berief Granville
Sharp ein Komitee gegen den Sklavenhandel, und 1789 begann William Wilberforce
seine lange Kampagne im Unterhaus, die zur Abschaffung des englischen Sklavenhandels führen sollte. Die Händler überredeten das Haus wiederholt, entsprechende Maßnahmen hinauszuschieben, und erst im Jahre 1807 beschloß das Parlament, daß kein
Schiff nach dem 1.Mai 1807 Sklaven von einem Hafen innerhalb der britischen Dominien und nach dem 1.März 1808 in eine britische Kolonie befördern durfte[33].

Die politische Moral erreichte in England jetzt ihren tiefsten Stand. Das System der
gekauften Wahlbezirke blühte, und die Nabobs überboten alle anderen Konkurrenten.
Franklin beklagte den amerikanischen Krieg aus einem besonderen Grund: «Warum
ließen sie mich nicht weitermachen? Wenn sie [die Kolonien] mir ein Viertel des
Geldes gegeben hätten, das sie für den Krieg aufwendeten, hätten wir unsere Unabhängigkeit erlangt, ohne einen Tropfen Blut zu vergießen. Ich hätte das ganze Parlament, die ganze Regierung Britanniens gekauft.»[34] Korruption herrschte in der Kirche, an den Universitäten, im Gerichtswesen, im Staatsdienst, im Heer, in der Flotte
und bei den Räten des Königs. Die militärische Disziplin war strenger als in jedem
anderen europäischen Land[35], allenfalls mit der Ausnahme Preußens, und wenn die
Männer entlassen wurden, tat man nichts, um ihnen den Übergang in ein nützliches
und ordentliches Leben zu erleichtern.

Die gesellschaftliche Moral schwankte zwischen der natürlichen Gutmütigkeit des
einzelnen Engländers und der unverantwortlichen Brutalität des Mobs. Zwischen 1765
und 1780 gab es neun größere Volksaufstände – fast alle in London; wir werden bald
ein Beispiel hierfür erleben. Die Leute drängten sich zum Hängen eines Verurteilten
wie zu einer Festveranstaltung und bestachen manchmal den Henker, die Auspeit-
schung eines Gefangenen besonders gründlich zu besorgen[36]. Das Strafrecht war das
strengste in ganz Europa. Die Sprache neigte in fast allen Klassen zu Derbheit und Gemeinheit. Die Presse feierte Orgien der Beschimpfung und Verleumdung. Fast jedermann spielte, wenn auch nur in der Nationallotterie, und fast alle tranken im Übermaß.

Die Fehler des englischen Charakters entsprangen seiner Grundeigenschaft – einer
gesunden, unternehmungslustigen Lebenskraft. Der Bauer und der Fabrikarbeiter verbrauchten sie in der Mühsal ihres Berufes, die Nation zeigte sie in allen Krisen außer
in einer einzigen. Frucht dieser Vitalität waren der unersättliche Appetit, die frohe
Laune, der Drang zu den Prostituierten, die Raufereien in den Kneipen und die Duelle
in den Parks, die Leidenschaft der Parlamentsdebatten, die Fähigkeit zu stummem
Leiden, der stolze Anspruch jedes Engländers, daß sein Heim seine Burg sei, die nur
betreten werden konnte, wenn das Gesetz eine Handhabe bot. Als England in dieser
Epoche besiegt wurde, geschah es durch Engländer, welche die englische Leidenschaft
für die Freiheit nach Amerika verpflanzt hatten. Madame Du Deffand bemerkte die Ver-
schiedenartigkeit der Individuen bei den Engländern, die ihr begegneten. «Jeder»,

DAS ENGLISCHE VOLK

sagte sie, «ist ein Original; es gibt keine zwei, die sich gleichen. Wir [Franzosen] sind das direkte Gegenteil; wenn Sie einen von unseren Höflingen gesehen haben, haben Sie sie alle gesehen.»[37] Und Horace Walpole stimmte ihr bei: «Es ist sicher, daß kein anderes Land so viele einmalige und unterschiedliche Charaktere hervorbringt wie England.»[38] Man betrachte Reynolds' Menschen: sie haben nur den Stolz auf ihr Land und ihre Klasse, die gesunde Röte ihrer Gesichter und ihre kühne Herausforderung an die Welt gemeinsam. Es war eine kraftvolle Rasse.

III. GLAUBEN UND ZWEIFEL

Die englischen Massen blieben ihren verschiedenen Formen des christlichen Glaubens treu. Das meistgelesene Buch nach der Bibel war *Nelson's Festivals and Fasts* (Nelsons Feste und Fastenzeiten), ein Führer durch das Kirchenjahr[39]. Johnsons *Prayers and Meditations* (Gebete und Meditationen), nach seinem Tod veröffentlicht, erlebten in vier Jahren vier Auflagen. In den oberen Klassen wurde die Religion als eine soziale Funktion, eine Stütze der Moral und ein Instrument der Regierung respektiert, doch sie hatte ihren Einfluß im Leben des einzelnen und alle Macht über die Politik verloren. Die Bischöfe wurden vom König ernannt, und die Pfarrer waren bezahlte Angestellte der Landedelleute. Der deistische Angriff auf die Religion hatte so stark nachgelassen, daß Burke 1790 fragen konnte: «Wer von allen, die in den letzten vierzig Jahren geboren wurden, hat ein einziges Wort von Collins und Toland und Tindal und Chubb und Morgan und so vielen anderen ihresgleichen, die sich Freidenker nannten, gelesen?»[40] Doch wenn niemand aufstand, ihm zu antworten, so mag der Grund hierfür darin gelegen haben, daß diese Rebellen die Schlacht gewonnen hatten und gebildete Menschen die alten Probleme als erledigt und tot betrachteten. Boswell beschrieb 1765 (wobei er allerdings das gemeine Volk vergaß) seine Zeit als «eine Epoche, in der die Menschen so sehr in die Ungläubigkeit vernarrt sind, daß sie sich etwas darauf einzubilden scheinen, ihren Glaubensbereich so weit wie möglich einzuschränken»[41]. Wir haben gesehen, wie sich Selwyn in Oxford und Wilkes in Medmenham Abbey über die Religion lustig machten. «Pitt der Jüngere», so berichtet uns Lady Hester Stanhope, «ging nie in seinem Leben zur Kirche.»[42] Und man brauchte nicht zu glauben, um zu predigen. «Es gibt», schrieb Boswell 1763, «viele Ungläubige in den Orden, welche die Religion lediglich als eine politische Institution und ihren Beruf als eine Pfründe betrachten wie irgendeine andere zivile Beschäftigung und ihre Bemühungen darauf verwenden, die nützliche Täuschung aufrechtzuerhalten.»[43] «Die Formen der Orthodoxie, die Glaubensartikel», sagte Gibbon, «werden von dem modernen Klerus mit einem Seufzer oder einem Lächeln unterschrieben.»[44]

Private Klubs boten Erleichterung von der öffentlichen Gleichförmigkeit. Viele Aristokraten traten in eine der Freimaurerlogen ein. Diese verurteilten den Atheismus als töricht und forderten von ihren Mitgliedern einen Glauben an Gott, traten jedoch für Toleranz gegenüber Unterschieden in allen anderen religiösen Doktrinen ein[45]. In der «Lunar Society» (Mondgesellschaft) von Birmingham hörten sich Unternehmer wie Matthew Boulton, James Watt und Josiah Wedgwood, ohne sich zu entsetzen, die Ketzereien von Joseph Priestley und Erasmus Darwin an [46]. Aber der Eifer der Deisten hatte sich gelegt, und fast alle Freidenker akzeptierten einen Waffenstillstand, auf Grund dessen sie sich verpflichteten, die Verbreitung des Glaubens nicht zu behindern, vorausgesetzt, daß die Kirche der Sünde einigen Spielraum gewährte. Die englischen Oberklassen mit ihrem Sinn für Ordnung und Mäßigung distanzierten sich von dem rücksichtslosen Radikalismus der französischen Aufklärung; sie erkannten die enge Verbindung von Religion und Staatsführung an und waren zu sparsam, um eine übernatürliche Moral durch übermäßigen Polizeiaufwand zu ersetzen.

Da sie jetzt Diener des Staates waren, fühlten die anglikanischen Bischöfe sich, wie die katholischen Kardinäle, zu einem gewissen Maß weltlicher Freuden berechtigt. Cowper verspottete in bitteren Zeilen [47] die Geistlichen, die sich wie Politiker um reichere oder zusätzliche Pfründe balgten; doch viele andere lebten ein Leben stiller Pflichterfüllung, und mehrere waren gelehrte und fähige Verteidiger des Glaubens. William Paleys *Principles of Moral and Political Philosophy* (Grundsätze der moralischen und politischen Philosophie, 1785) bezeugten einen großzügigen Geist lehrmäßiger Weitherzigkeit und Toleranz, und seine *Evidences of Christianity* (Beweise des Christentums, 1794) stellten in überzeugender Weise die Argumente für die Existenz einer Vorsehung dar. Paley hieß Männer mit freidenkerischen Neigungen im Orden willkommen, solange sie die Kernwahrheiten der Religion predigten und ihren Gemeinden als moralische Führer dienten [48].

Dissenters – Baptisten, Presbyterianer und Unabhängige (Puritaner) – genossen religiöse Duldung, vorausgesetzt, sie akzeptierten die Dreieinigkeitslehre; doch niemand konnte ein politisches oder militärisches Amt bekleiden oder in Oxford oder Cambridge studieren, wenn er nicht die anglikanische Kirche und ihre neununddreißig Artikel anerkannte. Der Methodismus fand weiterhin Verbreitung in den niederen Klassen; 1784 brach er seine schwachen Bindungen zur Staatskirche ab, doch inzwischen war unter seinem Einfluß eine Minderheit der anglikanischen Kleriker von der sogenannten evangelischen Erweckungsbewegung erfaßt worden. Diese Männer bewunderten Wesley und stimmten mit ihm darin überein, daß das Evangelium genau so gepredigt werden sollte, wie es im Neuen Testament überliefert war, ohne Zugeständnisse an rationalistische oder textliche Kritik.

Englands Erinnerung an die Pulververschwörung, den Cromwellschen Aufstand und die Regierung Jakobs II. bewirkte, daß die alten Gesetze gegen die römischen Katholiken noch immer in Kraft waren. Die meisten dieser Gesetze wurden nicht mehr angewandt, doch viele Rechtsunfähigkeiten blieben erhalten. Katholiken konnten Land gesetzmäßig nur unter einem Vorwand und gegen Bezahlung einer doppelten Eigentumssteuer kaufen oder erben. Sie waren von allen Posten in der Armee und der Flotte, von allen juristischen Berufen, von der Wahl und der Kandidatur für das Parlament und von allen Regierungsämtern ausgeschlossen. Dennoch nahm ihre Zahl ständig zu. 1781 gehörten zu ihnen sieben Peers, zweiundzwanzig Baronets, 150 «Gentlemen». Messen wurden in Privathäusern gelesen, und nur zwei oder drei Verhaftungen wegen dieser Gesetzesübertretung sind in den sechzig Jahren der Regierung Georgs III. registriert.

1778 brachte Sir George Savile im Parlament ein Gesetz zur «katholischen Befreiung» ein, durch welches der Kauf und das Erben von Land durch Katholiken legalisiert und den Katholiken erlaubt werden sollte, in den bewaffneten Streitkräften zu dienen, ohne sich von ihrer Religion loszusagen. Das Gesetz wurde angenommen und begegnete keiner ernsthaften Opposition von seiten der anglikanischen Bischöfe im Oberhaus. Es galt nur für England, doch 1779 beantragte Lord North, daß es auf Schottland ausgedehnt werden sollte. Als die Kunde von diesem Vorschlag das schottische Tiefland erreichte, brachen in Edinburg und Glasgow Aufstände aus (Januar 1779); mehrere von Katholiken bewohnte Häuser wurden bis auf den Grund niedergebrannt, die Läden von katholischen Kaufleuten geplündert und zerstört, die Häuser von Protestanten, die Sympathie für die Katholiken bekundeten – wie zum Beispiel der Historiker Robertson –, in ähnlicher Weise angegriffen, und die Unruhen endeten erst, als der Magistrat von Edinburg erklärte, daß die «Relief Act» (Akte zur Erleichterung der Lage der Katholiken) in Schottland keine Gültigkeit haben sollte.

Ein schottisches Mitglied des Parlaments, Lord George Gordon, nahm die Sache des «No-Popery» (kein Papsttum) in England auf. Am 29. Mai 1780 leitete er eine Versammlung der «Protestantischen Vereinigung», die einen Massenmarsch plante, um eine Petition für den Widerruf der «Relief Act» von 1778 vorzulegen. Am 2. Juni umzingelten sechzigtausend Menschen, die blaue Kokarden trugen, das Parlamentsgebäude in London. Viele Parlamentsmitglieder wurden beim Betreten des Hauses verprügelt, die Kutschen der Lords Mansfield, Thurlow und Stormont wurden demoliert, einige der edlen Lords erreichten ihre Sitze ohne Perücke, mit zerzaustem Haar und zitternd[49]. Gordon und acht seiner Anhänger drangen in das Unterhaus ein, legten eine Petition auf Widerruf des Gesetzes vor, die angeblich 120000 Unterschriften trug, und forderten sofortige Behandlung als einzige Alternative zu einer Erstürmung des Hauses durch den Pöbel. Das Parlament widersetzte sich. Man schickte nach Truppen, welche die Menge zurückhalten sollten, und schloß alle Türen; ein Verwandter Gordons erklärte, er werde jeden Außenstehenden, der gewaltsam in die Kammer eindringe, töten. Dann beschloß das Haus seine Vertagung bis zum 6. Juni. Truppen trafen ein und machten den Weg frei für die Mitglieder, damit diese in ihre Wohnungen zurückkehren konnten. Zwei katholische Kapellen, die zur sardinischen und zur bayrischen Gesandtschaft gehörten, wurden geplündert und ihre Einrichtung auf der Straße in einem Freudenfeuer verbrannt. Die Menge zerstreute sich, doch am 5. Juni plünderten Aufrührer andere ausländische Kapellen und brannten mehrere Privathäuser nieder.

Am 6. Juni rottete sich der Pöbel von neuem zusammen, brach in das Newgate-Gefängnis ein, befreite die Gefangenen, erstürmte ein Arsenal und zog bewaffnet durch die Stadt. Die Adligen verbarrikadierten sich in ihren Häusern; Horace Walpole rühmte sich, in seiner «Garnison» am Berkeley Square eine Herzogin beschützt zu haben[50]. Am 7. Juni wurden weitere Häuser geplündert und niedergebrannt; der

292   SAMUEL JOHNSONS ENGLAND

Mob drang in die Schnapsbrennereien ein, stillte seinen Durst kostenlos, und mehrere Aufrührer kamen um, als sie betrunken in den brennenden Gebäuden lagen. Die Londoner Behörden, die allein die Befehlsgewalt über die Stadtwache besaßen, weigerten sich, dieser zu befehlen, auf die Menge zu schießen. Georg III. rief die Bürgerwehr zu den Waffen und befahl ihr zu schießen, wenn immer der Mob Gewalt anwandte oder mit Gewalt drohte. Der Ratsherr John Wilkes gewann die Vergebung des Königs und verlor seine Beliebtheit bei dem Pöbel, als er ein Pferd bestieg und gemeinsam mit der Miliz versuchte, die Ansammlung zu zerstreuen. Die Miliz, von den Aufrührern angegriffen, feuerte auf sie und tötete zweiundzwanzig von ihnen, worauf die Menge floh.

Am 9. Juni flammten die Unruhen von neuem auf. Häuser – gleichgültig ob von Katholiken oder von Protestanten – wurden geplündert und niedergebrannt, und der Pöbel hinderte die Feuerwehrleute daran, die Flammen zu löschen[51]. Die Truppen unterdrückten den Aufruhr um den Preis von 285 Toten und 173 Verwundeten; 135 Aufrührer wurden festgenommen, einundzwanzig gehängt. Gordon wurde auf der Flucht nach Schottland verhaftet; er bewies, daß er mit den Aufständen nichts zu tun gehabt hatte, und wurde freigelassen. Burke erreichte die Zustimmung des Unterhauses zur Bestätigung des Gesetzes für die Befreiung der Katholiken in England. Ein Gesetz von 1791 dehnte die gesetzliche Toleranz auf den katholischen Glauben und die katholische Erziehung aus, doch keine katholische Kirche durfte einen Turm oder eine Glocke haben[52].

IV. BLACKSTONE, BENTHAM UND DAS GESETZ

Ein anerkannter Jurist bezeichnete die «Veröffentlichung von Blackstones *Commentaries* in gewisser Hinsicht als das bemerkenswerteste Ereignis in der Geschichte des Rechts»[53]. Dies ist das Urteil eines Patrioten; aber es bezeugt zugleich die ehrfürchtige Scheu, die englischsprechende Gelehrte bis in unsere Zeit gegenüber den *Commentaries on the Laws of England* (Kommentare zu den Gesetzen Englands) empfanden, die William Blackstone in den Jahren 1765–1769 in vier Bänden und auf zweitausend Seiten veröffentlichte. Trotz oder wegen seines Umfangs wurde das Werk als ein Monument der Gelehrsamkeit und Weisheit begrüßt; jeder Lord hatte es in seiner Bibliothek, und Georg III. pries es als die Apotheose der Könige.

Blackstone wurde geboren als Sohn eines Londoner Handelsmannes, der reich genug war, ihn auf dem Wege über Oxford und den Middle Temple zum Rechtsgelehrten zu machen. Seine Vorlesungen in Oxford (1753–1763) brachten einige Ordnung und Logik in die Widersprüche und Ungereimtheiten des kodifizierten Rechts und legten seinen Inhalt in klarer und überzeugender Weise dar. 1761 wurde er ins Parlament gewählt, 1763 zum zweiten Kronanwalt von Königin Charlotte ernannt; 1770 begann er seine Tätigkeit als Richter am Zivilgerichtshof. Seinen Studien ergeben und jeder Bewegung abhold, versank er in friedliche, doch vorzeitige Auflösung und starb 1780 im Alter von siebenundfünfzig Jahren.

DAS ENGLISCHE VOLK 293

Sein *opus maximum* besaß die Vorzüge seiner Vorlesungen: logische Gliederung, klare Darstellung und Eleganz des Stils. Jeremy Bentham, sein leidenschaftlicher Gegner, pries ihn als den Mann, der «die Jurisprudenz lehrte, die Sprache des Gelehrten und des Gentleman zu sprechen, der dieser rauhen Wissenschaft Glanz verlieh und sie vom Staub und den Spinnweben der Kanzlei reinigte»[54]. Blackstone definierte das Recht «als eine von einem höheren Wesen eingegebene Richtschnur des Handelns»[55]; er hatte eine ideale und statische Vorstellung vom Recht, das seiner Meinung nach in der Gesellschaft die gleiche Funktion erfüllte wie die Naturgesetze in der Welt, und er neigte dazu, die Gesetze Englands in ihrer Erhabenheit und Ewigkeit den Gesetzen der Schwerkraft gleichzustellen.

Er liebte England und das Christentum, wie er sie vorfand, und würde kaum einen Makel an beiden zugegeben haben. Er war orthodoxer als Bischof Warburton und royalistischer als Georg III. «Der König von England ist nicht nur das Oberhaupt, sondern auch im Grunde der einzige Richter der Nation ... Er kann nach Belieben Gesetze verwerfen, Verträge schließen ..., Beleidigungen vergeben, es sei denn, die Verfassung habe ausdrücklich oder in zwingender Folgerichtigkeit hierfür Ausnahmen oder Grenzen festgelegt.»[56] Blackstone stellte den König über das Parlament und über das Gesetz; der König «ist nicht nur unfähig, Unrecht zu tun, sondern auch Unrecht zu denken» – womit Blackstone meinte, daß es über dem König kein Gesetz gebe, nach welchem er gerichtet werden könnte. Doch er schmeichelte dem Stolz von ganz England, indem er «die absoluten Rechte aller Engländer» definierte als «das Recht auf persönliche Sicherheit, das Recht auf persönliche Freiheit und das Recht auf Privateigentum»[57].

Blackstones Auffassung vom englischen Recht als einem ewiggültigen, weil auf der Bibel als Wort Gottes begründeten System gefiel seiner Zeit in hohem Maße, aber sie behinderte die Entwicklung der englischen Jurisprudenz und die Reform des Strafrechts und des Strafvollzugs; doch gereicht es ihm zur Ehre, daß er John Howards Bemühungen, die unmenschlichen Verhältnisse in den britischen Gefängnissen zu verbessern, lobte[58].

Howard betrachtete das Christentum nicht als ein Rechtssystem, sondern als einen Appell an das Herz. Als er 1773 zum Bezirksrichter in Bedford ernannt wurde, war er entsetzt über die Verhältnisse in dem lokalen Gefängnis. Der Kerkermeister und seine Gehilfen erhielten keine Bezahlung; sie lebten von den Gebühren, die sie von den Gefangenen erpreßten. Niemand wurde nach Verbüßung seiner Strafe entlassen, bevor er nicht gezahlt hatte, was man von ihm verlangte; viele Personen blieben noch monatelang in Haft, nachdem das Gericht sie für unschuldig erklärt hatte. Von Grafschaft zu Grafschaft reisend, stellte Howard überall ähnliche oder sogar schlimmere Mißstände fest. Säumige Schuldner und Nichtvorbestrafte wurden mit Gewohnheitsverbrechern zusammen in die gleiche Zelle gesperrt. Die meisten Gefangenen trugen Ketten, schwere oder leichte, entsprechend der von ihnen an die Wärter gezahlten Gebühr. Jeder Gefangene erhielt täglich eine Brotration im Werte von einem oder zwei Pence; für zusätzliches Essen mußte er zahlen oder sich auf Verwandte oder Freunde verlassen. Die tägliche Zuteilung von Wasser zum Trinken und zum Waschen betrug pro Person nur etwa eineinhalb Liter. Im Winter wurde nicht geheizt, und im Sommer war die Belüftung sehr dürftig. Der Gestank in diesen Verliesen war so stark, daß er noch lange an Howards Kleidern haftete. «Gefängnisfieber» und andere Krankheiten rafften viele Gefangene hin; manche starben eines langsamen Hungertodes[59]. Im Newgate-Gefängnis in London lebten fünfzehn bis zwanzig Personen in einem Raum von sieben auf siebeneinhalb Meter.

1774 legte Howard dem Parlament seinen Bericht über fünfzig von ihm besuchte Gefängnisse vor; das Unterhaus beschloß ein Gesetz, auf Grund dessen hygienische Reformen in den Gefängnissen angeordnet, die Besoldung der Gefängniswärter bewilligt und alle Gefangenen freigelassen wurden, gegen die keine begründete Anklage vorgebracht werden konnte. In den Jahren 1775 und 1776 besuchte Howard Gefängnisse auf dem Kontinent; er fand sie in Holland am besten ausgestattet und verhältnismäßig human; zu den schlimmsten gehörten jedoch die in dem von Georg III. regierten Königreich Hannover. Die Veröffentlichung von Howards Buch *The State of the Prisons in England and Wales ... and an Account of Some Foreign Prisons* (Die Verhältnisse in den Gefängnissen von England und Wales ... und ein Bericht über einige ausländische Gefängnisse; 1777) weckte das schlafende Gewissen der Nation. Das Parlament bewilligte Mittel für zwei «penitentiary houses» (Besserungsanstalten), in denen versucht wurde, die Gefangenen durch individuelle Behandlung, Arbeit unter Bewachung und religiöse Unterweisung zu resozialisieren. Howard nahm seine Reisen wieder auf und berichtete über seine Ermittlungen in neuen Ausgaben seines Buches. 1789 bereiste er Rußland; in Cherson erkrankte er an Typhus und starb 1790. Seine Bemühungen um Reformen zeitigten nur bescheidene Resultate. Das Gesetz von 1774 wurde von den meisten Gefängniswärtern und Richtern ignoriert. Beschreibungen von Londoner Gefängnissen im Jahre 1804 und 1817 zeigten keine Verbesserung seit Howards Zeit; «vielleicht waren die Verhältnisse schlechter statt besser geworden»[60]. Die Reform mußte warten, bis Dickens' Bericht über das New-Marshalsea-Gefängnis in *Little Dorrit* (1855) erschien.

Jeremy Benthams verschiedene Bemühungen um Reformen im Rechtswesen, in der Regierung und in der Erziehung fielen zumeist in eine spätere Zeit, doch sein *Fragment on Government* (Fragment über die Regierung; 1776) gehört hierher, da es in der Hauptsache eine Kritik an Blackstone darstellt. Er verspottete die Ehrfurcht des Juristen vor der Tradition und erklärte, «was heute etabliert ist, war einst Neuerung»[61]; der derzeitige Konservativismus sei Ehrfurcht vor früherem Radikalismus, und infolgedessen seien diejenigen, die für Reformen einträten, ebenso patriotisch wie jene, die bei dem Gedanken an Veränderungen zitterten. «Welches ist das Motto eines guten Bürgers unter einer gesetzmäßigen Regierung? *Pünktlich zu gehorchen, frei zu kritisieren.*»[62] Bentham lehnte Blackstones Forderung nach unumschränkter Macht des Königs ab; eine gute Regierung wird die Gewalten teilen, jede von ihnen ermuntern, die anderen zu überwachen, und die Freiheit der Presse, die Freiheit der Versammlung zu friedlichen Zwecken und das Recht der Opposition gewährleisten. Als letzter Ausweg

DAS ENGLISCHE VOLK 295

schadet die Revolution dem Staate weniger als dumpfe Unterwerfung unter die Tyrannei[63]. Dieses kleine Buch erschien im Jahr der amerikanischen Unabhängigkeitserklärung.

In der gleichen Abhandlung verkündete Bentham jenes «Prinzip des größten Glükkes», dem John Stuart Mill 1863 den Namen «Utilitarismus» geben sollte. «Der Maßstab für Recht und Unrecht ist das größte Glück der größten Zahl.»[64] Nach diesem «Nützlichkeitsprinzip» sollten alle moralischen und politischen Pläne und Praktiken beurteilt werden, denn «die Aufgabe der Regierung besteht darin, das Glück der Gesellschaft zu fördern»[65]. Bentham leitete dieses «Glücksprinzip» von Helvétius, Hume, Priestley und Beccaria ab[66], und seine Grundanschauungen waren durch die Lektüre der *philosophes*[67] inspiriert.

1780 schrieb und 1789 veröffentlichte er eine *Introduction to the Principles of Morals and Legislation* (Einführung in die Grundsätze der Moral und der Gesetzgebung), in der er eine ausführliche und philosophische Erläuterung seiner Ideen gab. Er führte alles bewußte Handeln auf das Streben nach Lust oder die Angst vor Schmerz zurück und definierte das Glück als «den Genuß von Lust und das Bewahrtwerden vor Schmerz»[68]. Dies schien ein von vollkommener Selbstsucht gelenktes Verhalten zu rechtfertigen, doch Bentham wandte das Glücksprinzip sowohl auf Individuen als auch auf Staaten an: Bewirkte das Handeln des einzelnen sein größtes Glück? Auf die Dauer, glaubte Bentham, erlangt das Individuum das Höchstmaß an Vergnügen und das geringste Maß an Schmerz, indem es seinen Mitmenschen gegenüber gerecht ist.

Bentham praktizierte, was er predigte, denn er widmete sein Leben einer langen Reihe von Reformvorschlägen: allgemeines Wahlrecht für alle des Lebens und Schreibens kundigen Erwachsenen, geheime Wahlen, jährlicher Parlamentswechsel, freier Handel, öffentliches Gesundheitswesen, Verbesserung des Strafvollzugs, Säuberung des Justizwesens, Abschaffung des Oberhauses, Modernisierung und Kodifizierung des Rechts in für den Laien verständlichen Ausdrücken und Erweiterung des internationalen Rechts (Bentham erfand diesen Ausdruck[69]). Viele dieser Reformen wurden im 19. Jahrhundert verwirklicht, größtenteils dank der Bemühungen von «Utilitariern» und «philosophischen Radikalen» wie James und John Stuart Mill, David Ricardo und George Grote.

Bentham war die letzte Stimme der Aufklärung, die Verbindung zwischen dem befreienden Gedankengut des 18. und den Reformen des 19. Jahrhunderts. Mehr noch als die *philosophes* vertraute er der Vernunft. Er blieb Junggeselle bis zum Ende seines Lebens, obwohl er einer der liebenswertesten Menschen war. Als er im Alter von vierundachtzig Jahren starb (6. Juni 1832), verfügte er, daß sein Leichnam in Gegenwart seiner Freunde seziert werden solle. Es geschah, und sein Skelett wird noch heute, bekleidet mit Benthams gewohntem Anzug, im University College in London aufbewahrt[70]. Am Tage nach seinem Tod wurde das historische Reformgesetz, das viele seiner Anregungen berücksichtigte, vom König unterzeichnet.

V. DAS THEATER

1. Die Bühne

Die zweite Hälfte des 18. Jahrhunderts sah eine Blüte des Theaterlebens, jedoch einen Stillstand der dramatischen Dichtung. Sie brachte einige der besten Schauspieler der Geschichte hervor, doch nur zwei Dramatiker, deren Werke die Zeit überdauert haben: Sheridan, den wir bereits zu Grabe getragen haben, und Goldsmith, der einen Ehrenplatz in den Hallen der Literatur erhalten wird. Vielleicht war der Mangel an ernsten Theaterstücken Ursache und Wirkung der Shakespeare-Renaissance, die bis zum Ende des Jahrhunderts andauerte.

Die Dramatiker litten unter dem Geschmack des Publikums. Es wurde viel über Aufführungspraxis, wenig über dramatische Technik und Kunst gesprochen. Der Autor erhielt gewöhnlich als einzigen materiellen Lohn den Reingewinn der dritten Vorstellung, wenn diese stattfand; manche Schauspieler und Schauspielerinnen dagegen wurden reich wie Premierminister. Eine gedungene und bezahlte Gruppe von Claqueuren konnte ein gutes Theaterstück durch Auszischen zu Fall bringen oder ein wertloses Stück zu einem sensationellen Erfolg machen. Eine Serie von zwanzig Aufführungen in einer Saison wurde nur von den beliebtesten Dramen erreicht. Die Vorstellungen begannen abends um sechs oder halb sieben und umfaßten gewöhnlich ein dreistündiges Stück und eine Farce oder eine Pantomime. Die Plätze kosteten einen bis fünf Shilling. Sie konnten nur reserviert werden, wenn man einen Diener schickte, der eine Eintrittskarte kaufte und den Platz besetzt hielt, bis der Herr oder die Dame erschien. Alle Sitze bestanden aus Bänken ohne Rückenlehne[71]. Einige bevorzugte Zuschauer saßen auf der Bühne, bis Garrick diesem Unwesen ein Ende machte (1764). Die gesamte Beleuchtung bestand aus Kerzenlicht, das während des ganzen Programms brannte. Die Kostüme waren vor 1782 in der englischen Mode des 18. Jahrhunderts gehalten, ohne Rücksicht auf Zeit oder Ort des Stückes. Cato, Caesar und Lear zeigten sich in Kniehosen und mit Perücken.

Trotz des Widerstands des Klerus und der Konkurrenz der Oper und des Zirkus blühte das Theater sowohl in London als auch in der Provinz. Bath, Bristol, Liverpool, Nottingham, Manchester, Birmingham, York, Edinburg und Dublin hatten gute Schauspielhäuser, einige von ihnen auch ihre eigenen Truppen; und da die größeren Truppen auf Tournee gingen, sahen fast alle Städte gute Schauspielkunst. Das Londoner Theaterleben wurde in Spannung gehalten durch die Rivalität zweier großer Theater. 1750 spielten beide zwei Wochen lang gleichzeitig jeden Abend *Romeo und Julia*, mit Spranger Barry und Susannah Cibber in Covènt Garden und Garrick und Miss Bellamy im Drury-Lane-Theater. Samuel Foote hatte sein eigenes kleines Theater am Haymarket, wo er sich auf satirische Imitationen spezialisierte; seine Nachahmungen von Garrick machten David lange Zeit das Leben sauer.

Nie hatte die englische Bühne so viele erstklassige Darsteller gesehen. Charles Macklin eröffnete die große Epoche der Darstellungskunst im Jahre 1741 mit seinen

DAS ENGLISCHE VOLK 297

Shakespeare-Aufführungen; er war der erste Schauspieler, der Shylock als ernsten Charakter, wenn auch noch immer als einen unbarmherzigen Schurken darstellte. (Erst Henry Irving interpretierte Shylock mit menschlichen Zügen.) John Philip Kemble bezeichnete den Endpunkt der ein Jahrhundert lang währenden Shakespeare-Renaissance. Seinen Höhepunkt erlebte er, als er 1785 mit seiner Schwester Sarah im Drury-Lane-Theater den *Macbeth* spielte.

Auch mehrere unvergeßliche Schauspielerinnen zierten jetzt die Bühne. Peg Woffington war von der Natur mit erregender Schönheit der Gestalt und des Gesichts ausgestattet, doch sie führte einen lockeren Lebenswandel, erlitt mitten im Spiel einen Schlaganfall (1757) und starb früh gealtert mit sechsundvierzig Jahren (1760). Kitty Clive war zweiundzwanzig Jahre lang Mitglied von Garricks Truppe; sie setzte London durch ihre vorbildliche Moral in Erstaunen, und nachdem sie von der Bühne abgegangen war (1769), lebte sie sechzehn Jahre lang in einem Haus in Twickenham, welches Horace Walpole ihr geschenkt hatte. Mrs. Hannah Pritchard war die bekannteste unter den Tragödinnen, ehe Mrs. Sarah Siddons sie als Lady Macbeth übertraf; sie widmete ihr Leben ausschließlich ihrer Schauspielkunst und las (wie berichtet wird) nie ein Buch. Johnson nannte sie «eine begnadete Idiotin»[72]; sie überlebte viele Schönheiten und stand bis wenige Monate vor ihrem Tod auf der Bühne. Mrs. Frances Abington glänzte als Beatrice, Portia, Ophelia und Desdemona, doch ihre berühmteste Rolle war die Lady Teazle in Sheridans *Lästerschule.* Mary Robinson erwarb ihren volkstümlichen Namen «Perdita» durch ihre hervorragende Darstellung dieser Gestalt in *Ein Wintermärchen;* sie war die Mätresse des Prinzen von Wales und weniger vornehmer Liebhaber und ließ sich von Reynolds, Gainsborough und Romney porträtieren.

Die erklärte Göttin der Bühne war jedoch Sarah Kemble Siddons. In einer Herberge in Wales als Tochter eines reisenden Schauspielers (1755) geboren, heiratete sie mit achtzehn Jahren den Schauspieler William Siddons und glänzte mit neunzehn in der Hauptrolle von Otways Stück *Venice Preserved* (Das gerettete Venedig). Garrick engagierte sie ein Jahr später an sein Theater, doch die Kritiker erklärten, ihre Kunst sei nicht ausreichend für eine Londoner Bühne, und Henry Woodward, der für Garrick komische Rollen spielte, riet Sarah, für eine Weile wieder an ländliche Theater zu gehen.

Sie tat es und spielte sechs Jahre lang in Provinzstädten. Als sie 1782 an das Drury-Lane-Theater berufen wurde, überraschte sie alle Welt durch ihre schauspielerische Entwicklung. Sie war die erste, die in ihren Rollen Kostüme der dargestellten Epoche trug. Bald vertraute ihr Garrick vornehmlich Shakespeare-Rollen an, und London war ergriffen von der Würde und dem Pathos, mit der sie die Rolle der Lady Macbeth auf eine höhere Ebene hob. Durch ihr Privatleben gewann sie die Achtung und Freundschaft hervorragender Zeitgenossen; auf dem Bild, das Reynolds von ihr als Tragische Muse gemalt hatte, versah Johnson den Saum ihres Gewandes mit seiner Unterschrift, und er war, als sie ihn besuchte, tief beeindruckt von ihrer «großen Bescheidenheit und ihrem schicklichen Benehmen»[73]. Zwei ihrer Brüder, eine ihrer Schwestern und

298   SAMUEL JOHNSONS ENGLAND

zwei ihrer Nichten setzten die Kemble-Dynastie in der Geschichte des Theaters bis zum Jahr 1893 fort. Durch sie und Garrick wurde das gesellschaftliche Ansehen der Schauspieler mächtig gefördert, und das in einem England, in dem die Klassenunterschiede das öffentliche Leben in starre Formen zwängten.

2. Garrick

Alle, die Johnsons Lebenslauf kennen, werden sich erinnern, daß David Garrick in Lichfield geboren wurde (1717), Johnsons Schule in Edial besuchte (1736) und ihn auf seiner historischen Reise nach London (1737) begleitete. Sieben Jahre jünger als Johnson, gewann er nie ganz dessen Freundschaft, denn der ältere Mann konnte David nicht verzeihen, daß er Schauspieler war und ein Vermögen besaß.

In London angekommen, beteiligte sich Garrick an dem Weinhandelsgeschäft seines Bruders. Mit dieser Tätigkeit waren zahlreiche Besuche in Tavernen verbunden; hier lernte er Schauspieler kennen. Ihr Gespräch faszinierte ihn, und er folgte einigen von ihnen nach Ipswich, wo sie ihn kleinere Rollen spielen ließen. Er erlernte die Schauspielkunst so schnell, daß er bald die Titelrolle in *Richard III.* an einem unkonzessionierten Theater in Goodman's Fields im East End von London übernehmen konnte. Er fand Geschmack an dieser Rolle, weil er wie der bucklige König klein von Statur war und weil er Genuß darin fand, auf der Bühne zu sterben. Seine Darstellung wurde so beifällig aufgenommen, daß er den Weinhandel aufgab zur Beschämung und zum Kummer seiner Lichfielder Verwandten. Doch William Pitt der Ältere kam hinter die Bühne, um ihm Komplimente zu machen, und Alexander Pope, ein Krüppel wie Richard, sagte zu einem anderen Zuschauer: «Dieser junge Mann hatte nie seinesgleichen und wird nie einen Rivalen haben.»[74] Hier war ein Schauspieler, der sich mit Leib und Seele in die Rolle versenkte, die er spielte, der in Mimik, Stimme, Gestik und Körperhaltung zu Richard III. in seiner ganzen Verschlagenheit und Arglist wurde, der nicht aufhörte, seine Rolle zu spielen, wenn andere sprachen, und sie nur mit Mühe vergaß, wenn er die Bühne verließ. Bald war er das Tagesgespräch des theaterfreudigen London. Die Aristokratie kam, um ihn zu sehen, Lords dinierten mit ihm; «ein Dutzend Herzöge waren abends in Goodman's Fields anwesend», schrieb Thomas Gray[75]. Die Garricks von Lichfield beanspruchten mit einem Mal David voller Stolz als einen der Ihren.

Als nächste Rolle versuchte er den Lear (11. März 1742). Es war ein Mißerfolg; er war zu lebhaft in seinen Bewegungen, um einen Achtzigjährigen darzustellen, und er hatte noch nicht die Würde eines Königs erlangt. Sein Scheitern ernüchterte ihn und erwies sich als unschätzbar. Er gab die Rolle für eine Weile auf, studierte das Stück, übte die Mimik, den gebrechlichen Gang, das kränkliche Aussehen, die schrille und klagende Stimme des unglücklichen Lear. Im April versuchte er es von neuem. Er war wie verwandelt; das Publikum weinte und jubelte vor Begeisterung. Garrick hatte eine weitere der Rollen kreiert, die seinen Namen für fast ein Jahrhundert im Gedächtnis der Nation lebendig erhalten sollten. Alle spendeten ihm Beifall außer John-

DAS ENGLISCHE VOLK 299

son, der die Schauspielerei als reine Pantomime abtat, Horace Walpole, der Garricks Mimik übertrieben fand, und Gray, der die Abkehr von der klassischen Zurückhaltung zu romantischer Sentimentalität bedauerte. Die Gelehrten beklagten sich, Garrick spiele keinen unverfälschten Shakespeare, sondern oftmals von Garrick selbst bearbeitete und verballhornte Fassungen; die Hälfte des Textes seines *Richard III.* war von Colley Cibber verfaßt[76], und der letzte Akt seines *Hamlet* war zu einem Happy-End umgearbeitet worden.

In der Saison 1741/42 spielte Garrick achtzehn Rollen – eine Leistung, die fast unvorstellbare Anstrengungen des Gedächtnisses und der Konzentration voraussetzt. Wenn er spielte, war das Theater voll besetzt; wenn er nicht auf dem Programm stand, war es halb leer. Die konzessionierten Theater klagten über den Rückgang der Besucherzahlen. Durch politische Machenschaften wurde das Schauspielhaus in Goodman's Fields gezwungen, seine Pforten zu schließen. Garrick, ohne Bühne verloren, unterzeichnete für die Saison 1742/43 einen Vertrag mit dem Drury-Lane-Theater, der ihm eine Zahlung von 500 Pfund – eine Rekordgage für einen Schauspieler – eintrug. Zwischendurch verließ er London, um während der Frühjahrssaison in Dublin zu spielen. Händel hatte soeben diese Stadt mit seinem *Messias* erobert (13. April 1742); jetzt eroberten Garrick und Peg Woffington sie mit Shakespeare. Nach London zurückgekehrt, fuhren sie fort, einen gemeinsamen Haushalt zu führen, und Garrick kaufte einen Trauring. Doch Peggy nahm Anstoß an seiner Knauserigkeit und er an ihrer Verschwendungssucht. Er begann sich zu fragen, was für eine Ehefrau sie nach ihrer bunten Vergangenheit abgeben würde. Er behielt den Ring, und sie trennten sich (1744).

Sein Auftreten im Drury-Lane-Theater begründete eine neue Ära der Schauspielkunst. Er erfüllte jede Rolle mit der ganzen Kraft seiner Vitalität und gestaltete sie mit gewissenhafter Sorgfalt, so daß jede Bewegung seines Körpers, jede Modulation seiner Stimme dem Charakter der dargestellten Figur entsprachen. Er machte die Bestürzung und das Entsetzen des Macbeth so anschaulich, daß diese Rolle, mehr als alle anderen von ihm gespielten, in der Erinnerung des Publikums haften blieb. Er ersetzte die Deklamation der früheren Tragöden durch eine natürlichere Sprache. Er entwickelte eine Differenzierung des mimischen Ausdrucks, mit der er die geringste gedankliche oder stimmungsmäßige Veränderung des Textes wiedergab. Jahre später bemerkte Johnson: «David sieht viel älter aus, als er ist, denn sein Gesicht hatte, verglichen mit dem eines jeden anderen Menschen, das Doppelte an Arbeit zu leisten; es befindet sich niemals in Ruhe.»[77] Bemerkenswert war auch seine Vielseitigkeit. Er spielte komische Rollen mit fast der gleichen Sorgfalt und Vollendung wie seinen Macbeth, seinen Hamlet und seinen Lear.

Nach fünf Spielzeiten als Schauspieler unterzeichnete Garrick am 9. April 1747 einen Vertrag, auf Grund dessen er sich mit James Lacy in die Leitung des Drury-Lane-Theaters teilte: Lacy sollte die geschäftlichen Angelegenheiten übernehmen, Garrick die Stücke und die Schauspieler auswählen und die Proben leiten. Während seiner einundzwanzigjährigen Tätigkeit als Direktor brachte er fünfundsiebzig verschiedene Stücke zur Aufführung, schrieb in Zusammenarbeit mit George Colman selbst eines,

300 SAMUEL JOHNSONS ENGLAND

überarbeitete vierundzwanzig von Shakespeares Dramen, dichtete eine große Anzahl von Prologen, Epilogen und Farcen und verfaßte für die Presse anonyme Artikel, um seine Arbeit zu loben und zu fördern. Er kannte den Wert des Geldes und machte bei der Auswahl seiner Stücke mit kühler Berechnung das größte Glück der größten Zahl zahlender Zuschauer zu seiner Richtschnur. Er liebte den Applaus, wie alle Schauspieler und Schriftsteller es tun müssen, und richtete die Stücke so ein, daß er den größten Anteil davon ergatterte. Seine Schauspieler hielten ihn für tyrannisch und geizig und beklagten sich, er bezahle sie unter Verdienst, während er selbst reich wurde. Er sorgte für Ordnung und Disziplin unter den eifersüchtigen und überempfindlichen Individualisten seines Ensembles, von denen sich jeder für ein Genie hielt. Sie murrten, doch sie waren froh, bleiben zu können, denn keine andere Truppe meisterte mit so viel Erfolg die Launen des Schicksals und den Wandel des Geschmacks.

1749 heiratete Garrick Eva Maria Weigel, eine Wiener Tänzerin, die als «Mádemoiselle Violette» nach England gekommen war und für ihr Auftreten in Opernballetten Beifallsstürme geerntet hatte. Sie war und blieb eine fromme Katholikin; Garrick machte sich über ihren Glauben an die Legende von der heiligen Ursula und den elftausend Jungfrauen lustig[78]; doch er respektierte ihre Religiosität, denn sie lebte entsprechend ihren moralischen Grundsätzen. Sie trug durch ihre Hingebung viel dazu bei, ihm die Anstrengungen, die das Leben eines Direktors und Schauspielers mit sich brachte, zu erleichtern. Er verschwendete seinen Reichtum an sie, nahm sie auf Reisen nach dem Kontinent mit und kaufte ihr ein luxuriöses Haus in Hampton Village. Dort und in seinem Londoner Heim in der Adelphi Terrace gab er üppige Gesellschaften, und viele Lords und vornehme Ausländer schätzten sich glücklich, seine Gäste zu sein. Dort zankte er sich mit Fanny Burney, und dort gewährte er Hannah More Unterkunft.

1763 gab er das Spielen auf, um nur noch bei besonderen Gelegenheiten aufzutreten. «Jetzt», erklärte er, «werde ich mich zur Ruhe setzen und Shakespeare lesen.»[79] 1768 inspirierte, plante und überwachte er die ersten Shakespeare-Festspiele in Stratford-on-Avon. Er verblieb weiter in der Leitung des Drury-Lane-Theaters; seine alternden Nerven litten jedoch immer mehr unter den Launen und Zänkereien der Schauspieler. Zu Beginn des Jahres 1776 verkaufte er seinen Anteil am Theater an Richard Brinsley Sheridan, und am 7. März erklärte er, er werde sich bald zur Ruhe setzen. Drei ganze Monate hindurch gab er Abschiedsvorstellungen in seinen Lieblingsrollen und errang eine Serie von Triumphen, wie sie wahrscheinlich kein anderer Schauspieler in der Geschichte je erlebt hat. Sein Abgang von der Bühne lieferte dem Tagesgespräch in London ebenso viel Stoff wie der Krieg mit Amerika. Am 10. Juni 1776 beschloß er seine Theaterlaufbahn mit einer Benefizvorstellung zugunsten der Hilfskasse für notleidende Schauspieler.

Er lebte noch drei Jahre und starb dann am 20. Januar 1779 im Alter von zweiundsechzig Jahren. Am 1. Februar wurde sein Leichnam von Mitgliedern des höchsten britischen Adels zur Westminsterabtei getragen und im «Poets' Corner» zu Füßen von Shakespeares Monument beigesetzt.

VI. LONDON

Johnsons erster Eindruck von London (1737) war von tugendhaftem Entsetzen diktiert:

Hier Raub und Gewalt und Arglist brüten,
und bald der Pöbel, bald Feuersbrünste wüten;
hier schrecken Raufbolde harmlose Leute,
und Advokaten lauern wie Geier auf Beute;
hier unversehens ein Haus dir über dem Kopf zusammenfällt
und eine Atheistin dir mit ihrem Geschwätz das Leben vergällt. [80]*

Dies war natürlich ein sehr einseitiges Bild von London, gesehen aus der Perspektive eines erbitterten jungen Menschen, der seinen Platz in der Welt noch nicht gefunden hatte. Drei Jahre später beschrieb er London als «eine Stadt, berühmt für ihren Reichtum, ihren Handel, ihren Luxus und für alle Art von Kultur und Höflichkeit, doch angefüllt mit Abfallhaufen, deren Anblick einen Wilden in Erstaunen setzen würde» [81]. Die städtischen Behörden überließen zu jener Zeit die Straßenreinigung dem Bürger, der verpflichtet war, die gepflasterte oder ungepflasterte Fläche vor seinem Haus sauber und in gutem Zustand zu halten. Von 1762 an übernahm die Verwaltung auf Grund der «Westminster Paving Acts» (Pflastergesetze) in der Innenstadt die Reinigung der Straßen, die Abfuhr des Mülls, die Bepflasterung und Instandhaltung der Hauptverkehrsstraßen und die Anlage eines unterirdischen Abwassersystems; bald folgten andere Stadtteile Londons diesem Beispiel. Erhöhte Gehwege schützten die Fußgänger, und Rinnsteine leiteten das Regenwasser ab. Neue Straßen wurden geradlinig angelegt, die Häuser dauerhafter gebaut, und die ehrwürdige Metropole strömte einen weniger unangenehmen Duft aus.

Es gab keine öffentliche Feuerwehr, doch die Versicherungsgesellschaften unterhielten private Spritzenabteilungen, um ihre Verluste einzuschränken. Kohlenstaub und Nebel vermischten sich manchmal, um die Stadt in einen dichten Schleier einzuhüllen, in dem man den Freund nicht vom Feind unterscheiden konnte. Wenn der Himmel klar war, boten gewisse Straßen mit ihren zahlreichen Geschäften ein buntes Bild. Auf dem Strand zum Beispiel stellten die größten und reichsten Läden Europas in ihren Schaufenstern die Erzeugnisse der halben Welt zur Schau. Nicht weit davon entfernt arbeiteten die Angehörigen von hundert Handwerksberufen in tausend Werkstätten, unter ihnen zahlreiche Töpfer, Glasbläser, Schmiede und Brauer. Der Arbeitslärm der Handwerker und Kaufleute, das Poltern der Kutschen und das Klappern der Pferdehufe, die Stimmen der fliegenden Händler und der Straßensänger vereinigten sich zur brausenden Melodie des Lebens. Wenn einer eine ruhigere Umgebung und reinere Luft wünschte, konnte er sich im Saint James's Park ergehen oder auf der Mall bezaubernde Damen ihre weiten Röcke schwingen und ihre Seidenschuhe zeigen sehen. Am Morgen konnte man bei Mägden, die auf den Wiesen der Parks Kühe melk-

---

* Lady Mary Wortley Montagu?

ten, frische Milch kaufen. Am Abend konnte man, wie Boswell, auf den Bummel gehen und nach einem Freudenmädchen Ausschau halten oder die Nacht abwarten, die alle Sünden auf Erden verdeckte. Weiter westlich konnte man im Hyde Park reiten oder spazierenfahren. Und ferner gab es die großen Vergnügungsviertel: Vauxhall mit seiner bunten Besuchermenge, seinen großen Gärten und schattigen Wegen und Ranelagh mit seiner geräumigen, mehrrangigen Rotunda, in der Mozart als achtjähriger Wunderknabe auftrat.

Die Armen hatten ihre Schenken, die mittleren und oberen Klassen ihre Klubs; und es gab Wirtshäuser für jedermann: «The Boar's Head» und «The Mitre», wo Johnson zu soupieren pflegte, «The Globe», das von Goldsmith bevorzugt wurde, und «The Devil's Tavern», das berühmte Persönlichkeiten wie Jonson und Johnson zu seinen Gästen zählte. Es gab zwei Häuser mit dem Namen «Turk's Head» – das eine ein Kaffeehaus am Strand, das andere eine Schenke in der Gerrard Street. Sowohl Männer als auch Frauen gingen ins Wirtshaus. In Klubs wie zum Beispiel White's oder Almack's (aus dem später Brooks's Club wurde) konnten begüterte Leute in exklusiver Zurückgezogenheit trinken und spielen. Daneben gab es die Theater, die mit der Vielfalt ihrer Darbietungen und dem Glanz ihrer Sterne um die Gunst des Publikums stritten.

In der Nähe der Theater waren die Bordelle gelegen. Die Prediger klagten, daß «bei den besagten Aufführungen und während der Pausen große Scharen von schlechten, müßiggängerischen und unordentlichen Leuten zusammenkommen, die nach der Vorstellung von hier aus in die Bordelle gehen»[82]. Fast alle Mitglieder der Klassen, die es sich leisten konnten, waren Kunden von Prostituierten und billigten den Brauch in stillschweigender Übereinstimmung als etwas in der Entwicklung der männlichen Natur Unumgängliches. Es gab einige farbige Kurtisanen, die sogar Adlige zu ihren Kunden zählten; Boswell beschreibt, wie erschöpft Lord Pembroke nach einer Nacht in einem «schwarzen Bordell»[83] war.

Die Elendsquartiere blieben bestehen. Bei den untersten Schichten war es nicht ungewöhnlich, daß eine Familie in einem einzigen Raum wohnte. Die ganz Armen lebten in feuchten, ungeheizten Kellern oder in Bodenkammern mit undichten Dächern; manche schliefen auf dem Gehweg, in Hauseingängen oder unter Marktständen. Johnson erzählte Miss Reynolds, wenn er um ein oder zwei Uhr am Morgen in seine Wohnung zurückgekehrt sei, habe er oft arme Kinder gesehen, die auf Türschwellen und in Marktbuden schliefen, und er habe ihnen Pennies in die Hand gelegt, damit sie sich ein Frühstück kaufen könnten[84]. Ein Behördemitglied teilte Johnson mit, in jeder Woche stürben über zwanzig Londoner an Hunger[85]. Immer wieder wüteten Epidemien in der Stadt. Aber dennoch stieg ihre Bevölkerungszahl von 674000 im Jahre 1700 auf 900000 im Jahre 1800[86], vermutlich infolge der Einwanderung landloser Bauern und des Wachstums von Handel und Industrie.

Auf der Themse und in den Docks drängten sich Handelsleute geschäftig zwischen den Ladungen. «Die gesamte Fläche der Themse», schrieb ein Zeitgenosse, «ist bedeckt mit kleinen Schiffen, Barken, Booten und Fähren, die hin und her kreuzen, und

DAS ENGLISCHE VOLK

unterhalb der drei Brücken erstreckt sich meilenweit ein Wald von Masten, so daß man glauben könnte, alle Schiffe des Universums hätten sich hier versammelt.»[87] Zwei neue Brücken wurden in dieser Periode gebaut: Blackfriars Bridge und Battersea Bridge. Canaletto, der 1746 und 1755 von Venedig nach London kam, malte herrliche Ansichten von Stadt und Fluß; Stiche, die nach diesen Veduten hergestellt wurden, versetzten den gebildeten Europäer in die Lage zu begreifen, wie London sich zum Haupthafen der christlichen Welt hatte entwickeln können.

Nie seit der Zeit des alten Rom, und wenn man von Konstantinopel absieht, hatte die Geschichte eine so große, so reiche und so lebendige Stadt hervorgebracht: im Palast von St. James der König und die Königin mit ihrem Gefolge und dem bunten Bild der höfischen Zeremonien; in den Kirchen fette Prälaten, die hypnotische Formeln murmelten, und demütige Gläubige, die von der Wirklichkeit ausruhten und um göttlichen Beistand flehten; im Parlamentsgebäude die Lords und die Gemeinen, die, mit Menschenseelen als Einsatz, das Spiel der Politik spielten; im Mansion House der Lord Mayor und seine livrierten Gehilfen, die Bestimmungen über Gotteshäuser und Bordelle erließen und sich fragten, wie sie mit der nächsten Epidemie oder dem nächsten Volksaufstand fertig werden konnten; in den Kasernen die Soldaten, die spielten, hurten und fluchten; in den Werkstätten die Schneider, die mit krummem Rücken über ihrer Arbeit saßen, die Spengler, deren Lungen vom Blei angefressen waren, die Juweliere, Uhrmacher, Flickschuster, Barbiere und Weinhändler, die sich eifrig mühten, den Wünschen von Lords und Ladies nachzukommen; in der Grub Street oder in der Fleet Street die Lohnschreiber, die ihre Kunden über den grünen Klee lobten, Kabinette stürzten, den König herausforderten; in den Gefängnissen Männer und Frauen, die an Infektionskrankheiten dahinstarben oder neue Verbrechen ausbrüteten; in den Mietshäusern und Kellern die Hungernden, Unglücklichen und Geschlagenen, die sich mit der Gier der Verzweiflung fortpflanzten und ihr Elend verewigten.

Trotz alledem waren sowohl Johnson als auch sein Biograph Boswell der Stadt verfallen. Boswell schrieb: «Die Narrenfreiheit, die da herrscht, läßt eine Vielfalt von bemerkenswerten Käuzen entstehen ... Das betriebsame Gewühl in den Straßen, die zahllosen Vergnügungsstätten, die erhabenen Kirchen und Bauwerke aller Art, alles das wirkt erregend, ergötzend und erhebend auf das Gemüt. Außerdem ist es äußerst wohltuend, ganz nach Lust und Laune leben zu können, ohne scheel angesehen und durchgehechelt zu werden.»[88] Und Johnson, der die Londoner Luft «in vollen Zügen» genoß, faßte sein Urteil in einem einzigen Satz zusammen: «Wenn ein Mann des Treibens von London müde ist, ist er des Lebens müde.»[89]

VIERTES KAPITEL

Das Zeitalter Reynolds'

[1756–1790]

I. DIE MUSIKER

DAS England jener Zeit liebte große Musik, war jedoch selbst nicht fähig, welche hervorzubringen.

Zahlreich sind die Zeugnisse für die Musikbegeisterung der damals lebenden Engländer. Auf Zoffanys Gemälde *The Cowper and Gore Families* sehen wir, welche Rolle die Musik in kultivierten Häusern spielte. Wir hören von Hunderten von Sängern und Virtuosen, die für das Händel-Gedächtniskonzert im Jahre 1784 aufgeboten wurden. Der *Morning Chronicle* vom 30. Dezember 1790 kündigte für die nachfolgenden Monate eine Reihe von «Professional Concerts» an, eine weitere von «Ancient Concerts», ferner «Ladies' Subscription Concerts» für die Sonntagabende und zwei Oratorien wöchentlich sowie sechs Symphoniekonzerte, dirigiert vom Komponisten selbst – Joseph Haydn[1]; ein Bild musikalischen Reichtums, das dem des heutigen London gleichkommt. So wie Venedig seine aus Waisenkindern gebildeten Chöre hatte, so gaben die «Charity Children» der St.-Pauls-Kathedrale jährliche Konzerte, von denen Haydn sagte, «keine Musik hätte ihn in seinem Leben je so bewegt»[2]. Konzerte und leichte Opern wurden in der Ranelagh-Rotunda und in den Marylebone-Gärten aufgeführt. Ein Dutzend Gesellschaften von Amateurmusikanten gab öffentliche Vorstellungen. Die englische Vorliebe für Musik war so allgemein bekannt, daß ein Schwarm von Virtuosen und Komponisten auf die Insel kam – Geminiani, Mozart, Haydn, Johann Christian Bach; und Bach blieb im Land.

Der Geschmack für die ernste Oper ließ in England als Folge der Übersättigung mit Händel nach. Die Begeisterung flackerte wieder ein wenig auf, als der Sänger Giovanni Manzuoli im Jahre 1764 die Saison in *Ezio* eröffnete; Charles Burney beschrieb seine Stimme als «den gewaltigsten und umfangreichsten Sopran, der seit Farinelli auf unserer Bühne gehört worden ist»[3]. Dies war offenbar der letzte Triumph der italienischen Oper in England in jenem Jahrhundert. Als das italienische Opernhaus in London niederbrannte (1789), frohlockte Horace Walpole und gab seiner Hoffnung Ausdruck, es möge nie wieder aufgebaut werden[4].

Die Epoche brachte zwar keine bemerkenswerten britischen Komponisten hervor, jedoch zwei hervorragende Musikhistoriker, deren Werke im gleichen Jahr erschienen – in jenem staunenswerten Jahr, das die Veröffentlichung von Edward Gibbons *History of the Decline and Fall of the Roman Empire* (Geschichte des Verfalls und Untergangs des Römischen Reiches) und von Adam Smiths *The Wealth of Nations* (Der Reich-

DAS ZEITALTER REYNOLDS' 305

tum der Nationen) erlebte, nicht zu reden von der amerikanischen Unabhängigkeits-erklärung. Die fünfbändige *General History of the Science and Practice of Music* (Allgemeine Geschichte der Wissenschaft und der Praxis der Musik) von Sir John Hawkins war eine Arbeit sorgfältiger Gelehrsamkeit, und obwohl er selbst – Anwalt und Richter – kein Musiker war, hat sich sein Urteil im Wandel der kritischen Meinungen mit Recht behauptet. Charles Burney war Organist an der St.-Pauls-Kathedrale und der meistgesuchte Musiklehrer Englands. Sein gutes Aussehen und seine liebenswürdige Persönlichkeit gewannen ihm zusammen mit seinen Leistungen die Freundschaft Johnsons, Garricks, Sheridans, Gibbons und Reynolds', der gratis ein ansprechendes Bildnis von ihm malte[5]. Er bereiste Frankreich, Deutschland, Österreich und Italien, um Material für seine *Allgemeine Musikgeschichte* zu sammeln, und sprach aus persönlicher Kenntnis über die damals lebenden führenden Komponisten. Um 1780 berichtete er, daß «die älteren Musiker sich über die Zügellosigkeit der jungen und diese sich wiederum über die Trockenheit und Geschmacklosigkeit der älteren beklagen»[6].

II. DIE ARCHITEKTEN

Die englischen Baumeister dieser Zeit wetteiferten in der Wiederbelebung gotischer und klassischer Formen. Die Erhabenheit der alten Kathedralen, das mystische Leuchten bunter Glasfenster und die efeuumwachsenen Ruinen mittelalterlicher Abteien in Britannien regten die Phantasie an, das Mittelalter zu idealisieren, und begegneten sich mit der einsetzenden romantischen Reaktion gegen klassische Kuppeln, kalte Säulen und erdrückende Giebel. Horace Walpole beauftragte eine Folge von zweitrangigen Architekten, seine Besitzung «Strawberry Hill» in Twickenham in gotischem Stil neu aufzubauen (1748–1773); er verwendete Jahre peinlicher Sorgfalt darauf, sein Heim zum Palladium des anti-palladianischen Stiles zu machen. Jahr um Jahr fügte er Räume hinzu, bis es deren zweiundzwanzig waren; einer von ihnen, die Galerie, in dem er seine Kunstsammlungen unterbrachte, war siebzehn Meter lang. Zu oft verwendete er Latten und Gips, also Fachwerk, anstelle von Stein. Schon der erste Blick enthüllt eine in der Innenausschmückung vielleicht noch entschuldbare, in der äußeren Struktur jedoch unverzeihliche Zerbrechlichkeit. Selwyn nannte Strawberry Hill «Pfefferkuchengotik»[7], und ein anderer Witzbold berechnete, Walpole habe drei Folgen von Brustwehren überlebt[8], die wiederholt restauriert werden mußten.

Trotz dieser Experimente blieben in der zweiten wie schon in der ersten Hälfte des 18. Jahrhunderts Palladio und Vitruv die Schutzgötter der englischen Architektur. Der klassische Geist wurde wiederbelebt durch die Ausgrabungen in Herculaneum und Pompeji und verbreitet durch Beschreibungen klassischer Ruinen in Athen, Palmyra und Baalbek. Sir William Chambers verteidigte die Palladianische Bauweise in seinem *Treatise on Civil Architecture* (1759) und gab ein Beispiel für ihre Anwendung beim Wiederaufbau von Somerset House (1776–1786) durch Hinzufügung einer eindrucksvollen Fassade mit Renaissancefenstern und korinthischen Säulenhallen.

306 SAMUEL JOHNSONS ENGLAND

Eine bemerkenswerte Familie von vier Brüdern, John, Robert, James und William Adam, kam aus Schottland, um die englische Architektur dieser Jahrhunderthälfte zu beherrschen. Robert hinterließ den stärksten Eindruck auf seine Zeit. Nach einem Studium an der Universität von Edinburg verbrachte er drei Jahre in Italien, wo er Piranesi und Winckelmann kennenlernte. Als er feststellte, daß die von Vitruv gepriesenen Privatpaläste von der römischen Szenerie verschwunden waren, und erfuhr, daß nur einer von ihnen gut erhalten geblieben war, nämlich der Palast des Diokletian in Spalato (heute Split in Jugoslawien), reiste er in die alte dalmatinische Hauptstadt, verbrachte hier fünf Wochen, um Messungen vorzunehmen und Zeichnungen anzufertigen, wurde als Spion verhaftet, wieder freigelassen, schrieb ein Buch über seine Forschungen und kam nach England zurück, entschlossen, den römischen Stil bei britischen Bauten anzuwenden. Im Jahre 1768 pachteten er und seine Brüder für neunundneunzig Jahre ein Stück abschüssiges Gelände zwischen dem Strand und der Themse und errichteten auf ihm die berühmte Adelphi Terrace – ein Viertel mit vornehmen Straßen und schönen Häusern auf einer von massiven römischen Bögen und Gewölben gestützten Uferanlage; hier wohnten mehrere Größen des Theaters, von Garrick bis Bernard Shaw. Robert entwarf auch einige berühmte Herrenhäuser, so Butes Landhaus Luton Hoo, fünfzig Kilometer nördlich von London. «Dies», sagte Johnson, «ist einer der Orte, die besucht zu haben ich nicht bereue»⁹, und er war nicht freigebig mit seinem Lob.

Im großen und ganzen gewann die klassische Ordnung den Kampf gegen die Wiederbelebung der Gotik. Viele der großen Paläste dieser Zeit, wie Carlton House in London und Harewood House in Yorkshire, wurden im klassizistischen Stil gebaut. Walpole lebte nicht lange genug, um Zeuge der triumphalen und glanzvollen Wiederkehr der Gotik im Gebäudekomplex des Parlaments (1840–1852) zu sein.

III. WEDGWOOD

Die Brüder Adam gaben sich nicht damit zufrieden, Gebäude und Innenausstattungen zu entwerfen; sie schufen einige der schönsten Möbelstücke der Zeit. Doch der große Name auf diesem Gebiet ist Thomas Chippendale. 1754, im Alter von sechsunddreißig Jahren, veröffentlichte er *The Gentleman and Cabinet Maker's Director*, ein Werk, das für die Kunsttischlerei das gleiche bedeutete wie Reynolds' *Discourses* für die Malerei. Chippendales charakteristische Erzeugnisse waren Sitzmöbel mit «Bandrückenlehnen» und gefälligen Beinen. Er entzückte die Lords und Ladies der Regierungszeit Georgs III. durch Schränke, Schreibtische, Kommoden, Bücherschränke, Spiegel, Tische und Himmelbetten, die alle elegant, meistens neuartig und im allgemeinen von zerbrechlicher Verspieltheit waren.

Diese Zerbrechlichkeit kennzeichnete auch die Arbeiten von Chippendales Rivalen George Hepplewhite und deren Nachfolger, Thomas Sheraton; die beiden schienen sich zu Edmund Burkes Theorie bekehrt zu haben, daß Schönheit in der Kunst wie im

DAS ZEITALTER REYNOLDS' 307

Leben zerbrechlich sein müsse. Sheraton brachte die Leichtigkeit und Anmut seiner Möbel zu höchster Vollendung. Er spezialisierte sich auf die Bearbeitung von Satinholz und anderen schöngemaserten Hölzern, polierte seine Werkstücke mit großer Geduld, bemalte sie mit feinen Mustern und versah sie manchmal mit Metalleinlagen. In seinem *Cabinet Dictionary* (1802) führte er 252 «Kunsttischlermeister» auf, die in oder in der Nähe von London arbeiteten. Die oberen Klassen Englands wetteiferten nun mit den Franzosen in der Verfeinerung ihrer Möbel und Inneneinrichtungen.

In der kunstvollen Gestaltung von Gärten und Parks waren sie den Franzosen sogar voran. Lancelot Brown erwarb sich den Spitznamen «Capability» (Tauglichkeit, Brauchbarkeit), weil er die «capabilities» erkannte, welche die Grundstücke seiner Klienten für phantastische – und kostspielige – Entwürfe boten; in diesem Geist legte er die Gärten von Blenheim Palace und Kew an. Die Gartenmode entwickelte nun einen Stil, der zum Exotischen, Unerwarteten und Pittoresken neigte. Gotische Miniaturtempel und chinesische Miniaturpagoden wurden als Zierstücke im Freien aufgestellt; Sir William Chambers verwendete bei der Ausschmückung der Gärten in Kew (1757–1762) gotische Kapellen, maurische Moscheen und chinesische Pagoden. Totenurnen waren beliebte Gartenornamente und enthielten manchmal die Asche verstorbener Freunde.

Die Kunst der Keramik erlebte eine fast revolutionäre Entwicklung. England produzierte ebenso gutes Glas wie das übrige Europa[10]. Die Töpfereien von Chelsea und Derby brachten entzückende Porzellanfiguren, gewöhnlich im Sèvres-Stil, auf den Markt. Doch das rührigste Keramikzentrum waren die sogenannten «Fünf Städte» in der Grafschaft Staffordshire, besonders Burslem und Stoke-on-Trent. Vor Josiah Wedgwood wandte diese Industrie primitive Methoden an und erzielte nur geringe Gewinne. Die Töpfer waren rauhe und ungebildete Gesellen; als Wesley ihnen zum erstenmal predigte, bewarfen sie ihn mit Schmutz. Sie wohnten in Hütten, und ihr Absatzgebiet war infolge unpassierbarer Straßen beschränkt. 1755 wurden reiche Lager von Kaolin – einem harten weißen Ton, ähnlich dem von den Chinesen verwendeten – in Cornwall entdeckt; doch dieses lag dreihundertsechzig Kilometer von den Fünf Städten entfernt.

Wedgwood begann im Alter von neun Jahren (1739) an der Töpferscheibe zu arbeiten. Er erhielt nur eine bescheidene Schulbildung, doch er las viel, und das Studium des Buches *Recueil d'Antiquités égyptiennes, étrusques, grecques, romaines et gauloises* (Sammlung ägyptischer, etruskischer, griechischer, römischer und gallischer Altertümer, 1752–1767) von Caylus erfüllte ihn mit dem Ehrgeiz, klassische keramische Formen in ebenbürtiger Qualität zu reproduzieren. 1753 eröffnete er in den Ivy House Works nahe bei Burslem sein eigenes Unternehmen und errichtete darum herum eine Stadt, die er Etruria nannte. Mit der Energie eines Kriegers und der Weitsicht eines Staatsmannes rückte er den Verhältnissen zu Leibe, welche die keramische Industrie behinderten. Er schuf günstigere Möglichkeiten für den Transport des Kaolins aus Cornwall zu seinen Fabriken; er propagierte – und finanzierte teilweise selbst – die Verbesserung von Straßen und den Bau von Kanälen; er war entschlossen, den Fünf Städten den

308   SAMUEL JOHNSONS ENGLAND

Zugang zur Welt zu ebnen. Bislang war der englische Markt für edle Porzellanwaren
von Meißen, Delft und Sèvres beherrscht worden. Wedgwood eroberte den inländischen und dann einen großen Teil des ausländischen Handels; 1763 exportierten seine
Manufakturen jährlich 550 000 Stück auf den Kontinent und nach Nordamerika. Katharina die Große bestellte ein tausendteiliges Tafelservice.

1785 beschäftigten die Töpfereien von Staffordshire fünfzehntausend Arbeiter.
Wedgwood führte die Methode der Arbeitsspezialisierung ein, stellte Regeln für die
Fabrikdisziplin auf, zahlte gute Löhne, baute Schulen und Bibliotheken. Er bestand
auf bester Qualitätsarbeit; ein früher Biograph schildert, wie er auf seinem Holzbein
durch seine Werkstätten stampfte und mit eigener Hand jedes Gefäß zerbrach, das den
geringsten Makel zeigte. Gewöhnlich schrieb er in solchen Fällen mit Kreide auf die
Werkbank des nachlässigen Arbeiters die Warnung: «Dies taugt nicht für Josiah
Wedgwood.»[11] Er entwickelte Präzisionswerkzeuge und kaufte Dampfmaschinen, um
damit seine Maschinen anzutreiben. Infolge der Massenproduktion von Wedgwood-
Töpferware für den Handel kam in England das Zinngeschirr aus der Mode. Das Waren-
sortiment reichte von Steingutrohren für die Kanalisation von London bis zu den erle-
sensten Gefäßen für Königin Charlotte. Bei seinen Erzeugnissen unterschied Wedgwood zwischen «useful» (nützlich) und «ornamental» (dekorativ). Bei der zweiten
Gattung ahmte er offen klassische Modelle nach, wie zum Beispiel bei seinen prächtigen Achatvasen; doch er entwickelte auch Originalformen, insbesondere die berühmte Jasperware mit ihren weißen, in erhabener Arbeit auf blauem Grund aus-
geführten zarten griechischen Figuren.

Sein Interesse und seine Begeisterung gingen weit über die Töpferkunst hinaus. Bei
Experimenten, die er durchführte, um befriedigendere Mischungen von Erde und
Chemikalien und bessere Brennmethoden zu finden, erfand er ein Pyrometer zum
Messen von hohen Temperaturen; diese und andere Forschungen verschafften ihm
Aufnahme in die Royal Society (1783). Er war ein frühes Mitglied der «Gesellschaft
für die Abschaffung der Sklaverei»; er entwarf deren Siegel und führte es aus. Er trat
für das allgemeine männliche Wahlrecht und für parlamentarische Reformen ein. Er
unterstützte die amerikanischen Kolonien vom Anfang bis zum Ende ihrer Revolte und
begrüßte die Französische Revolution als die Verheißung eines glücklicheren und
wohlhabenderen Frankreich.

Er bewies Spürsinn, als er den Bildhauer John Flaxman einstellte und ihn beauftragte,
neue und verfeinerte Reliefmuster für seine Fabrikate zu entwerfen. Von dieser Arbeit
ausgehend, begann Flaxman, Homer, Aischylos und Dante zu illustrieren. Die Zeichnungen basierten auf der Kunst der griechischen Vasenmaler; sie sind bewunderns-
wert in der Linie, wirken jedoch, da ihnen Formen und Farben fehlen, so anziehend
wie eine Frau ohne Fleisch. Etwas von dieser Kälte übertrug sich auf Flaxmans Bildhauerei, so bei seinem Ehrenmal für Nelson in der St.-Pauls-Kathedrale. Doch in der
Marmorgruppe *Cupido und Marpessa*[12] erreichte er vollblütige Formen in einer der besten Imitationen der klassischen Statuenkunst. Grabdenkmäler wurden seine Speziali-
tät; er schuf ein solches für Chatterton in Bristol, für Reynolds in der St.-Pauls-

DAS ZEITALTER REYNOLDS'

Kathedrale, für Paoli in der Westminster-Abtei. Er spielte in England die gleiche Rolle wie Canova in Italien als Vertreter des Klassizismus, der die glatte und wollüstige Anmut des Praxiteles wiederzuerreichen suchte.

Wir finden weniger Schönheit, doch mehr Leben in den Bildnisbüsten, die Joseph Nollekens von berühmten Engländern schuf. Von flämischen Eltern in London geboren, studierte er hier bis zu seinem dreiundzwanzigsten Lebensjahr und ging dann nach Rom. Dort lebte und arbeitete er zehn Jahre lang, mit dem Verkauf von echten und gefälschten antiken Kunstwerken beschäftigt[13]. Nach England zurückgekehrt, fertigte er eine Büste Georgs III. an, die solchen Erfolg hatte, daß er bald allgemein gefragt war. Sterne, Garrick, Fox, Pitt der Jüngere und Johnson saßen ihm, manchmal zu ihrem Bedauern, denn Nollekens meißelte keine Komplimente. Johnson beklagte sich, der Bildhauer habe ihn so dargestellt, als habe er soeben eine bittere Medizin geschluckt[14].

Damals blühte auch die Kunst der volkstümlichen Graveure. Das Publikum war brennend interessiert an den mächtigen Persönlichkeiten, welche die politische und andere Bühnen bevölkerten. Drucke, die sie in voller Figur oder als Brustbild darstellten, fanden in ganz England weite Verbreitung. James Gillrays Karikaturen waren fast ebenso tödlich wie die Junius-Briefe; Fox gestand, solche Zeichnungen hätten «ihm mehr Schaden zugefügt als die Debatten im Parlament»[15]. Thomas Rowlandson karikierte die Menschen als wilde Tiere, zeichnete jedoch auch gefällige Landschaften und belustigte mehrere Generationen mit seinen *Tours of Dr. Syntax* (Reisen des Dr. Syntax). Paul Sandby und Edmund Dayer entwickelten die Aquarellmalerei zu hoher Vollendung.

Briten, die von Reisen auf den Kontinent zurückkamen, brachten Drucke, Radierungen, Gemälde und andere Kunstwerke mit. Das Verständnis für die Künste wuchs, die Künstler nahmen an Zahl zu, wurden selbstbewußter und erhöhten ihre Gebühren und ihr Ansehen; einige von ihnen wurden geadelt. Die Gesellschaft zur Förderung von Kunst, Industrie und Handel (1754) setzte hohe Preise für einheimische Künstler aus und veranstaltete Ausstellungen. 1759 öffnete das Britische Museum seine Sammlungen für das Publikum. 1761 begann eine gesonderte Gesellschaft der Künste mit ihren jährlichen Ausstellungen. Sie spaltete sich bald in Konservative und Neuerer. Die Konservativen bildeten die Royal Academy of London, mit einem Schutzbrief und einer Spende von fünftausend Pfund von Georg III., und machten Joshua Reynolds für dreiundzwanzig Jahre zu ihrem Präsidenten. Das große Zeitalter der englischen Malerei begann.

IV. JOSHUA REYNOLDS

Richard Wilson eröffnete den Reigen. Als Sohn eines walisischen Geistlichen geboren, kam er mit fünfzehn Jahren nach London und verdiente seinen Lebensunterhalt durch das Malen von Porträts. 1749 ging er nach Italien; hier und in Frankreich nahm er das Erbe Nicolas Poussins und Claude Lorrains in sich auf und lernte, die Historien- und

Landschaftsmalerei über die Bildniskunst zu stellen. Nach England zurückgekehrt, malte er von strahlendem Licht erfüllte, mit Göttern, Göttinnen und anderen klassischen Relikten bevölkerte Landschaften. Von besonderer Schönheit ist *The Thames at Twickenham* (Die Themse bei Twickenham)[16], ein Bild, das den Geist eines englischen Sommertages einfängt – ruhende Badende, von der leichten Brise kaum bewegte Bäume und Segelboote. Doch die Engländer wollten keine Landschaften kaufen, sie verlangten Porträts, die ihre Gesichter in der Blüte ihrer Jahre verewigten. Wilson blieb hartnäckig. Er lebte kümmerlich in einem halbmöblierten Zimmer in Tottenham Court Road und suchte Trost im Alkohol. 1776 rettete die Royal Academy ihn aus seinem Elend, indem sie ihn zu ihrem Bibliothekar machte. Durch den Tod eines Bruders gelangte er in den Besitz eines kleinen Anwesens in Wales; dort verbrachte er seine letzten Jahre in solcher Abgeschlossenheit, daß keine Zeitung seinen Tod erwähnte (1782).

Im Gegensatz hierzu war seinem Zeitgenossen Joshua Reynolds ein mit Ehrungen und materiellen Erfolgen gesegnetes Leben beschieden. Er hatte das Glück, als Sohn eines Geistlichen in Devonshire geboren zu werden (1723), der eine Lateinschule unterhielt und Bücher liebte. Unter diesen Büchern fand Joshua einen *Essay on the Art of Criticism, as it Relates to Painting* (Versuch über die Kunst der Kritik in ihrer Beziehung zur Malerei; 1719) von Jonathan Richardson. Diese Schrift erweckte in ihm den Wunsch, Maler zu werden, und seine verständnisvollen Eltern billigten seine Wahl; sie schickten ihn nach London, wo er bei Thomas Hudson studieren sollte, einem Mann aus Devonshire, der Richardsons Tochter geheiratet hatte und damals Englands meistgefragter Porträtmaler war. 1746 starb der Vater, und der junge Künstler gründete mit seinen beiden Schwestern einen Haushalt in dem heutigen Plymouth. In diesem berühmten Hafen lernte er Seeleute und Kapitäne kennen, malte ihre Porträts und schloß wertvolle Freundschaften. Als Commodore Augustus Keppel beauftragt wurde, dem Dei von Algerien Geschenke zu bringen, bot er Joshua freie Überfahrt nach Minorca an, denn er wußte, daß der junge Mann sich danach sehnte, in Italien zu studieren. Von Minorca aus begab sich Reynolds nach Rom (1750).

Er blieb drei Jahre in Italien, wo er malte und kopierte. Er bemühte sich, die Methoden zu entdecken, die Michelangelo und Raffael angewandt hatten, um Linie, Farbe, Licht, Schatten, Gliederung, Tiefe, Ausdruck und Stimmung zu erreichen. Für diese Lehrjahre zahlte er einen Preis: Als er in irgendwelchen ungeheizten Räumen des Vatikans Raffael kopierte, zog er sich eine Erkältung zu, die offenbar sein Gehör schädigte. Dann ging er nach Venedig, studierte hier Tizian, Tintoretto und Veronese und lernte, jedem Modell die Würde eines Dogen zu verleihen. Auf der Heimreise verweilte er einen Monat lang in Paris, fand jedoch die zeitgenössische französische Malerei zu feminin. Nach einem Monat in Devon ließ er sich mit seiner Schwester Frances in London nieder (1753) und blieb hier für den Rest seines Lebens.

Fast unverzüglich erregte er Aufmerksamkeit mit einem weiteren Bildnis des Commodore Keppel[17], das diesen als gutaussehenden, kühnen und gebieterischen Mann zeigte; hier war die Van Dycksche Tradition, Porträts zu glänzenden Schaustellungen

DAS ZEITALTER REYNOLDS' 311

der Aristokratie zu machen, zu neuem Leben erweckt. Innerhalb von zwei Jahren saßen Reynolds hundertzwanzig Modelle, und er errang den Ruf, der beste Maler in England zu sein. Seine Gewandtheit war zugleich seine Beschränkung. Er beschäftigte sich so ausschließlich und so intensiv mit der Bildnismalerei, daß ihm die Zeit und die Übung für historische, mythologische oder religiöse Bilder fehlten. Dennoch gelangen ihm einige wenige, wie *Die Heilige Familie* und *Die drei Grazien*[18], doch es fehlte ihnen an innerem Leben. Außerdem wünschten seine Gönner, die fast alle Protestanten waren und religiöse Gemälde als Ermunterung zum Götzendienst mißbilligten, andere Bilder. Sie liebten die Natur, doch nur als Beigabe zu ihrer Persönlichkeit oder als Rahmen für ihre Jagden; sie wünschten sich ohne Spuren des Alters an ihren Wänden zu sehen, als bleibende Erinnerung für die Nachwelt. So kamen sie zu Reynolds, zweitausend von ihnen, und schickten ihm ihre Frauen und Kinder, manchmal auch ihre Hunde. Keiner ging gekränkt von ihm, denn Reynolds' liebenswürdige Einbildungskraft konnte immer liefern, was die Natur versagt hatte.

Nie ist eine Generation oder eine Klasse so vollständig verewigt worden wie in den sechshundertdreißig erhalten gebliebenen Bildnissen von Reynolds' Hand. Da sind zunächst die Staatsmänner dieses lebenslustigen Zeitalters: Bute in prächtiger Buntheit[19]; Burke etwas düster für seine achtunddreißig Jahre; Fox dickbäuchig, nachdenklich und würdig mit vierundvierzig; dann die Schriftsteller Walpole, Sterne, Goldsmith[20], dieser wirklich fast aussehend wie «Poor Poll», und Gibbon mit jenen fetten Backen, welche die Marquise Du Deffand, die nur mit den Händen sehen konnte, für «die Sitzpartie eines Kindes»[21] hielt; schließlich Boswell[22], so stolz, als habe er Johnson geschaffen, und Johnson selbst, fünfmal mit Liebe gemalt, und 1772 für das beste bekannte Männerbildnis Reynolds' sitzend[23]. Ferner sind da die Gottheiten der Bühne: Garrick, «hin und her gerissen zwischen den rivalisierenden Musen der Tragödie und der Komödie», Mary Robinson als Perdita, Mrs. Abington als Komische Muse und Sarah Siddons als Tragische Muse[24]; ein Enthusiast bezahlte Reynolds 700 Guineen für dieses stolze Meisterwerk.

Am zahlreichsten sind in dieser unvergleichlichen Galerie die Aristokraten vertreten, die einem individualistischen Volk eine soziale Ordnung gaben, mit Erfolg seine Außenpolitik leiteten und seinen König einer Verfassung unterstellten. Man betrachte sie zunächst in der Anmut ihrer Jugend, etwa den zwölf Jahre alten Thomas Lister — ein Bildnis, das als Reynolds' *Brown Boy* mit dem *Blue Boy* von Gainsborough rivalisieren kann. Manche von ihnen nahmen an Leibesumfang zu, wenn die gefährlichen Tage vorüber waren, wie etwa jener Augustus Keppel, der 1753 als Commodore so energisch dreingeblickt hatte, 1780 jedoch als Admiral einen richtig behäbigen Eindruck machte. Trotz solcher Rundlichkeiten und der sie umhüllenden Seide und Spitzen gelang es Reynolds, unerschütterlichen Mut und Stolz in Farbe und Linie zu verwandeln. Man betrachte zum Beispiel die kraftvolle Gestalt und Persönlichkeit von Lord Heathfield, der, in kühnes britisches Rot gekleidet, den Schlüssel von Gibraltar in der Hand trägt, das er während einer vier Jahre währenden Belagerung durch die Spanier und Franzosen unbesiegt verteidigt hatte.

Und so kommen wir zu jenen *diai gynaikon,* den Göttinnen unter den Frauen, die Reynolds in den Gattinnen und Töchtern der britischen Aristokratie fand. Selbst unverheiratet, war er frei, sie alle mit seinen Augen und seinem Pinsel zu lieben, ihre Nasen zu adeln, ihre Züge zu verfeinern, ihr üppiges Haar zu ordnen und sie mit duftigen und fließenden Gewändern zu umhüllen, wie sie sich Venus gewünscht haben könnte. Man betrachte Lady Elizabeth Keppel, Marquise von Tavistock, in der Hofrobe, die sie viele Jahre zuvor als Brautjungfer der Königin Charlotte getragen hatte; was wäre sie ohne diese Falten gemalter Seide? Manchmal versuchte Reynolds seine Kunst an einer Frau in einfachem Gewand; er malte Mary Bruce, Herzogin von Richmond, in einen schlichten Mantel gehüllt, mit einer Stickerei beschäftigt [25], und gab ihr ein Gesicht, ganz dazu angetan, einen Philosophen in seinen Träumen heimzusuchen. Fast ebenso einfach in der Kleidung und von engelhaftem Profil ist Mrs. Bouverie, den Worten von Mrs. Crewe lauschend [26]. Eine noch edlere Schönheit lag in den sanften Zügen von Emma Gilbert, Gräfin von Mount Edgcumbe [27]; dieses liebliche Porträt wurde im Zweiten Weltkrieg zerstört.

Fast alle diese Frauen hatten Kinder, denn es gehörte zur aristokratischen Verpflichtung, die Familie und den Besitz in ungeteiltem Fortbestand zu erhalten. So malte Reynolds Lady Elizabeth Spencer, Gräfin von Pembroke, mit ihrem sechs Jahre alten Sohn, dem späteren Lord Herbert [28], und Mrs. Edward Bouverie mit ihrer drei Jahre alten Georgiana [29]; und diese selbe Georgiana, inzwischen Herzogin von Devonshire geworden (die lebenslustige Schönheit, die mit Küssen Stimmen für den sich um einen Parlamentssitz bewerbenden Fox kaufte), mit ihrer drei Jahre alten Tochter, einer zweiten Georgiana, der späteren Gräfin von Carlisle [30].

Zu Reynolds' zauberhaftesten Werken schließlich gehören seine Kinderbildnisse, eine ganze Galerie von ihnen – fast alle individualisiert und mit teilnahmsvollem Verständnis für die Unsicherheit und das Staunen der Kinderseele dargestellt. Die Welt kennt Reynolds' Meisterwerk auf diesem Gebiet, *The Age of Innocence* (Das Alter der Unschuld) [31], das er 1788, in den letzten Jahren seiner vollen Sehkraft, malte; wie früh aber bereits sein Verständnis für das Wesen des Kindes sich zu einer fast mystischen Intuition erhob, zeigt sein unbeschreiblich schönes Porträt des elf Jahre alten Lord Robert Spencer [32], das 1758 entstand. Hiernach malte er Kinder in jedem Alter: die einjährige Prinzessin Sophia Matilda, den zweijährigen Master Wynn mit seinem Lamm, die dreijährige Miss Bowles mit ihrem Hund, den vierjährigen Master Crewe in vollkommener Nachahmung Heinrichs VIII. und, in etwa gleichem Alter, das «Strawberry Girl» [33]; dann die fünfjährigen Knaben William und George Brummell (den späteren Beau Brummell), den sechsjährigen Prinzen William Frederick, den siebenjährigen Lord George Conway, die achtjährige Lady Caroline Howard, den neunjährigen Frederick, Earl of Carlisle, und so fort bis zur Reife, zur Ehe und Elternschaft.

Reynolds gab freimütig zu, daß er adlige Modelle bevorzugte, weil, wie er sagte, «der langsame Fortgang der Dinge natürlicherweise Eleganz und Verfeinerung als letzte Wirkung des Reichtums und der Macht hervorbringt» [34] und weil nur die Rei-

DAS ZEITALTER REYNOLDS'

chen die dreihundert Pfund zahlen konnten, die er für «ein Bild in voller Lebensgröße mit zwei Kindern»[35] verlangte. Er hatte mit seinem Pinsel eine Goldader erschlossen, und bald verdiente er sechzehntausend Pfund im Jahr. 1760 kaufte er das Haus Nummer 17 am Leicester Square, damals im elegantesten Viertel Londons gelegen; er möblierte es mit verschwenderischem Luxus, sammelte alte Meister und machte einen Raum, groß wie ein Ballsaal, zu seinem Atelier. Er hatte seine eigene Kutsche mit bemalten Türen und vergoldeten Rädern und ermunterte seine Schwester, damit in der Stadt spazierenzufahren, denn er glaubte, eine solche Zurschaustellung seines Reichtums würde diesen vermehren[36]. 1761 wurde er zum Ritter geschlagen. Er wurde überall eingeladen und spielte selbst den Gastgeber für alles, was Genie, Schönheit und Vornehmheit repräsentierte; er versammelte mehr Männer des Geistes um seine Tafel als irgendein anderer Mensch in England[37]. Ihm widmeten Goldsmith *The Deserted Village* (Das verlassene Dorf) und Boswell *Life of Samuel Johnson* (Leben des Samuel Johnson). Es war Reynolds, der 1764 «The Club» gründete, um für Johnson einen Ort zu schaffen, wo er mit seinesgleichen zusammentreffen konnte.

Er muß Johnson geliebt haben, denn er malte viele Porträts von ihm. Noch zahlreicher waren seine Selbstbildnisse. Er war nicht mit Schönheit gesegnet: Sein Gesicht war von unnatürlicher Röte und mit Pockennarben bedeckt, die aus seiner Kindheit stammten; seine Züge waren grob, seine Oberlippe durch einen Sturz in Minorca entstellt. Ein Selbstporträt mit dreißig zeigt ihn, wie er mit der Hand die Augen schirmt im Bemühen, das flimmernde Spiel von Licht und Schatten zu durchdringen, um die Seele hinter einem Gesicht zu erfassen[38]. Er malte sich mit fünfzig in seiner Doktorrobe[39], denn Oxford hatte ihm gerade die Würde eines Doktors des bürgerlichen Rechts verliehen. Das beste seiner Selbstbildnisse ist jenes, das um 1775 entstand und sich heute im Besitz der Nationalgalerie befindet; seine Züge haben sich verfeinert, doch sein Haar ist grau geworden, und er legt die Hand ans Ohr, denn zu dieser Zeit begann er zu ertauben.

Als 1768 die Royal Academy of Arts gegründet wurde, wählte man Reynolds einstimmig zu ihrem Präsidenten. Fünfzehn Jahre lang eröffnete er jeweils die Saison mit einem für die Studenten bestimmten Diskurs. Boswell gehörte zu den Freunden, die beim ersten Diskurs (2. Januar 1769) in der vordersten Reihe saßen. Viele, die diese Reden hörten, waren überrascht von ihrer literarischen Qualität; manche glaubten, Burke oder Johnson hätten sie geschrieben, doch Sir Joshua hatte aus seinen Verbindungen viel gelernt und sowohl einen eigenen Stil als auch einen eigenen Verstand entwickelt. Als Akademiker unterstrich er natürlich die Bedeutung des Studiums; er verwarf die Meinung, eine geniale Begabung entbinde von Ausbildung und harter Arbeit. Er verspottete «dieses Phantom, das sich Inspiration nennt», und erklärte: «Man muß es ihnen also immer wiederholen, daß Mühe und Fleiß der einzige Weg zum wahren Ruhme sei.»[40] Man sollte jede Gelegenheit ergreifen, «die falsche und gemeine Meinung auszurotten, daß die Regeln auch Fesseln des Genies sind»[41]. Es sollte in der normalen Entwicklung eines Künstlers drei Stadien geben: erstens das Stadium der Ausbildung – des Erlernens der Regeln, des Zeichnens, der Farbgebung, des Modellierens; zweitens das Studium jener Meister, welche die Billigung der Zeit erfahren haben. «Die Vollkommenheiten, die unter vielerlei Meistern zerstreut liegen, werden nun in einen allgemeinen Begriff vereinigt, der von nun an seinem Geschmacke zur Regel dienen und seine Einbildungskraft erweitern muß … Die dritte und letzte Periode befreit den Schüler von aller Unterwürfigkeit unter irgendeine Autorität, außer derjenigen, die nach seinem eigenen Urteil von der Vernunft unterstützt wird.»[42] Erst dann sollte er zu eigener Erfindung übergehen. «Ist seine Urteilskraft befestigt und sein Gedächtnis mit allen erforderlichen Kenntnissen angefüllt, so kann er nun ohne Furcht die Stärke seiner Einbildungskraft versuchen. Die Seele, die eine solche Zucht genossen hat, darf sich nun dem wärmsten Enthusiasmus überlassen und in den Gegenden der wildesten Imagination zu spielen wagen.»[43]

Hogarth hatte die alten Meister als «Schwarze Meister» abgelehnt und zu einer realistischen Darstellung der Natur geraten; Reynolds hingegen war der Meinung, diese sollte lediglich eine Vorbereitung auf eine idealistischere Kunst sein. «Ich setze jetzt noch hinzu, daß man die Natur selbst nicht zu genau nachahmen solle … Der Wunsch des echten Malers muß sich weiter erstrecken. Statt der Bemühung, die Menschen durch die sorgfältigste Sauberkeit seiner Nachahmungen zu belustigen, muß er sich durch die Größe seiner Gedanken zu erheben suchen.» Vom Standpunkt der Schönheit ist in der Natur alles unvollkommen, hat in sich einen Makel oder einen Fehler; der Künstler lernt es, diese aus seinen Schöpfungen fernzuhalten, er vereinigt in einem Ideal die Vorzüge vieler mangelhafter Formen, «er verbessert die Natur durch sie selbst, ihren unvollkommenen Zustand durch ihren vollkommeneren … Diese Idee des vollkommenen Zustandes der Natur, welche der Künstler die idealistische Schönheit nennt, ist der große herrschende Grund, nach welchem Werke des Genies hervorgebracht werden.»[44] Um das Fehlerhafte vom Vollkommenen, das Edle vom Gemeinen zu unterscheiden und um seine Phantasie zu schulen, zu läutern und zu erhöhen, muß der Künstler seinen Geist durch Literatur und Philosophie und durch «die Konversation gebildeter und geistvoller Männer erweitern»[45]. Dies hatte Reynolds selbst getan.

1782 erlitt er einen Schlaganfall, von dem er sich teilweise erholte. Er malte noch sieben weitere Jahre. Dann trübte sich sein linkes Auge und verlor bald seine Sehkraft; 1789 begann das rechte Auge zu versagen, und er legte den Pinsel nieder, verzweifelt darüber, daß nun zu der halben Taubheit, die ihn seit seinem siebenundzwanzigsten Lebensjahr gezwungen hatte, ein Hörrohr zu benutzen, auch fast totale Blindheit hinzukommen sollte. Am 10. Dezember 1790 hielt er den letzten seiner Diskurse. Er bekräftigte darin seinen Glauben an die akademischen und konservativen Regeln seiner früheren Ansprachen und erneuerte seinen Rat, die Linie vor der Farbe und die klassischen Meister vor der Bemühung um eigene Erfindung zu studieren. Er endete mit einer Huldigung an Michelangelo:

«Wenn ich jetzt mein Leben von neuem beginnen sollte, würde ich in die Fußstapfen dieses großen Meisters treten; den Saum seines Gewandes zu küssen, die geringste seiner Vollkommenheiten zu erreichen, wäre Ruhm und Auszeichnung genug für einen ehrgeizigen Mann … Ich

DAS ZEITALTER REYNOLDS' 315

glaube, nicht ohne Eitelkeit, daß diese Vorlesungen Zeugnis abgelegt haben für meine Bewunderung für diesen wahrhaft göttlichen Menschen, und ich wünsche mir als letztes Wort, das ich in dieser Akademie und von diesem Platz aus ausspreche, den Namen Michelangelo.»[46]

Der bußfertige Porträtist starb am 23. Februar 1792, und neun Edelleute waren stolz darauf, seine sterblichen Überreste zur St.-Pauls-Kathedrale zu tragen.

V. THOMAS GAINSBOROUGH

Reynolds war ein Weltmann, bereit, die für gesellschaftliche Anerkennung erforderlichen Bedingungen zu erfüllen; Gainsborough ein leidenschaftlicher Individualist, der sich wütend den Opfern widersetzte, die von seiner Persönlichkeit und seiner Kunst als Preis für den Erfolg gefordert wurden. Seine Eltern waren Dissenters (engl. «Andersgläubige»); Thomas erbte ihre geistige Unabhängigkeit ohne ihre Frömmigkeit. Es wird uns berichtet, daß er die Schule in seinem Geburtsort Sudbury schwänzte, um das Land zu durchstreifen, Bäume und den Himmel zeichnend und das Vieh, das auf den Wiesen weidete. Als er mit vierzehn Jahren alle Bäume in der Umgebung gezeichnet hatte, erhielt er von seinem Vater die Erlaubnis, nach London zu gehen und Kunst zu studieren. Er aber studierte die Frauen der Stadt, wie wir einem Rat entnehmen, den er später einem jungen Schauspieler gab: «Laufen Sie nicht durch die Londoner Straßen in der Hoffnung, die Natur kennenzulernen; sie laufen dabei Gefahr, Ihre Gesundheit zu verlieren. Es war meine erste Schule, und ich bin gut belesen in Unterröcken; erlauben Sie mir also, Sie zu warnen.»[47]

Plötzlich sah er sich, erst neunzehn Jahre alt, mit einer sechzehnjährigen Schottin, Margaret Burr, verheiratet. Sie war, wie berichtet wird, die uneheliche Tochter eines Herzogs und hatte ein Jahreseinkommen von zweihundert Pfund[48]. 1748 ließen sie sich in Ipswich nieder. Hier schloß er sich einem Musikverein an, denn er liebte die Musik und spielte mehrere Instrumente. «Ich male Porträts, um zu leben, Landschaften, weil ich sie liebe, und mache Musik, weil ich nicht anders kann.»[49] In den Arbeiten der holländischen Landschaftsmaler fand er Nahrung für seine Naturliebe. Philip Thicknesse, Gouverneur des nahen Landguard Fort, beauftragte ihn, das Fort, die umliegenden Hügel und Harwich zu malen; dann riet er ihm, in Bath eine reichere und größere Kundschaft zu suchen.

Dort angekommen (1759), suchte Gainsborough mehr die Bekanntschaft von Musikern als die von Malern und zählte bald Johann Christian Bach zu seinen Freunden. Er besaß die Seele und die Empfindsamkeit eines Musikers, und in seinen Gemälden verwandelte er die Musik in die Wärme der Farbe und die Anmut der Linie. Bath hatte einige gute Sammlungen; nun konnte er Landschaften von Claude Lorrain und Gaspard Poussin und Porträts von Van Dyck studieren. Er wurde der Erbe von Van Dycks englischem Stil, welcher in seinen Bildnissen höchste malerische Verfeinerung mit Vornehmheit der Persönlichkeit und Eleganz der Kleidung verband.

In Bath schuf Gainsborough einige seiner besten Werke. Hier wohnten die Sheri-

316 SAMUEL JOHNSONS ENGLAND

dans, und der Künstler malte Richards liebliche junge Gattin[50]. Er verschwendete den ganzen Reichtum seiner reifenden Künstlerschaft an *Die Ehrenwerte Mrs. Graham*[51], deren rote Robe mit ihren Kniffen und Falten ihm erlaubte, die zartesten Abstufungen von Farbe und Schatten auf die Leinwand zu zaubern. Als dieses Porträt in der Royal Academy in London ausgestellt wurde (1777), schien es vielen Beobachtern alles zu übertreffen, was Reynolds je geschaffen hatte. Um 1770 verwandelte Gainsborough Jonathan Buttal, den Sohn eines Eisenhändlers, in den berühmten *Blue Boy,* für den später einmal die Huntington Art Gallery fünfhunderttausend Dollar zahlen sollte. Reynolds hatte die Überzeugung ausgedrückt, kein annehmbares Porträt könne in Blau ausgeführt werden; sein aufsteigender Rivale nahm die Herausforderung an und triumphierte. Blau wurde von nun an eine beliebte Farbe in der englischen Malerei.

Jetzt wünschte jede Person von Rang und Namen in Bath für Gainsborough zu sitzen. Aber «ich habe das Bildnismalen satt», sagte er zu einem Freund, «und würde herzlich gern meine Viola da gamba nehmen und in ein kleines Dorf gehen, wo ich Landschaften malen und den Rest des Lebens in Ruhe und Behaglichkeit genießen könnte»[52]. Statt dessen zog er nach London (1774) und mietete kostspielige Räume im Schomberg House, Pall Mall, für dreihundert Pfund im Jahr; er wollte es Reynolds an Aufwand gleichtun. Er zerstritt sich mit der Akademie wegen des Aufhängens seiner Bilder; vier Jahre lang (1773–1777) weigerte er sich, dort auszustellen, und nach 1783 konnten seine neuen Arbeiten nur bei der jährlichen Eröffnung seines Ateliers besichtigt werden. Die Kunstkritiker begannen einen unfreundlichen Krieg der Vergleiche zwischen Reynolds und Gainsborough; Reynolds wurde im allgemeinen höher eingeschätzt, doch die königliche Familie begünstigte Gainsborough, und er malte alle ihre Mitglieder. Bald pilgerte das halbe blaublütige England zum Schomberg House, die zweifelhafte Unsterblichkeit der Farbe suchend. Nun porträtierte Gainsborough Sheridan, Burke, Johnson, Franklin, Blackstone, Pitt den Jüngeren, Clive und andere. Um sich durchzusetzen und seine Miete zahlen zu können, mußte er sich mit der Porträtmalerei abfinden.

Seine Modelle hatten Mühe, es ihm recht zu machen. Ein Lord kehrte allzu sehr den Herrn heraus, als er ihm saß; Gainsborough schickte ihn ungemalt weg. Garricks Gesichtszüge waren so beweglich und wechselvoll (denn dies war das halbe Geheimnis seiner Überlegenheit als Schauspieler), daß der Maler keinen Ausdruck finden konnte, der lange genug verblieb, um den Menschen zu enthüllen. Die gleiche Schwierigkeit hatte er mit Garricks Rivalen Samuel Foote. «Ihr seid ein Paar von Schalksnarren», rief Gainsborough aus; «ihr habt jedermanns Gesicht, nur nicht euer eigenes.»[53] Auf andere Weise tat er sich schwer mit Mrs. Siddons: «Der Teufel hole Ihre Nase, Madam! Sie hört nicht auf.»[54] Am besten lagen ihm weibliche Bildnisse; er war sehr empfänglich für die sexuelle Ausstrahlung der von ihm gemalten Frauen, doch er setzte sein Empfinden in ein poesievolles Kunstwerk von zarten Farben und träumerischen Augen um.

Wenn sein aufwendiger Lebenswandel es ihm erlaubte, malte er Landschaften, nach denen wenig Nachfrage herrschte. Oft stellte er seine Modelle in eine ländliche Szene

DAS ZEITALTER REYNOLDS'

wie in *Robert Andrews und seine Frau*, ein Bild, das auf einer Auktion im Jahre 1960 dreihundertvierundsechzigtausend Dollar einbrachte. Da er zu beschäftigt war, um in der freien Natur skizzieren zu können, brachte er Baumstümpfe, Pflanzen, Zweige, Blumen und Tiere in sein Atelier und arrangierte sie zu einem Bild, zusammen mit aufgeputzten Puppen, die die Personen ersetzten[55]; nach diesen Gegenständen, aus dem Gedächtnis und aus seiner Phantasie malte er Landschaften. Diese hatten etwas Künstliches an sich, einen Formalismus und eine Regelmäßigkeit, wie man sie in der Natur selten findet, doch auch so vermittelte das Ergebnis einen Hauch ländlichen Wohlgeruchs und ländlichen Friedens. In seinen späteren Jahren malte er einige «Phantasiebilder», bei denen er keinen Anspruch auf Realismus erhob, sondern seiner romantischen Neigung nachgab; eines dieser Bilder, *Bauernmädchen mit Hund und Krug*, besitzt den ganzen Gefühlsreichtum von Greuzes *Zerbrochenem Krug*; beide Bilder wurden im Jahre 1785 gemalt[56].

Nur ein Künstler kann Gainsboroughs Wert richtig einschätzen. Im Urteil seiner eigenen Zeit stand er unter Reynolds; seine Zeichnung wurde als nachlässig kritisiert, seine Komposition als uneinheitlich, seine Anatomie als falsch; doch Reynolds selbst lobte den schimmernden Glanz der Farbgebung seines Rivalen. Es lagen Poesie und Musik in Gainsboroughs Werk, die der große Porträtist nicht ganz verstehen konnte. Reynolds besaß einen mehr männlichen Intellekt und war erfolgreicher in der Darstellung von Männern; Gainsborough war ein mehr romantischer Geist, der es vorzog, Frauen und Knaben zu malen. Ihm fehlte die klassische Ausbildung, die Reynolds in Italien erhalten hatte, und die anregende Gesellschaft, die Reynolds' Denken und Kunst bereicherte. Gainsborough las wenig, hatte wenig geistige Interessen und scheute den Kreis von klugen Köpfen, die sich um Johnson sammelten. Er war großmütig, doch impulsiv und allzu kritisch; er hätte nie mit Geduld Reynolds' Vorlesungen oder Johnsons apodiktische Reden anhören können. Doch bewahrte er sich Sheridans Freundschaft bis zu seinem Tod.

Mit zunehmendem Alter wurde er melancholisch, denn das romantische Gemüt, falls es nicht religiös ist, fühlt sich hilflos angesichts des Todes. In vielen Landschaften Gainsboroughs drängt sich ein toter Baum als ein *memento mori* zwischen buntes Laubwerk und üppiges Gras. Wahrscheinlich ahnte er, daß eine Krebskrankheit an ihm zehrte, und er mag eine zunehmende Bitterkeit bei dem Gedanken an einen dermaßen verlängerten Todeskampf empfunden haben. Wenige Tage bevor er starb, schrieb er an Reynolds einen Versöhnungsbrief und bat den älteren Mann, ihn zu besuchen. Reynolds kam, und die beiden Männer, die weniger selbst miteinander gestritten, denn kleineren Geistern als Streitobjekt gedient hatten, plauderten freundlich miteinander; als sie sich trennten, sagte Gainsborough: «Auf Wiedersehen bei unserem Zusammentreffen im Jenseits gemeinsam mit Van Dyck.»[57] Er starb am 2. August 1788, einundsechzig Jahre alt.

Reynolds gehörte mit Sheridan zu den Männern, die den Leichnam zum Friedhof in Kew trugen. Vier Monate später zollte Reynolds in seinem vierzehnten Diskurs dem Toten einen gerechten Tribut. Offen vermerkte er sowohl die Fehler als auch die

Vorzüge in Gainsboroughs Werken, und dann fügte er hinzu: «Wenn diese Nation je genug an Genie hervorbringen sollte, uns die ehrenvolle Auszeichnung einer englischen Schule zu erwerben, wird der Name Gainsborough in der Geschichte der Kunst der Nachwelt als einer ihrer ersten Namen übermittelt werden.»[58]

George Romney kämpfte darum, die Beliebtheit von Reynolds und Gainsborough zu erreichen; doch auf Grund der Mängel seiner Erziehung, seiner Gesundheit und seines Charakters mußte er sich mit einer bescheideneren Rolle begnügen. Ohne Schulbildung nach seinem zwölften Lebensjahr, arbeitete er bis zu seinem neunzehnten Lebensjahr in der Zimmermannswerkstätte seines Vaters in Lancashire. Auf Grund seiner Zeichnungen gab ihm ein am Orte wohnender Gönner Unterricht im Malen. Mit zweiundzwanzig wurde er ernstlich krank; nachdem er genesen war, heiratete er seine Pflegerin. Bald aber, von Unruhe gepackt, verließ er sie, um anderswo sein Glück zu suchen. Er sah sie nur zweimal in den nächsten siebenunddreißig Jahren, doch er schickte ihr einen Teil seiner Einkünfte. Er verdiente genug, um Paris und Rom besuchen zu können, wo er durch die klassizistische Richtung, die die Kunst nahm, beeinflußt wurde. Nach London zurückgekehrt, wußte er sich durch seine Fähigkeit, seinen Modellen Anmut oder Würde zu verleihen, Gönner zu gewinnen. Zu diesen gehörte Emma Lyon, die spätere Lady Hamilton; Romney war von ihrer Schönheit so fasziniert, daß er sie als Göttin, als Kassandra, als Circe, als Magdalena, als Jeanne d'Arc und als Heilige malte. 1782 schuf er ein Porträt von Lady Sutherland, für das er achtzehn Pfund erhielt; es wurde in unserem Jahrhundert für zweihundertfünfzigtausend Dollar verkauft. 1799 kehrte er, gebrochen an Geist und Körper, zu seiner Ehefrau zurück; wiederum pflegte sie ihn, wie sie es vierundvierzig Jahre zuvor getan hatte. Er siechte drei Jahre lang an einer Paralyse dahin und starb 1802. Durch ihn, Reynolds und Gainsborough gewann England – wie in der Politik und der Literatur – nun auch in der Malerei den vollen Anschluß an die Kulturhöhe des übrigen Europa.

FÜNFTES KAPITEL

Englands Nachbarn

[1756–1789]

I. GRATTANS IRLAND

EIN englischer Reisender, der Irland im Jahre 1764 besuchte, erklärte, warum die Armen zu Verbrechen neigten:

«Wie viel Furcht vor Gericht und Strafe läßt sich wohl bei einem irischen Bauern erwarten, der in einem so jammervoll dürftigen Zustand dahinlebt, daß er, wenn ihm der erste beste, der ihm begegnet, den Schädel einschlüge und ihm dadurch eine gründliche Erlösung von seinem Leiden verschaffte, Grund hätte, das als eine freundliche und verdienstliche Handlung anzusehen; und daß so viele von ihnen ihr trauriges Elend geduldig ertragen, ist mir ein genügender Beweis für die Gutartigkeit ihrer Natur.»[1]

Die Grundbesitzer, die in der Mehrzahl der protestantischen Kirche angehörten, waren nicht die unmittelbaren oder brutalsten Unterdrücker der Bauern, die sich fast alle zum Katholizismus bekannten; gewöhnlich lebten die Eigentümer in England und sahen das Blut an dem von den Mittelspersonen, an die sie ihr Land verpachteten, erhobenen Zins nicht; es waren diese Mittelspersonen, die den letzten Penny von den Bauern erpreßten, bis diese sich von Kartoffeln ernähren und in Lumpen kleiden mußten.

Weil Krankheiten den Viehbestand in England dezimierten, wurde es Irland 1758 für fünf Jahre erlaubt, lebende Rinder nach Britannien zu exportieren. Viele Morgen Ackerland in Irland – einschließlich solchen Gemeindelandes, das früher von den Pächtern bewirtschaftet worden war – wurden in Weideland verwandelt; die Reichen wurden reicher, die Armen ärmer. Sie verschlimmerten ihre Lage dadurch, daß sie früh heirateten – «sobald sie zeugungsfähig wurden», wie Sir William Petty es ausdrückte[2]; vermutlich hofften sie, die Kinder würden bald ihren Lebensunterhalt verdienen und dann helfen, den Pachtzins zu bezahlen. So stieg die Bevölkerung von Irland trotz einer hohen Sterblichkeitsziffer von 3 191 000 im Jahre 1754 auf 4 753 000 im Jahre 1791 an[3].

Die Industrialisierung machte rasche Fortschritte. Viele Protestanten und einige Katholiken hatten die Herstellung von Leinen, Wollstoffen, Baumwollwaren, Seide oder Glas aufgenommen. Im letzten Viertel des Jahrhunderts entwickelte sich, nachdem Grattan eine Milderung der britischen Beschränkungen für irische Erzeugnisse und für den irischen Handel durchgesetzt hatte, ein Mittelstand, der durch seinen wirtschaftlichen Einfluß zur Liberalisierung der Politik und zum Wachstum der Kultur beitrug. Dublin wurde eines der führenden Zentren der Bildung, der Musik, des Dramas und der Architektur auf den Britischen Inseln. Das Trinity College erhielt den

320 SAMUEL JOHNSONS ENGLAND

Rang einer Universität und konnte bereits eine lange Liste hervorragender Absolventen aufweisen. Wenn Irlands bedeutende Männer damals ihrer Heimat treu geblieben wären – sowohl Burke, Goldsmith und Sheridan wie auch Swift und Berkeley –, hätte es den anderen Kulturnationen seiner Zeit an Glanz nicht nachgestanden. Nach 1766 machte der Vizekönig Dublin zu seinem ständigen Wohnsitz, anstatt es wie bisher einmal im Jahr kurz zu besuchen. Nun wurden prächtige öffentliche Gebäude und vornehme Herrenhäuser errichtet. Dublins Theater wetteiferten mit denen Londons in der Vortrefflichkeit ihrer Vorstellungen; hier fand Händels *Messias* bei seiner Premiere (1742) beifällige Aufnahme, und Thomas Sheridan brachte viele erfolgreiche Stücke auf die Bühne, von denen einige aus der Feder seiner Frau stammten.

Die Religion war natürlich die alle Gebiete des öffentlichen Lebens beherrschende Streitfrage in Irland. Dissenters – Presbyterianer, Unabhängige (Puritaner) und Baptisten – waren von Ämtern und vom Parlament ausgeschlossen durch die Testakte, die den Empfang des Sakraments nach dem anglikanischen Ritus zur Vorbedingung für die Wählbarkeit machte. Die Toleranzakte von 1689 wurde nicht auf Irland ausgedehnt. Die Presbyterianer von Ulster protestierten vergebens gegen diese Beschränkungen; Tausende von ihnen emigrierten nach Amerika, wo viele von ihnen freiwillig in den Revolutionsheeren kämpften.

Die Bevölkerung von Irland war zu achtzig Prozent katholisch, doch kein Katholik konnte in das Parlament gewählt werden. Nur wenige Katholiken besaßen Land. Protestantische Pächter erhielten Verträge auf Lebensdauer, katholische auf nicht länger als einunddreißig Jahre, und sie mußten zwei Drittel ihres Reinertrages als Pacht zahlen[4]. Katholische Schulen waren nicht zugelassen; doch die Behörden verzichteten auf die Durchführung des Gesetzes, das den Iren verbot, sich zur Ausbildung außer Landes zu begeben. Einige katholische Studenten wurden in das Trinity College aufgenommen, doch sie konnten keinen akademischen Grad erlangen. Der katholische Gottesdienst war erlaubt, aber es gab keine öffentlichen Einrichtungen zur Ausbildung von katholischen Priestern; Kandidaten für das Priesteramt konnten jedoch Seminare auf dem Kontinent besuchen. Einige dieser Studenten übernahmen die freie Lebensart und die liberalen Anschauungen der Hierarchie in Frankreich und Italien; wenn sie als Priester nach Irland zurückkehrten, wurden sie an den Tischen gebildeter Protestanten willkommen geheißen und halfen, die Bigotterie auf beiden Seiten zu mildern. Als Henry Grattan Mitglied des irischen Parlaments wurde (1775), hatte die Bewegung für die katholische Emanzipation die Unterstützung Tausender von Protestanten in England und Irland gewonnen.

1760 wurde Irland von einem Gouverneur (oder Vizekönig) regiert, der vom König von England ernannt wurde und ihm verantwortlich war, und von einem Parlament, das im Oberhaus von anglikanischen Bischöfen und im Unterhaus von anglikanischen Grundbesitzern und Regierungsbeamten oder Pensionären beherrscht wurde. Parlamentswahlen erfolgten nach dem gleichen System «gekaufter» Wahlbezirke wie in England; einige wenige führende Familien, «the Undertakers» (Leichenbestatter) genannt, besaßen das Votum ihrer Wahlbezirke, wie sie ihre Häuser besaßen[5].

ENGLANDS NACHBARN

Der katholische Widerstand gegen die englische Herrschaft war sporadisch und unwirksam. 1763 durchstreiften Banden von Katholiken – nach den weißen Hemden, die sie über ihren Kleidern trugen, «Whiteboys» genannt – das Land und rissen Umzäunungen nieder, richteten Schaden im Viehbestand an und überfielen die Steuereinnehmer; die Führer wurden gefangengenommen und gehenkt, und die Rebellion brach zusammen. Die Bewegung der nationalen Befreiung hatte ein besseres Schicksal. 1776 wurden die meisten britischen Truppen aus Irland abgezogen, um nach Amerika geschickt zu werden; zur gleichen Zeit ging die irische Wirtschaft zurück, weil der Handel mit Amerika zum Stillstand kam. Um sich gegen innere Revolten oder fremdländische Invasion zu schützen, bildeten die Protestanten von Irland eine Armee, deren Mitglieder sich «Volunteers» (Freiwillige) nannten. Diese nahmen an Zahl und Streitkraft zu, bis sie 1780 eine gefürchtete Macht in der Politik waren. Mit der Unterstützung dieser vierzigtausend bewaffneten Männer errangen Henry Flood und Henry Grattan ihre legislativen Siege.

Beide waren Offiziere in der Armee der Freiwilligen, und beide gehörten zu den größten Rednern eines Landes, das Burke und Richard Sheridan nach England schicken konnte, ohne seinen Reichtum an Beredsamkeit zu erschöpfen. Flood wurde 1759 in das irische Parlament gewählt. Er führte einen tapferen Kampf gegen die Käuflichkeit in einem Haus, in dem die Hälfte der Mitglieder der Regierung verpflichtet war. Aber auch er geriet in den Sog der allgemeinen Bestechlichkeit und kapitulierte 1775, indem er das Amt des Vizeschatzmeisters mit einem Gehalt von 3500 Pfund annahm.

In diesem Jahr wurde Henry Grattan von einem Dubliner Wahlbezirk in das Parlament entsandt. Bald übernahm er Floods Platz als Führer der Opposition. Er verkündete ein ehrgeiziges Programm: Erleichterung für die irischen Katholiken, Befreiung der Dissenters von der Testakte, Beendigung der englischen Beschränkungen des irischen Handels und Unabhängigkeit des irischen Parlaments. Er verfolgte diese Ziele mit einer Energie und Hingebung und mit solchem Erfolg, daß er zum Symbol der Nation, sowohl der Katholiken als auch der Protestanten, wurde. 1778 brachte er ein Gesetz durch, das den Katholiken das Recht zusprach, Pachtverträge für neunundneunzig Jahre abzuschließen und Land unter den gleichen Bedingungen zu erben wie die Protestanten. Ein Jahr später wurde auf sein Drängen die Testakte widerrufen, und den Dissenters wurden die vollen Bürgerrechte zugesichert. Er und Flood überzeugten das irische Parlament und den Vizekönig, daß die Fortdauer der britischen Beschränkungen des irischen Handels zu revolutionärer Gewalt führen würde. Lord North, damals Leiter der britischen Regierung, sprach für die Aufhebung der Restriktionen; die englischen Fabrikanten bombardierten ihn mit Petitionen gegen diese Aufhebung, und er gab nach. Die Iren begannen, britische Waren zu boykottieren. Die Freiwilligen versammelten sich vor dem irischen Parlamentsgebäude, Waffen in den Händen und eine Kanone mit sich führend, welche die Aufschrift trug: «Freier Handel oder dies!» Die englischen Fabrikanten, die unter den Wirkungen des Boykotts zu leiden begannen, gaben ihre Opposition auf; das englische Kabinett zog sein Veto zurück, und die Freihandelsakte wurde angenommen (1779).

Als nächstes verlangte Grattan die Unabhängigkeit des irischen Parlaments. Zu Beginn des Jahres 1780 brachte er ein Gesetz ein, nach dem nur der König von England, *mit der Zustimmung des Parlaments von Irland,* Gesetze für Irland erlassen konnte und Großbritannien und Irland nur durch das Band eines gemeinsamen Herrschers miteinander verbunden sein sollten. Sein Antrag wurde abgelehnt. Die Freiwilligen versammelten sich, 25000 Mann stark, in Dungannon (Februar 1782) und erklärten, wenn man ihnen die legislative Unabhängigkeit nicht zuerkenne, würden sie ihre Treue gegenüber England aufkündigen. Im März wurde das Kabinett des betagten Lord North gestürzt. An die Macht kamen Rockingham und Fox. Inzwischen hatte Cornwallis in Yorktown kapituliert (1781), Frankreich und Spanien hatten sich der amerikanischen Front gegen England angeschlossen, und Britannien konnte sich zu diesem Zeitpunkt keine irische Revolution leisten. Am 16. April 1782 erklärte das irische Parlament unter Leitung von Grattan seine legislative Unabhängigkeit. Einen Monat später wurde sie ihm von England zugestanden. Das irische Parlament bewilligte Grattan, der ein relativ armer Mann war, eine Sonderzuwendung von 400000 Pfund; er nahm die Hälfte an.

Dies war natürlich ein Sieg für die Protestanten Irlands, nicht für die Katholiken. Als Grattan – kräftig unterstützt durch den anglikanischen Bischof Frederick Hervey – fortfuhr, für eine katholische Emanzipation einzutreten, war das Höchste, was er (in der von den Historikern «Grattans Parlament» genannten Versammlung) erreichen konnte, das Wahlrecht für die begüterten Katholiken (1792); diese erhielten das Recht zu wählen, doch nicht das Recht, in das Parlament, in ein Verwaltungsamt oder in ein Richteramt gewählt zu werden. Grattan ging nach England, eroberte einen Sitz im britischen Parlament und setzte hier seinen Kampf fort. Er starb 1820, neun Jahre bevor das Parlament die katholische Befreiungsakte annahm, auf Grund derer Katholiken in das irische Parlament gewählt werden konnten. Die Gerechtigkeit ist nicht nur blind, sie hinkt auch.

II. SCHOTTLAND

Als die Union von 1707 Schottland mit England durch ein gemeinsames Parlament vereinigte, witzelte London, der Wal habe Jonas verschlungen; als Bute (1762) eine größere Anzahl von Schotten in die britische Regierung brachte, kehrte man den Witz um und meinte, Jonas verschlinge den Wal[6]. Politisch gewann der Wal: Die sechzehn schottischen Peers und fünfundvierzig Gemeinen waren den hundertacht englischen Peers und fünfhundertdreizehn Gemeinen gegenüber in hoffnungsloser Minorität. Schottland unterstellte seine Außenpolitik und in hohem Maße seine Wirtschaft einer vom englischen Geld und Geist beherrschten Gesetzgebung. Die beiden Länder vergaßen ihre frühere Feindschaft nicht; die Schotten beklagten sich über die wirtschaftliche Überlegenheit des Wals; und Samuel Johnson trat für den Wal ein, indem er mit chauvinistischer Verbissenheit gegen Jonas hetzte.

ENGLANDS NACHBARN

Schottland hatte 1760 eine Bevölkerung von etwa 1 250 000 Seelen. Die Geburtenziffer war hoch, doch die Sterblichkeitsziffer blieb ihr dicht auf den Fersen. So schrieb Adam Smith gegen 1770: «Es ist, wie man mir oft gesagt hat, in den schottischen Hochlanden nichts Ungewöhnliches, daß eine Mutter, die zwanzig Kinder geboren hat, nicht zwei am Leben behält.»[7] Die Häuptlinge der Hochlande besaßen fast das gesamte Land außerhalb der Städte und hielten die Pachtbauern in primitiver Armut auf einem felsigen Boden, der im Sommer von Regengüssen und im Winter vom September bis Mai von Schnee heimgesucht wurde. Der Pachtzins wurde wiederholt erhöht – für einen Hof von fünf Pfund auf zwanzig Pfund in fünfundzwanzig Jahren[8]. Viele Bauern, die zu Hause kein Entrinnen vor der Armut sahen, wanderten nach Amerika aus; so, meinte Johnson, «konnte ein habgieriger Herr eine Wildnis aus seinem Anwesen machen»[9]. Die Grundbesitzer machten die Geldentwertung als Entschuldigung für die Erhöhung des Pachtzinses geltend. Noch schlimmer waren die Verhältnisse in den Kohlengruben und Salzbergwerken, wo bis 1775 die Arbeiter lebenslänglich an ihre Arbeitsplätze gebunden waren[10].

In den Städten des Tieflandes brachte die industrielle Revolution einem wachsenden und unternehmungslustigen Mittelstand Reichtum. In Südwestschottland entstanden zahlreiche Textilfabriken. Dank Industrie und Außenhandel wuchs die Bevölkerung Glasgows von 12 500 im Jahre 1707 auf 80 000 im Jahre 1800 an; es hatte reiche Vorstädte, Elendsviertel und eine Universität. In den Jahren 1768–1790 wurde ein Kanal gegraben, der die Flüsse Clyde und Forth verband und so eine durchgehende Wasserhandelsstraße zwischen dem industriellen Südwesten und dem politischen Südosten schuf. Edinburg – das 1740 etwa 50 000 Einwohner hatte – war für Schottland der Brennpunkt der Regierung, der Intelligenz und der Mode; jede wohlhabende schottische Familie legte Wert darauf, zumindest einen Teil des Jahres dort zu verbringen; hierher kamen Boswell und Burns, hier lebten Hume und Robertson und Raeburn, hier gab es berühmte Anwälte, wie die Erskines, eine renommierte Universität und die Royal Society of Edinburgh. Und hier befand sich auch das Hauptquartier der schottischen Christenheit.

Katholiken gab es wenige, doch genug, um, wie wir gesehen haben, Erschütterungen in einem Land zu verursachen, in dem noch der Geist John Knox' spürbar war. Die Episkopalkirche hatte viele Anhänger unter den Reichen, die ihre Bischöfe und das Ritual der anglikanischen Kirche nicht missen mochten. Doch die große Mehrheit gehörte der Kirche von Schottland an, der presbyterianischen «Kirk», die das Episkopat ablehnte, dem Ritual nur geringen Wert beimaß und in Religion und Moral kein anderes Ritual anerkannte als das ihrer Gemeindesitzungen, ihrer Distriktspresbyterien, ihrer Provinzialsynoden und ihrer Generalversammlung. Wahrscheinlich nirgendwo anders in Europa, ausgenommen in Spanien, war ein Volk so sehr vom Geist der Theologie erfüllt. Das «Kirk»-Gericht, das sich aus Kirchenältesten und dem Pfarrer zusammensetzte, konnte für Ehebruch und Ketzerei Geldbußen und andere Strafen verhängen; es konnte der Unzucht Überführte dazu verurteilen, während des Gottesdienstes aufzustehen und sich öffentlich tadeln zu lassen. So wurden Robert Burns und

324   SAMUEL JOHNSONS ENGLAND

Jean Armour in einer Kirchengerichtssitzung am 6. August 1786 gemaßregelt. Die calvinistische Eschatologie beherrschte die öffentliche Meinung, machte das Freidenkertum zu einer Gefahr für Leib und Leben; doch eine Gruppe von «gemäßigten» Geistlichen – angeführt von Robert Wallace, Adam Ferguson und William Robertson – mäßigte die Intoleranz des Volkes hinreichend, David Hume eines natürlichen Todes sterben zu lassen.

Vielleicht war eine strenge Religion notwendig, um die Sinnenlust von Menschen zu dämpfen, die es so kalt hatten, daß sie sich betranken, und die so arm waren, daß sie ihr einziges Vergnügen in der Geschlechtsbefriedigung sahen. Das Leben von Burns zeigt, daß die Männer trotz Teufel und Schulmeister tranken und hurten und daß willige Mädchen nicht selten waren. Im letzten Viertel des 18. Jahrhunderts machte sich ein deutlicher Verfall der Religiosität und der überlieferten Moral bemerkbar. William Creech, ein Edinburger Maler, vermerkte, daß im Jahre 1763 der Sonntag ein Tag religiöser Frömmigkeit gewesen war; 1783 jedoch «wurde der Kirchgang sehr vernachlässigt und besonders von den Männern», und des Nachts waren die Straßen erfüllt vom Lärm zügelloser Jugendlicher. «1763 gab es fünf oder sechs Bordelle; … 1783 hatte sich die Zahl der Bordelle um das Zwanzigfache und die der Straßenmädchen um mehr als das Hundertfache vermehrt. Jedes Viertel der Stadt und die Vororte waren verpestet mit Scharen dem Laster ergebener Frauen.»[11] An den Sonntagen lockte das Golfspiel die Männer von der Kirche weg auf die Spielplätze, und an den Werktagen tanzten Männer und Frauen (früher eine Sünde), gingen ins Theater (immer noch eine Sünde), zu Pferderennen und spielten in Schenken und Klubs.

Die Kirche war die Hauptquelle der Demokratie und der Erziehung. Die Gemeinde wählte die Ältesten, und der Geistliche (gewöhnlich ausgewählt von einem «Kirchenpatron») war gehalten, in jeder Pfarrei eine Schule einzurichten. Der Hunger nach Bildung war groß. Von den vier Universitäten war die von St. Andrews im Verfall begriffen, erhob jedoch den Anspruch, die beste Bibliothek in Britannien zu besitzen. Johnson fand 1773 die Universität von Aberdeen in hoher Blüte vor. Die Universität von Glasgow zählte zu ihren Lehrern Joseph Black, den Physiker, Thomas Reid, den Philosophen, und Adam Smith, den Nationalökonomen, und gewährte James Watt Obdach. Die Universität von Edinburg war die jüngste der vier, jedoch erfüllt von der Erregung der schottischen Aufklärung.

III. DIE SCHOTTISCHE AUFKLÄRUNG

Nur das Wachstum des Handels mit England und der Welt und der Aufstieg der Industrie im Tiefland können den Aufbruch des Geistes erklären, den Schottland zwischen Humes *Treatise of Human Nature* (Abhandlung über die menschliche Natur; 1739) und Boswells *Life of Samuel Johnson* (Leben des Samuel Johnson; 1791) erlebte: in der Philosophie Francis Hutcheson, David Hume und Adam Ferguson; in der Volkswirtschaftslehre Adam Smith; in der Literatur John Home[12], Henry Home (Lord Kames),

ENGLANDS NACHBARN

William Robertson, James Macpherson, Robert Burns, James Boswell; in der Naturwissenschaft Joseph Black, James Watt, Nevil Maskelyne, James Hutton und Lord Monboddo[13]; in der Medizin John und William Hunter[14]; dies waren die Sterne, die an Glanz mit denen Englands wetteiferten. Hume, Robertson und andere bildeten in Edinburg eine «Select Society» («Auserwählte Gesellschaft») zur wöchentlichen Diskussion von Ideen. Diese Männer und ihre Gesinnungsgenossen blieben mehr mit dem französischen als mit dem englischen Denken in Fühlung, teilweise weil Frankreich jahrhundertelang mit Schottland geistig verbunden gewesen war, teilweise weil die schwelende Feindschaft zwischen Engländern und Schotten die Verschmelzung der beiden Kulturen verhinderte. Hume hatte eine geringe Meinung vom englischen Geist dieser Zeit, bis er, im Jahr seines Todes, die *History of the Decline and Fall of the Roman Empire* (Geschichte des Verfalls und Untergangs des Römischen Reiches) dankbar begrüßte.

Wir haben unsere Schuld gegenüber Hutcheson und Hume bereits abgetragen[15]. Nun werfen wir einen Blick auf Humes genialen Gegner, Thomas Reid, der sich bemühte, die Philosophie von der idealistischen Metaphysik zu einer Annahme der objektiven Realität zurückzuführen. Während er in Aberdeen und Glasgow lehrte, schrieb er seine *Inquiry into the Human Mind on the Principles of Common Sense* (Untersuchung des menschlichen Geistes nach den Prinzipien des gesunden Menschenverstandes; 1764). Bevor er das Werk veröffentlichte, schickte er das Manuskript an Hume mit einem höflichen Brief, in dem er ihm seine Hochachtung ausdrückte und sein Bedauern darüber erklärte, daß er der skeptischen Philosophie des älteren Mannes widersprechen müsse. Hume antwortete mit der für ihn charakteristischen Liebenswürdigkeit und forderte ihn auf, seine Arbeit ohne Furcht vor Tadel zu veröffentlichen[16].

Reid hatte früher zu Berkeleys Anschauung geneigt, daß wir nur Ideen, niemals Dinge erkennen; als aber Hume auf Grund ähnlicher Überlegungen behauptete, wir könnten nur Geisteszustände, nie einen «Geist» außer ihnen erkennen, glaubte Reid, eine solche übertriebene Analyse unterminiere alle Unterscheidungen zwischen wahr und falsch, zwischen Recht und Unrecht und allen Glauben an Gott oder die Unsterblichkeit. Um dieses Unglück zu vermeiden, dachte er, müsse er Hume widerlegen, und um Hume zu widerlegen, müsse er Berkeley ablehnen.

Also verspottete er die Anschauung, daß wir nur unsere Empfindungen und Ideen kennen, und behauptete das Gegenteil, nämlich, daß wir die Dinge direkt und unmittelbar erkennen; nur auf Grund «übertriebener Spitzfindigkeit» analysierten wir zum Beispiel unsere Erfahrung einer Rose und reduzierten sie auf ein Bündel von Ideen und Empfindungen. Das Bündel sei wirklich, aber auch die Rose, die hartnäckig weiterexistiert, wenn unsere Empfindungen von ihr aufhören. Natürlich gehörten die Elementareigenschaften – Größe, Form, Festigkeit, Konsistenz, Gewicht, Bewegung, Zahl – der objektiven Welt an und würden subjektiv nur durch subjektive Illusionen verändert, und selbst die sekundären Eigenschaften hätten eine objektive Quelle insofern, als physikalische oder chemische Bedingungen in dem Objekt oder in der Umgebung Anlaß geben zu den subjektiven Empfindungen des Geruchs, des Geschmacks, der Wärme, der Helligkeit, der Farbe oder des Tons[17].

Dies sagt uns der gesunde Menschenverstand, doch «die Prinzipien des gesunden Menschenverstandes» sind nicht die Vorurteile ungebildeter Massen; sie sind die instinktiven «Prinzipien ..., an welche die Beschaffenheit unserer Natur (der uns allen gemeinsame Verstand) uns glauben läßt und die wir in den allgemeinen Belangen des Lebens als selbstverständlich hinnehmen müssen»[18]. Verglichen mit diesem universalen, täglich geprüften und tausendmal bestätigten Verstand sind die ätherischen Überlegungen der Metaphysik nur ein Spiel einsamer Weltflucht; selbst Hume gab, wie er gestand, dieses intellektuelle Spiel auf, wenn er sein Studierzimmer verließ[19]. Doch die gleiche Rückkehr zum gesunden Menschenverstand führt den Geist zur Realität zurück: Es sind nicht nur Ideen, die existieren; es gibt einen Organismus, einen Geist, ein Selbst, das die Ideen hat. Die Sprache selbst bezeugt diesen universalen Glauben: Jede Sprache hat ein Personalpronomen der ersten Person; ich bin es, der fühlt, sich erinnert, denkt und liebt. «Es erschien sehr natürlich zu glauben, daß die *Abhandlung über die menschliche Natur* einen Autor erforderte, einen sehr klugen dazu; doch jetzt erfahren wir, daß es sich nur um Sammlungen von Ideen handelt, die sich von selbst zusammenfanden und nach bestimmten Assoziationen und Anziehungskräften ordneten.»[20]

Hume nahm dies sehr gelassen und gutmütig auf. Er konnte Reids theologische Schlußfolgerungen nicht anerkennen; doch er respektierte seine christliche Gesinnung, und vielleicht war er insgeheim erleichtert zu erfahren, daß schließlich trotz Berkeley die äußere Welt existierte und daß trotz Hume Hume wirklich war. Auch das Publikum war erleichtert und kaufte drei Auflagen von Reids *Inquiry*, bevor er starb. Boswell gehörte zu denjenigen, die sich getröstet fühlten; Reids Buch, erklärt er, «klärte meinen Geist, der sehr verwirrt worden war durch dunkle und skeptische Spekulationen»[21].

Die Kunst brachte Farbe in die Epoche der schottischen Aufklärung. Die vier Brüder Adam, die der englischen Architektur ihren Stempel aufdrückten, waren Schotten. Allan Ramsay (Sohn des Dichters Allan Ramsay) siedelte, da es ihm nicht gelang, in seiner Geburtsstadt Edinburg zu Ehren zu gelangen, 1752 nach London über und wurde nach Jahren harter Arbeit festangestellter Maler des Königs, sehr zum Ärger seiner englischen Kollegen. Er malte ein gutes Porträt von Georg III.[22], doch ein noch besseres von seiner eigenen Frau[23]. Eine Verrenkung seines rechten Armes beendete seine Laufbahn als Maler.

Sir Henry Raeburn war der Reynolds Schottlands. Als Sohn eines Edinburger Fabrikanten geboren, brachte er sich selbst die Ölmalerei bei und porträtierte eine verwitwete Erbin, die mit dem Resultat so zufrieden war, daß sie ihn heiratete und ihm ihr Vermögen vermachte. Nach zwei Jahren Studium in Italien kehrte er 1787 nach Edinburg zurück. Bald hatte er mehr Kunden als Zeit, sie zu malen: Robertson, John Home, Dugald Stewart, Walter Scott und, das beste seiner Porträts, Lord Newton – ein massiger Körper, ein mächtiger Schädel, eine Persönlichkeit, die eisernen Charakter und sanftes Gemüt in sich vereinigt. In extremem Gegensatz hierzu steht die

ENGLANDS NACHBARN 327

schlichte Lieblichkeit, die Raeburn in seiner Frau fand und in ihrem Porträt zum Ausdruck brachte[24]. In einigen seiner Kinderbildnisse kam er Reynolds nahe, so bei den *Drummond Children* im Metropolitan Museum of Art. Raeburn wurde 1822 zum Ritter geschlagen, starb jedoch ein Jahr später im Alter von siebenundsechzig Jahren.

Die schottische Aufklärung brachte überragende Historiker hervor. Adam Ferguson trug zur Begründung der Soziologie und der Sozialpsychologie mit seinem *Essay on the History of Civil Society* (Abhandlung über die Geschichte der bürgerlichen Gesellschaft; 1767) bei, einem epochemachenden Werk, von dem zu seinen Lebzeiten sieben Auflagen erschienen. Die Geschichte (argumentierte Ferguson) kennt den Menschen nur als ein Wesen, das in Gruppen lebt; um ihn zu verstehen, müssen wir ihn als ein soziales, aber auf Wettbewerb eingestelltes Geschöpf sehen, zusammengesetzt aus Herdeninstinkten und -gewohnheiten wie aus individualistischen Neigungen und Wünschen. Die Entwicklung des Charakters und die Organisation der Gesellschaft werden durch das Wechselspiel dieser entgegengesetzten Tendenzen bestimmt und nur selten durch die Ideale der Philosophen beeinflußt. Wirtschaftlicher Wettbewerb, politischer Widerstreit, soziale Ungleichheit und Krieg liegen in der Natur des Menschen; sie werden in ihr weiterwirken, und im großen ganzen sind sie es, die den Fortschritt der Menschheit vorantreiben.

Ferguson war zu seinen Lebzeiten ebenso berühmt wie Adam Smith, doch weiter verbreitet war der Ruf ihres Freundes William Robertson. Es sei hier daran erinnert, daß Wieland die Hoffnung aussprach, Schiller möge als Historiker «zu gleicher Höhe aufsteigen wie Hume, Robertson und Gibbon»[25]. Horace Walpole fragte 1759: «Können wir uns Geschichtsschreiber wünschen, während Mr. Hume und Mr. Robertson leben? ... Robertsons Werk ist von der größten Stilreinheit und der größten Unparteilichkeit, die ich je in einem Buch angetroffen habe.»[26] Gibbon schrieb in seinen Memoiren: «Die vollkommene Komposition, die kräftige Sprache, die kunstvoll gedrechselten Sätze von Dr. Robertson beflügelten mich zu der ehrgeizigen Hoffnung, daß ich eines Tages in seine Fußstapfen treten werde»[27], und er fühlte sich jedesmal «erhöht, wenn man mich als dritten Mann in dem Triumvirat der britischen Historiker» mit Hume und Robertson in einem Atem nannte[28]. Er bezeichnete diese beiden zusammen mit Guicciardini und Machiavelli als die größten der modernen Historiker und nannte Robertson später «den ersten Historiker der Neuzeit»[29].

Wie Reid war Robertson Geistlicher und Sohn eines Geistlichen. Im Alter von zweiundzwanzig (1743) wurde er zum Pfarrer in Gladsmuir bestellt und zwei Jahre später in die Generalversammlung der «Kirk» gewählt. Hier wurde er der Führer der Gemäßigten und schützte Ketzer wie Hume. Nach sechs Jahren emsiger Arbeit und sorgfältigen Studiums von Dokumenten und Zeugnissen gab er 1759 eine *History of Scotland during the Reigns of Queen Mary and of James VI until His Accession to the Crown of England* (Geschichte Schottlands während der Regierungen der Königin Maria und Jakobs VI. bis zu seiner Besteigung des Thrones von England); er hörte in rücksichtsvoller Bescheidenheit dort auf, wo Humes *History of England* begonnen hatte. Das Werk fand den Beifall Schottlands, weil es eine Vergötterung der Maria Stuart vermied, und den der Engländer durch seinen Stil – obwohl Johnson amüsiert feststellte, daß es Wendungen enthielt, die an die Schwerfälligkeit von einigen seiner eigenen Worte erinnerten. Das Buch erlebte in fünfunddreißig Jahren neun Auflagen.

Doch Robertsons Meisterwerk war seine dreibändige Geschichte der Regierung des Kaisers Karl V. (1769). Das Ansehen, das er inzwischen gewonnen hatte, können wir auf Grund des Honorars beurteilen, das ihm die Verleger zahlten: 4500 Pfund gegen die 600 Pfund, die er für die History of Scotland erhalten hatte. Ganz Europa nahm das neue Buch in zahlreichen Übersetzungen beifällig auf. Katharina die Große führte es auf ihren langen Reisen stets mit sich; «ich werde nie müde, es zu lesen», sagte sie, «besonders den ersten Band»[30]. Wie viele andere war sie entzückt von dem langen Prolog, der Rückschau hielt auf die historischen Entwicklungen des Mittelalters bis zur Zeit Karls V. Das Buch ist durch die spätere Forschung überholt worden, doch keine neuere Darstellung kann als literarische Leistung mit ihm verglichen werden. Es ist erfreulich festzustellen, daß die dem Buch zuerteilte Anerkennung, die beträchtlich größer war als diejenige, die Humes History erfuhr, die Freundschaft zwischen dem Geistlichen und dem Abtrünnigen nicht abkühlte.

Berühmter als beide war James Macpherson, der von Goethe auf eine Ebene mit Homer und von Napoleon über Homer gestellt wurde[31]. 1760 gab Macpherson, damals vierundzwanzig Jahre alt, bekannt, es existiere ein umfangreiches und großartiges Epos in verstreuten gälischen Manuskripten, deren Sammlung und Übersetzung er auf sich nehmen würde, wenn er finanzielle Unterstützung erhielte. Robertson, Ferguson und Hugh Blair (der redegewaltige presbyterianische Pfarrer von Edinburg) brachten das Geld auf, und zwei gälische Gelehrte bereisten die Hochlande und die Hebriden, sammelten alte Manuskripte, und 1762 veröffentlichte Macpherson Fingal, an Ancient Epic Poem in Six Books, ... Composed by Ossian, the Son of Fingal, Translated from the Gaelic Language (Fingal, ein altes episches Gedicht in sechs Büchern ... Verfaßt von Ossian, dem Sohn Fingals, übersetzt aus der gälischen Sprache). Ein Jahr später veröffentlichte er ein weiteres Epos, Temora, angeblich von Ossian, und im Jahre 1765 veröffentlichte er beide als Die Werke Ossians.

Ossian war in der gälischen (irischen und schottischen) Sage der zum Dichter berufene Sohn des Kriegers Finn MacCumhail[32]; er lebte, wie berichtet wird, dreihundert Jahre lang, lange genug, um seinen heidnischen Widerstand gegen die vom heiligen Patrick nach Irland gebrachte neue Religion zum Ausdruck zu bringen. Einige der ihm zugeschriebenen Gedichte waren in drei Manuskripten des 15. Jahrhunderts, in der Hauptsache in The Book of Lismore, erhalten, die James Macgregor 1512 zusammenstellte; Macpherson besaß diese Manuskripte[33]. In Fingal wird erzählt, wie der junge Krieger die in Irland eingedrungenen Schotten zu einem Festmahl und einem Friedensgesang einlud, nachdem er sie besiegt hatte. Die Geschichte ist anschaulich erzählt und erhält einen besonderen Reiz durch die Empfänglichkeit der Schotten für die Schönheit der irischen Frauen. So sagt einer der Krieger zu Morna, der Tochter des Königs Cormac:

ENGLANDS NACHBARN

Ach, du bist Schnee auf der Heide,
Dein Haar ist der Nebel von Kromla,
Wenn er wirbelt über die Hügel,
Wenn er schimmert im westlichen Sonnstrahl.
Deine Brüste gleichen zwei glatten Marmorblöcken,
Welche man sieht am strömigen Branno.
Deine Arme gleichen zwei weißen Säulen
In den Hallen des mächtigen Fingal. [34]

Wir begegnen auch anderen, weniger felsigen Brüsten: «Himmel ihrer Brüste ... Weißer Busen ... Wogende Brust ... Busen der Tapferen»[35]; sie lenken ein wenig vom Thema ab, doch bald wendet sich die Erzählung von der Liebe zum Haß des Krieges.

Macphersons *Ossian* erregte Aufsehen in Schottland, England, Frankreich und Deutschland. Die Schotten begrüßten das Gedicht als ein Blatt aus ihrer heroischen mittelalterlichen Vergangenheit. England, das sich 1765 für Percys *Reliques of Ancient English Poetry* begeisterte, war reif für die Romantik der gälischen Sage. Goethe zeigt gegen Ende seines *Werther* (1774) seinen Helden, wie er Lotte sechs Seiten aus dem *Ossian* vorliest. Es war die Geschichte der sanften Maid Daura, erzählt von ihrem Vater Armin: wie der ruchlose Erath sie auf einen Felsen im Meer hinauslockt durch das Versprechen, daß sie dort ihren Liebhaber Armar treffen würde, wie Erath sie auf dem Felsen zurückläßt, und kein Liebhaber kam.

Sie erhob ihre Stimme, sie rief
Nach ihrem Bruder und Vater.
«Armin, Arindal! –
Ist keiner nahe, um Daura zu retten?»

Plötzlich kam vom Gebirge
Ein Windstoß über die Wellen –
Er sank, und nimmer tauchte er auf. [35a]

Der Vater, zu alt und zu schwach, ihr zu Hilfe zu eilen, ruft in Entsetzen und Verzweiflung aus:

Allein, am seezernagten Felsen,
Brach meine Tochter in Klage aus.
Laut und andauernd war ihr Geschrei.
Was konnte für sie der Vater tun?
Die ganze Nacht stand ich am Ufer
Und sah sie im schwachen Scheine des Monds.
Die ganze Nacht hörte ich ihr Schreien.
Laut ging der Wind und heftig
Peitschte der Regen die Flanke des Felsens.
Ehe der Morgen erschien,
Wurde schwach ihre Stimme.
Sie schwand hinweg wie der Hauch des Abends
Zwischen dem Grase der Felsen.
Vom Grame erschöpft, sank sie hin
Und ließ dich, Armin, allein.
Dahin ist nun meine Kraft im Kriege,
Gefallen ist der Stolz unter den Weibern!

Wenn der Sturm in die Höhe emporsteigt,
Wenn der Nord die Wogen empöret,
Sitz' ich am widerhallenden Ufer
Und sehe vor mir den unheilvollen Felsen.
Oft beim untergehenden Mond
Sah' ich die Geister meiner Kinder,
Halb mir sichtbar wallen sie
In trauriger Zwiesprache miteinander.
Will keiner von euch mit mir mitleidig reden?
Sie blicken ihren Vater nicht an. [36]

Bald wurde die Streitfrage laut: War *Ossian* wirklich eine Übersetzung alter gälischer Balladen, oder handelte es sich um Gedichte, die von Macpherson selbst verfaßt und einem Dichter untergeschoben worden waren, der vielleicht nie gelebt hatte? Herder und Goethe in Deutschland, Diderot in Frankreich und Hugh Blair und Lord Kames in Schottland schenkten Macpherson Glauben. Doch im Jahre 1775 sagte Samuel Johnson in *A Journey to the Western Islands of Scotland,* nachdem er auf den Hebriden Nachforschungen angestellt hatte (1773), von den «Ossianischen Gedichten»: «Ich glaube, sie haben nie in einer andern Form existiert als in der, die wir gesehen haben. Der Herausgeber oder Autor konnte das Original nie vorzeigen, noch kann es von jemand anders vorgezeigt werden.» [37] Macpherson schrieb an Johnson, nur das Alter des Engländers schütze ihn vor einer Duellforderung oder einer Tracht Prügel. Johnson antwortete: «Ich hoffe, ich werde mich nie durch die Gemeinheit eines Raufboldes davon abschrecken lassen, etwas aufzudecken, was ich für einen Betrug halte ... Ich hielt Ihr Buch für eine Fälschung, ich halte es immer noch für eine Fälschung ... Ihre Wut kann mich nicht erschüttern.» [38] Hume, Horace Walpole und andere teilten die Zweifel Johnsons. Aufgefordert, die Originale, die er angeblich übersetzt hatte, vorzuzeigen, machte Macpherson hinhaltende Ausflüchte; doch bei seinem Tode hinterließ er die Manuskripte der gälischen Balladen, von denen er einige benutzt hatte, um die Handlung zu ersinnen und den Stil seiner Gedichte zu gestalten. Er entnahm diesen Texten viele Redewendungen und Namen, die beiden Epen jedoch waren sein eigenes Werk [39].

Die Täuschung war nicht so vollkommen oder so verabscheuenswert, wie Johnson annahm; nennen wir sie allzu große poetische Freiheit. Für sich betrachtet, verdienten die beiden Prosaepen die Bewunderung, die ihnen zuteil wurde. Sie vermittelten einen anschaulichen Eindruck von der Schönheit und dem Schrecken der Natur, von der Wut des Hasses und der Lust am Kriege. Sie waren übertrieben sentimental, doch sie besaßen auch etwas von dem Adel, den Sir Thomas Malory in *Le Morte d'Arthur* (1470) offenbart hatte. Sie erlangten ihren Ruhm auf der romantischen Welle, welche die Aufklärung überrollte.

IV. ADAM SMITH

Nach Hume war Adam Smith die bedeutendste Gestalt der schottischen Aufklärung. Sein Vater, ein Zollaufseher in Kirkcaldy, starb einige Monate vor Adams Geburt (1723). Das einzige Abenteuer, das dem großen Nationalökonomen während seines Lebens widerfuhr, bestand darin, daß er als Kind von drei Jahren von Zigeunern entführt wurde, die ihn, als sie verfolgt wurden, am Straßenrand aussetzten. Nachdem er in Kirkcaldy die Schule besucht und in Glasgow Hutchesons Vorlesungen gehört hatte, ging Adam nach Oxford (1740), wo er die Lehrer ebenso faul und nutzlos fand, wie Gibbon sie im Jahre 1752 beschreiben sollte. Smith bildete sich selbst durch Lesen, doch die College-Behörden konfiszierten sein Exemplar von Humes *Treatise of Human Nature* als völlig ungeeignet für einen christlichen Jüngling. Ein Jahr akademischer Bevormundung war genug für ihn; da er seine Mutter mehr liebte, kehrte er nach Kirkcaldy zurück und fuhr fort, Bücher zu verschlingen. 1748 ging er nach Edinburg, wo er als Privatdozent über Literatur und Rhetorik las. Seine Vorlesungen beeindruckten einflußreiche Personen; er erhielt einen Lehrstuhl für Logik an der Universität Glasgow (1751) und wurde ein Jahr später Professor der Moralphilosophie – die auch Ethik, Jurisprudenz und Nationalökonomie umfaßte. 1759 veröffentlichte er seine ethischen Schlußfolgerungen in *Theory of Moral Sentiments* (Theorie der ethischen Gefühle), ein Buch, das Buckle, indem er Aristoteles und Spinoza beiseite schob, «das bedeutendste Werk, das je über dieses interessante Thema geschrieben worden ist»[40], nannte.

Smith leitete unsere ethischen Urteile von unserer spontanen Bereitschaft ab, uns in die Lage anderer zu versetzen; hierdurch empfänden wir, gleichsam als Echo, deren Gefühle, und durch dieses Mitgefühl würden wir angetrieben, zu billigen oder zu verdammen[41]. Das Moralgefühl ist in unseren sozialen Instinkten verwurzelt oder in den geistigen Gewohnheiten, die wir als Glieder einer Gruppe entwickelt haben; doch es steht nicht im Widerspruch zu unserer Selbstliebe. Der Gipfel der moralischen Entwicklung eines Menschen wird erreicht, wenn er lernt, sich selbst so zu beurteilen, wie er die anderen beurteilt, «sein Verhalten nach den objektiven Grundsätzen der Gleichheit, des Naturrechts, der Klugheit und der Gerechtigkeit zu richten»[42]. Die Religion ist nicht die Quelle und auch nicht die Hauptstütze unserer moralischen Gefühle, sondern diese werden stärkstens beeinflußt durch den Glauben an die Ableitung des Moralgesetzes von einem belohnenden und strafenden Gott[43].

1764 wurde Smith, jetzt einundvierzig Jahre alt, Hauslehrer des achtzehn Jahre alten Herzogs von Buccleuch, den er auf einer Reise durch Europa begleitete. Das Gehalt, 300 Pfund im Jahr auf Lebenszeit, verschaffte Smith die Sicherheit und die Muße für sein Meisterwerk, das er während eines achtzehnmonatigen Aufenthaltes in Toulouse zu schreiben begann. Er besuchte Voltaire in Ferney, und in Paris lernte er Helvétius und d'Alembert, Quesnay und Turgot kennen. 1766 nach Schottland zurückgekehrt, lebte er die nächsten zehn Jahre in zufriedener Zurückgezogenheit bei seiner

Mutter in Kirkcaldy, sich ganz der Vollendung seines Buches widmend. Die *Inquiry into the Nature and Causes of the Wealth of Nations* (Untersuchung über die Natur und die Ursachen des Volkswohlstandes) erschien 1776 und wurde von Hume, der kurz darauf starb, mit einem Lobesbrief begrüßt.

Hume selbst hatte in seinen Abhandlungen geholfen, sowohl die ökonomischen als auch die ethischen Ansichten von Adam Smith zu formen. Er hatte den Merkantilismus verspottet, der Schutzzölle, Handelsmonopole und andere Regierungsmaßnahmen begünstigte, damit die Ausfuhr die Einfuhr überstieg, wie auch die Anhäufung von Wertmetallen als Grundlage des Reichtums einer Nation. Diese Politik, sagte Hume, sei das gleiche wie das Bemühen, das Wasser daran zu hindern, seinen natürlichen Stand zu suchen, und er forderte die Befreiung der Wirtschaft von den «zahllosen Behinderungen und Abgaben, die alle Nationen Europas, und keine mehr als England, dem Handel auferlegt haben»[44]. Natürlich war Smith vertraut mit der Kampagne Quesnays und anderer französischer Physiokraten gegen die lähmende Steuerung von Industrie und Handel durch Zünfte und Regierungen und ihrer Forderung nach einer *Laisserfaire*-Politik, welche die Natur ihren Lauf nehmen und alle Preise und Löhne in freiem Wettbewerb ihren Ausgleich finden läßt. Der damals in Amerika ausbrechende Widerstand gegen die britischen Einschränkungen des Kolonialhandels war mitbestimmend für die Anschauungen, zu denen Smith gelangte. Wenn die Freiheit des Handels, die er vorschlug, die britische Regierung geleitet hätte, wäre das Erscheinungsjahr seines Buches nicht das Jahr der Unabhängigkeitserklärung geworden.

Smith hatte bestimmte Vorstellungen von dem Kampf zwischen Britannien und Amerika. Er betrachtete das englische Kolonialhandelsmonopol als eine der «unglücklichsten Wirkungen aller Maßregeln des Merkantilsystems»[45]. Er schlug vor, für den Fall, daß die Kolonisten sich weigerten, Steuern für die Ausgaben des britischen Reiches zu bezahlen, sollte Amerika ohne weitere Auseinandersetzungen die Unabhängigkeit gewährt werden. «Indem beide so als gute Freunde schieden, würde die natürliche Liebe der Kolonien zu dem Mutterlande schnell wieder aufleben. Sie würde sie geneigt machen, nicht nur den Handelsvertrag, den sie bei der Trennung von uns schlössen, jahrhundertelang in Ehren zu halten, sondern auch sowohl im Kriege als im Handel auf unserer Seite zu stehen und aus unruhigen, aufrührerischen Untertanen unsere treuesten, anhänglichsten und edelmütigsten Bundesgenossen zu werden.»[46] Und er fügte hinzu: «Es hat dieses Land bis jetzt so reißende Fortschritte zu Reichtum, großer Bevölkerung und Kultur gemacht, daß vielleicht nach Verlauf eines Jahrhunderts der Ertrag der amerikanischen Besteuerung den der britischen übersteigen wird. Dann würde natürlich der Sitz des Reiches in denjenigen Teil desselben verlegt werden, der zur Verteidigung und Erhaltung des Ganzen das meiste beitrüge.»[47]

Smith definierte den Reichtum einer Nation nicht als den Betrag an Gold oder Silber, den sie besitzt, sondern als das Land mit seinen Verbesserungen und Erzeugnissen und das Volk mit seiner Arbeit, seinen Dienstleistungen, seiner Geschicklichkeit und seinen Gütern. Seine These lautete: Der größte materielle Reichtum entspringt, mit

ENGLANDS NACHBARN

einigen Ausnahmen, der größten wirtschaftlichen Freiheit. Der Eigennutz ist allgemein, wenn wir aber dieses mächtige Motiv mit der größten wirtschaftlichen Freiheit wirken lassen, wird es die Menschen zu einem solchen Maß von Fleiß, Unternehmungsgeist und Wettbewerbssinn antreiben, daß es mehr Reichtum erzeugt als jedes andere der Geschichte bekannte System. (Dies war Mandevilles Bienenfabel[48], bis ins Detail zu Ende gedacht.) Smith glaubte, daß die Gesetze des Marktes – besonders das Gesetz von Angebot und Nachfrage – die Freiheit des Erzeugers mit dem Wohlergehen des Verbrauchers in Einklang brächten; denn wenn ein Erzeuger hohe Gewinne erziele, betätigten andere sich auf dem gleichen Gebiet, und die gegenseitige Konkurrenz halte Preise und Profite innerhalb vernünftiger Grenzen. Darüber hinaus käme der Verbraucher in den Genuß einer Art wirtschaftlicher Demokratie: Dadurch, daß er kaufe oder sich weigere zu kaufen, bestimme er in hohem Maße Art, Menge und Preis der zu produzierenden Artikel und der anzubietenden Dienstleistungen, anstatt sie sich von einer Regierung diktieren zu lassen.

Den Physiokraten folgend (jedoch die Produkte der Arbeit und die Dienstleistungen des Handels als ebenso wirklichen Reichtum betrachtend wie die Erzeugnisse des Bodens), forderte Smith die Abschaffung der Lehensabgaben, der Zunftbeschränkungen, der wirtschaftlichen Vorschriften der Regierungen und der industriellen oder kommerziellen Monopole, weil sie alle jene Freiheit begrenzten, die – indem sie dem einzelnen erlaubt, nach seinem Belieben zu arbeiten, sein Geld auszugeben, es zu sparen, zu kaufen, zu verkaufen – die Räder der Produktion und der Verteilung in Bewegung hält. Die Regierung muß *laisser faire,* muß die Natur – die natürlichen Neigungen der Menschen – frei walten lassen; sie muß dem Individuum erlauben, sich frei zu bewegen, durch Versuch und Irrtum die Arbeit herauszufinden, die es leisten, den Platz im wirtschaftlichen Leben, den es ausfüllen kann; sie muß es ihm überlassen, ob es untergeht oder durchhält.

«Nach dem System der natürlichen Freiheit hat die Staatsregierung nur noch drei Pflichten zu beobachten, drei Pflichten freilich, die höchst wichtig, aber die auch ganz einfach und für den gemeinen Menschenverstand faßlich sind. Die erste ist die Pflicht, die Nation gegen die Gewalttätigkeiten und Angriffe anderer unabhängiger Nationen zu schützen; die zweite die Pflicht, jedes einzelne Glied der Nation gegen die Ungerechtigkeit oder Unterdrückung jedes anderen Gliedes derselben so viel als möglich zu schützen, das heißt, die Pflicht, eine genaue Rechtspflege aufrechtzuerhalten; die dritte Pflicht endlich ist die, gewisse öffentliche Werke und Anstalten zu errichten und zu unterhalten, deren Errichtung und Unterhaltung niemals in dem Interesse eines Privatmannes oder einer kleinen Zahl von Privatleuten liegen kann, weil der Gewinn daran niemals einem Privatmanne oder einer kleinen Zahl von Privatleuten Entschädigung gewähren würde, obgleich er eine große Nation oft mehr als schadlos hält.»[49]

Dies war die Formel der Regierung Jeffersons und der Entwurf eines Staates, der den neuen Kapitalismus in die Lage versetzen würde, zu wachsen und zu gedeihen.

Diese Formel hatte eine Lücke: Wie verhielt es sich, wenn die Pflicht zur Verhinderung von Ungerechtigkeit die Verpflichtung einschloß, die unmenschliche Behandlung des Einfältigen oder Schwachen durch den Gerissenen oder Starken zu verhindern? Smith antwortete, solche Ungerechtigkeit könne nur von Monopolen kommen, welche den Wettbewerb oder den Handel einschränkten, und seine Grundsätze forderten die Unterdrückung der Monopole. Wir müßten uns für die Regulierung der Löhne auf den Wettbewerb der Arbeitgeber um Arbeiter und den der Arbeiter um Arbeitsplätze stützen; alle Versuche der Regierungen, die Preise festzusetzen, würden früher oder später durch die Gesetze des Marktes zunichte gemacht. Obwohl die Arbeit (und nicht das Land, wie die Physiokraten behaupteten) die einzige Quelle des Reichtums darstelle[50], sei sie eine Ware, ebenso wie das Kapital, und den Gesetzen von Angebot und Nachfrage unterworfen. «Sooft das Gesetz versuchte, den Lohn der Arbeiter zu regeln, sollte es ihn immer eher erniedrigen als erhöhen»[51], denn «sooft die Gesetzgebung sich dazu herabläßt, die Differenzen zwischen den Meistern und ihren Arbeitern auszugleichen, sind immer die Meister ihre Ratgeber»[52]. Dies wurde geschrieben zu einer Zeit, da das englische Gesetz es den Arbeitgebern erlaubte, den Arbeitnehmern jedoch verbot, sich zu organisieren, um ihre wirtschaftlichen Interessen zu schützen. Smith verurteilte diese Parteilichkeit des Gesetzes und sah voraus, daß bessere Löhne nicht durch Regierungsmaßnahmen erreicht werden würden, sondern durch die Organisierung der Arbeiter[53].

Der angebliche Herold des Kapitalismus ergriff fast immer die Partei des Arbeiters gegen den Arbeitgeber. Er warnte davor, Händler und Fabrikanten die Politik der Regierung bestimmen zu lassen.

«Das Interesse der Händler ... in jedem Zweig des Handels oder der Fabrikation ist immer in gewisser Beziehung verschieden von dem des Volkes oder ihm sogar entgegengesetzt ... Die Beantragung eines neuen Gesetzes oder einer Regulierung des Handels, die von dieser Klasse kommt, soll immer mit größter Vorsicht aufgenommen werden ... Sie kommt von einer Menschenklasse ..., die allgemein ein Interesse daran hat, das Volk zu täuschen und sogar zu unterdrücken, und ... es bei vielen Gelegenheiten sowohl getäuscht als auch unterdrückt hat.»[54]

Spricht hier Adam Smith oder Karl Marx? Doch Adam Smith verteidigte das Privateigentum als einen unerläßlichen Anreiz zur Unternehmertätigkeit, und er war der Ansicht, die Zahl offener Arbeitsstellen und die Höhe der gezahlten Löhne würden vor allem von der Anhäufung und der Investierung von Kapital abhängen[55]. Aber dennoch waren für ihn hohe Löhne sowohl für die Arbeitgeber als auch die Arbeitnehmer von Vorteil[56], und er forderte die Abschaffung der Sklaverei mit der Begründung, «daß die Arbeit freier Leute am Ende wohlfeiler zu stehen kommt als die der Sklaven»[57].

Wenn wir Smith selbst, in seiner äußeren Erscheinung, in seinen Gewohnheiten und in seinem Charakter, betrachten, wundern wir uns, daß ein Mann, dem die Praxis der Landwirtschaft, der Industrie und des Handels so fremd war, mit solchem Realismus, mit solcher Einsicht und Kühnheit über diese esoterischen und komplizierten Vorgänge geschrieben haben soll. Er war so geistesabwesend wie Newton und kümmerte sich wenig um Konventionen. Obwohl normalerweise gesittet und freundlich in seinem Benehmen, war er fähig, der Grobheit Samuel Johnsons mit einer Antwort von vier Wörtern zu begegnen, durch die er dessen eheliche Geburt in Frage stellte. Nachdem er The Wealth of Nations veröffentlicht hatte, verbrachte er zwei Jahre in

London, wo er sich der Bekanntschaft mit Gibbon, Reynolds und Burke erfreute. 1778 wurde er – der Apostel des Freihandels – zum Zollkommissar von Schottland ernannt. Danach lebte er in Edinburg mit seiner Mutter zusammen und blieb Junggeselle bis zu seinem Tode. Sie starb 1784; er folgte ihr 1790, siebenundsechzig Jahre alt.

Seine Leistung lag nicht so sehr in der Originalität seines Denkens als in der Meisterung und Koordinierung von Daten, im Reichtum des Anschauungsmaterials, in der einleuchtenden Anwendung der Theorie auf die bestehenden Verhältnisse, in dem einfachen, klaren und überzeugenden Stil und in seinem weiten Horizont, der die Volkswirtschaftslehre aus dem Dunkel einer «düsteren Wissenschaft» auf die Ebene der Philosophie hob. Sein Buch war epochemachend, weil es die Fakten und Kräfte, die den Wandel vom Feudalismus und Merkantilismus zum Kapitalismus und freien Unternehmertum bewirkten, zusammenfassend darstellte und erklärte – natürlich aber nicht hervorbrachte. Als Pitt der Jüngere den Zoll auf Tee von hundertneunzehn auf zwölfeinhalb Prozent ermäßigte und versuchte, dem Handel mehr Freiheit zu gewähren, machte er keinen Hehl daraus, daß er sich Adam Smith und seinem Werk zu Dank verpflichtet fühlte. Lord Rosebery berichtet uns, wie bei einem Abendessen, an dem Pitt teilnahm, die ganze Gesellschaft sich erhob, als Smith eintrat, und Pitt sagte: «Wir werden stehen bleiben, bis Sie Platz genommen haben, denn wir alle sind Ihre Schüler.»[58] Sir James Murray-Pulteney sagte voraus: «Das Werk von Adam Smith wird die jetzige Generation überzeugen und die nächste regieren.»[59]

V. ROBERT BURNS

«Mein altehrwürdiges, doch gemeines Blut», sagte Schottlands größter Dichter, «ist seit der Sintflut durch die Adern von Halunken geflossen.»[60] Wir werden nicht weiter zurückgehen als bis auf William Burns, der kein Halunke war, sondern ein schwer arbeitender, jähzorniger Gutspächter. 1757 heiratete er Agnes Brown, die ihm 1759 Robert gebar. Sechs Jahre später pachtete William ein siebzig Morgen großes Gut bei Mount Oliphant; hier lebte die sich rasch vermehrende Familie «kärglich» in einem abgelegenen Haus. Robert wurde zu Hause unterrichtet und besuchte eine Pfarrschule; doch von seinem dreizehnten Lebensjahre an arbeitete er auf dem Gut. Als er vierzehn war, «weihte mich ein dralles, süßes, munteres Mädchen in eine gewisse köstliche Passion ein, die ich trotz bitterer Enttäuschung, Altweiberklugheit und Bücherwurmphilosophie für die schönste aller menschlichen Freuden halte»[61]. Mit fünfzehn lernte er einen zweiten «Engel» kennen und verbrachte fiebernde Nächte in Gedanken an sie. Sein Bruder erinnerte sich, daß Roberts «Neigung [zu Frauen] sehr stark wurde und er ständig das Opfer einer hübschen Sklavenhalterin war»[62].

1777 mietete William Burns in einem Anfall unbesonnenen Mutes das hundertdreißig Morgen große Gut Lochlie in Tarbolton zu einem Jahreszins von hundertdreißig Pfund. Nun wurde Robert, achtzehn Jahre alt und das älteste von sieben Kindern, der wichtigste Arbeiter, denn William, durch unbelohnte Plackerei an Leib und Seele gebrochen, war frühzeitig gealtert. Vater und Sohn entfremdeten sich, als der eine sich in einen engstirnigen Puritanismus flüchtete und der andere sich einer freieren Moral ergab. Trotz elterlichen Verbots besuchte Robert eine Tanzschule; «von diesem Augenblick der Aufsässigkeit an», erinnerte sich der Dichter, «faßte er eine Abneigung gegen mich, die nach meiner Ansicht eine der Ursachen jener Liederlichkeit war, die meine späteren Jahre kennzeichnete»[63]: Im Alter von vierundzwanzig Jahren trat Robert in eine Freimaurerloge ein. 1783 wurde das Gut wegen versäumter Zinszahlung mit Beschlag belegt. Robert und sein Bruder Gilbert legten ihre kümmerlichen Mittel zusammen, um ein Gut von hundertachtzehn Morgen für einen Jahreszins von neunzig Pfund zu pachten; hier schufteten sie vier Jahre, bewilligten sich selbst nur sieben Pfund pro Jahr für persönliche Ausgaben, und hier unterhielten sie ihre Eltern, Schwestern und Brüder. Der Vater starb 1784 an Tuberkulose.

An den langen Winterabenden las Robert viele Bücher, darunter Robertsons Geschichtswerke, Humes Philosophie und Miltons *Verlorenes Paradies*. «Schenk mir einen Geist, ähnlich meinem Lieblingshelden, Miltons Satan.»[64] Da er die moralische Zensur der Kirche ärgerlich fand, fiel es ihm nicht schwer, ihre Theologie aufzugeben und nur einen vagen Glauben an Gott und die Unsterblichkeit zu behalten. Er spottete: «Orthodox, orthodox, wer glaubt an John Knox», und äußerte den Verdacht, die Schulmeister seien zwischen den Sonntagen heimlich ebenso sündig wie er selbst[65]. In seinem Gedicht «The Holy Fair» (Der heilige Jahrmarkt), in dem er eine religiöse Wiedererweckungsversammlung schildert, zeigt er eine Reihe von Predigern, welche die Sünde geißeln und die Hölle beschwören, während draußen Dirnen zuversichtlich auf die Kundschaft der Gemeindemitglieder warteten.

Burns' Abneigung gegen Kleriker verwandelte sich in Zorn, als einer von ihnen einen Vermittler schickte, ihn zu tadeln und zu bestrafen, weil er unvermählt mit Betty Paton schlief, und wurde zu offener Wut, als sein freundlicher Gutsherr Gavin Hamilton von der Kirchenversammlung von Mauchline (1785) wegen wiederholten Fehlens beim Gottesdienst gemaßregelt wurde. Jetzt schrieb der Dichter seine schärfste Satire, «Holy Willie's Prayer» (Gebet des heiligen Willie), in der er die pharisäische Frömmigkeit William Fishers, eines Ältesten der Kirche von Mauchline, hemmungslos lächerlich machte. Burns wagte es nicht, diese Parodie zu veröffentlichen; sie wurde erst drei Jahre nach seinem Tode gedruckt.

In der Zwischenzeit gab er der Kirche genügend Gründe, ihn zu tadeln. Er nannte sich selbst einen «Hurenbock aus Profession»[66]. Jede zweite Maid erregte ihn: die «reizende Chloe, über den perligen Rasen trippelnd», Jean Armour, Highland Mary Campbell, Peggy Chalmers, «Clarinda», Jenny Cruikshank, Jenny von Dalry, «durch den Roggen kommend», die «dralle kleine» Deborah Davies, Agnes Fleming, Jeanie Jaffrey, Peggy Kennedy, Jessie Lewars, Jean Lorimer («Chloris»), Mary Morison, Anna Park, Anna und Polly Stewart, Peggy Thomson – und viele andere[67]. Nur ihre hellen und lachenden Augen, ihre weichen Hände und Brüste von «flockigem Schnee» versöhnten ihn mit den Mühen und Sorgen des Lebens. Er entschuldigte seinen sexuellen Wandertrieb mit der Begründung, daß alle Dinge in der Natur sich ändern, und

ENGLANDS NACHBARN

warum sollte der Mensch eine Ausnahme sein?[68] Doch er warnte die Frauen davor, den Versprechungen eines Mannes zu trauen[69]. Wir wissen von fünf Kindern, die er in der Ehe, und von neun weiteren, die er außerehelich zeugte. «Ich habe ein Genie für die Vaterschaft», erklärte er und bildete sich ein, daß nur eine Entmannung ihn heilen könne[70]. Und wie er über die Vorwürfe der Pfarrer und die Gesetze Schottlands dachte, besagt das folgende Gedicht:

> Mag auch in Kirch' und Staat geschehn,
> Was ich nicht ändern kann, ja,
> Mag Kirch' und Staat zum Teufel gehn,
> Ich geh' zu meiner Anna.[71]

Als Betty Paton ihm ein Kind gebar (22. Mai 1785), erbot sich Burns, sie zu heiraten; ihre Eltern lehnten den Antrag ab. Er wandte sich Jean Armour zu und gab ihr ein schriftliches Eheversprechen; bald war sie schwanger. Am 25. Juni 1786 erschien er vor der Kirchenversammlung und gab seine Verantwortlichkeit zu; er habe sich (sagte er) als mit Jean verheiratet betrachtet und stehe zu seinem Versprechen; doch ihr Vater weigerte sich, sie mit einem siebenundzwanzig Jahre alten Bauern zu verheiraten, der mit einem unehelichen Kind belastet war. Am 9. Juli nahm Burns in seinem Kirchenstuhl demütig einen öffentlichen Verweis entgegen. Am 3. August brachte Jean Zwillinge zur Welt. Am 6. August wurden er und Jean vor der Gemeinde öffentlich getadelt und «von der Schande freigesprochen». Der Vater erwirkte einen Haftbefehl für Burns; der Dichter versteckte sich und plante, ein Schiff nach Jamaika zu nehmen. Der Haftbefehl wurde nicht ausgeführt, und Robert kehrte auf sein Gut zurück. Im gleichen Sommer versprach er, Mary Campbell zu heiraten und sie mit nach Amerika zu nehmen; sie starb, bevor sie den Plan verwirklichen konnten, und Burns feierte sie in «Highland Mary» und «To Mary in Heaven»[72].

In diesem fruchtbaren Jahr 1786 veröffentlichte er in Kilmarnock auf Grund einer Subskription seinen ersten Gedichtband. Er ließ alle Gedichte aus, welche die Kirche oder die öffentliche Moral beleidigen konnten; seine Leser entzückte er durch seinen schottischen Dialekt und seine Beschreibungen von Familienszenen und erfreute die Bauern, indem er die Einzelheiten ihres täglichen Lebens in verständliche Verse brachte. Wahrscheinlich kein anderer Dichter hat je so viel Mitgefühl für die Tiere ausgedrückt, die der Bauern tägliche Last teilen, oder für die «verrückten Schafe», die sich im Schneetreiben verirren, oder die Maus, die von dem Pflug aus ihrem Nest vertrieben wird.

> Doch, Mäuschen, du zeigst nicht allein,
> Daß Vorsicht oft kann unnütz sein;
> Denn was wir Menschen fädeln ein,
> Geht krumm auch oft,
> Und läßt uns nichts als Gram und Pein,
> Wo wir gehofft.[72a]

Fast ebenso sprichwörtlich sind die Zeilen, mit denen das Gedicht «To a Louse on Seeing One on a Lady's Bonnet at Church» (An eine Laus, beim Anblick einer anderen auf der Haube einer Dame in der Kirche) endet:

338   SAMUEL JOHNSONS ENGLAND

O wad some pow'r the giftie gie us
To see oursels as ithers see us. [73]

O welche Macht verleiht uns das Geschenk,
uns selbst zu sehen, wie andere uns sehen.

Um sicherzustellen, daß sein kleines Buch freundlich aufgenommen werde, gab ihm Burns als besonderen Glanzpunkt «The Cottar's Saturday Night» (Des Häuslers Samstagabend) mit: der nach einer Woche schwerer Arbeit ausruhende Bauer, seine Frau und seine Kinder, die sich um ihn versammeln, jeder mit einer Geschichte des Tages, die älteste Tochter, die ihren schüchternen Freier vorstellt, die glückliche Familie beim einfachen Mahl, der Vater, der aus der Bibel vorliest, das gemeinsame Gebet. Dieses liebliche Bild ergänzte Burns durch ein patriotisches «Schottland, mein teures, mein Heimatland!» – Von den sechshundertzwölf gedruckten Exemplaren wurden alle bis auf drei in vier Wochen verkauft und brachten Burns zwanzig Pfund ein.

Er hatte daran gedacht, die Einnahmen zu verwenden, um die Überfahrt nach Amerika zu bezahlen; statt dessen gab er sie für eine Reise nach Edinburg aus. Auf einem geliehenen Pferd kam er im November 1786 dort an; Zimmer und Bett teilte er mit einem anderen jungen Mann vom Lande. Einige lärmende Dirnen wohnten in dem Zimmer unter ihnen [74]. Die günstige Aufnahme des Buches durch die Edinburger Kritiker öffnete ihm viele Türen; eine Saison war er ein Idol der gebildeten Gesellschaft. Sir Walter Scott beschrieb ihn:

«Ich war 1786/87 ein Jüngling von fünfzehn, als Burns zum erstenmal nach Edinburg kam ... Ich sah ihn eines Tages bei dem verstorbenen ehrenwerten Professor Ferguson, bei dem sich mehrere Gentlemen von literarischem Ruf versammelt hatten ... Sein Körper war stark und robust, seine Blässe ländlich, nicht bäurisch, eine Art von würdiger Schlichtheit und Einfachheit ... Sein Gesicht mächtig ..., das Auge groß und von dunkler Farbe, die glühte, wenn er sprach ... Unter den Männern, welche die gebildetsten ihrer Zeit und ihres Landes waren, drückte er sich mit vollkommener Sicherheit, doch ohne die geringste Dreistigkeit aus.» [75]

Burns fühlte sich ermutigt, eine erweiterte Ausgabe seiner Gedichte erscheinen zu lassen. Um dem neuen Band mehr Substanz zu verleihen, wollte er zuerst eine seiner größeren Arbeiten, «The Jolly Beggars» (Die lustigen Bettler), darin aufnehmen, die er in dem Kilmarnock-Band nicht abzudrucken gewagt hatte. Das Gedicht beschrieb eine Versammlung von Landstreichern, Bettlern, Verbrechern, Dichtern, Straßenmusikanten, Dirnen und desertierten Soldaten in Nancy Gibsons Bierhaus in Mauchline. Burns legte ihnen die aufrichtigsten und unbußfertigsten Autobiographien in den Mund und beendete das Potpourri mit einem trunkenen Chor:

> Zum Teufel mit denen, die das Gesetz beschützt!
> Die Freiheit ist ein prächtiger Schmaus!
> Gerichte für Feiglinge wurden errichtet,
> Kirchen gebaut, den Priestern zu gefallen. [76]

Hugh Blair, Gelehrter und Prediger, war entsetzt bei dem Gedanken, eine solche Absage an alle Tugenden zu veröffentlichen; Burns gab nach und vergaß später, daß er das Gedicht geschrieben hatte [77]. Ein Freund bewahrte es auf, und es wurde erst 1799 gedruckt.

ENGLANDS NACHBARN 339

Der Edinburger Verleger verkaufte etwa dreitausend Exemplare, die Burns vierhundertfünfzig Pfund einbrachten. Er kaufte sich eine Stute und ritt am 5. Mai 1787
ins Hochland und dann über den Tweed, um England kennenzulernen. Am 9. Juni besuchte er seine Verwandten in Mossgiel und auch Jean Armour; sie empfing ihn herzlich und wurde wiederum schwanger. Nach Edinburg zurückgekehrt, lernte er Mrs.
Agnes M'Lehose kennen. Mit siebzehn hatte sie einen Glasgower Wundarzt geheiratet;
mit einundzwanzig (1780) verließ sie ihn, nahm ihre Kinder mit und lebte nun in
«genügsamer Schicklichkeit» in der Hauptstadt. Sie lud Burns in ihr Haus ein; er verliebte sich unverzüglich in sie. Offenbar gab sie sich ihm nicht hin, denn er fuhr fort,
sie zu lieben. Sie tauschten Briefe und Gedichte aus, die seinen gezeichnet mit «Syl-
vander», die ihren mit «Clarinda». 1791 entschloß sie sich, zu ihrem Gatten zurückzukehren, der auf Jamaika lebte; Burns schickte ihr zum Abschied einige zärtliche
Zeilen:

> Noch ein Kuß – dann sei geschieden!
> Letztes Lebewohl hienieden!
>
> Liebten wir uns nicht so herzlich,
> Schieden wir uns nicht so schmerzlich;
> Hätten wir uns nie gesprochen,
> Wär' uns nie das Herz gebrochen. [78]

Als sie in Jamaika ankam, stellte sie fest, daß ihr Gatte mit einer schwarzen Kellnerin
zusammenlebte; sie kehrte nach Edinburg zurück.

Da seine Leidenschaft für sie ungestillt blieb, suchte Burns Zerstreuung in wüsten
Gelagen in einem Lokalklub, bei den «Crochallan Fencibles» (Crochallan-Bürger-
wehr) – bei Männern, die sich zur Verteidigung ihrer Stadt verpflichtet hatten. Hier
waren Wein und Weiber die *lares et penates*, und die Unzucht führte das Zepter. Burns
sammelte für seine Kumpane alte schottische Lieder und schrieb auch eigene; mehrere von diesen wurden 1800 anonym und geheim gedruckt als *The Merry Muses of
Caledonia* (Die fröhlichen Musen von Kaledonien). Burns Mitgliedschaft in diesem
Klub, seine offene Verachtung für Standesunterschiede [79] und seine offen geäußerten
radikalen Ansichten über Religion und Politik machten seiner Beliebtheit in der Edinburger Gesellschaft rasch ein Ende.

Er bewarb sich um einen Posten als Steuereinnehmer; nachdem er mehrere Male
abgewiesen worden war, entschloß er sich zu einem neuen Abenteuer in der Landwirtschaft. Im Februar 1788 mietete er die Ellisland-Farm, acht Kilometer von Dumfries entfernt und zwanzig von Carlyles Craigenputtock. Der Besitzer, der den Boden
als «im schlimmsten Zustand der Erschöpfung» bezeichnete [80], schoß dem Dichter
dreihundert Pfund vor, um ein Haus zu bauen und die Felder einzuzäunen; Burns sollte
drei Jahre lang jährlich fünfzig und dann siebzig Pfund zahlen. Inzwischen brachte Jean
Armour Zwillinge zur Welt (3. März 1788), die bald starben. Kurz vor dem 28. April
heiratete Burns sie; mit ihrem einen überlebenden Kind von den vier, die sie ihm
geboren hatte, zog sie zu ihm und diente ihm treu als Ehefrau und Haushälterin auf
Ellisland. Sie schenkte ihm ein weiteres Kind, von dem Burns sagte, es sei «mein

340 SAMUEL JOHNSONS ENGLAND

chef-d'œuvre in dieser Art der Fabrikation, wie ich 'Tam o'Shanter' als meine Muster-
leistung auf dem politischen Gebiet betrachte»[81]. 1790 hatte er intimen Umgang mit
Anna Park, einer Kellnerin in einer Schenke in Dumfries; im März 1791 gebar sie ihm
ein Kind, das Jean zu sich nahm und mit ihren eigenen aufzog[82].

Das Leben war hart auf Ellisland. Dennoch fuhr er fort, große Dichtungen zu schrei-
ben. Hier schrieb er zwei berühmte zusätzliche Strophen zu dem alten Trinklied «Auld
Lang Syne». Burns arbeitete, bis auch er wie sein Vater zusammenbrach. Er war
glücklich, als Steuereinnehmer angestellt zu werden (14. Juli 1788) und in dieser
Eigenschaft im Land umherzureisen, um Fässer zu eichen, Schankwirte, Krämer und
Gerber zu kontrollieren und dem Steueramt in Edinburg zu berichten. Trotz häufiger
Zechgelage mit John Barleycorn scheint er seine Vorgesetzten zufriedengestellt zu
haben. Im November 1791 verkaufte er mit Gewinn sein Landgut und zog mit Jean
und den drei Kindern in ein Haus in Dumfries.

Er beleidigte die ehrbaren Leute der Stadt, indem er allzu häufig die Schenken besuchte und bei vielen Gelegenheiten betrunken zu seiner geduldigen Jean nach Hause
kam[83]. Doch er blieb weiter der große Dichter; in diesen fünf Jahren schrieb er «Ye
banks an' braes o'bonnie Doon», «Scots wha' hae wi' Wallace bled» und «O my
luve's like a red, red rose». Da er in seiner Frau keinen geistigen Gefährten fand, korrespondierte er mit Mrs. Frances Dunlop, die Spuren des Blutes von Wallace in den
Adern hatte, und besuchte sie manchmal; sie bemühte sich, Burns Moral und Vokabular zu zähmen, nicht immer zum Nutzen seiner Verse. Willkommener waren ihm die
Fünfpfundnoten, die sie ihm ab und zu schickte[84].

Seine Stellung als Steuereinnehmer gefährdete er durch seine radikalen Ansichten.
Er empfahl Georg III. in fünfzehn ausgezeichneten Strophen, sich seiner korrupten
Minister zu entledigen, und riet dem Prinzen von Wales, Schluß zu machen mit seinen
Ausschweifungen und seinen «rattlin' dice withe Charlie [Fox]» (Würfelklappern mit
Charlie), wenn er wünsche, den Thron zu erben[85]. In einem Brief an den Edinburger
Courant begrüßte er die amerikanische Unabhängigkeitserklärung, und 1789 war er ein
«begeisterter Verehrer» der Französischen Revolution. 1795 schrieb er ein besonders
aggressives Gedicht gegen Rangunterschiede.

Bald gingen bei der Steuerbehörde Beschwerden ein, ein so radikales Subjekt sei
nicht der geeignete Mann, Krämer zu kontrollieren und Fässer zu eichen; doch man
vergab ihm um seiner Liebe zu Schottland willen, der er so beredten Ausdruck verliehen hatte. Die neunzig Pfund, die seine Stellung ihm im Jahr einbrachte, genügten
kaum, ihn bei Kräften zu halten. Dennoch setzte er seine sexuellen Ausschweifungen
fort, und 1793 gebar ihm Mrs. Maria Riddell, die ihm seine «unwiderstehliche Anziehungskraft» bezeugte, ein Kind. Seine wiederholten Räusche schwächten schließlich
seinen Geist und seinen Stolz. Wie Mozart im gleichen Jahrzehnt schrieb er Bettel-
briefe an seine Freunde[86]. Gerüchte gingen um, er habe die Syphilis und sei an einem
bitterkalten Morgen im Januar 1796 betrunken im Schnee liegend aufgefunden worden[87]. Diese Berichte wurden als unbestätigte Verleumdungen dementiert, und schottische Ärzte bezeichneten Burns' letzte Krankheit als rheumatisches Fieber, verbunden

ENGLANDS NACHBARN 341

mit einer Herzschwäche[88]. Drei Tage vor seinem Tod schrieb er an seinen Schwiegervater: «Schicken Sie um Himmels willen Mrs. Armour sofort hierher. Meine Frau erwartet stündlich ihre Niederkunft. Du großer Gott! Wie schlimm für sie, die arme Frau, in dieser Lage ohne Freund zu sein!»[89] Dann mußte er sich zu Bett legen, und am 21. Juli 1796 starb er. Während er beerdigt wurde, gebar seine Frau einen Sohn. Freunde brachten die Mittel für ihren Unterhalt auf, und sie, stark an Leib und Seele, lebte bis 1834.

VI. JAMES BOSWELL*

1. Der Jüngling

Er hatte königliches Blut in den Adern. Sein Vater, Alexander Boswell, Laird (Lord) von Auchinleck in Ayrshire und Richter am schottischen obersten Zivilgerichtshof, stammte von dem Earl of Arran, einem Urenkel Jakobs II. von Schottland, ab, seine Mutter von dem dritten Earl of Lennox, dem Großvater von Lord Darnley, der Jakobs VI. Vater war. James Boswell wurde am 29. Oktober 1740 in Edinburg geboren. Als ältester von drei Söhnen war er Erbe des bescheidenen Landsitzes Auchinleck (das er «Affleck» aussprach); da sein Vater jedoch bis 1782 lebte, mußte James sich mit dem Einkommen zufriedengeben, das der Laird ihm bewilligte. Sein Bruder John erlitt 1762 den ersten mehrerer Anfälle von geistiger Umnachtung. Boswell selbst wurde von Hypochondrie geplagt, für die er in der Betäubung durch Alkohol und in der Wärme weiblicher Formen Heilung suchte. Seine Mutter unterrichtete ihn im presbyterianischen calvinistischen Glauben, der eine Wärme besonderer Art besaß. «Nie werde ich», schrieb er später, «die Stunden der Angst vergessen, die engstirnige theologische Anschauungen mir in jungen Jahren bereiteten, als das Grauen vor der Hölle mich innerlich zerrüttete.»[90] Während seines ganzen Lebens schwankte er zwischen Glauben und Zweifel, Frömmigkeit und Geschlechtsgenuß und erreichte nie mehr als vorübergehende Läuterung oder Befriedigung.

Nachdem er eine Zeitlang zu Hause unterrichtet worden war, schickte man ihn auf die Universität von Edinburg, dann nach Glasgow, wo er die Vorlesungen von Adam Smith hörte und Jura studierte. In Glasgow lernte er Schauspieler und Schauspielerinnen kennen, von denen einige Katholiken waren. Ihre Religion erschien ihm besser vereinbar mit einem lustigen Leben als der Calvinismus; besonders gefiel ihm die Lehre

---

* Die Entdeckung von Boswells Tagebüchern gehört zu den erregendsten Ereignissen der Literaturgeschichte unserer Zeit. Er hatte seine Manuskripte seinen Erben vermacht, die sie zu anstößig für eine Veröffentlichung hielten. Ein Bündel, welches das *Londoner Tagebuch* enthielt, wurde 1930 im Fettercairn House, in der Nähe von Aberdeen, gefunden; ein noch wertvollerer Schatz wurde in den Jahren 1925 bis 1940 in Truhen und Schränken von Malahide Castle in der Nähe von Dublin aufgestöbert. Den größten Teil der Manuskripte kaufte Oberst Ralph Isham, von dem sie die Yale-Universität erwarb. Professor Frederick A. Pottle besorgte ihre Herausgabe für die McGraw-Hill Book Company, welche die ausschließlichen Verlagsrechte besitzt. Wir danken dem Herausgeber und dem Verlag für die Erlaubnis, einige Stellen aus den Tagebüchern zu zitieren. Professor Pottles *James Boswell: The Earlier Years* erschien nach der Niederschrift dieses Kapitels.

vom Fegefeuer, die einem Sünder nach einigen Äonen des Brennens Rettung versprach. In plötzlichem Entschluß begab sich James nach London (März 1760) und trat der römischen Kirche bei.

Sein alarmierter Vater sandte einen Hilferuf an den Earl of Eglinton, einen in London lebenden Ayrshire-Nachbarn, und bat ihn, sich um James zu kümmern. Der Earl wies den Jüngling darauf hin, daß er als Katholik nie als Anwalt praktizieren, ins Parlament gewählt werden oder Auchinleck erben konnte. James kehrte nach Schottland und in die schottische Kirche zurück und lebte unter seines Vaters Dach und Aufsicht; doch während der Richter beschäftigt war, gelang es seinem Sohn, sich «einen 'Tataren' zu holen»[91] – die erste seiner zahlreichen Ansteckungen mit Geschlechtskrankheiten. Da der Vater befürchtete, dieser unbesonnene Jüngling würde den Besitz verprassen, wenn er Auchinleck erbte, überredete er ihn, als Gegenleistung für ein Jahresgeld von hundert Pfund ein Dokument zu unterzeichnen, das die künftige Verwaltung des Vermögens einem von Boswell senior Bevollmächtigten übertrug.

Am 29. Oktober 1761 wurde James volljährig, und sein Jahresgeld verdoppelte sich. Im folgenden März schwängerte er Peggy Doig; im Juli bestand er sein Anwaltsexamen. Am 1. November 1762 machte er sich, Peggy zehn Pfund zurücklassend, auf den Weg nach London. (Ihr Kind wurde wenige Tage später geboren. Boswell sah es nie.) In London mietete er ein komfortables Zimmer in der Downing Street. Am 25. November notiert er: «Der Frauenmangel schlug mir aufs Gemüt; es schien mir hart, ihrer hier in dieser Stadt zu entbehren.»[92] Doch er ließ sich seine erste Ansteckung zur Warnung sein, «zumal ärztliche Behandlung hier in London teuer zu stehen kommt»[93]. So zwang er sich zur Enthaltsamkeit und «nahm mir vor, guten Mutes zu warten, bis ich an ein ungefährlich Ding geriete oder von einer Frau von Welt angenommen würde»[94]. Er hatte den Eindruck, London wimmle von huldreichen Schönen aller Art, «von dem Prachtstück zu fünfzig Guineen die Nacht bis hinab zu dem weißbestrumpften, artigen Kind, das draußen auf und ab streicht und für ein Glas Wein und einen Shilling jederzeit zu haben ist»[95]. Er trat in Beziehung zu «einer schönen Schauspielerin» namens Louisa, deren langer Widerstand auf hygienische Vorsicht schließen ließ. Schließlich überredete er sie zur Hingabe, erreichte fünffache Ekstase, und «sie behauptete, ich sei ein Wunder»[96]. Acht Tage später entdeckte er, daß er an Gonorrhöe erkrankt war. Am 27. Februar fühlte er sich geheilt; am 25. März las er ein Straßenmädchen auf, und «zum erstenmal war ich dabei mit einem Harnisch versehen». Am 27. März «wohnte ich dem Gottesdienst in der St. Dunstan's Church bei». Am 31. März «ging ich abends in den Park und nahm mir die erste beste Dirne vor, der ich, ohne viel Worte zu machen, wohlgewappnet beiwohnte»[97]. Während der nächsten vier Monate verzeichnet Boswells *Londoner Tagebuch* ähnliche Abenteuer – auf der Westminster Bridge, in der Shakespeare's Head Tavern, im Park, in einer Taverne am Strand, in den «Temple law courts», in der Wohnung des Mädchens.

Dies ist natürlich nur eine Seite im Bild eines Mannes, und diese verstreuten Episoden in einem Abschnitt zusammenzufassen vermittelt einen falschen Eindruck von Boswells Leben und Charakter. Die andere Seite seiner Persönlichkeit war seine «Begei-

ENGLANDS NACHBARN 343

sterung für große Männer»⁹⁸. Sein erstes Opfer auf dieser Jagd war Garrick, der Boswells Komplimente wie Honig schlürfte und leicht zu gewinnen war. Doch James
strebte nach Höherem. In Edinburg hatte er gehört, wie Thomas Sheridan die Gelehrsamkeit und die gehaltvolle Konversation von Samuel Johnson beschrieb. Es wäre ein
glorreiches Erlebnis, diesen Gipfel des Londoner literarischen Lebens kennenzulernen.
Der Zufall half ihm. Am 16. Mai 1763 trank Boswell Tee in der Buchhandlung von
Thomas Davies in der Russell Street, als «ein Mann von höchst furchtbarer Erscheinung» eintrat. Boswell erkannte ihn nach einem Porträt Johnsons von Reynolds. Er
bat Davies, nicht zu sagen, daß er aus Schottland komme; Davies verriet es «in
schurkischer Weise» sofort. Johnson ließ sich die Gelegenheit nicht entgehen, zu bemerken, daß Schottland ein gutes Land und es kein Makel sei, aus ihm zu stammen;
Boswell zuckte zusammen. Johnson beklagte sich, Garrick habe ihm eine Freikarte für
Miss Williams für ein im Augenblick auf dem Spielplan stehendes Stück verweigert;
Boswell wagte zu sagen: «Ach, Ihnen wird doch Garrick eine solche Kleinigkeit nicht
versagen.» Johnson bedeutete ihm in verweisendem Ton: «Sir, David Garrick kenne
ich schon länger als Sie, und ich weiß überhaupt nicht, wie Sie dazu kommen, mit mir
darüber zu reden.» Dies versprach kaum eine lebenslange Freundschaft; Boswell
war «niedergeschmettert» und «gekränkt»; doch nachdem sie sich etwas länger unterhalten hatten, «gelangte ich zur Überzeugung, er habe zwar bisweilen eine etwas derbe
Art dreinzufahren, ohne es im Grunde schlimm zu meinen»⁹⁹.

Acht Tage später suchte Boswell, ermutigt von Davies und gewappnet mit seiner
Dickhäuternatur, Johnson in seiner Wohnung im Inner Temple auf und wurde mit
Freundlichkeit, ja sogar mit Entzücken empfangen. Am 25. Juni soupierten der Bär
und der grüne Junge zusammen in der «Mitre Tavern» in der Fleet Street. «Stolz
erfüllte mich, wenn ich bedachte, mit wem ich da beisammensaß.» Am 22. Juli «spei-
sten wir selbander in einer Nebenstube des Kaffeehauses zum 'Türkenkopf'». «Im
weiteren», schrieb Boswell in sein Tagebuch, «zeichne ich an Johnsoniana auf, was
mir grade in den Sinn kommt.»¹⁰⁰ So begann die große Biographie.

Als Boswell auf Drängen seines Vaters die Reise in die Niederlande antrat (6. August
1763), um dort Jura zu studieren, standen Herr und Knecht so gut miteinander, daß
der dreiundfünfzigjährige Johnson den zweiundzwanzigjährigen Boswell nach Harwich
begleitete, um ihn aufs Schiff zu bringen.

2. Boswell in der Fremde

Er ließ sich in Utrecht nieder, studierte die Rechte, lernte Holländisch und Französisch und las (wie er uns berichtet) Voltaires *Essai sur les Mœurs* vom Anfang bis zum
Ende. Zu Beginn litt er an schweren Anfällen der Melancholie, schalt sich selbst einen
wertlosen Schürzenjäger und dachte an Selbstmord. Für seinen liederlichen Lebenswandel machte er den Verlust seines religiösen Glaubens verantwortlich. «Ich war
einst ein Ungläubiger; ich handelte entsprechend, jetzt bin ich ein christlicher Ehrenmann.»¹⁰¹ Er entwarf einen «Unverletzlichen Plan» der Selbstreform: Er würde sich

auf die Pflichten eines schottischen Laird vorbereiten, er würde «fest zur Kirche von England stehen» und den christlichen Moralkodex streng befolgen. «Sprich nie von dir selbst, sondern sei demütig ... Alles in allem wirst du ein ausgezeichneter Charakter sein.»[102]

Er fand seinen Geschmack am Leben wieder, als er in den Häusern der wohlhabenden Holländer empfangen wurde. Jetzt kleidete er sich «in Scharlach und Gold ... weiße Seidenstrümpfe, hübsche Schnallenschuhe ..., Barcelona-Taschentuch und elegantes Zahnstocherkästchen»[103]. Er verliebte sich in Isabella van Tuyll, die von ihren Bewunderern «Belle de Zuylen» und auch «Zélide» genannt wurde; wir haben sie bereits ehrend erwähnt als eine der vielen geistreichen Frauen im Holland jener Jahre. Doch sie vermied die Ehe, und Boswell redete sich ein, er habe sie abgewiesen. Er versuchte es bei Frau Geelvinck, einer hübschen Witwe, fand sie jedoch «entzückend und unbezwinglich»[104]. Schließlich «entschloß ich mich, einen Abstecher nach Amsterdam zu machen und mir ein Mädchen zu nehmen». Dort angekommen, ging ich in «ein Bordell ... Ich war entsetzt, mich im Pfuhl grober Ausschweifung zu finden. Am nächsten Tag ging ich in eine Kapelle und hörte eine gute Predigt ... Dann machte ich einen Bummel durch gemeine Bordelle in schmutzigen Straßen.»[105] Er gewann «die Würde der menschlichen Natur» wieder, als er von einem Freund einen Empfehlungsbrief an Voltaire erhielt.

Nachdem er das seinem Vater gegebene Versprechen, in Utrecht brav zu studieren, erfüllt hatte, erhielt er die väterliche Erlaubnis und die nötigen Geldmittel für die übliche «große Reise», welche die Erziehung eines jungen englischen Edelmannes krönte. Er sagte Zélide Lebewohl und war überzeugt, daß sie Tränen der Liebe in den Augen hatte; am 18. Juni 1764 überschritt er die deutsche Grenze. Fast zwei Jahre lang korrespondierten er und Belle miteinander, tauschten Komplimente und Sticheleien aus. Aus Berlin schrieb er am 9. Juli:

«Da Sie und ich, Zélide, vollkommen zwanglos miteinander sind, muß ich Ihnen sagen, daß ich eitel genug bin ..., mir einzubilden, daß Sie wirklich in mich verliebt waren ... Ich bin zu großmütig, Sie nicht aufzuklären ... Ich wollte nicht mit Ihnen verheiratet sein, um König zu werden ... Meine Frau muß ein meiner teuren Zélide direkt entgegengesetzter Charakter sein, ausgenommen in der Zuneigung, in der Ehrlichkeit und in der guten Laune.»[106]

Sie antwortete nicht. Er schrieb ihr wieder am 1. Oktober und versicherte ihr, daß sie ihn liebe; sie antwortete nicht, er schrieb wiederum am 25. Dezember:

«Mademoiselle, ich bin stolz und ich werde immer stolz sein. Sie sollten sich geschmeichelt fühlen durch meine Anhänglichkeit. Ich weiß nicht, ob ich mich durch die Ihre in gleicher Weise geschmeichelt fühlen soll. Ein Mann, der ein Herz und einen Verstand wie ich hat, ist selten. Eine Frau mit vielen Talenten ist nicht so selten ... Vielleicht sind Sie in der Lage, mir eine Erklärung für Ihr Verhalten mir gegenüber mir zu geben.»[107]

Ihre Antwort verdient einen Platz in der Geschichte der Frauen:

«Ich habe Ihren Brief mit Freude empfangen und ihn mit Dankbarkeit gelesen ... Alle jene Ausdrücke der Freundschaft und alle jene Versprechen ewiger Achtung und stets zarter Erinnerung, die Sie [aus ihren früheren Worten an ihn] entnommen haben, werden in diesem Augenblick anerkannt und von meinem Herzen erneuert ... Sie wiederholten immer von neuem ..., daß ich in Sie verliebt war ... Sie möchten, daß ich dies zugebe; Sie waren entschlossen, es immer wieder und wieder von mir zu hören. Ich finde dies höchst verwunderlich bei einem Mann, der mich nicht liebt und es für seine Pflicht hält (aus Motiven des Taktes), mir dies in den direktesten und kräftigsten Ausdrücken zu sagen ... Ich war bestürzt und traurig, in einem Freund, den ich als einen jungen und feinfühlenden Mann betrachtet hatte, die kindische Eitelkeit eines albernen Narren zu entdecken.

Mein lieber Boswell, ich will mich nicht dafür verbürgen, daß meine Rede, mein Ton oder mein Blick nie und in keinem Augenblick mit ihnen geflirtet haben. Wenn es geschehen ist, dann vergessen Sie es ... Doch verlieren Sie nie die Erinnerung an so viele Gespräche, bei denen wir beide in gleicher Weise fröhlich waren: Ich begnüge mich mit der Schmeichelei Ihrer Anhänglichkeit und mit dem Gedanken, daß Sie glücklich sind, mich zu Ihren Freunden zu zählen, *als ob etwas Seltenes an einer Frau mit vielen Talenten wäre.* Denken Sie daran, fürwahr, und seien Sie sicher, daß meine Zärtlichkeit, meine Achtung, ich würde sagen, mein Respekt, immer Ihnen gehören.»[108]

Dieser Brief zähmte Boswell vorübergehend; ein Jahr lang hielt er Frieden. Dann, am 16. Januar 1766, schrieb er von Paris aus an Zélides Vater und bat ihn um ihre Hand. «Wäre es nicht ein Jammer, wenn eine so glückliche Verbindung nicht verwirklicht würde?»[109] Der Vater antwortete, er erwäge einen anderen Antrag. Ein Jahr später machte ihr Boswell schriftlich einen direkten Heiratsantrag. Sie erwiderte: «Ich habe Ihre verspäteten Liebesbeteuerungen mit Vergnügen gelesen, mit einem Lächeln. Nun, so haben Sie mich also einmal geliebt!»[110] – und lehnte seinen Antrag ab.

Während dieses Briefspiel im Gange war, hatte Boswell viele Länder und Frauen kennengelernt. In Berlin sah er Friedrich auf dem Paradefeld, doch nicht näher. Er nahm eine schwangere Schokoladenverkäuferin mit ins Bett; sie erschien ihm als ein sicherer Hafen. In Leipzig lernte er Gellert und Gottsched kennen; in Dresden «besichtigte ich die großartige Gemäldegalerie, die edelste Europas, wie ich mir sagen ließ»[111]. Er reiste über Frankfurt, Mainz, Karlsruhe und Straßburg in die Schweiz. Wir haben ihn bereits auf seinen Besuchen bei Rousseau und Voltaire begleitet. In diesen Tagen der Begeisterung dämpfte das Fluidum des Genies und das Fieber des Ruhms die Wollust der Jugend.

Am 1. Januar 1765 verließ er Genf und überquerte die Alpen. Er verbrachte neun anregende Monate in Italien, sah jede größere Stadt und setzte bei jedem Aufenthalt sein Frauenstudium fort. In Rom suchte er Winckelmann auf, küßte den Pantoffel des Papstes, betete in Sankt Peter und holte sich wieder seine Lieblingskrankheit. Mit John Wilkes bestieg er den Vesuv, in Venedig teilte er mit Lord Mountstuart (Sohn des Earl of Bute) die gleiche Kurtisane und steckte sich wieder an. Während eines einmonatigen Aufenthaltes in Siena machte er Porzia Sansedoni, der Mätresse seines Freundes Mountstuart, den Hof; er beschwor sie, sich in ihrer Großzügigkeit nicht durch Gefühle der Treue behindern zu lassen, «denn mein Lord ist so gebaut, daß er selbst der Treue unfähig ist und sie auch nicht von Ihnen erwartet»[112].

Seine bessere Seite zeigte sich bei seinem nächsten Abenteuer. Von Livorno aus nahm er ein Schiff nach Korsika (11. Oktober 1765). Paoli hatte 1757 die Insel von Genua befreit und war nun im achten Jahr Herrscher dieses neuen Staates. Boswell traf

346   SAMUEL JOHNSONS ENGLAND

ihn in Sollacarò und überbrachte ihm einen Empfehlungsbrief von Rousseau. Zunächst wurde er als Spion verdächtigt; doch «ich nahm mir die Freiheit, ihm eine Denkschrift zu zeigen, die ich über die Vorteile angefertigt hatte, die Großbritannien aus einem Bündnis mit Korsika erwachsen würden». Hierauf dinierte er regelmäßig mit dem General[113]. Er machte viele Notizen, die ihm später beim Schreiben seines Berichtes über Korsika sehr dienlich waren (1768). Die Insel verließ er am 20. November und reiste der Riviera entlang nach Marseille. Hier besorgte ihm «ein großer und netter Zuhälter ein anständiges, sicheres und uneigennütziges Mädchen»[114].

Von Aix-en-Provence aus begann er dem *London Chronicle* Artikel zu schicken, die vom 17. Januar 1766 an in einer Serie erscheinen und das britische Publikum informieren sollten, daß James Boswell sich England mit Nachrichten aus erster Hand über Korsika nähere. In Paris angekommen (12. Januar), erreichte ihn die Botschaft seines Vaters, daß seine Mutter gestorben war. Er übernahm die Aufgabe, Rousseaus Thérèse Levasseur nach London zu begleiten; wenn wir ihm glauben können, gab sie sich ihm unterwegs hin. Er verweilte drei Wochen in London, sah Johnson bei verschiedenen Gelegenheiten und meldete sich schließlich bei seinem Vater in Edinburg (7. März 1766). Seine drei Jahre und vier Monate der Unabhängigkeit und des Reisens hatten zu seiner Reife beigetragen. Sie hatten seine Sinnlichkeit nicht geschwächt und seine Eitelkeit nicht gemildert, jedoch sein Wissen vermehrt und seinen Horizont erweitert und ihm ein neues Gleichgewicht und Selbstvertrauen gegeben. Er war jetzt der «korsische Boswell», ein Mann, der mit Paoli gespeist hatte und im Begriff war, ein Buch zu schreiben, das England vielleicht dazu bewegen würde, dem Befreier zu Hilfe zu eilen und die Insel zu einer britischen Festung in einem strategisch wichtigen Meer zu machen.

3. Boswell zu Hause

Am 29. Juli 1766 wurde er als Anwalt bei den schottischen Gerichten zugelassen, und während der nächsten zwanzig Jahre war Edinburg der Mittelpunkt seines Lebens, unterbrochen von vielen Ausflügen nach London und einem nach Dublin. Vielleicht unterstützt durch die Stellung seines Vaters als Richter, doch auch auf Grund seiner Redegewandtheit kam er bald «ins große Geschäft» und «machte fünfundsechzig Guineen» in seinem ersten Winter vor den Gerichten[115]. Überschwengliche Großzügigkeit vereinigte sich mit seiner Selbstachtung; er verteidigte die niedrigsten Verbrecher, verschwendete seine blühende Beredsamkeit an offensichtlich schuldige Personen, verlor die meisten seiner Prozesse und vertrank seine Honorare. Nach jenen sonnigen Monaten in Italien spürte er die Kälte Schottlands bis in die Knochen; gegen diese Kälte gab es kein anderes Heilmittel als den Alkohol.

Sein sexuelles Nomadenleben setzte er fort. Er machte eine Mrs. Dodds zu seiner Mätresse, doch um ihre Dienste zu ergänzen, «lag er jede Nacht bei einem gewöhnlichen Mädchen» und entdeckte sofort, «daß ich mich wieder angesteckt hatte»[116]. Drei Monate später gesteht er uns im Rausch, daß er in ein Bordell ging und eine ganze Nacht in den Armen einer Hure verbrachte. «Sie war ein hübsches, starkes, lustiges

ENGLANDS NACHBARN 347

Mädchen, eine Hure wert eines Boswell, wenn Boswell eine Hure haben mußte.»[117] Erneute Ansteckung. Offenbar war die Ehe das einzige Mittel, das ihn vor physischer und moralischer Verkommenheit retten konnte. Er freite um Catherine Blair; sie wies ihn ab. Er verliebte sich in Mary Ann Boyd, ein irisches Mädchen mit griechischen Formen und einem reichen Vater. Er folgte ihr nach Dublin (März 1769), verlor unterwegs seine Leidenschaft, betrank sich, ging zu einer irischen Prostituierten und zog sich wiederum eine Geschlechtskrankheit zu[118].

Im Februar 1768 veröffentlichte er *An Account of Corsica. The Journal of a Tour to That Island, and Memoirs of Pascal Paoli* (Ein Bericht über Korsika. Das Tagebuch einer Reise auf diese Insel und Aufzeichnungen von Pascal Paoli). Seine Forderung nach britischer Hilfe für Paoli entzündete die Phantasie Englands und bereitete den Boden für die Zustimmung der öffentlichen Meinung zu der Maßnahme der britischen Regierung, den Korsen insgeheim Waffen und Hilfsgelder zu schicken. Von dem Buch wurden in England zehntausend Exemplare verkauft; es wurde in vier Sprachen übersetzt und brachte Boswell größere Berühmtheit auf dem Kontinent ein, als Johnson sie je genossen hatte. Am 7. September 1769 erschien der Autor bei der Shakespeare-Feier in Stratford in der Tracht eines korsischen Häuptlings mit der Inschrift «Corsican Boswell» am Hut; da es sich jedoch um einen Maskenball handelte, verdiente er nicht ganz den Spott, den er dafür erntete.

Seine Kusine Margaret Montgomerie hatte ihn nach Irland begleitet und dabei seine Eskapaden demütig ertragen. Sie war zwei Jahre älter als er und (wie Boswell senior meinte) mit ihren tausend Pfund keine angemessene Gefährtin für den Erben von Auchinleck; doch angesichts ihrer geduldigen Zuneigung kam ihm der Gedanke, daß sie eine gute Frau sei und ein gutes Eheweib abgeben würde; außerdem hatte sein Ruf als Wüstling und Säufer seine Wahl erheblich eingeschränkt. Der Richter selbst dachte an eine Wiederverheiratung, die eine Stiefmutter zwischen Vater und Sohn stellen und vielleicht das Erbteil des Sohnes schmälern würde. Boswell bat seinen Vater, nicht zu heiraten; der Vater beharrte bei seinem Entschluß. Sie stritten sich, und Boswell spielte mit dem Gedanken, nach Amerika zu gehen. Am 20. Juli 1769 schrieb er an «Peggy» Montgomerie und fragte sie, ob sie ihn heiraten, mit ihm nach Amerika gehen und von seinen hundert Pfund pro Jahr und den Zinsen von ihren eintausend Pfund leben wolle. Er warnte sie, er neige zu Schwermutsanfällen. Ihre Antwort (22. Juli) verdient, in Erinnerung gebracht zu werden:

«Ich habe gründlich nachgedacht, wie Du es gewünscht hast, und ... ich nehme Deine Bedingungen an ... J. B. mit 100 Pfund im Jahr ist für mich genauso wertvoll, als ob er Eigentümer von Auchinleck wäre ... Da ich frei von Ehrgeiz bin, ziehe ich wirkliches Glück seinem glänzenden Schein vor ... Sei versichert, mein lieber Jamie, Du hast eine Freundin, die alles für Dich opfern würde, die sich nie nach Reichtum sehnte bis heute, da sie ihn dem Mann ihres Herzens schenken will.»[119]

Am 19. November heiratete der Vater, am 25. November der Sohn. Das jüngere Paar führte einen getrennten Haushalt, und 1771 mietete es eine Wohnung von David Hume. James bemühte sich, nüchtern zu bleiben, arbeitete fleißig als Anwalt und freute sich an den Kindern, die seine Frau ihm gebar. Anscheinend entmutigte sie während der letzten Monate ihrer wiederholten Schwangerschaften seine ehelichen Annäherungen. Am 27. Oktober 1772 ging er zu einer Prostituierten, nachdem er «zuviel Wein» getrunken hatte[120]. Er entschuldigte sich mit dem Argument, der außereheliche Beischlaf sei von der Schrift erlaubt. Sein Trinken nahm er wieder auf und begann zusätzlich zu spielen. Er vermerkte in seinem Tagebuch am 5. Oktober 1774: «Rausch angetrunken»; am 3. November: «Viele von uns tranken nach dem Mittagessen bis um zehn Uhr abends»; am 4. November: «Schwer betrunken, ziemlich heftig hingefallen»; am 8. November: «Wieder betrunken»; am 9. November: «Mir war sehr schlecht, und ich konnte erst gegen zwei Uhr aufstehen»; am 24. Dezember: «Ich war sehr betrunken, ..., blieb über eine Stunde mit zwei Huren in ihrer Wohnung in einer engen schmutzigen Stiege in der Bow. Ich kam etwa um elf nach Hause. Ich war gefallen.»[121] Seine Frau verzieh ihm und pflegte ihn, wenn er krank war.

Sein Trinken hatte viele Gründe: seine zahlreichen Mißerfolge als Anwalt, seine Schwierigkeiten mit seinem Vater, seine Scham über seine Untreue, das Bewußtsein, daß er die Träume seiner Eitelkeit nicht verwirklicht hatte, und sein Ekel vor dem Leben in Schottland. Fast jedes Jahr ging er nach London, teils um dort vor Gericht zu plädieren, teils um die Konversation mit Johnson, Reynolds, Garrick und Burke zu genießen. 1773 wurde er in «The Club» aufgenommen. Im Herbst dieses Jahres spazierte er stolz, mit Dr. Johnson an seiner Seite, durch die Straßen Edinburgs – ein Vorspiel ihrer gemeinsamen Reise zu den Hebriden.

Zunächst blieb er auf diesen Londoner Abstechern seiner Frau treu und schrieb ihr zärtliche Briefe; doch 1775 war er wieder seinem Hang zur Promiskuität erlegen. Besonders stark packte es ihn gegen Ende März 1776. «Als ich auf die Straße kam, überfiel mich die Lust zur Hurerei. Ich entschloß mich, ihr eine Nacht zu opfern.» Sein Opfer dauerte mehrere Nächte. «Ich dachte an meine teure Gattin mit der höchsten Achtung und wärmsten Zuneigung, doch ich hatte die dunkle Vorstellung, daß meine körperliche Verbindung mit Huren meine Liebe zu ihr nicht beeinträchtigte.»[122] Eine neue venerische Ansteckung ernüchterte ihn vorübergehend.

Diese Ausschweifungen und seine Unterwürfigkeit gegenüber Johnson brachten ihm verächtliche Bemerkungen von Männern wie Horace Walpole ein und (postum) das vernichtende Urteil Macaulays[123], doch sie beraubten ihn nicht aller Freunde. «Mein Ruf als ein Mann von vielseitigen Fähigkeiten und umfassenden Kenntnissen bewirkt, daß die Leute Wert darauf legen, von mir beachtet zu werden.»[124] Die meisten Londoner stimmten mit Boswell darin überein, daß keine Frau ein Recht auf einen ganzen Mann hatte. Wenn Männer wie Johnson und Reynolds ihn schätzten und viele Londoner Häuser ihm offenstanden, muß er nicht wenige liebenswerte Charakterzüge besessen haben. Diese Männer von unbestrittener Urteilskraft wußten, daß er von Frau zu Frau, von Idee zu Idee wanderte wie ein eiliger Reisender, der viele Oberflächen ankratzt, doch nie in das Herz der Dinge eindringt, nie die verletzte Seele in dem geopferten Leib fühlte. Und auch er wußte es. «Ich besitze wirklich einen kleinen Verstand trotz all meines Stolzes», sagte er; «meine glänzenden Fähigkeiten sind wie

ENGLANDS NACHBARN

Stickereien auf Gaze.»[125] «Es ist eine Unvollkommenheit, eine Oberflächlichkeit in all meinen Anschauungen. Ich verstehe nichts klar, nichts bis zum Grund. Ich lese Fragmente auf, habe jedoch nie große Dinge von Bedeutung in meinem Gedächtnis.»[126]

Und es waren diese Fragmente und dieses Gedächtnis, die ihm zur Rettung dienten. Er machte seine Fehler dadurch wieder gut, daß er in anderen die Vorzüge verehrte, die er selbst nicht erreichen konnte, indem er ihnen demütig den Hof machte, sich ihrer Worte und Taten erinnerte und schließlich mit nicht geringer Kunstfertigkeit in eine Ordnung brachte und in ein Licht stellte, die seine Berichte zu einem unerreichten Bild eines Mannes in einer Zeit machten. Und mögen wir nie, an Leib und Seele, in unserer geheimen Lust und unverdrossenen Eitelkeit so rücksichtslos entkleidet werden, wie dieser Mann, halb Lakai und halb Genie, sich der Nachwelt enthüllt hat.

SECHSTES KAPITEL

Die literarische Szene

[1756–1789]

I. DIE PRESSE

DEN Hintergrund bildeten Zeitungen, Zeitschriften, Verleger, Leihbibliotheken und Theater, die sich sprunghaft vermehrten und die Konflikte der Parteien und der Talente einem immer größeren Publikum zur Kenntnis brachten. Mehrere Zeitschriften erlebten jetzt ihre Geburtsstunde: *The Literary Magazine* und *The Critical Review* 1756, *The Public Ledger* 1760. Johnsons *Rambler* startete 1750, *The Gentleman's Magazine*, das Johnson in seinen Kampfjahren ernährt hatte, erschien ab 1731 und sollte bis 1922 erscheinen. Die Londoner Zeitungen verdoppelten ihre Zahl und ihre Gesamtauflage in dieser Periode. *The Monitor* wurde 1755 begründet, *The North Briton* 1761, *The Morning Chronicle* 1769, *The Morning Herald* 1780, *The Daily Universal Register* 1785 und verwandelte sich 1788 in *The Times*. *The Public Advertiser* stieß mit den Junius-Briefen auf eine Goldader; seine Auflage stieg von 47 500 auf 84 000. Die meisten anderen Tageszeitungen hatten nur eine kleine Leserschaft; so betrug die Auflage der *Times* 1795 nur 4800. Sie waren in ihrem Umfang anspruchsloser als in ihrem Inhalt – gewöhnlich vier Seiten, eine davon den Anzeigen gewidmet. Johnson war 1759 der Ansicht, die Zeitungsreklame habe ihre Grenze erreicht.

«Die Anzeigen sind heute so zahlreich, daß sie sehr nachlässig durchgelesen werden, und es ist daher notwendig, Aufmerksamkeit zu erregen durch glänzende Versprechen und durch manchmal vornehme und manchmal pathetische Beredsamkeit ... Die Verkäufer von Verschönerungsmitteln preisen ein Wasser an, das Pickel vertreibt, Sommersprossen abwäscht, die Haut glatt macht und das Fleisch aufschwemmt. Die Kunst der Reklame ist heute der Vollkommenheit so nahe, daß es nicht leicht ist, Verbesserungen vorzuschlagen. Doch da jede Kunst in angemessener Unterordnung unter das öffentliche Wohl ausgeübt werden soll, kann ich diesen Herrn des öffentlichen Ohres nur die moralische Frage stellen, ob sie nicht manchmal zu ausschweifend mit unseren Leidenschaften spielen.»[1]

Die Grenzen zwischen den Berufen des Druckers, des Verlegers und des Buchhändlers waren noch immer fließend. Robert Dodsley hatte Pope und Chesterfield verlegt und druckte jetzt Walpole und Goldsmith. Thomas Davies unterhielt eine beliebte Buchhandlung, in der man in Muße stöbern konnte, und hierher kamen Johnson und andere, um in den Büchern zu blättern und mit seiner hübschen Frau zu liebäugeln. William Strahan wurde berühmt durch die Veröffentlichung von Johnsons *Dictionary*, Smith' *Wealth of Nations* und Gibbons *History of the Decline and Fall of the Roman Empire* – die beiden letzteren in dem *anno mirabile* 1776. Oxford begründete 1781 die Clarendon Press. Die Verleger zahlten gut für gute Bücher; doch sie konnten Lohnschreiber fin-

DIE LITERARISCHE SZENE   351

den, die ihnen für einen Hungerlohn Artikel schrieben und Kompilationen vornahmen. So meint ein Verleger in Henry Brookes *The Fool of Quality* (1766): «Ich kann einen von diesen Gentlemen bekommen ..., für dessen Erziehung mehr ausgegeben wurde als das ..., womit man eine anständige Familie bis zum Ende der Welt unterhalten könnte – ich kann einen von ihnen dazu kriegen, von morgens bis abends wie ein Nilpferd zu arbeiten und das zu einem geringeren Lohn, als ich einem Gepäckträger oder einem Schuhputzer für drei Stunden zahlen müßte.»[2] Die Autoren vermehrten sich in einem Maße, daß der Markt übersättigt wurde, kämpften verzweifelt um ihren Hungeranteil und verspotteten einander mit vergifteter Tinte. Frauen verschärften die Konkurrenz: Mrs. Anna Barbauld, Sarah Fielding, Mrs. Amelia Opie, Mrs. Elizabeth Inchbald, Mrs. Elizabeth Montagu, Fanny Burney, Hannah More. Ein Landpfarrer betrat die Arena und trug den Sieg davon.

II. LAURENCE STERNE

Er war nicht zum Pfarrer geschaffen, als Sohn eines Soldaten, und wurde zehn Jahre von Garnison zu Garnison geschleift. Damals und später sammelte er genug militärische Kenntnisse, um Onkel Toby wie einen alten General über Belagerungen und Forts sprechen lassen zu können. Seine Mutter beschrieb er später als «die Tochter ... eines armen Hausierers, der dem Lager durch Flandern folgte»[3]. Doch sein Urgroßvater war Erzbischof von York gewesen, und es gelang der Familie Sterne, Laurence auf Grund eines Stipendiums nach Cambridge zu schicken. Dort erwarb er 1737 eine akademische Würde; doch eine Lungenblutung im Jahre 1736 kündigte einen lebenslänglichen Kampf mit der Tuberkulose an. Zum anglikanischen Priester geweiht (1738), wurde ihm eine bescheidene Pfarrstelle in Sutton-in-the-Forest bei York anvertraut. 1741 heiratete er Elizabeth Lumley und führte sie heim in sein ärmliches Pfarrhaus. Sie vertraute ihm ihr Jahresgeld in Höhe von vierzig Pfund an; einen Teil davon investierte er in Land, und es gedieh.

Sonst erging es ihnen jämmerlich. Sie waren beide schwindsüchtig und wahre Nervenbündel. Mrs. Sterne kam bald zu dem Schluß, daß «das größte Haus in England sie nicht beide beherbergen konnte auf Grund ihrer ewigen Streitereien»[4]. Ihre Kusine Elizabeth Montagu, ein Blaustrumpf, nannte sie ein reizbares Stachelschwein, «mit dem man einen Streit nur vermeiden kann, wenn man einen Abstand von ihm einhält»[5]. Es kamen zwei Kinder; eins starb, das andere, Lydia, fühlte sich auffällig zu der Mutter hingezogen. Das Unglück verschlimmerte sich, als Sternes Mutter und Schwester, die in Armut in Irland gelebt hatten, nach York kamen und ihn baten, ihnen jährlich acht Pfund aus dem Einkommen seiner Frau auszusetzen. Der Gedanke weckte keine Begeisterung. Sterne gab seiner Mutter etwas Geld und forderte sie auf, nach Irland zurückzugehen. Sie blieb in York. Als sie wegen Landstreicherei verhaftet wurde, weigerte sich Sterne, für sie zu bürgen.

Nach achtzehn Jahren freudloser Ehe kam der Vikar zu der Ansicht, daß jede wirk-

SAMUEL JOHNSONS ENGLAND

lich christliche Seele ihm einen kleinen Ehebruch gestatten müsse. Er verliebte sich in Catherine Fourmantelle und schwor: «Ich liebe dich bis zur Raserei und werde dich bis in Ewigkeit lieben.»[6] Seine Frau beschuldigte ihn der Untreue; er leugnete. Sie kam dem Wahnsinn so nahe, daß er sie und Lydia in die Obhut eines «Irrenarztes» gab, und er setzte das Verhältnis fort.

Inmitten dieser Aufregung schrieb er eins der berühmtesten Bücher der englischen Literatur. Seine Freunde, die Teile des Manuskriptes gelesen hatten, rieten ihm, «derbe Anspielungen wegzulassen, die mit Recht als Beleidigungen ausgelegt werden könnten, zumal wenn sie von einem Geistlichen kamen». Betrübt strich er etwa hundertfünfzig Seiten. Den Rest gab er anonym in Druck; er wurde im Januar 1760 veröffentlicht als *The Life and Opinions of Tristram Shandy, Gent* (Leben und Meinungen des Tristram Shandy). Es verblieb genug Ärgernis und grillenhafter Humor in den beiden Bänden, um sie zum literarischen Ereignis des Jahres in London zu machen. Sie erregten Aufsehen bis nach Ferney. «Ein höchst seltsames Buch», berichtete Voltaire, «und ein originelles; sie geraten darüber aus dem Häuschen in England.»[7] Hume nannte es «das beste Buch, das von einem Engländer seit dreißig Jahren geschrieben wurde, so schlecht es auch ist»[8]. In York, wo Sternes Urheberschaft ein offenes Geheimnis war und man in den Hauptfiguren viele lokale Persönlichkeiten erkannte, wurden in zwei Tagen zweihundert Exemplare verkauft.

Es ist schwer, das Buch zu beschreiben, denn es hat weder Form noch Thema, weder Anfang noch Ende. Der Titel ist ein Scherz, denn der «Gent», der die Geschichte erzählt und dessen «Leben und Meinungen» dargestellt werden, wird erst auf Seite 209 des vierten Bandes (der neunbändigen Originalausgabe) geboren. Der Inhalt des Berichtes ist das, was geschah oder gesagt wurde, während er empfangen wurde und während er im Mutterleibe langsam heranwuchs. Die erste Seite ist die beste:

«Ich wollte, mein Vater oder auch meine Mutter, oder eigentlich beide – denn es wäre wirklich beider Pflicht und Schuldigkeit gewesen –, hätten sich ordentlich zu Gemüte geführt, was sie tun wollten, als sie mich zeugten. Hätten sie sich gehörig vor Augen gestellt, wieviel von dem abhänge, was sie gerade taten, daß es sich nicht nur um die Erschaffung eines vernünftigen Wesens handle, sondern möglicherweise die glückliche Bildung und Beschaffenheit seines Leibes, vielleicht auch sein Geist und das eigentümliche Gepräge seines Gemütes und sogar – sie wußten wenigstens das Gegenteil nicht – das Glück seines ganzen Hauses von den Launen und Stimmungen beeinflußt werden könnten, die in dem Momente gerade die maßgebenden waren, hätten sie das alles gehörig erwogen und überlegt und demgemäß auch gehandelt, so bin ich lebhaft überzeugt, daß ich eine ganz andere Figur in der Welt gespielt haben würde, als diejenige ist, in welcher mich der geneigte Leser vermutlich erblicken wird.

'Höre, Alter', sagte meine Mutter, 'hast du nicht vergessen, die Uhr aufzuziehen?' – 'Ach du meine Güte!' rief mein Vater ungeduldig, 'hat seit Erschaffung der Welt eine Frau ihren Mann jemals mit einer so dummen Frage unterbrochen?'»[8a]

Von diesem unglücklichen Zufall an besteht das Buch aus Abschweifungen. Sterne hatte keine Geschichte zu erzählen, am allerwenigsten jene Liebesgeschichte, die das Leitmotiv aller Dichtung ist; er wollte sich und den Leser mit launigen Betrachtungen über alle möglichen Dinge belustigen, und dies ohne jede Ordnung. Er galoppierte über die kleinen und großen Probleme des Lebens hinweg wie ein ausgelassenes Pferd

DIE LITERARISCHE SZENE

über die Felder. Nachdem er vierundsechzig Kapitel geschrieben hatte, fiel ihm ein, daß er seinem Buch kein Vorwort gegeben hatte; er fügte es an dieser Stelle ein, und dies erlaubte es ihm, sich über seine Kritiker lustig zu machen. Er nannte seine Methode «die religiöseste – denn ich fange damit an, den ersten Satz zu schreiben – und den zweiten dem Allmächtigen anheimzugeben»⁹ und den Rest der freien Assoziation. Rabelais hatte etwas Ähnliches getan, Cervantes hatte sich von Rosinante von Episode zu Episode führen lassen, Robert Burton hatte die Welt durchstreift, bevor er die Melancholie analysierte; doch Sterne machte die Zusammenhanglosigkeit zur Methode und befreite alle Romanschreiber von der Notwendigkeit, ein Thema oder eine Fabel zu haben.

Die wohlhabenden Klassen Britanniens waren entzückt zu sehen, wie viel Lärm um nichts gemacht und wie ein Buch im Zeitalter Johnsons in angelsächsischem Englisch geschrieben werden konnte. Die Briten, die Sinn für Humor besaßen, begrüßten das lustige Phänomen eines Geistlichen, der über Sex und Blähungen und den Schlitz in Onkel Tobys Hosen sprach. Im März 1760 ging Sterne nach London, um seinen Erfolg zu genießen. Er war glücklich festzustellen, daß die beiden Bände ausverkauft waren; er kassierte sechshundertdreißig Pfund für sie und die beiden folgenden. Sogar *Yoricks Predigten,* die vier Monate nach *Tristram* erschienen, wurden gut verkauft, als bekannt wurde, daß Yorick Sterne war. Der Autor erhielt Einladungen von Chesterfield, Reynolds, Rockingham, sogar von Bischof Warburton, der ihn mit fünfzig Guineen überraschte, vielleicht um zu verhüten, daß er in künftigen Bänden verewigt werde. Sterne kaufte eine Kutsche und eine Bespannung und fuhr in fröhlichem Triumph zurück nach York, wo er im großen Münster predigte. Er bekam eine wohlhabendere Pfarrei in Coxwold, vierundzwanzig Kilometer von York entfernt; hierher nahm er seine Frau und seine Tochter mit sich, und hier schrieb er im gleichen zusammenhanglosen Stil und mit der gleichen Leichtigkeit die Bände III und IV des *Tristram.*

Im Dezember dieses Jahres ging er nach London, um den Druck dieser Bände zu überwachen; sie wurden von der Kritik ungünstig beurteilt, doch die Auflage war in vier Monaten ausverkauft. Nun wurde Tristram ans Licht der Welt geholt, und zwar mit der Zange, die seine Nase deformierte; hierauf erging der Autor sich in einer langen Abhandlung über die Philosophie der Nasen im Stil eines kompetenten Fachgelehrten. Die Form einer Kindernase, erklärte eine Autorität, werde bestimmt durch die Weichheit oder Härte der stillenden Brust, da «die Nase wie in Butter hineinsinkt und dadurch gepflegt, genährt, aufgeschwellt, erfrischt, erquickt und zum Wachstum angeregt wird»¹⁰.

Nach sechsmonatigem Aufenthalt in London kehrte Sterne zu seiner Frau zurück, die ihm erklärte, sie sei ohne ihn glücklicher gewesen. Er vergrub sich in sein Manuskript und schrieb die Bände V und VI; in diesen war Tristram fast vergessen, und Onkel Toby und Korporal Trim beherrschten mit ihren Kriegserinnerungen und Spielzeugfestungen die Szene. Im November 1761 reiste der Pfarrer wiederum nach London, und am letzten Tage des Jahres erlebte er die Veröffentlichung der Bände V und VI. Sie fanden eine günstige Aufnahme. Er flirtete mit Mrs. Elizabeth Vesey, einem

354 SAMUEL JOHNSONS ENGLAND

der «Blaustrümpfe», und gelobte, er würde den letzten Fetzen seines Priesteramtes hergeben für eine Berührung ihrer göttlichen Hand[11], hatte eine Lungenblutung und floh in den Süden Frankreichs. Er machte lange genug Aufenthalt in Paris, um an einigen Dîners in Holbachs «Synagoge der Atheisten» teilzunehmen, wo Diderot eine bleibende Zuneigung zu ihm faßte. Als er erfuhr, daß seine Frau krank war und Lydia an Asthma litt, forderte Sterne sie auf, zu ihm nach Frankreich zu kommen. Die drei ließen sich in der Nähe von Toulouse nieder (Juli 1762).

Im März 1764 verließ er Frau und Tochter mit deren Zustimmung und kehrte nach Paris, London und Coxwold zurück. Er schrieb die Bände VII und VIII des *Tristram*, erhielt dafür eine Vorschußzahlung und schickte einen Teil davon an Mrs. Sterne. Die neuen Bände erschienen im Januar 1765, jedoch mit schwindendem Erfolg; die Shandy-Toby-Ader versiegte. Im Oktober trat Sterne eine achtmonatige Rundreise durch Frankreich und Italien an. Auf seinem Rückweg besuchte er seine Familie in Burgund. Die beiden Frauen äußerten den Wunsch, in Frankreich zu bleiben; er stellte ihnen die hierfür erforderlichen Mittel zur Verfügung und kehrte im Juli 1766 nach Coxwold zurück. In den Pausen zwischen erneut auftretenden Blutungen schrieb er den Band IX. Er ging nach London, um sein Erscheinen zu erleben (Januar 1767), und genoß das Aufsehen, das seine bis an den Rand der Pornographie gehende Beschreibung von Onkel Tobys Werbung um Mrs. Wadman erregte. Empörte Leser schrieben an den Erzbischof von York und forderten, dieser schamlose Pfarrer müsse seines Amtes enthoben werden; der Prälat weigerte sich. Sterne sammelte inzwischen Subskriptionen in einer Gesamthöhe von tausendundfünfzig Pfund für eine versprochene *Sentimental Journey* (Empfindsame Reise). Er schickte seiner Frau mehr Geld und machte Elizabeth Draper den Hof.

Sie war die Frau eines Beamten der Ostindischen Kompanie, der damals, im März 1767, in Indien stationiert war. Sie hatte ihn mit vierzehn geheiratet, als er vierunddreißig war. Sterne schickte ihr seine Bücher und bot ihr seine Hand und sein Herz an. Eine Zeitlang sahen sie einander täglich und tauschten zärtliche Botschaften aus. Die zehn «Briefe an Eliza» sind Ausdruck der letzten traurigen Leidenschaft eines von der Tuberkulose gezeichneten Mannes. «Es ist wahr, der körperlichen Verfassung nach bin ich fünfundneunzig, und Sie sind erst fünfundzwanzig ... Doch was mir an Jugend fehlt, werde ich wettmachen durch Witz und gute Laune. Swift hat seine Stella, Scarron seine Maintenon, Waller seine Sacharissa nicht so geliebt, wie ich Sie lieben und besingen werde, mein auserwähltes Weib!» – denn «meine Frau kann nicht mehr lange leben»[12]. Zehn Minuten nachdem er diesen Brief abgesandt hatte, hatte er eine schwere Blutung, die bis vier Uhr morgens andauerte. Im April 1767 schiffte sich Mrs. Draper, gerufen von ihrem Mann, nach Indien ein. Vom April bis zum 4. August führte Sterne ein «Tagebuch für Eliza», ein «Tagebuch der elenden Gefühle eines Menschen, der von einer Dame getrennt ist, nach deren Gesellschaft er sich sehnte». «Ich nehme Sie unter jeder Bedingung, Eliza! Ich ... werde so gerecht, so freundlich zu Ihnen sein, ich werde verdienen, danach nicht mehr elend zu sein.»[13] Unter dem 21. April verzeichnet er in dem Tagebuch: «Habe zwölf Unzen Blut verloren.» Ein

DIE LITERARISCHE SZENE
355

Arzt erklärte ihm, er habe Syphilis; er protestierte, dies sei «unmöglich ..., denn ich habe keinerlei Geschlechtsverkehr gehabt – nicht einmal mit meiner Frau ... in den letzten fünfzehn Jahren». «Wir wollen nicht darüber rechten», sagte der Arzt, «doch Sie müssen sich einer Quecksilberkur unterziehen.»[14] Andere Ärzte bestätigten die Diagnose; einer versicherte ihm, daß «Ansteckungen mit Blutkrankheiten zwanzig Jahre schlummerten». Er gab nach, obschon er seine Tugend beteuerte.

Im Juni war er genesen und kehrte nach Coxwold zurück. Während er die *Empfindsame Reise durch Frankreich und Italien* schrieb, hatte er weitere Blutungen und begriff, daß er nicht mehr lange zu leben hatte. Er ging nach London, erlebte die Veröffentlichung des kleinen Buches (Februar 1768) und genoß zum letztenmal die unverminderte Zuneigung seiner Freunde. Wie *Tristram* Rabelais in Erinnerung gerufen hatte, so spiegelte der neue Band den wachsenden Einfluß Richardsons und Rousseaus wider. Doch Sternes Tugend war weniger unverletzlich als die Richardsons, und seine Tränen waren weniger heiß und ernst als die Rousseaus. Vielleicht machten dieses Buch und Henry Mackenzies *The Man of Feeling* (1771) *sentiment* und *sentimental* zu Modewörtern in England. Byron war der Ansicht, daß Sterne «lieber über einen toten Esel weinte, statt eine lebende Mutter zu unterstützen»[15].

Während Sterne in London seinen letzten Triumph genoß, zog er sich eine Erkältung zu, aus der sich eine Rippenfellentzündung entwickelte. Er schrieb an Mrs. James einen rührenden Brief, worin er sie bat, für Lydia zu sorgen, wenn Mrs. Sterne sterben sollte. Der Tod ereilte ihn am 18. März 1768 in einer Schenke in der Old Bond Street; keiner seiner Freunde war bei ihm. Er war fünfzig Jahre alt. Er hatte etwas von einem Marktschreier an sich und machte «sich selbst mit Absicht zum Narren». Doch wir sollten Verständnis aufbringen für seine Empfänglichkeit für Frauenreize und für den Druck, den eine unglückliche Ehe einem potenten Mann von so starker Phantasie und so hoher Künstlerschaft auferlegt hatte. Er litt viel, gab viel und schrieb eines der eigenwilligsten Bücher der Weltliteratur.

III. FANNY BURNEY

Kurze Zeit machte ihm eine Kollegin Konkurrenz. Sie wurde im Jahr 1752 als Tochter des späteren Musikhistorikers Charles Burney geboren. Sie wuchs mehr mit Noten als mit Buchstaben auf; mit acht konnte sie noch nicht lesen[16], und niemand dachte daran, daß sie Schriftstellerin werden würde. Ihre Mutter starb, als Fanny neun war. Da fast alle Musiker, die in London auftraten, im Hause ihres Vaters verkehrten und einen großen Teil der Elite anzogen, erwarb sich Fanny eine reiche Bildung, indem sie Worte und Musik begierig aufnahm. Sie reifte langsam, war schüchtern und unansehnlich und brauchte vierzig Jahre, um einen Ehemann zu finden. Als ihr berühmter Roman veröffentlicht wurde (Januar 1778), war sie fünfundzwanzig und fürchtete so sehr, das Mißfallen ihres Vaters zu erregen, daß sie ihre Urheberschaft verheimlichte. *Evelina, oder der Eintritt einer jungen Dame in die Welt* erregte Aufsehen. Die Anonymität erweckte Neugierde; Gerüchte besagten, ein Mädchen von siebzehn habe das Buch geschrieben. Johnson, der im Vorwort gelobt wurde, lobte es seinerseits und empfahl es Dr. Burney. Mrs. Thrale beklagte sich, es sei zu kurz; nachdem sie das Geheimnis erfahren hatte, verbreitete es sich in ganz London. Fanny wurde eine Löwin der Gesellschaft; alle Welt las ihr Buch, und «mein lieber und sehr zärtlicher Vater war so glücklich in meinem Glück»[17].

Ihre Kunst lag darin, mit schweifender Erinnerung und lebendiger Phantasie zu beschreiben, wie die Welt der Londoner Gesellschaft einem verwaisten Mädchen von siebzehn erschien, das von einem Laurence Sterne in keiner Weise ähnlichen Landpfarrer erzogen worden war. Zweifellos hatte auch Fanny sich für Garricks Schauspielkunst begeistert und so empfunden, wie Evelina an ihren Vormund schrieb: «Welche Leichtigkeit! Welche Lebhaftigkeit in seinem Benehmen! Welche Anmut in seinen Bewegungen! Welches Feuer und welcher Ausdruck in seinen Augen! ... Und wenn er tanzte, oh, wie beneidete ich Clarinda! Ich wünschte fast, auf die Bühne zu springen und mit ihnen zu tanzen.»[18] London, seiner Laster müde, fühlte sich gereinigt durch den frischen Wind, der aus diesen jugendlichen Seiten wehte.

Dieser einst berühmte Roman ist tot; doch das Tagebuch, das Fanny führte, ist noch immer ein lebendiger Teil der englischen Literatur und Geschichte, denn es zeigt uns Berühmtheiten wie Johnson, Georg III., Herschel und Napoleon aus nächster Nähe. Königin Charlotte machte Miss Burney 1786 zu ihrer Kammerjungfer, und während der nächsten fünf Jahre kleidete Fanny Ihre Majestät an und aus. Das gezwungene und enggeistige Leben erstickte fast die Autorin; schließlich befreiten sie ihre Freunde, und 1793 heiratete sie, nachdem ihre Jugend verblüht war, einen ruinierten Emigranten, den General d'Arblay. Sie unterhielt ihn durch ihr Schreiben und ihr Einkommen; zehn Jahre lang lebte sie mit ihm zurückgezogen in Frankreich, isoliert durch die Wirren der Revolution und die Napoleonischen Kriege. 1814 konnte sie nach England zurückkehren und den letzten Segen ihres Vaters empfangen, der im Alter von achtundachtzig Jahren starb. Sie selbst erreichte das gleiche Alter in einer vollkommen veränderten Welt, die nicht wußte, daß die berühmte Jane Austen (gestorben 1817) von den vergessenen Romanen einer vergessenen Dame inspiriert worden war, die 1840 noch lebte.

IV. HORACE WALPOLE

«Diese Welt», sagte er, «ist eine Komödie für diejenigen, die denken, eine Tragödie für diejenigen, die fühlen.»[19] So lernte er, über die Welt zu lächeln und sogar auch über seine Gicht. Er schrieb die Chronik seiner Zeit, wollte jedoch mit ihr nichts zu schaffen haben. Er war der Sohn eines Premierministers, fand jedoch kein Gefallen an der Politik. Die Frauen, von Fanny Burney bis zur vornehmsten Herzogin, liebte er, doch keine von ihnen wollte er zur Frau noch (soweit wir wissen) zur Geliebten haben. Er studierte Philosophie, doch hielt er die Philosophen für den Fluch und die Langeweile des Jahrhunderts. Eine einzige Autorin bewunderte er rückhaltlos

DIE LITERARISCHE SZENE 357

wegen ihrer guten Manieren und ihrer nicht affektierten Kunst – Madame de Sévigné; ihr allein suchte er nachzueifern, und wenn seine Briefe auch nicht ihren fröhlichen Charme und ihre Anmut erreichten, so wurden sie doch weitaus mehr als die ihren ein Stück Alltagsgeschichte eines Zeitalters. Obwohl er sie «Annalen eines Irrenhauses» nannte[20], schrieb er sie mit Sorgfalt, hoffend, einige von ihnen würden ihm einen Winkel in der Erinnerung der Menschen verschaffen; selbst für einen Philosophen, der sich mit der Verwesung abgefunden hat, ist es schwer, vollkommene Vergessenheit zu akzeptieren.

Horatio (so wurde er 1717 getauft) war das jüngste von fünf Kindern Sir Robert Walpoles, des wackeren Premierministers, der seinen Ruf opferte, indem er den Frieden dem Krieg vorzog, ihn jedoch kaum schädigte, als ihm der Ehebruch lieber war als die Monogamie[21]. Vielleicht um seine erste Frau zu rächen, schrieben Klatschbasen eine Zeitlang Horaces Vaterschaft Carr, dem Lord Hervey, dem Bruder des weibischen John, des Lord Hervey von Ickworth, zu, der Sir Robert beschuldigte, er habe versucht, Lady Hervey zu verführen[22]. Diese Angelegenheit ist zu verworren, als daß heute ein Urteil gefällt werden könnte; wir können nur sagen, daß Horace aufwuchs, ohne daß seine Verwandten ihn unehrenhafter Herkunft beschuldigten. Er wurde von dem Premierminister stets mit teilnahmsloser Korrektheit behandelt und, wie er uns berichtet, von seiner Mutter mit «übertriebener Zärtlichkeit verwöhnt»[23]. Er war ein sehr hübscher Junge und wurde wie ein Prinz gekleidet, doch er war zart und schüchtern und empfindsam wie ein Mädchen. Als seine Mutter starb (1737), befürchteten viele, der zwanzig Jahre alte Jüngling würde vor Kummer sterben. Sir Robert tröstete ihn, indem er ihm eine Regierungspfründe verschaffte, die seinem Sohn die Mittel für seine elegante Garderobe, seine aufwendige Lebensweise und sein kostspieliges Sammeln von Kunstwerken einbrachte. Horace bewahrte seinem Vater gegenüber zeitlebens eine latente Feindseligkeit, doch seine Politik verteidigte er immer.

Mit zehn Jahren wurde er nach Eton geschickt, wo er Latein und Französisch lernte und mit dem Dichter Thomas Gray Freundschaft schloß. Mit siebzehn trat er in das King's College, Cambridge, ein; hier lernte er Italienisch und übernahm von Conyers Middleton deistische Anschauungen (Deismus = Vernunftsreligion des 18. Jhs.). Mit zweiundzwanzig brach er mit Gray zu einer Reise durch Italien und Frankreich auf. Nach einigem Umherstreifen ließen sie sich für fünfzehn Monate in einer Florentiner Villa als Gäste des britischen Geschäftsträgers, Sir Horace Mann, nieder. Walpole und Mann trafen sich nie wieder, doch sie korrespondierten während der nächsten fünfundvierzig Jahre (1741–1785) miteinander. In Reggio Emilia zerstritten sich Gray und Walpole, weil Horace alle Rechnungen bezahlte und der Dichter die herablassenden Aufmerksamkeiten nicht verzeihen konnte, die ihm der Sohn des Mannes erwies, der England beherrschte. In der Rückerinnerung nahm Horace die Schuld auf sich: «Ich war zu jung, zu verliebt in meine eigenen Zerstreuungen..., zu berauscht von meiner Großmut, meiner Eitelkeit und meinem anmaßenden Stolz auf meine Stellung..., um nicht gleichgültig und unempfindlich zu sein gegenüber den Gefühlen eines Menschen, der

358   SAMUEL JOHNSONS ENGLAND

in meinen Augen unter mir stand, eines Menschen, von dem ich, ich erröte es zu sagen, wußte, daß er mir verpflichtet war.»[24] Sie trennten sich; Walpole starb fast vor Reue – oder an einer Mandelentzündung. Er kümmerte sich um Grays Heimreise. Sie versöhnten sich wieder im Jahre 1745, und die meisten von Grays Gedichten wurden in Walpoles Druckerei in Strawberry Hill gedruckt. Inzwischen saß Walpole in Venedig der Malerin Rosalba Carriera für ein reizvolles Pastellporträt.

Bevor er England am 12. September 1741 erreichte, war Walpole in das Parlament gewählt worden. Er hielt eine maßvolle und wirkungslose Rede gegen die Opposition, die im Begriff war, das so lange erfolgreiche Kabinett seines Vaters zu stürzen. Bis zum Jahre 1767, als er sich freiwillig aus der aktiven Politik zurückzog, wurde er regelmäßig wiedergewählt. Im allgemeinen unterstützte er das liberale Programm der Whigs: Er widersetzte sich der Ausweitung der königlichen Macht, empfahl einen Kompromiß mit Wilkes und brandmarkte die Sklaverei (1750), neun Jahre bevor Wilberforce geboren wurde. Er war gegen die politische Emanzipation der englischen Katholiken mit der Begründung: «Papisten und Freiheit sind Widersprüche.»[25] Den amerikanischen Einspruch gegen die Stempelakte verwarf er[26], doch er verteidigte den Anspruch der amerikanischen Kolonien auf Freiheit und prophezeite, der nächste Höhepunkt der Kultur werde in Amerika erreicht werden[27]. «Wer außer Machiavelli», schrieb er (1786), «kann behaupten, daß wir auch nur den Schatten eines Anspruchs auf einen Fuß Land in Indien haben?»[28] Er haßte den Krieg, und als die Brüder Montgolfier ihren ersten Ballonaufstieg machten (1783), sagte er mit Entsetzen die Ausdehnung des Krieges in den Himmel voraus. «Ich hoffe», schrieb er, «diese neuen mechanischen Meteore werden sich nur als Spielzeug für die Gelehrten oder die Müßiggänger erweisen und nicht in Zerstörungsmaschinen für das Menschengeschlecht verwandelt werden, wie es so oft der Fall ist bei Verbesserungen oder Entdeckungen in der Wissenschaft.»[29]

Als er feststellte, daß er sich zu oft auf der Verliererseite befand, entschloß er sich, den größten Teil seiner Zeit auf dem Lande zu verbringen. 1747 mietete er fünf Morgen Land und ein kleines Haus in der Nähe von Twickenham. Zwei Jahre später kaufte er das Anwesen und gestaltete das Gebäude im neugotischen Stil um, wie wir an anderer Stelle erwähnt haben. In diesem mittelalterlich anmutenden Schloß sammelte er eine Vielfalt von Gegenständen, die künstlerische oder historische Bedeutung hatten; bald war sein Haus ein Museum, das einen Katalog erforderte. In einem Raum ließ er eine Druckerpresse aufstellen, auf der er vierunddreißig Bücher in eleganter Aufmachung druckte, einschließlich seines eigenen. In der Hauptsache von Strawberry Hill aus schrieb er die 3601 Briefe, die erhalten geblieben sind. Er hatte hundert Freunde, zerstritt sich mit fast allen von ihnen, versöhnte sich wieder und war so freundlich, wie seine große Reizbarkeit es erlaubte. Jeden Tag stellte er Brot und Milch für die Eichhörnchen bereit, die ihn mit großer Anhänglichkeit regelmäßig besuchten. Er hütete seine Pfründe und bewarb sich um neue; doch als sein Vetter Henry Conway aus dem Amt entlassen wurde, schlug ihm Walpole vor, sein Einkommen mit ihm zu teilen.

DIE LITERARISCHE SZENE 359

Er hatte tausend Fehler, die Macaulay in einem glänzenden und unbarmherzigen Essay genau aufzählte. Walpole war eitel, prahlerisch, verschlossen, launisch, stolz auf seine Ahnen und gehässig gegenüber seinen Verwandten. Sein Humor neigte zu bissiger Satire. Bis ins Grab bewahrte er für alle, die an der Absetzung seines Vaters Anteil gehabt hatten, eine höhnische Verachtung, die er auch in seine historischen Werke hineintrug. Er war oft völlig voreingenommen, so in seinen Beschreibungen von Lady Pomfret [30] oder Lady Mary Wortley Montagu [31]. Seine zarte Gesundheit hinderte ihn, in allen Dingen, mit denen er sich befaßte, mehr zu sein als ein Dilettant. Wenn Diderot, nach Sainte-Beuves geistreichem Urteil, der deutscheste aller Franzosen war, so war Walpole der französischste aller Engländer.

Er war furchtlos aufrichtig in seinem ungewöhnlichen Geschmack und seinen ausgefallenen Ansichten; er bezeichnete Vergil als langweilig und in noch höherem Maße Richardson und Sterne und nannte Dante «einen Methodisten im Irrenhaus» [32]. Er gab vor, alle Autoren zu verachten, und behauptete wie Congreve, er schreibe als Gentleman zu seinem eigenen Vergnügen und nicht als literarischer Tagelöhner, der von der Verhökerung seiner Worte abhängig ist. So schrieb er an Hume: «Sie wissen, in England lesen wir ihre Werke, nehmen jedoch selten oder nie Notiz von den Autoren. Wir halten sie für ausreichend bezahlt, wenn ihre Bücher verkauft werden, und lassen sie in der Verborgenheit, wodurch wir von ihrer Eitelkeit und Anmaßung nicht belästigt werden ... Ich, der ich ein Autor bin, muß gestehen, daß ich dieses Verhalten sehr vernünftig finde, denn in Wahrheit sind wir eine höchst zwecklose Zunft.» [33]

Doch auch er war, wie er zugab, ein eitler und vielschreibender Autor. Da er sich in seinem Schloß langweilte, durchforschte er die Vergangenheit. Er stellte einen *Katalog der königlichen und adligen Autoren Englands* zusammen (1758) – ihr Adel würde ihre Autorschaft entschuldigen, und erstrangige Männer wie Bacon und Clarendon konnten sich selbst qualifizieren. Er ließ dreihundert Exemplare drucken und verschenkte die meisten von ihnen. Dodsley wagte eine Auflage von zweitausend Stück; sie verkauften sich glänzend und brachten Walpole solchen Ruhm ein, daß er beschämt den Kopf gesenkt haben dürfte. Er tilgte seine Schmach durch fünf Bände *Anekdoten über die Malerei in England* (1762–1771), eine reizvolle Sammlung, die ihm Gibbons Lob einbrachte.

Als wolle er sich von solch mühseliger Gelehrsamkeit erholen, verfaßte Walpole einen mittelalterlichen Roman, *The Castle of Otranto* (Das Schloß von Otranto; 1764), der Vorbild für tausend Geschichten übernatürlicher Wunder und Schrecken wurde. Er kombinierte Geheimnis mit Historie in *Historic Doubts on the Life and Reign of King Richard III* (Historische Zweifel am Leben und an der Regierung Richards III.). Wie andere nach ihm behauptete er, Richard sei von der Überlieferung und von Shakespeare verleumdet worden. Hume und Gibbon bezeichneten seine Argumente als nicht überzeugend; Walpole jedoch wiederholte sie bis zu seinem Tode. Sich Ereignissen zuwendend, von denen er Kenntnisse aus erster Hand besaß, schrieb er Erinnerungen an die Regierungen Georgs II. und Georgs III.; sie sind bunt, jedoch parteiisch. In seinen Vorurteilen gefangen, malte er ein dunkles Bild von seiner Zeit: «Verräterische

Minister, Scheinpatrioten, selbstgefällige Parlamente, unfähige Fürsten.»³⁴ «Ich sehe mein Land zugrunde gehen und keinen Mann, der genug Verstand besäße, es zu retten.»³⁵ Dies wurde 1768 geschrieben, als Chatham gerade das Britische Empire geschaffen hatte. Vierzehn Jahre später, als der König und Lord North es zerstört zu haben schienen, folgerte Walpole: «Wir sind vollkommen degeneriert in jeder Beziehung, was, wie ich annehme, bei allen untergehenden Staaten der Fall ist.»³⁶ Eine Generation später besiegte die kleine Insel Napoleon. Die gesamte Menschheit erschien Walpole als eine Menagerie von «zwerghaften, kurzlebigen ..., possierlichen Tieren»³⁷. Er fand keinen Trost in der Religion, verteidigte aber die Staatskirche, weil sie die Regierung stützte, die seine Sinekuren bezahlte; doch bezeichnete er sich offen als Ungläubigen³⁸. «Ich beginne zu glauben, daß die Torheit eine Tatsache ist und nicht zerstört werden kann. Zerstöre ihre Form, und sie nimmt eine andere an.»³⁹

Eine Zeitlang glaubte er, er könne in Frankreich Anregungen finden (September 1765). Alle Türen öffneten sich ihm; Madame Du Deffand hieß ihn als Ersatz für d'Alembert willkommen. Sie war achtundsechzig, Walpole achtundvierzig; doch der Unterschied schwand dahin, als ihre verwandten Seelen sich in einem leidenschaftlichen Austausch der Verzweiflung begegneten. Es gefiel ihr, daß Walpole dem meisten zustimmte, was Voltaire sagte; doch sie wäre auf den Scheiterhaufen gegangen, um ihn daran zu hindern, es zu sagen; denn er zitterte bei dem Gedanken, was Europas Regierungen beim Untergang des Christentums widerfahren würde. Er verachtete Voltaire, doch er verhöhnte Rousseau. Auf dieser Reise nach Paris schrieb er den angeblich von Friedrich dem Großen stammenden Brief, in dem Rousseau aufgefordert wurde, nach Berlin zu kommen und mehr Verfolgungen zu erdulden. «Die Abzüge haben sich wie ein Lauffeuer verbreitet und ich bin à la mode!»⁴⁰ Er trat die Nachfolge Humes als Salonlöwe an und lernte die fröhliche und hemmungslose Erregung von Paris lieben; doch er fand Trost darin, «die Franzosen zehnmal verächtlicher zu finden, als wir [Engländer] sind»⁴¹.

Nach Hause zurückgekehrt (22. April 1766), begann er seinen langen Briefwechsel mit Madame Du Deffand. Wir werden später sehen, wie er fürchtete, ihre Zuneigung könne ihn lächerlich machen, doch besuchte er – wahrscheinlich, um sie wiederzusehen – Paris von neuem in den Jahren 1767, 1769, 1771 und 1775. Ihre Liebe ließ ihn sein Alter vergessen, doch der Tod Grays (30. Juli 1771) erinnerte ihn an seine eigene Sterblichkeit. Zu seiner Überraschung lebte er bis 1797. Er kannte keine finanziellen Sorgen; 1784 betrug sein jährliches Einkommen im Durchschnitt etwa um achttausend Pfund⁴². Und 1791 erbte er den Titel Lord Orford. Doch seine Gicht, die begonnen hatte, als er fünfundvierzig war, plagte ihn bis zu seinem Ende. Manchmal, so wird uns berichtet, brachen Ansammlungen von «Kalk» aus seinen Fingern⁴³. Er trocknete aus und wurde in seinen letzten Jahren steif; manchmal mußte er von seinen Dienern von Zimmer zu Zimmer getragen werden; aber er fuhr fort, zu arbeiten und zu schreiben, und wenn Besucher kamen, wunderten sie sich über das leuchtende Interesse in seinen Augen, seine aufmerksame Höflichkeit, seine fröhliche Sprache, seinen heiteren und klaren Geist. Fast jeden Tag kamen hervorragende Per-

DIE LITERARISCHE SZENE 361

sönlichkeiten, um sein berühmtes Haus und seine reiche Sammlung zu besichtigen; so Hannah More 1786 und Königin Charlotte 1795.

Doch nicht in Strawberry Hill, sondern in seinem Stadthaus am Berkeley Square starb er am 2. März 1797 in seinem achtzigsten Lebensjahr. Als ob er bedauerte, daß seine Memoiren und Briefe so viele Zeilen mit Bezüglichkeiten enthielten, ordnete er an, seine Manuskripte in einer Truhe zu verschließen, die erst geöffnet werden sollte, «bis der erste Earl of Waldegrave, der das Alter von fünfunddreißig Jahren erreicht, es fordern würde»[44]. So wurden die Erinnerungen erst im Jahre 1822 oder danach veröffentlicht, als alle, die sich hätten beleidigt fühlen können, tot waren. Einige der Briefe wurden 1778 veröffentlicht, weitere 1818, 1820, 1840, 1857 ... In der ganzen englischlesenden Welt gibt es Männer und Frauen, die jedes Wort dieser Briefe gelesen haben und sie zu den köstlichsten Vermächtnissen des aufklärenden Jahrhunderts zählen.

V. EDWARD GIBBON

«Gute Historiker», schrieb Walpole an einen von ihnen, an Robertson, «sind am spärlichsten gesät unter allen Schriftstellern, und kein Wunder! Ein guter Stil ist nicht sehr verbreitet, gründliche Information ist noch seltener; und wenn diese zusammentreffen, welch ein Glück, wenn noch Unparteilichkeit hinzukommt»[45]. Gibbon wurde dem letzten Anspruch nicht ganz gerecht, doch dies tat auch Tacitus nicht, der mit ihm zu den größten Geschichtsschreibern zählt.

1. Vorbereitung

Gibbon schrieb oder begann sechs Autobiographien, die der erste Earl of Sheffield in bemerkenswert gut verknüpften, doch ungebührlich gereinigten *Erinnerungen* (1796) zusammenfaßte, die manchmal auch seine *Autobiographie* genannt werden. Auch Gibbon führte ein Tagebuch, das er 1761 begann und unter verschiedenen Titeln bis zum 28. Januar 1763 fortsetzte. Diese für seine Entwicklung sehr wichtigen Quellen sind als verhältnismäßig zuverlässig beurteilt worden, ausgenommen jene für seinen Stammbaum.

Er verwandte acht Seiten auf die detaillierte Aufzeichnung einer vornehmen Ahnenreihe; grausame Genealogen haben sie ihm aberkannt[46]. Sein Großvater, Edward Gibbon I., gehörte zu jenen Direktoren der South Sea Company, die wegen gesetzwidriger Handlungen verhaftet wurden, nachdem dieser «Schwindel» aufgeflogen war (1721). Von seinem Vermögen, das er auf 106543 Pfund berechnete, wurde alles konfisziert bis auf 10000 Pfund; hierauf, berichtet uns der Historiker, «errichtete er das Gebäude eines neuen Vermögens ..., nicht viel kleiner als das erste»[47]. Die Heirat seines Sohnes Edward II. billigte er nicht; daher vermachte er in seinem Testament den größeren Teil seines Reichtums seinen Töchtern Catherine und Hester. Catherines Tochter heiratete Edward Eliot, der später für Edward Gibbon III. einen Sitz im Parlament

362   SAMUEL JOHNSONS ENGLAND

kaufte; Hester wurde eine reiche Verehrerin von William Law[48] und ärgerte ihren Neffen lange durch ihr verzögertes Sterben. Edward Gibbon II. wurde zunächst von Law unterrichtet, absolvierte die Winchester School, ging dann nach Cambridge, heiratete Judith Porten und hatte sieben Kinder, von denen nur Edward Gibbon III. die Kindheit überlebte.

Er wurde am 8.Mai 1737 in Putney in Surrey geboren. Seine Mutter starb 1747 an den Folgen ihrer siebenten Schwangerschaft. Der Vater siedelte auf einen Landsitz in Buriton, Hampshire, vierundneunzig Kilometer von London entfernt, über und vertraute den Knaben der Obhut einer Tante im Hause seines Großvaters in Putney an. Hier machte der künftige Gelehrte ausgiebigen Gebrauch von der gut ausgestatteten Bibliothek. Seine häufigen Krankheiten unterbrachen sein Weiterkommen in der Winchester School; doch er füllte die Tage seiner Genesung durch eifriges Lesen aus, meistens von Geschichtswerken, besonders über den Nahen Osten. «Mahomet und seine Sarazenen fesselten bald meine Aufmerksamkeit; ... ich wurde von einem Buch zum anderen geführt, bis ich den Kreis der orientalischen Geschichte durchstreift hatte. Bevor ich sechzehn war, hatte ich alles erschöpft, was man auf englisch über die Araber und Perser, die Tataren und Türken erfahren konnte.»[49] Daher jene fesselnden Kapitel über Mohammed, die frühen Kalifen und die Eroberung von Konstantinopel.

Als er im Alter von fünfzehn Jahren auf das Magdalen College in Oxford geschickt wurde, «kam ich an mit einem Schatz an Belesenheit, der einen Doktor erstaunt haben mag, und einem Grad von Unwissenheit, dessen ein Schuljunge sich geschämt hätte». Er war auch zu kränklich, um Sport zu treiben, zu schüchtern, um sich unter die anderen Studenten zu mischen. Er wäre ein geeigneter Schüler für einen fähigen Lehrer gewesen. Doch mit seinem Lerneifer fand er keinen Professor mit dem entsprechenden Lehreifer. Die meisten Dozenten stellten es ihren Studenten frei, den Vorlesungen beizuwohnen oder nicht und die Hälfte ihrer Zeit in «den Versuchungen des Müßiggangs» zu verbringen[50]. Sie duldeten sein «unschickliches Benehmen, seine schlecht gewählte Gesellschaft, sein langes Aufbleiben und sein unüberlegtes Geldausgeben» – sogar Ausflüge nach Bath oder nach London. Doch er «war zu jung und zu schüchtern, um wie ein mannhafter Oxford-Student auf dem Bummel die Schenken und Bordelle von Covent Garden zu genießen»[51].

Die Fakultätsmitglieder waren alle Geistliche, welche die neununddreißig Artikel der anglikanischen Kirche lehrten und als gegeben hinnahmen. Gibbon war kampflustig und stellte seinen Lehrern Fragen. Für ihn schienen die Bibel und die Geschichte den Anspruch der katholischen Kirche auf göttlichen Ursprung zu rechtfertigen. Ein katholischer Bekannter besorgte ihm einige verwirrende Bücher, vor allem Bossuets *Histoire des Variations des Eglises protestantes* (Geschichte der Unterschiede der protestantischen Kirchen) und die *History of the Protestant Variations* (Geschichte der protestantischen Abweichungen); diese «bewirkten meine Bekehrung, und ich fiel sicherlich von einer edlen Hand»[52]. Mit jugendlicher Überstürzung beichtete er bei einem katholischen Priester und wurde in die römische Kirche aufgenommen (8. Juni 1753).

DIE LITERARISCHE SZENE 363

Er informierte seinen Vater und war nicht überrascht, als er nach Hause zitiert wurde; denn Oxford akzeptierte keine katholischen Studenten, und nach Blackstone war es für einen Protestanten «Hochverrat», sich zum römischen Katholizismus zu bekehren. Der empörte Vater verbannte den Jüngling in aller Eile nach Lausanne und sorgte dafür, daß er bei einem calvinistischen Pastor wohnte. Hier lebte Edward zunächst in einer Stimmung mürrischen Eigensinns. Doch Monsieur Pavilliard, obwohl nicht nachsichtig, war freundlich, und der Knabe gewann bald Zutrauen zu ihm. Außerdem war der Pastor in den alten Sprachen gut beschlagen. Gibbon lernte Französisch so gut schreiben und lesen wie Englisch und erwarb gründliche Kenntnisse im Lateinischen. Bald wurde er von kultivierten Familien aufgenommen, deren Lebensstil und Unterhaltung eine bessere Erziehung waren als jene in Oxford.

Als sein Französisch sich besserte, spürte er die Brise des französischen Rationalismus, die nach Lausanne herüberwehte. Erst zwanzig Jahre alt (1757), wohnte er mit Entzücken den Theatervorstellungen bei, die Voltaire im nahegelegenen Montriond veranstaltete. «Manchmal soupierte ich mit den Schauspielern.»[53] Er lernte Voltaire kennen, begann Voltaire zu lesen und las Voltaires kürzlich veröffentlichten *Essai sur l'Histoire générale et sur les Mœurs et l'Esprit des Nations*. Er vertiefte sich in Montesquieus *Esprit des Lois* (1748), und die *Considérations sur les Causes de la Grandeur des Romains et de leur Décadence* (Betrachtungen über die Ursachen von Größe und Untergang der Römer; 1734) wurden der Ausgangspunkt von *Decline and Fall*. Jedenfalls unterminierten der Einfluß der französischen Philosophen zusammen mit seiner Lektüre Humes und der englischen Deisten sowohl Gibbons Christentum als auch seinen Katholizismus, und Monsieur Pavilliards Sieg in der Reformation wurde aufgehoben durch Gibbons heimliche Annahme der Aufklärung.

Es muß erheiternd gewesen sein, im gleichen Jahr (1757) Voltaire und Suzanne Curchod kennenzulernen. Sie war zwanzig Jahre alt, blond, schön, fröhlich und wohnte bei ihren protestantischen Eltern in Crassier, sieben Kilometer von Lausanne. Sie war der führende Geist in der «Société du Printemps» – einer Gruppe von fünfzehn bis zwanzig jungen Frauen, die sich abwechselnd in ihren Häusern trafen, sangen, tanzten, Komödien aufführten und sittsam mit jungen Männern flirteten; Gibbon versichert uns, daß «ihre jungfräuliche Keuschheit nie durch den Atem des Skandals oder der Verdächtigung beschmutzt wurde». Lassen wir ihn selbst berichten.

«Bei ihren kurzen Besuchen bei Verwandten in Lausanne waren der Geist, die Schönheit und die Bildung von Mademoiselle Curchod Gegenstand allgemeinen Lobes. Die Kunde von solch einem Wunder erweckte meine Neugierde; ich sah und liebte. Ich stellte fest, daß sie gebildet war, ohne pedantisch zu sein, lebhaft in ihrer Konversation, rein in ihren Gefühlen und vornehm in ihren Manieren ... Ihr Vermögen war bescheiden, doch ihre Familie war angesehen ... Sie erlaubte mir, sie zwei- oder dreimal im Hause ihres Vaters zu besuchen. Ich verbrachte dort einige glückliche Tage ..., und ihre Eltern ermutigten in Ehren die Verbindung ... Ich gab mich meinem Traum vom Glück hin.»[54]

Anscheinend kam es im November 1757 zwischen ihnen zur offiziellen Verlobung[55], doch Suzannes Einwilligung war an die Bedingung geknüpft, daß Gibbon versprach, in der Schweiz zu leben[56].

Inzwischen hatte ihn sein Vater im Vertrauen darauf, daß sein Sohn nun ein guter Protestant sei, aufgefordert, nach Hause zurückzukehren und die Pläne zur Kenntnis zu nehmen, die für ihn gemacht worden waren. Gibbon war hierüber nicht erfreut, denn der Vater hatte eine zweite Frau genommen; doch er gehorchte und erreichte London am 5. Mai 1758. «Bald entdeckte ich, daß mein Vater von dieser seltsamen Verbindung nichts wissen wollte und daß ich ohne seine Zustimmung mittellos und hilflos sei. Nach einem schmerzlichen Kampf ergab ich mich in mein Schicksal: Ich seufzte als Liebhaber, als Sohn gehorchte ich.» [57] Er übermittelte diesen Seufzer Suzanne in einem Brief vom 24. August. Sein Vater setzte ihm ein Jahresgeld von dreitausend Pfund aus. Seine Stiefmutter erwarb sich seine Dankbarkeit, indem sie keine Kinder gebar, und bald faßte er eine Zuneigung zu ihr. Er gab einen großen Teil seines Einkommens für Bücher aus und «schuf allmählich eine große und erlesene Bibliothek, das Fundament meiner Werke und der beste Trost meines Lebens» [58].

In Lausanne begann er und in Buriton (wo er seine Sommer verbrachte) vollendete er einen *Essai sur l'Étude de la Littérature,* der 1761 in Genf und 1764 englisch in London veröffentlicht wurde. Da das Buch französisch geschrieben war und sich hauptsächlich mit der französischen Literatur und Philosophie befaßte, erweckte es kein Aufsehen in England, wurde jedoch auf dem Kontinent als eine bemerkenswerte Leistung für einen jungen Mann von zweiundzwanzig Jahren beifällig aufgenommen. Es enthielt einige bedeutende Gedanken über die Geschichtsschreibung. «Die Geschichte von Weltreichen ist die des Elends des Menschen. Die Geschichte des Wissens ist die seiner Größe und seines Glücks ... Tiefgründige und ausgedehnte Überlegungen machen das scheinbar Unerheblichste wertvoll in den Augen des Philosophen.» [59] Daraus folgt: «Wenn Philosophen nicht immer Historiker sind, so ist es zumindest wünschenswert, daß Historiker Philosophen sein sollen.» [60] In seinen *Memoirs of Life* fügt Gibbon hinzu: «Von frühester Jugend an erstrebte ich den Rang eines Historikers.» [61] Er suchte nach einem Stoff, der sich sowohl für die Philosophie und die Literatur wie auch für die Geschichte eignete. Im 18. Jahrhundert erhob die Geschichtsschreibung nicht den Anspruch, eine Wissenschaft zu sein; sie bemühte sich eher, eine Kunst zu sein. Gibbon wünschte, als Philosoph und Künstler Geschichte zu schreiben, ein großes Thema in einer breiten Perspektive zu behandeln und dem chaotischen Stoff philosophische Bedeutung und künstlerische Form zu geben.

Plötzlich wurde er aus seiner Gelehrtentätigkeit zum Handeln aufgerufen. Während des Siebenjährigen Krieges war England wiederholt von einer Invasion aus Frankreich bedroht gewesen. Um für einen solchen Notfall vorbereitet zu sein, bildete der englische Landadel eine Miliz zur Verteidigung gegen Invasion oder Rebellion. Nur begüterte Personen konnten als Offiziere dienen. Gibbon senior und junior wurden im Juni 1759 als Major und Hauptmann eingesetzt. Edward III. übernahm seine Kompanie im Juni 1760 und blieb mit Unterbrechungen bis zum Dezember 1762 bei ihr, von einem Lager zum anderen ziehend. Er war zum Soldatenleben wenig geeignet und «müde der Gefährten, die weder die Kenntnisse von Gelehrten noch die Manieren von Gentlemen besaßen» [62]. Im Laufe seines Militärdienstes stellte er fest, daß sein Hoden-

DIE LITERARISCHE SZENE 365

sack sich mit Flüssigkeit anfüllte. «Ich war heute gezwungen [6. September 1762], Mr. Andrews, einen Wundarzt, zu konsultieren wegen eines Übels, das ich einige Zeit vernachlässigt hatte; es war eine Schwellung in meiner linken Hode, die mir bedrohlich erscheint.»[63] Er wurde zur Ader gelassen und mit Arzneien behandelt, was ihm jedoch nur vorübergehend Erleichterung verschaffte. Diese Hydrocele sollte ihn quälen, bis sie seinen Tod verursachte.

Am 25. Januar 1763 brach er zu einer Reise auf den Kontinent auf. Er hielt sich einige Zeit in Paris auf, wo er mit d'Alembert, Diderot, Raynal und anderen Größen der Aufklärung zusammentraf. «An vier Tagen in einer Woche hatte ich einen Platz ... an den gastfreundlichen Tafeln der Damen Geoffrin und Boccage, des gefeierten Helvétius und des Barons d'Olbach ... Vierzehn Wochen vergingen, ohne daß ich es merkte; doch wenn ich reich und unabhängig gewesen wäre, wäre ich länger geblieben und hätte vielleicht meinen ständigen Wohnsitz in Paris genommen.»[64]

Im Mai 1763 erreichte er Lausanne, wo er fast ein Jahr blieb. Er sah Mademoiselle Curchod; doch als er feststellte, daß sie eifrig umworben wurde, machte er keinen Versuch, seine Freundschaft mit ihr zu erneuern. Bei diesem seinem zweiten Aufenthalt in der Schweiz, gesteht er, «verleiteten mich die Gewohnheiten des Militärdienstes und das Beispiel meiner Landsleute zu einer zügellosen Unmäßigkeit, und vor meiner Abreise hatte ich mir das in meinen besseren Tagen erworbene öffentliche Ansehen verscherzt»[65]. Er verlor beträchtliche Summen beim Spiel. Doch er setzte seine vorbereitenden Studien für Italien fort und hockte über alten Medaillen, Münzen, Reiseführern und Landkarten.

Im April 1764 überquerte er die Alpen. Er verbrachte drei Monate in Florenz, reiste dann weiter nach Rom. «In achtzehn Wochen täglicher Arbeit» führte ihn ein Schotte durch die Überreste des klassischen Altertums. «In Rom, am 15. Oktober 1764, als ich nachdenklich inmitten der Ruinen des Kapitols saß und während die barfüßigen Mönche im Jupiter-Tempel die Vesper sangen, kam mir zum erstenmal die Idee, den Niedergang und Fall der Stadt zu schreiben. Doch mein ursprünglicher Plan faßte mehr den Verfall der Stadt als den des Imperiums ins Auge.»[66] Diese schicksalhafte Auflösung wurde für ihn allmählich zur Tragödie «des größten und vielleicht furchtbarsten Schauspiels in der Geschichte des Menschengeschlechtes»[67]. Nachdem er Neapel, Padua, Venedig, Vicenza und Verona besucht hatte, kehrte er über Turin, Lyon und Paris («weitere glückliche vierzehn Tage») nach London zurück (25. Juni 1765).

Nunmehr verbrachte er den größten Teil seiner Zeit in Buriton; er ließ sich von seinem Vorhaben ablenken und begann in französischer Sprache eine Geschichte der Schweiz. Hume, der das Manuskript in London gesehen hatte, schrieb Gibbon am 24. Oktober 1767, riet ihm, englisch zu schreiben, und sagte voraus, die englische Sprache würde bald die französische an Verbreitung und Einfluß übertreffen; außerdem warnte er Gibbon, sein Gebrauch der französischen Sprache habe ihn «zu einem Stil verleitet, der poetischer, bildhafter und bunter sei, als unsere Sprache bei historischen Darstellungen zu erlauben scheint»[68]. Gibbon gab später zu: «Meine alten

366   SAMUEL JOHNSONS ENGLAND

Gewohnheiten ... ermutigten mich, für den europäischen Kontinent französisch zu
schreiben; doch ich war mir bewußt, daß mein Stil, oberhalb der Prosa und unterhalb
der Poesie, zu weitschweifiger und schwülstiger Deklamation entartete.»[69]

Der Tod seines Vaters am 10. November 1770 hinterließ ihm ein großes Vermögen.
Im Oktober 1772 nahm er seinen ständigen Wohnsitz in London. «Kaum hatte ich
mich in meinem Haus und in meiner Bibliothek eingerichtet, als ich sofort mit der
Niederschrift des ersten Bandes meiner *Geschichte* begann.»[70] Er erlaubte sich zahlreiche
Zerstreuungen – Abende bei «White's», Besuche in Johnsons «Club», Reisen nach
Brighton, Bath und Paris. 1774 wurde er von einem «gekauften Wahlbezirk», der von
einem Verwandten geleitet wurde, ins Parlament gewählt. Er bewahrte Schweigen in
den Debatten des Unterhauses. «Ich bin noch immer stumm», schrieb er am 25. Februar 1775; «es ist fürchterlicher, als ich mir vorgestellt hatte; die großen Sprecher
erfüllen mich mit Verzweiflung, die kleinen mit Entsetzen»[71]; doch die «acht Sit-
zungsperioden, die ich im Parlament mitgemacht habe, waren eine Schule bürgerlicher
Klugheit, der ersten und wichtigsten Tugend eines Historikers»[72]. Während des Streites über Amerika stimmte er regelmäßig für die Politik der Regierung; er richtete an
die französische Nation ein *Mémoire justificatif* (1779), in dem er Englands Sache gegen
seine revoltierenden Kolonien verteidigte, und er erhielt als Belohnung einen Sitz im
Ausschuß für Handel und Landwirtschaft, der ihm jährlich siebenhundertfünfzig Pfund
einbrachte. Fox beschuldigte ihn, er profitiere von der gleichen Art politischer Korruption, die er als eine der Hauptursachen des Zerfalls von Rom brandmarkte[73]. Witz-
bolde behaupteten, Georg III. habe Gibbon gekauft, damit der Autor nicht den Niedergang und Fall des britischen Empires aufzeichne[74].

2. Das Werk

Nach 1772 beschäftigte sich Gibbon ausschließlich mit seinem Geschichtswerk, und
er fand es schwierig, ernsthaft an etwas anderes zu denken. «Viele Experimente wurden gemacht, bevor ich den mittleren Ton zwischen einer langweiligen Chronik und
einer rhetorischen Deklamation traf. Dreimal schrieb ich das erste Kapitel und zweimal das zweite und dritte, bevor ich einigermaßen mit ihrer Wirkung zufrieden
war.»[75] Er war entschlossen, seine Geschichte zu einem Werk der Literatur zu machen.

1775 bot Gibbon das Manuskript der ersten sechzehn Kapitel einem Verleger an,
der es ablehnte, weil sein Druck unerschwingliche Kosten verursachte. Zwei andere
Verleger, Thomas Caldwell und William Strahan, teilten das Risiko und veröffentlichten am 17. Februar 1776 den ersten Band von *Verfall und Untergang des Römischen
Reiches*. Obwohl er eine Guinee kostete, waren die tausend Exemplare der ersten
Auflage am 26. März verkauft. Eine zweite Auflage von fünfzehnhundert Exemplaren erschien am 3. Juni und war in drei Tagen ausverkauft. «Mein Buch lag auf jedem
Tisch und fast auf jeder Frisiertoilette.»[76] Die literarische Welt, gewöhnlich in eifer-
süchtige Lager gespalten, vereinigte sich zu seinem Lob. William Robertson schickte
großmütige Komplimente; Hume, der im gleichen Jahr starb, schrieb an den Autor

DIE LITERARISCHE SZENE 367

einen Brief, der, nach Gibbons Worten, «die Arbeit von zehn Jahren überreichlich belohnte»[77]. Horace Walpole meldete am Tag nach dem Erscheinen William Mason: «Sehet, soeben ist ein wahrhaft klassisches Werk erschienen.»

Das Buch begann logisch und tapfer mit drei gelehrten Kapiteln über die geographische Ausdehnung, die militärische Organisation, den sozialen Aufbau und die gesetzliche Verfassung des Römischen Reiches beim Tode Mark Aurels (180 nach Christus). Während der vorangegangenen Jahre hatte nach Gibbons Meinung das Reich seinen Höhepunkt an fähiger Verwaltung und öffentlicher Zufriedenheit erreicht.

«Wenn jemand aufgefordert werden sollte, die Periode in der Weltgeschichte anzugeben, während welcher die Lage des Menschengeschlechtes die beste und glücklichste war, so würde er ohne Zögern diejenige nennen, welche zwischen dem Tode des Domitian und der Thronbesteigung des Commodus verfloß. Der unermeßliche Umfang des Römischen Reiches wurde durch die unbeschränkte Macht unter der Leitung der Tugend und Weisheit regiert und das Heer von der festen, aber milden Hand vier aufeinanderfolgender Kaiser, deren Charakter und gesetzliche Macht unwillkürliche Achtung gebot, in Schranken gehalten. Die Formen der Zivilverwaltung wurden von Nerva, Trajan, Hadrian und den Antoninen, welche an dem Bild der Freiheit Gefallen fanden und sich gerne als die verantwortlichen Diener der Gesetze betrachteten, treu beobachtet ... Die Bestrebungen dieser Monarchen wurden durch den von ihrem Erfolge unzertrennlichen Lohn, den ehrenhaften Stolz der Tugend und die ausgesuchte Wonne, das allgemeine Glück zu schauen, dessen Schöpfer sie waren, mehr als vergolten.»[78]

Doch Gibbon wußte um die «Unstetigkeit eines Glückes, welches von dem Charakter eines einzigen Menschen abhing ... Vielleicht war bereits der unheilvolle Augenblick nahe, wo irgendein ausschweifender Jüngling oder eifersüchtiger Tyrann die unumschränkte Gewalt, welche sie zum Wohle ihres Volkes geübt hatten, zu dessen Verderben anwenden würde.»[79] Die «guten Kaiser» waren durch Adoptivmonarchie auserwählt worden – jeder Herrscher übertrug seine Autorität auf ein ausgewähltes und ausgebildetes Mitglied seiner Umgebung. Mark Aurel ließ zu, daß die kaiserliche Macht auf seinen unwürdigen Sohn Commodus überging; von dieser Thronbesteigung an datierte Gibbon den Niedergang.

Nach Gibbons Meinung hatte das Christentum zu diesem Niedergang beigetragen. Hier verließ er die Spuren Montesquieus, der nichts derartiges in seinem Werk *Größe und Verfall der Römer* gesagt hatte; Gibbon folgte vielmehr Voltaire. Seine Einstellung war von Grund auf intellektuell; er hatte kein Verständnis für mystische Verzückung oder hoffnungsvollen Glauben. Seine Anschauung kommt in einer Stelle zum Ausdruck, die ganz nach Voltaire klingt: «Die verschiedenen Religionen, welche in der römischen Welt herrschten, wurden sämtlich von dem Volke als gleich wahr, von den Philosophen als gleich falsch, von der Staatsgewalt als gleich nützlich angesehen. So bewirkte die Duldung nicht nur gegenseitige Nachsicht, sondern sogar religiöse Eintracht.»[80] Gibbon vermied gewöhnlich direkte Äußerungen der Feindseligkeit gegenüber dem Christentum. Es gab noch immer Paragraphen in den Gesetzsammlungen Englands, die eine solche Bekundung zu einem schweren Verbrechen machten; zum Beispiel «wenn jemand, der in der christlichen Religion erzogen ist, schriftlich leugnet, daß die christliche Religion wahr ist, soll er ... beim zweitenmal ... mit drei

368 SAMUEL JOHNSONS ENGLAND

Jahren Einkerkerung ohne die Möglichkeit der Befreiung durch Bürgschaft verurteilt werden»[81]. Um diese Unannehmlichkeit zu vermeiden, machte Gibbon feine Anspielungen und durchsichtige Ironie zu Elementen seines Stils. Vorsichtig erklärte er, er wolle die primären und übernatürlichen Quellen des Christentums keineswegs in Frage stellen, sondern nur die sekundären und natürlichen Faktoren ihres Ursprungs und Wachstums. Zu diesen sekundären Faktoren zählte er «die reine und strenge Moral der Christen» in ihrem ersten Jahrhundert, doch er nannte als weitere Ursache «den unbeugsamen und, wenn wir den Ausdruck gebrauchen dürfen, unduldsamen Eifer der Christen»[82]. Und während er «die Einheit und Disziplin der christlichen Republik» pries, bemerkte er, daß sie «allmählich einen unabhängigen und zunehmenden Staat im Herzen des Römischen Reiches bildete»[83]. Im allgemeinen machte er aus dem bisher als Wunder betrachteten frühen Fortschritt des Christentums einen natürlichen Prozeß; er verlagerte das Phänomen von der Theologie in die Geschichte.

Wie hatte das Christentum den Niedergang Roms herbeigeführt? Erstens, indem es den Glauben des Volkes an die offizielle Religion erschütterte und hierdurch den Staat unterminierte, den die Religion stützte und heiligte. (Dies war natürlich genau das Argument der Theologen gegen die *philosophes*.) Die römische Regierung mißtraute den Christen, weil sie eine geheime Gesellschaft bildeten, die den Militärdienst ablehnte, die Menschen von nützlichen Beschäftigungen abbrachte und sie zur Konzentration auf eine himmlische Rettung verleitete. «Die Mönche waren» nach Gibbons Meinung «Müßiggänger, die es bequemer fanden zu betteln und zu predigen, statt zu arbeiten». Andere Sekten konnten geduldet werden, weil sie tolerant waren und die Einheit der Nation nicht gefährdeten; die Christen waren die einzige neue Sekte, die alle anderen als lasterhaft bezeichnete und verdammte und offen den Sturz von «Babylon», das heißt Rom, voraussagte[84]. Gibbon machte für diesen Fanatismus zum Teil den jüdischen Ursprung des Christentums verantwortlich, und er folgte Tacitus, indem er die Juden an verschiedenen Stellen seines Berichtes anklagte. Er schlug vor, die Christenverfolgung Neros als eine Verfolgung der Juden zu interpretieren[85]; diese Theorie hat heute keine Anhänger. Mit mehr Erfolg verringerte er nach dem Beispiel Voltaires die Zahl der von der römischen Regierung zu Märtyrern gemachten Christen. Er schätzte sie auf höchstens zweitausend und stimmte mit Voltaire darin überein, «daß die Christen im Laufe ihrer inneren Zwistigkeiten (seit Konstantin) einander weit größere Grausamkeiten zugefügt haben, als sie je von dem Religionseifer der Ungläubigen erfahren hatten ...» und «die römische Kirche durch Gewalt die Herrschaft verteidigte, welche sie durch Betrug erlangte»[86].

Diese abschließenden Kapitel (15. und 16.) des Bandes I riefen viele Erwiderungen hervor, in denen Gibbon der Ungenauigkeit, Parteilichkeit oder Unehrlichkeit bezichtigt wurde. Seine Kritiker vergaß er für den Augenblick und gönnte sich ausgedehnte Ferien in Paris (Mai bis November 1777). Suzanne Curchod, die inzwischen die Frau des Bankiers und Finanzministers Jacques Necker geworden war, lud ihn in ihr Haus ein. Sie war mit ihrem Schicksal so zufrieden, daß sie ihm nicht übelnahm, daß er einst «wie ein Liebhaber seufzte, aber wie ein Sohn gehorchte», und

DIE LITERARISCHE SZENE 369

Minister Necker war weit davon entfernt, eifersüchtig zu sein; er ließ das ehemalige
Liebespaar oft allein und ging seinen Geschäften nach oder zu Bett. «Konnte man mich
grausamer beleidigen?» beklagte sich Gibbon. «Welch eine unverschämte Sicherheit!»
Suzannes Tochter Germaine (die spätere Frau von Staël) fand in ihm einen so guten
Gesellschafter, daß sie (im Alter von elf Jahren) ihre knospenden Reize an ihm versuchte und ihm anbot, ihn zu heiraten, um ihn der Familie zu erhalten[87]. Im Haus der
Necker lernte er Kaiser Joseph II. kennen, und in Versailles wurde er Ludwig XVI.
vorgestellt, der an der Übersetzung des Bandes I ins Französische mitgewirkt haben
soll. Er wurde in den Salons gefeiert, besonders von der Marquise Du Deffand, die ihn
«sanft und höflich» fand, «überlegen fast allen Personen, unter denen ich lebe», seinen
Stil jedoch als «deklamatorisch, oratorisch» und «im Ton unserer angeblich klugen
Köpfe» bezeichnete[88]. Er lehnte eine Einladung Benjamin Franklins ab, indem er ihm
auf einer Karte mitteilte, obwohl er den amerikanischen Gesandten als Menschen und
Philosophen schätze, könne er es mit seiner Pflicht gegenüber dem König nicht ver-
einbaren, mit einem revoltierenden Untertanen eine Unterhaltung zu führen. Franklin
erwiderte, er habe eine so große Hochachtung vor dem Historiker, daß er, falls Gibbon je den Niedergang und Fall des britischen Imperiums zum Thema nähme, ihm
gerne entsprechendes Material liefern würde[89].

Nach London zurückgekehrt, bereitete Gibbon eine Erwiderung an seine Kritiker
vor – A Vindication of Some Passages in the Fifteenth and Sixteenth Chapters of the History of
the Decline and Fall of The Roman Empire (Eine Verteidigung einiger Stellen im fünfzehnten und sechzehnten Kapitel der Geschichte des Niedergangs und Falls des Römischen
Reiches; 1779). Er befaßte sich kurz und höflich mit seinen theologischen Gegnern,
ereiferte sich jedoch in seiner Auseinandersetzung mit Henry Davies, einem jungen
Mann von einundzwanzig Jahren, der ihm auf zweihundertvierundachtzig Seiten Un-
richtigkeiten vorgeworfen hatte. Der Historiker gab einige Irrtümer zu, bestritt jedoch
«absichtliche Mißdeutungen, grobe Fehler und sklavische Plagiate»[90]. Die Vindication
wurde allgemein als eine erfolgreiche Widerlegung aufgenommen. Gibbon ging nicht
mehr auf die Kritik ein, ausgenommen an einigen Stellen in den Memoirs of Life; doch
er nahm in seinen späteren Bänden Gelegenheit zu versöhnenden Komplimenten an das
Christentum.

Er fand mehr Zeit zum Schreiben, als er am 1. September 1780 seinen Sitz im Parlament verlor. Die Bände II und III der History wurden am 1. März 1781 veröffentlicht.
Sie wurden ohne besondere Erregung aufgenommen. Die Einfälle der Barbaren waren
eine alte Geschichte, und die langen und fachlichen Erörterungen über die Irrlehren,
welche die christliche Kirche im 4. und im 5. Jahrhundert erregt hatten, waren uninteressant für eine Generation weltlich gesinnter Skeptiker. Gibbon hatte Horace
Walpole ein Leseexemplar des Bandes II geschickt; er besuchte Walpole in seinem
Haus am Berkeley Square und war bekümmert zu hören, daß «so viel von den Aria-
nern und Eunomianern und Semipelagianern die Rede ist ..., daß ich fürchte, obwohl
Sie die Geschichte so gut geschrieben haben, wie sie geschrieben werden konnte,
wenige die Geduld haben werden, sie zu lesen». «Von jener Stunde an bis zu dieser»,

schrieb Walpole, «habe ich ihn nie wieder gesehen, obwohl er früher ein- bis zweimal in der Woche vorbeizukommen pflegte.»[91] Später gab Gibbon Walpole recht[92].

Band II gewann wieder Leben, als Konstantin in den Vordergrund trat. Gibbon interpretierte die berühmte Bekehrung als eine Tat staatsmännischer Kunst. Der Kaiser hatte erkannt, daß «die Wirkung auch der weisesten Gesetze unvollkommen und unsicher ist. Sie flößen selten Tugend ein und vermögen das Laster nicht immer im Zaume zu halten.» Inmitten des moralischen, wirtschaftlichen und politischen Chaos in dem zerrissenen Imperium «mochte ein kluger Herrscher mit Vergnügen die Fortschritte einer Religion beobachten, welche unter dem Volke ein reines, wohlwollendes und allgemeines, zu jeder Pflicht und jeder Lebenslage passendes System der Ethik verbreitete, empfohlen als Wille und Vorschrift des höchsten Gottes und eingeschärft durch die Sanktion ewiger Belohnungen oder Strafen[93]. Konstantin hatte also begriffen, daß eine übernatürliche Religion eine wertvolle Stütze für die Moral, die soziale Ordnung und die Regierung war. Dann schrieb Gibbon vierhundertfünfzig schwungvolle und unparteiische Seiten über Julian Apostata.

Er beendete das 38. Kapitel und Band III mit einer Fußnote, worin er Georgs III. «reine und großmütige Liebe zur Wissenschaft und zur Menschheit» pries. Im Juni 1781 wurde er mit Hilfe von Lord North wieder ins Parlament gewählt, wo er weiterhin das Kabinett unterstützte. Der Sturz von Lord North (1782) hatte die Auflösung des Handelsministeriums zur Folge und für Gibbon den Verlust seiner Stellung in dieser Institution; «ich wurde eines bequemen Jahreseinkommens von siebenhundertfünfzig Pfund beraubt»[94]. Als North einen Ministerposten im Koalitionskabinett annahm (1783), bewarb sich Gibbon um eine neue Pfründe; er erhielt keine. «Ohne zusätzliches Einkommen konnte ich klugerweise den Lebensstil nicht länger aufrechterhalten, an den ich gewöhnt war.»[95] Er rechnete sich aus, daß er sich diesen Lebensstil in Lausanne leisten konnte, wo seine Pfund Sterling zweimal mehr Kaufkraft besaßen als in London. Er verzichtete auf seinen Sitz im Parlament, verkaufte seine gesamte unbewegliche Habe mit Ausnahme seiner Bibliothek und verließ am 15. September 1783 London – «seinen Rauch und seinen Reichtum und seinen Lärm» –, um nach Lausanne überzusiedeln. Hier teilte er mit seinem alten Freund George Deyverdun ein komfortables Haus. «Statt auf einen gepflasterten Hof von zwölf Quadratfuß zu schauen, habe ich einen unbegrenzten Blick auf das Tal, den Berg und das Wasser.»[96] Seine zweitausend Bücher kamen an, und er arbeitete weiter am vierten Band.

Ursprünglich hatte er geplant, *The Decline and Fall* mit der Eroberung Roms im Jahre 476 enden zu lassen. Doch nach dem Erscheinen von Band III «begann ich mich nach der täglichen Aufgabe, dem tätigen Bemühen zu sehnen, die jedem Buch einen Wert und jeder Forschung einen Inhalt geben»[97]. Er entschloß sich, den Begriff «Römisches Reich» so zu interpretieren, daß er sowohl das östliche wie das westliche Reich umfaßte, und seinen Bericht bis zur Zerstörung der byzantinischen Herrschaft durch die türkische Eroberung Konstantinopels im Jahre 1453 fortzusetzen. So erweiterte er den Rahmen seiner Arbeit um tausend Jahre und nahm Hunderte von neuen Themen in Angriff, die ein gründliches Studium erforderten.

DIE LITERARISCHE SZENE 371

Band IV enthielt meisterhafte Kapitel über Justinian und Belisar, ein Kapitel über das römische Recht, das ihm hohes Lob von seiten der Juristen einbrachte, und ein langweiliges Kapitel über die weiteren Kriege innerhalb der christlichen Theologie. «Ich wünsche», schrieb Walpole, «Mr. Gibbon hätte nie von Monophysiten, Nestorianern oder überhaupt solchen Narren gehört.»[98] In Band V wandte sich Gibbon mit sichtlicher Erleichterung dem Aufstieg Mohammeds und der arabischen Eroberung des Oströmischen Reiches zu und verschwendete auf den Propheten und die kriegerischen Kalifen das ganze unparteiische Verständnis, das ihm im Falle des Christentums gefehlt hatte. In Band VI lieferten ihm die Kreuzzüge ein erregendes Thema, und die Einnahme Konstantinopels durch Mohammed II. bildete den Höhepunkt seines Werkes.

Im Schlußkapitel faßte er seine Bemühungen in einem berühmten Satz zusammen: «Ich habe den Triumph der Religion und der Barbarei beschrieben.»[99] Wie sein nicht anerkannter Lehrer Voltaire sah er im Mittelalter nichts als Roheit und Aberglauben. Er schilderte den Verfall und den Zustand Roms im Jahre 1430 und zitierte Poggios Klage: «Dieses Schaustück der Welt, wie ist es gefallen, wie verändert, wie entstellt!» – die Zerstörung oder Baufälligkeit antiker Monumente und klassischer Kunst, das von Unkraut überwachsene und von Kühen und Schweinen bevölkerte Forum Romanum. Und Gibbon schloß traurig: «Es war unter den Ruinen des Kapitols, wo ich den ersten Gedanken zu einem Werke faßte, welches beinahe zwanzig Jahre meines Lebens erfreut und beschäftigt hat und welches ich, so unangemessen es auch meinen eigenen Wünschen sei, schließlich der Wißbegierde und Unparteilichkeit des Publikums übergebe.» Und in seinen Memoiren erinnerte er sich jener Stunde zwiespältiger Erleichterung:

«Es war in der Nacht des 27. Juni 1787, zwischen elf und zwölf Uhr, als ich in einem Sommerhaus in meinem Garten die letzten Zeilen der letzten Seite schrieb. Nachdem ich meine Feder niedergelegt hatte, spazierte ich mehrere Male hin und her ... auf einer von Akazien überwölbten Promenade, von der aus man einen Überblick über das Land, den See und die Berge hat ... Ich will nicht die Gefühle der Freude über die Wiedererlangung meiner Freiheit und, vielleicht, die Begründung meines Ruhms verheimlichen. Doch mein Stolz wurde bald gedämpft, und nüchterne Schwermut überkam mich bei dem Gedanken, daß ich dauernden Abschied genommen hatte von einem alten und angenehmen Gefährten und daß, welches auch immer das künftige Schicksal meiner Geschichte sein würde, das Leben des Historikers kurz und unsicher sein mußte.»[100]

3. Der Mensch

Der sechzehnjährige Gibbon wurde von Monsieur Pavilliard beschrieben als «magere kleine Gestalt mit einem großen Kopf»[101]. Da er die Bewegung haßte und gutes Essen liebte[102], wurde er bald rundlich an Körper und Gesicht und bekam einen stattlichen Bauch auf spindeldürren Beinen; dazu denke man sich rotes, an der Seite gelocktes und im Nacken zusammengebundenes Haar, sanfte, engelhafte Züge, eine Knopfnase, Pausbacken, ein Doppelkinn und vor allem eine breite, hohe, «Unternehmungen von großer Kraft und Bedeutung», Erhabenheit und Würde versprechende Stirn. Sein Appetit konnte sich mit dem Johnsons messen, und die Gicht plagte ihn ebenso wie Walpole.

Sein Hodensack schwoll Jahr um Jahr schmerzhaft an zu Proportionen, die durch seine engen Kniehosen unangenehm sichtbar gemacht wurden. Trotz seiner Handikaps war er stolz auf seine Erscheinung und seine Kleidung und leitete den zweiten Band mit seinem von Reynolds gemalten Porträt ein. Er trug eine Schnupftabakdose an der Taille, auf die er klopfte, wenn er nervös war oder sich bemerkbar machen wollte. Er war egoistisch wie jeder Mensch mit einer verzehrenden Aufgabe. Doch er behauptete wahrheitsgemäß: «Ich bin mit einem fröhlichen Temperament begabt, einem mäßigen Gefühl (aber keiner Sentimentalität!) und einer natürlichen Veranlagung zur Ruhe.»[103]

1775 wurde er in «The Club» gewählt. Er besuchte den «Club» häufig, sprach jedoch selten, da ihm Johnsons Auffassung von Konversation nicht gefiel. Johnson äußerte sich allzu hörbar über «Gibbons Häßlichkeit»[104]; Gibbon nannte den Großen Bären ein «Orakel», einen nachtragenden Feind, «einen frömmelnden, aber starken Geist, begierig nach jedem Vorwand, jene zu hassen und zu verfolgen, die seinen Glauben nicht teilen»[105]. Boswell, der für einen Ungläubigen kein Mitleid empfand, schilderte den Historiker als «einen häßlichen, affektierten, widerlichen Burschen», der «mir unseren Literarischen Club verekelt». Dennoch muß Gibbon zahlreiche Freunde gehabt haben, denn in London dinierte er fast jeden Abend außer Haus.

Im August 1787 reiste er von Lausanne nach London, um die Veröffentlichung der Bände IV bis VI zu überwachen. Sie erschienen an seinem einundfünfzigsten Geburtstag, am 8. Mai 1788, und brachten ihm viertausend Pfund ein, eines der höchsten an einen Autor des 18. Jahrhunderts gezahlten Honorare. «Der Schlußteil meines Werkes wurde allgemein gelesen und unterschiedlich beurteilt ... Doch im ganzen scheint die *History of the Decline and Fall* Wurzel gefaßt zu haben sowohl im In- wie auch im Ausland und wird vielleicht in hundert Jahren noch beschimpft werden.»[106] Bereits Adam Smith stellte ihn «an die Spitze der ganzen zur Zeit in Europa existierenden literarischen Zunft»[107]. Am 13. Juni 1788 während des Prozesses gegen Hastings in der Westminster Hall auf der Galerie sitzend, hatte Gibbon das Vergnügen, Sheridan in einer seiner dramatischsten Reden die «'luminous' [leuchtenden] Seiten Gibbons» erwähnen zu hören[108]. Nach einem unwahrscheinlichen Bericht behauptete Sheridan später, er habe «voluminous» [weitschweifig] gesagt[109]; doch dieses Adjektiv kann kaum auf Seiten eines Buches angewandt werden, und «luminous» war sicherlich das passende Wort.

Im Juli 1788 kehrte Gibbon nach Lausanne zurück. Ein Jahr später starb Deyverdun und hinterließ Gibbon sein Haus auf Lebenszeit. Hier lebte der Historiker mit mehreren Dienstboten und einem Einkommen von tausendzweihundert Pfund im Jahr in Behaglichkeit, trank viel Wein, vermehrte seinen Leibesumfang und verschlimmerte seine Gicht. «Vom 9. Februar bis zum 1. Juli 1790 war ich nicht fähig, mich aus dem Haus zu begeben oder mich vom Sessel zu erheben.»[110] In diese Periode gehört die Anekdote, er sei mit einer Liebeserklärung vor Madame de Crousaz niedergekniet, sie habe ihn aufgefordert, sich zu erheben, und er sei dazu nicht fähig gewesen, weil er zu schwer war[111]. Die einzige Quelle dieser Geschichte ist Madame de Genlis, die Sainte-Beuve als «eine Frau mit einer boshaften Zunge» bezeichnete[112] und deren Tochter erklärte, es handle sich bei der Angelegenheit um eine Personenverwechslung[113]

DIE LITERARISCHE SZENE

Die Französische Revolution unterbrach Gibbons Ruhe. In den schweizerischen Kantonen wurden revolutionäre Stimmen laut, und aus England kam die Kunde von ähnlichen Umtrieben. Er hatte gute Gründe, sich vor dem Zusammenbruch der französischen Monarchie zu fürchten, da er tausenddreihundert Pfund in einer französischen Regierungsanleihe investiert hatte[114]. 1788 hatte er als falscher Prophet von der französischen Monarchie geschrieben, sie «steht, wie es scheint, fest auf dem Felsen der Zeit, der Kraft und der öffentlichen Meinung, gestützt von der dreifachen Aristokratie der Kirche, des Adels und der Parlamente»[115]. Er jubelte, als Burke seine *Reflections on the Revolution in France* (1790) herausgab; er schrieb an Lord Sheffield und riet ihm von jeder Reform in der politischen Struktur Britanniens ab … «Wenn Sie die kleinste und noch so bestechende Veränderung in unserem parlamentarischen System zulassen, sind Sie verloren.»[116] Jetzt beklagte er den Erfolg der *philosophes* in ihrem Kampf gegen die Religion. «Ich habe manchmal daran gedacht, einen Dialog der Toten zu schreiben, in dem Lukian, Erasmus und Voltaire gemeinsam die Gefahr anerkennen sollten, die heraufbeschworen wird, wenn man einen alten Aberglauben der Verachtung der blinden und fanatischen Menge aussetzt.»[117] Er ermahnte einige portugiesische Führer, die Inquisition während dieser Krise, die alle Throne bedrohte, nicht aufzugeben[118].

Teils um der französischen Revolutionsarmee, die sich Lausanne näherte, zu entkommen, teils um englische Heilkunst zu konsultieren und, was vermutlich der wahre Grund war, Lord Sheffield über den Tod seiner Frau hinwegzutrösten, verließ Gibbon Lausanne am 9. Mai 1793 und reiste in Eile nach England. Sheffield war aber so sehr mit Politik beschäftigt, daß er sich schnell von seinem Kummer erholt hatte. «Der Patient war geheilt», schrieb Gibbon, «bevor der Doktor ankam.»[119] Der Historiker gab sich jetzt selbst in ärztliche Behandlung, denn sein Hydrocele war «fast so dick geworden wie ein kleines Kind … Ich krieche umher mit einiger Mühe und viel Unanständigkeit.»[120] Bei einer Operation wurden vier Quart einer «durchsichtigen wäßrigen Flüssigkeit» aus dem erkrankten Hodensack abgelassen. Doch die Flüssigkeit sammelte sich von neuem, und bei einer zweiten Operation zapfte man drei Quart ab. Gibbon fühlte sich vorübergehend erleichtert und begann wieder auswärts zu dinieren. Wiederum bildete sich die Hydrocele; jetzt infizierte sie sich. Am 13. Januar 1794 wurde ein drittes Mal Flüssigkeit abgelassen. Gibbon schien sich schnell zu erholen; der Arzt erlaubte ihm, Fleisch zu sich zu nehmen, Gibbon aß etwas Huhn und trank drei Gläser Wein. Er wurde von heftigen Magenschmerzen befallen, die er wie Voltaire mit Hilfe von Opium zu lindern suchte. Am 16. Januar starb er, sechsundfünfzig Jahre alt.

4. Der Historiker

Gibbon war keine eindrucksvolle Persönlichkeit in seiner äußeren Erscheinung, seinem Charakter oder in seiner Laufbahn; seine Größe ergoß sich in sein Werk, in den Schwung und den Mut der Konzeption, in die Geduld und Könnerschaft der Ausführung, in die leuchtende Erhabenheit des Ganzen.

374 SAMUEL JOHNSONS ENGLAND

Ja, Sheridans Wort traf zu. Gibbons Stil ist so leuchtend, wie die Ironie es erlaubt, und er brachte Licht überallhin, wohin er sich wandte, ausgenommen dort, wo ein Vorurteil seinen Blick trübte. Seine Diktion war durch seine lateinischen und französischen Studien geformt worden; er betrachtete einfache angelsächsische Wörter als unpassend für die Würde seines Stils, und oft schrieb er wie ein Redner – Livius, geschärft durch die Satire des Tacitus, Burke, erhellt durch den Witz Pascals. Er balancierte Satzteile mit dem Geschick und dem Genuß eines Jongleurs, spielte das Spiel jedoch so oft, daß es sich manchmal der Monotonie näherte. Wenn sein Stil pompös erscheint, dann paßte er zur Spannweite und zum Glanz seines Stoffes, dem tausend Jahre währenden Zerfall des größten Imperiums, das die Welt je gesehen hatte. Die läßlichen Sünden seines Stils verlieren sich in dem breiten Strom der Erzählung, der anschaulichen Kraft der Episoden, den aufschlußreichen Porträts und Beschreibungen, den meisterhaften Zusammenfassungen, die ein Jahrhundert in einem Absatz komprimieren und die Philosophie mit der Geschichtsschreibung vermählen.

Da er sich ein so umfangreiches Gebiet vorgenommen hatte, fühlte sich Gibbon berechtigt, dessen Grenzen einzuengen. «Kriege und die Verwaltung öffentlicher Angelegenheiten», sagte er, «sind die Hauptthemen der Geschichtsschreibung.»[121] Er schloß die Geschichte der Kunst, der Wissenschaft und der Literatur aus; so hatte er über gotische Kathedralen oder muslimische Moscheen, über arabische Wissenschaft oder Philosophie nichts zu sagen. Er krönte Petrarca, ging jedoch an Dante vorbei. Fast keine Beachtung schenkte er der Lage der unteren Klassen, dem Aufstieg der Industrie im Mittelalter in Konstantinopel und in Florenz. Er verlor das Interesse an der byzantinischen Geschichte nach dem Tod des Herakleios (641). «Er unterließ es», nach dem Urteil Burys, «die wichtige Tatsache herauszustellen, daß [bis zum] 12. Jahrhundert das [Oströmische] Reich das Bollwerk Europas gegen den Osten war, noch wußte er seine Bedeutung für die Erhaltung des griechischen Kulturerbes zu würdigen.»[122] Innerhalb seiner selbstgesetzten Grenzen vollbrachte Gibbon eine großartige Leistung, indem er Wirkungen mit natürlichen Ursachen in Verbindung brachte und die Masse seines Stoffes in übersichtliche Ordnung und unter eine Gesamtperspektive brachte.

Seine Gelehrsamkeit war umfassend und vielseitig. Seine Fußnoten sind ein mit Geist zur Schau gestellter Schatz an Wissen. Er studierte die unbekanntesten Aspekte der klassischen Antike, einschließlich der Wege, Münzen, Gewichte, Maße und Gesetze. Er machte Fehler, die Spezialisten korrigiert haben; doch der gleiche Bury, der seine Irrtümer aufdeckte, fügte hinzu: «Wenn wir den gewaltigen Umfang seines Werkes in Rechnung stellen, ist seine Genauigkeit erstaunlich.»[123] Er konnte sich nicht (wie Fachhistoriker, die sich auf ein örtlich und zeitlich begrenztes Thema beschränken) in ungedruckte Originalquellen vertiefen; um seine Aufgabe zu bewältigen, beschränkte er sich auf gedrucktes Material und verließ sich teilweise auf zweitrangige Werke wie Ockleys *History of the Saracens* oder Tillemonts *Histoire des Empereurs* und *Histoire ecclésiastique,* und manche der Autoren, auf die er sich stützte, werden heute als unglaubwürdig abgelehnt[124]. Er gab seine Quellen ehrlich und genau an und

DIE LITERARISCHE SZENE 375

dankte ihnen; so sagte er, als er über die Zeit hinausging, die Tillemont behandelte, in einer Fußnote: «Hier muß ich von diesem unvergleichlichen Führer für immer Abschied nehmen.»[125]

Welche Schlußfolgerung zog Gibbon aus seinem Geschichtsstudium? Manchmal folgte er den *philosophes* in der Anerkennung der Realität des Fortschritts: «Wir können beruhigt den angenehmen Schluß gelten lassen, daß jedes Zeitalter in der Welt den wirklichen Reichtum, das Glück, das Wissen und vielleicht die Tugend des Menschengeschlechts vermehrt hat und noch vermehrt.»[126] Doch in weniger liebenswürdigen Augenblicken – und vielleicht weil er Krieg und Politik (und Theologie) als das Wesen der Geschichte betrachtet hatte – sagte er von ihr, sie sei «in der Tat wenig mehr ... als das Verzeichnis der Verbrechen, der Torheit und des Unglücks des Menschengeschlechts»[127]*. Er sah keinen Plan in der Geschichte. Ereignisse sind die Folgen ungelenkter Ursachen, das Parallelogramm der Kräfte verschiedenen Ursprungs. In diesem Kaleidoskop der Ereignisse scheint die menschliche Natur unverändert zu bleiben. Grausamkeit, Leiden und Ungerechtigkeit haben die Menschheit immer heimgesucht und werden es immer tun, denn sie sind ein Teil der Natur des Menschen. «Der Mensch hat mehr zu befürchten von den Leidenschaften seiner Mitmenschen als von den Gewalten der Elemente.»[129]

Als Kind der Aufklärung sehnte sich Gibbon danach, Philosoph zu sein oder zumindest als solcher Geschichte zu schreiben. «Ein aufgeklärtes Zeitalter verlangt von dem Historiker ein gewisses Maß an Philosophie und Kritik.»[130] Er liebte es, seinen Vortrag durch philosophische Kommentare zu unterbrechen. Doch er maßte· sich nicht an, die Geschichte auf Gesetze zurückzuführen oder eine «Geschichtsphilosophie» zu formulieren. In einigen Grundfragen jedoch nahm er einen entschiedenen Standpunkt ein: Er begrenzte den Einfluß des Klimas auf die frühen Stadien der Kultur, er lehnte die Rasse als bestimmenden Faktor ab[131], und er erkannte innerhalb gewisser Grenzen den Einfluß von Ausnahmemenschen an. «Im menschlichen Leben werden die meisten Szenen vom Charakter eines einzelnen Schauspielers abhängen ... Eine ätzende Flüssigkeit, die auf eine einzige Faser eines einzelnen Menschen fällt, kann das Elend von Nationen verhüten oder aufschieben.»[132] Wenn die Quraisch Mohammed hätten ermorden können, «hätte vielleicht die Lanze eines Arabers die Geschichte der Welt verändert»[133]. Wenn Karl Martell die Mauren bei Tours nicht besiegt hätte (732), hätten die Moslems vielleicht ganz Europa überrannt; «die Auslegung des Korans würde jetzt in den Schulen von Oxford gelehrt, und ihre Schüler würden einem beschnittenen Volk die Heiligkeit und die Wahrheit der Offenbarungen Mahomets beweisen. Vor solchem Unglück wurde die Christenheit bewahrt durch den Genius und das Schlachtenglück eines einzelnen Menschen.»[134] Jedoch um das Maximum an Einfluß auf seine Zeit zu gewinnen, muß das außergewöhnliche Individuum weite Unterstützung genießen. «Die Wirkungen persönlicher Tapferkeit sind, ausgenommen in der Dichtung oder im Roman, so belanglos, daß der Sieg ... von dem Grad der Ge-

---

* Vgl. Voltaire: «Die ganze Geschichte ist, kurz gesagt, wenig mehr als eine ... Sammlung von Verbrechen, Torheiten und Unglücksfällen ...»[128]

schicklichkeit abhängt, mit der die Leidenschaften der Menge vereinigt und in den Dienst eines einzelnen Menschen gestellt werden.»[135]

Alles in allem kann *The Decline and Fall of the Roman Empire* neben Montesquieus *L'Esprit des Lois* als schärfstem Konkurrenten das bedeutendste Buch des 18. Jahrhunderts genannt werden. Es war nicht das einflußreichste; in seiner Wirkung auf die Geschichte kann es mit Rousseaus *Contrat social* oder Adam Smith' *Wealth of Nations* oder Kants *Kritik der reinen Vernunft* nicht verglichen werden. Doch als literarisches Werk ist es in seiner Zeit oder in seiner Art nicht übertroffen worden. Wenn wir uns fragen, wie Gibbon dazu kam, ein solches Meisterwerk zu vollbringen, kommen wir zu dem Schluß, daß Ehrgeiz, Geld, Muße und Können zusammentrafen. Wann wird eine solche Kombination wieder eintreten? «Nie», sagte ein anderer Historiker Roms, Barthold Georg Niebuhr, «wird Gibbons Werk übertroffen werden.»[136]

VI. CHATTERTON UND COWPER

Wer würde annehmen, daß um 1760 Charles Churchill der beliebteste der lebenden englischen Dichter war? Als Sohn eines Geistlichen wurde er selbst zum anglikanischen Priester geweiht; er erlag den Versuchungen Londons, schickte seine Frau weg, machte Schulden und schrieb ein einstmals berühmtes Gedicht, *The Rosciad* (1761), das ihn in die Lage versetzte, seine Schulden zu bezahlen, seiner Frau eine Rente auszusetzen und «sich in auffällig unklerikaler Kleidung als Lebemann aufzuspielen»[137]. Sein Gedicht war nach Quintus Roscius benannt, der in den Tagen Caesars das römische Theater beherrscht hatte; es verspottete die führenden Schauspieler Londons, brachte Garrick zum Schäumen, und eines seiner Opfer «rannte in der Stadt umher wie ein angeschossenes Wild»[138]. Churchill beteiligte sich mit Wilkes an den gottlosen Riten der Medmenham-Abtei, half ihm *The North Briton* schreiben und ging nach Frankreich, mit ihm die Verbannung zu teilen; doch er starb in Boulogne (1764) bei einem Trinkgelage und «mit epikureischer Gelassenheit»[139].

Ein anderer Geistlicher, Thomas Percy, blieb den Grundsätzen seines Berufes treu, wurde Bischof von Dromore in Irland und hinterließ seine Spur in der europäischen Literatur, indem er aus den Händen eines Hausmädchens, das im Begriff war, es zu verbrennen, ein altes Manuskript rettete, das eine der Quellen für seine *Reliques of Ancient Poetry* (1765) wurde. Diese Balladen aus dem mittelalterlichen Britannien sprachen alte Erinnerungen an und ermutigten den romantischen Geist, der so lange durch Rationalismus und klassische Mäßigung unterdrückt worden war, sich in der Dichtung und in der bildenden Kunst auszudrücken. Wordsworth datierte von diesen *Reliques* an den Aufstieg der romantischen Bewegung in der englischen Literatur. Macphersons *Ossian*, Chattertons Gedichte, Walpoles *Castle of Otranto* und sein Strawberry Hill, Beckfords *Vathek* und Fonthill Abbey waren verschiedene Stimmen, die in den Ruf nach Gefühl, Geheimnis und Romantik einstimmten. Eine Zeitlang nahm das Mittelalter die moderne Seele gefangen.

DIE LITERARISCHE SZENE 377

Thomas Chatterton begann seinen Versuch, zum Mittelalter zurückzufinden, indem er über alten Pergamenten brütete, die sein Onkel in einer Kirche in Bristol gefunden hatte. Bald nach dem Tod seines Vaters 1752 in dieser Stadt geboren, wuchs der empfindsame und schwärmerische Knabe in einer Welt seiner eigenen historischen Phantasien auf. Er studierte ein Lexikon angelsächsischer Wörter und schrieb in einer Sprache, die er für die des 15. Jahrhunderts hielt, Gedichte, die er angeblich in der Kirche St. Mary Radcliffe gefunden hatte und einem imaginären Mönch des 15. Jahrhunderts, Thomas Rowley, zuschrieb. 1769, im Alter von siebzehn, schickte er einige dieser «Rowley-Gedichte» an Horace Walpole – der selbst fünf Jahre zuvor *Otranto* als mittelalterliches Original veröffentlicht hatte. Walpole lobte die Gedichte und forderte Chatterton auf, ihm weitere zu schicken; der Jüngling kam dieser Aufforderung nach und bat Walpole gleichzeitig, ihm bei der Suche nach einem Verleger und nach einer einträglichen Beschäftigung behilflich zu sein. Walpole legte die Verse Thomas Gray und William Mason vor, die sie beide für Fälschungen erklärten. Walpole schrieb an Chatterton, diese Gelehrten seien «von der Echtheit seiner angeblichen Manuskripte keineswegs überzeugt», und riet ihm, die Dichtkunst beiseite zu legen, bis er sich selbst ernähren könne. Dann ging Walpole nach Paris und vergaß, die Gedichte zurückzuschicken. Chatterton schrieb dreimal um sie ... Drei Monate vergingen, bevor sie ankamen[140].

Der Dichter ging nach London (April 1770) und mietete eine Dachkammer in der Brook Street, Holborn. Er veröffentlichte Pro-Wilkes-Artikel und einige der Rowley-Gedichte in verschiedenen Zeitschriften, wurde jedoch so schlecht bezahlt (acht Pence pro Gedicht), daß er von den Einnahmen nicht leben konnte. Er bewarb sich vergeblich um einen Posten als Assistenzarzt auf einem afrikanischen Frachter. Am 27. August schrieb er ein bitteres Abschiedsgedicht an die Welt:

> *Farewell, Bristolia's dingy piles of brick,*
> *Lovers of Mammon, worshippers of trick!*
> *Ye spurned the boy who gave you antique lays,*
> *And paid for learning with your empty praise.*
> *Farewell, ye guzzling aldermanic fools,*
> *By nature fitted for corruption's tools! ...*
> *Farewell, my mother! – cease, my anguish'd soul,*
> *Nor let distraction's billows o'er me roll!*
> *Have mercy, Heaven! – when here I cease to live,*
> *And this last act of wretchedness forgive.*

> Lebt wohl, Bristoliens schmutzige Backsteinhaufen,
> Mammonanbeter, Diener der List!
> Ihr habt den Knaben verschmäht, der euch alte Lieder schenkte,
> Und habt mit leerem Lob für edle Bildung bezahlt.
> Lebt wohl, ihr saufenden närrischen Ratsherrn,
> Von Natur geeignet als Werkzeuge der Korruption! ...
> Lebewohl, Mutter! – Höre auf, meine gepeinigte Seele,
> Lasse keine besänftigenden Wellen über mich rollen!
> Hab' Mitleid, Himmel!, wenn ich jetzt aufhöre zu leben,
> und vergib' mir diese letzte traurige Missetat.

378 SAMUEL JOHNSONS ENGLAND

Dann beging er Selbstmord, indem er Arsenik trank. Er war siebzehn Jahre und neun Monate alt. Auf dem Armenfriedhof wurde er beigesetzt.

Seine Gedichte füllen heute zwei Bände. Hätte er sie als Nachahmungen statt als Originale bezeichnet, wäre er vielleicht als ein echter Dichter anerkannt worden, denn einige seiner Rowley-Strophen sind ebenso gut wie die meisten Originale des gleichen Genre. Wenn er unter seinem eigenen Namen schrieb, konnte er Verse zustande bringen, die fast denen Popes gleichkamen, wie in «The Methodist»[141] oder – die bittersten von allen – die siebzehn Zeilen, in denen er Walpole als einen herzlosen Schmeichler geißelte[142]. Als seine erhalten gebliebenen Manuskripte veröffentlicht wurden (1777), machte der Verleger Walpole teilweise verantwortlich für den Tod des Dichters; Walpole verteidigte sich mit dem Argument, er habe sich nicht verpflichtet gefühlt, einem hartnäckigen Schwindler zu helfen[143]. Einige barmherzige Seelen wie Goldsmith blieben bei der Meinung, die Gedichte seien echt; Johnson lachte seinen Freund aus, sagte jedoch: «Dies ist der ungewöhnlichste junge Mann, von dem ich je erfahren habe. Es ist wundervoll, wie dieser junge Bursche solche Dinge geschrieben hat.»[144] Shelley erinnerte kurz an den Jüngling in *Adonais*[145], und Keats widmete *Endymion* seinem Gedächtnis.

Chatterton entzog sich der rauhen Wirklichkeit Bristols und Londons mit Hilfe mittelalterlicher Sagen und Arsenik; William Cowper floh vor London, das Johnson liebte, in ländliche Einfachheit, religiösen Glauben und periodischen Wahnsinn. Sein Großvater, des Mordes verdächtigt und freigesprochen, wurde Richter, sein Vater war anglikanischer Geistlicher, seine Mutter gehörte der gleichen Familie an, die John Donne hervorgebracht hatte. Sie starb, als er sechs Jahre alt war, und hinterließ ihm melancholische Erinnerungen an zärtliche Fürsorge; dreiundfünfzig Jahre später, als ein Vetter ihm ein altes Bild von ihr schickte, erinnerte er sich in einem zärtlichen Gedicht[146] an ihre häufigen Bemühungen, die Ängste zu beschwichtigen, die seine Kindheitsnächte verdunkelt hatten.

Aus dieser nachsichtigen Obhut kam er, in seinem siebenten Lebensjahr, in eine Internatsschule, wo er das schüchterne Opfer eines älteren tyrannischen Schülers wurde, der ihm keine demütigende Aufgabe ersparte. Er litt an einer Augenentzündung und war jahrelang in der Behandlung eines Arztes. 1741 wurde er, zehn Jahre alt, in die Westminster School in London geschickt. Mit siebzehn trat er einen dreijährigen Dienst als Schreiber im Büro eines Anwalts in Holborn an. Er war jetzt reif für die Liebe; da seine Base Theodora Cowper in der Nähe wohnte, wurde sie das Idol seiner Tagträume. Mit einundzwanzig begann er das Studium der Rechte im Middle Temple, und mit dreiundzwanzig wurde er als Anwalt zugelassen. Da er einen Widerwillen gegen die Juristerei empfand und vor Gericht seine Schüchternheit nicht überwinden konnte, wurde er von Schwermut befallen, die sich verschlimmerte, als Theodoras Vater ihr jeden weiteren Verkehr mit ihrem Vetter verbot. Cowper sah sie nie wieder, vergaß sie nie und heiratete nie.

1763 vor die Notwendigkeit gestellt, vor dem Oberhaus zu erscheinen, brach er zusammen und machte in einem Anfall geistiger Umnachtung einen Selbstmordver-

DIE LITERARISCHE SZENE 379

such. Freunde schickten ihn in eine Irrenanstalt in St. Albans. Nach achtzehn Monaten wurde er entlassen und zog sich zu einem fast einsiedlerischen Leben nach Huntingdon in der Nähe von Cambridge zurück; nun, sagte er, «wünsche er sich keine andere Verbindung als die mit Gott und Jesus Christus»[147]. Er trat zum calvinistischen Glauben über, nahm ihn wörtlich und dachte viel über Heil und Verdammnis nach. Durch einen glücklichen Zufall lernte er eine am Ort wohnende Familie kennen, deren Religion ihn von seiner Furcht befreite und ihm Frieden und Freundlichkeit brachte: der Geistliche Morley Unwin, seine Frau Mary und deren Kinder William und Susannah. Cowper verglich den Vater mit Parson Adams in Fieldings *Joseph Andrews;* er sah eine zweite Mutter in Mrs. Unwin, die sieben Jahre älter war als er. Sie und ihre Tochter behandelten ihn als Sohn und Bruder und erwiesen ihm zarte weibliche Aufmerksamkeiten, die ihn fast das Leben wieder lieben lehrten. Sie forderten ihn auf, bei ihnen zu wohnen; er tat es (1765) und fand Heilung in ihrem einfachen Leben.

Dieses Glück nahm ein plötzliches Ende, als der Vater bei einem Sturz vom Pferd ums Leben kam. Die Witwe und ihre Tochter zogen zusammen mit Cowper nach Olney in Buckinghamshire, um in der Nähe des berühmten Predigers der Evangelikalen, John Newton, zu sein. Dieser überredete Cowper, mit ihm die Kranken zu besuchen und Hymnen zu schreiben. Eine dieser «Olney-Hymns» enthält die berühmten Zeilen:

> God moves in a mysterious way
> His wonders to perform;
> He plants his footsteps in the sea,
> And rides upon the storm. [148]

> Gott bewegt sich auf wunderbare Weise,
> Seine Wunder zu vollbringen;
> Er pflanzt seine Fußstapfen in das Meer
> Und reitet auf dem Sturm.

Doch Newtons Höllenfeuerpredigten, die «mehr als eins seiner Gemeindemitglieder aus dem Gleichgewicht geworfen hatten», vergrößerten die theologischen Ängste des Dichters, statt sie zu beschwichtigen[149]. «Gott», sagte Cowper, «ist immer fürchterlich für mich, außer wenn ich ihn seines Stachels entwaffnet sehe, nachdem er ihn in den Leib Jesu Christi gestoßen hat.»[150] Er machte Mrs. Unwin einen Heiratsantrag, doch ein zweiter Wahnsinnsanfall (1773) verhinderte die Trauung; er genas nach drei Jahren zärtlicher Pflege. 1779 verließ Newton Olney, und Cowpers Frömmigkeit nahm mildere Formen an.

Andere Frauen halfen Mary Unwin, den Dichter die irdischen Dinge nicht vergessen zu lassen. Die verwitwete, aber lebenslustige Lady Austin gab ihr Londoner Haus auf, zog nach Olney, verkehrte mit den Unwins und brachte Fröhlichkeit dorthin, wo man sich allzu lange nur mit den kleinen Tragödien des Lebens beschäftigt hatte. Sie war es, die Cowper die Geschichte erzählte, aus der er «The Diverting History of John Gilpin»[151] (Die ergötzliche Geschichte des John Gilpin) und seinen wilden, unfreiwilligen Ritt machte. Ein Freund der Familie schickte die lustige Ballade an eine Zeitung;

ein Schauspieler, der Garricks Nachfolge am Drury-Lane-Theater angetreten hatte, rezitierte sie dort; sie wurde das Tagesgespräch von London, und Cowper genoß zum erstenmal den Ruhm. Er hatte sich als Dichter nie ernst genommen. Jetzt drängte ihn Lady Austin, ein größeres Werk zu schreiben. Doch über welches Thema? «Über irgend etwas», antwortete sie, und auf ein Sofa deutend, übertrug sie ihm die Aufgabe, es in Versen zu feiern. Geschmeichelt, von einer reizenden Frau beauftragt zu sein, schrieb Cowper *The Task*. Das Buch erschien 1785 und fand Beifall bei Menschen, die des Krieges, der Politik und des Stadtlebens müde waren.

Es wäre eine wirkliche Aufgabe, sechs «Bücher» über ein Sofa zu schreiben oder zu lesen, wenn man nicht die Moralität von Crébillon *fils* besitzt[152]; Cowper war klug genug, es nur als Ausgangspunkt zu benutzen. Nachdem er es zum Höhepunkt einer humorvollen Geschichte der Sitzgelegenheiten gemacht hatte, ging er zu seinem Lieblingsthema über, das in der berühmtesten Zeile des Gedichts zusammengefaßt werden kann: «Gott schuf das Land, und der Mensch schuf die Stadt.»[153] Der Dichter gab zu, daß Kunst und Beredsamkeit in London blühten, er pries Reynolds und Chatham und bewunderte die Wissenschaft, die ein «Atom mißt und nun die Welt schmäht»[154], doch er warf der «Königin der Städte» vor, sie bestrafe kleine Diebe mit dem Tod, während sie «Veruntreuer des öffentlichen Goldes» mit Ehren überhäufe.

> *Oh for a lodge in some vast wilderness,*
> *Some boundless contiguity of shade,*
> *Where rumour of oppression and deceit,*
> *Of unsuccessful or successful war,*
> *Might never reach me more! My ear is pain'd,*
> *My soul is sick, with every day's report*
> *Of wrong and outrage with which earth is filled.* [155]

> Ach, ich sehne mich nach einer weiten Wildnis,
> Nach einer grenzenlosen Schattennähe,
> Wo die Gerüchte von Unterdrückung und Verrat,
> Von erfolglosen oder erfolgreichen Kriegen
> Mich nie wieder erreichen! Mein Ohr schmerzt,
> Meine Seele ist krank vom täglichen Bericht
> Über Unrecht und Gewalt, von denen die Erde voll ist.

Er war entsetzt über den Sklavenhandel; er war eine der ersten englischen Stimmen, die den Mann anklagten, der

> *finds his fellow guilty of a skin*
> *Not coloured like his own; and having power*
> *To enforce the wrong ...*
> *Dooms and devotes him as his lawful prey ...*
> *Then what is man? And what man, seeing this,*
> *And having human feelings, does not blush,*
> *And hang his head, to think himself a man?*[156]

> seinen Mitmenschen eine Haut zum Verbrechen macht,
> Die nicht von der Farbe seiner eignen ist,
> Und da er die Macht hat,
> Das Unrecht zu erzwingen ...

DIE LITERARISCHE SZENE 381

Ihn verurteilt und ihn opfert als seine rechtmäßige Beute,
Was ist dann der Mensch? und welcher Mensch, der dies sieht,
Und menschliche Gefühle hat, errötet nicht,
Und beugt den Kopf bei dem Gedanken, ein Mensch zu sein?

Und dennoch schloß er: «England, trotz all deiner Fehler lieb ich dich.»[157]

Er glaubte, diese Fehler könnten gemildert werden, wenn England zur Religion und zu einem ländlichen Leben zurückkehrte. «Ich war ein verwundetes Tier, das die Herde verließ» – das heißt, er hatte London verlassen, wo «Prostituierte uns beiseite stoßen» –, und hatte Heilung im Glauben und in der Natur gefunden. Kommt aufs Land! Schaut den Fluß Ouse, «sich langsam durch eine flache Ebene windend», das friedliche Vieh, die Bauernhütte und ihre starke Familie, den Dorfkirchturm, Kummer und Hoffnung verheißend, hört das Plätschern der Wasserfälle und die morgendliche Unterhaltung der Vögel. Auf dem Land hat jede Jahreszeit ihre Freuden, der Frühlingsregen ist ein Segen, und der Schnee im Winter ist rein. Wie angenehm ist es, durch den Schnee zu stapfen und sich dann um das abendliche Feuer zu versammeln!

Cowper schrieb wenig Wertvolles nach *The Task*. 1786 zog er in das nahegelegene Weston Underwood; hier wurde er wieder für ein weiteres halbes Jahr geisteskrank. 1792 hatte Mrs. Unwin einen Schlaganfall; drei Jahre lang siechte sie als hilflose Invalide dahin. Cowper pflegte sie, wie sie ihn gepflegt hatte, und in ihrem letzten Monat schrieb er seine Zeilen «Für Mary Unwin»:

> *Thy silver locks, once auburn bright,*
> *Are still more lovely in my sight*
> *Than golden beams of orient light,*
> *My Mary!*[158]

> Deine Silberlocken, einst leuchtend braun,
> Sind für meinen Blick noch immer lieblicher
> Als goldene Strahlen der aufgehenden Sonne,
> Meine Mary!

1794, überwältigt von Kummer und überanstrengt durch die Arbeit an seiner erfolglosen Übersetzung Homers, hatte er einen neuen Wahnsinnsanfall und unternahm einen weiteren Selbstmordversuch. Er genas wieder und wurde durch eine Regierungspension von dreihundert Pfund von finanziellen Sorgen befreit. Doch am 17. Dezember 1796 starb Mary Unwin, und Cowper fühlte sich verloren und verzweifelt, obwohl er in Theodoras Schwester, Lady Harriet Cowper Hesketh, eine neue Freundin gefunden hatte. Seine letzten Tage waren erfüllt von religiösen Ängsten. Er starb am 25. April 1800, achtundsechzig Jahre alt.

Cowper gehörte der romantischen Bewegung in der Literatur und der evangelischen Bewegung in der Religion an. Er beendete die Herrschaft Popes in der Dichtkunst und bereitete den Weg für Wordsworth; in die Poesie brachte er eine Natürlichkeit der Form und eine Echtheit des Gefühls, die der vom augusteischen Zeitalter entfesselten Mode künstlicher Reime ein Ende machten. Seine Religion war ein Fluch für ihn in seinem Bild eines rächenden Gottes und einer unversöhnlichen Hölle. Doch es mögen die Religion und auch mütterliche Instinkte gewesen sein, die jene freundlichen Frauen veranlaßten, «sich dieses 'verwundeten Tieres'» in seinen kummervollen und dunklen Stunden anzunehmen.

VII. OLIVER GOLDSMITH

«Poor Poll» hatte auch seine Tragödien, doch sie wurden nicht durch einen sadistischen Glauben verschärft, sondern wurden durch Triumphe in Vers und Prosa und auf der Bühne gelindert.

Sein Vater war ein einfacher anglikanischer Hilfsgeistlicher in einem irischen Dorf, der, die Theologie mit der Landwirtschaft verbindend, vierzig Pfund im Jahr verdiente. Als Oliver zwei Jahre alt war (1730), wurde der Hilfsgeistliche zum Pfarrer von Kilkenny West gemacht, und die Familie zog in ein Haus an der Hauptstraße in der Nähe von Lissoy, das sich später in Auburn umbenannte, im Vertrauen darauf, daß Goldsmith es im Sinn hatte, als er *The Deserted Village* (Das verlassene Dorf) schrieb.

Oliver besuchte hintereinander mehrere Elementarschulen und erinnerte sich am besten an einen Feldzeugmeister, der Schulmeister geworden war und seine Kriege nicht vergessen konnte, jedoch auch spannende Geschichten von Elfen, Feen und Geistern erzählte. Im Alter von neun starb der Knabe fast an den Pocken, die eins der häßlichsten je einer lieblichen Seele mitgegebenen Gesichter noch mehr entstellten. Mit fünfzehn kam er in das Trinity College in Dublin als Stipendiat, als arbeitender Student, in welcher Eigenschaft er ein ihn von den andern unterscheidendes Gewand trug, niedrige Dienste verrichten mußte und von einem tyrannischen Aufseher gequält wurde. Er lief weg nach Cork, suchte eine Passage nach Amerika; doch sein älterer Bruder Henry machte ihn ausfindig und überredete ihn, ins College zurückzugehen. Oliver studierte mit Erfolg die antiken Autoren, erwies sich jedoch als unbegabt für die Naturwissenschaft, schaffte es aber, seinen Grad als Bakkalaureus zu erwerben.

Er bewarb sich um Zulassung zu den niederen kirchlichen Weihen, versetzte jedoch den Bischof in Erstaunen, als er in scharlachroten Kniehosen erschien, und wurde abgelehnt. Als Hauslehrer stritt er sich mit seinem Schüler und machte sich wieder auf den Weg nach Cork und Amerika. Ein Onkel holte ihn zurück, schoß ihm fünfzig Pfund vor, damit er nach London gehen könne. Oliver verlor alles in einer Spielhölle. Seine Verwandten waren entsetzt über seine Haltlosigkeit und Lebensuntüchtigkeit, jedoch entzückt von seiner Fröhlichkeit, seinem Flötenspiel und seinen Liedern. Man sammelte Mittel, um sein Medizinstudium in Edinburg und dann in Leiden zu finanzieren. Er machte einige Fortschritte, verließ jedoch Leiden ohne einen Grad. In Paris (berichtet er uns) hörte er die Vorlesungen über Chemie von Rouelle. Dann machte er sich auf die Wanderschaft (1755), durchstreifte mit Muße Frankreich, Deutschland, die Schweiz und Norditalien. Er spielte mit seiner Flöte zu ländlichen Tänzen auf und verdiente sich so seine unregelmäßigen Mahlzeiten; gelegentlich bettelte er auch an Klosterpforten[159]. Im Januar 1756 kehrte er nach England zurück.

DIE LITERARISCHE SZENE 383

Er praktizierte als Arzt in London, las Korrekturen für Samuel Richardson, unterrichtete in einer Schule in Surrey, ließ sich dann als literarischer Tagelöhner in London nieder, übernahm die seltsamsten Aufträge und lieferte Beiträge für Zeitschriften. In vier Wochen schrieb er ein *Leben Voltaires*. 1759 überredete er Dodsley, eine oberflächliche *Enquiry into the State of Polite Learning in Europe* (Untersuchung über den Stand der Schönen Literatur in Europa) zu veröffentlichen. Seine Bemerkungen über Theaterdirektoren beleidigten Garrick nachhaltig. Er behauptete darin, Zeitalter schöpferischer Literatur neigten dazu, von Zeiten der Kritik gefolgt zu werden, die ihre Gesetze aus der Praxis der Schöpfer ableiten und dazu neigen, den Stil und die Vorstellungskraft der neuen Dichter zu verkrampfen. Goldsmith war der Ansicht, Europa habe sich im Jahre 1759 in einem solchen Zustand befunden.

Ein Jahr später schrieb er für Newberys *Public Ledger* einige «Chinesische Briefe», die im Jahre 1762 als *The Citizen of the World* (Der Weltbürger) wieder veröffentlicht wurden. Die Methode war alt; sie bestand darin, sich einen orientalischen Reisenden vorzustellen, der mit Belustigung und Entsetzen die Lebensart der Europäer beschreibt. So schildert Lien Chi Altangi in Briefen an einen Freund zu Hause Europa als ein liederliches Theater der Habsucht, des Ehrgeizes und der Intrige. Goldsmith veröffentlichte das Buch anonym, doch die Eingeweihten der Fleet Street erkannten seinen Stil an der einfachen Sprache, den anschaulichen Beschreibungen und an dem liebenswürdigen Ton. Als er merkte, daß der Ruhm zu ihm kam, zog er in eine bessere Wohnung in Nummer 6 Wine Office Court. Da er Johnson in den «Chinesischen Briefen» gelobt hatte, wagte er es, den Lexikographen (der ihm gegenüber wohnte) zum Abendessen einzuladen. Johnson kam, und ihre lange Freundschaft begann (31. Mai 1761).

An einem Tag im Oktober 1762 erhielt Johnson eine dringende Nachricht von Goldsmith, der ihn um Hilfe bat. Er schickte eine Guinee, kam kurz darauf selbst und stellte fest, daß Goldsmith verhaftet werden sollte, weil er seine Miete nicht bezahlt hatte. Er fragte seinen Freund, ob er nichts von Wert habe, um es zu verpfänden oder zu verkaufen. Goldsmith gab ihm ein Manuskript mit dem Titel *The Vicar of Wakefield* (Der Landprediger von Wakefield). Johnson bat (nach Johnsons Bericht [160]) die Hauswirtin, zu warten, brachte den Roman zu dem Verleger John Newbery, verkaufte ihn für sechzig Pfund und brachte das Geld Goldsmith, der seine Miete zahlte und seine Rettung mit einer Flasche Wein feierte. Der Verleger ließ das Manuskript vier Jahre lang unveröffentlicht.

Im Dezember 1764 übergab Goldsmith der Welt sein erstes größeres Gedicht, *The Traveller, or A Prospect of Society* (Der Reisende, oder Ein Blick auf die Gesellschaft). Er folgte den Spuren seiner Wanderungen auf dem Kontinent, beschrieb die Fehler und Tugenden eines jeden Landes und stellte fest, daß jedes Land sich für das beste hielt. Er glorifizierte die Macht Englands (das soeben den Siebenjährigen Krieg gewonnen hatte) und beschrieb die Mitglieder des Parlamentes wie folgt:

> *Pride in their port, defiance in their eye,*
> *I see the lords of human kind pass by.*

Stolz in ihrer Haltung, Trotz in ihrem Auge,
Sehe ich die Herrn des Menschengeschlechts vorübergehen.

Doch er warnte, Habsucht beflecke die englische Herrschaft, selbstsüchtige Umzäunungen machten die Bauern arm und trieben Englands kräftigste Söhne nach Amerika. Er hatte das Manuskript Johnson gezeigt, der neun Zeilen beisteuerte, besonders am Ende, indem er den Einfluß der Politik auf das Glück des Individuums verkleinerte und die häuslichen Freuden lobte.

Der Erfolg des Buches überraschte alle außer Johnson, der es propagieren half: «Es ist seit Popes Zeiten kein so schönes Gedicht geschrieben worden»[161] – was eine Mißachtung Grays bedeutete. Der Verleger erzielte einen hübschen Gewinn aus den wiederholten Auflagen, gab jedoch dem Autor nur zwanzig Guineen. Goldsmith zog in bessere Räume im Temple; er kaufte sich eine neue Ausstattung mit purpurfarbenen Kniehosen, einem scharlachroten Rock, einer Perücke und einem Spazierstock und nahm mit diesem würdevollen Äußeren seine Arztpraxis wieder auf. Das Experiment gelang nicht, und der Erfolg des *Landpredigers von Wakefield* brachte ihn zur Literatur zurück.

Der Verleger, der das Manuskript von Johnson gekauft hatte, kam zu der Ansicht, daß Goldsmith' frischer Ruhm dem seltsamen Roman zum Erfolg verhelfen würde. Das Buch erschien am 27.März 1766 in einer kleinen Auflage; diese war in zwei Monaten ausverkauft, und eine zweite in drei weiteren Monaten, doch erst 1774 deckte der Verkaufserlös die Investierungen des Verlegers. Schon 1770 empfahl Herder das Buch Goethe, der diesen Roman als «einen der besten, die je geschrieben worden», bezeichnete[162]. Walter Scott war der gleichen Meinung[163]. Washington Irving wunderte sich, daß ein eingefleischter Junggeselle «das liebenswürdigste Bild häuslicher Tugend und der ganzen Zärtlichkeit des Ehestandes» zeichnen könnte[164]. Vielleicht waren es sein Ausschluß vom Familienleben, sein unfreiwilliges Junggesellentum und seine heimlichen Liebschaften, die Goldsmith veranlaßten, das Familienheim und die junge Weiblichkeit zu idealisieren und weibliche Keuschheit höher zu schätzen als das Leben. Seine zärtlichen Erinnerungen an seinen Vater und seinen Bruder lieferten das Porträt des Dr. Primrose, von dem er sagt: «Der Held dieser Erzählung vereinigt in sich die drei größten Charaktere, die es in der Welt geben kann: er ist Priester, Ehemann und Vater einer Familie.»[165] Seine eigenen Wanderungen spiegelten sich wider in dem Sohn George, der wie Goldsmith seine Reisen als Lohnschreiber in London beendet hatte. Die Geschichte ist unglaubwürdig, jedoch bezaubernd.

Die Einnahmen aus *The Traveller* und *The Vicar of Wakefield* waren bald ausgegeben, denn Goldsmith zerrann das Geld zwischen den Fingern, und er lebte stets in der Zukunft. Begehrlich dachte er an den Ruhm und den Reichtum, den ein erfolgreiches Theaterstück einbringen würde. Er versuchte seine Feder an dem schwierigen Genre, nannte das Ergebnis *The Good-natured Man* und bot es Garrick an. David versuchte, die abfälligen Bemerkungen zu vergessen, die Goldsmith über ihn gemacht hatte, und erklärte sich bereit, das Stück aufzuführen. Doch er machte sich über sentimentale Komödien lustig, und diese waren Garricks Goldgrube. Er schlug Änderungen vor,

DIE LITERARISCHE SZENE

Goldsmith lehnte sie ab; Garrick schoß dem Autor vierzig Pfund vor, zögerte jedoch so lange, daß der rücksichtslose Autor das Manuskript Garricks Rivalen George Colman übergab, der das Covent-Garden-Theater leitete. Colmans Schauspielern gefiel das Stück nicht; Johnson lieh ihm seine ganze Unterstützung, überwachte die Proben und schrieb den Prolog. Das Drama hatte am 29. Januar 1768 Premiere; es erlebte zehn Vorstellungen und wurde dann, weil es sich als ein nur mäßiger Erfolg erwies, abgesetzt; doch auch so brachte es dem Autor fünfhundert Pfund ein.

Nun wieder für ein Jahr bei Kasse, zog Goldsmith gegen Johnsons Rat in eine elegante Wohnung in Brick Court und richtete sie so teuer ein, daß er wieder auf die Lohnschreiberei zurückgreifen mußte, um seine Rechnungen bezahlen zu können. Jetzt schrieb er volkstümliche Werke über die Geschichte von Rom, Griechenland, England und eine *History of Animated Nature* – alle dürftig in ihrem wissenschaftlichen Gehalt, doch fesselnd in ihrem Stil. Als ihn jemand fragte, warum er solche Bücher schreibe, antwortete er, sie versetzten ihn in die Lage, zu essen, während Dichtung ihn verhungern lasse. Dennoch brachte er am 26. Mai 1770 sein Meisterwerk, *The Deserted Village*, heraus, für das er hundert Guineen erhielt – zu jener Zeit ein guter Preis für ein Gedicht von nur siebzehn Seiten. In drei Monaten wurden vier Auflagen verkauft.

Sein Thema war die Landflucht der Bauern, die ihre Äcker durch die Umstellung auf Weidewirtschaft verloren hatten. Es schilderte

> *Sweet Auburn! loveliest village of the plain,*
> *Where health and plenty cheered the labouring swain;*

> Süßes Auburn! lieblichstes Dorf der Ebene,
> Wo Gesundheit und Überfluß den fleißigen Bauern erfreuten;

es verlieh dem bäuerlichen Wohlstand, der seiner Meinung nach der Umstellung auf Weidewirtschaft vorausgegangen war, alle rosigen Farben der Phantasie des Städters Goldsmith. Er beschrieb die ländlichen Szenen, die verschiedenen Blumen, «die schützende Hütte, den bestellten Acker», die Spiele und Tänze des Dorfes, die «schamhafte Jungfrau» und den pickeligen Jüngling, die glücklichen Familien, in denen Frömmigkeit und Tugend regierten. Wieder sah er seinen Vater in Kilkenny West Gottesdienst halten:

> *A man he was to all the country dear,*
> *And passing rich with forty pounds a year –*

> Er war ein Mann, dem ganzen Lande teuer,
> Und galt als reich mit vierzig Pfund im Jahr –,

genug, den Landstreicher zu nähren, den Verschwender zu retten, den zerlumpten Soldaten zu beherbergen, die Kranken zu besuchen und die Sterbenden zu trösten.

> *At church, with meek and unaffected grace,*
> *His looks adorned the venerable place;*
> *Truth from his lips prevailed with double sway,*
> *And fools who came to scoff remained to pray.*

386   SAMUEL JOHNSONS ENGLAND

In der Kirche schmückte seine schöne Gestalt
Mit sanfter und schlichter Anmut den heiligen Ort.
Wahrheit von seinen Lippen trug doppelten Sieg davon,
Und Narren, die kamen zu spotten, blieben um zu beten.

Jener Schulmeister, der den Dichter in seiner Kindheit in strenger Zucht gehalten
hatte, wurde in der Erinnerung in einen «unnachgiebigen» Lehrer verwandelt:

Yet he was kind, or if severe in aught,
The love he bore to learning was in fault; ...
In arguing, too, the parson owned his skill,
For e'en thought vanquished he could argue still; ...
With words of learned length and thundering sound
Amazed the gazing rustics ranged around;
And still they gazed, and still the wonder grew,
That one small head could carry all he knew.

Doch er war freundlich, oder wenn streng, dann gerecht,
Die Liebe, die er für die Wissenschaft hegte, war falsch ...
Im Streiten war auch der Pfarrer geschickt,
Denn wenn auch besiegt, stritt er weiter ...
Mit Worten von gelehrter Länge und donnerndem Klang,
Versetzte er die um ihn versammelten Bauern in Staunen,
Und sie starrten ihn an, und größer wurde das Wunder,
Daß ein einziger kleiner Kopf fassen konnte, was er wußte.

Dieses Paradies war, so glaubte Goldsmith, durch Zäune zerstört worden; das Ackerland war in Weideland verwandelt worden, die Bauernfamilien waren in die Städte
oder in die Kolonien geflohen, und die ländliche Quelle ehrsamer Tugend trocknete
aus.

Ill fares the land, to hastening ills a prey,
Where wealth accumulates and men decay.

Schlimm ergeht es dem Land, dem eilenden Unglück wird es zur Beute,
Wo Reichtum sich häuft und die Menschen verkommen.

Nachdem er das beste Gedicht jener Generation geschrieben hatte, wandte sich
Goldsmith wieder dem Drama zu. 1771 bot er Colman eine neue Komödie, She
Stoops to Conquer, an. Colman zögerte, wie Garrick es getan hatte, bis Johnson inter-
venierte und dem Theaterdirektor fast befahl, das Stück aufzuführen. Garrick ließ sich
versöhnen und schrieb den Prolog. Nach Aufregungen, die den Autor fast den Verstand kosteten, wurde das Stück am 15. März 1773 aufgeführt. Johnson, Reynolds und
andere Freunde wohnten der Premiere bei und lenkten den Applaus; Goldsmith selbst
durchwanderte inzwischen ruhelos den St. James's Park, bis ihn jemand fand und ihm
versicherte, daß sein Stück ein großer Erfolg sei. Es lief lange; die gewinnbringenden
Abende verhalfen Goldsmith zu einem Jahr Wohlstand.

Er hatte sich jetzt den zweiten Platz nach Johnson unter den englischen Schriftstellern jener Zeit und sogar ausländischen Ruhm erobert. Er war eine führende Gestalt im «Club» und wagte es, häufig anderer Meinung zu sein als Johnson. Als man
über Tierfabeln sprach, bemerkte er, es sei besonders schwierig, Fische wie Fische
sprechen zu lassen. «Das», sagte er zu Johnson, «ist gar nicht so leicht, wie Sie offen-

DIE LITERARISCHE SZENE

bar annehmen; bei Ihnen sprächen die Fischchen bestimmt wie Walfische.»[166] Der Große Bär versetzte ihm manchmal grausame Tatzenhiebe; doch er liebte ihn deshalb nicht weniger, und die Zuneigung wurde erwidert, obwohl Goldsmith Johnson um seine Meisterschaft in der Konversation beneidete. Er selbst hatte nie Ordnung in sein Wissen gebracht, er konnte es nicht schnell oder geschickt anwenden. Er schrieb «wie ein Engel», sagte Garrick, «und redete wie 'poor Poll'»[167]. Boswell neigte dazu, Goldsmith herabzusetzen, doch viele Zeitgenossen – Reynolds, Burke, Wilkes, Percy – wiesen sein Urteil als ungerecht zurück[168]. Man stellte fest, daß Goldsmith auf Versammlungen gut sprach, bei denen Johnson nicht anwesend war[169].

Seine Sprechweise, sein Benehmen und seine Erscheinung waren gegen ihn. Er hatte seinen irischen Akzent nie verloren. Er kleidete sich zu nachlässig, und manchmal trug er nicht zueinander passende bunte Wäsche. Er war stolz auf seine Leistungen und erkannte Johnsons Überlegenheit als Schriftsteller nicht an. Er war nur 165 Zentimeter groß und neidisch auf Johnsons größere und kräftige Gestalt. Seine Gutmütigkeit leuchtete durch sein unansehnliches Gesicht hindurch. Das Porträt, das Reynolds von ihm malte, idealisierte ihn nicht; es zeigt ehrlich seine dicken Lippen, seine fliehende Stirn, seine vorspringende Nase und seine bekümmerten Augen. Karikaturisten wie Henry Bunbury vergrößerten Olivers Mund und verlängerten seine Nase. Der *London Packet* nannte ihn einen Orang-Utan[170]; hundert Geschichten zirkulierten in der Stadt über seine Mißgriffe in Wort und Tat und über seine geheime Liebe zur schönen Mary Horneck. Seine Freunde wußten, daß seine Fehler nur oberflächlich waren und sich hinter ihnen guter Wille, Zärtlichkeit und eine fast ruinöse Freigebigkeit verbargen. Sogar Boswell nannte ihn «den freigebigsten Menschen, der existiert, und nun, da er eine große Menge Gold mit seiner Komödie verdient, hilft er allen Notleidenden»[171]. Wenn er kein Geld hatte, um zu geben, lieh er sich welches, um den Armen zu helfen[172]. Er bat Garrick (dessen vierzig Pfund er nicht zurückgezahlt hatte), ihm sechzig Pfund für ein weiteres Theaterstück vorzuschießen; Garrick schickte ihm den Betrag. Goldsmith hatte bei seinem Tod zweitausend Pfund Schulden. «Hat man je zuvor», fragte Johnson, «einem Dichter so viel Vertrauen geschenkt?»[173]

1774, als er im Begriff war, sein Haus zu verlassen, um in einen der verschiedenen Klubs zu gehen, denen er angehörte, wurde er vom Fieber befallen. Er bestand darauf, sich selbst zu kurieren, Beauclerks Rat vergessend, daß er nur seinen Feinden eine Arznei verschreiben solle; er nahm ein Allheilmittel, und sein Zustand verschlimmerte sich. Ein Arzt wurde gerufen, zu spät, ihn zu retten. Er starb am 4. April, erst fünfundvierzig Jahre alt. Eine Menge von Trauergästen versammelte sich um seinen Leichnam, einfache Männer und Frauen, die fast ausschließlich von seiner Wohltätigkeit gelebt hatten. Er wurde auf dem Friedhof des Temple beerdigt, doch seine Freunde bestanden darauf, daß ihm ein Gedenkstein in der Abtei errichtet würde. Nollekens meißelte das Denkmal, Johnson schrieb die Inschrift. Besser wären des Dichters eigene Zeilen in *The Good-natured Man* gewesen: «Das Leben ist im besten Falle nur ein vorlautes Kind, dem man ein wenig den Willen tun und gut zureden muß, bis es einschläft, und dann ist alle Sorge vorüber.»[174]

SIEBENTES KAPITEL

Samuel Johnson

[1709–1784]

I. JAHRE DER REIFE: 1709–1746

ER war einzigartig und dennoch typisch, anders als alle Engländer seiner Zeit, doch ganz John Bull an Leib und Seele; er wurde auf allen literarischen Gebieten (mit Ausnahme der Lexikographie) von seinen Zeitgenossen übertroffen, aber er beherrschte sie eine Generation lang und drückte jener Epoche den Stempel seiner unverwechselbaren Persönlichkeit auf.

Verzeichnen wir zunächst kurz die widrigen Schicksalsschläge, die diesen eigenwilligen Geist und Charakter formten. Er war das erste Kind des Buchhändlers, Druckers und Schreibwarenhändlers Michael Johnson in Lichfield, hundertneunzig Kilometer von London entfernt. Die Mutter, geborene Sarah Ford, stammte aus einer vornehmen, doch unbedeutenden Familie. Sie war siebenunddreißig, als sie 1706 den fünfzigjährigen Michael heiratete.

Samuel war ein kränkliches Kind und bei seiner Geburt so schwach, daß er sofort getauft wurde, um nicht, falls er ungetauft sterben sollte, nach den Gesetzen der Theologie für immer im Limbus, dem düsteren Vorhof der Hölle, wohnen zu müssen. Bald zeigten sich bei ihm die Symptome der Skrofulose. Als er etwa zweieinhalb Jahre alt war, nahm ihn seine Mutter, obwohl sie wieder schwanger war, mit auf die lange Reise nach London, um ihn von Königin Anna «zwecks Heilung von der königlichen Krankheit anrühren zu lassen». Die Königin tat ihr Bestes, doch die Krankheit hatte zur Folge, daß Johnson auf einem Auge nicht mehr sehen und auf einem Ohr nicht mehr hören konnte, und trug mit anderen Leiden dazu bei, sein Gesicht zu entstellen[1]. Aber dennoch wuchs er zu einem Mann mit starken Muskeln und Knochen heran, und diese Stärke und seine hohe Gestalt unterstützten jenen geistigen Absolutismus, der, wie Goldsmith klagte, die Gelehrtenrepublik zu einer Monarchie machte. Samuel glaubte, er habe von seinem Vater die «niederträchtige Melancholie, die mich während meines ganzen Lebens verrückt, zumindest nicht nüchtern gemacht hat»[2], geerbt. Vielleicht hatte seine Schwermut wie im Falle Cowper sowohl eine religiöse als auch eine physische Ursache; Johnsons Mutter war eine strenggläubige Calvinistin, die glaubte, die ewige Verdammnis lauere hinter der nächsten Ecke. Samuel litt bis zum Tage seines Todes unter dieser Furcht vor der Hölle.

Von seinem Vater erbte er die Tory-Politik und jakobitischen Neigungen sowie eine Leidenschaft für Bücher. Er las eifrig im Buchladen seines Vaters; später sagte er

SAMUEL JOHNSON

zu Boswell: «Ich wußte mit achtzehn fast so viel, wie ich jetzt weiß.»[3] Nach der Grundschule besuchte er die Lateinschule in Lichfield; hier war der Rektor «so brutal, daß kein Mann, der von ihm erzogen wurde, seinen Sohn auf die gleiche Schule schickt»[4]. Doch als er später gefragt wurde, wie er so gut Latein gelernt habe, antwortete er: «Mein Lehrer prügelte mich gründlich. Ohne das, Sir, hätte ich nichts getan.»[5] Im Alter beklagte er, daß der Stock außer Gebrauch gekommen sei. «Es wird heute weniger geprügelt in unseren großen Schulen als früher, aber es wird auch weniger dort gelernt, so daß die Knaben an dem einen Ende verlieren, was sie am anderen gewinnen.»[6]

1728 fanden seine Eltern die Mittel, ihn nach Oxford zu schicken. Hier verschlang er die griechischen und lateinischen Klassiker und peinigte seine Lehrer durch Ungehorsam. Im Dezember 1729 kehrte er eiligst nach Lichfield zurück, vielleicht weil die Geldmittel der Eltern ausgegangen waren oder weil seine Schwermut sich so sehr dem Wahnsinn genähert hatte, daß er medizinischer Behandlung bedurfte. Diese erhielt er in Birmingham; dann half er, statt nach Oxford zurückzukehren, in seines Vaters Buchladen. Als der Vater im Dezember 1731 starb, ging Samuel nach Market Bosworth, um dort als Hilfslehrer in einer Schule zu arbeiten. Dieses Amtes wurde er bald müde; er ging nach Birmingham, wohnte bei einem Buchhändler und verdiente fünf Guineen durch die Übersetzung eines Buches über Abessinien; dies war eine entfernte Quelle von *Rasselas*. 1734 kehrte er nach Lichfield zurück, wo seine Mutter und sein Bruder das Geschäft weiterführten. Am 9. Juli 1735, zwei Monate vor seinem sechsundzwanzigsten Geburtstag, heiratete er Elizabeth Porter, eine Witwe von achtundvierzig mit drei Kindern und siebenhundert Pfund. Mit ihrem Geld eröffnete er im nahegelegenen Edial eine Internatsschule. David Garrick, ein Junge aus Lichfield, war einer seiner Schüler; doch es gab deren nicht genug, um ihn mit der Pädagogik zu versöhnen. In ihm gärte die Schriftstellerei. Er schrieb ein Drama, *Irene,* und sandte einen Brief an Edward Cave, den Herausgeber von *The Gentleman's Magazine,* in dem er ihm darlegte, wie diese Zeitschrift verbessert werden könnte. Am 2. März 1737 ritt er zusammen mit David Garrick auf einem Pferd nach London, um seine Tragödie zu verkaufen und sich einen Platz in der grausamen Welt zu erobern.

Sein Äußeres war gegen ihn. Er war hager und groß, besaß jedoch ein Knochengerüst, das ihn eckig und unbeholfen erscheinen ließ. Sein Gesicht war mit Skrofuloseflecken bedeckt, und es verzerrte sich häufig in einem konvulsivischen Zucken; sein Gang war ruckartig, und seine Konversation war von seltsamen Gesten begleitet. Ein Buchhändler, bei dem er sich um Arbeit bewarb, riet ihm, «Dienstmann zu werden und Koffer zu tragen»[7]. Anscheinend machte Cave ihm Mut, denn im Juli ging er zurück nach Lichfield und holte seine Frau nach London.

Es mangelte ihm nicht an Subtilität. Als Cave in der Presse angegriffen wurde, schrieb Johnson ein Gedicht zu seiner Verteidigung und schickte es ihm; Cave veröffentlichte es, gab ihm literarische Aufträge und veröffentlichte zusammen mit Dodsley im Mai 1738 Johnsons *London,* für das sie ihm zehn Guineen gaben. Das Gedicht imitierte Juvenals dritte Satire und betonte daher die traurigen Aspekte der Stadt, die

390   SAMUEL JOHNSONS ENGLAND

der Autor bald lieben lernte; es war eine Attacke gegen die Verwaltung Robert Walpoles, den Johnson später als «den besten Minister, den dieses Land je hatte», bezeichnete[8]. Das Gedicht war teilweise der wütende Ausbruch eines Jungen vom Lande, der nach einem Jahr in London noch immer unsicher war, ob er am nächsten Tag zu essen hatte; daher die berühmte Zeile: «Langsam steigt der Wert, durch Armut unterdrückt.»[9]

In diesen Tagen des Kampfes versuchte sich Johnson in jedem Genre. Er schrieb *Lives of Eminent Persons* (1740) und verschiedene Artikel für *The Gentleman's Magazine*, einschließlich erdachter Berichte über Parlamentsdebatten. Da Berichte über die Debatten noch verboten waren, fand Cave den Ausweg zu behaupten, sein Magazin berichte lediglich von Debatten in dem «Senate of Magna Lilliputia». 1741 übernahm Johnson diese Aufgabe. Auf Grund allgemeiner Informationen über den Verlauf der Diskussion im Parlament verfaßte er Reden, die er Personen zuschrieb, deren Namen Anagramme für die Hauptkämpen im Unterhaus waren[10]. Die Ergebnisse besaßen einen solchen Grad an Wahrscheinlichkeit, daß viele Leser sie als wörtliche Berichte ansahen, und Johnson mußte Smollett (der eine Geschichte Englands schrieb) warnen, sie nicht als authentische Quellen zu benutzen. Als er einmal hörte, wie eine Chatham zugeschriebene Rede gelobt wurde, bemerkte Johnson: «Diese Rede habe ich in einer Dachkammer in der Exeter Street geschrieben.»[11] Als jemand die Unparteilichkeit seiner Berichte lobte, gestand er: «Ich habe den Schein leidlich gut gewahrt, doch ich sorgte dafür, daß die Whig-Hunde nicht am besten wegkamen.»[12]

Wie wurde er für seine Arbeit bezahlt? Er nannte einmal Cave einen «geizigen Zahlmeister», bezeugte jedoch häufig Zärtlichkeit gegenüber seinem Andenken. Zwischen dem 2. August 1738 und dem 21. April 1739 zahlte ihm Cave neunundvierzig Pfund, und 1744 bezeichnete Johnson fünfzig Pfund im Jahr als «zweifellos mehr, als die Lebensbedürfnisse erfordern»[13]. Doch die Überlieferung besagt, daß Johnson in jenen Jahren in London in bitterer Armut lebte. Nach Boswell «waren Johnson und Savage manchmal so übel dran, daß sie nicht einmal die Mittel für ein Obdach aufbrachten; ganze Nächte wanderten sie dann in den Straßen Londons umher»[14], und Macaulay meinte, in jenen Monaten der Not habe sich Johnson an eine Liederlichkeit in der Kleidung und eine «gefräßige Gier» beim Essen gewöhnt[15].

Richard Savage behauptete, ohne zu überzeugen, der Sohn eines Earl zu sein, doch er war ein Straßenbengel geworden, als Johnson ihn 1737 kennenlernte. Sie durchstreiften die Straßen, weil sie Schenken mehr liebten als ihre Zimmer. Boswell erwähnt «mit aller nötigen Schonung», daß Johnsons

«Lebenswandel, seit er sich in London niedergelassen und mit Kumpanen wie Savage verkehrt hatte, in gewisser Beziehung nicht mehr so tugendhaft gewesen war wie in jüngeren Jahren. Bekanntlich war sein Liebesbedürfnis stark und ungestüm. Mehr als einem Freunde hat er gestanden, daß er jeweils Frauen von der Straße weg mit in die Kneipe nahm, um sich von ihnen dort ihre Lebensgeschichte erzählen zu lassen. Kurz, es darf nicht unerwähnt bleiben, daß Johnson, wie manch ein guter und frommer Mann [dachte Boswell hier an Boswell?], keineswegs frei war von Neigungen, die er stets bekämpfte, und daß er in diesem Kampf zuweilen unterlag.»[16]

SAMUEL JOHNSON 391

Savage verließ London im Juli 1739 und starb 1743 in einem Schuldgefängnis. Ein Jahr später veröffentlichte Johnson *The Life of Richard Savage*, das Henry Fielding «ein richtig und gut geschriebenes Stück, wie ich es in seiner Art je sah», bezeichnete[17]. Es kündigte *Lives of the Poets* an und wurde später darin aufgenommen. Es wurde anonym veröffentlicht, doch das literarische London entdeckte bald Johnsons Urheberschaft. Die Verleger begannen, ihn für einen Mann zu halten, der fähig wäre, ein Lexikon der englischen Sprache zusammenzustellen.

II. DAS WÖRTERBUCH: 1746–1755

Hume hatte 1741 geschrieben: «Wir haben kein Wörterbuch unserer Sprache und kaum eine erträgliche Grammatik.»[18] Er irrte sich, denn Nathaniel Bailey hatte 1721 *An Universal Etymological English Dictionary* veröffentlicht, und dieses hatte semilexikographische Vorgänger. Die Idee eines neuen Wörterbuches wurde anscheinend von Robert Dodsley in der Anwesenheit Johnsons vorgebracht, der bemerkte: «Ich glaube nicht, daß ich es machen werde.»[19] Doch als andere Verleger gemeinsam mit Dodsley Johnson 1575 Pfund anboten, unterzeichnete er am 18. Juni 1746 den Vertrag.

Nach langem Überlegen entwarf er einen vierunddreißig Seiten starken Plan für sein *Dictionary of the English Language* und ließ es drucken. Er schickte es an mehrere Personen, unter anderem an Lord Chesterfield, den damaligen Staatssekretär, begleitet von Komplimenten für die hervorragenden Kenntnisse des Earl im Englischen und auf anderen Gebieten. Chesterfield forderte ihn auf, ihn zu besuchen. Johnson tat es; der Earl gab ihm zehn Pfund und ein Wort der Ermutigung. Später sprach Johnson noch einmal bei ihm vor, mußte eine Stunde warten, ging wütend weg und gab den Gedanken, sein Werk Chesterfield zu widmen, auf.

Er machte sich zunächst mit Gelassenheit an seine Arbeit, dann jedoch mit mehr Fleiß, denn sein Honorar wurde ihm in Raten ausgezahlt. Als er zu dem Wort «Lexikograph» kam, definierte er es als «ein Schreiber von Wörterbüchern, ein harmloser Handlanger ...». Er hatte gehofft, in drei Jahren fertig zu werden, brauchte aber neun. 1749 zog er an den Gough Square, einen Platz an einer Seitenstraße der Fleet Street. Er engagierte – und bezahlte selbst – fünf oder sechs Sekretäre und setzte sie in einem Zimmer im dritten Stock an die Arbeit. Er las die anerkannten englischen Autoren des Jahrhunderts von 1558 bis 1660, von der Thronbesteigung Elisabeths I. bis zu der Karls II.; er war der Meinung, die englische Sprache habe in dieser Periode ihre höchste Vollkommenheit erreicht, und nahm sich vor, die Sprache dieses Zeitalters Elisabeths und Jakobs zum Maßstab eines guten Englisch zu nehmen. Er unterstrich jeden Satz, den er als Erklärung für den Gebrauch eines Wortes vorschlug, und verzeichnete am Rande den ersten Buchstaben des zu definierenden Wortes. Er instruierte seine Helfer, jeden gekennzeichneten Satz auf einen besonderen Zettel zu schreiben und diesen an seinen alphabetischen Platz in Baileys Wörterbuch einzufügen, das als Ausgangspunkt und Führer diente.

Während dieser neun Jahre nahm er oft Urlaub von der Arbeit des Definierens. Manchmal fand er es leichter, ein Gedicht zu schreiben, als ein Wort zu definieren. Am 9. Januar 1749 veröffentlichte er ein zwölf Seiten langes Gedicht, *The Vanity of Human Wishes* (Die Eitelkeit menschlicher Wünsche). Wie das Gedicht *London* ein Jahrzehnt früher, war es in der Form einer Nachahmung Juvenals gehalten; doch es sprach mit einer Art,. die seine eigene war. Er dachte noch immer mit Bitterkeit an seine Armut und an die Mißachtung durch Chesterfield:

> *There mark what ills the scholar's life assail –*
> *Toil, envy, want, the patron, and the gaol.*

> Beachte hier, welche Übel das Leben des Gelehrten befallen –
> Mühe, Neid, Mangel, der Gönner und das Gefängnis.

Wie eitel sind die Siege des Kriegers! Siehe Karl XII. von Schweden:

> *He left the name, at which the world grew pale,*
> *To point a moral, or adorn a tale.* [20]

> Er hinterließ den Namen, bei dem die Welt erbleicht,
> Eine Moral aufzuzeigen, oder eine Geschichte zu schmücken.

Wie töricht war es also, um ein langes Leben zu beten, wenn wir die Eitelkeit, die Enttäuschungen und Schmerzen des Alters sehen: der Geist, in wiederholten Anekdoten irreredend; das von den Ereignissen eines jeden Tages erschütterte Glück; Kinder, die auf eine Erbschaft lauern und das Zögern des Todes betrauern, während «zahllose Krankheiten die Gelenke befallen, das Leben belagern und die fürchterliche Blockade verschärfen» [21]. Vor leeren Hoffnungen und sicherem Verfall gibt es nur ein Entrinnen: Gebet und Glaube an einen erlösenden, belohnenden Gott.

Doch dieser Pessimist hatte glückliche Momente. Am 6. Februar 1749 führte Garrick *Irene* auf. Es war ein großes Ereignis für Johnson; er wusch sich, zwängte seinen Bauch in ein scharlachrotes, mit Goldspitzen besetztes Wams, setzte einen in gleicher Weise geschmückten Hut auf und sah seinen Freund Garrick Mohammed II. mit Mrs. Cibber als Irene spielen. Die Tragödie lief neun Abende und brachte Johnson zweihundert Pfund ein; sie wurde nie wieder in den Spielplan aufgenommen, doch Dodsley zahlte ihm weitere hundert Pfund für das Urheberrecht. Er war jetzt (1749) berühmt und reich genug, einen Klub zu gründen: nicht «The Club», der erst fünfzehn Jahre später entstand, sondern den «Ivy Lane Club», so genannt nach der Straße, in der sich, in der «King's Head Tavern», Johnson, Hawkins und sieben andere an den Dienstagabenden trafen, um Beefsteaks zu essen und Vorurteile auszutauschen. «Hier», sagte Johnson, «nahm ich immer wieder Zuflucht.» [22]

Jeden Dienstag und Freitag vom 21. März 1750 bis zum 14. März 1752 schrieb er eine kleine Abhandlung, die Cave als *The Rambler* veröffentlichte und für die er fünf Guineen pro Woche erhielt. Von den Heften wurden weniger als fünfhundert Exemplare verkauft, und Cave verlor Geld bei dem Unternehmen; doch als sie in einem Buch zusammengestellt wurden, erlebten sie bis Johnsons Tod zwölf Auflagen. Gestehen wir, daß die einzigen Nummern, die wir interessant fanden, die Folgen 170 und

SAMUEL JOHNSON 393

171 sind[23], in denen Johnson eine Prostituierte eine Moral aufzeigen und ihre Geschichte ausschmücken läßt. Die Kritiker klagten, Stil und Vokabular seien zu schwerfällig und voller lateinischer Ausdrücke; doch Boswell fand zwischen seinen Sünden Trost in Johnsons Ermahnungen zur Frömmigkeit[24].

Johnson stand in diesen Jahren unter einem besonderen Druck, denn sein Verstand war ermüdet durch Definitionen und seine Stimmung niedergedrückt durch den Verfall seiner Frau. «Tetty» stillte die Schmerzen des Alters und der Einsamkeit mit Alkohol und Opium. Oft verwehrte sie Johnson ihr Bett[25]. Er nahm sie selten mit, wenn er außer Haus aß. Dr. Taylor, der beide gut kannte, sagte, sie «war die Plage in Johnsons Leben, war schändlich dem Trunk ergeben und in jeder Beziehung verächtlich, und Johnson beklagte sich häufig ... über sein Leben mit einer solchen Frau»[26]. Ihr Tod am 28. März 1752 ließ ihn ihre Fehler vergessen, und er entwickelte eine Postmortem-Unterwürfigkeit ihr gegenüber, die seine Freunde belustigte. Er pries ihre Tugenden, beklagte seine Einsamkeit und hoffte, sie werde sich bei Christus für ihn verwenden[27]. «Er erklärte, er gehe meistens», erinnerte sich Boswell, «um vier Uhr nachmittags aus und komme selten vor zwei Uhr früh nach Haus ... Ich hatte erfahren, daß er Stammgast in der 'Mitra' war, in der Fleet Street, wo er oft bis spät saß.»[28]

Allein zu sein, war für ihn unerträglich. Also nahm er nach dem Tod seiner Frau Anna Williams, eine walisische Dichterin, die im Begriff war, ihr Augenlicht zu verlieren, in sein Haus am Gough Square (1752). Eine Operation hatte nicht den erwarteten Erfolg, und sie erblindete vollkommen. Abgesehen von kurzen Unterbrechungen, blieb sie bei Johnson bis zu ihrem Tod (1783); sie überwachte den Haushalt und die Küche, schnitt den Braten auf und prüfte mit den Fingern, ob die Becher voll waren. Zu seiner persönlichen Bedienung engagierte Johnson (1753) einen Neger, Frank Barber, der neunundzwanzig Jahre bei ihm blieb. Johnson schickte ihn auf die Schule, bemühte sich, ihm Latein und Griechisch beizubringen, und hinterließ ihm ein beträchtliches Legat. Um das Maß vollzumachen, forderte Johnson einen gestrandeten Arzt, Robert Levett, auf, bei ihm zu wohnen (1760). Die drei bildeten einen zänkischen Haushalt, doch Johnson war dankbar für ihre Gesellschaft.

Im Januar 1755 schickte er die letzten Blätter des Dictionary dem Drucker, der Gott dankte, daß er nun mit einer solchen Arbeit und einem solchen Menschen fast fertig war. Die Kunde von der bevorstehenden Veröffentlichung erreichte Chesterfield, der auf eine Widmung hoffte. Er versuchte, seine frühere Unsichtbarkeit gutzumachen, indem er für eine Zeitschrift zwei Artikel schrieb, in denen er das erwartete Werk begrüßte und Johnson als einen Mann pries, den er mit Freuden als Diktator der guten englischen Umgangssprache anerkennen würde. Der stolze Autor schickte dem Earl am 7. Februar 1755 einen Brief, den Carlyle «jene weitberühmte Gerichtsfanfare, die das Ende des Mäzenatentums verkündete», nannte:

«MEIN HERR:

Ich bin kürzlich, durch den Besitzer der Zeitschrift The World, unterrichtet worden, daß zwei Artikel, in denen mein Wörterbuch dem Publikum empfohlen wird, von Euer Lordschaft geschrieben wurden. So ausgezeichnet zu werden, ist eine Ehre, von der ich, der ich wenig an die Gunst der Großen gewöhnt bin, nicht genau weiß, wie ich sie aufnehmen oder mit welchen Worten bestätigen soll ...

Sieben Jahre, mein Herr, sind nun vergangen, seit ich in Ihrem Vorzimmer wartete oder von Ihrer Tür verjagt wurde; während dieser Zeit habe ich meine Arbeit fortgesetzt, trotz Schwierigkeiten, über die zu klagen nutzlos ist, und habe sie schließlich zur Veröffentlichung fertiggestellt, und zwar ohne eine Geste der Hilfe, ohne ein Wort der Ermutigung, ohne ein Lächeln der Gunst. Ich habe eine solche Behandlung nicht erwartet, denn ich hatte vorher nie einen Gönner ...

Ist ein Gönner, mein Herr, jemand, der gleichgültig einem Mann zuschaut, wie er im Wasser um sein Leben kämpft, und, wenn er das Land erreicht hat, ihn mit Hilfe überschüttet? Die Aufmerksamkeit, die Sie meiner Arbeit zu schenken beliebten, wäre freundlich gewesen, wenn sie früher gekommen wäre; doch sie ist verzögert worden bis heute, da ich gleichgültig bin und sie nicht genießen kann, da ich einsam bin und sie nicht teilen kann, da ich bekannt bin und sie nicht brauche. Ich hoffe, es ist keine zynische Schroffheit, keine Verpflichtung anzuerkennen, wo keine Wohltat empfangen wurde, oder nicht zu wollen, daß das Publikum glaubt, ich verdankte einem Gönner das, was allein zu tun die Vorsehung mir vergönnte.

Nachdem ich mein Werk so weit gebracht habe mit so wenig Verpflichtung einem Förderer des Wissens gegenüber, werde ich nicht enttäuscht sein, daß ich es, wenn weniger möglich ist, mit noch weniger beschließe. Denn ich bin seit langem aus jenem Traum der Hoffnung erwacht, in dem ich mich einst, mit so viel Überschwang, rühmte.

Mein Herr,
Euer Lordschaft demütigster,
gehorsamster Diener,
SAM. JOHNSON[29]

Chesterfields einzige Bemerkung über den Brief war, daß er «sehr gut geschrieben» sei. Und er ist in der Tat ein Meisterwerk der Prosa des 18. Jahrhunderts, vollkommen frei von den lateinischen Ableitungen, die manchmal Johnsons Stil plump und schwerfällig gemacht hatten. Sein Autor muß ihn tief empfunden und sorgfältig überlegt haben, denn er zitierte ihn Boswell sechsundzwanzig Jahre später aus dem Gedächtnis[30]. Er ist erst nach dem Tode Johnsons veröffentlicht worden. Vermutlich färbte sein Groll sein vernichtendes Urteil über Chesterfields *Letters to His Son* (Briefe an seinen Sohn); « ... sie lehren die Moral einer Hure und die Manieren eines Ballettmeisters»[31].

Anfang 1755 ging Johnson nach Oxford, teils um die Bibliotheken zu konsultieren, aber auch um seinem Freund Thomas Warton zu verstehen zu geben, daß es für die Verbreitung des *Dictionary* förderlich wäre, wenn sein Autor einen Grad hinter seinen Namen setzen könnte. Warton tat das Notwendige, und im März wurde Johnson ehrenhalber der Titel *Master of Arts* verliehen. So wurde schließlich das *Dictionary* in zwei großen Foliobänden von fast dreitausendzweihundert Seiten veröffentlicht und zu einem Preis von vier Pfund zehn Shilling auf den Markt gebracht. Am Schluß des Vorworts schrieb Johnson:

«Das *English Dictionary* wurde mit geringer Hilfe der Gelehrten und ohne Gönnerschaft der Großen geschrieben; nicht in der bequemen Geborgenheit des Ruhestandes oder unter dem Schutz akademischer Lauben, sondern inmitten von Ungemach und Ablenkung, Krankheit und Sorge; und es mag den Triumph boshafter Kritik dämpfen, wenn ich erkläre, falls unsere Sprache hier nicht in ihrer Ganzheit dargestellt ist, dann bin ich nur bei einem Unternehmen gescheitert, das bisher keine menschliche Kraft bewältigt hat ... Meine Arbeit hat sich in die Länge

SAMUEL JOHNSON 395

gezogen, bis die meisten von denen, deren Beifall ich gewinnen wollte, ins Grab gesunken sind. Und Erfolg und Mißlingen sind leere Klänge; ich verabschiede es daher mit kühler Ruhe, da ich von Tadlern oder Lobenden nichts zu befürchten oder zu erhoffen habe.»

Von den Kritikern konnte die Erkenntnis nicht erwartet werden, daß Johnsons *Dictionary* Höhepunkt und Wasserscheide in der englischen Literatur des 18. Jahrhunderts kennzeichnete, wie die *Enzyklopädie* (1751–1772) Diderots und d'Alemberts Gipfelpunkt und Wendepunkt in der Literatur Frankreichs markiert hatte. Es ist viel gescherzt worden über gelegentliche Fehler in Johnsons Werk. Unter den vierzigtausend Stichwörtern befanden sich Wunderlichkeiten wie *gentilitious* und *sygilate* (die von Webster respektvoll übernommen wurden). Es gab verärgerte Definitionen wie die von *Pension*: «Eine jemand ohne Gegenleistung bewilligte Rente; in England bedeutet es allgemein eine an einen Staatsmietling für den Verrat an seinem Land gezahlte Belohnung»; – oder *excise* (Verbrauchssteuer): «Eine verhaßte Abgabe auf Waren.» Da waren persönliche Sticheleien, wie etwa in der Definition von *oats* (Hafer): «Ein Getreide, das in England im allgemeinen an Pferde verfüttert wird, doch in Schottland ernährt es das Volk» – was der Wahrheit entsprach. Boswell fragte Johnson, «ob *civilization* [Zivilisation] ein Wort sei; er antwortete nein, doch *civility* [Höflichkeit] sei eins»[32]. Viele von Johnsons Wortableitungen werden heute nicht mehr anerkannt; er brachte viel Latein und etwas weniger Griechisch; seine Kenntnisse in den modernen Sprachen waren schwach; er gab offen zu, daß die Etymologie seine schwache Seite sei[33]. Er definierte *pastern* als «das Knie eines Pferdes» (es ist Teil des Pferdefußes); als eine Dame ihn fragte, wie er dazu käme, einen solchen Fehler zu machen, antwortete er: «Unwissenheit, Madam, reine Unwissenheit.»[34] Bei einem so umfangreichen Werk, in dem jede Seite ein Dutzend Gelegenheiten zu Irrtümern bot, konnte er Mißgriffen nicht entgehen.

Im Ausland wurde Johnsons Leistung anerkannt. Die Académie française schickte ihm ein Exemplar ihres *Dictionnaire,* und die Accademia della Crusca von Florenz schickte ihm ihr *Vocabolario*[35]. Das *Dictionary* verkaufte sich gut genug, um die Verleger zufriedenzustellen, die Johnson bald den bezahlten Auftrag erteilten, eine gekürzte Ausgabe vorzubereiten. Die größere Fassung blieb maßgebend, bis Noah Webster sie 1828 ersetzte. Sie stellte Johnson an die Spitze der englischen Autoren seiner Zeit; er wurde der Diktator der englischen Literaten, ausgenommen für Aristokraten wie Horace Walpole. Die Regierung des «Great Cham* of Literature» begann.

III. DER VERZAUBERTE KREIS

Sein Erfolg bewahrte ihn jedoch nicht davor, wegen Schulden verhaftet zu werden. Er hatte seine Honorare für das *Dictionary* ebenso schnell ausgegeben, wie sie eingegangen waren. Am 16. März 1756 schrieb er an Samuel Richardson: «Sir, ich bin gezwungen,

---

* *Cham* bedeutete *Khan.* Der Ausdruck wurde offenbar zum erstenmal am 16. März 1759 von Smollett in einem Brief an Wilkes benutzt.

Sie um Ihre Hilfe zu ersuchen. Ich bin unter Arrest wegen fünf Pfund achtzehn Shilling ... Wenn Sie so freundlich wären, mir diese Summe zu schicken, würde ich es Ihnen dankbar vergelten und es zu allen früheren Verpflichtungen hinzuschreiben.»[36] Richardson schickte sechs Guineen. Johnson verdiente damals sein Brot durch das Schreiben von Zeitschriftenartikeln, durch das Verfassen von Predigten für weniger schreibgewandte Geistliche, durch Sammeln von Subskriptionen für seine angekündigte Shakespeare-Ausgabe und durch Veröffentlichung seines wöchentlichen Aufsatzes (15. April 1758 bis 5. April 1760) in *The Universal Chronicle* unter dem Namen «The Idler» (Der Müßiggänger). Diese Beiträge waren nicht so aggressiv wie die in *The Rambler* (Der Wanderer), doch immer noch zu scharf und kompromittierend für diejenigen, die sich bei ihrer Lektüre betroffen fühlten. Einer brandmarkte die Vivisektion, ein anderer enthüllte die Verhältnisse in den Schuldgefängnissen, Nummer 5 beklagte die Trennung der Soldaten von ihren Frauen und schlug Abteilungen von «Lady Hussars» (weiblichen Husaren) vor, welche die Verproviantierung und Pflege übernehmen und ihre Männer auch sonst trösten sollten.

Im Januar 1759 erfuhr er, daß seine neunzig Jahre alte Mutter, die er seit zweiundzwanzig Jahren nicht gesehen hatte, im Sterben lag. Er borgte Geld von einem Drucker und schickte ihr sechs Guineen in einem zärtlichen Brief. Sie starb am 23. Januar. Um ihr Begräbnis und ihre Schulden bezahlen zu können, schrieb er an den Abenden einer einzigen Woche (so sagte er zu Reynolds) *The History of Rasselas, Prince of Abyssinia*. Er schickte dem Drucker das Manuskript in Raten und erhielt dafür hundert Pfund. Bei seiner Veröffentlichung begrüßten die Kritiker das Buch als einen Klassiker und stellten es in patriotischen Gegensatz zu Voltaires *Candide,* der fast zur gleichen Zeit erschien und das gleiche Problem behandelte – kann das Leben Glück bringen? Johnson zögerte nicht mit seiner Antwort: «Diejenigen, die Phantomen der Hoffnung lauschen, die erwarten, daß das Alter die Versprechungen der Jugend erfüllen wird und daß die Mängel des Heute wettgemacht werden durch das Morgen, sie mögen die Geschichte des Rasselas hören.»[37]

Es war Brauch der abessinischen Könige (erzählt uns Johnson), den Thronerben in einem lieblichen, fruchtbaren Tal gefangenzuhalten, bis die Zeit für seine Thronbesteigung gekommen war. Alles wurde ihm zur Verfügung gestellt: ein Palast, gutes Essen, Schoßtiere, kluge Gefährten. Doch in seinem sechsundzwanzigsten Lebensjahr wird Rasselas dieser Freuden müde. Er vermißt nicht nur die Freiheit, sondern auch den Kampf. «Ich wäre glücklicher, wenn ich etwas hätte, wonach in streben könnte.» Er denkt darüber nach, wie er diesem friedlichen Tal entrinnen könne, um zu sehen, wie andere Menschen Glück suchen und finden.

Ein geschickter Mechaniker schlägt vor, eine fliegende Maschine zu bauen, die den Prinzen und ihn über die Berge des Talkessels hinweg in die Freiheit tragen soll. Er erklärt:

«Wer schwimmen kann, braucht nicht zu verzweifeln, daß er nicht fliegen kann; Schwimmen ist Fliegen in einer gröberen Flüssigkeit, und Fliegen ist Schwimmen in einer feineren. Wir brauchen nur unsere Widerstandskraft ins richtige Verhältnis zu der unterschiedlichen Dichte

SAMUEL JOHNSON 397

der Materie zu setzen, die wir passieren. Man wird notwendigerweise durch die Luft nach oben getragen, wenn man jeden Impuls auf sie schneller erneuern kann, als die Luft vor dem Druck zurückweicht ... Die Mühe, sich vom Boden abzuheben, wird groß sein ..., doch während wir höher steigen, wird die Anziehungskraft der Erde und die Schwerkraft des Körpers allmählich abnehmen, bis wir in eine Region kommen, in der der Mensch in der Luft schweben wird, ohne jede Neigung, zu fallen.»

Rasselas ermutigt den Mechaniker, der einwilligt, ein Flugzeug zu bauen, «doch nur unter der Bedingung, daß die Kunst nicht weiter verbreitet wird und daß du von mir nicht verlangst, Flügel für jemanden anders als für uns selbst zu machen». «Warum», fragt der Prinz, «mißgönnst du anderen einen so großen Vorteil?» «Wenn die Menschen alle tugendhaft wären», erwidert der Mechaniker, «würde ich ihnen mit großer Bereitwilligkeit das Fliegen beibringen. Doch wie sähe die Sicherheit der Guten aus, wenn die Bösen sie nach Belieben aus dem Himmel überfallen könnten?» Er baut ein Flugzeug, versucht zu fliegen und fällt in einen See, aus dem der Prinz ihn rettet [38].

Rasselas liebt es mehr, mit dem Philosophen Imlac zu sprechen, der viele Länder und Menschen gesehen hat. Sie finden eine Höhle, die zu einem Ausgang in die Außenwelt führt; sie entfliehen aus ihrem Paradies mit des Prinzen Schwester Nekayah und deren Zofe. Ausgestattet mit Juwelen als Universalwährung, besuchen sie Kairo, genießen seine Vergnügungen und werden ihrer müde. Sie hören einen stoischen Philosophen über die Beherrschung der Leidenschaften reden; wenige Tage später finden sie ihn fast wahnsinnig vor Schmerz über den Tod seiner Tochter vor. Nachdem sie Hirtengedichte gelesen haben, nehmen sie an, daß Hirten glücklich sein müssen; doch sie entdecken, daß die Herzen dieser Männer «zerfressen sind von Unzufriedenheit» und von «Mißgunst gegenüber denjenigen, die über ihnen stehen» [39]. Sie stoßen auf einen Eremiten und erfahren, daß er sich heimlich nach den Wonnen der Stadt sehnt. Sie untersuchen das häusliche Glück und finden jedes Haus verdunkelt durch Zwietracht und «die rauhen Zusammenstöße entgegengesetzter Wünsche» [40]. Sie erforschen die Pyramiden und erklären sie für den Gipfelpunkt der Torheit. Sie hören von dem glücklichen Leben der Gelehrten und Wissenschaftler, begegnen einem berühmten Astronomen, der ihnen sagt, daß «Rechtschaffenheit ohne Wissen schwach und nutzlos ist und Wissen ohne Rechtschaffenheit gefährlich und furchtbar» [41], doch der Astronom wird wahnsinnig. Sie folgern daraus, daß keine Lebensweise auf Erden zum Glück führt, und Imlac tröstet sie mit einer Rede über die Unsterblichkeit der Seele. Sie beschließen, nach Abessinien zurückzukehren und die Widrigkeiten des Lebens ruhig auf sich zu nehmen, im Vertrauen auf eine gesegnete Wiederauferstehung.

Es ist eine alte Geschichte in einer ihrer schönsten Inkarnationen. Was uns besonders überrascht, sind der anmutige Fluß und die Klarheit des Stils, der weit entfernt ist von dem schwerfälligen Vokabular von Johnsons Abhandlungen und sogar von dem seiner Konversation. Es erschien unmöglich, daß der gelehrte Lexikograph diese einfache Geschichte geschrieben hatte, und ziemlich unglaublich, daß ihm diese hunderteinundvierzig Seiten in sieben Tagen aus der Feder geflossen waren.

Inzwischen war er wiederum umgezogen, von Gough Square in die Staple Inn (23. März 1759); bald zog er in die Gray's Inn und dann nach Inner Temple Lane. Diese Veränderungen waren vermutlich durch Sparsamkeit bestimmt; doch im Juli 1762 gelangte Johnson plötzlich zu relativem Wohlstand durch eine Pension von dreihundert Pfund im Jahr, die ihm Georg III. auf Anraten von Lord Bute bewilligte. Warum diese Wohltat einem Mann zuteil wurde, der die hannoveranische Dynastie ständig bekämpft, den Schotten bei jeder Gelegenheit eins ausgewischt und eine «Pension als Zahlung an einen Staatsmietling für Verrat an seinem Land» bezeichnet hatte, ist Thema vieler dunkler Gerüchte gewesen. Johnsons Gegner beschuldigten ihn, er verrate seine Grundsätze um des Geldes willen, und nahmen an, daß Bute nach einer scharfen Feder Ausschau hielt, um Wilkes, Churchill und anderen, die ihn mit Tinte verunglimpften, zu antworten. Johnson behauptete, er habe die Pension nur unter der zweimal durch Bute bestätigten Bedingung angenommen, daß nie von ihm verlangt würde, für die Sache der Regierung zu schreiben[42]. Zu Boswell sagte er jedoch im Vertrauen: «Ich glaube, das Vergnügen, das Haus Hannover zu verdammen und auf das Wohl König Jakobs anzustoßen, wird reichlich aufgewogen durch dreihundert Pfund im Jahr.»[43] Jedenfalls verdiente er die Pension mehrfach, nicht so sehr durch die politischen Traktate späterer Jahre, sondern dadurch, daß er die englische Literatur mit Feder und Rede durch Weisheit und läuternden Witz bereicherte.

Er hatte genug Freunde, um sich vereinzelte Feinde leisten zu können. «Freundschaft», erklärte er, «ist der Herztropfen, der den Pegel des Lebensekels sinken läßt.»[44] Bei fast allen Zusammenkünften, denen er beiwohnte, wurde er Mittelpunkt der Unterhaltung, nicht so sehr weil er sich dazu drängte, sondern weil er die stärkste Persönlichkeit in den literarischen Zirkeln Londons war und weil man sich darauf verlassen konnte, daß er etwas zu sagen hatte, wann immer er sprach. Es war Reynolds, der vorschlug, «The Club» zu bilden, den Boswell später «The Literary Club» (Der literarische Klub) nannte; Johnson unterstützte den Vorschlag, und am 16. April 1764 nahm die neue Gruppe ihre Montagabendzusammenkünfte im «Turk's Head» in der Gerrard Street, Soho, auf. Die ursprünglichen Mitglieder waren Reynolds, Johnson, Burke, Goldsmith, Christopher Nugent, Topham Beauclerk, Bennet Langton, Antony Chamier und Sir John Hawkins. Andere wurden später vom «Club» hinzugewählt: Gibbon, Garrick, Sheridan, Fox, Adam Smith, Charles Burney ...

Boswell wurde erst 1773 aufgenommen, vermutlich zum Teil, weil er nur gelegentlich in London weilte. Während der einundzwanzig Jahre zwischen seinem ersten Zusammentreffen mit Johnson und dessen Tod verbrachte er nicht mehr als zwei Jahre und einige wenige Wochen in der Reichweite seines Idols. Die unverhohlene Wärme seiner Bewunderung und Johnsons Wissen darum, daß Boswell eine Biographie von ihm plante, ließ den älteren Mann die fast kriecherische Vergötterung des Schotten vergessen. Ein guter Sprecher und ein guter Zuhörer bilden ein glückliches Paar. Johnson hatte keine hohe Meinung von Boswells Verstand. Als «Bozzy», wie er ihn nannte, bemerkte, der Wein, den er im Laufe ihrer Unterhaltung getrunken hatte, habe ihm Kopfschmerzen verursacht, korrigierte ihn Johnson: «Nicht doch, Sir, es

SAMUEL JOHNSON 399

war nicht der Wein, der Ihrem Kopf Schmerzen verursacht hat, sondern die Vernunft, die ich ihm eingeflößt habe.» «Wieso, Sir», rief Boswell aus, «verursacht Vernunft dem Kopf Schmerzen?» «Dann, Sir, wenn er nicht daran gewöhnt ist.»[45] (Es gibt Stellen in der Biographie, wo Boswell vernünftiger zu reden scheint als Johnson.) Als er Popes *Dunciad* lobte, bemerkte Johnson, das Buch habe einigen Dummköpfen zu ewigem Ruhm verholfen, und setzte seinen Scherz fort: «Damals lohnte es sich, ein Dummkopf zu sein. Ach, Sir, Sie hätten in jenen Tagen leben sollen!»[46] Doch der alternde Bär lernte bald sein Junges lieben. «Es gibt wenige, die mir so ans Herz gewachsen sind wie Sie», gestand er ihm 1763[47]. «Boswell», erklärte er an anderer Stelle, «verließ nie ein Haus ohne den Wunsch, dorthin zurückzukehren.»[48] 1775 wurde Boswell in Johnsons Haus ein Zimmer zur Verfügung gestellt, in dem er schlafen konnte, wenn die Unterhaltung bis spät in die Nacht gedauert hatte[49]. Am 31.März 1772 schrieb er in sein Tagebuch: «Ich gehe ständig mit dem Plan um, das Leben von Mr. Johnson zu schreiben. Ich habe ihm noch nichts davon gesagt, noch weiß ich, ob ich es ihm sagen soll.» Doch Johnson wußte bereits im April 1773, wenn nicht noch früher, davon[50]. Andere wußten es und nahmen es Boswell übel, daß er polemische Fragen stellte mit dem offensichtlichen Zweck, den alten Meister zum Reden zu bringen und neues Material für die Biographie zu sammeln. Der wißbegierige Schotte rühmte sich: «Der Brunnen war manchmal verschlossen, bis ich die Quelle öffnete.»[51] Der Johnson, den wir kennen und schätzen, hätte vielleicht nie Gestalt angenommen ohne den Stachel von Boswells freundlicher, unermüdlicher Provokation. Wie anders ist der Johnson, dem wir in Hawkins' *Life* oder gar in den anschaulichen *Anecdotes* von Mrs. Thrale begegnen!

Es war im Januar 1765, als Johnson mit den Thrales eine Verbindung aufnahm, die in seinem Leben eine größere Rolle spielte als seine Freundschaft mit Boswell. Henry Thrale war Brauer und Sohn eines Brauers. Er hatte eine gute Erziehung erhalten, war gereist und ließ sich, um seinen Status zu bestätigen, ins Parlament wählen. 1763 heiratete er Hester Lynch Salusbury, ein nur ein Meter fünfzig großes, doch lebhaftes und intelligentes Mädchen. Henry, um zwölf Jahre älter als sie, ging in seinem Beruf auf, widmete sich seiner Ehefrau jedoch oft genug, um sie zwischen 1764 und 1778 jährlich zu schwängern und seine venerische Ansteckung an sie weiterzugeben[52]. Sie gebar ihm zwölf Kinder, von denen acht früh starben. Sie fand Trost in der Literatur, und als ihr Ehemann den berühmten Samuel Johnson mit nach Hause brachte, benutzte sie ihre sämtlichen weiblichen Künste und Reize, um ihn an die Familie zu binden. Bald dinierte er jeden Donnerstag bei den Thrales in ihrem Haus in Southwark, und von 1766 an verbrachte er gewöhnlich den Sommer mit ihnen in ihrer Landvilla in Streatham in Surrey. Mit Johnson als Mittelpunkt machte Mrs. Thrale ihr Haus zu einem Salon, in den Reynolds, Goldsmith, Garrick, Burke und die Burneys kamen und schließlich auch, und mit Gefühlen der Eifersucht, Boswell – denn er erfuhr, daß Mrs.Thrale sich über ihres Löwen Aussehen, Benehmen und Worte Notizen machte. Das *Leben* sollte also einen Rivalen bekommen.

IV. URSUS MAJOR

Wie sah der Große Bär wirklich aus? Boswell schrieb nach ihrer ersten Begegnung (1763): «Johnson ist ein Mensch von höchst erschrecklichem Äußern, hünenhaft, von einem Augenleiden geplagt, von der Gliedersucht und dem Königsübel. Er kommt schludrig gekleidet einher und spricht mit mißtönender Stimme.»[53] Mrs. Thrale beschrieb ihn in seinen späteren Jahren wie folgt: «Seine Gestalt war bemerkenswert hoch, und seine Glieder waren außergewöhnlich groß ..., seine Gesichtszüge stark markiert, sein Gesicht seltsam gefurcht ... Er war kurzsichtig, und sein Sehvermögen war auch sonst nicht in Ordnung; doch seine Augen ... waren so wild, so durchdringend und manchmal so grimmig, daß Furcht, so glaube ich, der erste Ausdruck in den Augen all seiner Betrachter war.»[54]

Er betrachtete die Stunden, die er für ein Porträt saß, als «Zeitverschwendung»; doch er tat es zehnmal für Reynolds und einmal für eine Büste von Nollekens. 1756 zeigte ihn Sir Joshua bereits dick und träge geworden[55], 1770 malte er ihn im Profil und ließ ihn aussehen wie Goldsmith[56], und 1772 überlieferte ihn das berühmteste der Porträts der Nachwelt als einen Mann mit plumper, massiger Gestalt, riesiger Perücke, großem, vollem Gesicht, über verwirrten Augen gesenkten Brauen, massiger Nase, dicken Lippen und Doppelkinn. Seine Perücke wurde immer wieder durch krampfhafte Bewegungen seines Kopfes, seiner Schultern und seiner Hände in Unordnung gebracht[57]. Er war nachlässig in seiner Kleidung. «Feine Kleider», sagte er zu Boswell, «sind nur gut, wenn andere Mittel, sich Respekt zu verschaffen, versagen.»[58] Erst als er Gast der Thrales wurde, kümmerte er sich mehr um persönliche Hygiene.

Er aß gierig, da er viel Raum auszufüllen hatte und sich vielleicht seiner Hungerjahre erinnerte. Boswell berichtete:

> «Er legte so viel Wert auf gutes Essen wie nur irgendeiner. Bei Tisch ging er völlig in der Beschäftigung der Nahrungszufuhr auf, sein Blick blieb auf den Teller geheftet, auch sprach er, außer in vornehmer Gesellschaft, kein Wort, noch schenkte er dem, was andere sagten, die geringste Beachtung, bis er seine gewaltige Eßlust gestillt hatte, der er sich mit einer solchen Inbrunst hingab, daß ihm die Adern an den Schläfen hervortraten und meistens auch starker Schweiß auf der Stirne stand.»[59]

Fisch aß er mit Fingern, «weil ich kurzsichtig bin und Angst vor Gräten habe»[60]. Den Anblick von Gemüse konnte er kaum ertragen. In seinen gesunden Tagen «liebte er es, sich mit Wein aufzuheitern, doch er war nur einmal betrunken»[61]. Als Mrs. Williams die Trunksucht tadelte und sagte: «Ich frage mich, welches Vergnügen die Menschen daran finden können, Tiere aus sich zu machen», erwiderte Johnson: «Ich wundere mich, Madam, daß Sie nicht genug Einsicht besitzen, um die starke Verführung zu diesem Exzeß zu erkennen, denn derjenige, der ein Tier aus sich macht, entledigt sich der Pein, ein Mensch zu sein.»[62] Doch das Trinken, sagte er, «verbessert die Konversation nicht, es verändert den Verstand so, daß man mit jeder Konversation zufrieden ist»[63]. In späteren Jahren mied er jeden Alkohol und begnügte sich mit

SAMUEL JOHNSON   401

Schokolade, Limonade und zahllosen Tassen Tee. Er rauchte nie. «Es ist eine an-
stößige Sache, Rauch aus dem Mund in die Münder, Augen und Nasen anderer Menschen zu blasen und sich das gleiche gefallen lassen zu müssen.» Er erklärte die Gewohnheit des Rauchens als ein Mittel, «den Verstand vor äußerster Leere zu bewahren»[64].

Seine ungeschliffenen Manieren waren teilweise ein Überbleibsel aus seinen Tagen
und Nächten in den unteren Schichten der Gesellschaft, teilweise das Resultat phy-
sischer Reize und geistiger Ängste. Er war stark und stolz darauf. Er konnte einen
Buchhändler niederschlagen, ohne sich vor Vergeltung fürchten zu müssen; er konnte
einen Mann, der es gewagt hatte, sich auf einen von Johnson vorübergehend verlassenen
Stuhl zu setzen, hochheben und beiseite werfen. Er ritt gerne und beteiligte sich mit
Thrale an einer Fünfzig-Meilen-Fuchsjagd. Doch er hatte Schwierigkeiten, sein eigenes
Gewicht zu tragen. «Wenn er die Straße entlangging, hatte es bei dem ständigen Wak-
keln des Kopfes und der damit verbundenen schlingernden Bewegung des Körpers ganz
den Anschein, als komme er durch diese Bewegung voran, unabhängig von den Füßen.»[65] Beim Reiten «beherrschte oder lenkte er sein Pferd nicht, sondern wurde getragen wie in einem Ballon»[66].

Er litt nach 1776 an Asthma, Gicht und Wassersucht. Diese und andere physische
Beschwernisse müssen seine Schwermut verstärkt haben, die ihn manchmal so depri-
mierte, daß er einmal sagte: «Ich würde mir gerne einen Arm oder ein Bein ampu-
tieren lassen, wenn ich damit meine Ruhe wiederfände.»[67] Er wollte nicht glauben,
daß irgendein Mensch glücklich war; von einem, der behauptete, es zu sein, sagte er:
«Alles Heuchelei; jedermann weiß, daß er die ganze Zeit unglücklich ist.»[68] Da ein
Arzt ihm gesagt hatte, daß Schwermut manchmal zum Wahnsinn führe, fürchtete Johnson, irrsinnig zu werden[69]. «Von den Ungewißheiten unseres derzeitigen Zustandes»,
ließ er Imlac in *Rasselas* sagen, «ist die schrecklichste und alarmierendste die ungewisse
Dauer des Verstands.»[70]

Da er kurzsichtig war, fand er wenig Vergnügen an der Schönheit der Frauen, der
Natur oder der Kunst[71]. Er war der Ansicht, die Bildhauerei würde überschätzt. «Die
Statuenkunst verdankt ihren Wert ihrer Schwierigkeit. Dem schönsten aus einer
Mohrrübe geschnittenen Kopf würde man keinen Wert beimessen.»[72] Er versuchte,
einige Musikinstrumente spielen zu lernen, «doch ich brachte nie einen Ton heraus».
«Bitte, Sir», fragte er, «wer ist dieser Bach? Ist er ein Pfeifer?»[73] – womit er Johann
Christian Bach meinte, damals (1771) der berühmteste Pianist in England. Er war der
Ansicht, die Musik würde durch Fingerakrobatik verdorben werden. Als er hörte, wie
ein Violinist gelobt wurde, weil die Griffe, die er vollbrachte, so schwierig waren,
rief Johnson aus: «Schwierig – ich wünschte, sie wären unmöglich gewesen.»[74]

Ein so kräftiger Mann muß es schwer gehabt haben, mit den sexuellen Neigungen
fertig zu werden, die sogar einen normalen Geist quälen. Als er der Premiere von
Irene beiwohnte und von Garrick in den «greenroom» geführt wurde, wo die Spieler
zwischen den Szenen warteten, wies er die Aufforderung, diesen Besuch zu wiederholen, zurück. «Nein, David, ich werde nie wieder mitkommen. Die weißen Busen

und die Seidenstrümpfe Ihrer Schauspielerinnen erregen nämlich meine Genitalien.»[75] Boswell war erstaunt, ihn eines Tages auf den Hebriden sagen zu hören: «Ich habe oft gedacht, wenn ich mir einen Harem hielte ...»[76]

Im allgemeinen waren seine Fehler offenkundiger als seine Tugenden, die er wirklich besaß. Hierher paßt vielleicht Horace Walpoles Bemerkung: «Obwohl er im Grunde gutmütig war, war er nach außen bösartig.»[77] Goldsmith sagte das gleiche auf elegantere Weise: «Johnson hat eine gewisse Grobheit in seinen Manieren, doch kein lebender Mensch hat ein zärtlicheres Herz. Er hat vom Bären nichts als das Fell.»[78] Er war zwar unordentlich, indolent, abergläubisch, grob, dogmatisch und stolz; er war aber auch freundlich, menschlich, großmütig, schnell bereit, um Vergebung zu bitten und zu vergeben. Mrs. Thrale schätzte, daß Johnson zweihundert Pfund von seiner Pension von dreihundert Pfund verschenkte[79], und sie fügte hinzu:

> «Er ernährte ganze Scharen von Menschen in seinem Haus ... Während er gewöhnlich die Mitte der Woche in unserem Haus verbrachte, unterhielt er seine zahlreiche Familie in der Fleet Street durch eine ausgesetzte Summe, kehrte jedoch jeden Samstag zu ihnen zurück, um sie mit drei guten Dinners und seiner Gesellschaft zu beschenken, bevor er am Montagabend zu uns zurückkam ..., und er behandelte sie mit der gleichen, vielleicht noch förmlicheren Artigkeit, als er es bei vielen Menschen von Welt getan haben würde.»[80]

Er schrieb Vorworte, Widmungen, Predigten, sogar Rechtsgutachten für andere, oft gratis. Er bemühte sich mündlich und schriftlich, Dr. William Dodd vor dem Galgen zu retten. Als er (damals fünfundsiebzig) eine Prostituierte auf der Straße liegen sah, packte er sie auf seinen Rücken, trug sie in seine Wohnung, sorgte für sie, bis sie wieder wohlauf war, und «gleichzeitig bemühte er sich, sie wieder einem gottgefälligen Lebenswandel zuzuführen»[81]. George Steevens, der mit ihm bei der Herausgabe Shakespeares zusammenarbeitete, sagte: «Würden die vielen Wohltaten, die er eifrig verheimlichte, die vielen Taten der Menschlichkeit, die er insgeheim vollbrachte, mit der gleichen Umständlichkeit zur Schau gestellt (wie seine Schwächen), würden seine Fehler sich so sehr im Glanz seiner Tugenden verlieren, daß nur die letzteren beachtet würden.»[82]

In den letzten neunzehn Jahren seines Lebens schrieb er nur ein wesentliches Buch – *Lives of the Poets;* sonst ersetzte er die Feder durch die Zunge. Er nannte sich selbst «einen Menschen, der es liebt, die Beine übereinanderzuschlagen und seine Rede fließen zu lassen»[83]. Wenn wir das Essen beiseite lassen, lebte er am intensivsten, wenn er zu einer intelligenten Gesellschaft sprach. Durch Beobachtung und Lektüre hatte er einen außergewöhnlich reichen Schatz an Wissen über menschliche Angelegenheiten gesammelt; vieles davon verwahrte er in der Rumpelkammer seines Gedächtnisses und begrüßte jede Chance, sich zu erleichtern. Doch leitete er selten eine ernsthafte Diskussion ein; er ergriff nur das Wort, wenn jemand ihn durch ein Thema herausforderte. Stets war er versucht, dem zu widersprechen, was ein anderer gesagt hatte. Er war bereit, jede Behauptung oder ihr Gegenteil zu verteidigen; er genoß das Streitgespräch in dem Bewußtsein, unbesiegbar zu sein, und er war entschlossen, recht zu behalten, selbst wenn die Wahrheit unter seinen Schlägen zugrunde gehen sollte. Er

SAMUEL JOHNSON 403

wußte, daß dies nicht die vornehmste Art der Konversation sei, doch er war sicher, daß es die interessanteste sei. In der Hitze und im Eifer des Streites fand er wenig Raum für Höflichkeit. «Er verschonte keinen von uns», berichtet Boswell[84]. So sagte er zu einem Gesprächsteilnehmer: «Ich habe Ihnen ein Argument geliefert; ich bin jedoch nicht verpflichtet, Ihnen den Verstand zu liefern, es zu begreifen.»[85] «Mit Johnson läßt sich nicht diskutieren», erklärte Goldsmith, «denn wenn seine Pistole versagt, schlägt er einen mit dem Kolben nieder.»[86] «Als ich Dr. Johnson am nächsten Vormittag meine Aufwartung machte», berichtet Boswell, «fand ich ihn immer noch munter und guter Dinge ob der Rolle, die er am Abend zuvor gespielt hatte. 'Wir haben uns gut unterhalten', meinte er. 'Jawohl', erwiderte ich, 'Sie haben mehr als einen auf die Hörner genommen und übel zugerichtet.'»[87] Thomas Sheridan nannte ihn einen Raufbold[88], und Gibbon nannte ihn einen Fanatiker[89]. Lord Monboddo sagte von ihm, er sei «der gehässigste und boshafteste Mensch gewesen, den ich je gekannt habe, der keinen Autor und kein Buch lobte, das andere Leute lobten (er lobte Fanny Burneys *Evelina*), und … konnte es nicht ertragen, wenn eine andere Person die Aufmerksamkeit der Gesellschaft für noch so kurze Zeit auf sich zog»[90]. Horace Walpole, der seiner Pfründe sicher war, erschauerte bei dem Gedanken an ihn und schilderte ihn mit den Augen des Sohnes eines Whig-Premierministers:

«Trotz eines großen Wissens und einiger starker Charakterseiten war Johnson ein widerlicher und niedriger Mensch, in seinen Anschauungen Jakobit, arrogant, hochmütig und überheblich … Er hatte seine Feder sogar in einem Wörterbuch an eine Partei verkauft und später für eine Pension seinen eigenen Definitionen widersprochen. Sein Benehmen war niedrig, anmaßend und brutal, sein Stil auf lächerliche Weise bombastisch und gehässig, kurz, er besaß die Pedanterie eines Landschulmeisters und auch dessen gigantische Bedeutungslosigkeit … Was wird die Nachwelt von uns denken, wenn sie liest, was für ein Idol wir angebetet haben?[91]

Eine ideale Konversation ist natürlich nur möglich innerhalb einer kleinen Gruppe von gesetzten, gebildeten und höflichen Persönlichkeiten, oder, wie Johnson es in einer Anwandlung von Liebenswürdigkeit ausdrückte: «Das ist die glücklichste Konversation, in der es keinen Neid, keine Eitelkeit gibt, sondern ein ruhiger und friedlicher Austausch von Meinungen stattfindet.»[92] Doch wann hat er eine solche je erlebt? «Seinen Gegner mit Respekt behandeln», sagte er zu Boswell, vermutlich mit einem Augenzwinkern, «bedeutet, ihm einen Vorteil einräumen.»[93] Wir, die wir seinen «Pistolenkolben» nie zu spüren bekommen haben, wollen ihm alle jene Schläge und Beleidigungen und Vorurteile verzeihen, weil sein Witz, sein Humor und sein Scharfsinn, seine Wahrheitsliebe, die das Sein dem Schein und die Aufrichtigkeit der Heuchelei vorzog, sowie seine Fähigkeit, Weisheiten in einem Satz zu komprimieren, ihn zu einer der überragendsten Gestalten in der englischen Geschichte machen.

V. DER KONSERVATIVE GEIST

Sollen wir ihn zu Wort kommen lassen? Fast über alle Dinge unter der Sonne wußte er etwas zu sagen. Er hielt das Leben für ein Mißgeschick, das niemand zu wiederholen wünschte und das die meisten Menschen «mit Unwillen ertrugen und mit Widerwillen aufgaben»[94]. Als Lady McLeod ihn fragte, «ob denn niemand von Natur aus gut sei», antwortete er: «Nein, Madam, ebensowenig wie ein Raubtier.»[95] «Die Menschen sind offensichtlich ... so verderbt, daß alle Gesetze des Himmels und der Erde nicht ausreichen, sie vom Verbrechen zurückzuhalten.»[96] «Die Menschen hassen heftiger, als sie lieben, und wenn ich etwas gesagt habe, um einen Menschen zu verletzen, werde ich es nicht wiedergutmachen, indem ich viele Dinge sage, um ihm zu gefallen.»[97]

Über Fragen der Wirtschaft äußerte er sich nicht oft. Er verurteilte die Ausbeutung der Kolonialvölker[98] und verdammte die Sklaverei; in Oxford brachte er einmal zum Erstaunen einiger Professoren einen Trinkspruch auf «die Empörung der Neger in Westindien» aus[99]. Er war jedoch der Meinung, «eine Erhöhung der Löhne für die Tagelöhner ist falsch, denn dadurch erreicht man nicht, daß sie besser leben, sondern [sagte der 'Müßiggänger'] daß sie noch müßiger werden, und Müßiggang ist eine sehr schlechte Sache für die menschliche Natur»[100]. Wie Blackstone hielt er an der Heiligkeit des Eigentums fest, und wie sein Antipode Voltaire verteidigte er den Luxus als etwas, was den Armen Arbeit gibt, statt sie durch Wohltätigkeit zu verderben[101]. Er nahm Adam Smith vorweg, indem er für das freie Unternehmertum eintrat[102]. Doch die Vermehrung der Kaufleute entrüstete ihn. «Ich fürchte, die Zunahme des Handels und der unaufhörliche Kampf um Reichtum, den der Handel entfacht, lassen kein baldiges Ende von List und Betrug erwarten ... Verschlagenheit tritt an die Stelle von Gewalttätigkeit.»[103] Er behauptete nicht, das Geld zu verachten, da er nur allzusehr unter seinem Mangel gelitten hatte, und meinte: «Es muß einer schon ein Trottel sein, der aus einem anderen Grunde schreibt als des Geldes wegen»[104] – wobei er die Eitelkeit unterschätzte.

Er war der Ansicht (es sei an die Zeilen erinnert, die er für Goldsmith' *Traveller* schrieb), daß wir die Bedeutung der Politik übertreiben. «Ich würde keine halbe Krone dafür geben, unter einer Regierungsform zu leben statt unter einer anderen.»[105] Daher «sind die meisten Pläne zu politischer Verbesserung höchst lächerlich»[106]. Doch er hatte «gegen die Whig-Hunde gehetzt», und es bedurfte einer Pension, um ihn mit den Hannoveranern zu versöhnen. «Patriotismus», sagte er, «ist die letzte Zuflucht eines Schurken»[107]; doch er verteidigte mit patriotischer Glut die Rechte Britanniens auf die Falklandinseln (1771) und war von einem fast chauvinistischen Haß gegen die Schotten und die Franzosen besessen.

Er nahm 1763 auch Burkes Apologie des Konservativismus vorweg. «Die menschliche Erfahrung, die ständig der Theorie widerspricht, ist der große Prüfstein für die Wahrheit. Ein auf den Entdeckungen vieler Geister begründetes System ist immer stärker als das, was ein einzelner Geist durch seine Arbeit schafft.»[108] Nach 1762 war er

SAMUEL JOHNSON 405

durchaus zufrieden mit dem Status quo. Er lobte die britische Regierung: «Sie ist der Vollkommenheit näher als alles, was die Erfahrung uns gelehrt oder die Geschichte uns berichtet hat.»[109] Er bewunderte die Aristokratie und die Klassenunterschiede und Klassenprivilegien als notwendig für die soziale Ordnung und eine weise Gesetzgebung[110]. «Ich bin ein Freund der gesellschaftlichen Rangordnung. Sie trägt am meisten zum allgemeinen Wohlergehen bei. Regieren und regiert zu werden ist wechselseitig mit Lust verbunden.»[111] Wie die Angehörigen der älteren Generation aller Zeiten beklagte er den Verfall der Autorität:

«Mit der gesellschaftlichen Rangordnung steht es heutzutage ganz bedenklich. Kein Mensch hat mehr die Autorität, wie sie noch sein Vater hatte – höchstens ein Gefängniswärter. Kein Herr gebietet mehr über seine Dienerschaft. Auch an den Hochschulen ist die Autorität geschwunden, ja sogar an den Gymnasien! ... Es gibt da mehr als eine Ursache. Schuld ist wohl vor allem, daß heute viel mehr Geld vorhanden ist als früher. Außerdem hat aber die Ehrerbietung ganz allgemein nachgelassen. Ein Sohn ist heute nicht mehr im selben Maße an seinen Vater gebunden wie ehedem ... Ich hoffe, daß aus der allgemeinen Lockerung der Verhältnisse neue Bindungen hervorgehen, wie aus Gesetzlosigkeit in der Regel Gewaltherrschaft hervorgeht.»[112]

Angesichts der Londoner Bevölkerung kam Johnson zu dem Urteil, daß die Demokratie ein Verhängnis sei. Er verspottete Freiheit und Gleichheit als undurchführbare Parolen[113]. «Es ist ein hanebüchener Unsinn zu behaupten, die Menschen seien von Natur aus gleich, können doch zwei Menschen keine halbe Stunde beisammen sein, ohne daß nicht der eine sich als unverkennbar überlegen erweist.»[114] 1770 schrieb er ein Pamphlet, *The False Alarm* (Der falsche Alarm), in dem er den Radikalismus verdammte und den Ausschluß Wilkes' aus dem Parlament rechtfertigte. In einem anderen Pamphlet, *The Patriot* (1774), wiederholte Johnson seinen Angriff gegen Wilkes und unternahm das, was Boswell «einen Versuch, unsere Mitbürger in Amerika zu bedingungsloser Unterwerfung zu zwingen»[115], nannte. In früheren Schriften hatte Johnson mit relativer Unparteilichkeit über die amerikanischen Kolonien gesprochen. Diese habe man sich «auf Grund nicht sehr gerechter politischer Prinzipien einverleibt», weitgehend deshalb, weil andere europäische Staaten so viel geschluckt hatten[116] und weil England sich gegen ein Frankreich und ein Spanien schützen wollte, die gefährlich stark geworden wären, wenn sie ganz Amerika verschlungen hätten. Er hatte die französischen Kolonisten gelobt, weil sie die Indianer menschlich behandelten und Ehen mit ihnen eingingen, und hatte die britischen Kolonisten verdammt, weil sie die Indianer betrogen und die Neger unterdrückten[117]. Doch als die Kolonisten von Freiheit, Gerechtigkeit und Naturrechten sprachen, bezeichnete Johnson ihre Ansprüche verächtlich als Heuchelei und fragte: «Wie kommt es, daß wir die lautesten Schreie nach Freiheit unter den Negersklavenhaltern hören?»[118] Er vertrat den Standpunkt der Regierung gegen die Emanzipation der Kolonien in einer streitbaren Broschüre *Taxation no Tyranny* (Besteuerung ist keine Tyrannei; 1775). Sie war offensichtlich auf Verlangen des Kabinetts geschrieben worden; denn Johnson beklagte sich, wie Boswell berichtet, seine Pension sei ihm «als eine literarische Auszeichnung» verliehen worden, und nun sei er «von der Verwaltung mißbraucht worden, politische Pamphlete zu schreiben»[119].

Indem sie den Schutz Großbritanniens annahmen (argumentierte Johnson), hätten die Kolonisten implizite das Recht der britischen Regierung anerkannt, besteuert zu werden. Besteuerung erfordere, um gerecht zu sein, nicht die unmittelbare Vertretung der Besteuerten in der Regierung; die Hälfte der Bevölkerung Englands sei ohne Vertreter im Parlament, und dennoch akzeptiere sie die Besteuerung als eine berechtigte Gegenleistung für die von der Regierung gewährleistete soziale Ordnung und den von ihr gewährten Rechtsschutz. Hawkins, der Johnson Argumente geliefert hatte[120], meinte, *Taxation no Tyranny* «habe nie eine Erwiderung erhalten»[121], doch Boswell, sich an Korsika erinnernd, stellte sich auf die Seite der Amerikaner, beklagte die «übertriebene Heftigkeit» der Feder Johnsons und sagte: «Daß diese Schrift auf Wunsch derer entstand, die sich damals an der Macht befanden, daran ist wohl nicht zu zweifeln; er machte mir gegenüber auch kein Hehl daraus, daß sie an höherer Stelle überarbeitet und gekürzt worden war.»[122] Eine von dem Kabinett gestrichene Stelle sagte voraus, daß die Amerikaner in «weniger als anderthalb Jahrhunderten imstande sein würden, es mit der Bevölkerung Europas zahlenmäßig aufzunehmen»[123].

Es gab einige liberale Elemente in seiner politischen Philosophie. Er gab Fox den Vorzug vor Pitt dem Jüngeren und ließ sich verleiten, mit Wilkes zu speisen, der Johnsons politische Grundsätze überspielte, indem er ihn zu einem köstlichen Kalbsbraten einlud[124]. Und an einer Stelle flirtete der alte Tory mit der Revolution:

«Wenn wir die ungleiche Verteilung der Freuden des Lebens in abstrakter Spekulation betrachten ..., wenn es offenkundig ist, daß viele der Notwendigkeiten der Natur entbehren müssen und noch mehr der Bequemlichkeiten und Annehmlichkeiten des Lebens, daß der Faule bequem lebt von der Arbeit des Fleißigen und der Verschwender sich mit Delikatessen füttert, die von jenen, die sie ihm liefern, nie geschmeckt werden ... wenn die größere Anzahl immer das entbehren muß, was die kleinere genießt und sinnlos verschwendet, dann ist es unmöglich zu glauben, daß der Frieden der Gesellschaft lange bestehen bleiben kann; es wäre natürlich, zu erwarten, daß kein Mensch lange im Besitz von überflüssigen Genüssen bleibt, während eine so große Anzahl ihre echten Bedürfnisse nicht befriedigen können.»[125]

Sein Konservativismus offenbarte sich wieder in seiner vollen Stärke, wenn er von der Religion sprach. Nach einem jugendlichen Jahr des Skeptizismus[126] unterstützte er mit zunehmendem Eifer die Lehren und Privilegien der Staatskirche. Manchmal sympathisierte er mit dem Katholizismus; er fand Gefallen an der Idee des Fegefeuers, und als er hörte, daß ein anglikanischer Geistlicher zur römisch-katholischen Kirche übergetreten war, sagte er: «Gott segne ihn!»[127] «Er begann die Inquisition zu verteidigen», erzählt uns Boswell, «und behauptete, eine Irrlehre muß im Keim erstickt werden; die Staatsmacht muß sich mit der Kirche vereinigen, um diejenigen zu bestrafen, die den geltenden Glauben anzutasten sich vermessen; nur mit solch Vermessenen hatte es die Inquisition zu tun.»[128] Er haßte die Dissenters und begrüßte die Vertreibung der Methodisten aus Oxford[129]. Er weigerte sich, mit einer Dame zu sprechen, die aus der Staatskirche ausgetreten war und sich den Quäkern angeschlossen hatte[130]. Boswell warf er seine lose Freundschaft mit dem «Atheisten Hume» vor. Als Adam Smith ihm versicherte, Hume führe ein vorbildliches Leben, rief Johnson aus: «Sie lügen!», worauf Smith erwiderte: «Sie sind ein Hurensohn!»[131] Johnson vertrat

SAMUEL JOHNSON 407

die Meinung, daß die Religion für die soziale Ordnung und Moral unerläßlich sei und daß nur die Hoffnung auf eine glückliche Unsterblichkeit den Menschen mit der Trübsal des irdischen Lebens versöhnen könne. Er glaubte an Engel und Teufel und war überzeugt, daß «wir alle nach diesem Leben entweder in den Regionen des Schreckens oder des Glückes wohnen müssen»[132]. An die Realität von Hexen und Geistern glaubte er, ebenso daran, daß seine tote Frau ihm erschienen war[133].

Von der Naturwissenschaft hielt er nichts; er lobte Sokrates, weil er die Forschung von den Sternen auf den Menschen gebracht habe[134]. Er verabscheute die Vivisektion. Die Erforschung der Erde interessierte ihn nicht; die Entdeckung unbekannter Länder führe nur zu Eroberung und Raub[135]. Er hielt die Philosophie für ein intellektuelles Labyrinth, das entweder zu religiösem Zweifel oder zu metaphysischem Unsinn führe. So lehnte er Berkeleys Idealismus ab, indem er gegen einen Stein trat, und verteidigte die Willensfreiheit, indem er zu Boswell sagte: «Wir wissen, daß unser Wille frei ist, und damit punktum ... Alle Theorie spricht gegen die Freiheit des Willens, alle Erfahrung für sie.»[136]

Mit Ekel verwarf er die gesamte Philosophie der französischen Aufklärung. Er leugnete das Recht eines individuellen Geistes, sei er auch noch so begabt, zu Gericht zu sitzen über Institutionen, welche die durch böse Erfahrungen gewitzte Menschheit errichtet hatte, um die soziale Ordnung gegen die unsozialen Triebe der Menschen zu schützen. Er glaubte, die katholische Kirche habe trotz all ihrer Fehler eine lebenswichtige Funktion erfüllt, indem sie die französische Kultur erhielt, und verdammte die *philosophes* als oberflächliche Narren, welche die religiösen Stützen der Moral schwächten. Voltaire und Rousseau erschienen ihm als zwei Abarten der Dummheit; Voltaire als ein intellektueller, Rousseau als ein sentimentaler Narr; der Unterschied zwischen ihnen sei jedoch so klein, daß es «schwerfalle, das Maß der Ungleichheit zwischen ihnen festzustellen»[137]. Er warf Boswell vor, Rousseau in der Schweiz den Hof gemacht zu haben, und bedauerte die Gastfreundschaft, die England dem Autor des *Émile* gewährte (1766). «Rousseau ist und bleibt ein niederträchtiger Kerl. Wenn es nach mir ginge, würde er in eine Strafkolonie verschickt; er verdient es eher als irgendein schwerer Junge, der in den letzten Jahren abgeurteilt worden ist. Jawohl, ich sähe es gern, wenn er lebenslänglich auf den Plantagen arbeiten müßte.»[138]

Johnson war nicht so konservativ wie seine Anschauungen. Er brach hundert Konventionen in Benehmen, Sprache und Kleidung. Er war kein Tugendbold; er verspottete die Puritaner, liebte den Tanz, das Kartenspiel und das Theater. Er verdammte jedoch Fieldings *Tom Jones* und war entsetzt, zu hören, daß die spröde Hannah More das Buch gelesen hatte[139]. Er fürchtete sich vor der Sinnlichkeit in der Literatur, denn er hatte Schwierigkeiten, seine eigenen sinnlichen Impulse und Vorstellungen zu unterdrücken. Auf Grund seiner Prinzipien möchte man annehmen, daß er das Leben nicht genoß, doch bei Boswell können wir lesen, daß er «die ganze Fülle der menschlichen Existenz» auskostete. Er erklärte das Leben für schmerzvoll und wertlos, doch wie die meisten von uns verlängerte er es, so gut er konnte, und gab nur mit Grimm und Widerwillen zu, daß auch er älter wurde.

408 SAMUEL JOHNSONS ENGLAND

VI. HERBST: 1763–1780

1765 übersiedelte er vom Inner Temple in das dreistöckige Haus Nummer 7 Johnson's Court, in der Fleet Street; es war nach einem früheren Bewohner benannt. Hier
traf ihn Boswell bei seiner Rückkehr vom Kontinent an. Im Juli wurde ihm von der
Universität Dublin der Titel eines Ehrendoktors der Rechte verliehen; jetzt war er
zum erstenmal Dr. Johnson, doch er setzte den Titel nie vor seinen Namen[140].

Im Oktober 1765 veröffentlichte er seine Shakespeare-Ausgabe in acht Bänden, acht
Jahre später, als er seinen Subskribenten versprochen hatte. Er wagte es, auf Fehler,
Absurditäten und kindische Wortspielereien des Dichters hinzuweisen; er warf Shakespeare vor, er habe kein moralisches Rückgrat, und behauptete, er habe «vielleicht
nicht ein einziges Stück hinterlassen, das, wenn man es heute als das Werk eines Zeitgenossen aufführen würde, bis zu Ende angehört werden würde»[141]. Doch er lobte
den Dichter, weil er in seinen größeren Dramen die Bedeutung der Liebe zurückgestellt und aus seinen Hauptgestalten keine Heroen, sondern Menschen gemacht hatte.
Voltaire gegenüber verteidigte er heftig Shakespeares Vernachlässigung der Einheit von
Zeit und Ort[142]. Die Kritiker machten Einwendungen gegen viele seiner Kommentare und Zensuren. Die Ausgabe wurde überholt durch die von Edmund Malone des
Jahres 1790; doch Malone erkannte an, daß seine eigene Ausgabe auf der Johnsons
basierte, und er überschätzte Johnsons Vorwort, als er es «das vielleicht schönste
Stück Prosa in unserer [englischen] Sprache» nannte[143].

1767 traf Johnson, während er den Buckinghampalast besichtigte, zufällig mit
Georg III. zusammen; sie tauschten Komplimente aus. Inzwischen war die Freundschaft mit Boswell so herzlich geworden, daß Johnson 1773 eine Einladung seines Be-
wunderers annahm, ihn auf einer Reise zu den Hebriden zu begleiten. Es war ein mu-
tiges Unternehmen für einen Mann von vierundsechzig Jahren. Es begann mit einer
langen und mühseligen Postkutschenfahrt von London nach Edinburg. Hier besuchte er
Robertson, weigerte sich jedoch, mit Hume zusammenzutreffen. Am 18. August setzten er und Boswell und ein Diener in einer Postkutsche die Reise in nördlicher Richtung entlang der Ostküste bis nach Aberdeen fort; von hier aus durchquerten sie das
zerklüftete Hochland,[1] gelangten durch Banff nach Inverness und reisten, meistens zu
Pferd, durch Anoch nach Glenelg an der Westküste. Dann setzten sie in einem Boot
zu der Insel Skye über, die sie vom 2. September bis zum 3. Oktober eingehend be-
sichtigten. Die Reise war mit vielen Unbequemlichkeiten verbunden, die Johnson
mit grimmigem Mut ertrug; er schlief in Scheunen auf Heu, entging dem Ungeziefer,
kletterte über Felsen und ritt mit mühsam gewahrter Würde auf Ponys, die kaum
größer waren als er selbst. Bei einem Aufenthalt setzte sich eine Dame des Macdonald-
Klans auf seine Knie und gab ihm einen Kuß. «Noch einen», sagte er, «wir wollen
doch sehen, wer zuerst genug hat.»[144] Am 3. Oktober brach die Reisegesellschaft in
einem offenen Boot nach der fünfundsechzig Kilometer entfernten Insel Coll auf und
fuhr dann weiter zu der Insel Mull. Sie kehrten am 22. Oktober auf das Festland zurück

SAMUEL JOHNSON 409

und reisten dann durch Argyllshire über Dumbarton und Glasgow nach Auchinleck (2. November). Hier lernte Johnson Boswells Vater kennen, der ihn mit allen Ehren bewirtete, jedoch seine antischottischen Vorurteile beklagte; sie gerieten in ein so heftiges Streitgespräch, daß Boswell sich weigerte, es aufzuzeichnen. Boswell senior gab Johnson hinterher den Spitznamen «Ursus Major», den der Sohn gnädig nicht als «Großer Bär», sondern als «eine Konstellation von Genie und Wissen» interpretierte [145]. Die Reisenden erreichten Edinburg am 9. November, dreiundachtzig Tage nachdem sie es verlassen hatten. Auf die Mühsal ihres Unternehmens zurückblickend, «lachten sie herzlich über die Faseleien jener albernen Schwärmer, die versucht haben, uns von den betrügerischen Vorteilen eines Naturzustandes zu überzeugen». Johnson verließ Edinburg am 22. November und erreichte London am 26. 1775 veröffentlichte er *A Journey to the Western Islands of Scotland* (Eine Reise zu den Westinseln Schottlands); seine Schilderung war nicht so lebendig wie der Bericht, den Boswell 1785 als *Journal of a Tour to the Hebrides with Samuel Johnson* (Tagebuch einer Reise zu den Hebriden mit Samuel Johnson) herausgab, denn die Philosophie ist weniger interessant als eine Biographie, doch manche Stellen [146] sind von einer friedlichen Schönheit, die Johnson wieder einmal als einen Meister der englischen Prosa offenbart.

Am 1. April 1775 fiel es Oxford endlich ein, Johnson den Titel eines Ehrendoktors des Bürgerlichen Rechts zu verleihen. Im März 1776 zog er zum letztenmal um, und zwar in das Haus Nummer 8 Bolt Court, und nahm seine gesamte buntscheckige Familie mit sich. In einer wunderlichen Anwandlung von Überheblichkeit schrieb er an den Haushofmeister (11. April 1767) und ersuchte um eine Wohnung im Hampton-Court-Palast: «Ich hoffe, daß es nicht unangemessen oder unwürdig ist, daß einem Mann, der die Ehre gehabt hat, die Regierung Seiner Majestät zu verteidigen, Zuflucht in einem seiner Häuser gewährt wird.» [147] Der Oberhofmeister bedauerte, denn es seien schon zu viele Bewerber vorgemerkt.

Eine weitere Leistung blieb noch zu vollbringen. Vierzig Londoner Verleger und Buchhändler bereiteten gemeinsam eine vielbändige Ausgabe der *Lives of the Poets* vor und ersuchten Johnson, jeden Dichter mit einer Biographie einzuführen. Sie baten ihn, seine Bedingungen zu nennen; er forderte zweihundert Pfund. Hätte er «eintausend verlangt oder sogar fünfzehnhundert Guineen», sagte Malone, «die Buchhändler, die den Wert seines Namens kannten, hätten sie ihm zweifellos bereitwillig gegeben» [148]. Johnson hatte daran gedacht, «kleine Leben» zu schreiben; er hatte jedoch jenes der Gesetze des Schreibens vergessen, welches besagt, daß eine in Bewegung befindliche Feder wie die Materie in Newtons erstem Gesetz in Bewegung bleibt, bis sie durch von außen auf sie einwirkende Kräfte gezwungen wird, diesen Zustand zu verändern. Über die kleineren Dichter schrieb er in lobenswerter Kürze, doch bei Milton, Addison und Pope ließ er sich gehen und schrieb Abhandlungen – von sechzig, zweiundvierzig und hundertzwei Seiten –, die zu den besten Beispielen der Literaturkritik in englischer Sprache gehören.

Seine Meinung über Milton war durch seine Abneigung gegen die Puritaner, ihre Politik und ihren Königsmord gefärbt. Er las sowohl Miltons Prosa als auch seine Verse und nannte ihn «einen bissigen und sauertöpfischen Republikaner»[149]. Der Aufsatz über Pope (der in der Originalausgabe dreihundertdreiundsiebzig Seiten umfaßte) war die letzte Lanze für den klassischen Stil in der englischen Dichtung, gebrochen von dem größten Erben dieses Stils in der englischen Prosa. Er, der gut Griechisch konnte, behauptete, Popes Übersetzung der *Ilias* habe Homer übertroffen. Er lobte Grays *Elegy written in a Country Churchyard*, lehnte jedoch die Oden als zu überladen mit mythologischem Beiwerk ab. Als die zehn Bände von *The Lives of the Poets* erschienen (1779–1781), waren manche Leser bestürzt über Johnsons unorthodoxe, jedoch anmaßende Urteile, seine Unempfindlichkeit gegenüber den subtileren Reizen der Poesie, seine Neigung, die Dichter nach der moralischen Tendenz ihrer Gedichte und ihrer Lebensführung zu bewerten. Walpole erklärte: «Doktor Johnson besitzt zweifellos weder Geschmack noch Gehör und keine anderen Bewertungskriterien als seine Altweibervorurteile»[150] und machte sich lustig über «dieses Gewicht auf Stelzen», das «die Alten mit keiner anderen Absicht gelesen zu haben scheint, als vielsilbige Wörter zu klauen»[151]. Warum aber werden dann diese *Lives* mehr und lieber gelesen als jedes andere Erzeugnis aus Johnsons Feder? Vielleicht wegen eben dieser Vorurteile und der Aufrichtigkeit, mit der sie geäußert werden. Er machte die Literaturkritik zu einer lebendigen Kraft und weckte durch seine Geißelhiebe fast die Toten auf.

VII. ERLÖSUNG: 1781–1784

Es bereitet uns einen geheimen Stolz, unsere Zeitgenossen zu überleben, doch wir werden durch Einsamkeit bestraft. Henry Thrales Tod am 4. April 1781 war für Johnson der Anfang vom Ende. Er fungierte als einer der vier Testamentsvollstrecker des Brauers; doch nach Erledigung dieser Angelegenheit wurden seine Besuche bei der Familie Thrale seltener. Lange vor dem Tod ihres Mannes war Mrs. Thrale der Anstrengungen müde geworden, die Johnsons Bedürfnis nach Pflege und aufmerksamen Ohren ihr abverlangte. Thrale hatte seinen gefangenen Bären verhältnismäßig zahm gehalten, aber die Witwe beklagte sich: «Als niemand mehr da war, seine [Johnsons] Launen zu beschwichtigen, war es äußerst schwierig, jemanden zu finden, mit dem er sich unterhalten konnte, ohne daß es dauernd zum Streit kam ... Das kam zu oft vor, und ich war gezwungen ..., mich nach Bath zurückzuziehen, weil ich wußte, daß Mr. Johnson mir dorthin nicht folgen würde.»[152]

Die *Morning Post* verschlimmerte die Situation noch, als sie ankündigte, ein Ehevertrag zwischen Johnson und Mrs. Thrale sei «auf Lager»[153]. Boswell verfaßte eine Burleske, *Ode by Samuel Johnson to Mrs. Thrale upon Their Supposed Approaching Nuptials* (Ode von Samuel Johnson an Mrs. Thrale auf ihre angeblich bevorstehende Hochzeit)[154]. Doch 1782 war Johnson dreiundsiebzig Jahre alt, und Mrs. Thrale zählte einundvierzig. Es war nicht ihr eigener Wille gewesen, daß sie Thrale heiratete; er hatte sie oft vernachlässigt, und sie hatte nie gelernt, ihn zu lieben. Nun beanspruchte sie ein Recht zu lieben und geliebt zu werden und sich einen Gefährten für die zweite Hälfte ihres Lebens zu suchen. Sie war in einem Alter, in dem eine Frau sich sehr nach physischer und geistiger Kameradschaft sehnt. Schon vor dem Tod ihres Gatten hatte sie sich in Gabriel Piozzi verliebt, der ihren Töchtern Musikunterricht gab. In Italien geboren, hatte er sich 1776 in England niedergelassen und war nun etwa zweiundvierzig Jahre alt. Als sie ihn auf einer von Dr. Burney gegebenen Gesellschaft zum erstenmal sah, äffte sie sein geziertes Benehmen beim Klavierspiel nach. Doch seine eleganten Manieren, sein freundlicher Charakter und seine musikalischen Leistungen ließen ihn als wohltuendes Gegenstück zu Johnson erscheinen. Nun, da sie frei war, ließ sie ihren verliebten Gefühlen freien Lauf. Sie gestand ihren vier überlebenden Töchtern ihren Wunsch nach einer Wiederverheiratung. Die Töchter waren bestürzt; eine Wiederverheiratung würde ihre finanziellen Erwartungen beeinträchtigen, die Ehe mit einem Musiker – und sogar mit einem römisch-katholischen – würde ihre soziale Stellung gefährden. Sie baten ihre Mutter, sich die Sache noch einmal zu überlegen; sie versuchte es, blieb jedoch bei ihrem Entschluß. Piozzi benahm sich wie ein Gentleman: Er verreiste im April 1783 nach Italien und blieb fast ein Jahr weg. Als er im Mai 1784 zurückkehrte und Mrs. Thrale noch verliebter vorfand, gab er nach. Die Töchter verweigerten ihre Zustimmung und zogen nach Brighton.

Am 30. Juni schickte Mrs. Thrale Johnson eine Anzeige, daß sie und Piozzi heiraten würden. Er antwortete (2. Juli 1784):

«Madam:

Wenn ich Ihren Brief richtig verstehe, sind Sie schmachvoll (*ignominiously*) verheiratet; falls es noch ungeschehen ist, wollen wir noch einmal darüber sprechen. Wenn Sie Ihre Kinder und Ihre Religion im Stich gelassen haben, möge Gott Ihnen Ihre Schlechtigkeit verzeihen; wenn Sie Ihren Ruf und Ihr Land preisgegeben haben, möge Ihre Torheit keinen weiteren Schaden anrichten. Wenn der letzte Schritt noch zu tun ist, richte ich, der ich Sie geliebt, Sie geachtet, Sie verehrt und Ihnen gedient habe, ich, der Sie lange für die erste der Frauen hielt, die dringende Bitte an Sie, Sie noch einmal sehen zu dürfen, bevor Ihr Schicksal unwiderruflich ist.

Ich war, einst war ich, Madam, Ihr ganz ergebener

Sam. Johnson.»[155]

Mrs. Thrale nahm das Wort «ignominious» als eine Verleumdung ihres Verlobten übel. Sie antwortete Johnson am 4. Juli: «Solange Sie Ihre Meinung über Mr. Piozzi nicht geändert haben, wollen wir nicht miteinander sprechen.» Sie heiratete Piozzi am 23. Juli. Ganz London war mit Johnson einer Meinung in seiner Verurteilung. Am 11. November sagte Johnson zu Fanny Burney: «Ich werde nie wieder von ihr sprechen, und ich wünsche nie wieder von ihr zu hören.»[156]

Diese Ereignisse müssen von Johnsons schwindender Lebenskraft ihren Tribut gefordert haben. Es fiel ihm zunehmend schwerer zu schlafen, und er nahm Zuflucht zu Opium, um seine Schmerzen zu lindern und seine Nerven zu beruhigen. Am 16. Januar 1782 starb sein «Leibarzt», Robert Levett; wer würde der nächste sein? Johnson hatte sich immer vor dem Tod gefürchtet; nun machten diese Furcht und sein Glauben an die Hölle seine letzten Jahre zu einer Mischung von schweren Mahlzeiten und theologischen Ängsten. «Ich fürchte, ich werde einer derjenigen sein, die verdammt werden», sagte er zu Dr. William Adams, dem Direktor des Pembroke College; und als Adams fragte, was er mit «verdammt» meine, rief er aus: «Zur Hölle geschickt, Sir, und ewig bestraft.»[157] Boswell konnte nicht umhin, einen Vergleich mit der Ruhe anzustellen, mit der der ungläubige Hume seinem Ende entgegengesehen hatte[158].

Am 17. Juni 1783 erlitt Johnson einen leichten Schlaganfall – «eine Verworrenheit im Kopf, die wohl eine halbe Minute dauerte ... Ich hatte die Sprache verloren. Schmerzen verspürte ich keine.»[159] Eine Woche später fühlte er sich wieder so wohl, daß er im «Club» speisen konnte, und im Juli versetzte er seine Freunde in Staunen, als er Ausflüge nach Rochester und Salisbury machte. «Was bin ich für ein Mann», sagte er zu Hawkins, «drei Krankheiten – den Schlagfluß, die Gicht und das Asthma – habe ich überstanden und kann jetzt wieder die Unterhaltung meiner Freunde genießen.»[160] Doch am 6. September starb Mrs. Williams, und seine Einsamkeit wurde unerträglich. Da ihn der «Club» nicht mehr befriedigte – denn mehrere der alten Mitglieder (Goldsmith, Garrick, Beauclerk) waren gestorben, und einige neue waren ihm zuwider –, gründete er im Dezember 1783 den «Evening Club» (Abendklub), der in einem Bierhaus in der Essex Street zusammenkam; hier hatte jeder anständige Mensch gegen Zahlung von drei Pence Zutritt und konnte ihn an drei Abenden in der Woche reden hören. Er lud Reynolds ein, Mitglied zu werden. Sir Joshua lehnte ab. Hawkins und andere hielten diesen neuen Klub für eine «Entwürdigung jener Kräfte, die erlauchteren Persönlichkeiten Wonne geschenkt hatten»[161].

Am 3. Juni 1784 fühlte er sich wieder so wohl, daß er mit Boswell nach Lichfield und Oxford reisen konnte. Nach London zurückgekehrt, überredete Boswell Reynolds und andere Freunde, den Kanzler zu ersuchen, Geld zur Verfügung zu stellen, um Johnson eine Erholungsreise nach Italien zu ermöglichen; Johnson meinte, er würde eine Verdoppelung seiner Pension vorziehen. Der Kanzler lehnte ab. Am 2. Juli reiste Boswell nach Schottland. Er sah Johnson nie wieder.

Das Asthma, das sich beruhigt hatte, lebte wieder auf, und die Wassersucht kam hinzu. «Mein Atem ist sehr kurz», schrieb er im November 1784 an Boswell, «und das Wasser macht mir zunehmend zu schaffen.»[162] Reynolds, Burke, Langton, Fanny Burney und andere kamen, um ihm Lebewohl zu sagen. Er schrieb sein Testament; er hinterließ zweitausend Pfund, von denen er tausendfünfhundert Pfund seinem Negerdiener vermachte[163]. Mehrere Ärzte behandelten ihn, lehnten aber jede Bezahlung ab. Er bat sie, seine Beine tiefer zu punktieren; sie weigerten sich. Als sie gegangen waren, stieß er sich eine Lanzette oder eine Schere tief in die Waden, in der Hoffnung, mehr Wasser ablassen und die schmerzhafte Schwellung verringern zu können. Es kam etwas Wasser, aber auch zehn Unzen Blut flossen aus. An diesem Abend, am 13. Dezember 1784 starb er. Eine Woche später wurde er in der Westminsterabtei beigesetzt.

Er war die seltsamste Gestalt der Literaturgeschichte, seltsamer noch als Scarron oder Pope. Es ist schwer, ihn beim ersten Kennenlernen zu lieben; er verbarg seine Zärtlichkeit hinter Brutalität, und die Grobheit seiner Manieren konkurrierte mit der Schicklichkeit seiner Bücher. Niemand empfing so viel Lob und spendete so wenig.

SAMUEL JOHNSON 413

Doch je älter wir werden, um so mehr Weisheit finden wir in seinen Worten. Er kleidete seine Weisheit in Gemeinplätze; doch er machte Gemeinplätze durch die Kraft und die Farbe seiner Sprache zu Epigrammen. Wir können ihn mit Sokrates vergleichen, der ebenfalls auf die leiseste Provokation ansprach und durch seine Gespräche berühmt ist. Beide waren für ihre Zeitgenossen lästige Stechfliegen; doch Sokrates stellte Fragen und gab keine Antworten, während Johnson keine Fragen stellte und sie doch beantwortete. Sokrates war sich über nichts sicher; Johnson war sich sicher über alles. Beide appellierten an die Naturwissenschaft, die Sterne in Ruhe zu lassen und dafür den Menschen zu studieren. Sokrates sah dem Tod wie ein Philosoph und mit einem Lächeln entgegen, Johnson mit religiösen Ängsten, die ihn schlimmer peinigten als seine körperlichen Schmerzen.

Niemand idealisiert ihn heute. Wir können verstehen, warum die englische Aristokratie – ausgenommen Langton und Beauclerk – ihn mied und seine Anmaßung nicht zur Kenntnis nahm. Wir begreifen, was für ein John Bull er im Porzellanladen des Adels oder inmitten der preziösen Nippsachen von Strawberry Hill gewesen wäre. Er war nicht für die Schönheit geschaffen, aber dazu bestimmt, manche von uns aus Heuchelei, Scheinheiligkeit und Schwärmerei aufzuschrecken und uns zu zwingen, uns mit weniger Illusionen über die Natur des Menschen oder die Ekstasen der Freiheit zu betrachten. Es muß etwas Liebenswertes an einem Mann gewesen sein, dem Reynolds und Burke und Goldsmith während tausendundeiner Nacht lauschen konnten, und etwas Faszinierendes an einem Menschen, der den Stoff für eine große Biographie liefern und ihre zwölfhundert Seiten mit dauerndem Leben füllen konnte.

VIII. DER STERBENDE BOSWELL

Als der Große Bär tot war, fiel der Schwarm der Literaten über ihn her, um sein Leben auszuschlachten. Boswell hatte es nicht eilig; er arbeitete sieben Jahre lang an seinem *Life;* doch 1785 veröffentlichte er *Journal of a Tour to the Hebrides with Samuel Johnson,* das in einem Jahr drei Auflagen erlebte. Hester Thrale Piozzi hatte Material über Johnsons Worte und Taten gesammelt; jetzt stellte sie aus diesen Thraliana *Anecdotes of the Late Samuel Johnson, LL. D.*, *during the Last Twenty Years of His Life* (Anekdoten über den verstorbenen Samuel Johnson, LL. D., während der letzten zwanzig Jahre seines Lebens; 1786) zusammen. Das kleine Buch präsentierte ein weniger liebenswürdiges Bild von ihrem Gast als jenes, das sie Tag für Tag in ihrem Tagebuch bezeichnet hatte; zweifellos hatten die letzten Briefe Johnsons eine nachhaltige Wunde hinterlassen.

Als nächstes erschien – abgesehen von einem Dutzend heute vergessener Arbeiten – im Jahre 1787 *The Life of Samuel Johnson,* veröffentlicht in fünf prächtigen Bänden, von Sir John Hawkins. Hawkins hatte als Advokat genügend Erfolg gehabt, um geadelt zu werden (1772), und genügend Wissen besessen, um eine gute *History of Music* (1776) zu schreiben. Er hatte mit Johnson zusammen den Ivy Lane Club gegründet (1749)

414   SAMUEL JOHNSONS ENGLAND

und war eines der ersten Mitglieder des «Club». Diesen verließ er nach einem Streit mit Burke, was Johnson dazu veranlaßte, ihn einen «unclubbable man» (für den «Club» untauglichen Menschen) zu nennen. Doch Johnson blieb sein Freund, suchte oft seinen Rat und machte ihn zu einem seiner Testamentsvollstrecker. Bald nach Johnsons Tod forderte eine Gruppe von Verlegern und Buchhändlern Hawkins auf, eine Ausgabe der Werke des Doktors zu redigieren und sie mit einer Biographie einzuleiten. Von dieser Biographie sagte die Kritik, sie enthülle Johnsons Fehler schonungslos, und Boswell stellte später ihre Richtigkeit in Frage; doch «die gegen sie erhobenen Beschuldigungen können bei einer gerechten Verhandlung nicht aufrechterhalten werden» [164]. Fast alle Fehler, die Hawkins Johnson zuschrieb, wurden auch von anderen Zeitgenossen vermerkt.

Mrs. Piozzi trat mit *Letters to and from the Late Samuel Johnson* (1788) wieder auf den Plan, die alle von außerordentlichem Reiz waren, denn Johnsons Briefe (mit Ausnahme des einen letzten an seine verlorene Lady) waren weitaus menschlicher als seine Rede. Unterdessen schrieb Boswell zwischen Prozessen und Trinkgelagen geduldig weiter an dem, was er zu einer unvergleichlichen Biographie zu machen entschlossen war. Er hatte bald nach ihrer ersten Begegnung im Jahre 1763 angefangen, sich Notizen über Johnsons Unterhaltungen zu machen. Er hatte geplant, dieses Werk schon 1772 erscheinen zu lassen. Selten machte er an Ort und Stelle Notizen, und stenographieren konnte er auch nicht, doch er hatte es sich zum Prinzip gemacht, nach der Rückkehr in sein Zimmer seine Erinnerungen an das niederzuschreiben, was geschehen oder gesagt worden war. Mit der Niederschrift von *The Life of Samuel Johnson* begann er am 9. Juli 1786 in London. Auf der Jagd nach Angaben von Johnsons überlebenden Freunden lief er in der Stadt umher. Der Shakespeare-Kenner Edmund Malone half ihm dieses riesige Chaos von Notizen ordnen, und er richtete ihn wieder auf, als Boswell, zerrüttet durch Ausschweifung, Kummer und den Tod seiner Frau, sich den Frauen und dem Trunk zu ergeben schien. Boswell schrieb 1789: «Sie können sich nicht vorstellen, was ich an Mühsal, Verwirrung und Qualen bei der Sortierung einer so gewaltigen Fülle von Material durchgemacht habe, beim Aufstöbern fehlender Teile, bei der Suche nach irgendwo vergrabenen Papieren, und all dies neben der Mühsal des Formulierens und Ausfeilens. Oft dachte ich ans Aufgeben.» [165] Er entnahm William Masons *Life and Letters of Gray* (1774) die Idee, die Briefe seines Helden mit der Erzählung zu mischen. Absichtlich brachte er möglichst viele Details, weil er glaubte, daß diese ein rundes und lebendiges Bild ergäben. Er verwob die Fragmente in einem chronologischen Ablauf zu einem zusammenhängenden Ganzen.

Nahm er es genau mit der Wahrheit? Er behauptete: ja. «Ich bin so gewissenhaft in meinem Bericht, daß jede Kleinigkeit authentisch sein muß.» [166] Wo wir seine Wiedergabe von Johnsons Worten an anderen Berichten nachprüfen können, scheint sie in der Sache korrekt zu sein, wenn auch nicht wörtlich. Ein Vergleich seines *Notebook* mit seinem *Life* zeigt, daß Boswell seine eigenen Aufzeichnungen von Johnsons Aussprüchen in direkte Rede verwandelte, die er manchmal erweiterte, manchmal komprimierte, manchmal verbesserte [167], manchmal reinigte, indem er bestimmte «*four-letter words*» beträchtlich verlängerte. Gelegentlich ließ er für ihn unvorteilhafte Vorgänge aus [168]. Er behauptete nicht, die ganze Wahrheit über Johnson gesagt zu haben [169], doch als Hannah More ihn bat, «einige von Johnsons Schroffheiten zu mildern», erwiderte er, «er würde Johnsons Krallen nicht abschneiden, noch aus einem Tiger eine Hauskatze machen, um irgend jemandem zu gefallen» [170]. Tatsächlich enthüllte er die Fehler seines Meisters genauso vollständig, wie andere es getan hatten, nur unter einem größeren Maßstab, der ihre Bedeutung verringerte. Er versuchte, von dem ganzen Menschen so viel zu zeigen, wie Zuneigung und Schicklichkeit erlaubten. «Ich bin absolut sicher», sagte er, «daß meine Art der Biographie, die nicht nur eine *Geschichte* von Johnsons *sichtbarem* Weg durch die Welt und von seinen Veröffentlichungen wiedergibt, sondern auch ein *Bild* seines Geistes und seiner Briefe und Unterhaltungen, die vollkommenste ist, die man sich denken kann, und *mehr* ein *Leben* sein wird als jedes Werk, das je erschienen ist.» [171]

Endlich, im Mai 1791, kam dieses Werk, in zwei dicken Bänden, aus der Druckerpresse. Es wurde nicht sofort als eine einmalige Kostbarkeit anerkannt. Es gab Leute, die es Boswell übelnahmen, wie er über ihre nicht immer bewunderungswerte private Unterhaltung berichtete: Lady Diana Beauclerk konnte lesen, daß Johnson sie eine Hure genannt hatte; Reynolds mußte sich daran erinnern lassen, daß Johnson ihm Vorwürfe gemacht hatte, weil er zuviel trank; Burke erfuhr, daß Johnson seine politische Integrität in Frage gestellt und ihn für fähig gehalten hatte, eine Prostituierte aufzulesen; Mrs. Piozzi und Mrs. Elizabeth Montagu fanden manchen Grund, zusammenzuzucken. «Dr. Blagden», schrieb Horace Walpole, «behauptet mit Recht, daß es sich hier um eine neue Art von Verleumdung handle, mit der man jedermann beschimpfen kann, indem man sagt, ein Toter habe dies und jenes über einen Lebenden gesagt.» [172] Andere fanden die Details übertrieben, viele Briefe trivial, manche Seiten langweilig. Nur langsam begriff England, daß Boswell ein Meisterwerk vollbracht und seinem Leben Adel verliehen hatte.

Sein Vater war im Jahre 1782 gestorben und hatte ihm Laird of Auchinleck mit einem Jahreseinkommen von tausendsechshundert Pfund hinterlassen. Er erwies sich als ein freundlicher Herr; doch er war zu sehr an das Stadtleben gewöhnt, um lange in Auchinleck zu bleiben. 1786 wurde er als Anwalt in England zugelassen und verbrachte hiernach den größten Teil seiner Zeit in London. Reynolds porträtierte ihn in diesem Jahr: selbstbewußt, anmaßend, mit einer Nase, die geeignet schien, jedes Geheimnis auszuschnüffeln. Manchmal begleitete ihn seine Frau nach London, doch gewöhnlich lebte sie in Auchinleck. Hier starb sie 1789 im Alter von einundfünfzig Jahren, verbraucht durch die aufreibende Fürsorge für Boswell und seine Kinder. Er überlebte sie um sechs Jahre – Jahre zunehmender Demoralisierung. Er versuchte immer wieder, seine Sucht nach Alkohol zu überwinden, doch vergeblich. Er starb am 19. Mai 1795 in London, sechsundfünfzig Jahre alt, und sein Leichnam wurde zur Beerdigung nach Auchinleck überführt. Seine Sünden stehen heute im Vordergrund der öffentlichen Meinung; doch wir vergessen sie, wenn wir die größte aller Biographien wieder lesen.

Bei einer Rückschau auf dieses 18. Jahrhundert der englischen Literatur stellen wir fest, daß es vor allem ein Jahrhundert der Prosa war, von Addison, Swift und Defoe bis zu Sterne, Gibbon und Johnson, so wie das 17. Jahrhundert eine Epoche der Dichtung war, von *Hamlet* und Donne und Dryden bis zum *Verlorenen Paradies*. Der Aufstieg von Wissenschaft und Philosophie, der Niedergang von Religion und Mystik, das Wiederaufleben der klassischen Einheiten und Beschränkungen hatten die Glut der Phantasie und das Streben nach Höherem abgekühlt und ihren Fluß gehemmt, und der Triumph der Vernunft war die Niederlage der Dichtung, in Frankreich wie in England. Doch die Lebendigkeit und Vielseitigkeit der englischen Prosaliteratur des 18. Jahrhunderts kompensierten weitgehend die in ihrer Verskunst vorherrschenden kalten Formen. Durch Richardson und Fielding wurde der Roman, der vor ihnen eine episodische Aneinanderreihung von Schelmengeschichten und Abenteuern gewesen war, eine kritische Beschreibung des Lebens, eine wertende Schilderung der Sitten, der Moral und der Charaktere, anschaulicher als die Registrierungen der Historiker, die über dem Staat die Menschen vergaßen. Und welcher literarische Einfluß kam in dieser Epoche der Wirkung Richardsons auf Prévost, Rousseau, Diderot und Goethe gleich?

Wenn die Literatur Englands im 18. Jahrhundert sich auch nicht mit der des 17. messen oder die Höhe des Elisabethanischen Zeitalters erreichen konnte, so gewann doch das gesamte Leben Englands nach dem Versagen des nationalen Mutes und der nationalen Politik der Restauration seinen alten Schwung wieder. Seit der Besiegung der Armada hatte England nicht einen solchen Aufschwung des Unternehmergeistes und der Politik erlebt; in den Jahren vom Aufstieg Chathams bis zum Tod seines Sohnes überholte England im Zuge der industriellen Revolution seine Rivalen entscheidend an wirtschaftlicher Macht und Erfinderleistung, und das englische Parlament eroberte Kontinente, während es seine Könige in Schach hielt. Jetzt war das britische Empire errichtet und gesichert, jetzt hallte der Saal des Unterhauses wider von einer Beredsamkeit, die Europa seit Cicero nicht vernommen hatte. Jetzt mobilisierte England, während Frankreich sich an den Rand des Bankrotts brachte, um Amerika zu befreien, und sich selbst enthauptete, um seine Träume zu verwirklichen, seine gesamten Reserven an Geist und Willen, um als überlegener Sieger in der Wirtschaft und der Staatskunst in das 19. Jahrhundert einzuziehen.

Drittes Buch

DER ZUSAMMENBRUCH DES
FEUDALEN FRANKREICH

[1774–1789]

ERSTES KAPITEL

Der letzte Glanz

[1774–1783]

I. DIE THRONERBEN: 1754–1774

LUDWIG XVI. war der dritte Sohn des Dauphins Louis von Frankreich, des einzigen legitimen Sohnes Ludwigs XV. Der Dauphin wurde Ludwig der Fette genannt, weil er gern gut aß. Er versuchte gegen seine Fettleibigkeit durch Jagen, Schwimmen, Bäumefällen, Holzsägen und Beschäftigung mit handwerklichen Künsten anzukämpfen[1]. Während seines ganzen Lebens bewahrte er der Kirche die Treue; seine besten Freunde waren Priester, und er schämte sich der Ehebrüche seines Vaters. Er las viel, einschließlich Montesquieu und Rousseau; er war der Ansicht, daß «der Monarch nur der Verwalter der Staatseinkünfte ist»[2], und er versagte sich eine Reise durch Frankreich, weil «meine ganze Person das nicht wert ist, was sie dem armen Volk kosten würde»[3]. Es ist bemerkenswert, wieviel von seinem Charakter, seinen Gewohnheiten und seinen Ideen auf Ludwig XVI. überging.

Seine Gattin, Maria Josepha von Sachsen, tugendhaft und stark, gebar ihm acht Kinder: die Söhne waren Ludwig-Joseph, Herzog von Burgund, der bei einem Unglück im Jahre 1761 ums Leben kam; Louis-Auguste, Herzog von Berry, geboren am 23. August 1754, der spätere Ludwig XVI.; Louis-Stanislas-Xavier, Graf von Provence, geboren 1755, der spätere Ludwig XVIII.; und Charles-Philippe, Graf von Artois, geboren 1757, der spätere Karl X. Als ihr Vater 1765 starb, wurde der elfjährige Louis-Auguste Thronerbe.

Er war ein kränkliches Kind, scheu und schüchtern; doch Jahre des Landlebens und einfacher Kost verliehen ihm Gesundheit und Stärke. Wie sein Vater war er mehr gutmütig als intelligent. Er war neidisch auf die überlegene Schlauheit seiner Brüder, die seine Vorrangstellung nicht beachteten. Zu bescheiden, um zurückzuschlagen, übte er seine Kräfte bei sportlicher und handwerklicher Betätigung. Er lernte es, mit erstaunlicher Genauigkeit zu schießen und es den Arbeitern im Gebrauch seiner Hände und von Werkzeugen gleichzutun. Er bewunderte die Geschicklichkeit der Handwerker, die für den Hof arbeiteten, liebte es, mit ihnen zu sprechen und zu arbeiten, und nahm etwas von ihren Manieren und ihrer Sprache an. Aber er liebte auch Bücher. Er entwickelte eine besondere Vorliebe für Fénelon; im Alter von zwölf Jahren ließ er im Schloß von Versailles eine Druckerpresse aufstellen und setzte mit Hilfe seiner Brüder, damals neun und elf Jahre alt, einen kleinen Band, den er 1766 als *Maximes morales et politiques tirées de Télémaque* (Moralische und politische Maximen, dem Telemach entnommen) veröffentlichte. Sein Großvater fand kein Gefallen an den Maximen.

«Schaut euch diesen aufgeblasenen Burschen an», sagte Ludwig XV. «Er wird der Ruin Frankreichs und sein eigener sein, doch ich jedenfalls werde es nicht erleben.»[4]

Wie konnte dieser prinzliche Arbeiter in einen König verwandelt werden? Konnte eine Gefährtin gefunden werden, die imstande war, ihn anzuspornen, ihm Mut und Stolz zu verleihen und ihm künftige Bourbonen zu gebären? Ludwig XV. war zu sehr mit Madame Dubarry beschäftigt, um sich darum zu kümmern; doch Choiseul, der Außenminister, erinnerte sich seiner Tage am Hofe von Wien und der lebhaften Erzherzogin Maria Antonia Josepha, die damals (1758) drei Jahre alt gewesen war. Vielleicht würde eine Ehe zwischen ihr und Louis-Auguste der österreichischen Allianz, die durch den Separatfrieden Frankreichs mit England (1762) geschwächt worden war, zu neuem Leben verhelfen. Fürst Kaunitz hatte gegenüber dem Grafen Florimund Mercy von Argentau, einem Lütticher Aristokraten von großem Reichtum und freundlicher Gemütsart, der österreichischer Botschafter in Versailles war, ähnliche Ideen geäußert. Ludwig XV. befolgte ihren gemeinsamen Rat und bat 1769 Maria Theresia in einem formellen Schreiben um die Hand von Maria Antonia für Louis-Auguste. Die Kaiserin war glücklich, eine Verbindung gutheißen zu können, die sie schon allzulange plante. Der Dauphin, der in der Angelegenheit nicht befragt worden war, nahm die für ihn getroffene Wahl gehorsam an. Als ihm gesagt wurde, seine Verlobte sei eine schöne Prinzessin, antwortete er gelassen: «Wenn sie nur gute Eigenschaften hat.»[5]

Sie war am 2. November 1755 in Wien geboren worden. Als Kind war sie nicht hübsch; ihre Stirn war zu hoch, ihre Nase zu lang und scharf, ihre Zähne waren unregelmäßig, ihre Unterlippe zu voll, aber sie wußte früh, daß sie königliches Blut in den Adern hatte; sie lernte es, wie eine Königin zu gehen, und die Natur machte sie durch die geheimnisvollen Kräfte der Pubertät zunehmend hübscher, bis sie, mit seidigem, blondem Haar, einem Teint «von Lilien und Rosen[6]», funkelnden blauen Augen und einem «griechischen Hals», wenn auch nicht ein fetter Happen für einen König, so doch zumindest ein Leckerbissen für einen Dauphin wurde. Drei ihrer fünf älteren Schwestern waren von der Kaiserin in behagliche Ehehäfen manövriert worden: Maria Christina hatte den Prinzen von Sachsen, der Herzog von Sachsen-Teschen wurde, geheiratet, Maria Amalia Ferdinand, den Herzog von Parma; Maria Karoline war Königin von Neapel geworden. Bruder Joseph war Mitregent des Heiligen Römischen Reiches und Bruder Leopold Großherzog von Toscana. Es konnte gar nicht anders sein, als daß Maria Antonia Königin von Frankreich wurde.

Als das jüngste von Maria Theresias überlebenden Kindern war sie etwas vernachlässigt worden. Mit dreizehn hatte sie etwas Italienisch gelernt; doch sie konnte weder Deutsch noch Französisch korrekt schreiben, sie wußte fast nichts über Geschichte, und obwohl Gluck ihr Lehrer war, hatte sie in der Musik nur bescheidene Fortschritte gemacht. Als Ludwig XV. sich entschloß, sie als Enkelin zu akzeptieren, bestand er darauf, daß sie gegen die Pocken geimpft würde, und schickte den Abbé Vermond nach Wien, um ihre Erziehung zu beschleunigen. Vermond berichtete: «Ihr Charakter und ihr Gemüt sind ausgezeichnet ... Sie besitzt mehr Verstand, als man lange Zeit bei ihr

DER LETZTE GLANZ 421

vermutet hat ... Ein wenig Faulheit und viel Leichtfertigkeit haben mir den Unterricht bei ihr erschwert ... So sah ich schließlich ein, daß man sie nur erziehen kann, indem man sie gleichzeitig unterhält.»[7] Sie tanzte gerne und liebte es, mit ihren Hunden in den Wäldern umherzutollen.

Die sorgenvolle Kaiserin wußte, daß sie das Schicksal der Allianz Händen anvertraute, die für eine solche Verantwortung zu schwach waren. Während der letzten zwei Monate, die der Eheschließung vorangingen, ließ sie Maria Antonia bei sich in ihrem Zimmer schlafen, um in der Vertrautheit der gemeinsamen Nächte nach Möglichkeit etwas von ihrer Lebensweisheit und Herrscherinnenwürde auf ihre Tochter zu übertragen. Sie stellte für sie eine Liste von Regeln zusammen, die ihr moralisches und politisches Verhalten lenken sollten. Sie schrieb an Ludwig XV. und bat ihn um Nachsicht gegenüber den Unzulänglichkeiten der unreifen Braut, die sie seinem Enkel schickte. An den Dauphin schrieb sie einen von der Sorge und den Ängsten einer Mutter erfüllten Brief:

«Da sie meine Wonne gewesen ist, so hoffe ich, wird sie Ihr Glück sein. Ich habe sie hierfür erzogen, denn seit langem habe ich vorausgesehen, daß sie Ihr Schicksal teilen würde. Ich habe ihr die Liebe zu ihren Pflichten Ihnen gegenüber eingeflößt, eine zärtliche Zuneigung und die Fähigkeit, die Mittel, Ihnen zu gefallen, zu erkennen und zu gebrauchen ... Meine Tochter wird Sie lieben, dessen bin ich sicher, weil ich sie kenne ... Leben Sie wohl, mein teurer Dauphin; seien Sie glücklich, machen Sie sie glücklich ... Ich bin in Tränen gebadet ... Ihre zärtliche Mutter.»[8]

Am 19. April 1770 wurde das strahlende, ahnungslose vierzehnjährige Mädchen durch Stellvertretung mit Louis-Auguste von Frankreich vermählt; ihr Bruder Ferdinand nahm den Platz des Dauphins ein. Zwei Tage später verließ die Dauphine mit einer Kavalkade von siebenundfünfzig Kutschen und dreihundertsechsundsechzig Pferden das Schloß Schönbrunn, nachdem die Kaiserin ihr ein letztesmal Lebewohl gesagt hatte. «Sei gut zu den Franzosen», hatte sie der Tochter zugeflüstert, «damit sie sagen können, ich habe ihnen einen Engel geschickt.»[9] Das Gefolge umfaßte hundertzweiunddreißig Personen – Hofdamen, Haarkünstler, Schneider, Pagen, Kapläne, Ärzte, Apotheker, Köche, Diener und fünfunddreißig Mann für die Pflege der Pferde, die auf der langen Reise nach Paris vier- oder fünfmal am Tage gewechselt wurden. Nach sechzehn Tagen erreichte der Zug Kehl am Rhein, gegenüber Straßburg. Auf einer Insel im Fluß vertauschte Maria ihre österreichische mit französischer Kleidung; ihre österreichische Bedienung kehrte nach Wien zurück und wurde durch Franzosen ersetzt. Von nun an war Maria Antonia Marie-Antoinette. Nach mannigfaltigen Zeremonien wurde sie nach Straßburg hineingeleitet, während Kanonen donnerten und Kirchenglocken läuteten und die Bevölkerung jubelte. Sie weinte und lächelte und hielt geduldig dem langen Ritual stand. Als der Bürgermeister eine Rede in Deutsch begann, unterbrach sie ihn: «Sprechen Sie nicht Deutsch, mein Herr; von heute an verstehe ich nur noch Französisch.» Nachdem man sich einen Tag Ruhe gegönnt hatte, begann der Zug seine Reise durch Frankreich.

Es war vereinbart worden, daß der König und der Dauphin mit einem großen Teil des Hofes sich nach Compiègne, fünfundachtzig Kilometer nordöstlich von Paris, be-

422   DER ZUSAMMENBRUCH DES FEUDALEN FRANKREICH

geben sollten, um dort mit dem Zug der Dauphine zusammenzutreffen. Dies geschah am 14.Mai. Die Braut sprang aus ihrer Kutsche, lief auf Ludwig XV. zu, kniete vor ihm nieder und verblieb in dieser Haltung, bis der König sie huldvoll aufhob mit den Worten: «Sie sind bereits ein Mitglied der Familie, Madame, denn Ihre Mutter hat die Seele Ludwigs XIV.» [10] Nachdem er sie auf beide Wangen geküßt hatte, stellte er ihr den Dauphin vor, der das gleiche tat, wenn auch vermutlich mit weniger Genuß. Am 15.Mai begannen die vereinigten Züge feierlich den Rückweg nach Versailles. Hier wurde am 16.Mai 1770 die Ferntrauung, die einen Monat zuvor vollzogen worden war, durch eine offizielle Vermählung bestätigt. Am Abend fand im neuen Opernhaus ein großes Festmahl statt. Der König warnte Louis-Auguste, er esse zuviel. Der Dauphin erwiderte: «Je mehr ich am Abend esse, desto besser schlafe ich.» [11] Er hatte nicht die Unwahrheit gesagt, denn sobald er das eheliche Schlafzimmer betreten hatte, legte er sich nieder und schlief ein.

Mit der gleichen Bereitwilligkeit schlief er auch an den nachfolgenden Abenden ein; des Morgens stand er jeweils früh auf, um auf die Jagd zu gehen. Mercy d'Argentau meinte, das schnelle Wachstum von Louis-Auguste habe seine sexuelle Entwicklung verzögert, und man könne nichts anderes tun als warten. Maria Theresia, über die Lage informiert, schrieb an ihre Tochter: «Ihr seid ja beide so jung! Im Gegenteil – für Eure Gesundheit ist es sicherlich besser. Ihr werdet beide noch kräftiger werden.» [12] Einige der Ärzte des Dauphins·machten die Sache noch schlimmer, indem sie ihm sagten, Bewegung und gutes Essen würden seine sexuelle Entfaltung fördern; das Gegenteil war der Fall; sie machten ihn dicker und schläfriger. Endlich, gegen Ausgang des Jahres 1770, versuchte der Dauphin, die Ehe zu vollziehen, versagte jedoch; das einzige Ergebnis war ein ernüchternder Schmerz. Graf von Aranda, der spanische Botschafter, berichtete seinem König: «Man sagt, eine Mißbildung unter der Vorhaut mache den Versuch zum Beischlaf zu schmerzvoll»; oder es sei «die Vorhaut so dick, daß sie sich nicht mit der für eine Erektion notwendigen Elastizität ausdehnen kann» [13]. Die Ärzte erboten sich, den Fehler durch eine einer Beschneidung ähnliche Operation zu beheben, doch der Dauphin weigerte sich [14]. Er machte wiederholte Versuche, doch mit keiner anderen Wirkung, als sich selbst und seine Frau aufzuregen und zu demütigen. So blieb es bis 1777. Das Bewußtsein seines ehelichen Versagens vertiefte die Minderwertigkeitsgefühle des Dauphins und hat vielleicht dazu beigetragen, einen so zaudernden und mißtrauischen König aus ihm zu machen.

Zweifellos haben diese sieben Jahre ewiger Frustration den Charakter und das Verhalten Marie-Antoinettes beeinflußt. Sie wußte, daß die Männer und Frauen des Hofes sich über ihr Mißgeschick schonungslos lustig machten und daß der größte Teil der Franzosen, die den wahren Grund dafür nicht kannten, sie der Unfruchtbarkeit ziehen. Sie tröstete sich mit Fahrten in die Oper oder ins Theater von Paris und gönnte sich einen verschwenderischen Luxus in ihrer Kleidung. Die vielen Repräsentationspflichten am Hof mit all seinen Zeremonien und seinem Protokoll waren ihr zuwider; sie zog enge Freundschaften mit gleichgesinnten Seelen wie der Prinzessin von Lamballe vor. Lange Zeit weigerte sie sich, mit Madame Dubarry zu sprechen, entweder aus

DER LETZTE GLANZ　　　423

Widerwillen gegen ihre Moral oder aus Neid darüber, daß eine andere Frau Erfüllung in der Liebe fand und einen so starken Einfluß auf den König hatte.

Am 10. Mai 1774 starb Ludwig XV. Die Höflinge eilten in die Wohnung des Dauphins und fanden ihn und die Dauphine auf den Knien liegen, weinend und betend: «O Gott», jammerte der neunzehn Jahre alte Jüngling, «beschütze uns, wir sind ja viel zu jung, um zu regieren!» Und zu einem Freund sagte er: «Welch eine Last! Ich habe nichts gelernt. Ich habe das Gefühl, das Universum stürzt über mir zusammen.»[15] Den ganzen Tag hindurch riefen Männer, Frauen und Kinder in Versailles und Paris und dann in ganz Frankreich, soweit die Nachricht drang: «Le Roi est mort, vive le Roi!» Einige hoffnungsvolle Pariser schrieben auf den Sockel einer Statue Heinrichs IV. das Wort Resurrexit[16]; der große König war von den Toten auferstanden, um Frankreich vor dem Chaos der Korruption, dem Bankrott und der Niederlage zu retten.

II. DIE REGIERUNG

Was war mit der Regierung nicht in Ordnung? Sie war nicht so despotisch wie die preußische, nicht so korrupt wie die englische; ihre Bürokratie und ihre Provinzialverwaltung hatte einige hervorragende und viele fähige Männer. Dennoch hatte die Bourbonenmonarchie es nicht fertiggebracht, mit der ökonomischen und intellektuellen Entwicklung des Volkes Schritt zu halten. Die Revolution brach in Frankreich früher aus als anderswo, denn die Mittelklassen hatten einen höheren Intelligenzgrad erreicht als in irgendeiner anderen Nation jener Zeit; und der aufgeklärte, wache Geist seines Bürgertums stellte größere Anforderungen an den Staat, als irgendeine andere Regierung in Rechnung stellen mußte.

Friedrich II. und Joseph II., Verehrer der Philosophie und Verfechter der absoluten Monarchie, hatten ein Maß von Ordnung und Wirksamkeit in die politische Verwaltung Preußens und Österreichs gebracht, wie es das damalige Frankreich, das lateinische Lässigkeit und Bequemlichkeit liebte, nicht kannte. «Verwirrung und Chaos herrschten überall.»[17] In Versailles lag der Rat des Königs in ständigem Rechtsstreit mit den Ministern der Departements, die sich ihrerseits untereinander bekämpften, weil ihre Funktionen sich überschnitten, weil sie sich um die gleichen öffentlichen Gelder bewarben und weil keine höhere Autorität vorhanden war, ihre Politik zu koordinieren. Die Nation war eingeteilt in bailliages oder sénéchaussées (Landvogteien oder Gerichtssprengel) für das Justizwesen, in généralités (Steuerbezirke) für die Finanzen, in gouvernements für die Armee, in Pfarreien und Provinzen für die Kirche. In jedem Steuerbezirk konkurrierte der Intendant mit dem Gouverneur und dem regionalen parlement. In ganz Frankreich kollidierten die Interessen der ländlichen Erzeuger mit denen der städtischen Verbraucher; eine tiefe Kluft trennte die Reichen von den Armen, den Adel von der Bourgeoisie, die parlements von dem König. Es fehlte eine einigende Sache und ein beherrschender Wille; die Sache kam erst 1792, der Wille erst 1799.

Eine der schlimmsten Seiten des französischen Lebens war das Recht, während gleichzeitig das Justizwesen zu den besten gehörte. In Südfrankreich galt das römische, in Nordfrankreich das gemeine und feudale Recht. «Die Justiz des alten Staates», sagte de Tocqueville, «war kompliziert, schwerfällig, langsam und kostspielig.»[18] – Doch dies ist eine universale Klage. Die Gefängnisse waren schmutzig, die Strafen barbarisch; die gerichtliche Folter wurde bis 1774 geduldet. Die Richter waren unabsetzbar und für gewöhnlich unbestechlich und gerecht; Sir Henry Maine war der Ansicht, daß die Juristen Frankreichs «in allen Eigenschaften des Advokaten, des Richters und des Gesetzgebers ihre Standesgenossen in ganz Europa bei weitem übertrafen»[19]. Sie verwalteten ihr Amt auf Lebenszeit und waren berechtigt, es auf einen Sohn zu übertragen. Die fähigsten unter ihnen gelangten in die regionalen *parlements,* und die begütertsten und einflußreichsten wurden in das *parlement* von Paris gewählt. 1774 betrachtete sich der «Amtsadel» – der erbliche Berufsstand der obrigkeitlichen Beamten – als eine Klasse, die an Würde und Verdienst nur um weniges unterhalb des «Schwertadels» stand. Er ließ nur Personen in den *parlements* zu, die von Geburt der einen oder der anderen der beiden Aristokratien angehörten.

Montesquieu hatte behauptet, die vermittelnden Körperschaften zwischen dem König und dem Volk seien nützliche Bremsen für die autokratische Gewalt; er hatte den landbesitzenden Adel und die obrigkeitlichen Beamten als zwei derartige Gewalten bezeichnet. Um diese Bremsfunktion ausüben zu können, beanspruchten die *parlements* das Recht, jedes königliche Dekret zu ratifizieren (*régistrer*) oder abzulehnen, je nachdem, ob es in ihren Augen mit den bestehenden Gesetzen und Rechten in Einklang oder in Widerstreit stand. Einige Provinzparlamente, besonders die von Grenoble, Rouen und Rennes, vertraten halbdemokratische Grundsätze, manchmal mit Rousseauschen Phrasen über den «allgemeinen Willen» und die «freie Zustimmung der Nation»; so erklärte das *parlement* von Rennes 1788, daß «der Mensch frei geboren» sei, daß «die Menschen von Natur gleich» seien und daß «diese Wahrheiten nicht bewiesen zu werden brauchen»[20]. Im allgemeinen jedoch waren die *parlements* eifrige Verfechter der Klassenunterschiede und -privilegien. Ihre Streitigkeiten mit der königlichen Macht hatten Anteil an der Vorbereitung der Revolution; doch als diese nahte, stellten sie sich auf die Seite des alten Regimes und fielen mit ihm.

Theoretisch war die königliche Macht absolut. Nach der bourbonischen Tradition war der König der alleinige Gesetzgeber, die oberste Verwaltungsinstanz und der höchste Gerichtsherr. Er konnte jede Person in Frankreich verhaften und unbegrenzt einsperren lassen, ohne einen Grund anzugeben oder ein Verfahren zuzulassen; selbst der menschenfreundliche Ludwig XVI. stellte entsprechende *lettres de cachet* aus. Der König hatte eine kostspielige Hofhaltung geerbt, die er als unerläßlich für das Funktionieren und das Prestige der Regierung hielt. 1774 umfaßte der Hof in Versailles die königliche Familie und 886 Adlige mit ihren Frauen und Kindern; dazu kamen 295 Köche, 56 Jäger, 47 Musiker, 8 Architekten sowie zahlreiche Sekretäre, Kapläne, Ärzte, Kuriere und Wächter; alles zusammen etwa sechstausend Personen, zuzüglich zehntausend in der Nähe stationierte Soldaten. Jedes Mitglied der königlichen Familie

DER LETZTE GLANZ 425

hatte seinen eigenen Hof, ebenso auch einige Adlige, wie die Prinzen von Condé und von Conti und die Herzöge von Orléans und von Bourbon. Der König unterhielt mehrere Paläste – in Versailles, Marly, La Muette, Meudon, Choisy, Saint-Hubert, Saint-Germain, Fontainebleau, Compiègne und Rambouillet. Es war üblich, daß er von Palast zu Palast zog, wobei ihm Teile des Hofes folgten und untergebracht und ernährt werden mußten. Die Ausgaben für die königliche Tafel beliefen sich im Jahre 1780 auf 3 660 491 Livres[21].

Die Gehälter der Hofbeamten waren bescheiden, die Nebeneinkünfte jedoch elastisch; so erhielt Monsieur Augeard, ein Sekretär in einem der Ministerien, jährlich nur 900 Livres Gehalt, gab jedoch zu, daß der Posten 200 000 Livres jährlich abwarf. Hunderte von Pfründen brachten den Höflingen Geld ein, während Untergebene die Arbeit taten; Monsieur Machault erhielt 18 000 Livres dafür, daß er zweimal im Jahr seine Unterschrift leistete[22]. Hunderte von Pensionen in einer Gesamthöhe von 28 Millionen Livres flossen jährlich in die Taschen angeblich verdienter Adliger oder ihrer Schützlinge[23]. Zahllose Intrigen wurden gesponnen, um zu entscheiden, wer von der unbekümmerten Freigebigkeit des Königs profitieren sollte. Man erwartete von ihm, daß er die Finanznöte alter Adelsfamilien saniere und für heiratsfähige adlige Töchter eine Mitgift aussetze. Jedes der überlebenden Kinder Ludwigs XV. erhielt jährlich etwa 150 000 Livres. Jeder Staatsminister bezog ein Jahresgehalt bis zu 150 000 Livres, denn es wurde von ihm erwartet, daß er ein großes Haus führe. Dieser ganze Aufwand, all diese Pensionen, Geschenke, Gehälter und Pfründe wurden aus den Einkünften bezahlt, die dem Wirtschaftsleben der Nation in Form von Steuern und Abgaben entzogen wurden. Insgesamt kostete der Hof Frankreich jährlich 50 Millionen Livres, ein Zehntel der Totaleinkünfte der Regierung[24].

III. DIE JUNGFRÄULICHE KÖNIGIN

Marie-Antoinette war das verschwenderischste Mitglied des Hofes. An einen impotenten Gatten gefesselt, um die natürliche weibliche Erfüllung betrogen, auf außereheliche Bindungen Verzicht leistend, tröstete sie sich bis 1778 mit kostspieligen Kleidern, Schmuckstücken und Schlössern, mit Bällen, Opern- und Theaterbesuchen. Sie verlor ein Vermögen beim Spiel und verschenkte in unbekümmerter Freigebigkeit ein weiteres an Günstlinge. Sie gab in einem Jahr (1783) 252 000 Livres für ihre Garderobe aus[25]. Modekünstler kreierten für sie Maskenkostüme mit Namen wie «Indiskrete Wonnen», «Erstickte Seufzer» oder «Maskierte Wünsche»[26]. Friseure arbeiteten stundenlang an ihrem Kopf und türmten ihr Haar zu solcher Höhe auf, daß ihr Kinn die Mitte ihrer Gestalt zu sein schien; diese *haute coiffure* wurde, wie fast alles, was sie trug, tonangebend zuerst für die Damen des Hofes, dann für die von Paris, schließlich für die in den Provinzhauptstädten.

Ihr Verlangen nach Juwelen grenzte ans Krankhafte. 1774 kaufte sie von Böhmer, dem offiziellen Juwelier der Krone, Edelsteine im Werte von 360 000 Livres[27]. Ludwig XVI. schenkte ihr einen Rubinschmuck, Diamanten und Armbänder im Werte von 200 000 Livres[28]. 1776 schrieb Mercy d'Argentau an Maria Theresia:

«Obwohl der König der Königin bei verschiedenen Gelegenheiten Diamanten im Wert von mehr als hunderttausend Talern geschenkt hat und obwohl Ihre Majestät bereits eine riesige Sammlung besitzt, hat sie sich dennoch entschlossen, von Böhmer Ohrgehänge zu erwerben. Ich verheimlichte es gegenüber Ihrer Majestät nicht, daß es unter den derzeitigen wirtschaftlichen Bedingungen klüger wäre, eine so gewaltige Ausgabe zu vermeiden; aber sie konnte nicht widerstehen – obgleich sie die Angelegenheit sehr diskret behandelte und sie vor dem König geheimhielt.»[29]

Maria Theresia sandte ihrer Tochter brieflich eine heftige Rüge; die Königin machte das Zugeständnis, ihre Juwelen nur bei Staatszeremonien zu tragen; doch das Volk verzieh ihr diese zügellose Verschwendung seiner Steuergelder nicht und glaubte später bereitwillig dem Gerücht, daß sie mit dem Kauf des berühmten Diamantenhalsbandes einverstanden gewesen war.

Der König war duldsam gegenüber ihren Schwächen, weil er sie bewunderte und liebte und weil er ihr für ihre Nachsicht gegenüber seiner Impotenz dankbar war. Er bezahlte ihre Spielschulden aus seiner eigenen Tasche. Er ermutigte sie zu ihren Fahrten in die Pariser Oper, obwohl er wußte, daß ihre öffentlich zur Schau gestellte Vergnügungssucht ein Volk verwirrte, das an königliche Würde und Zurückhaltung gewöhnt war. Die Regierung bezahlte die Unkosten für die drei Theatervorstellungen, zwei Bälle und zwei offiziellen Soupers, die fast jede Woche am Hof veranstaltet wurden; daneben besuchte die Königin auch Maskenbälle in Paris oder in Privathäusern. Diese Jahre zwischen 1774 und 1777 waren eine einzige Folge von Zerstreuungen, die von Maria Theresia offen Ausschweifungen genannt wurden. Da die nächtlichen Annäherungen ihres Gatten ihre Leidenschaft nur erregten, aber nicht befriedigten, ermutigte die Königin ihn, früh zu Bett zu gehen; manchmal stellte sie die Uhr vor, damit er sich früher zurückzog, so daß sie sich nachher mit ihren Freunden bei Spielen vergnügen konnte, die manchmal die ganze Nacht dauerten. Sie hatte kein Interesse an der Literatur, wenig an der Kunst, mehr am Theater und an der Musik; sie war eine gute Sängerin und Schauspielerin, spielte die Harfe und einige Mozart-Sonaten auf dem Klavichord[30].

Von all den Vorwürfen, die man ihr machte, war nur einer wirklich berechtigt – der einer gedankenlosen Verschwendungssucht, die jedoch durch Langeweile und Frustration bedingt war und ihre Wurzeln in einer Kindheit und Jugend hatte, die an Reichtum gewöhnt gewesen war und Armut nicht gekannt hatte. Der Fürst von Ligne (der vielleicht mehr Gentleman als Historiker war) behauptete, ihre Liebe zu kostspieligen Kleidern habe sich bald gelegt, ihre Spielverluste seien übertrieben worden, und ihre Schulden seien ebensosehr die Folge unkluger Freigebigkeit als gedankenloser Ausgabefreudigkeit gewesen[31]. Der Hof und die Salons waren ihr als einer Österreicherin feindlich gesinnt; die Allianz mit Österreich war nie beliebt gewesen, und Marie-Antoinette, «L'Autrichienne» genannt, personifizierte diese Allianz und wurde, mit einiger Berechtigung, verdächtigt, die österreichischen Interessen manchmal auf Kosten Frankreichs zu begünstigen. Doch auch so gewann sie durch ihre jugendliche Vi-

DER LETZTE GLANZ 427

talität, ihre Fröhlichkeit und Freundlichkeit viele Herzen. Als Madame Vigée-Lebrun, hochschwanger, an den Hof kam, um ihr Porträt zu malen (1779), fielen einmal einige Farbtuben zu Boden; die Königin sagte sofort: «Lassen Sie, Sie befinden sich in zu weit vorgeschrittenen Umständen, als daß Sie sich bücken dürften», und hob die Tuben selbst auf[32]. Marie-Antoinette war im allgemeinen rücksichtsvoll; doch gelegentlich machte sie sich in gedankenlosem Übermut über die Angewohnheiten oder Fehler anderer Menschen lustig. Auch entsprach sie zu bereitwillig jeder Bitte; sie wußte noch nicht, wie gefährlich es war, jedem freundlichen Impuls nachzugeben[33].

Ein so munteres Geschöpf, für welches Leben und Bewegung das gleiche bedeuteten, war nicht geschaffen für das langsame und abgemessene Tempo der Hofetikette. Bald rebellierte sie gegen diesen Zwang und suchte Einfachheit und Bequemlichkeit in dem eine Meile vom Schloß von Versailles entfernten Petit Trianon und in dessen Umgebung. 1778 übertrug Ludwig XVI. der Königin das uneingeschränkte Besitzrecht an diesem Schlößchen; dorthin sollte sie sich mit ihren Vertrauten zurückziehen können, und Ludwig versprach, sich nicht unaufgefordert dort einzufinden. Da das Gebäude nur acht Räume hatte, ließ die Königin für ihre Freunde in der Nähe einige Landhäuser bauen. Die umliegenden Gärten ließ sie im «natürlichen» Stil herrichten – mit gewundenen Pfaden, verschiedenen Bäumen, einem Liebestempel und einem Teich, dessen Wasser mit hohen Kosten von Marly heraufgepumpt wurde. Um die Illusion einer rousseauschen Rückkehr zur Natur zu vervollständigen, wurden in dem angrenzenden Park acht kleine Bauernhöfe erstellt, jeder mit Bauernfamilie, Misthaufen und Kühen. Hier erschien sie als Schäferin in weißem Gewand, mit Gazeschleier und Strohhut und liebte es zuzuschauen, wie Milch aus erlesenen Eutern in Gefäße aus Sèvresporzellan gemolken wurde. Im Innern des Petit Trianon machten sie und ihre Freunde Musik oder veranstalteten Spiele; auf dem Rasen gaben sie für den König oder vornehme Besucher Bankette. Hier wie auch im königlichen Schloß inszenierte die Königin Theaterstücke, spielte in manchen die Hauptrolle – die Susanne in *Le Mariage de Figaro*, die Colette in *Le Devin du Village* – und entzückte den König durch ihre Gewandtheit und ihren Charme.

Da sie den Skandal fürchtete, wenn sie zu frei mit Männern verkehrte, schloß sie sich so eng an Frauen an, daß der Skandal eine andere Richtung nahm. Ihre erste Vertraute war Marie-Thérèse de Savoie-Carignan, Fürstin von Lamballe, ein zartes, sanftes und trauriges Geschöpf. Mit einundzwanzig war sie bereits seit zwei Jahren Witwe. Ihr Gatte, Sohn des Enkels von Ludwig XIV., des Herzogs von Penthièvre, hatte schon bald nach der Trauung Mätressen oder Prostituierte besucht. Dort hatte er sich die Syphilis geholt und war an ihr gestorben, nachdem er seiner Frau seine Sünden in abstoßender Ausführlichkeit gebeichtet hatte. Sie erholte sich nie ganz von der Qual dieser Ehe und war nervösen Krämpfen und Ohnmachtsanfällen unterworfen, bis sie 1792 von einem revolutionären Mob in Stücke gerissen wurde. Marie-Antoinette nahm sie zuerst aus Mitleid auf, liebte sie bald leidenschaftlich, sah sie jeden Tag, schrieb ihr zärtliche Briefe, manchmal zweimal am Tag. Im Oktober 1775 machte sie die Fürstin zur Oberaufseherin des Haushalts der Königin und überredete den König gegen

428   DER ZUSAMMENBRUCH DES FEUDALEN FRANKREICH

die Proteste Turgots, ihr ein Jahresgehalt von 150 000 Livres zu zahlen. Außerdem hatte die Fürstin Verwandte und Freunde, die sie baten, ihren Einfluß bei der Königin und über sie beim König zu nützen, um ihnen Posten oder Geschenke zu verschaffen. Nach einem Jahr ließ Marie-Antoinettes Zuneigung nach, und sie nahm sich eine andere Freundin.

Jolande von Polastron, Gattin des Grafen Jules de Polignac, entstammte einer alten, aber verarmten Familie. Sie war hübsch, zierlich, natürlich, und niemand hätte ihr die unersättliche Geldgier zugetraut, durch die sie den um den Ausgleich des Budgets bangenden Finanzminister Turgot zur Verzweiflung brachte, während die Königin Gefallen an ihrer witzigen Gesellschaft fand. Als die Gräfin ihrer Niederkunft entgegensah, überredete die Königin sie, nach La Muette in eine königliche Villa in der Nähe des Schlosses von Versailles zu ziehen; hier besuchte sie sie täglich, brachte fast immer Geschenke mit. Als die Gräfin Mutter wurde, konnte sie ihr nichts mehr verweigern: 400 000 Livres, um ihre Schulden zu bezahlen, eine Mitgift von 800 000 für ihre Tochter, einen Botschafterposten für ihren Vater, Geld, Juwelen, Pelze, Kunstwerke für sie selbst und schließlich (1780) den Herrensitz Bitche – denn der Graf wollte Herzog werden. Schließlich erklärte Mercy von Argentau der Königin, sie werde ausgebeutet und die neue Herzogin erwidere ihre Zuneigung nicht. Er schlug als Probe vor, die Königin solle Frau von Polignac bitten, den Grafen von Vaudreuil, der der Königin zuwider war, aus ihrer Umgebung zu entlassen. Die Gräfin weigerte sich, und Marie-Antoinette wandte sich anderen Freundschaften zu. Die Polignacs gingen ins Lager ihrer Feinde über und wurden eine Quelle der Verleumdungen, mit denen der Hof und die Schmähschriftenschreiber den Namen der Königin besudelten.

Mit fast allem, was sie tat, schuf sie sich Feinde. Die Höflinge grollten ihr wegen der Geschenke, die sie ihren Günstlingen machte, da auf diese Weise für sie selbst weniger abfiel. Sie beklagten sich, die Königin entziehe sich ihren Verpflichtungen bei Hofe so häufig, daß die Zeremonien an Glanz und Bedeutung verloren. Viele, die die kostspielige königliche Garderobe der ersten Jahre verdammt hatten, tadelten sie jetzt, weil sie eine neue Mode der Einfachheit in der Kleidung einführte; die Seidenhändler von Lyon und die Couturiers von Paris würden ruiniert werden[34]. Sie hatte den König dazu gebracht, den Herzog von Aiguillon zu entlassen (1775), der Madame Dubarry als erster ausgehalten hatte; der Herzog hatte viele Anhänger, und diese bildeten einen weiteren Klüngel von Feinden. Nach 1776 begannen die Pariser Pamphletisten, von denen viele Material und Geld von Mitgliedern des Hofs erhielten[35], einen Feldzug erbarmungsloser Beschimpfungen gegen die Königin[36]. Einige Skribenten behaupteten, sie sei irgendwann einmal die Mätresse eines jeden verfügbaren Mannes in Versailles gewesen[37]. «Wie oft», war in einem Pamphlet mit dem Titel *Verweis für die Königin* zu lesen, «haben Sie das Ehebett vernachlässigt und sich Ihrem Gatten entzogen, um Bacchanten und Satyrn aufzusuchen und sich in roher Lust mit ihnen zu vereinigen?»[38] Eine andere Schmähschrift illustrierte ihre Verschwendung durch die Darstellung einer Wand im Petit Trianon, die mit Diamanten besetzt war[39]. Gerüchte

DER LETZTE GLANZ 429

beschuldigten sie, sie habe während der Hungeraufstände von 1788 gesagt: «Wenn sie kein Brot haben, sollen sie Kuchen essen.» Die Historiker stimmen darin überein, daß sie diese herzlose Bemerkung nie gemacht hat[40]; im Gegenteil, sie steuerte aus ihrer eigenen Börse großzügig zur Armenunterstützung bei. Noch grausamer war die im Volk verbreitete Meinung, sie sei unfruchtbar. Madame Campan, die erste königliche Hofdame, berichtet:

«Als 1777 dem Grafen von Artois ein Sohn geboren wurde, machten die Marktfrauen und Fischweiber von ihrem Vorrecht Gebrauch, bei königlichen Geburten das Königsschloß betreten zu dürfen, und verfolgten die Königin bis zur Türe ihrer Gemächer, ihr in den gemeinsten Ausdrücken nachrufend, es sei an ihr, nicht an ihrer Schwägerin, Erben für die französische Krone zu liefern. Die Königin versperrte eiligst die Türe vor diesen zügellosen Weibern und schloß sich mit mir in ihrem Zimmer ein, um über ihre traurige Lage zu weinen.»[41]

Wie konnte sie dem Volk erklären, daß der König impotent war?

Frankreich wartete auf den Kaiser des Heiligen Römischen Reiches, daß er ihm aus dieser Sackgasse helfe. Im April 1777 traf Joseph II. unter dem Pseudonym eines Grafen von Falkenstein in Versailles ein und verliebte sich prompt in die Königin. «Wenn Sie nicht meine Schwester wären», sagte er, «würde ich nicht zögern, wieder zu heiraten, um eine so reizende Frau zu meiner Gemahlin zu haben.»[42] Und an seinen Bruder Leopold schrieb er:

«Ich habe Stunde um Stunde mit ihr verbracht und nicht gemerkt, daß sie vergingen ... Sie ist eine zauberhafte und ehrenhafte Frau, etwas jung, ein wenig gedankenlos, doch im Grunde anständig und tugendhaft ... Sie besitzt auch Geist und einen Scharfsinn, der mich überraschte. Ihre erste Reaktion ist immer richtig; wenn sie nur immer danach handeln und dem Klatsch weniger Aufmerksamkeit schenken würde ..., wäre sie vollkommen. Sie hat ein starkes Verlangen nach Vergnügen, und da ihre Neigungen bekannt sind, nimmt man ihre Schwäche wahr ...

Doch sie denkt nur an ihr eigenes Vergnügen, empfindet keine Liebe für den König und ist berauscht von der Zügellosigkeit dieses Landes; sie bringt den König mit Gewalt dazu, Dinge zu tun, die er nicht tun will ... Kurz, sie erfüllt weder die Pflichten einer Ehegattin noch die einer Königin.»[43]

Sie erklärte ihm, warum sie und der König in getrennten Räumen schliefen; er wünsche früh zu Bett zu gehen, und sie fänden es beide weise, sexuelle Erregung zu vermeiden. Joseph besuchte den König und fand Gefallen an ihm. «Dieser Mann», schrieb er an Leopold, «ist ein wenig schwach, doch kein Dummkopf. Er hat Ideen und ein gesundes Urteil, doch sein Verstand und sein Körper sind apathisch. Er redet vernünftig, doch er hat nicht den Wunsch, zu lernen, und besitzt keine Neugierde ..., kurz, das *fiat lux* ist noch nicht gekommen; die Materie ist noch immer ohne Form.»[44] Der Kaiser sprach mit Ludwig, wie noch niemand mit ihm zu sprechen gewagt hatte; er legte dar, daß die Mißbildung an der königlichen Vorhaut durch eine einfache, wenn auch schmerzhafte Operation entfernt werden könne und daß der König es seinem Lande schuldig sei, Kinder zu haben. Ludwig versprach schließlich, sich dem Messer auszuliefern.

Bevor Joseph Versailles verließ, stellte er eine Liste von «Instruktionen» für die Königin auf. Sie ist ein bemerkenswertes Dokument:

430   DER ZUSAMMENBRUCH DES FEUDALEN FRANKREICH

«Die Zeit schreitet vor. Sie haben nicht mehr die Entschuldigung, ein Kind zu sein. Was soll aus Ihnen werden, wenn Sie noch länger zögern? Eine unglückliche Frau und eine noch unglücklichere Königin ... Scheinen Sie nicht gelangweilt, ja abgestoßen, wenn der König seine Gefühle zeigt, wenn er mit Ihnen spricht? ... Haben Sie schon einmal darüber nachgedacht, welche schlechte Wirkung Ihre gesellschaftlichen Bindungen und Freundschaften, wenn sie sich nicht auf in jeder Hinsicht untadelige und verläßliche Personen erstrecken, auf die öffentliche Meinung haben können und müssen? Haben Sie jemals erwogen, welche schrecklichen Folgen das Hasardspiel durch die schlechte Gesellschaft, die es um Sie versammelt, haben kann? ...»

Und zu ihrer Vorliebe für die Maskenbälle in Paris bemerkte er:

«Warum mischen Sie sich unter diese zügellosen Wüstlinge, Dirnen und Fremden? Um ihre zweideutigen Reden zu hören und vielleicht selbst welche zu führen, die ihnen ähneln? Wie ungehörig das alles ist! ... Der König bleibt nächtelang allein in Versailles, und Sie befinden sich unterdessen in der Gesellschaft der ganzen Canaille von Paris. Ich bange jetzt ernstlich um das Glück Ihres Lebens. So kann es nicht weitergehen. Die Revolution wird grausam sein, wenn Sie ihr jetzt nicht vorbeugen ...»[45]

Die Königin war durch diese Vorwürfe tief betroffen. Nachdem Joseph abgereist war, schrieb sie an ihre Mutter: «Die Abreise des Kaisers hat wirklich eine Lücke bei mir hinterlassen, über die ich nicht hinwegkommen kann. Ich war während dieser Zeitspanne so glücklich, daß mir heute alles wie ein Traum erscheint. Was mir aber niemals wie ein Traum erscheinen wird, sind alle seine guten Ratschläge und Winke, die er mir gegeben hat und die für immer in meinem Herzen eingezeichnet bleiben.»[46] Was sie aber wirklich heilte, waren nicht Ratschläge, sondern die Mutterschaft. Im Sommer des gleichen Jahres 1777 unterzog sich Ludwig, anscheinend ohne jede Betäubung, einer Operation, die sich als hundertprozentig erfolgreich erwies. Er feierte seinen dreiundzwanzigsten Geburtstag (23. August 1777), indem er endlich seine Ehe vollzog. Er war stolz und glücklich. «Ich liebe diese Art des Vergnügens sehr», vertraute er einer seiner altjüngferlichen Tanten an, «und bedaure, sie so lange nicht gekannt zu haben.»[47] Doch die Königin wurde erst im April 1778 schwanger. Sie verkündete es dem König in ihrer übermütigen Art: «Sire, ich muß mich über einen ihrer Untertanen beschweren, der so kühn gewesen ist, mir mit den Füßen in den Bauch zu stoßen.»[48] Als Ludwig den Sinn begriff, umarmte er sie. Mehr als je gab er jetzt ihren Launen nach und erfüllte ihre Wünsche. Zehnmal am Tage besuchte er ihre Gemächer, um das letzte Bulletin über die Entwicklung des erwarteten Erben zur Kenntnis zu nehmen. Und Marie-Antoinette, die eine geheimnisvolle Wandlung an Leib und Seele erlebte, sagte zu dem König: «Von nun an wünsche ich anders zu leben als zuvor, ich wünsche als Mutter zu leben, mein eigenes Kind zu nähren und mich seiner Erziehung zu widmen.»[49]

Nach qualvollen Schmerzen, die durch einen ungeschickten Geburtshelfer noch verschlimmert wurden, kam die Königin am 19. Dezember 1778 nieder. Die Eltern bedauerten, daß das Kind ein Mädchen war, doch der König war glücklich, daß die Tore des Lebens sich geöffnet hatten, und zuversichtlich, daß beizeiten ein Sohn dazukommen würde. Die junge Mutter frohlockte, daß sie endlich Erfüllung gefunden hatte. An Maria Theresia, die jetzt in ihrem letzten Lebensjahr stand, schrieb sie 1779:

DER LETZTE GLANZ 431

«Meine geliebte Mama kann sehr zufrieden sein über mein Benehmen. Wenn ich früher zu tadeln war, dann geschah es, weil ich kindisch und albern war, jetzt aber bin ich viel vernünftiger und weiß sehr wohl, was meine Pflicht ist.»[50] Weder der Hof noch der Pöbel glaubten es, «doch es ist eine wohlbekannte Tatsache», schrieb der Graf von Ségur, «daß sie nach der Geburt ihres ersten Kindes begann, ein regelmäßigeres Leben zu führen und sich ernsthaft zu beschäftigen. Sie achtete mehr darauf, alles zu vermeiden, was zu Ärgernis Anlaß geben könnte. Ihre fröhlichen Gesellschaften sind weniger häufig, weniger lebhaft ... An die Stelle von Verschwendung tritt Einfachheit; prächtige Roben werden durch bescheidene Leinenkleider ersetzt.»[51] Es war ein Teil der langen Sühne, die Marie-Antoinette erdulden mußte, daß das Volk von Frankreich nicht glauben wollte, daß das verwöhnte und übermütige Mädchen eine zärtliche und pflichtbewußte Mutter geworden war. Nichts ist verloren, doch für alles muß bezahlt werden.

Marie-Antoinette wußte, daß die französischen Gesetze Frauen von der Thronfolge ausschlossen. Sie begrüßte eine zweite Schwangerschaft und betete um einen Sohn; doch sie hatte diesmal eine so schwere Fehlgeburt, daß sie den größten Teil ihrer Haare verlor[52]. Sie versuchte es von neuem, und am 22. Oktober 1781 gebar sie einen Knaben, der Louis-Joseph-Xavier genannt wurde. Zyniker stellten die Vaterschaft des Königs in Frage, doch der glückliche König achtete nicht auf sie. «Mein Sohn, der Dauphin!» rief er aus. «Mein Sohn!»

IV. DER BIEDERMANN AUF DEM THRON

Von der Zahl der Jahre abgesehen, war Ludwig alles das, was seine Frau nicht war. Sie war anmutig, gelenkig, beweglich, verspielt, impulsiv, aufbrausend, frivol, verschwenderisch, selbstsicher, stolz, immer eine Königin; er war plump, träge, zögernd, ernst, fleißig, sparsam, bescheiden, mißtrauisch, jeder Zoll kein König. Er liebte den Tag, seine Arbeit und die Jagd; sie liebte die Nacht, den Spieltisch und den Tanz. Und dennoch war es, nach jenen frühen Jahren des Versuchens, keine unglückliche Ehe; die Königin war treu, der König war verliebt, und wenn Kummer kam, dann einigte er sie.

Ludwigs Züge waren regelmäßig; er wäre vielleicht ein gutaussehender Mann gewesen, wenn er auf sein Gewicht geachtet hätte. Er war groß und hätte einen königlichen Eindruck machen können, wenn sein Gang nicht so schwerfällig gewesen wäre. Sein Augenlicht war schwach, was zu seiner Ungewandtheit beitrug. Sein Haar war selten in Ordnung. «Sein Äußeres war mehr als vernachlässigt», berichtete Madame Campan[54]. Er war muskulös und stark und konnte einen seiner Pagen mit einem Arm hochheben. Er aß gierig, trank mäßig und stopfte manchmal so viel Essen in sich hinein, daß er zu Bett gebracht werden mußte[55]. Er hatte wenig Leidenschaften und kannte kaum die Höhen der Lust oder die Tiefen des Schmerzes.

Er fühlte sich nicht wohl unter den Franzosen seiner Umgebung, die ihm an Geistes-

432 DER ZUSAMMENBRUCH DES FEUDALEN FRANKREICH

gegenwart und Redegewandtheit überlegen waren; in privaten Unterhaltungen jedoch beeindruckte er Männer wie Joseph II. durch sein großes Wissen und sein gesundes Urteil. Prinz Heinrich von Preußen, Bruder Friedrichs des Großen, urteilte über ihn:

«Der König überraschte mich ... Man hatte mir gesagt, seine Erziehung sei vernachlässigt worden, er wisse wenig, besäße nur wenig Geist. Ich war erstaunt, bei der Unterhaltung mit ihm festzustellen, daß er sehr gut über Geographie Bescheid wußte, daß er gesunde Ideen in der Politik hatte, daß das Glück seines Volkes stets in seinen Gedanken war und daß er gesunden Menschenverstand besaß, was bei einem Prinzen mehr wert ist als ein glänzender Intellekt; doch er mißtraute sich selbst zu sehr.»[56]

Ludwig hatte eine gute Bibliothek und benutzte sie. Er las und übersetzte teilweise Gibbons *Decline and Fall of the Roman Empire*[57], legte das Buch aber beiseite, als er seine antichristliche Tendenz erkannte. Er las immer wieder Clarendons *History of the Rebellion and Civil Wars in England*, als ahne er voraus, daß er das gleiche Schicksal erleiden würde wie Karl I. «Wäre ich an seiner Stelle gewesen», sagte er, «ich hätte nie das Schwert gegen mein Volk gezogen.»[58] Für die Führung der Expedition von La Pérouse in den Pazifik (1785) verfaßte er detaillierte Instruktionen, die seine Minister den Gelehrten der Académie des Sciences zuschrieben[59]. Er hielt stets enge Verbindung mit den verschiedenen Ministerien, besonders mit dem Ministerium für Auswärtige Angelegenheiten. Washington und Franklin bewunderten sein Urteil[60]. Seine Schwächen waren mehr Schwächen des Willens als des Geistes und hatten ihren Grund vielleicht in seiner Vorliebe für schweres Essen. Seine größte Schwäche war seine Unfähigkeit, der Überredung zu widerstehen oder von der Überlegung zur Tat zu schreiten. Er selbst war sparsam, doch zu liebenswürdig, es von anderen zu fordern, und unterzeichnete Anweisungen auf Verlangen seiner Frau für Hunderttausende von Franc.

Es fehlte ihm nicht an Tugenden. Er nahm sich keine Mätresse und war treu in der Freundschaft, ausgenommen vielleicht bei Turgot. «Nach Turgot ist er der Mann, der das Volk mehr geliebt haben dürfte als irgendeiner.»[61] Am Tage seiner Thronbesteigung befahl er dem Generalkontrolleur der Finanzen, zweihunderttausend Franc unter die Armen zu verteilen, und fügte hinzu: «Wenn Sie glauben, daß es in Anbetracht der Bedürfnisse des Staates zuviel ist, nehmen Sie es von meiner Apanage.»[62] Er verbot die Einziehung der sogenannten Krönungssteuer, die den Beginn einer neuen Regierung zu einer zusätzlichen Bürde für die Nation machte. Als im Jahre 1784 Paris unter Überschwemmungen und Epidemien litt, bewilligte er drei Millionen Francs für die öffentliche Fürsorge. Während eines strengen Winters erlaubte er den Armen täglich, in seine Küche zu kommen und sich zu sättigen. Er war Christ dem Namen nach und in der Praxis; er befolgte alle Riten und Gebote der Kirche gewissenhaft, und obwohl er gutes Essen liebte, hielt er alle Fastentage ein. Er war religiös ohne Fanatismus und ohne daß er seinen Glauben zur Schau stellte. Ihm, dem strenggläubigen Katholiken, war es zu verdanken, daß den Protestanten Frankreichs die Bürgerrechte verliehen wurden. Er versuchte, das Christentum mit der Politik zu versöhnen – zu allen Zeiten die schwierigste Sache der Welt.

DER LETZTE GLANZ 433

Trotz seiner Liebe zur Einfachheit mußte er nach außen wie ein König leben: die Förmlichkeiten des Levers einhalten, sich von Pagen und Höflingen ankleiden lassen, sein Morgengebet verrichten, Audienzen geben, im Rat präsidieren, Edikte erlassen, an festlichen Essen und Empfängen teilnehmen und, obwohl er nicht tanzte, Bällen beiwohnen. Soweit es jedoch seine Stellung und sein Appetit erlaubten, lebte er wie andere gute Bürger. Er war mit Rousseau der Meinung, daß jedermann ein Handwerk lernen sollte; er erlernte mehrere, vom Maurer- bis zum Schlosserhandwerk. Madame Campan berichtet, daß «er in sein Arbeitskabinett einen Schlossergesellen berief, mit dem er Schlüssel und Schlösser schmiedete. In meinem Beisein machte die Königin ihm mehrmals Vorwürfe wegen seiner schmutzigen Hände, die von dieser Arbeit geschwärzt waren.»[63] Er war von allem fasziniert, was mit dem Bauwesen zusammenhing; er half den Arbeitern im Schloß Mörtel, Balken und Steine tragen. Er liebte es, Reparaturen in seinen Gemächern mit eigener Hand vorzunehmen, wie es sich für einen guten Mittelstandsehemann gehört. Eines seiner Gemächer enthielt alle möglichen Dinge, die mit Geographie zu tun hatten, wie Globen, Landkarten, von denen er einige selbst gezeichnet hatte; ein anderes Instrumente zur Holzbearbeitung, ein weiteres eine Esse, Ambosse und eine große Vielfalt von Werkzeugen zur Eisenbearbeitung. Er arbeitete monatelang an der Herstellung einer riesigen Uhr, welche die Monate, die Mondphasen, die Jahreszeiten und die Jahre anzeigen sollte. Mehrere Räume waren mit seiner Bibliothek angefüllt.

Frankreich liebte ihn bis zu seinem Tode und darüber hinaus, denn es war Paris, nicht Frankreich, das ihn 1793 guillotinierte. In jenen ersten Jahren war seine Beliebtheit fast uneingeschränkt. «Sie haben einen sehr guten König», schrieb Friedrich der Große an d'Alembert, «und ich beglückwünsche Sie von ganzem Herzen. Ein König, der weise und tugendhaft ist, ist von seinen Rivalen mehr zu fürchten als ein Fürst, der nur Mut besitzt.» Und d'Alembert antwortete: «Er liebt die Güte, die Gerechtigkeit, die Sparsamkeit und den Frieden ... Er ist genau so, wie wir ihn uns als unseren König wünschen sollten, wenn ein günstiges Schicksal ihn uns nicht geschenkt hätte.»[64] Voltaire äußerte sich im gleichen Sinne: «Alles, was Ludwig seit seiner Thronbesteigung getan hat, hat ihn Frankreich teuer gemacht.»[65] Goethe gedachte in seinem Alter des verheißungsvollen Anfangs:

«Manches zu Erleichterung der Menschheit war geschehen, und als nun gar ein neuer wohlwollender König von Frankreich die besten Absichten zeigte, sich selbst zu Beseitigung so mancher Mißbräuche und zu den edelsten Zwecken zu beschränken, eine regelmäßig auslangende Staatswirtschaft einzuführen, sich aller willkürlichen Gewalt zu begeben, und durch Ordnung wie durch Recht allein zu herrschen, so verbreitete sich die heiterste Hoffnung über die ganze Welt und die zutrauliche Jugend glaubte sich und ihrem ganzen Zeitgeschlechte eine schöne, ja herrliche Zukunft versprechen zu dürfen.»[66]

V. DAS MINISTERIUM TURGOT: 1774-1776

Ludwigs XVI. erste Aufgabe war es, fähige und aufrechte Minister zu finden, die das Verwaltungs- und Finanzchaos beheben sollten. Das Volk verlangte laut die Wiederzulassung der verbotenen *parlements;* Ludwig berief sie wieder ein und entließ Maupeou, der versucht hatte, sie zu ersetzen. Als ersten Minister holte er Jean-Frédéric Phélypeaux, Graf von Maurepas, nach Versailles zurück, der von 1738 bis 1749 Staatsminister gewesen, wegen öffentlicher Verunglimpfung von Madame de Pompadour abgesetzt worden war und nun im Alter von dreiundsiebzig wieder an die Macht kam. Es war eine gutgemeinte, doch unglückliche Wahl, denn Maurepas hatte, während er ein Jahrzehnt lang auf seinem Landsitz lebte, die Berührung mit der Entwicklung des wirtschaftlichen und geistigen Lebens in Frankreich verloren und besaß mehr Witz als Weisheit. Zum Außenminister machte der zwanzig Jahre alte König Charles Gravier, Graf von Vergennes, zum Kriegsminister Graf Claude-Louis von Saint-Germain und zum Marineminister Anne-Robert-Jacques Turgot, Baron de l'Aune.

Wir haben Turgot in einem früheren Kapitel als Seminaristen, als Anwalt von Christentum und Fortschritt, als Freund der Physiokraten und *philosophes* und als unternehmungslustigen und wohltätigen Intendanten in Limoges erlebt. Die Frömmler am Hofe warnten Ludwig, Turgot sei ein Ungläubiger, welcher Artikel für die *Enzyklopädie* beigesteuert habe[67]; dennoch betraute ihn der König am 24. August 1774 mit dem wichtigsten Posten in der Regierung, dem des Generalkontrolleurs der Finanzen. Turgots Stellung bei der Flotte nahm Gabriel von Sartine ein; dieser gab große Summen für den Aufbau der Flotte aus, die helfen sollte, Amerika zu befreien, und verließ sich darauf, daß Turgot hierfür die Mittel aufbringen würde.

Turgot war ein Mann und Franzose, wie Ludwig XIV. ihn in Colbert gehabt hatte, dem Dienst an seinem Land ergeben, weitblickend in seinen Anschauungen, unermüdlich, unbestechlich. Er war groß und sah gut aus; doch ihm fehlte der Schliff der Salons – obwohl er gern gesehener Gast bei Mademoiselle de Lespinasse war. Seine Gesundheit hatte er seiner Arbeit geopfert; in der Zeit, in der er sich bemühte, die Wirtschaft Frankreichs zu sanieren, war er durch Gicht meistens an sein Zimmer gefesselt. Er versuchte die Reformen eines Vierteljahrhunderts im Verlauf einer kurzen Kabinettszeit durchzuführen, weil er fühlte, daß seine Amtsdauer ungewiß war. Er zählte siebenundvierzig Jahre, als er zur Macht kam; neunundvierzig, als er sie verlor; vierundfünfzig, als er starb.

Er glaubte mit den Physiokraten, daß Industrie und Handel möglichst frei von der Bevormundung durch Regierung oder Zünfte sein sollten, daß der Boden die einzige Quelle des Reichtums sei, daß eine einzige Bodensteuer die gerechteste und wirksamste Methode sei, die Staatseinkünfte zu erhöhen, und daß alle indirekten Steuern abgeschafft werden sollten. Von den *philosophes* übernahm er deren religiöse Skepsis und Toleranz, ihr Vertrauen auf Vernunft und Fortschritt, ihre Hoffnung auf Reform durch einen aufgeklärten König. Wenn der Monarch ein Mann von Intelligenz und

DER LETZTE GLANZ

gutem Willen war und die Philosophie als seine Führerin akzeptierte, so würde dies
zu einer friedlichen Revolution führen anstatt zu einem gewalttätigen und chaotischen
Aufstand, der vielleicht nicht nur die alten Mißbräuche abschaffte, sondern auch die
soziale Ordnung selbst zerstörte. Jetzt sollte diese *Thèse royale* Voltaires auf die Probe
gestellt werden. So kam es, daß die *philosophes* in den Jubel der Physiokraten über
Turgots Aufstieg zur Macht einstimmten.

Am 24. August 1774 begab sich Turgot nach Compiègne, um Ludwig XVI. für seine
Ernennung zum Finanzminister zu danken. «Ich stelle mich nicht dem König zur Ver-
fügung», erklärte er, «sondern dem ehrlichen Menschen.» Ludwig, Turgots Hände in
die seinen nehmend, erwiderte: «Sie sollen nicht enttäuscht werden.»[68] Am gleichen
Abend sandte der Minister dem König einen Brief, worin er die Kernpunkte seines
Programmes darlegte:

Kein Bankrott, weder offen noch verhüllt ...

Keine Erhöhung der Steuern, wofür der Grund in der Lage Ihres Volkes liegt ...

Keine Anleihen ..., weil jede Anleihe nach einer gegebenen Zeit entweder zum Bankerott
oder zur Steuererhöhung führt ...

Um diese drei Forderungen zu erfüllen, gibt es nur ein Mittel. Es besteht darin, die Ausgaben
unter die Einnahmen zu senken, und dies so weit, daß jedes Jahr zwanzig Millionen gespart
werden können, die für die Ablösung der alten Schulden verwendet werden sollen. Ohne dies
wird der erste Kanonenschuß den Staat zum Bankerott zwingen.»[69]

(Necker nahm später seine Zuflucht zu Anleihen, und der Krieg von 1778 stürzte
Frankreich in den Bankrott.)

Nachdem er festgestellt hatte, daß die Jahreseinkünfte der Regierung 213 500 000
Franken betrugen und die jährlichen Ausgaben 235 000 000 Franken, traf Turgot verschiedene Sparmaßnahmen und gab Anweisung, daß für keinen Zweck Zahlungen aus
dem Staatsschatz geleistet werden sollten ohne seine Kenntnis und Zustimmung. Er
suchte die Wirtschaft zu fördern, indem er, Schritt für Schritt, die Freiheit für das
Unternehmertum, die Produktion und den Handel einführte. Er machte zuerst den
Versuch, die Landwirtschaft zu sanieren. Gewöhnlich hatte die Regierung, um Unzu-
friedenheit in den Städten zu verhüten, den Getreidehandel überwacht, indem sie den
Verkauf durch den Bauern an den Großhändler und durch den Großhändler an den
Einzelhändler regulierte und den Brotpreis so tief wie möglich hielt. Doch niedrige
Preise für den Bauern entmutigten diesen, mehr Getreide anzubauen, und schreckten
andere von der Landwirtschaft ab; fruchtbare Ackerbaugebiete Frankreichs lagen
brach, und der potentielle Reichtum der Nation versiegte bereits an seiner Quelle.
Die Sanierung der Landwirtschaft erschien Turgot als der wichtigste Schritt zur Rettung Frankreichs. Die Freiheit des Bauern, sein Getreide zu jedem Preis zu verkaufen,
den er erzielen konnte, würde sein Einkommen, seinen Status und seine Kaufkraft
erhöhen und ihm ermöglichen, anstelle des primitiven Vegetierens, zu dem er in der
Glanzzeit Ludwigs XIV. verdammt gewesen war[70], ein würdiges Leben treten zu lassen.

So erließ Turgot am 13. September 1774 durch den königlichen Rat ein Edikt, das
den Getreidehandel überall, mit Ausnahme von Paris, wo man eine gefährliche Reaktion der Bevölkerung befürchtete, freigab. Du Pont de Nemours hatte für das Edikt

eine Vorrede geschrieben, in der er erläuterte, dieses sei zu dem Zweck geschaffen worden, «die Bebauung des Bodens, dessen Erzeugnisse den realsten und sichersten Reichtum des Volkes darstellen, zu fördern und zu erweitern; durch Kornspeicher und die Einfuhr von ausländischem Getreide für ein ausreichendes Angebot zu sorgen ... und die Monopolwirtschaft zugunsten des vollen Wettbewerbs abzuschaffen». Ein solches erklärendes Vorwort war an sich eine Neuerung; es zeigte, daß die öffentliche Meinung eine politische Macht geworden war. Voltaire begrüßte das Edikt als den Beginn einer neuen wirtschaftlichen Ära und sagte voraus, es würde bald den Wohlstand der Nation heben[71]. Er schrieb an Turgot: «Der alte Invalide von Ferney dankt der Natur, daß sie ihn hat lange genug leben lassen, das Dekret vom 13. September 1774 zu erleben. Er unterbreitet dem Autor seinen Respekt und betet für seinen Erfolg.»[72]

Es gab einen Mann, der nicht in den Beifallschor einstimmte. Im Frühling des Jahres 1775 erschien Jacques Necker, ein in Paris lebender schweizerischer Bankier, bei Turgot mit einem Manuskript *Sur la législation et le Commerce des Grains* (Über den Getreidehandel und die darauf bezügliche Gesetzgebung) und fragte, ob er es ohne Schaden für die Regierung veröffentlichen könne. Necker behauptete in seiner Schrift, es seien Überwachungsmaßnahmen der Regierung für die Wirtschaft notwendig, wenn nicht die überlegene Gerissenheit von wenigen den Reichtum am einen Ende der Kette konzentrieren und die Armut am andern vermehren sollte. Er schlug vor, wenn der freie Handel den Brotpreis über eine festgesetzte Höhe hinaus hochtreiben würde, sollte die Regierung die Regulierung der Preise wieder übernehmen. Turgot, der auf seine Theorien vertraute und die Pressefreiheit unterstützte, meinte zu Necker, er solle veröffentlichen und das Volk entscheiden lassen[73]; und so geschah es.

Die Stadtbevölkerung las Neckers Schrift nicht, aber sie stimmte ihm zu. Als der Brotpreis im Frühjahr 1775 stieg, brachen in mehreren Städten Aufstände aus. In den Gebieten um Paris, durch welche die Getreidelieferungen für die Hauptstadt ihren Weg nahmen, zogen Männer von Stadt zu Stadt, das Volk zur Revolte aufwiegelnd. Bewaffnete Banden brannten die Scheunen der Bauern und Händler nieder und warfen das gespeicherte Getreide in die Seine; auch versuchten sie zu verhindern, daß importiertes Getreide von Le Havre nach Paris gelangte, und am 2. Mai führten sie eine aufgebrachte Menge vor die Tore des Schlosses von Versailles. Turgot war der Ansicht, diese Banden seien von den städtischen oder den Provinzbeamten gedungen worden, die infolge Aufhörens der staatlichen Preiskontrolle ihre Posten verloren hatten und beabsichtigten, in Paris einen Mangel an Getreide zu verursachen, der den Brotpreis in die Höhe treiben und eine Rückkehr zum staatlich überwachten Handel erzwingen würde[74]. Der König erschien auf einem Balkon und versuchte zu sprechen; seine Worte gingen unter in dem Lärm der Menge. Er verbot seinen Truppen, auf das Volk zu schießen, und befahl eine Senkung des Brotpreises.

Turgot protestierte mit dem Einwand, dieser Eingriff in das Gesetz von Angebot und Nachfrage würde den Versuch, dieses Gesetz auf die Probe zu stellen, vereiteln; er vertraute fest darauf, daß bei seinem freien Funktionieren der Wettbewerb zwischen Händlern und Bäckern den Brotpreis bald wieder zum Sinken bringen würde. Der

DER LETZTE GLANZ   437

König hob deshalb seinen Befehl zur Preissenkung wieder auf. Am 3.Mai rotteten sich
in Paris wütende Haufen zusammen und begannen, die Bäckereien zu plündern. Turgot
gab der Pariser Miliz den Befehl, die Bäckereien und Kornspeicher zu schützen und auf
jeden zu schießen, der mit Gewalt drohte. Inzwischen sorgte er dafür, daß auslän-
disches Getreide Paris und die Märkte erreichte. Die Großhändler, die ihr Getreide
in Erwartung höherer Preise zurückgehalten hatten, wurden durch diese Importe gezwungen, ihre Lager freizugeben; der Brotpreis fiel, und die Rebellion flaute ab.
Mehrere ihrer Führer wurden verhaftet und zwei kamen auf Befehl der Polizei an den
Galgen. Turgot ging als Sieger aus dieser «Guerre des Farines» (Mehlkrieg) hervor,
doch der Glaube des Königs in das *Laisser-faire* war erschüttert, und er trauerte um
die beiden auf der Place de Grève Gehängten.

Er war jedoch zufrieden mit den Reformen, die Turgot im Bereich der staatlichen
Finanzen durchführte. Schon einen Tag nach dem Getreideedikt begann der eilige
Minister, Verordnungen zu erlassen, die eine verstärkte Sparsamkeit in den Staats-
ausgaben, eine wirksamere Einziehung der Steuergelder und eine strengere Überwachung der Steuerpächter sowie die Übertragung der bisher privaten Monopole für
Reisekutschen, Postkutschen und die Schießpulverfabrikation auf den Staat zum Ziele
hatten. Er plante, ohne sie jedoch wegen Zeitmangels verwirklichen zu können, eine
«Caisse d'Escompte», die Handelswechsel diskontieren, Einlagen annehmen, Anleihen aufnehmen und bei Vorlage zahlbare Banknoten ausgeben sollte; diese Bank
diente später als Modell für die Banque de France, die Napoleon 1800 errichtete. Ende
1775 hatte Turgot die Ausgaben um 66 Millionen Livres und die Zinsleistungen für
die Nationalschuld von 8 Millionen auf 3 Millionen Livres gesenkt. Die Regierung
besaß wieder so viel Kredit, daß sie in der Lage war, von holländischen Finanzleuten
60 Millionen Livres zu vier Prozent zu leihen und damit Schulden abzutragen, für die
das Schatzamt sieben bis zwölf Prozent gezahlt hatte. Es gelang ihm fast, das Budget
auszugleichen, und dies erreichte er nicht durch Erhöhung der Steuern, sondern durch
Eindämmung von Korruption, Verschwendung und Unfähigkeit.

Bei diesen und anderen Reformen erhielt er wenig Unterstützung von Maurepas, viel
jedoch von Chrétien de Malesherbes, den er als Förderer der *Enzyklopädie* und Gönner
Rousseaus kennengelernt hatte. Als nunmehriger Präsident des Cour des Aides (der
die indirekten Steuern verwaltete) unterbreitete er Ludwig XVI. am 6.Mai 1775 eine
Denkschrift – *Remontrance* –, in der er die Ungerechtigkeiten bei der Steuereintrei-
bung durch die Generalsteuerpächter brandmarkte und den König vor dem durch ihr
Vorgehen erzeugten Haß warnte. Er riet zu einer Vereinfachung und klaren Formulierung der Gesetze. «Es gibt keine guten Gesetze», erklärte er, «ausgenommen einfache Gesetze.» Der König schenkte Malesherbes sein volles Vertrauen und machte
ihn zum Minister des königlichen Haushalts (Juli 1775). Der alternde Liberale drängte
Ludwig, Turgot zu unterstützen, riet jedoch Turgot, nicht zu viele Reformen auf einmal in Angriff zu nehmen, da jede ihm neue Gegner einbrachte. Der Generalkontrolleur antwortete: «Was wollen Sie, daß ich tue? Die Not des Volkes ist riesig, und in
meiner Familie sterben wir mit fünfzig an Gicht.»[75]

438   DER ZUSAMMENBRUCH DES FEUDALEN FRANKREICH

Im Januar 1776 überraschte Turgot Frankreich mit sechs im Namen des Königs
erlassenen Edikten. Eins dehnte die Freiheit des Getreidehandels auf Paris aus und
bedeutete das Ende für eine Vielzahl von Ämtern, die mit diesem Handel verknüpft
waren; die hierdurch entlassenen Beamten schlossen sich seinen Feinden an. Zwei der
Edikte strichen oder änderten die Steuern auf Vieh und Talg; die Bauern jubelten.
Ein anderes schaffte die *corvée* ab – die zwölf oder fünfzehn Tage unbezahlter Arbeit,
die von den Bauern jährlich zum Unterhalt von Brücken, Kanälen und Straßen geleistet
werden mußte, von nun an wurde diese Arbeit durch eine Steuer auf alles nichtkirch-
liche Eigentum bezahlt. Die Bauern frohlockten, die Adligen jammerten. Turgot erregte weiteren Groll durch die Vorrede, die er dem König in den Mund legte:

«Mit Ausnahme einer kleinen Anzahl Provinzen ... sind fast alle Landstraßen des König-
reiches unentgeltlich von dem ärmsten Teil unserer Untertanen gebaut worden. Die ganze Last
ist also denjenigen aufgebürdet worden, die nichts als ihre Hände haben und übrigens nur in
zweiter Linie an den Landstraßen interessiert sind; die wirklich daran Interessierten sind die
Grundeigentümer, die fast sämtlich im Besitz von Privilegien sind und deren Güter durch den
Bau von Straßen im Werte steigen. Indem man den Armen zwingt, diese zu unterhalten, indem
man ihn nötigt, seine Zeit und Arbeit ohne Lohn zu opfern, nimmt man ihm das einzige Hilfsmittel, das er gegen Elend und Hunger besitzt, um ihn zum Vorteil der Reichen arbeiten zu
lassen.» [76]

Als das Pariser *parlement* ankündigte, es werde sich weigern, dieses Edikt zu registrieren, erklärte Turgot fast den Klassenkampf:

«Obwohl dem Despotismus so abhold wie je, werde ich zu dem König, zu dem *parlement*
und, wenn nötig, zur ganzen Nation immer wieder sagen, daß es sich hier um eine jener Angelegenheiten handelt, die durch den absoluten Willen des Königs entschieden werden müssen,
und zwar aus folgendem Grund: Im Grunde ist dies ein Rechtshandel zwischen den Reichen und
den Armen. Nun, aus was besteht das *parlement*? Aus Männern, die reich sind im Vergleich
mit den Massen, und alle adlig, da ihr Amt den Adel in sich schließt. Der Hof, dessen Geschrei
so mächtig ist, aus was besteht er? Aus großen Herren, von denen die Mehrheit Vermögen
besitzt, das der Steuer unterworfen werden wird ... Infolgedessen sollen weder die Proteste des
parlement ... noch das Geschrei des Hofes die Sache in irgendeiner Weise beeinträchtigen ...
Solange das Volk keine Stimme in den *parlements* hat, muß der König, nachdem er diese angehört
hat, alleine urteilen, und er muß zugunsten des Volkes urteilen, denn diese Klasse ist die un-
glücklichste.» [77]

Das letzte der sechs Edikte schaffte die Zünfte ab. Diese waren eine Aristokratie
der Arbeit geworden, denn sie überwachten fast alle Berufe, beschränkten die Zulassung durch die Erhebung hoher Eintrittsgebühren und beschränkten die Wählbarkeit
in den Meisterrang. Sie widersetzten sich jeder Erfindung und behinderten den Handel
durch Zölle oder Embargos auf konkurrierende Erzeugnisse, die in ihren Bereich gelangten. Die aufsteigende Klasse der Unternehmer – Männer, die Initiative entfalteten, Kapital aufbrachten und Organisationskunst bewiesen, jedoch die Freiheit forderten, jeden Arbeiter, ob Angehöriger einer Zunft oder nicht, anzustellen und ihre
Waren auf jedem erreichbaren Markt zu verkaufen – brandmarkte die Zünfte als
monopolistische Gebilde, welche den Handel hemmten; und Turgot, der die industrielle Entwicklung durch Befreiung von Erfinderwesen, Unternehmertum und Han-

DER LETZTE GLANZ   439

del fördern wollte, wußte, daß die nationale Wirtschaft aus der Unterdrückung der
Zünfte Nutzen ziehen würde. Die Vorrede zu diesem Edikt lautete im Auszug:

«In fast allen Städten war die Ausübung der verschiedenen Handwerke und Berufe in den
Händen einer kleinen Anzahl von in Zünften vereinigten Meistern konzentriert, die allein die
Freiheit hatten, die Güter jenes besonderen Industriezweiges, für den sie das ausschließliche
Privileg besaßen, herzustellen und zu verkaufen. Derjenige, der sich einem Beruf widmen
wollte, konnte ihn erst frei ausüben, nachdem er das Amt eines Meisters erlangt hatte, zu dem
er erst zugelassen werden konnte nach Erfüllung langwieriger, mühseliger und überflüssiger
Aufgaben und nach Zahlung vielfältiger Gebühren, die ihn einesteils des Kapitals beraubten, das
für die Gründung eines Geschäfts oder die Erstellung einer Werkstatt erforderlich ist. Diejenigen,
die diese Gebühren nicht aufbringen konnten, waren zu einer unsicheren Existenz unter dem
Zepter der Meister verdammt, ohne eine andere Wahl, als in Armut zu leben ... oder ein Gewerbe, das vielleicht für ihr eigenes Land nützlich gewesen wäre, in ein anderes Land zu
bringen.» [78]

Soweit wir wissen, waren diese Anschuldigungen gegen die Zünfte berechtigt.
Doch Turgot ging dazu über, alle Meister, Tagelöhner und Lehrlinge an der Bildung
von Verbänden oder Vereinigungen zu hindern[79]. Er glaubte uneingeschränkt an die
Freiheit des Unternehmertums und des Handels und sah nicht voraus, daß das Recht
auf Organisierung vielleicht das einzige Mittel war, durch das die Arbeiter ihre individuelle Schwäche zu einer kollektiven Stärke vereinigen konnten, die sie in den Stand
setzte, mit organisierten Arbeitgebern zu verhandeln. Er glaubte, auf die Dauer würde
die Befreiung des Geschäftsmannes von feudalen, zünftischen und staatlichen Beschränkungen des Unternehmertums allen Klassen zugute kommen. Alle Personen in Frankreich – selbst Ausländer – erhielten die Freiheit, sich in jedem Gewerbe und in allen
Berufen zu betätigen.

Am 9. Februar 1776 wurden die sechs Edikte dem Pariser *parlement* unterbreitet.
Es stimmte nur einem zu, das bestimmte kleinere Ämter abschaffte, weigerte sich
jedoch, die übrigen zu billigen oder zu registrieren, und widersetzte sich insbesondere
der Beendigung der *corvée* als einer Verletzung von Feudalrechten[80]. Durch dieses Votum machte sich das *parlement*, das versprochen hatte, das Volk gegen den König zu
schützen, zum Verbündeten und zum Sprachrohr des Adels. Voltaire griff mit einer
Flugschrift in den Kampf ein, in der er die *corvée* und das *parlement* angriff und Turgot
unterstützte; das *parlement* beschloß das Verbot des Pamphlets. Einige Minister des
Königs verteidigten das *parlement*. Ludwig tadelte sie in einem Augenblick der Stärke,
indem er sagte: «Ich sehe wohl, daß es außer Turgot und mir niemanden gibt, der das
Volk liebt.»[81] Am 12. März berief er das *parlement* zu einem «lit de justice» (großen
Gerichtstag) in Versailles ein und befahl ihm, die Edikte in Kraft zu setzen. Die Arbeiter feierten in Umzügen Turgots Sieg.

Erschöpft durch die wiederholten Krisen, verlangsamte der Generalkontrolleur das
Tempo seiner Revolution. Als er die Freiheit des Binnenhandels auf den Weinbau
ausdehnte (April 1776), beklagten sich einzig die Monopolisten. Er drängte den König,
die Religionsfreiheit einzuführen. Er beauftragte Dupont de Nemours, einen Plan für
Wählerversammlungen in jeder Gemeinde zu entwerfen, deren Mitglieder von Män-

440 DER ZUSAMMENBRUCH DES FEUDALEN FRANKREICH

nern gewählt werden sollten, welche Land im Werte von sechshundert Livres oder mehr besaßen; diese lokalen Versammlungen sollten Vertreter in eine Kantonalversammlung wählen, diese wiederum Vertreter in eine Provinzialversammlung, die ihrerseits Abgesandte in eine Nationalversammlung schicken sollten. Da Turgot der Meinung war, Frankreich sei noch nicht reif für die Demokratie, schlug er vor, diesen Versammlungen nur beratende und verwaltende Funktionen zu übertragen; die legislative Macht sollte einzig beim König verbleiben, doch würde er durch diese Versammlungen über die Lage und Bedürfnisse des Reiches unterrichtet werden. Turgot unterbreitete dem König auch einen allgemeinen politischen Erziehungsplan als notwendige Vorstufe für ein aufgeklärtes Bürgertum. «Sire», sagte er, «ich garantiere Ihnen, daß Ihre Nation in zehn Jahren nicht mehr zu erkennen sein wird. An Aufklärung, an guten Sitten, an Eifer im Dienste Eurer Majestät und des Vaterlandes wird sie alle anderen Völker übertreffen.»[82] Der Minister hatte keine Zeit, der König kein Geld, diese Ideen zu verwirklichen. Turgots Edikte – und ihre Vorreden – hatten alle einflußreichen Klassen gegen ihn aufgebracht, mit Ausnahme der Kaufleute und Fabrikanten, denen die neue Freiheit zugute kam. Tatsächlich versuchte er, auf friedlichem Wege jene Emanzipation der Geschäftsleute zustande zu bringen, die das grundlegende wirtschaftliche Ergebnis der Revolution wurde. Dennoch leisteten ihm zahlreiche Kaufleute heimlich Widerstand, weil er ihre Monopole beschränkt hatte. Der Adel war gegen ihn, weil er den Grundbesitz zur einzigen Steuerquelle machen wollte und die Armen gegen die Reichen aufhetzte. Das Parlament haßte ihn, weil er den König überredet hatte, seine Vetos zu mißachten. Der Klerus mißtraute ihm als einem Ungläubigen, der selten zur Messe ging und für die Religionsfreiheit eintrat. Die Steuerpächter bekämpften ihn, weil er sie bei der Eintreibung indirekter Steuern durch Regierungsbeamte ersetzen wollte. Die Finanzleute nahmen ihm übel, daß er Anleihen aus dem Ausland zu vier Prozent aufnahm. Die Höflinge intrigierten gegen ihn, weil er ihre Verschwendungssucht, ihre Pensionen und ihre Pfründe mißbilligte. Maurepas, sein Vorgesetzter im Kabinett, sah mit Mißvergnügen die wachsende Macht und Unabhängigkeit des Generalkontrolleurs der Finanzen. «Turgot», schrieb der schwedische Botschafter, «sieht sich einer mächtigen Koalition gegenüber.»[83]

Marie-Antoinette hatte zunächst Turgot begünstigt und versucht, ihre Ausgaben seinen Sparmaßnahmen anzupassen. Doch bald kehrte sie in ihrer Garderobe und ihren Geschenken zu dem Aufwand der Jahre vor 1777 zurück. Turgot verhehlte nicht sein Mißfallen über ihre Wechsel auf die Staatskasse. Um den Polignacs zu gefallen, hatte die Königin dem Grafen von Guines, der mit ihnen befreundet war, den Posten des französischen Botschafters in London verschafft; dort ließ er sich in fragwürdige Finanzgeschäfte ein. Turgot und Vergennes rieten dem König, ihn abzuberufen, worauf die Königin Rache schwor.

Ludwig XVI. hatte seine eigenen Gründe, sein Vertrauen zu dem revolutionären Minister zu verlieren. Der König respektierte die Kirche, den Adel und sogar die *parlements;* diese Institutionen waren in der Tradition verankert und durch die Zeit geheiligt; sie mißachten hieß die Fundamente des Staates angreifen; Turgot aber

DER LETZTE GLANZ 441

hatte sie ihm alle entfremdet. Konnte Turgot recht haben und alle anderen unrecht? Ludwig beklagte sich heimlich über seinen Minister: «Nur seine Freunde haben Verdienste und nur seine eigenen Ideen sind gut.»[84] Fast täglich versuchte die Königin oder ein Höfling, ihn gegen den Generalkontrolleur zu beeinflussen. Als Turgot ihn beschwor, diesem Druck zu widerstehen, und Ludwig nicht antwortete, verließ Turgot den Hof und schrieb dem König am 30. April 1776 einen Brief, der sein eigenes Schicksal besiegelte:

«SIRE:

Ich will Ihnen nicht die Tatsache verheimlichen, daß mein Herz tief verwundet ist durch das Schweigen Eurer Majestät am letzten Sonntag ... Solange ich hoffen konnte, mir die Achtung Eurer Majestät zu erhalten, indem ich Recht tat, war nichts zu schwer für mich. Was ist heute meine Belohnung? Eure Majestät sehen, wie unmöglich es für mich ist, mich gegen jene zu wehren, die mich beleidigen durch das Übel, das sie mir antun, und durch das Gute, das zu tun sie mich hindern, indem sie alle meine Maßnahmen durchkreuzen; doch Eure Majestät geben mir weder Hilfe noch Trost ... Ich wage zu sagen, Sire, daß ich dies nicht verdient habe ...
Eure Majestät ... haben den Mangel an Erfahrung als Entschuldigung angeführt. Ich weiß, daß Sie im Alter von zweiundzwanzig Jahren und in Ihrer Stellung nicht die Übung in der Beurteilung von Menschen haben, die private Personen sich durch den ständigen Verkehr mit ihresgleichen erwerben; doch werden Sie in einer Woche, in einem Monat mehr Erfahrung haben? Und müssen Sie sich nicht entschließen, bevor diese zögernde Erfahrung gekommen ist? ...
Sire, ich verdanke Herrn von Maurepas den Platz, den Eure Majestät mir gegeben haben; nie werde ich es vergessen, nie werde ich es an der schuldigen Ehrerbietung Ihnen gegenüber fehlen lassen ... Aber, Sire, wissen Sie, wie schwach der Charakter des Herrn von Maurepas ist? – Wie sehr er beherrscht wird von den Ideen seiner Umgebung? Jedermann weiß, daß Madame de Maurepas, die unendlich weniger Verstand, aber viel mehr Charakter besitzt, seinen Willen ständig beeinflußt ... Es ist diese Schwäche, die ihn verleitet, so schnell in das Geschrei des Hofes gegen mich einzustimmen, das mich fast meiner ganzen Macht in meinem Amt beraubt ...
Vergessen Sie nicht, Sire, daß es Schwäche war, die den Kopf Karls I. auf den Block gebracht hat ..., die aus Ludwig XIII. einen gekrönten Sklaven machte ... und die alles Unglück der letzten Regierung verschuldete. Sire, Sie werden für schwach gehalten, und bei Gelegenheit habe ich befürchtet, Ihr Charakter besäße diesen Fehler; dennoch habe ich, bei anderen schwierigeren Gelegenheiten, gesehen, daß Sie echten Mut bewiesen ... Eure Majestät können nicht, ohne sich selbst gegenüber untreu zu werden, aus Gefälligkeit gegenüber Monsieur de Maurepas nachgeben ...»[85]

Auf diesen Brief antwortete der König nicht. Er fühlte, daß er zwischen Maurepas und Turgot wählen mußte und daß Turgot eine fast vollständige Unterwerfung der Regierung unter seinen eigenen Willen forderte. Am 12. Mai 1776 forderte er Turgot auf zurückzutreten. Am gleichen Tag machte er, dem Drängen der Königin und der Polignacs nachgebend, den Grafen von Guines zum Herzog. Malesherbes reichte, als er von Turgots Entlassung hörte, seine eigene Demission ein. «Sie sind ein glücklicher Mann», sagte Ludwig zu ihm. «Ich wollte, auch ich könnte meinen Posten verlassen.»[86] Bald wurden die meisten der von Turgot angestellten Beamten entlassen. Maria Theresia war bestürzt über diese Entwicklung und stimmte mit Friedrich und Voltaire darin überein, daß Turgots Sturz den Zusammenbruch Frankreichs ankündigte[87]; sie bedauerte die Rolle, die ihre Tochter in dem Komplott gespielt hatte, und glaubte der Königin nicht, als sie ihre Verantwortlichkeit bestritt. Voltaire schrieb an

442   DER ZUSAMMENBRUCH DES FEUDALEN FRANKREICH

Laharpe: «Es bleibt mir nichts übrig als zu sterben, nun da Herr Turgot gegangen ist.»[88]

Nach seiner Entlassung lebte Turgot zurückgezogen in Paris, mit mathematischen, physikalischen, chemischen und anatomischen Studien beschäftigt. Er traf sich oft mit Franklin und schrieb für ihn ein *Mémoire sur l'Impôt* (Denkschrift über die Steuer). Seine Gicht wurde so schlimm, daß er nach 1778 nur noch an Krücken gehen konnte. Er starb am 18. März 1781 nach Jahren des Leidens und der Enttäuschung. Er konnte nicht voraussehen, daß das 19. Jahrhundert die meisten seiner Ideen aufnehmen und verwirklichen würde. Malesherbes faßte sein Urteil über ihn zusammen in den Worten: «Er hatte den Kopf von Francis Bacon und das Herz von L'Hôpital.»[89]

VI. NECKERS ERSTES MINISTERIUM: 1776–1781

Turgots Nachfolger als Kontrolleur der Finanzen war Clugny de Nuis, der die *corvée* und viele Zünfte wieder einführte und die Getreideedikte nicht durchsetzte. Die holländischen Bankiers zogen ihre Zusage, Frankreich 60 Millionen Livres zu vier Prozent zu leihen, zurück, und der neue Minister fand kein besseres Mittel, Geld in die Staatskasse zu locken, als die Einrichtung einer Nationallotterie (30. Juni 1776). Als Clugny im Oktober starb, überredeten die Bankiers von Paris den König, den Mann in seine Dienste zu nehmen, der Turgots fähigster Kritiker gewesen war.

Jacques Necker war ein 1732 in Genf geborener Protestant. Sein Vater, Professor der Jurisprudenz an der Genfer Akademie, schickte ihn nach Paris, wo er als Schreiber in der Bank Isaak Vernets arbeitete. Als Vernet sich zur Ruhe setzte, lieh er Necker die Mittel, eine eigene Bank zu eröffnen. Necker tat sich mit einem anderen Schweizer zusammen; sie gelangten durch Anleihen an die Regierung und Getreidespekulationen zu Wohlstand. Im Alter von zweiunddreißig war Necker reich, angesehen und unverheiratet. Jetzt stand ihm der Sinn nicht nach mehr Reichtum, sondern nach einer hohen Stellung und einer Chance, sich verdient zu machen und nationales Ansehen zu erwerben. Hierfür brauchte er eine Frau und ein Heim als Operationsbasis. Er freite um die verwitwete Marquise von Vermenoux; sie gab ihm einen Korb, holte jedoch aus Genf die hübsche und talentierte Suzanne Curchod, die vor kurzem einer Ehe mit Edward Gibbon entronnen war. Necker verliebte sich in Suzanne und heiratete sie 1764. Ihre gegenseitige Zuneigung während eines ereignisreichen Lebens ist einer der hellen Farbflecken im Kaleidoskop dieses düsteren Zeitalters. Sie bezogen eine Wohnung über seiner Bank, und hier eröffnete sie einen Salon (1765), in den sie Schriftsteller und Geschäftsleute einlud, in der Hoffnung, diese Freundschaften würden den Weg ihres Gatten ebnen und erleuchten.

Necker selbst gelüstete es, unter die Schriftsteller zu gehen. Er begann 1773 mit einem *Eloge de Colbert* (Lob Colberts), der von der Académie française preisgekrönt wurde. Jetzt zog er sich von den Geschäften zurück und betrat die politische Arena mit jenem Essay *Sur la Législation et le Commerce des Grains* (Über den Getreidehandel

DER LETZTE GLANZ

und die darauf bezügliche Gesetzgebung), die Turgots Politik des *Laisser-faire* angriff. Die kleine Schrift gewann Diderots Anerkennung, wahrscheinlich, weil ihm ein Abschnitt gefiel, worin der Bankier, der Rousseau gelesen hatte, wie ein Sozialist sprach. Necker focht die Macht der besitzenden Klasse an,

«als Gegenleistung für Arbeit den niedrigstmöglichen Lohn zu zahlen, nämlich den, der nur zur Befriedigung der primitivsten Bedürfnisse ausreicht ... Fast alle bürgerlichen Institutionen sind von Vermögensbesitzern geschaffen worden. Man könnte sagen, daß eine kleine Minderheit von Menschen, nachdem sie die Erde unter sich verteilt hatten, die Gesetze machten, um sich gegen die große Mehrheit zu verbünden und zu sichern ... Diese könnte sagen: 'Was bedeuten für uns eure Eigentumsgesetze – wir haben kein Eigentum; oder eure Gesetze für die Gerechtigkeit? – wir haben nichts zu verteidigen; oder für Freiheit? – wenn wir morgen nicht arbeiten, werden wir sterben.»[90]

Am 22. Oktober 1776 machte Ludwig XVI. auf Empfehlung von Maurepas Necker zum Direktor des Königlichen Schatzamtes. Es war eine umstrittene Berufung. Einige Prälaten protestierten dagegen, daß man einen schweizerischen Protestanten das Geld der Nation verwalten ließ; Maurepas erwiderte: «Wenn der Klerus die Schulden des Staates bezahlen will, kann er sich an der Wahl der Minister beteiligen.»[91] Um die Gemüter zu beruhigen, wurde ein französischer Katholik, Taboureau de Réau, zum Generalkontrolleur der Finanzen und somit formell zum Vorgesetzten Neckers gemacht. Die Opposition des Klerus ließ nach, als Necker seine Frömmigkeit zur Schau stellte. Am 29. Juni 1777 demissionierte Taboureau, und Necker wurde zum Generaldirektor der Finanzen ernannt. Er lehnte jede Bezahlung ab; im Gegenteil, er streckte dem Schatzamt zwei Millionen Livres aus der eigenen Tasche vor[92]. Der Ministertitel wurde ihm jedoch immer noch verweigert, und er wurde nicht in den Königlichen Rat aufgenommen.

Er tat sein möglichstes innerhalb der Grenzen seines Charakters und seiner Macht. Er war eher dazu ausgebildet worden, Probleme des Banklebens als solche des Staates zu lösen; er verstand besser, Geld zu vermehren als Menschen zu führen. In der Finanzverwaltung sorgte er für straffere Ordnung, strengere Verantwortlichkeit und größere Sparsamkeit; er schaffte über fünfhundert Pfründe und überflüssige Posten ab. Nachdem er das Vertrauen der Finanzwelt gewonnen hatte, war er in der Lage, Anleihen aufzunehmen, die dem Staatsschatz innerhalb eines Jahres 148 Millionen Livres einbrachten; er führte einige kleinere Reformen durch, stellte Ungerechtigkeiten in der Besteuerung ab, verbesserte Krankenhäuser und richtete Pfandhäuser ein, die zu einem niedrigen Zinssatz Geld an die Armen verliehen. Er setzte Turgots Bemühungen fort, die Ausgaben des Hofes, des königlichen Haushalts und der Königin einzudämmen. Die Eintreibung der indirekten Steuern wurde wieder den Steuerpächtern anvertraut (1780), doch Necker setzte ihre Zahl herab und unterwarf sie einer strengen Prüfung und Überwachung. Er überredete Ludwig XVI., die Bildung von Provinzialversammlungen in Berry, Grenoble und Montauban zu erlauben, und schuf einen wichtigen Präzedenzfall, indem er durchsetzte, daß in diesen Versammlungen die Vertreter des Dritten Standes, das heißt der mittleren und unteren Klassen, an Zahl ebenso stark waren wie die des Adels und des Klerus zusammen. Die Mitglieder dieser Versamm-

444   DER ZUSAMMENBRUCH DES FEUDALEN FRANKREICH

lungen ernannte jedoch der König, und er gestand ihnen keine legislative Gewalt zu. Necker errang einen bedeutenden Sieg, indem er den König dazu brachte, alle noch vorhandenen Leibeigenen auf den königlichen Domänen freizulassen und alle Feudalherren aufzufordern, das gleiche zu tun. Als sie sich weigerten, riet Necker Ludwig, die Leibeigenschaft gegen Entschädigung der Herren in ganz Frankreich abzuschaffen; doch der König, gefangen in seinen Traditionen, erwiderte, die Eigentumsrechte seien eine zu tief verwurzelte Einrichtung, um durch ein Dekret annulliert werden zu können[93]. 1780 verbot er, wiederum auf Neckers Veranlassung, die gerichtliche Folter sowie die Benutzung unterirdischer Gefängnisse und befahl die Trennung der rechtmäßig Verurteilten von den noch nicht Abgeurteilten und die Trennung dieser Gruppen von Personen, die wegen Schulden verhaftet worden waren. Diese und andere Leistungen Neckers während seiner ersten Kabinettszeit verdienen mehr Anerkennung, als ihnen allgemein zuteil wurde. Wenn wir fragen, warum er nicht energischer und schneller handelte, sollten wir uns daran erinnern, daß Turgot getadelt worden war, weil er zu schnell vorgegangen war und sich zu viele Feinde gemacht hatte. Necker wurde kritisiert, weil er Anleihen auflegte, anstatt die Steuern zu erhöhen; doch er war der Ansicht, das Volk sei genug besteuert worden.

Madame Campan, die das Drama aus nächster Nähe verfolgte, beschrieb treffend die Haltung des Königs gegenüber seinen Ministern: «Turgot, Malesherbes und Necker hatten geglaubt, daß ein so bescheidener und einfacher Fürst gern seine königlichen Vorrechte der Größe seines Volkes opfern würde. Er selbst neigte tatsächlich zu Reformen, ließ sich jedoch von seinen Grundsätzen, Vorurteilen, Befürchtungen und von den Beschwerden der Frömmler und Bevorrechtigten einschüchtern, so daß er Pläne aufgab, die er aus Liebe zu seinem Volke hatte durchführen wollen.»[94] Immerhin wagte er in einer wahrscheinlich von Necker vorbereiteten Proklamation 1780 zu sagen: «Der Tribut des ärmsten Teils unserer Untertanen ist verhältnismäßig weit stärker als der aller anderen gestiegen», und er drückte seine Hoffnung aus, «daß die reichen Personen sich nicht verletzt fühlen werden, denn wenn man sie wie den Rest der Allgemeinheit besteuert, werden sie nur die Last zu tragen haben, die sie schon längst gleichmäßiger hätten mit den übrigen teilen sollen»[95]. Zwar schauderte ihn beim Gedanken an Voltaire; doch sein liberaler Geist war unwissentlich durch Voltaire, Rousseau und die *philosophes* geformt worden, die bestrebt waren, alte Mißbräuche zu entlarven und die früher mit dem Christentum verbundenen humanitären Gefühle zu neuem Leben zu erwecken. In dieser ersten Hälfte seiner Regierungszeit begann Ludwig XVI. mit Reformen, die, wenn sie fortgesetzt und schrittweise erweitert worden wären, vielleicht die Revolution verhindert hätten. Und es geschah unter diesem schwachen König, daß Frankreich, das unter seinen Vorgängern von England ausgeplündert und gedemütigt worden war, kühn und erfolgreich zum Schlag gegen das große Britannien ausholte und dabei half, Amerika zu befreien.

VII. FRANKREICH UND AMERIKA

Ausnahmsweise waren die Philosophie und die Diplomatie einer Meinung: Die Schriften von Voltaire, Rousseau, Diderot, Raynal und hundert anderen hatten den französischen Geist darauf vorbereitet, sowohl die koloniale als auch die intellektuelle Befreiung vorzubereiten, und viele amerikanische Führer – Washington, Franklin, Jefferson – waren Söhne der französischen Aufklärung. So fand Silas Deane, als er nach Frankreich kam (März 1776), um eine Anleihe für die aufständischen Kolonien aufzunehmen, die volle Unterstützung der öffentlichen Meinung. Der Feuerkopf Beaumarchais schickte Denkschrift auf Denkschrift an Vergennes und drängte ihn, Amerika zu helfen.

Vergennes war ein Edelmann, der an die Monarchie und die Aristokratie glaubte und kein Freund von Republiken oder Revolutionen war; doch er ersehnte eine Rache Frankreichs an England. Er wollte keine offene Hilfe für Amerika billigen, denn die britische Flotte war noch immer stärker als die französische, trotz Sartines kostspieligen Bemühungen, und würde in einem offenen Krieg die französische Schiffahrt bald lahmlegen. Doch er riet dem König, geheime Hilfe zu erlauben. Wenn – so argumentierte er – Britannien die Revolte niederschlug, verfügte es, in oder in der Nähe von Amerika, über eine Flotte, die in der Lage war, die französischen und die spanischen Besitzungen im Karibischen Meer nach Belieben zu besetzen. Wenn die Revolte verlängert werden konnte, würde Frankreich gestärkt und England geschwächt werden, und die französische Flotte konnte ihren Wiederaufbau beenden. Ludwig zitterte bei dem Gedanken, eine Revolution zu unterstützen, und warnte Vergennes vor jeder offenkundigen Handlung, die zum Krieg mit England führen könnte[96].

Im April 1776 schrieb Vergennes an Beaumarchais:

«Wir werden Ihnen heimlich eine Million Livres geben. Wir werden versuchen, von Spanien die gleiche Summe zu erhalten. [Der Versuch gelang.] Mit diesen zwei Millionen werden Sie eine Handelsfirma gründen und auf Ihr Risiko und Ihre Gefahr die Amerikaner mit Waffen, Munition, Material und allen anderen Dingen beliefern, die sie brauchen, um den Krieg durchzuhalten. Unser Arsenal wird Ihnen Waffen und Munition liefern, doch Sie werden sie weder ersetzen noch für sie bezahlen. Sie werden von den Amerikanern kein Geld fordern, denn sie haben keins, sondern Sie werden von ihnen als Gegenleistung die Produkte ihres Bodens verlangen, bei deren Verkauf in unserem Land wir Ihnen helfen werden.»[97]

Mit diesem Geld kaufte Beaumarchais Kanonen, Musketen, Schießpulver, Uniformen und Ausrüstungsgegenstände für fünfundzwanzigtausend Mann; diese Dinge schickte er in einen Hafen, in dem er mehrere amerikanische Kaperschiffe versammelt und neu ausgerüstet hatte. Die Ankunft oder die Zusicherung dieser Hilfe ermutigte die Kolonisten, ihre Unabhängigkeitserklärung zu erlassen (4. Juli 1776). Ins Französische übersetzt und mit stillschweigender Zustimmung der französischen Regierung in Umlauf gebracht, wurde diese Proklamation von den *philosophes* und von den Schülern Rousseaus, die in ihr ein Echo des *Contrat social* fanden, mit Begeisterung und Freude begrüßt. Im September beauftragte der amerikanische Kongreß Benjamin Franklin und

446　　DER ZUSAMMENBRUCH DES FEUDALEN FRANKREICH

Arthur Lee, als Bevollmächtigte nach Frankreich zu reisen, sich Deane anzuschließen und zu versuchen, nicht nur die Zahlung weiterer Hilfsgelder, sondern, wenn möglich, den Abschluß eines offenen Bündnisses zu erreichen.

Es war keineswegs Franklins erstes Auftreten in Europa. 1724, noch nicht neunzehn, war er nach England gegangen, hatte dort als Drucker gearbeitet und eine Verteidigung des Atheismus veröffentlicht[98]. Dann war er nach Philadelphia und zum Deismus zurückgekehrt, hatte geheiratet und sich den Freimaurern angeschlossen. Mit den Jahren gewann er internationalen Ruhm als Erfinder und Wissenschaftler. 1757 wurde er nach England geschickt, um das Parlament von Pennsylvania in einem Steuerstreit zu vertreten. Er blieb fünf Jahre in England, lernte Johnson und andere Berühmtheiten kennen, besuchte Schottland, traf mit Hume und Robertson zusammen, erhielt von der Universität St. Andrews einen Grad und war nunmehr Dr. Franklin. Von 1766 bis 1775 war er wiederum in England, sprach im Unterhaus gegen die Stempelsteuer, bemühte sich um Versöhnung und ging nach Amerika zurück, als er sah, daß der Krieg unvermeidlich war. Er beteiligte sich an der Abfassung der Unabhängigkeitserklärung.

Er erreichte Frankreich im Dezember 1776 und brachte zwei Enkelkinder mit. Er war jetzt siebzig Jahre alt und sah aus wie die Weisheit selbst. Die ganze Welt kannte diesen mächtigen Schädel, das spärliche weiße Haar, das Gesicht, das dem aufgehenden Vollmond glich. Die Wissenschaftler überhäuften ihn mit Ehren, die Philosophen und Physiokraten betrachteten ihn als einen der Ihren, die Bewunderer des alten Rom sahen in ihm Cincinnatus, Scipio Africanus und die beiden Cato in moderner Reinkarnation. Die Damen von Paris türmten ihr Haar zu einer lockigen Masse auf, um seine Bibermütze nachzuahmen; zweifellos hatten sie von seinen zahlreichen Amouren gehört. Die Höflinge waren bestürzt über die Einfachheit seines Benehmens, seiner Kleidung und seiner Sprache; doch anstatt in seiner fast ländlichen Aufmachung lächerlich zu wirken, war es im Gegenteil ihr eigener Aufwand an Samt, Seide und Spitze, der als vergeblicher Versuch, die Wirklichkeit durch Prunk zu verdecken, erschien. Doch auch der Hof akzeptierte ihn, denn er trug keine Utopien vor, redete mit Vernunft und gesundem Menschenverstand und zeigte volles Verständnis für die Schwierigkeiten der Lage. Er war sich bewußt, daß er ein Protestant, Deist und Republikaner war, der Hilfe von einem katholischen Land und seinem frommen König forderte.

Er ging vorsichtig zu Werke, beleidigte niemanden, entzückte jedermann. Er erwies seinen Respekt nicht nur Vergennes, sondern auch dem älteren Mirabeau und Madame Du Deffand; sein kahler Schädel glänzte in den Salons und in der Académie des Sciences. Ein junger Adliger, der Herzog von La Rochefoucauld, war stolz, sein Sekretär zu sein. Die Leute liefen ihm nach, wenn er in den Straßen erschien. Seine Bücher, übersetzt und als *Œuvres complètes* veröffentlicht, fanden eine weite Verbreitung; eines davon, *La Science du bonhomme Richard* (Die Wissenschaft des guten Richard), erlebte acht Auflagen in drei Jahren. Franklin war Gast bei der Freimaurerloge der Neun Schwestern und wurde ihr Ehrenmitglied; die Männer, die er hier traf, halfen ihm, Frankreich für eine Allianz mit Amerika zu gewinnen. Doch er konnte nicht sofort

DER LETZTE GLANZ 447

um offene Unterstützung durch die Regierung bitten. Washingtons Heer befand sich auf dem Rückzug vor Sir William Howe, und seine Moral schien erschüttert. Während Franklin auf günstigeres Wetter wartete, ließ er sich in Passy, einer freundlichen Vorstadt von Paris, nieder und studierte, verhandelte, schrieb unter Pseudonymen Propagandaartikel, bewirtete Turgot, Lavoisier, Morellet und Cabanis und flirtete mit Madame d'Houdetot in Sannois und Madame Helvétius in Auteuil; denn diese Frauen hatten einen Charme, der sie alterslos anziehend machte.

Inzwischen schickten Beaumarchais und andere Hilfsgelder in die Kolonien, und französische Armeeoffiziere meldeten sich zum Dienst unter Washington. Deane schrieb 1776: «Ich werde fast zu Tode gequält mit Gesuchen von Offizieren, die nach Amerika wollen ... Hätte ich hier zehn Schiffe, ich könnte sie alle mit Passagieren für Amerika anfüllen.»[99] Die ganze Welt weiß, wie der Marquis von La Fayette, neunzehn Jahre alt, eine liebende und schwangere Ehefrau verließ (April 1777), um ohne Bezahlung in der Kolonialarmee zu kämpfen. Er gestand Washington: «Die einzige Sache, nach der ich dürste, ist Ruhm.»[100] In diesem Streben erlebte er viele Gefahren und Demütigungen, wurde bei Brandywine verwundet, machte die Hölle von Valley Forge durch und gewann die Zuneigung des sonst eher zurückhaltenden Washington.

Am 17. Oktober 1777 wurde eine Streitmacht von fünftausend britischen Soldaten und dreitausend deutschen Söldnern, von Kanada herunterkommend, bei Saratoga von einem Kolonialheer von zwanzigtausend Mann überwältigt und kapitulierte. Als die Nachricht von diesem amerikanischen Sieg Frankreich erreichte, fand das Ersuchen Franklins, Deanes und Lees um ein Bündnis offenere Ohren bei dem Rat des Königs. Necker opponierte, denn er wollte nicht, daß sein fast ausgeglichenes Budget durch die Ausgaben eines Krieges gefährdet wurde. Vergennes und Maurepas gewannen die Zustimmung des sich bis zuletzt sträubenden Königs, indem sie ihn warnten, England – das seit langem über die Unterstützung Amerikas durch Frankreich unterrichtet und darüber erbost war – könnte mit seinen Kolonien Frieden schließen und seine volle militärische Stärke gegen Frankreich wenden. Am 6. Februar 1778 unterzeichnete die französische Regierung zwei Verträge mit den «Vereinigten Staaten von Amerika»: der eine legte Handelsbeziehungen und Hilfsmaßnahmen fest, der andere stellte eine geheime Vereinbarung dar, daß, falls England Frankreich den Krieg erklärte, die Signatarländer einander unterstützen würden; keines würde Frieden schließen ohne die Zustimmung des anderen, und beide würden fortfahren, England zu bekämpfen, bis die amerikanische Unabhängigkeit gewonnen war.

Am 20. März empfing Ludwig die amerikanischen Abgesandten; Franklin zog zu dieser Gelegenheit Seidenstrümpfe an. Im April traf John Adams ein, um Deane abzulösen; er wohnte bei Franklin in Passy, fand jedoch den alten Philosophen so sehr mit Frauen beschäftigt, daß wenig Zeit für offizielle Angelegenheiten übrigblieb. Er zerstritt sich mit Franklin, versuchte, ihn abberufen zu lassen, und kehrte, als ihm dies mißlang, nach Amerika zurück. Franklin wurde Gesandter mit unbeschränkter Vollmacht bei der französischen Regierung (September 1779). 1780 machte er, vierundsiebzig Jahre alt, Madame Helvétius, einundsechzig Jahre alt, einen Heiratsantrag, erhielt aber eine Absage.

448   DER ZUSAMMENBRUCH DES FEUDALEN FRANKREICH

Der Krieg war bei fast allen Franzosen beliebt, mit Ausnahme von Necker. Er mußte die großen Summen aufbringen, die Frankreich Amerika lieh: eine Million Livres 1776, drei weitere Millionen 1778, eine weitere Million 1779, vier Millionen 1780, vier weitere Millionen 1781, sechs Millionen 1782[101]. Er trat in geheime Verhandlungen mit Lord North ein (1. Dezember 1779), in der Hoffnung, eine Friedensformel zu finden[102]. Zusätzlich zu diesen Anleihen mußte er Geld aufbringen, um die französische Regierung, die Armee, die Flotte und den Hof zu finanzieren. Insgesamt borgte er von Bankiers und der Öffentlichkeit 530 Millionen Livres[103]. Er überredete den Klerus, 14 Millionen zu leihen, rückzahlbar in jährlichen Raten von einer Million Livres. Er weigerte sich noch immer, die Steuern zu erhöhen, obwohl der Wohlstand der oberen Klassen dies verhältnismäßig schmerzlos erlaubt hätte; seine Nachfolger waren zu beklagen, daß er ihnen diese unvermeidliche Notwendigkeit hinterließ. Die Finanzleute begünstigten ihn, weil er ihnen für ihre Anleihen die hohen Zinsen bewilligte, die sie mit der Begründung forderten, sie trügen das zunehmende Risiko, ihr Geld nie wieder zu sehen.

Um das Vertrauen in die Staatsfinanzen zu stärken, veröffentlichte Necker, mit Zustimmung des Königs, 1781 einen *Compte rendu, présenté au Roi* (Rechenschaftsbericht für den König), der angeblich den König und die Nation über die Einkünfte und Ausgaben der Regierung unterrichtete. Dieser Bericht machte das Bild freundlicher, indem er die militärischen Ausgaben und andere «außergewöhnliche» Lasten unterschlug und die Staatsschuld ignorierte; das Publikum kaufte dreißigtausend Exemplare in zwölf Monaten. Necker wurde als Finanzmagier gefeiert, der die Regierung vor dem Bankrott bewahrt hatte. Katharina bat Grimm, Necker ihrer «grenzenlosen Bewunderung für sein Buch und seine Talente» zu versichern[104]. Doch der Hof war wütend darüber, daß der Bericht an den König so viele fiskalische Mißbräuche der Vergangenheit und so viele Pensionen, die aus dem Schatzamt flossen, enthüllt hatte. Einige griffen das Dokument an und erklärten, es sei lediglich ein Loblied des Ministers auf sich selbst. Maurepas wurde ebenso neidisch auf Necker, wie er es auf Turgot gewesen war, und empfahl gemeinsam mit anderen seine Entlassung. Die Königin verteidigte ihn, obwohl sie durch Neckers Sparsamkeit viel Ärger gehabt hatte, doch Vergennes nannte ihn einen Revolutionär[105], und die Intendanten, die befürchteten, daß Necker ihre Stellung unterminieren wollte, indem er weitere Provinzialversammlungen bildete, stimmten in das Schlachtgeschrei ein. Necker trug zu seinem eigenen Sturz bei, indem er erklärte, er würde zurücktreten, wenn ihm nicht der volle Titel und die volle Autorität eines Ministers mit Sitz im Rat des Königs verliehen würde. Maurepas teilte dem König mit, wenn dies geschähe, würden alle anderen Minister ihre Posten aufgeben. Ludwig gab nach und ließ Necker gehen (19. Mai 1781). Ganz Paris, mit Ausnahme des Hofes, betrauerte seinen Sturz. Joseph II. schrieb einen Beileidsbrief, Katharina II. lud ihn ein, nach Rußland zu kommen, um hier die Finanzverwaltung zu übernehmen[106]. Am 12. Oktober 1779 schloß sich Spanien Frankreich im Krieg gegen England an, und die vereinigten französischen und spanischen Flotten, hundertvierzig Linienschiffe, waren jetzt fast ebenso stark wie die hundertfünfzig Linienschiffe der

DER LETZTE GLANZ 449

britischen Flotte[107] und machten Britanniens Herrschaft über die Meere ein Ende. Diese Veränderung im Gleichgewicht der Seemächte wirkte sich entscheidend auf den amerikanischen Krieg aus. Die britische Hauptarmee in Amerika, siebentausend Mann unter Lord Cornwallis, hielt eine befestigte Stellung in Yorktown am York River, in der Nähe der Chesapeake-Bucht, besetzt. La Fayette mit fünftausend und Washington mit elftausend Mann, darunter dreitausend Franzosen unter Graf von Rochambeau, hatten sich in Yorktown vereinigt und alle Landzugänge gesperrt. Am 5. September 1781 besiegte eine französische Flotte unter Graf von Grasse ein englisches Geschwader in der Bucht und schnitt der zahlenmäßig überlegenen Streitmacht von Lord Cornwallis alle Fluchtmöglichkeiten auf dem Wasserweg ab. Nachdem sein Proviant erschöpft war, kapitulierte Cornwallis mit all seinen Leuten (19. Oktober 1781), und Frankreich durfte sagen, daß Grasse, La Fayette und Rochambeau wichtige Rollen in einem Geschehen gespielt hatten, das sich als das entscheidende Ereignis des Krieges erweisen sollte.

England bat um Bedingungen. Shelburne entsandte getrennte Missionen an die französische Regierung und an die amerikanischen Beauftragten in Frankreich, in der Hoffnung, einen Verbündeten gegen den anderen ausspielen zu können. Vergennes hatte bereits 1781 an einen Frieden mit England gedacht, und zwar auf der Basis, den größten Teil Nordamerikas unter England, Frankreich und Spanien aufzuteilen[108]. Er verständigte sich mit Spanien darüber, daß das Mississippi-Tal unter europäischer Herrschaft bleiben sollte[109]. Im November 1782 schlug er vor, die Engländer in ihrem Bestreben zu unterstützen, die amerikanischen Staaten von den Fischereigründen Neufundlands auszuschließen[110]. Diese Verhandlungen entsprachen durchaus diplomatischer Übung, doch die amerikanischen Beauftragten fühlten sich, als sie von ihnen erfuhren, berechtigt, mit der gleichen Heimlichkeit zu operieren. Vergennes und Franklin einigten sich, daß jeder Verbündete getrennt mit England verhandeln könne, keiner jedoch ohne das Wissen des andern einen Friedensvertrag unterzeichnen dürfe[111].

Die amerikanischen Unterhändler, besonders John Jay und Franklin, spielten das diplomatische Spiel meisterhaft. Sie gewannen für die Vereinigten Staaten nicht nur die Unabhängigkeit, sondern auch Zugang zu den Fischereigründen von Neufundland, die Hälfte der Großen Seen und das riesige und reiche Gebiet zwischen dem Allegheny-Gebirge und dem Mississippi; dies waren weitaus bessere Bedingungen, als der amerikanische Kongreß erwartet hatte. Am 30. November 1782 unterzeichneten Jay, Franklin und Adams einen vorläufigen Vertrag mit England. Formell verletzte dieser die Abmachung mit Vergennes; aber er enthielt die Klausel, daß er keine Gültigkeit haben sollte, bis England mit Frankreich Frieden geschlossen hatte. Vergennes beschwerte sich, fand sich dann aber mit der Situation ab. Am 3. September 1783 wurde der endgültige Vertrag – «im Namen der heiligsten und ungeteilten Dreifaltigkeit»[112] – zwischen England und Amerika in Paris, zwischen England, Frankreich und Spanien in Versailles unterzeichnet. Franklin blieb als Botschafter der Vereinigten Staaten bis 1785 in Frankreich. Als er am 17. April 1790 in Philadelphia starb, trauerte die französische Konstituierende Versammlung drei Tage lang.

Die französische Regierung wurde durch den Krieg in den Bankrott gestürzt, und dieser Bankrott führte zur Revolution. Insgesamt hatte Frankreich eine Milliarde Livres für den Konflikt ausgegeben, und die Zinsen für die Staatsschulden brachten das Schatzamt täglich näher an den Rand der Zahlungsunfähigkeit. Doch diese Schuld war eine Angelegenheit zwischen der Regierung und den Reichen; sie berührte kaum das Volk, dem es dank des Aufblühens der Industrie im Gefolge des Krieges gut gegangen war. Die Monarchie war ernsthaft gefährdet, jedoch nicht die Nation; wie könnte sonst die Geschichte den Erfolg erklären, mit dem die Wirtschaft und die Heere des revolutionären Frankreich halb Europa von 1792 bis 1815 Widerstand leisteten?

Sicherlich war der Geist Frankreichs wiedererstarkt. Staatsmänner sahen in dem Frieden von 1783 eine triumphale Wiederauferstehung nach der Erniedrigung von 1763. Die *philosophes* begrüßten das Ergebnis als einen Sieg ihrer Anschauungen, und mit Recht sagte Tocqueville: «Die Amerikaner scheinen nur auszuführen, was unsere Schriftsteller entworfen hatten.»[113] Viele Franzosen sahen in der Errungenschaft der Kolonisten ein Vorzeichen dafür, daß sich die Demokratie bald in ganz Europa ausbreiten würde. Demokratische Ideen interessierten selbst die Aristokratie und die *parlements*. Die am 12. Juni 1776 durch den Verfassungskonvent von Virginia verkündete *Declaration of Rights* und die als Ergänzung der amerikanischen Verfassung verabschiedete *Bill of Rights* wurden teilweise Vorbilder für die von der französischen Konstituierenden Versammlung am 26. August 1789 verkündete Erklärung der Menschenrechte.

Es war der letzte Ruhm, der letzte ritterliche Glanz des feudalen Frankreich, daß es starb, indem es half, in Amerika die Demokratie zu errichten. Es stimmt, daß die meisten französischen Staatsmänner daran dachten, das alte Frankreich zu neuem Leben zu erwecken. Doch die Begeisterung von Adligen wie La Fayette und Rochambeau war echt; sie riskierten ihr Leben immer wieder im Dienst an dem neugeborenen Staat. «Ich war weit davon entfernt, der einzige zu sein», schrieb der junge Graf von Ségur, «dessen Herz höher schlug beim Klang der erwachenden Freiheit, die darum kämpfte, das Joch willkürlicher Macht abzuschütteln.»[114] Der berühmte Verzicht der Aristokraten auf die Feudalrechte in der Konstituierenden Versammlung (4. August 1789) wurde hier vorgezeichnet und vorweggenommen. Es war ein tapferes Harakiri. Frankreich gab Geld und Blut für Amerika und empfing einen neuen, mächtigen Ansporn zur Freiheit.

ZWEITES KAPITEL

Die Philosophen und der Tod

[1774–1807]

I. VOLTAIRES ENDE

1. Zwielicht in Ferney

VOLTAIRE war 1774 achtzig Jahre alt. Er hatte einige Ohnmachtsanfälle gehabt; wir nennen sie leichte Schlaganfälle, er nannte sie *petits avertissements* (kleine Warnungen). Mit einem Achselzucken ging er über sie hinweg, da er seit langem an den Gedanken des Todes gewöhnt war; er lebte weiter und genoß die Schmeicheleien der Könige und Königinnen. Katharina die Große nannte ihn «den berühmtesten Mann unseres Zeitalters»[1]. Friedrich der Große berichtete 1775: «Die Leute schlagen sich im Kampf um Voltaires Büsten in der Porzellanmanufaktur» in Berlin, «wo man sie nicht schnell genug brennt, um die Nachfrage zu befriedigen»[2]. Ferney war schon lange ein Wallfahrtsort für das intellektuelle Europa geworden; jetzt war es sozusagen ein Heiligtum. Madame Suard schrieb nach ihrem Besuch im Jahre 1775: «Ich habe Herrn von Voltaire gesehen. Die Verzückungen der heiligen Theresia sind sicherlich nie größer gewesen als diejenigen, die ich erlebte, als ich diesen großen Mann sah. Mir war, als befinde ich mich in Gegenwart eines Gottes, eines geliebten und angebeteten Gottes, dem ich endlich meine ganze Dankbarkeit und meine ganze Achtung zeigen konnte.»[3] Als er 1776 durch Genf kam, wurde er von der begeisterten Menge, die ihn umringte, beinahe erstickt[4].

Er fuhr noch in seinen Achtzigern fort, sich für Politik und Literatur zu interessieren. Er feierte die Thronbesteigung Ludwigs XVI. mit einem *Éloge historique de la Raison* (Historisches Loblied auf die Vernunft), in dem er in der Form der Weissagung einige Reformen vorschlug, die den neuen Herrscher der Nachwelt unvergeßlich machen könnten:

«Die Gesetze werden einheitlich gemacht werden ... Pluralitäten [mehrere Pfründe, in der Hand eines einzigen Geistlichen], überflüssige Ausgaben werden eingestellt werden ... den Armen, die hart arbeiten, werden die ungeheuren Reichtümer von bestimmten Müßiggängern gegeben werden, die ein Gelübde der Armut abgelegt haben. Die Ehen von hunderttausend [protestantischen] Familien, die für den Staat nützlich sind, werden nicht länger als Konkubinat betrachtet und die Kinder nicht länger als unehelich ... Kleinere Vergehen werden nicht länger wie schwere Verbrechen bestraft werden ... Die Folter wird nicht mehr angewandt werden ... Die zwei Gewalten [Staat und Kirche] werden aufhören zu existieren, weil es nur eine Gewalt geben kann – die des königlichen Gesetzes in einer Monarchie, die der Nation in einer Republik ... Schließlich werden wir das Wort *Toleranz* auszusprechen wagen.»[5]

Ludwig führte mehrere dieser Reformen durch, mit Ausnahme derjenigen, welche die Kirche betrafen. Aufrichtig fromm und überzeugt, daß die Loyalität der Kirche

452 DER ZUSAMMENBRUCH DES FEUDALEN FRANKREICH

eine unentbehrliche Stütze seines Thrones sei, bedauerte er Voltaires Einfluß. Im Juli 1774 instruierte seine Regierung den Intendanten von Burgund, den betagten Ketzer sorgsam zu überwachen und nach seinem Tode sofort alle seine Papiere zu beschlagnahmen; Marie-Antoinette sympathisierte mit Voltaire, weinte bei einer Aufführung seines *Tancrède* und sagte, sie würde gerne «den Autor umarmen»[6]; er schickte ihr einige hübsche Verse.

Er schwelgte kurze Zeit in Optimismus, als sein Freund Turgot Generalkontrolleur der Finanzen wurde; doch als Turgot entlassen wurde, verfiel er in einen düsteren pascalschen Pessimismus über die Menschheit. Er verhalf sich zu einem neuen Glück, indem er eine Tochter adoptierte. Reine-Philiberte de Varicourt wurde ihm 1775 als ein Mädchen vorgestellt, dessen Familie zu arm war, es mit einer Mitgift auszustatten, und es deshalb in ein Kloster schicken wollte. Ihre unschuldige Schönheit erwärmte das Herz des alten Mannes; er nahm sie in seinen Haushalt auf, nannte sie «belle et bonne» und fand einen Gatten für sie – den jungen und begüterten Marquis von Villette. Sie wurden 1777 getraut und verbrachten ihre Flitterwochen in Ferney. «Meine jungen Liebenden zu sehen ist eine Freude», schrieb er; «sie arbeiten Tag und Nacht, um einen kleinen Philosophen für mich zu machen.»[7] Der kinderlose Achtzigjährige frohlockte bei dem Gedanken, Großvater zu werden.

Inzwischen schrieb er sein letztes Drama, *Irène*, und schickte es an die Comédie-Française. Seine Annahme (Januar 1778) schuf ein Problem. Es war bei der Truppe Brauch, die Stücke in der Reihenfolge ihrer Annahme aufzuführen; zwei andere Dramen waren vor dem Voltaires eingereicht und angenommen worden – eins von Jean-François de Laharpe, eins von Nicolas Barthe. Beide Autoren verzichteten sofort auf ihre älteren Aufführungsrechte. Barthe schrieb an das Theater:

«Meine Herren! Es ist Ihnen ein neues Stück von Herrn von Voltaire vorgelesen worden. Sie standen gerade im Begriff, *L'Homme personnel* einzustudieren. Für Sie gibt es jetzt nur noch eins: nicht mehr an mein Stück zu denken. Ich weiß wohl, daß neue Stücke in der Reihenfolge aufgeführt werden, in der man sie annimmt, und daß dies vorgeschrieben ist. Aber welcher Schriftsteller würde es wagen, sich in einem Falle wie diesem darauf zu berufen! Herr von Voltaire steht wie die Souveräne über dem Gesetz. Wenn ich nicht die Ehre erlangen sollte, zum Vergnügen des Publikums beizutragen, so will ich dies doch mindestens nicht verzögern, und ich fordere Sie nur auf, so schnell wie möglich ein Drama vom Verfasser der *Zaïre* und der *Mérope* zu spielen. Möge er wie Sophokles noch mit hundert Jahren Tragödien schreiben und so sterben, wie Sie leben, meine Herren, von Beifall umbraust.»[8]

Als Voltaire dies erfuhr, spielte er mit dem Gedanken, nach Paris zu gehen, um sein Stück zu inszenieren. Schließlich gab es kein offizielles oder ausdrückliches Verbot für ihn, nach Paris zu kommen. Was aber, wenn der Klerus ihn von der Kanzel herunter angreifen würde? Hieran war er gewöhnt. Was, wenn sie den König überredeten, ihn in die Bastille zu schicken? Nun, auch daran war er gewöhnt. Welch eine Freude würde es sein, die große Stadt wiederzusehen, die jetzt die Hauptstadt der Aufklärung war! Wie mußte sie sich seit seiner letzten Flucht aus ihr vor achtundzwanzig Jahren verändert haben! Und außerdem hatte ihn Madame Denis, die schon lange des Aufenthalts in Ferney müde geworden war, oft gebeten, sie wieder nach Paris zurückzubringen.

DIE PHILOSOPHEN UND DER TOD   453

Der Marquis von Villette bot ihm an, ihn in seinem *Hôtel* in der Rue de Beaune komfortabel unterzubringen. Ein Dutzend Botschaften aus Paris trafen ein, die laut forderten: «Kommen Sie!»

Er entschloß sich zu gehen. Wenn die Reise ihn töten sollte, so würde dies das Unausweichliche nur geringfügig vorverlegen; es war Zeit zu sterben. Die Bediensteten seines Haushaltes, die Verwalter seines Gutes, die Bauern seiner Ländereien, die Arbeiter in seiner Industriekolonie protestierten und trauerten; er versprach, in sechs Wochen zurückzukehren, doch sie waren sicher, daß sie ihn nie wiedersehen würden, und welcher Nachfolger würde sie so freundlich behandeln, wie er es getan hatte? Als die Reisegesellschaft Ferney am 5. Februar 1778 verließ, versammelten sich seine Getreuen um ihn; viele von ihnen weinten, und er selbst konnte seine Tränen nicht zurückhalten. Fünf Tage später, nach einer Reise von fünfhundert Kilometern, sah er Paris wieder.

2. Verklärung

Am Stadttor durchsuchten Beamte die Kutsche nach Konterbande. «Meiner Treu, meine Herren», versicherte ihnen Voltaire, «ich glaube, hier gibt es keine Konterbande außer meiner Person.»[9] Wagnière, sein Sekretär, beteuert uns, daß sein Herr «sich während der ganzen Reise der besten Gesundheit erfreute. Ich sah ihn nie in einer angenehmeren Stimmung; seine Fröhlichkeit war ein Vergnügen.»[10]

Im Stadthaus des Marquis von Villette an der Ecke der Rue de Beaune und des Quai des Théatins auf dem linken Ufer der Seine waren für ihn Räume hergerichtet worden. Sobald er seiner Kutsche entstiegen war, ging Voltaire den Quai entlang zu dem nahegelegenen Hause seines Freundes d'Argental, der nunmehr achtundsiebzig Jahre alt war. Der Graf war nicht zu Hause, erschien jedoch bald im Hôtel Villette. «Ich habe das Sterben aufgeschoben, um hierherkommen und Sie sehen zu können», sagte Voltaire. Eine Freundin aus früheren Jahren schickte ihm einen Willkommensgruß; er antwortete in seiner üblichen makabren Art: «Ich bin tot hier angekommen und wünsche nur wieder lebendig zu werden, um mich der Marquise Du Deffand zu Füßen zu werfen.»[11] Der Marquis von Jaucourt brachte die Nachricht, Ludwig XVI. sei wütend darüber, daß Voltaire nach Paris gekommen war; doch Madame de Polignac besuchte ihn, um ihm zu versichern, daß Marie-Antoinette ihn schützen würde[12]. Der Klerus wollte ihn ausweisen lassen; aber es fand sich in den Akten kein offizieller Grund, der Voltaires Besuch verbot, und Ludwig beschränkte sich darauf, nein zu sagen, als die Königin ihn bat, dem weltberühmten Schriftsteller zu erlauben, sich bei Hofe vorzustellen[13].

Als sich in Paris die Nachricht verbreitete, daß der Mann, der im Geistesleben des Jahrhunderts den Ton angegeben hatte, aus seinem langen Exil zurückgekehrt war, verwandelte sich sein Zimmer im Hôtel Villette buchstäblich in einen Thronsaal. Am 11. Februar, wurde berichtet, sprachen über dreihundert Personen vor, darunter Gluck, Piccini, Turgot, Talleyrand, Marmontel und die Damen Necker, Dubarry und Du Deffand. Franklin kam mit seinem siebzehn Jahre alten Enkel und erbat für ihn

454   DER ZUSAMMENBRUCH DES FEUDALEN FRANKREICH

den Segen des Patriarchen; Voltaire legte dem Jüngling die Hände aufs Haupt und sagte auf englisch: «Mein Kind, Gott und Freiheit, behalte diese beiden Worte im Gedächtnis.»[14] Als der Strom der Besucher Tag um Tag anhielt, schrieb Dr. Tronchin an den Marquis von Villette: «Voltaire lebte nun von seinem Kapital anstatt von seinen Zinsen, und die Kräfte würden bei einer derartigen Lebensweise bald verbraucht sein.»[15] Dieser Brief wurde am 19. Februar im *Journal de Paris* veröffentlicht, offensichtlich um die Neugierigen fernzuhalten. Voltaire hatte selbst in Ferney vorausgesagt, was dieser Triumph ihn kosten würde: «Ich wäre in vier Tagen tot, wenn ich wie ein Weltmann leben müßte.»[16]

Einige Geistliche glaubten, es wäre ein guter Streich, wenn man den alten Ketzer veranlassen könnte, sich mit der katholischen Kirche zu versöhnen. Er war halb dazu bereit, denn er wußte, daß nur diejenigen, die in den Armen der Kirche gestorben waren, in geweihter Erde beerdigt werden durften; und alle Friedhöfe Frankreichs waren geweiht. So begrüßte er einen Brief, den ihm am 10. Februar Abbé Gaultier schickte und in dem er ihn um eine Unterredung bat. Der Abbé kam am 21. Sie unterhielten sich eine Weile, ohne aber zu einem Ergebnis zu kommen; Madame Denis bat den Abbé zu gehen; Voltaire sagte ihm, er möge wiederkommen. Am 25. hatte Voltaire einen schweren Blutsturz; das Blut kam ihm aus Mund und Nase, wenn er hustete. Er beauftragte seinen Sekretär, Gaultier zu rufen. Wagnière berichtet: «Ich vermied es, meinen Brief abzusenden, da ich nicht wollte, daß man von Voltaire sagen kann, er sei schwach geworden. Ich versicherte ihm, man könne den Abbé nicht finden.»[17] Wagnière wußte, daß die Skeptiker von Paris hofften, Voltaire würde im letzten Augenblick nicht vor der Kirche kapitulieren, und vielleicht hatte er von der Prophezeiung Friedrichs des Großen gehört: «Er wird uns alle entehren.»[18]

Tronchin kam und stillte die Blutung, doch während der nächsten zweiundzwanzig Tage fuhr Voltaire fort, Blut zu spucken. Am 26. schrieb er an Gaultier: «Ich bitte Sie, so bald wie möglich zu kommen.»[19] Gaultier kam am nächsten Morgen, fand Voltaire schlafend und ging wieder weg. Am 28. übergab Voltaire Wagnière ein Glaubensbekenntnis: «Ich sterbe Gott anbetend, meine Freunde liebend, meine Feinde nicht hassend und Verfolgung verabscheuend.»[20] Gaultier kam wieder am 2. März; Voltaire äußerte den Wunsch zu beichten. Der Abbé antwortete, Jean de Tersac, Pfarrer von Saint-Sulpice, habe von ihm verlangt, er müsse Voltaire zu einem Widerruf veranlassen, bevor er ihm die Beichte abnehme. Wagnière protestierte. Voltaire bat um Feder und Papier und schrieb mit seiner eigenen Hand:

«Da ich, der Unterzeichnete, seit vier Monaten Blut spucke und im Alter von vierundachtzig nicht mehr in der Lage bin, mich in die Kirche zu schleppen, und da der Pfarrer von Saint-Sulpice in dem Verlangen, seine guten Werke um ein weiteres zu vermehren, Herrn Abbé Gaultier, den Priester, zu mir geschickt hat, habe ich bei diesem gebeichtet; und [ich erkläre], daß ich, wenn Gott über mich verfügt, in der katholischen Religion sterbe, in der ich geboren wurde, im Vertrauen auf die göttliche Gnade, daß sie mir alle meine Fehler vergeben wird und daß ich, wenn ich der Kirche je Ärgernis gegeben habe, Gott und Sie um Verzeihung bitte. — Unterzeichnet, VOLTAIRE, den 2. März 1778, im Hause des Herrn Marquis von Villette.»[21]

DIE PHILOSOPHEN UND DER TOD 455

Herr von Vielleville und Abbé Mignot (ein Neffe Voltaires) unterschrieben die Erklärung als Zeugen. Gaultier brachte sie dem Erzbischof in Conflans (einer Vorstadt) und dem Pfarrer von Saint-Sulpice, die sie beide für unzureichend erklärten [22]. Dennoch traf Gaultier die Vorbereitungen, um Voltaire die Kommunion zu gewähren, doch Voltaire bat um Aufschub mit den Worten: «Ich spucke ständig Blut; wir müssen uns davor hüten, mein Blut mit dem des lieben Gottes zu vermischen.» [23] Wir wissen nicht, in welchem Geist – fromm oder spöttisch – dies gesagt wurde.

Am 3. März besuchten Diderot, d'Alembert und Marmontel den kranken Mann. Als Gaultier an diesem Tag vorsprach, um laut Auftrag seines Vorgesetzten ein «weniger zweideutiges und ausführlicheres Geständnis» zu erlangen, wurde ihm gesagt, Voltaire sei nicht in der Verfassung, ihn zu empfangen. Gaultier kam mehrere Male wieder, doch er wurde jedesmal von dem Schweizergardisten an der Türe abgewiesen. Am 4. März schrieb Voltaire an den Pfarrer von Saint-Sulpice und entschuldigte sich, daß er mit einem Untergebenen verhandelt habe. Am 13. März wurde der Curé empfangen, doch anscheinend kam es bei diesem Besuch nur zu einem Austausch von Höflichkeiten [24]. Inzwischen hatten die Blutungen aufgehört; Voltaire fühlte seine Kräfte zurückkehren, und seine Frömmigkeit ließ nach.

Am 16. März wurde *Irène* im Théâtre-Français aufgeführt. Fast der ganze Hof kam, einschließlich der Königin. Das Stück entsprach nicht Voltaires Niveau, wurde aber trotzdem als eine wunderbare Leistung für einen Mann von vierundachtzig beifällig aufgenommen. Voltaire, zu krank, um der Aufführung beizuwohnen, wurde Akt für Akt über die Reaktion des Publikums informiert, und am 17. überbrachte ihm eine Deputation die Glückwünsche der Académie française. Am 21. März fühlte er sich wohl genug auszufahren. Er besuchte Suzanne de Livry, Marquise von Gouvernet; die dreiundsechzig Jahre zuvor seine Mätresse gewesen war. Am 28. besuchte er Turgot.

Der 30. März war sein größter Tag. Am Nachmittag begab er sich zum Louvre, um einer Versammlung der Akademie beizuwohnen. «Als er aus seinem Hause fuhr», berichtete Denis von Visin, ein damals in Paris lebender russischer Schriftsteller, «wurde die Kutsche bis zur Akademie von einer riesigen Menschenmenge begleitet, die ständig applaudierte. Alle Akademiker kamen heraus, ihn zu begrüßen.» [25] D'Alembert hieß ihn mit einer Rede willkommen, die dem alten Mann die Tränen in die Augen trieb. Voltaire wurde in den Präsidentensessel gesetzt und durch Akklamation zum Präsidenten für das zweite Quartal gewählt. Als die Sitzung beendet war, wurde er zu seiner Kutsche geleitet, die sich auf ihrer Fahrt zum Théâtre-Français nur mit Schwierigkeit durch eine riesige Menschenmenge bewegen konnte, die immer wieder ausrief: «Vive Voltaire!»

Als er das Theater betrat, erhoben sich die Zuschauer und die Schauspieler, um ihn zu begrüßen. Er begab sich in die Loge, in der Madame Denis und die Marquise von Villette auf ihn warteten. Er nahm hinter ihnen Platz; das Publikum forderte ihn auf, sich besser sichtbar zu machen, und er setzte sich zwischen die Damen. Ein Schauspieler kam in die Loge und legte einen Lorbeerkranz auf Voltaires Kopf; er nahm ihn

456 DER ZUSAMMENBRUCH DES FEUDALEN FRANKREICH

ab und legte ihn auf den Kopf der Marquise. Sie bestand darauf, daß er ihn behalte. Im Publikum wurden Stimmen laut, die riefen: «Es lebe Voltaire! Es lebe Sophokles! Ehre dem Philosophen, der die Menschen denken lehrt! Ruhm dem Verteidiger von Calas!»[26] «Diese Begeisterung», sagte der Augenzeuge Grimm, «dieses allgemeine Delirium dauerte länger als zwanzig Minuten.»[27] Dann wurde *Irène* zum sechstenmal aufgeführt. Nach der Vorstellung forderte das Publikum den Autor auf, einige Worte zu sprechen; Voltaire war bereit. Der Vorhang öffnete sich wieder; die Schauspieler hatten aus dem Foyer eine Büste Voltaires geholt und stellten sie auf die Bühne. Jetzt bekränzten sie sie mit Lorbeer, und Madame Vestrice, welche die Irene gespielt hatte, verlas vor Voltaire einige Lobesverse:

> *Aux yeux de Paris enchanté*
> *Reçois en ce jour un hommage*
> *Que confirmera d'âge en âge*
> *La sévère postérité.*
> *Non, tu n'as pas besoin*
> *d'atteindre au noir rivage*
> *Pour jouir de l'honneur*
> *de l'immortalité.*
> *Voltaire, reçois la couronne*
> *Que l'on vient de te présenter;*
> *Il est beau de la mériter*
> *Quand c'est la France qui la donne.*[28]

> Empfange an diesem Tag
> vor den Augen des entzückten Paris
> eine Ehrung, die eine gestrenge Nachwelt
> von Generation zu Generation bestätigen wird.
> Nein, du hast es nicht nötig,
> das schwarze Ufer zu erreichen,
> um die Ehre
> der Unsterblichkeit zu genießen.
> Voltaire, empfange die Krone,
> die man dir soeben angeboten hat.
> Es ist schön, sie zu verdienen,
> wenn es Frankreich ist, das sie verleiht.

Die Zuhörer verlangten, die Verse sollten wiederholt werden; es geschah. Während des Beifalls erhob sich Voltaire von seinem Sitz; alle machten ihm Platz, und er wurde durch eine begeisterte Menge zu seiner Kutsche geleitet. Fackeln tauchten auf, der Kutscher wurde überredet, langsam zu fahren, und eine jubelnde Menge begleitete die Kutsche zum Hôtel Villette[29]. Soweit wir wissen, hatte es nie ein derartiges Schauspiel in der ganzen Geschichte der französischen Literatur gegeben.

Madame Vigée-Lebrun, die alles mit eigenen Augen beobachtet hatte, schrieb: «Der gefeierte Mann war so mager und gebrechlich, daß ich fürchtete, die starken Erregungen würden ihm tödlichen Schaden zufügen.»[30] Tronchin riet ihm, so bald als möglich nach Ferney zurückzukehren; Madame Denis bat ihren Onkel, Paris zu seiner Heimat zu machen. Berauscht durch den Empfang, dem man ihm bereitet hatte, wil-

DIE PHILOSOPHEN UND DER TOD 457

ligte er ein. Er lobte das Volk von Paris als das fröhlichste, höflichste, aufgeklärteste und toleranteste der Welt, mit dem besten Geschmack, den besten Vergnügungen, den besten Künsten[31]; für einen Augenblick vergaß er die «Canaille». Bald fuhr er durch Paris auf der Suche nach einem Haus; am 27. April kaufte er eins. Tronchin wütete. «Ich habe viele Narren in meinem Leben gesehen», sagte er, «doch nie einen verrückteren als ihn. Er rechnet damit, hundert Jahre alt zu werden.»[32]

Am 7. April wurde Voltaire zur Freimaurerloge «Neun Schwestern» gebracht. Er wurde als Mitglied aufgenommen, ohne die üblichen vorbereitenden Stadien zu durchlaufen. Ein Lorbeerkranz wurde auf sein Haupt gesetzt, und der Vorsitzende hielt eine Rede: «Wir versprechen, unseren Brüdern zu Hilfe zu kommen, und Sie sind der Schöpfer einer ganzen Kolonie gewesen, die Sie verehrt und die buchstäblich von Ihren Wohltaten widerhallt ... So sind Sie, vielgeliebter Bruder, Freimaurer gewesen, ehe Sie die Würde eines Freimaurers empfingen, und Sie haben die Verpflichtungen eines Freimaurers erfüllt, ehe Sie uns versprachen, sie zu halten.»[33] Am 11. April erwiderte er den Besuch von Madame Du Deffand, indem er sie in ihrer Wohnung im Kloster Saint-Joseph aufsuchte. Sie betastete sein Gesicht mit ihren Händen und fand nur Knochen, doch am 12. schrieb sie an Horace Walpole: «Er ist so lebhaft wie je. Er ist vierundachtzig, und ich glaube ernstlich, er wird nie sterben. Er ist noch im Vollbesitz all seiner Sinne, keiner ist geschwächt. Er ist ein einzigartiges Wesen und in Wirklichkeit weit überlegen.»[34] Als die Nonnen von diesem Besuch hörten, beschuldigten sie die Marquise, sie habe das Kloster durch die Anwesenheit eines von Kirche und Staat verdammten Menschen entweiht[35].

Am 27. April ging er wieder in die Akademie. Man kam auf die Übersetzung des Abbé Delille von Popes *Epistle to Dr. Arbuthnot* zu sprechen; Voltaire hatte das Original gelesen und beglückwünschte den Abbé zu seiner Übertragung. Er nahm die Gelegenheit wahr, die Neubearbeitung des *Dictionnaire* der Akademie anzuregen und die anerkannte Sprache um hundert neue Wörter zu bereichern, die in Gebrauch gekommen waren. Am 7. Mai begab er sich wiederum in die Akademie mit einem Plan für das neue Wörterbuch. Er erbot sich, alle Wörter zu übernehmen, die mit *A* begannen, und schlug vor, daß jedes Mitglied einen Buchstaben bearbeiten solle. Als die Mitglieder sich vertagten, dankte er ihnen «im Namen des Alphabets»; der Marquis von Chastellux erwiderte: «Und wir danken Ihnen im Namen der Buchstaben.»[36] An diesem Abend wohnte er inkognito einer Aufführung seiner *Alzire* bei; am Ende des vierten Aktes applaudierte das Publikum dem Schauspieler Larive; Voltaire stimmte hörbar in den Beifall ein, indem er ausrief: «Ah, que c'est bien!» («Oh, das ist gut gemacht!») Die Zuschauer erkannten ihn, und für fünfundvierzig Minuten lebte die Begeisterung vom 30. März wieder auf.

Vielleicht tat er gut daran, diese letzten Wochen seines Lebens auf Kosten seiner Gesundheit zu genießen, anstatt sich in die Stille zurückzuziehen, um wenige schmerzvolle Tage zu gewinnen. Er arbeitete so eifrig an seinem Plan für ein neues Wörterbuch und trank so viel Kaffee – manchmal fünfundzwanzig Tassen am Tage –, daß er nachts nicht schlafen konnte. Inzwischen verschlimmerte sich seine Harnröhrenver-

458 DER ZUSAMMENBRUCH DES FEUDALEN FRANKREICH

engung. Das Urinieren wurde immer schmerzvoller und unvollständig. Giftige Stoffe, die nicht ausgeschieden wurden, gingen ins Blut über und verursachten Urämie. Der Herzog von Richelieu schickte ihm eine Opiumlösung und empfahl sie ihm als schmerzstillendes Mittel. Die Gebrauchsanweisung mißverstehend, trank Voltaire eine ganze Flasche auf einmal (11.Mai). Er verfiel in ein Delirium, das achtundvierzig Stunden dauerte. Sein Gesicht verzerrte sich vor Schmerz. Tronchin wurde gerufen und verschaffte ihm Erleichterung; doch mehrere Tage lang brachte Voltaire kein Wort heraus und konnte kein Essen bei sich behalten. Er bat, nach Ferney zurückgebracht zu werden; doch es war zu spät.

Am 30.Mai kamen Abbé Gaultier und der Pfarrer von Saint-Sulpice und erklärten sich bereit, Voltaire die Sterbesakramente der Kirche zu gewähren, wenn er sein früheres Glaubensbekenntnis dadurch ergänzen würde, daß er erklärte, auch an die Göttlichkeit Christi zu glauben. Ein unbestätigter Bericht Condorcets[37] besagt, Voltaire habe ausgerufen: «In Gottes Namen, redet mir nicht von diesem Menschen!» Laharpe berichtete, Voltaire habe geantwortet: «Lassen Sie mich in Frieden sterben.» Desnoiresterres übernahm die übliche Version: Die Priester fanden Voltaire im Delirium vor und gingen weg, ohne ihm die Sakramente angeboten zu haben[38]. Tronchin behauptete, die letzten Stunden des Philosophen seien gekennzeichnet gewesen durch einen heftigen Todeskampf und Wutschreie[39]. Er fand am gleichen Tag, nachts um elf Uhr, Frieden.

Abbé Mignot nahm an, daß man dem Toten die letzte Ruhe auf einem Pariser Friedhof verweigern würde, setzte ihn aufrecht in eine Kutsche und fuhr in das hundertachtzig Kilometer entfernte Dorf Romilly-sur-Seine, um ihn in der Abtei Scellières bestatten zu lassen. Hier ließ ein örtlicher Priester dem Leichnam die traditionelle religiöse Zeremonie zukommen, sang ein Hochamt für ihn und erlaubte die Bestattung im Gewölbe der Kirche.

Eine Order Ludwigs XVI. verbot der Presse, Voltaires Tod zu erwähnen[40]. Die Académie française forderte die Franziskanerpater auf, eine Messe für den Toten zu lesen; die Erlaubnis hierzu wurde verweigert. Friedrich der Große ließ als ein Ungläubiger für einen anderen in einer katholischen Kirche in Berlin eine Messe für Voltaire lesen und verfaßte ein warmherziges Loblied auf seinen Freund und Gegner, das am 26.November 1778 vor der Berliner Akademie verlesen wurde. Katharina die Große schrieb an Grimm:

«Ich habe zwei Männer verloren, die ich nie sah, die mich liebten und die ich verehrte – Voltaire und Milord Chatham. Für sehr lange Zeit, vielleicht für immer, werden sie – besonders der erstere – nicht ihresgleichen finden und nie übertroffen werden ... Vor wenigen Wochen wurde Voltaire öffentlich geehrt, und nun wagen sie nicht, ihn beerdigen zu lassen. Was für ein Mann! Der Erste seiner Nation. Warum haben Sie nicht in meinem Namen von seiner Leiche Besitz ergriffen? Sie hätten sie mir schicken sollen, damit sie einbalsamiert wird. Er hätte das prächtigste Grab gehabt ... Kaufen Sie wenn möglich seine Bibliothek und seine Papiere, einschließlich seiner Briefe. Ich werde seinen Erben einen guten Preis zahlen.»[41]

Madame Denis kassierte 135 000 Livres für die Bibliothek, die in die Eremitage in Petersburg gebracht wurde.

DIE PHILOSOPHEN UND DER TOD 459

Im Juli 1791 wurden auf Befehl der Konstituierenden Versammlung der Revolution die Überreste Voltaires aus der Abtei von Scellières nach Paris gebracht, in einer triumphalen Prozession durch die Stadt getragen und in der Kirche Sainte-Geneviève (bald in Panthéon umbenannt) beigesetzt. Im gleichen Jahr wurde der Quai des Théatins offiziell in Quai Voltaire umgetauft. Im Mai 1814, während der bourbonischen Restauration, soll eine Gruppe von Leichenschändern die Gebeine Voltaires und Rousseaus heimlich aus dem Panthéon entführt, sie in einen Sack gesteckt und auf einem Abfallhaufen am Rande von Paris verscharrt haben.

3. *Voltaires Einfluß*

Er begann mit den antiklerikalen Akzenten in *Œdipe* (1718); heute wirkt er fast universal. Wir haben gesehen, wie er Souveräne erfaßte: Friedrich II., Katharina II., Joseph II., Gustav III.; in geringerem Maße Karl III. von Spanien durch Aranda und Joseph I. von Portugal durch Pombal. In der Geisteswelt der letzten zwei Jahrhunderte ist er nur von dem Einfluß Rousseaus und Darwins erreicht worden.

Während Rousseaus moralischer Einfluß auf die Empfindsamkeit, das Gefühl und die Wiederherstellung des Familienlebens und der ehelichen Treue gerichtet war, zielte der moralische Einfluß Voltaires auf Menschlichkeit und Gerechtigkeit, auf die Reinigung der französischen Rechtspflege von Rechtsmißbrauch und barbarischer Grausamkeit; er hat mehr als irgendeine andere Einzelpersönlichkeit die humanitäre Bewegung angespornt, die eines der Verdienste des 19. Jahrhunderts wurde. Um uns den Einfluß Voltaires auf die Literatur zu vergegenwärtigen, brauchen wir nur an Wieland, Kellgren, Goethe, Byron, Shelley, Heine, Gautier, Renan und Anatole France zu denken. Ohne Voltaire wäre Gibbon unmöglich gewesen. Und die Historiker erkennen seine führende Rolle in dem Bestreben an, den Verbrechen der Menschen und der Regierung weniger Beachtung zu schenken und das Interesse mehr auf die Entwicklung von Wissen, Moral, Sitte, Literatur und Kunst zu lenken.

Voltaire hatte teil an der Vorbereitung der Französischen Revolution, indem er den Respekt der Intellektuellen gegenüber der Kirche und den Glauben der Aristokratie an ihre Feudalrechte schwächte. Doch nach 1789 wurde der politische Einfluß Voltaires von dem Rousseaus übertroffen. Voltaire war zu konservativ, zu sehr von Verachtung für die Massen erfüllt, zu sehr Herr; Robespierre lehnte ihn ab, und zwei Jahre lang war der *Contrat social* die Bibel der Revolution. Bonaparte erlag den beiden Einflüssen in der üblichen Reihenfolge: «Bis ich sechzehn war», erinnerte er sich, «hätte ich für Rousseau gegen die Freunde Voltaires gekämpft; heute ist es das Gegenteil ... Je mehr ich Voltaire lese, um so mehr liebe ich ihn. Er ist ein stets vernünftiger Mann, nie ein Scharlatan, nie ein Fanatiker.»[42] Nach der Restauration der Bourbonen wurden die Schriften Voltaires ein Instrument des bürgerlichen Denkens gegen die Reaktion des Adels und des Klerus. Zwischen 1817 und 1829 erschienen zwölf Auflagen von Voltaires gesammelten Werken; in diesen zwölf Jahren wurden über drei Millionen Bände verkauft[43]. Der kommunistische Kreuzzug unter Marx und Engels

460   DER ZUSAMMENBRUCH DES FEUDALEN FRANKREICH

verschaffte Rousseau wieder die Führung. Im allgemeinen haben sich die revolutionären Bewegungen ab 1848 in der Politik mehr nach Rousseau als nach Voltaire gerichtet, in der Religion mehr nach Voltaire als nach Rousseau.

Den tiefsten und nachhaltigsten Einfluß hat Voltaire auf den religiösen Glauben gehabt. Dank ihm und seinen Gesinnungsgenossen übersprang Frankreich die Reformation und ging von der Renaissance unmittelbar zur Aufklärung über. Vielleicht ist dies der einzige Grund, warum der Wandel so gewaltsam war; es gab keine Pause des Protestantismus. Manche Enthusiasten glaubten, die Aufklärung im ganzen sei eine tiefere Reformation gewesen als diejenige, die Luther und Calvin bewirkt hatten, denn sie bekämpfte nicht nur die Exzesse der Priesterherrschaft und des Aberglaubens, sondern griff auch die Grundwahrheiten des Christentums selbst an, sogar die aller übernatürlichen Glaubensvorstellungen. Voltaire vereinigte in einer Stimme alle Spielarten des antikatholischen Denkens; er verlieh ihnen zusätzliche Klarheit durch Wiederholung und Witz, und eine Zeitlang schien es, als hätte er den Tempel niedergerissen, in dem er erzogen worden war. Die Intellektuellen in der ganzen Christenheit wurden durch die *philosophes* zu einem verfeinerten Deismus oder zu einem heimlichen Atheismus verführt. In Deutschland wurde die Jugend der Generation Goethes tief beeinflußt. Goethe war der Ansicht, daß «Voltaire immer als der größte Mann in der Literatur der Neuzeit und vielleicht aller Zeiten betrachtet werden wird»[44]. In England verspürte eine glänzende Minderheit – Godwin, Paine, Mary Wollstonecraft, Bentham, Byron, Shelley – den Einfluß Voltaires; doch im großen und ganzen hatte der englische Deismus ihn vorweggenommen und ihm die Spitze abgebrochen; außerdem waren die englischen Gentlemen der Ansicht, kein kultivierter Geist dürfe eine Religion angreifen, die den schwächeren Klassen und dem schwächeren Geschlecht solch beruhigenden Trost schenkte. In Amerika waren die Gründer fast alle Schüler Voltaires. Hier und in England hat der Einfluß Darwins und der modernen Biologie den Rousseaus in der Schwächung des religiösen Glaubens überlagert, und in unserer Zeit leidet die christliche Theologie am meisten unter der beispiellosen Barbarei unserer Kriege und den kühnen Siegen der exakten Wissenschaften, die in den einst von Göttern und Heiligen bewohnten Himmel eindringen.

Mehr als einem anderen Menschen verdanken wir Voltaire die religiöse Toleranz, die heute, wenn auch gefährdet, in Europa und Nordamerika herrscht. Das Volk von Paris kannte ihn nicht als den Autor von epochemachenden Büchern, sondern als den Verteidiger der Calas und Sirvens. Nach ihm durfte kein Tribunal in Europa mehr wagen, einen Menschen auf Grund von Anschuldigungen und Beweisen, wie sie zur Verurteilung von Jean Calas führten, aufs Rad zu flechten; Bücher wie *Emile* wurden noch immer verboten und verbrannt, doch ihre Asche half ihre Ideen verbreiten. Die religiöse Zensur kämpfte ein verzweifeltes Rückzugsgefecht, bis sie stillschweigend ihre Niederlage zugab. Wenn unsere Kinder, wie es scheint, von neuem den Kampf um die Gerechtigkeit des Geistes kämpfen müssen, dann sollen sie Inspiration und Mut in den neunundneunzig Bänden Voltaires suchen. Sie werden dort nicht eine einzige langweilige Seite finden.

II. ROUSSEAUS EPILOG: 1767–1778

1. Der ruhelose Geist

Als Rousseau am 22.Mai 1767 nach seinem unglücklichen Aufenthalt in England, dem Wahnsinn nahe, in Frankreich ankam, fand er Trost in dem freundlichen Empfang, den ihm die Städte bereiteten, durch die er und Thérèse kamen. Obwohl er unter dem Pseudonym Jean-Joseph Renou reiste und juristisch noch immer unter dem 1762 gegen ihn erlassenen Bannfluch stand, wurde er dennoch erkannt und geehrt; Amiens gab ihm einen triumphalen Empfang, und andere Städte schickten ihm den *Vin de ville*.

Viele Franzosen – alles Adlige – boten ihm ein Heim an. Als erster Mirabeau *père*, der ihm die Wahl zwischen zwanzig Landsitzen ließ; Rousseau entschloß sich für Fleury-sous-Meudon bei Paris. Doch der Marquis quälte ihn, er solle des Marquis' Bücher lesen; Rousseau floh und fand Unterkunft bei Louis-François de Bourbon, Prinz von Conti, in Trye-le-Château bei Gisors (21. Juni 1767). Der Prinz stellte Jean-Jacques das ganze Schloß zur Verfügung und schickte sogar Musikanten, die sanfte Musik für ihn spielen sollten. Rousseau faßte dies als eine Infragestellung seiner geistigen Gesundheit auf. Er glaubte, Choiseul und die Gräfin von Boufflers (die Mätresse des Prinzen) hätten sich mit Voltaire, Diderot und Grimm verbündet, um gegen ihn zu konspirieren; und Voltaire hatte ihn in der Tat beschuldigt, das Theater in Genf in Brand gesteckt zu haben, das am 29. Januar 1768 bis auf den Grund niederbrannte[45]. Rousseau glaubte, jedermann in Gisors betrachte ihn als einen Verbrecher. Er wünschte nach Genf zurückzukehren und schrieb an Choiseul, er solle den Genfer Rat überreden, Rousseau für frühere Beleidigungen zu entschädigen[46]. Choiseul schickte ihm eine offizielle Erlaubnis, nach Belieben in Frankreich zu reisen, es zu verlassen und zurückzukehren[47]. Rousseau faßte jetzt den Plan, nach England zurückzugehen; er schrieb an Davenport und fragte ihn, ob er wieder das Haus in Wooton beziehen dürfe. Davenport erklärte sich sofort damit einverstanden.

Da er in Trye für sein Leben fürchtete, floh er im Juni 1768 und ließ Thérèse um ihrer eigenen Sicherheit willen auf dem Schloß zurück. Er fuhr mit der offiziellen Postkutsche nach Lyon und wohnte hier eine Weile bei Verwandten des Daniel Roguin, der ihm 1762 in der Schweiz Zuflucht gewährt hatte. Doch bald zog er sich in die Herberge zur «Goldenen Quelle» in Bourgoin-en-Dauphiné zurück. An die Türe seines Zimmers schrieb er eine Liste der Leute, von denen er glaubte, daß sie gegen ihn konspirierten. Er schickte nach Thérèse, empfing sie mit Freudentränen und entschloß sich endlich, sie zu heiraten. Am 30.August 1768 fand in der Herberge die Ziviltrauung statt.

Im Januar 1769 zogen sie in ein Bauernhaus in Mouquin in der Nähe von Grenoble. Hier schrieb er die letzten, halb wahnsinnigen Seiten der *Bekenntnisse* und beruhigte seine Nerven durch botanische Studien. Thérèse fand seine Launen immer unerträglicher; sie selbst litt an Rheumatismus und den Beschwerden, die manchmal die

462   DER ZUSAMMENBRUCH DES FEUDALEN FRANKREICH

Wechseljahre begleiten. Die Jungverheirateten hatten einen so hitzigen Streit, daß
Rousseau davonlief, sich auf eine große botanische Exkursion begab und ihr einen Brief
hinterließ, worin er ihr riet, in ein Kloster einzutreten [48]. Als er zurückkehrte und
feststellte, daß sie auf ihn wartete, entflammte die Liebe von neuem. Jetzt bedauerte er,
ihre Kinder weggegeben zu haben. «Glücklich der Mann», sagte er, «der seine Kinder
unter seinen eigenen Augen aufwachsen sehen kann.» [49] An eine junge Mutter schrieb
er: «Das süßeste Leben, das es geben kann, ist das des Heimes ... Nichts ist stärker,
beständiger, eins mit uns als unsere Familie und unsere Kinder ... Doch ich, der ich
von Familie, von Kindern spreche ... Madame, haben Sie Mitleid mit jenen, deren
eisernes Geschick sie eines solchen Glückes beraubt; haben Sie Mitleid mit ihnen,
wenn sie nur unglücklich sind, bemitleiden Sie sie um so mehr, wenn sie schuldig
sind!» [50]

Der Winter in Mouquin war schwer zu ertragen in einem Bauernhaus, das allen Un-
bilden des Wetters ausgesetzt war. Thérèse bat, er solle sie nach Paris bringen. Am
10. April 1770 nahm das Paar seine Odyssee wieder auf. Sie verbrachten einen ange-
nehmen Monat in Lyon, wo Rousseaus Operette *Le Devin du Village* als Teil einer
Feier zu seinen Ehren aufgeführt wurde. Sie zogen langsam weiter, nahmen längeren
Aufenthalt in Dijon, Montbard und Auxerre. Am 24. Juni 1770 erreichten sie endlich
Paris. Sie bezogen Räume im vierten Stock seiner früheren Wohnung im Hôtel Saint-
Esprit, Rue Plâtrière – heute Rue Jean-Jacques Rousseau –, in einem der lautesten
Viertel der Stadt.

Er lebte bescheiden und ruhig, schrieb für den Lebensunterhalt Noten ab und studierte Botanik; jetzt, am 21. September 1771, schrieb er seinen Huldigungsbrief an
Linné [51]. Als bekannt wurde, daß er in Paris war, besuchten ihn alte Freunde und neue
Verehrer: der Fürst von Ligne (der ihm Unterkunft auf seinem Landsitz in der Nähe
von Brüssel anbot), Grétry und Gluck (die kamen, um mit ihm über Musik zu sprechen), der Lustspieldichter Goldoni, die Sängerin Sophie Arnould, Kronprinz Gustav
von Schweden und junge Autoren wie Jean-Joseph Dusaulx und Jacques-Henri Bernardin de Saint-Pierre. 1777 erhielt er, was Voltaire begehrt und nicht bekommen
hatte – einen Besuch des Kaisers Joseph II. [52]. Das Recht auf freien Eintritt in die Oper
(als Komponist) wurde ihm wieder zuerkannt, und er machte gelegentlich Gebrauch
davon, besonders um Gluck zu hören. Bernardin de Saint-Pierre schilderte ihn (den
jetzt Sechzigjährigen) als «schlank, wohlgebaut, mit stolzer Miene und feurigen
Augen ..., tiefe Traurigkeit in den Falten seiner Stirne, und einer bitteren und sogar
sarkastischen Heiterkeit»[53]. Trotz seines 1762 gegebenen Versprechens, keine Bücher
mehr zu schreiben, wurde Rousseau durch die fortgesetzten Angriffe seiner Feinde
von neuem dazu getrieben, die Feder wieder in die Hand zu nehmen; um diesen und
dem ganzen feindseligen Klatsch von Paris und Genf zu begegnen, hatte er die *Bekenntnisse* begonnen (1765). Diese waren jetzt (November 1770) vollendet, und Rousseau, obwohl noch immer nicht gewillt, sie in ihrer Gesamtheit zu veröffentlichen,
entschloß sich dennoch, bestimmte Teile, die sich auf die Angriffe bezogen, in Paris
bekanntzumachen. Also las er im Dezember Dusaulx und anderen in seinem Zimmer

DIE PHILOSOPHEN UND DER TOD 463

lange Abschnitte aus seinem größten Buch vor; das Lesen dauerte siebzehn Stunden, nur unterbrochen von zwei hastigen Imbissen[54]. Im Mai 1771 veranstaltete er eine zweite Lesung vor dem Grafen und der Gräfin von Egmont, dem Prinzen Pignatelli von Egmont, der Marquise von Mesme und dem Marquis von Juigné. Er schloß mit einer leidenschaftlichen Herausforderung:

«Ich habe die Wahrheit gesagt. Wenn jemand das Gegenteil gehört hat von dem, was ich vorgetragen habe, und hätte er tausend Beweise dafür, so hat er Lügen und Verleumdungen gehört, und wenn er sich weigert, die Sache mit mir gründlich zu verhandeln und aufzuklären, solange ich noch am Leben bin, so liebt er weder die Gerechtigkeit noch die Wahrheit. Ich für mein Teil erkläre laut und furchtlos: Wer, selbst ohne meine Schriften gelesen zu haben, mit eigenen Augen meine Natur, meinen Charakter, meine Sitten, Neigungen, Freuden, Gewohnheiten prüft und mich dann noch für einen ungesitteten Menschen hält, ist selber hängenswert.»[55]

Diejenigen, die ihn hörten, schlossen aus seiner heftigen Erregung, daß er dem Wahnsinn nahe war. Dusaulx nannte Rousseaus Verdächtigungen und Gegenbeschuldigungen unwürdig «des großmütigen, des tugendhaften Jean-Jacques»; diese Kritik beendete ihre Freundschaft[56]. Andere Zuhörer trugen das Echo dieser Lesungen in die Salons von Paris, und einige empfindliche Seelen waren der Ansicht, Rousseau habe sie beleidigt. Madame d'Epinay schrieb an den Generalleutnant der Polizei:

«Ich muß Ihnen wiederum mitteilen, daß die Person, über die ich gestern mit Ihnen gesprochen habe, gestern morgen ihr Werk den Herren Dorat, de Pezay und Dusaulx vorgelesen hat. Da er diese Männer als Mitwisser einer Verleumdung benutzt, haben Sie das Recht, ihn wissen zu lassen, was Sie davon halten. Ich finde, Sie sollten mit genügend Freundlichkeit zu ihm sprechen, so daß er sich nicht beklagen kann, doch mit genügend Festigkeit, so daß er seine Fehler nicht wiederholt. Wenn Sie sich von ihm sein Ehrenwort geben lassen, glaube ich, wird er es halten. Verzeihen Sie mir tausendmal, aber mein Seelenfrieden stand auf dem Spiele.»[57]

Die Polizei forderte Rousseau auf, keine Lesungen mehr abzuhalten; er erklärte sich einverstanden. Er kam zu dem Schluß, daß er sich zu seinen Lebzeiten nie würde Gehör verschaffen können, und dieses Gefühl der Frustration trug dazu bei, seinen Geist vollständig aus dem Gleichgewicht zu bringen. Nach 1772 verschloß er seine Türe fast allen Besuchern außer Bernardin de Saint-Pierre. Auf seinen einsamen Spaziergängen sah er in fast jedem, dem er begegnete, einen Feind. Abgesehen von solchen Verfolgungswahnvorstellungen bewahrte er sich seine Gutherzigkeit. Er spendete gegen Voltaires Widerstand für eine Statue Voltaires. Als ein Abbé ihm eine Broschüre schickte, in der Voltaire angegriffen wurde, wies er den Schreiber zurecht: «Voltaire», sagte er ihm, «ist zweifellos ein schlechter Mensch, den ich nicht zu loben gedenke; doch er hat so viele gute Dinge gesagt und getan, daß wir den Vorhang über seine Fehler fallen lassen sollten.»[58]

War er frei von dem Gedanken an die «Verschwörung», die er um sich sah, konnte er mit ebensoviel Klarheit wie zuvor, dabei überraschend konservativ schreiben. Wir haben gesehen, wie der polnische Reichstag von 1769 ihn um seine Vorschläge für eine neue Verfassung bat. Er begann seine *Considérations sur le Gouvernement de la Pologne* im Oktober 1771 und beendete sie im April 1772. Unser erster Eindruck ist der, daß seine Vorschläge alle Grundsätze verletzen, für die er so leidenschaftlich gekämpft

464   DER ZUSAMMENBRUCH DES FEUDALEN FRANKREICH

hatte. Wenn wir sie, älter geworden, lesen, stellen wir mit Genugtuung fest, daß auch Rousseau, damals sechzig, altern und, wie der Gealterte es ausgedrückt hätte, reifen konnte. Der gleiche Mann, der ausgerufen hatte: «Der Mensch ist frei geboren, und überall schmachtet er in Ketten», warnte jetzt die Polen, deren «freies Veto» sie zur Anarchie verurteilt hatte, daß Freiheit sowohl eine Prüfung als auch eine Ordnung sei und eine weitaus strengere Selbstdisziplin erfordert als Gehorsam gegenüber Befehlen von außen.

«Die Freiheit ist eine kräftige Nahrung, doch sie erfordert eine gesunde Verdauung ... Ich lache über jene erniedrigten Menschen, die sich auf das Wort eines Intriganten hin zum Aufstand erheben; die es wagen, von Freiheit zu sprechen, ohne auch nur im geringsten zu ahnen, was sie bedeutet – und die ... sich einbilden, daß es, um frei zu sein, genügt, ein Rebell zu sein. Hochherzige und heilige Freiheit! Wenn diese armen Menschen dich nur kennen würden; wenn sie nur lernen könnten, welches der Preis ist, um den du gewonnen und bewahrt wirst; wenn man ihnen nur beibringen könnte, wieviel härter deine Gesetze sind als das harte Joch des Tyrannen!» [59]

Das Leben und Montesquieu hatten Rousseau gelehrt, daß Erörterungen wie sein *Contrat social* Flüge im luftleeren Raum waren, abstrakte Theorien ohne Zusammenhang mit der Realität. Alle Staaten sind, gab er jetzt zu, in der Geschichte und den besonderen Umständen ihrer Existenz verwurzelt; sie sterben, wenn ihre Wurzeln willkürlich abgeschnitten werden. Aus diesem Grunde riet er den Polen, in ihrer Verfassung keine plötzlichen Veränderungen vorzunehmen. Sie sollten ihre Wahlmonarchie beibehalten, jedoch ihr *Liberum veto* einschränken; sie sollten den Katholizismus als Staatsreligion beibehalten, jedoch ein von der Kirche unabhängiges Erziehungssystem entwickeln[60]. Polen erschien ihm in seinen damaligen Verkehrs- und Transportverhältnissen zu groß, um von einem Zentrum aus regiert zu werden; besser sei die Einteilung in drei Staaten, die in einem Bund mit gemeinsamer Außenpolitik zusammengeschlossen waren. Er, der einst das Privateigentum als die Quelle allen Übels gebrandmarkt hatte, sanktionierte jetzt den polnischen Feudalismus; er schlug vor, alles Land zu besteuern, die derzeitigen Eigentumsrechte jedoch intakt zu lassen. Er hoffte, daß die Leibeigenschaft eines Tages abgeschafft werde, doch er befürwortete ihr baldiges Ende nicht, das, so glaubte er, warten sollte, bis der Leibeigene mehr Erziehung erhalten hatte. Alles, behauptete er, hänge von der Verbreitung der Bildung ab; die Freiheit schneller zu fördern als die Intelligenz und den moralischen Charakter wäre ein «Sesam, öffne dich!» für Chaos und Teilung.

Die Teilung wurde durchgeführt, bevor Rousseau seine Abhandlung beenden konnte; wie in Korsika, nahm die Realpolitik Polens keine Notiz von seiner philosophischen Gesetzgebung. Diese doppelte Enttäuschung trug dazu bei, seine letzten Jahre zu verbittern, und vertiefte seine Verachtung für die *philosophes,* die jene Herrscher – Friedrich II., Katharina II. und Joseph II. –, die jetzt Polen zerstückelten, als aufgeklärte Despoten und Philosophenkönige gepriesen hatten.

1772 unternahm er einen neuen Versuch, seinen Feinden unter dem Titel *Dialogues: Rousseau Juge de Jean-Jacques* zu antworten. Er arbeitete an diesem fünfhundertvierzig Seiten starken Buch mit Unterbrechungen vier Jahre lang, in deren Verlauf sich sein

DIE PHILOSOPHEN UND DER TOD 465

Gemüt immer mehr verdüsterte. Im Vorwort bat er den Leser, alle drei Dialoge gründlich zu lesen. «Bedenken Sie, daß diese Gunst, um die Sie ein mit Kummer beladenes Herz bittet, eine Schuld der Gerechtigkeit ist, die Ihnen der Himmel auferlegt.»[61] Er gab die «Weitschweifigkeit, die Wiederholungen, den Wortschwall und die Unordnung dieser Schrift» zu[62]; doch während der vergangenen fünfzehn Jahre (erklärte er) habe eine Verschwörung bestanden, ihn zu diffamieren, und er müsse sich entlasten, bevor er sterbe. Er leugnete jeden Widerspruch zwischen dem Individualismus der *Discours* und dem Kollektivismus des *Contrat social;* er erinnerte seine Leser daran, daß er nie die Absicht hatte, die Wissenschaften und die Künste zu zerstören und zur Barbarei zurückzukehren. Er bezeichnete seine Werke – besonders *Julie und Emile* – als reich an Tugend und Zärtlichkeit und fragte, wie solche Bücher von einem kranken Wüstling hätten geschrieben werden können, als den ihn seine Verleumder geschildert hatten[63]. Seine Feinde beschuldigte er, ihn *in effigie* zu verbrennen und zu verhöhnen, indem sie ihn besangen[64]. Selbst jetzt, beklagte er sich, überwachten sie alle seine Besucher und hetzten seine Nachbarn auf, ihn zu beleidigen[65]. Er wiederholte die Geschichte seiner Geburt, seiner Familie und seiner Jugend und schilderte die Sanftmut und Integrität seines Charakters, bekannte sich jedoch zur Trägheit, zu «einem Hang zur Träumerei»[66] und einer Neigung, auf seinen einsamen Spaziergängen eine imaginäre Welt zu schaffen, in der er für den Augenblick glücklich sein konnte. Er tröstete sich mit der Prophezeiung: «Ein Tag wird kommen, dessen bin ich sicher, da gute und ehrbare Menschen mein Andenken segnen und über mein Schicksal weinen werden.»[67]

Dem Schlußdialog fügte er ein Kapitel an mit dem Titel «Die Geschichte dieses Werkes». Er erklärte, er sei, um Paris und Versailles auf sein Buch aufmerksam zu machen, entschlossen, eine Abschrift des Manuskripts, für die Vorsehung bestimmt, auf dem Hochaltar der Kathedrale von Notre-Dame zu deponieren. Dies versuchte er am 24. Februar 1776 zu tun. Da der Zugang zum Allerheiligsten durch ein Gitter versperrt war, probierte er es an den Seiteneingängen; als er auch diese verschlossen fand, verlor er die Nerven, rannte aus der Kirche und wanderte stundenlang halb wahnsinnig durch die Straßen, bevor er sein Zimmer erreichte[68]. Er verfaßte eine Bittschrift an das französische Volk mit dem Titel «An alle Franzosen, die noch Gerechtigkeit und Wahrheit lieben», vervielfältigte sie auf Handzettel und verteilte diese in den Straßen an Passanten, von denen mehrere die Annahme verweigerten, weil sie nicht an sie adressiert seien[69]. Er gab seine Bemühungen auf und gestand sich seine Niederlage ein.

Nun, da er sich mit seinem Schicksal abgefunden hatte, legte sich seine Erregung. Er schrieb in dieser Zeit (1777/78) sein schönstes Buch, *Rêveries d'un Promeneur solitaire* (Träumereien eines einsamen Spaziergängers). Er schilderte, wie die Leute von Môtiers ihn abgelehnt und sein Haus mit Steinen beworfen hatten und wie er sich auf die St.-Peters-Insel im Bielersee zurückgezogen hatte. Dort hatte er das Glück gefunden; und nun beschreibt er, auf dieses Refugium zurückblickend, das ruhige Wasser, die in den See mündenden Flüsse, die mit Grün bedeckte Insel und den vielgestaltigen Himmel. Er schlug einen neuen romantischen Ton an, indem er darauf hinwies, daß

466 DER ZUSAMMENBRUCH DES FEUDALEN FRANKREICH

der meditative Geist in der Natur immer etwas findet, was seiner Stimmung entspricht. Wenn wir diese Seiten lesen, fragen wir uns, wie ein halb wahnsinniger Mann so gut, so klar, manchmal so heiter schreiben konnte. Aber dann kehren die alten Klagen wieder, und Rousseau betrauert von neuem, daß er seine Kinder verstoßen, daß er nicht den einfachen Mut besessen hatte, eine Familie zu gründen. Er sah ein spielendes Kind; er kehrte in sein Zimmer zurück und «weinte und sühnte»[70].

In diesen letzten Jahren in Paris beneidete er die einfachen Menschen seiner Umgebung um den religiösen Glauben, der sie in ein Drama von Tod und Auferstehung emporhob. Manchmal wohnte er katholischen Gottesdiensten bei. Er besuchte mit Bernardin de Saint-Pierre eine Einsiedelei und hörte die Mönche eine Litanei rezitieren. «Oh, wie glücklich der Mann, der glauben kann.»[71] Er konnte nicht glauben[72], doch er versuchte, sich wie ein Christ zu betragen, gab Almosen, besuchte und tröstete die Kranken[73]. Er las *De Imitatione Christi* (Nachfolge Christi) des Thomas von Kempen und versah den Text mit Anmerkungen.

Seine Bitterkeit ließ nach, als er sich dem Tode näherte. Als Voltaire nach Paris kam und mit Ehren überhäuft wurde, war Rousseau eifersüchtig, sagte jedoch nur Gutes über seinen alten Feind. Er wies einen Bekannten zurecht, der die Krönung Voltaires im Théâtre-Français bespöttelt hatte. «Wie können Sie es wagen, sich über die Ehren lustig zu machen, die Voltaire in dem Tempel, dessen Gott er ist, erwiesen wurden, und zwar von den Priestern, die fünfzig Jahre lang von seinen Meisterstücken gelebt haben.»[74] Als er hörte, daß Voltaire im Sterben lag, prophezeite er: «Unsere Leben waren miteinander verbunden, ich werde ihn nicht lange überleben.»[75]

Als der Frühling des Jahres 1778 anbrach, äußerte er die Bitte, jemand möge ihm ein Heim auf dem Lande anbieten. Marquis René von Girardin lud ihn ein, ein Landhaus in der Nähe seines Schlosses in Ermenonville, etwa fünfzig Kilometer von Paris entfernt, zu beziehen. Jean-Jacques und Thérèse zogen am 20. Mai ein. Hier sammelte er botanische Proben und unterrichtete den zehn Jahre alten Sohn des Marquis noch in Botanik. Am 1. Juli speiste er mit gutem Appetit mit der Familie seines Gastgebers. Am nächsten Morgen erlitt er einen Schlaganfall und stürzte zu Boden. Thérèse hob ihn auf sein Bett, doch er fiel herunter und schlug mit dem Kopf so hart auf dem Fliesenfußboden auf, daß er sich eine stark blutende Wunde zuzog. Thérèse rief um Hilfe; der Marquis kam und fand Rousseau tot vor.

Unwahrheiten verfolgten ihn bis zum Ende. Grimm und andere verbreiteten das Gerücht, Rousseau habe Selbstmord begangen; Madame de Staël fügte später hinzu, er habe sich aus Kummer umgebracht, als er die Untreue Thérèses entdeckte. Dies war eine besonders grausame Geschichte, denn Thérèses Äußerung, die sie kurz nach seinem Tode machte, enthüllte ihre Liebe zu ihm: «Wenn mein Gatte kein Heiliger war, wer konnte einer sein?» Ein anderes Gerücht besagte, Rousseau sei im Wahnsinn gestorben; alle, die in diesen letzten Tagen bei ihm waren, bezeugten, er sei heiter gewesen.

Am 4. Juli 1778 wurde er auf einer Weideninsel in einem kleinen See auf der Besitzung Girardins beerdigt. Lange Zeit war diese Ile des Peupliers das Ziel frommer

DIE PHILOSOPHEN UND DER TOD 467

Pilger; die ganze vornehme Welt, sogar die Königin, zog hinaus, um am Grabe Rousseaus ihre Andacht zu verrichten. Am 11. Oktober 1794 wurden seine sterblichen Überreste in das Panthéon überführt und neben denen Voltaires beigesetzt. Aus diesem Hafen nachbarlichen Friedens erhoben sich ihre Geister, um ihren Kampf um die Seele der Revolution, Frankreichs und des abendländischen Menschen wieder aufzunehmen.

2. Rousseaus Einfluß

So enden wir, wie wir begannen, mit der Betrachtung der unglaublichen, heute nicht mehr bestrittenen Wirkung, die Rousseau auf die Literatur, Pädagogik, Philosophie, Religion, Moral, Kunst und Politik des Jahrhunderts ausgeübt hat, das mit seinem Tode begann. Heute erscheint vieles von dem, was er schrieb, übertrieben, sentimental oder absurd; nur die *Bekenntnisse* und die *Träumereien* vermögen uns heute noch anzusprechen, doch bis gestern fand jedes seiner Worte auf dem einen oder anderen Gebiet des europäischen oder amerikanischen Denkens ein Echo. «Rousseau», sagte Madame de Staël, «erfand nichts, aber er setzte alles in Brand.» [76]

Vor allem gehörte er zu den Vätern der romantischen Bewegung. Wir haben viele andere ihren Samen ausstreuen sehen: Thomson, Collins, Gray, Richardson, Prévost und das Christentum selbst, dessen Theologie und Kunst die wunderbarste aller romantischen Schöpfungen sind. Rousseau brachte den Samen im Treibhaus seiner Gefühle zur Reife und brachte den Sprößling, voll erwachsen und fruchtbar von Geburt an, zur Welt in den *Discours*, der *Neuen Héloise*, im *Contrat social*, im *Emile* und in den *Bekenntnissen*.

Doch was sollen wir unter romantischer Bewegung verstehen? Die Rebellion des Gefühls gegen die Vernunft, des Instinkts gegen den Intellekt, des Empfindens gegen den Verstand, des Subjekts gegen das Objekt, des Subjektivismus gegen die Objektivität, der Einsamkeit gegen die Gesellschaft, der Phantasie gegen die Wirklichkeit, des Mythos und der Sage gegen die Geschichte, der Religion gegen die Wissenschaft, der Mystik gegen das Ritual, der Dichtung und der dichterischen Prosa gegen die Prosa und die Prosaliteratur, der neugotischen gegen die klassizistische Kunst, des Weiblichen gegen das Männliche, der romantischen Liebe gegen die Verstandesheirat, der «Natur» und des «Natürlichen» gegen Kultur und Kunstfertigkeit, des emotionalen Ausdrucks gegen konventionelle Beschränkungen, der individuellen Freiheit gegen soziale Ordnung, der Jugend gegen Autorität, der Demokratie gegen Aristokratie, des Menschen gegen den Staat – kurz, die Revolte des 19. Jahrhunderts gegen das 18. oder, genauer, der Epoche zwischen 1760 und 1859 gegen jene zwischen 1648 und 1760. Dies alles sind Wellen der großen romantischen Flut, die Europa zwischen Rousseau und Darwin überschwemmte.

Jetzt fand fast jedes dieser Elemente Stimme und Bestätigung in Rousseau und Rückhalt in den Bedürfnissen und im Geist der Zeit. Frankreich war der klassischen Vernunft und der aristokratischen Zurückhaltung müde geworden. Rousseaus Verherr-

468   DER ZUSAMMENBRUCH DES FEUDALEN FRANKREICH

lichung des Gefühls versprach Befreiung der unterdrückten Instinkte, der verdrängten Gefühle, der vergewaltigten Individuen und Klassen. Die *Bekenntnisse* wurden die Bibel des Zeitalters des Gefühls, wie die *Enzyklopädie* das Neue Testament des Zeitalters der Vernunft gewesen war. Nicht daß Rousseau die Vernunft verneinte; im Gegenteil, er nannte sie ein göttliches Gift und akzeptierte sie als letzten Richter[77], aber (so glaubte er) ihr kaltes Licht braucht die Wärme des Herzens, um zur Tat, zur Größe und zur Tugend anzufeuern. «Empfindsamkeit» wurde die Losung für Frauen und Männer. Die Frauen lernten schneller in Ohnmacht zu fallen, die Männer schneller zu weinen als vorher. Sie schwankten zwischen Freude und Kummer und vermischten beide in ihren Tränen. —

Die Rousseausche Revolution begann bei der Mutterbrust, die jetzt vom Korsett befreit werden sollte; dieses Gefecht der Revolution erwies sich als das schwierigste von allen und wurde erst nach mehr als einem Jahrhundert abwechselnder Einkerkerung und Freilassung gewonnen. Nach dem *Emile* stillten französische Mütter ihre Säuglinge offen, sogar in der Oper zwischen Arien[78]. Das Kind wurde von den Windeln befreit und von den Eltern selbst aufgezogen. Wenn es zur Schule ging, genoß es – in der Schweiz mehr als in Frankreich – eine Erziehung à la Rousseau. Da der Mensch nun als von Natur gut betrachtet wurde, sah man in dem Schüler nicht einen Kobold des Bösen, sondern einen Engel, dessen Wünsche die Stimme Gottes waren. Seine Sinne wurden nicht mehr als die Instrumente des Satans verdammt, sondern als Türen zu erleuchtenden Erfahrungen und tausend schuldlosen Wonnen akzeptiert. Die Schulzimmer sollten nicht länger Gefängnisse sein, die Erziehung sollte natürlich und angenehm gestaltet werden durch die Entfaltung und Ermutigung der angeborenen Neugierde und Betätigungslust. Das Vollstopfen des Gedächtnisses mit Fakten und das Ersticken des Verstandes durch Dogmen sollten ersetzt werden durch Ausbildung in den Künsten des Wahrnehmens, Rechnens und Urteilens. Soweit wie möglich sollten die Kinder nicht aus Büchern lernen, sondern von den Dingen, von Pflanzen auf dem Feld, Steinen im Boden, Wolken und Sternen am Himmel. Die Begeisterung für Rousseaus Erziehungsideen inspirierte Pestalozzi und Lavater in der Schweiz, Basedow in Deutschland, Maria Montessori in Italien und John Dewey in Amerika; die «progressive Erziehung» ist ein Teil von Rousseaus Vermächtnis.

Ein Hauch der Begeisterung für Rousseau erreichte die Kunst. Die Verklärung des Kindes beeinflußte Greuze und Madame Vigée-Lebrun; die Gemälde der Präraffaeliten in England spiegelten den Kult der Leidenschaft und des Mysteriums wider. Tiefer war die Wirkung auf Moral und Sitten. Die Freundschaft gewann an Wärme und Treue in gegenseitiger Opferbereitschaft und Fürsorge. Die romantische Liebe eroberte die Literatur und das Leben. Ehemänner konnten jetzt ihre Frauen lieben, ohne die Konventionen zu verachten; Eltern konnten ihre Kinder lieben, die Familie war wiederhergestellt. «Die Menschen hatten über den Ehebruch gelächelt; Rousseau wagte es, ihn zu einem Verbrechen zu machen.»[79] Es gab ihn weiter, doch er war nicht mehr *de rigueur* (unerläßlich). Die Vergötterung der Kurtisane wurde ersetzt durch Mitleid mit der Prostituierten. Verachtung der Konvention widersetzte sich der Tyrannei

DIE PHILOSOPHEN UND DER TOD 469

der Etikette. Bürgerliche Tugenden kamen zu Ansehen: Fleiß, Sparsamkeit, Einfachheit in Benehmen und Kleidung. Bald verlängerten die Franzosen ihre *culottes* zu *pantalons* und wurden so *sansculottes* sowohl in der Mode als auch in der Politik. Rousseau teilt sich mit der englischen Gartenkultur in das Verdienst, aus den französischen Gärten die starke Regelmäßigkeit der Renaissance verbannt und sie durch romantische Kurven und überraschende Krümmungen und manchmal durch wilden und «natürlichen» Wirrwarr ersetzt zu haben. Männer und Frauen verließen die Stadt und gingen aufs Land und vermählten die Stimmen der Natur mit ihren eigenen. Die Männer erkletterten Berge, sie suchten die Einsamkeit und kultivierten ihr Ego.

Die Literatur ergab sich fast vollständig Rousseau und der romantischen Welle. Goethe badete seinen Werther in Liebe, Natur und Tränen (1774) und ließ Faust den halben Rousseau in den drei Worten «Gefühl ist alles» zusammenfassen. «Emile ... und jene Gesinnungen», erinnerte er sich 1787, «fruchteten um so mehr bei ihm, als sie über die ganze gebildete Welt allgemeine Wirkung ausübten.» [80] Schiller dramatisierte die Revolte gegen das Gesetz in den *Räubern* (1781); er begrüßte Rousseau als einen Befreier und Märtyrer und verglich ihn mit Sokrates [81]. Herder rief in einem ähnlichen Stadium der Entwicklung aus: «Komm, Rousseau, und sei mein Führer.» [82] Die Beredsamkeit Rousseaus half, die französische Poesie und das französische Drama von den Regeln Boileaus, der Tradition Corneilles und Racines und der Strenge des klassischen Stils zu befreien. Bernardin de Saint-Pierre, ein eifriger Schüler Rousseaus, schuf einen romantischen Klassiker in *Paul et Virginie* (1784). Nach dem Napoleonischen Zwischenspiel triumphierte der literarische Einfluß von Jean-Jacques in Chateaubriand, Lamartine, Musset, Vigny, Hugo, Gautier, Michelet und George Sand. Er nährte eine Brut von Lebensbeichten, Träumereien und Romanen des Gefühls und der Leidenschaft; er half, das Genie zu verabsolutieren und über das Gesetz zu stellen, es zum Sieger über Tradition und Zucht zu machen; in Italien inspirierte er Leopardi, in Rußland Puschkin und Tolstoi, in England Wordsworth, Southey, Coleridge, Byron, Shelley und Keats, in Amerika Hawthorne und Thoreau.

Die halbe Philosophie des Jahrhunderts zwischen *La Nouvelle Héloise* (1761) und Darwins *Origin of Species* (Ursprung der Arten; 1859) ist geprägt vom Geist der Revolte Rousseaus gegen den Rationalismus der Aufklärung. In einem Brief des Jahres 1751 an Bordes hatte Rousseau bereits seiner Verachtung für die Philosophie Ausdruck verliehen [83]. Er begründete diese Verachtung mit der von ihm empfundenen Unfähigkeit der Vernunft, den Menschen die Tugend zu lehren. Die Vernunft schien keinen Moralsinn zu haben; sie wird sich bemühen, jedes Begehren zu verteidigen, wie verdorben es auch sei. Etwas anderes ist nötig – ein angeborenes Bewußtsein von Recht und Unrecht, und selbst dieses Bewußtsein bedarf der Wärme des Gefühls, wenn es Tugend erzeugen und nicht gerissene Rechner, sondern gute Menschen aus uns machen sollte.

Dies hatte zwar Pascal schon einmal gesagt, aber Pascal war von Voltaire abgelehnt worden, und in Deutschland war der «Rationalismus» Wolffs an den Universitäten auf dem Vormarsch. Als Immanuel Kant Professor in Königsberg wurde, war er bereits

470   DER ZUSAMMENBRUCH DES FEUDALEN FRANKREICH

von Hume und den *philosophes* überzeugt worden, daß Vernunft allein keine adäquate
Waffe zur Verteidigung der Grundprinzipien der christlichen Theologie liefern konnte.
In Rousseau fand er ein Mittel, diese Grundprinzipien zu retten: Leugnung der Gül-
tigkeit der Vernunft in der übersinnlichen Welt, Bekenntnis zur Unabhängigkeit des
Verstandes, zum Primat des Willens und zur Absolutheit des angeborenen Gewissens,
sowie zur Ableitung der Freiheit des Willens, der Unsterblichkeit der Seele und der
Existenz Gottes aus dem uns angeborenen Gefühl, daß wir dem Moralgesetz gegenüber
zu bedingungslosem Gehorsam verpflichtet sind. Kant wußte und anerkannte, was er
Rousseau verdankte, hängte ein Bild von ihm an die Wand seines Arbeitszimmers und
erklärte ihn zum Newton der moralischen Welt[84]. Andere Deutsche wurden von
Rousseaus Geist inspiriert: Jacobi in seiner Gefühlsphilosophie, Schleiermacher in
seinem versponnenen Mystizismus, Schopenhauer in seiner Verherrlichung des Willens. Die Geschichte der Philosophie seit Kant war ein Streit zwischen Rousseau und
Voltaire.

Die Religion begann damit, daß sie Rousseau in den Bann tat, um ihn dann als ihren
Retter zu benutzen. Die protestantischen Führer folgten dem Beispiel der Katholiken
und erklärten ihn zum Ungläubigen; er wurde mit Voltaire und Bayle als «Verbreiter
des Giftes von Irrtum und Gottlosigkeit» gebrandmarkt[85]. Doch selbst zu seinen Lebzeiten gab es Laien und Geistliche, die mit Genugtuung vernahmen, daß der Savoy-
ische Vikar die Grundwahrheiten des Christentums anerkannt und Zweiflern geraten
hatte, zu ihrem angeborenen Glauben zurückzukehren. Auf seiner Flucht aus der
Schweiz im Jahre 1765 wurde Rousseau vom Bischof von Straßburg willkommen geheißen. Nach seiner Rückkehr aus England erlaubte er, daß einige französische Katholiken ihn dankbar als Zeugen gegen Ungläubige zitierten und sich Hoffnung auf seine
Bekehrung machten.

Die Theoretiker der Französischen Revolution versuchten, eine von religiösen
Glaubensvorstellungen unabhängige Moral zu begründen; Robespierre gab unter dem
Einfluß Rousseaus diesen Versuch als gescheitert auf und bemühte religiöse Ideen zur
Aufrechterhaltung der moralischen Ordnung und der sozialen Zufriedenheit. Er warf
den *philosophes* vor, sie setzten Gott ab, beließen jedoch die Könige auf ihrem Thron;
Rousseau (sagte Robespierre) sei über diese Feiglinge hinausgewachsen, habe alle Kö-
nige angegriffen und seine Stimme zur Verteidigung Gottes und der Unsterblichkeit
erhoben[86].

1793 kam der Streit um die Vermächtnisse Voltaires und Rousseaus zur Entscheidung in dem Kampf zwischen Jacques-René Hébert und Maximilien Robespierre.
Hébert, ein Führer der Pariser Kommune, folgte dem Voltaireschen Rationalismus,
rief zur Schändung der Kirchen auf und proklamierte die öffentliche Anbetung der
Göttin der Vernunft (1793). Robespierre hatte Rousseau während des letzten Aufenthalts des Philosophen in Paris gesehen. Er fand für Jean-Jacques die Worte: «Göttlicher Mann! ... Ich sah deine erhabenen Züge ... Ich verstand den ganzen Kummer
eines edlen, der Verehrung der Wahrheit gewidmeten Lebens.»[87] Als Robespierre an
die Macht kam, überredete er den Nationalkonvent, das Glaubensbekenntnis des

DIE PHILOSOPHEN UND DER TOD

Savoyischen Vikars als offizielle Religion der französischen Nation zu übernehmen, und im Mai 1794 eröffnete er zum Andenken an Rousseau die Feier zu Ehren des Höchsten Wesens. Als er Hébert und andere wegen Atheismus auf die Guillotine schickte, tat er es in der Überzeugung, Rousseaus Ratschläge wörtlich zu befolgen.

Der Agnostiker Napoleon war mit Robespierre einer Meinung über die Notwendigkeit der Religion und versöhnte die französische Regierung wieder mit Gott (1802). Die katholische Kirche wurde im Verlauf der Restauration unter den Bourbonen wieder in ihre vollen Rechte eingesetzt (1814); sie gewann Chateaubriand, de Maistre, Lamartine und Lamennais für sich. Doch jetzt stützte sich der alte Glaube mehr auf die Rechte des Gefühls als auf die Argumente der Theologie; er bekämpfte Voltaire und Diderot mit Pascal und Rousseau. Das Christentum, das 1760 im Sterben zu liegen schien, blühte wieder im Viktorianischen England und im Frankreich der Restauration.

Das erste Zeichen seines politischen Einflusses war die Welle öffentlicher Sympathie, die eine aktive französische Hilfe für die amerikanische Revolution unterstützte. Jefferson leitete die Unabhängigkeitserklärung sowohl von Rousseau als auch von Locke und Montesquieu ab.

Als Botschafter in Frankreich (1785–1789) nahm er viel sowohl von Voltaire als auch von Rousseau auf. Jean-Jacques sprach aus ihm, als er behauptete, daß die nordamerikanischen Indianer «in ihrer Masse einen unvergleichlich größeren Grad an Glück genießen als diejenigen, die unter europäischen Regierungen leben»[88]. Der Erfolg der amerikanischen Revolution steigerte das Ansehen der politischen Philosophie Rousseaus.

Nach Madame de Staël schrieb Napoleon die Französische Revolution mehr Rousseau als irgendeinem anderen Schriftsteller zu[89]. Edmund Burke sagte über die französische revolutionäre Konstituierende Versammlung (1789–1791):

«Es gibt unter ihren Führern einen heftigen Streit, wer von ihnen am meisten Ähnlichkeit mit Rousseau habe. In Wahrheit gleichen sie ihm alle ... Ihn studieren sie, über ihn meditieren sie, auf die Beschäftigung mit ihm verwenden sie die gesamte Zeit, die sie von der Mühsal des Tages und den Ausschweifungen der Nacht ersparen können. Rousseau ist ihr Kanon der Heiligen Schrift ... Ihm errichten sie ihre erste Statue.»[90]

Mallet Dupan erinnerte sich 1799:

«In den mittleren und unteren Klassen hatte Rousseau hundertmal mehr Leser als Voltaire. Er allein hat den Franzosen die Lehre von der Souveränität des Volkes und ihren äußersten Konsequenzen eingeimpft ... Es gibt kaum einen Revolutionär, der von seinen anarchistischen Theorien nicht hingerissen worden wäre und nicht vor Sehnsucht gebrannt hätte, sie zu realisieren ... 1788 hörte ich Marat den 'Gesellschaftsvertrag' auf öffentlicher Promenade unter begeistertem Beifall der Menge verlesen und erläutern.»[91]

In ganz Frankreich zitierten die Redner Rousseau, wenn sie die Herrschaft des Volkes verkündeten. Es war teilweise die begeisterte Aufnahme seiner Lehre, welche die Revolution in die Lage versetzte, trotz ihrer Feinde und ihrer Exzesse ein Jahrzehnt lang zu überleben.

472   DER ZUSAMMENBRUCH DES FEUDALEN FRANKREICH

Trotz aller Wechsel von Revolution und Reaktion dauerte Rousseaus Einfluß auf die Politik an. Wegen seiner Widersprüche und wegen der Kraft und der Leidenschaft, mit denen er sie verkündete, diente er Anarchisten und Sozialisten in gleicher Weise als Prophet und Heiliger, denn diese beiden gegensätzlichen Evangelien fanden Nahrung in seiner Verdammung der Reichen und seiner Sympathie für die Armen.

Der Individualismus des ersten *Discours* und seine Ablehnung der «civilisation» inspirierten Rebellen wie Paine, Godwin und Shelley, Tolstoi, Kropotkin und Edward Carpenter. «Mit fünfzehn», sagte Tolstoi, «trug ich anstelle des üblichen Kreuzes ein Medaillon mit dem Bildnis Rousseaus um den Hals.»[92] Der Gleichheitsgedanke des zweiten *Discours* lieferte das Grundthema für alle Spielarten der sozialistischen Theorie von «Gracchus» Babeuf über Charles Fourier und Karl Marx zu Lenin. «Seit einem Jahrhundert», sagte Gustave Lanson, «waren alle Fortschritte der Demokratie, der Gleichheit, des allgemeinen Wahlrechtes ..., alle Forderungen der extremen Parteien, die vielleicht die Welle der Zukunft sein werden, der Krieg gegen Reichtum und Eigentum, alle Erhebungen der arbeitenden und leidenden Massen in einem gewissen Sinne das Werk Rousseaus.»[93] Er hatte sich nicht mit Logik und Argumenten an die Gebildeten und Erhabenen gewandt; er hatte zum Volk insgesamt mit Gefühl und Leidenschaft in einer Sprache gesprochen, die es verstehen konnte, und das Feuer seiner Beredsamkeit erwies sich in der Politik wie in der Literatur als mächtiger denn Voltaires Feder.

III. «MARCHE FUNÈBRE»

Diderot fragte, nachdem er Voltaire 1778 gesehen hatte, einen Freund: «Warum muß er sterben?»[94] Der Trauermarsch der *philosophes,* vom Tode Helvétius' 1771 bis zu dem Morellets 1819, schien ein bitterer Kommentar auf Eitelkeit und Stolz zu sein; doch wir können uns auch fragen, warum einige von diesen Männern so lange lebten und alle Schmerzen und Demütigungen des Greisenalters auf sich nahmen.

Die Glücklicheren unter ihnen starben vor der Revolution, getröstet durch hundert Anzeichen, daß ihre Ideen sich dem Siege näherten. Condillac verschwand 1780, Turgot 1781. D'Alembert überlebte widerwillig den Tod von Mademoiselle de Lespinasse. Sie hatte ihre Papiere seiner Obhut hinterlassen, und aus ihnen ging hervor, daß ihre Liebe während der letzten zwölf Jahre ihres Lebens Mora oder Guibert gegolten hatte, während für ihn nur eine manchmal durch Reizbarkeit getrübte Freundschaft übriggeblieben war. «D'Alembert ist schwer getroffen», sagte Condorcet zu Turgot; «meine ganze Hoffnung für ihn besteht nun darin, daß sein Leben erträglich wird.»[95] Er nahm seine Studien wieder auf, schrieb jedoch nichts mehr von Bedeutung. Er frequentierte einige der Salons, doch seiner einst berühmten Konversation fehlte der Glanz. Er lehnte Friedrichs Einladung nach Potsdam und die Katharinas nach Petersburg ab; an Friedrich schrieb er: «Ich gleiche einem Menschen, der eine weite Wüste vor sich sieht, die er durchqueren muß, und an ihrem Ende den Abgrund der Vernichtung, und der nicht hoffen darf, dort auch nur ein einziges Wesen anzutreffen, das be-

DIE PHILOSOPHEN UND DER TOD

473

trübt wäre, ihn in den Abgrund stürzen zu sehen, oder sich seiner erinnern wird, nachdem er in den Abgrund gefallen ist.»[96]

Er irrte sich; viele erinnerten sich seiner, wenn auch nur diejenigen, denen er regelmäßig einen Teil seines Einkommens schickte. Hume hinterließ d'Alembert in seinem Testament zweihundert Pfund[97], im Vertrauen darauf, daß es sich herumsprechen würde. Trotz verschiedener Pensionen lebte d'Alembert bis zum Schluß einfach. 1783 wurden er und Diderot von schweren Krankheiten befallen – Diderot von Rippenfellentzündung, d'Alembert von einem Blasenleiden. Diderot genas wieder, d'Alembert starb am 29. Oktober 1783, siebenundsechzig Jahre alt.

Diderot war im Oktober 1774 von seinem russischen Abenteuer zurückgekehrt. Die lange Fahrt in einer engen Kutsche hatte ihn geschwächt, doch er sagte richtig voraus, daß er noch «zehn Lebensjahre in seinem Sack» habe[98]. Er arbeitete an einem Plan einer Universität für die Regierung von Rußland (der erst 1813 veröffentlicht wurde); die Entwicklung der Pädagogik um hundertfünfzig Jahre vorwegnehmend, forderte er eine Bevorzugung der Naturwissenschaft und Technik und stellte Griechisch, Latein und Literatur fast an das Ende der Liste, zusammen mit der Philosophie. 1778 begann er einen *Essai sur les Règnes de Claude et de Néron, et sur la Vie et les Ecrits de Sénèque* (Abhandlungen über die Regierungen des Claudius und des Nero und über das Leben und die Schriften Senecas). Er benutzte die Gelegenheit, die siegreichen Amerikaner zu bitten, «das enorme Wachstum und die ungleiche Verteilung des Reichtums und des Luxus zu vermeiden, den Müßiggang und die Korruption der Moral»[99]. Und in dem Abschnitt über Seneca fand er Raum für eine leidenschaftliche Verteidigung Grimms, Madame d'Epinays und seiner eigenen Person gegen die Anschuldigungen, die Rousseau bei öffentlichen Lesungen der *Bekenntnisse* erhoben hatte:

«Wenn durch eine beispiellose Bizarrerie je ein Werk erscheinen sollte, in dem anständige Menschen erbarmungslos in Stücke gerissen werden durch einen gerissenen Verbrecher [*un artificieux scélérat*] ..., merken Sie auf und fragen Sie sich, ob ein schamloser Bursche ..., der tausend Missetaten gebeichtet hat, glaubwürdig sein kann. Was kann Verleumdung einen solchen Menschen kosten – wie kann ein Verbrechen mehr oder weniger die heimliche Verderbtheit eines Lebens vermehren, die länger als fünfzig Jahre hinter der dicksten Maske der Scheinheiligkeit verborgen war? ... Verachten Sie den Undankbaren, der übel spricht über seine Wohltäter; verachten Sie den abscheulichen Menschen, der nicht zögert, seine eigenen Freunde zu verleumden; verachten Sie den Feigling, der auf seinem Grabstein die Enthüllung ihm anvertrauter Geheimnisse hinterläßt ... Was mich betrifft, so schwöre ich, daß meine Augen nie durch die Lektüre dieses Werkes beschmutzt werden; ich beteure, daß ich seine Beschimpfungen seinem Lob vorziehen würde.»[100]

1783 starb Madame d'Epinay. Diderot empfand diesen Verlust schmerzlich, denn ihre Freundschaft und ihr Salon waren ihm teuer gewesen. Grimm und Holbach lebten noch, doch seine Beziehungen zu ihnen waren lau; jeder der drei verfiel dem engen Egoismus des Alters; alles, worüber sie miteinander sprechen konnten, waren ihre Leiden. Bei Diderot waren es Nierenentzündung, Gastritis, Gallensteine und Lungenentzündung; er konnte nicht länger die Treppen von seinem Zimmer im vierten Stock zu seiner Bibliothek im fünften Stock hinaufklettern. Er schätzte sich jetzt glücklich,

474   DER ZUSAMMENBRUCH DES FEUDALEN FRANKREICH

eine Frau zu haben; seine Untreue beschränkte er auf wehmütige Erinnerungen, und sie hatte ihr Vokabular abgenutzt; sie lebten in einem Frieden gegenseitiger Erschöpfung.

1784 wurde er ernsthaft krank. Jean de Tersac, der Pfarrer von Saint-Sulpice, der bei Voltaire gescheitert war, versuchte, sich bei Diderot zu rehabilitieren, und forderte ihn bei einem Besuch auf, in die Kirche zurückzukehren; er warnte ihn, ohne die Sakramente kein Begräbnis auf einem Friedhof zu bekommen. Diderot antwortete: «Ich verstehe Sie, Monsieur le Curé. Sie verweigerten Voltaire das Begräbnis, weil er nicht an die Göttlichkeit des Sohnes glaubte. Nun, wenn ich tot bin, möge man mich beerdigen, wo immer man will, doch ich erkläre, daß ich weder an den Vater noch an den Heiligen Geist noch an irgend jemanden der Familie glaube.»[101]

Als Kaiserin Katharina von seiner Krankheit erfuhr, besorgte sie für ihn und seine Frau eine prächtige Zimmerflucht in der Rue de Richelieu. Um den 8. Juli siedelten sie um. Er lächelte, als er sah, wie die neuen Möbel hereingetragen wurden; er könne sie, sagte er, nur wenige Tage benutzen. Er benutzte sie weniger als zwei Wochen. Am 31. Juli 1784 nahm er eine herzhafte Mahlzeit zu sich, hatte eine Attacke von Koronarthrombose und starb an der Tafel, einundsiebzig Jahre alt. Seine Frau und sein Schwiegersohn überredeten einen lokalen Priester, Diderot trotz seines allgemein bekannten Atheismus kirchlich zu begraben. Die Leiche wurde in der Kirche Saint-Roch beigesetzt, aus der sie, man weiß nicht wann, auf geheimnisvolle Art und Weise verschwand.

Die Prozession ging weiter. Mably starb 1785, Buffon 1788, Holbach 1799. Raynal überlebte, wie wir gesehen haben, die Revolution, brandmarkte ihre Grausamkeiten und starb zu seiner eigenen Überraschung eines natürlichen Todes (1796). Grimm ertrug alle Schicksalsschläge mit germanischer Geduld. 1775 machte Joseph II. ihn zum Baron des Heiligen Römischen Reiches, und 1776 ernannte ihn der Herzog von Sachsen-Gotha zum Botschafter in Frankreich. Seine *Correspondence littéraire* wurde nach 1772 größtenteils von seinem Sekretär Jakob Meister geschrieben; doch Grimm trug scharfe Artikel über Literatur, Kunst, Religion, Moral, Politik und Philosophie dazu bei. Er war der einzige konsequente Skeptiker unter den *philosophes*, denn er zweifelte auch an der Philosophie, der Vernunft und am Fortschritt. Während Diderot und andere der Getreuen die Zukunft mit Augen sahen, in denen sich Utopia spiegelte, bemerkte Grimm, dies sei eine sehr alte Fata Morgana, «eine Illusion, die von Generation zu Generation weitergegeben wird»; daß er 1757 eine drohende, «verhängnisvolle Revolution» voraussagte, haben wir bereits erwähnt[102]. Als die Revolution kam und mörderisch wurde, kehrte er in seine Heimat Deutschland zurück und ließ sich in Gotha nieder (1793). Katharina milderte seine Armut und machte ihn zu ihrem Botschafter in Hamburg (1796). Nach dem Tode seiner kaiserlichen Wohltäterin lebte er bei Emilie de Belsunce, der Enkelin seiner geliebten Madame d'Epinay. Er lebte bis 1807, in der Hauptsache von Erinnerungen an jene erregenden Tage, da der Geist Frankreichs das gesamte Europa nahe an den schwindelerregenden Rand der Freiheit führte.

DIE PHILOSOPHEN UND DER TOD   475

IV. DER LETZTE *PHILOSOPHE*

Jean-Antoine-Nicolas Caritat, Marquis von Condorcet, Nachfahre einer alten Familie in der Dauphiné, wurde in der Picardie geboren (1743), von Jesuiten in Reims und Paris erzogen und dachte viele Jahre nur daran, ein großer Mathematiker zu werden. Im Alter von sechsundzwanzig wurde er in die Académie des sciences gewählt. Später verfaßte er, als ihr ständiger Sekretär, die *Eloges* für verstorbene Mitglieder, wie Fontenelle es für die Académie française getan hatte. Voltaire gefielen diese Gedenkreden so gut, daß er zu Condorcet sagte: «Das Publikum wünscht, es möge jede Woche ein Akademiemitglied sterben, so daß Sie eine Chance hätten, über es zu schreiben.»[103] Er besuchte Voltaire in Ferney (1770), überarbeitete eine Ausgabe von Voltaires Werken für Beaumarchais und schrieb für sie eine glühende *Vie de Voltaire*. D'Alembert überredete ihn, bei der *Enzyklopädie* mitzuarbeiten, und stellte ihn Julie de Lespinasse vor, bei deren Empfängen er trotz seiner Schüchternheit eine Hauptfigur wurde. In Julies Augen stand er nur hinter d'Alembert an Intelligenz zurück und vielleicht über ihm in der Wärme seiner Güte. Er war unter den ersten, die sich der Kampagne gegen die Sklaverei anschlossen (1781). Julie half ihm, sich von seiner hoffnungslosen Liebe zu Mademoiselle d'Ussé zu befreien, einer Kokotte, die seine Zuneigung ausnutzte, sie jedoch nicht erwiderte. Er tröstete sich mit der Freundschaft Jean-Baptiste Suards und dessen Frau und lebte mit ihnen in einem zufriedenen *ménage à trois*.

1785 veröffentlichte er einen *Essai sur l'application de l'analyse aux probabilités* (Über die Anwendung der Analyse auf Wahrscheinlichkeiten). In ihm nahm er die Theorie von Malthus vorweg, daß die Bevölkerungszunahme dazu neigt, schneller voranzuschreiten als die Nahrungsmittelproduktion; als Gegenmaßnahme schlug er Geburtenbeschränkung vor[104].

Er begrüßte die Revolution, als werde durch sie gleichsam eine Tür in eine Zukunft universaler Bildung, Gerechtigkeit und Wohlfahrt aufgestoßen. 1790 wurde er in den Stadtrat gewählt, der die Verwaltung von Paris übernommen hatte. Er wurde in die Gesetzgebende Versammlung gewählt, die Frankreich vom 1. Oktober 1791 bis zum 20. September 1792 regierte. Als Vorsitzender des Komitees für öffentlichen Unterricht verfaßte er einen Bericht, in dem er ein nationales System für die Schulbildung entwarf und befürwortete, das universal, frei, für beide Geschlechter bestimmt und von kirchlichem Einfluß befreit sein sollte[105]. Er legte die Prinzipien des «Wohlfahrtsstaates» dar: «Alle sozialen Institutionen sollen die physische, geistige und intellektuelle Förderung der zahlenmäßig größten und ärmsten Klasse» der Bevölkerung zum Ziel haben[106]. Der Bericht wurde der Versammlung am 21. April 1792 vorgelegt; seine Behandlung wurde wegen der Revolutionskriege verschoben, doch als Napoleon seine Macht gefestigt hatte, machte er Condorcets Bericht zur Grundlage seiner epochemachenden Reorganisation des Erziehungswesens in Frankreich.

Im Nationalkonvent, der die Gesetzgebende Versammlung ersetzte, spielte Con-

476 DER ZUSAMMENBRUCH DES FEUDALEN FRANKREICH

dorcet eine weniger bedeutende Rolle, denn die konservativen Girondisten mißtrauten ihm als einem Republikaner und die radikalen Jakobiner als einem Aristokraten, der versuchte, die Revolution der Führung durch den Mittelstand zu unterstellen[107]. Er stimmte dafür, Ludwig XVI. als des Verrats schuldig zu verurteilen, doch er stimmte gegen seine Hinrichtung. Mit acht anderen in eine Kommission delegiert, die eine neue Verfassung ausarbeiten sollte, unterbreitete er einen Entwurf, der als zu günstig für die Bourgeoisie abgelehnt wurde. Als der von den Jakobinern beherrschte Konvent eine radikalere Verfassung annahm, schrieb Condorcet ein anonymes Pamphlet, in dem er den Bürgern riet, sie nicht anzuerkennen. Am 8. Juli 1793 befahl der Konvent seine Verhaftung.

Neun Monate lang verbarg er sich in einer Pension, die von der Witwe des Malers Claude-Joseph Vernet geführt wurde. Hier schrieb er, um seinen Geist von der Angst vor Verhaftung abzulenken, das kleine Buch, das sowohl eine Gesamtdarstellung der Aufklärung als auch einen Plan für das kommende Utopia darstellte. Das Manuskript trägt den Titel *Prospectus d'un Tableau historique des Progrès de l'Esprit humain* (Ankündigung eines historischen Gemäldes der Fortschritte des menschlichen Geistes)[108]. Er nannte es auch *Esquisse* – eine Skizze; anscheinend hoffte er, eines Tages eine ausführlichere Darstellung seiner Philosophie zu schreiben.

Die Anregung hierzu entnahm er der Vorlesung, in der Turgot, am 11. Dezember 1750, als Seminarist die «Fortschritte des menschlichen Geistes»[109] behandelt hatte. Condorcet teilte die Geschichte in zehn Epochen ein: 1) die Menschen vereinigen sich zu Stämmen; 2) die Hirtenvölker und der Übergang zur Stufe der Ackerbauvölker; 3) Fortschritte der Ackerbauvölker bis zur Erfindung des Alphabets; 4) Fortschritte des menschlichen Geistes in Griechenland bis zur Aufteilung der Wissenschaften im Zeitalter Alexanders des Großen; 5) der Fortschritt der Wissenschaften von ihrer Teilung an bis zu ihrem Niedergang; 6) Niedergang der Aufklärung bis zu ihrer Erneuerung zur Zeit der Kreuzzüge; 7) von den ersten Fortschritten der Wissenschaften nach ihrer Wiederherstellung im Abendland bis zur Erfindung des Buchdrucks; 8) von der Erfindung des Buchdrucks bis zu der Zeit, in der Wissenschaft und Philosophie sich vom Joch der Autorität freimachten; 9) von Descartes bis zur Entstehung der französischen Republik; 10) von den künftigen Fortschritten des menschlichen Geistes[110].

Wie Voltaire hatte Condorcet nicht viel für das Mittelalter übrig; er hielt es für eine Zeit der Beherrschung des europäischen Denkens durch die Kirche, der Hypnotisierung der Massen durch die Magie der Messe und der Wiederbelebung des Polytheismus durch die Heiligenverehrung[111]. Dennoch bewahrte er sich, wiederum wie Voltaire, einen deistischen Glauben an Gott, vertraute darauf, daß der Fortschritt und die Verbreitung des Wissens die Macht der Kirche unterminieren, die Demokratie verbreiten und sogar die Moral verbessern würden; Sünde und Verbrechen waren seiner Meinung nach weitgehend Folgen der Ignoranz[112]. «Sie wird also kommen, die Zeit, da die Sonne hienieden nur noch auf freie Menschen scheint, Menschen, die nichts über sich anerkennen als ihre Vernunft.»[113] Er lobte Voltaire, weil er den Geist be-

DIE PHILOSOPHEN UND DER TOD 477

freit hatte, und Rousseau, weil er die Menschen dazu angespornt hatte, eine gerechtere soziale Ordnung zu schaffen. Er stellte die Gaben des Füllhorns dar, die im 19. und 20. Jahrhundert dank der Bemühungen des 18. fließen würden: allgemeine Erziehung, Freiheit des Denkens und der Meinungsäußerung, Befreiung der Kolonien, Gleichheit vor dem Gesetz und Neuverteilung des Reichtums. Er war sich nicht ganz sicher betreffs des allgemeinen Wahlrechts: Im allgemeinen wünschte er, das Stimmrecht auf die Besitzer von Eigentum zu beschränken, so klein dies auch sein mochte[114]. Manchmal allerdings befürchtete er, daß die Einfalt der Massen eine begüterte Minderheit in die Lage versetzen könnte, sie nach Belieben zu beeinflussen und zu lenken und so eine bürgerliche Oligarchie hinter einer demokratischen Fassade zu schaffen[115]. Doch die Flucht Ludwigs XVI. und Marie-Antoinettes nach Varennes und die Furcht, die Mächte würden versuchen, die autokratische Monarchie in Frankreich wiederherzustellen, veranlaßten ihn, wieder für das allgemeine Wahlrecht, auch für die Frauen, einzutreten[116].

Aus seiner erzwungenen Isolierung heraus sah er in seiner Phantasie eine Zukunft glorreicher Erfüllung. Er prophezeite den Aufstieg des Journalismus und seine Rolle als Bollwerk gegen Regierungstyrannei, die Entwicklung eines Wohlfahrtsstaates durch nationale Versicherungen und Pensionen, die Förderung der Kultur durch die Emanzipation der Frauen, die Verlängerung des menschlichen Lebens durch den Fortschritt der Medizin, die Verbreitung des Föderationsgedankens unter den Staaten, die Verwandlung des Kolonialismus in Hilfe der entwickelten Länder für die unterentwickelten, den Abbau nationaler Vorurteile durch die Verbreitung nationalen Wissens, die Verwendung der statistischen Forschung für eine aufgeklärte Politik und zunehmende Verbindung von Wissenschaft und Regierung[117]. Da jedes Zeitalter sich nach Erreichung der alten neue Ziele setzen würde, könne es kein vorhersehbares Ende des Fortschritts geben. Er behauptete nicht, daß der Mensch je vollkommen sein würde, war jedoch überzeugt, daß er nie aufhören würde, nach Vervollkommnung zu streben, «daß die Natur der Vervollkommnung der menschlichen Fähigkeiten keine Grenze gesetzt hat; daß die Fähigkeit des Menschen zur Vervollkommnung tatsächlich unabsehbar ist; daß die Fortschritte dieser Fähigkeit zur Vervollkommnung, die inskünftig von keiner Macht, die sie aufhalten wollte, mehr abhängig sind, ihre Grenze allein im zeitlichen Bestand des Planeten haben, auf den die Natur uns hat angewiesen sein lassen»[118].

Am Ende des *Prospectus* sah Condorcet sich dem Problem gegenüber, das Malthus vier Jahre später in *An Essay on the Principle of Population* (Eine Abhandlung über das Prinzip der Bevölkerung; 1798) stellen sollte:

«Muß dann nicht einmal ein Zeitpunkt kommen, wo diese gleich notwendigen Gesetze in Widerstreit geraten; wo die Vermehrung der Menschen die Zahl ihrer Hilfsmittel übersteigt, woraus mit Notwendigkeit wenn nicht eine dauernde Abnahme der Wohlfahrt und der Bevölkerung und ein ernster Rückschritt, so doch wenigstens eine Art von Schwanken zwischen dem Wohl und dem Übel sich ergäbe? Wäre dieses Schwanken der an diesen Punkt gelangten Gesellschaften nicht eine dauernde Ursache gewissermaßen periodisch sich einstellenden Elends? Bezeichnete es nicht die Grenze, über die hinaus jede Verbesserung unmöglich würde, und für die

478 DER ZUSAMMENBRUCH DES FEUDALEN FRANKREICH

Möglichkeit, das Menschengeschlecht zu vervollkommnen, den Endpunkt, an den diese im Laufe unermeßlicher Zeiten käme, ohne ihn je überschreiten zu können? Wer in der Tat würde zu vermuten wagen, was eines Tages aus der Technik geworden ist, die Elemente in Stoffe umzuwandeln, welche unserem Gebrauche dienen? ... Doch selbst angenommen, daß dieser Zeitpunkt einmal eintreten sollte ..., wenn man voraussetzt, daß bis zu dieser Zeit der Fortschritt der Vernunft mit dem in Wissenschaft und Technik Schritt gehalten hat; daß die lächerlichen Vorurteile des Aberglaubens aufgehört haben, der Moral eine Strenge zu verleihen, die sie verdirbt und herabwürdigt, statt sie zu läutern und zu verfeinern, dann werden die Menschen auch wissen, daß, sofern sie gegenüber den Wesen verpflichtet sind, die noch nicht sind, ihre Verpflichtungen nicht darin bestehen, ihnen das Leben zu geben, sondern das Glück.»[119]

Condorcets Optimismus war nicht ganz blind. «So sehen wir doch gleichzeitig, daß die Aufklärung nur erst einen geringen Teil der Erdkugel beherrscht und die Zahl der wirklich Aufgeklärten vor der Masse der Menschen verschwindet, die dem Vorurteil und der Unwissenheit ausgeliefert sind. Wir sehen weite Gebiete unter der Sklaverei aufseufzen ...»[120] Doch der «Menschheitsfreund» dürfe angesichts dieser Schwierigkeiten nicht die Hoffnung verlieren; er denke an die vielen edlen Dinge, die bereits getan worden sind, an die ungeheure Entwicklung des Wissens und der unternehmerischen Tatkraft. Was konnte eine Fortsetzung und Verbreitung dieser Leistungen nicht noch hervorbringen? Und so beendete Condorcet sein Buch mit einer Vision, die ihm Stütze in seiner Not wurde und ihm und Millionen anderen als Ersatz für einen übernatürlichen Glauben diente. Dies sind die letzten und krönenden Worte der Aufklärung:

«Und was für ein Schauspiel bietet dem Philosophen das Bild eines Menschengeschlechts dar, das, von allen Ketten befreit, der Herrschaft des Zufalls und den Feinden des Fortschritts entronnen, sicher und tüchtig auf dem Wege der Wahrheit, der Tugend und des Glücks vorwärtsschreitet; ein Schauspiel, das ihn über die Irrtümer, die Verbrechen, die Ungerechtigkeiten tröstet, welche die Erde noch immer entstellen und denen er selber so oft zum Opfer fällt! In der Betrachtung dieses Bildes findet er den Lohn für seine Mühen um die Fortschritte der Vernunft, die Verteidigung der Freiheit. So findet er den Mut, seine Mühen mit der ewigen Kette der menschlichen Geschicke zu verknüpfen: Die Betrachtung dieses Bildes vergilt ihm wahrhaft für die Tugend, und sie erfüllt ihn mit der Freude, etwas bleibend Gutes bewirkt zu haben, etwas, das kein Verhängnis mehr in unheilvollem Ausgleich zerstören wird, indem es Vorurteil und Sklaverei wiederkehren läßt. Seine Betrachtung ist ihm eine Stätte der Zuflucht, wohin ihn die Erinnerung an seine Verfolger nicht begleiten kann; wo er in Gedanken mit dem Menschen, der in seine Rechte wie in die Würde seiner Natur wieder eingesetzt ist, lebt und wo er den Menschen vergißt, den Habgier, Furcht und Mißgunst quälen oder verderben; dort ist er wahrhaft zusammen mit seinesgleichen in einem Elysium, das seine Vernunft nicht zu erschaffen wußte und das seine Liebe zur Menschheit mit den reinsten Freuden verklärt.»[121]

Dieses Glaubensbekenntnis klang wie der Schrei eines Menschen, der wußte, daß sein Tod nahe war. Weil Condorcet fürchtete, es könne Madame Vernet schaden, wenn entdeckt würde, daß sie ihm Unterkunft bot, deponierte er sein Manuskript bei ihr und verließ gegen ihren Protest verkleidet ihr Haus. Nachdem er mehrere Tage durch die Außenbezirke von Paris gewandert war, bat er in einer Herberge um Essen. Sein Aussehen und die Tatsache, daß er keine Ausweispapiere besaß, erregten Verdacht; er wurde bald als Aristokrat identifiziert, verhaftet und in ein Gefängnis der Stadt

DIE PHILOSOPHEN UND DER TOD 479

Bourg-la-Reine gebracht (7. April 1794). Am nächsten Morgen wurde er tot in seiner Zelle aufgefunden. Sein erster Biograph vertrat die Meinung, Condorcet habe Gift in einem Ring mit sich geführt und es geschluckt, doch der Bericht des Militärarztes, der den Leichnam sezierte, schrieb den Tod Condorcets einem Gerinnsel in einem Blutgefäß zu[122]. Nachdem der Konvent den *Prospectus* ausfindig gemacht und gelesen hatte, ließ er dreitausend Exemplare auf Staatskosten drucken und in ganz Frankreich verteilen.

V. DIE PHILOSOPHEN UND DIE REVOLUTION

Burke, de Tocqueville[123] und Taine[124] stimmten überein in der Auffassung, daß die Philosophen Frankreichs von Bayle bis Mably Hauptfaktoren in der Vorbereitung der Revolution waren. Kann man den Schlußfolgerungen dieser berühmten Konservativen beipflichten?

Alle prominenten Philosophen widersetzten sich einer Revolution gegen die bestehenden Regierungen Europas; im Gegenteil, mehrere von ihnen sahen in den Königen die wirksamsten Instrumente der Reform. Voltaire, Diderot und Grimm unterhielten freundschaftliche, wenn nicht gar von Verehrung bestimmte Beziehungen zu dem einen oder dem anderen der absolutistischen zeitgenössischen Herrscher – Friedrich II., Katharina II., Gustav III. –, und Rousseau schätzte sich glücklich, Joseph II. von Österreich empfangen zu können. Diderot, Helvétius und Holbach erklärten sich gegen Könige im allgemeinen, traten jedoch, soweit überliefert, nie für den Sturz der französischen Monarchie ein[125]. Marmontel und Morellet waren erklärte Gegner der Revolution[126], und Mably, der Sozialist, erklärter Royalist[127]. Turgot, das Idol der *philosophes*, bemühte sich, Ludwig XVI. zu retten. Rousseau vertrat republikanische Ideen, doch nur für kleine Staaten; die Revolution übernahm seine Theorie und ignorierte seine Warnung. Als die Revolutionäre Frankreich zur Republik machten, taten sie es nicht nach den Vorstellungen der französischen Philosophen, sondern nach dem Vorbild der griechischen und römischen Helden Plutarchs; ihr Idol war nicht Ferney, sondern Sparta und das republikanische Rom.

Die Philosophen besorgten die ideologische Vorbereitung der Revolution. Die Ursachen waren wirtschaftlich oder politisch, ihre Formulierung philosophisch; und die Wirkung der Grundursachen wurde durch das Zerstörungswerk der Philosophen erleichtert, die der Veränderung entgegenstehende Hindernisse beseitigten, wie den Glauben an feudale Privilegien, kirchliche Autorität und das göttliche Recht der Könige. Bis 1789 hatten sich alle europäischen Staaten auf die Hilfe der Religion als Verfechterin der Heiligkeit der Regierung, der Weisheit der Tradition, der Unbedingtheit des Gehorsams und der Prinzipien der Moral verlassen; ein Teil der irdischen Macht war im Himmel verwurzelt, und der Staat betrachtete Gott als den Chef seiner Geheimpolizei. Chamfort schrieb, während die Revolution im Gange war: «Die Priesterschaft war das erste Bollwerk der absoluten Macht, und Voltaire stürzte es.»[128] Und Tocqueville schrieb 1856: «Der allgemeine Mißkredit, in den gegen das Ende

480   DER ZUSAMMENBRUCH DES FEUDALEN FRANKREICH

des vergangenen Jahrhunderts aller religiöse Glaube geriet, übte ohne Zweifel den
größten Einfluß auf unsere Religion aus.»[129]

Allmählich ging der Skeptizismus, der die alte Theologie enträtselt hatte, dazu über,
die weltlichen Einrichtungen und Angelegenheiten kritisch zu untersuchen. Die Philosophen geißelten sowohl Armut und Leibeigenschaft als auch Intoleranz und Aberglauben und bemühten sich, die Macht der Feudalherren über die Bauern zu brechen.
Manche Aristokraten verspürten die Macht der gegen sie gerichteten satirischen Angriffe, und viele verloren das Vertrauen in ihre angeborene Überlegenheit und ihre
traditionellen Rechte. Lesen wir nach bei Graf Louis-Philippe de Ségur:

> «Wir kritisierten verächtlich die alten Bräuche, den feudalen Stolz unserer Väter und ihre
> strenge Etikette ... Wir waren bereit, den von geistreichen und kühnen Schriftstellern verkün-
> deten Lehren mit Begeisterung zu folgen. Voltaire reizte unseren Intellekt, und Rousseau rührte
> unsere Herzen. Wir empfanden heimliches Vergnügen zu sehen, wie sie das alte Gerüst zer-
> störten ... Wir genossen gleichzeitig die Vorteile des Patriziats und die Reize einer plebejischen
> Philosophie.»[130]

Zu diesen in ihrem Gewissen beunruhigten Adligen gehörten einflußreiche Persönlichkeiten wie Mirabeau *père* und *fils,* La Rochefoucauld-Liancourt, La Fayette, Vicomte Louis-Marie de Noailles und «Philippe Egalité», der Herzog von Orléans, und
man erinnere sich der materiellen und seelischen Unterstützung Rousseaus durch den
Marschall von Luxemburg und Louis-François de Bourbon, Prinz von Conti. Diese
liberale Minorität, aufgeschreckt durch die Überfälle der Bauern auf die Landsitze der
Feudalherren, veranlaßte die Feudalherren, in der Konstituierenden Versammlung als
Wiedergutmachung auf den größten Teil ihrer Feudalabgaben zu verzichten (4. August
1789). Selbst die königliche Familie war beeinflußt durch die semirepublikanischen
Ideen, welche die Philosophen zu verbreiten geholfen hatten. Der Vater Ludwigs XVI.
lernte viele Stellen aus Montesquieus *Esprit des Lois* auswendig, las Rousseaus *Contrat
social,* den er bis auf die Kritik des Christentums «weitgehend vernünftig» fand. Er
lehrte seine Söhne (drei von ihnen wurden Könige), daß «die Auszeichnungen, deren
Ihr Euch erfreut, Euch nicht von der Natur gegeben wurden, die alle Menschen gleich
geschaffen hat»[131]. Ludwig XVI. erkannte in seinen Edikten das «Naturrecht» und die
«Menschenrechte»[132] an als Gegebenheiten der Natur des Menschen in seiner Eigenschaft als ein rationales Wesen.

Die amerikanische Revolution verlieh den republikanischen Ideen zusätzliches Ansehen. Diese Revolution schöpfte ihre Kraft ebenfalls aus wirtschaftlichen Realitäten,
der Besteuerung und dem Handel, und ihre Unabhängigkeitserklärung verdankte den
englischen Denkern ebensoviel wie den französischen; doch es war bekannt, daß
Washington, Jefferson und Franklin durch die *philosophes* zu freiem Denken erzogen
worden waren. Durch diese amerikanischen Söhne der französischen Aufklärung wurden die republikanischen Theorien allmählich von einer im Kriege siegreichen und
vom französischen König anerkannten Regierung verwirklicht, die daranging, sich eine
weitgehend von Montesquieu inspirierte Verfassung zu geben.

Die Französische Revolution vollzog sich in drei Phasen. In der ersten versuchten

DIE PHILOSOPHEN UND DER TOD 481

die Adligen, durch die *parlements* der Monarchie jene Vorherrschaft wiederabzuringen, die sie an Ludwig XIV. verloren hatten; diese Adligen handelten nicht im Geiste der Philosophen. Im zweiten Stadium gewannen die mittleren Klassen die Führung der Revolution; sie waren tief durchdrungen von den Anschauungen der Philosophen, doch was sie unter «Gleichheit» verstanden, war die Gleichstellung des Bürgers mit dem Aristokraten. In der dritten Phase ergriffen die Führer des Stadtpöbels die Macht. Die Massen blieben fromm, doch ihre Führer hatten den Respekt vor Priestern und Königen verloren; die Massen liebten Ludwig XVI. bis zum Ende, doch die Führer schlugen ihm den Kopf ab. Nach dem 6. Oktober 1789 beherrschten die Jakobiner Paris, und Rousseau war ihr Gott. Am 10. November 1793 feierten die triumphierenden Radikalen in der Kathedrale von Notre-Dame das Fest der Vernunft. In Tours ersetzten die Revolutionäre die Statuen von Heiligen durch neue Figuren, die sie Mably, Rousseau und Voltaire nannten. In Chartres wurde 1795 in der berühmten Kathedrale ein Fest der Vernunft durch ein Drama eröffnet, in dem Voltaire und Rousseau gezeigt wurden, vereinigt in einer Kampagne gegen den Fanatismus [133].

Es kann daher kein Zweifel darüber bestehen, daß die Philosophen die Ideologie und das politische Geschehen der Revolution tief beeinflußten. Sie hatten nicht beabsichtigt, Gewalt, Blutvergießen und die Guillotine zu ihren Bundesgenossen zu machen; sie wären entsetzt zurückgeschaudert vor diesen blutigen Szenen. Mit Recht konnten sie behaupten, daß sie grausam mißverstanden worden waren; doch sie waren insofern verantwortlich, als sie den Einfluß der Religion und der Tradition bei der Unterdrückung der tierischen Instinkte des Menschen unterschätzt hatten. Inzwischen ging unter der Oberfläche dieser lauten Erklärungen und sichtbaren Ereignisse die wirkliche Revolution weiter, als der Mittelstand, die Philosophie als eines unter hundert Instrumenten benutzend, der Aristokratie und dem König die Macht über die Wirtschaft und den Staat entriß.

DRITTES KAPITEL

Das Ende der «Feinen Welt»

[1774–1789]

I. DIE RELIGION UND DIE REVOLUTION

FINANZIELL war die katholische Kirche die gesündeste Institution im Lande. Ihr gehörten etwa sechs Prozent des Bodens und anderer Besitz im Gesamtwert von etwa zwei bis vier Milliarden Livres, und sie hatte jährliche Einkünfte von etwa 120 Millionen Livres[1]. Der auf Bodenerträgen und Viehbestand erhobene Zehnte brachte ihr weitere 123 Millionen Livres ein[2]. Diese Einkünfte waren, in den Augen der Kirche, notwendig zur Ausübung ihrer verschiedenen Funktionen, wie Förderung des Familienlebens, Organisierung der Erziehung (vor 1762), Wahrung der Moral, Stützung der sozialen Ordnung, Ausübung der Wohltätigkeit, Pflege der Kranken, Unterhalt von Klöstern als Zufluchtsstätten für beschauliche oder unpolitische Geister, die dem Tumult der Welt und der Tyrannei des Staates zu entfliehen wünschten, und Einflößung einer wohldosierten Mischung von Furcht, Hoffnung und Resignation in jene Seelen, die durch die natürliche Ungleichheit der Menschen zu Armut, Unglück oder Kummer verdammt waren.

Alle diese Aufgaben mußten durch den Klerus erfüllt werden, der etwa ein halbes Prozent der Bevölkerung ausmachte. Die Zahl der Priester war von 1779 an zurückgegangen, und die Klöster befanden sich in einem bedenklichen Verfall[3]. «Viele Mönche», wird uns berichtet, «begrüßten die neuen Ideen und lasen die Schriften der Philosophen.»[4] Hunderte von Mönchen gaben das klösterliche Leben auf und wurden nicht ersetzt; zwischen 1766 und 1789 sank ihre Zahl von sechsundzwanzig- auf siebzehntausend, in einem Kloster von achtzig auf neunzehn, in einem anderen von fünfzig auf vier[5]. Ein königliches Edikt von 1766 schloß alle Klöster, die weniger als neun Insassen hatten, und erhöhte das Mindestalter für die Ablegung der Gelübde für Männer von sechzehn auf einundzwanzig Jahre, für Frauen auf achtzehn. Die klösterliche Moral war lax. Der Erzbischof von Tours schrieb 1778: «Die grauen Mönche [Franziskaner] in dieser Provinz befinden sich in einem Zustand der Entartung; die Bischöfe beklagen sich über ihre Ausschweifungen und ihr liederliches Leben.»[6] Die Nonnenklöster hingegen hatten einen guten Ruf. 1774 gab es siebenunddreißigtausend Nonnen in den tausendfünfhundert Frauenklöstern Frankreichs[7]; ihre Moral war gut, und sie erfüllten mit Hingabe ihre Aufgaben: Erziehung der Mädchen, Dienst in Krankenhäusern und Gewährung von Asyl für Witwen, alte Jungfern und im Kampf des Lebens zerbrochene Frauen.

Der weltliche Klerus erfreute sich eines gewissen Wohlstandes an den Bischofssitzen; die Priester in den Pfarreien dagegen lebten kärglich. Es gab viele fromme und

DAS ENDE DER «FEINEN WELT» 483

eifrige Bischöfe, aber auch einige irdisch gesinnte und pflichtvergessene. Burke, der Frankreich 1773 besuchte, berichtete zwar von einigen Prälaten, denen man Habsucht vorwarf, doch die große Mehrheit beeindruckte ihn durch ihr Wissen und ihre Lauterkeit[8]. Ein mit der Skandalliteratur vertrauter Historiker kam zu der Schlußfolgerung: «Man kann allgemein sagen, daß die Laster, welche die Geistlichkeit während des 16. Jahrhunderts befallen hatten, im 18. verschwunden waren. Trotz des Zölibats waren die Landpfarrer in der Regel sittenstrenge und tugendhafte Männer.»[9] Diese Pfarrgeistlichen beklagten sich über den Klassenstolz bei den Bischöfen, die alle Adlige waren, über ihre Verpflichtung, den größeren Teil des Kirchenzehnten an den Bischof abzugeben, und ihre sich hieraus ergebende Armut, die sie zwang, sowohl den Boden zu bestellen als auch der Kirche zu dienen. Ludwig XVI. wurde durch ihre Klagen veranlaßt, dafür zu sorgen, daß ihre Gehälter von fünfhundert auf siebenhundert Livres im Jahr erhöht wurden. Als die Revolution kam, unterstützten viele Angehörige des niedrigen Klerus den Dritten Stand. Auch einige Bischöfe waren für politische und wirtschaftliche Reformen, doch die meisten von ihnen blieben erbitterte Gegner jeder Veränderung in Kirche oder Staat[10]. Als die Staatsfinanzen Frankreichs sich dem Bankrott näherten, bot der Reichtum der Kirche einen verführerischen Kontrast, und die Besitzer von Staatsobligationen, die ihr Kapital in Gefahr sahen, begannen in der Enteignung der Kirche das einzige Mittel zur Erhaltung der nationalen Zahlungsfähigkeit zu sehen. Der zunehmende Abfall vom christlichen Glauben stärkte diesen wirtschaftlichen Impuls.

Der religiöse Glaube blühte in den Dörfern, während er in den Städten zurückging; in diesen bewahrten vor allem die Frauen der mittleren und unteren Klassen ihre traditionelle Frömmigkeit. «Meine Mutter war sehr fromm», erinnerte sich Madame Vigée-Lebrun, «und ich war es auch von Herzensgrunde. Täglich gingen wir in die Messe und wohnten dem Gottesdienst bei.»[11] An Sonn- und Feiertagen waren die Kirchen überfüllt[12]. Doch bei den Männern war die Hälfte der führenden Geister in Unglauben verfallen. Beim Adel war ein übermütiger Skeptizismus Mode geworden, sogar unter den Frauen. «Seit zehn Jahren», schrieb Mercier 1783 in seinem *Tableau de Paris*, «geht die feine Welt nicht mehr in die Messe; bloß sonntags geht man dahin, und zwar nur, um bei den Lakaien keinen Anstoß zu erregen, und die Lakaien wissen das ganz gut.»[13] Die obere Mittelklasse folgte dem Beispiel der Aristokratie. In den Schulen «wurden nach 1771 viele Lehrer vom Unglauben angesteckt»[14]; viele Studenten versäumten die Messe und lasen die *philosophes*. 1789 erklärte Pater Bonnefax: «Der größte Skandal und jener, der die schlimmsten Folgen haben wird, ist die fast vollkommene Aufgabe des religiösen Unterrichts in den öffentlichen Schulen.»[15] In einem bestimmten Kolleg glaubten, wie es hieß, «nur drei Dummköpfe» an Gott[16].

Beim Klerus stand der Glaube im umgekehrten Verhältnis zum Einkommen. Die Prälaten «übernahmen die 'utilitarische' Moral der *philosophes* und behielten Jesus nur als zweckmäßige Fassade bei»[17]. Es gab Hunderte von Abbés wie Mably, Condillac, Morellet und Raynal, die selbst *philosophes* waren oder sich zu den allgemeinen Zweifeln bekannten. Es gab Bischöfe wie Talleyrand, die wenig Wert darauf legten, als

484   DER ZUSAMMENBRUCH DES FEUDALEN FRANKREICH

gläubige Christen zu erscheinen, und Erzbischöfe wie Loménie de Brienne, über den Ludwig XVI. Klage führte, daß er nicht an Gott glaube[18]. Ludwig weigerte sich, seinen Sohn von einem Priester unterrichten zu lassen, weil er befürchtete, daß der Knabe dann seinen religiösen Glauben verlöre[19].

Die Kirche forderte wiederholt die Pressezensur. 1770 übermittelten die Bischöfe dem König eine Denkschrift über «die gefährlichen Konsequenzen der Freiheit des Denkens und des Druckens»[20]. Die Regierung hatte unter Ludwig XV. die Gesetze gegen die Einwanderung von Protestanten gelockert; Hunderte von diesen lebten jetzt in Frankreich unter politischen Beschränkungen, in vom Staat nicht anerkannten Ehen und in der täglichen Furcht, die alten Gesetze Ludwigs XIV. könnten jeden Augenblick wieder angewandt werden. Im Juli 1775 ersuchte eine Versammlung des katholischen Klerus den König, protestantische Versammlungen, Ehen, Erziehungseinrichtungen zu verbieten und die Protestanten von allen öffentlichen Ämtern auszuschließen; sie forderte auch die Wiederherabsetzung des Mindestalters für die Ablegung der klösterlichen Gelübde auf sechzehn Jahre[21]. Turgot drängte Ludwig XVI., diese Vorschläge zu ignorieren und die Rechtsunfähigkeiten der Protestanten zu beseitigen; daraufhin schloß sich die Hierarchie seinen Gegnern an. 1781 wurde die zweite Auflage von Raynals *Histoire philosophique et politique des Etablissements et du Commerce des Européens dans les deux Indes* auf Anordnung des *parlements* von Paris verbrannt und der Autor aus Frankreich verbannt. Buffon wurde von der Sorbonne angegriffen, weil er die natürliche Evolution des Lebens lehrte. 1785 forderte der Klerus die lebenslängliche Einkerkerung von Personen, die dreimal wegen Gottlosigkeit verurteilt worden waren[22].

Doch die Kirche, geschwächt durch ein Jahrhundert ununterbrochener Angriffe, konnte die öffentliche Meinung nicht länger beherrschen und sich bei der Durchführung ihrer Dekrete nicht mehr auf den «weltlichen Arm» verlassen. Nachdem Ludwig XVI. sich lange Zeit Gedanken über seinen Krönungseid gemacht hatte, mit dem er versprochen hatte, die Ketzerei auszurotten, gab er dem Druck der liberalen Ideen nach und erließ 1787 ein von Malesherbes vorbereitetes Toleranzedikt: «Unsere Gerechtigkeit erlaubt uns nicht, diejenigen Untertanen, die sich nicht zur katholischen Religion bekennen, länger von den Rechten des Bürgerstandes auszuschließen.»[23] Das Edikt schloß Nichtkatholiken noch immer von öffentlichen Ämtern aus; doch es räumte ihnen alle andern Bürgerrechte ein, ließ sie zu allen Berufen zu, legalisierte ihre früheren und künftigen Ehen und erlaubte ihnen, ihre religiösen Veranstaltungen in Privathäusern abzuhalten. Wir sollten hinzufügen, daß ein katholischer Bischof, Monsignore de La Luzerne, energisch für die Emanzipation der Protestanten und die volle Freiheit des religiösen Glaubens eintrat[24].

Keine Klasse in den großen Städten Frankreichs war bei der gebildeten männlichen Minderheit so unbeliebt wie der katholische Klerus. Die Kirche wurde gehaßt, sagte Tocqueville, «nicht weil die Priester sich anmaßten, die Dinge der *anderen* Welt zu regeln, sondern weil sie Grundeigentümer, Lehnsherren, Zehntherren, Administratoren in *dieser* Welt waren»[25]. Ein Bauer schrieb 1788 an Necker: «Die Armen leiden

DAS ENDE DER «FEINEN WELT» 485

unter Kälte und Hunger, während die Domherren schmausen und an nichts anderes denken, als sich zu mästen wie Schweine, die zu Ostern geschlachtet werden sollen.»[26] Der Mittelstand war empört über die Befreiung des Kirchenbesitzes von der Besteuerung.

Die meisten vorangegangenen Revolutionen hatten sich gegen den Staat oder die Kirche, selten gegen beide gleichzeitig gerichtet. Die Barbaren hatten Rom gestürzt, jedoch die römisch-katholische Kirche akzeptiert. Die Sophisten im alten Griechenland und die Reformer im Europa des 16. Jahrhunderts hatten die offiziellen Staatsreligionen abgelehnt, jedoch die jeweiligen Regierungen respektiert. Die Französische Revolution griff sowohl die Monarchie als auch die Kirche an und übernahm die doppelte Aufgabe, die zugleich ein Risiko war, sowohl die religiösen als auch die weltlichen Stützen der herrschenden sozialen Ordnung zu beseitigen. Ist es da ein Wunder, daß Frankreich für ein Jahrzehnt zum Tollhaus wurde?

II. AM RANDE DES ABGRUNDS

Die Philosophen hatten erkannt, daß sie, nachdem sie die theologischen Fundamente der Moral erschüttert hatten, verpflichtet waren, eine andere Basis, eine andere Glaubenslehre zu finden, welche die Menschen zu einem schicklichen Verhalten als Bürger, Ehemänner, Gattinnen, Eltern und Kinder anhalten würde[27]. Sie waren jedoch keineswegs sicher, daß der Mensch ohne einen übernatürlich sanktionierten Moralkodex beherrscht werden konnte. Voltaire und Rousseau gaben am Ende die moralische Notwendigkeit einer Religion für das Volk zu. Mably warnte 1783 John Adams in seinen *Observations sur le Gouvernement ... des Etats unis d'Amérique* (Bemerkungen über die Regierung ... der Vereinigten Staaten von Amerika), die Gleichgültigkeit in religiösen Dingen, so harmlos sie auch bei aufgeklärten und vernünftigen Individuen sein möge, sei verhängnisvoll für die Moral der Massen. Eine Regierung, meinte er, müsse das Denken dieser «Kinder» überwachen und lenken, so wie Eltern es mit ihren leiblichen Kindern täten[28]. Diderot erwog in seiner zweiten Lebenshälfte, eine Naturethik zu entwerfen, und gab schließlich sein Scheitern zu: «Ich hätte es nicht gewagt, auch nur die erste Zeile zu schreiben ... Ich fühle mich einem solch erhabenen Werke nicht gewachsen.»[29]

Welche Art von Moral herrschte in Frankreich nach vierzig Jahren ständiger Angriffe gegen die übernatürlichen Glaubensvorstellungen? Bei der Beantwortung dieser Frage dürfen wir die erste Hälfte des 18. Jahrhunderts nicht idealisieren. Fontenelle sagte kurz vor seinem Tod im Jahre 1757, er wünschte, er könne noch sechzig Jahre leben, «um zu sehen, wozu allgemeiner Unglaube, Verderbtheit und die Auflösung aller Bindungen führen würden»[30]. Wenn dieses Urteil (das den mittleren und unteren Klassen wahrscheinlich unrecht tat) für die Moral der oberen Klassen in Frankreich vor der *Enzyklopädie* (1751) zutraf, so sind wir dennoch nicht berechtigt, den Niedergang in der zweiten Hälfte des Jahrhunderts den *philosophes* zuzuschreiben. Es gab noch

486 DER ZUSAMMENBRUCH DES FEUDALEN FRANKREICH

andere Faktoren als den Verfall des religiösen Glaubens, die den alten Moralkodex schwächten. Das Anwachsen des Reichtums versetzte die Menschen in die Lage, Sünden zu finanzieren, die vorher zu kostspielig gewesen waren. Restif de la Bretonne zeigte einen guten Bürger, der die Entartung des französischen Charakters infolge der Abwanderung der Bevölkerung aus den Dörfern in die Städte beklagte[31]; junge Männer entflohen der Zucht der Familie, des Bauernhofes und der Nachbarschaft, um die verderblichen Verlockungen des Stadtlebens und die schützende Anonymität der Masse zu suchen. In *Les Nuits de Paris* schilderte Restif das Paris der achtziger Jahre des 18. Jahrhunderts als einen Strudel von jugendlichen Delinquenten, kleinen Dieben, Berufsverbrechern und weiblichen und männlichen Prostituierten. Taine schrieb, das Frankreich der Jahre 1756 bis 1788 sei verseucht gewesen mit «Landstreichern, Vagabunden, Faulenzern, Bummlern, Bettlern und anderen dunklen Existenzen ... Solche krüppelhaften, krätzigen, abgezehrten und verwilderten Gestalten vegetierten auf jeder sozialen Wunde wie Ungeziefer.»[32] Dieser menschliche Abschaum des gesellschaftlichen Organismus war das Erzeugnis der menschlichen Natur und der bourbonischen Herrschaft und kann kaum der Philosophie oder dem Niedergang der Religiosität zugeschrieben werden.

Vielleicht stand das Glücksspiel, das in Paris (wie in London) blühte, teilweise in ursächlichem Zusammenhang mit dem Unglauben; doch alle frönten ihm, ob fromm oder gottlos. 1776 wurden alle privaten Lotterien verboten, um in der Loterie Royale aufzugehen. Für das sexuelle Chaos in den oberen Klassen konnte man dagegen, mindestens teilweise, den Atheismus verantwortlich machen. In *Les Liaisons dangereuses* (Die gefährlichen Liebschaften; 1782) von Choderlos de Laclos begegnen wir Aristokraten, die Briefe über die Kunst der Verführung austauschen, Pläne schmieden, um ein fünfzehn Jahre altes Mädchen zu deflorieren, sobald es das Kloster verlassen hat, und die sich zu einer Philosophie des moralischen Nihilismus bekennen. Der Held des Buches, der Vicomte von Valmont, behauptet, alle Menschen seien gleich böse in ihren Begierden; den meisten gelinge es jedoch nicht, sie sich zu erfüllen, weil sie sich durch moralische Traditionen einschüchtern ließen. Der weise Mensch, erklärt Valmont, wird all jenen Empfindungen nachjagen, die ihm den größten Genuß versprechen, und alle moralischen Hemmungen fallen lassen[33]. Einige griechische Sophisten kamen, wie wir uns erinnern, zu den gleichen Schlüssen, nachdem sie die Götter abgeschafft hatten[34].

Diese Philosophie der Amoral wurde, wie die ganze Welt weiß, auf die Spitze getrieben durch den Grafen – fälschlicherweise meist Marquis genannt – de Sade. 1740 in Paris geboren, diente er zwölf Jahre in der Armee, wurde wegen homosexueller Vergehen verhaftet und zum Tode verurteilt (1772), entfloh, wurde wieder eingefangen, entkam von neuem, wurde wiederum verhaftet und in die Bastille gebracht. Hier schrieb er mehrere Romane und Theaterstücke, so obszön, wie seine Phantasie es ihm gestattete: vor allem *Justine* (1791) und *Histoire de Juliette, ou Les prospérités du Vice* (Juliettes Geschichte, oder Die Blüten des Lasters; 1792). Da es keinen Gott gibt, argumentierte er, wird der weise Mann jeden Wunsch zu verwirklichen suchen, soweit er

DAS ENDE DER «FEINEN WELT» 487

es tun kann, ohne sich der Gefahr irdischer Bestrafung auszusetzen. Alle Wünsche sind gleich gut, alle moralischen Unterscheidungen Illusionen, anomale sexuelle Beziehungen legitim und nicht wirklich anomal, das Verbrechen ist genußreich, wenn man Entdeckung vermeidet, und es gibt wenige Dinge, die köstlicher sind, als ein hübsches Mädchen zu schlagen. Die Leser waren weniger schockiert über Sades Amoral als über seine Behauptung, die vollkommene Vernichtung des Menschengeschlechts würde den Kosmos so wenig beeinträchtigen, daß «sie seinen Gang nicht fühlbarer unterbrechen würde, als wenn man die gesamte Spezies der Kaninchen oder Hasen auslöschen würde»[35]. 1789 wurde Sade in eine Irrenanstalt in Charenton gebracht. 1790 wurde er entlassen, 1803 als unheilbar von neuem interniert. Er starb 1814.

Die Philosophen machten Einwendungen, dieser Amoralismus sei ein krankhafter Fehlschluß aus ihrer Kritik an der christlichen Theologie, und ein gesunder Geist erkenne moralische Verpflichtungen mit oder ohne religiösen Glauben an. Viele Menschen taten dies. Und unter der Durchschnittsbevölkerung von Frankreich – und selbst von Paris – gab es in diesen Jahren zahlreiche Elemente moralischer Wiederbelebung: den Kursanstieg von Gefühl und Zärtlichkeit, den Triumph der romantischen Liebe über die Verstandesehe, die stolz ihr Kind stillende junge Mutter, den seiner eigenen Frau den Hof machenden Ehemann, die als gesündeste Quelle der sozialen Ordnung wiederhergestellte Familie. Diese Entwicklung war oft verbunden mit Überresten des christlichen Glaubens oder mit der halbchristlichen Philosophie Rousseaus; doch der Atheist Diderot war ihr begeisterter Befürworter.

Der Tod Ludwigs XV. war von einer Reaktion gegen seine Sinnlichkeit gefolgt. Ludwig XVI. gab ein gutes Beispiel durch seine einfache Kleidung und Lebensweise, seine Treue zu seiner Frau und seine Verurteilung des Glücksspiels. Die Königin selbst machte die Mode der Einfachheit mit und war führend in der Wiederbelebung von Empfindsamkeit und Gefühl. Die Académie française verlieh jährlich einen Preis für hervorragende Tugend[36]. Der größte Teil der Literatur war gesittet; die Romane des jüngeren Crébillon wurden beiseite gelegt, und Bernardin de Saint-Pierres *Paul et Virginie* gaben mit ihrer moralischen Reinheit in Liebesdingen den Ton an. Die Kunst spiegelte die neue Moral wider; Greuze und Madame Vigée-Lebrun feierten Mutterschaft und Kindersegen.

Christentum und Philosophie nährten einen humanitären Geist, der in Tausenden von Werken der Nächstenliebe und der Wohltätigkeit seinen Ausdruck fand. Während des strengen Winters von 1784 spendete Ludwig XVI. drei Millionen Livres für die Unterstützung der Armen, Marie-Antoinette steuerte zweihunderttausend aus ihrer eigenen Schatulle bei, und viele andere folgten ihrem Beispiel. Der König und die Königin halfen, die Taubstummenschule, die der Abbé de L'Épée 1778 gründete, um in ihr sein Taubstummenalphabet zu lehren, sowie die 1784 von Valentin Haüy eingerichtete Schule für blinde Kinder zu finanzieren. Madame Necker gründete 1778 ein Asyl und Hospital für die Armen, das sie zehn Jahre lang persönlich leitete. Die Kirchen und Klöster verteilten Essen und Arzneien, und um dieselbe Zeit begann auch ein Feldzug zur Abschaffung der Sklaverei.

488   DER ZUSAMMENBRUCH DES FEUDALEN FRANKREICH

Die Bräuche spiegelten, wie die Moral, das Zeitalter Rousseaus wider; nie waren sie unter den Bourbonen so demokratisch gewesen. Die Klassenunterschiede blieben bestehen, doch sie wurden gemildert durch größere Freundlichkeit und Höflichkeit. Männer ohne Titel, aber mit Talent wurden, wenn sie es gelernt hatten, sich zu waschen und sich zu verbeugen, in den meisten adligen Häusern aufgenommen. Die Königin sprang aus ihrer Kutsche, um einem verletzten Postillon zu helfen; der König und sein Bruder, der Graf von Artois, stemmten ihre Schultern gegen das Rad, um einem Arbeiter zu helfen, seine Karre aus dem Schlamm zu ziehen. Die Kleidung wurde einfacher; die Perücken verschwanden, und die Edelleute legten, ausgenommen am Hof, ihre Stickereien, Spitzen und Degen ab. 1789 war es schwierig, die Klassenzugehörigkeit eines Mannes nach seiner Kleidung zu bestimmen. Als Franklin Frankreich eroberte, kapitulierten sogar die Schneider vor ihm; die Leute erschienen in den Straßen, gekleidet «à la Franklin ... in rauhem Tuch ... und groben Schuhen»[37].

Die Damen des Bürgertums kleideten sich nicht weniger hübsch als die des Hofes. Nach 1780 gaben die Frauen den plumpen Reifrock auf, wappneten sich jedoch mit steifen Unterröcken, die übereinander getragen wurden. Das Mieder war vorne tief ausgeschnitten, doch der Busen wurde gewöhnlich mit einem dreieckigen Tuch, *fichu* genannt, bedeckt; diese *fichus* konnten aufgebauscht werden, um Mängel zu verbergen, und so nannten die Franzosen sie *trompeurs* oder *menteurs* – Betrüger oder Lügner[38]. Die Frisuren blieben weiterhin hoch, doch als Marie-Antoinette während einer ihrer Entbindungen einen großen Teil ihrer Haare verlor, ersetzte sie den Turmstil durch Lokken, und die neue Mode verbreitete sich vom Hof aus in ganz Paris. Es gab zweihundert Arten von Frauenhüten; manche waren zerbrechliche Gebilde aus Draht, Federn, Bändern, Blumen und künstlichem Gemüse, doch in ihren Mußestunden folgten die Frauen dem von der Königin im Petit Trianon bevorzugten Stil und bedeckten den Kopf mit einem einfachen Tuch. In der größten aller Revolutionen trugen manche Frauen niedrige Absätze oder bequeme Pantoffeln[39].

Ein gesünderer Lebensstil begleitete den Übergang zu bequemerer Kleidung. Eine wachsende Minderheit trat für eine «naturnahe Lebensweise» ein: Man trug kein Korsett mehr, ließ sich nicht mehr von Dienern bedienen, lebte mehr im Freien und zog sich, wenn immer möglich, aus der Stadt aufs Land zurück. Arthur Young berichtete: «Jeder, der einen Landsitz hat, hält sich auf ihm auf, und diejenigen, die keinen haben, besuchen diejenigen, die einen haben. Diese Revolution der französischen Lebensweise ist bestimmt etwas vom Besten, was von England übernommen wurde. Ihre Einführung war leichter wegen der Zauberkraft von Rousseaus Schriften.»[40] Doch viel von dieser «Rückkehr zur Natur» war mehr Gerede oder Gefühl als Tat oder Wirklichkeit; das Leben in Paris war noch immer ein schwindelerregender Wirbel von Konzerten, Opern, Theaterstücken, Pferderennen, Wasserpartien, Kartenspielen, Tänzen, Bällen, Konversationen und Salons.

III. DIE *SALONNIÈRES*

Die französischen Frauen verschönten den Niedergang des Feudalismus nicht nur durch den Zauber ihrer Person und ihrer Kleidung, sondern auch durch ihre unvergleichliche Fähigkeit, die französische Gesellschaft nicht zu einem reinen Umschlagplatz für Klatsch, sondern zu einem lebenswichtigen Teil des geistigen Lebens der Nation zu machen. Nachdem Gibbon 1777 seine Bekanntschaft mit den Salons von Paris erneuert hatte, schrieb er:

«Wenn Julian heute die Hauptstadt von Frankreich [in der er 331 nach Christus geboren wurde] wieder besuchen könnte, wäre er in der Lage, sich mit Männern der Wissenschaft und des Geistes zu unterhalten, die fähig sind, einen Schüler der Griechen zu verstehen und zu belehren; er würde die anmutigen Torheiten einer Nation entschuldigen, deren kriegerischer Geist durch die Liebe zum Wohlleben nie geschwächt worden ist, und er müßte die Vollkommenheit jener unschätzbaren Kunst loben, welche die Umgangsformen des gesellschaftlichen Lebens glättet, verfeinert und verschönert.»[41]

Und in einem Brief fügte er hinzu: «Ich habe immer gefunden, daß in Lausanne, ebenso wie in Paris, die Frauen den Männern weit überlegen sind.»[42]

Die älteren *salonnières* traten nur widerwillig von der Bühne ab. Madame Geoffrin starb, wie wir schon berichtet haben, 1777. Madame Du Deffands Leben umfaßte den größeren Teil des Jahrhunderts; sie war als eine der Mätressen des Regenten[43] in die Geschichte eingetreten und hatte dann einen Salon eröffnet, der von 1739 bis 1780 existierte. Sie verlor die meisten ihrer literarischen Löwen an Julie de Lespinasse und die neuen Salons, und Horace Walpole, der 1796 zum erstenmal zu ihr kam, fand ihre Garnitur alternder Aristokraten uninteressant. «Ich soupiere dort zweimal in der Woche und ertrage die ganze langweilige Gesellschaft um des Regenten willen»[44] – das heißt wegen Madame Du Deffands lebendiger Erinnerungen an jenes bemerkenswerte Interregnum, das für die folgenden sechzig Jahre den Ton für die französische Gesellschaft und Moral angegeben hatte. Doch sie selbst (fügte Horace hinzu) «ist entzückend [mit achtundsechzig] und ebenso neugierig auf das, was jeden Tag geschieht, wie ich auf das vergangene Jahrhundert».

Er – der bei den noch immer unterdrückten Frauen Englands nie solchen Scharfsinn angetroffen hatte – bewunderte ihren Verstand so sehr, daß er sie täglich besuchte und ihr Komplimente machte, die ihre goldenen Tage wieder zurückzubringen schienen. Sie gab ihm einen besonderen Sessel, der immer für ihn reserviert war; sie verwöhnte ihn mit jeder Art weiblicher Fürsorge. Selbst etwas maskulin veranlagt, mißbilligte sie keineswegs sein fast feminines Zartgefühl. Da sie nicht imstande war, ihn zu sehen, konnte sie ihr Bild von ihm nach dem Wunsch ihres Herzens gestalten und verliebte sich in dieses Bild. Er, der sie sehen konnte, war nicht fähig, ihr Alter und ihre physische Hilflosigkeit zu vergessen. Als er nach England zurückkehrte, schrieb sie ihm Briefe, die von fast ebenso warmer Zuneigung diktiert waren wie die von Julie de Lespinasse an Guibert – Briefe, die in einer glänzenden Prosa geschrieben waren, wie sie nur dieses Zeitalter hervorbringen konnte. In seinen Antworten versuchte er, ihre

490   DER ZUSAMMENBRUCH DES FEUDALEN FRANKREICH

Begeisterung zu dämpfen; er erschauerte bei dem Gedanken, was die Selwyns Englands aus dieser sich zu einer saftigen Satire anbietenden Affäre machen würden. Sie
nahm seine Zurückweisung geduldig hin, bestätigte von neuem ihre Liebe und war damit einverstanden, sie Freundschaft zu nennen; sie versicherte ihm jedoch, in Frankreich sei Freundschaft oft tiefer und stärker als Liebe. «Ich gehöre Ihnen mehr als mir
selbst ... Ich wünschte, ich könnte Ihnen meine Seele schicken anstatt eines Briefes.
Ich wäre bereit, Jahre meines Lebens hinzugeben, um sicher zu sein, daß ich noch
lebe, wenn Sie nach Paris zurückkommen.» Sie verglich ihn mit Montaigne, «und dies
ist das höchste Lob, das ich Ihnen spenden kann, denn ich finde keinen Verstand, der
so rechtschaffen und so klar ist wie der seine»[45].

Im August 1767 kam er wieder nach Paris. Sie erwartete ihn, aufgeregt wie ein
junges Mädchen. «Endlich, endlich trennt uns keine See mehr. Ich kann es nicht glauben, daß ein Mann von Ihrer Bedeutung, der das Steuer einer großen Regierung und
daher ganz Europas in seinen Händen hält, alles verlassen und hierher kommen kann,
um eine alte Sibylle im Winkel eines Klosters zu sehen. Es ist tatsächlich zu absurd,
aber ich bin entzückt ... Kommen Sie, mein Lehrer! ... Es ist kein Traum – ich weiß,
daß ich wach bin – ich werde Sie heute wiedersehen!» Sie schickte ihm ihre Kutsche;
er suchte sie sofort auf. Sechs Wochen lang beglückte er sie mit seiner Gegenwart und
machte sie traurig durch seine Zurückhaltung. Als er wieder nach England abgereist
war, konnte sie an nichts anderes denken als an seine Rückkehr nach Paris. «Sie werden meinen Sonnenuntergang viel schöner und glücklicher machen, als mein Mittag
oder meine Morgendämmerung gewesen sind. Ihre Schülerin, die so gehorsam ist wie
ein Kind, wünscht nur, Sie zu sehen.»[46]

Am 30. März 1773 bat er sie, nicht mehr zu schreiben[47]. Dann ließ er sich erweichen,
und die Korrespondenz wurde wiederaufgenommen. Im Februar 1775 bat er sie, ihm
alle seine Briefe zurückzuschicken. Sie stimmte zu, mit einer zarten Andeutung, daß
er das gleiche tun solle. «Sie werden genug haben, Ihr Feuer lange Zeit zu unterhalten,
wenn Sie zu den Ihren alle jene hinzufügen, die Sie von mir erhalten haben. Das wäre
nur billig, aber ich überlasse es Ihrer Klugheit.»[48] Von seinen achthundert Briefen an
sie sind nur neunzehn erhalten geblieben, die ihren jedoch alle, und sie wurden nach
Walpoles Tod veröffentlicht. Als er erfuhr, daß ihre Pension eingestellt worden war,
bot er ihr an, sie aus seinem eigenen Einkommen zu zahlen; sie erachtete es aber nicht
für notwendig.

Der Zusammenbruch ihrer Romanze verstärkte den natürlichen Pessimismus einer
Frau, welche das Licht und die Farben des Lebens missen mußte, jedoch seine Tiefen
kannte. Sogar in ihrer Blindheit sah sie hinter der galanten Oberfläche Walpoles unersättliche Selbstsucht. «Mein armer Lehrer», fragte sie ihn, «haben Sie nur Ungeheuer, Krokodile und Hyänen kennengelernt? Ich selbst sehe nur Narren, Idioten,
Lügner, neidische und manchmal heimtückische Menschen ... Jeder, den ich sehe,
läßt mir die Seele verdorren. Ich finde in niemandem Tugend, Ehrlichkeit oder Einfachheit.»[49] Sie besaß nur noch wenig Gläubigkeit, um sich zu trösten. Doch sie setzte
ihre Soupers fort, gewöhnlich zweimal in der Woche, und speiste oft auch außer Haus,

DAS ENDE DER «FEINEN WELT» 491

und sei es nur, um die Langeweile der Tage zu vermeiden, die so dunkel waren wie die Nächte.

Schließlich hörte sie, die das Leben hassen gelernt hatte, auf, sich an das Dasein zu klammern, und fand sich mit dem Tod ab. Die Krankheiten, die das Alter plagen, mehrten und verbündeten sich, und sie war, mit dreiundachtzig, zu schwach, gegen sie anzukämpfen. Sie ließ einen Priester kommen und machte, ohne viel Glauben, ihren Frieden mit dem Himmel. Im August 1780 schickte sie Walpole ihren letzten Brief:

Es geht mir schlecht heute ... Ich kann mir nicht denken, daß dieser Zustand etwas anderes bedeutet als das Ende. Ich bin nicht stark genug, Angst zu haben, und da ich Sie nicht wiedersehen werde, habe ich nichts zu bedauern ... Vergnügen Sie sich, mein Freund, so gut Sie können. Machen Sie sich keine Sorgen über meinen Zustand ... Sie werden mich vermissen, denn man ist glücklich zu wissen, daß man geliebt wird.»⁵⁰

Sie starb am 23. September, nachdem sie Walpole ihre Papiere und ihren Hund vermacht hatte.

Zahlreiche andere *salonnières* setzten die große Tradition fort: die Damen von Houdetot, von Épinay, Denis, von Genlis, Luxemburg, Condorcet, Boufflers, Choiseul, Gramont, Beauharnais (Gemahlin eines Onkels von Josephine). Zu ihnen gesellte sich der letzte große vorrevolutionäre Salon – der Madame Neckers. Um 1770 begannen ihre Freitag-Empfänge; später empfing sie auch an Dienstagen, an denen die Musik vorherrschte; hier entzweite der Krieg zwischen Gluck und Piccini die Gäste, aber Mademoiselle Clairon vereinigte sie wieder, indem sie Passagen aus ihren Lieblingsrollen rezitierte. An den Freitagen konnte man hier Diderot, Marmontel, Morellet, d'Alembert (nach Julies Tod), Saint-Lambert, Grimm (nach Madame d'Epinays Tod), Gibbon, Raynal, Buffon, Guibert, Galiani, Pigalle und Suzannes besonderen literarischen Freund, Antoine Thomas, treffen. Bei einer dieser Zusammenkünfte (April 1770) wurde die Idee einer Statue für Voltaire geboren. In diesem Salon hielt Diderot seine ketzerische Zunge im Zaum und wurde fast vornehm. «Es ist bedauerlich für mich», schrieb er an Madame Necker, «daß ich nicht das Glück hatte, Sie früher zu kennen. Sie hätten mir gewiß einen Geist der Reinheit und der Nachsicht eingeflößt, der aus meiner Seele in meine Werke übergegangen wäre.»⁵¹ Andere urteilten nicht so wohlwollend. Obwohl Marmontel fünfundzwanzig Jahre lang ihr Freund blieb, schrieb er über sie in seinen Memoiren: «Sie ist nicht vertraut mit den Sitten und Bräuchen von Paris und besitzt keinen der Vorzüge einer jungen Französin ... Sie hat keinen Geschmack in ihrer Kleidung, keine Unbefangenheit in ihrem Benehmen, keinen Charme in ihrer Höflichkeit, und sowohl ihr Verstand als auch ihr Gesichtsausdruck waren allzu ausschließlich darauf abgerichtet, Anmut zu zeigen. Ihre anziehendsten Eigenschaften waren Schicklichkeit, Aufrichtigkeit und Herzensgüte.»⁵² Die Damen der Aristokratie konnten sich nicht für sie erwärmen; die Baronin von Oberkirch, die 1782 die Neckers mit Großherzog Paul besuchte, meinte von ihr geringschätzig, sie sei «einfach nicht mehr als eine Gouvernante»⁵³, und die Marquise von Créqui ließ auf ebenso charmant wie boshaft geschriebenen Seiten kein gutes Haar an ihr⁵⁴. Madame Necker muß

492   DER ZUSAMMENBRUCH DES FEUDALEN FRANKREICH

viele gute Eigenschaften besessen haben, um die dauernde Liebe Gibbons gewinnen zu können, doch sie überwand nie ganz ihr calvinistisches Erbe; sie blieb spröde und puritanisch inmitten ihres Reichtums und erwarb nie die kultivierte Heiterkeit, die Franzosen von Frauen erwarten.

1766 brachte sie eine Tochter zur Welt, die spätere Madame de Staël. Germaine Necker, unter Philosophen und Staatsmännern aufwachsend, war bereits mit zehn Jahren ein Wunder der Gelehrsamkeit. Ihre frühreife Intelligenz machte sie zum Stolz ihrer Eltern, bis ihr eigenwilliges und reizbares Temperament zu einer schweren Belaṣtungsprobe für die Nerven ihrer Mutter wurde. Suzanne, die mit jedem Tag konservativer wurde, unterwarf Germaine einer strengen Disziplin; die Tochter rebellierte, und die Zwietracht im eigenen Hause wetteiferte mit dem Chaos in den Staatsfinanzen, das Familienglück zu gefährden. Neckers Schwierigkeiten bei seinem Versuch, den Regierungsbankrott trotz des amerikanischen Krieges aufzuhalten, und Madame Neckers Ärger über jede schlechte Kritik, die er in der Presse erhielt, trugen dazu bei, die Mutter noch unglücklicher zu machen, und Suzanne begann sich nach dem ruhigen Leben zu sehnen, das sie in der Schweiz geführt hatte.

1786 heiratete Germaine und übernahm einen Teil der Pflichten als Gastgeberin im Salon ihrer Mutter. Aber der französische Salon war jetzt im Niedergang begriffen; das literarische Gespräch wurde verdrängt von der parteipolitischen Diskussion. «Ich habe keine literarischen Neuigkeiten für Sie», schrieb Suzanne 1786 an einen Freund. «Solche Konversationen sind nicht mehr in Mode; die Krise ist zu groß, und die Menschen denken nicht daran, am Rande eines Abgrundes Schach zu spielen.»[55] 1790 übersiedelte die Familie nach Coppet am Genfer See, wo Necker ein Schloß gekauft hatte. Hier regierte Madame de Staël, während ihre Mutter an einem langen, schmerzhaften Nervenleiden erkrankte, das 1794 ihrem Leben ein Ende machte.

IV. DIE MUSIK

«Was die Musique anbelangt», schrieb Mozart am 1. Mai 1778 aus Paris, «so bin ich unter lauter vieher und bestien ... Wenden Sie sich an wen sie wollen – nur an keinen gebohrnen franzosen – so wird man Ihnen, wens jemand ist, an den man sich wenden kann, das nemliche sagen ... ich danck gott dem allmächtigen, wenn ich mit gesunden gusto davon komme.»[56] Dies waren harte Worte, aber Grimm und Goldoni stimmten ihnen zu[57]; doch diese drei Kritiker waren Ausländer. Der musikalische Geschmack der Pariser Oberklasse spiegelte ihre Lebensart wider, ihre Neigung zur Zurückhaltung im Ausdruck und zur Regelmäßigkeit in der Form; in ihm klang noch immer das Echo des Zeitalters Ludwigs XIV. nach. Aber gerade in diesen ersten Jahren der neuen Regierungszeit verlor halb Paris seine Beherrschung, ja sogar seine guten Manieren in der Erregung des Streites um Piccini und Gluck. Beredtes Zeugnis hierfür ist der Brief, den Julie de Lespinasse am 22. September 1774 schrieb: «Ich gehe immer wieder in *Orfée et Euridice*. Ich möchte des Tages zehnmal den Gesang hören, der mir das

DAS ENDE DER «FEINEN WELT»   493

Herz zerreißt und mir jeden Genuß wieder vorführt, den ich verloren habe: 'J'ai perdu mon Euridice.'»[58] Paris war nicht tot für die Musik, obwohl es mehr importierte als produzierte.

1751 kam François-Joseph Gossec, siebzehn Jahre alt, aus seinem Heimatort Vergnies im Hennegau mit einem Empfehlungsbrief an Rameau nach Paris. Der alte Meister besorgte ihm einen Posten als Dirigent des von Alexandre-Joseph de La Popelinière unterhaltenen Privatorchesters. Für dieses Orchester komponierte Gossec ab 1754 Symphonien, die fünf Jahre vor Haydns Erster ertönten, und im selben Jahr 1754 veröffentlichte er Quartette, die denen von Haydn um ein Jahr vorangingen. 1760 führte er in der Kirche Saint-Roch seine *Messe des Morts* auf, bei der zum erstenmal die Idee verwirklicht wurde, die Bläser des *Tuba mirum* außerhalb der Kirche spielen zu lassen. Gossecs Unternehmungsgeist und Vielseitigkeit kannten keine Grenzen. 1784 gründete er die Ecole Royale du Chant, welche der Kern des berühmten Pariser Conservatoire de Musique wurde. Er erzielte auch bescheidene Erfolge in der Oper, in der komischen wie in der ernsten. Er paßte sich der Revolution an und komponierte einige ihrer berühmtesten Lieder, einschließlich der «Hymne an das Höchste Wesen» zu Robespierres Ehrung (8. Juni 1794). Nachdem er alle politischen Wandlungen überlebt hatte, starb er 1829 im Alter von fünfundachtzig Jahren.

Die beherrschende Figur in der französischen Oper dieser Epoche war André Grétry. Wie so viele andere führende Persönlichkeiten der französischen Musik im 18. Jahrhundert war er Ausländer und 1741 in Lüttich als Sohn eines Geigers geboren worden. Am Tage seiner Ersten Kommunion, so berichtet er uns, bat er Gott, ihn sofort sterben zu lassen, wenn er nicht dazu bestimmt war, ein guter Mensch und ein großer Musiker zu werden. Am gleichen Tag fiel ihm ein Dachbalken auf den Kopf und verletzte ihn schwer; er genas wieder und schloß daraus, daß ihm von Gott eine herrliche Zukunft versprochen worden war[59]. Von seinem sechzehnten Lebensjahr an litt er periodisch an inneren Blutungen; einmal spuckte er sechs Tassen Blut an einem einzigen Tag; auch hatte er häufige Fieberanfälle und gelegentliche Anwandlungen von Wahnsinn, und manchmal wurde er fast verrückt, weil es ihm nicht gelang, Akkordfolgen zum Schweigen zu bringen, die ihm im Kopf herumgingen. Einem Mann, der so geplagt wurde und dennoch zweiundsiebzig Jahre lang seine gute Laune behielt, kann man sogar schlechte Musik verzeihen.

Im Alter von siebzehn komponierte er sechs Symphonien, die immerhin so gut waren, daß ihm ein Domherr die Mittel für eine Reise nach Rom gab. Wenn wir seinen fesselnden Memoiren glauben dürfen, die er 1797 veröffentlichte, legte er den ganzen Weg zu Fuß zurück[60]. Während seines achtjährigen Aufenthalts in Italien wurde er durch Pergolesis Erfolg angeregt, komische Opern zu komponieren. Als er 1767 nach Paris kam, wurde er von Diderot, Grimm und Rousseau unterstützt. Er studierte die Schauspielkunst bei Mademoiselle Clairon, entwickelte eine besondere Geschicklichkeit, seine Musik den Betonungen und Modulationen der dramatischen Sprache anzupassen, und erreichte in seinen Opern eine lyrische Zärtlichkeit, die Rousseaus Geist und die Rückkehr zur Einfachheit und zum Gefühl widerzuspiegeln schienen. Er be-

494   DER ZUSAMMENBRUCH DES FEUDALEN FRANKREICH

wahrte sich seine Beliebtheit während der ganzen Revolution, die seine Werke auf Regierungskosten drucken ließ; Arien aus seinen Opern wurden von den revolutionären Haufen gesungen. Napoleon bewilligte ihm eine Pension. Alle Welt schätzte ihn, weil er so wenig von einem Genie hatte: Er war freundlich, herzlich, gesellig, bescheiden, sprach gut über seine Rivalen und bezahlte seine Schulden. Er liebte Rousseau, obwohl Rousseau ihn beleidigt hatte; in seinem Alter kaufte er die Einsiedelei, in der Rousseau gewohnt hatte. In dieser Hütte starb er am 24. September 1813, während Napoleon gegen ganz Europa Krieg führte.

V. DIE KUNST UNTER LUDWIG XVI.

Nunmehr setzte der *style Louis Seize,* der fast mit der Geburt Ludwigs XVI. (1754) eingesetzt hatte, seinen Siegeszug gegen die gewundenen Unregelmäßigkeiten des Barocks und die femininen Verspieltheiten des Rokokos fort und steuerte auf die maskulinen Linien und symmetrischen Proportionen einer durch die Ausgrabungen bei Herculaneum und Winckelmanns griechisch-römische Begeisterung inspirierten klassizistischen Kunst zu. Das berühmteste Beispiel dieses neuen Stils in der Architektur ist das Petit Trianon; Madame Dubarry und Marie-Antoinette, die nicht miteinander sprachen, fanden dennoch beide Gefallen an diesem bescheidenen Tribut an die klassische Ordnung und Einfachheit. Ein anderes hübsches Beispiel ist das heutige Palais de la Légion d'Honneur, das Pierre Rousseau als Hôtel Salm (1782) auf dem linken Seine-Ufer baute. Ein eindrucksvolleres Erzeugnis dieses Stils ist das Palais de Justice, wiederaufgebaut 1776, mit seinem herrlichen schmiedeeisernen Gitter an der Cour de Mai. Das Théâtre National de l'Odéon, erbaut 1779, zeigte eher düstere dorische Formen; liebenswürdiger ist das von Jacques Rousseau in Amiens (1778) in einer Verbindung von Klassik und Renaissance erbaute Theater. In Bordeaux errichtete Victor Louis 1775 nach klassischen Richtlinien ein riesiges Theater, von dem Arthur Young sagte, es sei «bei weitem das prächtigste in Frankreich; ich habe nichts gesehen, was ihm nahekommt»[61].

Die Innenausstattung bewahrte ihre typisch französische Eleganz. Die Tapisserie kam außer Mode, ausgenommen als Bespannung für Sessel und Sofas; bemalte Tapeten aus China hielten ihren Einzug, wurden jedoch hauptsächlich in Schlafzimmern verwendet, während die Salonwände im allgemeinen mit Holzpaneelen verkleidet waren, die man mit Schnitzereien versah oder mit Figuren oder Blumenarabesken bemalte. Die schönsten Möbel im Frankreich Ludwigs XVI. wurden von zwei Deutschen, Jean-Henri Riesener und David Roentgen, entworfen und angefertigt; die Sammlung Wallace besitzt einige beneidenswerte, für Marie-Antoinette und das Petit Trianon angefertigte Beispiele.

Die Bildhauerkunst blühte. Pigalle, Falconet und Jean-Jacques Caffieri wirkten seit den Tagen Ludwigs XV. Augustin Pajou, der in jener Epoche angefangen hatte zu arbeiten, setzte sich jetzt durch. Im Auftrage Ludwigs XVI. meißelte er den Bauschmuck

DAS ENDE DER «FEINEN WELT» 495

für das Palais-Royal und das Palais-Bourbon. In seiner *Verlassenen Psyche*[62] versuchte er, zwei Elemente in dem neuen Zeitstil zu vereinigen – zärtliches Gefühl und klassische Form. Er übermittelte seine Kunst – und verheiratete seine Tochter – an Clodion, dessen wirklicher Name Claude Michel war. Clodion meißelte sich mit leicht erotischen Terrakottagruppen zu Wohlstand empor und erreichte seinen Zenit mit einer Statue von Montesquieu[63]. Das Hohelied des Fleisches erklingt in seiner Gruppe *Nymphe und Satyr*, die sich heute im Metropolitan Museum of Art in New York befindet.

Der größte Bildhauer der Epoche war Jean-Antoine Houdon. Sein Vater war Hausmeister einer Kunstschule. In Versailles geboren, wurde Jean früh durch die Statuen zur Bildhauerei geführt, mit denen Ludwig XIV. die Gärten von Le Nôtre bevölkert hatte. Nachdem er bei Pigalle studiert hatte, gewann er mit zwanzig Jahren den Rompreis und machte sich auf den Weg nach Italien (1760). Der *Heilige Bruno*, den er in Rom meißelte, gefiel Clemens XIV. so sehr, daß dieser bemerkte: «Der Heilige würde sprechen, wenn nicht die Regeln seines Ordens ihm Schweigen geböten.»[64] In Paris meißelte oder goß er eine Reihe von Dianen; eine in Bronze, heute in der Sammlung Huntington, ist ein Wunderwerk klassischer Schönheit und französischer Anmut. Noch berühmter ist die Bronzestatue der *Nackten Diana*, die sich heute im Louvre befindet; im Salon von 1785 wurde ihr ein Platz verweigert, vielleicht (sagte ein Kritiker) weil «sie zu schön und zu nackt war, um in der Öffentlichkeit gezeigt zu werden»[65]; wahrscheinlich aber, weil die Statue die traditionelle Auffassung, daß Diana keusch sei, verletzte.

Houdon fand, wie so viele Künstler des 18. Jahrhunderts, Porträts von Zeitgenossen rentabler als unverletzliche Göttinnen. Aber dennoch entschloß er sich, den Tatsachen gerecht zu werden und mehr einen Charakter als ein Gesicht zu zeigen. Er verbrachte viele Stunden in den Sektionsräumen der medizinischen Fakultäten, um Anatomie zu studieren. Wenn möglich nahm er sorgfältige Messungen am Kopf des Modells vor und meißelte oder goß das Abbild entsprechend. Als sich die Frage stellte, ob eine Leiche, die in Paris ausgegraben worden war, tatsächlich, wie behauptet wurde, die von John Paul Jones war, wurden die Form und die Maße des Schädels mit jenen des Bildnisses verglichen, das Houdon 1781 gegossen hatte, und die Übereinstimmung war so groß, daß die Identität als bestätigt angenommen wurde[66]. Er meißelte in den Marmor seines *Mirabeau* alle Verwüstungen der Pocken und zeigte jeden Schatten und jede Falte, sogar das Feuer und die Tiefe der Augen und die zum Sprechen halbgeöffneten Lippen.

Bald schätzten sich alle Titanen der unruhigen Zeit glücklich, für ihn sitzen zu dürfen, und er übermittelte uns ihre Persönlichkeiten mit einer Treue, die Marmor und Bronze in lebendige Geschichte verwandelte. So können wir heute Voltaire, Rousseau, Diderot, d'Alembert, Turgot, Ludwig XVI., Katharina II., Cagliostro, La Fayette, Napoleon und Ney sehen. Als Voltaire 1778 nach Paris kam, schuf Houdon mehrere Statuen von ihm: eine Bronzebüste, heute im Louvre, die Erschöpfung und Müdigkeit offenbart, eine ähnliche Marmorbüste, heute im Victoria and Albert Museum, eine

496 DER ZUSAMMENBRUCH DES FEUDALEN FRANKREICH

andere in der Sammlung Wallace, einen idealisierten, lächelnden Kopf, bestellt von Friedrich dem Großen, und, als berühmteste von allen, die von Madame Denis der Comédie-Française geschenkte Statue; sie stellt Voltaire sitzend dar, in fließendem Gewand, mit knochigen Fingern die Lehnen des Sessels umklammernd, mit schmalen Lippen und zahnlosem Mund, einen Rest Heiterkeit in den listigen Augen; dies ist eines der bedeutendsten Bildwerke der Kunstgeschichte. Im gleichen Jahr eilte Houdon auf die Kunde von Rousseaus Tod nach Ermenonville und nahm eine Totenmaske von Voltaires Rivalen ab, nach der er die heute im Louvre befindliche Büste schuf; auch sie ist ein Meisterwerk.

Es gab auch amerikanische Heroen, und Houdon schuf so lebenswahre Köpfe von ihnen, daß mehrere Münzen der USA auch im 20. Jahrhundert noch seine Porträts von Washington, Franklin und Jefferson tragen. Als Franklin 1785 nach Amerika zurückkehrte, ging Houdon mit ihm; er eilte nach Mount Vernon und überredete den vielbeschäftigten und ungeduldigen Washington, vierzehn Tage lang immer wieder für ihn zu sitzen; so schuf er die Statue, die heute das Staatskapitol in Richmond, Virginia, schmückt – das Bild eines Mannes aus Granit, verdunkelt durch kostspielige Siege und unerfüllte Aufgaben. Auch hier begegnen wir der Vereinigung von Leib und Seele, die Merkmal und Siegel von Houdons Kunst ist.

Eine so überragende Bildhauerei hätte die Malerei zu einer Kunst zweiten Ranges gemacht, wären nicht Greuze und Fragonard gewesen, die unter Ludwig XVI. und während der Revolution weiterarbeiteten, sowie Jacques-Louis David, ein Maler, der sich in einer meteorhaften Karriere zum Diktator über alle Künste in Frankreich machte. Er erlernte seine Technik von seinem Großonkel François Boucher und wurde ein erstklassiger Zeichner, mehr ein Meister der Linie und Komposition als der Farbe. Boucher erkannte, daß der Wandel in der Moral nach der Ablösung der Pompadour und der Dubarry durch Marie-Antoinette den Markt für Busen und andere Körperrundungen verschlechterte; er riet David, sich im Atelier von Joseph Vien, der römische Soldaten und heroische Frauen malte, den keuschen klassizistischen Stil anzueignen. 1775 begleitete David Vien nach Rom. Hier erlag er dem Einfluß Winckelmanns und Mengs' sowie dem der antiken Skulpturen in der Galerie des Vatikans und der in Herculaneum und Pompeji ausgegrabenen Ruinen. Er übernahm die klassizistischen Leitgedanken und machte die griechische Statuenkunst zum Modell seiner Malerei.

Nach Paris zurückgekehrt, stellte er eine Reihe von exakt gezeichneten klassischen Themen aus: *Andromache über der Leiche Hektors weinend* (1783), *Der Schwur der Horatier* (1785), *Der Tod des Sokrates* (1789), *Brutus kehrt zurück, nachdem er seine Söhne zum Tode verurteilt hat* (1789)[67]. (In der von Livius erzählten Legende verurteilte Lucius Iunius Brutus als Prätor der jungen römischen Republik, 509 vor Christus, seine eigenen Söhne zum Tode, weil sie sich verschworen hatten, das Königtum wieder einzuführen.) David hatte dieses letzte Bild in Rom gemalt. Als er es der Akademie von Paris anbot, wurde seine Ausstellung verboten. Das Kunstpublikum protestierte, und das Bild wurde schließlich gezeigt und trug dazu bei, das revolutionäre Fieber der Zeit zu er-

DAS ENDE DER «FEINEN WELT» 497

höhen. Paris sah in diesen Gemälden und in der strengen Ethik, die sie vermittelten, eine doppelte Revolte – gegen das aristokratische Rokoko und die königliche Tyrannei. David wurde zum revolutionären Helden der Pariser Ateliers.

Während der Revolution wurde er in den Konvent gewählt, und im Januar 1793 stimmte er für die Hinrichtung des Königs. Ein anderer Deputierter, der ebenso abgestimmt hatte, wurde von einem Royalisten ermordet (20. Januar 1793); seine Leiche wurde als die eines Märtyrers öffentlich aufgebahrt. David malte *Die letzten Augenblicke Lepeletiers,* und der Konvent gab dem Bild einen Platz in seinem Sitzungssaal. Als Marat von Charlotte Corday ermordet wurde (13. Juli 1793), malte David den Toten halb untergetaucht in seiner Badewanne liegend; selten war die Kunst so realistisch gewesen, so sehr darauf berechnet, Gefühle zu erregen. Diese beiden Gemälde begründeten das Martyrologium der Revolution. David wirkte mit Begeisterung für Danton und Robespierre; als Gegenleistung wurde er zum Direktor aller Künste in Paris gemacht.

Als Napoleon die Macht mit dem römischen Titel eines Konsuls übernahm, malte David für ihn ebenso eifrig, wie er es für die Führer des Terrors getan hatte. Er sah Bonaparte als den Sohn der Revolution, der darum kämpfte, die Könige Europas daran zu hindern, ihresgleichen in Frankreich wieder auf den Thron zu bringen. Als Napoleon sich zum Kaiser machte (1804), ließ Davids Verehrung nicht nach, und Napoleon machte ihn zum Maler des kaiserlichen Hofes. Der Künstler schuf für ihn mehrere berühmte Gemälde: *Napoleon überschreitet die Alpen, Die Krönung Josephines durch Napoleon* und *Die Verteilung der Adler;* diese riesigen Gemälde wurden später im Schloß von Versailles aufgehängt. Inzwischen bewies David seine Vielseitigkeit durch ausgezeichnete Bildnisse von Madame Récamier und Papst Pius VI.[68] Als die Bourbonen wieder auf den Thron zurückkehrten, wurde David als Königsmörder verbannt; er ging nach Brüssel, wohin seine Frau, die ihn 1791 wegen seines revolutionären Eifers verlassen hatte, ihm nachfolgte, um sein Exil zu teilen. Jetzt wandte er sich wieder klassischen Themen und dem von Mengs bevorzugten plastischen Stil der Malerei zu. 1825 beendete er im Alter von siebenundsiebzig Jahren eine der spektakulärsten Karrieren in der Geschichte der Kunst.

Unter seinen Porträts befindet sich eins von Madame Vigée-Lebrun, welche die Revolution ablehnte und Könige und Königinnen vorzog. Gegen Ende ihres siebenundachtzig Jahre währenden Lebens (1755–1842) veröffentlichte sie Memoiren, die der Nachwelt die freundlichen Eindrücke ihrer Jugendjahre, die traurige Geschichte ihrer Ehe, eine Schilderung ihrer künstlerischen Odyssee und das Bild einer guten, über die Gewalttätigkeit der Geschichte entsetzten Frau vermitteln. Ihr Vater, ein Porträtmaler, starb, als sie dreizehn war, ohne ihr ein Vermögen zu hinterlassen, doch Elisabeth war eine so fähige Schülerin gewesen, daß sie im Alter von sechzehn mit ihren Bildnissen bereits gut verdiente. 1776 heiratete sie einen Maler, Pierre Lebrun, einen Großneffen von Charles Lebrun, der Magister der Philosophischen Fakultät unter Ludwig XIV. gewesen war. Ihr Ehemann, so erzählt sie uns, verschwendete ihr Vermögen und das seine durch «seine zügellose Leidenschaft für unsittliche Frauen, vereint mit Hang zum Spiel»[69]. Sie gebar ihm eine Tochter (1778) und verließ ihn bald darauf.

1779 malte sie Marie-Antoinette, die so sehr von ihr eingenommen war, daß sie ihr für zwanzig Porträts saß. Die beiden Frauen wurden so gute Freundinnen, daß sie gemeinsam die zärtlichen Arien sangen, mit denen Grétry den Augen von Paris Tränen entlockte. Diese königliche Gunst und die vornehme Eleganz ihrer Arbeiten öffneten der hübschen Malerin alle Türen. Sie machte jede Frau schön, indem sie Rosen auf verwelkte Wangen zauberte; bald wollten alle begüterten Damen für sie sitzen. Sie erhielt so hohe Honorare, daß sie in der Lage war, eine teure Wohnung zu mieten und einen Salon zu unterhalten, der von den besten Musikern von Paris besucht wurde.

Trotz ihrer Freundschaft mit der Königin begab sie sich dreimal nach Louveciennes, um Madame Dubarry zu porträtieren. Beim drittenmal (14. Juli 1789) hörte sie Geschützdonner aus der Richtung von Paris. In die Stadt zurückgekehrt, erfuhr sie, daß die Bastille erstürmt worden war und daß das siegreiche Volk adlige Köpfe auf blutigen Lanzen trug. Am 5. Oktober, als die Pariser nach Versailles zogen, um den König und die Königin gefangenzunehmen, raffte sie von ihren Habseligkeiten, so viel sie konnte, zusammen und begann dreizehn Jahre eines freiwilligen Exils. In Rom malte sie das bekannte Bildnis von sich und ihrer Tochter[70], in Neapel Lady Hamilton als Bacchantin[71]. Sie malte in Wien, Berlin und Petersburg, und als die Revolution ihren Weg zu Ende gegangen war, kehrte sie nach Frankreich zurück (1802). Hier lebte sie, über alle Wechselfälle triumphierend, weitere vierzig Jahre und war weise genug zu sterben, bevor eine neue Revolution ausbrach.

VI. DIE LITERATUR

In der kurzen Zeitspanne zwischen 1774 und 1789 brachte die französische Literatur einige bemerkenswerte Werke hervor, die noch immer Leser finden und die Geister bewegen: Die *Maximen* von Chamfort, *Paul et Virginie* von Bernardin de Saint-Pierre, die *Liaisons dangereuses* von Choderlos de Laclos und die chaotischen, doch enthüllenden Bände von Restif de La Bretonne.

Dies waren Inseln, emporgestiegen aus einem literarischen Meer von Schulen, Bibliotheken, Lesezirkeln, Vorlesungen, Zeitungen, Zeitschriften, Pamphleten und Büchern – einer brodelnden Flut von Tinte, wie die Welt sie nie zuvor gesehen hatte. Nur eine kleine Minderheit des französischen Volkes konnte lesen[72]; dennoch dürsteten Millionen nach Wissen und sprudelten über von Ideen. Enzyklopädien, Kompendien der Wissenschaften und Lehrbücher über alles waren heftig gefragt, und die *philosophes* und die Reformer setzten große Hoffnung in die Verbreitung von Wissen und Bildung.

Obwohl die Jesuiten gegangen waren und die Schulen jetzt vom Staat überwacht wurden, lag der größere Teil des Unterrichts noch immer in den Händen des Klerus. Die Universitäten, streng orthodox in Religion und Politik, waren der Erstarrung anheimgefallen und in Mißkredit geraten und begannen erst am Ende des Jahrhunderts, von der Wissenschaft Notiz zu nehmen. Doch öffentliche wissenschaftliche Vorlesun-

DAS ENDE DER «FEINEN WELT» 499

gen wurden eifrig besucht, und die technischen Schulen vermehrten sich. An den Universitäten gehörten fast alle Studenten der Mittelklasse an; junge Adlige besuchten eher die eine oder die andere der zwölf Militärakademien, die Saint-Germain ab 1776 gegründet hatte; in einer von ihnen, in Brienne, studierte Napoleon Bonaparte. Die Universitätsstudenten, berichtet man uns, «bildeten häufig Organisationen, um politische Demonstrationen zu unterstützen»[73]; und da es zu jener Zeit mehr Universitätsabsolventen gab, als die Wirtschaft gebrauchen konnte, schlossen sich diejenigen, die nicht unterkamen, dem Chor der Unzufriedenen an und schrieben Pamphlete, die das Feuer der Revolte schürten.

Die Reichen hatten beneidenswert schön untergebrachte Privatbibliotheken von luxuriös eingebundenen und manchmal sogar benützten Büchern. Die mittleren und die unteren Klassen besuchten die Leihbibliotheken oder kauften ihre Bücher – fast alle ungebunden – an Ständen oder in Läden. 1774 schätzte man den Verkauf von Büchern in Paris auf das Vierfache des Verkaufs im bevölkerungsmäßig viel größeren London[74]. Restif de la Bretonne berichtete, Lesen habe die Arbeiter von Paris «widerspenstig» gemacht[75]. Die Zeitungen nahmen an Zahl, Umfang und Einfluß zu. Die alte *Gazette de France*, gegründet 1631, war noch immer die offizielle – und mit Mißtrauen aufgenommene – Lieferantin für politische Nachrichten. Der *Mercure de France*, der 1672 als *Mercure galant* begonnen hatte, hatte 1790 eine Auflage von dreizehntausend Exemplaren, was für bemerkenswert galt; Mirabeau nannte ihn die beste der französischen Zeitungen[76]. Das *Journal de Paris*, die erste französische Tageszeitung, erschien zum erstenmal 1777, der berühmtere *Moniteur* erst am 24. November 1789. Es gab zahlreiche Provinzzeitungen, wie den *Courrier de Provence*, der vom jüngeren Mirabeau herausgegeben wurde.

Die Flugschriften schwollen an wie eine Flut, die schließlich alles vor sich her schwemmte. In den letzten Monaten des Jahres 1788 wurden in Frankreich etwa zweitausendfünfhundert Pamphlete veröffentlicht[77]. Einige von ihnen hatten historische Wirkung, wie *Qu'est-ce que le Tiers état?* (Was ist der Dritte Stand?) von Abbé Sieyès oder *La France libre* von Camille Desmoulins. Im Juli 1789 war die Presse die stärkste Macht in Frankreich. Necker nannte sie 1784 «eine unsichtbare Macht, die, obwohl ohne Reichtum, ohne Waffen und ohne eine Armee, in gleicher Weise der Stadt und dem Hof und sogar in den Palästen der Könige diktiert»[78]. Revolutionäre Gesänge spielten eine wichtige Rolle in der Agitation; Chamfort nannte die Regierung eine durch Volksgesang beschränkte Monarchie[79].

Chamfort wurde selbst in den revolutionären Strom hineingerissen und beteiligte sich, nachdem er *persona grata* am Hof gewesen war, schließlich an der Erstürmung der Bastille. 1741 als Sohn eines Dorfkrämers geboren, kam er nach Paris und lebte von seiner Schläue und anderer Leute Dummheit. Er schrieb mehrere Dramen, von denen eins in Fontainebleau aufgeführt wurde und Marie-Antoinette so sehr gefiel, daß sie den König überredete, ihm eine Pension von zwölfhundert Livres zu bewilligen. Er wurde Sekretär bei einer Schwester Ludwigs XVI. und erhielt dafür zusätzlich zweitausend Livres im Jahr. Alles schien ihn an die königliche Sache zu binden; doch 1783 lernte er Mirabeau kennen und hatte sich bald in einen beißenden Kritiker der Regierung verwandelt. Er war es, der Sieyès den treffenden Titel für sein berühmtes Pamphlet eingab.

Inzwischen schrieb er, inspiriert von La Rochefoucauld, Vauvenargues und Voltaire, «Maximen», die seine bittere Weltanschauung ausdrückten. Madame Helvétius, die ihn für mehrere Jahre als Hausgast in Sèvres aufnahm, sagte: «So oft ich mit Chamfort am Morgen eine Konversation hatte, war ich für den Rest des Tages traurig.»[80] Er hielt das Leben für einen Betrug an der Hoffnung. «Hoffnung ist ein Scharlatan, der uns immer betrügt; und was mich selbst betrifft, mein Glück begann erst, als ich die Hoffnung aufgab.»[81] «Wenn die grausamen Wahrheiten, die traurigen Entdeckungen, die Geheimnisse der Gesellschaft, die das Wissen eines Vierzigjährigen ausmachen, demselben Menschen im Alter von zwanzig bekannt gewesen wären, er würde entweder in Verzweiflung verfallen sein oder sich selber planmäßig verdorben haben.»[82] Am Ende des Zeitalters der Vernunft lebend, verlachte Chamfort die Vernunft, die weniger eine Beherrscherin der Leidenschaft als ein Werkzeug des Bösen sei. «Bei dem derzeitigen Zustand der Gesellschaft scheint der Mensch mehr verdorben durch seine Vernunft als durch seine Leidenschaften.»[83] Was die Frauen betrifft: «Wie schlecht auch ein Mann über sie denken mag, es gibt keine Frau, die darin nicht noch weiter ginge als er.»[84] Die Ehe ist eine Falle. «Ehe und Ehelosigkeit haben beide Nachteile; man muß den Stand wählen, dessen Nachteile sich beheben lassen.»[85] «Frauen geben der Freundschaft nur, was sie der Liebe entlehnen»[86]; und: «Die Liebe in der Gesellschaft ist nur ein Austausch zweier Launen und die Berührung zweier Körper.»[87]

Als Chamfort die Schlösser und Herrenhäuser verließ und die Straßen von Paris betrat, steigerte sich sein Pessimismus. «Paris, Stadt der Heiterkeit und des Vergnügens, in der vier Fünftel der Menschen vor Gram sterben ..., ein Ort, der stinkt und an dem niemand liebt.»[88]

Das einzige Heilmittel für diese Elendsviertel wäre die Kinderlosigkeit. «Es ist ein Unglück für die Menschheit, ein Glück für die Tyrannen, daß die Armen und Unglücklichen nicht den Instinkt oder den Stolz des Elefanten haben, der sich in der Knechtschaft nicht fortpflanzt.»[89]

Zeitweise huldigte Chamfort einem Ideal. «Man sollte die Gegensätze vereinigen können: die Liebe zur Tugend mit der Gleichgültigkeit gegen die öffentliche Meinung, die Lust zur Arbeit mit der Gleichgültigkeit gegen den Ruhm, die Sorge um die Gesundheit mit der Gleichgültigkeit gegen das Leben.»[90] Einige Jahre lang glaubte er, seinem Leben Bedeutung geben zu können, indem er sich der Revolution in die Arme warf, doch nachdem er fünf Jahre lang mit Mirabeau, Marat und Robespierre zu tun gehabt hatte, übermannte ihn wieder die Verzweiflung. Ihm schien es, als ob das Motto der Revolution: «Freiheit, Gleichheit, Brüderlichkeit», nun die Bedeutung erlangt habe: «Willst du nicht mein Bruder sein, so schlag' ich dir den Schädel ein.»[91] Er schloß sich den Girondisten an und geißelte die radikaleren Führer mit seinem gnadenlosen Witz. Er wurde verhaftet, doch bald wieder freigelassen. Von neuem mit

DAS ENDE DER «FEINEN WELT» 501

Verhaftung bedroht, versuchte er, zunächst mit einer Pistole und dann mit einem Dolch, sich selbst zu töten. Er erholte sich nicht mehr von seinen Verletzungen und starb am 13. April 1794, nachdem er zu Sieyès gesagt hatte: «Ich verlasse endlich diese Welt, in der das Herz brechen oder zu Bronze werden muß [Je m'en vais enfin de ce monde, où il faut que le cœur se brise ou se bronze].» [92]

Wenn der Einfluß Voltaires bei Chamfort überwog, so war derjenige Rousseaus bei Jacques-Henri Bernardin de Saint-Pierre um so deutlicher spürbar und wurde von diesem auch offen zugegeben. Im Alter von einunddreißig Jahren (1768) ging er im Auftrage der Regierung als Ingenieur auf die Ile-de-France, die heutige Insel Mauritius. Auf dieser gebirgigen, regenreichen und fruchtbaren Insel fand er das, was er für Rousseaus «Naturzustand» hielt – Männer und Frauen, die erdverbunden und frei von den Lastern der Zivilisation lebten. Nach Frankreich zurückgekehrt (1771), wurde er ein ergebener Freund von Jean-Jacques und lernte es, dessen Launen zu ertragen und in ihm einen neuen Erlöser der Menschheit zu sehen. In einer Schrift Voyage à l'Isle de France (1773) beschrieb er das einfache Leben und die stärkende Religiosität der dortigen Inselbevölkerung. Der Bischof von Aix sah in dem Buche eine heilsame Reaktion gegen Voltaire und besorgte dem Autor eine königliche Pension von tausend Livres. Bernardin bedankte sich mit Etudes de la Nature (1784) und Les Harmonies de la Nature (1796), in denen er die Wunder des Pflanzen- und des Tierlebens beschrieb und behauptete, daß die vielen Beispiele offensichtlicher Anpassung, Zweckmäßigkeit und Planmäßigkeit die Existenz einer höchsten Intelligenz bewiesen. Er ging über Rousseau hinaus, indem er das Gefühl über die Vernunft stellte. «Je weiter die Vernunft fortschreitet, um so mehr beweist sie unsere Nichtigkeit; und weit davon entfernt, unsere Sorgen zu verringern, ernährt sie dieselben durch ihr Licht ... Aber das Gefühl ... verleiht uns einen erhabenen Impuls, und indem es unsere Vernunft unterjocht, wird es der edelste und freudigste Trieb im menschlichen Leben.» [93]

An eine zweite Ausgabe der Etudes (1788) hängt Bernardin eine Liebesgeschichte, Paul et Virginie, an, die trotz zahlreicher Geschmackswandlungen, die seither eingetreten sind, ein Klassiker der französischen Literatur geblieben ist. Zwei schwangere Französinnen kommen auf die Insel Mauritius; der einen ist der Gatte gestorben, die andere ist von ihrem Liebhaber verlassen worden. Die eine bringt Paul, die andere Virginie zur Welt. Die Kinder wachsen in einem Gebirgstal, inmitten einer erhabenen, vom Duft natürlicher Blumen erfüllten Landschaft auf. Ihre Moral wird durch mütterliche Hingabe und religiöse Unterweisung geformt. Sobald sie das Pubertätsalter erreichen, verlieben sie sich ineinander – da kein anderer Partner in der Nähe ist. Virginie wird nach Frankreich geschickt, um eine Erbschaft anzutreten. Man bietet ihr die Ehe und ein großes Vermögen an, wenn sie in Frankreich bleibt; doch sie lehnt ab, um nach Mauritius und zu Paul zurückzukehren. Er eilt zum Meeresufer hinab, um ihr Schiff näherkommen zu sehen, fiebernd vor Ungeduld, die Geliebte in die Arme zu schließen; aber das Schiff gerät in eine Untiefe, strandet und wird durch einen Sturm zerschmettert. Virginie ertrinkt beim Versuch, das Ufer zu erreichen, Paul stirbt an gebrochenem Herzen.

Das kleine Buch ist ein Prosagedicht, erzählt mit einer Einfachheit des Stils und einer Reinheit und Musik der Sprache, die in der französischen Literatur nirgendwo übertroffen worden sind. Seine Frömmigkeit und Empfindsamkeit entsprachen der Stimmung der Zeit, und niemand ließ sich durch die Tatsache stören, daß diese tugendhaften Frauen und Kinder Sklaven hielten[94]. Bernardin wurde als der echte Nachfolger Rousseaus begrüßt. Frauen schrieben ihm in dem gleichen Ton andächtiger Bewunderung, mit der sie den Autor des *Emile* getröstet hatten. Wie dieser zog Bernardin keinen Nutzen aus seinem Ruhm; er mied die Gesellschaft und lebte zufrieden unter den Armen. Die Revolution ließ ihn unbelästigt; inmitten ihrer Gewalttätigkeit heiratete er mit fünfundfünfzig die zweiundzwanzigjährige Félicité Didot. Sie schenkte ihm zwei Kinder, die auf die Namen Paul und Virginie getauft wurden. Nach Félicités Tod heiratete er mit dreiundsechzig eine junge Frau, Désirée de Pellepou, die ihn bis zu seinem Tode im Jahre 1814 liebevoll pflegte.

Bevor er starb, erlebte er den Aufstieg von Chateaubriand, der die Fackel der französischen Romantik und Frömmigkeit aus seinen Händen übernahm und sie in das 19. Jahrhundert hinübertrug.

Es gab in dieser Epoche einige bedeutende Bücher, die heute nicht mehr gelesen werden, damals aber dazu beitrugen, der Zeit Stimme und Farbe zu verleihen. Der Abbé Jean-Jacques Barthélemy veröffentlichte im Alter von zweiundsiebzig Jahren (1788), nachdem er dreißig Jahre daran gearbeitet hatte, sein Buch *Voyage du Jeune Anacharsis en Grèce* (Reise des jungen Anacharsis in Griechenland), ein Werk, in dem er es sich zur Aufgabe machte, Landschaft, Menschen, Altertümer, Institutionen, Bräuche und Münzen Griechenlands im 4. Jahrhundert vor Christus, gesehen mit den Augen eines skythischen Reisenden, zu beschreiben; das Werk erschien, als der Klassizismus seinen Höhepunkt erreichte, und war einer der größten literarischen Erfolge der Zeit. Es begründete in gewissem Sinne in Frankreich die Wissenschaft der Numismatik.

Fast ebenso beliebt war ein ähnliches Buch, *Les Ruines, ou Méditations sur les Révolutions des Empires* (Die Ruinen, oder Betrachtungen über die Revolutionen der Großreiche), das Graf Constantin von Volney 1791 veröffentlichte, nachdem er vier Jahre lang Ägypten und Syrien bereist hatte. Angesichts der zerstörten Überreste alter Kulturen fragte er: «Wer kann uns versichern, daß die gleiche Verwüstung eines Tages nicht das Los unseres Landes sein wird?» Heute würden wir einigermaßen zögern, eine optimistische Antwort auf diese Frage zu geben, doch Volney, Sohn des ausgehenden Zeitalters der Vernunft und, wie Condorcet, Erbe all ihrer Hoffnungen für die Menschheit, belehrte seine Leser, am Zusammenbruch dieser alten Reiche sei die Unwissenheit ihrer Völker schuld gewesen, und diese habe ihren Grund in der Schwierigkeit gehabt, das Wissen von Mensch zu Mensch und von Generation zu Generation weiterzugeben. Jetzt aber seien diese Schwierigkeiten durch die Erfindung der Buchdruckerkunst überwunden. Alles, was fortan noch nötig sei, um den Ruin der Kultur abzuwehren, sei die weite Verbreitung des Wissens, das die Menschen und die Staaten in die Lage versetze, ihre unsozialen Triebe mit dem Allgemeinwohl zu versöhnen. In diesem Gleichgewicht der Kräfte werde die schiedsrichterliche Entscheidung an die

DAS ENDE DER «FEINEN WELT» 503

Stelle des Krieges treten, und «das ganze Menschengeschlecht wird eine große Gesellschaft, eine einzige Familie, beherrscht vom gleichen Geist und regiert von gemeinsamen Gesetzen, alles Glück genießend, dessen die menschliche Natur fähig ist»[95].

Wir kommen nun zu der unglaublichen Karriere des Nicolas-Edme Restif de la Bretonne, von seinen Zeitgenossen «der Rousseau der Gosse» und «der Voltaire der Stubenmädchen» genannt, Verfasser von etwa zweihundert Büchern, viele von ihnen mit eigener Hand gesetzt und auf einer eigenen Presse gedruckt, einige von ihnen mit Absicht pornographisch, alle zusammen eine ausführliche Schilderung der Moral und der Sitten der unteren Klassen in der Regierungszeit Ludwigs XVI.

In *La Vie de mon Père* (1779) zeichnete er ein zärtliches, idealisiertes Bild von seinem Vater Edmond, der in seiner Erinnerung «das Aussehen eines Herkules und die Sanftmut eines Mädchens» besaß[96]. Der Sohn zeichnete sein eigenes Leben in sechzehn Bänden unter dem Titel *Monsieur Nicolas* (1794–1797) auf, einer zwanglosen Mischung von Dichtung und Wahrheit über die Wechselfälle seines Lebens, seine Amouren und seine Ideen. Er wurde 1737 in einem Bauernhaus in Sacy (in dem ein Viertel La Bretonne hieß), fünfunddreißig Kilometer von Auxerre, geboren. Im Alter von elf Jahren, versichert er uns, wurde er zum erstenmal Vater[97]. Mit vierzehn verliebte er sich in die siebzehnjährige Jeannette Rousseau und begann seine lebenslängliche Anbetung des weiblichen Fußes. «Mein Gefühl für sie war ebenso rein und zärtlich, wie es tief war ... Ihr hübscher Fuß war für mich unwiderstehlich.»[98] Vielleicht um ihn aus solchen Verstrickungen zu befreien, wurde er 1751 nach Auxerre geschickt, um bei einem Drucker in die Lehre zu gehen. Bald verführte er die Frau seines Meisters; doch hierfür ist er die einzige Quelle. Mit fünfzehn, so berichtet er uns, hatte er bereits fünfzehn «Mätressen» gehabt. Nach vier Jahren solchen Treibens ging er nach Paris; hier arbeitete er als Druckergeselle und verdiente zweieinhalb Franc am Tag, die es ihm ermöglichten, zu essen und sich gelegentlich eine Prostituierte zu leisten; manchmal, wenn seine Mittel knapp waren, schlief er mit Holzkohleverkäuferinnen[99]. 1760 heiratete er mit sechsundzwanzig eine Frau, die fast ebenso erfahren war wie er, Agnès Lebèque; beide erwiesen sich als untreu. 1784 ließen sie sich scheiden, nicht wegen ihrer Seitensprünge, sondern weil beide unter die Autoren gegangen waren und sich um Papier, Tinte und Ruhm stritten.

Nicolas hatte seine Laufbahn als Schriftsteller 1767 mit *Le Pied de Fanchette* begonnen, einer Geschichte, worin der Fuß des Mädchens die Rolle der *pièce de résistance* spielte. Sein erster literarischer Erfolg war *Le Paysan perverti* (Der verführte Bauer; 1775). Darin erzählt er in Briefform, wie der Bauer Edmond nach Paris kommt und durch das Stadtleben und die Gottlosigkeit verdorben wird. Ein Freidenker, Gaudit d'Arras, lehrt ihn, Gott sei eine Erfindung und die Moral ein Schwindel, alle Genüsse seien legitim, die Tugend eine ungerechtfertigte Einengung unseres natürlichen Rechts auf unsere Begierden, und es sei unsere erste Pflicht, das Leben möglichst in vollen Zügen zu genießen[100]. Arras wird verhaftet, und Edmond gibt ihm zu bedenken: «Es gibt einen Gott.» Aber Arras will nicht Buße tun und wird gehängt. Ein Zeitgenosse nannte das Buch die «*Liaisons dangereuses* des Volkes»[101]. Restif war der Meinung, es würde so lange leben wie die französische Sprache[102]. In einem ergänzenden Band, *La Paysanne pervertie* (Die verführte Bäuerin; 1784), setzte er seinen Angriff auf die Unmoral und Verderbtheit des Stadtlebens fort. Er verwendete seine Tantiemen, um auf der sozialen Leiter des Ehebruchs ein oder zwei Stufen höher zu steigen.

Restifs bedeutendstes Werk war *Les Contemporaines* (Die Zeitgenossinnen), das fünfundsechzig Bände umfaßte (1780–1791). Diese Kurzgeschichten hatten einen attraktiven Untertitel: «Aventures des plus jolies femmes de l'âge présent» (Abenteuer der hübschesten Frauen unserer Zeit) – Leben, Liebe und Gewohnheiten von Blumenmädchen, Kastanien- und Holzkohleverkäuferinnen, Näherinnen und Friseusen, so realistisch und genau beschrieben, daß die betreffenden Personen sich selbst erkannten und den Autor beschimpften, wenn sie ihm auf der Straße begegneten[103]. Erst wieder durch Balzac ist ein so umfassendes Panorama des menschlichen Lebens in der französischen Literatur geschaffen worden. Die Kritiker verurteilten Restifs Hang zu «niederen Subjekten», aber Sébastien Mercier, dessen *Tableau de Paris* (1781–1790) ein systematischeres Bild von Paris bot, nannte ihn «unseren unbestreitbar größten Romanschriftsteller»[104].

Kurz vor der Revolution begann Restif in *Les Nuits de Paris* (1788–1794) die Erlebnisse aufzuzeichnen, die er auf seinen nächtlichen Spaziergängen mit eigenen Augen oder in seiner Phantasie gesehen hatte. Wiederum beschäftigte er sich in der Hauptsache mit dem Abschaum von Paris – mit Bettlern, Lastträgern, Taschendieben, Schmugglern, Spielern, Trunkenbolden, Entführern, Dieben, Prostituierten, Zuhältern und Selbstmördern. Er behauptete, wenig Glück, dafür aber viel Elend gesehen zu haben, und stellte sich selbst in vielen Fällen als rettenden Helden dar. Er besuchte die Cafés in der Nähe des Palais-Royal und sah, wie die Revolution Gestalt annahm; er hörte Camille Desmoulins' berühmten Ruf zu den Waffen, sah das triumphierende Volk den abgeschlagenen Kopf von de Launay, dem Direktor der Bastille, durch die Straßen tragen und die Frauen nach Versailles ziehen, um den König gefangenzunehmen[105]. Bald wurde er der Gewalt, des Terrors und der Unsicherheit des Lebens müde. Er befand sich mehrere Male in Gefahr, verhaftet zu werden; doch er entrann ihr, indem er sich zum revolutionären Glauben bekannte. Insgeheim war ihm alles zuwider, und er wünschte, «der gute Ludwig XVI. könnte wieder an die Macht gebracht werden»[106]. Er klagte Rousseau an, die Leidenschaften der Jungen, der Unwissenden und der Empfindsamen entfesselt zu haben. «Es war *Emile*, der uns diese anmaßende, halsstarrige, freche und eigensinnige Generation gebracht hat, die laut spricht und die Älteren zum Schweigen bringt.»[107]

So wurde er alt und bereute die Ideen, doch nicht die Sünden seiner Jugend. 1794 war er wieder ein armer Mann, reich nur an Erinnerungen und Enkelkindern. In Band XIII von *Monsieur Nicolas* stellte er einen Kalender der Männer und Frauen, die in seinem Leben eine Rolle gespielt hatten, auf, darunter mehrere hundert Geliebte, und bekräftigte seinen Glauben an Gott. 1800 berichtete die Gräfin von Beauharnais Napoleon, daß Restif in Armut lebe und in einem ungeheizten Zimmer wohne. Napoleon schickte ihm Geld, einen Diener und eine Wache, und 1805 gab er ihm einen

DAS ENDE DER «FEINEN WELT» 505

Posten im Polizeiministerium. Am 8. Februar 1806 starb Restif, zweiundsiebzig Jahre alt. Die Gräfin und mehrere Mitglieder des Institut de France (das ihm die Aufnahme verweigert hatte) schlossen sich den achtzehnhundert Bürgern an, die seinen Sarg zum Friedhof begleiteten.

VII. BEAUMARCHAIS

«Je mehr ich vom französischen Theater sehe», schrieb Arthur Young 1788, «desto mehr bin ich gezwungen, seine Überlegenheit über das unsrige anzuerkennen, und zwar sowohl was die Zahl seiner guten Darsteller wie auch was die Qualität der Tänzer, Sänger und der übrigen Personen betrifft, von denen das Theatergeschäft abhängt und die alle auf hohem Niveau stehen.»[108] In dem 1782 wiederaufgebauten Théâtre-Français und vielen Provinztheatern fanden jeden Abend, einschließlich der Sonntage, Vorstellungen statt. In der Schauspielkunst gab es gerade in diesen Jahren ein Interregnum: 1778 starb Lekain, und im selben Jahr ging Sophie Arnould von der Bühne ab; Talma, der spätere Liebling Napoleons, hatte sein Debüt 1787 in der Comédie-Française und feierte 1789 seinen ersten Triumph in Marie-Joseph Chéniers *Charles IX.* Der beliebteste Bühnenschriftsteller der Zeit war Michel-Jean Sedaine, Verfasser von sentimentalen Komödien, die sich ein Jahrhundert lang auf der französischen Bühne behaupteten. Wir erwähnen ihn im Vorbeigehen und wenden uns dem Manne zu, der mit der Hilfe Mozarts und Rossinis Figaro das Leben und (wie er es sah) Amerika die Freiheit schenkte.

Pierre-Augustin Caron lebte, wie Voltaire, vierundzwanzig Jahre, ohne seinen historischen Namen zu kennen. Sein Vater war Uhrmacher in der Pariser Vorstadt Saint-Denis. Nach einigem Widerstand versöhnte der Junge sich mit dem Gedanken, Nachfolger im Geschäft seines Vaters zu werden. Im Alter von einundzwanzig erfand er eine neue Art von Hemmung, die ihm ermöglichte, «ausgezeichnete Uhren herzustellen, die so flach und so klein sind, wie man es sich nur wünschen mag»[109]. Er erfreute Ludwig XV. mit einem Muster, und für Madame de Pompadour fertigte er eines, das so klein war, daß es in ihren Ring paßte; es sei, behauptete er, die kleinste je konstruierte Uhr. 1755 übernahm er den Posten des alternden Monsieur Franquet als einer der «Kontrolleure der königlichen Küche», die den König bei seinen Mahlzeiten bedienten; es war kein sehr hoher Posten, doch er verschaffte Pierre Zugang zum Hof. Ein Jahr später starb Franquet; Pierre heiratete die Witwe (1756), die sechs Jahre älter war als er. Da sie ein kleines Lehnsgut besaß, hängte Pierre dessen Namen an den seinen an und wurde Beaumarchais. Als seine Frau starb (1757), erbte er ihren Besitz.

Er hatte nie eine höhere Schulbildung erhalten; doch jedermann – selbst die Aristokraten, die ihm seinen schnellen Aufstieg übelnahmen – erkannte seinen wachen Geist und seinen flinken Witz an. In den Salons und Cafés kam er mit Diderot, d'Alembert und andern *philosophes* zusammen und verschrieb sich der Aufklärung. Eine Verbes-

506   DER ZUSAMMENBRUCH DES FEUDALEN FRANKREICH

serung, die er am Pedal der Harfe machte, erregte die Aufmerksamkeit der unverheirateten Töchter Ludwigs XV.; 1759 begann er, sie im Harfenspiel zu unterrichten.
Der Bankier Joseph Paris-Duverney bat Beaumarchais, die königlichen Damen dafür
zu gewinnen, daß sie Ludwig XV. dazu veranlaßten, die Ecole Militaire zu unterstützen, deren Direktor der Bankier war; Pierre tat es mit Erfolg, und Paris-Duverney
schenkte ihm Aktien im Werte von sechzigtausend Franc. «Er weihte mich in die
Geheimnisse der Finanzwirtschaft ein», sagte Beaumarchais. «Ich begann unter seiner
Führung, mein Glück zu machen; auf seinen Rat hin wagte ich mehrere Spekulationen,
und bei einigen von ihnen unterstützte er mich mit seinem Geld oder seinem Namen.»[110] So wurde Beaumarchais, auf diesem wie auf vielen anderen Wegen dem Beispiel Voltaires folgend, Millionär und Philosoph. 1771 war er reich genug, um das Amt
eines Titularsekretärs des Königs zu kaufen, das ihm den Adelstitel einbrachte. Er
bezog ein vornehmes Haus in der Rue de Condé und brachte seinen stolzen Vater und
seine Schwestern darin unter.

Zwei andere Schwestern lebten in Spanien, in Madrid – die eine verheiratet, die
andere, Lisette, mit José Clavigo y Fajardo verlobt, einem Verleger und Autor, der
schon sechs Jahre lang die Hochzeit immer wieder hinausschob. Im Mai 1764 trat
Beaumarchais per Postkutsche eine Reise nach der spanischen Hauptstadt an. Er suchte
Clavigo auf, der versprach, Lisette bald zu heiraten, sich dann aber dem weiteren
Drängen Beaumarchais' entzog, indem er immer wieder seinen Aufenthaltsort änderte.
Schließlich erwischte ihn Pierre und forderte von ihm die Unterschrift unter einen
Heiratsvertrag; José entschuldigte sich mit der Begründung, er habe soeben ein Ab-
führmittel genommen, und das spanische Gesetz betrachte jeden Vertrag als ungül-
tig, der von einer Person unterzeichnet werde, die sich in diesem Zustand befinde.
Beaumarchais drohte ihm; Clavigo wandte sich an die Regierung um Hilfe, und der
schlaue Franzose mußte vor der spanischen Philosophie des mañana («morgen») kapitulieren. So gab er die Jagd auf, widmete sich Geschäften und gründete mehrere Gesellschaften, darunter eine, die Negersklaven in die spanischen Kolonien liefern sollte.
Er hatte ganz vergessen, daß er erst ein Jahr zuvor in einem Gedicht die Sklaverei verurteilt hatte[111]. Alle seine Unternehmungen scheiterten indes an der spanischen Ver-
zögerungskunst. Inzwischen jedoch führte Pierre ein flottes Leben, hielt sich eine
adlige Mätresse und lernte genug über spanische Sitten, um seine Stücke über einen
Barbier von Sevilla zu schreiben. Lisette fand einen anderen Liebhaber, und Beaumarchais kehrte nach Frankreich zurück, ohne etwas erreicht zu haben, abgesehen von
den gesammelten Erfahrungen. Er verfaßte einen faszinierenden Bericht über diese
Reise, dem Goethe, wie wir gesehen haben, den Stoff für sein Drama Clavigo entnahm
(1775).

1770 starb Paris-Duverney, unter Hinterlassung eines Testamentes, worin er anerkannte, daß er Beaumarchais fünfzehntausend Franc schuldete. Der Haupterbe, Graf
de La Blache, focht das Testament an mit der Begründung, diese Klausel sei eine Fälschung. Die Angelegenheit wurde vor das Pariser parlement gebracht, das den Ratsherrn Louis-Valentin Goëzman beauftragte, sie zu bearbeiten. Zu diesem Zeitpunkt

DAS ENDE DER «FEINEN WELT»

befand sich Beaumarchais wegen eines heftigen Auftritts mit dem Herzog von Chaulnes, bei dem es um eine Mätresse ging, im Gefängnis. Vorübergehend freigelassen, schickte er Madame Goëzman ein «Geschenk» von hundert Louisdor und eine mit Diamanten besetzte Uhr und bat sie, ihm ein Gespräch mit ihrem Gatten zu ermöglichen; sie forderte zusätzliche fünfzehn Louisdor für einen «Sekretär». Er schickte sie und wurde von dem Ratsherrn angehört, der aber gegen ihn entschied. Madame Goëzman schickte alles zurück bis auf die fünfzehn Louisdor; Beaumarchais bestand darauf, daß sie auch diese zurückgebe. Darauf beschuldigte ihn Goëzman der Bestechung. Pierre brachte die Angelegenheit vor die Öffentlichkeit in einer Reihe von Denkschriften, die so lebendig und witzig waren, daß sie ihm allgemeinen Beifall und den Ruf eines glänzenden Redners, wenn auch nicht eines ehrlichen Mannes einbrachten. Voltaire sagte von ihm: «Ich habe nie etwas Stärkeres, Kühneres, Witzigeres, Interessanteres und für seine Gegner Demütigenderes gesehen. Er kämpft gegen ein Dutzend von ihnen gleichzeitig und mäht sie alle nieder.»[112] Das *parlement* entschied gegen seinen Anspruch auf die Erbschaft (6. April 1773), stellte ihn wegen Fälschung unter Anklage und verurteilte ihn zur Zahlung von 56300 Livres für Schadenersatz und zur Tilgung von Schulden.

Aus dem Gefängnis entlassen (8. Mai 1773), ließ sich Beaumarchais von Ludwig XV. als Geheimagent auf eine Mission nach England schicken, um die Verbreitung einer Schmähschrift gegen Madame Dubarry zu verhindern. Er hatte Erfolg und arbeitete weiter im Geheimdienst unter Ludwig XVI., der ihn beauftragte, nach London zurückzugehen und Guglielmo Angelucci durch Bestechung davon abzuhalten, ein Pamphlet gegen Marie-Antoinette zu veröffentlichen. Angelucci lieferte das Manuskript für 35 000 Franc aus und reiste nach Nürnberg ab; Beaumarchais, der ihn im Verdacht hatte, eine Kopie zurückbehalten zu haben, verfolgte ihn durch Deutschland, holte ihn in der Nähe von Neustadt ein und zwang ihn, auch die Kopie auszuliefern. Zwei Straßenräuber überfielen ihn; er wurde verletzt, schlug sie aber in die Flucht, reiste nach·Wien, wurde als Spion verhaftet, verbrachte einen Monat im Gefängnis, wurde freigelassen und fuhr zurück nach Frankreich.

Seine nächste Heldentat hat mehr Anrecht auf einen Platz in der Geschichte. 1775 schickte ihn Vergennes nach London, um über die wachsende Krise zwischen England und Amerika zu berichten. Im September sandte Beaumarchais Ludwig XVI. einen Bericht, in dem er den Erfolg der amerikanischen Revolte voraussagte und auf die pro-amerikanische Minderheit in England hinwies. Am 29. Februar 1776 schrieb er dem König einen weiteren Brief, in dem er die geheime Unterstützung Amerikas durch Frankreich empfahl, mit der Begründung, Frankreich könne sich selbst vor der Unterwerfung nur durch Schwächung Englands schützen[113]. Vergennes war der gleichen Meinung und gab, wie wir gesehen haben, Beaumarchais die Mittel, um Kriegsmaterial an die englischen Kolonien zu liefern. Beaumarchais stürzte sich mit vollem Eifer in das Unternehmen. Er gründete die Firma Rodriguez Hortalez y Compañía, reiste von einem französischen Hafen zum anderen, kaufte Schiffe und rüstete sie aus, belud sie mit Proviant und Waffen, verpflichtete erfahrene französische Offiziere für die amerikanische Armee und gab – nach seiner Behauptung – zusätzlich zu den zwei Millionen Livres, die ihm von der französischen und der spanischen Regierung zur Verfügung gestellt worden waren, mehrere Millionen von seinem eigenen Geld aus. Silas Deane berichtete an den amerikanischen Kongreß (29. November 1776): «Ich hätte meine Mission nie durchführen können ohne die großzügige, unermüdliche und intelligente Hilfe von Herrn von Beaumarchais, dem die Vereinigten Staaten in jeder Beziehung mehr verpflichtet sind als irgendeiner anderen Person auf dieser Seite des Ozeans.»[114] Am Ende des Krieges berechnete Silas Deane, daß Amerika Beaumarchais 3 600 000 Franc schuldete. Der Kongreß, der angenommen hatte, das ganze Material sei ein Geschenk der Verbündeten gewesen, wies den Anspruch zurück, zahlte jedoch 1835 achthunderttausend Livres an Beaumarchais' Erben.

Während dieser fieberhaften Tätigkeit fand er Zeit, weitere an die Öffentlichkeit gerichtete Denkschriften zu verfassen, in denen er gegen das für ihn ungünstige Parlamentsdekret vom 6. April 1773 protestierte. Am 6. September 1776 wurde dieses Dekret aufgehoben, und Beaumarchais wurden alle bürgerlichen Rechte wiederzuerkannt. Im Juli 1778 entschied ein Gericht in Aix-en-Provence in der Sache Paris-Duverney zu seinen Gunsten, und Beaumarchais konnte das Gefühl haben, daß er seinen Namen endlich reingewaschen hatte.

Alle diese Unternehmungen in der Liebe, im Krieg, im Geschäfts- und im Rechtswesen waren nicht genug für Beaumarchais. Es gab daneben eine Welt von Worten, Ideen und Druckerschwärze, die er noch nicht ganz erobert hatte. 1767 bot er der Comédie-Française sein erstes Theaterstück, *Eugénie,* an; es wurde am 29. Januar 1769 aufgeführt, vom Publikum beifällig aufgenommen, von der Kritik jedoch abgelehnt. Ein zweites Stück, *Les Deux Amis* (13. Januar 1770), war trotz der üblichen Vorkehrungen ein Mißerfolg. «Ich hatte das Parkett vollbesetzt mit den hervorragendsten Kräften, mit Händen wie Paddeln», doch die Kräfte der Kabale waren stärker als er[115]. Die von Fréron angeführte literarische Bruderschaft bekämpfte ihn als einen Eindringling, einen zum Dramatiker gewordenen Gewohnheitsverbrecher, so wie der Hof von Versailles in ihm einen zum Adligen erhobenen Uhrmacher sah. Deshalb ließ er in seinem nächsten Stück Figaro «die Gelehrtenrepublik» als «die Republik der Wölfe» beschreiben, «die einander ständig an die Kehle springen ..., alle diese Insekten, Mükken, Moskitos und Kritiker, alle diese neidischen Journalisten, Buchkrämer, Zensoren»[116].

Auf der Bühne, wie im Leben, begegnete Beaumarchais einem Schwarm von Feinden und besiegte sie alle. Im schöpferischsten Augenblick seines vielseitigen Genies konzipierte er die Gestalt des Figaro: Barbier, Wundarzt und Philosoph, in Satinweste und Kniehosen, mit seiner über die Schulter hängenden Gitarre, seinem jede Schwierigkeit meisternden schnellen Verstand, seinem die Heuchelei, Anmaßung und Ungerechtigkeiten seiner Zeit durchbohrenden Witz. In gewissem Sinne war Figaro nicht eine Neuschöpfung, sondern bloß ein neuer Name und eine neue Form für die alte Figur des schlauen Dieners in der griechischen und der römischen Komödie, in der Commedia dell'Arte Italiens und in Molières Sganarelle; und doch stammt er, wie wir ihn

DAS ENDE DER «FEINEN WELT» 509

kennen, bis auf die Musik, ganz und gar von Beaumarchais. Sogar die Musik war ursprünglich von ihm; zunächst komponierte er *Le Barbier de Séville* als komische Oper, die er 1772 der Comédie-Italienne anbot. Das Stück wurde abgelehnt; doch Mozart lernte diese Musik während seines Aufenthaltes in Paris kennen[117]. Beaumarchais arbeitete die Oper zu einer Komödie um; diese wurde von der Comédie-Française angenommen, doch die bereits angesetzte Aufführung mußte verschoben werden, als der Autor ins Gefängnis kam (24. Februar 1773). Nach seiner Freilassung wurde die Premiere von neuem angesetzt, mußte jedoch wiederum verschoben werden, weil der Autor vom *parlement* unter Anklage gestellt worden war. Der Erfolg von Beaumarchais' öffentlicher Selbstverteidigung in seinen Denkschriften veranlaßte das Theater, die Aufführung erneut zu planen; sie wurde angekündigt für den 12. Februar 1774. «Alle Logen», berichtete Grimm, «waren bis zur fünften Aufführung ausverkauft.»[118] Im letzten Augenblick verbot die Regierung das Stück mit der Begründung, es könnte den noch im *parlement* hängigen Fall beeinflussen.

Ein weiteres Jahr verging; ein neuer König kam, dem Beaumarchais unter wiederholter Einsetzung seines Lebens diente. Nun wurde die Erlaubnis zur Aufführung erteilt, und am 23. Februar 1775 gelangte der *Barbier von Sevilla* endlich auf die Bühne. Er schlug nicht ein; das Stück war zu lang, und die vorangegangene Aufregung hatte das Publikum verleitet, zuviel zu erwarten. In einem Tag überarbeitete und kürzte Beaumarchais das Stück durch eine meisterliche Leistung auf dem Gebiete der literarischen Chirurgie; die Komödie wurde von verwirrenden Komplikationen gereinigt, der Witz von überflüssigem Beiwerk befreit, oder, wie Beaumarchais es ausdrückte: Er entfernte das fünfte Rad von dem Wagen. Am zweiten Abend wurde das Stück ein Triumph. Madame Du Deffand, die anwesend war, nannte es «einen außerordentlichen Erfolg …, aufgenommen mit endlosem Beifall»[119].

Der Prinz von Conti forderte Beaumarchais auf, eine Fortsetzung zu schreiben, die Figaro als einen reiferen Charakter zeigen sollte. Der Autor war damals gerade durch seine Rolle als Retter Amerikas vollkommen in Anspruch genommen, doch als er diese Aufgabe erfüllt hatte, kehrte er zur Bühne zurück und schrieb eine Komödie, die mehr dramatische Geschichte machte als sogar der *Tartuffe* von Molière. In der *Hochzeit des Figaro* haben der Graf Almaviva und Rosina aus dem *Barbier von Sevilla* bereits mehrere Ehejahre hinter sich; er ist der Reize müde geworden, die ihn in so manche Abenteuer verwickelt haben, und im Augenblick ist er damit beschäftigt, Susanne zu verführen, die Zofe seiner Gräfin und Verlobte Figaros, welcher erster Kammerdiener des Grafen und Majordomus des Schlosses geworden ist. Chérubin, ein dreizehn Jahre alter Page, liefert mit seiner jugendlichen Liebe zur Gräfin, die doppelt so alt ist wie er, ein anmutiges Obligato zum Hauptthema. Figaro ist Philosoph geworden; Beaumarchais nennt ihn «*la raison assaisonnée de gaieté et de saillies*» – Vernunft, gewürzt mit Fröhlichkeit und Witz[120] –, was fast einer Definition des *esprit gaulois* und der Aufklärung gleichkommt.

«Ich bin zum Hofmann geboren», sagt er zu Susanne, und als sie meint, dies «sei ein sehr schwieriges Fach», erwidert er: «Keineswegs. Nehmen, einstecken, fordern, das

510   DER ZUSAMMENBRUCH DES FEUDALEN FRANKREICH

ist das Geheimnis in drei Worten.»[121] Und in dem Selbstgespräch, das Rossini in der ganzen Welt bekannt gemacht hat, wendet er sich an die Adligen Spaniens (und Frankreichs) mit fast revolutionärem Spott: «Was haben Sie denn geleistet, all das zu verdienen? Sie haben sich die Mühe gegeben, geboren zu werden, weiter nichts. Im übrigen sind Sie ein ganz gewöhnlicher Mensch. Während ich, zum Donnerwetter, verloren im dunkelsten Gewühl der Menge, mehr Fleiß und Verstehen aufwenden mußte, mich emporzuarbeiten, um nackt existieren zu können, als die gesamte Regierung Spaniens in hundert Jahren verbraucht hat!»[122] Er lacht über Soldaten, die «totschlagen und sich totschlagen lassen, ohne zu wissen warum. Ich wenigstens muß immer wissen, weswegen ich mich erbosen soll»[123]. Sogar die menschliche Rasse bekommt ihr Teil ab: «Trinken ohne Durst und Lieben ohne Maß, das ist das einzige, was den Menschen von anderem Vieh unterscheidet.»[124] Weitere Streiche werden geführt gegen den Verkauf öffentlicher Ämter, die Willkür der Minister, die Fehlurteile der Justiz, die Verhältnisse in den Gefängnissen, die Zensur und die Verfolgung des Denkens. «Da erfuhr ich, daß man in Madrid ein neues System eingeführt habe, das man Preßfreiheit nennt, und daß ich von nun an über alles freimütig schreiben dürfe, ausgenommen über den Staat, den Hof, die Kirche, die Beamten, die Moral, die Oper, die Schauspieler und was irgend sonst noch bei irgend jemandem irgendwelchen Anstoß erregen könnte. Im übrigen aber stünd' es mir frei, mit Genehmigung zweier oder dreier Zensoren alles drucken zu lassen, was ich für gut fände.»[125] Eine Stelle, welche die Schauspieler strichen, vielleicht weil sie allzu deutlich auf ihre eigenen Sünden anspielte, machte das männliche Geschlecht für die Prostitution verantwortlich: Die Männer schaffen durch ihre Nachfrage das Angebot, und durch ihre Gesetze bestrafen sie die Frauen, welche die Nachfrage befriedigen[126]. Die Handlung zeigte nicht nur, daß der Diener schlauer war als sein Herr – dies war zu sehr Tradition geworden, um noch beleidigen zu können –, sondern entlarvte auch den vornehmen Grafen als einen abgefeimten Ehebrecher.

Die Hochzeit des Figaro wurde 1781 von der Comédie-Française angenommen, konnte aber erst 1784 aufgeführt werden. Als das Stück Ludwig XVI. vorgelesen wurde, ertrug er mit tolerantem Humor die gelegentliche Satire; doch als er den Monolog hörte, worin der Adel und die Zensur verspottet wurden, glaubte er nicht zulassen zu können, daß diese fundamentalen Einrichtungen öffentlich beschimpft wurden. «Das ist abscheulich», rief er aus, «es darf nie gespielt werden. Seine Aufführung zu erlauben wäre gleichbedeutend mit der Zerstörung der Bastille. Dieser Mann macht alles lächerlich, was an einer Regierung respektiert werden soll.»[127] Er verbot die Aufführung des Stückes.

Beaumarchais las Teile des Stückes in Privathäusern vor. Die Neugierde erwachte. Einige Höflinge erreichten, daß es vor dem Hof aufgeführt werden durfte, doch in der letzten Minute wurde auch dies verboten. Schließlich gab der König angesichts zahlreicher Proteste und Forderungen nach und erklärte sich bereit, öffentliche Aufführungen zu erlauben, nachdem der Text durch Zensoren sorgfältig gereinigt worden war. Die Premiere am 27. April 1784 war ein historisches Ereignis. Ganz Paris war-

DAS ENDE DER «FEINEN WELT» 511

tete gespannt auf den ersten Abend. Adlige prügelten sich mit Bürgern, um zugelassen zu werden. Eisengitter wurden niedergerissen, Türen eingeschlagen, drei Personen erstickten. Beaumarchais war anwesend und genoß das Schauspiel. Der Erfolg war so groß, daß das Stück sechzigmal aufgeführt wurde, fast immer vor vollem Haus. Die Einnahmen waren beispiellos. Beaumarchais spendete seinen ganzen Anteil – 41 999 Livres – für wohltätige Zwecke [128].

Die Geschichtsschreibung hat *Die Hochzeit des Figaro* als einen Vorläufer der Revolution bezeichnet; Napoleon nannte sie «die bereits im Gange befindliche Revolution» [129]. Einige Zeilen daraus fanden Eingang in das revolutionäre Vokabular der Zeit. Beaumarchais jedoch leugnete in einem später zu dem veröffentlichten Stück geschriebenen Vorwort jede revolutionäre Absicht und zitierte aus seinen Schriften Stellen zur Verteidigung der Monarchie und der Aristokratie. Er fordere nicht die Zerstörung der vorhandenen Einrichtungen, sondern die Abstellung der mit ihnen verbundenen Mißbräuche, gleiche Justiz für alle Klassen, größere Freiheit des Gedankens und der Presse, Schutz des Individuums gegen die *Lettres de cachet* und andere Auswüchse der monarchischen Gewalt. Wie sein Idol Voltaire lehnte er die Revolution als Aufforderung zum Chaos und Aufreizung der Instinkte des einfachen Volkes ab.

Während der turbulenten Ereignisse, deren Zeuge er war, fuhr er fort, Voltaires Werke zu studieren. Er erkannte die Ähnlichkeiten, wenn auch vielleicht nicht die Unterschiede zwischen sich und dem Patriarchen: die gleiche Verbindung von fieberhafter intellektueller Aktivität mit einer genialen finanziellen Begabung und die gleiche Verachtung von Skrupeln und moralischem Zartgefühl, den gleichen Mut im Kampf gegen Ungerechtigkeit und Mißgeschick. Er entschloß sich, Voltaires Werke in einer gesammelten und vollständigen Ausgabe zu bewahren und zu verbreiten. Er wußte, daß dies nicht in Frankreich geschehen konnte, wo viele von Voltaires Schriften verboten waren. So ging er zu Maurepas und erzählte ihm, Katharina II. plane, in Petersburg eine französische Ausgabe herauszubringen, was offensichtlich eine Schande für Frankreich wäre. Der Minister sah dies ein und versprach, den Vertrieb einer Gesamtausgabe zu erlauben. Charles-Joseph Panckoucke, ein Pariser Buchhändler, hatte sich die Rechte für Voltaires unveröffentlichte Manuskripte gesichert; Beaumarchais kaufte sie ihm für hundertsechzigtausend Franc ab. Er sammelte alle veröffentlichten Werke Voltaires, die er auftreiben konnte, besorgte sich die Baskerville-Schrifttypen aus England und kaufte Papiermühlen in den Vogesen. Er engagierte Condorcet als Herausgeber und Biographen, mietete ein altes Fort in Kehl am Rhein, stellte Druckerpressen auf und brachte, trotz unzähliger Schwierigkeiten, zwei Ausgaben heraus, eine in siebzig Oktavbänden, die zweite in zweiundneunzig Duodezbänden (1783–1790). Dies war das größte bis zu diesem Zeitpunkt in Europa durchgeführte Verlagsunternehmen, die *Enzyklopädie* nicht ausgenommen. Einen schnellen Absatz erwartend, ließ Beaumarchais fünfzehntausend Reihen drucken; er verkaufte nur zweitausend, teilweise wegen der von *parlement* und Klerus geführten Kampagne gegen das Unternehmen [130], teilweise wegen der politischen Wirren der Jahre 1788–1790 und teilweise, weil die Unsicherheit der persönlichen Vermögensumstände das Publikum

512 DER ZUSAMMENBRUCH DES FEUDALEN FRANKREICH

davon abschreckte, ein so teures Werk zu kaufen. Beaumarchais behauptete, eine Million Livres bei dem Geschäft verloren zu haben. Dennoch brachte er auch eine Gesamtausgabe Rousseaus heraus.

Die Revolution, die vorzubereiten er geholfen hatte, erwies sich als ein Unglück für ihn. 1789 baute er für sich und seine dritte Frau ein kostspieliges Haus gegenüber der Bastille; er stattete es mit erlesenen Möbeln und Kunstgegenständen aus und umgab es mit einem zwei Morgen großen Garten. Der Mob, der sich wiederholt in dem Bezirk zusammenrottete, betrachtete einen solchen Luxus mit neidischen Augen; zweimal drangen Aufrührer in sein Haus ein, und Beaumarchais, nun taub und frühzeitig gealtert, wurde als Aristokrat bedroht. Er schickte eine Petition an die Kommune von Paris und beteuerte seinen Glauben an die Revolution; dennoch wurde er verhaftet (23. August 1792), doch obwohl er bald wieder freigelassen wurde, lebte er in ständiger Angst, ermordet zu werden. Dann wendete sich das Schicksal, und er wurde 1792 von der Revolutionsregierung beauftragt, nach Holland zu reisen und Gewehre für die Republik zu kaufen. Die Verhandlungen scheiterten, und während seiner Abwesenheit wurde sein Besitz beschlagnahmt, und seine Frau und seine Tochter wurden verhaftet (5. Juli 1794). Er eilte nach Paris zurück und erwirkte ihre Freilassung und die Freigabe seines Vermögens. Er lebte weitere drei Jahre, körperlich geschwächt, doch ungebrochenen Geistes, und begrüßte noch den Aufstieg Napoleons: Er starb am 18. Mai 1799 an einem Schlaganfall im Alter von siebenundsechzig Jahren. Selten hat, sogar in der französischen Geschichte, ein Mann ein so erfülltes, buntes und abenteuerliches Leben geführt.

VIERTES KAPITEL

Die Triebkräfte der Revolution

[1774–1789]

WIR haben den französischen Geist am Vorabend der Revolution – Frankreichs Philosophie, Religion, Moral, Sitten, Literatur und Kunst – untersucht. Aber dies waren zarte, einem wirtschaftlichen Untergrund entsprossene Blüten; wir können sie nicht verstehen, wenn wir nicht bis zu ihren Wurzeln gehen. Noch weniger können wir die politische Umwälzung, die das Ancien régime beendete, begreifen, ohne, wenn auch nur kurz, alle Zweige der französischen Wirtschaft zu untersuchen und zu fragen, wie ihre Entwicklung zu dem großen Zusammenbruch führte.

Wenn wir uns nun noch einmal mit der Landwirtschaft, der Industrie, dem Handel und dem Finanzwesen beschäftigen, müssen wir daran denken, daß sie keine toten Abstraktionen sind, sondern mit lebendigen und fühlenden menschlichen Wesen zu tun haben. Wir erblicken Edelleute und Bauern, die Nahrungsmittel erzeugen; Unternehmer und Arbeiter, die Waren herstellen; Erfinder und Wissenschaftler, die neue Methoden und Werkzeuge liefern; Städte, die erfüllt sind vom Lärm der Werkstätten und Fabriken, den Seufzern bekümmerter Hausfrauen und dem Geschrei aufrührerischer Volksmassen; Häfen und Schiffe, mit ihrem Gewimmel von Händlern, Kapitänen, Matrosen und manchen abenteuerlichen Gestalten; Leute, die Geld riskieren, gewinnen und verlieren wie Necker oder das Leben aufs Spiel setzen wie Lavoisier; das Ganze durch die Wirkung revolutionärer Ideen und steigender Unzufriedenheit in brodelnde Unruhe versetzt – es ist ein gewaltiges, verwirrendes Bild.

I. DER ADEL UND DIE REVOLUTION

Frankreich zählte 24 670 000 Männer, Frauen und Kinder; zu dieser Schätzung gelangte Necker im Jahre 1784[1]. Die Bevölkerungszahl war von 17 Millionen im Jahre 1715 infolge wachsender Nahrungsmittelproduktion, Verbesserung des Gesundheitswesens und weil das Land von fremder Invasion und Bürgerkrieg verschont geblieben war, auf diese Höhe angestiegen. Die Nation als Ganzes erlebte während des 18. Jahrhunderts eine Steigerung des Wohlstands; doch der größte Teil des neuen Reichtums blieb auf die Mittelklasse beschränkt[2].

Bis auf zwei Millionen lebten alle Franzosen auf dem Land. Das Schicksal der Landwirtschaft lag in den Händen von königlichen Intendanten, Provinzadministratoren und

514   DER ZUSAMMENBRUCH DES FEUDALEN FRANKREICH

Pfarrgeistlichen sowie von Feudalherren, deren Zahl 1789 auf 26 000 geschätzt wurde. Diese und ihre Söhne dienten ihrem Land im Kriege auf ihre ritterliche, altmodische Weise (der Degen war jetzt mehr ein Ornament als eine Waffe). Nur eine kleine Minderheit der Adligen blieb am Hofe; die meisten lebten auf ihren Landsitzen und behaupteten, ihren Unterhalt zu verdienen, indem sie ihre Güter verwalteten und sich um das Polizeiwesen, die Gerichte, die Schulen, die Hospitäler und die öffentliche Fürsorge kümmerten. Doch diese Funktionen waren größtenteils von Beamten der Zentralregierung übernommen worden. So war der Adel ein verkümmertes Organ geworden, das dem sozialen Organismus viel Blut entzog und außer dem Militärdienst nur geringe Gegenleistungen erbrachte. Und selbst dieser Dienst gab Anlaß zu öffentlichem Ärgernis, denn der Adel überredete Ludwig XVI. 1781, alle Männer, die nicht mindestens vier Generationen adliger Vorfahren nachweisen konnten, von allen höheren Ämtern in der Armee, der Flotte und der Regierung auszuschließen.

Vorgeworfen wurde dem Adel auch, er lasse große Teile seiner Ländereien unbestellt, während Tausende von Stadtbewohnern nach Brot hungerten. Arthur Youngs Beschreibung der Gegenden im Bereich der Flüsse Loire und Cher galt für manche Gebiete Frankreichs: «Die Felder sind Bilder erbärmlicher Bewirtschaftung, wie die Häuser Bilder des Elends sind. Doch dieses ganze Land [ist] sehr verbesserungsfähig, wenn sie wüßten, was sie damit anfangen sollen.»[3]* Nicht wenige der Adligen waren selbst arm, manche infolge von Unfähigkeit, andere durch Unglück, wieder andere, weil ihr Boden erschöpft war. Viele von ihnen wandten sich an den König um Hilfe, und mehrere erhielten Schenkungen aus dem Staatssäckel.

Leibeigenschaft in dem Sinne, daß eine Person durch Gesetz an ein Stück Land gebunden und dessen Besitzer gegenüber ständig zu Abgaben und Dienstleistungen verpflichtet ist, war um 1789 in Frankreich weitgehend verschwunden; es gab noch etwa eine Million Leibeigene, hauptsächlich auf Klostergütern. Als Ludwig XVI. 1779 die Leibeigenen auf den königlichen Domänen freiließ, zögerte das *parlement* der Franche-Comté (in Ostfrankreich) neun Monate, bevor es dieses Edikt in Kraft setzte. Die Abtei von Luxeuil und das Priorat von Fontaine, die zusammen elftausend Leibeigene hatten, sowie die Abtei von Saint-Claude im heutigen Département Jura mit zwanzigtausend Leibeigenen weigerten sich – trotz zahlreicher Appelle, bei denen mehrere Geistliche sich Voltaire anschlossen –, dem Beispiel des Königs zu folgen[5]. Nach und nach kauften diese Leibeigenen ihre Freiheit oder gewannen sie durch Flucht, und 1779 schaffte Ludwig XVI. das Recht des Besitzers ab, flüchtige Leibeigene außerhalb seines Herrschaftsbereichs zu verfolgen.

---

* Arthur Young, ein englischer Gutsbesitzer, bereiste den Kontinent in den Jahren 1787, 1788 und 1789 und berichtete über seine Beobachtungen in den *Travels in France* (Reisen in Frankreich; 1792). Er war nicht frei von englischen Vorurteilen («Man nehme die Gesamtheit der Menschheit, und man findet in England in einer halben Stunde mehr gesunden Menschenverstand als in Frankreich in einem halben Jahr»[4]); doch scheint er einen gerechten und zuverlässigen Bericht über das gegeben zu haben, was er sah. Er berichtete sowohl über Wohlstand als auch über Armut. Seine Hauptkritik an Frankreich richtet sich gegen dessen technologische Rückständigkeit und übertrieben zentralisierte, allgegenwärtige und autokratische Regierung.

DIE TRIEBKRÄFTE DER REVOLUTION 515

Obwohl 1789 fünfundneunzig Prozent der Bauern frei waren, unterlag die große Mehrheit von ihnen noch immer der Verpflichtung, eine oder mehrere Feudalabgaben zu entrichten, die von Region zu Region variierten. Sie umfaßten einen jährlichen Pachtzins (im 18. Jahrhundert verdoppelt), eine Gebühr für das Recht, Güter testamentarisch zu vermachen, und eine Zahlung für die Benutzung der Mühlen, Backöfen, Weinpressen und Fischteiche des Herrn – auf die er in ihrer Gesamtheit ein Monopol besaß. Er behielt sich das Recht vor, sein Wild auf den bestellten und noch nicht abgeernteten Feldern des Bauern zu jagen. Er umzäunte immer mehr von dem Gemeindeland, auf dem der Bauer früher sein Vieh geweidet und Holz geschlagen hatte. Die *corvée*, der Frondienst, war im größeren Teil Frankreichs in eine Geldabgabe umgewandelt worden, doch in der Auvergne, der Champagne, dem Artois und in Lothringen war der Bauer noch immer verpflichtet, für den örtlichen Grundherrn an drei oder mehr Tagen des Jahres bei der Instandhaltung von Straßen, Brücken und Wasserwegen unbezahlte Arbeit zu leisten [6]. Im Durchschnitt betrugen die noch bestehenden Abgaben zehn Prozent des bäuerlichen Einkommens. Der kirchliche Zehnte machte weitere acht bis zehn Prozent aus. Rechnet man hierzu die an den Staat gezahlten Steuern, die Markt- und Verkaufssteuern und die an den Pfarrgeistlichen gezahlten Gebühren für Taufe, Ehe und Begräbnis, so verblieb dem Bauern etwa die Hälfte der Früchte seiner Anstrengung.

Da das an die Grundherren gezahlte Bargeld durch den Währungsverfall ständig entwertet wurde, suchten diese ihr Einkommen zu sichern, indem sie die Abgaben erhöhten, seit langem außer Gebrauch gekommene Abgaben wiedereinführten und immer mehr von dem Gemeindeland einzäunten. Die Eintreibung der Abgaben wurde für gewöhnlich professionellen Steuereintreibern überlassen, die oft rücksichtslos vorgingen. Wenn der Bauer das Recht auf bestimmte Forderungen bezweifelte, wurde ihm gesagt, sie seien in den Urkunden oder Registern der Grundherren eingetragen. Wenn er die Echtheit dieser Register anfocht, wurde der Streitfall dem Herrschaftsgericht oder dem *parlement* der Provinz unterbreitet, deren Richter von den Grundherren abhängig waren [7]. Als Boncerf, heimlich von Turgot ermutigt, 1776 eine Broschüre *Die Nachteile der Feudalrechte* veröffentlichte, worin er die Einschränkungen solcher Rechte empfahl, wurde er vom Pariser Parlament gerügt. Voltaire, damals zweiundachtzig Jahre alt, griff wieder zu den Waffen. «Die Abschaffung der Feudalrechte vorschlagen», schrieb er, «läuft darauf hinaus, die Interessen der Herren des *parlements* selbst zu gefährden, von denen die meisten Lehen besitzen ... Es ist eine Angelegenheit der Kirche, des Adels und der Parlamentsmitglieder, vereinigt gegen den gemeinsamen Feind – das Volk.» [8]

Zur Rechtfertigung der Feudalabgaben ließ sich das eine oder andere vorbringen. Vom Standpunkt des Adligen aus waren sie eine Hypothek, von dem Bauern freiwillig aufgenommen als Teil des Preises, zu dem er ein Stück Land von dessen rechtmäßigem Eigentümer kaufte – der es in vielen Fällen in gutem Glauben von seinem früheren Besitzer erworben hatte. Manche arme Adlige waren für ihren Unterhalt auf die Abgaben angewiesen. Der Bauer litt weitaus mehr unter den staatlichen Steuern, dem

DER ZUSAMMENBRUCH DES FEUDALEN FRANKREICH

Kirchenzehnten und den Anforderungen und Verwüstungen des Krieges als unter den Feudalabgaben. Man höre zu diesem Punkt den größten und vornehmsten der französischen Sozialisten, Jean Jaurès: «Wenn es in der französischen Gesellschaft des 18. Jahrhunderts keine anderen Mißbräuche gegeben hätte als die verächtlichen Überreste des Feudalsystems, wäre keine Revolte nötig gewesen, um das Übel zu heilen; ein schrittweiser Abbau der Feudalrechte und die Befreiung der Bauernschaft hätten den Wandel friedlich herbeigeführt.»[9]

Einer der bemerkenswertesten Züge der damaligen französischen Adelsgesellschaft war ihr Bewußtsein und Eingeständnis einer Schuld. Nicht nur, daß viele Adlige sich den *philosophes* in ihrem Kampf gegen überkommene theologische Vorstellungen anschlossen, einige von ihnen verurteilten sogar, wie wir gesehen haben, die überholten Vorrechte ihrer Kaste[10]. Ein Jahr vor der Revolution erklärten sich dreißig Adlige bereit, auf ihre finanziellen Feudalprivilegien zu verzichten[11]. Die ganze Welt kennt den Idealismus des jungen La Fayette, der nicht nur für Amerika kämpfte, sondern sich nach seiner Rückkehr in die Heimat auch tapfer für friedliche Reformen einsetzte. Er trat gegen die Sklaverei auf und gab einen Teil seines Vermögens für die Befreiung der Sklaven in Französisch-Guayana aus[12]. Das Bekenntnis zu liberalen Grundsätzen und das Eintreten für Reformen wurde bei einem Teil der Aristokratie direkt Mode, besonders bei weiblichen Adelsangehörigen, wie den Damen de La Marck, de Boufflers, de Brienne und de Luxembourg. Hunderte von Adligen und Prälaten nahmen tätigen Anteil an der Kampagne für Ausgleich der Steuern, Sparsamkeit der Regierung, Organisierung der Wohltätigkeit und Abschaffung der *corvée*[13]. Einige Adlige, wie die Herzogin von Bourbon, verschenkten den größten Teil ihres Vermögens an die Armen[14].

Alles dies war jedoch nur ein an sich lobenswerter, aber vergeblicher Beschwichtigungsversuch angesichts der unübersehbaren Tatsache, daß der französische Adel aufgehört hatte, seinen Unterhalt zu verdienen. Viele Adlige versuchten, ihre traditionellen Verpflichtungen zu erfüllen; doch der Kontrast zwischen dem verschwenderischen Müßiggang der reichen Grundherren und dem Elend einer Bevölkerung, die wiederholt von Hungersnot bedroht war, mußte Feindseligkeit und Haß erzeugen. Lange zuvor schon hatte ein großer Adliger das Todesurteil über seine Kaste gesprochen. René-Louis de Voyer, Marquis d'Argenson, Staatssekretär von 1744 bis 1747, schrieb um 1752:

«Die Rasse der großen Herren muß vollständig vernichtet werden. Unter großen Herren verstehe ich jene, die Würden, Eigentum, Pfründe, Ämter und Vollmachten besitzen und, ohne Verdienste zu haben und ohne erwachsen sein zu müssen, dennoch groß und aus diesem Grunde oft wertlos sind ... Ich bemerke, daß eine Zucht von Jagdhunden erhalten wird, solange sie gut ist, aber abgeschafft wird, sobald sie schlecht wird.»[15]

Es waren diese Grundherren, reich, stolz und oft ohne eigentliche Aufgabe, welche die Revolution einleiteten. Sehnsüchtig schauten sie zurück auf die Tage vor Richelieu, als ihre Klasse die herrschende Macht in Frankreich gewesen war. Als die *parlements* ihr Recht, königliche Edikte zu annullieren, geltend machten, verbündeten sich der Adel der Geburt und der Adel des Schwertes mit dem der Ämter – den Erbbeamten –

DIE TRIEBKRÄFTE DER REVOLUTION 517

in einem Versuch, sich den König zu unterwerfen. Sie bejubelten die Redner der *parlements,* die den Ruf nach *Liberté* erhoben, und ermutigten das Volk und die Pamphletisten, die absolute Macht Ludwigs XVI. zu bestreiten. Wir können sie nicht tadeln; doch indem sie die Autorität des Monarchen schwächten, ermöglichten sie es der von der Bourgeoisie beherrschten Nationalversammlung des Jahres 1789, sich der unumschränkten Gewalt in Frankreich zu bemächtigen. Die Adligen taten den ersten Spatenstich zu ihrem eigenen Grab.

II. DIE BAUERN UND DIE REVOLUTION

Von den fünfundfünfzig Prozent des französischen Bodens, die dem Adel, dem König und dem Klerus gehörten, wurde der größere Teil von sogenannten *métagers,* Halbpächtern, bestellt, die Vieh, Geräte und Samen vom Besitzer erhielten und ihm gewöhnlich die Hälfte des Ertrages zahlten; daher ihr Name. Diese Pachtbauern waren im allgemeinen so arm, daß Arthur Young das System «den Fluch und das Verderben des ganzen Landes» nannte [16]; Fluch und Verderben nicht so sehr, weil die Grundbesitzer grausam waren, sondern weil es an Anreiz zur Mehrproduktion fehlte.

Die Mehrzahl der bäuerlichen Grundbesitzer, die die restlichen fünfundvierzig Prozent des Bodens bestellten, waren zur Armut verurteilt durch den geringen Umfang ihrer Güter, der einen rentablen Einsatz von Maschinen begrenzte. Die landwirtschaftliche Technik in Frankreich stand hinter derjenigen Englands zurück. Es gab Landwirtschaftsschulen und Modellgüter, doch nur wenige Bauern machten sie sich zunutze. Etwa sechzig Prozent der bäuerlichen Grundeigentümer besaßen weniger als die fünf Hektar, die zum Unterhalt einer Familie notwendig waren, und die Männer waren gezwungen, sich als Arbeiter auf großen Gütern zu verdingen. Die Löhne der Landarbeiter stiegen zwischen 1771 und 1789 um zwölf Prozent, doch im gleichen Zeitraum erhöhten sich die Preise um fünfundsechzig Prozent oder mehr [17]. Während die landwirtschaftliche Produktion während der Regierungszeit Ludwigs XVI. wuchs, wurden die gedungenen Arbeiter ärmer und bildeten ein ländliches Proletariat, das in Zeiten abnehmender Beschäftigung zum Nährboden für ein Heer von Bettlern und Landstreichern wurde. So schrieb Chamfort: «Es ist eine unbestrittene Wahrheit, daß es in Frankreich sieben Millionen Menschen gibt, die Almosen verlangen, und zwölf Millionen, die außerstande sind, sie ihnen zu geben.» [18]

Wahrscheinlich waren die Berichte von Reisenden über die Armut der Bauern übertrieben, weil sie in der Hauptsache die sichtbaren Verhältnisse im Auge hatten und nicht das Geld und die Güter sahen, die versteckt wurden, um sie dem Zugriff des Steuereinschätzers zu entziehen. Die zeitgenössischen Berichte widersprechen einander. Arthur Young fand Gebiete, die von unmenschlicher Armut gekennzeichnet waren, so in der Bretagne, und andere, in denen stolzer Wohlstand herrschte, wie in Béarn [19]. Im großen und ganzen war die Armut auf dem Lande im Frankreich des Jahres 1789 nicht so schlimm wie in Irland und nicht schlimmer als in Westeuropa oder in

518   DER ZUSAMMENBRUCH DES FEUDALEN FRANKREICH

den Elendsvierteln gewisser reicher Städte unserer Zeit, jedoch schlimmer als in England oder in der stets blühenden Poebene. Die neuesten Untersuchungen beweisen, daß «am Ende des alten Regimes eine Agrarkrise herrschte»[20]. Als Dürre und Hungersnot auftraten, wie in den Jahren 1788 und 1789, wurde die Not der Bauern so groß, besonders in Südfrankreich, daß nur die durch die Regierung und den Klerus verteilten Almosen die Hälfte der Bevölkerung vor dem Hungertod bewahrten.

Der Bauer mußte für den Staat, die Kirche und die Aristokratie zahlen. Die Last der Bodensteuer lag fast ausschließlich auf ihm. Er lieferte fast den ganzen Nachwuchs für die Infanterie der Armee. Er war das Hauptopfer des Salzmonopols der Regierung. Mit seiner Arbeit hielt er Straßen, Brücken und Kanäle instand. Er hätte den Kirchenzehnten vielleicht bereitwillig gezahlt, denn er war ein frommer, gottesfürchtiger Mensch, der Zehnte wurde verhältnismäßig milde eingetrieben und betrug selten buchstäblich den zehnten Teil[21], aber der Bauer sah den größten Teil des Zehnten die Pfarrei verlassen, um einen fernen Bischof oder einen geistlichen Müßiggänger am Hof oder sogar einen Laien, der einen Anteil am künftigen Zehnten gekauft hatte, zu unterhalten. Die direkte Steuerlast für den Bauern wurde von Ludwig XVI. gesenkt, die indirekten Steuern dagegen in vielen Distrikten erhöht[22].

War die Armut der Bauern die Ursache der Revolution? Sie war eine der treibenden Kräfte in einem Komplex von Ursachen. Die Ärmsten unter den Bauern waren zu schwach, um zu revoltieren; sie konnten unter ihren Lasten stöhnen, doch sie besaßen weder die Mittel noch den Verstand, die Rebellion zu organisieren, ehe sie von den wohlhabenderen Bauern, von Agenten der Mittelklasse und durch die Aufstände der Pariser Bevölkerung aufgewiegelt wurden. Dann aber, sobald einmal die Macht des Staates durch die intellektuelle Entwicklung des Volkes untergraben, die Armee von radikalen Ideen angesteckt war und die lokalen Behörden sich nicht länger auf die militärische Unterstützung von Versailles verlassen konnten, wurden die Bauern eine revolutionäre Kraft. Sie rotteten sich zusammen, tauschten Klagen und Schwüre aus, bewaffneten sich, griffen die Schlösser an, brannten die Häuser der unnachgiebigen Grundherren nieder und vernichteten die Urkunden, die zur Sanktionierung der Feudalabgaben dienten. Es war diese bäuerliche Selbsthilfe und die damit verbundene Gefahr einer sich über das ganze Land ausbreitenden Welle der Zerstörung grundherrlichen Eigentums, welche die Adligen so sehr erschreckten, daß sie ihre Feudalprivilegien aufgaben (4. August 1789) und so dem Ancien régime ein legales Ende bereiteten.

III. DIE INDUSTRIE UND DIE REVOLUTION

Auf diesem Feld besonders ist das vorrevolutionäre Bild kompliziert und dunkel. 1) Die Heimindustrie – betrieben von Männern, Frauen und Kindern, die zu Hause arbeiteten – stand im Dienst von Kaufleuten, die das Rohmaterial lieferten und die Erzeugnisse kauften. 2) Die Zünfte – Meister, Gesellen und Lehrlinge – stellten handwerkliche Güter in der Hauptsache für lokale Bedürfnisse her. Die Zünfte hielten sich

DIE TRIEBKRÄFTE DER REVOLUTION

bis zur Revolution, doch waren sie bereits um 1789 tödlich geschwächt durch das Wachstum der 3) freien kapitalistischen Unternehmungen, denen es erlaubt war, sich Kapital aus jeder Quelle zu beschaffen, jedermann zu beschäftigen, neue Methoden der Produktion und der Verteilung zu finden und anzuwenden, allen Konkurrenz zu machen und überall zu verkaufen. Diese Firmen waren gewöhnlich klein, doch sie vermehrten sich rasch; 1789 gab es in Versailles allein achtunddreißig Seidenfabriken, achtundvierzig Hutfabriken, acht Glasfabriken, zwölf Zuckerraffinerien, zehn Gerbereien[23]. In der Textilindustrie, im Baugewerbe, im Bergbau und in der Metallverarbeitung hatte der sich ausdehnende Kapitalismus bereits zur Bildung von Großunternehmen, hauptsächlich in der Form von Aktiengesellschaften, *sociétés anonymes*, geführt.

Frankreich übernahm nur zögernd die Textilmaschinen, welche die industrielle Revolution in England einleiteten; doch es gab trotzdem große Textilfabriken in Abbeville, Amiens, Reims, Paris, Louviers und Orléans, und in Lyon blühte die Seidenindustrie. Das Baugewerbe errichtete jene riesigen Blöcke von Wohnhäusern, die französischen Städten noch immer ihr charakteristisches Gesicht verleihen. Der Schiffsbau beschäftigte Tausende von Arbeitern in Nantes, Bordeaux und Marseille. Der Bergbau war der fortgeschrittenste der französischen Industriezweige. Der Staat besaß alle Rechte auf Bodenschätze, verpachtete die Gruben an Konzessionäre und erließ Sicherheitsvorschriften für die Bergleute[24]. Die Firmen bohrten Schächte bis zur Tiefe von hundert Metern, installierten kostspielige Einrichtungen für die Ventilation, die Entwässerung und den Transport und machten manchen zum Millionär. Die Firma Anzin hatte 1790 viertausend Arbeiter, sechshundert Pferde und zwölf Dampfmaschinen und förderte dreihundertzehntausend Tonnen Kohle pro Jahr. Der Abbau von Eisen und anderen Metallen lieferte die Rohstoffe für eine ständig an Bedeutung gewinnende Metallindustrie. 1787 investierte die Creusot-Aktiengesellschaft zehn Millionen Livres Kapital, um in der Produktion von Eisenwaren die neuesten Maschinen anzuschaffen; Dampfmaschinen betrieben Gebläse, Hämmer und Bohrer und versetzten ein Pferd in die Lage, das zu ziehen, wozu vorher fünf Pferde benötigt worden waren.

Einige verblüffende Erfindungen wurden in jenen Jahren von Franzosen gemacht. 1776 belustigte der Marquis von Jouffroy d'Abbans riesige Zuschauermengen an den Ufern des Doubs durch die Vorführung eines Raddampfers, einunddreißig Jahre bevor Fultons *Clermont* den Hudson hinauf- und hinunterdampfte. Noch spektakulärer waren die ersten Schritte in der Eroberung der Luft. 1766 hatte Henry Cavendish gezeigt, daß Wasserstoff eine geringere Dichte hat als Luft; Joseph Black zog daraus den Schluß, daß eine mit Wasserstoff gefüllte Blase steigen würde. Joseph und Etienne Montgolfier arbeiteten nach dem Grundsatz, daß Luft an Dichte verliert, wenn sie erhitzt wird; am 5. Juni 1783 füllten sie in der Nähe von Annonay bei Lyon einen Ballon mit erhitzter Luft, der bis zu einer Höhe von vierhundert Metern stieg und zehn Minuter später, als die Luft sich abgekühlt hatte, wieder sank. Ein mit Wasserstoff gefüllter, von Jacques-Alexandre Charles entworfener Ballon stieg am 27. August 1783 unter dem Beifall von dreitausend Zuschauern auf; als er in einer Entfernung von

520 DER ZUSAMMENBRUCH DES FEUDALEN FRANKREICH

fünfunddreißig Kilometern niederging, rissen die Bewohner den Ballon in Stücke, weil sie glaubten, er sei ein feindlicher Eindringling aus dem Himmel[25]. Am 15. Oktober führte Jean-François Pilâtre de Rozier den ersten in der Geschichte verzeichneten menschlichen Flug durch, indem er eine Montgolfière mit erhitzter Luft füllte; dieser Aufstieg dauerte vier Minuten. Am 7. Januar 1785 flogen François Blanchard, ein Franzose, und John Jeffries, ein amerikanischer Arzt, in einem Ballon von England nach Frankreich. Die Leute begannen von einem Flug nach Amerika zu sprechen[26].

Dank Industrie und Handel gediehen die Städte Frankreichs trotz des verhängnisvollen Regimes. Stürmischer Unternehmungsgeist ließ in Lyon immer neue Fabriken entstehen. Arthur Young äußerte Erstaunen über den Glanz und den Reiz von Bordeaux. Paris war jetzt mehr ein geschäftliches als ein politisches Zentrum; es war die Nabe eines wirtschaftlichen Apparates, der die halbe Hauptstadt und damit die halbe Wirtschaft Frankreichs beherrschte. 1789 hatte Paris eine Bevölkerung von etwa sechshunderttausend Seelen[27]. Es war damals nicht besonders schön; Voltaire meinte, es sei größtenteils eine Stadt für Goten und Vandalen[28]. Priestley, der es 1774 besuchte, berichtete: «Ich kann nicht sagen, daß mich etwas beeindruckte, ausgenommen die Größe und Pracht der öffentlichen Gebäude; ungemein abstoßend hingegen fand ich die Enge, den Schmutz und den Gestank fast aller Straßen[29]. Young gab einen ähnlichen Bericht:

«Neun Zehntel der Straßen sind mit Kot bedeckt und alle ohne Gehsteig. Spazierengehen, das in London so angenehm und so sauber ist, daß die Damen es täglich tun, ist hier eine anstrengende Sache für einen Mann und eine Unmöglichkeit für eine gut angezogene Frau. Kutschen sind zahlreich, und, was noch schlimmer ist, es gibt eine Unzahl von einspännigen Cabriolets, die von jungen Männern von Welt und ihren Nachahmern ... mit solcher Geschwindigkeit gefahren werden, daß sie ... die Straßen ungemein gefährlich machen ... Ich bin selbst des öfteren mit Schlamm bespritzt worden.»[30]

In den Großstädten und in den mittleren Städten bildete sich ein Proletariat von Männern, Frauen und Kindern, die mit Werkzeugen und Materialien arbeiteten, welche nicht ihnen gehörten. Es gibt keine Statistiken über ihre Zahl, doch sind sie für das Paris des Jahres 1769 auf fünfundsiebzigtausend Familien oder dreihunderttausend Personen geschätzt worden[31], und die Zahlen für Abbeville, Lyon und Marseille waren entsprechend. Die Arbeitszeit war lang, und die Löhne waren niedrig, denn eine Verordnung des Pariser Parlaments vom 12. November 1778 verbot es den Arbeitern, sich zu organisieren. Zwischen 1741 und 1789 stiegen die Löhne um zweiundzwanzig, die Preise um fünfundsechzig Prozent[32]; die Lage der Arbeiter scheint sich unter der Regierung Ludwigs XVI. verschlechtert zu haben[33]. Wenn die Nachfrage zurückging oder (wie 1786) die ausländische Konkurrenz sich verschärfte, wurden viele Arbeiter entlassen und fielen der öffentlichen Wohlfahrt zur Last. Ein Anstieg des Preises für Brot – das die Hälfte der Nahrung der Pariser Bevölkerung ausmachte[34] – brachte Tausende von Familien dem Verhungern nahe. In Lyon wurden 1787 dreißigtausend Personen öffentlich unterstützt, in Reims waren nach einer Überschwemmung zwei Drittel der Bevölkerung mittellos, und in Paris wurden 1791 hunderttausend Familien als bedürftig registriert[35]. «In Paris», schrieb Mercier um 1785, «sind die [gewöhn-

DIE TRIEBKRÄFTE DER REVOLUTION 521

lichen] Leute kraftlos, bleich, klein, verkümmert, mißgestaltet und scheinen von den übrigen Klassen des Staates himmelweit verschieden.»[36]

Trotz der Verbote bildeten Arbeiter Gewerkschaften und traten in Streik. 1774 legten die Seidenarbeiter von Lyon die Arbeit nieder, weil angeblich die Lebenshaltungskosten schneller stiegen als die Löhne und die ungeregelten Gesetze von Angebot und Nachfrage die Einkommen der Arbeiter bis zum Existenzminimum sinken ließen. Die Arbeitgeber, wohlversehen mit Rücklagen, warteten darauf, daß der Hunger die Streikenden zur Annahme ihrer Bedingungen zwingen würde. Von der Verzweiflung getrieben, verließen viele Arbeiter Lyon, um in anderen Städten und sogar in der Schweiz und in Italien Beschäftigung zu suchen; sie wurden an der Grenze aufgehalten und mit Gewalt an ihre Wohnorte zurückgebracht. Darauf erhoben sich die Arbeiter, besetzten die städtischen Ämter und errichteten eine kurze Diktatur des Proletariats über die Kommune. Die Regierung rief die Armee zu Hilfe; die Revolte wurde unterdrückt, zwei Führer wurden gehenkt, und die Streikenden kehrten in ihre Fabriken zurück, geschlagen, jedoch nunmehr von Haß sowohl gegen die Regierung als gegen ihre Arbeitgeber erfüllt[37].

1786 streikten sie wiederum, indem sie geltend machten, sie könnten selbst mit achtzehnstündiger täglicher Arbeit ihre Familien nicht ernähren; sie beklagten sich, man behandle sie «unmenschlicher als Haustiere», denn sogar diesen gebe man genug, um sie bei Gesundheit und Kraft zu erhalten[38]. Die städtischen Behörden stimmten einer Lohnerhöhung zu, verboten jedoch jede Ansammlung von mehr als vier Personen. Ein Bataillon Artillerie übernahm es, dieses Verbot durchzusetzen; die Soldaten feuerten auf die Streikenden und töteten dabei mehrere. Die Streikenden kehrten an die Arbeit zurück. Die Lohnerhöhung wurde später widerrufen[39].

Zu aufrührerischen Protestkundgebungen gegen die Lebenshaltungskosten kam es während der ganzen zweiten Hälfte des 18. Jahrhunderts immer wieder. In der Normandie gab es deren sechs zwischen 1752 und 1768; 1768 bemächtigten sich die Aufrührer der Herrschaft über Rouen und plünderten die öffentlichen Kornspeicher und Läden. Zu ähnlichen Tumulten kam es 1770 in Reims, 1772 in Poitiers, 1775 in Dijon, Versailles, Paris, Pontoise, 1785 in Aix-en-Provence und in Paris wiederum 1788 und 1789[40].

Welche Rolle spielte die Armut des Proletariats oder der städtischen Bevölkerung im allgemeinen bei der Entstehung der Revolution? Oberflächlich gesehen, war sie eine unmittelbare Ursache; die Brotknappheit und die durch sie verursachten Unruhen in Paris in den Jahren 1788 und 1789 erhitzten die Gemüter der Menschen so sehr, daß sie so weit gingen, ihr Leben zu riskieren, indem sie der Armee trotzten und die Bastille angriffen. Hunger und Wut können Kräfte in Bewegung setzen, bringen jedoch keine Führer hervor; es ist wahrscheinlich, daß die Unruhen durch eine Senkung des Brotpreises hätten beschwichtigt werden können, wenn nicht Führer aus höheren Schichten die Masse dazu aufgehetzt hätten, die Bastille zu erstürmen und nach Versailles zu marschieren. Das Volk dachte vorerst nicht daran, die Regierung zu stürzen, den König abzusetzen und eine Republik zu errichten. Das Proletariat

522   DER ZUSAMMENBRUCH DES FEUDALEN FRANKREICH

sprach hoffnungsvoll von der naturgegebenen Gleichheit, aber es träumte nicht davon, den Staat in Besitz zu nehmen. Es forderte, während die Bourgeoisie sich ihr widersetzte, die staatliche Regelung der Wirtschaft, zumindest bei der Festsetzung des Brotpreises; doch dies war eine Rückkehr zum alten System, kein Fortschritt in Richtung einer durch die Arbeiterklasse beherrschten Wirtschaft. Es stimmt, daß das Volk von Paris, als die Zeit zum Handeln gekommen war, getrieben von Hunger und aufgehetzt durch Redner und Agenten, die Bastille stürmte und hierdurch den König abhielt, die Armee gegen die Nationalversammlung einzusetzen. Doch als diese Versammlung Frankreich eine neue Ordnung gab, geschah es unter der Führung und für die Zwecke der Bourgeoisie.

IV. DIE BOURGEOISIE UND DIE REVOLUTION

Das hervorstechende Merkmal des französischen Wirtschaftslebens im 18. Jahrhundert war der Aufstieg der Unternehmerklasse. Sie hatte unter Ludwig XIV. und Colbert begonnen, zu Wohlstand und Bedeutung zu gelangen; sie profitierte am meisten von den ausgezeichneten Straßen und Kanälen, die den Verkehr erleichterten, sie wurde reich durch den Handel mit den Kolonien, stieg zu Vorrangstellungen in der Verwaltung auf (bis 1781) und bestimmte über die Staatsfinanzen.

Aber die Geschäftsleute fühlten sich durch die von den Grundherren oder der Regierung erhobenen Zölle auf Straßen und Kanäle und durch die zeitraubende Prüfung der Ladungen an jeder Zollstation unerträglich belästigt. Fünfunddreißig bis vierzig solcher Zölle mußten von einem Boot bezahlt werden, das eine Ladung von Südfrankreich nach Paris brachte[41]. Die Kaufleute forderten freien Handel innerhalb der Grenzen, waren sich aber nicht im klaren, ob sie ihn auch zwischen den Nationen wollten. 1786 setzte die Regierung, geleitet vom physiokratischen Gedankengut, die Abgaben auf Textilien und Eisenwaren aus England herab, als Gegenleistung für Ermäßigung der englischen Abgaben auf französische Weine, Glaswaren und andere Erzeugnisse. Eine der Folgen davon war ein katastrophaler Niedergang der französischen Textilindustrie, die mit den englischen, mit moderneren Maschinen ausgerüsteten Fabriken nicht konkurrieren konnte. Die Arbeitslosigkeit in Lyon, Rouen und Amiens erreichte einen bedrohlichen Umfang.

Die Senkung der Zolltarife förderte jedoch den Außenhandel und füllte die Kassenschränke der Kaufleute. Das Handelsvolumen verdoppelte sich fast zwischen 1763 und 1787 und stieg 1780 auf über eine Milliarde Franc an[42]. Die Hafenstädte Frankreichs quollen über von Händlern, Schiffern, Seeleuten, Warenhäusern, Raffinerien und Destillerien; in diesen Städten war die Unternehmerklasse führend, lange bevor die Revolution ihre nationale Herrschaft sanktionierte.

Ein Teil der Handelsgewinne entstammte, wie in England, der Gefangennahme oder dem Ankauf von afrikanischen Sklaven, ihrem Transport nach Amerika und ihrem Verkauf als Arbeiter auf den dortigen Plantagen. 1788 verschifften französische Sklavenhändler allein nach Santo Domingo (Haiti) 29 506 Neger[43]. Hier wie auf Guade-

DIE TRIEBKRÄFTE DER REVOLUTION 523

loupe und Martinique gehörte der größte Teil des Bodens und der Industrien französischen Spekulanten. In Santo Domingo ließen 30 000 Weiße 480 000 Sklaven für sich arbeiten[44]. 1788 wurde in Paris unter der Präsidentschaft von Condorcet und unter Beteiligung von La Fayette und dem jungen Mirabeau eine Gesellschaft der Freunde der Schwarzen gebildet, die sich die Abschaffung der Sklaverei zum Ziel setzte; doch diese Bewegung stieß auf heftigen Widerstand. 1789 erklärte die Handelskammer von Bordeaux: «Frankreich braucht seine Kolonien zur Aufrechterhaltung seines Handels und infolgedessen auch Sklaven, um die Landwirtschaft in diesem Teil der Welt rentabel zu machen, zumindest bis man einen anderen Ausweg gefunden hat.»[45]

Industrielle, koloniale und andere Unternehmen brauchten Kapital, und dies hatte zur Folge, daß die Zahl der Bankiers sich rasch vermehrte. Aktiengesellschaften boten Anteile an, die Regierung legte Anleihen auf; es entwickelte sich das Spekulationsgeschäft im Verkauf und Ankauf von Wertpapieren. Spekulanten mieteten Journalisten zur Verbreitung von Gerüchten, die dazu bestimmt waren, die Preise der Aktien steigen oder fallen zu lassen[46]. Mitglieder der Ministerien beteiligten sich an den Spekulationen und wurden so dem Druck von seiten der Bankiers ausgesetzt. Jeder Krieg machte den Staat abhängiger von den Finanzleuten und steigerte deren Interesse an der Politik und der Zahlungsfähigkeit des Staates. Manche Bankiers waren kreditwürdiger als die Regierung; daher konnten sie sich Geld zu einem niedrigen Zinssatz besorgen, es zu einem hohen an die Regierung weiterverleihen und so ihren Reichtum lediglich durch Buchhaltung vermehren – vorausgesetzt, sie hatten eine gute Nase und der Staat zahlte seine Schulden.

Die *fermiers généraux*, Generalsteuerpächter (Finanzleute, die durch Vorschußzahlung an den Staat das Recht erwarben, die indirekten Steuern einzutreiben), waren besonders reich und besonders verhaßt, denn die indirekten Steuern, zu denen zum Beispiel Verkaufssteuern jeder Art gehörten, waren eine große Belastung für diejenigen, die den größten Teil ihres Einkommens für die Bedürfnisse des täglichen Lebens ausgeben mußten. Einige dieser *fermiers généraux*, wie Helvétius und Lavoisier, waren Männer von verhältnismäßiger Integrität und hohem Gemeinsinn, die hohe Beträge für wohltätige Zwecke, für Literatur und Kunst spendeten[47]. Die Regierung erkannte die Nachteile des Steuerpachtsystems und reduzierte 1780 die Zahl der *fermiers généraux* von sechzig auf vierzig, aber der öffentliche Unwille dauerte an. Die Steuerpacht wurde durch die Revolution abgeschafft, und Lavoisiers Kopf war einer derjenigen, die dabei fielen.

Da die Steuerpolitik unter den Ursachen der Revolution eine führende Rolle spielte, müssen wir uns einmal die verschiedenen von den Franzosen gezahlten Steuern in Erinnerung rufen. 1) Die *taille* war eine Steuer auf den Boden und das persönliche Eigentum. Von dieser Steuer befreit waren die Adligen, weil sie Militärdienst leisteten, der Klerus, weil er die soziale Ordnung aufrechterhielt und für den Staat betete, sowie die höheren Beamten der Verwaltung und der Universitäten; fast die ganze Steuer fiel auf die Landbesitzer des *Tiers état* (Dritten Stands) – daher in der Hauptsache auf die Bauern. 2) Die Kopfsteuer mußte jeder Haushaltsvorstand zahlen; hier war nur

524 DER ZUSAMMENBRUCH DES FEUDALEN FRANKREICH

der Klerus ausgenommen. 3) Der *vingtième* (Zwanzigste) war eine Abgabe auf alles Eigentum, unbewegliches oder persönliches; aber die Adligen entzogen sich dieser Steuer und der Kopfsteuer weitgehend, indem sie ihren privaten Einfluß benutzten oder Anwälte engagierten, um Lücken im Gesetz zu finden, und der Klerus entging dem *vingtième,* indem er freiwillig periodische Zahlungen an den Staat leistete. 4) Jede Stadt zahlte eine Steuer (*octroi*) an die Regierung und erhob sie von ihren Bürgern. 5) Indirekte Steuern wurden erhoben in Form von Transportzöllen, Import- und Exportausgaben, Verbrauchssteuern (*aides*) auf Weine, Spirituosen, Seife, Leder, Eisen, Spielkarten usw. und durch Regierungsmonopole auf den Verkauf von Tabak und Salz. Jeder Bürger mußte jährlich ein festgesetztes Minimum Salz von der Regierung kaufen, und zwar zu einem von ihr festgesetzten Preis, der immer höher war als der Marktpreis. Diese Salzsteuer (*gabelle*) war eine der Hauptbelastungen des Bauern. 6) Der Bauer zahlte eine Steuer, um der *corvée* zu entgehen. Im Durchschnitt zahlten die Angehörigen des Dritten Standes zwischen zweiundvierzig und dreiundfünfzig Prozent ihres Einkommens an Steuern[48].

Wenn wir Kaufleute, Fabrikanten, Finanzleute, Erfinder, Ingenieure, Wissenschaftler, Büroangestellte, Händler, Chemiker, Künstler, Buchhändler, Lehrer, Schriftsteller, Ärzte und nichtadlige Anwälte und Beamte zur Bourgeoisie zählen, können wir verstehen, warum diese 1789 der reichste und tatkräftigste Teil der Nation geworden war. Sie besaß wahrscheinlich ebensoviel Ackerland wie der Adel[49] und konnte einen Adelstitel schon allein durch Kauf eines Lehens oder eines Postens als einer der vielen «Sekretäre» des Königs erwerben. Während der Adel durch Trägheit, Verschwendung und biologischen Verfall an Zahl und Reichtum abnahm und der Klerus durch den Aufstieg der Wissenschaft und der Philosophie und infolge der Laxheit der städtischen Moral seinen Einfluß verlor, wurde die Mittelklasse durch die Entwicklung von Industrie, Technik, Handel und Finanzwesen reich und mächtig. Sie füllte mit ihren Erzeugnissen oder Importen die Läden, deren Pracht ausländische Besucher von Paris, Lyon, Reims oder Bordeaux in Staunen versetzte[50]. Während die Kriege die Regierung dem Bankrott näherbrachten, bereicherten sie die Bourgeoisie, die das Kriegsmaterial lieferte und dessen Transport besorgte. Der wachsende Wohlstand war fast vollkommen auf die Städte beschränkt, kam der Bauernschaft und dem Proletariat überhaupt nicht zugute und begünstigte am sichtbarsten die Kaufleute und Bankiers. 1789 besaßen vierzig französische Kaufleute zusammen 60 Millionen Livres[51], und einem Bankier, Paris-Montmartel, gelang es, 100 Millionen zusammenzuraffen[52].

Die Hauptursache der Revolution war das Mißverhältnis zwischen wirtschaftlicher Realität und politischer Form – zwischen der Bedeutung der Bourgeoisie als produzierende und besitzende Klasse und ihrer politischen Machtlosigkeit. Der obere Mittelstand war sich seiner Fähigkeiten wohl bewußt und empfand daher doppelt bitter die Geringschätzung, mit der man ihn behandelte. Er war verärgert über die gesellschaftliche Exklusivität und Arroganz des Adels; die geistvolle Madame Roland zum Beispiel wurde, als man sie in einem aristokratischen Haus aufforderte, zum Dîner zu bleiben, in den Dienstbotenräumen abgespeist[53]. Die Bourgeoisie mußte zusehen, wie

DIE TRIEBKRÄFTE DER REVOLUTION 525

der Adel auf Kosten der Staatskasse in verschwenderischem Luxus lebte, während politische und militärische Ämter jenen verweigert wurden, deren erfinderische Tatkraft die Steuern einbringende französische Wirtschaft in die Höhe gebracht hatte und deren Ersparnisse nun die Staatsfinanzen stützten. Sie sah den Klerus ein Drittel des Nationaleinkommens schlucken, um damit eine Theologie aufrechtzuerhalten, die fast alle gebildeten Franzosen als mittelalterlich und infantil betrachteten.

Die Mittelklasse wünschte nicht, die Monarchie zu stürzen, aber sie wollte sie überwachen. Sie war weit davon entfernt, die Demokratie zu fordern, aber sie verlangte eine konstitutionelle Regierung, in der die Intelligenz aller Klassen sich fruchtbar auf die Gesetzgebung, die Verwaltung und die Politik auswirken konnte. Sie forderte die Befreiung der Industrie und des Handels von der Regulierung durch den Staat oder die Zünfte, aber sie hatte nichts gegen staatliche Subventionen einzuwenden und nützte die Unterstützung von seiten der Bauern und des städtischen Proletariats zur Durchsetzung ihrer persönlichen Ziele. Im Kern ihres Wesens war die Französische Revolution der Sturz des Adels und des Klerus durch eine Bourgeoisie, welche die Unzufriedenheit der Bauern benutzte, um den Feudalismus zu zerstören, und die Unzufriedenheit der städtischen Massen, um die Armeen des Königs lahmzulegen. Als die Konstituierende Versammlung nach zwei Jahren der Revolution die oberste Regierungsgewalt gewonnen hatte, schaffte sie die Feudalherrschaft ab, konfiszierte das Eigentum der Kirche und legalisierte die Organisierung der Kaufleute, verbot jedoch alle Organisationen oder Zusammenschlüsse von Arbeitern (14. Juni 1791)[54].

Besonders und unmittelbar beunruhigt waren die Finanzleute über die Möglichkeit, daß die Regierung, der sie so viel Geld geliehen hatten, wiederum ihren Bankrott erklären könnte – wie sie es, ganz oder teilweise, nach Heinrich IV. sechsundfünfzigmal getan hatte[55]. Die Besitzer von Regierungsanleihen verloren das Vertrauen in Ludwig XVI.; Firmen, die für staatliche Unternehmen arbeiteten, waren unsicher, ob sie ihr Geld bekommen würden und was es wert wäre, wenn sie es bekamen. Die Geschäftsleute waren allgemein der Ansicht, das einzige Mittel, den Staatsbankrott zu vermeiden, sei die volle Besteuerung aller Klassen, besonders des von der Kirche angesammelten Reichtums (was sich dann auch als richtig erwies). Als Ludwig XVI. zögerte, die *taille* auf die privilegierten Klassen auszudehnen, da er fürchtete, ihre Unterstützung für seinen wankenden Thron zu verlieren, wurden die Aktienbesitzer, fast unbewußt und trotz ihrer im allgemeinen konservativen Grundsätze, eine revolutionäre Kraft. Die Revolution hatte ihre Ursache nicht in der geduldigen Armut der Bauern, sondern in dem gefährdeten Reichtum der Mittelklasse.

V. DAS SAMMELN DER KRÄFTE

Alle diese revolutionären Kräfte unterlagen dem Einfluß von Ideen und benutzten sie, ihre Wünsche zu verschleiern und zu fördern. Außer der Propaganda der Philosophen und der Physiokraten gab es die Verlautbarungen vereinzelter Kommunisten, welche

526   DER ZUSAMMENBRUCH DES FEUDALEN FRANKREICH

den in der vorangegangenen Generation von Morelly, Mably und Linguet verkündeten Sozialismus fortsetzten und erweiterten[56]. Brissot de Warville nahm in *Recherches philosophiques sur le Droit de Propriété* (Philosophische Untersuchungen über das Eigentumsrecht; 1780) Pierre Proudhons *La propriété, c'est le vol* (Eigentum ist Diebstahl) vorweg, indem er behauptete, Privateigentum sei Diebstahl öffentlichen Eigentums. Es gebe kein «geheiligtes Recht ..., die Nahrung von zwanzig Menschen zu essen, wenn der Anteil eines einzigen Menschen nicht ausreicht». Die Gesetze seien «eine Verschwörung der Stärkeren gegen die Schwächeren, der Reichen gegen die Armen»[57]. Brissot entschuldigte später seine früheren Bücher als in jugendlichem Überschwang geschrieben; er gehörte zu den Führern der Girondisten und wurde wegen seiner maßvollen Haltung 1793 guillotiniert.

1789, kurz vor der Erstürmung der Bastille, veröffentlichte François Boissel einen *Catéchisme du Genre humain* (Katechismus des Menschengeschlechts), der den Weg zum Kommunismus zu Ende ging. Alle Übel verdanken wir «der gewinnsüchtigen, mörderischen und antisozialen Klasse, welche bis anhin die Menschen beherrscht, erniedrigt und vernichtet hat»[58]. Die Starken haben die Schwachen versklavt und die Gesetze gemacht, um sie zu beherrschen. Eigentum, Ehe und Religion sind erfunden worden, um Raub, Gewalt und Trug zu legitimieren, mit dem Ergebnis, daß eine kleine Minderheit das Land besitzt, während die Mehrheit in Hunger und Kälte lebt. Die Ehe ist Privateigentum an Frauen. Kein Mensch hat ein Recht auf mehr, als er braucht; alles darüber hinaus sollte an alle entsprechend ihren Bedürfnissen verteilt werden. Die reichen Müßiggänger sollen arbeiten oder aufhören zu essen. Man verwandle die Klöster in Schulen[59].

Der interessanteste und einflußreichste dieser Radikalen war François-Emile Babeuf. Nachdem er die Adligen und den Klerus bei der Behauptung ihrer Feudalrechte gegen die Bauern unterstützt hatte[60], schickte er am 21.März 1787 an die Akademie von Arras einen Vorschlag des Inhalts, sie solle einen Preis aussetzen für die beste Abhandlung über die Frage: «Welches wäre bei dem heutigen Stand des Wissens die Lage eines Volkes, dessen soziale Instinkte so geartet sind, daß in ihm die vollkommenste Gleichheit herrschte ..., wo alles in Gemeinbesitz wäre?»[61] Die Akademie antwortete nicht; also erklärte Gracchus Babeuf (wie er sich später nannte) in einem Brief vom 8.Juli 1787, alle Menschen seien von Natur aus gleich und im Naturzustand gehörten alle Dinge allen; alle spätere Geschichte sei Entartung und Betrug. Während der Revolution sammelte er eine große Zahl von Anhängern um sich und war im Begriff, eine Revolte gegen das Direktorium anzuführen, als er von dessen Agenten verhaftet und zum Tode verurteilt wurde (1797).

Solche Ideen spielten nur eine bescheidene Rolle in der Entwicklung, die zur Revolution führte. Es war kaum eine Spur von sozialistischem Geist in den *cahiers* (Beschwerdeschriften), die 1789 aus allen Teilen Frankreichs an die Generalstände gerichtet wurden; keine von ihnen enthielt Angriffe auf das Privateigentum oder die Monarchie. Die Mittelklasse war Herrin der Lage.

Spielten die Freimaurer eine Rolle in der Revolution? Wir haben auf die Entstehung

DIE TRIEBKRÄFTE DER REVOLUTION 527

dieser Geheimgesellschaft in England (1717) und auf ihr erstes Auftreten in Frankreich (1734) hingewiesen. Sie verbreitete sich rasch im ganzen protestantischen Europa; Friedrich II. begünstigte sie in Deutschland, Gustav III. in Schweden. Papst Clemens XII. verbot 1738 kirchlichen oder weltlichen Standespersonen, sich den Freimaurern anzuschließen oder ihnen zu helfen; doch das Pariser Parlament weigerte sich, die Bulle zu registrieren, und nahm ihr so jede gesetzliche Wirkung in Frankreich. 1789 gab es sechshundertneunundzwanzig Freimaurerlogen in Paris, gewöhnlich mit fünfzig bis hundert Mitgliedern[62]. Ihnen gehörten viele Adlige an, einige Priester, die Brüder Ludwigs XVI. und die meisten Führer der Aufklärung[63]. 1760 gründete Helvétius die Loge der Wissenschaften, die der Astronom Lalande 1770 zur Loge der Neun Schwestern (der Musen) erweiterte. Hier trafen sich Berthollet, Franklin, Condorcet, Chamfort, Greuze, Houdon und später Sieyès, Brissot, Desmoulins und Danton[64].

Theoretisch schlossen die Freimaurer die «gottlosen Freidenker» und die «törichten Atheisten» von der Aufnahme aus[65]; jedes Mitglied mußte sich zum Glauben an «den großen Architekten des Universums» bekennen. Kein weiterer religiöser Glaube wurde verlangt, so daß die Freimaurer im allgemeinen ihre Theologie auf den Deismus beschränkten. Sie besaßen offenbar einen gewissen Einfluß in der Bewegung, die zur Vertreibung der Jesuiten aus Frankreich führte[66]. Ihre erklärte Absicht war es, eine geheime internationale Brüderschaft von Männern zu schaffen, die durch rituelle Zusammenkünfte miteinander verbunden und zu gegenseitiger Hilfe, religiöser Toleranz und einer fortschrittlichen politischen Haltung verpflichtet waren. Unter Ludwig XVI. beteiligten sie sich aktiv an der Politik; mehrere von ihren aristokratischen Mitgliedern – La Fayette, Mirabeau Vater und Sohn, der Vicomte von Noailles, der Herzog von La Rochefoucauld-Liancourt und der Herzog von Orléans – wurden liberale Führer in der Nationalversammlung[67].

Schließlich sind noch die ausgesprochen politischen Klubs zu erwähnen. Zunächst nach britischem Vorbild – als Gelegenheit zum Einnehmen von Mahlzeiten, zur Unterhaltung und zum Lesen – organisiert, wurden sie gegen 1784 Zentren halbrevolutionärer Agitation. Dort, sagte ein Zeitgenosse, «verkündeten sie laut und ohne Zurückhaltung die Menschenrechte, die Vorteile der Freiheit, die großen Nachteile der bestehenden Ungleichheit»[68]. Nach der Zusammenkunft der Generalstände gründeten die Deputierten aus der Bretagne den Bretonischen Klub; dieser nahm bald auch Nichtbretonen wie den jungen Mirabeau, Sieyès und Robespierre als Mitglieder auf. Im Oktober 1789 verlegte er sein Hauptquartier nach Paris und wurde zur Gesellschaft der Jakobiner.

So ballten sich, wie bei den meisten Ereignissen, die eine Wende in der Geschichte herbeiführen, hundert verschiedene Kräfte zusammen, um die Französische Revolution hervorzubringen. Von grundlegender Bedeutung war das Erstarken des Mittelstandes, dessen Bedeutung, Bildung, Ehrgeiz, Reichtum und wirtschaftliche Macht immer größer wurden, seine Forderung nach einer seinem Beitrag zum Leben der Nation und den Finanzen des Staates entsprechenden politischen und sozialen Stellung und seine Angst, das Schatzamt könnte die Regierungsobligationen durch eine Bankrotterklärung wertlos machen. Vom Mittelstand als Druckmittel benutzte Triebkräfte waren die Armut von Millionen Bauern, welche eine Befreiung von den Abgaben und Steuern und dem Kirchenzehnten forderten, ferner der Wohlstand mehrerer Millionen Bauern, die stark genug waren, den Grundherren, Steuereinnehmern, Bischöfen und dem Militär zu trotzen, und schließlich die organisierte Unzufriedenheit der städtischen Massen, die unter der Manipulation der Brotversorgung und unter dem Zurückbleiben der Löhne hinter den Preisen in der historischen Spirale der Inflation litten.

Dazu kam eine verwirrende Fülle von zusätzlichen Triebkräften: der verschwenderische Aufwand des Hofes; die Unfähigkeit und Korruption der Regierung; die Schwächung der Monarchie durch ihren langen Kampf gegen die *parlements* und den Adel; das Fehlen politischer Institutionen, durch welche Beschwerden legal und konstruktiv zur Sprache gebracht werden konnten; die durch das Versagen einer mit der Zeit nicht Schritt haltenden Verwaltung enttäuschten Erwartungen einer Bürgerschaft, deren Intellekt in höherem Maße als der jedes anderen zeitgenössischen Volkes durch Schulen, Bücher, Salons, durch Wissenschaft, Philosophie und die Aufklärung geschärft worden war; der Zusammenbruch der Pressezensur unter Ludwig XVI.; die Verbreitung von reformistischen oder revolutionären Ideen durch Voltaire, Rousseau, Diderot, d'Alembert, Holbach, Helvétius, Morellet, Morelly, Mably, Linguet, Mirabeau Vater und Sohn, Turgot, Condorcet, Beaumarchais und tausend andere Schriftsteller, deren Zahl, Scharfsinn und Kraft nicht ihresgleichen hatte und deren Propaganda bei allen Klassen, außer der Bauernschaft, Einlaß fand: in den Kasernen der Armee, den Zellen der Klöster, den Schlössern des Adels, den Vorzimmern des Königs; der katastrophale Verfall des Vertrauens in die Glaubwürdigkeit einer Kirche, die den Status quo und das göttliche Recht der Könige verteidigte, die Tugenden des Gehorsams und des Verzichts predigte und gleichzeitig neiderregende Reichtümer zusammenraffte, während die Regierung nicht die Mittel auftreiben konnte, ihre wachsenden Aufgaben zu finanzieren; die Verbreitung des Glaubens an ein «Naturgesetz», das Gerechtigkeit und Menschenwürde für jedes menschliche Wesen ohne Rücksicht auf Geburt, Hautfarbe, Glaubensbekenntnis oder Klasse forderte, und an einen «Naturzustand», in dem alle Menschen einst gleich, gut und frei gewesen waren, ehe sie ihn durch die Entstehung von Privateigentum, durch Krieg und kastenorientierte Gesetze verloren hatten; schließlich die rasch wachsende Zahl der Advokaten und Redner, die bereit waren, den Status quo zu verteidigen oder anzugreifen und die öffentliche Meinung zu manipulieren; die Tätigkeit hemmungsloser Schmähschriftenverfasser, die geheime Aktivität der politischen Klubs und der Ehrgeiz des Herzogs von Orléans, seinen Vetter auf dem Thron Frankreichs zu ersetzen.

Alle diese Kräfte trafen aufeinander, während ein sanftmütiger, gutwilliger, schwacher und schwankender König regierte, der durch die Konflikte in seiner Umgebung und die widersprüchlichen Empfindungen in seiner eigenen Brust bis zur Ratlosigkeit verwirrt wurde; sie wirkten auf ein Volk, das sich der Mißstände im Staate stärker

DIE TRIEBKRÄFTE DER REVOLUTION

bewußt, das leidenschaftlicher, reizbarer und phantasievoller als die meisten andern Völker der Geschichte war. Um alle diese Kräfte zu ballen und den gefährlichen Sprengstoff zu entzünden, war ein Ereignis nötig, das die Massen bis in die Tiefe aufwühlte und ihre mächtigsten Instinkte freisetzte. Vielleicht brauchte es dazu die Dürre und Hungersnot von 1788 und den grausamen Winter von 1788 auf 1789. «Der Hunger allein wird diese große Revolution ausbrechen lassen», hatte der Marquis de Girardin 1781 vorausgesagt[69]. Der Hunger kam aufs Land, in die Städte, nach Paris; er wütete grausam genug, um bei der Masse des Volkes alle Hemmungen der Tradition, Ehrfurcht und Furcht zu überwinden und ein Instrument für die Ziele und Zwecke der wohlgenährten Drahtzieher im Hintergrund zu liefern. Die Dämme von Gesetz und Brauch und Frömmigkeit brachen, und die Revolution begann.

FÜNFTES KAPITEL

Der politische Zusammenbruch

[1783–1789]

I. DAS DIAMANTENHALSBAND (1785)

NACHDEM er tapfer für Amerika gekämpft und sich in Yorktown ausgezeichnet hatte, kehrte Axel von Fersen im Juni 1783 nach Frankreich zurück und fand Marie-Antoinette ebenso bezaubernd, wie er sie drei Jahre zuvor verlassen hatte. Noch 1787, als sie zweiunddreißig Jahre alt war, nannte Arthur Young sie «die schönste Frau», die er an diesem Tag am Hof gesehen hatte[1]. Bereitwillig unterstützte sie das Ersuchen Gustavs III., Ludwig XVI. möge den hübschen Fersen zum Oberst des Königlichen Schwedischen Regiments in der französischen Armee machen – was ihm erlauben sollte, beträchtliche Zeit in Versailles zu verbringen. Axel beichtete seiner Schwester Sophie, er liebe die Königin und glaube, diese Liebe werde erwidert. Sicherlich empfand sie eine warme Zuneigung für ihn, und acht Jahre später, nach seinem tapferen Versuch, sie und den König aus Frankreich herauszubringen, tauschten sie zärtliche Briefe aus; doch ihre Einladung an Sophie, nach Frankreich zu kommen und in seiner Nähe zu leben, legt den Gedanken nahe, daß sie entschlossen war, ihre Gefühle für ihn innerhalb angemessener Grenzen zu halten[2]. Es gab kaum jemanden am Hof, ausgenommen ihren Gatten, der sie für unschuldig hielt. Ein beim Hofe beliebtes Lied ließ keinen Zweifel an ihrer Schuld zu:

> *Veux-tu connaître*
> *Un cocu, un bâtard, une catin?*
> *Voyez le Roi, la Reine,*
> *Et Monsieur le Dauphin.*[3]

> Willst du wissen,
> wie ein Hahnrei, ein Bastard, eine Hure aussehen?
> Schau den König an, die Königin
> und den Herrn Dauphin.

Louis-Philippe de Ségur faßte sein Urteil über die Königin in den Worten zusammen: «Sie verlor ihren guten Ruf, bewahrte jedoch ihre Tugend.»[4]

Am 25. März 1785 gebar Marie-Antoinette einen zweiten Sohn, der Louis-Charles genannt wurde. Der König war so erfreut, daß er ihr das Schloß Saint-Cloud schenkte, das er vom Herzog von Orléans für sechs Millionen Livres gekauft hatte. Der Hof verurteilte diese verschwenderische Geste, und Paris gab der Königin den Spottnamen

DER POLITISCHE ZUSAMMENBRUCH

«Madame Déficit»[3]. Sie benutzte ihre Macht über ihren Gatten, um ihn bei der Ernennung von Ministern, Botschaftern und anderen Würdenträgern zu beeinflussen. Vergeblich bemühte sie sich, seine Abneigung gegen das Bündnis mit Österreich zu ändern, und ihre Bemühungen vergrößerten ihre Unbeliebtheit.

Nur vor dem Hintergrund dieser öffentlichen Feindseligkeit gegenüber der «Autrichienne» können wir verstehen, warum man allgemein der Geschichte von dem Diamantenhalsband Glauben schenkte. Dieses Collier war an sich eine unglaubwürdige Angelegenheit: eine Kette von 647 Diamanten, angeblich im Gesamtgewicht von 2800 Karat[6]. Zwei Hofjuweliere, Charles Böhmer und Paul Bassenge, hatten aus der halben Welt Diamanten zusammengekauft, um ein Halsband für Madame Dubarry anzufertigen, im Vertrauen darauf, daß Ludwig XV. es für sie kaufen würde. Doch dieser starb, und wer sollte nun ein so teures Schmuckstück kaufen? Die Juweliere boten es Marie-Antoinette zu einem Preis von 1 600 000 Livres an; sie lehnte es als zu teuer ab[7]. In diesem Augenblick trat Kardinal Prinz Louis-René-Edouard von Rohan auf den Plan.

Er war ein reifes Produkt einer der ältesten und reichsten Familien Frankreichs; er hatte angeblich ein Einkommen von 1 200 000 Livres im Jahr. 1760 zum Priester geweiht, wurde er zum Koadjutor seines Onkels, des Erzbischofs von Straßburg, ernannt; in dieser Eigenschaft hieß er offiziell Marie-Antoinette willkommen, als sie 1770 zum erstenmal Frankreich betrat. Da in seinen Augen Straßburg ein zu kleines Feld für seinen Ehrgeiz war, lebte Rohan meist in Paris, wo er sich der der österreichischen Allianz und der Königin feindselig gesinnten Partei anschloß. 1771 schickte ihn Ludwig XV. als Sonderbeauftragten nach Wien, wo er die österreichischen Absichten bei der Teilung Polens auskundschaften sollte. Maria Theresia war empört über die üppigen Feste, die er gab, und den Klatsch, den er über die neue Dauphine verbreitete. Ludwig XVI. rief ihn nach Paris zurück, doch einflußreiche Verwandte überredeten den König, ihn zum Groß-Almosenier − dem obersten Verteiler der königlichen Almosen − zu machen (1777). Ein Jahr später wurde dem lebenslustigen und gutaussehenden Priester die Kardinalswürde verliehen, und 1779 wurde er Erzbischof von Straßburg. Hier lernte er Cagliostro kennen und war so sehr von ihm bezaubert, daß er auf die Schwindeleien des angeblichen Magiers hereinfiel. Nachdem er so früh so hoch gestiegen war, glaubte Rohan, nun könne er versuchen, Erster Minister Ludwigs XVI. zu werden, wenn es ihm nur gelänge, die jahrelange Feindseligkeit gegenüber der Königin wiedergutzumachen.

Zu seinen Zerstreuungen in Paris gehörte die attraktive und geistreiche Madame de La Motte-Valois. Jeanne de Saint-Rémy de Valois behauptete, sie stamme von einer Mätresse Heinrichs II. von Frankreich ab. Ihre Familie verlor ihr Vermögen, und Jeanne wurde gezwungen, in den Straßen zu betteln. 1775 bestätigte ihr die Regierung ihre königliche Abstammung und bewilligte ihr eine Pension von achthundert Franc. 1780 heiratete sie Antoine de La Motte, einen Armeeoffizier mit einem Hang zur Intrige. Er hatte sie über die Höhe seines Einkommens getäuscht; ihre Ehe war, wie sie es ausdrückte, eine Verbindung von Dürre und Hungersnot[8]. Er nahm den

Titel eines Grafen an, was Jeanne zur Gräfin von La Motte machte. Als solche flatterte sie zwischen Paris und Versailles hin und her und machte Eroberungen durch das, was sie ihr «gesundes und jugendliches Aussehen und eine außergewöhnlich lebhafte Persönlichkeit» nannte[9]. Nachdem sie 1784 die Mätresse des Kardinals von Rohan geworden war[10], behauptete sie, sie habe intime Beziehungen zum Hof, und erbot sich, die Zustimmung der Königin zu seinen Plänen zu gewinnen. Sie beauftragte einen gewissen Rétaux de Villette, die Handschrift Ihrer Majestät nachzuahmen, und bràchte dem Kardinal angeblich von Marie-Antoinette stammende zärtliche Briefe; schließlich versprach sie, ein Treffen zu arrangieren. Sie brachte einer Prostituierten, der «Baronin» von Oliva, bei, die Königin nachzuahmen. In der Venusgrotte in Versailles traf im August 1784 der Kardinal im Dunkel der Nacht kurz mit dieser Frau zusammen, hielt sie für Marie-Antoinette, küßte ihren Fuß und erhielt von ihr eine Rose als Zeichen der Versöhnung; so wenigstens berichtet die Gräfin in ihren Memoiren[11].

Nun entwarf die La Motte einen noch kühneren Plan, der, wenn erfolgreich, ihrer Armut ein Ende machen würde. Sie fälschte einen Brief der Königin, der Rohan ermächtigte, das Halsband in ihrem Namen zu kaufen. Der Kardinal zeigte diesen Brief Böhmer, der ihm am 24. Januar 1785 die Edelsteine auslieferte, gegen sein schriftliches Versprechen, 1 600 000 Franc in Raten zu zahlen. Rohan überbrachte die Brillanten der Gräfin und händigte sie auf ihr Verlangen einem angeblichen Vertreter der Königin aus. Der weitere Verbleib der Steine ist ungewiß; offenbar wurden sie von dem «Grafen» von La Motte nach England gebracht und dort Stück für Stück verkauft[12].

Böhmer schickte eine Bestätigung für den Verkauf des Halsbands an die Königin, die erwiderte, sie habe es nie bestellt und den Brief, der ihren Namen trug, nie geschrieben. Als der 30. Juli 1785, der Tag der ersten Ratenzahlung, kam und Rohan nur 30 000 der inzwischen fällig gewordenen 400 000 Franc anbot, unterbreitete Böhmer die Angelegenheit dem Baron von Breteuil, dem Minister des königlichen Haushalts, und Breteuil verständigte den König. Ludwig berief den Kardinal zu sich und forderte ihn auf, seine Handlungsweise zu erklären. Rohan zeigte ihm einige angeblich von der Königin stammende Briefe. Der König sah sofort, daß sie Fälschungen waren. «Dies», sagte er, «ist nicht die Handschrift der Königin, und die Unterschrift ist nicht einmal in der richtigen Form gehalten.»[13] Er beschuldigte Rohan und andere Angehörige des seiner Frau feindselig gesinnten Klüngels, sie hätten ein Komplott angezettelt, um die Königin in Mißkredit zu bringen. Er schickte den Kardinal in die Bastille (15. August) und befahl der Polizei, Madame de La Motte zu verhaften. Sie war von einem Versteck in das andere geflohen, wurde jedoch entdeckt und ebenfalls in die Bastille geschickt. Außerdem wurden verhaftet die «Baronin» von Oliva, Rétaux de Villette und Cagliostro, der fälschlicherweise verdächtigt wurde, die Intrige geplant zu haben; in Wirklichkeit hatte er sein Bestes getan, sie zu verhindern[14].

Weil er glaubte, eine öffentliche Verhandlung sei notwendig, um die Bevölkerung von der Unschuld der Königin zu überzeugen, unterbreitete Ludwig den Fall dem Pariser Parlament, obschon dieses ihm feindlich gesinnt war. Der Prozeß wurde zur

DER POLITISCHE ZUSAMMENBRUCH 533

cause célébre des Jahrhunderts in Frankreich, so wie der von Warren Hastings es drei Jahre später in England wurde. Das Parlament verkündete am 31.Mai 1786 sein Urteil. Kardinal Rohan wurde für unschuldig erklärt, da er mehr getäuscht worden sei, als er selbst getäuscht habe, doch der König beraubte ihn seiner Ämter und verbannte ihn in die Abtei La Chaise-Dieu. Zwei Komplicen erhielten Gefängnisstrafen, Cagliostro wurde freigesprochen. Madame de La Motte wurde in der Cour de Mai vor dem Justizpalast öffentlich ausgepeitscht, mit einem *V* (für *voleuse*, Diebin) gebrandmarkt und zu lebenslänglicher Haft in dem berüchtigten Frauengefängnis Salpêtrière verurteilt. Nach einem Jahr grausamer Gefangenschaft entfloh sie, folgte ihrem Gatten nach London, schrieb eine Autobiographie, in der sie alles erklärte, und starb 1791.

Der Adel und das Pariser Volk jubelten über die Freisprechung des Kardinals und häuften Tadel auf die Königin, weil sie die Angelegenheit vor ein öffentliches Gericht gebracht hatte; man war allgemein der Ansicht, ihr bekannter Appetit für Juwelen habe den Kardinal verleitet, an die gefälschten Briefe zu glauben. Der Klatsch ging sogar so weit, daß man sie beschuldigte, die Mätresse Rohans zu sein[15], obwohl sie ihn in den zehn Jahren vor seiner Verhaftung nicht gesehen hatte. Wieder einmal hatte sie ihre Tugend bewahrt und an ihrem Ruf Schaden gelitten. «Der Tod der Königin», sagte Napoleon, «muß von dem Halsband-Prozeß an datiert werden.»[16]

II. CALONNE: 1783–1787

Am 10.November 1783 ernannte der König Charles-Alexandre de Calonne zum Generalkontrolleur der Finanzen. Calonne hatte als Intendant mit Erfolg in Metz und Lille gewirkt und stand im Ruf, gewinnende Manieren, einen sprühenden Geist und finanzielle Geschicklichkeit zu besitzen – obwohl er selbst, wie die Regierung, die zu retten er berufen war, hoffnungslos in Schulden steckte[17]. Er fand nur 360000 Franc im Staatsschatz vor, bei einer schwebenden Schuld von 646 Millionen, die sich jährlich um 50 Millionen Franc vermehrte. Wie Necker entschied er sich gegen eine zusätzliche Besteuerung, weil er befürchtete, diese würde eine Revolte auslösen und die Wirtschaft hemmen; statt dessen veranstaltete er eine Lotterie, die 100 Millionen Livres einbrachte. Er wandte sich an den Klerus und erhielt von ihm ein *don gratuit* von 18 Millionen Livres gegen das Versprechen, Beaumarchais' Ausgabe von Voltaires Werken zu verhindern. Er ließ Goldmünzen umprägen und machte dabei einen Profit von 50 Millionen für den Staatsschatz. Er borgte 125 Millionen Franc von den Bankiers. In der Hoffnung, die Wirtschaft zu beleben, bewilligte er große Summen für das städtische Gesundheitswesen und die Verbesserung von Straßen, Kanälen und Häfen; dies kam den Städten Le Havre, Dünkirchen, Dieppe und La Rochelle besonders zugute, und in Cherbourg begann man mit dem Bau der großen Docks. Nach der Theorie, daß eine Regierung immer eine wohlhabende Fassade zeigen muß, bewilligte er bereitwillig Mittel an Höflinge und stellte keine Fragen, wenn es um die Ausgaben der Brü-

534   DER ZUSAMMENBRUCH DES FEUDALEN FRANKREICH

der des Königs und der Königin ging. Der König selbst ließ trotz guter Absichten zu, daß die Ausgaben für seinen Haushalt von 4 600 000 Livres im Jahre 1775 auf 6 200 000 Livres im Jahre 1787 erhöht wurden[18].

Je mehr Calonne ausgab, um so mehr borgte er; je mehr er borgte, um so mehr Zinsen hatte er auf die Schuld zu bezahlen. Im August 1786 mußte er dem bestürzten König gestehen, daß alle Hilfsmittel erschöpft waren, daß die Staatsschuld und das jährliche Defizit größer waren als je und daß nur die Ausdehnung der Besteuerung auf den Adel und den Klerus die Regierung vor der finanziellen Katastrophe bewahren könne. Da er wußte, daß das Pariser Parlament, nunmehr unverhohlen im Bündnis mit dem Schwertadel, sich diesem Gedanken widersetzen würde, schlug er vor, daß eine Gruppe verdienter, aus allen drei Ständen in ganz Frankreich ausgewählter Männer nach Versailles berufen werden sollte, um über die finanzielle Rettung des Staates zu beraten. Der König stimmte zu.

Die Versammlung der Notabeln trat am 22. Februar 1787 zusammen. Sie bestand aus sechsundvierzig Adligen, elf Kirchenmännern, zwölf Mitgliedern des königlichen Rates, achtunddreißig obrigkeitlichen Beamten, zwölf Deputierten aus den *pays d'État* (Regionen, die besondere Privilegien besaßen) und fünfundzwanzig städtischen Beamten, insgesamt hundertvierundvierzig Personen. Calonne sprach zu ihnen mit mutiger Offenheit über die Mißbräuche, die, so tief sie auch in der Zeit und im Vorurteil verwurzelt seien, beseitigt werden müßten, weil «sie schwer auf der produktivsten und fleißigsten Klasse lasteten». Er verurteilte die allgemeine Ungleichheit bei der Zuteilung von Unterstützungen und «das gewaltige Mißverhältnis in der steuerlichen Belastung verschiedener Provinzen und Untertanen ein und desselben Herrschers»[19]. Er stellte Anträge, die radikaler waren als die von Turgot, und erklärte, sie seien vom König gebilligt. Wären sie angenommen worden, hätten sie vielleicht die Revolution verhütet. Einige von ihnen, die er von Turgot übernommen hatte, wurden von der Versammlung gebilligt: eine Senkung der Salzsteuer, die Abschaffung von Zöllen auf den Binnenhandel, die Wiedereinführung des Freihandels für Getreide, die Bildung von Provinzialversammlungen und das Ende der *corvée*. Doch seine Forderung nach einer neuen und allgemeinen Bodensteuer wurde abgelehnt. Die adligen und die kirchlichen Mitglieder behaupteten, diese *subvention territoriale* würde eine Vermessung aller Ländereien und eine Zählung aller Grundbesitzer in Frankreich erfordern, was ein ganzes Jahr beanspruchen würde und keinen Einfluß auf die bestehende Krise hätte.

Calonne wandte sich an das Volk, indem er seine Reden veröffentlichen ließ. Weder dem Adel noch dem Klerus gefiel dieser Appell an die öffentliche Meinung, und die Versammlung schlug zurück, indem sie von Calonne forderte, über sämtliche Einkünfte und Ausgaben während seiner Kabinettszeit Rechenschaft abzulegen. Er weigerte sich, da er wußte, daß eine Aufdeckung seiner Methoden und Ausgaben ihn ruinieren würde. Die Versammlung behauptete, Sparsamkeit in den Ausgaben sei nötiger als eine Revision des Steuerwesens; darüber hinaus bestritt sie seine Befugnis, ein neues Steuersystem einzuführen; dies könnten allein die *Etats généraux* – die Generalstände (eine nationale Versammlung von Deputierten, die aus den drei *états*, den drei

DER POLITISCHE ZUSAMMENBRUCH 535

Ständen, zu wählen wären). Eine solche Versammlung war seit 1614 nicht mehr einberufen worden.

La Fayette, der sich unter den Notabeln befand, billigte die meisten von Calonnes Vorschlägen, mißtraute ihm jedoch als Menschen. Er beschuldigte Calonne, einen Teil der königlichen Ländereien ohne Wissen des Königs verkauft zu haben; Calonne forderte ihn auf, diese Beschuldigung zu beweisen, und La Fayette leistete den Beweis[20]. Ludwig XVI. hatte es Calonne übelgenommen, daß er sich über den Kopf der Regierung hinweg an die Öffentlichkeit gewandt hatte; er erkannte auf Grund einer Reihe von Enthüllungen, daß Calonne ihn über den Stand der Staatsfinanzen getäuscht hatte, und er sah, daß er die Unterstützung der Notabeln nicht gewinnen konnte, solange Calonne Kontrolleur war. Als Calonne die Entlassung seines Kritikers, des Barons von Breteuil, forderte, der ein persönlicher Freund Marie-Antoinettes war, riet sie dem König, statt dessen Calonne zu entlassen. Der Aufregungen müde, befolgte er ihren Rat (8. April 1787). Als Calonne erfuhr, daß das Pariser Parlament seine Verwaltung und seine privaten Angelegenheiten untersuchen wollte, setzte er sich nach England ab. Am 23. April suchte Ludwig die Notabeln zu besänftigen, indem er Sparmaßnahmen der Regierung sowie einen offenen Rechenschaftsbericht über die Staatsfinanzen versprach. Am 1. Mai machte er, wiederum auf Anraten der Königin, einen der Notabeln zum Vorsitzenden des Finanzrats.

III. LOMENIE DE BRIENNE (1787/88)

Loménie de Brienne war Erzbischof von Toulouse, doch so allgemein als Freidenker bekannt, daß die *philosophes* seinen Aufstieg zur Macht begrüßten. Als er, sechs Jahre zuvor, als Nachfolger von Christophe de Beaumont für den Bischofsstuhl der Hauptstadt vorgeschlagen worden war, hatte Ludwig XVI. protestiert: «Wir müssen zumindest einen Erzbischof von Paris haben, der an Gott glaubt.»[21] Eins seiner erfolgreichsten Manöver als Finanzminister war seine eigene Versetzung in das Erzbistum Sens, das bedeutend reicher war als das von Toulouse. Er überredete die Notabeln, seinen Plan zur Aufbringung von 80 Millionen Franc durch eine Anleihe zu billigen; doch als er ihre Zustimmung zu der neuen Bodensteuer forderte, bestritten sie von neuem seine Zuständigkeit. Als Ludwig sah, daß die Notabeln nichts ausrichteten, entließ er sie in aller Höflichkeit (25. Mai 1787).

Brienne versuchte Einsparungen zu erzielen, indem er Abstriche in den Ausgaben der einzelnen Departemente machte. Die Chefs der Departemente widersetzten sich, und der König versagte seinem Minister die Unterstützung. Ludwig kürzte die Ausgaben für seinen Haushalt um eine Million Franc, und die Königin erklärte sich mit einer ähnlichen Kürzung einverstanden (11. August). Brienne besaß den Mut, finanzielle Forderungen des Hofes, der Freunde der Königin und eines Bruders des Königs zurückzuweisen. Es ist ihm als Verdienst anzurechnen, daß er im Januar 1788 trotz des widerstrebenden Parlaments und gegen den Widerstand der meisten anderen Prälaten das königliche Edikt durchsetzte, das die Bürgerrechte auf die Protestanten ausdehnte.

Es war sein Unglück, daß er zu einer Zeit zur Macht gekommen war, da Mißernten und die Konkurrenz britischer Importe eine Wirtschaftskrise verursachten, die bis zur Revolution andauerte. Im August 1787 rotteten sich in Paris hungernde Haufen unter revolutionären Parolen zusammen und verbrannten Minister-Bilder *(in effigie)*. «Es scheint die Meinung aller zu sein», notierte Arthur Young am 13. Oktober, «daß der Erzbischof nicht in der Lage sein wird, den Staat von der Last seiner augenblicklichen Situation zu befreien ... und daß etwas Außerordentliches geschehen wird; und ein Bankrott ist eine durchaus nicht ungewöhnliche Vorstellung.»[22] Am 17. Oktober schrieb er: «Ein einziger Gedanke beherrscht die ganze Gesellschaft: daß sie am Vorabend einer großen Revolution in der Regierung steht ... Eine große Gärung [herrscht] in allen Rängen der Menschen, die nach Veränderung verlangen ..., ein starker Drang nach Freiheit, der seit der amerikanischen Revolution mit jeder Stunde zunimmt.»[23]

Die Reformen, die Calonne und Brienne angestrebt und die der König akzeptiert hatte, mußten nunmehr noch durch die *parlements* registriert werden, um Rechtskraft zu erlangen. Das Pariser Parlament war zwar bereit, den Getreidehandel freizugeben und die *corvée* in eine Bargeldleistung umzuwandeln, weigerte sich jedoch, eine Stempelsteuer zu genehmigen. Am 19. Juli 1787 unterbreitete es Ludwig XVI. eine Erklärung mit folgendem Inhalt: «Die durch die Generalstände vertretene Nation allein hat das Recht, dem König die Mittel zu bewilligen, die sich als unumgänglich erweisen sollten.»[24] Die Pariser Öffentlichkeit billigte diese Erklärung, dabei aber vergessend, daß die Generalstände, soweit in der französischen Geschichte bekannt, eine feudale Institution waren, die ihr Gewicht immer zugunsten der privilegierten Klassen in die Waagschale geworfen hatte. Der Schwertadel, der sich dessen wohl bewußt war, billigte die Erklärung und verbündete sich von nun an mit den *parlements* und dem Amtsadel in jener *révolte nobiliaire* (Adelsrevolte), welche die Revolution vorbereitete. Ludwig zögerte, die Generalstände einzuberufen, weil er befürchtete, sie würden dem Absolutismus der Bourbonenmonarchie ein Ende machen, indem sie legislative Gewalt beanspruchten.

Im August 1787 legte er dem Parlament ein Edikt für eine Besteuerung des Grundbesitzes aller Gesellschaftsklassen vor. Das Parlament weigerte sich, das Edikt zu registrieren. Ludwig berief die Mitglieder zu einem *lit de justice* (Großen Gerichtstag) nach Versailles und befahl die Registrierung; die Mitglieder erklärten nach ihrer Rückkehr nach Paris die Registrierung für ungültig und forderten wiederum die Einberufung der Generalstände. Der König verbannte sie am 14. August nach Troyes. Die Provinzparlamente erhoben Protest; in Paris brachen Aufstände aus. Brienne und der König gaben nach, und das Parlament wurde am 24. September unter dem Jubel der Bevölkerung wiedereinberufen.

Der Konflikt brach von neuem aus, als das Parlament sich weigerte, Briennes Vorschlag zu billigen, eine Anleihe von 120 Millionen Livres aufzunehmen. Der König berief eine «königliche Sitzung» des Parlaments ein (11. November 1787), auf der

DER POLITISCHE ZUSAMMENBRUCH 537

seine Minister Argumente für die Registrierung dieser Maßnahme vorbrachten. Das Parlament verweigerte sie trotzdem, und der Herzog von Orléans rief aus: «Sire, dies ist illegal!» Ludwig antwortete in einem ungewöhnlich heftigen Temperamentsausbruch: «Das ist gleichgültig! Es ist legal, weil ich es wünsche» – dergestalt offen auf seinen Absolutismus pochend. Er befahl die Registrierung des Ediktes, und sie wurde vollzogen; doch sobald er den Saal verlassen hatte, widerrief das Parlament die Registrierung. Hiervon in Kenntnis gesetzt, verbannte Ludwig den Herzog von Orléans nach Villers-Cotterêts und schickte zwei der Ratsherren in die Bastille (20. November). Das Parlament protestierte gegen diese und andere Verhaftungen ohne gerichtliche Untersuchung und schickte dem König am 11.März 1788 «Einsprüche», worin Worte gesagt wurden, die sowohl den Adligen als auch den Bürgerlichen gefielen: «Willkürliche Akte verletzen unabdingbare Rechte ... Könige herrschen entweder durch Eroberung oder nach dem Gesetz ... Die Nation fordert von ihrem König das höchste Gut, das ein König seinen Untertanen geben kann – Freiheit.»[25]

Das Kabinett glaubte das Parlament beruhigen zu können, indem es seiner Forderung nach Veröffentlichung der Einkünfte und Ausgaben der Regierung nachgab. Diese Veröffentlichung machte die Sache nur noch schlimmer, denn sie enthüllte ein Defizit von 160 Millionen Livres. Die Bankiers weigerten sich, dem Staat weitere Gelder zu leihen, wenn das Parlament die Anleihe nicht billige; das Parlament gelobte, dies nicht zu tun. Am 3.Mai 1788 veröffentlichte es eine «Erklärung der Rechte», die Ludwig XVI. und seine Minister daran erinnerten, daß Frankreich «eine vom König nach den Gesetzen regierte Monarchie» war und daß das Parlament sein altes Recht, königliche Edikte zu registrieren, bevor diese Gesetz werden konnten, nicht aufgeben durfte. Es forderte wiederum die Einberufung der Generalstände. Das Ministerium befahl die Verhaftung von zwei Parlamentsführern, d'Éprémesnil und Goislard (4.Mai); diese vollzog sich unter wilden Tumultszenen im Versammlungssaal und wütendem Protest auf den Straßen. Am 8. Mai verkündete Brienne die Absicht der Regierung, neue Gerichte einzusetzen und sie einer *cour plénière* (Plenargericht) zu unterstellen, die von nun an allein die Befugnis haben sollte, königliche Edikte zu registrieren; die *parlements* sollten auf rein gerichtliche Funktionen beschränkt und die gesamte Struktur des französischen Rechts reformiert werden. Inzwischen wurde das Pariser Parlament «in die Ferien geschickt» – mit anderen Worten: außer Funktion gesetzt.

Es wandte sich an den Adel, den Klerus und die Provinzparlamente, die ihm alle zu Hilfe zu kommen versprachen. Herzöge und Pairs protestierten beim König dagegen, daß dem Parlament die traditionellen Rechte aberkannt werden sollten. Eine Versammlung des Klerus am 15. Juni verwarf das neue Plenargericht, ermäßigte ihr «freiwilliges Geschenk» von bisher durchschnittlich zwölf Millionen auf 1 800 000 Livres und verweigerte jede weitere Hilfe, solange das Parlament nicht wieder in seine Rechte eingesetzt sei[26]. Ein Provinzparlament nach dem anderen erhob sich gegen den König. Das Parlament von Pau, der Hauptstadt von Béarn, erklärte, es werde keine von dem Parlament von Paris abgelehnten Edikte registrieren, und als den Mitgliedern Gewalt angedroht wurde, griff das Volk zu den Waffen, um sie zu beschützen. Das

538   DER ZUSAMMENBRUCH DES FEUDALEN FRANKREICH

Parlament von Rouen, der Hauptstadt der Normandie, bezeichnete die Minister des Königs als Verräter und ächtete alle Personen, welche die neuen Gerichte in Anspruch nehmen würden. Das Parlament von Rennes, der Hauptstadt der Bretagne, erließ ähnliche Dekrete; als die Regierung Soldaten schickte, um es aufzulösen, stießen diese auf den Widerstand der bewaffneten Gefolgsleute des lokalen Adels[27]. Als in Grenoble, der Hauptstadt der Dauphiné, der Militärbefehlshaber ein königliches Edikt verkündete, durch das das lokale Parlament aufgelöst werden sollte, bewarf die Bevölkerung der Stadt, verstärkt durch Bauern, die durch die Sturmglocke herbeigerufen worden waren, die widerstrebenden Soldaten von den Dächern herab mit Ziegeln und zwang den Kommandanten, indem sie ihm drohte, ihn an einem Kronleuchter aufzuhängen, das Edikt des Königs zurückzuziehen (7. Juni 1787, «Journée des Tuiles» – Tag der Ziegel). Jedoch gehorchten die Mitglieder der Behörde einem königlichen Befehl, ins Exil zu gehen.

Die Gemeinde von Grenoble machte Geschichte durch ihr Verhalten. Adlige, Geistliche und Bürger beschlossen, die alten Stände der Dauphiné zu einer Sitzung am 21. Juni wiedereinzuberufen. Da am «Tag der Ziegel» der Dritte Stand der eigentliche Sieger gewesen war, wurden ihm so viele Vertreter bewilligt wie den beiden anderen Ständen zusammen, und man kam überein, daß in der neuen Versammlung nach Köpfen und nicht nach Klassen abgestimmt werden sollte; diese Vereinbarung schuf einen Präzedenzfall, der in der Organisation der nationalen Generalstände eine Rolle spielen sollte. Da ihnen Grenoble als Tagungsort verboten worden war, traten die Stände der Dauphiné in Vizille, einige Kilometer von Grenoble entfernt, zusammen, und hier faßten die fünfhundert Deputierten unter der Führung eines jungen Advokaten, Jean-Joseph Mounier, und eines jungen Redners, Antoine Barnave, im August 1788 Entschlüsse, in denen sie auf dem Registrierungsrecht der *parlements* bestanden, die Abschaffung der *lettres de cachet* sowie die Einberufung der Generalstände forderten und sich verpflichteten, neuen Steuern nie zuzustimmen, wenn sie von den Generalständen nicht bewilligt worden waren. Dies war einer der ersten Ansätze zur Französischen Revolution: Eine ganze Provinz hatte dem König Trotz geboten und sich offen für eine konstitutionelle Monarchie erklärt.

Bestürzt über die fast die ganze Nation erfassende Revolte gegen die königliche Autorität, gab der König nach und entschloß sich, eine Versammlung der Generalstände einzuberufen. Da jedoch hundertvierundsiebzig Jahre seit der letzten Sitzung dieser Körperschaft vergangen waren und das Erstarken des Dritten Standes es unmöglich machte, die alten Verfahrensformen anzuwenden, richtete Ludwig XVI. am 5. Juli 1788 in Form eines Befehls des Königlichen Rates einen außerordentlichen Aufruf an das Volk:

«Seine Majestät will sich bemühen, den früheren Bräuchen so nahe wie möglich zu kommen; wenn diese aber nicht genau bestimmt werden können, wünscht sie den Mangel abzustellen, indem sie den Willen ihrer Untertanen ermittelt ... Daher hat der König sich entschlossen, anzuordnen, daß in allen Archiven jeder Provinz alle nur möglichen Nachforschungen angestellt werden sollen über die vorerwähnten Angelegenheiten und daß die Ergebnisse dieser Untersuchungen den Provinzständen und Provinzversammlungen übermittelt werden ..., die wiederum

DER POLITISCHE ZUSAMMENBRUCH 539

Seine Majestät über ihre Wünsche in Kenntnis setzen werden ... Seine Majestät fordert alle Gelehrten und gebildeten Personen in seinem Königreich auf ..., alle Informationen und Denkschriften, die mit den in diesem Dekret enthaltenen Angelegenheiten zusammenhängen, dem Siegelbewahrer zu übermitteln.»[28]

Am 8. August forderte Ludwig die drei Klassen Frankreichs auf, Deputierte zu einer Versammlung der Generalstände zu entsenden, die am 1. Mai 1789 in Versailles zusammentreten sollte. Am gleichen Tag hob er das Plenargericht auf, das bald aus der Geschichte verschwand. Am 16. August erklärte die Regierung ihren Bankrott, indem sie verkündete, daß bis zum 31. Dezember 1789 die Staatsobligationen nicht mehr ausschließlich in fester Währung, sondern teilweise in Papiergeld eingelöst werden würden, das alle Bürger als legales Zahlungsmittel annehmen sollten. Am 25. August demissionierte Brienne, vom König mit Gunstbezeugungen und klingendem Lohn entlassen, während das Pariser Volk ihn *in effigie* verbrannte. Er zog sich in sein reiches Bistum in Sens zurück, und hier beging er im Jahre 1794 Selbstmord.

IV. NECKER KOMMT ZURÜCK (1788/89)

Nur widerwillig forderte der König Necker auf, in die Regierung zurückzukehren (25. August). Aber er konnte nicht umhin, ihm den Titel eines Staatssekretärs zu verleihen und ihm einen Sitz im königlichen Rat einzuräumen. Alle, von der Königin und dem Klerus bis zu den Finanzkreisen und der Bevölkerung, begrüßten die Ernennung. Eine große Menschenmenge versammelte sich im Hof des Schlosses von Versailles, um Necker willkommen zu heißen; er kam heraus und sagte zu den Versammelten: «Ja, meine Kinder, ja, meine Kinder, ich bleibe, beruhigt euch.» Einige fielen auf die Knie und küßten ihm die Hände[29]. Er weinte, nach dem Brauch der Zeit.

Die Unordnung in der Verwaltung, auf den Straßen, im Bewußtsein der Behörden und der Bevölkerung war einer politischen Auflösung so nahegekommen, daß Necker nichts anderes tun konnte, als die Dinge so lange im Gleichgewicht zu halten, bis die Generalstände zusammentraten. Um das Vertrauen wiederherzustellen, steckte er zwei Millionen Franc aus seiner eigenen Tasche in den Staatsschatz und verpfändete sein persönliches Vermögen als Teilgarantie für die Verpflichtungen des Staates[30]. Er widerrief die Verordnung vom 16. August, laut welcher die Aktienbesitzer aufgefordert wurden, Papiere anstatt Geld zu akzeptieren; die Regierungsobligationen stiegen auf dem Markt um dreißig Prozent. Die Bankiers schossen dem Schatzamt genügend Mittel vor, daß es die Krise ein Jahr lang überbrücken konnte.

Auf Neckers Rat berief der König das Parlament auf den 23. September von neuem ein. Berauscht von seinem Erfolg, beging es den Fehler zu erklären, daß die künftigen Generalstände genauso arbeiten würden wie 1614 – nämlich nach Ständen getrennt tagen und nach Ständen abstimmen –, was den Dritten Stand automatisch zu politischer Ohnmacht verurteilt hätte. Das Volk, das der Behauptung des Parlaments, es wolle die Freiheit gegen die Tyrannei verteidigen, Glauben geschenkt hatte, stellte nun fest, daß die beabsichtigte Freiheit die der beiden bevorrechteten Klassen sein sollte, den König zu beherrschen. Das Parlament verscherzte sich so, indem es sich auf die Seite des Feudalregimes stellte, die Unterstützung der mächtigen Mittelklasse und hörte auf, mitbestimmend bei der Gestaltung der Ereignisse zu sein. Die *révolte nobiliaire* hatte ihre Grenzen gezeigt und ihren Verlauf genommen; jetzt machte sie der bürgerlichen Revolution Platz.

Neckers Aufgabe wurde durch die Dürre des Jahres 1788 und durch anschließende Hagelstürme, welche die verkümmerte Ernte vollends vernichteten, erschwert. Der Winter 1788 auf 1789 war einer der härtesten in der Geschichte Frankreichs; in Paris fiel das Thermometer auf fast dreißig Grad unter Null, und die Seine fror von Paris bis Le Havre zu. Der Brotpreis stieg von neun Sou im August 1788 auf vierzehn im Februar 1789. Die oberen Klassen taten ihr Bestes, den Notleidenden zu helfen; einige Adlige, wie der Herzog von Orléans, spendeten Hunderttausende von Livres für die Ernährung und Kleidung der Armen, der Erzbischof stiftete vierhunderttausend Livres, und ein Kloster speiste sechs Wochen lang täglich zwölftausend Personen[31]. Necker verbot den Export von Getreide und importierte welches für 70 Millionen Livres; die Hungersnot wurde abgewendet. Er überließ seinen Nachfolgern oder den Generalständen die Aufgabe, die Anleihen, die er aufgenommen hatte, zu tilgen.

Inzwischen überredete er den König, gegen den Rat des mächtigen Adels zu verordnen (27. Dezember 1788), daß in den kommenden Sitzungen der Generalstände die Abgeordneten des Dritten Standes an Zahl ebenso stark sein sollten wie die beiden anderen Stände zusammen. Am 24. Juni 1789 forderte er alle Wahlbezirke auf, Vertreter zu bestimmen. Im Dritten Stand war jeder über vierundzwanzig Jahre alte Franzose, der Steuern zahlte, berechtigt – und sogar verpflichtet – zu wählen, ebenso alle freiberuflich Tätigen, Unternehmer und Angehörige der Zünfte; in Wirklichkeit besaß das gesamte gemeine Volk, ausgenommen Almosenempfänger und die ärmsten Arbeiter, das Wahlrecht[32]. Die erfolgreichen Kandidaten bildeten ein Komitee, das einen Abgeordneten für den Bezirk wählte. Im Ersten Stand nahmen alle Priester und alle Klöster an der Wahl ihrer Vertreter in die Wahlversammlung des Distrikts teil; Erzbischöfe, Bischöfe und Äbte waren *ex officio* Mitglieder dieser Komitees, die die kirchlichen Abgeordneten für die Generalstände bestimmten. Im Zweiten Stand war jeder Adlige über vierundzwanzig automatisch Mitglied der Wahlkomitees, die für ihre Bezirke die Vertreter des Adels wählten. In der Pariser Bevölkerung besaßen nur diejenigen das Wahlrecht, die eine Kopfsteuer von sechs oder mehr Livres zahlten, was bedeutete, daß der größte Teil des Proletariats von der Wahl ausgeschlossen war[33].

Jede einzelne Wahlversammlung der verschiedenen Stände wurde von der Regierung aufgefordert, ein *cahier des plaintes et doléances* – ein Heft der Klagen und Beschwerden – als Anleitung für ihren Abgeordneten aufzustellen. Die *cahiers* der Bezirke wurden für jeden Stand in Provinzial-*cahiers* zusammengefaßt und diese, ganz oder in einer Zusammenfassung, dem König vorgelegt. Die *cahiers* aller Klassen waren sich einig in der Verdammung des Absolutismus und in der Forderung nach einer konstitutionellen Monarchie, in der die Macht des Königs und seiner Minister durch das

DER POLITISCHE ZUSAMMENBRUCH 541

Gesetz und durch eine von der gesamten Nation gewählte Versammlung beschränkt werden sollte, die periodisch zusammentrat und allein befugt war, neue Steuern zu bewilligen und neuen Gesetzen Rechtskraft zu verleihen. Fast alle Abgeordneten waren angewiesen worden, keine Mittel für die Regierung zu bewilligen, solange eine solche Verfassung nicht gesichert war. Alle Stände tadelten die finanzielle Unfähigkeit der Regierung, die mit den indirekten Steuern verbundenen Übel und die Übergriffe der königlichen Macht, wofür die *lettres de cachet* ein Beispiel bildeten. Alle forderten die Aburteilung durch ordentliche Gerichte, das Postgeheimnis und eine Rechtsreform. Alle plädierten für Freiheit, doch jeder auf seine eigene Weise: die Adligen für die Wiederherstellung der Rechte, die sie vor Richelieu besessen hatten, der Klerus und die Bourgeoisie für Freiheit von aller staatlichen Einmischung, die Bauernschaft für Freiheit von bedrückenden Steuern und Feudalabgaben. Alle akzeptierten grundsätzlich die gleiche Besteuerung allen Eigentums. Alle versicherten den König ihrer Loyalität, doch niemand erwähnte sein «göttliches Recht» zu herrschen[34]; dieses war, mit allgemeiner Zustimmung, tot.

Die *cahiers* des Adels forderten, in den Generalständen sollte jede Klasse sich getrennt versammeln und als Einheit abstimmen. Die *cahiers* des Klerus lehnten die Toleranz ab und forderten, das den Protestanten vor kurzem gewährte Bürgerrecht müsse widerrufen werden. Einige *cahiers* traten dafür ein, daß ein größerer Teil des Zehnten der Gemeinde überlassen werden und allen Priestern der Aufstieg in der Hierarchie offen sein sollte. Fast alle kirchlichen *cahiers* beklagten die Sittenlosigkeit der Epoche in Kunst, Literatur und Theater; sie schrieben diese Entartung der übertriebenen Freiheit der Presse zu und forderten, daß die Überwachung der Erziehung ausschließlich dem katholischen Klerus vorbehalten sein sollte.

Die *cahiers* des Dritten Standes drückten in der Hauptsache die Anschauungen der Mittelklasse und der bäuerlichen Grundbesitzer aus. Sie traten für die Abschaffung der Feudalrechte und der Transportzölle ein. Sie forderten freien Zugang für die Talente aller Klassen zu allen Posten. Sie verurteilten den Reichtum der Kirche und den kostspieligen Müßiggang der Mönche. Ein *cahier* schlug vor, der König solle, um das Defizit zu decken, die Ländereien und Renten des Klerus verkaufen, ein anderes, das gesamte Klostereigentum solle beschlagnahmt werden[35]. Viele beklagten die Verwüstung der Äcker durch das Wild und die Jagden des Adels. Sie forderten eine freie Erziehung für jedermann, dazu Reformen in Krankenhäusern und Gefängnissen und die vollständige Abschaffung der Leibeigenschaft und des Sklavenhandels. Ein solches typisches *cahier* der Bauern behauptete: «Wir sind die Hauptstütze des Thrones, die wahre Grundlage der Armee ... Wir sind die Quelle des Reichtums für andere, und wir selbst verbleiben in Armut.»[36]

Alles in allem war diese Wahl der Generalstände ein stolzer Augenblick in der Geschichte Frankreichs. Für eine Zeitlang wurde das bourbonische Frankreich fast zu einer Demokratie, in der wahrscheinlich ein größerer Teil des Volkes zur Urne ging als bei einer heutigen Wahl in Amerika. Es war eine gerechte Wahl, und sie verlief nicht so ungeordnet, wie man bei einer so neuen Einrichtung hätte erwarten können;

sie war offenbar auch freier von Korruption als die meisten in den späteren Demokratien Europas abgehaltenen Wahlen[37]. Nie zuvor hatte, soweit wir wissen, eine Regierung ihr Volk so großzügig aufgefordert, ihr Verhaltensmaßregeln zu geben und ihr seine Beschwerden und Wünsche mitzuteilen. In ihrer Gesamtheit verschafften diese *cahiers* der Regierung einen vollständigeren Überblick über die Verhältnisse in Frankreich, als sie ihn je zuvor gehabt hatte. Wenn je, dann besaß Frankreich jetzt die Voraussetzungen für eine erfolgreiche Lenkung der Geschicke des Staates; es hatte seine besten Männer aus jedem Stand frei gewählt, die mit einem König zusammentreffen sollten, der bereits mutige Schritte zur Reform gemacht hatte. Ganz Frankreich war von Hoffnung erfüllt, als diese Männer sich aus allen Teilen des Landes auf den Weg nach Paris und Versailles machten.

V. MIRABEAU TRITT AUF

Einer von ihnen war ein von den beiden Gemeinden Aix-en-Provence und Marseille gewählter Edelmann. Ausgezeichnet durch diese ungewöhnliche und doppelte Würde, spielte Honoré-Gabriel-Victor Riqueti, Graf von Mirabeau, ein Mann von faszinierender Häßlichkeit, von seiner Ankunft in Paris im April 1789 bis zu seinem frühen Tod (1791) eine beherrschende Rolle im Revolutionsgeschehen.

Wir haben seinen Vater – Victor Riqueti, Marquis von Mirabeau – als Physiokraten und «Menschenfreund» gefeiert, das heißt als Freund aller Menschen mit Ausnahme seiner Frau und seiner Kinder. Vauvenargues beschrieb diesen «Ami de l'homme» als «hitzig und gallig, unruhiger und unbeständiger als das Meer, erfüllt von unbezwinglichem Verlangen nach Vergnügungen, Wissenschaft und Ehre»[38]. Der Marquis gestand dies alles ein und fügte hinzu, «Sittenlosigkeit sei für ihn eine zweite Natur». Mit achtundzwanzig entschloß er sich herauszufinden, ob ihm eine einzige Frau genüge; er bat um die Hand von Marie de Vessan, die er nie gesehen hatte, die jedoch rechtmäßige Erbin eines beträchtlichen Vermögens war. Nachdem er sie geheiratet hatte, stellte er fest, daß sie ein liederlicher und unfähiger Hausdrache war; doch schenkte sie ihm in elf Jahren elf Kinder, von denen fünf die Kindheit überlebten. 1760 wurde der Marquis wegen aufrührerischer Schriften im Schloß Vincennes eingesperrt, jedoch nach einer Woche wieder entlassen. 1762 verließ ihn seine Frau und kehrte zu ihrer Mutter zurück.

Honoré-Gabriel, der älteste Sohn, wuchs inmitten dieses häuslichen Dramas auf. Eine seiner Großmütter starb im Wahnsinn, eine Schwester und ein Bruder hatten gelegentliche Wahnsinnsanfälle, und es ist ein Wunder, daß Gabriel, der von einem Schicksalsschlag nach dem anderen getroffen wurde, nicht selber wahnsinnig wurde. Er hatte bei der Geburt bereits zwei Zähne, als sollte die Welt vor ihm gewarnt werden. Mit drei wurde er von den Pocken befallen, die sein Gesicht für immer entstellten. Er war ein wilder, streitsüchtiger und eigensinniger Knabe; sein Vater, der ebenfalls wild, streitsüchtig und eigenwillig war, prügelte ihn häufig und zog sich seinen kind-

DER POLITISCHE ZUSAMMENBRUCH 543

lichen Haß zu. Der Marquis war froh, ihn loszuwerden, als er ihn, fünfzehn Jahre alt, 1764 auf eine Militärakademie in Paris schickte. Hier erwarb Gabriel Kenntnisse in Mathematik, Deutsch und Englisch und las eifrig, verzehrt von einem leidenschaftlichen Streben nach Erfolg. Er las Voltaire und verlor seine Religion; er las Rousseau und lernte es, für das gemeine Volk zu empfinden. In der Armee spannte er seinem kommandierenden Offizier die Mätresse aus, duellierte sich, nahm an der französischen Invasion auf Korsika teil und gewann so viel Anerkennung für seine Tapferkeit, daß sein Vater ihm vorübergehend wärmere Gefühle zeigte.

Mit dreiundzwanzig heiratete er, um Geldes willen, Emile de Marignac, die eine Erbschaft von fünfhunderttausend Franc zu erwarten hatte. Sie gebar Gabriel einen Sohn und nahm einen Liebhaber; er entdeckte ihre Untreue, verheimlichte seine eigene und verzieh ihr. Er prügelte sich mit einem Herrn von Villeneuve, zerschlug einen Regenschirm auf seinem Kopf und wurde beschuldigt, er habe ihn töten wollen. Um ihn vor der Verhaftung zu bewahren, besorgte sein Vater eine *lettre de cachet,* durch die Gabriel zwangsweise in das Château d'If auf einer Insel vor Marseille verbracht wurde. Er forderte seine Frau auf, zu ihm zu kommen, doch sie weigerte sich; sie tauschten Briefe wachsender Wut, bis er ihr «Lebewohl für immer» sagte (14. Dezember 1774). In der Zwischenzeit hielt er sich bei Stimmung, indem er gelegentlich mit der Frau des Schloßkommandanten schlief.

Im Mai 1775 ließ sein Vater ihn in ein weniger strenges Gewahrsam auf dem Fort de Joux in der Nähe von Pontarlier an der schweizerischen Grenze bringen. Sein Kermeister, Monsieur de Saint-Mauris, lud ihn zu einer Gesellschaft, auf der er Sophie de Ruffey, die neunzehn Jahre alte Gattin des siebzig Jahre alten Marquis von Monnier, kennenlernte. Sie fand Mirabeau mehr nach ihrem Geschmack als ihren Mann; zwar war sein Gesicht abschreckend häßlich, sein Haar wollig, seine Nase massig, doch seine Augen waren feurig, seine Gemütsart «schwefelig», und er konnte jede Frau durch seine Sprache verführen. Sophie wurde ihm vollständig hörig. Er entkam aus Pontarlier, floh nach Thonon in Savoyen und verführte dort eine Kusine. Im August 1776 stöberte ihn Sophie in Verrières in der Schweiz auf, denn, so sagte sie: «Von dir getrennt zu leben heißt täglich tausendmal sterben.»[39] Nun gelobte sie: «Gabriel oder der Tod!», und schlug vor, Arbeit zu suchen, denn Gabriel war ohne Geld.

Er ging mit ihr nach Amsterdam, wo Rousseaus Verleger, Marc Rey, ihn als Übersetzer beschäftigte. Sophie diente ihm als Sekretärin und unterrichtete im Italienischen. Er schrieb mehrere kleine Arbeiten, und in einer von ihnen sagte er von seinem Vater: «Er, der die Tugend, das Wohltun, die Ordnung und Sittlichkeit predigt, war nicht nur der schlechteste der Ehemänner, sondern auch der hartherzigste und verschwenderischste der Väter.»[40] Mirabeau senior hielt das für einen Verstoß gegen die Etikette. Er verbündete sich mit Sophies Eltern, um die Auslieferung des Paares aus Holland zu erwirken. Sie wurden am 14. Mai 1777 verhaftet und nach Paris gebracht. Sophie wurde, nachdem sie einen vergeblichen Selbstmordversuch unternommen hatte, in ein Erziehungshaus geschickt, der tobende Gabriel im Schloß Vincennes eingesperrt. Hier schmachtete er zweiundvierzig Monate lang. Nach zwei Jahren wurden ihm Bücher,

544 DER ZUSAMMENBRUCH DES FEUDALEN FRANKREICH

Papier, Feder und Tinte erlaubt. An Sophie schrieb er Briefe von leidenschaftlicher Zuneigung. Am 7. Januar 1778 gebar sie eine Tochter, angeblich von ihm. Im Juni wurden Mutter und Kind in ein Kloster in Gien, in der Nähe von Orléans, verbracht.

Mirabeau appellierte an seinen Vater, ihm zu verzeihen und seine Freilassung zu erwirken. «Laß mich die Sonne sehen», bettelte er, «laß mich eine freiere Luft atmen, laß mich das Gesicht meinesgleichen sehen! Ich sehe nichts als dunkle Wände. Mein Vater, ich werde unter der Folter einer Nierenentzündung sterben!»[41] Um sein Elend zu erleichtern und um etwas Geld für Sophie zu verdienen und sich vor dem Verrücktwerden zu bewahren, schrieb er mehrere Bücher, darunter einige erotische. Das bedeutendste war *Lettres de cachet,* worin er die Ungerechtigkeit der Verhaftung ohne Haftbefehl und der Inhafthaltung ohne Verfahren brandmarkte und eine Reform des Gefängniswesens und des Rechts forderte. Der 1782 veröffentlichte kleine Band bewegte Ludwig XVI. so sehr, daß er 1784 die Freilassung aller in Vincennes gefangengehaltenen Personen befahl[42].

Mirabeaus Aufseher hatten Mitleid mit ihm, und nach dem November 1779 wurde ihm erlaubt, im Garten des Schlosses spazierenzugehen und Besucher zu empfangen. Bei einigen von diesen fand er ein Ventil für seine überströmende Sexualkraft[43]. Sein Vater erklärte sich bereit, seine Freilassung zu erwirken, wenn er sich bei seiner Frau entschuldigen und wieder mit ihr zusammenleben würde, denn der alte Marquis war darum besorgt, einen Enkel zu haben, damit die Familie nicht erlosch. Gabriel schrieb an seine Frau und bat sie um Verzeihung. Am 13. Dezember 1780 wurde er in die Obhut seines Vaters entlassen, der ihn in das väterliche Haus in Le Bignon einlud. Vorher besuchte er Sophie in ihrem Kloster; offenbar teilte er ihr mit, daß er beabsichtige, zu seiner Frau zurückzukehren. Dann begab er sich nach Le Bignon und bezauberte seinen Vater. Sophie erhielt Geld von ihrem Gatten, zog in ein Haus in der Nähe des Klosters, widmete sich wohltätigen Werken und erklärte sich schließlich bereit, einen ehemaligen Rittmeister der Kavallerie zu heiraten. Er starb, bevor die Trauung stattfinden konnte, und am nächsten Tag beging Sophie Selbstmord (9. September 1789)[44].

Mirabeaus Frau weigerte sich, ihn zu empfangen; er klagte auf Scheidung wegen böswilligen Verlassens, verlor den Prozeß, setzte jedoch seine Freunde und Gegner in Erstaunen durch die Beredsamkeit seines fünfstündigen Plädoyers für seine hoffnungslose Sache. Sein Vater enteignete ihn; er verklagte ihn, und das Gericht sprach ihm ein väterliches Jahresgeld von dreitausend Franc zu. Er borgte Geld und lebte üppig. 1748 nahm er eine neue Mätresse, Henriette de Nehra. Mit ihr ging er nach England und Deutschland (1785–1787). Unterwegs hatte er Nebenverhältnisse, die Henriette ihm verzieh, denn sie meinte: «Sah er irgendwo ein hübsches Lärvchen oder eine Kokette, deren Entgegenkommen ihn reizte, gleich fing er Feuer.»[45] Er kam zweimal mit Friedrich dem Großen zusammen und lernte genug über Preußen, um (nach dem ihm von einem preußischen Major zur Verfügung gestellten Material) das Buch *De la Monarchie prussienne* (1788) zu schreiben; er widmete es seinem Vater, der es als «Riesenleistung eines besessenen Arbeiters» bezeichnete. Calonne beauftragte ihn,

DER POLITISCHE ZUSAMMENBRUCH 545

geheime Berichte über deutsche Angelegenheiten zu schicken; er verfaßte deren siebzig, die den Minister durch ihre scharfe Beobachtung und ihren kraftvollen Stil erstaunten.

Nach Paris zurückgekehrt, spürte er, daß die öffentliche Unzufriedenheit sich in revolutionären Zündstoff verwandelte. In einem Brief an den Minister Montmorin prophezeite er, wenn nicht eine Versammlung der Generalstände im Jahre 1789 zustande käme, würde die Revolution ausbrechen. «Ich frage: Hat man auch das Wüten des Hungers und das Schreckgespenst der Verzweiflung in Rechnung gestellt? Ich frage: Wer wird den Mut haben und die Gefahren verantworten, die dem Hofe oder gar der persönlichen Sicherheit des Königs selbst erwachsen?»[46] Er wurde mitgerissen von der allgemeinen Bewegung und stürzte sich in den Strom. Er erreichte eine oberflächliche Versöhnung mit seinem Vater, der 1789 starb, und bot sich in Aix-en-Provence als Kandidat für die Generalstände an. Er forderte seine adligen Standesgenossen in diesem Distrikt auf, ihn zu nominieren; sie weigerten sich, und er wandte sich an den Dritten Stand, der ihn willkommen hieß. Nun schlüpfte er aus dem Kokon konservativer Vorurteile und legte sich die Flügel eines Demokraten zu. «Das Recht der Souveränität beruht einzig und unabänderlich auf dem Volk; der Herrscher darf nichts anderes sein als der erste Diener dieses Volkes.»[47] Er wünschte die Monarchie beizubehalten, doch nur als einen Schutz des Volkes gegen die Aristokratie; unterdes forderte er, daß alle männlichen Erwachsenen wahlberechtigt sein sollten[48]. In einer Rede an die Stände der Provence drohte er den bevorrechteten Klassen mit einem Generalstreik: «Nehmt euch in acht, verachtet dieses Volk nicht, das alles mit seiner Hände Arbeit erzeugt. Dieses Volk, das, um fürchterlich zu sein, nur untätig zu sein braucht.»[49]

In Marseille brach im März 1789 eine Brotrevolte aus; die Behörden schickten nach Mirabeau, er solle kommen und das Volk beruhigen, denn sie kannten seine Beliebtheit. Die Bevölkerung, hundertzwanzigtausend an der Zahl, strömte zusammen, um ihn zu begrüßen[50]. Er organisierte einen Streifendienst, um Gewalttätigkeiten zu verhüten. In einem *Avis au peuple marseillais* riet er den Leuten, Geduld zu haben, bis die Generalstände Zeit gefunden hätten, das Gleichgewicht zwischen den Erzeugern, die hohe Preise, und den Verbrauchern, die niedrige wollten, herzustellen. Die Aufrührer gehorchten ihm. Mit der gleichen Überredungskunst besänftigte er einen Aufstand in Aix. Sowohl Aix als auch Marseille wählten ihn zu ihrem Deputierten; er dankte den Wahlmännern und entschied sich für Aix. Im April 1789 machte er sich auf den Weg nach Paris und zur Versammlung der Generalstände.

VI. DIE GENERALPROBE, 1789

Er reiste durch ein Land, das von Hungersnot bedroht war und die Revolution probte. Im Frühjahr 1789 kam es in mehreren Gegenden wiederholt zu Aufständen gegen die Steuern und den Brotpreis. In Lyon drang der Pöbel in die Kanzlei des Steuereinneh-

546   DER ZUSAMMENBRUCH DES FEUDALEN FRANKREICH

mers ein und vernichtete seine Listen. In Agde, in der Nähe von Montpellier, drohte das Volk mit einer allgemeinen Plünderung, wenn die Warenpreise nicht herabgesetzt würden; es bekam seinen Willen. Dörfer, die eine Knappheit an Getreide befürchteten, verhinderten gewaltsam den Export von Getreide aus ihren Bezirken. Es gab Bauern, die davon sprachen, alle Schlösser niederzubrennen und die Grundherren zu töten (Mai 1789)[51]. In Montlhéry drangen die Frauen, als sie hörten, daß der Brotpreis erhöht worden war, an der Spitze einer wütenden Menge in die Getreidelager und Bäckereien ein und eigneten sich alles verfügbare Mehl und Brot an. Ähnliche Szenen spielten sich in Bray-sur-Seine, Bagnols, Amiens, ja fast überall in Frankreich ab. In einer Stadt nach der anderen wiegelten Redner das Volk auf, indem sie ihm erzählten, der König habe alle Steuerzahlungen gestundet[52]. Im März und im April durchlief die Provence ein Gerücht, «der beste aller Könige wolle, daß alle Menschen gleich seien, daß es von nun an weder Bischöfe noch Herren, noch Zehnten, noch Herrschaftsabgaben, noch Jagd- und Fischrechte, noch Adelsprädikate und Auszeichnungen geben solle, daß das Volk von allen Steuern befreit werde und die beiden ersten Stände allein die Staatslasten tragen sollten»[53]. Nach dem 1. April 1789 wurden keine Feudalabgaben mehr gezahlt. Der «freiwillige» Verzicht auf diese Abgaben durch den Adel am 4. August war kein Akt der Selbstaufopferung, sondern die Anerkennung einer vollendeten Tatsache.

In Paris stieg die Erregung täglich, als der Zeitpunkt der Versammlung der Generalstände immer näher rückte. Flugschriften entströmten den Druckerpressen, Redner erhoben ihre Stimme in den Kaffeehäusern und Klubs. Das berühmteste und mächtigste Pamphlet der Geschichte erschien im Januar 1789, geschrieben von dem freidenkerischen Abbé Emmanuel-Joseph Sieyès, Generalvikar der Diözese Chartres. Chamfort hatte geschrieben: «*Qu'est-ce que le tiers état? – Tout. Qu'a-t-il? – Rien.*» (Was ist der Dritte Stand? – Alles. Was besitzt er? – Nichts.) Sieyès machte aus diesem explosiven Epigramm eine packende Schlagzeile und verwandelte sie in drei Fragen, die bald halb Frankreich stellte:

Was ist der Dritte Stand? Alles.
Was war er bis jetzt in der politischen Ordnung? Nichts.
Was verlangt er? Etwas zu werden.[54]

Von den sechsundzwanzig Millionen Seelen in Frankreich, erklärte Sieyès, gehörten mindestens fünfundzwanzig Millionen dem Dritten Stand an – dem nichtadligen Laientum; der Dritte Stand war in Wirklichkeit die Nation. Wenn die anderen Stände sich weigern würden, an der Versammlung der Generalstände teilzunehmen, wäre er berechtigt, sich als die «Assemblée nationale» zu konstituieren. Dieses Wort tat seine Wirkung.

Hunger war sogar noch beredter als Worte. Als in Paris von der Regierung Hilfsstationen eingerichtet wurden, strömten Geistliche und Laien, Reiche und Arme, Bettler und Verbrecher aus dem Hinterland in die Stadt, um zu essen und oftmals ihr Letztes in Verzweiflungsakten aufs Spiel zu setzen. Gelegentlich nahm das Volk die Dinge in die eigene Hand; es drohte, jeden Kornwucherer, der Getreide hortete oder

DER POLITISCHE ZUSAMMENBRUCH 547

zuviel dafür verlangte, am nächsten Laternenpfahl aufzuhängen, hielt des öfteren Getreidetransporte auf und plünderte sie, bevor sie den Markt erreichen konnten, stürmte die Märkte und nahm sich mit Gewalt und ohne Bezahlung das Getreide, das die Bauern in die Stadt gebracht hatten, um es zu verkaufen[55]. Am 23. April erließ Necker durch den Königlichen Rat ein Dekret, das die Richter und die Polizei ermächtigte, in privaten Kornspeichern Bestandsaufnahmen zu machen und deren Besitzer zu zwingen, ihr Getreide dort auf den Markt zu bringen, wo das Brot knapp wurde; doch diese Verordnung wurde nicht konsequent durchgeführt. So sah das Bild aus, das Paris im Frühling bot.

In diesen aufgewühlten Volksmassen witterte der Herzog von Orléans ein mögliches Instrument für seine Ambitionen. Er war der Urenkel jenes Philippe von Orléans, der von 1715 bis 1723 Regent von Frankreich gewesen war. 1747 geboren, mit fünf Jahren zum Herzog von Chartres ernannt, heiratete er mit zweiundzwanzig Louise-Marie de Bourbon-Penthièvre, deren Vermögen ihn zum reichsten Mann in Frankreich machte[56]. 1785 erbte er den Titel eines Herzogs von Orléans; nach 1789 wurde er infolge seiner Tätigkeit als Vertreter der Sache des Volkes Philippe Egalité benannt. Wir haben gesehen, wie er den König im Parlament herausforderte und nach Villers-Cotterêts verbannt wurde. Bald wieder nach Paris zurückkehrend, faßte er den Entschluß, sich zu einem Idol des Volkes zu machen, in der Hoffnung, zum Nachfolger seines Vetters Ludwig XVI. gewählt zu werden, falls der geplagte König abdanken oder abgesetzt werden sollte. Er spielte den großzügigen Wohltäter der Armen, trat für die Nationalisierung des Kircheneigentums ein[57] und öffnete den Garten und einige Räume des ihm gehörenden Palais-Royal im Herzen von Paris für die Öffentlichkeit. Er hatte das Auftreten eines großherzigen Aristokraten und die Moral seines Vorfahren, des Regenten. Madame de Genlis, die Erzieherin seiner Kinder, diente ihm als Verbindungsperson zu Mirabeau, Condorcet, La Fayette, Talleyrand, Lavoisier, Volney, Sieyès, Desmoulins, Danton. Seine Freimaurerbrüder waren ihm eine beträchtliche Hilfe[58]. Der Romanschreiber Choderlos de Laclos, sein Sekretär, organisierte in seinem Auftrag öffentliche Demonstrationen und Revolten. In den Gärten, Kaffeehäusern, Spielsalons und Bordellen rund um seinen Palast tauschten die Flugschriftenverfasser Ideen aus und schmiedeten Pläne; hier fanden sich, gepackt von der Erregung der Stunde, Tausende von Menschen aller Klassen zusammen. Das Palais-Royal, wie man das ganze Viertel bezeichnete, wurde die Nabe der Revolution.

Es wird behauptet und ist wahrscheinlich, jedoch nicht sicher, daß das Geld des Herzogs und die Tätigkeit von Choderlos de Laclos bei der Organisierung des Angriffs auf die Fabrik von Réveillon in der Rue Saint-Antoine eine Rolle spielten. Réveillon war im Begriff, eine eigene Revolution durchzuführen, indem er Wandgemälde und Tapisserien durch Velinpapier ersetzte, das von Künstlern in einer von ihm entwickelten Technik bemalt wurde; eine englische Autorität hat die Erzeugnisse seiner Fabrik als «zweifellos die schönsten Tapeten, die je angefertigt worden sind», bezeichnet[59]. Er beschäftigte in seiner Fabrik dreihundert Menschen, deren Mindestlohn immerhin schon fünfundzwanzig Sous pro Tag betrug[60]. Bei einer Sitzung der Wahlversammlung

548 DER ZUSAMMENBRUCH DES FEUDALEN FRANKREICH

von Sainte-Marguerite entstand ein Streit zwischen den Wählern der Mittelklasse und den Arbeitern; man befürchtete, die Löhne könnten gekürzt werden[61], und ein falsches[62] Gerücht ging um, Réveillon habe gesagt, «ein Arbeiter könne mit Frau und Kindern für fünfzehn Sous den Tag leben». Am 27. April rottete sich eine Volksmenge vor dem Haus des Fabrikanten zusammen und verbrannte ihn *in effigie*, da sie ihn selbst nicht finden konnte. Am 28. drang ein größerer und bewaffneter Haufen in sein Haus ein, plünderte es, machte ein Freudenfeuer mit seinen Möbeln, trank den Wein in seinen Kellern und entwendete alles Bargeld und Silbergeschirr. Die Aufrührer zogen weiter zu der Fabrik und plünderten sie. Es wurden Truppen gegen sie ausgeschickt; sie verteidigten sich in einer Schlacht, die mehrere Stunden dauerte. Zwölf Soldaten und über zweihundert Aufrührer wurden getötet. Réveillon schloß seine Fabrik und ging nach England.

Dies war die Stimmung in Paris, als die gewählten Abgeordneten und ihre Stellvertreter zur Versammlung der Generalstände in Versailles eintrafen.

VII. DIE VERSAMMLUNG DER GENERALSTÄNDE, 1789

Am 4. Mai begaben sich die Deputierten in einer feierlichen Prozession in die Kirche Saint-Louis, um die Messe zu hören: voran der Klerus von Versailles, dann die Vertreter des Dritten Standes, in Schwarz gekleidet, dann die adligen Delegierten, bunt aufgeputzt, dann die geistlichen Deputierten und schließlich der König und die Königin, umgeben von der königlichen Familie. Die Stadtbevölkerung, die sich in den Straßen, auf den Balkonen und den Dächern drängte, bildete Spalier; sie begrüßte mit lautem Beifall die Vertreter des Dritten Standes, den König und den Herzog von Orléans und ließ die Adligen, den Klerus und die Königin schweigend vorüberziehen. Einen Tag lang war jedermann, ausgenommen die Königin, glücklich, denn was so viele erhofft hatten, war Wirklichkeit geworden. Manche Menschen, selbst Angehörige des Adels, weinten beim Anblick der geteilten und nun anscheinend vereinten Nation.

Am 5. Mai versammelten sich die Abgeordneten in der riesigen «Salle des Menus Plaisirs» (Saal der kleinen Lustbarkeiten), knapp vierhundert Meter vom königlichen Schloß entfernt. Es waren 621 Bürgerliche, 308 Geistliche, 285 Adlige (einschließlich zwanzig Angehörige des Amtsadels). Von den kirchlichen Deputierten waren etwa zwei Drittel gemeiner Herkunft; viele von diesen stimmten später mit den Vertretern des Dritten Standes. Fast die Hälfte der Deputierten des Dritten Standes waren Anwälte, fünf Prozent freiberuflich Tätige, dreizehn Prozent Unternehmer, acht Prozent Vertreter der Bauernschaft[63]. Unter den Geistlichen befand sich Charles-Maurice de Talleyrand-Périgord, Bischof von Autun. Mirabeau, Napoleons Ausspruch von «Schmutz in seidenen Strümpfen» vorwegnehmend, nannte Talleyrand einen «niedrigen, habgierigen und gemeinen Intriganten. Schmutz und Geld ist, was er braucht. Um Geld würde er seine Seele verkaufen, und er hätte recht, denn er würde Summen Goldes gegen einen Misthaufen eintauschen»[64] – womit er jedoch kaum der geistigen

DER POLITISCHE ZUSAMMENBRUCH

Beweglichkeit Talleyrands gerecht wurde. Unter den Adligen befanden sich mehrere, die für einschneidende Reformen eintraten: La Fayette, Condorcet, Lally-Tollendal, der Vicomte von Noailles, die Herzöge von Orléans, Aiguillon und La Rochefoucauld-Liancourt. Die meisten von diesen schlossen sich mit Sieyès, Mirabeau und anderen Deputierten des Dritten Standes zusammen, um *Les Trentes* zu bilden, eine «Gesellschaft der Dreißig», die sich zum Sprachrohr für liberale Forderungen machte. Hervorragende Gestalten in der Delegation des Dritten Standes waren Mirabeau, Sieyès, Mounier, Barnave, Jean Bailly, der Astronom, und Maximilien Robespierre. Alles in allem war dies die hoffnungsvollste politische Versammlung in den Annalen Frankreichs, vielleicht in der ganzen modernen Geschichte. Große Geister in ganz Europa erwarteten von dieser Versammlung, daß sie einen Maßstab setzen würde, nach dem die Unterdrückten in allen Nationen sich richten könnten.

Der König eröffnete die erste Sitzung mit einer kurzen Ansprache, in der er offen den finanziellen Notstand seiner Regierung zugab, diesen «einem kostspieligen, doch ehrenvollen Krieg» zuschrieb, eine «Erhöhung der Steuern» forderte und «ein übertriebenes Verlangen nach Neuerungen» beklagte. Necker folgte mit einer dreistündigen Rede, in der er ein Defizit von 56 150 000 Livres (es betrug in Wirklichkeit 150 Millionen) zugab und die Zustimmung zu einer Anleihe von 80 Millionen Livres forderte. Die Abgeordneten wurden beim Anhören der das Gehirn strapazierenden statistischen Darlegungen sichtlich immer nervöser; die meisten von ihnen hatten erwartet, daß der liberale Minister ein Reformprogramm vorlegen würde.

Der Kampf der Stände begann am nächsten Tag, als der Adel und der Klerus sich in gesonderte Säle begaben. Jetzt erzwang sich das Publikum Eintritt in die Salle des Menus Plaisirs; bald beeinflußte es die Abstimmungen durch seine lautstarken – und gewöhnlich organisierten – Bekundungen der Zustimmung oder der Ablehnung. Der Dritte Stand weigerte sich, sich als besondere Kammer anzuerkennen; er wartete entschlossen darauf, daß die anderen Stände sich ihm wieder anschlössen und sich bereit erklären würden, nach Köpfen abzustimmen. Die Adligen waren der Meinung, das Abstimmen nach Klassen – wobei jede Klasse eine Stimme besaß – sei ein unveräußerlicher Teil der monarchischen Verfassung; hingegen die drei Klassen zu einer einzigen zu verschmelzen und eine Abstimmung nach Köpfen in einer Versammlung zuzulassen, in der der Dritte Stand bereits die Hälfte ausmachte und leicht Unterstützung von seiten des niederen Klerus erlangen konnte, hieße die Intelligenz und den Ruf Frankreichs der reinen Zahl und der bürgerlichen Diktatur ausliefern. Die klerikalen Delegierten, gespalten in Konservative und Liberale, nahmen keinen eigenen Standpunkt ein, sondern warteten darauf, sich von den Ereignissen leiten zu lassen. Ein Monat verging.

Inzwischen stieg der Brotpreis weiter, trotz der Versuche Neckers, ihn in den Griff zu bekommen, und die Gefahr öffentlicher Gewalt nahm zu. Die Flut der Pamphlete schwoll an. Arthur Young schrieb am 9. Juni:

«Was zur Zeit in den Flugschriftläden von Paris vor sich geht, ist unglaublich. Ich ging zum Palais-Royal, um zu sehen, welche neuen Sachen veröffentlicht werden, und mir einen Katalog von allem zu besorgen. Jede Stunde bringt etwas Neues. Dreizehn kamen heute heraus, gestern sechzehn, zweiundneunzig vergangene Woche ... Neunzehn Zwanzigstel dieser Erzeugnisse sind für die Freiheit und im allgemeinen von heftiger Feindseligkeit gegen den Klerus und den Adel ... Es erscheint nichts in Erwiderung auf sie.»[65]

Am 10. Juni schickten die Deputierten des Dritten Standes ein Komitee zu den Adligen und dem Klerus, luden sie erneut zu einer gemeinsamen Sitzung ein und erklärten, wenn die beiden anderen Klassen fortführen, gesondert zu tagen, würde der Dritte Stand dazu übergehen, ohne sie Gesetze für die Nation zu erlassen. Der Umschwung in dem Kampf der Gruppen trat am 14. Juni ein, als neun Pfarrgeistliche ins Lager der Bürgerlichen überwechselten. An diesem Tag wählte der Dritte Stand Bailly zu seinem Präsidenten und konstituierte sich als selbständiges Organ für die Beratung und Gesetzgebung. Am 15. Juni schlug Sieyès vor, die Delegierten in der Salle des Menus Plaisirs sollten sich, da sie sechsundneunzig Prozent der Nation repräsentierten, die «Versammlung der anerkannten und beglaubigten Vertreter der französischen Nation» nennen. Mirabeau hielt dies für eine zu weitgehende Formulierung, die der König mit Sicherheit ablehnen würde. Anstatt nachzugeben, vereinfachte Sieyès den vorgeschlagenen Namen in *Assemblée nationale* (Nationalversammlung). In diesem Sinne wurde abgestimmt; 491 Stimmen waren für, 89 gegen die neue Bezeichnung[66]. Diese Erklärung verwandelte die absolute Monarchie automatisch in eine beschränkte, hob die besonderen Vorrechte der oberen Klassen auf und stellte, politisch, den Beginn der Revolution dar.

Aber würde der König diese Degradierung hinnehmen? Um ihn hierzu geneigt zu machen, beschloß die Nationalversammlung, daß alle bestehenden Steuern bis zur Auflösung der Versammlung wie bisher gezahlt werden sollten, danach aber keine mehr außer den von der Versammlung genehmigten; ferner daß die Versammlung so bald wie möglich über die Ursachen der Brotknappheit und ihre Abstellung beraten solle; schließlich daß sie nach Annahme einer neuen Verfassung die Schulden des Staates anerkennen und übernehmen werde. Einer dieser Beschlüsse zielte darauf ab, die Aufrührer zu beruhigen, ein anderer suchte die Unterstützung der Inhaber von Obligationen, und alle waren schlau darauf berechnet, den Widerstand des Königs zu schwächen.

Ludwig konsultierte seinen Rat. Necker warnte ihn: Wenn die privilegierten Klassen nicht nachgäben, würde die Versammlung der Generalstände zusammenbrechen, es würden keine Steuern mehr gezahlt werden und die Regierung wäre bankrott und hilflos. Andere Minister wandten ein, eine individuelle Abstimmung bedeute die Diktatur des Dritten Standes und die Verurteilung des Adels zu politischer Ohnmacht. Im Glauben, sein Thron hänge vom Klerus und vom Adel ab, entschloß sich Ludwig zum Widerstand gegen die Nationalversammlung. Er verkündete, er würde am 23. Juni zu den Generalständen sprechen. In die Enge getrieben, bot Necker seine Demission an; der König, im Bewußtsein, daß die Öffentlichkeit eine solche Entwicklung übelnehmen würde, überredete ihn zu bleiben.

Für die angesetzte *séance royale* (königliche Sitzung) mußte die Salle des Menus

DER POLITISCHE ZUSAMMENBRUCH 551

Plaisirs neu hergerichtet werden. Die Aufträge für diese Arbeiten wurden den Schloßhandwerkern erteilt, ohne daß man die Versammlung verständigte. Als die Deputierten des Dritten Standes am 20. Juni versuchten, den Saal zu betreten, fanden sie seine Türen verschlossen und das Innere von Arbeitern besetzt. In dem Glauben, der König plane, sie zu entlassen, begaben sich die Deputierten in ein nahegelegenes Ballhaus (Salle du Jeu de Paume) und leisteten einen Eid, der als «Schwur im Ballhaus» Geschichte machte:

«In Anbetracht dessen, daß sie einberufen worden ist, um die Verfassung des Königreichs festzusetzen, die öffentliche Ordnung wiederherzustellen und die wahren Prinzipien der Monarchie zu verteidigen, daß nichts sie davon abhalten kann, ihre Beratungen fortzusetzen, wo immer sie auch zu tagen gezwungen wird, und daß schließlich, wo immer ihre Mitglieder sich versammeln, sich die Nationalversammlung befindet, beschließt die Nationalversammlung, daß alle Mitglieder dieser Versammlung einen feierlichen Eid leisten, sich nicht zu trennen und sich von neuem zu versammeln, wo immer die Umstände es erfordern mögen, bis die Situation des Königreichs gefestigt und auf festen Fundamenten gegründet ist, und daß, nachdem dieser Eid geleistet wurde, alle Mitglieder, und jeder von ihnen für seine Person, diesen unerschütterlichen Entschluß durch Unterschrift ratifizieren sollen.»[67]

Alle bis auf zwei der 557 Abgeordneten und zwanzig Stellvertreter, die anwesend waren, unterzeichneten; fünfundfünfzig weitere und fünf Priester unterzeichneten später. Als die Kunde von diesem Ereignis Paris erreichte, versammelte sich eine erregte Volksmenge in der Umgebung des Palais-Royal und schwor, die Nationalversammlung um jeden Preis zu verteidigen. In Versailles wurde es für einen Adligen oder Prälaten gefährlich, sich in den Straßen zu zeigen; mehrere von ihnen wurden mißhandelt, und der Erzbischof von Paris rettete sich nur dadurch, daß er versprach, sich der Versammlung anzuschließen. Am 22. Juni versammelten sich die eingeschworenen Deputierten in der Kirche Saint-Louis; hier schlossen sich ihnen mehrere Adlige und 149 der 308 kirchlichen Delegierten an.

Am 23. Juni traten die drei Stände in der Salle des Menus Plaisirs zusammen, um den König anzuhören. Das Gebäude war von Truppen umstellt. Necker befand sich auffälligerweise nicht im königlichen Gefolge. Ludwig sprach kurz und beauftragte dann einen Staatssekretär, seine Entscheidung vorzulesen. Diese verwarf als illegal und nichtig die Anmaßung der Abgeordneten, die sich als Nationalversammlung konstituiert hatten. Sie gestattete ein gemeinsames Tagen der drei Klassen und die individuelle Abstimmung über Angelegenheiten, die nicht die ständische Struktur Frankreichs betrafen; doch nichts sollte geschehen, was «die alten und konstitutionellen Rechte ... des Eigentums oder die ehrenvollen Privilegien ... der beiden ersten Klassen beeinträchtigen» würde, und Angelegenheiten, welche die Religion oder die Kirche betrafen, müßten die Zustimmung des Klerus erhalten. Der König räumte den Generalständen das Recht ein, gegen neue Steuern und Anleihen ihr Veto einzulegen; er versprach Gleichheit der Besteuerung, wenn die privilegierten Klassen für sie stimmten; er erbot sich, Empfehlungen für Reformen entgegenzunehmen und Provinzversammlungen zuzulassen, in denen nach Köpfen abgestimmt wurde. Er erklärte sich bereit, die *corvée*, die *lettres de cachet* und die Zölle auf den Binnenhandel abzuschaffen und alle

552   DER ZUSAMMENBRUCH DES FEUDALEN FRANKREICH

Spuren von Leibeigenschaft in Frankreich zu tilgen. Er schloß die Sitzung mit einer kurzen Autoritätsbekundung:

«Wenn Sie mich bei diesem großen Unternehmen im Stich lassen, werde ich alleine für die Wohlfahrt meines Volkes arbeiten ... Ich werde mich alleine als seinen wahren Vertreter betrachten ... Keiner Ihrer Pläne oder Maßnahmen kann ohne meine ausdrückliche Genehmigung Gesetz werden ... Ich befehle Ihnen, sich sofort zu trennen, und morgen früh soll jeder im Saal seines eigenen Standes erscheinen, um die Beratungen wiederaufzunehmen.»[68]

Als der König gegangen war, verließen die meisten Adligen und eine Minderheit des Klerus den Saal. Der Marquis von Brézé erklärte den zurückgebliebenen Abgeordneten, es sei des Königs Wille, daß sie alle den Saal verließen. Mirabeau gab ihm eine berühmt gewordene Antwort: «Monsieur ... Sie haben hier weder Platz noch Stimme, noch das Recht zu sprechen ... Wenn Sie beauftragt sind, uns zum Verlassen dieses Saales zu veranlassen, dann werden Sie um Befehle nachsuchen müssen, Gewalt anzuwenden ..., denn wir werden unsere Plätze nur unter dem Zwang der Bajonette verlassen.»[69] Diese Erklärung wurde unterstützt durch einen allgemeinen Ruf: «Dies ist der Wille der Versammlung.» Brézé zog sich zurück. Den Truppen wurde der Befehl gegeben, den Saal zu räumen; doch einige liberale Adlige überredeten sie, nicht einzugreifen. Als man den König über die Situation informierte, sagte er: «Ach, zum Teufel damit! Sollen sie bleiben.»[70]

Am 24. Juni vermerkte Young in seinem Tagebuch: «Die Gärung in Paris übersteigt alle Begriffe; zehntausend Menschen waren heute den ganzen Tag lang im Palais-Royal. Die ständig stattfindenden Versammlungen geraten in einen zügellosen Taumel der Freiheit, der kaum glaublich ist.»[71] Die städtischen Behörden waren unfähig, die Ordnung aufrechtzuerhalten, denn sie konnten sich nicht auf die «Nationalgarde» verlassen; viele von deren Angehörigen hatten Verwandte, die sie für die Sache des Volkes zu gewinnen versuchten. Einige der Soldaten fraternisierten bereits mit der Menge im Palais-Royal, und in einem Pariser Regiment gab es eine geheime Gesellschaft, die sich verpflichtet hatte, keine gegen die Nationalversammlung gerichteten Befehle zu befolgen. Am 25. Juni versammelten sich die 407 Männer, welche die Abgeordneten des Dritten Standes für Paris gewählt hatten, und setzten sich als Nachfolger der königlichen Regierung in der Hauptstadt ein; sie wählten einen neuen Stadtrat, dessen Mitglieder fast alle der Mittelklasse angehörten, und der alte Rat überließ ihnen die Aufgabe, Leben und Eigentum zu schützen. Am gleichen Tage wechselten siebenundvierzig Adlige unter Führung des Herzogs von Orléans in die Salle des Menus Plaisirs über. Der Sieg der Versammlung schien gesichert. Nur Gewalt konnte sie verjagen.

Am 26. Juni erklärten die Konservativen im Kabinett gegen den Widerstand Neckers dem König, auf die Truppen im Palast von Versailles sei kein Verlaß, und überredeten ihn, sechs Provinzregimenter zu Hilfe zu rufen. Am 27. befahl Ludwig, Neckers Rat befolgend, den adligen und kirchlichen Deputierten, sich mit den übrigen zu vereinigen. Sie taten es; doch die Adligen weigerten sich, an Abstimmungen teilzunehmen, mit der Begründung, das Mandat ihrer Wähler verbiete ihnen, in der Versammlung individuell abzustimmen; die meisten zogen sich auf ihre Landsitze zurück.

DER POLITISCHE ZUSAMMENBRUCH

Am 1. Juli berief der König zehn Regimenter, hauptsächlich aus deutschen und schweizerischen Söldnern zusammengesetzt, nach Paris. In den ersten Wochen des Monats Juli besetzten sechstausend Soldaten unter Marschall von Broglie Versailles, und zehntausend unter Baron von Besenval bezogen Stellung rund um Paris, in der Hauptsache auf dem Marsfeld. Die Nationalversammlung und das Volk glaubten, der König plane, sie auseinanderzujagen oder einzuschüchtern. Einige Deputierte fürchteten so sehr, verhaftet zu werden, daß sie in der Salle des Menus Plaisirs schliefen, anstatt des Nachts nach Hause zu gehen[72].

In dieser Atmosphäre der Unsicherheit und Spannung beauftragte die Versammlung ein Komitee, Pläne für eine neue Verfassung zu entwerfen. Das Komitee legte am 9. Juli einen vorläufigen Bericht vor, und von diesem Tage an nannten sich die Abgeordneten die «Konstituierende Versammlung». Die Mehrheit war für eine konstitutionelle Monarchie. Mirabeau forderte «eine Regierung mehr oder weniger in der Art der englischen», in der die Versammlung die gesetzgebende Gewalt haben sollte; doch trat er in den beiden Jahren, die ihm noch blieben, für die Beibehaltung eines Königs ein. Er lobte Ludwig XVI. wegen seines guten Herzens und seiner edelmütigen Ansichten, die manchmal durch kurzsichtige Ratgeber verwirrt würden, und fragte:

«Haben Sie in der Geschichte der Völker gelesen, wie die Revolutionen begonnen haben, wie sie ins Werk gesetzt worden sind? Haben Sie beobachtet, durch welch unglückselige Verkettung von Umständen die weisesten Geister über die Grenzen der Mäßigung hinausgedrängt worden sind und durch welch schrecklichen Antrieb ein berauschtes Volk sich oft zu Ausschreitungen hinreißen läßt, vor denen es früher beim bloßen Gedanken daran zurückgeschreckt wäre?»[73]

Die Versammlung argwöhnte, Mirabeau sei vom König oder der Königin bezahlt worden, um die Monarchie zu verteidigen; doch im wesentlichen befolgte sie seinen Rat. Die Abgeordneten, die nun vorwiegend der Mittelklasse angehörten, fühlten, daß das Volk im Begriff stand, auf gefährliche Weise widerspenstig zu werden, und sahen das einzige Mittel, eine allgemeine Auflösung der sozialen Ordnung zu verhüten, darin, das derzeitige Gefüge des Staates für einige Zeit beizubehalten.

Der Königin gegenüber waren sie nicht so wohlgesonnen. Es war bekannt, daß sie aktiv an der Unterstützung der konservativen Partei im Königlichen Rat teilnahm und weit über ihre Zuständigkeit hinaus politische Macht ausübte. Während dieser kritischen Monate hatte sie einen Verlust erlitten, der ihre Fähigkeit, ruhig und vernünftig zu überlegen und zu urteilen, beeinträchtigt haben mag. Ihr ältester Sohn, der Dauphin Louis, hatte schon seit längerer Zeit so schwer an Rachitis und Rückgratverkrümmung gelitten, daß er nicht ohne Hilfe gehen konnte[74], und am 4. Juni 1789 starb er. Zermürbt durch Kummer und Furcht, war Marie-Antoinette nicht länger die bezaubernde Frau, als die die Welt sie während der ersten ausgelassenen Jahre ihrer Regierung gekannt hatte. Ihre Wangen waren bleich und eingefallen, ihr Haar ergraut, ihr Lächeln erschien in Erinnerung an glücklichere Tage bitter, und ihre Nächte wurden verdunkelt durch das Wissen um die Menge, die in Paris ihren Namen verwünschte und die Versammlung in Versailles gleichzeitig schützte und in Schrecken versetzte.

Am 8. Juli brachte Mirabeau einen Antrag ein, worin der König aufgefordert wurde, die Provinztruppen aus Versailles zurückzuziehen, welche die Gärten von Le Nôtre zu einem bewaffneten Heerlager machten. Ludwig antwortete, es sei nicht beabsichtigt, gegen die Versammlung vorzugehen; doch am 11. Juli deckte er seine Karten auf, indem er Necker entließ und ihm befahl, Paris sofort zu verlassen. «Ganz Paris», erinnerte sich Madame de Staël, «strömte zusammen, um ihn während der vierundzwanzig Stunden, die ihm für die Vorbereitung seiner Reise zugestanden worden waren, zu besuchen ... Die öffentliche Meinung verwandelte seine Schande in einen Triumph.»[75] Er und seine Familie verließen unauffällig Paris, um sich in die Niederlande zu begeben. Diejenigen, die ihn im Kabinett unterstützt hatten, wurden ebenfalls entlassen. Am 12. Juli ernannte Ludwig, vor den Befürwortern der Gewalt kapitulierend, den Freund der Königin, den Baron von Breteuil, zu Neckers Nachfolger, während de Broglie Kriegsminister wurde. Die Versammlung und die angefangene Revolution schienen verloren.

Sie wurden durch das Volk von Paris gerettet.

VIII. AUF ZUR BASTILLE!

Viele Beweggründe veranlaßten das Volk dazu, von den Worten zur Tat überzugehen. Der Brotpreis war ein aufreizendes Ärgernis für die Familienmütter, und zunehmend verbreitete sich der Verdacht, einige Großhändler hielten ihr Getreide in der Hoffnung auf noch höhere Preise vom Markt zurück[76]. Die neuen städtischen Behörden, die befürchteten, der Hunger könnte die Leute zu sinnlosen Plünderungen verleiten, beorderten Soldaten zum Schutz der Bäckereien. Für die Einwohner von Paris war ein Hauptgrund der Erregung die Tatsache, daß die in Paris stationierten Provinzregimenter, die noch nicht für die Sache des Volkes gewonnen waren, die Nationalversammlung und die Revolution bedrohten. Der plötzliche Sturz Neckers – des einzigen Mannes in der Regierung, dem das Volk vertraut hatte – steigerte die Wut und die Furcht des Volkes bis zu dem Punkt, wo es nur eines Wortes bedurfte, um eine gewalttätige Reaktion auszulösen. Am Nachmittag des 12. Juli sprang Camille Desmoulins, ein Jesuitenschüler, doch nun radikaler Anwalt, neunundzwanzig Jahre alt, auf einen Tisch vor dem Café de Foy in der Nähe des Palais-Royal, bezeichnete die Entlassung Neckers als einen Verrat am Volk und rief: «Die Deutschen [die Truppen] auf dem Marsfeld werden heute nacht in Paris einmarschieren und die Bevölkerung schlachten!» Dann, eine Pistole und einen Säbel schwingend, schrie er: «Zu den Waffen!»[77] Ein Teil seiner Zuhörer folgte ihm auf die Place Vendôme, Büsten von Necker und des Herzogs von Orléans mit sich führend; hier wurden sie von Truppen in die Flucht geschlagen. Am Abend versammelte sich eine Menge in den Tuileriengärten; ein Regiment deutscher Truppen rückte gegen sie vor, wurde mit Flaschen und Steinen beworfen, eröffnete das Feuer und verwundete mehrere. Die zerstreute Menge versammelte sich wieder vor dem Rathaus, erzwang sich gewaltsam Zutritt und

DER POLITISCHE ZUSAMMENBRUCH

bemächtigte sich aller Waffen, die sie finden konnte. Bettler und Kriminelle schlossen sich den Aufrührern an, und gemeinsam plünderten sie mehrere Häuser.

Am 13. Juli rottete sich das Volk wieder zusammen, drang in das Kloster Saint-Lazare ein und brachte die dort lagernden Getreidevorräte zu den Markthallen. Ein anderer Haufen öffnete die Türen des Gefängnisses La Force und befreite die Insassen, in der Hauptsache Schuldner. Überall suchten die Aufrührer nach Gewehren; als sie nur wenige fanden, schmiedeten sie fünfzigtausend Spieße[78]. Für ihre Häuser und ihr Besitztum fürchtend, bildeten und bewaffneten die Mittelklassen in Paris ihre eigene Miliz; doch zur gleichen Zeit fuhren die Agenten der Reichen fort, die revolutionären Haufen anzuspornen und mit Geld und Waffen zu versehen, in der Hoffnung, hierdurch den König von einem gewaltsamen Vorgehen gegen die Nationalversammlung abzuhalten[79].

Am frühen Morgen des 14. Juli drang eine Menge von achttausend Mann in das Hôtel des Invalides ein und erbeutete zweiunddreißigtausend Musketen, Schießpulver und zwölf Kanonen. Plötzlich rief jemand: «Zur Bastille!» Warum zur Bastille? Nicht um ihre Gefangenen zu befreien; es gab deren nur sieben, auch war sie seit 1715 ausschließlich als vornehmes Gefängnis für die Reichen benutzt worden. Aber diese massive, dreißig Meter hohe Festung mit ihren zehn Meter dicken Mauern, umgeben von einem fünfundzwanzig Meter breiten Wassergraben, war schon seit langem ein Symbol des Despotismus und stand in der öffentlichen Meinung stellvertretend für tausend Gefängnisse und geheime Verliese; einige *cahiers* hatten bereits ihre Zerstörung gefordert. Was die Massen wahrscheinlich erregte, war die Tatsache, daß die Bastille einige Kanonen auf die Straße und die Vorstadt Saint-Antoine gerichtet hatte – ein Viertel, das bekannt war für seine revolutionäre Gesinnung. Am entscheidendsten jedoch war vielleicht das Gerücht, die Bastille enthalte ein großes Lager von Waffen und Munition, besonders Schießpulver, von dem die Rebellen nur wenig zur Verfügung hatten. In der Festung befand sich eine Garnison von zweiundachtzig französischen Soldaten und zweiunddreißig Schweizergardisten unter dem Befehl des Marquis de Launay, eines Mannes von sanfter Gemütsart[80], dem jedoch nachgesagt wurde, er sei ein Ungeheuer an Grausamkeit[81].

Während die Menge, die in der Hauptsache aus Ladenbesitzern und Handwerkern bestand, zur Bastille strömte, wurde eine Deputation des Stadtrates von de Launay empfangen. Sie forderte ihn auf, die drohenden Kanonen aus ihren Stellungen zu entfernen und keine feindseligen Maßnahmen gegen das Volk zu ergreifen; als Gegenleistung versprach sie, ihren Einfluß zu benutzen, um die Menge von einem Angriff auf die Festung abzuhalten. Der Kommandant war einverstanden und lud die Deputierten zum Mittagessen ein. Eine zweite, von den Belagerern selbst beauftragte Abordnung, erhielt de Launays Versprechen, daß seine Soldaten nicht auf das Volk feuern würden, solange es nicht versuchen würde, sich mit Gewalt Einlaß zu verschaffen. Hiermit war die erregte Menge jedoch nicht zufrieden; es wurde beschlossen, sich der Munition zu bemächtigen, ohne die sie mit ihren Musketen dem erwarteten Einmarsch von Besenvals ausländischen Truppen in die Stadt keinen Widerstand leisten konnte. Besenval war jedoch nicht im geringsten darauf erpicht, in Paris einzurücken, denn er argwöhnte, daß seine Männer sich weigern würden, auf die Menge zu schießen. Er wartete auf Befehle von de Broglie, die aber auf sich warten ließen.

Etwa um ein Uhr nachmittags erkletterten achtzehn der Rebellen die Mauer eines Nebengebäudes, sprangen in den Vorhof der Bastille und ließen zwei Zugbrücken nieder. Hunderte von Angreifern überquerten darauf den Wassergraben; zwei weitere Zugbrücken wurden niedergelassen, und bald war der Hof angefüllt mit erregten und siegessicheren Rebellen. De Launay befahl ihnen, sich zurückzuziehen; als sie sich weigerten, befahl er seinen Soldaten, auf sie zu schießen. Die Angreifer schossen zurück und setzten einige an die Steinmauern angebaute Holzgebäude in Brand. Gegen drei Uhr schlossen sich einige Mitglieder der radikalen Nationalgarde den Belagerern an und begannen die Festung mit fünf der Kanonen zu beschießen, die an diesem Morgen im Hôtel des Invalides erbeutet worden waren. In einem vierstündigen Gefecht wurden achtundneunzig der Belagerer und ein Mann der Verteidiger getötet. Da die Menge sich ständig vergrößerte und von Besenval keine Hilfe kam und da er ferner keine Lebensmittelvorräte besaß, um eine Belagerung auszuhalten, befahl de Launay seinen Soldaten, das Feuer einzustellen und eine weiße Flagge zu hissen. Er bot die Übergabe an unter der Bedingung, daß seinen Soldaten erlaubt würde, unbehelligt mit ihren Waffen die Festung zu verlassen. Die durch den Anblick ihrer Toten in Wut geratene Menge weigerte sich, auf etwas anderes einzugehen als auf bedingungslose Kapitulation [82]. De Launay drohte, die Festung in die Luft zu sprengen; seine Männer hinderten ihn daran. Er schickte den Angreifern den Schlüssel zum Haupteingang hinunter. Die Menge stürmte herein, entwaffnete die Soldaten, streckte sechs von ihnen nieder, verhaftete de Launay und befreite die bestürzten Gefangenen.

Während viele der Sieger an Waffen und Munition zusammenrafften, was sie finden konnten, führte ein anderer Teil de Launay zum Rathaus, offenbar in der Absicht, ihn wegen Mordes vor Gericht zu stellen. Unterwegs fielen ein paar Fanatiker über ihn her, schlugen ihn zu Tode und hieben ihm den Kopf ab. Mit dieser blutigen Trophäe auf einem Spieß zogen sie im Triumphmarsch durch Paris.

An diesem Nachmittag kehrte Ludwig XVI. von der Jagd nach Versailles zurück und notierte in seinem Tagebuch: «14. Juli: Nichts.» Später berichtete ihm der Herzog von La Rochefoucauld-Liancourt, von Paris kommend, über den erfolgreichen Angriff auf die Bastille. «Wie», rief der König aus, «das ist eine Revolte!» «Nein, Sire», entgegnete der Herzog, «das ist eine Revolution.»

Am 15. Juli begab sich der König demütig in die Nationalversammlung und versicherte ihr, daß die Truppen aus der Provinz und die ausländischen Soldaten aus Versailles und Paris zurückgezogen würden. Am 16. Juli entließ er Breteuil und rief Necker zurück in ein drittes Kabinett. Breteuil, Artois, Broglie und andere Adlige begannen den Exodus der Emigranten aus Frankreich. Inzwischen zerstörte das Volk mit Äxten und Schießpulver die Bastille. Am 17. April begab sich Ludwig, eskortiert von fünfzig Deputierten der Versammlung, nach Paris, wurde im Rathaus vom Stadtrat und vom Volk empfangen und befestigte an seinem Hut die blauweißrote Kokarde der Revolution.

Anhang

BIBLIOGRAPHIE

DER IM TEXT UND IN DEN ANMERKUNGEN ZITIERTEN WERKE

ABBOTT, G. F., Israel in Europe. London, 1907.
ABRAHAMS, ISRAEL, Jewish Life in the Middle Ages. Philadelphia, 1896.
ACTON, JOHN EMERICH, LORD, Lectures on Modern History. London, 1950.
ALDIS, JANET, Madame Geoffrin: Her Salon and Her Times. New York, 1905.
ALTAMIRA, RAFAEL, History of Spain. Princeton, 1955.
ANDERSSON, INGVAR, A History of Sweden. London, 1956.
– Schwedische Geschichte, von den Anfängen bis zur Gegenwart. München, 1950.
ASHTON, T. S., Economic History of England: The Eighteenth Century. New York, 1959.
AULARD, A., The French Revolution, 4 Bde. New York, 1910.
– Politische Geschichte der Französischen Revolution. Entstehung und Entwicklung der Demokratie und der Republik, 1789–1804, 2 Bde. München/Leipzig, 1924.

BABBITT, IRVING, Spanish Character and Other Essays. Boston, 1940.
BAILEY, JOHN, Dr. Johnson and His Circle. Oxford University Press, 1957.
BAIN, R. NISBET, Gustavus III, 2 Bde. London, 1894.
BANCROFT, GEORGE, Literary and Historical Miscellanies. New York, 1957.
BARON, SALO W., Social and Religious History of the Jews, 3 Bde. New York, 1937.
BARTHOU, LOUIS, Mirabeau. New York: Dodd, Mead, o. J.
BARTON, MARGARET, Garrick. London, 1948.
BEARD, CHARLES und MARY, The Rise of American Civilization, 2 Bde. New York, 1927.
BEARD, MIRIAM, History of the Business Man. New York, 1938.
BEARNE, MRS., A Court Painter and His Circle. London, 1913.
BEAUMARCHAIS, PIERRE-AUGUSTIN CARON DE, Œuvres: Théâtre et Mémoires. Paris, 1906.
BECKER, CARL L., Der Gottesstaat der Philosophen des 18. Jahrhunderts. Würzburg, 1946.
BECKFORD, WILLIAM, Travel Diaries, 2 Bde. Cambridge, England, 1928.
BELL, AUBREY, Portuguese Literature. Oxford, 1922.
BENTHAM, JEREMY, A Fragment on Government und Introduction to Principles of Morals and Legislation. Oxford, 1948.
BERNAL, J. D., Die Wissenschaft in der Geschichte. Berlin, 1967.
BERNARDIN DE SAINT-PIERRE, J. H., Paul et Virginie. Paris: Librairie Gründ, o. J.
BERTAUT, J., Napoleon in His Own Words. Chicago, 1916.
BERTRAND, JOSEPH, D'Alembert. Paris, 1889.
BESANT, SIR WALTER, London in the Eighteenth Century. London, 1903.
BIELSCHOWSKY, ALBERT, Goethe. Sein Leben und seine Werke. 2 Bde., 25. Aufl., München, 1913.
BLACK, J. B., The Art of History. New York, 1926.
BLACKSTONE, SIR WILLIAM, Commentaries on the Laws of England, hrsg. von George Chase. New York, 1914.
BLOK, PETRUS J., History of the People of the Netherlands, Teil V. New York, 1912.
BLOM, ERIC, Mozart. München, o. J.
BODE, WILHELM, Charlotte von Stein. Berlin, 1910.
– Goethe in vertraulichen Briefen seiner Zeitgenossen, 3 Bde. Berlin, 1918–1928.
BOEHN, MAX VON, Die Mode: Menschen und Moden im achtzehnten Jahrhundert. München, 1909.

BOSANQUET, BERNARD, History of Aesthetic. New York, 1957.

BOSWELL, JAMES, Journal of a Tour to the Hebrides with Samuel Johnson. Everyman's Library.

– Life of Samuel Johnson. Modern Library.

– Dr. Samuel Johnson. Leben und Meinungen mit dem Tagebuch einer Reise nach den Hebriden. Zürich, 1951.

– Note Book, 1776–1777. London, 1925.

Boswell for the Defense. New York, 1959.

Boswell in Holland. New York, 1952.

Boswell in Search of a Wife. New York, 1956.

Boswell on the Grand Tour: Germany and Switzerland, 1764. New York, 1953.

Boswells Große Reise, Deutschland und die Schweiz 1764. Stuttgart/Konstanz, 1955.

Boswell on the Grand Tour: Italy, Corcisa and France, 1765–1766. New York, 1955.

Boswell's London Journal, 1762–1763. New York, 1956.

Boswell: The Ominous Years, 1774–1776. New York, 1963.

BOTSFORD, J.B., English Society in the Eighteenth Century. New York, 1924.

BOYD, WILLIAM, Educational Theory of Jean Jacques Rousseau. London, 1911.

BRANDES, GEORG, Creative Spirits of the Nineteenth Century. New York, 1923.

– Goethe. Berlin, 1922.

– Voltaire, 2 Bde. Berlin, 1923.

BROCKWAY, WALLACE, und HERBERT WEINSTOCK, The Opera: A History. New York, 1941.

BROCKWAY, WALLACE, und BART K. WINER, Second Treasury of the World's Great Letters. New York, 1941.

BROOKE, HENRY, The Fool of Quality. London, 1906.

BROWN, HILTON, There Was a Lad: An Essay on Robert Burns. London, 1906.

BROWNE, LEWIS, The Wisdom of Israel. New York, 1945.

BRUFORD, W.H., Germany in the Eighteenth Century. Cambridge, Engl., 1939.

BRUNETIÈRE, FERDINAND, A Manual of the History of French Literature. New York, 1898.

BUCKLE, HENRY T., An Introduction to the History of Civilization in England, 2 Bde. in 4. New York, 1913.

– Geschichte der Civilisation in England, 2 Bde. Leipzig/Heidelberg, 1874.

BÜRGER, GOTTFRIED AUGUST, Sämmtliche Werke, 8 Teile in 4 Bdn. Göttingen, 1829.

BURKE, EDMUND, On Taste, and On the Sublime and Beautiful. New York, 1937.

– Reflections on the French Revolution. Everyman's Library.

– Betrachtungen über die französische Revolution, 2 Bde. Berlin, 1793/94.

– Speeches and Letters on American Affairs. Everyman's Library.

– A Vindication of Natural Society, or A View of the Miseries Arising to Mankind from Every Species of Artificial Society, in Works, Bd. I.

BURNEY, CHARLES, General History of Music, 2 Bde. New York, 1957.

BURNEY, FANNY, Diary. Everyman's Library.

– Evelina. Everyman's Library.

BURNS, ROBERT, The Merry Muses of Caledonia. New York, 1964.

- Works, 2 Bde. in 1. Philadelphia, 1830.

- Lieder und Balladen. Leipzig/Wien, o.J. (Meyers Klassiker).

– und «CLARINDA», Correspondence. New York, 1843.

– und MRS. DUNLOP, Correspondence. London, 1898.

BURTON, JOHN HILL, Life and Correspondence of David Hume, 2 Bde. Edinburg, 1846.

BURTON, SIR RICHARD, Personal Narrative of a Pilgrimage to Al-Madinah and Meccah, 2 Bde. London, 1893.

BURY, J.B., History of Freedom of Thought. New York: Home University Library, o.J.

– Geschichte der Gedankenfreiheit. Berlin, 1949.

BIBLIOGRAPHIE 561

BURY, J. B., The Idea of Progress. New York, 1955.
BUTTERFIELD, HERBERT, George III and the Historians. London, 1957.

Cambridge History of English Literature [CHE], 14 Bde. New York, 1910.
Cambridge Modern History [CMH], Originalausg., 12 Bde. Cambridge, Engl., 1907f.
CAMPAN, MME JEANNE-LOUISE, Memoirs of the Court of Marie Antoinette, 2 Bde. Boston:
    Grolier Society, o. J.
– Marie-Antoinette und ihr Hof. Bern/Stuttgart, 1938.
CARLYLE, THOMAS, Works, 19 Bde. New York, 1901.
– History of Friedrich the Second, 7 Bde. New York, 1901.
– Werke. Stuttgart, 1883.
– Geschichte Friedrichs des Zweiten, 6 Bde. Berlin, 1916.
CASANOVA, JACQUES, Memoirs, 2 Bde. London, 1922.
– Geschichte meines Lebens, 12 Bde. Berlin, 1964–1967.
CASSIRER, ERNST, Die Philosophie der Aufklärung. Tübingen, 1932.
– The Question of Jean-Jacques Rousseau. New York, 1954.
– Rousseau, Kant, and Goethe. Hamden, Conn., 1961.
CASTELOT, ANDRÉ, Queen of France: Marie Antoinette. New York, 1957.
– Marie Antoinette. Wien/Berlin/Stuttgart, 1955.
CHADOURNE, MARC, Restif de La Bretonne. Paris, 1958.
CHAMFORT, SÉBASTIEN, Maximes, Pensées, Anecdotes, Caractères et Dialogues. Brüssel, 1957.
– Gedanken und Maximen (Auswahl). München/Wien/Zürich, 1919.
CHAPONNIÈRE, PAUL, Voltaire chez les calvinistes. Paris, 1936.
CHATTERTON, THOMAS, Complete Poetical Works. London, 1906.
CHESTERFIELD, PHILIP DORMER STANHOPE, 4th EARL OF, Letters to His Son, New York, 1901.
CHURCHILL, WINSTON S., History of the English-Speaking Peoples. 4 Bde. London, 1957.
CLARK, BARRETT H., Great Short Biographies of the World. New York, 1928.
CLARK, GEORGE NORMAN, The Seventeenth Century. Oxford, 1929.
CLAUDIUS, MATTHIAS, Werke, 8 Teile in 1. Stuttgart, 1834/35.
COBBAN, ALFRED, Historians and the Causes of the French Revolution. London, 1958.
– History of Modern France, 2 Bde. Penguin Books, 1957.
– In Search of Humanity. New York, 1960.
– Rousseau and the Modern State. London, 1934.
CONDORCET, ANTOINE-NICOLAS CARITAT, MARQUIS DE, Sketch for a Historical Picture of the
    Progress of the Human Mind. London, 1955.
– Entwurf einer historischen Darstellung der Fortschritte des menschlichen Geistes. Frank-
    furt a. M., 1963.
CORTI, EGON C., Rise of the House of Rothschild, 2 Bde. New York, 1928.
– Der Aufstieg des Hauses Rothschild, 1770–1830. Leipzig, 1927.
COWPER, WILLIAM, Poems. Everyman's Library.
CRAVEN, THOMAS, Treasury of Art Masterpieces. New York, 1952.
CRÉQUI, MARQUISE DE, Souvenirs. New York, 1904. (Von zweifelhafter Authentizität.)
CROCKER, LESTER G., An Age of Crisis. Baltimore, 1950.
– The Embattled Philosopher: A Biography of Denis Diderot. East Lansing, Mich., 1954.
– Rousseau et la philosophie politique. Paris, 1965.
CROSS, WILBUR, Life and Times of Laurence Sterne, 2 Bde. New Haven, Conn., 1925.
CRU, ROBERT LOYALTY, Diderot as a Disciple of English Thought. New York, 1913.
CUMMING, IAN, Helvétius. London, 1955.
CURRIE, JAMES, Life of Robert Burns, with His General Correspondence, in Burns, Works,
    Bd. II. Philadelphia, 1830.

562 BIBLIOGRAPHIE

DAKIN, DOUGLAS, Turgot and the Ancien Régime in France. London, 1939.
D'ALTON, E. A., History of Ireland, 6 Bde. Dublin: Gresham, o. J.
DAVIDSON, WILLIAM L., Political Thought in England: The Utilitarians. London, 1947.
DAVIS, BERTRAM H., Johnson before Boswell. New Haven, 1961.
DAY, CLIVE, History of Commerce. London, 1926.
DESNOIRESTERRES, GUSTAVE, Voltaire et la société française au XVIIIᵉ siècle. Paris, 1871.
DIDEROT, DENIS, Dialogues. New York, 1927.
– Œuvres complètes. Paris, 1935.
– The Paradox of Acting. New York, 1957.
– Salons, 3 Bde. Paris, 1821.
DILKE, LADY EMILIA, French Architects and Sculptors of the Eighteenth Century. London, 1900.
DILLON, EDWARD, Glass. New York, 1907.
DORN, WALTER L., Competition for Empire. New York, 1940.
DRINKWATER, JOHN, Charles James Fox. New York, 1928.
DUBNOW, S.M., History of the Jews in Russia and Poland, 3 Bde. Philadelphia, 1916.
DUCROS, LOUIS, French Society in the Eighteenth Century. London, 1926.

EINSTEIN, ALFRED, Gluck. Sein Leben – seine Werke. Zürich/Stuttgart, 1954.
– Mozart. Sein Charakter – sein Werk. Stockholm, 1947.
ELLIS, HAVELOCK, The New Spirit. London: Walter Scott, o. J.
– Sexual Inversion. Philadelphia, 1908.
Encyclopaedia Britannica, 14. Aufl.
ERCOLE, LUCIENNE, Gay Court Life: France in the Eighteenth Century. New York, 1932.

FAGUET, EMILE, Literary History of France. New York, 1907.
– Vie de Rousseau. Paris, Société Française, o. J.
FAŸ, BERNARD, La Franc-Maçonnerie et la révolution intellectuelle du dix-huitième siècle. Paris, 1935.
– Franklin, the Apostle of Modern Times. Boston, 1929.
– Louis XVI, ou La Fin d'un monde. Paris, 1955.
– Ludwig XVI. oder Das Ende einer Welt. München 1956.
FINKELSTEIN, LOUIS (Hrsg.), The Jews: Their History, Culture, and Religion, 2 Bde. New York, 1949.
FORD, MIRIAM ALLEN DE, Love Children. New York, 1931.
FRANCKE, KUNO, A History of German Literature. New York, 1901.
– Die Kulturwerte der deutschen Literatur in ihrer geschichtlichen Entwicklung, 3 Bde. Berlin, 1910–1928.
FRANKEL, CHARLES, The Faith of Reason. New York, 1948.
FREEDLEY, G., und J. REEVES, History of the Theatre. New York, 1941.
FRENCH, SIDNEY J., Torch and Crucible: The Life and Death of Antoine Lavoisier. Princeton, 1941.
FRIEDELL, EGON, Kulturgeschichte der Neuzeit. München, o. J.
FRIEDRICH DER GROSSE, Histoire de la guerre de Sept Ans, in Mémoires, Bd. II.
– Mémoires, 2 Bde. Paris, 1866.
– Hinterlassene Werke, 15 Bde. Berlin, 1789.
– Werke, 10 Bde. Berlin, 1912–1914.
FUGLUM, PER, Edward Gibbon. Oslo, 1953.
FÜLOP-MILLER, RENÉ, The Power and Secret of the Jesuits. New York, 1930.
FUNCK-BRENTANO, FRANTZ, L'Ancien Régime. Paris, 1926.
FUNK, F.X., A Manual of Church History, 2 Bde. London, 1910.

BIBLIOGRAPHIE

GAMBIER-PARRY, MARK, Madame Necker: Her Family and Her Friends. Edinburg, 1913.

GARLAND, H.B., Lessing. Cambridge, Engl., 1949.

GARNETT, RICHARD und EDMUND GOSSE, English Literature, 4 Bde. New York ,1908.

GARRISON, F., History of Medicine. Philadelphia, 1929.

GAY, PETER, Voltaire's Politics. Princeton, 1959.

GEIRINGER, KARL, Joseph Haydn, der schöpferische Werdegang eines Meisters der Klassik. Mainz, 1959.

GEORGE, M. DOROTHY, England in Transition. London, 1931.

– London Life in the Eighteenth Century. London, 1925.

GERSHOY, LEO, From Despotism to Revolution: 1763–1789. New York, 1944.

G.G.S., Life of R.B. Sheridan, in Sheridan, Dramatic Works. London, 1881.

GIBBON, EDWARD, The Decline and Fall of the Roman Empire, 7 Bde., hrsg. von J.B. Bury. London, 1900.

– Dasselbe 6 Bde., hrsg. von Dean Milman. New York: Nottingham Society, o.J. Falls nichts anderes ver.nerkt, wird auf diese Ausgabe verwiesen.

– Dasselbe. Every man's Library.

Geschichte des allmài.lichen Sinkens und endlichen Untergangs des römischen Weltreiches, 12 Bde. Leipzig, 1862/63

– Journal, hrsg. von D.M. Low. New York: Norton, o.J.

– Memoirs. London, 1900.

– Miscellaneous Writings. New York, :907.

GILBERT, O.P., The Prince de Ligne. New York: McDevitt-Wilson, o.J.

GILLET, LOUIS, La Peinture, XVIIᵉ et XVIIIᵉ siècles. Paris, 1913.

GOETHE, JOHANN WOLFGANG, Gedenkausgabe der Werke, Briefe und Gespräche. Hrsg. von Ernst Beutler, 24 Bde. Zürich, 1948–1954.

– Briefe, 8 Bde. Hrsg. von Phil. Stein. Berlin, 1913–1924.

– Briefe an Frau von Stein, 2 Bde. Hrsg. von A. Schöll, 2. Aufl., bearb. von W. Fielitz. Frankfurt am Main, 1883.

– Briefe an Frau von Stein, 2 Bde. Hrsg. von A. Schöll, 3. Aufl., bearb. von Wahle. Frankfurt am Main, 1899/1900.

– Tagebücher. Herausgegeben von Peter Boerner. Zürich 1964.

Goethe, Kestner und Lotte. Hrsg. von Eduard Berend. München, 1914.

Goethe und Lavater, Briefe und Tagebücher. Weimar, 1901.

(Goethe) Eine Welt schreibt an Goethe. Gesammelte Briefe an Goethe. Hrsg. von R.K. Goldschmit-Zentner. Heidelberg, 1947.

GOLDSMITH, OLIVER, Select Works. London, 1929.

– Der Landprediger von Wakefield. Leipzig und Wien. Bibliographisches Institut, o.J.

GOOCH, G.P., Catherine the Great and Other Studies. New York, 1954.

– Frederick the Great. New York, 1947.

– Friedrich der Große: Herrscher, Schriftsteller, Mensch. Frankfurt am Main/Hamburg, 1964.

– Maria Theresa and Other Studies. London, 1951.

GOODWIN, A. (Hrsg.), The European Nobility in the Eighteenth Century. London, 1953.

GRAETZ, HEINRICH, History of the Jews, 6 Bde. Philadelphia, 1891.

– Geschichte der Juden von den ältesten Zeiten bis auf die Gegenwart, 11 Bde. Leipzig, 1853–1875.

GREENE, DONALD J., The Politics of Samuel Johnson. New Haven, 1960.

Grove's Dictionary of Music, 5 Bde. New York, 1927.

GUÉRARD, ALBERT, Life and Death of an Ideal: France in the Classical Age. New York, 1928.

GUSTAFSON, ALRIK, History of Swedish Literature. Minneapolis, 1961.

BIBLIOGRAPHIE

HALSBAND, ROBERT, The Life of Lady Mary Wortley Montagu. Oxford, 1957.

HAMMOND, J. L. und BARBARA, The Rise of Modern Industry. New York, 1926.

– The Village Labourer, 1760–1832. London, 1927.

HAUSER, ARNOLD, The Social History of Art, 2 Bde. New York, 1952.

HAVENS, GEORGE R., The Age of Ideas. New York, 1955.

HAWKINS, SIR JOHN, Life of Samuel Johnson. New York, 1961.

HAZARD, PAUL, Die Herrschaft der Vernunft: Das europäische Denken im 18. Jahrhundert. Hamburg, 1949.

– European Thought in the Eighteenth Century. New Haven, 1954.

HEINE, HEINRICH, Werke, 15 Teile in 4 Bdn. Berlin/Leipzig/Wien/Stuttgart (Bong), o. J.

HEISELER, BERNT VON, Schiller, Leben und Werk. Gütersloh, 1959.

HELVÉTIUS, CLAUDE-ADRIEN, Treatise on Man, 2 Bde. London, 1810.

HENDEL, CHARLES W., Citizen of Geneva: Selections from the Letters of Jean-Jacques Rousseau. Oxford, 1937.

– Jean-Jacques Rousseau, Moralist, 2 Bde. London, 1934.

HENSEL, S., Die Familie Mendelssohn, 1729–1847, 2 Bde. Berlin, 1908.

HERBERT, SYDNEY, The Fall of Feudalism in France. London, 1921.

HERDER, JOHANN GOTTFRIED, Werke, 24 Bde. Hrsg. von Heinrich Düntzer. Berlin (Hempel), o. J.

– Herders Briefe. Hrsg. von Wilhelm Dobbek. Weimar, 1959.

HEROLD, J. CHRISTOPHER, Madame de Staël: Herrin eines Jahrhunderts. Berlin/Darmstadt/Wien, 1963.

– The Swiss without Halos. New York, 1958.

HILL, GEORGE BIRKBECK (Hrsg.), Johnsonian Miscellanies, 2 Bde. Oxford, 1897.

HILL, J. C., Love Songs and Heroines of Robert Burns. London, 1961.

History Today (Zeitschrift), London.

HOLBERG, LUDWIG, The Journey of Niels Klim to the World Underground. Lincoln, Neb., o. J.

– Selected Essays. Lawrence, Kan., 1955.

– Seven One-Act Plays. Princeton, 1950.

HORN, FREDERIK WINKEL, Geschichte der Literatur des skandinavischen Nordens von den Ältesten Zeiten bis auf die Gegenwart. Leipzig, 1880.

HOWE, IRVING, und ELIEZER GREENBERG, A Treasury of Yiddish Stories. New York, 1958.

HUME, DAVID, Essays, Literary, Moral, and Political. London: Ward, Lock & Co., o. J.

– Treatise of Human Nature. Everyman's Library.

IRVING, WASHINGTON, Oliver Goldsmith. Boston, 1903.

JAHN, OTTO, Mozart, 2 Bde. Leipzig, 1923/24.

JAURÈS, JEAN, Histoire socialiste de la Révolution française, 8 Bde. Paris, 1922.

JEFFERSON, D. W. (Hrsg.), Eighteenth-Century Prose. Pelican Books, 1956.

JOHNSON, SAMUEL, Lives of the English Poets, 2 Bde. Everyman's Library.

– The Rambler. Everyman's Library.

– Works, 12 Bde. London, 1823.

Johnson's Dictionary: A Modern Selection, hrsg. von E. L. McAdam, Jr., und George Milne. New York, 1963.

JOSEPHSON, MATTHEW, Jean-Jacques Rousseau, London, 1932.

KANT, IMMANUEL, Werke, 6 Bde. Wiesbaden, 1956–1964.

– Werke. Hrsg. von Ernst Cassirer. Bd. IX und X: Briefe von und an Kant. Berlin, 1922.

BIBLIOGRAPHIE

KANT, IMMANUEL, Briefwechsel, 3 Bde. München, 1912/13.
- Critique of Practical Reason. Translation by T. K. Abbott, London, 1954.
- Religion within the Limits of Reason Alone, übers. von T. M. Greene und H. H. Hudson. Chicago, 1934.
KEITH, CHRISTINA, The Russet Coat (Burns). London, 1956.
KLINKE, WILLIBALD, Kant for Everyman. London, 1952.
KLOPSTOCK, FRIEDRICH GOTTLIEB, Sämtliche Werke, 10 Bde. Leipzig, 1844/45.
KÖHLER, CARL, A History of Costume. New York, 1928.
KOVEN, ANNA DE, Horace Walpole and Madame du Deffand. New York, 1929.
KROPOTKIN, P. A., The Great French Revolution. New York, 1909.
KRUTCH, JOSEPH WOOD, Samuel Johnson, New York, 1945.

LACLOS, PIERRE CHODERLOS DE, Les Liaisons dangereuses. London: Routledge, o. J.
LACROIX, PAUL, The Eighteenth Century in France. London: Bickers, o. J.
LA FONTAINERIE, F. DE, French Liberalism and Education in the Eighteenth Century. New York, 1932.
LANSON, GUSTAVE, Histoire de la littérature française. Paris, 1912.
- Voltaire. Paris, 1906.
LASKI, HAROLD, Political Thought in England, Locke to Bentham. Oxford, 1950.
LEA, HENRY C., History of the Inquisition in Spain, 4 Bde. New York, 1906.
- Geschichte der spanischen Inquisition, 3 Bde. Leipzig, 1911/12.
LECKY, WILLIAM E., History of England in the Eighteenth Century, 8 Bde. London, 1887.
- Geschichte Englands im achtzehnten Jahrhundert, 4 Bde. Leipzig/Heidelberg, 1879–1883.
LEFEBVRE, GEORGES, The Coming of the French Revolution. New York: Vintage Books, o. J.
LEMAÎTRE, JULES, Jean-Jacques Rousseau. London, 1908.
LESPINASSE, JULIE DE, Letters. London, 1903.
- Briefe, 2 Bde. Leipzig, 1810.
LESSING, GOTTHOLD EPHRAIM, Sämtliche Schriften, 23 Bde. Stuttgart/Berlin/Leipzig, 1886–1919.
- Gesammelte Werke, 2 Bde. München, 1959.
- Werke, 5 Bde. Leipzig/Wien (Meyers Klassiker), o. J.
LEWES, GEORGE H., Life of Goethe, 2 Bde., in Goethe, Works. New York, 1902.
LEWIS, D. B. WYNDHAM, Four Favorites. New York, 1949.
LEWIS, W. S., Horace Walpole. Pantheon Books, 1960.
LEWISOHN, LUDWIG, Goethe: The Story of a Man, 2 Bde. New York, 1949.
LICHTENBERGER, ANDRÉ, Le Socialisme et la Révolution française. Paris, 1895.
LIPSON, E., The Growth of English Society. London, 1949.
LITCHFIELD, FREDERICK, Illustrated History of Furniture. Boston, 1922.
LOMÉNIE, LOUIS DE, Beaumarchais and His Times. New York, 1857.
LOOMIS, STANLEY, Dubarry. London, 1960.
LOVEJOY, ARTHUR O., Essays in the History of Ideas. Baltimore, 1948.
- The Great Chain of Being. Cambridge, Mass., 1953.
LOW, D. M., Edward Gibbon. New York, 1937.
LUDWIG, EMIL, Goethe: Geschichte eines Menschen, 3 Bde. Stuttgart/Berlin, 1920.

MACAULAY, THOMAS BABINGTON, Critical and Historical Essays, 2 Bde. Everyman's Library.
MACCOBY, S., The English Radical Tradition. London, 1952.
- The Development of Muslim Theology, Jurisprudence, and Constitutional Theory. New York, 1903.
MACK, M. P., Jeremy Bentham, New York, 1963.
MACLAURIN, C., Mere Mortals, 2 Bde. New York, 1925.

BIBLIOGRAPHIE

MACPHERSON, JAMES, The Poems of Ossian. Edinburg, 1896.
– Ossians Werke: Fingal und die kleinen Epen, 2 Bde. in 1. Leipzig, 1924.
MAGNUS, RUDOLF, Goethe als Naturforscher. Leipzig, 1906.
MAHAN, A. T., The Influence of Sea Power upon History, 1660–1783. New York, 1950.
MAINE, SIR HENRY, Ancient Law. Everyman's Library.
MANN, THOMAS, Friedrich und die große Koalition. In: Rede und Antwort. Berlin, 1922.
– Leiden und Größe der Meister. Frankfurt am Main/Hamburg, 1957.
MANTOUX, PAUL, The Industrial Revolution in the Eighteenth Century. London, 1955.
MANTZIUS, KARL, History of Theatrical Art, 6 Bde. New York, 1937.
MARITAIN, JACQUES, Three Reformers: Luther, Descartes, Rousseau. London, 1950.
MARMONTEL, JEAN-FRANÇOIS, Memoirs. New York, o. J.
– Moral Tales. London, 1895.
MARTIN, HENRI, Histoire de France, 16 Bde. Paris, 1865.
MARTIN, KINGSLEY, The Rise of French Liberal Thought. New York, 1956.
MASSON, PIERRE M., La Religion de Rousseau, 3 Bde. Paris, 1916.
MATHIEZ, ALBERT, The French Revolution. New York, 1964.
MATTHEWS, BRANDER, Chief European Dramatists. Boston, 1916.
MENDELSSOHN, MOSES, Morgenstunden. In: Gesammelte Schriften, Bd. II. Leipzig, 1843.
MICHELET, JULES, The French Revolution. London, 1890.
– Geschichte der französischen Revolution. 10 Bde. in 5. Wien/Hamburg/Zürich, o. J.
– Histoire de France, 5 Bde. Paris: Hetzel & Cie., o. J.
MILLAR, OLIVER, Thomas Gainsborough. New York, 1959.
MONROE, PAUL, Text-book in the History of Education. New York, 1928.
MOORE, THOMAS, Memoirs of the Life of the Rt. Hon. Richard Brinsley Sheridan, 2 Bde. New York, 1866.
MORE, HANNAH, Letters. New York, 1926.
MORLEY, JOHN, Burke. New York: Harper & Brothers, o. J.
– Burke: A Historical Study. New York, 1924.
– Rousseau and His Era, 2 Bde. London, 1923.
MORNET, DANIEL, Les Origines intellectuelles de la Révolution française. Paris, 1933.
MORRIS, R. B., The Peacemakers: The Great Powers and American Independence. New York, 1965.
MOSSIKER, FRANCES, The Queen's Necklace. New York, 1961.
MOSSNER, ERNEST C., Life of David Hume. Austin, Tex., 1954.
MOUSNIER, ROLAND, und ERNEST LABROUSSE, Le Dix-huitième Siècle. Paris, 1953.
MOWAT, R. B., The Age of Reason. Boston, 1934.
MÜLLER-LYER, F., History of Social Development. London, 1923.
MUMFORD, LEWIS, The Condition of Man. New York, 1944.

NAMIER, SIR LEWIS, Crossroads of Power. London, 1962.
– The Structure of Politics at the Accession of George III. London, 1961.
NEILSON, WILLIAM A., Robert Burns. Indianapolis, 1917.
NETTL, PAUL, Mozart als Freimaurer und Mensch. Hamburg, 1956.
NEVILL, JOHN C., Thomas Chatterton. London, 1948.
New Cambridge Modern History [New CMH], Bd. VII und VIII. Cambridge, Engl. 1957.
NICOLSON, HAROLD, The Age of Reason. London, 1960.
NIETZSCHE, FRIEDRICH, Also sprach Zarathustra, in: Gesammelte Werke, Bd. VI. Stuttgart, 1921.
NOYES, ALFRED, Voltaire. New York, 1936.
NUSSBAUM, F. L., History of the Economic Institutions of Modern Europe. New York, 1937.

BIBLIOGRAPHIE

OECHSLI, WILHELM, History of Switzerland. Cambridge, Engl., 1922.
OGG, DAVID, Europe in the Seventeenth Century. London, 1956.

PADOVER, SAUL K., The Life and Death of Louis XVI. New York, 1963.
- The Revolutionary Emperor: Joseph II. London, 1934.
PAINE, THOMAS, The Rights of Man. Everyman's Library.
PALACHE, JOHN G., Four Novelists of the Old Regime. New York, 1926.
PARTON, JAMES, Life of Voltaire, 2 Bde. Boston, 1882.
PASCAL, ROY, Der Sturm und Drang. Stuttgart, 1963.
PAULSEN, FRIEDRICH, Das deutsche Bildungswesen in seiner geschichtlichen Entwicklung. Darmstadt, 1966.
- Immanuel Kant: Sein Leben und seine Lehre. Stuttgart, 1920.
PEARSON, HESKETH, Johnson and Boswell. London, 1958.
Penguin Book of German Verse. Baltimore, 1961.
PETERSEN, JULIUS, Schillers Persönlichkeit, Urteile der Zeitgenossen und Dokumente, 3 Bde. Weimar, 1904–1909.
PETERSON, HOUSTON (Hrsg.), Treasury of the World's Great Speeches. New York, 1954.
PETERSON, JÜRGEN, Die Hochzeit des Figaro. Berlin, 1965.
PIJOAN, JOSEPH, History of Art, 3 Bde. New York, 1927.
PIOZZI, HESTER LYNCH THRALE, Anecdotes of the Late Samuel Johnson. Cambridge, Engl., 1925.
PLUMB, J. H., Men and Places. London, 1963.
POMEAU, RENÉ, La Religion de Voltaire. Paris, 1958.

QUENNELL, MARJORIE und CHARLES, History of Everyday Things in England, 1733–1851. New York, 1934.

Réalités (Zeitschrift), Paris.
REDDAWAY, W. F., Frederick the Great and the Rise of Prussia. London, 1947.
REID, THOMAS, Works, 2 Bde., hrsg. von Sir William Hamilton. Edinburg, 1852.
RENARD, GEORGES, Guilds in the Middle Ages. London, 1918.
- und G. WEULERSEE, Life and Work in Modern Europe. London, 1926.
RESTIF DE LA BRETONNE, NICOLAS-EDME, Les Contemporaines. Paris: Charpentier, o. J.
- Monsieur Nicolas, 3 Bde. Paris: Rasmussen, o. J.
- Les Nuits de Paris. New York, 1964.
- Revolutionsnächte (Auszug). München, 1920.
- La Vie de mon père. Paris, 1924.
REYNOLDS, SIR JOSHUA, Fifteen Discourses. Everyman's Library.
- Akademische Reden. Dresden, 1781.
- Portraits. New York, 1952.
RICHARD, ERNST, History of German Civilization. New York, 1911.
ROBERTSON, JOHN MACKINNON, Gibbon. London, 1925.
- Short History of Freethought, 2 Bde. London, 1914.
ROBINSON, JAMES HARVEY, Readings in European History. Boston, 1906.
ROGERS, J. E. THOROLD, Six Centuries of Work and Wages. New York, 1890.
- Die Geschichte der Englischen Arbeit. Stuttgart, 1906.
ROLLAND, ROMAIN, Essays in Music. New York, 1959.
- A Musical Tour through the Land of the Past. London, 1922.
- Musikalische Reise ins Land der Vergangenheit. Innsbruck/Freiburg/München, 1948.
ROSEBERY, ARCHIBALD PHILIP PRIMROSE, 5TH EARL OF, Pitt. London, 1908.

568   BIBLIOGRAPHIE

ROTH, CECIL, The Jewish Contribution to Civilization. Oxford, 1945.
ROUSSEAU, JEAN-JACQUES, Collection complète des œuvres de Jean-Jacques Rousseau, 11 Bde. Neuchâtel, 1775.
- Les Confessions de Jean-Jacques Rousseau, 2 Bde. Lausanne, 1960.
- The Confessions of Jean-Jacques Rousseau. London, o. J.
- Bekenntnisse, in Werke, 9 Teile in 3 Bdn. Leipzig, 1854.
- Die Bekenntnisse. Frankfurt/Hamburg, 1961.
- Émile. Everyman's Library.
- Émile oder Über die Erziehung. Stuttgart, 1963.
- Julia, or The New Eloisa, 3 Bde. Edinburgh, 1794.
- Julie, ou La Nouvelle Héloïse. Paris: Garnier, o. J.
- Politics and the Arts. Glencoe, Ill., 1960.
- Rousseau juge de Jean-Jacques, 2 Bde. London, 1782.
- The Social Contract and Discourses. Everyman's Library.
- Der Gesellschaftsvertrag. Stuttgart, 1966.
- Die Krisis der Kultur. Stuttgart, 1956.
- Über Kunst und Wissenschaft. Hamburg, 1955.
- Träumereien eines einsamen Spaziergängers. Basel, 1943.
RUSSELL, BERTRAND, History of Western Philosophy. New York, 1945.

SAINTE-BEUVE, CHARLES-AUGUSTIN, English Portraits. New York, 1875.
- Portraits of the Eighteenth Century, 2 Bde. in 1. New York, 1905.
SANGER, WILLIAM, History of Prostitution. New York, 1910.
SAY, LÉON, Turgot. Chicago, 1888.
SCHAPIRO, J. SALWYN, Condorcet and the Rise of Liberalism. New York, 1934.
SCHILLER, FRIEDRICH, Werke. 15 Teile in 8 Bdn. Berlin/Leipzig/Wien/Stuttgart (Bong), o. J.
- Briefe. Hrsg. von Reinhard Buchwald. Leipzig, 1945.
- und JOHANN WOLFGANG VON GOETHE, Correspondence, 2 Bde. London, 1877.
- und KÖRNER, Briefwechsel, 4 Bde. Stuttgart, 1892.
- und CHRISTIAN GOTTFRIED KÖRNER, Correspondence, 3 Bde. London, 1849.
SCHOENFELD, HERMANN, Women of the Teutonic Nations. Philadelphia, 1908.
SCHÜDDEKOPF, CARL, Goethes Tod, Dokumente und Berichte der Zeitgenossen. Leipzig, 1907.
SCHUSTER, M. LINCOLN, Treasury of the World's Great Letters. New York, 1940.
SÉE, HENRI, Economic and Social Conditions in France during the Eighteenth Century. New York, 1935.
- Les Idées politiques en France aux XVIIIᵉ siècle. Paris, 1920.
SEEBOHM, FREDERICK, The Age of Johnson. London, 1899.
SÉGUR, MARQUIS DE, Julie de Lespinasse. New York, 1927.
- Marie Antoinette. New York, 1928.
SHERIDAN, RICHARD BRINSLEY, Dramatic Works. London, 1881.
SHERWIN, OSCAR, A Gentleman of Wit and Fashion: The Life and Times of George Selwyn. New York, 1963.
SIME, JAMES, Lessing, 2 Bde. London, 1879.
SMITH, ADAM, Inquiry into the Nature and Cause of the Wealth of Nations, 2 Bde. Everyman's Library.
- Der Reichtum der Nationen, 2 Bde. Leipzig, 1910.
- Moral and Political Philosophy. New York, 1948.
SMITH, D. E., History of Mathematics, 2 Bde. Boston, 1923.
SMITH, NORMAN KEMP, Commentary to Kant's 'Critique of Pure Reason'. London, 1923.
SNYDER, FRANKLIN B., Life of Robert Burns. New York, 1932.

BIBLIOGRAPHIE

SOMBART, WERNER, The Jews and Modern Capitalism. Glencoe, Ill., 1951.
STAËL, MADAME DE, Über Deutschland, 2 Bde. Leipzig, 1882.
STEPHEN, SIR LESLIE, History of English Thought in the Eighteenth Century, 2 Bde. New York, 1902.
STERNE, LAURENCE, Leben und Meinungen des Tristram Shandy. Frankfurt am Main/Hamburg, 1962.
STEWART, JOHN HALL, A Documentary Survey of the French Revolution. New York, 1951.
STRACHEY, LYTTON, Books and Characters. New York, 1922.
STRYIENSKI, CASIMIR, The Eighteenth Century. London, 1916.

TAINE, HIPPOLYTE, The Ancient Regime. New York, 1891.
– Die Entstehung des modernen Frankreich. Bd. 1: Das vorrevolutionäre Frankreich. Leipzig, 1908.
– The French Revolution, 3 Bde. New York, 1931.
– History of English Literature, New York, 1873.
TALMAN, J. L., Origins of Totalitarian Democracy. Boston, 1952.
TEXTE, JOSEPH, Jean-Jacques Rousseau and the Cosmopolitan Spirit in Literature. London, 1899.
THACKERAY, WILLIAM MAKEPEACE, English Humourists. Boston: Dana Estes, o. J.
– The Four Georges. Boston: Dana Estes, o. J.
THOMSON, DERICK S., The Gaelic Sources of Macpherson's 'Ossian'. Edinburgh, 1951.
Time (Zeitschrift), New York.
TOCQUEVILLE, ALEXIS DE, L'Ancien Régime. Oxford, 1927.
– Der alte Staat und die Revolution. Bremen, 1959.
TORREY, NORMAN L., The Spirit of Voltaire. New York, 1938.
TOYNBEE, ARNOLD J., A Study of History, 10 Bde. Oxford, 1935f.
TRAILL, HENRY DUFF (Hrsg.), Social England, 6 Bde. New York, 1902.
TREITSCHKE, HEINRICH VON, Life of Frederick the Great. New York, 1915.
TREVOR-ROPER, H. R., Historical Essays. London, 1957.
TURBERVILLE, A. S. (Hrsg.), Johnson's England, 2 Bde. Oxford, 1952.
TURGOT, ANNE-ROBERT-JACQUES, BARON DE L'AULNE, Reflections on the Formation and the Distribution of Wealth. New York, 1898.
– Betrachtungen über die Bildung und Verteilung des Reichtums. Frankfurt, 1946.

ÜBERWEG, FRIEDRICH, Grundriß der Geschichte der Philosophie, 5 Bde. Darmstadt, 1967.
UNGAR, FREDERICK, Friedrich Schiller: An Anthology. New York, 1960.
– Goethe's World View, Presented in His Reflections and Maxims. New York, 1963.
USHER, A. P., An Introduction to the Industrial History of England. Boston, 1920.

VAN DOREN, MARK, Anthology of World Poetry. New York, 1928.
VAUGHN, C. E., Political Writings of Rousseau, 2 Bde. Cambridge, Engl., 1915.
VIGÉE-LEBRUN, Die Erinnerungen der Malerin Vigée-Lebrun, 2 Bde. Weimar, 1912.
VOLTAIRE, Age of Louis XIV. Everyman's Library.
– Age of Louis XV, 2 Bde. Glasgow, 1771.
– Love Letters of Voltaire to His Niece, hrsg. und übers. von Theodore Besterman. London, 1958.
– Œuvres complètes. Paris, 1825f.
– Philosophical Dictionary, in Works, Bde. III–VI.
– Works, 44 Bde. in 22. New York, 1927.
– und FRIEDRICH DER GROSSE, Letters. New York, 1927.

BIBLIOGRAPHIE

VOLTAIRE, Briefwechsel Friedrich des Großen mit Voltaire, 3 Bde. (Publ. aus den k. Preuß. Staatsarchiven, Nr. 81, 82, 86).
– 16 Artikel aus dem Philosophischen Taschenwörterbuch. Königstein i. T., 1966.

WALPOLE, HORACE, Letters, 9 Bde. London, 1880.
– Memoirs of the Last Ten Years of the Reign of George the Second, 2 Bde. London, 1822.
– Memoirs of the Reign of King George III, 4 Bde. London, 1894.
– Denkwürdigkeiten aus der Regierungszeit Georgs II. und Georgs III., 3 Bde. Bellevue bei Konstanz, 1846/47.
WARWICK, CHARLES F., Mirabeau and the French Revolution. Philadelphia, 1905.
WATERHOUSE, ELLIS, Gainsborough. London, 1958.
– Reynolds. London, 1941.
WATSON, J. STEVEN, The Reign of George III. Oxford, 1960.
WATSON, PAUL B., Some Women of France. New York, 1936.
WEBB, SIDNEY und BEATRICE, History of Trade Unionism. New York, 1920.
WEINSTOCK, HERBERT, Handel. New York, 1959.
WESTERMARCK, EDWARD, Origin and Development of the Moral Ideas, 2 Bde. London, 1917.
WHARTON, GRACE und PHILIP, The Wits and Beaux of Society, 2 Bde. Philadelphia, 1860.
WIELAND, CHRISTOPH MARTIN, Sämmtliche Werke, 36 Bde. Leipzig, 1853–1858.
– Oberon. New York, 1940.
WIENER, LEO, Anthology of Russian Literature, 2 Bde. New York, 1902.
WILENSKI, R. H., English Painting. London, 1946.
WILHELMINE, MARGRAVINE OF BAYREUTH, Memoirs. London, 1887.
WILLIAMS, H. S., History of Science, 5 Bde. New York, 1909.
WILSON, E. C., Immanuel Kant. New Haven. 1925.
WILSON, P. W., William Pitt the Younger. New York, 1934.
WINCKELMANN, JOHANN JOACHIM, History of Ancient Art, 4 Bde. in 2. Boston, 1880.
– Geschichte der Kunst des Altertums. Weimar, 1964.
– Kleine Schriften und Briefe. Weimar, 1960.
– Briefe, 4 Bde. Berlin, 1952–1957.
WITTE, WILLIAM, Schiller. Oxford, 1949.
– Schiller and Burns. Oxford, 1959.
WOLF, A., History of Science, Technology, and Philosophy in the Eighteenth Century. New York, 1939.

YOUNG, ARTHUR, Travels in France during the Years 1787, 1788, 1789. London, 1906.

ZWEIG, STEFAN, Marie Antoinette, Bildnis eines mittleren Charakters. Berlin/Darmstadt/Wien, 1959.

ANMERKUNGEN

I. BUCH, 1. KAPITEL

[1] in Gooch, *Friedrich der Große*, S. 83. – [2] MacLaurin, *Mere Mortals*, S. 195. – [3] Mowat, *The Age of Reason*, S. 61. – [4] Gooch, *Friedrich*, S. 141. – [5] Mann, *Rede und Antwort*, S. 189. – [6] Sir James Harrison, in Gooch, *Friedrich*, S. 149. – [7] in Rolland, *Musikalische Reise*, S. 214, 262f. – [8] *New York Times*, 10. März 1929. – [9] Friedrich d. Gr., Brief vom 30. Okt. 1770, in *Hinterlassene Werke*, Bd. IX, S. 303. – [10] Crocker, Lester, *Age of Crisis*, S. 133. – [11] Gooch, *Friedrich*, S. 172. – [12] Gershoy, *From Despotism to Revolution*, S. 86. – [13] *Friedrich II.*, *Hinterlassene Werke*, Bd. IX, S. 496. – [14] Friedrich an Voltaire, 2. Juli 1759 und 31. Okt. 1760, in *Hinterlassene Werke*, Bd. IX, S. 187f., 223f. – [15] Bertaut, *Napoleon in His Own Words*, S. 463. – [16] Treitschke, *Life of Frederick*, S. 182. – [17] in Hazard, *Herrschaft*, S. 459. – [18] Sainte-Beuve, *Portraits of the 18th Century*, Bd. I, S. 344. – [19] ebd. S. 347. – [20] in Mowat, S. 105. – [21] Morley, in Voltaire, *Works*, Bd. XXIb, S. 195. – [22] Sainte-Beuve, Bd. I, S. 220f. – [23] *Friedrich II.*, *Hinterlassene Werke*, Bd. IX, S. 248. – [24] Carlyle, *History of Friedrich the Second*, Bd. IV, S. 179. – [25] *Friedrich II.*, *Hinterlassene Werke*, Bd. IX, S. 262. – [26] Chesterfield an seinen Sohn, *Letters*, 23. Juni 1752. – [27] Schoenfeld, *Women of the Teutonic Nations*, S. 299. – [28] Staël, *Über Deutschland*, Bd. I, S. 114; Gershoy, S. 75. – [29] Paulsen, *Bildungswesen*, S. 88. – [30] Gershoy, S. 284. – [31] Carlyle, *Friedrich*, Bd. VII, S. 201. – [32] Gershoy, S. 76; Renard and Weulersee, *Life and Work in Modern Europe*, S. 297. – [33] ebd. S. 299. – [34] Bruford, *Germany in the 18th Century*, S. 186. – [35] *CMH*, Bd. VI, S. 718. – [36] Gershoy, S. 84. – [37] *Friedrich II.*, *Testament* (1768), in *CMH*, Bd. VI, S. 723. – [38] Bruford, S. 22. – [39] Casanova, *Memoirs*, Bd. I, S. 349. – [40] Burke, *Thoughts on French Affairs*, in *Reflections on the French Revolution*, S. 296. – [41] Pascal, *Der Sturm und Drang*, S. 99f. – [42] Goethe, *Dichtung und Wahrheit*, in *Werke*, Bd. X, S. 174. – [43] Sime, *Lessing*, Bd. II, S. 131. – [44] Schiller, *Werke*, Teil I, S. 193. – [45] Eckermann, *Gespräche mit Goethe*, in *Werke*, Bd. XXIV, S. 109. – [46] Staël, *Über Deutschland*, Bd. I, S. 47. – [47] Bruford, S. 39. – [48] *Enc. Brit.*, Bd. IX, S. 132b. – [49] Padover, *Revolutionary Emperor*, S. 289; Campbell, Thos., *The Jesuits*, S. 611. – [50] Smith, Preserved, *History of Modern Culture*, Bd. II, S. 404. – [51] *Kants Werke*, Bd. IX, S. 179. – [52] Eckermann, Einleitung, in *Werke*, Bd. XXIV, S. 19f. – [53] Staël, *Über Deutschland*, Bd. I, S. 126. – [54] ebd., S. 124ff. – [55] Goethe, *Dichtung und Wahrheit*, in *Werke*, Bd. X, S. 674. – [56] F. C. Schlosser, in Monroe, *Textbook in the History of Education*, S. 580. – [57] Morley in Voltaire, *Works*, Bd. XXIb, S. 153. – [58] Nettl, *Mozart als Freimaurer*, S. 9. – [59] Robertson, *Short History of Freethought*, Bd. II, S. 318. – [60] ebd., S. 318. – [61] ebd., S. 331. – [62] Sime, *Lessing*, Bd. I, S. 27. – [63] Garland, *Lessing*, S. 154. – [64] ebd., S. 118. – [65] Lessing, *Laokoon*, Kap. 26, in *Ges. Werke*, Bd. II, S. 940. – [66] Bosanquet, *History of Aesthetic*, S. 221. – [67] Lessing, *Laokoon*, Vorrede. – [68] ebd., Vorrede. – [69] Sime, Bd. II, S. 4. – [70] ebd., S. 55. – [71] Lessing, *Hamburgische Dramaturgie*, in *Ges. Werke*, Bd. II, S. 631. – [72] Lessing, *Werke*, Bd. V, S. 676, 679. – [73] Sime, Bd. II, S. 85. – [74] Casanova, *Memoirs*, Bd. II, S. 271. – [75] s. Band 14: *Das Zeitalter Voltaires*. – [76] Sime, Bd. II, S. 348. – [77] Lessing, *Die Erziehung des Menschengeschlechts*, Nr. 74. – [78] ebd., Nrn. 85/86. – [79] Brandes, *Goethe*, Bd. I, S. 434; Cassirer, *Philosophie der Aufklärung*, S. 255. – [80] Sime, Bd. II, S. 300; Brandes, *Goethe*, Bd. I, S. 434. – [81] Sime, Bd. II, S. 346. – [82] ebd., S. 330. – [83] Klopstock, *Der Messias*, in *Sämtl. Werke*, Bd. III, S. 212. – [84] Goethe, *Dichtung und Wahrheit*, in *Werke*, Bd. X, S. 92. – [85] Claudius, Matthias, *Werke*, Teil I, S. 84. – [86] Bürger, G. A., *Sämmtliche Werke*, I, S. 59f. – [87] Goethe, *Dichtung und Wahrheit*, in *Werke*, Bd. X, S. 771f. – [88] Eckermann, *Gespräche* (18. Febr. 1829), in Goethe, *Werke*, Bd. XXIV, S. 309. – [89] Boehn, *Die Mode*, S. 186. – [90] Pascal, *Der Sturm und Drang*, S. 12. – [91] ebd., S. 43. – [92] Francke, *History of German Literature*, S. 312. – [93] ebd., S. 310. – [94] Boehn, S. 98. – [95] Schloß Tiefurt in der Nähe von Weimar. – [96] Schloßmuseum, Weimar. – [97] Schloß Sanssouci, Potsdam. – [98] Winckelmann, *History*, Bd. II, S. 36. – [99] Leipzig, Museum der Bildenden Künste. – [100] München, Neue Pinakothek. – [101] Dresden, Gemäldegalerie. – [102] Winterthur, Museum dés Kunstvereins. – [103] Schloßmuseum, Weimar. – [104] Dresden, Gemäldegalerie. – [105] Weimar, Museum. – [106] Jahn, *Mozart*, Bd. II, S. 633. – [107] Lang, *Die Musik im Abendland*, Bd. II, S. 78ff. – [108] *Grove's Dictionary of Music*, Bd. I, S. 175. – [109] Jahn, *Mozart*, Bd. I, S. 59, 703. – [110] *Grove's*, Bd. I, S. 145ff., 177ff. – [111] Gooch, *Friedrich*, S. 358. – [112] *Friedrich II.*, *Werke*, Bd. II, S. 43. – [113] Gooch, S. 309. – [114] ebd., S. 305. – [115] ebd., S. 319. – [116] ebd., S. 323. – [117] *Friedrich II.*, *Werke*, Bd. II, S. 43. – [118] Gooch, *Friedrich*, S. 381. – [119] ebd., S. 337. – [120] ebd., S. 351. – [121] ebd., S. 345. – [122] ebd., S. 345. – [123] ebd., S. 349. – [124] ebd., S. 110. – [125] ebd., S. 353. – [126] Lessing, *Ges. Werke*, Bd. II, S. 1105. – [127] Pascal, *Sturm und Drang*, S. 57. – [128] MacLaurin, *Mere Mortals*, S. 201. – [129] Gooch, *Friedrich*, S. 134.

ANMERKUNGEN

I. BUCH, 2. KAPITEL

[1] Paulsen, *Immanuel Kant*, S. 27. – [2] Überweg, *Grundriß der Geschichte der Philosophie*, Bd. III, S. 503. – [3] T. M. Greene in der Einführung zu Kant, *Religion within the Limits of Reason Alone*, XXVIII. Buch. – [4] ebd., XXX. Buch. – [5] Paulsen, *Kant*, S. 37. – [6] Wilson, E. C., *Immanuel Kant*, S. 3. – [7] Herder, *Briefe zur Beförderung der Humanität*, in Paulsen, *Kant*, S. 40 f. – [8] Kant, *Werke*, Bd. I, S. 275 ff. – [9] Lovejoy, *The Great Chain of Being*, S. 266. – [10] Harlow Shapley in Wilson, *Immanuel Kant*, S. 51. – [11] Paulsen, *Kant* S. 265; Kant, *Kritik der Urteilskraft*, in *Werke*, Bd. V, S. 539. – [12] Überweg, Bd. III, S. 536. – [13] Paulsen, S. 265. – [14] Kant, *Briefwechsel*, Bd. I, S. 256 (Brief vom 16. Aug. 1783). – [15] Kant, *Kritik der reinen Vernunft*, in *Werke*, Bd. II, S. 17. – [16] Kant, *Kritik der Urteilskraft*, in *Werke*, Bd. V, S. 237. – [17] Kant, *Kritik der reinen Vernunft*, in *Werke*, Bd. II, S. 14. – [18] ebd., S. 40 (Vorrede zur zweiten Auflage). – [19] ebd., S. 33, 35. – [20] Kant, *Prolegomena zu einer jeden künftigen Metaphysik*, in *Werke*, Bd. III, S. 118. – [21] in Paulsen, S. 95. – [22] Kant, *Kritik der reinen Vernunft*, in *Werke*, Bd. II, S. 171. – [23] ebd., S. 179; *Prolegomena*, in *Werke*, Bd. III, S. 186 ff. (Nr. 36). – [24] Kant, *Kritik der reinen Vernunft*, in *Werke*, Bd. II, S. 86 f. – [25] ebd., S. 317 f., 379 f. – [26] ebd., S. 135 ff., 143. – [27] ebd., S. 359. – [28] ebd., S. 549 ff. – [29] ebd., S. 553. – [30] ebd., S. 583 ff., 586. – [31] ebd., S. 444 f. – [32] ebd., S. 591 ff., 601. – [33] ebd., S. 603. – [34] Karl Reinhold, in Paulsen, S. 111. – [35] Kant, *Prolegomena*, in *Werke*, Bd. III, S. 123. – [36] Kant, *Kritik der reinen Vernunft*, in *Werke*, Bd. II, S. 311, 639 f. – [37] Kant, *Werke*, Bd. VI, S. 59 ff. – [38] Kant, *Kritik der reinen Vernunft*, in *Werke*, Bd. II, S. 33, 35. – [39] Kant, *Grundlegung der Metaphysik der Sitten*, in *Werke*, Bd. IV, S. 39. – [40] Kant, *Kritik der praktischen Vernunft*, in *Werke*, Bd. IV, S. 300. – [41] ebd., S. 241, 252 f. – [42] ebd., S. 140. – [43] Kant, *Grundlegung zur Metaphysik der Sitten*, in *Werke*, Bd. IV, S. 71. – [44] ebd., S. 61. – [45] Kant, *Kritik der praktischen Vernunft*, in *Werke*, Bd. IV, S. 107 ff., 144 f. – [46] Kant, *Kritik der reinen Vernunft*, in *Werke*, Bd. II, S. 495 ff. – [47] ebd., S. 31, 491 ff.; *Kritik der praktischen Vernunft*, in *Werke*, Bd. IV, S. 155 ff. – [48] ebd., S. 254 f. – [49] ebd., S. 255. – [50] Kant, *Kritik der reinen Vernunft*, in *Werke*, Bd. II, S. 686 f. – [51] Cassirer, *Rousseau, Kant and Goethe*, S. 25. – [52] Heine, *Zur Geschichte der Religion und Philosophie in Deutschland*, in *Werke*, Bd. IX, S. 247. – [53] Kant, *Kritik der Urteilskraft*, in *Werke*, Bd. V, S. 239 f. – [54] ebd., S. 240. – [55] ebd., S. 256. – [56] ebd., S. 549. – [57] ebd., S. 575. – [58] Kant, *Werke*, Bd. VI, S. 114. – [59] Überweg, Bd. III, S. 507. – [60] Kant, *Die Religion innerhalb der Grenzen der bloßen Vernunft*, in *Werke*, Bd. IV, S. 649. – [61] ebd., S. 654. – [62] ebd., S. 655. – [63] ebd., S. 680. f. – [64] ebd., S. 682. – [65] Kant, *Über Pädagogik*, in *Werke*, Bd. VI, S. 708. – [66] Kant, *Die Religion*, in *Werke*, Bd. IV, S. 689. – [67] Kant, *Mutmaßlicher Anfang der Menschengeschichte*, in Überweg, Bd. III, S. 594 ff. – [68] Kant, *Die Religion*, in *Werke*, Bd. IV, S. 710. – [69] ebd., S. 826 ff. – [70] ebd., S. 822 ff. – [71] ebd., S. 759 ff. - [72] ebd., S. 719 ff. – [73] ebd., S. 790 ff. – [74] ebd., S. 714 ff., 803 ff. – [75] ebd., S. 874. – [76] ebd., S. 870. – [77] ebd., S. 783 ff., 833 ff. – [78] Kant, *Briefwechsel*, Bd. II, S. 48 f. – [78a] ebd., S. 48 f. – [79] Kant, *Zum ewigen Frieden, ein philosophischer Entwurf*, in *Werke*, Bd. VI, S. 195. – [80] ebd., S. 205. – [81] ebd., S. 208. – [82] ebd., S. 225. – [83] ebd., S. 243. – [84] Paulsen, S. 340. – [85] Kant, *Zum ewigen Frieden*, in *Werke*, Bd. VI, S. 206 ff. – [86] Kant, *Über Pädagogik*, in *Werke*, Bd. VI, S. 700. – [87] ebd., S. 700. – [88] Paulsen, S. 361 f. – [89] Kant, *Über das Mißlingen aller philosophischen Versuche in der Theodizee*, in *Werke*, Bd. VI, S. 168. – [90] Kant, *Practical Reason*, Einführung von T. G. Abbott. – [91] ebd. – [92] Paulsen, S. 46. – [93] ebd., S. 48 f.; Klinke, *Kant for Everyman*, S. 105. – [94] Stukkenberg, *Life of Kant*, S. 340 ff. in Robertson, *Freethought*, Bd. II, S. 343. – [95] Robertson, Bd. II, S. 345. – [96] Kant, *Briefwechsel*, Bd. I, S. 62 (Brief vom 8. April 1766). – [97] Paulsen, S. 53. – [98] Vaihinger, *Die Philosophie des Als Ob*, S. 723 f. – [99] ebd., S. 726. – [100] Witte, *Schiller*, S. 46. – [101] Schiller, *Werke*, Teil I, S. 132. – [102] Eckermann, *Gespräche* (14. April 1824), in Goethe, *Werke*, Bd. XXIV, S. 109. – [103] Emerson, Vorlesung von 1842 über «The Transcendendentalist», in Wilson, *Immanuel Kant*, S. 23.

I. BUCH, 3. KAPITEL

[1] Eckermann, *Gespräche* (27. April 1825), in Goethe, *Werke*, Bd. XXIV, S. 576. – [2] Christian Stolberg an seine Schwester, Nov. 1774, in *Goethes Briefe an Frau von Stein*, 2. Aufl., Bd. I, S. 4. – [3] Schiller an Körner, 29. Aug. und 10. Sept. 1787, in Schiller und Körner, *Briefwechsel*, Bd. I, S. 135, 138. – [4] Brandes, *Goethe*, S. 225, 239. – Staël, *Über Deutschland*, Bd. I, S. 110. – [6] Francke, *Die Kulturwerte der deutschen Literatur in ihrer geschichtlichen Entwicklung*, Bd. II, S. 531. – [7] Wieland, *Geschichte des Agathon*, in *Sämmtliche Werke*, Bd. IV. – [8] Francke, *Kulturwerte*, Bd. II, S. 522 f. – [9] Wieland, *Geschichte des Agathon*, in *Sämmtliche Werke*, Bd. IV, S. 88 (Buch III, Kap. 2). – [10] ebd., S. 98 (Buch III, Kap. 3). – [11] Francke, *Kulturwerte*, Bd. II, S. 525 f. – [12] Eckermann, *Gespräche*, in Goethe, *Werke*, Bd. XXIV, S. 648 (26. Sept. 1827). – [13] ebd., Bd. I, S. 100. – [14] Goethe, *Dichtung und Wahrheit*, in *Werke*, Bd. X, S. 390. – [15] Goethe, *Werke*, Bd. X, S. 166. –

ANMERKUNGEN   573

[16] ebd., S. 219ff. – [17] ebd., S. 189. – [18] ebd., S. 186. – [19] ebd., S. 243. – [20] ebd., S. 324. – [21] ebd., Bd. II, S. 39. – [22] ebd., Bd. X, S. 313. – [23] ebd., S. 372. – [24] ebd., S. 373f. – [25] Brandes, S. 55. – [26] Goethe, *Werke*, Bd. XXII, S. 21. – [27] ebd., Bd. XIII, S. 23. – [28] ebd., Bd. X, S. 411. – [29] in Ludwig, *Goethe*, Bd. I, S. 67f. – [30] Eckermann, *Gespräche*, in Goethe, *Werke*, Bd. XXIV, S. 655 (7. Okt. 1827). – [31] Goethe, *Werke*, Bd. X, S. 474ff. – [32] ebd., S. 504. – [33] ebd., S. 547f. – [34] ebd., S. 570. – [35] Goethe, *Dichtung und Wahrheit*, in *Werke*, Bd. II, S. 143. – [36] Brandes, S. 111. – [37] Ludwig, Bd. I, S. 95. – [38] Goethe, *Götz von Berlichingen*, I. Akt, 2. Sz., in *Werke*, Bd. IV, S. 647. – [39] Goethe, *Dichtung und Wahrheit*, in *Werke*, Bd. X, S. 593. – [40] Kestner an Hennings (Konzept), Herbst 1772, in *Goethe, Kestner und Lotte*, S. 106f. – [41] Goethe, *Dichtung und Wahrheit*, in *Werke*, Bd. X, S. 164. – [42] ebd., S. 637. – [43] ebd., S. 637. – [44] Brandes, S. 212f. – [45] Ludwig, Bd. I, S. 157. – [46] in Bode, *Goethe*, Bd. I, S. 68. – [47] Goethe, *Dichtung und Wahrheit*, in *Werke*, Bd. X, S. 641. – [48] Eckermann, *Gespräche*, in Goethe, *Werke*, Bd. XXIV, S. 545 (2. Jan. 1824). – [49] Goethe, *die Leiden des jungen Werthers*, Briefe vom 19. Juni und 13. Aug. 1771, in *Werke*, Bd. IV, S. 405, 434. – [50] Goethe, *Werke*, Bd. XVIII, S. 247 (Nov. 1774). – [51] Sime, *Lessing*, Bd. II, S. 200. – [52] Nach Lavaters Erzählung, 21. Juli 1774, in Goethe, *Werke*, Bd. XXII, S. 61. – [53] Kestner an Hennings, 18. Nov. 1772, in Pascal, *Der Sturm und Drang*, S. 139. – [54] Goethe, *Dichtung und Wahrheit*, in *Werke*, Bd. X, S. 560. – [55] in Ludwig, Bd. I, S. 173. – [55a] ebd., S. 320f. – [56] Lavater, *Tagebuch*, 28. Juni 1774, in *Goethe und Lavater, Briefe und Tagebücher*, S. 291f. – [57] Brief vom 7. Nov. 1816, in Goethe, *Werke*, Bd. XXI, S. 194. – [58] Goethe an Jacobi, 9. Juni 1785 in Goethe, *Werke*, Bd. XVIII, S. 851. – [59] Goethe, *Dichtung und Wahrheit*, in *Werke*, Bd. X, S. 683f., 733. – [60] vgl. Goethe, in *Werke*, Bd. XVI, S. 925f., 978f., Bd. XVII, S. 950. – [60a] Goethe, «Die Natur», in *Werke*, Bd. XVI, S. 921ff. – [61] Goethe, *Dichtung und Wahrheit*, in *Werke*, Bd. X, S. 741, 750f. – [62] ebd., S. 786. – [63] Clark, Robert, *Herder*, S. 160. – [64] Goethe, *Dichtung und Wahrheit*, in *Werke*, Bd. X, S. 443. – [65] ebd., S. 448. – [66] Pascal, *Der Sturm und Drang*, S. 270. – [67] Heiseler, *Schiller*, S. 44f. – [68] Schiller, *Werke*, Teil I, S. 21. – [69] ebd., S. 37. – [70] Carlyle, *Schiller*, in *Werke*, Bd. I, S. 86. – [71] Schiller, *Die Räuber*, I. Akt, 2. Sz., in *Werke*, Teil II, S. 42. – [72] Schiller, *Die Räuber*, II. Akt, 3. Sz., in *Werke*, Teil II, S. 76. – [73] ebd., S. 86. – [74] Schiller, *Die Räuber*, V. Akt, 1. Sz., in *Werke*, Teil II, S. 130. – [75] Heiseler, S. 42. – [76] Ungar, *Friedrich Schiller*, S. 34. – [77] Witte, *Schiller*, S. 131. – [78] Heiseler, S. 77f. – [79] Schiller, *Philosophische Briefe*, in *Werke*, Teil XII, S. 176f. (1. Brief). – [80] ebd., S. 206 (5. Brief). – [81] Schiller und Körner, *Briefwechsel*, Bd. I, S. 25 (11. Jan. 1785). – [82] ebd., S. 27f. – [83] Heiseler, S. 90. – [84] ebd., S. 94. – [85] Schiller und Körner, *Briefwechsel*, Bd. I, S. 40ff. (3. Juli 1785). – [86] Körner an Schiller, 8. Juli 1785, in *Briefwechsel*, Bd. I, S. 47.

I. BUCH, 4. KAPITEL

[1] Einstein, *Mozart*, S. 35. – [2] Goethe, *Dichtung und Wahrheit*, in *Werke*, Bd. X, S. 298f. – [3] Schiller und Körner, 28. Juli 1787 und 29. Aug. 1787, in *Briefwechsel*, Bd. I, S. 91, 127ff. – [4] Schiller und Körner, in *Briefwechsel*, Bd. I, S. 87. – [5] ebd., Bd. I, S. 92, 162. – [6] Wieland, *Oberon*, Einleitung. – [7] Brandes, *Goethe*, S. 595ff. – [8] Goethe an Reinhard, 25. Jan. 1813, in *Briefe*, in *Werke*, Bd. VI, S. 242f. – [9] Schiller und Körner, *Briefwechsel*, in *Werke*, Bd. I, S. 89. – [10] Pascal, *Der Sturm und Drang*, S. 26. – [11] ebd., S. 28. – [12] ebd., S. 27. – [13] Goethe an Jacobi, 12. Nov. 1783, in *Werke*, Bd. XVIII, S. 750. – [14] Goethe an Lavater, Ende Dez. 1783, in *Werke*, Bd. XVIII, S. 756. – [15] Schiller und Körner, in *Werke*, Bd. I, S. 89. – [16] Clark, *Herder*, S. 240. – [17] Bancroft, *Literary and Historical Miscellanies*, S. 173. – [18] Herder an Hamann, 13. Jan. 1777, in Pascal, S. 123. – [19] Clark, *Herder*, S. 274ff. – [20] Herder an Jacoby, 6. Febr. und 30. Dez. 1784, in Pascal, S. 134. – [21] Pascal, S. 134. – [22] Clark, S. 340. – [23] Pascal, S. 137. – [24] Herder an Hamann, 10. Mai 1784, in *Herders Briefe*, S. 230f. – [25] Herder, *Ideen zur Philosophie der Geschichte*, Achtes Buch, Absatz V, in *Werke*, Bd. X, S. 106. – [26] Herder an Karoline, 10. Febr. 1789, in *Herders Briefe*, S. 326. – [27] Clark, S. 368. – [28] Wieland an Lavater, 10. Nov. 1775, in Bode, *Goethe*, Bd. I, S. 154f. – [29] Lewisohn, Bd. I, S. 133. – [30] Wieland an Merck, 24. Juli 1776, in Bode, *Goethe*, Bd. I, S. 204. – [31] Goethe, *Werke*, Bd. XXIV, S. 647 (26. Sept. 1827). – [32] Zimmermann an Lavater, 25. Nov. bis 12. Dez. 1774, in Goethe, *Briefe an Frau von Stein*, 3. Aufl. – [33] Goethe an Herzog Carl August, 23. bis 26. Dez. 1775, in *Werke*, Bd. XVIII, S. 298. – [34] Goethe an Frau von Stein, 28. Jan. und 23. Febr. 1776, in *Werke*, Bd. XVIII, S. 305, 312. – [35] Bielschowsky, *Goethe*, Bd. I, S. 303. – [36] Goethe an Wieland, April 1776, in *Werke*, Bd. XVIII, S. 320. – [37] Charlotte von Stein an Zimmermann, 10. Mai 1776, in Bode, *Goethe*, Bd. I, S. 184. – [38] Goethe an Charlotte von Stein, 24. Mai 1776, in Goethe, *Werke*, Bd. XVIII, S. 330. – [39] ebd. – [40] ebd., S. 342. – [41] ebd., 12. Sept. 1780, S. 523. – [41a] ebd., 12. März 1781, S. 578f. – [42] Brandes, S. 261f. – [43] Goethe an

574 ANMERKUNGEN

Charlotte von Stein, 21. Febr. 1787, in *Werke*, Bd. XIX, S. 72. – 44 ebd., 8. Juli 1781, in *Werke*, Bd. XVIII, S. 608. – 45 Frau von Stein an Fritz, in Goethe, *Briefe an Frau von Stein*, 3. Aufl., Bd. II, S. 526. – 46 Charlotte von Stein an Knebel, 10. Mai 1786, in Bode, *Goethe*, Bd. I, S. 336. – 47 Goethe, *Werke*, Bd. XXIV, S. 627 (3. Mai 1827). – 48 Goethe, *Tagebücher*, S. 103 (13. Mai 1780). – 49 Ludwig, Bd. I, S. 320. – 50 ebd., S. 69. – 51 Goethe an Charlotte von Stein, 19. April 1781, in Goethe, *Werke*, Bd. XVIII, S. 585. – 52 vgl. *Das Zeitalter der Vernunft hebt an*, Goethe, *Werke*, S. 283ff. – 53 *Torquato Tasso*, I. Aufzug, I. Auftr., in Goethe, *Werke*, Bd. VI, S. 218. – 54 ebd., II. Aufzug, S. 245. – 55 ebd., S. 221. – 56 ebd., S. 222. – 57 Goethe an Charlotte von Stein, 24. April 1783, in *Werke*, Bd. VIII, S. 731. – 58 Ludwig, Bd. I, S. 293. – 59 Goethe an Charlotte von Stein, 1. Sept. 1786, in *Werke*, Bd. XIX, S. 12f. – 59a ebd., S. 17. – 60 Ludwig, Bd. II, S. 6. – 61 *Italienische Reise*, 8. Okt. 1786, in Goethe, *Werke*, Bd. XI, S. 95. – 62 Ludwig, Bd. II, S. 15. – 63 Städelsches Kunstinstitut, Frankfurt a. M. – 64 Lewisohn, *Goethe*, Bd. I, S. 320. – 65 Wilhelm Tischbein an Lavater, 9. Dez. 1786, in Bode, *Goethe*, Bd. I, S. 340f. – 66 Goethe, *Werke*, Bd. XXIV, S. 215 (18. Jan. 1827). – 67 *Italienische Reise*, 3. Dez. 1786 und 16. Febr. 1787, in Goethe, *Werke*, Bd. XI, S. 160, 186. – 68 3. Dez. 1786, in Goethe, *Werke*, Bd. XI, S. 160. – 69 Goethe an Carl August, 3. Febr. 1787, in Goethe, *Briefe*, Bd. III, S. 150f. – 70 Goethe, *Werke*, Bd. XXIV, S. 332 (2. April 1829). – 71 ebd., S. 229 (31. Jan. 1827). – 72 Brandes, S. 357. – 73 Goethe an Charlotte von Stein, 14. Dez. 1786, in *Werke*, Bd. XIX, S. 43. – 74 Charlotte an ihre Schwägerin, in Bode, *Charlotte von Stein*, S. 278. – 75 Brandes, S. 395. – 76 Lewisohn, Bd. I, S. 257. – 77 ebd., S. 163, 165, 170. – 78 ebd., S. 167. – 79 Ludwig, Bd. II, S. 146. – 80 Brandes, S. 425. – 81 Goethe an Krafft, 31. Jan. 1781, in *Werke*, Bd. XVIII, S. 564. – 82 Beispiele bei Lewisohn, Bd. I, S. 101f., 186ff., 196f., 229, 379. – 83 Ludwig, Bd. II, S. 49f. – 84 Schiller und Körner, *Briefwechsel*, Bd. I, S. 110 (12. Aug. 1787). – 85 ebd., Bd. I, S. 91f. (28. Juli 1787). – 86 ebd., Bd. I, S. 93, 121 (28. Juli und 18./19. Aug. 1787). – 87 Schiller, *Don Carlos*, III. Akt, 10. Auftritt, in *Werke*, Teil III, S. 219f. – 88 Schiller und Körner, *Briefwechsel*, Schiller an Körner, 15. April 1786, Bd. I, S. 56. – 89 ebd., Bd. I, S. 276 (Nov. 1788). – 90 Schiller an Körner, Bd. I, S. 255 (12. Sept. 1788). – 91 ebd., Bd. II, S. 16 (2. Febr. 1789). – 92 ebd., Bd. II, S. 72 (28. Mai 1789). – 93 Carlyle, *Life of Schiller*, S. 103, in *Works*. – 94 Schiller und Körner, *Briefwechsel*, Bd. I, S. 168 (8. Dez. 1787). – 95 Heiseler, S. 125. – 96 Schiller und Körner, *Briefwechsel*, Bd. II, S. 124 (1. März 1790). – 97 Heiseler, S. 131. – 98 Schiller und Körner, *Briefwechsel*, Bd. II, S. 169f. (Schiller an Körner, 22. Febr. 1791). – 99 ebd., Bd. II, S. 182f. (24. Mai 1791). – 100 Schiller, *Über Anmut und Würde*, in *Werke*, Teil XII, S. 416. – 101 *Über die ästhetische Erziehung des Menschen*, in *Werke*, Teil VIII, S. 31f. (Briefe 8 und 10). – 102 Schiller und Körner, *Briefwechsel*, Bd. II, S. 232 (25. Mai 1792). – 103 Ludwig, Bd. II, S. 198. – 104 Schiller, *Werke*, Teil I, S. 126. – 104a Goethe, in *Werke*, Bd. XX, S. 213f. – 105 ebd., Bd. XX, S. 98 (Schiller an Goethe, 17. Aug. 1795). – 106 Schiller, *Über naive und sentimentale Dichtung*. – 107 Goethe, in *Werke*, Bd. XXIV, S. 625 (zu Eckermann, 7. Okt. 1827). – 108 Schiller und Körner, *Briefwechsel*, Bd. I, S. 127ff. (29. Aug. 1787). – 109 Goethe, in *Werke*, Bd. XX, S. 16 (Schiller an Goethe, 23. Aug. 1794). – 110 ebd., S. 70 (Schiller an Goethe, 31. Aug. 1794). – 111 Goethe, «Erste Bekanntschaft mit Schillers», in *Werke*, Bd. XII, S. 622f. – 112 Goethe, *Werke*, Bd. XX, S. 11 (Schiller an Goethe, 13. Juni 1794). – 113 ebd., S. 12 (Goethe an Schiller, 24. Juni 1794). – 114 ebd., S. 13f. (Schiller an Goethe, 23. Aug. 1794). – 114a ebd., S. 16f. – 114b ebd., S. 21f. – 114c ebd., S. 22. – 114d ebd., S. 26. – 114e ebd., S. 28. – 114f ebd., S. 70. – 115 Schiller und Körner, *Briefwechsel*, Bd. III, S. 229 (Schiller an Körner, 1. Febr. 1796). – 116 Goethe, *Werke*, Bd. XX, S. 244 (Goethe an Schiller, 8. Okt. 1796). – 117 ebd., S. 272 (Goethe an Schiller, 15. Nov. 1796). – 118 Schiller, *Über naive und sentimentale Dichtung*, in *Werke*, Teil VIII, S. 105ff. – 119 ebd., Teil VII, S. 117. – 120 Schiller und Körner, *Briefwechsel*, Bd. III, S. 155ff., 171f., 189f. (Schiller an Körner, 19. Dez. 1794, 10. Febr. und 15. Juni 1795, 3. Juli 1796). – 121 Goethe, *Werke*, Bd. XX, S. 190ff., 261 (Briefe vom 2. bis 9. Juli und 23. Okt. 1796). – 122 ebd., Bd. XX, S. 209 (Goethe an Schiller, 9. Juli 1796). – 123 ebd., Bd. XXIV, S. 329 (23. März 1829). – 124 Ludwig, Bd. II, S. 303. – 125 Goethe, *Werke*, Bd. XXIV, S. 563 (22. März 1825). – 126 Lewes, *Life of Goethe*, Bd. II, S. 202. – 127 Goethe, *Werke*, Bd. XX, S. 304 (Goethe an Schiller, 18. Jan. 1797). – 128 ebd., Bd. III, S. 212. – 129 Brandes, S. 751. – 130 Schiller und Körner, *Briefwechsel*, Bd. IV, S. 122 (Schiller an Körner, 5. Jan. 1800). – 131 Goethe, *Werke*, Bd. XXIV, S. 267 (23. Juli 1827). – 132 Heiseler, S. 157. – 133 Ludwig, Bd. II, S. 304. – 134 Schiller an Charlotte Schimmelmann, 23. Nov. 1800, in Bode, *Goethe*, Bd. I, S. 678ff. – 135 Goethe, *Werke*, Bd. XXIV, S. 839 (Goethe an Schiller, 28. Febr. 1801). – 136 ebd., S. 652. – 137 Charlotte von Stein an Fritz, 12. Jan. 1801, in Goethe, *Briefe an Frau von Stein*, 3. Aufl., Bd. II, S. 358. – 138 Brief vom 20. Jan. 1801. – 139 Heiseler, S. 193f. – 140 Staël, *Über Deutschland*, Bd. I, S. 188f. – 141 Goethe, *Werke*, Bd. XX, S. 952f. (Schiller an Goethe, 21. Dez. 1803). – 142 Amalie von Imhof an K. v. Helvig, 14. Dez. 1803, in Goethe, *Werke*, Bd. XXII, S. 322. – 143 Staël, *Über Deutschland*, Bd. I, S. 27. – 144 C. F. A. v. Conta, in Goethe, *Werke*, Bd. XXIII, S. 80f. – 145 Heiseler, S. 217. –

ANMERKUNGEN

146 Goethe, *Werke*, Bd. XXIV, S. 217 (18. Jan. 1827). – **147** aus Caroline von Wolzogens Biographie, in Petersen, *Schillers Persönlichkeit*, Bd. III, S. 278. – **148** Goethe an Zelter, 1. Juni 1805, in Goethe, *Werke*, Bd. XIX, S. 479.

I. BUCH, 5. KAPITEL

1 Goethe, *Faust II*, in *Werke*, Bd. V, S. 509. – **2** Brandes, *Goethe*, S. 582. – **3** F. v. Müller, 2. Okt. 1808, in Goethe, *Werke*, Bd. XXII, S. 506. – **4** Brandes, *Goethe*, S. 593. – **5** ebd. – **6** Goethe, *Werke*, Bd. XXIV, S. 733f. (14. März 1830). – **7** für den historischen Hintergrund der Faust-Sage siehe Band 9: *Das Zeitalter der Reformation*. – **8** Goethe, *Dichtung und Wahrheit*, in *Werke*, Bd. X, S. 453f. – **9** Goethe an Auguste Gräfin zu Stolberg, 17. Sept. 1775, in *Werke*, Bd. XVIII, S. 286. – **10** nach J. G. v. Zimmermann, Sept. 1775, in Goethe, *Werke*, Bd. XII, S. 75. – **11** Goethe, *Werke*, Bd. XXIV, S. 311 (10. Febr. 1829). – **12** Brandes, *Goethe*, S. 238. – **13** Als 7. Band von Goethes Schriften bei Göschen in Leipzig. – **13a** Goethe, *Werke*, Bd. XX, S. 361f. – **13b** ebd., S. 363. – **14** *Faust I*, in *Werke*, Bd. V, S. 155. – **15** Goethe, in *Werke*, Bd. XXIV, S. 134 (10. Jan. 1825). – **16** *Faust I*, in *Werke*, Bd. V, S. 195. – **17** ebd., S. 250f. – **18** ebd., S. 249. – **19** Brandes, *Goethe*, S. 565. – **20** Lewisohn, Bd. II, S. 174. – **20a** Goethe, *Werke*, Bd. XXIV, S. 310. – **21** ebd., Bd. IX, S. 176. – **22** ebd., S. 45. – **23** ebd., S. 78. – **24** Ludwig, Bd. III, S. 26. – **25** ebd., S. 31. – **26** ebd., S. 77ff. – **26a** Goethe, *Werke*, Bd. XII, S. 656. – **27** Goethe an Zelter, 2. Sept. 1812, in *Werke*, Bd. XIX, S. 672. – **28** Ludwig, Bd. III, S. 62. – **29** Goethe, *Tagebücher*, S. 344 (6. Juni 1816). – **30** Goethe, *Werke*, Bd. XXIII, S. 155. – **31** Lewisohn, Bd. II, S. 334. – **31a** Goethe, *Werke*, Bd. XXIII, S. 180, 191f. – **32** F. Mendelssohn an die Seinen, 10. Nov. 1821, in Goethe, *Werke*, Bd. XXIII, S. 191. – **32a** ebd. – **33** Ungar, *Goethe's World View*, S. 9. – **34** Magnus, *Goethe als Naturforscher*, S. 288. – **35** ebd., S. 21f., 26ff. – **36** ebd., S. 219. – **37** ebd., S. 181f. – **38** Goethes Brief vom 17. Mai 1787. – **39** Magnus, S. 95f. – **40** Brandes, S. 745; Magnus, S. 101. – **41** Goethe, *Werke*, Bd. XVIII, S. 761. – **42** Magnus, S. 108. – **43** Ludwig, Bd. I, S. 359. – **44** Magnus, S. 179. – **45** Goethe, *Werke*, Bd. XXIV, S. 575 (16. April 1825). – **46** Goethe, *Werke*, Bd. V, S. 526. – **47** Goethe, «Vermächtnis», in Goethe, *Werke*, Bd. I, S. 515. – **48** *Faust I*, S. 581. – **49** Goethe, *Maximen und Reflexionen*, in *Werke*, Bd. IX, S. 651. – **50** Goethe, *Werke*, Bd. XX, S. 488f. (Goethe an Schiller am 6. Jan. 1798). – **51** Ungar, S. 98. – **52** Goethe, *Dichtung und Wahrheit*, in *Werke*, Bd. X, S. 537. – **52a** Goethe, *Werke*, Bd. XIX, S. 633. – **53** «Die Natur», in Goethe, *Werke*, Bd. XVI, S. 924. – **54** Goethe, *Dichtung und Wahrheit*, in *Werke*, Bd. X, S. 524. – **55** Ludwig, Bd. I, S. 289. – **56** ebd., Bd. II, S. 404. – **57** Goethe, *Werke*, Bd. IX, S. 608. – **58** Goethe, *Dichtung und Wahrheit*, in Goethe, *Werke*, Bd. X, S. 694. – **59** Goethe an Lavater, 29. Juli, 9. Aug. 1782, in *Werke*, Bd. XVIII, S. 680, 686. – **60** Goethe, *Dichtung und Wahrheit*, in *Werke*, Bd. X, S. 664. – **61** Ungar, S. 46. – **62** Goethe, *Werke*, Bd. XIII, S. 686. – **63** Ungar, S. 36. – **64** ebd., S. 37. – **65** ebd., S. 43ff.; Smith, Preserved, *Age of the Reformation*, S. 712. – **66** Goethe, *Dichtung und Wahrheit*, in *Werke*, Bd. X, S. 317f. – **66a** Goethe, *Werke*, Bd. XXIV, S. 92f. – **67** ebd., S. 115. – **68** Ludwig, Bd. I, S. 37, 251. – **69** ebd., Bd. III, S. 90f. – **70** Goethe, *Werke*, Bd. XXII, S. 679f. (J. D. Falk, 25. Jan. 1813). – **71** Goethe an Zelter, 11. Mai 1820. – **72** Brandes, S. 343. – **73** Goethe, *Werke*, Bd. VIII, S. 38. – **74** Ungar, *Goethe's World View*, S. 6. – **75** Goethe, *Werke*, Bd. XXIV, S. 332 (Eckermann, 2. April 1829). – **76** Ungar, S. 166. – **77** Goethe, *Werke*, Bd. XI, S. 682. – **78** ebd., Bd. IX, S. 564. – **79** ebd., Bd. VIII, S. 162. – **80** Ungar, S. 88. – **81** Goethe, *Werke*, Bd. X, S. 425. – **82** ebd., Bd. VII, S. 463. – **83** ebd., Bd. VII, S. 312. – **84** Bettina von Arnim, in *Werke und Briefe*, Bd. V, S. 208f. – **85** *Faust II*, in *Werke*, Bd. V, S. 362. – **86** Goethe, *Werke*, Bd. XXIV, S. 549f. (4. Jan. 1824). – **87** ebd., Bd. IX, S. 569. – **88** ebd., Bd. XXIV, S. 313f. – **89** ebd., Bd. XXIII, S. 420. – **90** ebd., Bd. III, S. 467. – **90a** ebd., Bd. XXI, S. 742f. – **91** ebd., Bd. IX, S. 512. – **92** ebd., Bd. XXIV, S. 504 (6. Juni 1831). – **93** *Faust II*, in *Werke*, Bd. V, S. 445. – **93a** Goethe, *Werke*, Bd. V, S. 456. – **94** ebd., Bd. V, S. 509. – **95** F. v. Müller, 3. Sept. 1825, in Goethe, *Werke*, Bd. XXIII, S. 397. – **96** Carl August an Goethe, 7. Nov. 1827, in *Eine Welt schreibt an Goethe*, S. 76f. – **97** Charlotte von Stein an Goethe, 26. Aug. 1826, in Goethe, *Briefe an Frau von Stein*, 3. Aufl., Bd. II, S. 463. – **98** F. v. Müller an Rochlitz, 15. Nov. 1830, in Bode, *Goethe*, Bd. III, S. 365. – **99** Goethe an Zelter, 10. bis 14. Dez. 1830, in *Werke*, Bd. XXI, S. 952. – **100** Goethe an Zelter, 29. April 1830, in *Werke*, Bd. XXI, S. 902. – **101** Goethe, *Werke*, Bd. XVIII, S. 785. – **102** Mann, *Leiden und Größe der Meister*, S. 31. – **103** Goethe, *Dichtung und Wahrheit*, in *Werke*, Bd. X, S. 669. – **104** Ludwig, Bd. II, S. 134. – **105** ebd., Bd. III, S. 123. – **106** Mann, S. 12. – **107** Goethe, *Werke*, Bd. XXI, S. 147. – **108** Fridell, *Kulturgeschichte der Neuzeit*, S. 317. **109** Mann, S. 32. – **110** Schüddekopf, *Goethes Tod*, S. 21ff. – **111** Goethe, *Werke*, Bd. XXIV, S. 511.

I. BUCH, 6. KAPITEL

1 In Masson, *La Religion de Rousseau*, Bd. II, S. 240. – **2** vgl. den Artikel «Juifs» im *Dict. phil.* – **3** ebd. – **4** ebd. – **5** s. Band 14: *Das Zeitalter Voltaires*, III. Buch, 3. Kapitel. – **6** vgl. Black, *The Art of History*, S. 49f. – **7** Graetz, *History of the Jews*, Bd. V, S. 346. – **8** Gay, *Voltaire's Politics*, S. 352. – **9** Graetz, Bd. V, S. 347. –

ANMERKUNGEN

[10] Rousseau, *Emile*, S. 267f. – [11] Sombart, *The Jews and Modern Capitalism*, S. 56. – [12] Lea, *History of the Inquisition in Spain*, Bd. III, S. 308ff. – [13] Altamira, *History of Spain*, S. 462. – [14] Parton, *Life of Voltaire*, Bd. I, S. 161. – [15] Bell, *Portuguese Literature*, S. 280. – [16] Lea, Bd. III, S. 310. – [17] Abbott, *Israel in Europe*, S. 209. – [18] Abrahams, *Jewish Life in the Middle Ages*, S. 224. – [19] ebd. – [20] Padover, *The Revolutionary Emperor*, S. 252. – [21] *Jewish Encyclopedia*, Bd. XII, S. 434; Padover, S. 253f.; Graetz, Bd. V, S. 257. – [22] Padover, S. 257. – [23] Brief vom 17. Mai 1717, in Montagu, *Briefe*, S. 144f. – [24] Dubnow, *History of the Jews in Russia and Poland*, Bd. I, S. 255ff.; Florinsky, *Russia*, Bd. I, S. 490. – [25] Dubnow, Bd. I, S. 307. – [26] ebd., S. 189. – [27] ebd., S. 169ff. – [28] ebd., S. 173. – [29] ebd., S. 172ff. – [30] ebd., S. 179f. – [31] ebd., S. 182ff. – [32] Roth, *The Jewish Contribution in Civilization*, S. 18. – [33] Sombart, S. 23. – [34] *Jew. Enc.*, Bd. XIX, S. 418a. – [35] ebd., S. 415ff. – [36] Corti, *Rise of the House of Rothschild*, Bd. I, S. 19. – [37] George, *London Life of the 18th Century*, S. 127. – [38] Besant, *London in the 18th Century*, S. 178. – [39] Roth, S. 242. – [40] Finkelstein, *The Jews*, Bd. I, S. 260. – [41] Besant, S. 180. – [42] Browne, Lewis, *The Wisdom of Israel*, S. 551. – [43] Dubnow, Bd. I, S. 233. – [44] ebd., S. 222f.; Baron, *Social and Religious History of the Jews*, Bd. II, S. 45f.; Graetz, Bd. V, S. 374f.; Howe and Greenberg, *Treasury of Yiddish Stories*, S. 15f. – [45] Graetz, Bd. V, S. 294. – [46] Hensel, *Die Familie Mendelssohn*, Bd. I, S. 5. – [47] Sime, *Lessing*, Bd. I, S. 133. – [48] Graetz, Bd. V, S. 198. – [49] Mendelssohn, *Morgenstunden...*, in *Ges. Schriften*, Bd. II, S. 803. – [50] Graetz, Bd. V, S. 309. – [51] ebd., S. 311. – [52] Hensel, Bd. I, S. 14. – [53] Graetz, Bd. V, S. 317. – [54] *Jew. Enc.*, Bd. VIII, S. 482d. – [55] Graetz, Bd. V, S. 365. – [56] ebd., S. 355.

I. BUCH, 7. KAPITEL

[1] Voltaire, *Works*, Bd. Ib, S. 302. – [2] in Herold, *The Swiss without Halos*, S. 106. – [3] Oechsli, *History of Switzerland*, S. 209. – [4] Parton, *Life of Voltaire*, Bd. II, S. 458. – [5] Lewisohn, Bd. II, S. 238f. – [6] Goethe, *Dichtung und Wahrheit*, in *Werke*, Bd. II, S. 240ff., 252, 375, 398ff. – [7] Holberg, *Selected Essays*, S. 48. – [8] Briefe vom 3. und 5. Aug. 1716, in Montagu, *Briefe*, S. 17ff. – [9] Desnoiresterres, *Voltaire et lat société française*, Bd. I, S. 237. – [10] Boswell in Holland, S. 288. – [11] Cumming, *Helvétius*, S. 50. – [12] Smith, Adam, *Reichtum der Nationen*, Bd. I, S. 52. – [13] Parton, *Life of Voltaire*, Bd. I, S. 152. – [14] Blok, *History of the People of the Netherlands*, Bd. V, S. 174f.; Robertson, *Short History of Freethought*, Bd. II, S. 353. – [15] Blok, Bd. V, S. 183. – [16] ebd., S. 92. – [17] ebd., S. 86. – [18] Dillon, *Glass*, S. 295f.; Siwell, *The Netherlands*, S. 147. – [19] George Dempter an Boswell, 26. Aug. 1763. – [20] Boswell in Holland, S. 93. – [21] ebd., S. 317. – [22] Herold, *Mistress to an Age*, S. 143. – [23] ebd., S. 144. – [24] Blok, Bd. V, S. 56. – [25] ebd., S. 108. – [26] Horn, *History of the Literature of the Scandinavian North*, S. 187. – [27] Freedley and Reeves, *History of the Theatre*, S. 268. – [28] Holberg, *Seven One-Act-Plays*, S. 165ff. – [29] Matthews, *The Chief European Dramatists*, S. 705. – [30] Holberg, *Journey of Niels Klim to the World Underground*, S. 10. – [31] ebd., S. 18. – [32] ebd., S. 32. – [33] ebd., S. 109. – [34] ebd., S. 191. – [35] ebd., S. 109. – [36] Van Doren, *Anthology of World Poetry*, S. 981. – [37] Horn, *Scandinavian Literature*, S. 217. – [38] Goodwin, *European Nobility*, S. 136. – [39] *CMH*, Bd. VI, S. 762. – [40] Bain, *Gustavus III*, Bd. I, S. 56. – [41] *CMH*, Bd. VI, S. 768. – [42] Bain, *Gustavus III*, Bd. I, S. 124. – [43] Andersson, *Schwedische Geschichte*, S. 328. – [44] Higgs, *The Physiocrats*, S. 87. – [45] Bain, *Gustavus III*, S. 163. – [46] *CMH*, Bd. VI, S. 776. – [47] *Enc. Brit.*, Bd. XXI, S. 653d; Smith, Preserved, *History of Modern Culture*, Bd. II, S. 108, 460. – [48] Gustafson, *History of Swedish Literature*, S. 112, 136. – [49] Bain, *Gustavus III*, Bd. I, S. 260; Horn, S. 355. – [50] Bain, Bd. II, S. 239. – [51] Horn, S. 359.f. – [52] Gustafson, S. 139f. – [53] Bain, *Gustavus III*, Bd. II, S. 286ff.; Gustafson, S. 139f. – [54] Horn, S. 369. – [55] Bain, Bd. II, S. 210. – [56] ebd., Bd. I, S. 38. – [57] ebd., Bd. II, S. 157.

II. BUCH, 1. KAPITEL

[1] Shakespeare, *Richard II.*, Akt II, Sz. 1. – [2] Nussbaum, *History of the Economic Institutions of Modern Europe*, S. 130. – [3] Namier, *Crossroads of Power*, S. 175. – [4] Ashton, *Economic History of England*, S. 179. – [5] Watson, J. S., *Reign of George III*, S. 28. – [6] Nussbaum, S. 73. – [7] Hammond, *The Village Labourer*, S. 17. – [8] Usher, *An Introduction to the Industrial History of England*, S. 323. – [9] Quennell, *History of Everyday Things in England*, S. 79. – [10] Mantoux, *The Industrial Revolution in the 18th Century*, S. 258. – [11] Smiles, Samuel, *Lives of the Engineers*, in *History Today*, April 1956, S. 263. – [12] ebd., S. 263, 265. – [13] s. Band 14: *Das Zeitalter Voltaires*, IV. Buch, 2. Kapitel. – [14] Mantoux, S. 326. – [15] Usher, *Introd. to Industrial History*, S. 326. – [16] Boswell, *Life of Johnson*, S. 598. – [17] Lipson, *Growth of English Society*, S. 190. – [18] Mantoux, S. 385; George, *London Life*, S. 206f. – [19] Smith, Adam, *Reichtum der Nationen*, Bd. I, S. 42. – [20] Mantoux, S. 439; Smith, S. 60. – [21] Ashton, S. 203. – [22] Mantoux, S. 70. – [23] Young, Arthur, in Turberville, *Johnson's England*, Bd. I, S. 218. – [24] Müller-Lyer, *History of Social Development*, S. 221. – [25] Mantoux, S. 420. – [26] ebd., S. 421. – [27] Barnes, *Economic History of the Western World*, S. 313. – [28] Webb, *History of Trade Unionism*, S. 51. –

ANMERKUNGEN 577

[29] Ashton, S. 235. – [30] Trail, *Social England*, Bd. V, S. 336. – [31] Mantoux, S. 411. – [32] ebd., S. 413. – [33] ebd., S. 413. – [34] Lecky, *History of England*, Bd. III, S. 135 f. – [35] Smith, *Reichtum*, Bd. I, S. 37. – [36] Rogers, *Six Centuries of Work and Wages*, S. 89.

II. BUCH, 2. KAPITEL

[1] George, *England in Transition*, S. 218 f. – [2] ebd., S. 219. – [3] ebd., S. 218. – [4] Namier, *Structure of Politics at the Accession of George III*, S. 80. – [5] New *CMH*, Bd. VII, S. 245. – [6] Lecky, *History of England*, Bd. III, S. 172. – [7] Wilson, P. W., *William Pitt the Younger*, S. 6. – [8] Plumb, *Men and Places*, S. 22. – [9] Namier, *Structure of Politics*, S. 77 ff. – [10] ebd., S. 150. – [11] Lecky, Bd. III, S. 171. – [12] Blackstone, *Commentaries on the Laws of England*, S. 17 (S. 50 der Originalausgabe). – [13] Namier, *Crossroads of Power*, S. 133. – [14] Thakkeray, *The Four Georges*, S. 62. – [15] vgl. Butterfield, *George III and the Historians*, S. 175; Morley, *Burke: A Historical Study*, S. 9. – [16] Lecky, Bd. III, S. 11; Namier, *History Today*, September 1953, S. 615. – [17] Watson, J. S., *The Reign of George III*, S. 6. – [18] in Band 14: *Das Zeitalter Voltaires* und Band 15: *Europa und der Osten im Zeichen der Aufklärung*. – [19] Walpole, *Memoirs of the Reign of George III*, Bd. II, S. 331. – [20] Burke, «Speech on American Taxation», in *Speeches and Letters on American Affairs*, S. 28. – [21] Burke, *Vindication of Natural Society*, S. 9. – [22] ebd. – [23] ebd., S. 12 ff. – [24] ebd., S. 20. – [25] ebd., S. 22. – [26] ebd., S. 44. – [27] ebd., S. 21. – [28] ebd., S. 48. – [29] ebd., S. 50. – [30] Morley, *Burke*, S. 13. – [31] Burke, *Vindication*, S. 4 (Vorwort). – [32] Burke, *On Taste, and On the Sublime and Beautiful*, S. 45 f. – [33] ebd. – [34] ebd., S. 93. – [35] ebd., S. 95. – [36] Macaulay, *Essays*, Bd. I, S. 454. – [37] Morley, *Burke*, S. 30. – [38] ebd., S. 104. – [39] Boswell, *Journal of a Tour to the Hebrides*, S. 141. – [40] Stephen, *History of English Thought in the 18th Century*, Bd. I, S. 222. – [41] *Parliamentary History*, XXXVII. Buch, S. 363, in Buckle, *Geschichte*, Bd. I, S. 393. – [42] Piozzi, *Anecdotes of the Late Samuel Johnson*, S. 138. – [43] Morley, *Burke*, S. 107. – [44] in *Cambridge History of English Literature*, Bd. XI, S. 9. – [45] *Enc. Brit.*, Bd. XI, S. 644d. – [46] Moore, *Memoirs of the Life of Sheridan*, Bd. I, S. 78. – [47] Drinkwater, *Charles James Fox*, S. 9, 11. – [48] Staël, *Über Deutschland*, Bd. I, S. 277. – [49] Thackeray, *Four Georges*, S. 87. – [50] *Enc. Brit.*, Bd. IX, S. 568b. – [51] Drinkwater, S. 195. – [52] Walpole, *Letters*, 4. Febr. 1778. – [53] Lecky, Bd. III, S. 468. – [54] Gibbon, *Memoirs*, S. 54. – [55] National Gallery, London; Dulwich College; National Gallery, Washington. – [56] Moore, *Sheridan*, Bd. I, S. 17. – [57] *The Rivals*, Akt I, Sz. 2. – [58] ebd., Akt III, Sz. 3. – [59] in Taine, *English Literature*, S. 355. – [60] *Enc. Brit.*, Bd. XVII, S. 973b. – [61] Wilson, P. W., *William Pitt*, S. 58. – [62] Dorn, *Competition for Empire*, S. 75. – [63] Walpole, Brief vom 31. Okt. 1769. – [64] Laski, *Political Thought in England, Locke to Bentham*, S. 144. – [65] Butterfield, *George III*, S. 173. – [66] Lecky, Bd. III, S. 61. – [67] Macaulay, *Essays*, Bd. I, S. 431. – [68] Wilson, *William Pitt*, S. 44. – [69] Gibbon, *Journal*, S. 145. – [70] *Enc. Brit.*, Bd. XXIII, S. 602b. – [71] ebd. – [72] Sherwin, *A Gentleman of Wit and Fashion: The Life and Times of George Selwyn*, S. 47 ff. – [73] Jefferson, *Eighteenth-Century Prose*, S. 140. – [74] Walpole, *Memoirs of Reign George III*, Bd. I, S. 248. – [75] *Enc. Brit.*, Bd. XXIII, S. 603d. – [76] Walpole, *Reign of George III*, Bd. I, S. 263. – [77] *Boswell on the Grand Tour: Italy, Corsica and France*, S. 5. – [78] Walpole, *Reign of George III*, Bd. III, S. 239. – [79] Lecky, Bd. III, S. 151. – [80] MacCoby, *The English Radical Tradition*, S. 2. – [81] Lecky, Bd. III, S. 175 f. – [82] ebd., S. 152. – [83] MacCoby, S. 2. – [84] Lecky, Bd. III, S. 153. – [85] Junius, *Briefe*. – [86] ebd., S. 180f. – [87] ebd., S. 206. – [88] ebd., S. 30. – [89] Lecky, Bd. II, S. 468. – [90] Walpole, *Reign of George III*, Bd. IV, S. 78; Lecky, Bd. III, S. 143. – [91] MacCoby, S. 31. – [92] *Enc. Brit.*, Bd. XXIII, S. 603d. – [93] *CMH*, Bd. VIII, S. 714. – [94] Lecky, Bd. III, S. 268. – [95] ebd., S. 300. – [96] Watson, *Reign of George III*, S. 174. – [97] Ashton, S. 158; Traill, Bd. V, S. 115. – [98] Hammond, *Rise of Modern Industry*, S. 32. – [99] Lecky, Bd. III, S. 299. – [100] Drinkwater, S. 94. – [101] *CMH*, Bd. VIII, S. 521. – [102] Lecky, Bd. III, S. 331. – [103] Beard, *Rise of American Civilization*, Bd. I, S. 212. – [104] Peterson, *Treasury of the World's Great Speeches*, S. 102 ff. – [105] Lecky, Bd. III, S. 530. – [106] ebd., S. 531. – [107] ebd., S. 545. – [108] Peterson, S. 143 ff. – [109] *CHE*, Bd. IX, S. 6. – [110] Sherwin, S. 105. – [111] Burke, *Speeches and Letters on American Affairs*, S. 84. – [112] ebd., S. 118 f. – [113] Drinkwater, S. 145. – [114] Walpole, Brief vom 11. Sept. 1775. – [115] Lecky, Bd. IV, S. 82. – [116] Churchill, *History of the English Speaking Peoples*, Bd. II, S. 116. – [117] Lecky, Bd. IV, S. 221. – [118] Namier, *Crossroads*, S. 130. – [119] *Enc. Brit.*, Bd. V, S. 833d. – [120] Namier, *Crossroads*, S. 164. – [121] Walpole, Brief vom 5. März 1772. – [122] Lecky, Bd. III, S. 491. – [123] *CMH*, Bd. VI, S. 570. – [124] ebd., S. 572. – [125] ebd., S. 580. – [126] Walpole, Brief vom 2. März 1773. – [127] Wilson, *William Pitt*, S. 171. – [128] Morley, *Burke*, S. 33; Namier, *Crossroads*, S. 165 ff. – [129] Watson, *Reign of George III*, S. 319. – [130] Morley, *Burke*, S. 125. – [131] G. G. S. *Life of R. B. Sheridan*, S. 113. – [132] Macaulay, *Essays*, Bd. I, S. 633. – [133] Peterson, *Great Speeches*, S. 179. – [134] Gibbon, *Memoirs*, S. 334. – [135] Macaulay, I, S. 644. – [136] Burke, *Observations on the State of the Nation* (1769), in Lecky, Bd. V, S. 335. – [137] Burkes Rede «Relief of Protestant Dissenters» (1773), in Morley, *Burke*, S. 69. – [138] Wilson, *William Pitt*, S. 226. – [139] Stephen, *English Thought in the 18th Century*, Bd. I, S. 279. – [140] Lecky, Bd. V, S. 449; Wilson, S. 235. – [141] Burke,

Reflections on the French Revolution, S. 8. – [142] *Enc. Brit.*, Bd. IV, S. 418c. – [143] Burke, *Reflections*, S. 35. – [144] ebd., S. 18f. – [145] ebd., S. 36. – [146] ebd., S. 73. – [147] *Enc. Brit.*, Bd. IV, S. 418d. – [148] *CHE*, Bd. X, S. 285. – [149] Morley, *Burke*, S. 179. – [150] ebd., S. 15. – [151] Burke, *Reflections*, S. 93. – [152] ebd., S. 6. – [153] *CHE*, Bd. XI, S. 11. – [154] *Letter to a Member of the National Assembly*, in *Reflections*, S. 279. – [155] Burke, S. 87. – [156] Lecky, Bd. III, S. 218f; Stephen, *English Thought in the 18th Century*, Bd. I, S. 251f.; Laski, S. 159, 171. – [157] Laski, S. 147. – [158] Sherwin, *Selwyn*, S. 275. – [159] Taine, *English Literature*, S. 416. – [160] Wilson, S. 325. – [161] G. G. S., *Life of Sheridan*, S. 155.

II. BUCH, 3. KAPITEL

[1] Eckermann, *Gespräche*, in Goethe, *Werke*, Bd. XXIV, S. 687 (12. März 1827). – [2] Lecky, *England in the 18th Century*, Bd. VI, S. 139. – [3] Quennel, *Everyday Things*, S. 93. – [4] George, *London Life*, S. 103. – [5] Quennel, S. 90. – [6] George, S. 26. – [7] Boswell, *Hebrides*, S. 31. – [8] Lecky, Bd. VI, S. 153. – [9] Nussbaum, *History of Economic Institutions*, S. 128. – [10] Boswell, *Life of Johnson*, Bd. I, S. 781. – [11] Sherwin, *George Selwyn*, S. 34. – [12] ebd., S. 125. – [13] Drinkwater, *Charles James Fox*, S. 13. – [14] Lecky, Bd. VI, S. 152. – [15] Boswell, *Johnson*, S. 978. – [16] s. Band 13: *Vom Aberglauben zur Wissenschaft*; Band 14: *Das Zeitalter Voltaires*, IV. Buch, 5. Kapitel. – [17] Smith, *Reichtum*, Bd. II, S. 223. – [18] Stephen, *English Thought*, Bd. I, S. 421. – [19] Besant, *London*, S. 182f. – [20] Sherwin, S. 288. – [21] Goldsmith, *Landprediger von Wakefield*, S. 164. – [22] Boswell, *Johnson*, S. 338. – [23] Lecky, Bd. VI, S. 268; Drinkwater, S. 131. – [24] Lecky, Bd. VI, S. 269. – [25] Boswell, *Johnson*, S. 846. – [26] Walpole, 22. März 1780. – [27] *CMH*, Bd. VI, S. 187. – [28] Buckle, *Geschichte*, Bd. I, S. 386. – [29] George, *London Life*, S. 135. – [30] Botsford, *English Society in the 18th Century*, S. 332f. – [31] Blacksone, *Commentaries*, S. 128f. – [32] *Enc. Brit.*, Bd. XX, S. 708a. – [33] ebd., S. 780d. – [34] Faÿ, *Franklin*, S. 77. – [35] Mowat, *Age of Reason*, S. 61. – [36] Quennel, S. 9. – [37] Watson, P. B., *Some Women of France*, S. 77. – [38] Walpole, *Memoirs of the Reign of George III*, Bd. IV, S. 158. – [39] Boswell, *Johnson*, S. 597. – [40] Burke, *Reflections*, S. 86. – [41] *Boswell on the Grand Tour: Italy ...*, S. 184. – [42] Robertson, *Short History of Freethought*, Bd. II, S. 206. – [43] *Boswell in Holland*, S. 62. – [44] Gibbon, *Decline and Fall of the Roman Empire*, Bd. V, S. 554. – [45] Faÿ, *La Franc-Maçonnerie*, S. 273. – [46] Band 14: *Das Zeitalter Voltaires*, III. Buch, 2. Kapitel. – [47] Cowper, *The Task*, Zeilen 378ff. – [48] Stephen, *English Thought*, Bd. II, S. 375. – [49] Walpole, 3. Juni 1780. – [50] Walpole, 7. Juni 1780. – [51] 16. Juni 1780. – [52] Lecky, Bd. V, S. 189. – [53] Sir F. D. McKinnon in Turberville, *Johnson's England*, Bd. II, S. 289. – [54] Bentham, *A Fragment on Government*, S. 22. – [55] Blackstone, *Commentaries*, Bd. I, S. 2. – [56] *Commentaries* (Originalausgabe), Buch I. – [57] *Commentaries*, (Ausgabe 1914), Bd. II, S. 129. – [58] Lecky, Bd. VI, S. 261. – [59] ebd., S. 255ff.; Turberville, Bd. I, S. 17ff.; Johnson, *The Idler*, 6. Jan. 1759. – [60] Besant, *London*, S. 608. – [61] Bentham, *Fragment*, S. 10. – [62] ebd. – [63] ebd., S. 20. – [64] ebd., S. 3. – [65] ebd., S. 56. – [66] s. Band 13: *Vom Aberglauben zur Wissenschaft*, IV. Buch, 3. Kapitel und Band 14: *Das Zeitalter Voltaires*, III. Buch, 2. Kapitel; IV. Buch, 4. Kapitel. – [67] Mack, *Jeremy Bentham*, S. 102ff. – [68] Bentham, *Introduction to Principles of Morals and Legislation*, S. 189. – [69] Clark, G. N. *Seventeenth Century*, S. 127. – [70] Davidson, *Political Thought in England: The Utilitarians*, S. 26. – [71] Turberville, Bd. II, S. 178. – [72] Mantzius, *History of Theatrical Art*, Bd. V, S. 388. – [73] Krutch, *Samuel Johnson*, S. 272. – [74] Barton, *Garrick*, S. 53. – [75] ebd., S. 59. – [76] ebd., S. 50. – [77] Burney, Fanny, *Diary*, S. 12. – [78] Hawkins, *Life of Samuel Johnson*, S. 189. – [79] Pearson, *Johnson and Boswell*, S. 282. – [80] Johnson, *Works*, Bd. I, S. 196. – [81] Krutch, S. 37. – [82] George, *London Life*, S. 288. – [83] Boswell: *The Ominous Years*, S. 118. – [84] Turberville, Bd. I, S. 195. – [85] George, *London*, S. 171. – [86] ebd., S. 24. – [87] Turberville, Bd. I, S. 171. – [88] *Boswell's London Journal*, S. 81. – [89] Boswell, *Johnson*, S. 733.

II. BUCH, 4. KAPITEL

[1] Geiringer, *Haydn*, S. 95. – [2] ebd., S. 103. – [3] Burney Charles, *History of Music*, Bd. II, S. 868. – [4] Walpole, 23. Juni 1789. – [5] National Portrait Gallery, London. – [6] Burney, Bd. II, S. 9. – [7] Sherwin, *Selwyn*, S. 110. – [8] Lewis, W. S., *Horace Walpole*, S. 107. – [9] Turberville, Bd. II, S. 110. – [10] Dillon, *Glass*, S. 299. – [11] Samuel Smiles, in Mantoux, *Industrial Revolution*, S. 385. – [12] London, Royal Academy of Arts. – [13] Turberville, Bd. II, S. 10. – [14] ebd., S. 91. – [15] Wilson, *William Pitt*, S. 97. – [16] Sammlung Lady Ford. – [17] Greenwich, English National Maritime Museum. – [18] London, National Gallery (Bilder ohne Angabe des Standorts befinden sich in Privatsammlungen). – [19] National Portrait Gallery. – [20] ebd. – [21] Reynolds, Sir Joshua, *Portraits*, S. 110. – [22] National Portrait Gallery. – [23] ebd. – [24] San Marino, Calif., Huntington Art Gallery. – [25] Waterhouse, *Reynolds*, S. 110. – [26] ebd., S. 127. – [27] ebd., S. 79. – [28] ebd., S. 87. – [29] ebd., S. 63. – [30] ebd., S. 267. – [31] ebd., S. 291; National Gallery. – [32] Waterhouse, S. 57. – [33] Wallace Collection, London. – [34] Reynolds, *Fifteen Discourses*, S. 3. – [35] Wilenski, *English Painting*, S. 150. – [36] Reynolds, *Portraits*, S. 167. – [37] Boswell, *Johnson*, S. 651. – [38] National Portrait Gallery. – [39] Royal Academy of

ANMERKUNGEN

Arts. – [40] Reynolds, *Akademische Reden*, S. 23, 201. – [41] ebd., S. 19. – [42] ebd., S. 36. – [43] ebd., – [44] ebd., S. 90. – [45] Reynolds, *Fifteen Discourses*, S. 30. – [46] ebd., S. 264. – [47] Wilenski, S. 113. – [48] Allan Cunningham, in Clark, B. H., *Great Short Biographies*, S. 789. – [49] Gillet, *La Peinture, XVII⁰ et XVIII⁰ Siècles*, S. 416. – [50] Washington, National Gallery. – [51] Edinburg, National Gallery. – [52] Millar, *Thomas Gainsborough*, S. 11. – [53] Clark, B. H., *Biographies*, S. 796. – [54] Craven, *Treasury of Art Masterpieces*, S. 214. – [55] Reynolds, *Fifteen Discourses*, S. 230. – [56] Waterhouse, *Gainsborough*, S. 36. – [57] Pijoan, *History of Art*, Bd. III, S. 479. – [58] Reynolds, *Fifteen Discourses*, S. 227. –

II. BUCH, 5. KAPITEL

[1] Lecky, *England in the 18th Century*, Bd. IV, S. 314. – [2] *New CMH*, Bd. VIII, S. 28. – [3] ebd., S. 714. – [4] Lecky, Bd. IV, S. 317. – [5] D'Alton, *History of Ireland*, Bd. IV, S. 545; Enc. Brit. Bd. X, S. 659d. – [6] Faÿ, *La Franc-Maçonnerie*, S. 399. – [7] Smith, Adam, *Reichtum*, Bd. I, S. 45. – [8] Johnson, *Works*, Bd. II, S. 271, 345. – [9] Boswell, *Hebrides*, S. 35. – [10] Enc. Brit., Bd. XX, S. 169d. – [11] Snyder, *Life of Robert Burns*, S. 189. – [12] s. Band 13: *Vom Aberglauben zur Wissenschaft*, IV. Buch, 4. Kapitel. – [13] s. Band 14: *Das Zeitalter Voltaires*, III. Buch, 2. Kapitel. – [14] ebd., III. Buch, 3. Kapitel. – [15] s. Band 13: *Vom Aberglauben zur Wissenschaft*, III. Buch, 3. Kapitel. – [16] Reid, *Works*, Bd. I, S. 7, 81, 91. – [17] ebd., S. 12. – [18] ebd., S. 106. – [19] Hume, David, *Treatise of Human Nature*, Bd. I, S. 254. – [20] Reid, *Works*, S. 423. – [21] Boswell's Journal, 16. Sept. 1769 (*Boswell in Search of a Wife*, S. 293). – [22] London, National Portrait Gallery. – [23] Edinburg, National Gallery. – [24] Privatsammlung. – [25] Carlyle, *Schiller*, S. 103. – [26] Walpole, 11. Juli 1759. – [27] Gibbon, *Memoirs*, S. 122. – [28] Stewart, Dugald, *Life of Robertson* (1811), S. 305. – [29] Gibbon, *Memoirs*, S. 296. – [30] Black, *Art of History*, S. 15. – [31] Brandes, *Goethe*, S. 64f. – [32] s. Band 6: *Das Frühe Mittelalter*, II. Buch, 3. Kapitel. – [33] Thomson, *The Gaelic Sources of Macpherson's ‚Ossian'*, S. 4f., 80. – [34] Macpherson, *Ossians Werke*, Bd. I., S. 18 – [35] ebd., S. 29, 32, 43, 53. – [36] ebd., S. 274f. – [37] Johnson, *Works*, Bd. XII, S. 375; Boswell, *Hebrides*, S. 163. – [38] Boswell, *Johnson*, S. 496. – [39] Thomson, S. 16f. – [40] Buckle, S. 347. – [41] Smith, Adam, *Moral and Political Philosophy*, S. 75. – [42] ebd., S. 255. – [43] ebd., S. 191. – [44] Laski, *Political Thought in England*, S. 99, 101, 188. – [45] Smith, *Reichtum*, Bd. II, S. 110. – [46] ebd., S. 117. – [47] ebd., S. 122. – [48] s. Band 13: *Vom Aberglauben zur Wissenschaft*, III. Buch, 3. Kapitel. – [49] *Reichtum*, Bd. II, S. 160. – [50] ebd., Bd. I, S. 17. – [51] ebd., Bd. I, S. 77. – [52] ebd., S. 83. – [53] ebd., S. 83. – [54] *Wealth of Nations*, Bd. I, S. 42. – [55] *Reichtum*, Bd. I, S. 48. – [56] ebd., S. 46f. – [57] ebd., S. 46. – [58] Rosebery, *Pitt*, S. 4. – [59] Waterhouse, *Reynolds*, S. 329. – [60] Burns autobiographischer Brief an John Moore, in Neilson, *Robert Burns*. – [61] in Snyder, *Burns*, S. 54. – [62] ebd., S. 67. – [63] ebd., S. 67. – [64] ebd., S. 239. – [65] s. «The Ordination». – [66] Witte, *Schiller and Burns*, S. 10. – [67] Hill, *Love Songs and Heroines of Robert Burns*. – [68] Burns, *Works*, Bd. I, S. 75, 85. – [69] ebd., S. 101. – [70] Witte, *Schiller and Burns*, S. 10. – [71] Burns, *Lieder und Balladen*, S. 86. – [72] Burns, *Works*, Bd. I, S. 77, 85. – [73] ebd., S. 50. – [74] Brown, *There Was a Lad*, S. 23, 50. – [75] Carlyle, *Essay on Burns*, in *Works*, Bd. XIII, S. 294ff. – [76] Burns, *Works*, Bd. I, S. 162. – [77] Keith, *The Russet Coat*, S. 81. – [78] Burns, *Lieder und Balladen*, S. 62. – [79] Brown, S. 26. – [80] Snyder, S. 297. – [81] ebd., S. 308. – [82] ebd., S. 102. – [83] Snyder, S. 360, 374, 379, 390. – [84] Burns, Robert and Mrs. Dunlop, *Correspondence*, S. 11. – [85] Burns, *Works*, Bd. I, S. 24. – [86] Currie, James, *Life of Robert Burns*, in Burns, *Works*, Bd. II, S. 58. – [87] Robert Chambers in Snyder, S. 432. – [88] Snyder, S. 432ff. – [89] ebd., S. 430. – [90] *Boswells Londoner Tagebuch*, S. 118. – [91] Pearson, S. 107. – [92] *Boswells Londoner Tagebuch*, S. 60. – [93] ebd., S. 98. – [94] ebd., S. 60. – [95] ebd., S. 98. – [96] ebd., S. 156. – [97] ebd., S. 249ff. – [98] *Boswell on the Grand Tour: Germany and Switzerland*, S. 44. – [99] Boswell, *Dr. Samuel Johnson*, S. 137f. – [100] *Boswells Londoner Tagebuch*, S. 108, 347f. – [101] *Boswell in Holland*, 18. Sept. 1763. – [102] ebd., S. 387ff. – [103] ebd., S. 46. – [104] ebd., S. 157. – [105] ebd., S. 259ff. – [106] ebd., S. 314. – [107] ebd., S. 328. – [108] ebd., S. 330. – [109] ebd., S. 349. – [110] ebd., S. 368. – [111] *Boswells Große Reise, Deutschland und die Schweiz 1764*, S. 160. – [112] *Boswell on the Grand Tour*, S. 117. – [113] ebd., S. 164ff. – [114] ebd., S. 241. – [115] *Boswell in Search of a Wife*, S. 24. – [116] ebd., S. 36f. – [117] ebd., S. 76. – [118] ebd., S. 207. – [119] ebd., S. 240. – [120] *Boswell for the Defense*, S. 140. – [121] *Boswell: The Ominous Years*, S. 34ff. – [122] ebd., S. 304ff. – [123] Macaulay, *Essays*, Bd. III, S. 539ff. – [124] *Boswell: The Ominous Years*, S. 338. – [125] *Boswell in Search of a Wife*, S. 40. – [126] *Boswell: The Ominous Years*, Einleitung.

II. BUCH, 6. KAPITEL

[1] Johnson, *The Idler*, Nr. 40. – [2] Brooke, *The Fool of Quality*, S. 80. - [3] Cross, *Life and Times of Laurence Sterne*, S. 99. – [4] ebd., S. 179. – [5] ebd. – [6] ebd., S. 183. – [7] Parton, *Life of Voltaire*, Bd. II, S. 267. – [8] Mossner, *Life of David Hume*, S. 503. – [9] Sterne, *Leben und Meinungen Tristram Shandys*, S. 423. – [10] ebd.,

ANMERKUNGEN

S. 183. – [11] Cross, S. 263. – [12] Letters to Eliza. – [13] ebd., Brief vom 14. April 1767. – [14] Sterne, Journal, 14. April 1767. – [15] Moore, Life of Lord Byron, in Taine, English Literature, S. 477. – [16] Macaulay, Essays, Bd. II, S. 565. – [17] Burney, Fanny, Diary, S. 17. – [18] Burney, Fanny, Evelina, S. 22. – [19] Brief vom 5. März 1772. – [20] Walpole, 28. Febr. 1769. – [21] s. Band 13: Vom Aberglauben zur Wissenschaft, IV. Buch, 2. Kapitel. – [22] Lewis, Horace Walpole, S. 12; Wharton, Grace and Philip, Wits and Beaux of Society, Bd. II, S. 28. – [23] Walpole, «Reminiscences», in Letters, Bd. I. – [24] Brief vom 2. März 1773. – [25] Nicolson, The Age of Reason, S. 249. – [26] Walpole, Memoirs of the Reign of George III, Bd. II, S. 154. – [27] Brief vom 24. Nov. 1774. – [28] Nicolson, S. 248. – [29] ebd., S. 249. – [30] Brief vom 24. Juli 1756. – [31] Brief vom 2. Dez. 1762. – [32] Sherwin, Selwyn, S. 104. – [33] Brief vom 11. Nov. 1766. – [34] Walpole, Memoirs of the Last Ten Years of the Reign of George the Second. – [35] Brief vom 15. Juni 1768. – [36] 1. Okt. 1782. – [37] 11. Nov. 1763. – [38] Lewis, Horace Walpole, S. 5. – [39] 7. Febr. 1772. – [40] 12. Jan. 1766. – [41] Brief an John Chute, Januar 1766. – [42] Lewis, S. 20. – [43] Wharton, Bd. II, S. 83. – [44] Lewis, S. 81. – [45] 18. Jan. 1759. – [46] Gibbon, Memoirs, Einleitung von G. B. Hills; Robertson, Gibbon, S. 1. – [47] Memoirs, S. 20. – [48] s. Band 13: Vom Aberglauben zur Wissenschaft, IV. Buch, 3. Kapitel. – [39] Memoirs, S. 45. – [50] ebd., S. 51, 54. – [51] ebd., S. 65. – [52] ebd., S. 69. – [53] ebd., S. 105. – [54] ebd., S. 106, 156. – [55] Gambier-Parry, Madame Necker, S. 16. – [56] Gibbon, Journal, Einleitung. - [57] Memoirs, 107. – [58] ebd., S. 120. – [59] Gibbon, Essai sur étude de la littérature, in Miscellaneous Writings, Nr. 1. – [60] ebd. – [61] Memoirs, S. 143. – [62] Journal, S. 22. – [63] ebd., S. 136. – [64] Memoirs, S. 153. – [65] Robertson, Gibbon, S. 117; Memoirs, S. 158. – [66] ebd., S. 167. – [67] Geschichte des allmählichen Sinkens und endlichen Untergangs des römischen Weltreiches, Bd. XII, S. 286. – [68] Memoirs, Anhang, S. 30. – [69] ebd., S. 172. – [70] ebd., S. 189. – [71] ebd., S. 191. – [72] ebd., S. 193. – [73] Robertson, Gibbon, S. 119; Drinkwater, Charles James Fox, S. 206. – [74] Low, Edward Gibbon, S. 282. – [75] Memoirs, S. 190. – [76] ebd., S. 195. – [77] ebd., S. 195. – [78] Geschichte des allmählichen Sinkens, Bd. I, S. 80; Renan stimmte hinsichtlich der Antoninen mit Gibbon überein; vgl. seinen Marc Aurèle, S. 479, Calmann-Lévy, Paris, o. J. – [79] ebd., Bd. I, S. 81. – [80] ebd., S. 30. – [81] ebd. – [82] Geschichte des allmählichen Sinkens, Bd. II, S. 162. – [83] ebd. – [84] Decline and Fall, S. 102ff. – [85] ebd., S. 182. – [86] ebd., S. 244. – [87] Low, S. 260. – [88] Sainte-Beuve, English Portraits, S. 152f. – [89] Low, S. 258. – [90] Gibbon, Miscellaneous Writings, S. 277. – [91] Walpole, 27. Jan. 1781. – [92] Gibbon, Memoirs, S. 211. – [93] Geschichte, Bd. IV, S. 9. – [95] ebd., S. 215. – [96] Low, S. 302. – [97] Gibbon, Memoirs, S. 214. – [98] Walpole, 5. Juni 1788. – [99] Gibbon, Geschichte, Bd. XII, S. 269. – [100] Memoirs, S. 225. – [101] ebd., S. 89. – [102] Fuglum, Edward Gibbon, S. 15. – [103] Memoirs, S. 240. – [104] Boswell, Johnson, 19. März 1781. – [105] Low, S. 222f. – [106] Gibbon, Memoirs, S. 230f. – [107] Low, S. 320. – [108] Gibbon, Memoirs, S. 234, 288; G. G. S., Life of Sheridan, S. 122. – [109] Memoirs, Anhang S. 55. – [110] ebd., S. 241. – [111] ebd., Anhang, S. 66. – [112] Sainte-Beuve, English Portraits, S. 159. – [113] Gibbon, Memoirs, Anhang S. 66. – [114] ebd., S. 339 und Anhang S. 62. – [115] Gibbon, Correspondence, Bd. II, S. 93, 298; in Memoirs, S. 339. – [116] Correspondence, Bd. II, S. 255; in Robertson, Gibbon, S. 120. – [117] Gibbon, Autobiography, Everyman's Library, in Gay, P., Voltaire's Politics, S. 259. – [118] Memoirs, Einleitung von Hill. – [119] Low, S. 344. – [120] Gibbon, Brief vom 11. Nov. 1793. – [121] Decline and Fall, 1776, Bd. I, S. 206. – [122] Burry, J. B., in Enc. Brit., Bd. X, S. 331d. – [123] Gibbon, Decline and Fall, ed. J. B. Bury, Bd. I. – [124] ebd.; Robertson, Gibbon, S. 15; Black, Art of History, S. 161. – [125] Decline and Fall, Bd. IV, S. 637. – [126] ebd., S. 99. – [127] Geschichte, Bd. I, S. 79. – [128] Voltaire, Works, Bd. XVIa, S. 250f. – [129] Gibbon, Decline and Fall, Bd. III, S. 97. – [130] ebd., Bd. VI, S. 337. – [131] vgl. Fuglum, S. 136. – [132] Gibbon, Decline and Fall, 1. Kapitel. – [133] Bd. V, S. 237. – [134] ebd., S. 423. – [135] ebd., Bd. III, S. 522. – [136] Vorwort zur Ausgabe von Milman, S. 6. – [137] CHE, Bd. X, S. 445. – [138] Seebohm, The Age of Johnson, S. 228. – [139] Walpole, Brief vom 15. Nov. 1764; Reign of George III, Bd. II, S. 25. – [140] Nevill, Thomas Chatterton, S. 96. – [141] Chatterton, Complete Poetical Works, S. 207. – [142] ebd., S. 64. – [143] Walpole, Briefe vom 19. Juni 1777 und 24. Juli 1778. – [144] Irving, Oliver Goldsmith, S. 266. – [145] Stanze. – [146] Cowper, Poems, S. 135. – [147] Sainte-Beuve, English Portraits, S. 173. – [148] Cowper, S. 188. – [149] CHE, Bd. XI, S. 89. – [150] Sainte-Beuve, English Portraits, S. 176f. – [151] Cowper, S. 87. – [152] s. Band 14: Das Zeitalter Voltaires, I. Buch, 4. Kapitel. – [153] Cowper, The Task, Buch I, Zeile 749. – [154] ebd., Zeile 718. – [155] ebd., Buch II, Zeilen 1ff. – [156] ebd., Buch II, Zeilen 11ff. – [157] ebd., Zeile 206. – [158] Cowper, Poems, S. 172. – [159] Enc. Brit., Bd. X, S. 495a (von Macaulay). – [160] Boswell, Johnson, S. 252. – [161] ebd., S. 305. – [162] Goethe, Dichtung und Wahrheit, in Werke, Bd. X, S. 468. – [163] Thackeray, English Humourists, in Works, S. 281. – [164] Irving, S. 170. – [165] Goldsmith, Der Landprediger von Wakefield, S. 19. – [166] Boswell, Johnson, S. 499. – [167] Barton, Garrick, S. 256. – [168] z. B. Reynolds, Portraits, S. 38. – [169] Irving, S. 121. – [170] Garnett und Gosse, English Literature, Bd. III, S. 342; Irving, S. 320. – [171] Boswell for the Defense, S. 167. – [172] Thackeray, English Humourists, S. 291. – [173] ebd. – [174] Goldsmith, Oliver, Select Works, S. 194.

ANMERKUNGEN

II. BUCH, 7. KAPITEL

[1] Boswell, Dr. Samuel Johnson, S. 4, 45. — [2] Boswell, Hebrides, S. 142. — [3] Krutch, Johnson, S. 12. — [4] Pearson, Johnson and Boswell, S. 6. — [5] Krutch, S. 10. — [6] Boswell, Johnson, S. 564. — [7] Enc. Brit. Bd. XIII, S. 190d. — [8] Hill, Johnsonian Miscellanies, Bd. II, S. 309; Greene, Politics of Samuel Johnson, S. 133. — [9] Johnson, London, Zeile 202. — [10] Hawkins, Life of Samuel Johnson, S. 55 ff. — [11] Krutch, S. 49. — [12] ebd. — [13] Turberville, Johnson's England, Bd. I, S. 318. — [14] Boswell, Dr. Samuel Johnson, S. 79. — [15] Enc. Brit., Bd. XIII, S. 110a. — [16] Boswell, Dr. Samuel Johnson, S. 648. — [17] Hawkins, S. 66. — [18] Hume, David, Essays, Literary, Moral and Political, S. 52. — [19] Johnson, Works, Bd. I, S. 213. — [20] ebd., S. 215. — [21] ebd., S. 217. — [22] Hawkins, S. 98. — [23] Johnson, The Rambler, S. 257 ff. — [24] Boswell, Holland Journal, 23. Sept. 1763. — [25] Davis, Johnson before Boswell, S. 72. — [26] Hill, G. B., Miscellanies, Bd. I, S. 136. — [27] Boswell, Dr. Samuel Johnson, S. 96 f. — [28] ebd., S. 141 f. — [29] Schuster, Treasury of the World's Great Letters, S. 130. — [30] Boswell, Dr. Samuel Johnson, S. 566. — [31] ebd., S. 157. — [32] Boswell for the Defense, S. 55 (23. März 1772). — [33] Johnsons Dictionary, Vorwort, S. 20. — [34] ebd., S. 284. — [35] Boswell, Johnson, S. 179. — [36] Arthur Murphy in Johnson, Works, Bd. I, S. 89. — [37] Works, Bd. V, S. 419. — [38] Johnson, Rasselas. — [39] ebd. — [40] ebd. — [41] ebd. — [42] Boswell, Dr. Samuel Johnson, S. 127 f. — [43] ebd., S. 155. — [44] Wharton, Wits and Beaux of Society, Bd. I, S. 366. — [45] Krutch, S. 264. — [46] Pearson, S. 184. — [47] Boswell, Dr. Samuel Johnson, S. 162. — [48] Bailey, Dr. Johnson and His Circle, S. 35. — [49] Boswell, S. 542. — [50] Boswell for the Defense, S. 175. — [51] Boswell, Hebrides, S. 189. — [52] Pearson, S. 95. — [53] Boswells Londoner Tagebuch, S. 285. — [54] Piozzi, Anecdotes of the Late Samuel Johnson, S. 190. — [55] National Portrait Gallery. — [56] National Gallery, London. — [57] Hawkins, S. 293. — [58] Turberville, Bd. I, S. 384. — [59] Boswell, Dr. Samuel Johnson, S. 170 f.; Hawkins, S. 147. — [60] Boswell, Hebrides, S. 136. — [61] Boswell, Johnson, S. 49. — [62] Pearson, S. 81. — [63] Boswell: The Ominous Years, S. 264. — [64] Bailey, S. 29. — [65] Boswell, Dr. Samuel Johnson, S. 540. — [66] Boswell, Johnson, S. 1197. — [67] Boswell, Dr. Samuel Johnson, S. 181. — [68] Piozzi, S. 181. — [69] Hawkins, S. 122. — [70] Johnson, Rasselas. — [71] Hawkins, S. 132. — [72] Boswell, S. 586. — [73] Turberville, Bd. II, S. 198. — [74] Krutch, S. 369. — [75] so berichtete Hume (Krutch, S. 211, und Pearson, S. 48); bei Boswell ist die Formulierung dezenter. — [76] Boswell, Hebrides, S. 144. — [77] Walpole, 26. Mai 1791. — [78] Irving, Goldsmith, S. 183. — [79] Piozzi, S. 70. — [80] ebd., S. 57. — [81] Boswell, Dr. Samuel Johnson, S. 631. — [82] Boswell, Johnson, S. 1126. — [83] Bailey, S. 30. — [84] Boswell, Dr. Samuel Johnson, S. 217. — [85] Krutch, S. 366. — [86] Boswell, Hebrides, S. 200. — [87] Boswell, Dr. Samuel Johnson, S. 210. — [88] Boswell: The Ominous Years, S. 133. — [89] Low, Gibbon, S. 223. — [90] Lovejoy, Essays in the History of Ideas, S. 39. — [91] Walpole, 28. März 1786. — [92] in Gibbon, Memoirs, S. 220. — [93] Boswell, Hebrides, S. 11. — [94] Boswell, Johnson, S. 222. — [95] Hebriden, in Dr. Samuel Johnson, S. 715. — [96] Johnson, S. 988. — [97] Pearson, S. 262. — [98] Greene, Politics of Samuel Johnson, S. 270. — [99] Boswell, Johnson, S. 744. — [100] ebd., S. 1025. — [101] ebd., S. 807. — [102] ebd., S. 362. — [103] Bailey, S. 104. — [104] Boswell, Dr. Samuel Johnson, S. 386. — [105] Boswell, Johnson, S. 410. — [106] ebd., S. 363. — [107] ebd., S. 525. — [108] ebd., S. 274. — [109] Hawkins, S. 208. — [110] Boswell, Johnson, S. 267, 414, 469, 514, 740; Boswell's London Journal, S. 276, 281. — [111] ebd., S. 253; Johnson, Works, Bd. XII, S. 111. — [112] Boswell, Dr. Samuel Johnson, S. 455 f. — [113] ebd., S. 341. — [114] ebd., S. 119. — [115] ebd., S. 312. — [116] Greene, S. 161. — [117] ebd., S. 167. — [118] Taxation No Tyranny, in Works, Bd. XII, S. 225. — [119] Boswell, Dr. Samuel Johnson, S. 508. — [120] Johnson, Works, Bd. XII, S. 198. — [121] Hawkins, S. 222. — [122] Boswell, Dr. Samuel Johnson, S. 326. — [123] ebd., S. 326. — [124] Boswell, Johnson, S. 654. — [125] in Greene, S. 195. — [126] Boswell, Johnson, S. 33, 1051; Piozzi, S. 14. — [127] Boswell, Johnson, S. 1102 f. — [128] Boswell, Dr. Samuel Johnson, S. 169. — [129] Bailey, S. 103. — [130] Pearson, S. 252. — [131] ebd., S. 251. — [132] Lives of English Poets, Bd. I, S. 63 («Milton»). — [133] Johnson, Rasselas; Hawkins, S. 131. — [134] Lives, Bd. I, S. 63. — [135] Pearson, S. 248. — [136] Boswell, Johnson, S. 352, 807. — [137] ebd., S. 309. — [138] ebd., S. 308. — [139] Hopkins, Hannah More, S. 61. — [140] Hawkins, S. 198. — [141] Johnson, Works, Bd. X, S. 169. — [142] ebd., S. 137, 149. — [143] Krutch, S. 289. — [144] Boswell, Hebriden, in Dr. Samuel Johnson, S. 129. — [145] Boswell, Hebrides, S. 168. — [146] Works, Bd. XII, S. 413. — [147] Pearson, S. 237. — [148] Boswell, Johnson, S. 685. — [149] Lives, Bd. I, S. 93. — [150] Walpole, 19. Febr. 1781. — [151] Walpole, 14. April 1781. — [152] Piozzi, S. 186. — [153] Krutch, S. 522. — [154] ebd., S. 509. — [155] Schuster, Treasury of the World's Great Letters, S. 133. — [156] Burney, Fanny, Diary, S. 92. — [157] Boswell, Johnson, S. 1109. — [158] Krutch, S. 547. — [159] Boswell, Dr. Samuel Johnson, S. 604. — [160] Hawkins, S. 255. — [161] ebd., S. 259. — [162] Krutch, S. 551. — [163] Boswell, Johnson, S. 1181. — [164] Davis, Johnson before Boswell. — [165] CHE, Bd. X, S. 213. — [166] Boswell: The Ominous Years, S. 103. — [167] zum Beispiel Boswell, Note Book, I. Buch, S. 23; Krutch, Johnson, S. 384. — [168] zum Beispiel Boswell: The Ominous Years, S. 111. — [169] Boswell, Johnson, X. Buch. — [170] Hannah More, Letters, S. 102. — [171] CHE, Bd. X, S. 213. — [172] Brief vom 26. Mai 1791.

ANMERKUNGEN

III. BUCH, 1. KAPITEL

1 Gooch, *Maria Theresa*, S. 124. – 2 ebd., S. 7. – 3 ebd., S. 8. – 4 Bearne, Mrs., *A Court Painter*, S. 323. – 5 Ercole, *Gay Court Life*, S. 272. – 6 Castelot, *Queen of France*, S. 20. – 7 Zweig, *Marie Antoinette*, S. 17f. – 8 Padover, *Life and Death of Louis XVI.*, S. 30. – 9 Gooch, *Maria Theresa*, S. 122, 10 Padover, S. 30. – 11 Castelot, S. 37. – 12 ebd., S. 40. – 13 Zweig, S. 28. – 14 Castelot, S. 64. – 15 ebd., S. 73; Dakin, *Turgot and the Ancien Régime*, S. 19. – 16 Walpole, 10. Juli 1774. – 17 Mathiez, *The French Revolution*, S. 9. – 18 Tocqueville, *Der alte Staat*, S. 147. – 19 Maine, *Ancient Law*, S. 48. – 20 Cobban, *History of Modern France*, Bd. I, S. 127. – 21 Taine, *Die Entstehung des modernen Frankreich*, Bd. I, S. 65. – 22 ebd., S. 47f. – 23 Mathiez, S. 5. – 24 Taine, *Entstehung*, Bd. I, S. 66, 79. – 25 Ercole, S. 370. – 26 Castelot, S. 85. – 27 Campan, *Marie-Antoinette*, S. 127. – 28 Mossiker, *The Queen's Necklace*, S. 201. – 29 ebd., S. 163. – 30 Castelot, S. 66, 158. – 31 Lacroix, *The Eighteenth Century*, S. 35. – 32 Vigée-Lebrun, *Memoirs*, S. 56. – 33 Desnoiresterres, *Voltaire et la societé française*, Bd. VIII, S. 294. – 34 Castelot, S. 174. – 35 Cobban, *Historians and the Causes of the French Revolution*, S. 5, 14. – 36 Madame Campan gibt verschiedene Beispiele (*Marie-Antoinette* 94). – 37 Cobban, *History of Modern France*, Bd. I, S. 115. – 38 Castelot, S. 123. – 39 Faÿ, *Louis XVI, ou la Fin d'un monde*, S. 311. – 40 Havens, *The Age of Ideas*, S. 392. – 41 in Mossiker, *Queen's Necklace*, S. 160. – 42 Castelot, S. 119. – 43 Padover, *The Revolutionary Emperor*, S. 119, 125. – 44 ebd., S. 119. – 45 Castelot, S. 122. – 46 ebd., S. 121. – 47 ebd., S. 124. – 48 Zweig, *Marie Antoinette*, S. 136. – 49 Padover, *Louis XVI*, S. 102. – 50 Ségur, *Marie-Antoinette*, S. 104. – 51 ebd. – 52 Michelet, *Histoire de France*, Bd. V, S. 491. – 53 «Le roi bonhomme». – 54 Campan, *Marie-Antoinette*, S. 58. – 55 Padover, *Louis XVI*, S. 118f. – 56 Funck-Brentano, *L'Ancien Régime*, S. 545. – 57 Gibbon, *Decline and Fall*, hrsg. von Bury, Bd. IV, S. 529. – 58 Padover, *Louis XVI*, S. 23. – 59 Campan, *Memoirs*, Bd. I, S. 185. – 60 Faÿ, *Louis XVI*, S. 8. – 61 Taine, *Entstehung*, Bd. I, S. 217. – 62 Funck-Brentano, S. 546. – 63 Campan, *Marie-Antoinette*, S. 59. – 64 Stryienski, *Eighteenth Century*, S. 213. – 65 Gooch, *Catherine the Great*, S. 230. – 66 Goethe, *Dichtung und Wahrheit*, in *Werke*, Bd. X, S. 772. – 67 Dakin, *Turgot*, S. 126. – 68 Say, S. 110. – 69 Robinson, *Readings in European History*, S. 426. – 70 s. Band 12: *Europa im Zeitalter der Könige*, I. Buch, 5. Kapitel. – 71 Voltaire, *Works*, Bd. XXIb, S. 347. – 72 Parton, *Life of Voltaire*, Bd. II, S. 535. – 73 Martin, H., *Histoire de France*, Bd. XVI, S. 340. – 74 Dakin, S. 187; Padover, *Louis XVI*, S. 75. – 75 Say, S. 12. – 76 Dakin, S. 152; Tocqueville, S. 190. – 77 Tocqueville, *L'Ancien Régime*, S. 190. – 78 Say, S. 161ff.; Funck-Brentano, S. 554. – 79 Renard, *Guilds in the Middle Ages*, S. 125. – 80 Martin, H., *France*, Bd. XVI, S. 371. – 81 ebd., S. 372. – 82 Taine, *Entstehung*, Bd. I, S. 167. – 83 Padover, *Louis XVI*, S. 92. – 84 Dakin, S. 221. – 85 Say, S. 185ff. – 86 Dakin, S. 263; Martin, H., *France*, Bd. XVI, S. 379. – 87 Michelet, *Histoire de France*, Bd. V, S. 480. – 88 Say, S. 43. – 89 Warwick, *Mirabeau and the French Revolution*, S. 104. – 90 Jaurès, *Histoire Socialiste de la Révolution Française*, Bd. I, S. 159. – 91 Martin, H., *France*, Bd. XVI, S. 387. – 92 Taine, *Entstehung*, Bd. I, S. 216. – 93 Michelet, *Histoire de France*, Bd. V, S. 488. – 94 Campan, *Marie-Antoinette*, S. 59. – 95 Tocqueville, *Der alte Staat*, S. 225. – 96 Lecky, *History of England in the 18th Century*, Bd. V, S. 39ff. – 97 Padover, *Louis XVI*, S. 108; Martin, H., *France*, Bd. XVI, S. 416. – 98 Becker, *Der Gottesstaat der Philosophen des 18. Jahrhunderts*, S. 77. – 99 Lecky, Bd. IV, S. 50. – 100 *History Today*, Oktober 1957, S. 659. – 101 Martin, H., *France*, Bd. XVI, S. 428. – 102 Morris, *The Peacemakers*, S. 104ff. – 103 *CMH*, Bd. VIII, S. 93. – 104 Gooch, *Catherine the Great*, S. 97. – 105 Martin, H., *France*, Bd. XVI, S. 500f. – 106 ebd., S. 504. – 107 Mahan, *Influence of Sea Power Upon History*, S. 337. – 108 Morris, *Peacemakers*, S. 178ff. – 109 Lecky, Bd. IV, S. 256ff. – 110 ebd. – 111 Morris, S. 277. – 112 ebd., S. 461. – 113 Tocqueville, S. 183. – 114 Tocqueville, *L'Ancien Régime*, S. 119.

III. BUCH, 2. KAPITEL

1 Parton, *Life of Voltaire*, Bd. 2, S. 491. – 2 ebd., S. 496. – 3 Pomeau, *La Religion de Voltaire*, S. 427. – 4 Chaponnière, *Voltaire chez les Calvinistes*, S. 262. – 5 Faguet, *Literary History of France*, S. 508. – 6 Lanson, *Voltaire*, S. 158. – 7 Torrey, *The Spirit of Voltaire*, S. 150. – 8 Brandes, *Voltaire*, Bd. II, S. 399. – 9 Wagnière, in Parton, Bd. II, S. 564. – 10 ebd. – 11 Anmerkung zu Walpole, *Letters*, Bd. VII, S. 35. – 12 Brandes, *Voltaire*, Bd. II, S. 483; Parton, Bd. II, S. 367. – 13 Desnoiresterres, *Voltaire et la Société Française*, Bd. VIII, S. 199f.; Campan, *Memoirs*, Bd. I, S. 323; Martin, H., *Histoire de France*, Bd. XVI, S. 393. – 14 Parton, *Life of Voltaire*, Bd. II, S. 568. – 15 Brandes, Bd. II, S. 405. – 16 Pomeau, S. 263. – 17 Noyes, *Voltaire*, S. 583. – 18 Pomeau, S. 307. – 19 Desnoiresterres, Bd. VIII, S. 230. – 20 Lanson, *Voltaire*, S. 200. – 21 Desnoiresterres, Bd. VIII, S. 232f. – 22 ebd., S. 235. – 23 ebd., S. 236. – 24 ebd., S. 245. – 25 Wiener, *Anthology of Russian Literature*, Bd. I, S. 357. – 26 Noyes, S. 600. – 27 Brandes, *Voltaire*, Bd. II, S. 416. – 28 ebd., S. 418. – 29 Desnoiresterres, Bd. VIII, S. 283ff. – 30 Vigée-Lebrun, *Memoirs*, S. 199. – 31 Ducros, *French Society in the 18th Century*, S. 121. – 32 Desnoiresterres, Bd. VIII, S. 302. – 33 ebd., S. 306; Brandes, *Voltaire*, Bd. II, S. 421. – 34 Strachey, *Books and Characters*, S. 121. – 35 Brandes, Bd. II, S. 422. – 36 Desnoiresterres,

ANMERKUNGEN 583

Bd. VIII, S. 334, 365. – [37] Pomeau, S. 447. – [38] Desnoiresterres, Bd. VIII, S. 359. – [39] ebd., S. 366; Créqui, *Souvenirs*, S. 235. – [40] Brandes, *Voltaire*, Bd. II, S. 429f. – [41] Gooch, *Catherine the Great*, S. 70. – [42] in Brandes, *Voltaire*, Bd. II, S. 116; die Reihenfolge wurde leicht geändert. – [43] ebd., S. 434. – [44] Parton, Bd. II, S. 494. – [45] Voltaire, *La Guerre de Genève*, in Josephson, *Rousseau*, S. 479. – [46] Hendel, *Citizen of Geneva*, S. 92. – [47] Josephson, S. 481. – [48] Hendel, *Citizen*, S. 98. – [49] ebd., S. 99 (Brief vom 10. Okt. 1769). – [50] ebd., S. 101 (Brief vom 17. Jan. 1770). – [51] s. Band 14: *Das Zeitalter Voltaires*, III. Buch, 2. Kapitel. – [52] Michelet, *Histoire de France*, Bd. V, S. 485. – [53] Morley, *Rousseau*, Bd. II, S. 156. – [54] Josephson, S. 495. – [55] Rousseau, *Die Bekenntnisse*, IX. Teil, S. 115f. (Ende des 12. Buches). – [56] Josephson, S. 501. – [57] ebd. – [58] Desnoiresterres, Bd. VII, S. 488. – [59] Vaughn, *Political Writings of Rousseau*, Bd. II, S. 445. – [60] ebd., S. 376, 381. – [61] Rousseau, *Rousseau Juge de Jean-Jacques*. – [62] ebd., S. 19. – [63] ebd., S. 64ff. – [64] ebd., S. 120f. – [65] ebd., S. 117f. – [66] ebd., S. 292, 302, 327. – [67] Dritter Dialog. – [68] *Rousseau Juge*, S. 319f. – [69] Josephson, S. 508. – [70] *Träumereien*, Neunter Spaziergang. – [71] Josephson, S. 518. – [72] Masson, P. M., *La Religion de Rousseau*, Bd. II, S. 213ff., 301f. – [73] ebd., S. 246. – [74] Josephson, S. 502; Faguet, *Vie de Rousseau*, S. 399. – [75] Josephson, S. 527. – [76] Babbit, *Spanish Character and other Essays*, S. 225. – [77] Cassirer, *The Question of Rousseau*, S. 39. – [78] Lemaître, *Rousseau*, S. 247. – [79] Lanson, *Histoire de la Littérature Française*, S. 798. – [80] Goethe, *Dichtung und Wahrheit*, in *Werke*, Bd. X, S. 660. – [81] Schiller, «*Rousseau*», in *Werke*, Teil I (Gedichte), S. 22. – [82] in Maritain, *Three Reformers*, S. 225. – [83] Rousseau, *Collection Complète des Œuvres*, Bd. I, S. 186. – [84] Cassirer, *Question of Rousseau*, S. 39. – [85] Pomeau, S. 340. – [86] Masson, P. M., *La Religion de Rousseau*, Bd. III, S. 239ff. – [87] ebd., S. 74. – [88] in Morley, *Rousseau and His Era*, Bd. II, S. 273. – [89] Masson, *La Religion*, Bd. III, S. 227. – [90] Burke, «Letter to a Member of the National Assembly», in *Reflections on the French Revolution*, S. 262. – [91] Taine, *Entstehung*, Bd. I, S. 226. – [92] Lemaître, S. 361. – [93] Lanson, *Histoire de la Littérature Française*, S. 798. – [94] Crocker, *The Embattled Philosopher*, S. 310. – [95] Ségur, *Julie de Lespinasse*, S. 402. – [96] Brief vom 27. Februar 1777, in Hazard, *Herrschaft*, S. 444. – [97] Ford, *Love Children*, S. 212. – [98] Havens, *Age of Ideas*, S. 351. – [99] Crocker, *Embattled Philosopher*, S. 400. – [100] *Rousseau Juge de Jean-Jacques*, «Avertissement». – [101] Crocker, *Embattled Philosopher*, S. 433. – [102] Sainte-Beuve, *Portraits of the 18th Century*, Bd. II, S. 213. – [103] Schapiro, *Condorcet*, S. 69. – · [104] Russell, *History of Western Philosophy*, S. 722. – [105] Schapiro, *Condorcet*, S. 91. – [106] Martin, H., *France*, Bd. XVI, S. 525. – [107] S. 96f. – [108] so lautet der Manuskripttext in der Bibliothek des Instituts. – [109] s. Band 14: *Das Zeitalter Voltaires*, IV. Buch, 6. Kapitel. – [110] Condorcet, *Entwurf einer historischen Darstellung*, Inhaltsverzeichnis. – [111] ebd., S. 105. – [112] ebd., S. 39f. – [113] ebd., S. 535. – [114] Aulard, *Politische Geschichte der Französischen Revolution*, Bd. I, S. 21. – [115] Schapiro, S. 80, 88. – [116] Condorcet, S. 383f. – [117] ebd., S. 349f. – [118] ebd., S. 29. – [119] ebd., S. 373f. – [120] ebd., S. 337. – [121] ebd., S. 399. – [122] Schapiro, S. 107. – [123] Tocqueville, *Der alte Staat*, S. 18. – [124] Taine, *Entstehung*, Bd. I, S. 226. – [125] Aulard, Bd. I, S. 3. – [126] Robertson, *Short History of Freethough*, Bd. II, S. 284. – [127] Aulard, Bd. I, S. 3. – [128] Robertson, S. 288. – [129] Tocqueville, S. 165. – [130] in Sée, *Economic and Social Conditions in France during the 18th Century*, S. 107. – [131] Padover, *Louis XVI*, S. 6ff. – [132] Tocqueville, S. 156. – [133] Masson, P. M., *La Religion de Rousseau*, Bd. III, S. 237.

III. BUCH, 3. KAPITEL

[1] Sée, *Economic and Social Conditions*, S. 61; Jaurès, *Histoire socialiste*, Bd. I, S. 60; Taine (*Entstehung*, Bd. I, S. 421) schätzt den Wert des Kirchenvermögens auf 4 Milliarden Livres. – [2] Herbert, *The Fall of Feudalism in France*, S. 40. – [3] Mornet, *Les Origines Intellectuelles de la Révolution Française*, S. 278. – [4] ebd., S. 274; Sée, S. 66. – [5] Taine, *Entstehung*, Bd. I, S. 416f. – [6] Sée, S. 66. – [7] Taine, Bd. I, S. 419. – [8] Burke, *Reflections on the French Revolution*, S. 142. – [9] Sanger, *History of Prostitution*, S. 131. – [10] Sée, S. 23; Mornet, S. 276. – [11] Vigée-Lebrun, *Memoirs*, S. 44. – [12] Lacroix, *The Eighteenth Century in France*, S. 346. – [13] Taine, Bd. I, S. 207f. – [14] Mornet, S. 335. – [15] Lacroix, S. 265. – [16] Mornet, S. 331. – [17] Faÿ, *Louis XVI*, S. 280. – [18] Martin, H., *Histoire de France*, Bd. XVI, S. 512. – [19] Faÿ, S. 280. – [20] Lecky, *England in the 18th Century*, Bd. V, S. 308. – [21] Martin, H., *France*, Bd. XVI, S. 353. – [22] Mornet, S. 212. – [23] Funck-Brentano, *L'Ancien Régime*, S. 554. – [24] Martin, H., *France*, Bd. XVI, S. 585. – [25] Tocqueville, S. 19. – [26] Herbert, *Fall of Feudalism*, S. 84. – [27] s. Band 14: *Das Zeitalter Voltaires*, IV. Buch, 6. Kapitel. – [28] in Crocker, *Age of Crisis*, S. 392. – [29] in Becker, *Der Gottesstaat*, S. 80. – [30] Carlyle, *Essay on Diderot*. – [31] Restif de La Bretonne, *La Vie de mon Père*, S. 90f. – [32] Taine, Bd. I, S. 268. – [33] Laclos, *Les Liaisons dangereuses*, Brief LXVI. – [34] vgl. Platon, *Der Staat*, S. 338ff. – [35] De Sade, *Juliette*, in Crocker, *Age of Crisis*, S. 15. – [36] Guérard, *Life and Death of an Ideal*, S. 294. – [37] Frau von Oberkirch, in Taine, Bd. I, S. 112. – [38] Köhler, *History of Costume*, S. 366. – [39] Boehn, *Die Mode*, S. 153 d. – [40] in Loomis, *Dubarry*, S 169. – [41] *Decline and Fall of the Roman Empire*, Ende von Kapitel 19. – [42] Gibbon, *Correspondence*, Bd. II, S. 46, in *Memoirs*, S. 222. – [43] s. Band 14: *Das Zeitalter Voltaires*, I. Buch, 2. Kapitel. – [44] Walpole, 2. Dez. 1765. – [45] Koven,

584 ANMERKUNGEN

Horace Walpole and Mme du Deffand, S. 102, 116. – [46] ebd., S. 127. – [47] Watson, Paul, *Some Women of France*, S. 90. – [48] ebd. – [49] ebd., S. 89; Koven, S. 157. – [50] ebd., S. 195. – [51] Crocker, *Embattled Philosopher*, S. 354. – [52] Gambier-Parry, *Madame Necker*, S. 78. – [53] ebd., S. 215. – [54] Créqui, *Souvenirs*, S. 192ff. – [55] Gambier-Parry, S. 250. – [56] *Briefe*, Bd. II, S. 346 (1. Mai 1778). – [57] Einstein, *Mozart*, S. 598. – [58] Lespinasse, *Letters*, S. 138. – [59] Rolland, *Essays in Music*, S. 147. – [60] *Grove's Dictionary of Music*, Bd. II, S. 456. – [61] Young, *Travels in France*, S. 67. – [62] Louvre. – [63] im Institut de France, Paris. – [64] Dilke, *French Architects and Sculptors*, S. 130, befindet sich in der Ecole des Beaux-Arts in Paris. – [65] *Time*, 31. Jan. 1764, S. 44. – [66] ebd. – [67] alle im Louvre. – [68] beide im Louvre. – [69] Vigée-Lebrun, S. 42. – [70] Louvre. – [71] Privatsammlung. – [72] Taine, *Entstehung*, Bd. I, S. 128f.; Mornet, *Origines Intellectuelles*, S. 419; La Fontainerie, *French Liberalism*, S. 23. – [73] Mornet, S. 443. – [74] Lecky, Bd. V, S. 394. – [75] Mornet, S. 426. – [76] *Enc. Brit.*, Bd. XVI, S. 349d. – [77] Lecky, Bd. V, S. 425. – [78] Ducros, *French Society*, S. 314. – [79] ebd. – [80] Faguet, *Literary History*, S. 539. – [81] Chamfort, *Maximes*, S. 25. – [82] Chamfort, *Gedanken*, S. 11. – [83] *Maximes*, S. 6. – [84] ebd., S. 71. – [85] ebd., S. 67. – [86] ebd., S. 69. – [87] ebd., S. 62. – [88] ebd., S. 87. – [89] *Gedanken*, S. 8. – [90] ebd., S. 21. – [91] *Maximes*, S. 539. – [92] ebd., Vorwort, S. 50. – [93] in Masson, *La Religion de Rousseau*, Bd. III, S. 137f. – [94] Bernardin de Saint-Pierre, *Paul et Virginie*, S. 15, 34, 58. – [95] in Bury, J. B., *The Idea of Progress*, S. 200; Hervorhebungen von uns. – [96] Restif de La Bretonne, *La Vie de mon père*, S. 75. – [97] Palache, *Four Novelists of the Old Regime*, S. 172. – [98] ebd., S. 191. – [99] Restif, *La Vie de mon père*, S. 14. – [100] Chadourne, *Restif de La Bretonne*, S. 185. – [101] ebd., S. 354. – [102] Palache, S. 246. – [103] Chadourne, S. 223. – [104] ebd., S. 219. – [105] Restif, *Les Nuits de Paris*, Nrn. 109–114. – [106] ebd., Nr. 112. – [107] ebd., Nr. 103. – [108] Young, S. 143. – [109] Beaumarchais, Brief vom 16. Juni 1755, in Loménie, *Beaumarchais and His Times*, S. 55. – [110] ebd., S. 78. – [111] ebd., S. 94. – [112] Voltaire, Brief vom 3. Jan. 1774. – [113] Loménie, *Beaumarchais*, S. 263, 269f. – [114] Havens, *Age of Ideas*, S. 368. – [115] Beaumarchais, *The Barber of Sevilla*, 1. Akt, in Matthews, *Chief of European Dramatists*, S. 332. – [116] ebd. – [117] Blom, *Mozart*, S. 133. – [118] Loménie, *Beaumarchais*, S. 250. – [119] ebd., S. 252. – [120] *Le Mariage de Figaro*, Anweisungen für die Spieler, in Beaumarchais, *Œuvres*, S. 184. – [121] Peterson, *Die Hochzeit des Figaro*, S. 58 (II. Akt, S. 2). – [122] ebd., S. 114 (V, 3). – [123] ebd., S. 125 (V, 12). – [124] ebd., S. 72 (II, 21). – [125] ebd., S. 115 (V, 3). – [126] Vorwort, *Œuvres*, S. 172. – [127] Loménie, *Beaumarchais*, S. 351. – [128] ebd., S. 383f. – [129] Havens, S. 382. – [130] Loménie, S. 348.

III. BUCH, 4. KAPITEL

[1] Sée, *Economic and Social Conditions*, S. 8. – [2] Labrousse, in Cobban, *Historians and ... the French Revolution*, S. 35. – [3] Young, *Travels in France*, S. 70. – [4] ebd., S. 19. – [5] Herbert, *Fall of Feudalism*, S. 5ff. – [6] ebd., S. 12, 15. – [7] Lefebvre, *Coming of French Revolution*, S. 121. – [8] Sée, *Economic Conditions*, S. 54. – [9] Jaurès, *Histoire socialiste*, Bd. I, S. 36. – [10] Mornet, *Origines intellectuelles de la Révolution*, S. 143. – [11] Michelet, *Histoire de France*, Bd. V, S. 548. – [12] Martin, H., *France*, Bd. XVI, S. 512. – [13] Tocqueville, *L'Ancien Régime*, S. 193; Taine, *Entstehung*, Bd. I, S. 395. – [14] Goodwin, *The European Nobility*, S. 41. – [15] Argenson, *Pensées sur la réformation de l'Etat*, in Sée, *Economic Conditions*, S. 109. – [16] Young, S. 24. – [17] Herbert, *Fall of Feudalism*, S. 58; Sée, S. 5; Gershoy, *From Despotism to Revolution*, S. 310. – [18] Chamfort, *Gedanken*, S. 9. – [19] Young, S. 61, 125. – [20] Lefebvre, S. 116; s. auch Taine, *Ancient Régime*, S. 335f. – [21] Lefebvre, S. 118. – [22] ebd. – [23] Jaurès, Bd. I, S. 76. – [24] *New CMH*, Bd. VII, S. 237. – [25] Mousnier et Labrousse, *Le Dix-huitième Siècle*, S. 137. – [26] Stryienski, *Eighteenth Century*, S. 271. – [27] Lefebvre, S. 87. – [28] Lacroix, *Eighteenth Century in France*, S. 340. – [29] French, *Torch and Crucible: The Life and Death of Antoine Lavoisier*, S. 87. – [30] Young, S. 103. – [31] Lefebvre, S. 97. – [32] ebd., S. 21. – [33] Sée, S. 183; Renard and Weulersee, *Life and Work in Modern Europe*, S. 198. – [34] Mousnier et Labrousse, S. 186. – [35] Taine, *Entstehung*, Bd. I, S. 273. – [36] ebd., S. 255. – [37] Jaurès, *Histoire socialiste*, Bd. I, S. 109. – [38] ebd., S. 110. – [39] ebd. – [40] Taine, *Ancient Régime*, S. 334. – [41] ebd., S. 361. – [42] Lecky, Bd. V, S. 394; Gershoy, S. 308. – [43] Jaurès, Bd. I, S. 69. – [44] ebd., S. 68. – [45] Sée, S. 148. – [46] Cobban, *History of Modern France*, Bd. I, S. 123. – [47] Jaurès, Bd. I, S. 62; Sée, S. 197f. – [48] Taine, *Entstehung*, Bd. I, S. 248f. – [49] Lefebvre, S. 14. – [50] Jaurès, Bd. I, S. 62. – [51] ebd., S. 98. – [52] Beard, Miriam, *History of the Business Man*, S. 404. – [53] Taine, Bd. I, S. 228. – [54] Beard, Miriam, S. 352. – [55] Lecky, Bd. V, S. 484. – [56] vgl. Band 15: *Europa und der Osten im Zeitalter der Aufklärung*, II. Buch, 1. Kapitel. – [57] Lichtenberger, *Le Socialisme et la Révolution française*, S. 35; Martin, Kingsley, *Rise of French Liberal Thought*, S. 252. – [58] Lichtenberger, S. 447. – [59] ebd., S. 446ff. – [60] *Enc. Brit.*, Bd. II, S. 238b. – [61] Lichtenberger, S. 442f. – [62] Mornet, S. 360. – [63] ebd., S. 364; Lefebvre, S. 43. – [64] Cumming, *Helvétius*, S. 126ff. – [65] ebd., S. 119. – [66] Fülop-Miller, *Power and Secret of the Jesuits*, S. 436. – [67] Faÿ, *La Franc-Maçonnerie*, S. 242. – [68] Georgel, *Memoirs*, Bd. II, S. 310, in Buckle, *Geschichte*, S. 378. – [69] Mornet, S. 450.

ANMERKUNGEN

III. BUCH, 5. KAPITEL

[1] Young, *Travels in France*, S. 15. – [2] Ségur, *Marie-Antoinette*, S. 121; Castelot, S. 184. – [3] Faÿ, *Louis XVI*, S. 293. – [4] Gooch, *Maria Theresa*, S. 168. – [5] Vigée-Lebrun, *Memoirs*, S. 57. – [6] Mossiker, *Queen's Necklace*, S. 36. – [7] ebd., S. 37, 200, 203. – [8] ebd., S. 105. – [9] *Vie de Jeanne de Valois*, in Mossiker, S. 63. – [10] *Enc. Brit.*, Bd. VII, S. 321a. – [11] Mossiker, S. 183f. – [12] ebd., S. 226. – [13] ebd., S. 273. – [14] ebd., S. 269. – [15] Faÿ, *Louis XVI*, S. 275. – [16] Mossiker. – [17] Martin, H., *France*, Bd. XVI, S. 539. – [18] Taine, *Entstehung*, Bd. I, S. 63. – [19] Martin, H., Bd. XVI, S. 573. – [20] Paine, *The Rights of Man*, S. 80. – [21] Stryienski, *Eighteenth Century*, S. 286. – [22] Young, S. 92. – [23] ebd., S. 97. – [24] Guérard, *Life and Death of an Ideal*, S. 308. – [25] Martin, H., *France*, Bd. XVI, S. 308. – [26] Lefebvre, S. 29; Cobban, *History of Modern France*, Bd. I, S. 128. – [27] Martin, H., Bd. XVI, S. 608. – [28] Stewart, *Documentary Survey of the French Revolution*, S. 27ff.; Martin, H., Bd. XVI, S. 612. – [29] Michelet, *Geschichte der Französischen Revolution*, S. 107. – [30] Michelet, *Histoire de France*, Bd. V, S. 545. – [31] Faÿ, *Louis XVI*, S. 308; Taine, *Entstehung*, Bd. I, S. 192. – [32] Aulard, Bd. I, S. 23; Michelet, *French Revolution*, S. 73. – [33] Lichtenberger, S. 20; Martin, H., Bd. XVI, S. 630. – [34] Tocqueville, *L'Ancien Régime*, S. 121. – [35] Herbert, *Fall of Feudalism*, S. 76, 87. – [36] ebd., S. 76. – [37] *CMH*, Bd. VIII, S. 128. – [38] Barthou, *Mirabeau*, S. 11. – [39] ebd., S. 62. – [40] ebd., S. 68. – [41] Michelet, *Histoire de France*, Bd. V, S. 515. – [42] Crocker, *Embattled Philosopher*, S. 436. – [43] Barthou, S. 91. – [44] ebd., S. 97. – [45] ebd., S. 118. – [46] ebd., S. 138. – [47] ebd., S. 162. – [48] ebd., S. 163; Martin, H., *France*, Bd. XVI, S. 624. – [49] Jaurès, Bd. I, S. 77. – [50] Michelet, *Histoire de France*, Bd. V, S. 554. – [51] Herbert, *Fall of Feudalism*, S. 95. – [52] Taine, *Entstehung*, Bd. I, S. 303. – [53] ebd., S. 266. – [54] Martin, H., *France*, Bd. XVI, S. 625. – [55] Lefebvre, S. 94. – [56] *Enc. Brit.*, Bd. XVI, S. 909d. – [57] Faÿ, *Louis XVI*, S. 312. – [58] ebd., S. 305. – [59] *Enc. Brit.*, Bd. XII, S. 491b. – [60] Taine, *Entstehung*, Bd. I, S. 312. – [61] *Enc. Brit.*, Bd. XII, S. 491b. – [62] Taine, Bd. I, S. 312. – [63] *CMH*, Bd. VIII, S. 133; Cobban, *History of Modern France*, Bd. I, S. 140. – [64] Barthou, S. 171. – [65] Young, S. 153. – [66] Lefebvre, S. 72. – [67] Young, S. 176. – [68] Lefebvre, S. 76. – [69] Young, S. 176. – [70] Lefebvre, S. 77. – [71] Young, S. 177. – [72] Michelet, *Geschichte der Französischen Revolution*, S. 125; Lefebvre, S. 80f. – [73] Rede vom 8. Juli 1789, in Barthou, S. 186. – [74] Campan, *Memoirs*, Bd. I, S. 358. – [75] Staël, *Considérations sur la Révolution française*, in Ducros, *French Society*, S. 316. – [76] Kropotkin, *The Great French Revolution*, S. 61ff. – [77] Michelet, *Französische Revolution*, S. 122. – [78] ebd., S. 129. – [79] Lefebvre, S. 86. – [80] Taine, *Entstehung*, Bd. I, S. 323f. – [81] Michelet, *Französische Revolution*, S. 136. – [82] Lefebvre, S. 101.

PERSONENVERZEICHNIS

In Klammern nach dem Namen: Geburts- und Todesdatum; r. vor den Daten: Regierungsdauer von Päpsten und Herrschern. Sämtliche Daten sind nach Christus, falls nicht anders bezeichnet. Seitenzahlen in *Kursiv* verweisen auf Abbildungslegenden und stehen jeweils als letzte Information beim Stichwort.

A

Abbt, Thomas (1738–1766), 180
Abington, Frances, geb. Barton (1737–1815), 297, 311
Adam, James († 1794), 306, 326
Adam, John 306, 326
Adam, Robert (1728–1792), 249, 306, 326
Adam, William (um 1770), 243, 287, 306, 326
Adams, John (1735–1826), 448, 450, 485
Adams, John Quincy (1767–1848), 109
Adams, Samuel (1722–1803), 261
Adams, William (1706–1789), 412
Addison, Joseph (1672–1719), 204, 409, 416
Adolf Friedrich von Holstein-Gottorp, König von Schweden (r. 1751–1771), 199 f.
Aiguillon, Armand de Vignerot, Herzog von (* 1750), Abgeordneter in den Generalständen, 549
Aiguillon, Emmanuel-Armand de Vignerot, Herzog von (1720–1782), französischer Staatsmann, 428
Aischylos (525–456 v. Chr.), 306
Alba, Fernando Alvarez de Toledo, Herzog von (1508–1582), 127
Albert, Herzog von Sachsen-Teschen (1738–1822), 420
Alembert, Jean Le Rond d' (1717–1783), 18, 28, 99, 200, 331, 360, 365, 395, 433, 455, 472 f., 475, 491, 495, 505, 528
Alexander I., Zar von Rußland (r. 1801–1825), 188
Alexander der Große, König von Makedonien (r. 336–323 v. Chr.), 476

Alfonso II., Herzog von Ferrara (r. 1559–1597), 119
Amelia, Prinzessin (1782–1810), Tochter Georgs III. von England 281
Andrews, Dr. (um 1762), 365
Angelucci, Guglielmo (um 1773), 507
Anhalt-Zerbst, Fürst von, s. Christian August
Anhalt-Zerbst, Fürstin von, s. Johanna Elisabeth
Ankarström, Jakob (1762–1792), 210
Anna, Königin von Großbritannien und Irland (r. 1702–1714), 388
Anna, Prinzessin, Regentin der Niederlande (r. 1751–1759), 191
Anna Amalia, Herzogin-Witwe und Regentin von Sachsen-Weimar (r. 1758–1775), 81 f., 85, 110, 113, 115, 125 f., 135
Aranda, Pedro Abarca, Graf von (1718–1799), 422, 459
Arblay, Alexandre d' († 1818), 356
Archimedes (287?–212 v. Chr.), 216
Archytas von Tarent (um 400–365 v. Chr.), 84
Argens, Jean-Baptiste de Boyer, Marquis von (1704–1771), 15
Argenson, René-Louis de Voyer, Marquis d' (1694–1757), 259, 516
Argental, Charles-Augustin de Ferriol, Graf von (1700–1788), 453
Aristoteles (384–322 v. Chr.), 331
Arkwright, Sir Richard (1732–1792), 217 f., 225
Armour, Jean, s. Burns, Jean
Armstead, Elizabeth (* 1750), 280
Arnim, Henriette von (um 1787), 108

Arnould, Sophie (1744–1802), 462, 505
Arran, James Hamilton, 2. Earl of (1517?–1575), 341
Artois, Graf von, s. Karl X. von Frankreich
Augeard, Jacques-Matthieu (1731–1805), 425
Augereau, Pierre-François-Charles, Marschall (1757–1816), 143
August II. (der Starke), König von Polen (r. 1697–1704), als Friedrich August I. Kurfürst von Sachsen (r. 1694–1733), 173
August III., König von Polen (r. 1734–1763), als Friedrich August II. Kurfürst von Sachsen (r. 1733–1763), 24, 173
Augusta von Sachsen-Gotha, Prinzessin von Wales († 1772), 235 f., 249, 252
Austen, Jane (1775–1817), 356
Austin, Lady (um 1785), 379 f.

B

Baal Schem Tow (Israel ben Elieser (1700?–1760), 177
Babeuf, François-Emile «Gracchus» (1760–1797), 472, 526
Bach, Johann Christian (Mailänder Bach, 1735–1782), 51 f., 304, 315, 401
Bach, Johann Christoph Friedrich (Bückeburger Bach, 1732–1795), 51 f., 101
Bach, Johann Ernst (1722–1777), 51
Bach, Johann Sebastian (1685–1750), 42, 51 ff., 105, 152
Bach, Karl Philipp Emanuel (Berliner Bach, 1714–1788), 51 ff.
Bach, Veit († 1619), 52

Bach, Wilhelm Friedemann
(Hallescher Bach, 1710–
1784), 51f.
Bach, Wilhelm Friedrich Ernst
(1759–1845), 51f.
Bacon, Anthony (um 1785),
Hüttenwerkbesitzer, 216
Bacon, Sir Francis (1561–1626),
359, 442
Baggesen, Jens (1764–1826),
130, 132, 194
Bahrdt, Karl Friedrich (1764–
1826), 30
Bailey, Nathaniel (†1742), 391
Bailly, Jean-Sylvain (1736–
1793), 549f.
Balzac, Honoré de (1799–1850),
504
Bamberg, Fürst-Bischof von
(um 1525), 91
Barbauld, Anna, geb. Aikin
(1743–1825), 351
Barber, Frank (1745?–1801),
393
Barleycorn, John 340
Barnave, Antoine-Pierre-Joseph
(1761–1793), 538, 549
Barré, Isaac (1726–1802), 254
Barry, Spranger (1719–1777),
296
Barthe, Nicolas (um 1778), 452
Barthélemy, Jean-Jacques, Abbé
(1716–1795), 502
Basedow, Johann Bernhard
(1724?–1790), 28f., 77, 151,
468
Basnage, Jacques (1653–1725),
183
Bassenge, Paul (um 1785), 531
Baumgarten, Alexander Gottlieb
(1714–1762), 58
Bayle, Pierre (1647–1706), 87,
470, 479
Beauclerk, Lady Diana (1734–
1808), 415
Beauclerk, Topham (1739–
1780), 387, 398, 412f.
Beauharnais, Fanny, Gräfin von
(1738–1813), 491, 504f.
Beauharnais, Joséphine de, geb.
Marie-Josèphe-Rose Tascher
de La Pagerie (1763–1814),
491
Beaumarchais, Pierre-Augustin
Caron de (1732–1799), 445,
447, 475, 505ff., 528, 533

Beccaria, Cesare Bonesana,
Marchese di (1738–1794), 295
Beckford, William (1760–1844),
Schriftsteller, 376
Beckford, William (1709–1770),
Oberbürgermeister von
London, 255
Beethoven, Ludwig van (1770–
1827), 53, 107, 151, 161
Belisar (505?–565), 371
Bellamy, Georgeanne (1731?–
1788), 296
Bellman, Carl (1740–1795),
205f.
Belsunce, Emilie de (um 1796),
474
Benedikt XIV. (Prospero Lam-
bertini), Papst (r. 1740–
1758), 174
Bentham, Jeremy (1748–1832),
293ff., 460
Berengar von Tours (998–1088),
35
Bergman, Tobern Olof (1735–
1784), 150, 202
Berkeley, George (1685–1753),
320, 325f., 407
Berlichingen, Gottfried (Götz)
von (1480–1562), 90f.
Berlioz, Hector (1803–1869),
166
Bernardin de Saint-Pierre,
Désirée, geb. de Pellepou,
502
Bernardin de Saint-Pierre,
Félicité, geb. Didot, 502
Bernardin de Saint-Pierre,
Jacques-Henry (1737–1814),
462f., 466, 469, 487, 498,
501f.
Bernhard, Isaak (um 1750), 179
Bernstorff, Andreas Peter, Graf
von (1735–1797), 197
Bernstorff, Johann Hartwig
Ernst, Graf von (1712–1772),
41, 196f.
Berthollet, Claude-Louis (1748–
1822), 527
Besenval, Pierre-Victor, Baron
von (1722–1791), 553, 555f.
Bilderdijk, Willem (1756–
1831), 190
Bismarck, Otto von (1815–
1898), 23
Black, Joseph (1728–1799), 215,
219f., 324f., 519

Blackstone, Sir William (1723–
1780), 234f., 292ff., 316,
363, 404
Blagden, Sir Charles (1748–
1820), 415
Blair, Catherine (um 1768), 347
Blair, Hugh (1718–1800), 328,
330, 338
Blake, William (1757–1827),
203
Blanchard, François (1753–
1809), 520
Bocaccio, Giovanni (1313–1375),
38
Boccage, Marie-Anne Fiquet du,
geb. Le Page (1710–1802),
365
Bodmer, Johann Jakob (1698–
1783), 98
Boerhaave, Hermann (1668–
1738), 190
Böhme, Frau Hofrat, 49
Böhmer, Charles (um 1785),
5f., 531f.
Boileau-Despréaux, Nicolas
(1636–1711), 54, 469
Boissel, François (um 1789), 526
Bolingbroke, Henry Saint John,
Graf (1678–1751), 235, 239
Bonaparte, Napoleon, s. Napo-
leon I.
Boncerf, Pierre-François (1745–
1794), 515
Bonnefax, Pater (um 1789), 483
Bordes, Professor (um 1740),
469
Boscawen, Mrs. 285
Bossuet, Jacques-Bénigne (1627–
1704), 54, 101, 362
Boswell, Alexander, Laird of
Auchinleck (†1782), 341f.,
346ff., 409, 415
Boswell, Euphemia, Lady
Auchinleck, geb. Erskine
(†1766), 341, 346
Boswell, James (1740–1795),
189f., 220, 240, 254, 283f.,
286, 289, 302f., 311, 313,
323ff., 341ff., 372, 387f.,
390, 393ff., 398ff., 405ff.,
412ff., 353
Boswell, John, Bruder von
James, 341
Boswell, Margaret, geb. Mont-
gomerie (1738–1789), 347f.,
414f.

Boufflers, Herzogin von, s.
Luxemburg, Madeleine-
Angélique, Marschallin von
Boufflers, Marie-Charlotte-
Hippolyte de Saujon, Gräfin
von (1725– etwa 1800), 461,
491, 516
Boulton, Matthew (1728–1809),
220f., 290
Bourbon, Herzogin von, 516
Bourbon, Louis-Henri-Joseph,
Herzog von (1756–1830), 425
Bouverie, Mrs. Edward (um
1770), 312
Bowles, Miss, 312
Boyd, Mary Ann (um 1769), 347
Braunschweig, Ferdinand,
Herzog von, s. Ferdinand
Braunschweig, Karl Wilhelm
Ferdinand, Herzog von, s.
Karl Wilhelm Ferdinand
Braunschweig, Leopold, Prinz
von, s. Leopold
Braunschweig-Wolfenbüttel,
Ludwig Ernst, Herzog von,
s. Ludwig Ernst
Brentano, Bettina (1785–1859),
93, 149f., 161
Brentano, Maximiliane, geb. von
La Roche, 92f., 149
Brentano, Peter (um 1773), 93
Breteuil, Louis-Auguste Le
Tonnelier, Baron von (1730–
1807), 532, 535, 554, 556
Brézé, Henri-Evrard, Marquis
de (1766–1829), 552
Bridgewater, Francis Egerton,
3. Herzog von (1736–1803),
214, 217
Brienne, Madame de, 516
Brienne, Loménie de, s. Lomé-
nie de Brienne, Étienne
Brindley, James (1716–1772),
217
Brion, Friederike (1752–1813),
45f., 89ff., 145, 151
Brissot de Warville, Jacques-
Pierre (1754–1793), 526f.
Broglie, Victor-François, Herzog
von (1718–1804), 553f., 556
Brooke, Henry (1703?–1783),
351
Brown, Lancelot, «Capability»
(1715–1783), 307
Browning, Robert (1812–1889),
203

Brummell, George Bryan, «Beau»
(1778–1840), 312
Brummell, William 312
Brutus, L. Iunius (um 510
v. Chr.), 255, 496
Buccleuch, Henry Scott,
3. Herzog von (1746–1812),
331
Buckle, Henry Thomas (1821–
1862), 331
Buff, Charlotte, s. Kestner,
Charlotte
Buffon, Georges-Louis Leclerc,
Graf von (1707–1788), 178,
474, 484, 491
Bunbury, Henry 387
Bürger, Gottfried August (1747–
1794), 43f., 100
Burgoyne, John (1722–1792),
265
Burgund, Ludwig-Joseph von
Frankreich, Herzog von
(1751–1761), Enkel Lud-
wigs XV., 419
Büring, Johann Gottlieb (1723–
etwa 1789), 49
Burke, Edmund (1729–1797),
24, 60, 230, 237ff., 243,
246, 250f., 262ff., 269,
271ff., 275ff., 281, 285, 287,
289, 292, 306, 311, 313,
316, 320ff., 335, 348, 373,
387, 398f., 404, 412ff., 471,
479, 483
Burke, June, geb. Nugent, 240
Burke, Richard, Bruder Ed-
munds, 272
Burke, William (um 1780),
Vetter Edmunds, 272
Burney, Charles (1726–1814),
16, 304f., 355f., 398f., 411
Burney, Fanny (1752–1840), 285,
300, 351, 355f., 399, 403,
411f.
Burns, Agnes, geb. Brown, 335
Burns, Gilbert, Bruder von
Robert, 336
Burns, Jean, geb. Armour
(†1834), 324, 336f., 339ff.
Burns, Robert (1759–1796),
287, 323, 325, 335ff.
Burns, William (†1784), 335f.,
340
Burr, Margaret, 315
Burton, Robert (1577–1640),
353

Bury, John Bagnell (1861–1927),
374
Bute, John Stuart, 3. Earl of
(1713–1792), 236, 240,
246ff., 252, 306, 311, 322,
345, 398
Bute, Mary, Gräfin von, geb.
Montagu (1718–1794), 236
Buttal, Jonathan, 316
Byron, George Gordon, Lord
(1788–1824), 162, 164, 166,
195, 207, 245, 355, 459f.,
469

C

Cabanis, Pierre-Jean (1757–
1808), 447
Caesar, Gaius Iulius (100–44
v. Chr.), 54, 144, 210
Caffieri, Jean-Jacques (1725–
1792), 494
Cagliostro, Alessandro, «Graf»
von (Giuseppe Balsamo,
1743–1795), 187, 495, 531ff.
Calas, Jean, 48, 456, 460
Caldwell, Thomas (um 1776),
366
Calonne, Charles-Alexandre de
(1734–1802), 533ff., 544f.
Calvin, Johannes (1509–1564),
460
Camelford, Lord 232
Campan, Jeanne-Louise-Hen-
riette, geb. Genêt (1752–
1822), 429, 431, 433, 444
Campanelli, Kardinal (um 1760),
174
Campbell, Mary (†1786), 336f.
Canaletto (Antonio Canale,
1697–1768), 303
Cannabich, Christian (1731–
1798), 50
Canova, Antonio (1757–1822),
187, 309
Capion, Etienne (um 1720), 193
Carl August, Herzog (später
Großherzog) von Sachsen-
Weimar (r. 1775–1828), 24,
29, 45f., 48, 73, 81f., 97f.,
105, 108, 110, 113ff., 118f.,
123ff., 129, 138, 140, 142f.,
152f., 165, neben 128
Carlisle, Frederick Howard,
5. Earl of (1748–1825), 312

Carlisle, Georgiana, Gräfin von, 312

Carlos, Don (1545–1568), Sohn Philipps II., 108, 127

Carlos von Bourbon, Don, s. Karl III., König von Spanien

Carlyle, Thomas (1795–1881), 80, 102, 166, 203, 339, 393

Carmer, Johann Heinrich Kasimir von (um 1780), 21

Caron, Lisette, 506

Carpenter, Edward (1844–1929), 472

Carriera, Rosalba (1675–1757), 358

Carstens, Asmus Jakob (1754–1798), 49

Carter, Elizabeth (1717–1806), 284

Cartwright, Edmund (1743–1823), 218

Casanova, Giovanni Iacopo (1725–1798), 24, 35

Cave, Edward (1691–1754), 389f., 392

Cavendish, Henry (1731–1810), 519

Cavendish, Lord 280

Caylus, Anne-Claude-Philippe de Tubières, Graf von (1692–1765), 307

Cervantes Saavedra, Miguel de (1547–1616), 353

Chait Singh, Radscha von Benares (r. 1773–1780), 270, 272

Chambers, Sir William (1726–1796), 305, 307

Chamfort, Sébastien-Roch-Nicolas de (1741–1794), 479, 498ff., 517, 527, 546

Chamier, Anthony (1725–1780), 398

Charles, Jacques-Alexandre (1746–1823), 519

Charlotte Sophie (1744–1818), Gemahlin Georgs III. von England, 52, 247, 286, 292, 296, 356, 361

Charrière, Isabella de («Zélide»), geb. van Tuyll (1740–1805), 190f., 344f.

Charrière, Saint-Hyacinthe de, 190

Chastellux, François-Jean, Marquis de (1734–1788), 457

Chateaubriand, François-René de (1768–1848), 469, 471, 502

Chatham, Lady, geb. Grenville, 246, 248

Chatham, Lord, s. Pitt der Ältere, William

Chatterton, Thomas (1752–1770), 308, 376ff.

Chaulness, Marie-Joseph d'Albert d'Ailly, Herzog von (1741–1793), 507

Chénier, Marie-Joseph (1764–1811), 505

Chesterfield, Philip Dormer Stanhope, 4. Earl of (1694–1773), 20, 239, 350, 353, 391, 394

Chippendale, Thomas (1718–1779), 306

Chodowiecki, Daniel (1726–1801), 48f., 192

Choiseul, Etienne-François, Herzog von (1719–1785), 200, 420, 461

Choiseul, Louise-Honorine Crozat, Herzogin von (1735–1801), 491

Cholmondeley, Lord 280

Christian VI., König von Dänemark (r. 1730–1746), 196

Christian VII., König von Dänemark (r. 1766–1808), 196f.

Chubb, Thomas (1679–1747), 289

Churchill, Charles (1731–1764), 249, 252, 376, 398

Cibber, Colley (1671–1757), 299

Cibber, Susannah Maria, geb. Arne (1714–1766), 296, 392

Cicero, Marcus Tullius (106–43 v. Chr.), 18, 237, 416

Clairon, Mademoiselle (Claire-Josèphe de la Tude, 1723–1803), 491, 493

Clarendon, Edward Hyde, 1. Earl of (1609–1674), 359, 432

Claudius, Matthias (1740–1815), 43

Clavigo y Fajardo, José (1726–1806), 506

Clemens XII. (Lorenzo Corsini), Papst (r. 1730–1740), 527

Clemens XIV. (Giovanni Ganganelli), Papst (r. 1769–1774), 495

Clive, Kitty, geb. Catherine Raftor (1711–1785), 297

Clive, Robert (1725–1774), 267, 269, 316

Clodion (Claude Michel, 1738–1814), 495

Clugny de Nuis (†1776), 442

Cocceji, Samuel, Baron von (1679–1755), 21

Colbert, Jean-Baptiste (1619–1683), 434, 442, 522

Coleridge, Samuel Taylor (1772–1834), 80, 203, 469

Collins, Anthony (1676–1729), Deist, 29, 289

Collins, William (1721–1759), Dichter, 42, 467

Colman, George (1732–1794), 299, 385f.

Commodus, L. Aurelius, römischer Kaiser (r. 180–192), 367

Condé, Louis-Joseph von Bourbon, Prinz von (1736–1818), 425

Condillac, Etienne Bonnot de (1715–1780), 472, 483

Condorcet, Jean-Antoine-Nicolas Caritat, Marquis de (1743–1794), 458, 472, 475ff., 502, 511, 523, 527f., 547, 549

Condorcet, Sophie de Grouchy, Marquise de (1764–1822), 491

Congreve, William (1670–1729), 359

Constant, Benjamin (1767–1830), 191

Conti, Louis-François von Bourbon, Prinz von (1717–1776), 425, 461, 480, 509

Conway, Lord George, 312

Conway, Henry Seymour (1721–1795), 358

Cook, James (1728–1779), Kapitän, 213

Corday, Charlotte (1768–1793), 497

Corneille, Pierre (1606–1684), 34, 44, 469

Cornwallis, Charles, 1. Marquis (1738–1805), 266, 283, 322, 449

Cowper, Theodora (um 1748), 378, 381

Cowper, William (1731–1800), 287, 290, 378, 382, 388

PERSONENVERZEICHNIS 591

Crawshay, Richard (um 1780), 216
Crébillon der Jüngere (Claude-Prosper Jolyot de Crébillon, 1707–1777), 380, 487
Creech, William (1745–1815), 324
Créqui, Renée-Caroline de Froullay, Marquise de (1714–1803), 491
Creutz, Gustaf, Graf (1731–1785), 205, 207
Crewe, Frances, geb. Greville (um 1776), 312
Crewe, Master, 312
Crompton, Samuel (1753–1827), 218
Crosby, Brass, Oberbürgermeister von London (um 1771), 257 f.
Crousaz, Frau von, 372
Crusius, Christian August (1715–1775), 58
Curchod, Suzanne, s. Necker, Suzanne

D

Dalberg, Johann Friedrich Hugo von (1760–1812), 113
Dalberg, Wolfgang Heribert, Baron von (1750–1806), 104 f.
Dalin, Olof von (1708–1763), 204
Dannecker, Johann Heinrich von (1758–1814), 48
Dante Alighieri (1265–1321), 49, 149, 308, 359
Danton, Georges-Jacques (1759–1794), 497, 527, 547
Darby I., Abraham (um 1754), 216
Darby II., Abraham (1750–1791), 216
Darnley, Henry Stuart, Lord (1545–1567), 341
Darwin, Charles (1809–1892), 459 f., 469
Darwin, Erasmus (1731–1802), 156, 290
Dashwood, Sir Francis (1708–1781), 252
Davenport, Richard (um 1766), 461
David, Jacques-Louis (1748–1825), 496 f.

Davies, Henry E. (1757–1784), 369
Davies, Thomas (1712?–1785), 343, 350
Dayer, Edmund (1763–1804), 309
Deane, Silas (1737–1789), 445, 447, 508
Defoe, Daniel (1659?–1731), 287, 416
Delille, Jacques, Abbé (1738–1813), 457
Demosthenes (384?–322 v. Chr.), 54
Denis, Marie-Louise, geb. Mignot (1712–1790), 19, 452, 454 ff., 491, 496
Derby, Edward Stanley, 12. Earl of (1752–1834), 280
Derwentwater, Sir James Radcliffe, 3. Earl of (1689–1716), 282
Descartes, René (1596–1650), 59, 97
Desmoulins, Camille (1760–1794), 499, 504, 527, 547, 554
Desnoiresterres, Gustave (1817–1892), 458
Devonshire, Lady Georgiana Spencer, Herzogin von (1757–1806), 312
Dewey, John (1859–1952), 468
Deyverdun, Georges (†1789), 370, 372
Dickens, Charles (1812–1870), 294
Diderot, Denis (1713–1784), 32, 89, 99, 131, 178, 183, 330, 354, 359, 365, 395, 416, 443, 445, 455, 461, 471 ff., 479, 485, 487, 491, 493, 495, 505, 528
Dimitri (Pseudo-Demetrius), Zar von Rußland (r. 1605–1606), 141
Disraeli, Benjamin (1804–1881), 279
Dodd, William (1729–1777), 402
Dodington, George Bubb (1691–1762), 252
Dodsley, Robert (1703–1764), 315, 324, 383, 389, 391 f.
Doig, Peggy (um 1761), 342
Donne, John (1573–1631), 378, 416

Dorat, Claude-Joseph (1734–1780), 463
Draper, Elizabeth (um 1767), 354
Draper, Sir William (um 1769), 257
Dryden, John (1631–1700), 416
Dubarry, Marie-Jeanne Bécu, Gräfin (1743?–1793), 200, 420, 422, 428, 453, 494, 496, 498, 507, 531
Du Deffand, Marie de Vichy-Chamrond, Marquise (1697–1780), 200, 288, 311, 360, 369, 446, 453, 489 ff., 509
Dunlop, Frances (1730–1815), 340
Dunning, John, Baron Ashburton (1731–1783), 266
Du Pont de Nemours, Pierre-Samuel (1739–1817), 435, 439
Du Ry, Simon-Louis (1726–1799), 50
Dusaulx, Jean-Joseph (1728–1799), 462 f.
Dyck, Anton van (1599–1641), 315

E

Eberhard, Johann (1739–1809), 30
Eckermann, Johann Peter (1792–1854), 25, 27, 85, 89, 94, 115, 140, 144, 147, 149, 156, 158, 162 f., 165, 167
Eglinton, Alexander Montgomerie, 10. Earl of (um 1760), 342
Egloffstein, Frau von, neben 128
Egmont, Casimir, Graf von, 463
Egmont, Prinz Pignatelli von, 463
Egmont, Septimanie de Richelieu, Gräfin von (1740–1773), 463
Egremont, Sir Charles Wyndham, 2. Earl of (1710–1763), 232
Elijah ben Solomon (1720–1797), 177
Eliot, Edward, später Lord Eliot (1727–1804), 361
Elisabeth I., Königin von England (r. 1558–1603), 139

Elisabeth (Elisaweta Petrowna),
Zarin von Rußland (r. 1741–
1762), 55, 173, 199
Elisabeth Farnese, s. Isabella
Elisabeth von Valois (1545–
1568), Gemahlin Philipps II.
von Spanien, 127
Elisabeth Christine von Braun-
schweig-Bevern (1715–1797),
Gemahlin Friedrichs II. von
Preußen, 16
Emerson, Ralph Waldo (1803–
1882), 80, 203
Engels, Friedrich (1820–1895),
459
Epée, Charles-Michel, Abbé de
L' (1712–1789), 487
Epiktet (50?–120?), 284
Epinay, Louise-Florence Lalive
d', geb. Tadieu d'Esclavelles
(1726–1783), 200, 463,
473f., 491
Eprémesnil, Jean-Jacques Du-
val d' (1746–1794), 537
Erasmus, Desiderius (1466?–
1536), 373
Erskine, John (1695–1768),
323
Erskine, Thomas (1750–1823),
323
Euler, Leonhard (1707–1783),
59
Euripides (480–406 v. Chr.),
122
Ewald, Johannes (1743–1781),
195
Eybenberg, Marianne von
(um 1810), 150

F

Falconet, Etienne-Maurice
(1716–1791), 494
Farinelli (Carlo Broschi, 1705–
1782), 304
Fasch, Karl Friedrich Christian
(1736–1800), 53
Febronius, Justinus, s. Hontheim, Johann Nikolaus von
Fénelon, François de Salignac
de la Mothe- (1651–1715),
419
Ferdinand, Erzherzog (1754–
1806), Herzog von Modena,
421

Ferdinand III., Herzog von
Parma (r. 1765–1801), 420
Ferdinand, Herzog von Braun-
schweig (1721–1792), 29
Ferguson, Adam (1723–1816),
324, 327f., 338
Fersen, Fredrik Axel, Graf von
(1719–1794), 209f.
Fersen, Hans Axel, Graf von
(1755–1810), 210, 530
Fersen, Sophie von, 530
Fichte, Johann Gottlieb (1762–
1814), 80, 132, 156, 159
Fielding, Henry (1707–1754),
287, 379, 391, 407, 416
Fielding, Sarah (1710–1768),
351
Firdausi (940?–1020?), 151
Fischerström, Johan (1735–
1796), 205
Fisher, William, 336
Fitzherbert, Maria Anne, geb.
Smythe (1756–1837), 274
Flachsland, Karoline, s. Herder,
Karoline
Flaxman, John (1755–1826),
308
Flood, Henry (1732–1791), 321
Fontenailles, Marquise von, 90
Fontenelle, Bernard Le Bovier
de (1657–1757), 54, 475, 485
Foote, Samuel (1720–1777),
296, 316
Fordyce, Lord, 50
Fourier, François-Marie-Charles
(1772–1837), 472
Fourmantelle, Catherine
(um 1759), 352
Fox, Charles James (1749–1806),
230, 241ff., 251, 262, 264ff.,
270ff., 275ff., 279ff., 284,
287, 309, 311f., 322, 340,
366, 398, 406
Fox, George (1624–1691), 287
Fox, Henry, s. Holland,
1. Baron
Fragonard, Jean-Honoré (1732–
1806), 496
France, Anatole (1844–1924),
459
Francis, Sir Philip (1740–1818),
255, 257, 269f., 272, 277
Frank, Jakob, s. Lejbowicz,
Jankiew
Frankl, August (1810–1894),
151

Franklin, Benjamin (1706–1790),
44, 251, 288, 316, 369, 432,
442, 445ff., 449, 453, 480,
488, 496, 527
Franquet, Monsieur († 1756),
505
Fredman, Jan (1712–1767), 205
Fréron, Elie (1719–1776), 508
Friederike von Mecklenburg-
Strelitz, Prinzessin, 48
Friedrich I., König von Schweden (r. 1720–1751), bis 1720
Friedrich I., Landgraf von
Hessen-Kassel, 198f.
Friedrich II. der Große, König
von Preußen (r. 1760–1785),
15ff., 27, 30, 34, 47ff., 51,
53ff., 59, 61, 67, 81f., 91,
167, 181, 199f., 202, 237,
248f., 252, 345, 360, 423,
433, 441, 451, 454, 458f.,
464, 472, 479, 496, 527,
544, 97
Friedrich II., Landgraf von
Hessen-Kassel (r. 1760–1785),
25, 50
Friedrich IV., König von Dänemark (r. 1699–1730), 193
Friedrich V., König von Dänemark (r. 1746–1766), 41,
195f., 200
Friedrich VI., König von Dänemark (r. 1784–1808 als Regent, 1808–1839 als König),
197
Friedrich August I., Kurfürst
von Sachsen, s. August II.
von Polen
Friedrich August II., Kurfürst
von Sachsen, s. August III.
von Polen
Friedrich August III., Kurfürst
von Sachsen (r. 1768–1806), 24
Friedrich Christian (1765–1814),
Herzog von Holstein-
Augustenburg, 130
Friedrich Ludwig, Prinz von
Wales (1707–1751), 235f.
Friedrich Wilhelm I., König von
Preußen (r. 1713–1740), 15,
20f., 51, 55f.
Friedrich Wilhelm II., König
von Preußen (r. 1786–1797),
55f., 67, 75
Friedrich Wilhelm III., König von
Preußen (r. 1797–1840), 74

PERSONENVERZEICHNIS

Friedrich Wilhelm, der Große
Kurfürst von Brandenburg
(r. 1640–1688), 53
Fröbel, Friedrich (1782–1852),
468
Fullerton (Duell mit Shelburne),
287
Fulton, Robert (1765–1815), 519

G

Galilei, Galileo (1564–1642), 73
Gainsborough, Thomas (1727–
1788), 244, 297, 311, 315 ff.,
225
Galiani, Ferdinando, Abbé
(1728–1787), 121, 491
Garrick, David (1717–1779),
187, 243, 245 f., 274, 284 f.,
296 ff., 305 f., 309, 311, 343,
348, 356, 376, 383 ff., 389,
392, 398 f., 401, 412
Garrick, Eva Maria, geb. Weigel
(1724–1822), 300
Garve, Christian (1742–1798), 63
Gaultier, Abbé (um 1778),
454 f., 458
Gautier, Théophile (1811–1872),
459, 469
Geelvinck, Frau (um 1763), 344
Gellert, Christian Fürchtegott
(1715–1769), 345
Geminiani, Francesco († 1762), 304
Genlis, Stéphanie-Félicité de
(1746–1830), 372, 491, 547
Geoffrin, Marie-Thérèse, geb.
Rodet (1699–1777), 200, 365,
489
Geoffroy Saint-Hilaire, Etienne
(1772–1844), 155
Georg I., König von Großbritannien und Irland (r. 1714–
1727) und Kurfürst von Hannover (r. 1698–1727), 248
Georg II., König von Großbritannien und Irland und Kurfürst von Hannover (r. 1727–
1760), 176, 235, 247 f., 359
Georg III., König von Großbritannien und Irland (r. 1760–
1820), Kurfürst und (nach
1815) König von Hannover,
196 f., 200, 207, 233 ff., 243,
247 ff., 255 ff., 263, 265 f.,
271, 274, 276, 279 ff., 287,
291 ff., 309, 326, 340, 356,
359 f., 366, 370, 398, 408

Georg IV. (Georg August Friedrich, Prinz von Wales), König
von Großbritannien und Irland
(r. 1811–1820 als Prinzre-
gent, 1820–1830 als König),
274, 280, 297, 340
Gerstenberg, Heinrich von
(1737–1823), 42
Gessner, Salomon (1730–1788),
43 f., 188
Gibbon, Catherine, 361
Gibbon, Edward (1666–1736),
Großvater des Historikers, 361
Gibbon, Edward (1707–1770),
Vater des Historikers, 361 ff.,
366
Gibbon, Edward (1737–1794),
54, 56, 129, 185, 243, 251,
263 f., 273, 283, 289, 304 f.,
311, 325, 327, 331, 335,
350, 359, 361, 376, 398,
403, 416, 432, 442, 459,
489, 491 f.
Gibbon, Hester (1705–1789),
361 f.
Gideon, Sampson (1699–1762),
176
Gillray, James (1757–1815),
284, 309
Girardin, René, Marquis de
(um 1728), 466, 529
Gluck, Christoph Willibald
(1714–1787), 53, 118, 420,
453, 462, 491 f.
Göchhausen, Luise von, 145
Godwin, William (1756–1836),
460, 472
Goethe, August von (1789–
1830), 114, 124, 140, 151 f.,
166
Goethe, Christiane, geb. Vulpius
(1765–1816), 124 f., 139 f.,
142 f., 150 ff.
Goethe, Cornelia (1750–1777),
86, 94
Goethe, Johann Kaspar (1710–
1782), 85 f., 88, 91 f., 98,
114, 175
Goethe, Johann Wolfgang von
(1749–1832), 24 f., 28 f., 33,
36, 39, 41 ff., 56, 73, 79 ff.,
85 ff., 100 f., 109, 113 ff.,
128, 130 ff., 175, 180, 183,
187, 192, 206, 282, 328 ff.,
384, 416, 433, 459 f., 469,
506, 96

Goethe, Katharina Elisabeth,
geb. Textor (1731–1808),
85 f., 88, 114, 143
Goethe, Ottilie von, geb. Pogwisch (1796–1872), 152, 166 f.
Goeze, Johann Melchior (1717–
1786), 37, 39, 133
Goëzman, Louis-Valentin
(um 1770), 506 f.
Goislard de Montsabert, Anne-
Louis (1763–1814), 537
Goldoni, Carlo (1707–1793),
462, 492
Goldsmith, Henry, 382, 384
Goldsmith, Oliver (1728–1774),
90, 215, 240, 285 f., 296,
302, 311, 313, 320, 350,
378, 382 ff., 388, 398 ff.,
402 ff., 412 f.
Gontard, Karl Philipp Christian
von (1731–1791), 49
Gordon, Lord George (1751–
1793), 291 f.
Göschen, G. J., Verleger
(1752–1828), 106, 120
Gossec, François-Joseph (1734–
1829), 493
Gottsched, Johann Christoph
(1700–1766), 345
Gouvernet, Suzanne de Livry,
Marquise de, 455
Graff, Anton (1736–1813), 49
Grafton, Augustus Henry Fitz-
roy, 3. Herzog von (1735–
1811), 250, 254, 256, 262,
286
Graham, Mrs. (um 1777), 316
Gramont, Béatrice de Choiseul,
Herzogin von (1731–1794), 491
Grasse, François-Joseph-Paul
Graf von (1772–1788), 213,
449
Grattan, Henry (1746–1820),
319 ff.
Gray, Thomas (1716–1771),
249, 298 f., 357 f., 360, 377,
384, 410, 461
Grenville, George (1712–1770),
246, 249 f., 261 f.
Grétry, André-Ernest-Modeste
(1741–1813), 462, 493 f., 498
Grégoire, Henri (1750–1831),
184
Greuze, Jean-Baptise (1725–
1805), 317, 468, 487, 496,
527

Grimm, Friedrich Melchior,
später Baron von (1723–1807),
29, 200, 448, 456, 458, 461,
466, 473f., 479, 491ff., 509
Grote, George (1794–1871), 295
Guarini, Giovanni Battista
(1537–1612), 178
Guibert, Jacques-Antoine, Graf
von (1743–1790), 472, 489,
491
Guicciardini, Francesco (1483–
1540), 321
Guilford, Francis North, 1. Earl
of (1704–1790), 251
Guines, Graf, später Herzog von
(um 1776), 440f.
Guldberg, Ove Hoegh- (1731–
1808), 197
Gustav I. Wasa, König von
Schweden (r. 1523–1560),
200, 204, 209
Gustav II. Adolf, König von
Schweden (r. 1611–1632),
200, 205f.
Gustav III., König von Schweden
(r. 1771–1792), 175, 199f.,
202ff., 207ff., 459, 462, 479,
527, 530
Gyllenborg, Carl, Graf (1679–
1746), 198f.
Gyllenborg, Gustaf Fredrik
(1731–1808), 205

H

Hafis (1320–1389), 151
Haidar Ali (1722–1782),
Maharadscha von Maisur, 270
Hales, Stephen (1677–1761), 215
Halifax, George Montagu Dunk,
2. Earl of (1716–1771), 253
Haller, Albrecht von (1708–
1777), 33, 188
Hamann, Johann Georg (1730–
1788), 42f., 99, 112
Hamilton, Emma, Lady, geb.
Lyon (1765–1815), 318, 498
Hamilton, Gavin (um 1785), 336
Händel, Georg Friedrich (1685–
1759), 41, 299, 304, 320
Hannibal (247–183 v. Chr.), 46
Hansard, Luke (1752–1828), 258
Hargreaves, James (†1778), 217f.
Hasenkamp, Johann Gerhard
(um 1774), 94

Hastings, Warren (1732–1818),
245, 255, 269f., 272ff., 277,
281, 372, 533
Haüy, Valentin (1745–1822),
487
Hawkins, Sir John (1719–1789),
305, 392, 398f., 406, 412ff.
Hawthorne, Nathaniel (1804–
1864), 469
Haydn, Franz Joseph (1732–
1809), 51, 53, 304, 493
Heathfield, George Augustus
Eliott, Baron (1717–1790),
311
Hébert, Jacques-René (1757–
1794), 470f.
Hegel, Georg Wilhelm Friedrich
(1770–1831), 80, 156
Heine, Heinrich (1797–1856),
37, 70, 531
Heinrich II., König von Frankreich (r. 1547–1599), 531
Heinrich IV., König von Frankreich (r. 1589–1610), 199
Heinrich VI., König von England (r. 1422–1461, 1470–
1471), 247
Heinrich von Preußen, Prinz
(1726–1802), 15, 432
Heinse, Wilhelm (1749–1803),
46, 93
Helmholtz, Hermann von
(1821–1894), 156
Helvétius, Anne-Catherine, geb.
de Ligniville d'Autricourt
(1719–1800), 447, 500
Helvétius, Claude-Adrien
(1715–1771), 22, 183, 295,
331, 365, 472, 479, 523,
527f.
Henry, Patrick (1736–1799),
261
Hepplewhite, George (†1786),
306
Herder, Johann Gottfried
(1744–1803), 25, 28f., 42,
45, 47, 52, 56, 58, 78, 89,
91, 93, 95, 98ff., 110ff.,
121, 124ff., 130ff., 135, 145,
151, 154, 167, 180, 183,
187, 330, 384, 469, neben 128
Herder, Karoline, geb. Flachsland (1750–1809), 100f.,
110, 112f.
Heron von Alexandrien (um 200
v. Chr.), 218

Herschel, Sir William (1738–
1822), 356
Hertford, Lady, 284
Hervey, Carr, Lord (1691–
1723), 357
Hervey, Frederick Augustus
(1730–1803), Bischof von
Derry, 322
Hervey, John, Baron Hervey of
Ickworth (1696–1743), 357
Hervey, Mary, Lady, geb. Lepell
(1700–1768), 357
Herz, Henriette, geb. de Lemos
(1764–1847), 182
Herz, Marcus (1747–1803), 61,
181f.
Herzlieb, Wilhelmine (1789–
1865), 89, 149f.
Hesketh, Harriet, Lady, geb.
Cowper (1733–1807), 381
Hesse, Andreas von (um 1770),
100f.
Hessen-Kassel, Landgraf von
(r. 1760–1785), s. Friedrich
II., Landgraf
Hirsch, Abraham (um 1750),
31, 170
Hobbema, Meindert (1638–
1709), 190
Hobbes, Thomas (1588–1679), 54
Hogarth, William (1697–1764),
48, 314, 288, 384
Holbach, Paul-Henri-Dietrich,
Baron von (1723–1789), 16,
105, 157, 183, 354, 365,
473, 479, 528
Holberg, Ludvig van (1684–
1754), 188, 193ff.
Holland, Caroline, Lady, geb.
Lennox, 242
Holland, Henry Fox, 1. Baron
(1705–1774), 242
Holstein-Augustenburg, Herzog
von, s. Friedrich Christian
Holstein-Gottorp, Karl Fried-
rich, Herzog von, s. Karl
Friedrich
Holstein-Gottorp, Prinz von
(um 1770), 99f.
Homberg, Herz (um 1778), 181
Home, Henry, s. Kames, Henry
Home, Lord
Home, John (1722–1808), 249,
324, 326
Homer (9. Jh. v. Chr.), 43,
135, 308, 328, 381, 410

Hontheim, Johann Nikolaus von (Justinus Febronius (1701–1790), 26f., 90
Horaz (65–8 v. Chr.), 54
Horn, Arvid Bernhard, Graf (1664–1742), 198f.
Horn, Carl, Graf (†1823), 210
Horneck, Mary 387
Houdetot, Elisabeth-Sophie de Bellegarde, Gräfin von (1730–1813), 447, 491
Houdon, Jean-Antoine (1741–1828), 495f., 527, 448
Howard, Lady Caroline, 312
Howard, John (1726?–1790), 293f.
Howe, Sir William, 8. Viscount (1729–1814), 447
Huber, Ludwig Ferdinand (1764–1804), 105f.
Hudson, Thomas (1701–1779), 310
Hugo, Victor (1802–1885), 469
Hulegaard, Arense (um 1759), 195
Humboldt, Wilhelm von (1767–1835), 92, 182, neben 128
Hume, David (1711–1776), 57f., 63f., 129, 263, 295, 323ff., 330ff., 336, 347, 352, 359f., 363, 365f., 391, 406, 408, 412, 446, 470, 473
Hummel, Johann Nepomuk (1778–1837), 50
Hunter, John (1728–1793), 325
Hunter, William (1718–1783), 325
Hutcheson, Francis (1694–1746), 287, 324f., 331
Hutchinson, Thomas (1711–1780), 261
Hutton, James (1726–1797), 325

I

Iffland, August Wilhelm (1759–1814), 104
Imhof, Baron (um 1768), 269
Imhof, Marion, Baronin, 269
Impey, Sir Elijah (1732–1809), 270
Inchbald, Elizabeth, geb. Simpson (1753–1821), 351
Innozenz IV. (um 1247), Papst, 174

Irving, Sir Henry (1838–1905), 298
Irving, Washington (1783–1859), 384
Isham, Ralph Heyward, 341

J

Jacobi, Friedrich Heinrich (1743–1819), 35, 40, 43, 93, 95f., 111, 132, 151, 182, 470
Jakob I., König von England (r. 1603–1625), als Jakob VI., König von Schottland (r. 1567–1625), 327, 341
Jakob II., König von England, Schottland und Irland (r. 1685–1688), 255, 263, 290, 341
Jakob II., König von Schottland (r. 1437–1460), 341
Jakob VI., König von Schottland, s. Jakob I. von England
Jansen, Cornelis (1585–1638), 189
Jaucourt, Louis, Chevalier (später Marquis) von (1704–1779), 453
Jaurès, Jean-Léon (1859–1914) 516
Jay, John (1745–1829), 449
Jean Paul (Jean Paul Friedrich Richter, 1763–1825), 80, 149
Jefferson, Thomas (1743–1826), 333, 445, 471, 480, 496
Jeffries, John (1744–1819), 520
Jehuda Halevi (1086?–1147), 178
Jerusalem, Karl Wilhelm (†1772), 92ff.
Jesus Christus, 169
Johann, König von England (r. 1199–1216), 230
Johnson, Elizabeth, geb. Porter (1688–1752), 389, 393
Johnson, Michael (1665–1731), 388f.
Johnson, Samuel (1709–1784), 220, 240f., 243f., 249, 252, 263, 274, 282ff., 289, 297ff., 301ff., 305f., 309, 311, 313, 316f., 322ff., 328, 330, 334, 343, 346, 348, 350, 356, 366, 371f., 378, 383ff., 417, 446, 353

Johnson, Sarah, geb. Ford (1669–1759), 388f., 396
Jones, John Paul (1747–1792), 495
Jonson, Ben (1573?–1637), 302
Joseph I., Kaiser (r. 1765–1790), 20, 26, 56, 86, 115, 171f., 183, 369, 420, 423, 429ff., 432, 448, 459, 462, 464, 474, 479
Joseph I. (José Manuel), König von Portugal (r. 1750–1777), 459
Jouffroy d'Abbans, Claude-François, Marquis de (1751–1832), 519
Juigné, Marquis de (um 1771), 463
Julian Apostata, römischer Kaiser (r. 361–363), 370
Jung, Heinrich (1740–1817), 25
«Junius» (um 1768–1772), 249, 251, 255ff., 309, 350
Justinian, byzantinischer Kaiser (r. 527–565), 371
Juvenal (59– etwa 140), 389, 392

K

Kalb, Charlotte von (1761–1843), 105, 108, 126, neben 128
Kames, Henry Home, Lord (1696–1782), 324, 330
Kant, Anna, geb. Reuter, 57
Kant, Immanuel (1724–1804), 19, 27, 41f., 45, 57ff., 87, 99, 105, 114, 130, 132, 157, 167, 178ff., 185, 203, 376, 470
Karl I., König von England, Schottland und Irland (r. 1625–1649), 248, 255, 261, 263, 432, 441
Karl II., König von England, Schottland und Irland (r. 1660–1685), 242
Karl III. (Don Carlos von Bourbon), König von Spanien (r. 1759–1788), Herzog von Parma und Piacenza (r. 1731–1734), als Karl IV. König von Neapel und Sizilien (r. 1734–1759), 171, 459

Karl IV., König von Neapel und
Sizilien, s. Karl III., König
von Spanien
Karl V., Kaiser (r. 1519–1556)
und König von Spanien (als
Karl I.), 328
Karl X. (Charles-Philippe, Graf
von Artois), König von Frank-
reich (r. 1824–1830), 419,
429, 488, 527, 534, 556
Karl XII., König von Schweden
(r. 1697–1718), 197f., 200, 392
Karl Alexander, Herzog von
Württemberg (r. 1733–
1737), 175
Karl August von Sachsen Wei-
mar, s. Carl August
Karl Emanuel I., König von
Sardinien (r. 1730–1773), 55
Karl Eugen, Herzog von Würt-
temberg (r. 1737–1793), 24,
104, 126
Karl Friedrich, Herzog von
Holstein-Gottorp (um 1725),
198
Karl Martell (668?–741),
Frankenherrscher, 375
Karl Theodor, Kurfürst von der
Pfalz (r. 1733–1799) und
Kurfürst von Bayern
(r. 1778–1799), 29, 175
Karl Wilhelm Ferdinand (1735–
1806), Fürst, später Herzog
von Braunschweig (r. 1780–
1806), 35, 40f.
Karoline Mathilde (1751–1775),
Gemahlin Christians VII. von
Dänemark, 196f.
Katharine II. die Große, Zarin
von Rußland (r. 1762–1796),
20, 46, 55, 173f., 196,
200ff., 208ff., 276, 308, 328,
448, 451, 458f., 464, 472,
474, 479, 495
Kauffmann, Angelika (1741–
1807), 113, 121, 187
Kaufmann, Christoph, 45
Kaunitz, Wenzel Anton, Fürst
von (1711–1794), 420
Kay, John (um 1733–1764), 217
Keats, John (1795–1821), 195,
378, 469
Kellgren, Johan Henrik (1751–
1795), 204ff., 459
Kemble, John Philip (1757–
1823), 297

Kemble, Sarah, s. Siddons, Sarah
Kepler, Johann (1571–1630), 58
Keppel, Augustus, Viscount
(1725–1786), 310f.
Kéroualle, Louise-Renée de,
Herzogin von Portsmouth
(1649–1734), 242
Kestner, Charlotte («Lotte»),
geb. Buff (1753–1828), 48,
89, 92, 94, 150, 152
Kestner, Johann Georg Christian
(1741–1800), 92ff., 152
Kiellström, Maria (1744–1798),
205
Klauer, Ludwig (* 1782), 48
Klauer, Martin (1742–1801), 48
Kleist, Heinrich von (1777–
1811), 29
Klettenberg, Susanne Katharina
von (1723–1774), 88
Klinger, Friedrich Maximilian
von (1752–1831), 46, 114
Klopstock, Friedrich Gottlieb
(1724–1803), 29, 41f., 44,
82, 114, 132, 166, 196, 206
Klopstock, Margareta, geb.
Moller († 1758), 41
Knebel, Karl Ludwig von
(1744–1834), 157
Knox, John (1505–1572), 323, 336
Knutzen, Martin (1713–1751), 58
Konfuzius (551–479 v. Chr.), 30
König, Eva († 1778), 25, 35ff., 40
Konstantin I., römischer Kaiser
(r. 306–337), 370
Konstantin, Herzog von Sachsen-
Weimar († 1758), 81
Konstantin Pawlowitsch, Groß-
herzog (1779–1831), 269
Körner, Christian Gottfried
(1756–1831), 105f., 108,
127ff., 132, 134, 137
Kropotkin, Peter (1842–1921),
472

L

La Blache, Graf von, 506
Laclos, Pierre Choderlos de
(1741–1803), 486, 498, 547
Lacy, James († 1774), 299
La Fayette, Marie-Joseph-Paul-
Gilbert du Motier, Marquis
de (1757–1834), 447, 449f.,
480, 495, 516, 523, 527,
535, 547, 549

La Guépière, Philipp von
(1715–1773), 50
La Harpe, Frédéric-César de
(1754–1838), 188
Laharpe, Jean-François de
(1739–1803), 442, 452, 458
Lalande, Joseph-Jérôme Le
François de (1732–1807), 527
Lally-Tollendal, Trophime-
Gérard de (1751–1830), 549
La Luzerne, César-Guillaume de
(1738–1821), 484
La Marck, Madame de, 516
Lamarck, Jean-Baptiste de
Monet, Chevalier de (1744–
1829), 156
Lamartine, Alphonse de (1790–
1869), 469, 471
Lamballe, Prinz von († 1767), 427
Lamballe, Marie-Thérèse de
Savoyie-Carignan, Fürstin von
(1749–1792), 422, 427f.
Lamennais, Félicité de (1782–
1854), 471
La Motte, Jeanne de Saint-Rémy
de Valois, Gräfin von (1756–
1791), 531ff.
La Motte, Marc-Antoine-Nico-
las, «Graf» von (1754–
1831), 531f.
Lampe, Diener Kants, 70
Langhans, Karl Gotthard
(1732–1808), 49
Langton, Bennet (1737–1801),
398, 412f.
Lannes, Jean, Marschall (1769–
1809), 143
Lanson, Gustave (1857–1934), 472
La Pérouse, Jean-François de
Galaup, Graf von (1741–
1788?), 432
Laplace, Pierre-Simon (1749–
1827), 159, 203
La Popelinière, Alexandre-
Joseph de (1692–1762), 493
La Roche, Georg von, 92
La Roche, Maximiliane von, s.
Brentano, Maximiliane
La Roche, Sophie von, geb.
Gutermann (1731–1807),
92, 149, neben 128
La Rochefoucauld, François,
Herzog von (1613–1680), 500
La Rouchefoucauld d'Enville,
Louis-Alexandre, Herzog von
(1743–1792), 446

La Rochefoucauld-Liancourt,
François-Alexandre, Herzog
von (1747–1827), 480, 527,
549, 556
Launay, Bernard-René, Marquis
de (1740–1789), 504, 555f.
Lavater, Johann Caspar (1741–
1801), 93, 96, 98f., 114,
122, 151, 158, 180f., 187f.,
468
Lavoisier, Antoine-Laurent de
(1741–1801), 447, 513, 523,
547
Law, John (1671–1729), 170
Law, William (1686–1761),
362
Lebèque, Agnès, 503
Lebon, Philippe (1767–1804),
221
Lebrun, Charles (1619–1690),
497
Lebrun, J.-B.-Pierre (1748–
1813), 497
Lee, Arthur (1740–1792), 446f.
Leibniz, Gottfried Wilhelm von
(1646–1716), 57ff., 62, 179
Lejbowicz, Jankiew (Jakob
Frank, 1726–1791), 176f.
Lekain (Henri-Louis Cain,
1728–1778), 505
Lemercier de la Rivière (1720–
1794), 202
Lengefeld, Charlotte von, s.
Schiller, Charlotte
Lengefeld, Karoline von, 129
Lenin, Wladimir Iljitsch (1870–
1924), 472
Lenngren, Anna Maria, geb.
Malmstedt (1754–1817), 207
Lenngren, Carl Peter, 206f.
Lennox, John Stuart, 3. Earl
of (†1526), 341
Lennox, Lady Sarah, 236
Lenz, Jakob Michael Reinhold
(1751–1792), 25, 45f., 93,
114, 151
Leopardi, Giacomo, Graf
(1798–1837), 469
Leopold II., Kaiser (r. 1790–
1792), als Leopold I. Groß-
herzog von Toscana (r. 1765–
1790), 210, 420, 429
Leopold, Carl Gustaf (1756–
1829), 207
Leopold, Prinz von Braun-
schweig, 396

Lepeletier de Saint-Fargeau,
Louis-Michel (1760–1793),
497
Lespinasse, Julie de (1732–1776),
18, 20, 434, 472, 475, 489,
491f.
Lessing, Gotthold Ephraim
(1729–1781), 25, 28ff., 44,
48, 56, 82, 87, 94f., 99f.,
111, 166f., 178f., 181ff., 239
Levasseur, Thérèse (*1722),
346, 461f., 466
Levett, Robert (1705–1782),
393, 411
Levetzow, Amalie von, 152
Levetzow, Ulrike von (1804–
1899), 89, 152
L'Hôpital, Michel de (1507–
1573), 442
Lidner, Bengt (1758–1793), 207
Ligne, Charles-Joseph, Fürst
von (1735–1814), 18, 426,
462
Lillo, George (1693–1739), 132
Linguet, Simon-Nicolas-Henri
(1736–1794), 526, 528
Linley, Thomas (1732–1795),
244f.
Linné, Carl von (1707–1778),
96, 156, 199, 202f., 462
Lippe, Wilhelm, Graf zu, 100
Lister, Thomas, 311
Litta, Cavaliere Agostino, Graf
(um 1754), 52
Lobstein, Dr. (um 1770), 100
Locke, John (1632–1704), 54,
57, 179, 279, 471
Loménie de Brienne, Etinne-
Charles (1724–1794), 484,
535ff.
Lorrain, Claude (Claude Gellée,
1600–1682), 309, 315
Louis, Dauphin von Frankreich
(1729–1765), Sohn Ludwigs
XV., 419, 480
Louis, Victor (1731–1800), 494
Louis-Charles, Dauphin von
Frankreich (1785–1795),
1793 als Ludwig XVII. zum
König von Frankreich pro-
klamiert, 530
Louis-Joseph-Xavier, Dauphin
von Frankreich (1781–1789),
Sohn Ludwigs XVI., 431, 553
Lowther, Sir James (1736–
1802), 246

Lucrez (96?–55 v. Chr.), 17,
58, 158, 239
Ludwig XIV., König von Frankreich (r. 1643–1715), 188,
422, 495
Ludwig XV., König von Frankreich (r. 1715–1774), 200,
210, 419ff., 484, 487, 505,
507, 531
Ludwig XVI. (Louis-Auguste),
König von Frankreich
(r. 1774–1792), 47, 210, 277,
279f., 369, 419ff., 434ff.,
451, 453, 458, 476f., 479ff.,
483f., 487f., 494, 499, 504,
507, 509f., 514, 518, 520,
522, 525, 527f., 530, 556, 544
Ludwig XVIII. (Louis-Stanislas-
Xavier, Graf von Provence),
König von Frankreich
(r. 1814–1815, 1815–1824),
419, 527, 534
Ludwig Ernst, Herzog von
Braunschweig-Wolfenbüttel,
Regent der Niederlande
(r. 1759–1766), 191
Ludwig-Joseph von Frankreich,
Herzog von Burgund, s. Bur-
gund, Herzog
Luise von Hessen-Darmstadt,
Gemahlin Carl Augusts von
Sachsen-Weimar, 82, 114,
140
Luise von Mecklenburg-Strelitz
(1776–1810), Gemahlin
Friedrich Wilhelms III. von
Preußen, 48
Luise Ulrike (1720–1782),
Gemahlin Adolf Friedrichs
von Schweden, 199f., 203
Lukian (120–180), 373
Luther, Martin (1483–1546),
30, 91, 158, 167, 460
Luttrell, Henry (1743–1821),
254
Luxemburg, Charles-François
de Montmorency, Herzog,
Marschall von (1702–1764),
480
Luxemburg, Madeleine-Angé-
lique, Herzogin, Marschallin
von, früher Herzogin von
Boufflers (1707–1787), 491,
516
Luzzatto, Moses Chayim (1707–
1747), 178

M

Mably, Gabriel Bonnot de
(1709–1785), 474, 479, 481,
483, 485, 526, 528

Macaulay, Thomas Babington
(1800–1859), 273, 279, 348,
359, 390

Macgregor, James (um 1512),
328

Machault d'Arnouville, Jean
Baptiste (1701–1794), 425

Machiavelli, Niccolò (1469–
1527), 77, 327, 358

Mackenzie, Henry (1745–
1831), 355

Macklin, Charles (1697?–
1797), 291

M'Lehose, Agnes, geb. Craig
(1759–1841), 336, 339

McLeod, Lady, 404

Macpherson, James (1736–
1796), 42, 89, 99, 325,
328ff., 376

Maimonides (Moses ben Mai-
mon, 1135–1204), 179, 184

Maine, Sir Henry (1822–1888),
424

Maistre, Joseph de (1753–
1821), 279, 471

Malesherbes, Chrétien-Guil-
laume de Lamoignon de
(1721–1794), 184, 437,
441f., 444, 484

Mallet Dupan, Jacques (1749–
1800), 471

Malmesbury, Sir James Harris,
1. Earl of (1746–1820), 20

Malone, Edmund (1741–1812),
408f., 414

Malory, Sir Thomas (um 1470),
330

Malthus, Thomas R. (1766–
1834), 475, 477

Manasse ben Israel (1604–
1657), 558

Mandeville, Bernard (1670?–
1733), 333

Manger, Heinrich (1728–1789),
49

Mann, Sir Horace (1701–1786),
265, 357

Mansfield, William Murray,
1. Earl of (1705–1793), 291

Manzuoli, Giovanni (*1725),
304

Marat, Jean-Paul (1743–1793),
471, 497, 500

Marc Aurel, römischer Kaiser
(r. 161–180), 367

Maria II., Königin von England,
Schottland und Irland
(r. 1689–1694), 230

Maria Amalia von Österreich
(†1804), Gemahlin Ferdi-
nands III. von Parma, 420

Maria Antonia, Erherzogin, s.
Marie-Antoinette, Königin

Maria Christina von Österreich,
Herzogin von Sachsen-Teschen
(†1798), 420

Maria Josepha von Sachsen,
Dauphine von Frankreich
(1731–1767), 419

Maria Karoline von Österreich
(1752–1814), Gemahlin
Ferdinands IV. von Neapel,
420

Maria Stuart, Königin von
Schottland (r. 1542–1567),
139, 327f.

Maria Theresia, Herrscherin
von Österreich, Ungarn und
Böhmen (r. 1740–1780), 24,
54f., 171, 420ff., 426, 430,
441, 531

Marie-Antoinette (Maria Antonia, 1755–1793), Gemahlin
Ludwigs XVI. von Frankreich,
274f., 277, 279, 420ff.,
425ff., 433, 440f., 443, 448,
452f., 455, 467, 477, 487f.,
494, 496, 498f., 507, 530ff.,
539, 548, 553, 513, 515

Marignac, Emilie de, 543

Marmontel, Jean-François (1723–
1799) 200, 453, 455, 479, 491

Martin, Samuel (um 1763), 253

Martini, Giovanni Battista,
Padre (1706–1784), 52

Marx, Karl (1818–1883), 334,
459, 472

Maskelyne, Nevil (1732–1781),
325

Mason, William (1724–1797),
361, 377, 414

Maupeou, René-Nicolas de
(1714–1792), 434

Maurepas, Jean-Frédéric-Phély-
peaux, Graf von (1701–
1781), 434, 437, 440f., 443,
447f., 511

Maximilian I., Kaiser (r. 1493–
1519), 91

Medici, Lorenzo de' (1449–
1492), 158

Medina, Bankier, 170

Meister Jakob, 474

Mendel, Menahem (um 1725), 178

Mendelssohn, Abraham (1776–
1835), 182

Mendelssohn, Dorothea (1764–
1839), 182

Mendelssohn, Fromet, geb.
Guggenheim, 179f.

Mendelssohn, Henriette (1768–
1831), 182

Mendelssohn, Moses (1729–
1786), 29, 31, 35, 38, 40,
61, 78, 178ff., 183, 187

Mendelssohn-Bartholdy, Felix
(1809–1847), 152f., 178, 182

Mengs, Anton Raphael (1728–
1779), 33, 47, 49, 496f.

Mercier, Louis-Sébastien (1740–
1814), 483, 504, 520

Merck, Johann Heinrich (1741–
1791), 28, 45, 94, 115, 151

Mercy d'Argenteau, Flori-
mund, Graf (1727–1794),
420, 422, 426, 428

Mesme, Marquise de
(um 1771), 463

Mesmer, Franz Anton (1734–
1815), 187

Meyerbeer, Giacomo (1791–
1864), 50

Michelangelo, Buonarroti
(1475–1564), 49, 310, 314f.

Michelet, Jules (1798–1874), 469

Middleton, Conyers (1683–
1750), 357

Mignot, Abbé, Neffe Voltaires,
455, 458

Mill, James (1773–1836), 295

Mill, John Stuart (1806–1873),
295

Milton, John (1608–1674), 41,
246, 279, 336, 409, 416

Mirabeau der Ältere, Victor
Riqueti, Marquis de (1715–
1789), 22, 184, 202, 446,
461, 480, 527f., 542ff.

Mirabeau der Jüngere, Honoré-
Gabriel-Victor Riqueti, Graf
von (1749–1791), 22, 182,
184, 480, 495, 499f., 523,
527f., 542ff., 547ff., 552ff.

PERSONENVERZEICHNIS

Mir Dschafar (1691–1765), 267f.
Mohammed (570–632), 362, 371, 375
Mohammed II., türkischer Sultan (r. 1451–1481), 371
Molière (Jean-Baptiste Poquelin, 1622–1673), 194, 508f.
Monboddo, James Burnett, Lord (1714–1799), 325, 403
Monckton, Jane, 285
Monnier, Sophie de Ruffey, Marquise de (1756–1789), 543f.
Montagu, Edward (†1775), 285
Montagu, Edward Wortley, s. Wortley Montagu, Edward
Montagu, Elizabeth, geb. Robinson (1720–1800), 285, 351, 415
Montagu, Lady Mary Wortley (1689–1762), 172, 188, 236, 285, 301, 359
Montaigne, Michel Eyquem de (1533–1592), 490
Montesquieu, Charles-Louis de Secondat, Baron de La Brède et de (1689–1755), 259, 279, 363, 367, 376, 419, 424, 464, 471, 480, 495
Montessori, Maria (1870–1952), 468
Montgolfier, Etienne (1745–1799), 358, 519
Montgolfier, Joseph (1740–1810), 358, 519
Montmorin, Armand-Marc, Graf von (1745?–1792), 545
Mora y Gonzaga, Marquês José de (1744–1774), 472
More, Hannah (1745–1833), 285, 300, 351, 361, 407, 415
Morellet, André (1727–1819), 447, 472, 479, 483, 491, 528
Morelly (Sozialist, um 1755), 526, 528
Morgan, Thomas (†1743), 289
Morley, John, Viscount Morley of Blackburn (1838–1923), 279
Mounier, Jean-Joseph (1758–1806), 538, 549
Mount Edgcumbe, Emma Gilbert, Gräfin von, 312
Mountstuart, John Stuart, Lord (um 1765), 354

Mozart, Wolfgang Amadeus (1756–1791), 49ff., 109, 151, 302, 304, 340, 426, 492, 505, 509
Müller, Friedrich («Maler Müller», 1749–1825), 47
Müller, Friedrich von, Kanzler (1779–1849), 143f.
Müller, Johannes von (1752–1809), 184, 188
Murdock, William (1754–1839), 221
Murray-Pulteney, Sir James (um 1797), 335
Musset, Alfred de (1810–1857), 469

N

Napoleon I., Kaiser der Franzosen (r. 1804–1814, 1815), 17, 23, 56, 109, 143f., 149, 162, 167, 171, 184, 227, 280, 328, 356, 360, 459, 469, 471, 475, 494f., 497, 499, 504f., 511f., 533, 548
Necker, Jacques (1732–1804), 368f., 435f., 442ff., 447f., 484, 492, 499, 513, 533, 539f., 547, 549ff., 554, 556
Necker, Suzanne, geb. Curchod (1737–1794), 200, 363ff., 368f., 442, 453, 487, 491f.
Nehra, Henriette de (um 1784), 544
Nelson, Horatio (1758–1805), 308
Newbery, John (1713–1767), 383f.
Newcastle, Thomas Pelham-Holles, 1. Herzog von (1693–1768), 240, 247f.
Newcomen, Thomas (1663–1729), 218ff.
Newton, Sir Isaac (1642–1727), 58, 154, 334
Newton, John (1725–1807), 379
Newton, Lord 326
Ney, Michel (1769–1815), 143, 495
Nicolai, Christoph Friedrich (1733–1811), 29, 32, 56, 99, 179
Niebuhr, Barthold Georg (1776–1831), 376
Noailles, Adrien-Maurice, Herzog von, Marschall (1678–1766), 191

Noailles, Louis-Marie, Vicomte de (1756–1804), 480, 527, 549
Nollekens, Joseph (1737–1823), 309, 387, 400
Nordenflycht, Hedvig (1718–1763), 204f.
North, Frederick, Lord, 2. Earl of Guilford (1732–1792), 242, 246, 250f., 257, 262f., 265ff., 269, 291, 321f., 360, 370, 448
Nugent, Christopher (†1775), 398
Nuncomar (†1775), 270

O

Oberkirch, Henriette-Luise, Baronin von, 491
Ochs, Peter (1752–1821), 188
Oehlenschläger, Adam Gottlob (1779–1850), 193
Oeser, Adam Friedrich (1717–1799), 48, 87
Oldenburg, Herzog von, 48
Oliva, «Baronin» von (um 1785), 532
Onslow, George, später 1. Earl of (1731–1814), 257
Opie, Amelia (1769–1853), 351
Oppenheimer, Joseph («Jud Süss», 1692?–1738), 174f.
Orléans, Louise-Marie de Bourbon-Penthièvre, Herzogin von (1753–1821), 547
Orléans, Louis-Philippe, Herzog von (1725–1785), 425
Orléans, Louis-Philippe-Joseph («Philippe Egalité»), Herzog von (1747–1793), 480, 527f., 537, 540, 547ff., 552, 554
Orléans, Philipp II., Herzog von, Regent von Frankreich (r. 1715–1723), 489, 547
Otway, Thomas (1652–1685), 297
Oudh, Begums von, 270, 272f.
Oudh, Nabob von, 269f.

P

Paine, Thomas (1737–1809), 279, 460, 472
Pajou, Augustin (1730–1809), 494f.
Paley, William (1743–1805), 287, 290

Palladio, Andrea (1518–1580), 121, 305

Panckoucke, Charles-Joseph (1736–1798), 511

Paoli, Pasquale di (1725–1807), 309, 345 ff.

Papin, Denis (1647–1712), 218

Paris-Duverney, Joseph (1684–1770), 506, 508

Paris-Montmartel, Jean (1690–1766), 524

Park, Anna (um 1790), 336, 340

Parsons, Nancy, 286

Pascal, Blaise (1623–1662), 37, 469, 471

Pasch, Johann (1706–1769), 207

Pasch der Ältere, Lorenz (1702–1766), 207

Pasch der Jüngere, Lorenz (1773–1805), 207

Pasch, Ulrica (1735–1796), 207

Paton, Betty (um 1785), 336 f.

Paul, Großherzog, als Paul I. Zar von Rußland (r. 1796–1801), 491

Paul, Lewis (um 1738), 217

Paulus, Apostel, hl. († 67), 29

Pavilliard, Pastor (um 1753), 363, 371

Pechlin, Carl Fredrik, Baron von (um 1789), 209 f.

Peel, Robert (1750–1830), 225

Peel, Sir Robert (1788–1850), 223, 225

Pembroke, Lord, 302

Pembroke, Elizabeth Spencer, Gräfin von, 312

Penthièvre, Louis von Bourbon, Herzog von (725–1793), 427

Percy, Thomas (1729–1811), 42, 329, 376, 387

Pereire, Jacob Rodrigues (1715–1780), 177

Pergolesi, Giovanni Battista (1710–1736), 493

Pestalozzi, Johann Heinrich (1746–1827), 186 f., 468

Peter I. der Große, Zar von Rußland (r. 1682–1725), 173, 199, 208

Petty, Sir William, s. Shelburne, 2. Earl of

Pezay, Alexandre-Frédéric-Jacques Masson, Marquis de (1741–1777), 463

Pfalz, Kurfürst, s. Karl Theodor, Kurfürst von der Pfalz

Philipp II., König von Spanien (r. 1556–1598), 108, 127

Piccini, Niccolò (1728–1800), 453, 491 f.

Pico della Mirandola, Giovanni (1463–1494), 159

Pigage, Nikolaus von (1723–1796), 50

Pigalle, Jean Baptiste (1714–1785), 491, 494 f.

Pilâtre de Rozier, Jean-François (1756–1785), 520

Pinto, Isaak (1715–1787), 170

Piozzi, Gabriel Mario (1740–1809), 411

Piozzi, Hester Lynch, s. Thrale, Hester

Piranesi, Giovanni Battista (1720–1778), 306

Pitt der Ältere, William, Earl of Chatham (1708–1778), 230, 236 f., 243, 246, 250, 252 f., 258, 260, 265, 279, 298, 360, 380, 390, 416, 458

Pitt der Jüngere, William (1759–1806), 226 f., 246 f., 265 f., 271 f., 275, 280, 282 f., 287, 289, 309, 316, 335, 406, 416

Pius VI. (Giovanni Angelo Breschi), Papst (r. 1775–1799), 36, 171, 497

Planché, James Robinson (1796–1880), 109

Platon (427?–347 v. Chr.), 84, 179 f.

Plautus (254?–184 v. Chr.), 30, 194

Poggio Bracciolini, Giovanni Francesco (1380–1459), 371

Pogwisch, Ulrike von (1804–1875), 153

Polignac, Jolande von Polastron, Herzogin von (1749?–1793), 428, 430 f., 453

Polignac, Jules-François, Graf de (1745–1817), 428, 440 f.

Pombal, Sebastião José de Carvalho e Mello, Marquês de (1699–1782), 171, 459

Pomfret, Henrietta Louisa, Gräfin von, 359

Pompadour, Jeanne-Antoinette Poisson, Marquise de (1721–1764), 434, 496, 505

Pope, Alexander (1688–1744), 179, 253, 287, 298, 350, 378, 381, 384, 399, 409 f., 412, 457

Porson, Richard (1759–1808), 243

Potter, John († 1747), Erzbischof von Canterbury, 253

Potter, Thomas († 1759), 253

Pottle, Frederick A., 341

Poussin, Gaspard (Gaspard Dughet, 1613–1657), 315

Poussin, Nicolas (1594–1665), 309

Proudhon, Pierre-Joseph (1809–1865), 526

Pratt, Sir Charles (1714–1794), 253

Praxiteles (um 340 v. Chr.), 309

Prévost, Abbé (Antoine-François Prévost d'Exiles, 1697–1763), 416, 467

Price, Richard (1723–1791), 275 f.

Priestley, Joseph (1733–1804), 290, 295, 520

Pritchard, Hannah, geb. Vaughn (1711–1768), 297

Pulteney, William, Earl of Bath (1684–1764), 248

Puschkin, Alexander Sergejewitsch (1799–1837) 469

Q

Quesnay, François (1694–1774), 331 f.

R

Rabelais, François (1495–1553), 353, 355

Racine, Jean-Baptiste (1639–1699), 34, 44, 54, 122 f., 206, 469

Radcliffe, Ann, geb. Ward (1764–1823), 239

Raevurn, Sir Henry (1756–1823), 323, 326 f.

Raffael, Sanzio (1483–1520), 310

Rameau, Jean-Philippe (1683–1764), 493

Ramsay, Allan (1686–1758), Dichter, 326
Ramsay, Allan (1713–1784), Maler, 249, 283, 326
Raspe, Rudolf Erich (1737–1794), 60, 99 f.
Raynal, Guillaume-Thomas-François (1713–1796), 365, 445, 474, 483 f., 491
Réaumur, René-Antoine Ferchault de (1683–1757), 22
Récamier, Jeanne-Françoise, geb. Bernard (1777–1849), 497
Reid, Thomas (1710–1796), 324 ff.
Reimarus, Elise (um 1768), 35
Reimarus, Hermann Samuel (1694–1768), 35 ff., 111
Reinhold, Karl Leonhard (1758–1823), 66, 79, 130, 132
Renan, Joseph-Ernest (1828–1892), 459
Restif de la Bretonne, Nicolas-Edme (1734–1806), 486, 498 f., 503 ff.
Rey, Marc-Michel (um 1770), 543
Reynolds, Frances (1729–1807), 302, 310, 313
Reynolds, Richard (um 1763), 216
Reynolds, Sir Joshua (1723–1792), 187, 241, 249, 273, 282 f., 285, 289, 297, 305 f., 308 ff., 316 f., 327, 335, 343, 348, 353, 372, 380, 386 f., 396, 398 ff., 412 f., 415, 288
Ricardo, David (1772–1823), 295
Richardson, Jonathan (1665–1745), 310
Richardson, Samuel (1689–1761), 32, 42, 94, 206, 355, 359, 383, 395 f., 416, 467
Richelieu, Louis-François-Armand de Vignerot de Plessis, Herzog von (1696–1788), 458
Richmond, Charles Lennox, 3. Herzog von (1735–1806), 263, 265
Richmond, Mary Bruce, Herzogin von 312
Riddel, Maria (um 1793), 340

Riesener, Jean-Henri (1734–1806), 47, 494
Robertson, William (1721–1793), 129, 287, 291, 323 ff., 327 f., 336, 361, 366, 408, 446
Robespierre, Maximilien de (1758–1794), 459, 470 f., 493, 497, 500, 549
Robinson, Mary («Perdita»), geb. Darby (1758–1800), 297, 311
Robison, Sir James (um 1758), 219
Rochambeau, J.-B.-Donatien de Vimeur, Graf von (1725–1807), 449 f.
Rockingham, Charles Watson-Wentworth, Marquis of (1730–1782), 240, 250, 254, 262, 266, 322, 353
Rodney, George Brydges (1719–1792), 213
Roebuck, John (1718–1794), 220
Roentgen, David (1743-1807), 47, 494
Roguin, Daniel (um 1760), 461
Rohan, Louis-René-Edouard, Kardinal-Prinz von (1734–1803), 531 ff.
Roland, Jeanne-Manon, geb. Phlipon (1754–1793), 524
Romney, George (1734–1802), 297, 318
Rosebery, Archibald Philip Primrose, 5. Earl of (1847–1929), 335
Rossini, Giacchino Antonio (1792–1868), 505, 510
Rothschild, Meyer Amschel (1743–1812), 175
Rouelle, Guillaume-François (1695–1762), 382
Rousseau, Jacques (1733–1801), 494
Rousseau, Jeannette (um 1748), 503
Rousseau, Jean-Jacques (1712–1778), 16, 18, 28 ff., 42 f., 57 f., 70, 73, 77, 89, 94, 169 f., 178, 183, 185 ff., 195, 200, 206, 238, 279, 345 f., 355, 360, 376, 407, 416, 419, 424, 433, 437, 443 ff., 459 ff., 473, 477, 479 ff., 485, 487 f., 493 ff., 501 f., 504, 512, 528, 543, 449

Rousseau, Pierre (1750– etwa 1792), 494
Rowlandson, Thomas (1756–1827), 309, 385
Rudbeck, General (um 1782), 201

S

Sabbatai Zwi (1626–1676), 176 f.
Sachs, Hans (1494–1576), 146
Sachsen-Gotha, Herzog von (um 1776), 474
Sachsen-Meiningen, Herzog von 129
Sade, Donatien-Alphonse-François, Graf de (1740–1814), 486 f.
Sainte-Beuve, Charles-Augustin de (1804–1869), 191, 359, 372
Saint-Germain, Claude-Louis von (1707–1778), 434, 499
Saint-Lambert, Jean-François, Marquis de (1716–1803), 491
Saint-Mauris, Monsieur de (um 1775), 543
Saint-Pierre, Abbé de (Charles-Irénée Castel, 1658–1743), 76, 185
Sand, George (Aurore Dupin, 1803–1876), 469
Sandby, Paul (1725–1809), 309
Sandwich, Edward Montagu, 1. Earl of (1625–1672), 285
Sandwich, John Montagu, 4. Earl of (1718–1792), 252 f., 283
Sansedoni, Porzia (um 1765), 345
Sartine, Gabriel von (1729–1801), 434, 445
Saussure, Horace-Bénédict de (1740–1799), 188
Savage, Richard (1697?–1743), 390 f.
Savery, Thomas (1650?–1715), 218
Savile, Sir George (1726–1784), 291
Scarron, Paul (1610–1660), 354, 412
Schadow, Johann Gottfried (1764–1850), 48 f.
Schah Alam, Mogulkaiser (r. 1759–1806), 268 f.

Schaumburg-Lippe, Wilhelm,
Graf von (1724–1777), 52
Scheele, Karl Wilhelm (1742–
1786), 202
Schelling, Friedrich Wilhelm
Joseph von (1775–1834), 80,
156f.
Schiller, Charlotte, geb. von
Lengefeld (1766–1826), 129,
132, 139, 142, neben 128
Schiller, Friedrich von (1759–
1805), 24f., 39, 41f., 45,
47f., 73, 80f., 102ff., 114,
124, 126ff., 145f., 157, 167,
183, 327, 469, neben 128, 129
Schimmelmann, Ernst, Graf von,
130
Schlegel, August Wilhelm von
(1767–1845), 132, 137
Schlegel, Friedrich (1772–1829),
149, 182
Schleiermacher, Friedrich
(1768–1834), 182, 470
Schobert, Johann (1720?–1767),
50
Schönemann, Lili (1758–1817),
89, 97f., 116
Schönkopf, Anna Katharina
(«Annette», 1746–1810), 88ff.
Schopenhauer, Arthur (1788–
1860), 80, 154, 470
Schröder, Friedrich Ludwig
(1744–1816), 34
Schröter, Corona (1751–1802),
49, neben 128
Schubart, Christian Friedrich
Daniel (1739–1791), 53
Schubert, Franz (1797–1828),
118
Schulz, Johann H. (um 1784), 30
Schulz, Johann Peter (1747–
1800), 50
Scott, Sir Walter (1771–1832),
326, 338, 384
Sedaine, Michel-Jean (1719–
1797), 505
Ségur, Louis-Philippe, Graf von
(1753–1830), 431, 450, 480,
530
Selwyn, George (1718–1791),
252, 283f., 286, 289, 305
Semler, Johann Salomo (1725–
1791), 29f.
Serafinowitsch (um 1716), 174
Sergel, Johann Tobias (1740–
1814), 207

Sévigné, Marie de Rabutin-
Chantal, Marquise de
(1626–1696), 357
Shaftesbury, Anthony Ashley
Cooper, 3. Earl of (1671–
1713), 130
Shakespeare, William (1564–
1616), 34, 36, 43f., 49, 82,
89ff., 96, 99, 103, 135, 139,
145, 149, 204, 206, 246,
285, 296ff., 347, 359, 396,
402, 408, 416
Sharp, Granville (1735–1813),
288
Shaw, George Bernard (1856–
1950), 308
Sheffield, John Baker Holroyd,
1. Earl of (um 1780), 361,
373
Shelburne, Sir William Petty,
2. Earl of (1737–1805),
266f., 287, 319, 449
Shelley, Percy Bysshe (1792–
1822), 195, 378, 459f., 469,
472
Sheraton, Thomas (1751–1806),
47, 306f.
Sheridan, Charles 244
Sheridan, Elizabeth Ann, geb.
Linley (1754–1792), 244ff.,
281, 316
Sheridan, Frances, geb.
Chamberlaine (1724–1766),
243, 245, 320
Sheridan, Richard Brinsley
(1751–1816), 230, 243ff.,
251, 266ff., 272f., 281,
296f., 300, 305, 315ff.,
320f., 372, 374, 398
Sheridan, Thomas, der Ältere
(1687–1738), 243f.
Sheridan, Thomas, der Jüngere
(1719–1788), 243, 245, 320,
343, 403
Siddons, Sarah, geb. Kemble
(1755–1831), 273, 297f.,
311, 316, 288
Siddons, William (um 1773),
297
Sieyès, Emmanuel-Joseph (1748–
1836), 499ff., 527, 546f.,
549f.
Silva, Antônio José da (1705–
1739), 171
Simon, Richard (1638–1712),
183

Siradsch-ud-Daula (1728?–1757),
267f.
Sirven, Familie 19, 460
Smeaton, John (1724–1792),
216, 219
Smith, Adam (1723–1790), 189,
222f., 225f., 241, 271, 285,
287, 304, 323f., 327, 331ff.,
341, 350, 372, 376, 398,
404, 406
Smith, J., 223
Smollett, Tobias (1721–1771),
249, 252, 390, 395
Sokrates (470?–399 v. Chr.), 30,
83, 180, 407, 413, 469
Sophia Magdalena von Dänemark, Gemahlin Gustavs III.
von Schweden, 200, 207
Sophia Matilda, Prinzessin
(1773–1804), 312
Sophie (1630–1714), Kurfürstin
von Hannover, 230
Sophokles (496?–406 v. Chr.),
54, 140, 452
Southey, Robert (1774–1843),
469
Spencer, Lord Robert, 312
Spinoza, Baruch (1632–1677)
31f., 40, 43, 47, 53, 56f.,
111, 157, 178f., 182, 331
Stadion, Johann Philipp, Graf
von (1763–1824), 82
Staël, Germaine de, geb.
Necker, Baronin von Staël-
Holstein (1766–1817), 25, 27,
80, 82, 140f., 187, 191, 369,
466f., 471, 492, 554
Stanhope, Charles, 3. Earl of
(1753–1816), 275
Stanhope, Lady Hester, 289
Steele, Sir Richard (1672–
1729), 287
Steevens, George (1736–1800),
402
Stein, Charlotte von, geb. von
Schardt (1742–1827), 41, 46,
89, 115, 120, 122ff., 126,
136, 140, 149, 155, 165
Stein, Fritz von (*1773), 117,
140
Stein, Gottlob Ernst Josias, Ba-
ron von (1735–1793), 116f.
Sterne, Elizabeth, geb. Lumley,
351f., 354
Sterne, Laurence (1713–1768),
42, 309, 311, 351ff., 359, 416

Sterne, Lydia, 351 f., 354
Sterne, Richard (1596?–1683),
　Erzbischof von York, 351
Stewart, Dugald, 326
Stillingfleet, Benjamin (1702–
　1771), 284
Stock, Dora (1760–1832), 105 f.
Stock, Minna (1762–1843),
　105 f.
Stolberg, Auguste, Gräfin zu,
　145
Stolberg, Christian, Graf zu
　(1748–1821), 81, 98
Stolberg, Friedrich Leopold,
　Graf zu (1750–1819), 98, 158
Stormont, David Murray, Lord
　(1728?–1783), 291
Strahan, William (1715–1785),
　350, 366
Streicher, Andreas, 104
Struensee, Johann Friedrich
　(1737–1772), 196 f.
Stuart, Charles Edward, Graf
　von Albany, der «junge Prä-
　tendent» (1720–1788), 176
Suard, Jean-Baptiste (1733–
　1817), 475
Suard, Madame, geb.
　Panckoucke (1750–1830),
　451, 475
Sutherland, Elizabeth Gordon,
　Gräfin von, 318
Swarez, K. G. (um 1780), 21
Swedenborg, Emanuel (1688–
　1772), 159, 202 f.
Swift, Jonathan (1667–1745),
　320, 354, 416

T

Taboureau de Réau (um 1776),
　443
Tacitus, Cornelius (55?–120?),
　361, 368
Taine, Hippolyte (1828–1893),
　123, 479, 486
Talleyrand-Périgord, Charles-
　Maurice de (1754–1838), 143,
　187, 280, 453, 483, 547 ff.
Talma, François-Joseph (1763–
　1828), 144, 505
Tasso, Torquato (1544–1595),
　119, 121
Tavistock, Lady Elizabeth Kep-
　pel, Marquise von, 312

Telemann, Georg Philipp
　(1681–1767), 51
Teller, Wilhelm Abraham
　(1734–1804), 30
Terenz (184?–159? v. Chr.), 30,
　194
Tersac, Jean de (um 1778),
　454 f., 458, 474
Tessin, Carl Gustaf, Graf von
　(1695–1770), 199, 203, 207
Tessin, Nicodemus (1654–
　1728), 207
Textor, Johann Wolfgang
　(1693–1771), 85
Theophrast († etwa 287 v. Chr.),
　30
Thicknesse, Philip (1720?–
　1792), 315
Thomas, Ambroise (1811–
　1896), 136
Thomas, Antoine-Léonard
　(1732–1785), 491
Thomas von Kempen (1380–
　1471), 466
Thomasius, Christian (1655–
　1728), 54
Thomson, James (1700–1748),
　33, 42, 206, 287, 467
Thoreau, Henry David (1817–
　1862), 80, 469
Thorild, Thomas (1759–1808),
　206 f.
Thrale, Henry (1728–1781),
　399 ff., 410
Thrale (später Piozzi), Hester,
　geb. Lynch (1741–1821), 285,
　356, 399 f., 402, 410 f., 413 ff.
Thurlow, Edward, 1. Baron
　(1731–1806), 291
Tierney, Georg (1761–1830),
　287
Tindal, Matthew (1657–1733),
　29, 289
Tintoretto (1518–1594), 310
Tipu Sahib (1751–1799), 270
Tischbein, Johann Friedrich
　August (1750–1812), 48,
　193
Tischbein, Johann Heinrich
　(1722–1789), 48
Tischbein, Johann Heinrich
　Wilhelm (1751–1829), 48,
　121 ff.
Tizian (1477–1576), 121, 310
Tobler, Georg Christoph
　(1757–1812), 97

Tocqueville, Alexis Clérel de
　(1805–1859), 424, 450, 479,
　484
Toland, John (1670–1722), 29, 289
Tolstoi, Leo Nikolajewitsch,
　Graf (1823–1910), 469, 472
Tooke, John Horne (1736–
　1812), 255
Torstensson, Lennart (1603–
　1651), 203
Townshend, Charles (1725–
　1767), 262
Trescho, Sebastian, 99
Tronchin, Dr. Théodore (1709–
　1781), 454, 456 ff.
Troost, Cornelis (1697–1750), 190
Tucker, Josiah (1712–1799), 221
Türckheim, Bernhard Friedrich
　von († 1831), 98
Turgot, Anne-Robert-Jacques,
　Baron von Aulne (1727–1781),
　202, 331, 428, 432, 434 ff.,
　443 f., 447, 452 f., 455, 472,
　476, 479, 484, 495, 515,
　528, 534
Tuyll, Isabella van, s. Charrière,
　Isabella de

U

Ulrika Eleanora, Königin von
　Schweden (r. 1719–1720), 198
Unger, Georg Christian (1743–
　1812), 49
Unwin, Mary (1724–1796), 379,
　381
Unwin, Morley († 1767), 379
Unwin, Susannah, 379
Unwin, William, 379
Ussé, Mademoiselle d', 475

V

Varicourt, Mademoiselle,
　s. Villette, Marquise de
Vaudreuil, Louis-Philippe de
　Rigaud, Graf von (1724–
　1802), 428
Vauvenargues, Luc de Clapiers,
　Marquis de (1715–1747),
　500, 542
Vergennes, Charles Gravier,
　Graf von (1717–1787), 201,
　259, 434, 440, 445 ff., 507

Vergil (70–19 v. Chr.), 43, 359

Vermenoux, Marquise de, 442

Vermond, Matthieu-Jacques de, Abbé († nach 1789), 420

Vernet, Claude-Joseph (1714–1789), Maler 476

Vernet, Isaak (um 1750), Bankier, 442

Vernet, Madame (Gattin des Malers Vernet), 476, 478

Verney, Ralph, 2. Earl (um 1765), 240, 272

Veronese, Paolo (1528–1588), 121, 310

Vesey, Elizabeth (1715?–1791), 284, 353

Vessan, Marie de, 542

Vestris oder Veštrice, Marie-Rose, geb. Gourgaud-Dugason (1746–1804), 456

Vicq-d'Azyr, Félix (1748–1794), 155

Villeville, Monsieur de (um 1778), 455

Vien, Joseph-Marie (1716–1809), 496

Vigée-Lebrun, Marie-Anne-Elisabeth (1755–1842), 187, 427, 456, 468, 483, 487, 497f., 545

Vigny, Alfred de (1797–1863), 469

Villeneuve, Monsieur de, 543

Villette, Charles, Marquis de (1736–1793), 452, 454

Villette, Reine-Philiberte de Varicourt, Marquise de, 452f., 455f.

Villette, Rêtaux de (um 1785), 532

Vischer, Luise (um 1780), 102

Visin, Denis Iwanowitsch von (1744–1792), 455

Vitruv (1. Jh. v. Chr.), 121, 305f.

Vogler, Georg Joseph, Abt (1749–1814), 45

Volney, Constantin, Graf von (1757–1820), 502, 547

Voltaire (François-Marie Arouet, 1694–1778), 15ff., 22, 24, 29ff., 34f., 42, 44, 48, 53f., 57, 60, 70, 79, 82, 89ff., 144f., 169f., 183, 185f., 189, 193, 200, 202, 205f., 242, 254f., 279, 285, 331,

Voltaire, *Fortsetzung*
343, 345, 352, 360, 363, 367f., 371, 373, 375, 383, 396, 404, 407f., 433, 435f., 439, 441, 444f., 451ff., 463, 466f., 469ff., 474ff., 479ff., 485, 491, 495f., 500f., 506f., 511, 514f., 520, 528, 533, 543, 416

Voss, Heinrich (1779–1822), 141

Voss, Johann Heinrich (1751–1826), 43, 137

Voyer, Marquis de, s. Argenson, Marc-René de Voyer

Vulpius, Christiane, s. Goethe, Christiane

W

Wagnière, Jean-Louis (1739–nach 1787), 453

Waldegrave, James, 2. Earl (1715–1763), 235, 361

Wallace, Robert (um 1750), 324

Wallenstein, Albrecht von (1583–1634), 137f.

Waller, Edmund (1606–1687), 354

Walpole, Horace, 4. Earl of Orford (1717–1797), 239, 243, 247, 253, 262, 264, 268, 271, 277, 284f., 287, 289, 291, 297, 299, 304ff., 311, 327, 330, 348, 350, 356ff., 367, 369ff., 377f., 395, 402f., 410, 415, 457, 489ff.

Walpole, Sir Robert, 1. Earl of Orford (1676–1745), 271, 357, 359, 376, 390, 352

Warburton, William (1698–1779), 29, 239, 253, 293, 353

Warton, Thomas (1728–1790), 394

Washington, George (1732–1799), 44, 251, 266, 432, 445, 447, 449, 480, 496

Watt, James (1736–1819), 215, 218ff., 290, 324f.

Watteau, Antoine (1684–1721), 48f.

Weber, Carl Maria von (1786–1826), 50, 109

Webster, Noah, 395

Wedgwood, Josiah (1739–1795), 287, 290, 307f.

Weishaupt, Adam (1748–1830), 29

Weisweiler, Adam († 1809), 47

Werner, Abraham (1750–1817), 153

Wesley, John (1703–1791), 203, 263, 285, 287, 290, 307

Wessely, Naphthali, 183

Whiston, William (1667–1752), 29

Wieland, Christoph Martin (1733–1813), 24, 29, 81ff., 89, 93, 98, 109f., 114ff., 125f., 129, 149, 167, 183, 327, 459

Wilberforce, William (1759–1833), 241, 280, 288, 358

Wilhelm III., Statthalter der Niederlande (r. 1672–1702), König von England, Schottland und Irland (r. 1689–1702), 191, 230

Wilhelm IV., Statthalter der Niederlande (r. 1747–1751), 191

Wilhelm V., Statthalter der Niederlande (r. 1751–1795), als Wilhelm I. König der Niederlande (r. 1815–1840), 191f.

Wilhelm von Hanau, Landgraf von Hessen-Kassel (r. 1785–1803), 175

Wilhelmine, Markgräfin von Bayreuth (1709–1758), Schwester Friedrichs des Großen, 16, 50, 54

Wilkes, John (1727–1797), 249ff., 257ff., 262, 275, 289, 292, 345, 358, 376f., 387, 395, 398, 405f.

Wilkinson, John (1728–1808), 216, 220

Willander, Johan (um 1782), 204

Willemer, Johann Jakob von (1760–1838), 151f.

Willemer, Marianne von, geb. Jung (1784–1860), 151f.

William Frederick, Prinz (1776–1834), Herzog von Gloucester, 312

Williams (Londoner Drucker, um 1763), 253

PERSONENVERZEICHNIS

Williams, Anna (1706–1783), 343, 393, 400, 412
Wilson, Richard (1714–1782), 309f.
Winckelmann, Johann Joachim (1717–1768), 32f., 47ff., 56, 82, 87, 100, 122, 131, 254, 306, 345, 494, 496
Woffington, Peg (1714–1760), 238, 297, 299
Wolff, Caspar Friedrich (1733–1794), 155
Wolff, Christian von (1679–1754), 29f., 54, 57f., 62f., 65, 99, 179, 469
Wöllner, Johann Christian von (1730?–1800), 67, 70, 75
Wollstonecraft, Mary (1759–1797), 460

Wolzogen, Henriette von (1745–1788), 104
Wolzogen, Lotte von, 104
Woodfall, Henry Sampson (1739–1805), 257
Woodward, Henry (1714–1777), 297
Woolston, Thomas (1669–1733), 29
Wordsworth, William (1770–1850), 376, 381, 469
Wortley, Montagu, Edward (1678–1761), 285
Württemberg, Herzog von, (1733–1737), s. Karl Alexander (1737–1793), s. Karl Eugen

Y

Young, Arthur (1741–1820), 223, 488, 494, 505, 514, 517, 520, 530, 536, 549, 552
Young, Edward (1683–1765), 42, 206

Z

Zedlitz, Karl Abraham von (1731–1793), 27, 61, 67
Zelter, Karl Friedrich (1758–1832), 96, 142, 151ff., 162, 166f.
Ziegesar, Silvie von (um 1810), 150
Zimmermann, Johann Georg (1728–1795), 56, 115f., 145
Zoffany, John (1733–1810), 304

QUELLENVERZEICHNIS DER ABBILDUNGEN

Bruckmann KG, Bildarchiv, München: Bildseiten 2, 4; Nationalmuseum Stockholm: Bildseite 5; Bildarchiv Preußischer Kulturbesitz, Berlin: Bildseiten 1, 6; Bilderdienst Süddeutscher Verlag, München: Bildseiten 7, 8; Südwestverlag und Redaktion (Archiv), München: Bildseite 3

Farbtafeln:
Archiv für Kunst und Geschichte, Berlin: Bildseiten 2, 8; Bavaria-Verlag, Gauting: Bildseite 1 (Foto Retzlaff); British Museum, London: Bildseite 4; Bruckmann KG, Bildarchiv, München: Bildseite 3; Hirmer Fotoarchiv – Hirmer Verlag, München: Bildseite 7; Lauros-Giraudon, Paris: Bildseite 6; Dr. Arnim Winkler, München: Bildseite 5